Les clés du BAC

L'épreuve de spécialité SVT

A L'épreuve écrite .... page II

B L'épreuve pratique (ECE) .... page III

Se préparer au Grand oral

A Le Grand oral : qu'est-ce que c'est ? .... page IV

B Préparer son projet et organiser ses idées .... page V

1. Choisir une question et la débroussailler
2. Organiser son temps et orienter ses recherches

C Structurer son discours .... page VIII

1. Construire un plan pertinent
2. Formuler une accroche percutante
3. Soigner son discours
4. Travailler sa conclusion

D Préparer sa prise de parole .... page X

1. Quelle est mon expérience de l'oral ?
2. Apprendre à gérer son temps
3. Mémoriser son discours
4. Travailler sur son apparence et sa posture

E Se préparer à l'entretien avec le jury .... page XIV

1. Préparer un support pour le jury
2. Distinguer les différents types de questions du jury
3. Justifier ses choix d'orientation

F Grille d'évaluation indicative du Grand oral .... page XVI

bordas
éditeur

L'épreuve de spécialité SVT

L'épreuve de spécialité SVT compte pour 16 % de la note finale du baccalauréat.

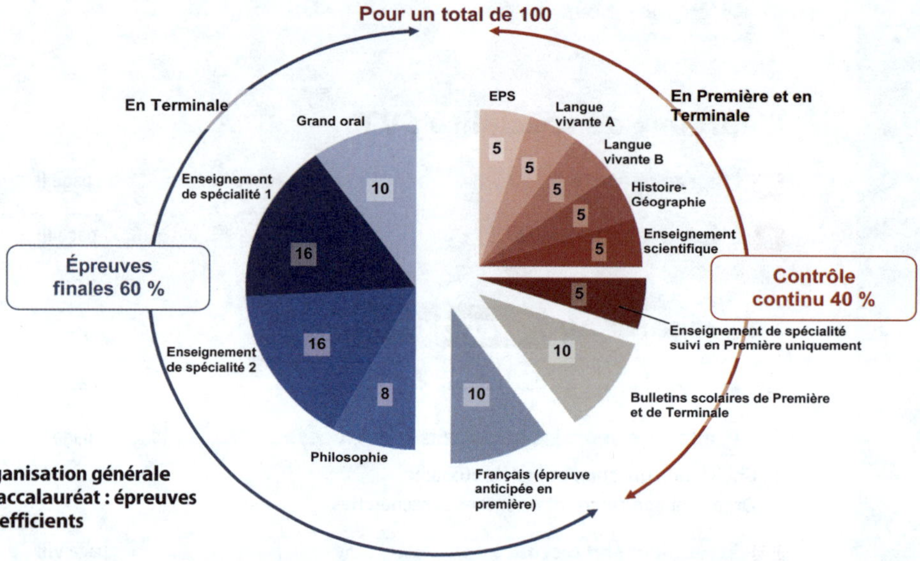

L'organisation générale du baccalauréat : épreuves et coefficients

Cette épreuve est notée sur 20 points.
Elle est composée d'une épreuve écrite (15 points) et d'une épreuve pratique (5 points).

A L'épreuve écrite

L'épreuve écrite a lieu fin mars et dure 3 heures et demie.

Le jour J

N'oublie pas d'emmener ta convocation, à boire, à grignoter et une montre !

De nombreux exercices du manuel permettent de se préparer à cette épreuve écrite tout au long de l'année.
→ Rendez-vous pages 4 et 5 du manuel.

L'épreuve est constituée de deux exercices.

Exercice 1 (noté sur 6 ou 7 points) :

Dans cette première partie de l'épreuve écrite, l'objectif est de rédiger un **texte argumenté** répondant à la question scientifique posée. Le questionnement peut être accompagné d'un ou plusieurs documents. Le but de cet exercice est de mobiliser ses connaissances et de les organiser avec une syntaxe et un vocabulaire scientifique appropriés. Il s'agit aussi d'argumenter à partir d'exemples, d'observations, d'expériences.

Le jour J

- Ton exposé doit être **structuré**, avec une introduction posant la problématique et une conclusion y répondant. Les paragraphes s'enchaînent **de façon logique.**
- Le contenu doit être suffisamment riche, et démontrer que les **connaissances essentielles sont acquises.** Les connaissances restituées doivent être pertinentes, c'est-à-dire en rapport direct avec le sujet.
- Il est souvent demandé de s'appuyer sur un ou des schémas : ils sont alors indispensables et doivent être **clairs et soignés, avec légendes et titre.**

Exercice 2 (noté sur 8 ou 9 points) :

Ce type d'exercice expose un problème qu'il s'agit de résoudre. Il suppose une **démarche** qui fera appel à des informations tirées de **documents** et à des **connaissances.** C'est la mise en relation de ces éléments permettant par raisonnement d'apporter la réponse au problème posé qui constitue la démarche.
Plusieurs démarches sont possibles, il faut adopter celle qui te paraît la plus logique et l'exposer.

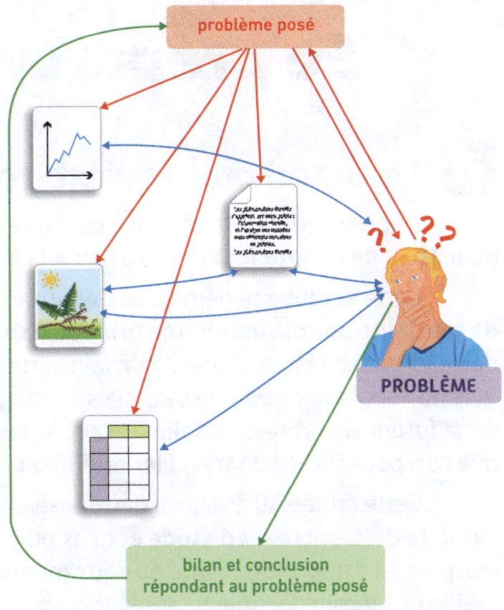

Le jour J

1. **Je lis l'ensemble du sujet :** la consigne et ses annexes (remarques, limites, précisions...), les documents (y compris les titres, légendes, échelles...).
2. **Je relis attentivement le problème posé** et je le reformule par écrit.
3. **Je mobilise mes connaissances** en rapport avec le sujet.
4. **J'étudie attentivement chacun des documents** de façon à en extraire les informations utiles à la résolution du problème.
5. **Je construis et j'expose ma démarche** en mettant en relation les informations extraites des documents. J'intègre les connaissances qui permettent de compléter mon raisonnement.
6. Je fais un bilan clair, et je **conclus en répondant au problème posé.**

À la date de publication de ce manuel, les parties suivantes du programme sont exclues de l'épreuve écrite (et donc de l'épreuve pratique) :

- D'autres mécanismes contribuent à la diversité du vivant (partie 1 chapitre 5, p. 104 à 123)
- La domestication des plantes (partie 3, chapitre 4, p. 258 à 283)
- Comprendre les conséquences du réchauffement climatique et les possibilités d'actions (partie 4, chapitre 2, p. 318 à 341)
- L'organisme débordé dans ses capacités d'adaptation (partie 5, chapitre 6, p. 472 à 477)

! L'évaluation portant sur ces notions sera intégrée dans la note figurant sur les bulletins scolaires, prise en compte au baccalauréat. Il est aussi possible d'être interrogé sur ces notions lors du Grand oral ou lors de l'épreuve orale de contrôle (rattrapage).

B L'épreuve pratique (ECE)

Cette évaluation a pour objectif d'évaluer la maîtrise de compétences expérimentales. **Elle se déroule lors du 2e trimestre et dure 1 heure.**

Le sujet se présente sous la forme d'une problématique qu'il s'agit de résoudre. Il peut comporter un document, des informations sur le contexte de l'expérience à réaliser. Le matériel est présent sur la table : il peut être incomplet (on peut demander le complément nécessaire), tout n'est pas nécessairement utile. L'épreuve se déroule en deux étapes principales :

De nombreux exercices du manuel permettent de se préparer à l'ECE tout au long de l'année.
→ Rendez-vous pages 4 et 5 du manuel.

- **Étape 1 :** Mettre au point une stratégie de résolution et mettre en œuvre un protocole.

Il faut définir une façon de résoudre expérimentalement le problème posé. Cette stratégie, définie dans ses grandes lignes mais justifiée, sera exposée à l'examinateur. Tu réalises ensuite l'expérience (les informations nécessaires à la mise en œuvre du protocole seront fournies).

- **Étape 2 :** Communiquer et exploiter les résultats pour répondre au problème posé.

Il faut présenter les résultats obtenus, sous la forme de ton choix, et exploiter les résultats par un raisonnement qui réponde à la problématique.

Le jour J

À tout moment, tu peux demander une **aide** à l'examinateur. Toute aide apportée au candidat, qualifiée de mineure ou majeure, est plus ou moins pénalisante.

Se préparer au Grand oral

A Le Grand oral : qu'est-ce que c'est ?

L'épreuve du « Grand oral » est l'une des cinq épreuves terminales du baccalauréat et compte pour **10 % de la note finale**. Elle a lieu **à la fin de l'année de Terminale**.

Cette épreuve se démarque des autres car on **utilise les savoirs acquis dans ses enseignements de spécialité pour soutenir une prise de parole originale**. C'est l'occasion de montrer qu'on est capable de s'exprimer de façon claire et convaincante sur un sujet qui nous intéresse. Cette épreuve est donc très utile non seulement pour le bac, mais aussi parce qu'elle anticipe les attentes des études supérieures et de sa future vie professionnelle. Tes professeurs t'accompagneront dans la préparation de cet exercice que l'on peut choisir de travailler seul(e) ou avec des camarades.

Cette année, tu as choisi deux enseignements de spécialité : tu as travaillé avec ton professeur à partir de différents axes d'étude et tu as pu pressentir les multiples **enjeux** liés à ces matières. Le Grand oral permet d'approfondir une ou deux thématique(s) de ton choix, liées à ces deux spécialités, et qui ont éveillé ta curiosité lorsque tu as réfléchi à ton orientation : comme s'il te revenait de faire deux enquêtes dont on attend que tu délivres les résultats. Tu « prépares le terrain » de tes études supérieures et tu montres que tu t'es informé(e) sur telle ou telle perspective.

Le jour J, on présente au jury sa (ou ses deux) question(s) : **le jury en choisit une** et on doit s'exprimer durant **20 minutes** pour montrer la façon dont on s'est **personnellement investi pour y répondre**.

Le premier temps de l'épreuve consiste à présenter la réponse à sa question pendant 5 minutes. Quand on t'écoute, on doit comprendre d'où tu es parti(e), comment a progressé ta réflexion et le (ou les) résultat(s) à l'arrivée qui te permet(tent) de répondre à la question de départ. L'objectif est de rendre compte de tes résultats de façon **claire, argumentée et synthétique**. Tu n'auras **pas de notes écrites**, mais tu auras eu le temps pendant l'année de digérer tes découvertes et d'en proposer une version condensée. Attention : on juge **tout autant la solidité de tes connaissances que ta capacité à les transmettre** de façon pertinente et stimulante (voir p. XVI).

Comme toute prise de parole, ton discours est **adressé** à quelqu'un : tu auras en face de toi deux professeurs de disciplines différentes que tu dois intéresser, dont un **expert** d'un des deux enseignements de spécialité que tu as choisi. Ton discours va devoir « parler » à tout le monde !

Le jour J

Au moment de la préparation précédant ton passage, tu peux si tu le souhaites réaliser un support sur papier que tu remettras au jury. Pour apprendre à le préparer, rends-toi à la page XIV. Ce support peut t'être utile pour remettre à plat les éléments principaux de ton discours, mais il peut également servir au jury pour te relancer en cas de blanc.

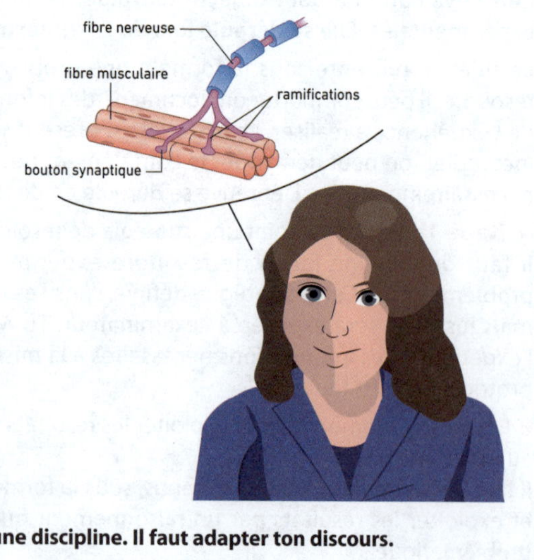

Chaque membre du jury est un expert d'une discipline. Il faut adapter ton discours.

Puis, dans un deuxième temps, un échange de 10 minutes a lieu avec le jury.

Rassure-toi : ce temps est d'abord **un échange** avec le jury qui t'invite à **préciser et approfondir** des éléments que tu as abordés. Durant ces 10 minutes, il t'interroge sur ta présentation mais il peut aussi élargir le propos au programme de tes enseignements de spécialité : il est donc tout à fait possible que l'on te pose une question sur d'autres notions moins liées à ton sujet de départ. On évalue aussi ta capacité d'adaptation : sois très attentif(ve) aux questions qu'on te pose et ne considère pas que ce sont des questions pièges pour te déstabiliser.

Cet échange ne peut t'apporter que des avantages !

Avec une présentation réussie, on peut se permettre d'aller encore plus loin et de revenir sur des éléments plus en profondeur. Si on a le sentiment d'avoir échoué, **cela peut être l'occasion de se rattraper** en montrant qu'on a bel et bien travaillé la question pour cette épreuve, et qu'on maîtrise bien les connaissances acquises dans ses deux spécialités.

> **Astuce**
>
> Imagine que tu poses une question que personne ne s'est jamais posée, et tu es le (la) seul(e) à en détenir la réponse. C'est comme si tu lançais un débat dans l'intention de donner envie à ton public d'interagir avec toi. Mieux vaut pour cela **maîtriser ton sujet**, et le prouver en utilisant un vocabulaire adapté qui montre que tu sais de quoi tu parles !

Enfin, un dernier temps de 5 minutes permet d'échanger sur son projet d'orientation. La question présentée est **liée aux études que tu aimerais poursuivre** : elle est le reflet de ta curiosité et de ta motivation sur le long terme. Il est évident que se projeter et imaginer le chemin qu'on va emprunter dans la voie professionnelle est complexe : c'est pour cela qu'on doit s'être préparé en amont à cette étape pour en parler avec assurance.

B Préparer son projet et organiser ses idées

« Pour commencer, il faut commencer... et on n'apprend pas à commencer, pour commencer, il faut simplement du courage. »

Vladimir Jankélévitch, philosophe (1903 – 1985)

Le discours doit être une synthèse dynamique de sa recherche mise en œuvre tout au long de l'année. **Plus on s'y sera préparé à l'avance, plus on est sûr de maîtriser son sujet et d'en parler sans ennuyer son auditoire.**

1. Choisir une question et la débroussailler

Tout d'abord, on doit trouver une question sur chacun de ses enseignements de spécialité ou une question en lien avec ses deux enseignements de spécialité. Le programme de l'enseignement de spécialité permet d'approfondir des questions en classe, et c'est dans ce réservoir qu'on va puiser pour orienter son choix. Il est important de te demander si cette question se rapproche de tes envies d'orientation professionnelle : tu n'as pas besoin de connaître forcément le métier que tu veux faire mais il te faudra savoir vers quels études et domaines d'activités tu souhaites t'orienter. En effet, on évaluera le lien du discours avec ton orientation. Après avoir défini les enjeux de l'étude, on doit rendre compte de la façon dont elle a été réalisée et justifier ses choix mis en œuvre : prends donc bien le temps de réfléchir lors de cette étape préparatoire.

Cette liberté de choix est une chance, mais aussi un défi : parfois, plus les idées foisonnent, moins on réussit à s'arrêter à l'une d'entre elles. Une fois ta décision prise, il faut éviter de changer d'avis en cours de route ! Le plus important est cette notion d'« envie » : sans ce moteur, on n'aura pas le sentiment que tu réponds à une question que tu as choisie parce que tu t'es senti concerné(e) par elle. Fais-toi confiance !

> **Astuce**
>
> **Cible** un sujet qui t'a interpellé(e) lors de ton année d'enseignement. Y a-t-il un événement récent qui aurait suscité ta curiosité ? As-tu vécu une expérience particulière ou as-tu réfléchi à quelque chose, mais sans avoir le temps de le mûrir suffisamment ? As-tu été interpellé(e) par une information, une émission, un article, un cours que tu souhaiterais approfondir ?

Astuce

Feuillette ton manuel pour avoir une idée de tout ce que tu vas apprendre cette année et repérer les sujets qui t'intéressent.

EXERCICE 1 Débroussailler un thème

Commence par nommer une **thématique** qui t'intéresse, liée au programme que tu étudies en classe et à ton orientation. Inscris-la dans une bulle au centre d'une grand page blanche horizontale. À partir de ce noyau, inscris un sous-thème que tu trouves associé à ce thème et décline-le en essayant d'étendre au maximum un premier réseau. Pense aux questions *Qui ? Quoi ? Pourquoi ? Où ? Quand ? Comment ?* Une fois que tu crois avoir épuisé ton réservoir d'idées pour ce sous-thème, trouve un second sous-thème et recommence l'opération.

Astuce

Reprends cette carte plusieurs fois, à différents moments de la journée. Tu trouveras des choses bien différentes !

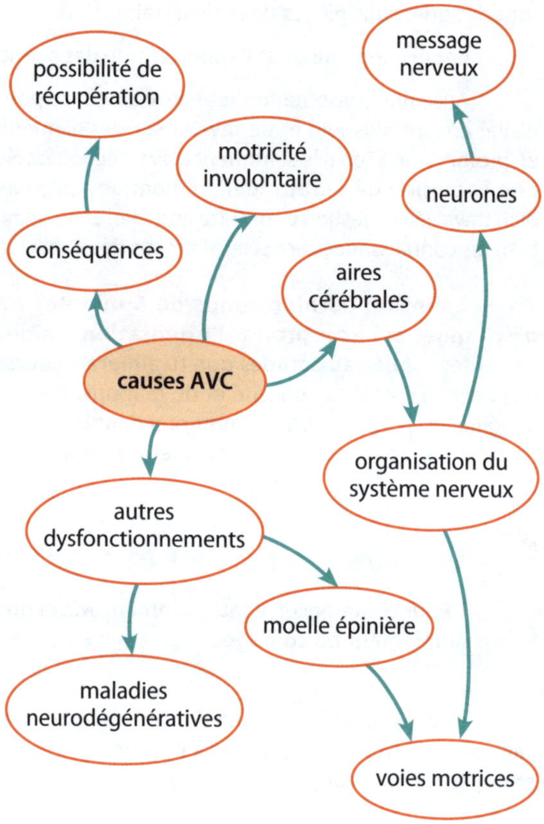

EXERCICE 2 Choisir un sujet

1 Les idées foisonnent, et tu vas devoir en choisir une et évacuer les autres. Comment faire ? Choisis en une, celle qui t'intrigue le plus, dont tu penses qu'elle est la plus stimulante. Réfléchis : qu'est-ce qui t'intéresse le plus dans ce domaine ? Qu'est-ce qui te questionne ? Pourquoi ?

2 Prends quelques minutes pour partager les raisons de ton choix avec quelqu'un de ton entourage. Pour cela, imagine que tu dois le convaincre d'être ton associé(e) pour réaliser une expérience, et que sa présence est essentielle à sa mise en œuvre. Après avoir pris la parole, demande à ton (ta) partenaire de reformuler ton propos, et de te poser des questions sur le sujet.

➜ Rien ne vaut l'avis des autres ! Prends soin de noter ce que ton (ta) partenaire a retenu de l'exposé de ton idée : quels éléments n'a-t-il (n'a-t-elle) pas rappelés ? As-tu suffisamment insisté là-dessus quand tu en as parlé ?

➜ Il ne s'agit pas d'énoncer ton projet, de parler de ce que tu vas chercher à démontrer (tu ne le sais pas encore !). Il s'agit plutôt de sentir si tu es spontanément et suffisamment intéressé(e) par un thème pour susciter la curiosité de quelqu'un d'autre et lancer une discussion.

➜ **Voir aussi l'exercice 1 p. 520 du manuel.**

2. Organiser son temps et orienter ses recherches

Choisir l'angle de son projet de recherche : la question. En faisant l'inventaire des sources d'information disponibles, on peut se rendre compte que certaines questions posées par la communauté scientifique ou le grand public sont souvent loin d'être évidentes ou que des opinions peuvent diverger pour y répondre. D'autres questions sont parfois complexes ou demandent à être mises en perspective. L'objectif est de **faire sa propre enquête** : à partir d'hypothèses, on doit faire une recherche pour tenter d'apporter ses réponses.

> **Astuce**
> Au cours du travail, ton sujet et ta problématique évoluent. C'est tout à fait normal ! Il peut arriver que ta question prenne du temps pour se stabiliser. Néanmoins, il est essentiel de réussir à en formuler une première version dès le départ puisqu'elle est le fil rouge qui orientera toute la logique de ton argumentation.

Autrement dit, la présentation n'est ni une définition ni un catalogue : on ne doit pas avoir l'impression d'entendre une liste d'informations, mais quelqu'un qui donne **une réponse argumentée à une question.** On doit trouver un cheminement logique dans ce qui est dit : un point de départ et un point d'arrivée. Le propos est donc **personnel, construit et appuyé sur des exemples précis** qui témoignent de la solidité du raisonnement. En un mot, l'objectif est d'être **clair(e) et convaincant(e)** !

Éviter de s'éparpiller et être stratégique. Pour cela, on **liste toutes les étapes de son travail**, et on détermine dès le départ **le temps qu'on va consacrer** à chacune d'elles. On doit essayer d'être le plus précis possible, en comptant toujours plusieurs temps vides : en effet, on oublie toujours des choses. Ces échéances sont très importantes pour **ne pas se retrouver enfoui sous les échéances à la dernière minute** !

Exemple de planning possible :

- ☑ 1er trimestre Choisir ma question
- ☑ 10/01 Quels articles sur mon sujet ?
- ☑ 05/03 Quels docs sont les plus importants ?
- ☑ 05/04 Rédaction de la présentation (2 semaines)
- ☑ 20/04 Mes fiches de révision
- ☑ 03/05 Définitions clés et vocabulaire : apprendre par ♥ !
- ☑ 15/05 Introduction et conclusion...
- ☑ 2e quinzaine de mai Répétition de la situation d'oral...

→ Voir l'exercice 3 p. 521 du manuel.

Rassembler la matière et les supports associés à son sujet : il peut s'agir de faits (événements historiques, événements de société), d'articles de journaux, de résultats d'expériences (actuelles ou anciennes), de connaissances (données scientifiques, théories, modèles, données culturelles) ou de différents points de vue sur la question. On veille à **diversifier ses sources** : manuel, livres, revues, vidéos, sites Internet, cours, exercices et TP réalisés avec son professeur au lycée... Il ne s'agit pas de les démultiplier, mais de **sélectionner les plus pertinentes** en gardant toutefois en tête les autres. Même si on ne garde pas tout pour la version finale, **ces informations pourront éventuellement être utiles lorsqu'il s'agira de répondre aux questions au cours de l'entretien.**

> **Astuce**
> Garde bien **la source de tous ces documents** et classe-les dans un dossier bien rangé pour vite les retrouver.

→ Voir l'exercice 4 p. 521 du manuel.

On doit avoir des connaissances solides sur son sujet, et maîtriser les notions scientifiques qui lui sont liées : assure-toi d'**être bien avisé(e) des éléments du programme** (Terminale, mais aussi Première) et de **connaître le vocabulaire scientifique** mobilisé pour la présentation. Pour s'exprimer clairement, on doit être à l'aise avec ce « langage », et donc **en avoir appris les définitions**.

> **Astuce**
> Si des éléments te paraissent un peu flous, **ne les évite pas** : aborde-les avant ta présentation, pour ne pas prendre le risque d'être mis en difficulté lors de l'échange avec le jury.

→ Voir l'exercice 2 p. 520 du manuel.

Astuce

Tu veux en savoir plus sur tel métier / telle entreprise ? Tu voudrais interviewer un professionnel ? Réaliser un sondage en ligne ? Visiter un lieu ? Profite de cette occasion du Grand oral pour enquêter sur ton terrain : ton discours sera d'autant plus convaincant !

EXERCICE 3 Repérer et sélectionner les idées essentielles d'une information

Podcast Science est une émission hebdomadaire qui couvre chaque semaine un sujet scientifique. Tu peux la trouver ici : https://www.podcastscience.fm/. Son objectif ? Faire aimer la science au plus grand nombre par le biais d'une communication accessible et dynamique.

1 Avec un(e) camarade, réserve une heure pour écouter un de ces podcasts en ligne. Chacun(e) de vous prend en note le maximum d'éléments-clés : des références (date, auteur, thématique principale de l'émission), les grands axes du sujet, les questions soulevées, les axes du débat, quelques données chiffrées et des exemples.

2 Compare ta prise de notes avec celle de ton (ta) camarade : avez-vous relevé les mêmes informations ? Mettez-vous d'accord sur le plus utile afin d'aboutir à un relevé commun.

Le jour J

Pour t'aider, sois attentif(ve) à la répétition de certains propos, à leur **intonation**, et à l'emploi des **mots d'articulation** qui indiquent les différents moments de synthèse. Ce sont comme des indices d'écoute que tu devras t'efforcer de mettre en valeur lorsque tu prendras la parole à ton tour !

C Structurer son discours

1. Construire un plan pertinent

Il existe différents plans pour organiser un discours.

Pour aller au-delà des plans classiques thématiques, on peut suivre cette méthode :

A – Accroche

B – Annonce de la question et explication : on définit son sujet et on explique pourquoi on a choisi de préparer cette question.

C – Développement progressif de la question : on informe, discute le sujet au moyen de données et de connaissances scientifiques précises, détaillées et variées. On démontre la cohérence de son idée en justifiant ses arguments par des exemples :
- données chiffrées, schémas, illustrations concrètes ;
- applications, expériences menées ;
- témoignages.

D – Conclusion : réponse à la question.

→ Voir l'**exercice 5** p. 522 du manuel.

Le jour J

Pour éviter toute monotonie dans ton discours, il peut être utile d'avoir en tête différents types d'arguments :
- argument par la cause : on s'appuie sur la cause d'un phénomène ;
- argument par la conséquence : on s'appuie sur les effets d'un phénomène et on montre ses avantages et ses inconvénients ;
- argument par la comparaison : on établit un parallèle entre deux situations ;
- argument d'autorité : on peut citer les propos d'un expert, d'un scientifique reconnu ;
- argument de valeur : on fait appel aux grands principes fondant la société (écologie, éthique…).

2. Formuler une accroche percutante

L'accroche est la première phrase qu'on prononce dans son introduction : elle doit être **très courte** (15 secondes maximum), percutante et pertinente par rapport à son sujet. Son rôle est d'**interpeller l'auditoire** et d'attirer son attention : il faut donc éviter le plus possible les lieux communs ou les banalités. On peut :

– faire un état des lieux de la question : on situe le sujet dans le contexte actuel ;

– relater un fait surprenant, marquant, une anecdote ;

– poser une question : cette question n'attend pas de réponse, mais a pour objectif d'interpeller le jury ; comme s'il était directement concerné. Exemple : « Avez-vous déjà pensé à… ? », « Vous êtes-vous déjà retrouvé(e) dans une situation où… ? »… ;

– faire une remarque personnelle qui montre sa motivation et les raisons du choix de son sujet.

Le jour J

Essaye toujours de connaître une anecdote, la dernière étude sur ton sujet ou la façon dont la presse et les médias en ont parlé, etc. Rien de mieux qu'un savoir actualisé pour montrer que tu es au courant de l'évolution de la recherche scientifique.

3. Soigner son discours

Un propos doit être fluide pour être agréable à entendre. Fais des phrases simples et courtes, avec une seule idée par phrase. Associe à **chaque argument** une **articulation logique du discours**, ces petits mots sont essentiels pour signifier à son jury :

– **qu'on commence, qu'on développe une nouvelle idée** : *commençons par, d'abord, avant tout, en premier lieu, d'une part, certes, s'il est vrai que, sait-on que…*

– **qu'on marque un lien** entre ce qui précède et ce qui suit : *puis, aussi, ensuite, d'autre part, de plus, ainsi, par conséquent, c'est pourquoi, cependant, toutefois, pourtant, au contraire, d'ailleurs…*

– **qu'on rappelle** ce qui a été dit, qu'on en fait le bilan : *ainsi, de même, de là, d'où, pour cela…*

– **qu'on conclut** : *donc, enfin, en résumé, en définitive, pour conclure…*

Le jour J

Sois conscient(e) de tes **tics de langage.** Interdis-toi les « du coup », « en fait », tout comme « euh », « voilà » ou « genre ». S'il t'arrive de faire une faute de français, excuse-toi et corrige-toi : ne fais pas comme si personne ne l'avait entendue.

EXERCICE 4 **Varier son vocabulaire**

Sans notes, répète ta présentation avec un(e) camarade. Son rôle est de relever toutes les fois où tu as recouru aux verbes passe-partout « être », « avoir », « faire », « voir », « dire » ou « mettre ».

Une fois la présentation terminée, cherche un autre terme pour remplacer chacun d'entre eux.

4. Travailler sa conclusion

La conclusion doit être soignée : ce temps laisse une impression définitive de son enthousiasme sur l'auditoire. On fait un **bilan très bref** de ce qu'on vient d'exposer et on peut faire une **ouverture** : en montrant que les enjeux de son sujet sont aussi liés à tel autre sujet, en mentionnant une appropriation de sa thématique dans un autre domaine (cinéma, enjeu de société...). **Le jury doit sentir qu'on s'apprête à terminer son discours** : on peut marquer un temps de pause, ralentir le débit de sa voix et faire entendre dans le ton la clôture de son intervention.

→ Voir l'exercice 7 p. 522 du manuel.

Le jour J

Tu n'as aucune idée d'ouverture pour ta conclusion ? Eh bien ce n'est pas grave ! Contente-toi de faire une synthèse de ton intervention : il vaut mieux éviter une conclusion « remplissage » qui pourrait tout gâcher !

D Préparer sa prise de parole

1. Quelle est mon expérience de l'oral ?

Tu as déjà eu une expérience de prise de parole en public au lycée.

1. L'épreuve orale de français avec la lecture à haute voix d'un texte : tu as lu l'extrait de façon expressive si tu t'en es emparé(e) et si tu l'as doté d'une intention.

2. L'expérimentation en équipe : lorsque tu as dû exprimer ton point de vue, te positionner et prendre en charge une partie d'un travail et donc négocier avec tes camarades et argumenter.

3. L'exposé ou la restitution d'un travail en classe : tu as déjà fait des exposés devant la classe et résolu des exercices au tableau.

Astuce

Les meilleures notes à l'épreuve orale de français sont obtenues par les élèves qui ont non seulement prouvé qu'ils connaissaient bien leur sujet, mais surtout qui ont défendu leur présentation de façon convaincante.

« La parole n'a pas été donnée à l'homme : il l'a prise. »

Louis Aragon, écrivain (1897-1982)

Si tout le monde a la parole, très peu de personnes la prennent. Dans la parole, la différence ne se fait pas entre celui qui se tait et celui qui parle, mais entre celui qui ne fait que parler, et celui qui s'exprime comme il faut. On pense souvent que bien parler est d'emblée une qualité qu'on a la chance d'avoir toujours eue… On entend dire que c'est « tout un art » : « si l'on n'est pas naturellement doué pour cela, on ne sera jamais capable de se sentir à l'aise ». Bref, l'oral fait peur.

Il n'y a pourtant pas de quoi, car, comme dans les autres matières, **l'oral s'apprend** avec des techniques fondamentales à maîtriser. Quelle que soit la façon dont on se situe, on a tous forcément quelque chose à améliorer avec la parole… La question c'est : quoi ?

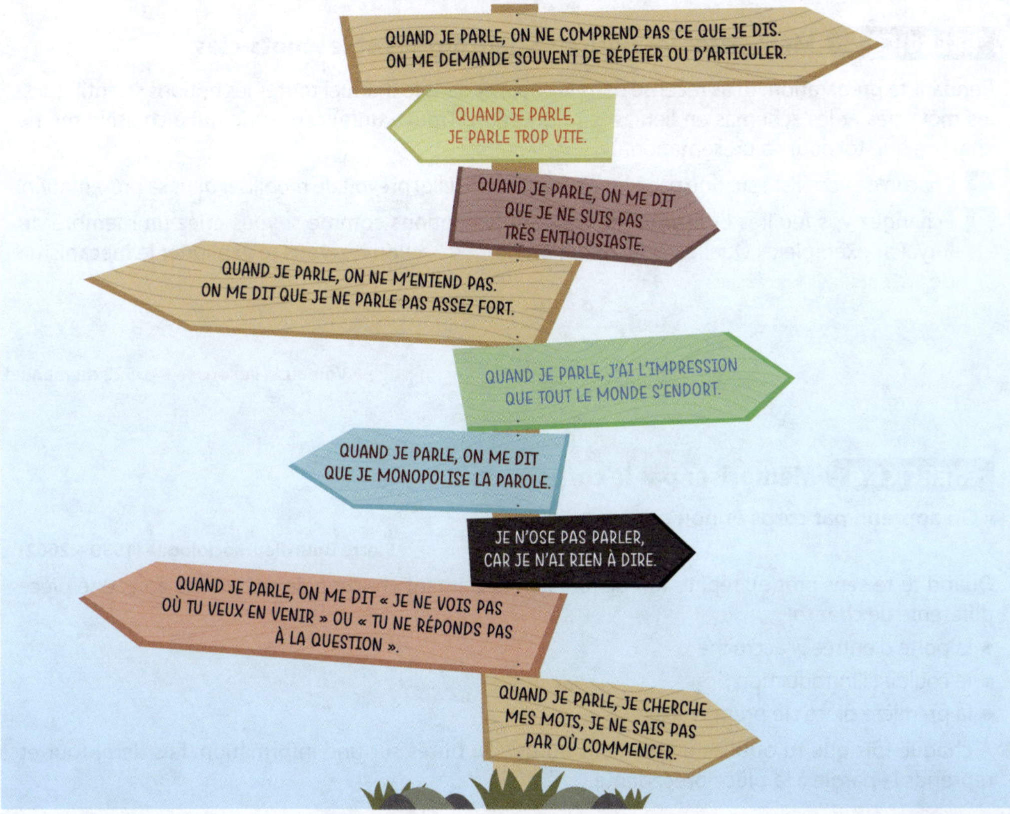

→ Voir **EXERCICE 7**

2. Apprendre à gérer son temps

On peut prévoir à l'avance le temps de pause de sa voix en le marquant d'un coup de crayon sur son brouillon. Le stress de l'intervention en temps réel fait très souvent légèrement accélérer le débit initial de la voix. Pour éviter le risque de parler trop longtemps, on distingue à l'avance les principaux moments : le début (1 min 30 s), les arguments (3 min) et la conclusion (30 s). **On peut s'entraîner avec un(e) camarade** à dire chacun des morceaux de son intervention l'un après l'autre sans dépasser le temps qu'on a déterminé.

3. Mémoriser son discours

On l'a bien compris : **l'objectif n'est pas de réciter** son discours, mais de se sentir libéré(e) du texte pour être pleinement dans sa présentation au jury. N'oublie pas que tu n'auras pas de notes avec toi.

Commence par te concentrer sur le début et la fin : il est essentiel de garder comme horizon mental la conclusion de sa démonstration pour faire sentir qu'on sait où l'on va.

Astuce

Tu peux recopier le contenu entier de ton exposé sur des feuilles en plusieurs exemplaires. **Fixe-les sur des murs stratégiques de chez toi** : ce sont les murs des lieux où tu passes beaucoup de temps (la salle de bains, ta chambre, les toilettes...).

Astuce

Enregistre-toi sur ton téléphone et écoute-toi régulièrement lors de tes déplacements.

N'hésite pas à réaliser une fiche aide-mémoire de poche où tu auras inscrit tes arguments et exemples sous forme de mots-clés, ainsi que les articulations de liaison qui font passer d'une idée à l'autre.

EXERCICE 5 **Mémoriser les notions scientifiques et les mots-clés**

Pendant ta préparation, tu as recensé dans le cours et dans le manuel toutes les notions scientifiques, les mots-clés et les schémas en lien avec ta question. Trouve un(e) camarade qui a choisi le même chapitre que toi pour sa présentation.

1 Chacun de vous liste sur une page les éléments qu'il (elle) prévoit de mobiliser dans sa présentation.

2 Échangez vos feuilles et interrogez-vous sur les notions comme si vous étiez un membre du jury. Par exemple : « Quelle est la définition de … ? » « Pouvez-vous m'expliquer le mécanisme de … ? »

→ Voir aussi l'exercice 6 p. 522 du manuel.

EXERCICE 6 **Mémoriser par le corps**

« On apprend par corps et non par cœur. »

Pierre Bourdieu, sociologue (1930 – 2002)

Quand tu te sens prêt(e), répète ton discours en déclamant chacune de ses parties dans une pièce différente de chez toi :

- la porte d'entrée : l'accroche ;
- le couloir : l'introduction ;
- la première pièce : le premier axe…

À chaque fois que tu oublies un élément ou que tu butes sur une information, fais demi-tour et reprends la parole à la pièce précédente.

4. Travailler sur son apparence et sa posture

Astuce

Tu peux utiliser une salle de classe vide pour te mettre en situation. Demande à un(e) camarade de se placer au fond de la salle puis, tout en t'écoutant faire un discours, de bouger de temps en temps : tu dois réussir à faire ton discours sans être perturbé(e).

Travailler sa posture pour être regardé(e) : avant même de formuler des phrases, une intervention commence dès qu'on se présente devant le public. Des études ont montré que plus de 60 % de l'efficacité d'une prise de parole repose sur le langage corporel. Il faut donc travailler sa posture.

- **Se tenir bien.** Avant de commencer à parler, on **s'ancre** bien dans le sol, les pieds écartés de manière à se sentir stable. Imaginer qu'on tire un fil de marionnette au-dessus de son crâne et qu'il tend tout son corps est un bon exercice. Si on est bien d'aplomb, le « trac » se voit moins.

• **Contrôler les gestes** qui peuvent parasiter son auditoire : on évite de se balancer, de passer d'une jambe sur l'autre, de fermer les poings, de se tripoter les mains ou de les mettre dans ses poches. On fait en sorte que ses mains soient toujours visibles : elles permettent de mettre en valeur ses paroles.

• **Regarder son public bien en face.** Ne pas le fuir. Le regard est déterminant car il permet de capter l'attention de ceux qui nous écoutent. Il nous permet aussi de nous adapter : si on sent que le public n'est pas attentif, on peut prendre un ton plus animé. On peut penser aussi à balayer du regard tous les membres de l'auditoire.

• **Être souriant(e)**, montrer son envie, sa détermination !

Travailler son expression pour être écouté(e) : on n'écrit pas comme l'on parle. Le style oral a ses règles : **les phrases courtes et les moments où on hausse le ton, on ralentit ou on marque des pauses sont essentiels.**

• **Faire un court temps de silence** avant de prendre la parole. Cela te permettra de te concentrer, et de vérifier que ton auditoire est attentif. **Ne parle pas trop vite :** le plus souvent, sous l'effet du stress, on a tendance à accélérer le rythme de sa parole.

• **Faire des pauses entre ses phrases** quand on parle. Les silences te permettent de reprendre ton souffle, contrôler ta parole, mais aussi de capter l'attention ou de susciter une attente.

• **Articuler.** Si tu manges tes mots, tu donneras l'impression que tu veux te débarrasser de ton discours, et l'auditoire n'aura pas le temps de comprendre ce que tu dis.

• **Varier le ton pour ne pas ennuyer :** il peut être tantôt fort, tantôt doux, tantôt grave, tantôt drôle. Il suffit de varier le volume de ta voix ainsi que son débit pour réveiller ton public.

Astuce

Si tu as tendance à ne pas parler assez fort, c'est peut-être parce que tu n'es pas sûr(e) de toi ou parce que tu as le trac : un simple exercice de respiration abdominale peut te permettre de gérer ton stress et de projeter ta voix comme il faut dans l'espace.

Le jour J

Adopte une tenue qui te ressemble mais que tu auras réservée pour le Grand oral : cela peut t'aider à te mettre en conditions, comme l'acteur qui enfile son costume !

EXERCICE 7 Se filmer avec la caméra du smartphone

Fais un petit discours à un(e) camarade : tu peux, par exemple, raconter une expérience que tu as vécue ou défendre un point de vue sur un sujet d'actualité. Demande-lui de te filmer avec ton smartphone : une première fois assis(e), face à lui (elle), autour de la même table et une deuxième fois debout, à quelques mètres de distance.

1 Commence par demander à ton ami(e) de relever les **éléments positifs** de ta prise de parole. Visualise la vidéo pour en tirer des conseils pour t'améliorer.

2 Note les moments où tu sens que l'information est la plus audible.
Pour quelles raisons, selon toi ?

3 À l'inverse, essaye de comprendre les éléments de ton langage responsables de l'imprécision ou de la confusion des idées que tu exprimes :

- Est-ce dit trop rapidement ?
- T'entend-on suffisamment ?
- As-tu une voix trop monocorde ?

Sois bienveillant(e) ! Cet exercice est difficile, mais tu dois garder en tête que l'image amplifie toujours les défauts : ce n'est pas une image fidèle de la réalité, et dis-toi que c'est plus une loupe qu'un miroir de ton apparence. Pour t'aider, imagine que tu analyses quelqu'un d'autre.

EXERCICE 8 **Varier les tons de sa voix**

Quand tu parles, le ton de ta voix est peut-être souvent le même, et tu ne t'en rends pas forcément compte. Sur des petits papiers, inscris les différents tons de la voix : *abrupt, tendu, doux, enthousiaste, surpris, grave, impatient, magistral, timide, uniforme.* Pioche un papier au hasard et lis les phrases suivantes :

- *Est-ce dit trop rapidement ?*
- *Tu es au courant ?*
- *Ces chiffres sont catastrophiques !*
- *Il faut changer les choses.*
- *J'ai réussi !*
- *Je suis très content(e) d'apprendre cela*
- *C'est horrible…*
- *Mais qu'attends-tu pour le faire ?*
- *Hier soir, ils ont annoncé une bonne météo.*
- *Si j'étais toi, je tenterais ma chance.*

Si vous êtes deux : placez-vous l'un(e) en face de l'autre et faites l'exercice en vous répondant.

N'hésite pas à ajouter des gestes pour accompagner ta parole ! Une fois l'exercice réalisé, choisis la tonalité la plus adaptée à chaque phrase et relis-les.

→ **Voir aussi l'exercice 9 p. 523 du manuel.**

E Se préparer à l'entretien avec le jury

1. Préparer un support pour le jury

Durant les 20 minutes de préparation, on doit **mettre en ordre ses idées** sur la question choisie par le jury. L'exposé se fait **sans notes**, mais on a la possibilité de remettre au jury un support. Celui-ci est utile pour plusieurs raisons : il peut **illustrer ce qu'on décrit, concrétiser une idée** ou la démontrer. Cela peut aussi être une occasion de proposer **une interprétation graphique** qu'on peut citer comme un raccourci efficace pour faciliter la compréhension de la démonstration. Tout dépend donc de l'objectif qui est visé. Quoi qu'il en soit, cette fiche doit être très lisible et la plus simple possible à comprendre.

Pour t'aider, **n'hésite pas à t'inspirer des schémas proposés par le manuel.**

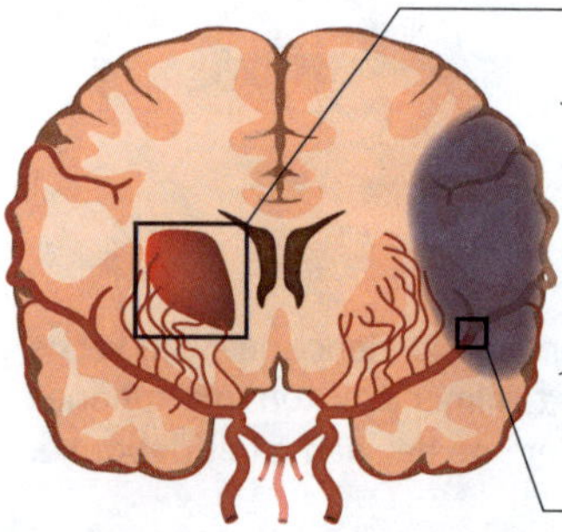

Schéma possible

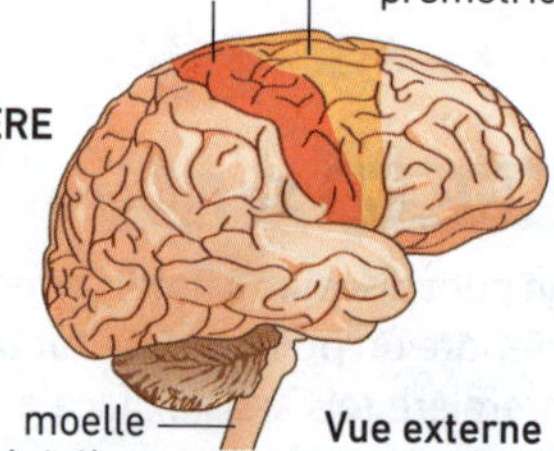

Autre schéma possible

Astuce

Réalise à plusieurs reprises ton support avant le Grand oral pour l'avoir bien en tête le jour J et ne pas perdre trop de temps à le réaliser.

Le jour J

Tu peux ajouter quelques sources d'information précises que tu as peur d'oublier comme une source, un résultat d'expérience, des formules, des chiffres clés : si jamais tu oublies de les dire, il restera une trace de ton travail à partir de laquelle on pourra t'interroger.

→ Voir l'**exercice 8 p. 523 du manuel.**

Le jour J

Tu peux faire figurer ton plan ou une synthèse sur ton support avec les principaux enjeux de ta prise de parole : les réécrire peut te permettre de te les remémorer visuellement une dernière fois, mais c'est aussi un aperçu que tu donnes au jury qui pourra s'y référer lors de l'entretien. Prends soin de le rédiger lisiblement.

2. Distinguer les différents types de questions du jury

À la suite de sa présentation, on doit réagir aux questions des examinateurs pendant 10 minutes. Si tu le souhaites, tu peux t'asseoir : cela t'aidera à laisser redescendre la pression. Rassure-toi : tu ne vas pas subir un interrogatoire ! Le jury n'est pas là pour te mettre en difficulté mais pour t'encourager à approfondir. Il n'y a pas de questions pièges. Dans cet échange, on montre surtout la **solidité de ses connaissances** et sa capacité à prendre de la distance, à **argumenter** et à **élargir son exposé** à d'autres parties du programme.

Prends le temps d'évaluer les réactions du jury et de cerner la nature de la question : mieux vaut quelques secondes de silence plutôt qu'une réponse précipitée. L'examinateur peut poser plusieurs types de questions qu'on doit bien écouter pour orienter ses réponses. Il pourra ainsi demander de :

- **Préciser, clarifier :** il peut arriver qu'on soit passé trop vite sur une information et qu'on se soit exprimé de façon confuse. En te demandant de préciser ou de clarifier, le jury veut vérifier que tu maîtrises bien ton information.
- **Développer :** le jury veut obtenir une information manquante ou vérifier si on a suffisamment de connaissances sur un sujet abordé pendant la question. Il peut te suggérer de développer une idée pour t'orienter dans ta démarche ou pour voir les liens que tu tisses avec d'autres entrées du programme. **N'oublie pas que tu peux être interrogé(e) sur des notions de ton enseignement de spécialité que tu as apprises lors du 3e trimestre !**
- **Justifier :** on peut être questionné sur son choix personnel de sujet, sur la façon dont on a préparé son exposé ou sur l'origine de son contenu.

→ **Voir les exercices 10 à 13 p. 524 et 525 du manuel.**

3. Justifier ses choix d'orientation

L'épreuve se termine avec un échange de 5 minutes sur son projet d'orientation.

Tu dois expliquer en quoi la question traitée éclaire ton projet de poursuite d'études, voire ton projet professionnel : au cours de la préparation de ta question, as-tu pris conscience des attentes de tes études l'année prochaine ? En quoi ton projet a-t-il été **l'occasion pour toi de te préparer aux enjeux de la profession** que tu envisages pour ton avenir ?

Le jury est conscient de la difficulté à se positionner dès maintenant avec assurance sur l'avenir. Il n'attend pas que tu lui prouves que tu es sûr(e) à 100 % de tes orientations ! Tu dois rendre compte de la **curiosité** et du **sérieux** avec lesquels tu t'es posé des questions concrètes sur tes projets possibles. Autrement dit : tu as **5 minutes pour exprimer tes motivations.**

> **Astuce**
>
> **Ton envie de démarrer telles ou telles études est née par hasard ? Aucun problème ! Tu peux très bien commencer par l'annoncer ainsi, du moment que par la suite tu montres de façon convaincante que tu t'es personnellement renseigné(e) sur ce sujet (en allant par exemple sur le site de l'ONISEP www.onisep.fr qui est très complet).**

Commence par exposer les différentes étapes de la maturation de ton projet : pour te renseigner sur ton orientation, tu as pu faire des rencontres inspirantes, enquêter auprès de ton entourage, t'engager dans des actions ponctuelles, dans des activités extra-scolaires... Tu as peut-être eu la chance de partir à l'étranger ou de faire un stage en lien avec ton projet d'études. Tu peux aussi avoir développé ton intérêt pour un métier par le biais d'un enseignement, et l'avoir approfondi dans le choix de ta spécialité.

Explique la manière dont tu souhaites mener ton projet après le baccalauréat : as-tu choisi de faire une licence ? Un BTS ou un DUT ? Une classe préparatoire ? Une école ? Sais-tu d'ores et déjà le nombre d'années d'études qui t'attend pour obtenir ton diplôme ? **Explique les moyens que tu veux mettre en œuvre pour faire aboutir ton projet.**

> **Astuce**
>
> **Ne sois pas dupe de toi-même : il est inutile d'inventer des histoires pour te mettre en valeur. Le jury n'est pas là pour te juger, mais pour t'entendre en toute honnêteté rendre compte d'un projet. Celui-ci ne doit pas être exceptionnel ! Il doit seulement te correspondre.**

→ **Voir les exercices 14 à 19 p. 526 et 527 du manuel.**

F Grille d'évaluation indicative du Grand oral

Voici les critères sur lesquels tu seras évalué(e).

	Très insuffisant	Insuffisant	Satisfaisant	Très satisfaisant
Qualité orale de l'épreuve	• Difficilement audible sur l'ensemble de la prestation. • Le candidat ne parvient pas à capter l'attention.	• La voix devient plus audible et intelligible au fil de l'épreuve mais demeure monocorde. • Vocabulaire limité ou approximatif.	• Quelques variations dans l'utilisation de la voix ; prise de parole affirmée. Il utilise un lexique adapté. • Le candidat parvient à susciter l'intérêt.	• La voix soutient efficacement le discours. • Qualités prosodiques marquées (débit, fluidité, variations et nuances pertinentes, etc.). • Le candidat est pleinement engagé dans sa parole. Il utilise un vocabulaire riche et précis.
Qualité de la prise de parole en continu	• Énoncés courts, ponctués de pauses et de faux démarrages ou énoncés longs à la syntaxe mal maîtrisée.	• Discours assez clair mais vocabulaire limité et énoncés schématiques.	• Discours articulé et pertinent, énoncés bien construits.	• Discours fluide, efficace, tirant pleinement profit du temps et développant ses propositions.
Qualité des connaissances	• Connaissances imprécises, incapacité à répondre aux questions, même avec une aide et des relances.	• Connaissances réelles, mais difficulté à les mobiliser en situation à l'occasion des questions du jury.	• Connaissances précises, une capacité à les mobiliser en réponses aux questions du jury avec éventuellement quelques relances.	• Connaissances maîtrisées, les réponses aux questions du jury témoignent d'une capacité à mobiliser ces connaissances à bon escient et à les exposer clairement.
Qualité de l'interaction	• Réponses courtes ou rares. • La communication repose principalement sur l'évaluateur.	• L'entretien permet une amorce d'échange. • L'interaction reste limitée.	• Répond, contribue, réagit. Se reprend, reformule en s'aidant des propositions du jury.	• S'engage dans sa parole, réagit de façon pertinente. • Prend l'initiative dans l'échange. • Exploite judicieusement les éléments fournis par la situation d'interaction.
Qualité et construction de l'argumentation	• Pas de compréhension du sujet. • Discours non argumenté et décousu.	• Début de démonstration mais raisonnement lacunaire. • Discours insuffisamment structuré.	• Démonstration construite et appuyée sur des arguments précis et pertinents.	• Maîtrise des enjeux du sujet, capacité à conduire et exprimer une argumentation personnelle, bien construite et raisonnée.

Collection Denis Baude
& Yves Jusserand

SVT

Sciences
de la vie
et de la Terre

Tle
enseignement
de spécialité

PROGRAMME
2020

Sous la direction de

Denis Baude et **Yves Jusserand**

Ce manuel a été écrit par :

Adeline André
IA-IPR, académie de Versailles

Denis Baude
Lycée Pothier, Orléans

Xavier Berthon
Lycée Édouard Branly, Dreux

Alban Caillette
Lycée Ronsard, Vendôme

Pascal Chauvel
Lycée Charles Lepierre, Lisbonne

Philippe Cosentino
Lycée Rouvière, Toulon

Isabelle Gasperini
Lycée François Villon, Beaugency

Myriam Gaujoux
IA-IPR, académie de Montpellier

Véronique Joyeux
Lycée Jean Monnet, Joué-les-Tours

Yves Jusserand
Lycée Bernard Palissy, Gien

Frédéric Labaune
Lycée Jean-Marc Boivin, Chevigny-Saint-Sauveur

Pascale de Marchi
Lycée François Villon, Beaugency

Aurélie Ménard-Parrod
Lycée Édouard Branly, Dreux

Benoit Merlant
Lycée Bernard Palissy, Gien

Marine Paulhiac-Pison
Lycée Marie Curie, Versailles

Paul Pillot
Professeur,
développeur d'applications scientifiques, Montréal

Stéphane Rabouin
Lycée Pothier, Orléans

Philippe Roger
Lycée Bernard Palissy, Gien

Rémi Tourret
Lycée Marceau, Chartres
et INSPE Centre Val de Loire (Université d'Orléans)

Avec la collaboration de

Philippe Cosentino
développeur d'applications scientifiques,
coordinateur du manuel numérique

Frédéric Labaune
photographies originales

Paul Pillot
modélisation moléculaire

Adèle Godefroy
Les clés du bac (livret)

bordas
éditeur

Les SVT en classe de Terminale

Au lycée, l'enseignement des Sciences de la vie et de la Terre vise trois objectifs majeurs :

- Acquérir une culture scientifique solide, en renforçant la maîtrise de connaissances validées scientifiquement et la pratique d'un raisonnement rigoureux ;
- Développer l'esprit critique et contribuer à l'éducation civique, en appréhendant sous un angle scientifique les enjeux du monde actuel ;
- Construire une orientation positive, préparer à la poursuite d'études et, au-delà, aux formations conduisant à l'exercice d'un métier.

L'enseignement de la spécialité SVT en classe de Terminale s'inscrit pleinement dans ces objectifs. Il est organisé autour de trois thèmes :

La Terre, la vie et l'évolution du vivant

Deux grandes parties s'inscrivent dans cette thématique :

- **Génétique et évolution**
S'appuyant sur les acquis de Seconde et de Première, on cherche comment la reproduction sexuée forme les génomes individuels et contribue à la diversification du vivant. On étudie aussi d'autres mécanismes de complexification et d'enrichissement des génomes, ainsi que les facteurs qui font évoluer les génomes au sein des populations. L'existence d'une diversification des êtres vivants non liée à l'ADN est également mise en évidence.
- **À la recherche du passé géologique de notre planète**
La dimension temporelle de l'histoire de la Terre est abordée en appréhendant les méthodes de la chronologie relative et absolue, appliquées aux objets géologiques à toutes les échelles. La connaissance des principaux aspects de la dynamique terrestre, étudiés en classe de Première, est réinvestie pour rechercher et interpréter les traces de l'histoire tectonique de la planète Terre.

Enjeux planétaires contemporains

Cette thématique comporte également deux parties :

- **De la plante sauvage à la plante domestiquée**
Après une étude approfondie de l'organisation fonctionnelle des plantes à fleurs, cette partie met en évidence l'enjeu majeur que constitue pour l'humanité la domestication des plantes sauvages et l'exploitation des plantes cultivées.
- **Les climats de la Terre : comprendre le passé pour agir aujourd'hui et demain**
Cette partie réinvestit et approfondit l'étude du système climatique menée en enseignement scientifique. Elle permet de comparer certaines variations climatiques passées au réchauffement climatique actuel. Il s'agit de comprendre quelles en sont les conséquences, constatées et prévisibles, et d'aborder les stratégies d'atténuation et d'adaptation permettant d'y faire face.

Corps humain et santé

- Le fil conducteur de cette partie est l'étude des mécanismes physiologiques impliqués à divers titres dans la réalisation de nos comportements : rôle du système nerveux dans la commande des mouvements (réflexes ou volontaires), mécanismes de la contraction musculaire, voies métaboliques fournissant l'énergie nécessaire, régulation des flux de glucose, influence des agents stresseurs. On aboutit ainsi à une vision intégrée permettant d'interroger les enjeux de santé individuelle et collective.

Remerciements

Catherine Coutand, Chargée de recherche à l'INRAE - Avignon ■ Christian Lesterlin, Ph.D, Molecular Microbiology and Structural Biochemistry – IBCP-UMR5086-Lyon 1 ■ Christian Nicollet, Professeur Emérite à l'Université Clermont Auvergne de Clermont-Ferrand ■ Christine Solonot, Aide de laboratoire, lycée Jean-Marc Boivin, Chevigny-Saint-Sauveur ■ Frédéric Lamblin, Maitre de conférences, Laboratoire de Biologie des Ligneux et des Grandes Cultures, Université d'Orléans ■ Gérard Sulmont, maître de conférences retraité, Université de Picardie Jules Verne, Amiens ■ Jean-Jacques Auclair, Professeur retraité, Vendôme ■ Jérôme Garnier, Adjoint technique de laboratoire, lycée Gustave Eiffel, Dijon ■ Julien Lanson, Direction communication, service image - INRAE Paris ■ Julien Martinet, Responsable plateforme de phénotypage (rhizotron) à l'INRAE de Dijon ■ Marc-André Selosse, Professeur au Muséum d'Histoire Naturelle – Paris ■ Maryse Gillet, professeure retraitée, Villarlurin ■ Nicholas Fairall, champion de saut à ski, handisportif de ski nautique – États-Unis ■ Olivier Richard, Maître de conférences – INEM CNRS Orléans ■ Société Bégénat ■ Société Eurosmart ■ Société Sordalab ■ Victoria Boulay et Pierre Thévenon laboratoire SVT, lycée Édouard Branly, Dreux ■ Xavier Pineau, technicien, docteur en biologie forestière, Laboratoire de Biologie des Ligneux et des Grandes Cultures, Université d'Orléans ■ Yves Goddéris, CNRS - Géosciences Environnement Toulouse (GET)

Les modèles moléculaires de protéines insérées dans des membranes sont issus de la base de données de simulations "*MemProtMD : A database of membrane proteins embedded in lipid bilayers*" (Thomas D Newport, Mark S P Sansom, Phillip J Stansfeld) http://memprotmd.bioch.ox.ac.uk/

Images réalisées avec le logiciel UCSF ChimeraX (http://www.rbvi.ucsf.edu/chimerax), développé par « *Resource for Biocomputing, Visualization and Informatics, University of California, San Francisco » avec le soutien de NIH R01-GM129325 et de « Office of Cyber Infrastructure and Computational Biology, NIAID)* ».

Image de couverture : *Le connectome, une représentation des connexions neuronales du cerveau humain.*

BORDAS/SEJER, 2020 - ISBN : 978-2-04-733762-2

Découvrez votre manuel

Ouverture du chapitre

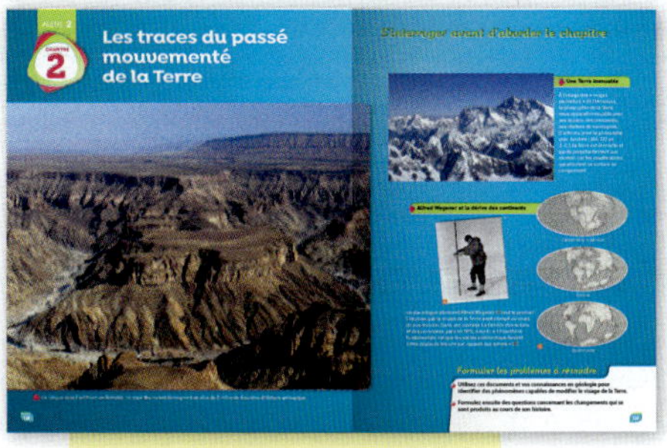

Pour **s'interroger** et **formuler** les **problématiques** du chapitre.

Unités

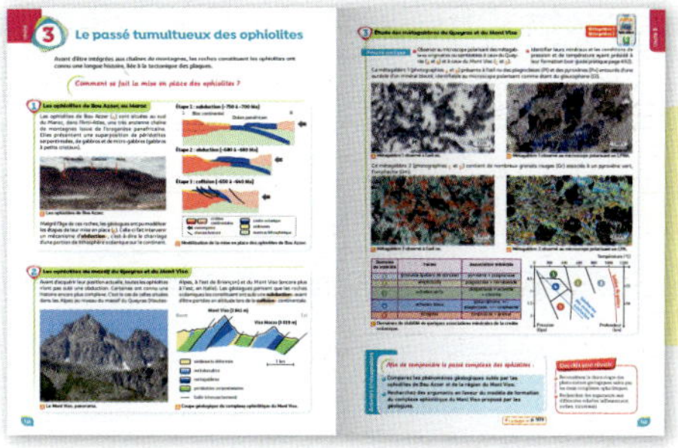

Pour **construire les notions** du programme à partir d'**activités pratiques variées** et de **l'exploitation de données scientifiques**.

Exercices

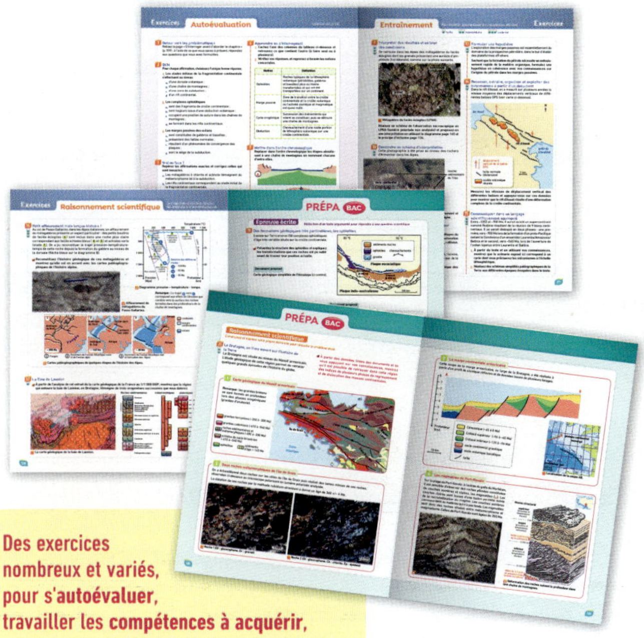

Des exercices nombreux et variés, pour s'**autoévaluer**, travailler les **compétences à acquérir**, pratiquer les **raisonnements scientifiques** en utilisant les connaissances acquises.

Bilan des connaissances

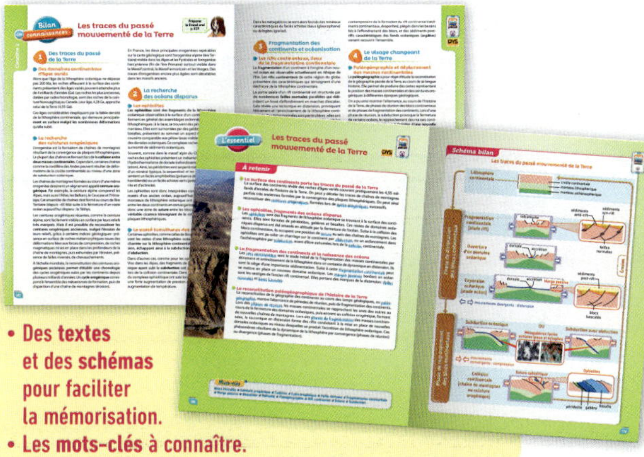

- Des **textes** et des **schémas** pour faciliter la mémorisation.
- Les **mots-clés** à connaître.

Guide pratique

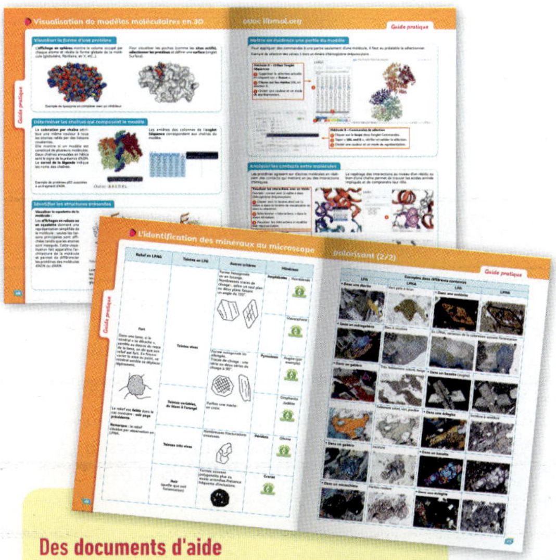

Des **documents d'aide** et **d'apprentissage**, à utiliser à tout moment en fonction des besoins.

Se préparer au Baccalauréat

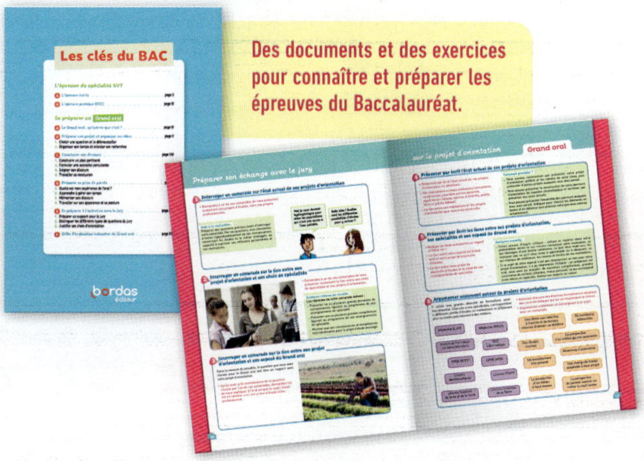

Des documents et des exercices pour connaître et préparer les épreuves du Baccalauréat.

PRÉPA BAC

Ces pages vous aideront dans votre préparation aux épreuves du Baccalauréat.

Quatre pages Bilan

1. Une double page avec des **explications**, pour **comprendre**.
2. Une page qui résume les **notions essentielles à retenir**.
3. Le schéma bilan pour faciliter la **représentation** et la **mémorisation**.

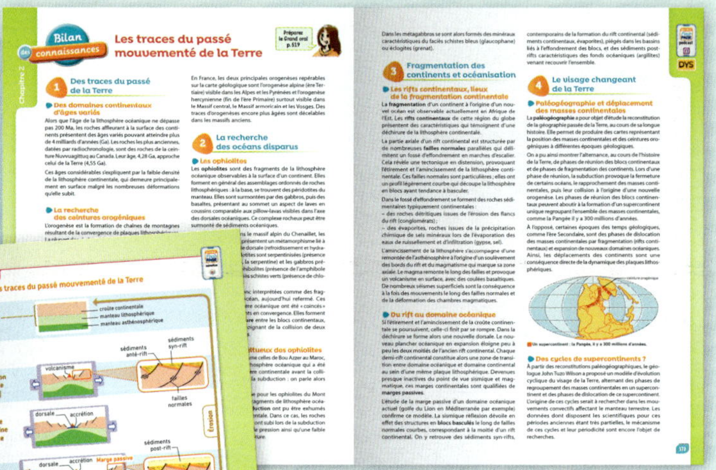

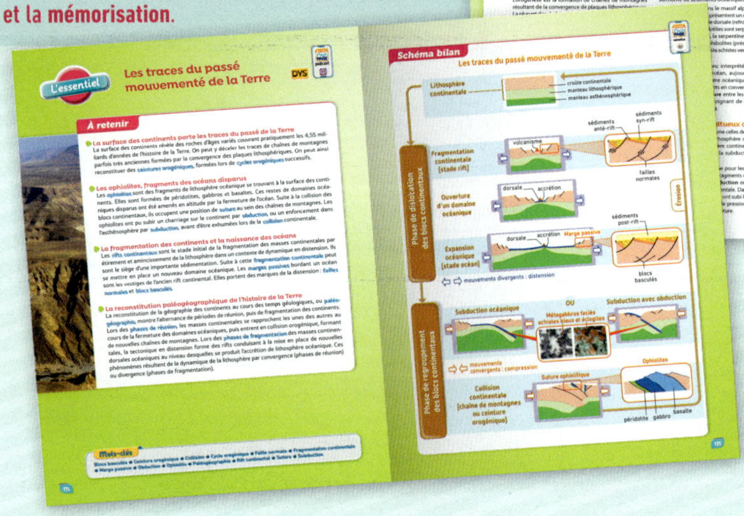

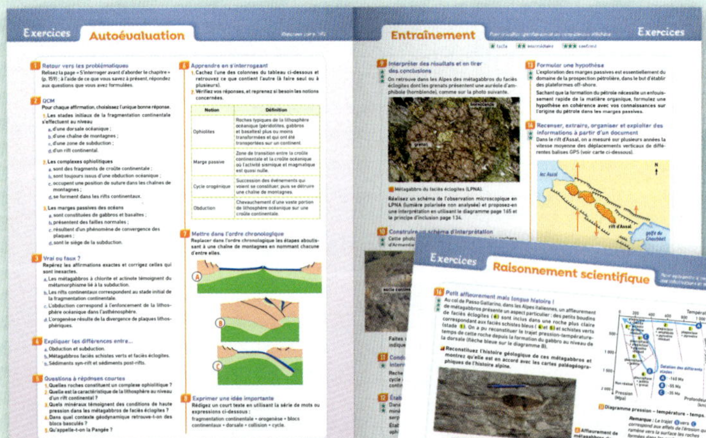

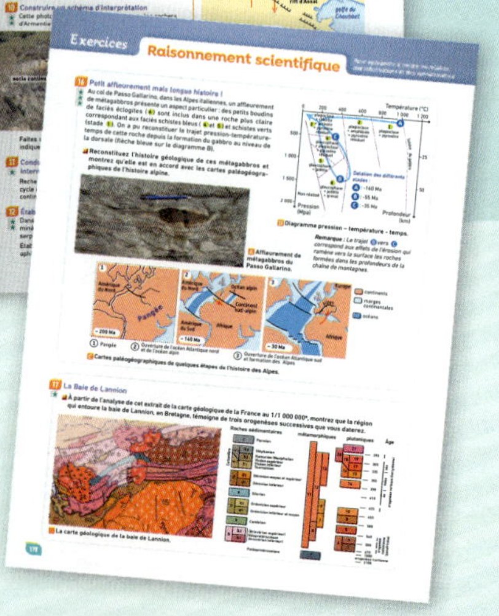

Des exercices pour s'entraîner

1. Pour contrôler ses connaissances et s'**autoévaluer** grâce aux corrigés en fin de manuel.
2. Des exercices courts pour travailler spécifiquement une **compétence**.
3. Un ou deux exercices pour renforcer l'apprentissage du **raisonnement scientifique**.

PRÉPA BAC

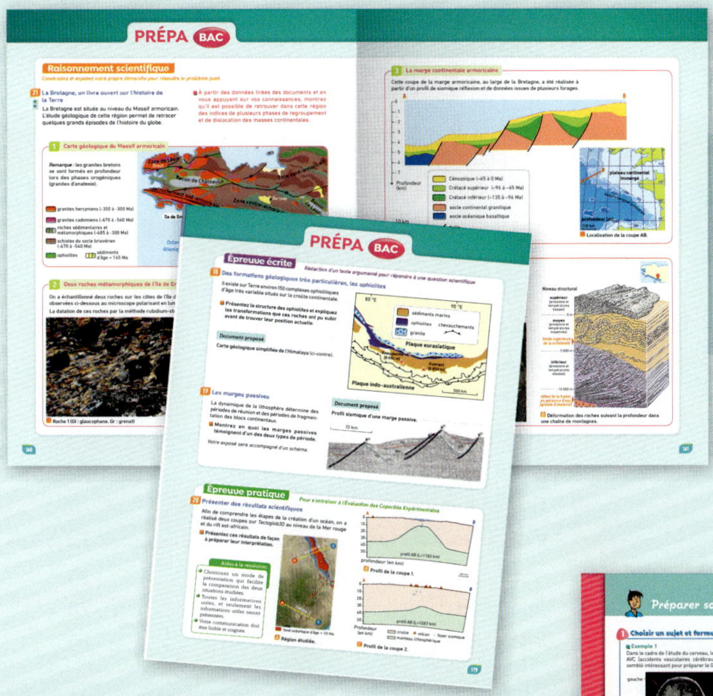

Des exercices de type bac

Ces exercices sont conformes à l'épreuve écrite et à l'épreuve pratique du Baccalauréat :

- Rédaction d'un texte argumenté en s'appuyant éventuellement sur un document.
- Évaluation de compétences expérimentales (ECE).
- Pratique du raisonnement scientifique.

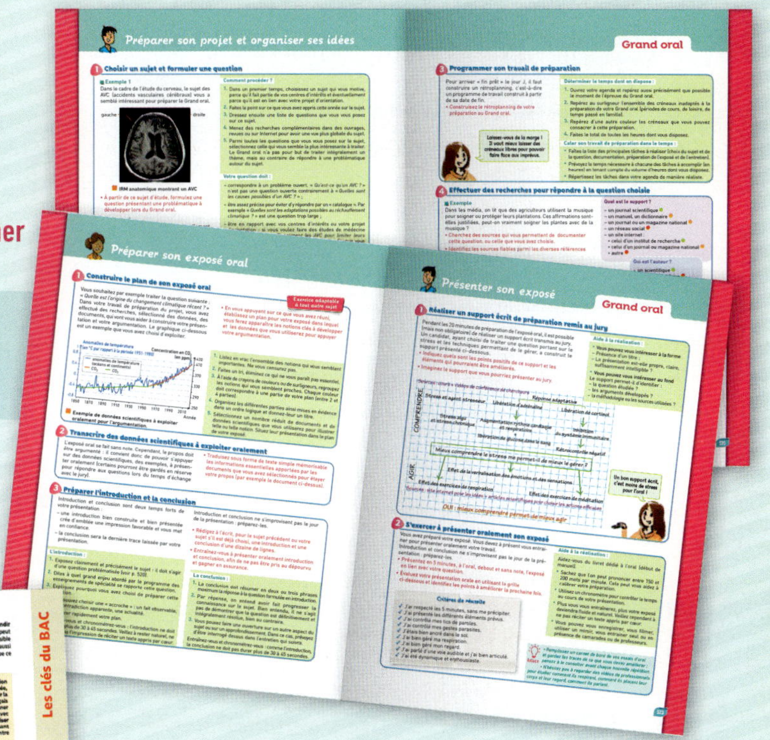

Des exercices pour préparer et s'entraîner au Grand oral en spécialité SVT

- Préparer son projet.
- Préparer et présenter son exposé.
- Préparer son échange avec le jury.

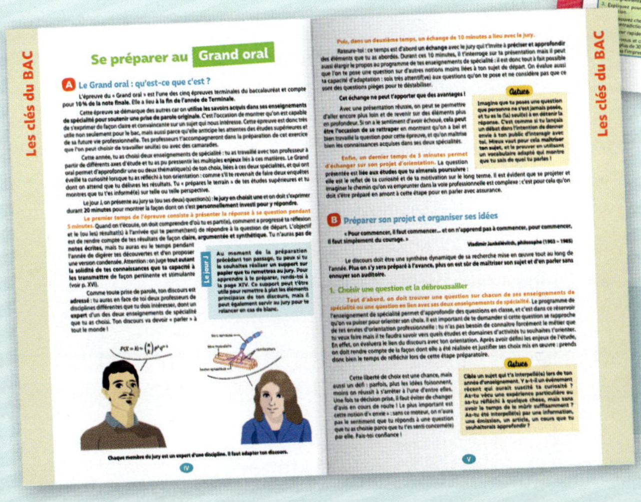

... Et un livret en début d'ouvrage

Tout ce que vous voulez savoir sur le Grand oral, des conseils et des astuces pour se mettre en confiance et bien réussir.

Sommaire

Rabats avant

Bordas flashpage .... A

Les ressources numériques du manuel .... B-C

Rabats arrière

L'organisation florale des principales familles de plantes .... D-E

L'échelle stratigraphique internationale des temps géologiques .... F

Les SVT en classe de Terminale 2

Découvrez votre manuel 3

PRÉPA BAC 4

PARTIE 1

Génétique et évolution 12

Retrouver des acquis 14

1 L'origine du génotype des individus 18

1. L'organisme : une mosaïque de clones cellulaires 20
2. Fécondation et constitution du génome individuel 22
3. Comprendre les relations de dominance et de récessivité 24
4. Méiose et brassage interchromosomique 26
5. Méiose et brassage intrachromosomique 28
6. L'analyse génétique : interpréter des résultats de croisements 30
7. L'hérédité « liée au sexe » 32
8. L'analyse prédictive familiale et l'accès direct au génotype 34

- Bilan des connaissances 36
- Exercices 40
- PRÉPA BAC – ECE – épreuve écrite 43

2 Accidents génétiques de la méiose et diversification des génomes 46

1. Anomalies chromosomiques et diversification des génomes 48
2. Des anomalies à l'origine d'un enrichissement des génomes 50
3. Les familles multigéniques : existence et origine de gènes apparentés 52
4. Familles multigéniques et évolution des génomes 54

- Bilan des connaissances 56
- Exercices 58
- PRÉPA BAC – ECE – épreuve écrite 59

3 Transferts horizontaux de gènes et endosymbioses 62

1. Des transferts horizontaux de gènes 64
2. Les transferts horizontaux de gènes, moteurs de l'évolution 66
3. Transferts horizontaux de gènes et santé humaine 68
4. L'endosymbiose, une évolution par fusion entre organismes 70
5. Des endosymbioses aux conséquences évolutives majeures 72

- Bilan des connaissances 74
- Exercices 78
- PRÉPA BAC – ECE – épreuve écrite 81

4 L'inéluctable évolution des génomes au sein des populations 84

1. Le modèle de Hardy-Weinberg : un équilibre théorique 86
2. La sélection à l'œuvre 88
3. D'autres perturbations de la structure génétique d'une population 90
4. Un nouveau regard sur la notion d'espèce 92

- Bilan des connaissances 94
- Exercices 98
- PRÉPA BAC – ECE – épreuve écrite 101

5 D'autres mécanismes contribuent à la diversité du vivant* 104

1. Symbioses et diversité des êtres vivants 106
2. La notion de phénotype étendu 108
3. Une transmission culturelle des comportements 110
4. L'importance de l'évolution culturelle dans les sociétés humaines 112

- Bilan des connaissances 114
- Exercices 118
- PRÉPA BAC – ECE – épreuve écrite 121

PARTIE 2

À la recherche du passé géologique de notre planète 124

Retrouver des acquis 126

1 Le temps et les roches 130

1. La datation relative sur le terrain 132
2. La datation relative au laboratoire 134
3. La datation des roches sédimentaires grâce aux fossiles 136
4. Établir des corrélations temporelles entre régions éloignées 138
5. La construction de l'échelle stratigraphique 140
6. La chronologie absolue : attribuer un âge chiffré aux roches 142
7. Le chronomètre potassium/argon 144
8. Le chronomètre rubidium/strontium 146

- Bilan des connaissances 148
- Exercices 152
- PRÉPA BAC – ECE – épreuve écrite 155

2 Les traces du passé mouvementé de la Terre 158

1. Les traces d'anciennes chaînes de montagnes 160
2. À la recherche des océans disparus 162
3. Le passé tumultueux des ophiolites 164
4. Rifts et fragmentation continentale 166
5. Marges passives et océanisation 168
6. La valse des continents 170

- Bilan des connaissances 172
- Exercices 176
- PRÉPA BAC – ECE – épreuve écrite 179

PARTIE 3

De la plante sauvage à la plante domestiquée 182

Retrouver des acquis 184

1 L'organisation fonctionnelle des plantes à fleurs 186

1. Les racines, des organes adaptés à l'absorption de l'eau du sol 188
2. Les feuilles, des organes adaptés à la fonction de photosynthèse 190
3. Les plantes face aux contraintes de l'environnement 192
4. La circulation de matières au sein de la plante 194
5. Des zones spécialisées dans la croissance de la plante 196
6. La mise en place des organes de la plante 198
7. Une organogenèse sous influences 200

- Bilan des connaissances 202
- Exercices 206
- PRÉPA BAC – ECE – épreuve écrite 209

2 La plante, productrice de matière organique 212

1. Les structures impliquées dans la photosynthèse 214
2. La photosynthèse, une oxydoréduction activée par la lumière 216
3. La matière organique assure la croissance et le port de la plante 218
4. Le stockage de la matière organique 220
5. Matière organique et interactions avec d'autres espèces 222

- Bilan des connaissances 224
- Exercices 228
- PRÉPA BAC – ECE – épreuve écrite 231

3 Reproduction de la plante, entre vie fixée et mobilité 234

1. La reproduction asexuée, une stratégie pour occuper l'espace 236
2. La fleur, une structure spécialisée assurant la reproduction sexuée 238
3. La fécondation chez les plantes à fleur 240
4. Le transport du pollen, étape nécessaire à la fécondation croisée 242
5. D'une génération à la suivante 244
6. La dispersion des graines 246

- Bilan des connaissances 248
- Exercices 252
- PRÉPA BAC – ECE – épreuve écrite 255

** À la date de publication de ce manuel, les chapitres ou unités marqués par un astérisque sont exclus de l'épreuve terminale du Baccalauréat.*

Sommaire

4 La domestication des plantes* 258

1. La domestication des plantes sauvages 260
2. La sélection programmée de nouvelles variétés 262
3. Les biotechnologies et la création variétale... 264
4. Les conséquences génétiques de la domestication 266
5. Les défenses des plantes domestiques 268
6. Des ressources génétiques prometteuses..... 270
7. Une relation mutualiste entre plantes et êtres humains 272

- Bilan des connaissances 274
- Exercices 278
- PRÉPA BAC – ECE – épreuve écrite 281

PARTIE 4
Les climats de la Terre : comprendre le passé pour agir aujourd'hui et demain 284

Retrouver des acquis 286

1 Reconstituer et comprendre les variations climatiques passées 290

1. Le climat actuel change très rapidement 292
2. Les indices géologiques du dernier maximum glaciaire 294
3. Les indices écologiques du dernier maximum glaciaire 296
4. Des thermomètres isotopiques 298
5. L'origine des variations climatiques quaternaires 300
6. Variations climatiques au Cénozoïque........ 302
7. Le Crétacé, une période chaude 304
8. Le Carbonifère-Permien, une période froide.. 306

- Bilan des connaissances 308
- Exercices 312
- PRÉPA BAC – ECE – épreuve écrite 315

2 Faire face au réchauffement climatique* 318

1. L'humanité face à la menace climatique 320
2. Réchauffement climatique et biodiversité 322
3. Réchauffement climatique et santé humaine. 324
4. Réchauffement climatique et agrosystèmes.. 326
5. Agir collectivement contre le réchauffement climatique 328
6. Agir contre le réchauffement climatique à une échelle individuelle 330

- Bilan des connaissances 332
- Exercices 336
- PRÉPA BAC – ECE – épreuve écrite 339

PARTIE 5
Corps humain et santé 342

Retrouver des acquis 344

1 Un exemple de communication nerveuse : les réflexes 348

1. Des comportements réflexes 350
2. La moelle épinière, centre nerveux du réflexe myotatique 352
3. Du récepteur sensoriel au message nerveux .. 354
4. La conduction du message par les voies nerveuses 356
5. La transmission synaptique 358
6. Les molécules impliquées dans le fonctionnement synaptique 360
7. Du message nerveux à la contraction musculaire 362

- Bilan des connaissances 364
- Exercices 368
- PRÉPA BAC – ECE – épreuve écrite 371

2 Le cerveau : plasticité, fragilité et rôle dans la motricité 374

1. Les cellules du cerveau 376
2. La commande des mouvements volontaires.. 378
3. La communication entre aires cérébrales..... 380
4. Du cerveau aux motoneurones de la moelle épinière 382
5. Le rôle intégrateur des neurones moteurs.... 384
6. Des dysfonctionnements du système nerveux 386
7. Apprendre ou réapprendre grâce à la plasticité cérébrale 388
8. L'action de substances exogènes sur le cerveau 390

- Bilan des connaissances 392
- Exercices 396
- PRÉPA BAC – ECE – épreuve écrite 399

3 La contraction musculaire 402

1. Le muscle, un organe contractile 404
2. La fibre musculaire, une cellule spécialisée dans la contraction 406
3. Le mécanisme moléculaire de la contraction . 408
4. La myopathie, une dégénérescence des cellules musculaires 410

- Bilan des connaissances 412
- Exercices 414
- PRÉPA BAC – ECE – épreuve écrite 415

4 L'origine de l'ATP nécessaire aux activités cellulaires 418

1. L'ATP, molécule clé du métabolisme énergétique des cellules 420
2. Les mitochondries, organites de la respiration cellulaire 422
3. Les étapes de la respiration cellulaire 424
4. Les voies métaboliques assurant la contraction musculaire 426
5. L'adaptabilité du muscle aux pratiques sportives 428

- Bilan des connaissances 430
- Exercices 434
- PRÉPA BAC – ECE – épreuve écrite 437

Guide pratique 488

- Carte géologique de la France 489
- Carte géologique du monde 490
- L'identification des minéraux 492
- Visualisation moléculaire 496
- L'imagerie par résonance magnétique (IRM) 500

5 Le contrôle des flux de glucose 440

1. Les besoins des cellules musculaires 442
2. Les réserves de glucose de l'organisme 444
3. Le pancréas, un organe régulateur de la glycémie 446
4. Les diabètes, des dérèglements de la régulation de la glycémie 448
5. Les mécanismes moléculaires de la régulation de la glycémie 450

- Bilan des connaissances 452
- Exercices 456
- PRÉPA BAC – ECE – épreuve écrite 459

6 Comportements et stress : vers une vision intégrée de l'organisme 462

1. L'organisme face aux agents stresseurs 464
2. Le cerveau, un déclencheur d'alerte lors du stress aigu 466
3. La sécrétion d'une hormone, le cortisol 468
4. Contrôle du taux sanguin de cortisol et résilience 470
5. Quand le stress devient chronique* 472
6. Des médicaments qui soignent le stress chronique* 474
7. Des pratiques alternatives aux médicaments anti-stress* 476

- Bilan des connaissances 478
- Exercices 482
- PRÉPA BAC – ECE – épreuve écrite 485

- Corrigés des exercices 502
- Lexique 509
- Crédits 517

PRÉPA BAC

Préparation à l'oral 519

- Préparer son projet et organiser ses idées 520
- Préparer son exposé oral 522
- Présenter son exposé 523
- Préparer son échange avec le jury *sur l'exposé oral* 524
- Préparer son échange avec le jury *sur le projet d'orientation* 526

** À la date de publication de ce manuel, les chapitres ou unités marqués par un astérisque sont exclus de l'épreuve terminale du Baccalauréat.*

Sommaire

Flash PAGE animation | Flash PAGE modélisation

Les animations

eduMedia

*par Philippe Cosentino

PARTIE 1

1 L'origine du génotype des individus
- Expérience de Mendel ... p. 22
- Brassage interchromosomique ... p. 27
- Brassage intrachromosomique ... p. 29
- Expérience de Morgan ... p. 32
- Hérédité et arbres généalogiques ... p. 34

2 Accidents génétiques de la méiose et diversification des génomes
- Anomalies chromosomiques ... p. 48

3 Transferts horizontaux de gènes et endosymbioses
- Cycle réplicatif du VIH ... p. 65
- Clonage d'un gène ... p. 69
- Endosymbiose ... p. 70

4 L'inéluctable évolution des génomes au sein des populations
- L'impact limité des mutations *Edu'modèles** ... p. 87
- Jeu « Phalènes »* ... p. 88
- Sélection naturelle ... p. 88
- La sélection modifie la structure génétique des populations *Edu'modèle** ... p. 89
- Évolution allélique* ... p. 90
- Dérive génétique* ... p. 90

5 D'autres mécanismes contribuent à la diversité du vivant
- Symbiose ... p. 106

PARTIE 2

1 Le temps et les roches
- Plis ... p. 132
- Différentes failles ... p. 132
- Datation relative* ... p. 132
- Décroissance radioactive ... p. 142

2 Les traces du passé mouvementé de la Terre
- Formation de l'Himalaya ... p. 160
- Failles de divergence ... p. 166
- Le contexte géodynamique des rifts de l'Afar *Tectoglob3D** ... p. 167
- Blocs basculés* ... p. 169
- La paléogéographie *Tectoglob3D** ... p. 170

PARTIE 3

2 La plante, productrice de matière organique
- De la plante au chloroplaste ... p. 215
- L'arbre ... p. 219

3 Reproduction de la plante, entre vie fixée et mobilité
- Bouturage ... p. 236
- Marcottage ... p. 236
- La fleur ... p. 238
- Pollinisation ... p. 242
- Reproduction sexuée des plantes à fleurs ... p. 244
- Anatomie des graines ... p. 244
- Germination de la graine ... p. 245

4 La domestication des plantes
- Hybridation chez le maïs ... p. 262

PARTIE 4

1 Reconstituer et comprendre les variations climatiques passées
- Le cycle du carbone ... p. 292
- L'effet de serre ... p. 293
- Vallée en U (glacier) ... p. 294
- Utilisation des isotopes de l'oxygène ... p. 298
- Insolation et latitude ... p. 300
- Reconstitution du climat global au Carbonifère *PaleoTerre** ... p. 306

2 Faire face au réchauffement climatiques
- Biodiversité et réchauffement climatique ... p. 319
- Modèles climatiques* ... p. 328

PARTIE 5

1 Un exemple de communication nerveuse : les réflexes
- Le réflexe rotulien ... p. 350
- Moelle épinière ... p. 352
- Structure du neurone ... p. 352
- Message nerveux ... p. 355
- Gaine de myéline ... p. 356
- Propagation du potentiel d'action ... p. 357
- Synapse neuromusculaire (NM) ... p. 358
- Fonctionnement de la synapse NM ... p. 358
- Transmission synaptique ... p. 359

2 Le cerveau : plasticité, fragilité et rôle dans la motricité
- Cerveau humain ... p. 376
- Cerveau humain en coupe ... p. 376
- Technique de l'IRM ... p. 378
- Commande cérébrale du mouvement ... p. 379
- Logiciel sommation spatiale* ... p. 385
- Gaine de myéline ... p. 386
- Mode d'action des drogues ... p. 391

3 La contraction musculaire
- Le muscle ..... p. 404
- Contraction du sarcomère ..... p. 407
- Contraction musculaire : rôle de l'ATP ..... p. 409

4 L'origine de l'ATP nécessaire aux activités cellulaires
- Glycolyse ..... p. 424
- Le cycle de Krebs ..... p. 424
- La chaîne respiratoire ..... p. 425

5 Le contrôle des flux de glucose
- Régulation de la glycémie ..... p. 447
- Hypoglycémie ..... p. 451
- Hyperglycémie ..... p. 451

bordas Flash PAGE molécule 3D

Les molécules 3D

par **Paul Pillot**

- Amidon ..... p. 214
- Cellulose ..... p. 218
- Acétylcholine ..... p. 360
- Récepteur de l'acétylcholine ..... p. 360
- Curare et récepteur de l'acétylcholine ..... p. 361
- Nicotine sur récepteur à l'acétylcholine ..... p. 390
- Myosine ..... p. 408
- Actine-myosine ..... p. 409
- Glycogène ..... p. 444
- Glucagon ..... p. 447
- Insuline ..... p. 447
- Récepteur à insuline ..... p. 450
- Récepteur au glucagon ..... p. 450
- Récepteur au cortisol ..... p. 471
- Récepteur à GABA et benzodiazépine ..... p. 475

bordas Flash PAGE lame mince

Des lames en panoramas numériques

- Basalte de l'Etna ..... p. 135
- Biotite contenant des zircons ..... p. 135
- Granite ..... p. 143
- Métagabbro 1 ..... p. 165
- Métagabbro 2 ..... p. 165
- Systèmes racinaires ..... p. 188
- Coupes de feuilles ..... p. 190
- Feuille de maïs ..... p. 191
- Coupes de tiges ..... p. 194
- Coupes de racines ..... p. 194
- Bourgeon ..... p. 196
- Cambium ..... p. 196
- Extrémité racinaire ..... p. 196
- Racine secondaire ..... p. 199
- Granite altéré ..... p. 302
- Pancréas ..... p. 446

- Guide pratique ..... p. 508

par **Frédéric Labaune**

bordas Flash PAGE podcast

Les cours en podcast

DYS

Pour écouter et réviser le cours, à votre rythme, autant de fois que vous le souhaitez.

bordas Flash PAGE animation

19 schémas bilans animés

par **Philippe Cosentino**

1 L'origine du génotype des individus 18

2 Accidents génétiques de la méiose et diversification des génomes 46

3 Transferts horizontaux de gènes et endosymbioses 62

4 L'inéluctable évolution des génomes au sein des populations 84

5 D'autres mécanismes contribuent à la diversité du vivant 104

Éléphants de savane (*Loxodonta africana*), Parc national Kruger, Afrique du Sud.

PARTIE 1

Génétique et évolution

Retrouver des acquis

La reproduction sexuée

- Les ovaires des femelles produisent des ovules.
- Les testicules des mâles produisent des spermatozoïdes.

- Le pistil de la fleur contient un ovaire qui produit des gamètes femelles. Les étamines produisent des grains de pollen contenant les gamètes mâles.

- La fécondation est l'union d'un gamète mâle et d'un gamète femelle : elle forme une cellule-œuf à l'origine d'un embryon.

C Fécondation *in vitro* (espèce humaine, MEB).

D Fusion des deux noyaux formant la cellule-œuf.

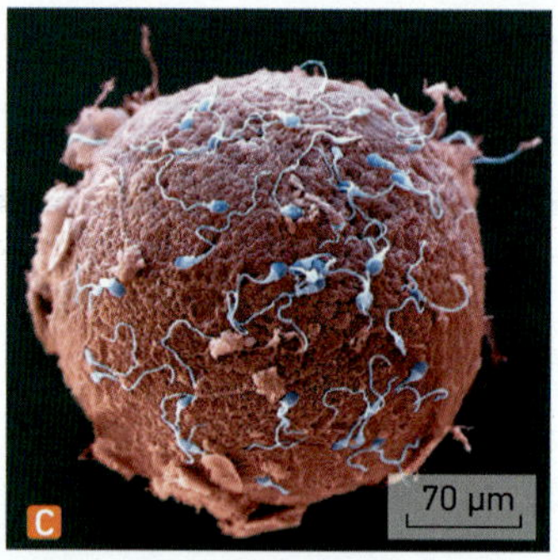

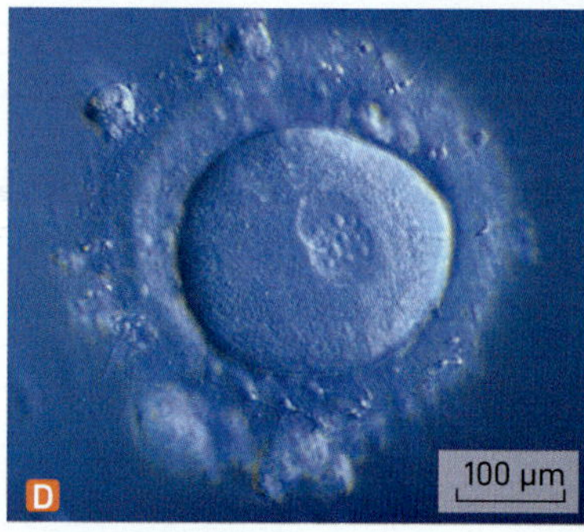

Des anomalies du nombre de chromosomes

- La trisomie 21, également appelée syndrome de Down, concerne en moyenne un enfant sur 700 naissances. Les personnes atteintes ont des traits caractéristiques (yeux en amande, repli vertical de la paupière près du nez, visage plus large) et souvent des malformations internes. Les sujets présentent aussi un handicap mental plus ou moins important. Une éducation adaptée peut néanmoins permettre une intégration à la société. L'analyse du caryotype associé à ces symptômes révèle l'existence de trois chromosomes 21 dans toutes les cellules.
- Le plus souvent, l'anomalie est présente dès la cellule-œuf : son origine est donc à rechercher lors de la formation des gamètes chez l'un des deux parents. Elle n'est pas héréditaire.

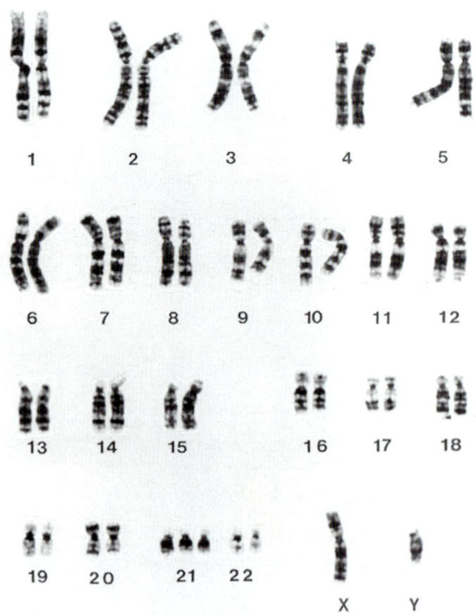

Caryotype d'une personne atteinte de trisomie 21.

Les divisions cellulaires des eucaryotes

Les chromosomes, éléments permanents des cellules

Un chromosome double

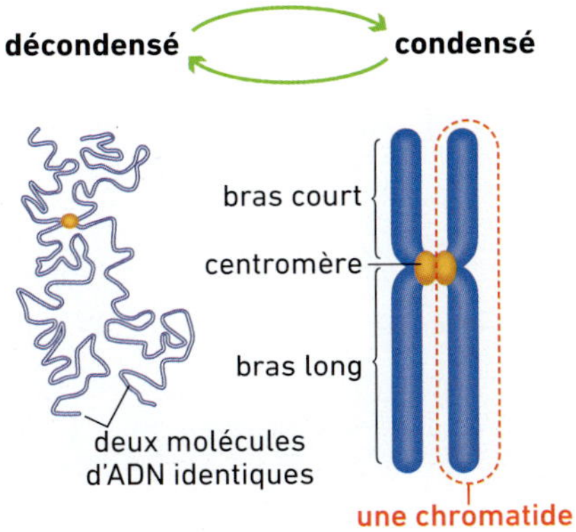

Le cycle cellulaire

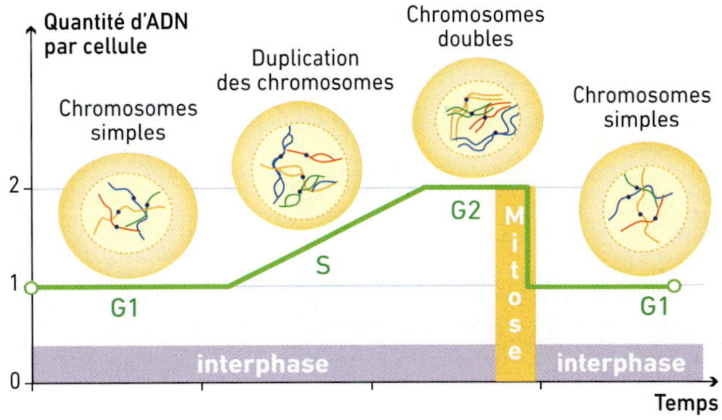

La mitose, une reproduction conforme des cellules

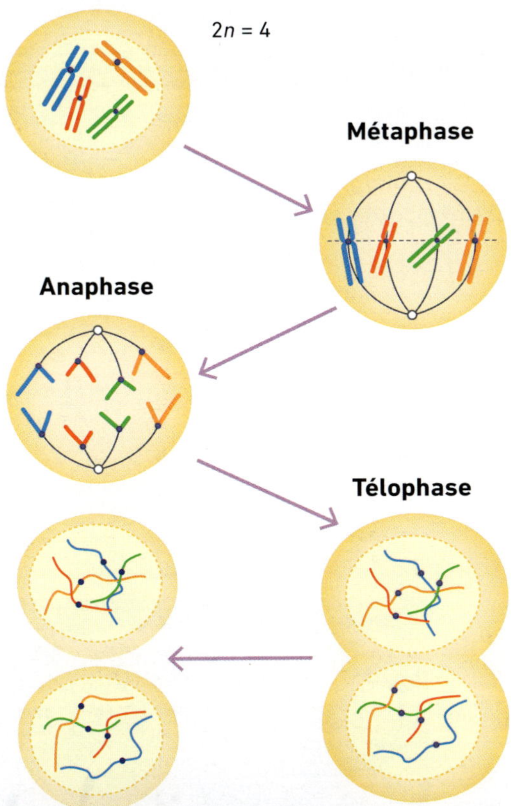

2 cellules diploïdes identiques
$2n = 4$
Chromosomes simples

La méiose, une production de cellules haploïdes

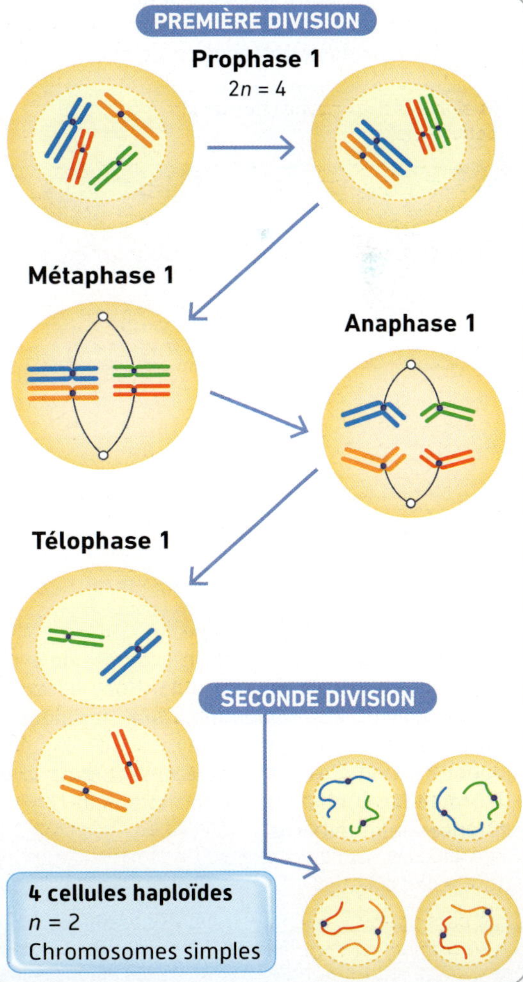

4 cellules haploïdes
$n = 2$
Chromosomes simples

Retrouver des acquis

Des interactions entre les êtres vivants

Des interactions d'exploitation

A Prédation : martin-pêcheur pourpré capturant une cigale.

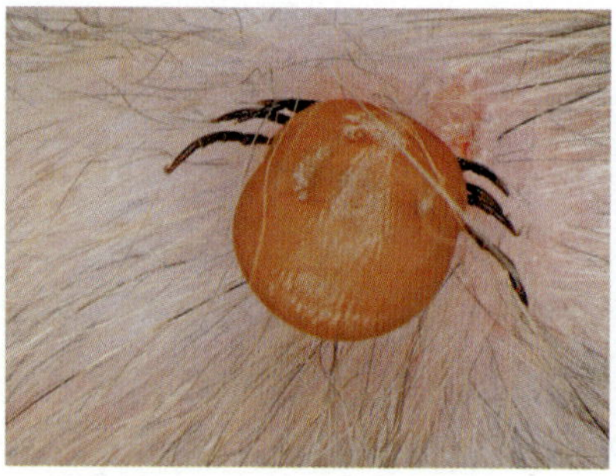

B Parasitisme : tique sur un chat domestique.

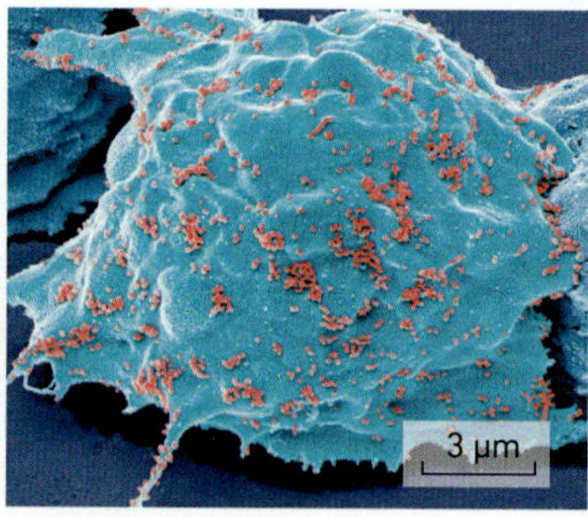

C Infection virale : virus de la grippe à la surface d'une cellule humaine.

Des interactions à bénéfices réciproques

- Les mycorhizes sont des associations entre les filaments mycéliens de champignons et les racines de nombreuses plantes. Cette association est bénéfique aux deux partenaires : c'est une symbiose.

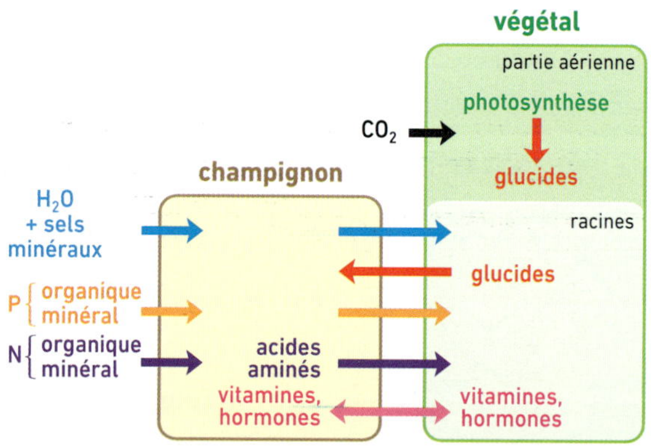

- Le microbiote intestinal est un exemple de symbiose : des milliards de bactéries profitent des conditions de vie que constitue le milieu intestinal (température, humidité, ressources alimentaires). Ces bactéries jouent de multiples rôles, notamment dans la digestion, la protection contre les inflammations et renforcent les défenses immunitaires.

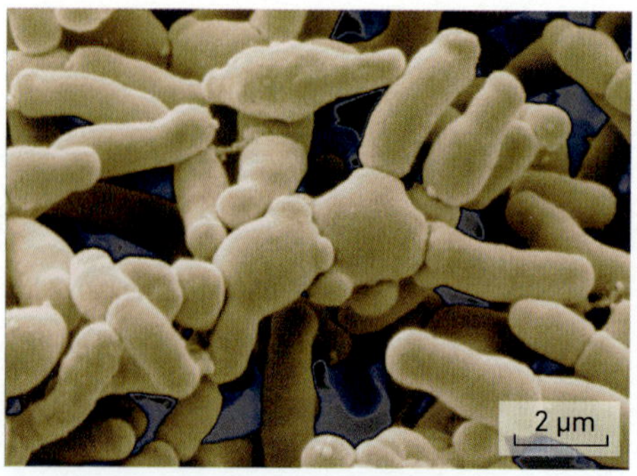

D Les bifidobactéries (MEB) du microbiote intestinal stimulent les défenses immunitaires.

Mécanismes évolutifs et biodiversité

Espèces et spéciation

- La notion d'espèce, qui joue un grand rôle dans la description de la biodiversité, est un concept créé par l'être humain. La définition utilisée aujourd'hui utilise le critère biologique d'interfécondité : *une espèce est une population ou un ensemble de populations dont les individus peuvent effectivement ou potentiellement se reproduire entre eux et engendrer une descendance viable et féconde, dans des conditions naturelles.*

- La spéciation est la formation d'une nouvelle espèce à partir d'une espèce préexistante.

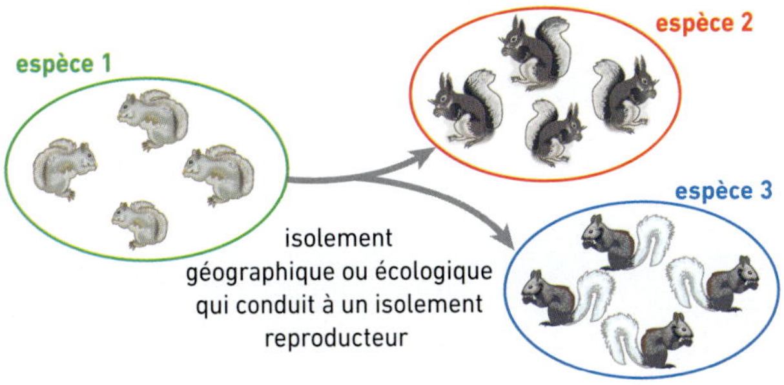

Des mécanismes responsables d'une évolution des populations

- Des mutations de l'ADN sont à l'origine de la diversité des allèles.

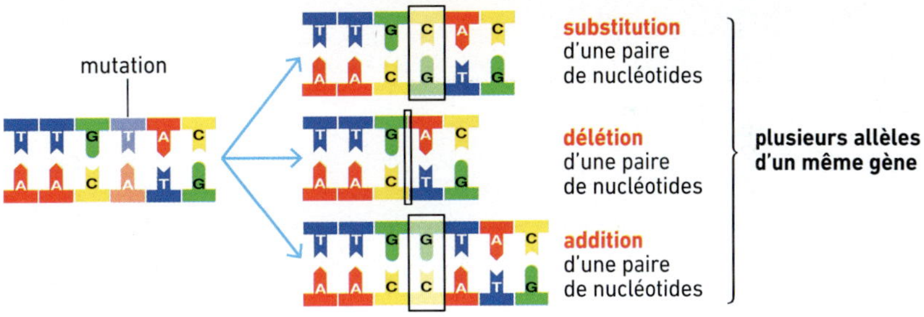

- La sélection naturelle est l'augmentation dans une population de la fréquence d'un caractère qui confère un avantage reproducteur, sous l'effet de la pression de facteurs du milieu de vie.

Dans une région où les supports (arbres, rochers) sont souvent couverts de lichens clairs, les phalènes foncées sont plus facilement repérées que les phalènes claires par les oiseaux insectivores. Par conséquent, leur fréquence dans les populations est plus faible. Dans d'autres conditions, c'est l'inverse.

- La dérive génétique, une modification aléatoire de la fréquence des allèles au sein d'une population.

Lors de la reproduction sexuée, les allèles des parents sont transmis de façon aléatoire à leurs descendants. Dans une petite population, la diversité génétique change fortement d'une génération à l'autre.

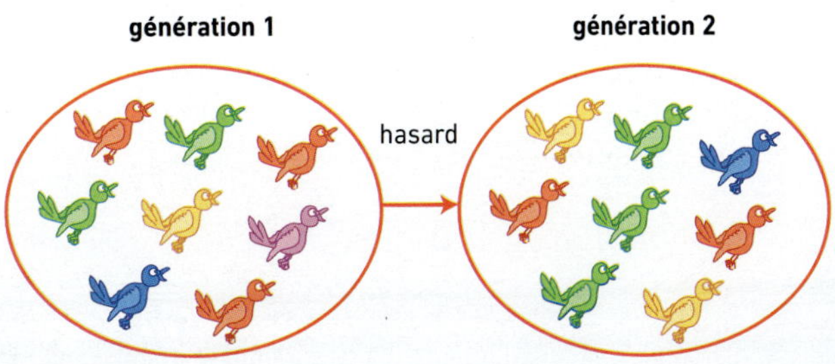

PARTIE 1

CHAPITRE 1

L'origine du génotype des individus

La mouche du vinaigre (*Drosophila melanogaster*) est le modèle animal qui a permis de faire décoller les connaissances dans le domaine de la génétique. Aujourd'hui encore, la drosophile est le support de nombreuses recherches, notamment dans le domaine du développement.

S'interroger avant d'aborder le chapitre

Morgan, le père de la théorie chromosomique de l'hérédité

Né l'année de la publication par Mendel des trois lois qui, selon lui, gouvernent l'hérédité, Thomas Hunt Morgan (1866-1945) est le chercheur qui démontra expérimentalement par ses travaux sur la drosophile que les chromosomes sont bien les supports de la transmission des caractères héréditaires. Ses travaux lui vaudront le prix Nobel de physiologie ou médecine en 1933.

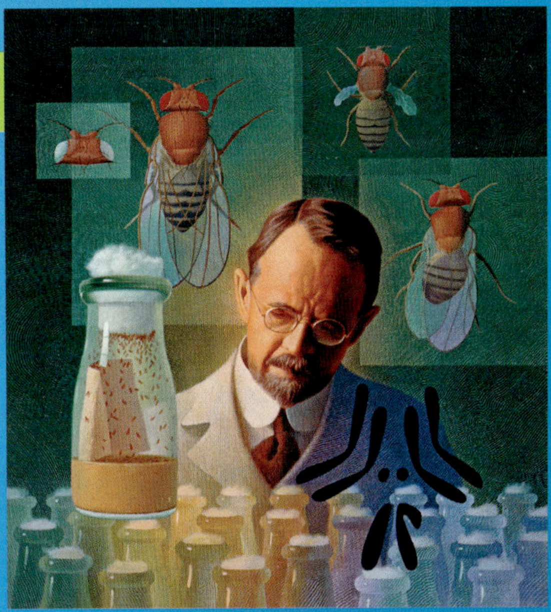

La transmission d'une particularité génétique

Dans la famille Da Silva, on a six doigts de génération en génération. Quatorze des vingt-six membres de la famille, sur trois générations, ont un doigt surnuméraire à chaque main. Cette particularité est liée à la transmission d'une mutation affectant l'expression d'un gène impliqué dans le développement des membres.

Formuler les problèmes à résoudre

- Par reproduction sexuée, deux parents donnent naissance à de nouveaux individus dont le génome est unique en son genre.
À partir des documents de cette page, formulez des questions que pose la diversification des êtres vivants engendrée par les processus de la reproduction sexuée.

Unité 1

L'organisme : une mosaïque de clones cellulaires

On a coutume de dire qu'un individu est constitué de cellules génétiquement identiques, car issues d'une cellule unique à l'origine de l'organisme. Or, selon des études récentes, il faut plutôt considérer un organisme comme une mosaïque de clones de cellules aux génomes légèrement différents.

Quelles études permettent d'estimer la relative diversité génétique des cellules d'un individu ?

1 Une quantification du nombre de cellules d'un individu

Les premières estimations du nombre de cellules qui composent un être humain ont abouti à des résultats variables, compris entre 10^{12} et 10^{14} cellules pour un adulte. Afin d'affiner cette valeur et d'indiquer la contribution de chaque type de tissu à ce nombre, une étude a été menée en 2016 par une équipe de chercheurs israéliens.

	Masse corporelle (kg)	Âge	Nombre de cellules ($\times 10^{12}$)
Homme	70	20 à 30 ans	30
Femme	63	20 à 30 ans	21
Nourrisson	4,4	4 semaines	1,9
Enfant	9,6	1 an	4
Senior	70	66 ans	22

A Estimation du nombre de cellules d'un être humain.

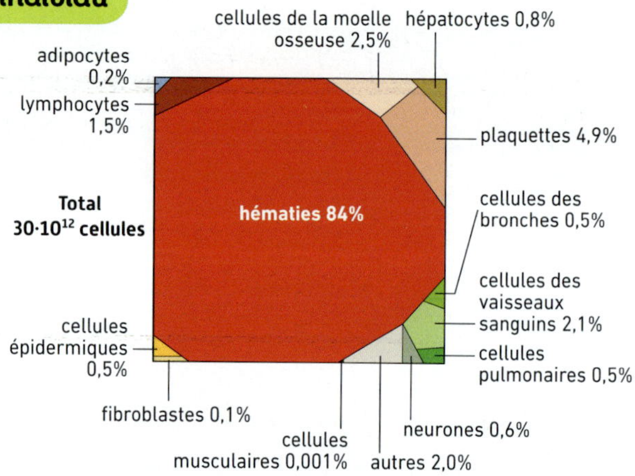

B Composition cellulaire d'un homme adulte : l'aire des polygones est proportionnelle au nombre de cellules *(R. Sender & al.- PLOS Biology, 2016).*

2 Une quantification du nombre de mutations chez un individu

La multiplication par mitose d'une cellule initiale produit un **clone***, ensemble de cellules en théorie génétiquement identiques. En réalité, des mutations peuvent se produire et diversifier les lignées cellulaires. Il s'agit d'événements peu fréquents, car l'ADN polymérase duplique l'ADN avec une grande fidélité. À chaque division, la probabilité qu'un nucléotide soit modifié est d'environ 10^{-9} chez l'Homme. Il faut cependant tenir compte du nombre de nucléotides constituant le génome ($6{,}4 \cdot 10^9$ paires de nucléotides chez l'Homme), du nombre de cellules de l'organisme et du nombre de divisions au cours de l'existence (estimé à 10^{17}).

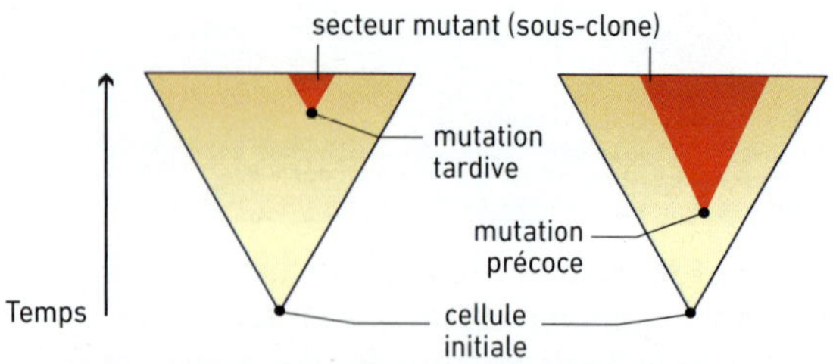

A L'importance quantitative d'un sous-clone dépend de la précocité de la mutation qui en est à l'origine.

Lorsqu'une mutation somatique se produit dans un tissu en cours de développement, celle-ci est transmise à toute la lignée de cellules qui dérivent de la cellule mutante, formant un sous clone* (**A**).

Dans l'organisme, les cellules d'un sous-clone sont séparées (exemple : les cellules sanguines) ou associées en tissu stable. Dans certains cas, la mutation se traduit par un effet phénotypique observable, à l'origine d'un secteur mutant (**B**).

B Secteur mutant constitué d'un sous-clone dans un pétale de tulipe.

3 La diversité génétique d'un clone cellulaire

La moelle osseuse contient des cellules souches qui se multiplient activement tout au long de la vie pour former les cellules du sang (A). Des chercheurs ont étudié la diversité génétique de ces clones cellulaires : en comparant 140 cellules sanguines d'un homme de 59 ans, ils ont identifié 129 582 mutations les différenciant les unes des autres.

En se fondant sur le partage des mutations, les chercheurs ont pu reconstituer un arbre de parenté (B) : les cellules prélevées sont représentées par l'extrémité des branches. Chaque nœud correspond à une division qui a produit deux lignées de cellules. La longueur des branches est proportionnelle au nombre de mutations qui se sont accumulées au cours du temps.

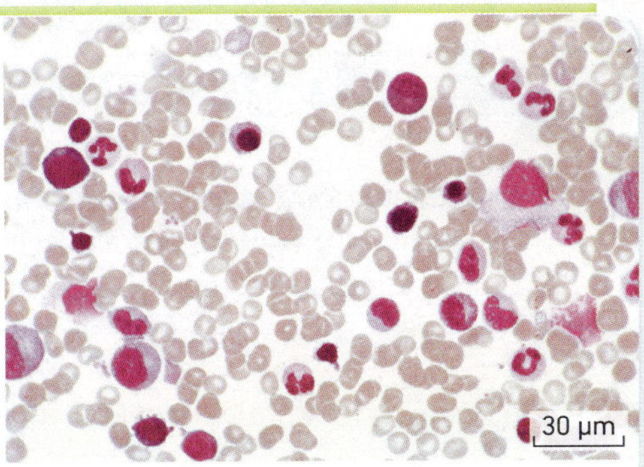

A Frottis de cellules de la moelle osseuse (microscopie optique).

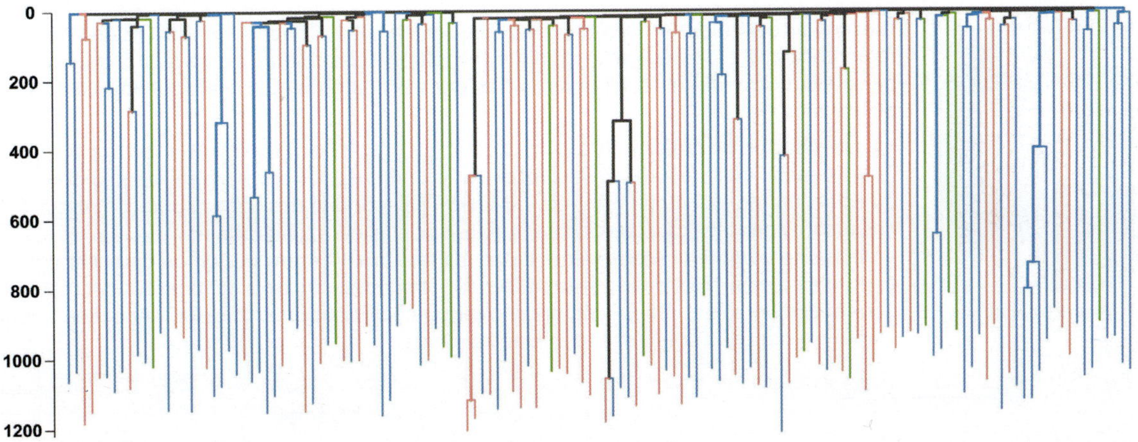

B Diversité et parenté de 140 cellules sanguines *(d'après H. Lee-Six& al. Population dynamics of normal human blood inferred from somatic mutations – Nature, 2018).*

Deux mutations, l'une identifiée dans 52 cellules, l'autre dans 88, ont permis de partitionner précocement l'ensemble en deux groupes.
Les chercheurs ont identifié ces deux mêmes mutations dans les cellules buccales, ce qui suggère qu'elles se seraient produites dès les premières divisions de la cellule-œuf.
L'image ci-contre représente la transmission des premières mutations pour 33 cellules. Chaque flèche correspond à une mutation apparue dans une cellule et transmise à sa lignée.

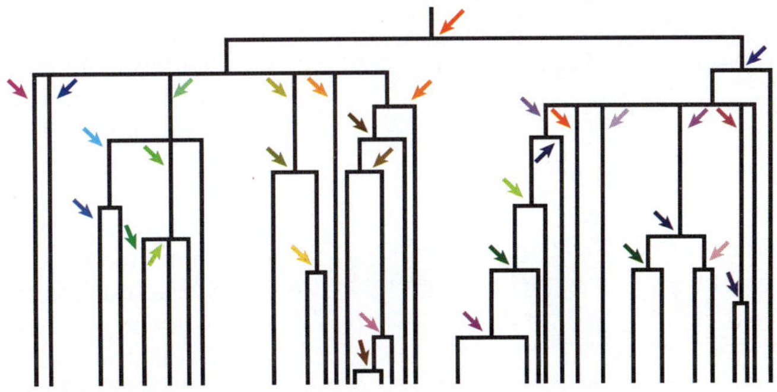

C Une diversification précoce qui s'accroit avec le temps.

Activités envisageables

Pour montrer que l'organisme est en réalité une mosaïque de clones cellulaires :

- **Expliquez pourquoi le phénomène de mutation, bien que peu fréquent, n'a rien d'exceptionnel.**
- **Estimez le nombre théorique de mutations qui surviennent dans l'organisme humain au cours de son existence.**
- **Montrez que certains clones résultent de mutations très précoces alors que d'autres sont plus tardives. Envisagez-en les conséquences.**

Des clés pour réussir

- Répondez en argumentant, et faites preuve d'esprit critique.
- Utilisez les connaissances acquises au cours de la classe de Première.

* Lexique ➥ p. 509

Unité 2

Fécondation et constitution du génome individuel

La fécondation rassemble dans une même cellule, la cellule-œuf, deux génomes d'origine indépendante constituant ainsi l'information génétique d'un nouvel individu. C'est par cette reproduction sexuée que sont transmis les caractères héréditaires.

Comment les lois de l'hérédité ont-elles été établies, puis confirmées par des découvertes ultérieures ?

Expérience de Mendel — bordas Flash PAGE animation

1 Des hypothèses issues des travaux de Mendel

A Johann Mendel.

À Brno (actuellement en République tchèque), en 1854, Johann Mendel (1822-1884), moine botaniste possédant une solide formation scientifique, mène des recherches dans le but d'améliorer les plantes comestibles et d'agrément. Il choisit le pois comme plante modèle.

• La réalisation de croisements

Pour Mendel, un caractère de la plante peut prendre deux « traits » différents (graine lisse ou ridée, graine jaune ou verte, etc.). Mendel sélectionne des lignées pures*, c'est-à-dire des plantes dont les caractères sont stables sur plusieurs générations.

Il réalise de nombreux croisements entre plantes qui diffèrent par un ou deux caractères et étudie de manière statistique la descendance sur deux ou trois générations successives. Les croisements sont réalisés en pratiquant une pollinisation artificielle : du pollen* d'une plante est déposé sur le pistil* d'une autre plante.

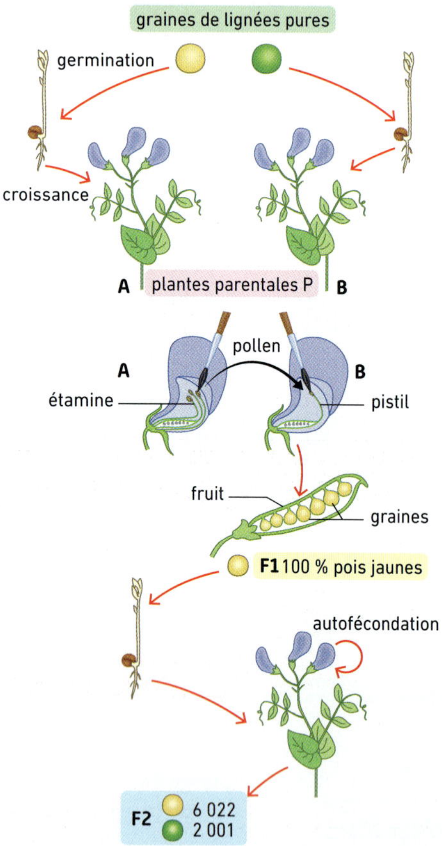

B Un exemple de croisement réalisé par Mendel.

• Une nouvelle conception de l'hérédité

À l'époque de Mendel, la reproduction des plantes est mal connue. On ignore tout de la mitose et de la méiose, chromosomes et ADN sont inconnus, la notion de gène n'existe pas. On admet une « hérédité par mélange » : les caractères d'un descendant seraient intermédiaires entre ceux de ses parents.

En 1866, Mendel publie son mémoire intitulé *Recherche sur les hybrides végétaux* dans lequel il déduit de ses travaux que les « traits » des caractères sont déterminés par des « éléments transmissibles ». Selon lui, ces particules héréditaires - dont il ignore la nature - sont présentes en deux exemplaires chez une plante, mais en un seul chez les ovules et les grains de pollen. Les plantes hybrides (F1) possèderaient donc les deux traits, même si un seul se manifeste. Il nomme ce trait exprimé « trait **dominant*** ».

Il fait de plus les hypothèses suivantes :

- Les deux « éléments transmissibles » se sépareraient au moment de la formation des cellules sexuelles.
- Les cellules sexuelles se combineraient au hasard au moment de la fécondation.

étamine d'un hybride F1 Aa

ovaire d'un hybride F1 Aa

	pollen A	**pollen a**
ovule A	plante pure A	plante hybride Aa
ovule a	plante hybride Aa	plante pure a

Mendel formule ainsi la descendance : A + 2Aa + a

C L'interprétation d'un croisement.

2 L'interprétation des travaux de Mendel par les connaissances actuelles

- Les déductions logiques de Mendel sur l'hérédité, baptisées lois de Mendel*, sont remarquables au vu des connaissances de l'époque. Après l'observation et la découverte des chromosomes (de 1875 à 1888), c'est le cytologiste américain Walter Sutton qui, en 1903, associera les lois de l'hérédité émises par Mendel 37 ans plus tôt au comportement des chromosomes au cours de la méiose et de la fécondation. Les travaux réalisés par T. Morgan sur les drosophiles à partir de 1910 permettront de valider la théorie chromosomique de l'hérédité.

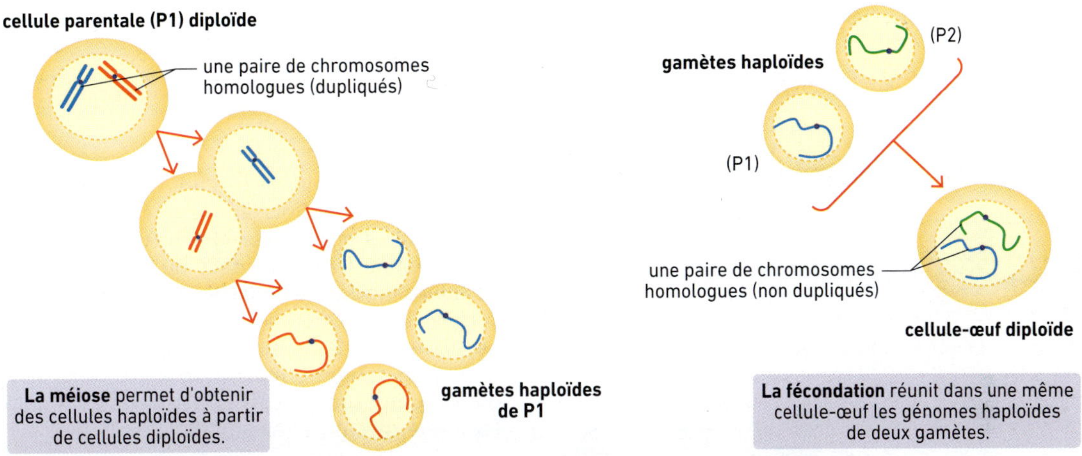

A Le comportement d'une paire de chromosomes au cours de la méiose et de la fécondation.

- L'identification de l'ADN, de sa structure (1953), et les techniques de plus en plus performantes et accessibles de séquençage marquent l'avènement de la génétique moléculaire. Le gène responsable de la couleur de la graine chez le pois, nommé SGR (pour « stay green ») a été identifié en 2007. Il intervient dans le processus de dégradation de la chlorophylle pendant la maturation de la graine. Le gène SGR existe sous deux formes alléliques : l'allèle I code pour une protéine fonctionnelle permettant d'enclencher la dégradation de la chlorophylle, alors que l'allèle i conduit à une protéine non fonctionnelle.

Activité pratique

- À l'aide d'un logiciel de traitement de séquences, comparer les deux allèles du gène SGR et identifier la mutation à l'origine de la couleur verte des graines de pois.
- Utiliser ces informations pour préciser l'interprétation des résultats obtenus par Mendel.

	530 540 550 560 570 580 590 600 610
Traitement	
SGR allèle I	AGGAATCATTAGTTTGGGTATTTTTTCATTCAAAGATTCGAGAATTCAACAAGGTAGAATGTTGGGTCCACTAAAGGAGGCTTCC
SGR allèle i	--------------------------------------TCATTCGAG-ATTCAACA-GGTAGAAT--TGGGGTCCACTAAAGGAA

B Séquences d'ADN des deux allèles impliqués dans la couleur de la graine chez le pois (Logiciel *Anagène* - seule une partie des séquences est présentée).

Activités envisageables

Pour comprendre comment les lois de l'hérédité ont été établies et peuvent aujourd'hui être confirmées :

- **Présentez sous forme de schémas l'interprétation actuelle du croisement réalisé par Mendel.**
- **Confrontez les résultats obtenus (phénotypes et effectifs) aux résultats théoriques.**
- **Précisez ce qu'apporte l'analyse des séquences d'ADN concernant cette interprétation.**

Des clés pour réussir

- Représentez les chromosomes et situez les allèles.
- Vous pouvez vous reporter aux pages d'acquis concernant la méiose.

* Lexique ➡ p. 509

Unité 3 Comprendre les relations de dominance et de récessivité

Pour Mendel, certains traits de caractères sont dominants, car ils apparaissent systématiquement s'ils sont présents. Un trait de caractère invisible bien que présent est qualifié de récessif. Ces relations de dominance et de récessivité sont aujourd'hui interprétées comme résultant de la présence de deux allèles différents d'un même gène.

Comment la combinaison de deux allèles détermine-t-elle le phénotype ?

1 Deux allèles pour un caractère phénotypique

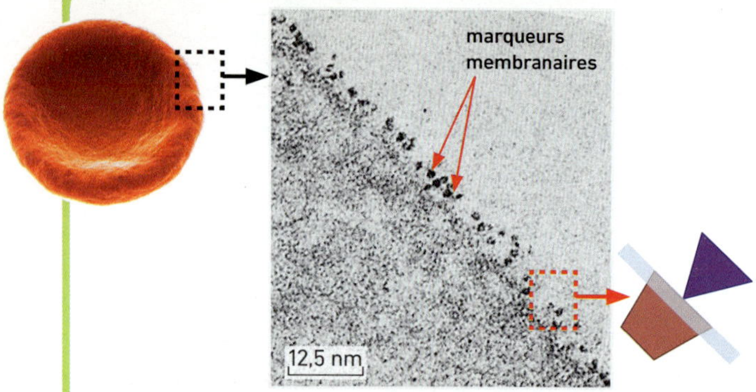

A La présence de marqueurs à la surface des hématies.

La synthèse des marqueurs du système A B O résulte de l'expression génétique. Elle se fait en plusieurs étapes. La dernière est une réaction chimique consistant à fixer une substance sur un précurseur nommé H. Cette réaction est catalysée par une enzyme* codée par un gène situé sur le chromosome 9. Il existe plusieurs allèles de ce gène :

- L'allèle A code pour une enzyme A qui permet de fixer la N-acétyl-galactosamine (Nac) sur le précurseur H, ce qui forme le marqueur A.
- L'allèle B code pour une enzyme B qui permet la fixation du galactose (Gal) sur le précurseur H, ce qui forme le marqueur B.
- L'allèle O code pour une enzyme non fonctionnelle, qui ne permet la fixation d'aucune substance sur le précurseur H. Aucun marqueur n'est donc synthétisé.

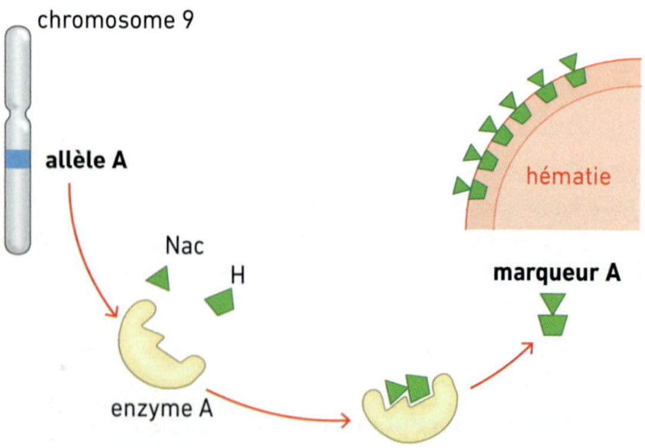

B Exemple : de l'allèle A au marqueur A.

Le groupe sanguin est l'un des nombreux caractères qui définissent le phénotype* d'un individu. Les groupes sanguins A, B, AB, ou O correspondent à la présence ou à l'absence de certaines molécules appelées « marqueurs » à la surface de la membrane plasmique des hématies. Le système A B O est le principal système de groupage sanguin, mais il en existe d'autres, mentionnés sur les cartes de groupe sanguin (système rhésus par exemple).

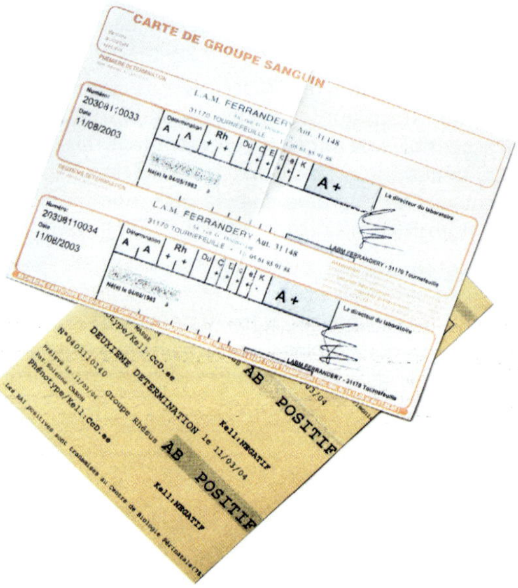

Lors de la fécondation, chaque individu hérite d'un chromosome de l'un des parents et du **chromosome homologue*** provenant de l'autre parent : les cellules sont diploïdes. Chaque gène est donc représenté par deux allèles. Si les deux allèles sont identiques, on dit que l'individu est **homozygote*** (1). Si les deux allèles sont différents, l'individu est **hétérozygote*** (2).

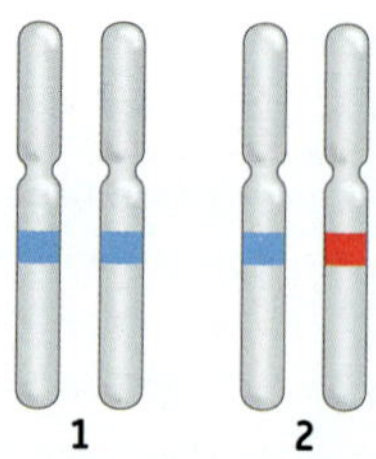

C Homozygote ou hétérozygote.

2 La dominance, une notion relative

Lorsque le phénotype correspond à un seul allèle, il est qualifié de **dominant***. Le phénotype est **récessif*** si la présence des deux allèles est nécessaire pour que le trait de caractère soit exprimé. Si les deux allèles interviennent conjointement dans le phénotype, on parle alors de codominance*.

Chez le muflier, la couleur des fleurs est gouvernée par un seul gène. L'allèle R conduit à la production d'un pigment rouge, alors que l'allèle r ne permet pas la synthèse de pigment. Le phénotype dépend donc de l'expression du seul allèle R. Cependant, on observe un phénotype intermédiaire chez les plantes hétérozygotes (photographie), car la quantité de pigment produite est alors inférieure à celle produite par les homozygotes possédant deux allèles R. Ce phénotype est assimilable à un cas de codominance.

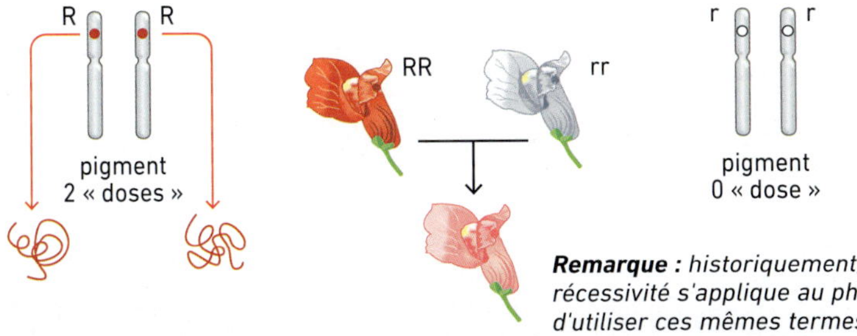

Muflier hétérozygote pour le gène déterminant la couleur des fleurs.

Remarque : *historiquement, la notion de dominance et de récessivité s'applique au phénotype. Aujourd'hui, il est d'usage d'utiliser ces mêmes termes pour qualifier les allèles.*

3 Un seul allèle fonctionnel peut parfois suffire

La mucoviscidose est une maladie génétique se caractérisant par la production d'un mucus anormalement visqueux, provoquant de graves troubles respiratoires et digestifs.

Le gène CFTR, situé sur le chromosome 7, dirige dans les tissus pulmonaires et digestifs la synthèse d'une protéine, elle aussi nommée CFTR. Une fois produite, celle-ci s'implante dans la membrane plasmique et permet la sortie d'ions chlorure (Cl^-) nécessaires à la fluidification du mucus élaboré par ces cellules.

L'allèle muté le plus fréquent conduit à la production d'une protéine CFTR non fonctionnelle. Néanmoins, chez les individus hétérozygotes, la quantité de protéine CFTR produite à partir du seul allèle normal permet une sortie suffisante des ions chlorure.

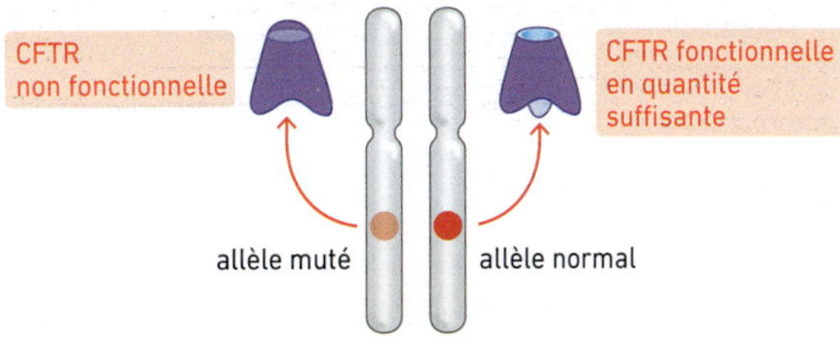

La mucoviscidose, une maladie récessive.

Activités envisageables

Pour comprendre comment l'équipement allélique intervient dans la détermination du phénotype :

- **Envisagez toutes les combinaisons possibles pour le gène du groupe sanguin déterminant le système A B O et expliquez les phénotypes qui en résultent. Présentez votre réponse sous forme de schéma.**
- **Expliquez l'origine du phénotype des fleurs de muflier rose.**
- **Justifiez la qualification de maladie récessive donnée à la mucoviscidose et expliquez pourquoi la diploïdie peut limiter les effets d'une mutation.**

Des clés pour réussir

- Utilisez le vocabulaire adapté.
- Distinguez bien le génotype* et le phénotype*.
- Utilisez vos connaissances concernant les relations entre gènes et protéines et le rôle de ces dernières dans l'élaboration du phénotype.

* Lexique ➥ p. 509

Méiose et brassage interchromosomique

Comme Mendel l'avait supposé, les « éléments transmissibles » (c'est-à-dire les allèles) présents chez un individu, au nombre de deux pour chaque trait de caractère, sont séparés au moment de la formation des gamètes. L'étude de la méiose permet de comprendre ce mécanisme de diversification des gamètes.

Comment la méiose peut-elle produire des gamètes génétiquement diversifiés ?

1 La théorie chromosomique de l'hérédité

En 1903, W. Sutton est le premier à établir une corrélation entre le comportement des chromosomes lors de la méiose et celui des éléments transmissibles, supposés par Mendel, lors de la formation des gamètes.

Chez les criquets, le nombre de chromosomes est de 24 chez la femelle (22 autosomes* + 2 chromosomes sexuels X), tandis que le mâle ne possède qu'un seul chromosome sexuel (X), donc 23 chromosomes au total.

En étudiant la formation des cellules sexuelles de criquets mâles, Sutton observe la prophase 1 de la méiose et compte 11 « amas chromosomiques » (en plus du chromosome X), qu'il dénomme bivalents*. Il en conclut que chaque bivalent correspond à l'association d'un chromosome paternel et d'un chromosome maternel. Les gamètes finalement formés ne comportent qu'un seul chromosome de chaque type, avec ou sans chromosome X.

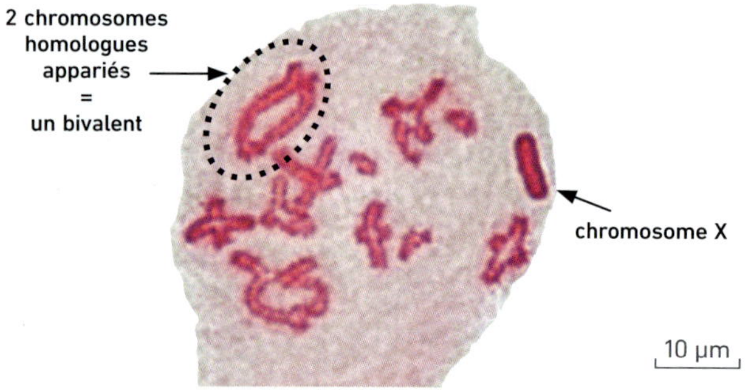

A Prophase 1 de méiose chez le criquet ($2n = 22 + X$).

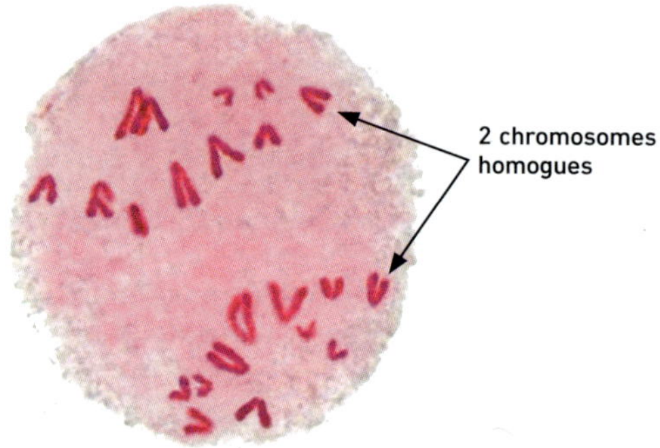

B Anaphase 1 de méiose chez le criquet ($2n = 22 + X$).

À la suite de ses observations de la méiose, Sutton affirme, sans toutefois pouvoir le prouver : « *le chromosome maternel et le chromosome paternel de chaque bivalent se dirigent au hasard vers un des deux pôles de la cellule* ».

2 Des chromosomes homologues, mais différents

Chaque espèce est caractérisée par son caryotype*. D'un individu à l'autre, le nombre et l'aspect des chromosomes apparaissent semblables car chaque gène occupe un emplacement bien déterminé sur un chromosome, appelé locus*.

Pour presque tous les gènes il existe plusieurs allèles, apparus à la suite de mutations. Si pour certains gènes un allèle est largement plus répandu que les autres, pour d'autres au contraire il existe plusieurs allèles dont les fréquences dans la population sont élevées. On considère qu'environ un tiers des gènes humains sont polymorphes, c'est-à-dire qu'ils existent sous plusieurs formes alléliques ayant une fréquence d'au moins 1 % dans la population.

On estime par ailleurs que dans l'espèce humaine, chaque personne est hétérozygote pour environ 7 % de ses gènes. Si l'on retient le nombre de 23 000 gènes pour le génome humain, cela signifie que chaque individu est hétérozygote pour plus de 1 500 gènes.

Cette hétérozygotie provient du fait que, dans chaque paire de chromosomes homologues, l'un est d'origine maternelle et son homologue d'origine paternelle.

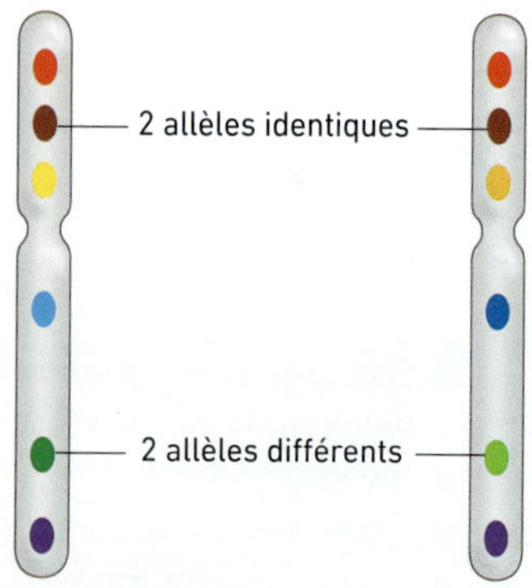

Une paire de chromosomes homologues.

3 La disjonction indépendante des chromosomes homologues de chaque paire

Brassage interchromosomique
bordas Flash PAGE animation

La conséquence logique de l'affirmation de Sutton est que les gamètes produits par un même individu n'auront pas tous les mêmes combinaisons de chromosomes, et donc pas les mêmes **combinaisons d'allèles***.

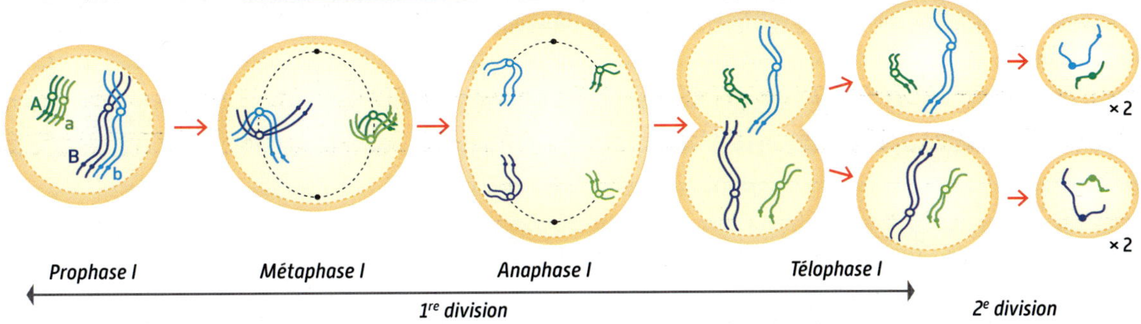

Une des disjonctions possibles des chromosomes pour une cellule à $2n = 4$ chromosomes.

4 Une très grande diversité de combinaisons chromosomiques

La disjonction des chromosomes homologues au cours de la méiose concerne bien évidemment l'ensemble du caryotype (A). Sachant que le nombre de chromosomes varie d'une espèce à l'autre, Sutton comprend que la diversité des gamètes du point de vue de leur équipement chromosomique dépend du nombre de paires de chromosomes des cellules qui subissent la méiose (B).

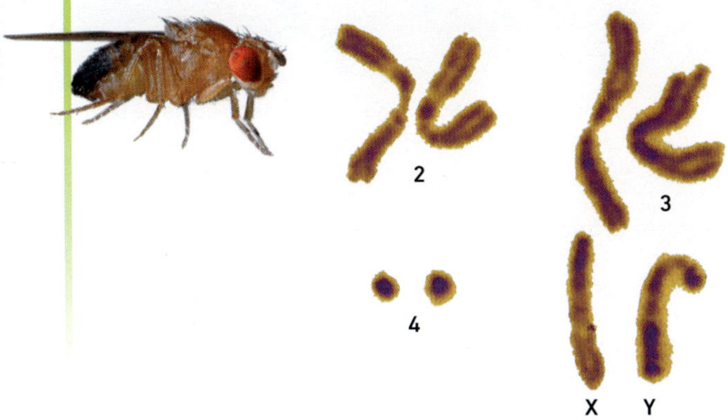

A Un exemple : caryotype d'une cellule somatique de drosophile mâle.

Chromosomes		Combinaisons dans les gamètes
Nombre diploïde ($2n$)	Nombre haploïde (n)	
2	1	2
4	2	4
6	3	8
8	4	16
10	5	32
12	6	64
14	7	128
16	8	256
18	9	512
20	10	1024

B Extrait du tableau figurant dans l'article publié par Sutton (1903).

Activités envisageables

Pour montrer que la méiose constitue un puissant processus de diversification génétique :

- **Schématisez une autre anaphase possible pour la méiose présentée par le doc. 3. Indiquez alors le nombre de combinaisons possibles pour deux paires d'allèles situés sur deux paires distinctes de chromosomes. Envisagez la probabilité de chacune de ces combinaisons.**
- **Déterminez la diversité des gamètes possibles engendrée par ce processus dans le cas d'une drosophile et dans celui d'un humain.**

Des clés pour réussir

- Comprenez que les chromosomes d'une même paire sont généralement génétiquement différents, bien qu'homologues.
- Vous pouvez établir la relation mathématique entre la diversité des gamètes et le nombre n de paires de chromosomes.

* Lexique ➡ p. 509

Unité

5 Méiose et brassage intrachromosomique

Le brassage interchromosomique accompli au cours de l'anaphase 1 de la méiose n'est pas le seul mécanisme à l'origine de la très grande diversité des gamètes pouvant être produits par un individu.

Quel autre brassage chromosomique, et donc génétique, est assuré par la méiose ?

1 Des échanges de chromatides entre chromosomes homologues

L'observation attentive de l'appariement des chromosomes homologues au cours de la prophase 1 de la méiose (A) montre que ceux-ci sont étroitement accolés et généralement plus ou moins enchevêtrés. On constate l'existence de chiasmas*, c'est-à-dire d'endroits où une chromatide d'un chromosome entre en contact et croise une chromatide de son homologue (B).

Ces observations amènent W. Sutton à s'interroger : « *[...] certains chromosomes au moins sont le support de plusieurs caractères héréditaires. Si les chromosomes gardent leur individualité en permanence, il en résulte que tous les caractères portés par un chromosome doivent être hérités ensemble.* »

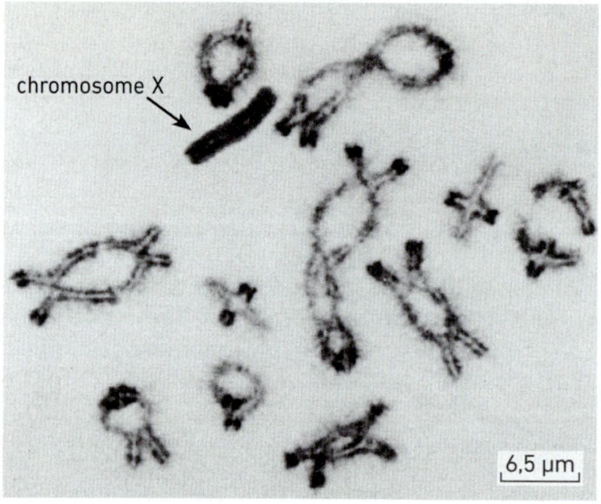

A Chromosomes homologues appariés au cours de la prophase 1 de méiose (Criquet mâle : $2n = 22 + X$).

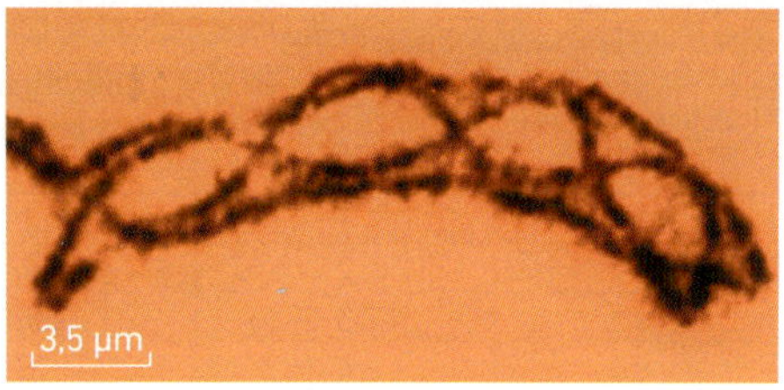

B Une paire de chromosomes homologues au cours de la prophase 1 de méiose.

Pour le cytologiste F. Janssens (1909), les chromatides pourraient se casser au niveau des chiasmas et se recoller en associant un segment de chromatide paternelle et un segment de chromatide maternelle : c'est ce qu'on appelle un **brassage intrachromosomique*** (C). En 1911, Morgan formalise ce concept sous le nom de **crossing-over*** afin d'expliquer certains de ses résultats, mais il n'en apporte pas la preuve.

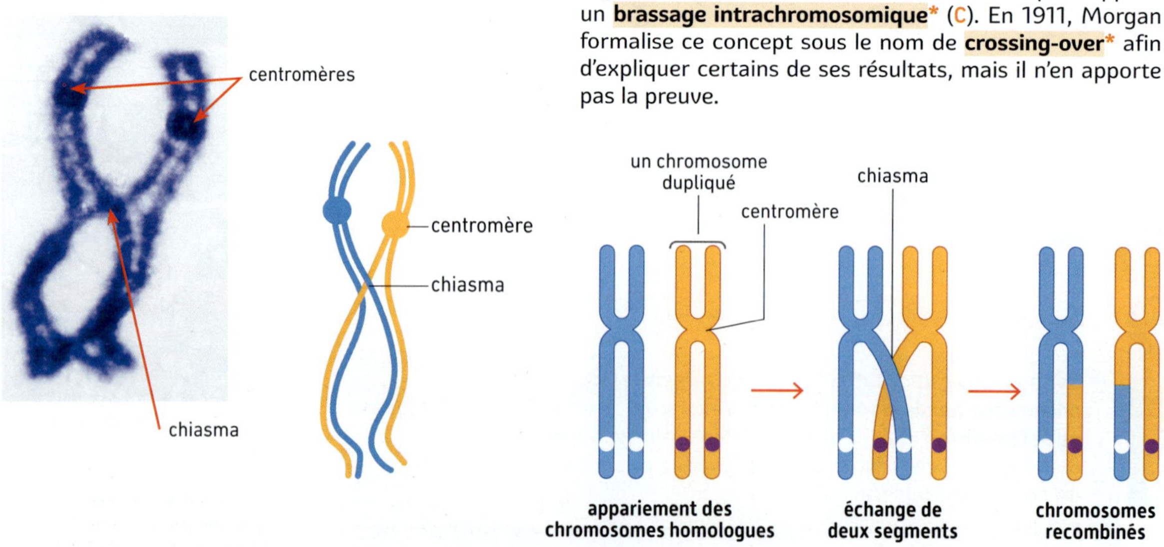

C Le mécanisme du crossing-over à l'origine d'une recombinaison intrachromosomique.

2 Les preuves d'un échange physique entre chromosomes homologues

Brassage intrachromosomique — Flash PAGE animation

A Barbara McClintock.

Le concept de crossing-over, d'abord hypothétique, a été formellement confirmé une vingtaine d'années plus tard par les travaux de Barbara McClintock et Harriet Creighton, récompensées par le prix Nobel de physiologie ou médecine en 1983.

Lors de leurs études génétiques sur le maïs, ces chercheuses observent chez une plante un chromosome 9 porteur de deux anomalies : l'une de ses extrémités possède un renflement et, sur l'autre extrémité, un fragment de chromosome 8 est venu se greffer (le second chromosome 9 est normal). En croisant cette plante avec une autre dont les chromosomes 9 sont normaux, elles obtiennent des descendants dont l'étude des chromosomes est révélatrice.

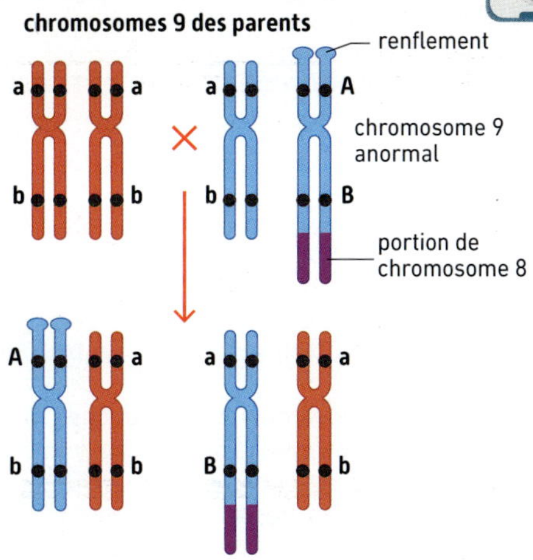

B Chromosomes 9 observés chez certains descendants.

3 Un phénomène qui redistribue les allèles entre chromosomes homologues

Le crossing-over n'a rien d'exceptionnel ni d'anormal. C'est un phénomène commun, qui se produit quasiment systématiquement entre chromosomes homologues lors de la méiose, en prophase de première division.

Cependant, la localisation des chiasmas diffère d'une méiose à l'autre.
Il faut considérer :

- qu'un crossing-over concerne deux des quatre chromatides d'un bivalent ;
- qu'un crossing-over ne dissocie pas forcément deux gènes. C'est le cas uniquement lorsque le chiasma se situe entre les deux gènes ;
- que la recombinaison est d'autant plus probable que les gènes sont éloignés.

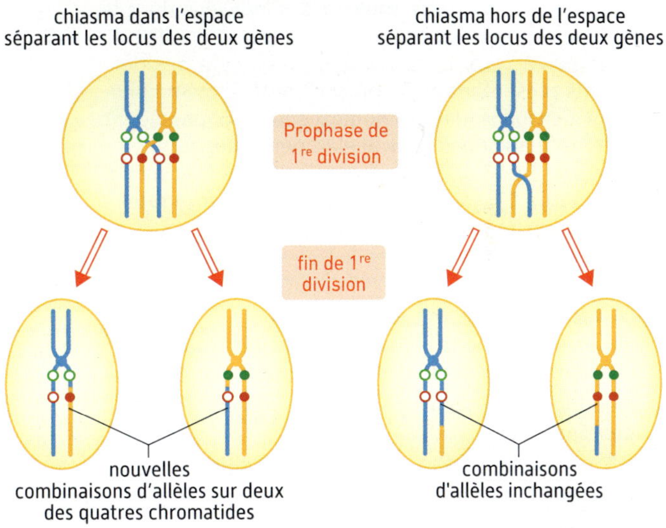

Activités envisageables

Pour comprendre comment le brassage intrachromosomique contribue à la diversité génétique des gamètes :

- **Expliquez à l'aide de schémas l'aspect des chromosomes 9 observés chez certains descendants du croisement effectué par B. McClintock et H. Creighton.**
- **On considère une cellule diploïde contenant sur une même paire de chromosomes deux gènes hétérozygotes : représentez par un schéma les différentes combinaisons génétiques possibles à l'issue de la méiose. Conjecturez les probabilités de chacune d'elles.**

Des clés pour réussir

- Bien situer à quel moment de la méiose a lieu un crossing-over.
- Il faut considérer que sur 100 méioses, toutes n'engendreront pas systématiquement une recombinaison entre les deux gènes que l'on étudie.

* Lexique ➥ p. 509

Unité 6

L'analyse génétique : interpréter des résultats de croisements

La réalisation de croisements est une des principales méthodes d'analyse génétique. L'étude statistique de leurs résultats et leur interprétation permet en effet de comprendre le brassage génétique réalisé au cours de la reproduction sexuée.

Quelles informations apporte l'interprétation de résultats de croisements ?

1 L'observation des résultats de croisements-tests

Les drosophiles sont de petites mouches (3 à 4 mm) qui possèdent à l'état sauvage des ailes normalement constituées, un corps de couleur claire et des yeux rouges sombres. En laboratoire, de nombreuses souches présentant des mutations affectant le phénotype sont connues (couleur des yeux, du corps, forme des ailes...).

Un couple de drosophiles pouvant donner en quelques semaines de nombreux descendants aptes à se reproduire, cet insecte est un modèle pour les études génétiques sur plusieurs générations. Les lois de la génétique découvertes par Mendel ont été validées grâce aux travaux de Morgan sur la drosophile.

En laboratoire, on utilise souvent des individus dont le génotype est connu et stable. Ces individus sont dits de lignées pures : croisés entre eux, ils donnent des descendants présentant de façon constante le même phénotype. Ces individus sont homozygotes : ils possèdent pour tous leurs gènes deux allèles identiques.

Les parents (notés P) engendrent une fratrie de descendants (notée F1) tous nécessairement hétérozygotes : l'observation de leur phénotype révèle la dominance et la récessivité.

Activité pratique

- Observer à la loupe binoculaire le résultat d'un croisement-test portant sur deux caractères.
- Identifier les différents phénotypes présentés par la descendance.
- Dénombrer les individus présentant chaque phénotype.

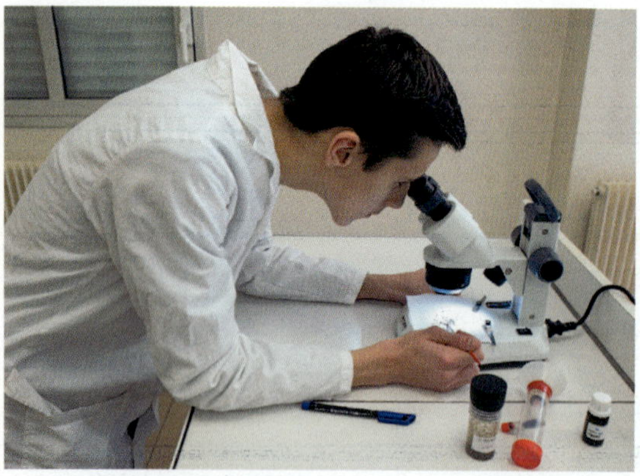

Le croisement d'un individu F1 avec un individu homozygote de phénotype récessif (P2) est un **croisement-test***. L'intérêt d'un tel croisement est que le phénotype des descendants obtenus est à l'image des allèles transmis par l'individu F1, puisque les allèles de l'autre parent sont récessifs. La descendance d'un croisement-test révèle les produits de la méiose de F1.

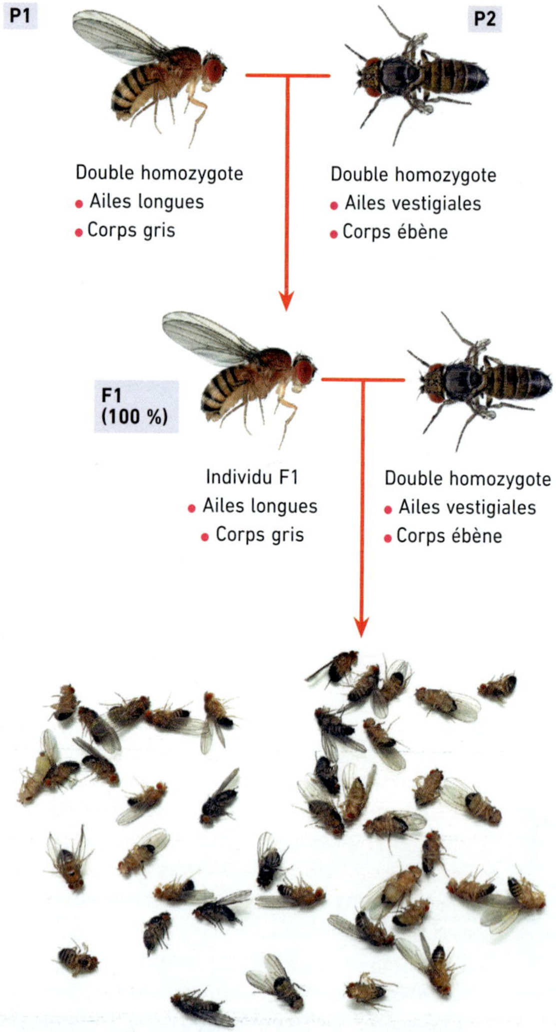

L'analyse des résultats d'un croisement-test portant sur deux caractères.

2 L'interprétation des résultats de croisements-tests portant sur deux caractères

- Deux croisements-tests donnant des résultats différents

Croisement 1

La première mutation concerne la couleur du corps et la seconde la longueur des ailes : les homozygotes présentent un corps de couleur ébène (allèle noté « e ») et des ailes vestigiales (allèle noté « vg »).

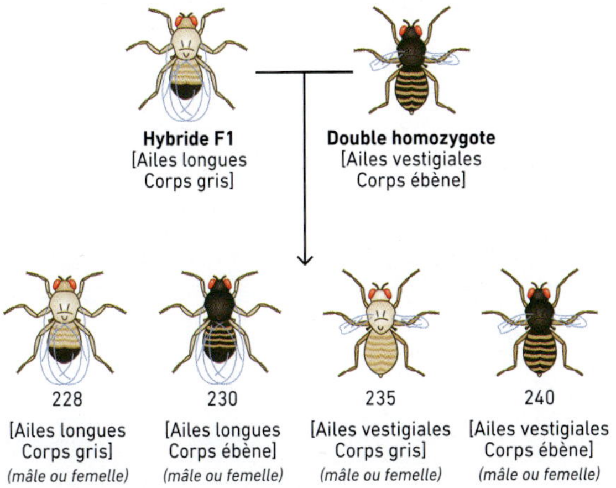

Croisement 2

La première mutation concerne la couleur des yeux et la seconde la longueur des ailes : les homozygotes présentent des yeux bruns (allèle noté « br ») et des ailes vestigiales (allèle noté « vg »).

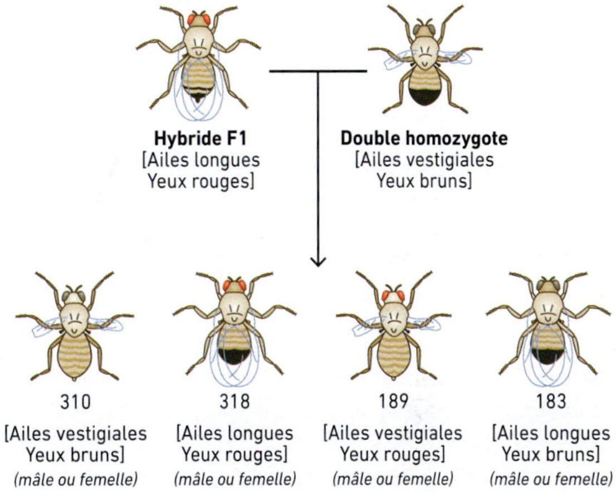

- Interprétation du 1er croisement-test

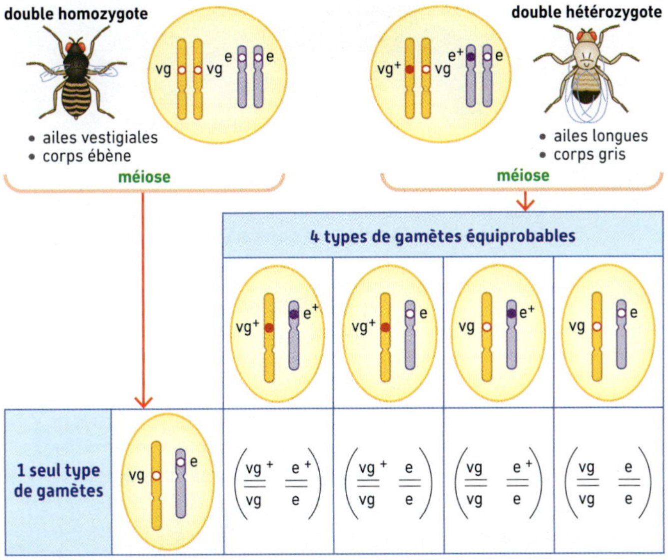

Conventions d'écriture

- En génétique, le phénotype le plus couramment observé dans la nature est appelé type « sauvage » ou « normal ».
- Un gène peut être symbolisé par une lettre ou une abréviation, en général basée sur le phénotype produit par une mutation de l'allèle. L'allèle non muté, responsable du type sauvage, est alors désigné par l'ajout du signe « + » en exposant. Par exemple, chez la drosophile, l'allèle responsable de la mutation « ailes vestigiales » sera symbolisé par « vg », l'allèle responsable des ailes normales sera noté « vg^+ ».
- Un génotype s'écrit entre parenthèses. Pour une cellule diploïde, les deux allèles sont séparés par deux barres obliques ou deux traits de fraction symbolisant les deux chromosomes homologues porteurs des gènes étudiés.
- Le phénotype s'écrit entre deux crochets.

Activités envisageables

Pour déterminer quel brassage a été réalisé au cours de la méiose :

- En vous appuyant sur un schéma, expliquez les résultats de la méiose obtenus au cours du 1er croisement. Justifiez les phénotypes des descendants et leurs proportions.
- Envisagez une autre hypothèse pour expliquer les résultats du 2e croisement. Proposez une interprétation sous forme de schémas.

Des clés pour réussir

- Étudiez le phénotype des hétérozygotes pour déterminer dominance et récessivité.
- Utilisez les unités précédentes distinguant brassage inter- et intra-chromosomiques.

* Lexique ➡ p. 509

Unité 7

L'hérédité « liée au sexe »

La transmission de certains caractères donne parfois des résultats inattendus, en contradiction apparente avec les lois de l'hérédité. C'est le cas lorsque mâles et femelles transmettent différemment un même caractère.

Comment expliquer que la transmission de certains caractères dépende du sexe des individus ?

Expérience de Morgan — bordas Flash PAGE animation

1 Un exemple historique d'hérédité liée au sexe

Il existe chez la drosophile un dimorphisme sexuel* : l'abdomen du mâle est moins long que celui de la femelle et son extrémité est plus foncée.

La détermination du sexe est complexe mais, en simplifiant, on peut dire que les drosophiles possédant les chromosomes X et Y sont mâles tandis que les drosophiles possédant deux chromosomes X sont femelles.

En 1908, Morgan remarque dans un élevage de drosophiles de souche sauvage un mâle mutant dont les yeux ne sont pas rouges, mais blancs. Il entreprend l'étude de la transmission de ce caractère en réalisant des croisements.

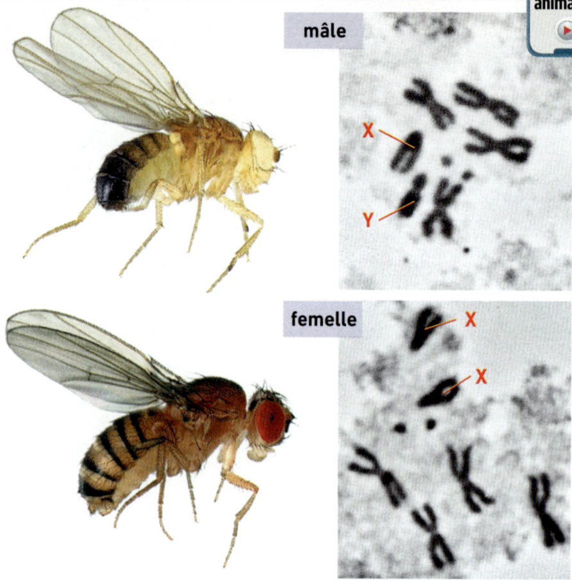

A **Drosophile mâle aux yeux blancs et son caryotype (en haut) ; femelle aux yeux rouges et son caryotype (en bas).**

Activité pratique

- À l'aide d'une loupe binoculaire, observer les résultats de croisements de drosophiles aux yeux blancs avec des drosophiles aux yeux rouges.
- Comparer les résultats en fonction du sexe des individus parentaux portant la mutation « yeux blancs ».

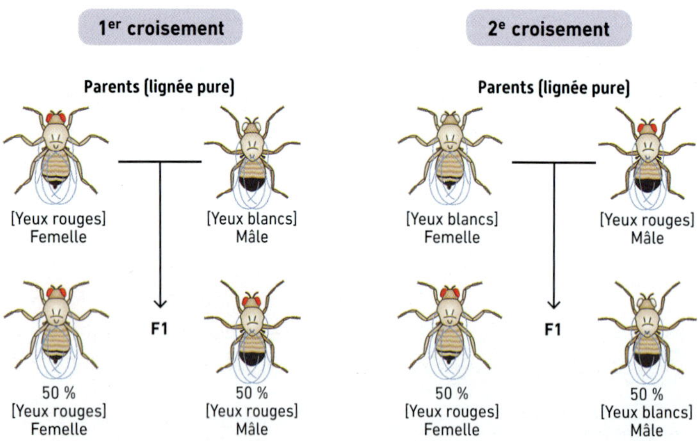

B **Deux croisements portant sur la mutation « yeux blancs » réalisés par Morgan.**

Les chromosomes sexuels

- Chez les mammifères, c'est le sexe mâle qui est hétérogamétique, c'est à dire déterminé par la présence de deux chromosomes sexuels différents X et Y. Ceci n'est cependant pas systématique. Chez les oiseaux, ce sont les femelles qui ont deux chromosomes sexuels différents, nommés Z et W, les mâles ayant deux chromosomes Z. Chez les insectes, c'est le nombre de chromosomes X qui détermine le sexe.
- Les chromosomes sexuels, ainsi nommés car différenciant le sexe génétique, portent d'autres gènes que ceux déterminant des caractères sexuels. Les chromosomes sexuels ne sont homologues que pour une petite partie : par exemple, beaucoup de gènes présents sur le chromosome X n'ont pas d'homologue sur Y (voir doc. 3).

2 Un cas d'hérédité liée au sexe dans l'espèce humaine

Le daltonisme (du nom de l'auteur de la première publication scientifique sur le sujet en 1798, le physicien et chimiste britannique John Dalton, lui-même atteint) est une anomalie de la vision d'origine génétique affectant la perception des couleurs. Les daltoniens deutéranopes, par exemple, ne distinguent quasiment pas le rouge et le vert. Chez les hommes, la prévalence* du daltonisme est d'environ 5 à 8 %, alors qu'elle est inférieure à 1 % chez les femmes.

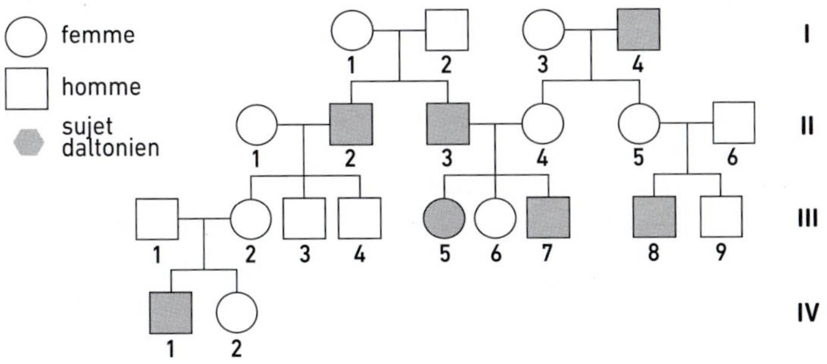

A Arbre généalogique d'une famille dont des membres sont daltoniens.

B Un champ de coquelicots vu par un daltonien deutéranope.

3 Une cartographie des chromosomes sexuels humains

L'analyse génétique et le séquençage de l'ADN ont permis de localiser sur le chromosome X plusieurs gènes impliqués dans des maladies qui touchent plus les garçons que les filles.

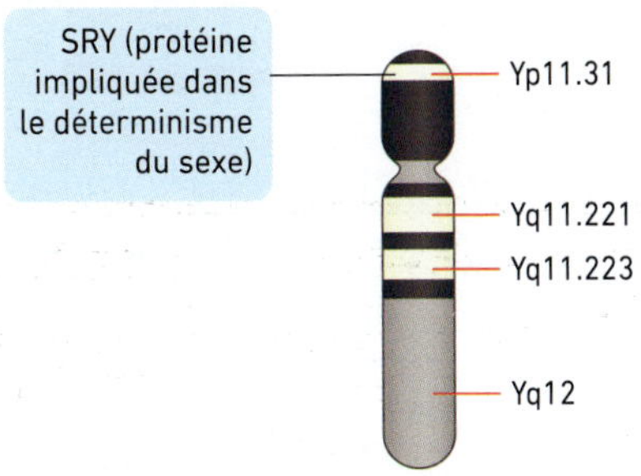

- Longueur : 57 701 691 paires de nucléotides
- Gènes détectés : 104
  Gènes connus : 76

A Carte génétique du chromosome Y.

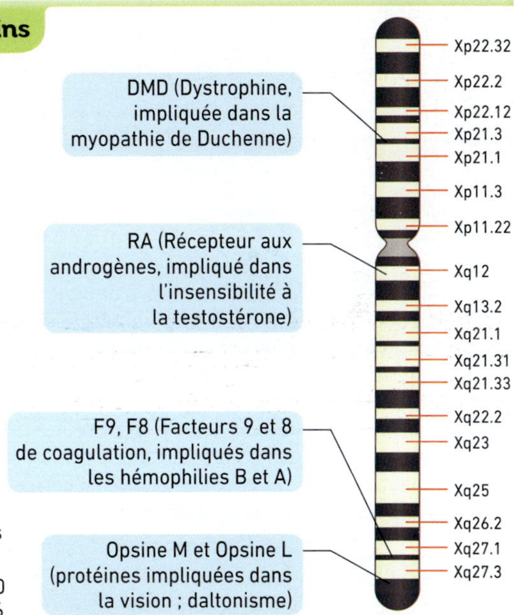

- Longueur : 154 824 264 paires de nucléotides
- Gène détectés : 930
  Gènes connus : 766

B Carte génétique du chromosome X.

Activités envisageables

Pour expliquer la transmission de caractères héréditaires dépendant du sexe :

- **Proposez sous forme de schémas une interprétation des deux croisements réalisés par Morgan.**
- **Analysez l'arbre généalogique présenté dans le doc. 2 : établissez le génotype des sujets atteints de daltonisme et expliquez-en l'origine.**
- **Expliquez la prévalence plus faible du daltonisme chez les femmes.**

Des clés pour réussir

- Établissez la dominance et la récessivité des caractères étudiés.
- Envisagez la localisation possible des gènes sur les chromosomes et procédez par élimination.

* Lexique ➡ p. 509

Unité 8

L'analyse prédictive familiale et l'accès direct au génotype

Dans le cas de l'espèce humaine, l'étude de la transmission des allèles repose sur des analyses généalogiques familiales mais aussi sur des données issues des techniques modernes d'exploration de l'ADN : séquençage, PCR, analyses biostatistiques.

Comment l'exploitation des informations génétiques et généalogiques permet-elle de prédire ou de suivre la transmission des allèles ?

1 Une analyse généalogique pour évaluer un risque

Chaque année, 200 enfants naissent en France avec la mucoviscidose, ce qui représente environ une naissance sur 4 500. Il existe cependant de fortes disparités régionales : ainsi en Bretagne la fréquence est plus élevée (1 naissance sur 3 000) et on estime qu'en Bretagne 1 personne sur 27 environ est hétérozygote.

Une consultation de conseil génétique permettra, après une analyse généalogique, d'évaluer un risque de maladie génétique, et d'orienter ainsi éventuellement vers le dépistage de l'hétérozygotie ou vers un diagnostic prénatal.

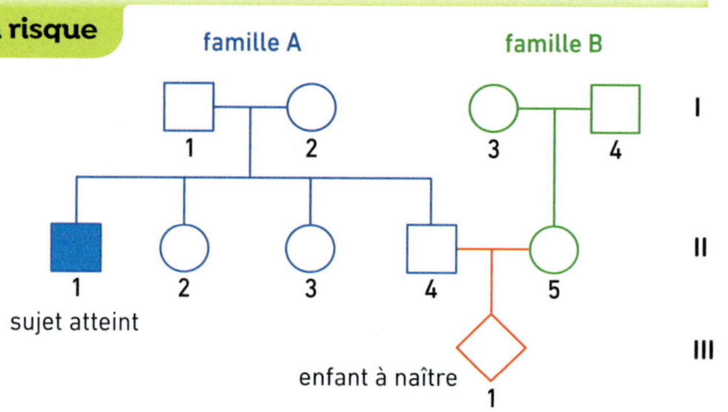

Arbres généalogiques de deux familles bretonnes dont un membre est atteint de mucoviscidose.

2 Un cas familial qui résiste à la simple analyse généalogique

Hérédité et arbres généalogiques — bordas Flash PAGE animation

L'achondroplasie est la cause la plus fréquente de nanisme d'origine génétique. Elle se caractérise par une perturbation de la croissance des os du visage et de la racine des membres (fémur, humérus sont raccourcis). Elle est due à la présence d'un allèle dominant du gène FGFR3, codant pour le récepteur d'un facteur de croissance. L'homozygotie pour cet allèle est généralement létale*. Le cas présenté ici correspond à 80 % des cas d'achondroplasie.

Activité pratique

- À l'aide d'un logiciel de traitement de séquences, comparer les allèles présents chez les différents membres de cette famille.

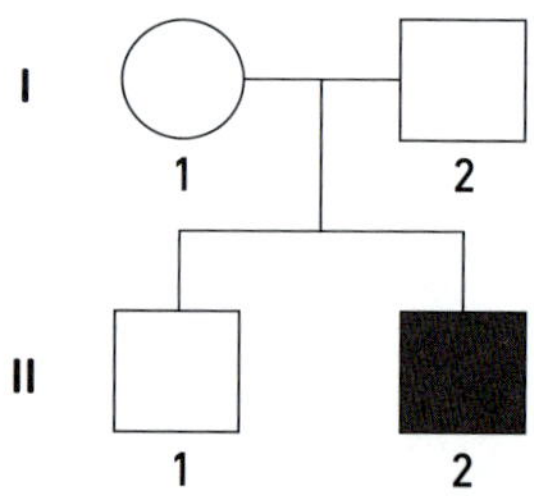

A **Arbre généalogique d'une famille dont un membre est atteint d'achondroplasie.**

B **L'acteur Peter Dinklage, atteint d'achondroplasie, et son épouse.**

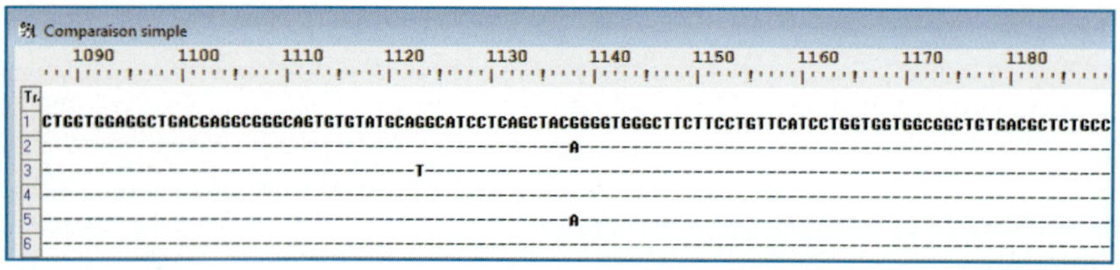

1 : allèle normal
2 et 3 : deux allèles mutés responsables de l'achondroplasie
4 : allèles 1 et 2 du père, de la mère et du fils II-1
5 et 6 : allèles du fils II-2

C **Comparaison des séquences de nucléotides d'allèles du gène FGFR3.**

3 La bio-informatique ou l'exploitation du « big data » génétique

- La formidable progression des techniques de biologie moléculaire au cours des dernières décennies permet désormais d'accéder rapidement au génome individuel. Les masses énormes de données de séquences génétiques et protéiques sont à l'origine de la bio-informatique, nouveau domaine scientifique à la frontière de l'informatique, de la statistique et de la biologie.

L'utilisation de banques de données permet de collecter et de mettre à disposition des chercheurs l'ensemble des informations connues sur un gène donné.

Ainsi, la banque de données « *CFTR France* » contient les informations concernant le gène à l'origine de la mucoviscidose. Elle comporte les données issues de 5 151 malades et des 852 allèles dont ils sont porteurs (sur 2 075 aujourd'hui connus). Cette banque associe à chacun des allèles les troubles qu'il provoque chez le patient, car les différents allèles mutés n'ont en effet pas tous des conséquences aussi sévères, ce qui rend complexe l'établissement des diagnostics.

Activité pratique

- Explorer une banque de données sur le gène CFTR.
- Caractériser des mutations et rechercher leurs conséquences à l'état homozygote.

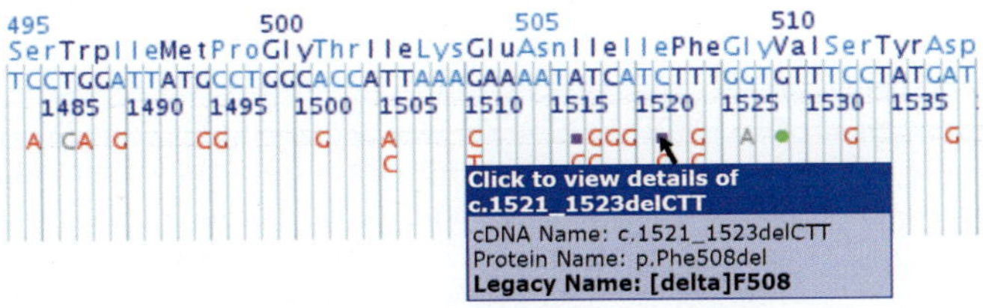

A Résultat d'une recherche graphique dans la banque « Cystic Fibrosis Mutation Database ».

Code Allèle	Fréquence	Effets
F508del	69,74 %	Mucoviscidose
G542X	2,54 %	Mucoviscidose
G551D	2,10 %	Mucoviscidose
N1303K	1,58 %	Mucoviscidose
R117H	1,31 %	Variés
W1282X	1,22 %	Mucoviscidose
621+1G → T	0,93 %	Mucoviscidose
R553X	0,93 %	Mucoviscidose
1717-1G → A	0,86 %	Mucoviscidose
3849+10kbC → T	0,82 %	Mucoviscidose
R1162X	0,46 %	Mucoviscidose
D1152H	0,40 %	Variés

B Des données issues de la banque « *CFTR 2* » (89 052 patients et 412 allèles référencés).

- La famille A (doc. 1) a fait l'objet d'une analyse génétique approfondie précisant les allèles du gène CFTR de chaque individu et les symptômes associés.

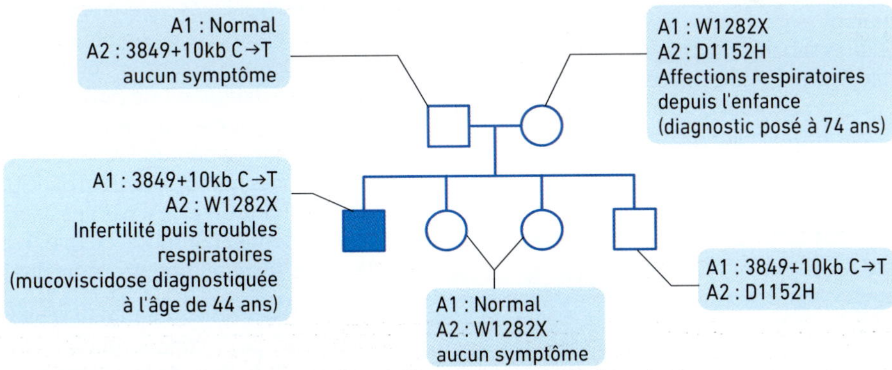

C Génotypage réalisé chez la famille A, présentée dans le doc. 1.

Activités envisageables

Pour comprendre comment on peut aujourd'hui tenter de prédire ou suivre la transmission des allèles dans l'espèce humaine :

- **Évaluez le risque pour l'enfant à naître de la famille A d'être atteint de mucoviscidose, d'après les seules données du doc. 1.**
- **Expliquez l'origine du cas d'achondroplasie présenté dans le doc. 2.**
- **Montrez l'intérêt de l'analyse génétique présentée par le doc. 3.**

Des clés pour réussir

- Mobilisez les connaissances et raisonnements précédemment acquis.
- Tenez compte de la dominance et de la récessivité.
- Faites preuve d'esprit critique.

* Lexique ➥ p. 509

Bilan des connaissances — L'origine du génotype des individus

Préparez le Grand oral p. 519

1 Stabilité génétique et évolution clonale

Des mutations dans le clone cellulaire qui constitue un individu

Un individu est constitué de cellules qui résultent de mitoses à partir d'une cellule-œuf initiale. Ce processus de multiplication permet d'obtenir un ensemble de cellules en théorie génétiquement identiques, c'est-à-dire un **clone**, puisque la mitose est précédée d'un mécanisme efficace de copie de l'information génétique, la réplication de l'ADN. Cependant, cette copie de l'ADN n'est pas totalement fiable : on estime que le taux d'erreur est de 1 pour 10^9 nucléotides copiés, à l'origine des **mutations**. En prenant en compte la taille du génome humain (6,4 x 10^9 paires de nucléotides) ainsi que le nombre de divisions qui ont lieu au cours d'une vie humaine (estimé à 10^{17}), une diversité génétique existe chez les cellules constituant un individu.

Un individu : une mosaïque de sous-clones génétiquement différents

Chaque individu est donc constitué d'une mosaïque de clones présentant de faibles variations génétiques liées à ces mutations accumulées. Ces clones sont constitués de cellules séparées (cas des cellules sanguines) ou de cellules restant associées. Les mutations et autres accidents génétiques affectant une cellule deviennent pérennes pour toute la lignée cellulaire qui dérive du mutant, formant ainsi un sous-clone particulier.

2 Le brassage des génomes assuré par la reproduction sexuée

Une réunion de deux génomes lors de la fécondation

La **fécondation** est la fusion de deux gamètes apportant chacun un lot **haploïde** (*n*) de chromosomes. La **cellule-œuf** qui en résulte est donc **diploïde** (*2n*).
Les deux génomes qui participent à la fécondation sont d'origine indépendante et apportent chacun un allèle de chaque gène. Des paires d'allèles sont ainsi constituées : si les deux allèles sont identiques, l'organisme est dit **homozygote** pour ce gène, il est **hétérozygote** si les deux allèles sont différents.

Dans une cellule diploïde, il y a donc deux allèles pour chaque gène : si le phénotype résulte de l'expression d'un seul des deux allèles, on parle de **dominance**. Au contraire, le phénotype alternatif, qui nécessite que les deux allèles soient identiques pour être exprimé, est qualifié de **récessif**. Dans les cas où les deux allèles interviennent à part égale dans la réalisation du phénotype, on parle de **codominance**.

Le brassage génétique résultant de la méiose

La méiose permet d'obtenir des cellules haploïdes à partir de cellules diploïdes : en première division, les chromosomes homologues se séparent l'un de l'autre (anaphase), de manière indépendante pour chacune des paires. En fin de méiose, chaque cellule produite reçoit, avec une probabilité équivalente, l'un ou l'autre des chromosomes de chaque paire. On parle alors de **brassage génétique interchromosomique**. Le nombre de combinaisons chromosomiques différentes qu'il est possible d'obtenir par ce mécanisme augmente avec le nombre de paires de chromosomes : pour n paires de chromosomes, un individu peut former 2^n gamètes différant par leur assortiment de chromosomes.
La méiose modifie également la répartition des allèles sur les chromosomes. Au cours de la prophase de la première division, les chromosomes homologues étroitement accolés voient leurs chromatides entrer en contact en certains points nommés **chiasmas**. Les chromatides se cassent et se ressoudent, conduisant ainsi à un échange d'une portion de chromosome. Ce mécanisme, appelé **crossing-over**, est aléatoire quant à sa localisation et permet l'échange d'allèles entre deux chromosomes homologues. On parle de **brassage intrachromosomique**. Ce n'est pas une anomalie : il se produit fréquemment et contribue de manière très importante à la diversité génétique des individus.

La méiose est donc à l'origine d'un double brassage génétique : pour chaque gène à l'état hétérozygote, chaque cellule issue de la méiose recevra au hasard un seul des deux allèles présents, les **combinaisons d'allèles** pouvant être obtenues étant d'autant plus nombreuses que le nombre de gènes à l'état hétérozygote est élevé.
Si l'on envisage le cas de deux paires d'allèles, deux situations sont possibles, selon la localisation chromosomique des gènes impliqués :
– Si les gènes sont **indépendants**, c'est-à-dire localisés sur des **chromosomes différents**, quatre combinaisons différentes sont possibles et équiprobables. Ces probabilités ne résultent que de la distribution aléatoire et indépendante des allèles de chaque gène :

$$\frac{\underline{A}\ \underline{B}}{\overline{a}\ \overline{b}} \text{ ou } \frac{\underline{A}\ \underline{b}}{\overline{a}\ \overline{B}} \rightarrow \underline{A}\ \underline{B} \quad \underline{a}\ \underline{b} \quad \underline{A}\ \underline{b} \quad \underline{a}\ \underline{B}$$

4 combinaisons équiprobables

– Si au contraire les gènes sont **liés**, c'est-à-dire localisés sur une **même paire de chromosomes**, le brassage intrachromosomique modifie la distribution des allèles portés par les chromosomes homologues, avant que ceux-ci ne soient distribués au hasard. Si la recombinaison intrachromosomique ne se produit pas entre les locus des deux gènes étudiés, les deux allèles situés sur un même chromosome sont hérités en même temps. Si la recombinaison se produit entre les locus des deux gènes, elle crée deux nouvelles combinaisons d'allèles. La probabilité de ce second cas est variable, et d'autant plus faible que les locus des gènes étudiés sont proches sur le chromosome. Les quatre combinaisons d'allèles ne sont alors pas équiprobables (les génotypes recombinés sont minoritaires, les génotypes parentaux sont majoritaires) :

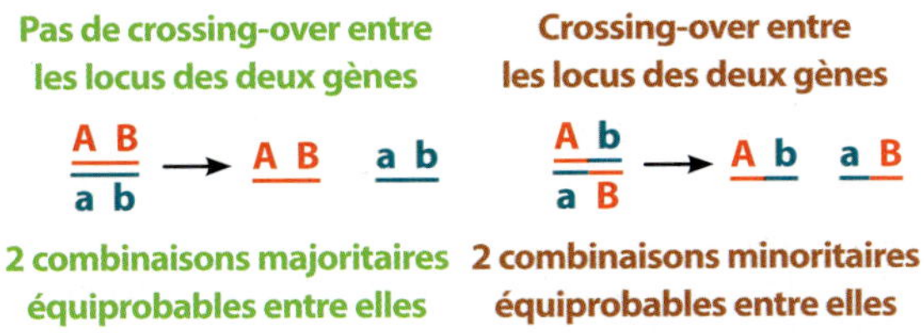

3 Principes de base de l'analyse génétique

La réalisation de croisements et l'interprétation des résultats

L'analyse statistique de résultats de croisements d'individus qui ne diffèrent que par quelques caractères permet de comprendre le brassage génétique réalisé par la méiose et la fécondation qui sont à l'origine des descendants.

Les études reposent le plus souvent sur un croisement initial entre des individus de **lignées pures**, c'est à dire homozygotes pour leurs gènes. Ces lignées parentales sont obtenues en laboratoire à l'issue de longues séries de croisements.

Les individus issus de ces croisements initiaux constituent la première génération, nommée F1. Leurs parents étant homozygotes, ces descendants sont nécessairement **hétérozygotes** pour les gènes étudiés. L'observation de leur phénotype permet de déterminer la **dominance** ou la **récessivité** des allèles présents.

L'étude se poursuit par un **croisement-test** : un individu hétérozygote de la génération F1 est croisé à son tour avec un individu porteur des allèles récessifs à l'état homozygote. Ce dernier produit des gamètes qui ont tous le même génotype, et qui n'apportent que des allèles récessifs. La descendance obtenue ne devra sa diversité qu'à celle des gamètes produits par l'individu F1.

Dans le cas où deux gènes sont impliqués :

– si les deux gènes sont **indépendants** la descendance contiendra autant d'individus à phénotypes parentaux (phénotypiquement semblables à leurs parents) que recombinés (possédant un caractère de chacun de leurs parents), car seul le brassage interchromosomique aura été impliqué dans l'obtention des gamètes de F1 ;

– si les deux gènes sont **liés**, les phénotypes parentaux seront en nombre plus important que les phénotypes recombinés, ces derniers étant alors le fruit du brassage intrachromosomique, leur proportion dépendant de la distance entre les deux gènes.

Le cas des gènes situés sur les **chromosomes sexuels** obéit à une logique particulière : chez de nombreuses espèces, les femelles possèdent deux chromosomes homologues (et donc deux allèles pour chaque gène). Les mâles, qui ont deux chromosomes sexuels différents, possèdent alors certains allèles qui ne sont présents qu'en un seul exemplaire.

Mener une analyse génétique dans l'espèce humaine

Dans l'espèce humaine, le faible nombre de descendants par couple interdit toute analyse statistique basée sur une seule famille. Néanmoins, l'analyse d'un **arbre généalogique** permet d'apporter des informations :

• si le caractère étudié apparaît chez un enfant alors qu'il est absent chez ses parents, l'allèle responsable est **récessif**, tandis que s'il est présent dans toutes les générations cet allèle est dominant. Cependant, il faut aussi considérer la probabilité d'une **mutation nouvelle**, apparue chez l'enfant alors que les parents ne la possèdent pas ;

• si le caractère étudié est récessif mais concerne de façon beaucoup plus importante les hommes que les femmes, cela signifie que le gène est localisé sur le **chromosome X**. En effet, il suffit d'un allèle muté pour qu'un homme exprime le phénotype correspondant alors qu'il faudra la réunion des deux allèles mutés pour que la femme exprime le caractère.

La détermination du mode de transmission d'un allèle permet, par exemple dans le cas d'une maladie d'origine génétique, de procéder à une **évaluation du risque**.

Les progrès dans le domaine de la **génétique moléculaire** (techniques de séquençage de l'ADN, PCR) permettent un accès de plus en plus rapide et de moins en moins coûteux aux données génétiques individuelles. Il est ainsi possible, grâce à des tests rapides, de déterminer dans une famille où un risque de maladie génétique existe quels allèles sont présents chez les parents et leurs enfants. La **bio-informatique** permet aujourd'hui d'accéder à des bases de données provenant de milliers de personnes dans le monde. Les chercheurs peuvent, en exploitant ces masses d'informations, relier certains phénotypes observés à des mutations précises, faisant avancer la recherche génétique et la prise en charge médicale des patients.

L'essentiel

L'origine du génotype des individus

Flash PAGE podcast

DYS

À retenir

Stabilité génétique et évolution clonale

Même si elles dérivent toutes d'une cellule-œuf initiale multipliée par mitoses, les cellules d'un individu ne sont pas parfaitement identiques sur le plan génétique. Lors de la réplication de l'ADN qui précède chaque mitose, des **mutations** ont lieu et sont présentes dans tout le sous-clone dérivant de la première cellule mutée. Chaque individu est donc une **mosaïque de clones** dont les cellules ont accumulé des mutations tout au long de la vie.

Le brassage des génomes à chaque génération

La **fécondation** produit une cellule-œuf diploïde en réunissant les génomes de deux cellules haploïdes, chacune apportant un lot d'allèles. Chaque gène est présent sous deux formes alléliques identiques (homozygotie) ou non (hétérozygotie).

La **méiose** produit des cellules haploïdes à partir d'une cellule diploïde, chaque cellule recevant au hasard l'un des deux allèles de chaque paire. Pour deux gènes hétérozygotes, quatre combinaisons alléliques différentes sont possibles. Elles sont équiprobables si les deux gènes sont indépendants (**brassage interchromosomique**), non équiprobables s'ils sont liés (**brassage intrachromosomique résultant de crossing-over**). Plus le nombre de gènes à l'état hétérozygote est grand, plus la méiose génère une grande diversité de combinaisons génétiques.

Les principes de base de l'analyse génétique

Les brassages génétiques liés à la méiose et à la fécondation sont à l'origine de la diversité phénotypique des individus. L'étude de la transmission de caractères de génération en génération reflète donc la transmission des allèles.

L'analyse génétique est généralement une étude statistique de **croisements** entre individus à partir de lignées pures qui ne diffèrent que par quelques caractères. Le phénotype des hétérozygotes de la génération F1 permet de déterminer la **dominance** ou la **récessivité** des allèles. Un croisement-test révèle si les **gènes** étudiés sont **liés** ou **indépendants**.

Dans l'espèce humaine, l'analyse génétique se fait par une **étude généalogique** : l'observation des phénotypes des membres d'une famille permet de déterminer le **mode de transmission d'un allèle** (dominant ou récessif, localisation sur un chromosome sexuel ou non) et d'évaluer un **risque génétique**.

Les techniques de **séquençage de l'ADN** révèlent directement le génotype d'un individu. La **bio-informatique** constitue et exploite des bases de données génétiques pour identifier l'association entre certains gènes mutés et certains phénotypes.

Mots-clés

Brassage interchromosomique • Brassage intrachromosomique • Clone • Combinaison d'allèles • Croisement-test • Chromosomes homologues • Crossing-over • Diversité des gamètes • Dominance • Fécondation • Gènes indépendants • Gènes liés • Hétérozygote • Homozygote • Méiose • Récessivité

Schéma bilan

L'origine du génotype des individus

Méiose et fécondation, deux phénomènes complémentaires

cellule-mère diploïde
2*n* chromosomes,
2 lots d'allèles

cellules haploïdes (gamètes, spores)
n chromosomes,
1 seul lot d'allèles

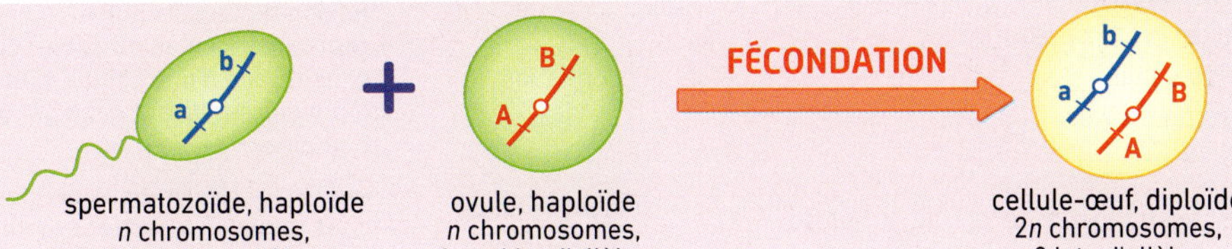

spermatozoïde, haploïde
n chromosomes,
1 seul lot d'allèles

ovule, haploïde
n chromosomes,
1 seul lot d'allèles

cellule-œuf, diploïde
2*n* chromosomes,
2 lots d'allèles

Deux brassages génétiques lors de la méiose

Brassage intrachromosomique (Prophase I)

2 gènes liés

Crossing-over **parfois** entre les deux gènes

Pas de crossing-over entre les locus des deux gènes

Crossing-over entre les locus des deux gènes

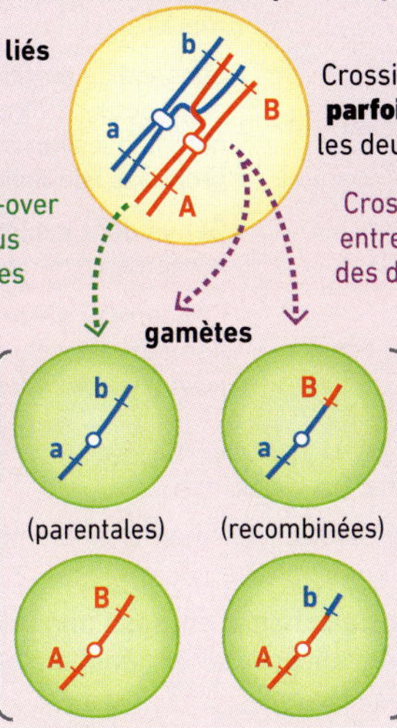

2 combinaisons d'allèles majoritaires

2 combinaisons d'allèles minoritaires

Brassage interchromosomique (Anaphase I)

2 gènes indépendants

1re distribution possible

2e distribution possible

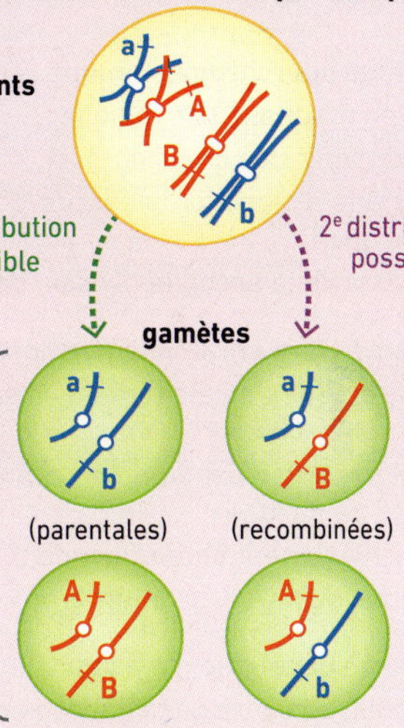

4 combinaisons d'allèles équiprobables

Deux méthodes d'étude de la transmission des allèles

Analyse quantitative de la descendance de croisements

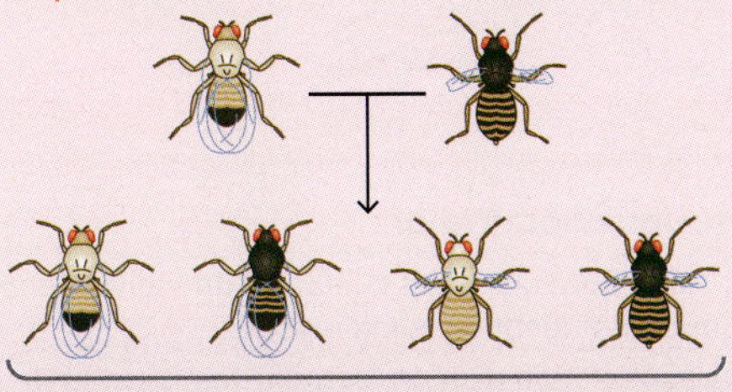

Les proportions des phénotypes des descendants renseignent sur la localisation des gènes

Analyse généalogique et accès direct au génotype des individus

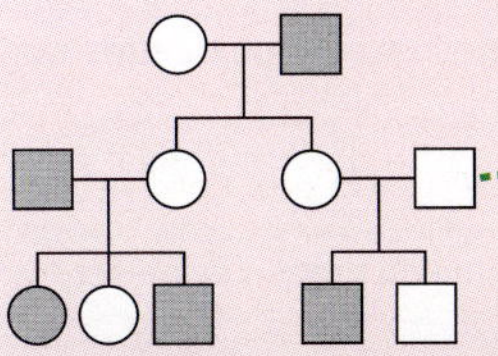

tests génétiques

ATGACTCAGAAC...
ATGAGTCAGAAC...

Étude de la transmission d'un caractère dans une famille

Identification des allèles présents

Autoévaluation

Réponses voir p. 502

1 Retour vers les problématiques

Relisez la page « S'interroger avant d'aborder le chapitre » (p. 19) ; à l'aide de ce que vous savez à présent, répondez aux questions que vous avez formulées.

2 QCM

Pour chaque affirmation, choisissez l'unique bonne réponse.

1. La diversité génétique des cellules d'un individu :
- a. est nulle, car toutes les cellules d'un individu sont génétiquement identiques ;
- b. est peu importante et reste constante ;
- c. diminue au cours de sa vie ;
- d. augmente au cours de sa vie.

2. La fécondation :
- a. annule le brassage génétique réalisé lors de la méiose ;
- b. assure une séparation indépendante des allèles de chaque gène ;
- c. contribue à la variabilité génétique des individus d'une espèce ;
- d. réunit les gamètes en fonction du bagage génétique qu'ils contiennent.

3. Le brassage interchromosomique :
- a. a lieu en prophase I de méiose ;
- b. fait intervenir des crossing-over ;
- c. est lié à la disjonction aléatoire des chromosomes homologues ;
- d. a lieu lors de la seconde division de méiose.

4. Un chiasma entre chromosomes homologues :
- a. peut se produire aléatoirement en différents endroits des chromosomes ;
- b. peut s'observer pendant la prophase de seconde division de méiose ;
- c. est un événement chromosomique rare ;
- d. contribue au brassage interchromosomique.

5. Le brassage génétique qui a lieu à la méiose :
- a. se produit au cours de la seconde division ;
- b. est uniquement dû au phénomène de crossing-over ;
- c. permet l'obtention d'un grand nombre de gamètes génétiquement identiques ;
- d. est sans effet chez un individu de lignée pure.

3 Vrai ou faux ?

Repérez les affirmations exactes et corrigez celles qui sont inexactes.

a. La méiose est une succession de deux mitoses sans interphase intermédiaire.

b. Les crossing-over sont à l'origine du brassage interchromosomique.

c. La méiose sépare les chromosomes homologues dans des cellules différentes.

d. Lors de la seconde division de la méiose, le nombre de chromosomes par cellule est divisé par deux.

4 Apprendre en s'interrogeant

1. Cachez l'une des colonnes du tableau suivant et retrouvez ce que contient l'autre (à faire seul ou à plusieurs).

2. Vérifiez vos réponses, et reprenez si besoin les notions concernées.

Notion	Définition
Clone	Ensemble de cellules génétiquement identiques.
Fécondation	Fusion de deux cellules reproductrices aboutissant à la constitution d'une cellule-œuf diploïde réunissant deux génomes haploïdes.
Allèle dominant	Allèle qui détermine le phénotype chez un individu hétérozygote.
Brassage interchromosomique	Formation de nouvelles combinaisons d'allèles résultant de la séparation aléatoire des chromosomes homologues, indépendamment pour chaque paire, au cours de l'anaphase I de la méiose.
Crossing-over	Échange de portions de chromatides entre deux chromosomes homologues appariés au cours de la prophase I de méiose.
Gènes liés	Gènes dont les locus sont situés sur le même chromosome.
Croisement-test	Croisement entre un individu hétérozygote et un individu homozygote récessif.

5 Compléter un schéma

Le schéma suivant représente une cellule à $2n = 6$ chromosomes en prophase I de méiose.

Complétez ce schéma en positionnant 3 gènes et leurs allèles pour représenter le génotype suivant : (A b//a B ; C//C).

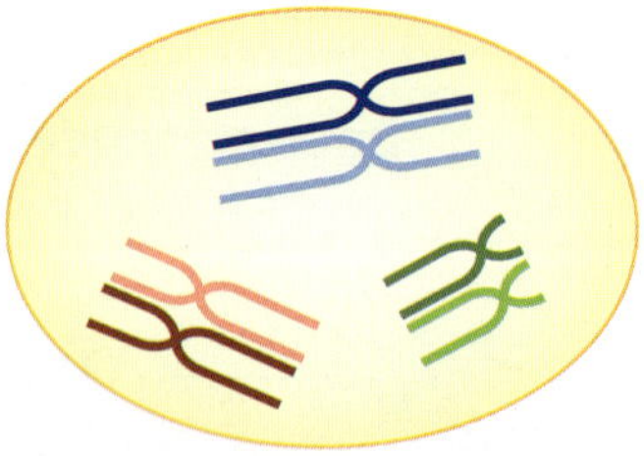

6 Expliquez pourquoi :

a. L'idée que toutes les cellules d'un individu sont génétiquement identiques est erronée.

b. L'exploitation d'un croisement-test permet de déterminer si deux gènes sont liés ou indépendants.

c. Dans le cas de gènes liés, le pourcentage de génotypes recombinés est différent selon les gènes concernés.

★ facile ★★ intermédiaire ★★★ confirmé

7 Raisonner avec rigueur ★★

La brachydactylie A1 (BDA1) est une malformation congénitale rare caractérisée par une réduction de la longueur des doigts par raccourcissement de leur seconde phalange, due à une mutation du gène « Indian hedgehog ». L'arbre généalogique suivant répertorie les cas de BDA1 (figurés noirs) dans une famille égyptienne.

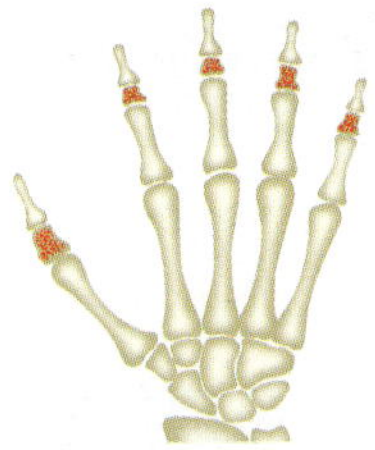

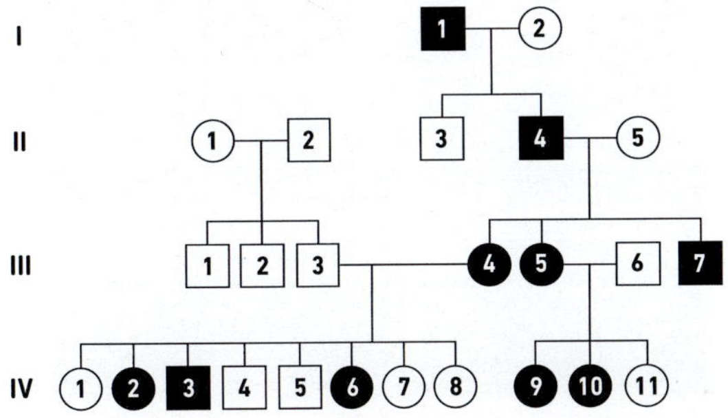

À partir des informations extraites de l'arbre généalogique et de vos connaissances, indiquez si les propositions suivantes sont exactes ou non, en justifiant votre réponse.

a. Le gène « Indian hedgehog » est localisé sur le chromosome X.

b. L'allèle mutant du gène est dominant.

c. Si l'allèle mutant est dominant, III4 est homozygote.

d. Si l'allèle mutant est dominant, IV11 est homozygote.

8 Mettre en relation des connaissances et des informations tirées d'un document ★

Chez le cheval, le gène D, dont il existe deux allèles (D1 et D2), détermine la couleur de la robe. Les homozygotes pour l'allèle D1 ont une robe rougeâtre, les hétérozygotes ont une robe or (type palomino) et les homozygotes pour l'allèle D2 une robe presque blanche (type cremello). On croise entre eux des chevaux de type palomino.

Déterminez quels génotypes et phénotypes composeront la descendance, et en quelles proportions.

9 Formuler une hypothèse ★★★

Les souris sauvages sont de couleur *agouti*, c'est-à-dire gris sombre. Une mutation nommée *yellow* affecte la couleur du pelage et se traduit par un phénotype brun clair.

En croisant une souris *yellow* avec une souris homozygote sauvage, on obtient toujours une descendance composée de 50 % de souris *agouti* et 50 % de souris *yellow*.

Deux souris *yellow* croisées entre elles donnent toujours une descendance composée pour 2/3 de souris *yellow* et 1/3 de souris agouti.

Proposez une hypothèse pour expliquer ces proportions inhabituelles.

10 Exprimer mathématiquement ★

Évaluez la diversité génotypique des descendants d'un couple de souris (espèce à $2n = 40$), en considérant que les parents sont tous deux hétérozygotes pour au moins un gène de chaque paire de chromosomes, et en ne tenant compte que du brassage interchromosomique.

11 Interpréter des résultats et en tirer des conclusions ★★

Chez le pois, la couleur des graines peut, entre autre, être grise ou blanche. On croise entre elles des plantes de génotype inconnu, qui donnent les résultats présentés dans le tableau ci-dessous.

	Descendants	
	Gris	Blanc
(gris) x (blanc)	82	78
(gris) x (gris)	118	39
(blanc) x (blanc)	0	50

En supposant qu'un seul gène contrôle ce caractère, déterminez la dominance et la récessivité des allèles, puis les génotypes parentaux de chacun de ces croisements.

12 Proposer des hypothèses ★★

Décrivez le phénotype particulier de ce chien husky et proposez différentes hypothèses explicatives.

13 La myopathie de Duchenne

★★

La myopathie de Duchenne est une maladie génétique caractérisée par une dégénérescence progressive des muscles des patients qui en sont atteints (voir p. 410). La découverte en 1986 du gène DMD, dont la mutation est à l'origine de la maladie, a stimulé la recherche sur les myopathies, avec notamment la mise en place du Téléthon (1987). Le gène DMD est le plus long gène humain connu ($2{,}3 \cdot 10^6$ paires de nucléotides), et les mutations qui l'affectent sont le plus souvent des délétions d'une plus ou moins grande partie de sa séquence.

À l'aide des documents suivants, expliquez la transmission de la myopathie de Duchenne dans cette famille et indiquez le risque pour le fœtus d'en être atteint.

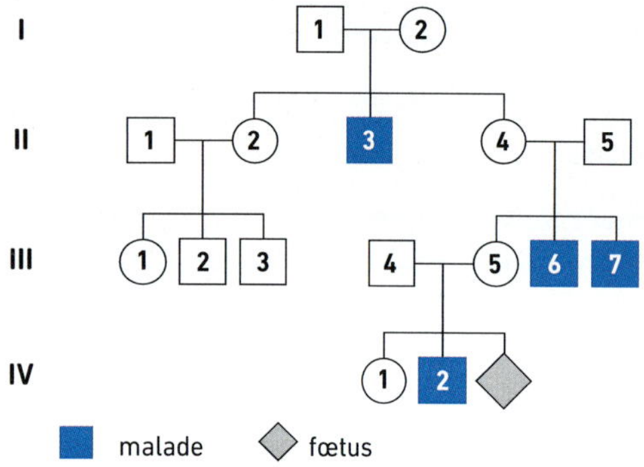

A Arbre généalogique d'une famille touchée par la myopathie de Duchenne.

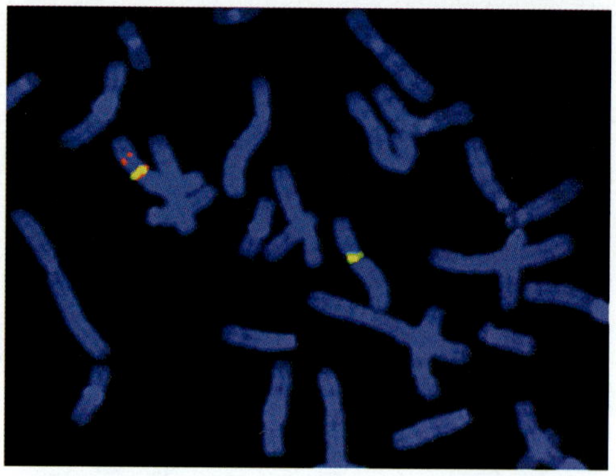

B Test (FISH*) réalisé sur une cellule de l'individu II4 à l'aide de deux sondes fluorescentes :
- jaune, sonde spécifique du centromère du chromosome X ;
- rose, sonde spécifique de la partie centrale du gène DMD.

14 Analyser un croisement de drosophiles

★★★

Un étudiant en stage au CNRS dispose de drosophiles pour réaliser des croisements afin de vérifier expérimentalement des notions de génétique. Il croise des drosophiles mutantes à yeux blancs et des drosophiles sauvages à yeux rouge foncé, de souches pures toutes les deux. Puis il réalise un croisement-test dont les résultats lui paraissent surprenants.

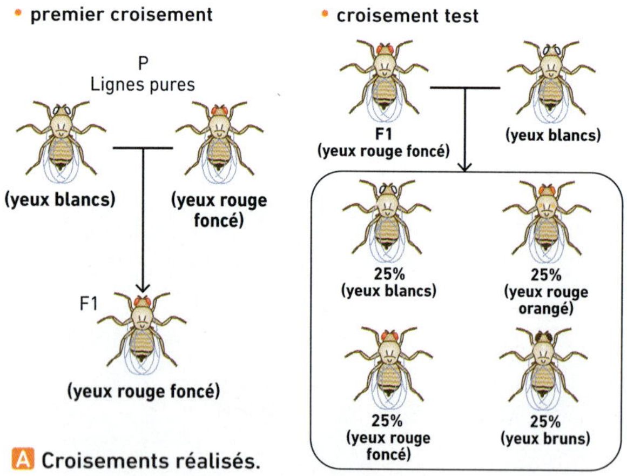

A Croisements réalisés.

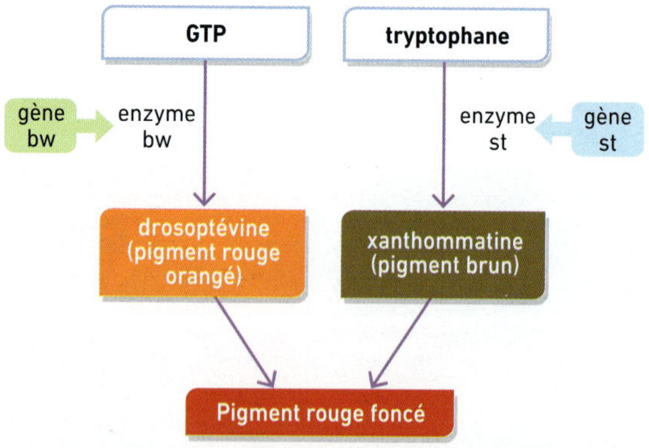

B Origine de la couleur rouge foncé de l'œil de la drosophile (représentation simplifiée de la biosynthèse des pigments).

1. **Présentez les résultats auxquels l'étudiant pouvait s'attendre en considérant que la couleur rouge foncé de l'œil de drosophile est déterminée par un seul gène.**
2. **En tenant compte des informations du doc. B, expliquez à l'aide d'un échiquier de croisement les proportions obtenues lors du second croisement.**

PRÉPA BAC

Épreuve écrite

Rédaction d'un texte argumenté pour répondre à une question scientifique

15 Méiose et diversité génétique

La méiose réalise un brassage de l'information génétique à l'origine de la diversité des gamètes.

À l'aide de vos connaissances et en vous appuyant sur des faits d'observation et des résultats expérimentaux, présentez les deux types de brassage réalisés par la méiose.

Votre texte sera illustré de schémas en considérant deux paires de chromosomes portant trois gènes à l'état hétérozygote (allèles *A* et *a* pour le premier gène, *B* et *b* pour le second, *D* et *d* pour le troisième).

Document proposé

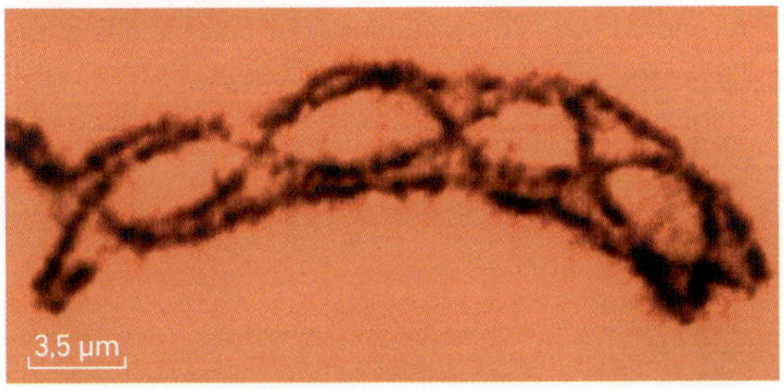

Une paire de chromosomes homologues observés au cours d'une phase de la méiose.

16 L'hérédité liée au sexe

Certains gènes sont situés sur les chromosomes sexuels.

Présentez, en vous appuyant sur des exemples, les particularités de la transmission d'une caractéristique gouvernée par un gène localisé sur le chromosome X.

Document proposé

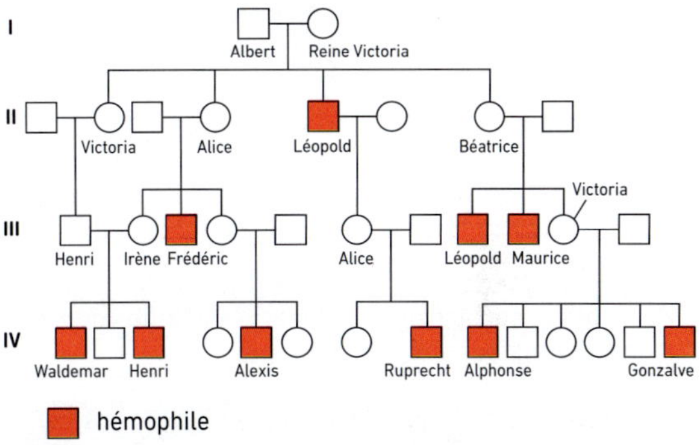

Cas d'hémophilie dans la descendance de la reine Victoria d'Angleterre (arbre généalogique partiel).

Épreuve pratique

Des exercices pour s'entrainer à l'Évaluation des Capacités Expérimentales

17 Concevoir une stratégie de résolution

On connaît chez la drosophile ($2n = 8$) de nombreuses mutations de gènes gouvernant des caractères aisément identifiables. On souhaite déterminer sur quel chromosome est localisé le gène « scarlet », dont l'allèle mutant *st* est responsable de la couleur rouge écarlate des yeux.

On dispose de diverses souches de drosophiles présentant les mutations répertoriées par le tableau A.

Gène	Allèles	Phénotypes associés	Localisation chromosomique
Soies brûlées	*sn* sn^+	Soies à l'aspect flambé Soies normales	Chromosome 1
Ailes vestigiales	*vg* vg^+	Ailes réduites Ailes longues	Chromosome 2
Corps ébène	*eb* eb^+	Corps sombre Corps clair	Chromosome 3
Nervures interrompues	*ci* ci^+	Nervures des ailes incomplètes Nervures des ailes complètes	Chromosome 4
Scarlet	*st* st^+	Yeux rouge écarlate Yeux rouges	?

A Tableau répertoriant des informations sur quelques gènes.

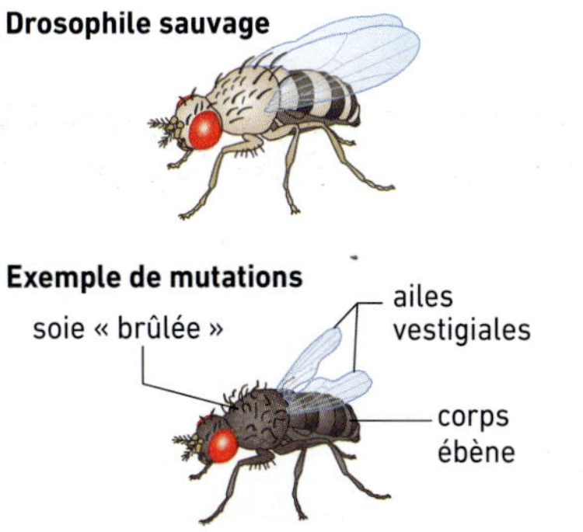

B Représentation schématique de quelques éléments du phénotype de la drosophile.

Proposez une stratégie de résolution du problème posé : précisez les croisements à réaliser et exposez le raisonnement qui permettra d'apporter une réponse.

Raisonnement scientifique

Construisez et exposez votre propre démarche pour résoudre le problème posé.

18 Une visualisation directe des effets de la méiose

Certains êtres vivants, bien qu'ayant une reproduction sexuée, ne présentent pas le même cycle de développement que celui des espèces diploïdes. C'est le cas par exemple des champignons comme *Sordaria macrospora*. Dans cette espèce, les cellules produites par la méiose, appelées spores, restent enfermées dans une sorte d'étui transparent (un asque) et expriment certains gènes. Il est ainsi possible d'observer directement les effets de la méiose.

- **À partir de l'exploitation des documents et de vos connaissances sur la méiose, répertoriez les différents types d'asques observables et expliquez l'origine des asques désignés par des astérisques sur le document 3. Appuyez vos explications par des schémas représentant les chromosomes et les allèles qu'ils portent.**

1 La culture d'un champignon ascomycète, *Sordaria macrospora*

Sordaria est une moisissure qui se cultive facilement dans une boîte de Petri sur un milieu nutritif gélosé. Le milieu est ensemencé en y déposant des spores à deux pôles opposés. Chaque spore est une cellule haploïde qui, par mitoses successives, forme un mycélium colonisant la surface de la gélose. Les cellules des filaments mycéliens sont donc haploïdes.

À l'endroit où les mycéliums se rencontrent, des granulations noires nommées périthèces apparaissent. À l'intérieur d'un périthèce, des cellules fusionnent deux à deux, formant des cellules-œufs qui vont immédiatement subir la méiose et former de nouvelles spores.

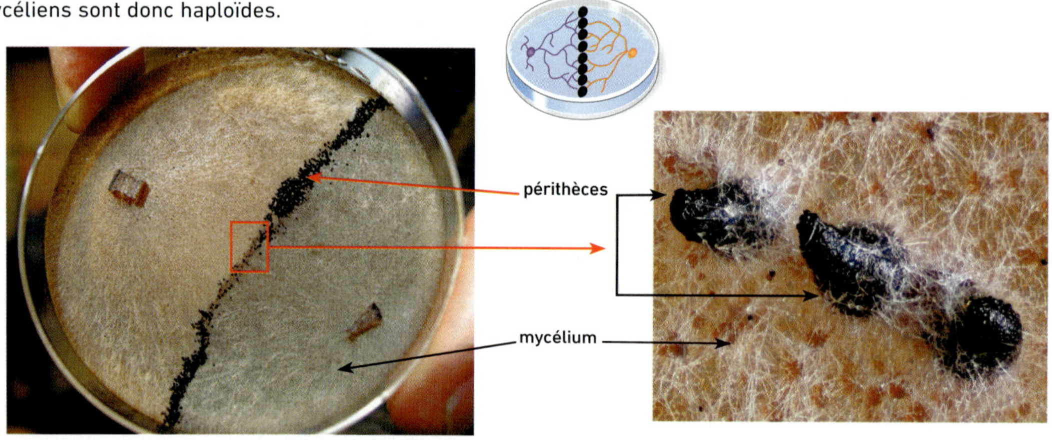

A Croisement entre deux souches de *Sordaria* sur un milieu gélosé.

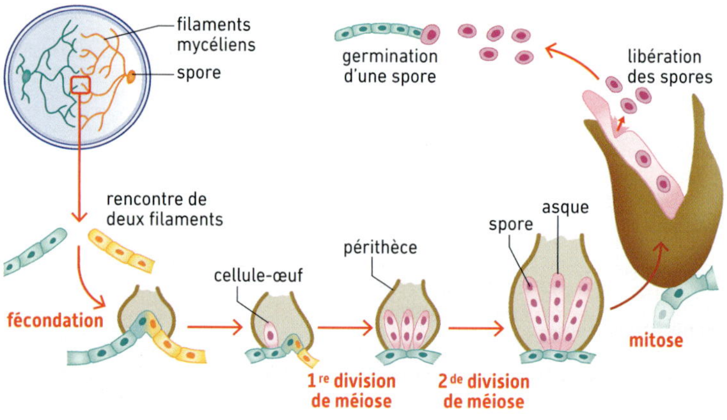

B Cycle de développement de *Sordaria*.

2 La formation d'un asque

Chez *Sordaria*, la cellule-œuf diploïde subit directement la méiose. Les cellules issues de la méiose effectuent ensuite une mitose : les huit spores haploïdes ainsi formées restent momentanément enfermées dans une enveloppe transparente allongée appelée asque. Au cours de leur maturation, et avant d'être libérées, les spores expriment certains gènes, notamment un gène responsable de la coloration de la spore.

On peut ainsi croiser des souches de *Sordaria* qui diffèrent par la couleur des spores.

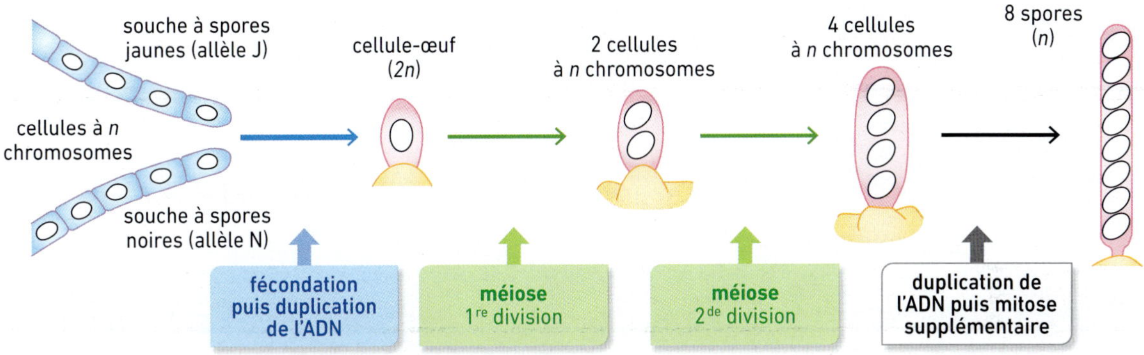

3 L'observation d'asques issus d'un croisement

Un périthèce contient de nombreuses cellules-œufs qui donneront chacune les huit spores d'un asque. En prélevant délicatement un périthèce et en l'étalant dans une goutte d'eau entre lame et lamelle, les asques se disposent en éventail, ce qui permet d'observer la disposition des spores dans chacun d'entre eux.

Observation au microscope des asques résultant d'un croisement entre une souche à spores noires et une souche à spores jaunes.

PARTIE 1

CHAPITRE 2

Accidents génétiques de la méiose et diversification des génomes

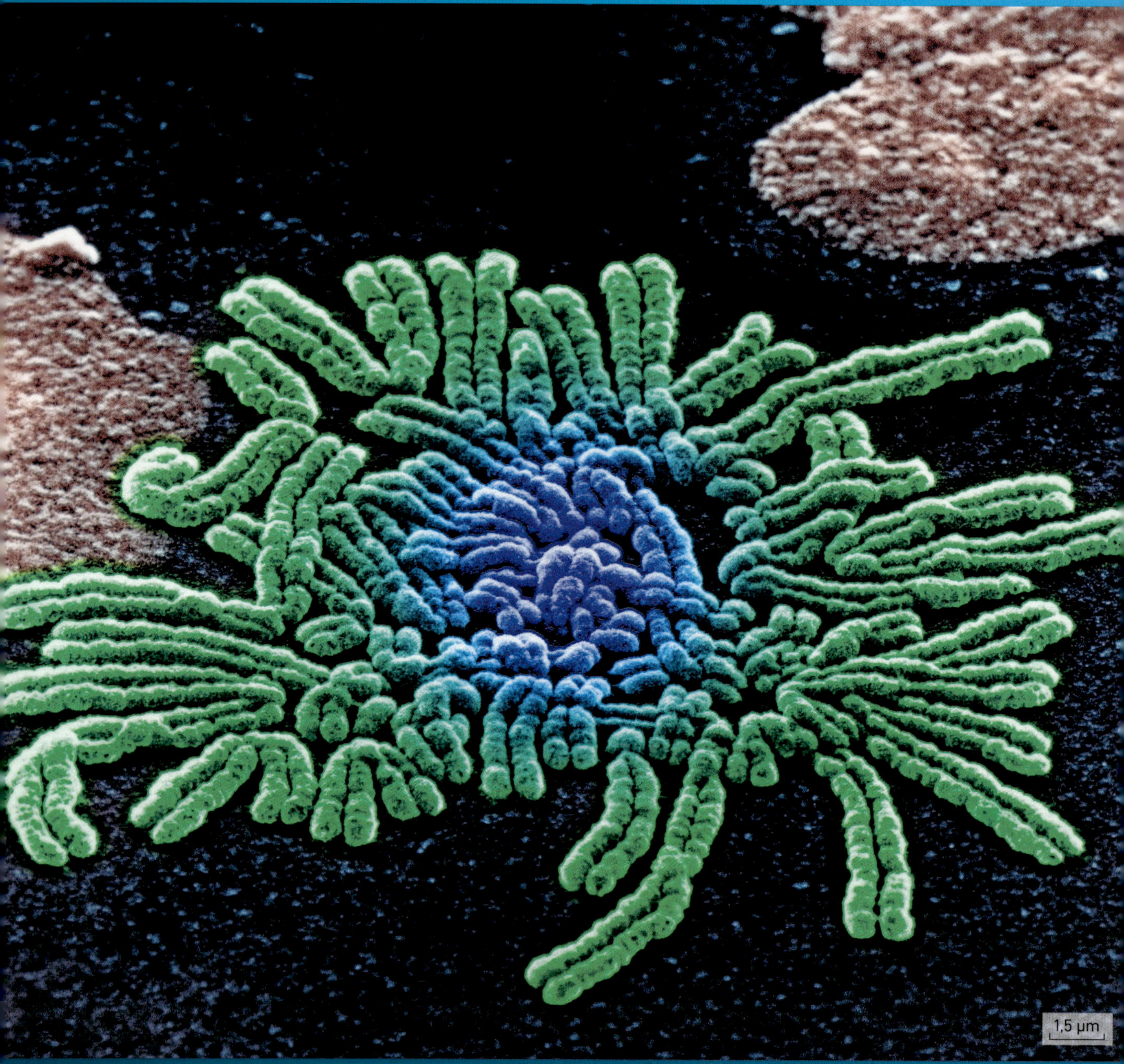

Chromosomes en prophase I de méiose (microscopie électronique à balayage). Cette phase de la méiose, marquée par l'appariement des chromosomes homologues, est déterminante dans le processus de diversification des génomes.

S'interroger avant d'aborder le chapitre

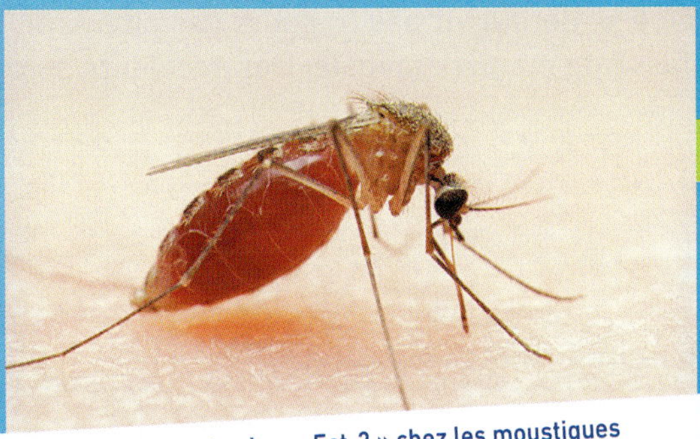

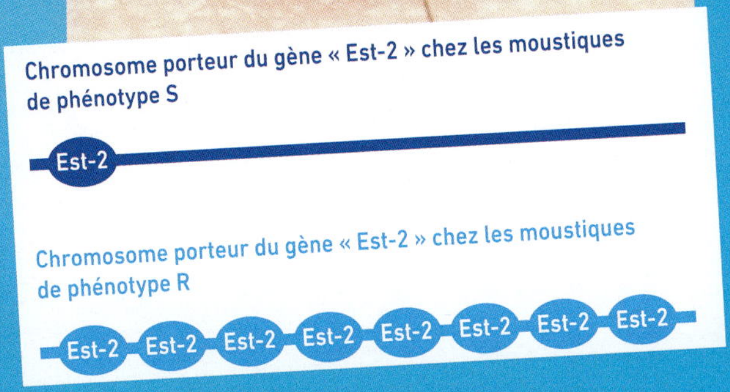

Jusqu'à 100 copies du même gène

L'utilisation des insecticides organophosphorés dans la lutte contre les moustiques en région Occitanie a débuté en 1968, et dès 1972 des résistances sont apparues. Les gènes impliqués dans cette résistance, nommés Ester 2 et Ester 3, ont été identifiés en 1974. À la suite de mutations, ils permettent la production d'une enzyme, l'estérase, qui neutralise et dégrade les molécules d'insecticide. Certains moustiques possèdent jusqu'à 100 copies du gène de résistance Ester 2 !

Un chromosome inhabituel

Le génome présente une grande plasticité : diverses anomalies peuvent affecter la structure des chromosomes, comme la perte d'un fragment de chromatide ou bien encore une duplication accidentelle. Le plus souvent, ces anomalies sont létales pour la cellule qui en hérite. Parfois, certains accidents génétiques enrichissent le génome. Dans le cas où des anomalies apparaissent dans des cellules en méiose, elles peuvent être transmises à la descendance.

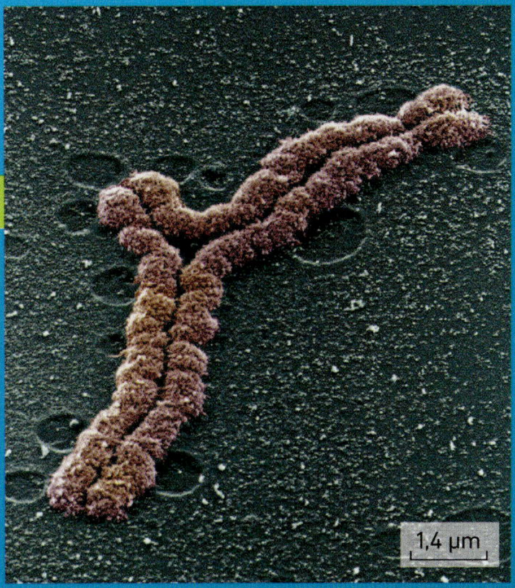

Chromosome à 3 bras, observé dans une cellule.

Formuler les problèmes à résoudre

Des anomalies génétiques peuvent survenir et être transmises au cours de la méiose. Certaines accentuent le processus de diversification des génomes engendré par la méiose. Exprimez les questions que ces documents suscitent et que vous vous posez avant d'aborder ce chapitre.

Unité

1 Anomalies chromosomiques et diversification des génomes

Les étapes successives de la méiose ne se déroulent pas toujours parfaitement. Il arrive que la répartition des chromosomes se fasse de manière inégale. Des accidents chromosomiques peuvent aussi avoir lieu.

Comment les anomalies chromosomiques contribuent-elles à la diversité des génomes et à l'évolution des espèces ?

bordas Flash PAGE animation — Anomalies chromosomiques

1 Des anomalies chromosomiques parfois compatibles avec la vie

Si le caryotype d'un être humain comporte le plus souvent 46 chromosomes, soit 23 paires de chromosomes homologues, cela n'est pas toujours le cas.

Dans l'espèce humaine, l'**anomalie chromosomique*** la plus fréquente est la trisomie* 21 libre (96 % des cas de trisomie 21), caractérisée par trois chromosomes 21 indépendants (voir p. 14).

D'autres cas de trisomie et de monosomie* compatibles avec la vie sont connus, mais le plus souvent les anomalies de répartition des chromosomes au cours de la méiose conduisent à des avortements spontanés* précoces des zygotes qui en sont porteurs.

Il peut arriver que deux chromosomes non homologues se soudent : c'est ce qu'on appelle une **translocation***. Ceci est en général sans conséquence pour l'individu chez qui se produit l'anomalie, mais peut être à l'origine de cas de trisomie ou de monosomie dans sa descendance.

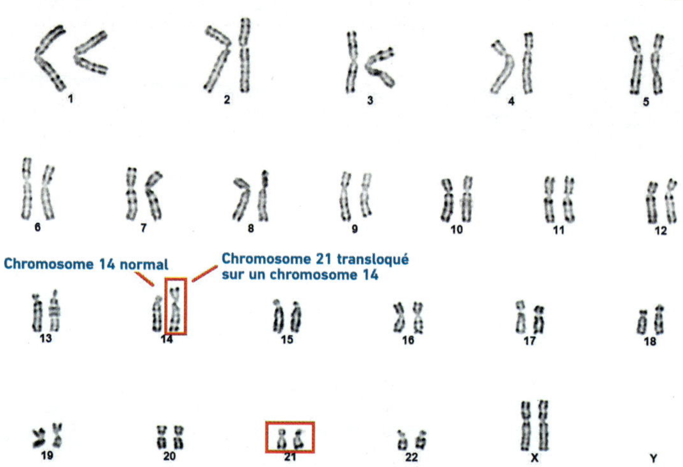

A Caryotype d'un individu présentant une trisomie 21.
Ce cas particulier représente environ 2 % des cas de trisomie 21.

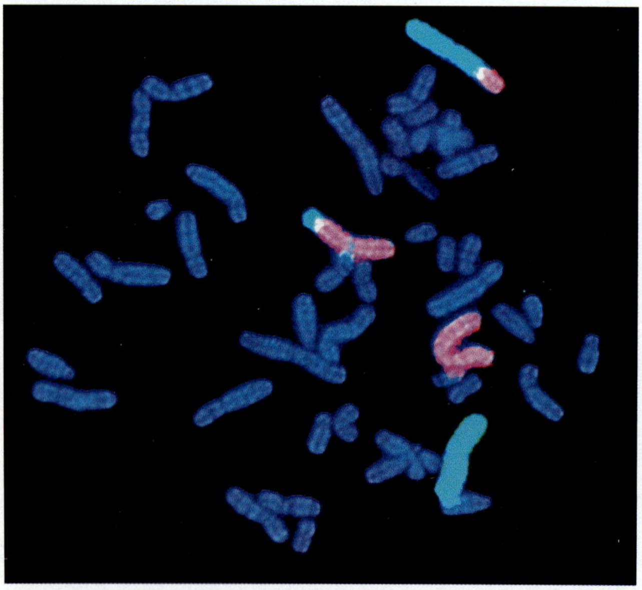

B Caryotype après coloration FISH* : les chromosomes 2 et 3 sont colorés par des sondes fluorescentes respectivement en rose et bleu clair.

Outre les cas de fusion*, des chromosomes peuvent aussi se scinder en deux (fission), ou encore se casser et se ressouder dans une configuration différente. Des portions de chromosomes peuvent ainsi être échangées avec un autre chromosome (translocation réciproque), ou se retrouver sur le même chromosome après retournement (inversion*). Le génome présente donc un caractère plastique.

Ces anomalies sont dites équilibrées, et donc compatibles avec la vie et sans conséquences cliniques, tant qu'elles n'entraînent ni perte ni gain de matériel génétique.

En revanche, elles engendrent des problèmes au cours de la méiose car l'appariement des chromosomes ne peut se faire correctement et la répartition des chromosomes peut conduire à une perte ou un surnombre de gènes à l'origine de troubles cliniques chez les individus de la génération suivante.

2 Un rôle majeur dans l'évolution des espèces

L'être humain et les chimpanzés sont des espèces apparentées qui dérivent d'un ancêtre commun datant de 7 millions d'années environ. La comparaison de leurs génomes révèle une très grande proximité génétique : on considère que ces espèces partagent 94,6 % de leurs gènes. Cependant, le chimpanzé possède 48 chromosomes (comme tous les grands singes hominoïdes*, excepté l'Homme). La comparaison de leur caryotype révèle d'autres différences. Le document (A) a été obtenu en comparant un chromosome de chacune des paires pour les deux espèces (*la paire numérotée 2 compare le chromosome 2 de l'Homme avec les chromosomes 2 et 3 du chimpanzé*).

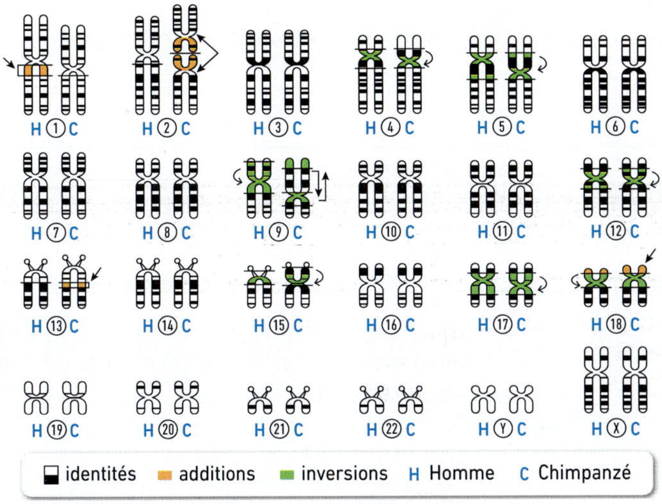

A Comparaison des caryotypes de l'Homme et du chimpanzé.

L'analyse des génomes permet de repérer des groupes de gènes homologues entre les deux espèces (couleurs sur le doc. B).

Activité pratique

À l'aide d'une banque de données comme *Cinteny*, il est possible de comparer l'organisation du génome des deux espèces :

- Sélectionner les génomes des deux espèces.
- Choisir deux chromosomes.
- Comparer les régions homologues.

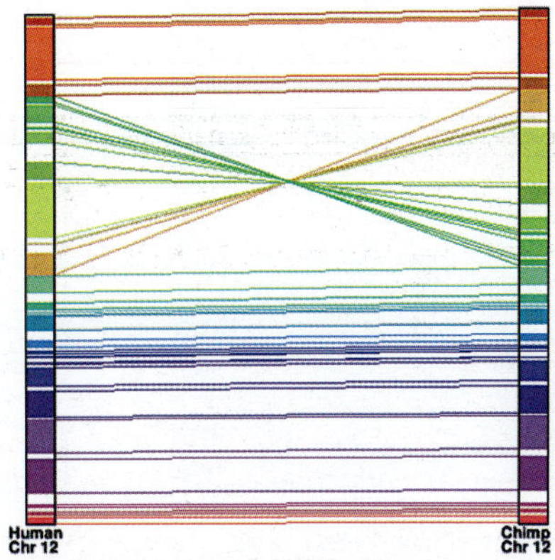

B Comparaison de l'organisation du chromosome 12 de l'Homme et du chimpanzé.

Ces remaniements chromosomiques, même s'ils conservent le nombre de gènes, perturbent l'appariement des chromosomes homologues et empêchent la recombinaison intrachromosomique. Cette réduction des flux géniques différencie les populations et peut constituer une **barrière entre populations*** et à terme, conduire à une spéciation*. Ces phénomènes jouent ainsi un rôle important dans l'évolution biologique : l'histoire évolutive des hominoïdes est jalonnée par une succession de tels remaniements de leurs génomes (C).

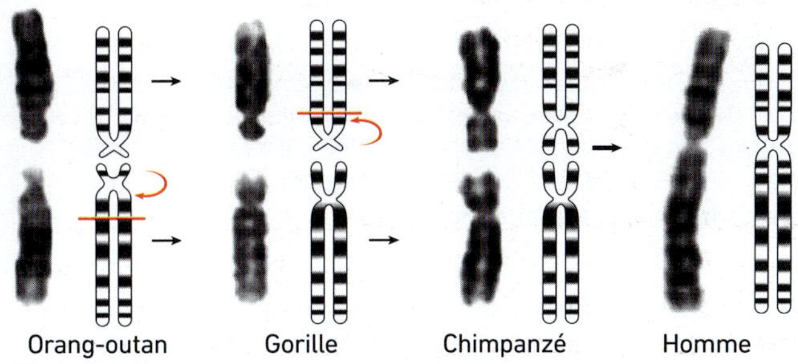

C Reconstitution de l'histoire du chromosome 2.

Activités envisageables

Pour comprendre comment des anomalies chromosomiques peuvent contribuer à la diversité des génomes et à l'évolution :

- **Expliquez sous la forme d'un schéma comment une translocation survenue chez un parent peut être à l'origine du cas de trisomie présenté par le document 1A.**
- **Envisagez les différents types de gamètes pouvant être produits à partir du caryotype présenté par le document 1B.**
- **Comparez les caryotypes de l'Homme et du chimpanzé, ainsi que le chromosome 2 des différentes espèces d'hominoïdes.**

* Lexique ➡ p. 509

Des clés pour réussir

- Mobilisez vos connaissances sur la méiose.
- Répertoriez les différents types d'anomalies présentées.

Unité

2 Des anomalies à l'origine d'un enrichissement des génomes

Dans une cellule diploïde, chaque gène localisé sur un autosome est normalement présent en deux exemplaires. Cependant, certains gènes sont parfois présents en un plus grand nombre d'exemplaires dans le génome.

Comment des gènes peuvent-ils se multiplier dans le génome, et cela représente-t-il un avantage pour les individus et les espèces concernés ?

1 Le gène de l'amylase : un nombre d'exemplaires variable dans les populations humaines

A Dans ce village indien, le riz est l'aliment principal.

L'amylase salivaire est une enzyme* permettant d'amorcer dès le début du tube digestif la digestion d'un composant majeur de l'alimentation humaine, l'amidon. Une étude cherchant à caractériser la variation individuelle de la sécrétion de cette enzyme a mesuré la quantité d'amylase présente dans la salive de 50 personnes américaines d'origine européenne (B).

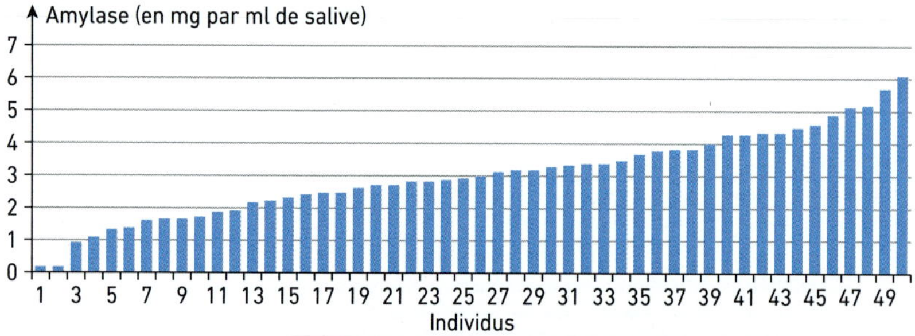

B Quantité d'amylase salivaire mesurée chez 50 individus nord-américains.

Le gène AMY1, qui permet la synthèse de l'amylase salivaire, est localisé sur le chromosome 1. Des chercheurs ont constaté une variation du nombre de copies de ce gène (C). Ils ont alors recherché l'existence d'une corrélation entre la sécrétion d'amylase salivaire, le nombre de copies du gène et les habitudes alimentaires (D et E).

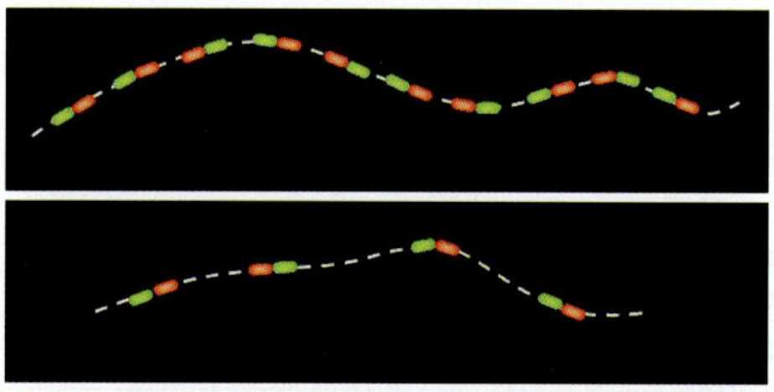

C Mise en évidence chez un individu asiatique du nombre de copies du gène AMY1 sur ses deux chromosomes 1 (chaque association des deux sondes, rouge et verte, identifie une copie du gène).

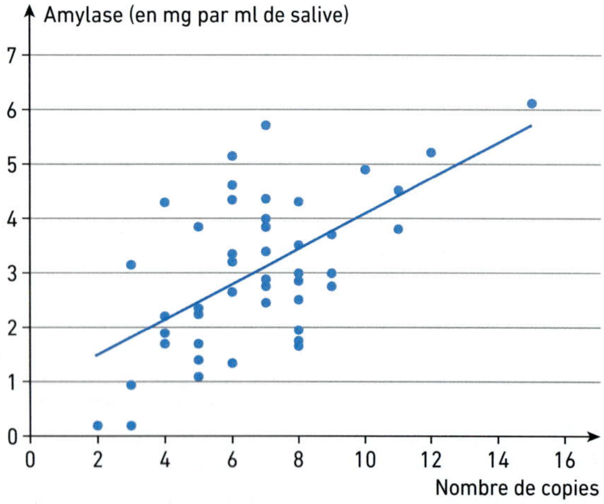

D Quantité d'amylase salivaire en fonction du nombre de copies du gène AMY1 pour les 50 individus nord-américains.

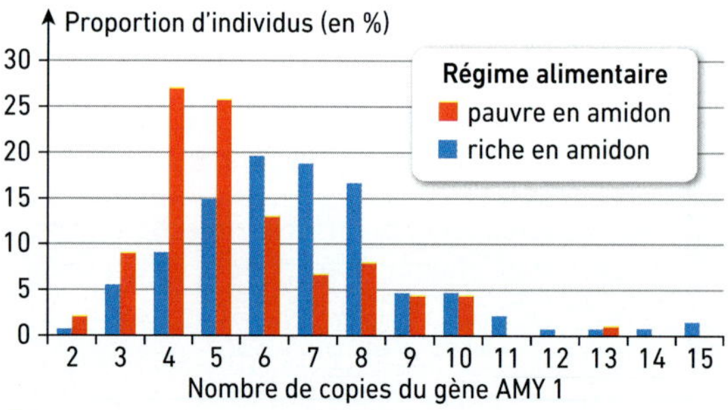

E Répartition du nombre de copies du gène AMY1 dans deux populations à régime alimentaire différent.

D'après George H. Perry & Al. Nature Genetics – 2007.

2 Crossing-over anormal et duplication génique

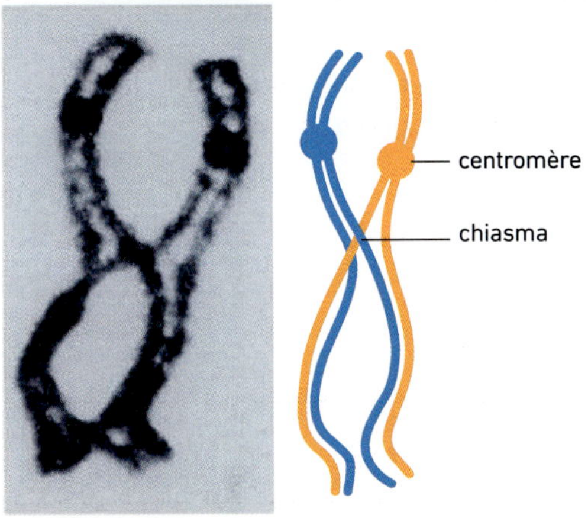

A Crossing-over normal.

Le crossing-over (voir p. 28) correspond à un échange de portions homologues de chromatides entre deux chromosomes appariés lors de la prophase I de méiose. Pour que cet échange n'entraîne ni perte ni gain de matériel génétique, il faut que les deux chromosomes appariés soient parfaitement alignés (A), ce qui n'est pas toujours le cas. Un **crossing-over inégal*** peut en effet se produire (B) : les portions de chromatides échangées ne sont alors pas de même longueur.

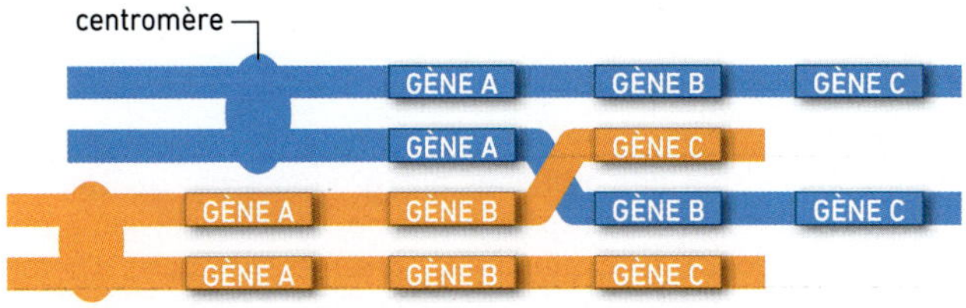

B Une anomalie : le crossing-over inégal.

3 Une grande importance évolutive

Une autre équipe de chercheurs a élargi l'étude à 84 espèces de mammifères, dans le but de situer les phénomènes de **duplication*** du gène AMY1 survenus au cours de l'évolution génique, et de les mettre en relation avec le régime alimentaire des espèces étudiées.

Les mammifères ont été rangés dans trois groupes :
- régime alimentaire spécialisé pauvre en amidon (**s**) ;
- régime alimentaire diversifié contenant une quantité significative d'amidon (**d**) ;
- régime alimentaire riche en amidon (**a**). Il s'agit d'espèces domestiquées ou vivant dans l'entourage de l'Homme.

D'autres études ont montré que de nombreux gènes ont été l'objet de ce phénomène de duplication : chez l'Homme, environ 12 % du génome est concerné.

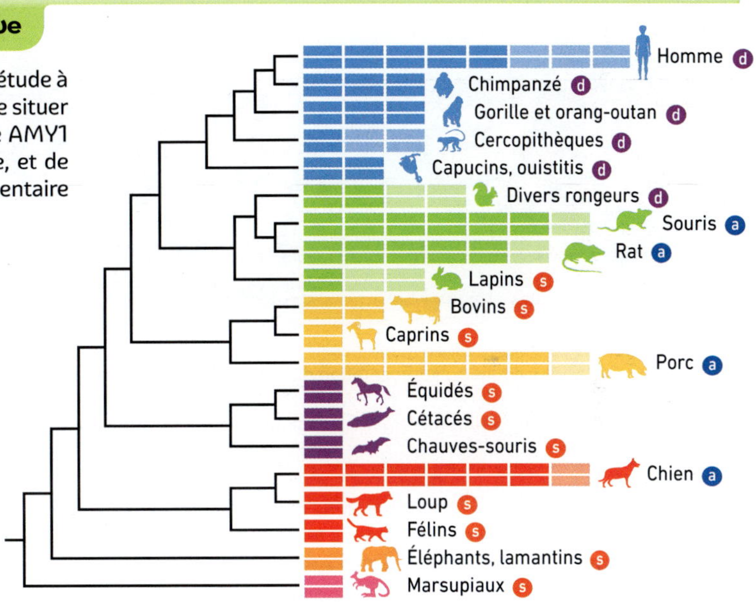

Arbre phylogénétique* de quelques mammifères indiquant le nombre de copies du gène AMY1. Les rectangles plus clairs correspondent à des variantes dans le nombre de copies. *D'après P. Pajic & Al. eLife, mai 2019.*

Activités envisageables

Afin d'expliquer l'origine du phénomène de duplication génique et de mettre en évidence son impact évolutif :

- **Montrez que la duplication du gène de l'amylase est une innovation qui a pu constituer un avantage sélectif.**
- **Faites un schéma pour montrer les conséquences d'un crossing-over inégal au cours de la formation de gamètes.**
- **Envisagez l'impact sur les zygotes résultant d'une fécondation avec ces gamètes.**

Des clés pour réussir

- Envisagez la variabilité propre à l'espèce humaine, puis celle des différentes espèces de mammifères.
- Montrez l'existence de corrélations et utilisez vos connaissances sur les mécanismes évolutifs.

* Lexique ➡ p. 509

Les familles multigéniques : existence et origine de gènes apparentés

Dans le génome d'une espèce, il existe des gènes qui, sans être identiques, présentent néanmoins de fortes similitudes : on parle alors de famille multigénique.

Qu'est-ce qu'une famille multigénique et comment se constitue-t-elle ?

1 La famille multigénique des globines humaines

Les globines sont des protéines qui, groupées par quatre, constituent la molécule d'hémoglobine*. Dans l'espèce humaine, chaque individu produit plusieurs globines différentes dont l'association forme diverses molécules d'hémoglobine.

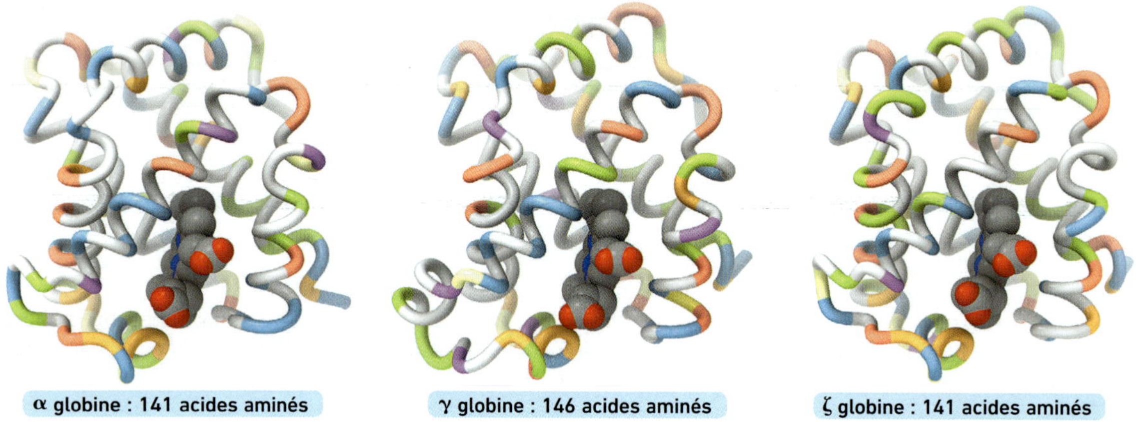

A Modélisation 3D de trois globines humaines produites à différents moments de la vie (représentation du squelette carboné, coloration des acides aminés, représentation du cofacteur hème fixant le dioxygène en sphères).

Les globines ont pour fonction de constituer les molécules d'hémoglobine qui assurent le transport du dioxygène sanguin. Mais toutes ne sont pas produites simultanément : la constitution des molécules d'hémoglobine d'un individu change au cours de la vie, en relation avec les différentes modalités de l'approvisionnement en dioxygène (B).

Il existe six principaux types de globines, codées par des gènes distincts (il ne s'agit donc pas d'allèles différents d'un même gène). Les gènes codant les globines sont répartis sur les chromosomes 16 et 11, certains étant présents en deux exemplaires.

	Hémoglobines et leurs structures
Vie embryonnaire	Hémoglobine Gower 1 • 2 globines ξ (zêta) • 2 globines ε (epsilon)
Vie fœtale	Hémoglobine F • 2 globines α (alpha) • 2 globines γ (gamma)
Après la naissance	97 % d'hémoglobine A1 • 2 globines α (alpha) • 2 globines β (bêta) 3 % d'hémoglobine A2 • 2 globines α (alpha) • 2 globines δ (delta)

B Constitution des différentes molécules d'hémoglobine produites au cours de la vie d'un individu.

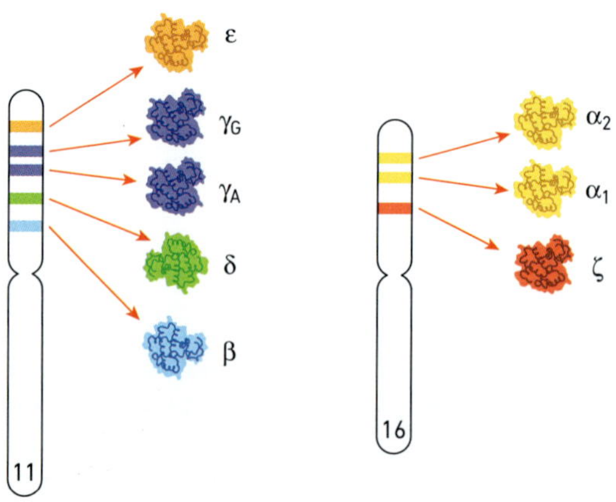

C Localisation chromosomique des gènes codant les différentes globines humaines.

2 L'origine d'une famille de gènes

Activité pratique

À l'aide d'un logiciel de traitement de séquences protéiques ou nucléotidiques (*Phylogène* par exemple) :

- Afficher les séquences des globines de façon à pouvoir les comparer.
- Afficher ou construire ensuite la matrice des distances, c'est-à-dire un tableau répertoriant le nombre d'acides aminés qui différencient les globines deux à deux.

					5					10					15					20					25					30
alpha1	-	M	V	L	S	P	A	D	K	T	N	V	K	A	A	W	G	K	V	G	A	H	A	G	E	Y	G	A	E	A
alpha2	-	M	V	L	S	P	A	D	K	T	N	V	K	A	A	W	G	K	V	G	A	H	A	G	E	Y	G	A	E	A
zeta	-	M	S	L	T	K	T	E	R	T	I	I	V	S	M	W	A	K	I	S	T	Q	A	D	T	I	G	T	E	T
gammaA	M	G	H	F	T	E	E	D	K	A	T	I	T	S	L	W	G	K	V	N	-	-	V	E	D	A	G	G	E	T
gammaG	M	G	H	F	T	E	E	D	K	A	T	I	T	S	L	W	G	K	V	N	-	-	V	E	D	A	G	G	E	T
epsilon	M	V	H	F	T	A	E	E	K	A	A	V	T	S	L	W	S	K	M	N	-	-	V	E	E	A	G	G	E	A
delta	M	V	H	L	T	P	E	E	K	T	A	V	N	A	L	W	G	K	V	N	-	-	V	D	A	V	G	G	E	A
beta	M	V	H	L	T	P	E	E	K	S	A	V	T	A	L	W	G	K	V	N	-	-	V	D	E	V	G	G	E	A

					35					40					45					50					55					60
alpha1	L	E	R	M	F	L	S	F	P	T	T	K	T	Y	F	P	H	F	-	D	L	S	-	-	H	-	-	-	G	S
alpha2	L	E	R	M	F	L	S	F	P	T	T	K	T	Y	F	P	H	F	-	D	L	S	-	-	H	-	-	-	G	S
zeta	L	E	R	L	F	L	S	H	P	Q	T	K	T	Y	F	P	H	F	-	D	L	H	-	-	P	-	-	-	G	S
gammaA	L	G	R	L	L	V	V	Y	P	W	T	Q	R	F	F	D	S	F	G	N	L	S	S	A	S	A	I	M	G	N
gammaG	L	G	R	L	L	V	V	Y	P	W	T	Q	R	F	F	D	S	F	G	N	L	S	S	A	S	A	I	M	G	N
epsilon	L	G	R	L	L	V	V	Y	P	W	T	Q	R	F	F	D	S	F	G	N	L	S	S	P	S	A	I	L	G	N
delta	L	G	R	L	L	V	V	Y	P	W	T	Q	R	F	F	E	S	F	G	D	L	S	S	P	D	A	V	M	G	N
beta	L	G	R	L	L	V	V	Y	P	W	T	Q	R	F	F	E	S	F	G	D	L	S	T	P	D	A	V	M	G	N

A Alignement partiel des séquences d'acides aminés des protéines issues des huit gènes codant pour les globines humaines. Chaque lettre correspond à un acide aminé ; les acides aminés identiques à ceux de la séquence de référence sont indiqués en rouge. Les séquences sont alignées, c'est-à-dire que des décalages sont introduits afin de trouver le maximum de correspondances.

Les chercheurs estiment que si deux molécules présentent au moins 20 % d'acides aminés communs, cela ne peut être dû au hasard et signifie que les gènes qui codent ces molécules ont une origine commune et sont donc apparentés : ils constituent une **famille multigénique***.

	alpha1	alpha2	zeta	gammaA	gammaG	epsilon	delta	beta
alpha1	0	0	55	81	81	85	78	77
alpha2		0	55	81	81	85	78	77
zeta			0	83	83	83	85	87
gammaA				0	1	27	40	37
gammaG					0	28	39	36
epsilon						0	38	33
delta							0	9
beta								0

B Matrice des distances entre les protéines issues des gènes des globines. Les valeurs correspondent au nombre d'acides aminés différents (sur 146 au total).

L'existence de molécules homologues codées par plusieurs gènes s'explique par le scénario suivant :
- un gène ancestral unique se multiplie par duplication, sur le même chromosome ou éventuellement sur un autre chromosome (transposition*).
- au cours du temps, les copies du gène subissent des mutations ponctuelles et se différencient les unes des autres.

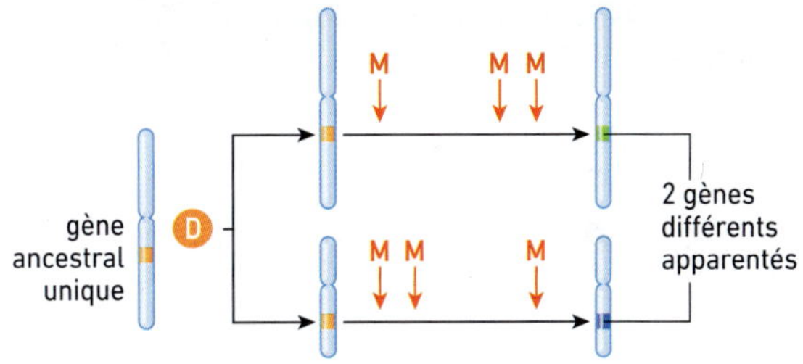

D **Duplication** : copie accidentelle d'un gène (ici sur un autre chromosome)

M **Mutation** : modification aléatoire de la séquence de nucléotides d'un gène

C Le principe de la constitution d'une famille multigénique.

Activités envisageables

Pour comprendre ce qu'est une famille multigénique et comment elle se constitue :

- **Montrez que les gènes codant pour les globines humaines sont plus ou moins étroitement apparentés.**
- **Expliquez comment les gènes d'une famille multigénique naissent, se diversifient, et peuvent se répandre dans une population.**
- **Formulez des questions soulevées par cette étude.**

Des clés pour réussir

- Utilisez ce qui a été étudié dans l'unité précédente.
- Ne pas oublier que les mutations ponctuelles se produisent naturellement et au hasard.

* Lexique ➥ p. 509

Unité

4 Familles multigéniques et évolution des génomes

Les accidents génétiques concernant les cellules en méiose, souvent pénalisants, peuvent au contraire parfois contribuer à enrichir les génomes, constituant par exemple des familles multigéniques.

Comment peut-on reconstituer l'histoire d'une famille multigénique ? En quoi les duplications de gènes peuvent-elles jouer un rôle important dans l'évolution ?

1 L'histoire de la famille multigénique des globines

La comparaison des acides aminés des globines deux à deux montre des différences plus ou moins importantes attribuées à des mutations ponctuelles.

On admet que plus les différences sont nombreuses, plus la duplication à l'origine de deux gènes apparentés est ancienne. Inversement, un faible nombre de différences est indicateur d'une duplication récente (A).

Activité pratique

À l'aide du logiciel *Phylogène* :

- Afficher les séquences des globines et la matrice des distances (vous pouvez choisir l'option « affichage en % »).
- Afficher ensuite l'arbre phylogénétique construit automatiquement par le logiciel.

***Remarque :** sur un tel arbre, la longueur des branches horizontales est proportionnelle au nombre (ou au pourcentage) de différences entre les deux molécules situées aux extrémités.*

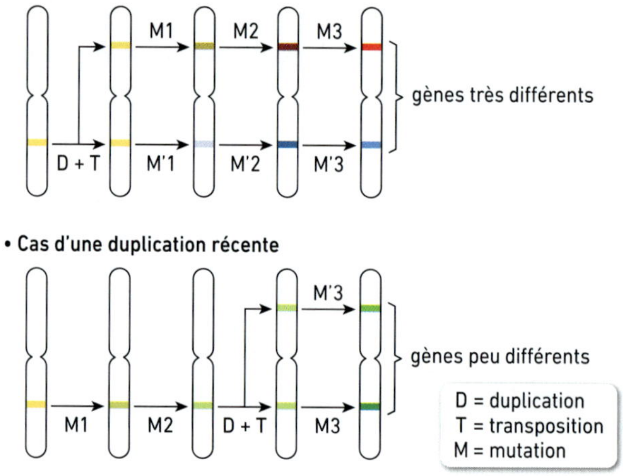

A Relation entre l'ancienneté d'une duplication et le degré de différence séparant les gènes qui en sont issus.

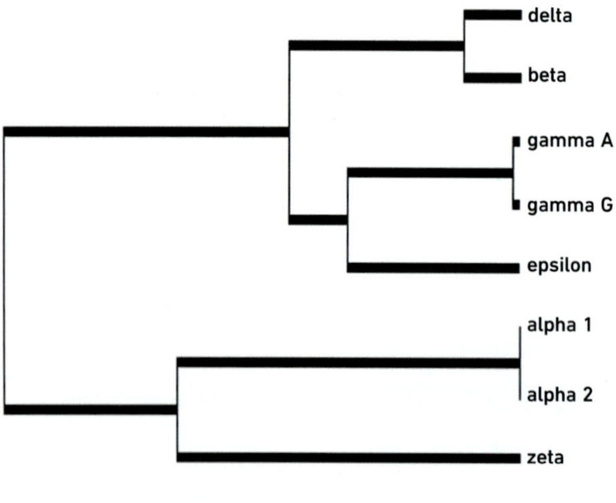

B Arbre phylogénétique retraçant l'histoire des globines.

	Types d'hémoglobine	Âge du plus ancien fossile connu (en Ma)
Vertébrés sans mâchoire (ex : lamproie)	primitive à une seule chaîne	500
Poissons à nageoires rayonnées, amphibiens	à deux types de chaînes α et β	420
Sauropsidés*	chaînes de type α, β, γ	320
Mammifères non primates	chaînes de type α, β, γ, ε	220
Mammifères primates	chaînes de type α, β, δ, γ, ε,	55
Macaques et primates hominoïdes*	chaînes de type α, β, δ, γ_A, γ_G, ε.	20

C Globines présentes chez divers groupes de vertébrés.

2 Nouveaux gènes, nouvelles fonctions

L'hypophyse, petite glande située à la base du cerveau des vertébrés, est responsable de la production de nombreuses hormones. Trois d'entre elles sont codées par trois gènes situés sur le chromosome 20.

- **L'hormone antidiurétique** (ADH) limite les pertes d'eau en activant une réabsorption de l'eau au niveau du rein (A), réduisant la quantité d'urine produite.
- **La vasotocine** (AVT) intervient dans le contrôle de la pression sanguine en provoquant la contraction des muscles de la paroi des artères (B).
- **L'ocytocine** (OT) provoque la contraction des muscles des voies génitales femelles. Elle déclenche les contractions de l'utérus (C) lors de la mise bas chez les mammifères.

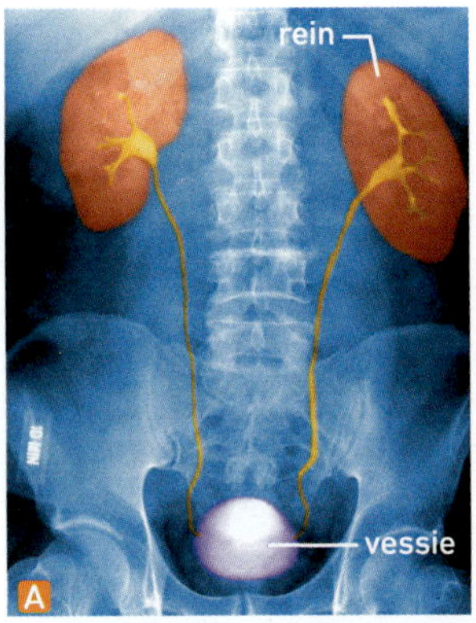

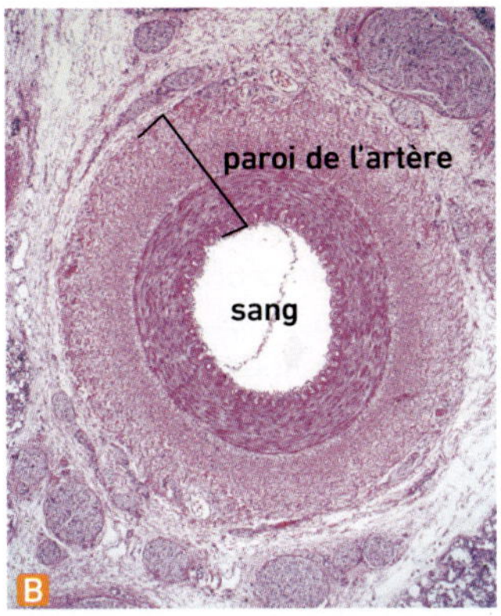

- Ces trois hormones sont des **peptides*** formés de neuf acides aminés seulement.

	1 . . . 5 10
Vasotocine.pro	CysTyrIleGlnAsnCysProArgGly
Ocytocine.pro	CysTyrIleGlnAsnCysProLeuGly
ADH.pro	CysTyrPheGlnAsnCysProArgGly

	1 . . . 10 . . . 20
Vasotocine.adn	TGCTACATCCAGAACTGCCCCCGGGGT
Ocytocine.adn	TGCTACATCCAGAACTGCCCCCTGGGA
ADH.adn	TGCTACTTCCAGAACTGCCCGAGGGGC

D Séquences d'acides aminés des trois hormones et séquences de nucléotides des trois gènes qui les codent.

	Hormones			Âge du plus ancien fossile connu (en Ma)
	ADH	AVT	OT	
Poissons à nageoires rayonnées	–	+	–	420
Amphibiens	–	+	+	360
Sauropsidés	–	+	+	320
Mammifères	+	+	+	220

E Hormones présentes chez différents groupes de vertébrés (+ : hormone présente, – : hormone absente) et âge des plus anciens fossiles connus.

Activités envisageables

Pour comprendre l'importance évolutive des familles multigéniques :

- **Expliquez le raisonnement qui permet de construire l'arbre phylogénétique illustrant l'histoire des globines.**
- **Présentez cet arbre en y indiquant les phénomènes accidentels qui se sont produits et en le complétant avec des repères temporels.**
- **Montrez que les gènes codant pour les trois hormones hypophysaires présentées constituent une famille multigénique et reconstituez-en l'histoire.**
- **Établissez une relation entre ces deux exemples et l'évolution de la biodiversité.**

Des clés pour réussir

- Référez-vous à la matrice des distances (p. 53), justifiez le nombre de duplications géniques.
- Tenez compte de la localisation des gènes (voir p. 52).
- Prenez en considération le milieu de vie des espèces et leur mode de reproduction.

* Lexique ➥ p. 509

Bilan des connaissances

Accidents génétiques de la méiose et diversification des génomes

Préparez le Grand oral p. 519

Flash PAGE podcast

DYS

1 Des modifications du caryotype

La méiose, à l'origine d'anomalies chromosomiques

Des accidents chromosomiques peuvent survenir au cours de la méiose. Une **migration anormale** d'un chromosome en anaphase (I ou II) se traduit par la formation de gamètes ayant un chromosome supplémentaire ou au contraire un chromosome en moins. Après fécondation, la cellule-œuf sera **trisomique** (possédant pour l'un de ses chromosomes trois exemplaires au lieu de deux) ou **monosomique** (possédant pour l'un de ses chromosomes un seul exemplaire au lieu de deux).

Les chromosomes peuvent subir d'autres types d'anomalies :

- fission : scission d'un chromosome en deux chromosomes distincts ;
- fusion : soudure de deux chromosomes non homologues ;
- inversion : cassure d'un chromosome, retournement puis soudure ;
- translocation : cassure de deux chromosomes non homologues et soudure après échange réciproque d'une partie de chromosome.

Ces anomalies ont des **conséquences importantes** pour l'individu qui en hérite. Très souvent, les anomalies chromosomiques sont incompatibles avec la vie et conduisent à des avortements spontanés en début de grossesse (« fausses couches »). Dans l'espèce humaine, certaines anomalies sont cependant viables comme par exemple la trisomie 21 (la plus fréquente) ou la monosomie X.

Une source de diversification génomique

On constate que des espèces étroitement apparentées (les primates hominoïdes par exemple) ont des caryotypes présentant de fortes similitudes. La comparaison de leurs caryotypes montre une variation du nombre de chromosomes due à des **fusions** ou des **inversions**.

Ainsi, aussi paradoxal que cela puisse paraître, on observe que des anomalies chromosomiques dues à des méioses anormales sont une source de **diversification des caryotypes** et jouent un rôle important dans l'évolution des espèces. En effet, des configurations différentes du caryotype constituent des **barrières entre populations**, conduisant à un isolement reproducteur, prélude d'un événement de spéciation.

2 Un enrichissement du génome

La méiose, à l'origine de la duplication des gènes

Lors d'un crossing-over en prophase I de méiose, les chromosomes homologues appariés sont habituellement parfaitement alignés, de telle sorte qu'un chiasma se situe au même niveau sur chaque chromosome : il en résulte un simple échange d'allèles entre les deux chromosomes, sans gain ni perte de gène.

Mais il peut arriver que l'appariement des chromosomes homologues soit décalé, le chiasma ne se situant pas au même niveau sur les deux chromosomes. Les portions de chromatides échangées n'étant pas de même longueur, un chromosome se retrouve porteur d'une portion en double exemplaire, alors qu'elle a été perdue par son homologue. Un tel **crossing-over inégal** constitue une anomalie. Ce phénomène est qualifié de **duplication génique**.

D'importantes conséquences pour l'évolution des espèces

L'**enrichissement du génome** par duplication génique est un événement qui n'est pas rare dans l'histoire de l'évolution des êtres vivants : chez les mammifères par exemple, il apparaît que de nombreuses espèces possèdent plusieurs copies du gène codant pour l'amylase salivaire, permettant une meilleure adaptation à leur régime alimentaire. Au sein même de l'espèce humaine, il existe une diversité du nombre de gènes codant pour cette enzyme.

Cependant, les exemplaires dupliqués d'un même gène peuvent subir des **mutations** aléatoires, rendant ces gènes de plus en plus différents avec le temps. Cela peut aboutir à la fabrication de diverses protéines, procurant de nouvelles fonctions aux cellules qui expriment ces gènes. C'est ainsi que se constitue ce qu'on appelle une **famille multigénique** : des duplications suivies de mutations produisent un ensemble de gènes différents mais présentant des ressemblances de séquences dues à leur origine commune.

Il est possible de reconstituer l'histoire d'une famille multigénique en comparant deux à deux les gènes qui en font partie (ou les protéines qu'ils codent), et en considérant que plus leurs ressemblances sont grandes, plus la duplication génique qui leur a donné naissance est récente.

Dans le génome humain, on a pu identifier de nombreuses familles multigéniques (familles des globines, des hormones hypophysaires, des opsines...). Ainsi, il apparaît qu'une part importante de la **diversité des génomes** résulte de duplications accidentelles suivies de mutations.

Mots-clés

Anomalie chromosomique • Barrière entre populations • Crossing-over inégal • Diversification génomique • Duplication génique • Famille multigénique • Translocation

Schéma bilan

Accidents génétiques de la méiose et diversification des génomes

Des accidents générateurs d'une diversification du caryotype

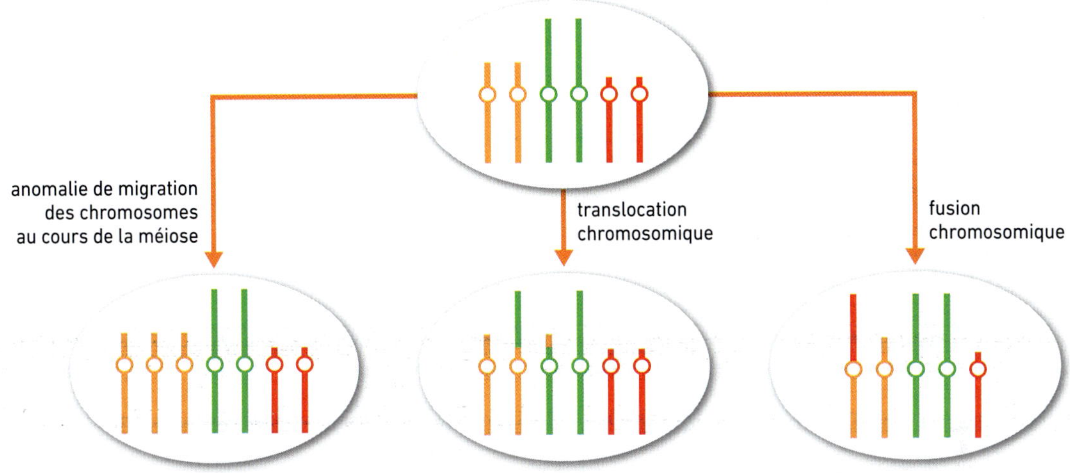

- anomalies **souvent létales** avant la naissance
- peuvent néanmoins **diversifier le caryotype**
- mise en place d'une **barrière de reproduction** entre populations

Des mécanismes génétiques qui enrichissent les génomes

Un mécanisme qui multiplie les gènes

crossing-over inégal

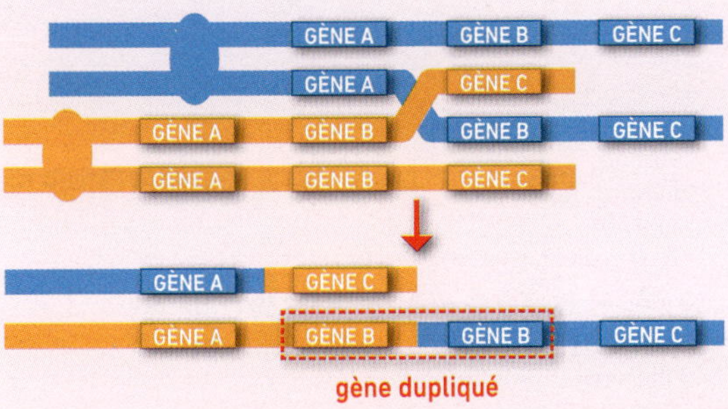

Des gènes apparentés qui se différencient au cours du temps

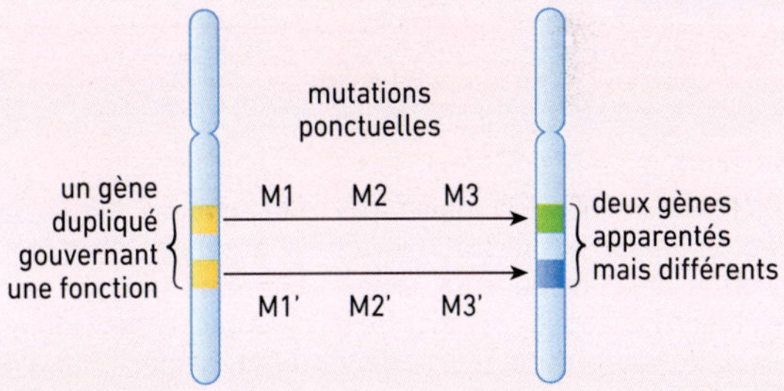

De nouveaux gènes qui confèrent de nouvelles fonctions

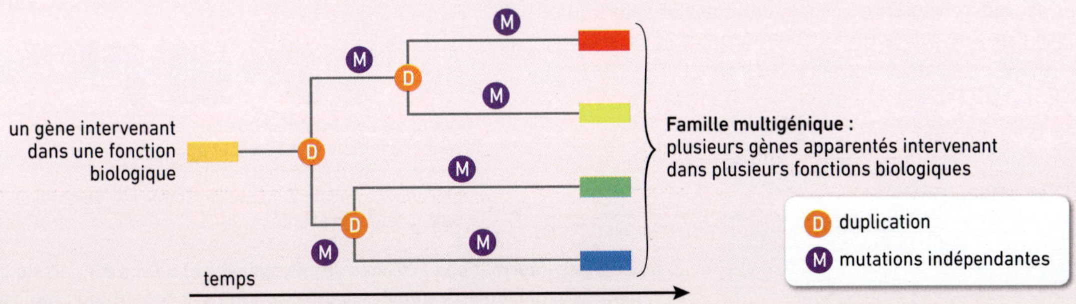

Réponses voir p. 502

1 Retour vers les problématiques

Relisez la page « S'interroger avant d'aborder le chapitre » (p. 47). À l'aide de ce que vous savez à présent, répondez aux questions que vous avez formulées.

2 QCM

Pour chaque affirmation, choisissez l'unique bonne réponse.

1. Un crossing-over inégal :
- a. peut contribuer à enrichir le génome ;
- b. est un phénomène banal et non accidentel ;
- c. résulte en général d'un échange entre chromosomes non homologues ;
- d. permute deux gènes sur un même chromosome.

2. Les anomalies chromosomiques :
- a. concernent toujours le chromosome 21 ;
- b. sont toujours viables mais donnent naissance à des individus présentant des handicaps ;
- c. ont en général peu de conséquences ;
- d. sont souvent la cause d'avortements spontanés.

3. Une translocation :
- a. provoque des troubles chez l'individu chez qui elle se produit ;
- b. peut conduire à des anomalies chromosomiques dans la descendance de l'individu qui en est porteur ;
- c. résulte d'un échange anormal entre chromosomes homologues ;
- d. permet malgré tout un appariement normal des chromosomes lors de la méiose.

4. L'existence de molécules homologues est le résultat :
- a. de duplications géniques suivies de mutations ;
- b. de l'évolution d'un gène ancestral par la seule accumulation de mutations ponctuelles ;
- c. de la simple copie d'un gène par crossing-over inégal ;
- d. d'une anomalie du nombre de chromosomes.

3 Vrai ou faux ?

Repérez les affirmations exactes et corrigez celles qui sont inexactes.
- a. La duplication d'un gène conduit à la mise en place d'une barrière de reproduction.
- b. Une duplication génique n'enrichit le génome que si elle est associée à des mutations.
- c. Les remaniements chromosomiques peuvent engendrer une spéciation rapide.
- d. Il est impossible de situer dans le temps le moment où une duplication génique s'est produite.
- e. Les accidents génétiques de la méiose sont toujours des anomalies pénalisantes.

Raisonnement scientifique

Pour apprendre à mettre en relation des informations et des connaissances

★ facile ★★ intermédiaire ★★★ confirmé

4 Les souris de Madère

★★

Madère est une île portugaise très montagneuse, située au large du Maroc, sur laquelle vivent six espèces différentes de souris, chacune dans un secteur différent (A).

Les études génétiques ont montré qu'elles descendent toutes d'un petit nombre de souris d'une même espèce initiale, originaire d'Europe du Nord, probablement introduite sur l'île par les Vikings entre le IXe et le XIe siècle. On estime que cette spéciation s'est faite en 4 000 générations.

Ces espèces génétiquement très proches présentent néanmoins des différences chromosomiques notables : alors que l'espèce d'origine comporte 40 chromosomes ($2n = 40$), on n'en compte qu'entre 22 et 30 chez les souris de Madère (B).

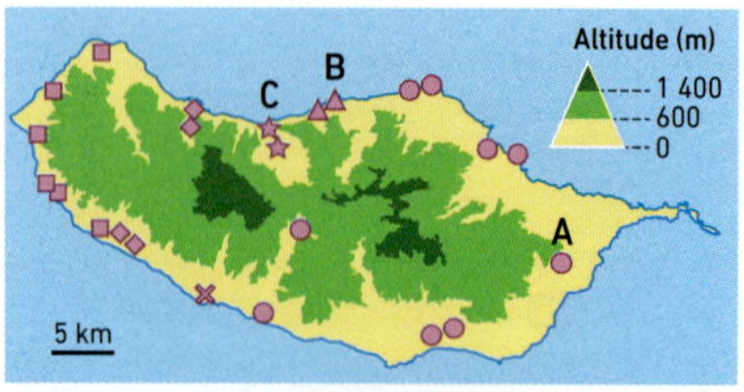

A Localisation des six espèces de souris.

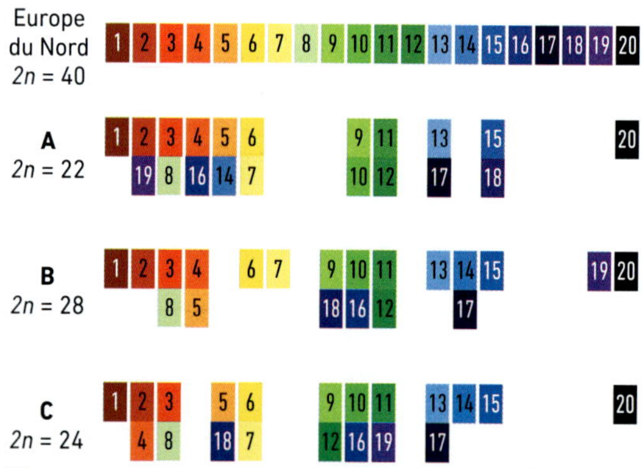

B Comparaison schématique des chromosomes de l'espèce initiale et de trois espèces de Madère. Chaque pavé coloré représente un chromosome de l'espèce initiale (un seul chromosome de chaque paire a été représenté).

À partir des informations extraites de ces données et de vos connaissances, expliquez le mécanisme génétique qui a conduit à la constitution rapide de ces six espèces.

PRÉPA BAC

Épreuve écrite

Rédaction d'un texte argumenté pour répondre à une question scientifique

5 L'origine d'une famille multigénique

Certaines molécules de l'organisme présentent des ressemblances et sont, de ce fait, regroupées sous la dénomination de « famille multigénique ».

En vous appuyant sur des données ou des exemples, expliquez, à l'aide d'un texte illustré d'un schéma, ce qu'est une famille multigénique et comment elle se constitue.

Documents proposés **Une famille multigénique**

Les hormones hCG, LH, FSH et TSH interviennent dans diverses fonctions. Elles sont considérées par les scientifiques comme appartenant à une même famille multigénique.

	Nom	Fonction biologique
hCG	Gonadotrophine chorionique humaine	Produite par le placenta, permet le maintien du corps jaune en cas grossesse.
LH	Hormone lutéinisante	Produite par l'hypophyse, déclenche l'ovulation et la formation du corps jaune.
FSH	Hormone folliculo-stimulante	Produite par l'hypophyse, stimule la croissance des follicules ovariens.
TSH	Hormone thyréo-stimulante	Produite par l'hypophyse, stimule l'activité de la glande thyroïde.

A Nom et fonction des quatre hormones.

	HCG	LH	TSH	FSH
HCG	0	15.2	55.2	67.2
LH		0	56	66.4
TSH			0	61.6
FSH				0

B Matrice des distances entre les quatre hormones comparées 2 à 2 (les valeurs correspondent aux différences d'acides aminés, exprimées en pourcentage).

Épreuve pratique

Pour s'entraîner à l'Évaluation des Capacités Expérimentales

6 Présenter des résultats pour les exploiter et répondre à une problématique

Tous les individus ne disposent pas du même nombre de copies du gène AMY1 codant pour l'amylase salivaire.
Pour déterminer si le nombre de copies de ce gène a une influence sur la capacité à digérer l'amidon, une expérience ExAO a été réalisée. Elle consiste à suivre par colorimétrie, pendant 5 minutes, l'absorbance d'un tube contenant de l'empois d'amidon coloré à l'eau iodée et de la salive de deux sujets. En effet, la coloration à l'eau iodée s'éclaircit au fur et à mesure de la digestion de l'amidon.
Le sujet 1 possède 10 copies du gène AMY1 alors que le sujet 2 en possède 4. Le tube T est un tube témoin.

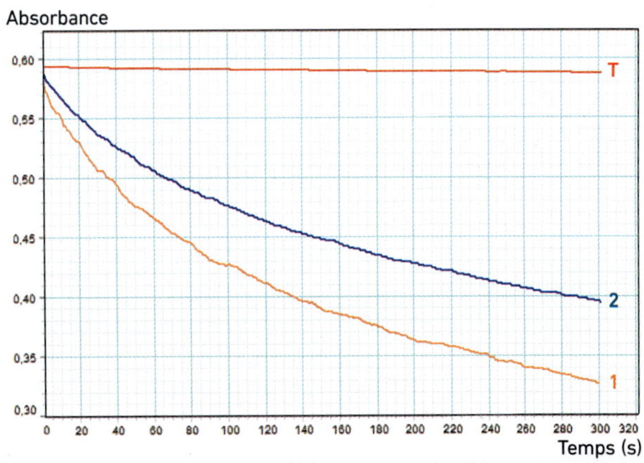

Résultat de l'expérience : absorbance des 3 tubes en fonction du temps.

Présentez les résultats de l'expérience pour les exploiter et donner une réponse argumentée au problème posé.

Aides à la résolution

- Un colorimètre émet de la lumière et mesure la proportion de lumière incidente absorbée par une solution. L'absorbance n'a pas d'unité, mais elle est proportionnelle à la concentration en amidon.
- On mesure l'efficacité d'une catalyse enzymatique en déterminant la vitesse (c'est-à-dire la quantité de substrat transformé par unité de temps), au tout début de la réaction. C'est ce qu'on appelle la vitesse initiale.

Raisonnement scientifique

Construisez et exposez votre propre démarche pour résoudre le problème posé

7 La vision trichromatique retrouvée des primates

La vision des couleurs repose sur la possession d'une diversité de pigments photosensibles, appelés opsines. La diversité de la vision des couleurs constatée chez les vertébrés illustre la grande plasticité du génome : si les mammifères se distinguent des autres vertébrés par la perte de la capacité à bien discerner les couleurs, certaines espèces du groupe des primates ont pu retrouver une bonne perception des couleurs.

■ **À partir de l'étude des documents et de vos connaissances, déterminez et exposez les processus génétiques qui ont pu permettre à certains primates de retrouver une vision trichromatique.**

1 La capacité à percevoir des couleurs

La rétine des vertébrés comporte deux types de cellules photoréceptrices :
- les cônes, cellules possédant une opsine, pigment sensible à une longueur d'onde spécifique du spectre de la lumière ;
- les bâtonnets, cellules possédant de la rhodopsine, très sensible à la lumière mais ne permettant pas de distinguer les couleurs.

L'Homme et d'autres primates possèdent trois types de cônes, se différenciant par l'opsine qu'ils contiennent : l'opsine S sensible au bleu, l'opsine M sensible au vert et l'opsine L sensible au rouge. Cette vision, dite trichromatique, permet de percevoir une très grande diversité de nuances colorées.

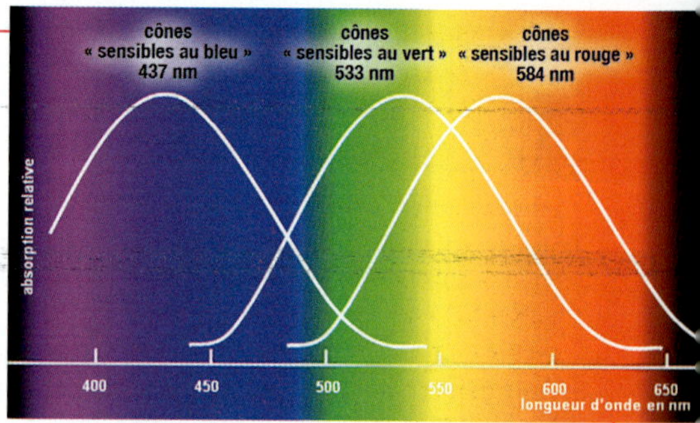

Le principe de la vision trichromatique.

2 Une diversification des opsines chez les primates

Le tableau ci-dessous indique les différents pigments rétiniens présents chez certains primates. La souris, mammifère qui ne fait pas partie du groupe des primates, sert de référence.

	Opsine L	Opsine M	Opsine S	Rhodopsine
Homme	Présente	Présente	Présente	Présente
Chimpanzé	Présente	Présente	Présente	Présente
Gorille	Présente	Présente	Présente	Présente
Orang-outan	Présente	Présente	Présente	Présente
Macaque	Présente	Présente	Présente	Présente
Alouate	Présente	Présente	Présente	Présente
Cebus	Présente	Chez certaines femelles	Présente	Présente
Saïmiri	Présente	Chez certaines femelles	Présente	Présente
Souris	Présente	Absente	Présente	Présente

La comparaison de la séquence des acides aminés de l'opsine S a été utilisée pour construire l'arbre phylogénétique ci-dessous. Celui-ci est cohérent avec la phylogénie des primates établie par comparaison d'autres molécules ou à partir de caractères anatomiques.

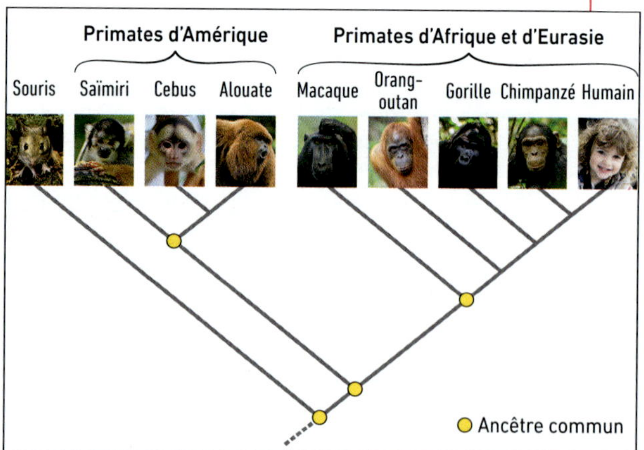

Arbre phylogénétique établi par comparaison de l'opsine S.

3 La vision des couleurs chez les primates du « Nouveau Monde »

Chez les primates d'Amérique, il existe une diversité de la capacité à percevoir les couleurs. Ceci s'explique par le déterminisme génétique de la production des opsines. Dans la plupart de ces groupes de primates, les mâles sont toujours dichromates, tandis que certaines femelles sont trichromates, avec des profils différents. Il n'existe dans ces groupes que deux gènes gouvernant la synthèse des opsines :

- le gène gouvernant la production de l'opsine S est situé sur un autosome, et on ne connaît qu'un seul allèle de ce gène ;
- l'autre gène est situé sur le chromosome X et ce gène existe sous la forme de trois allèles différents, codant pour des opsines aux propriétés différentes (maximum d'absorption à 535, 550 et 562 nm). Chez les femelles hétérozygotes, c'est, suivant les cellules, soit l'un soit l'autre des deux allèles portés par X qui s'exprime (phénomène d'inactivation d'un des deux chromosomes X).

Dans le groupe des alouates (singes hurleurs), mâles et femelles sont tous trichromates. Les alouates possèdent en effet trois gènes codant pour des opsines différentes :

- un gène codant pour l'opsine S, situé sur un autosome ;
- deux gènes codant respectivement pour les opsines M et L, situés sur le chromosome X.

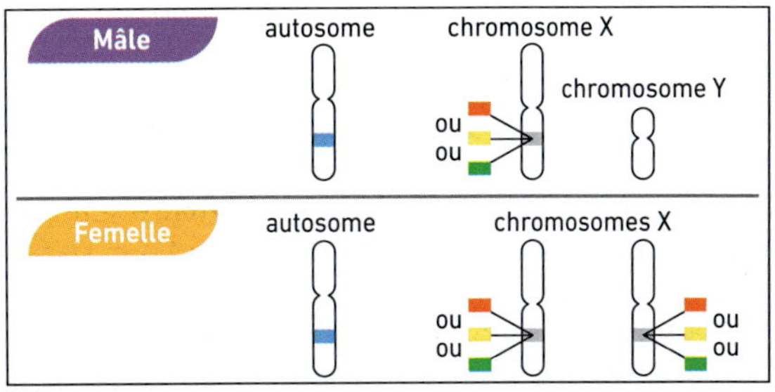

A Gènes codant pour les opsines chez les singes du genre Cebus.

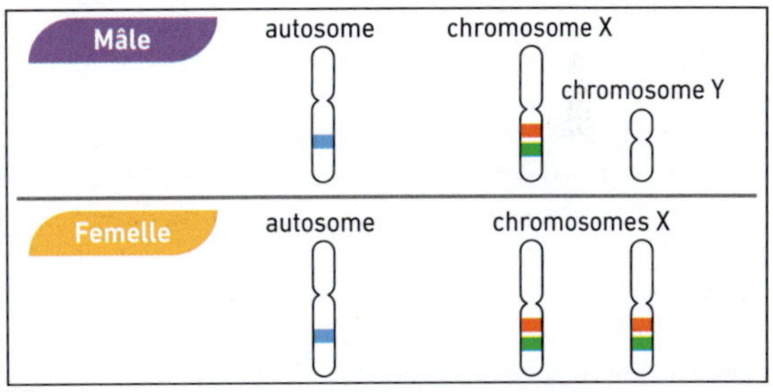

B Gènes codant pour les opsines chez les alouates.

4 La vision trichromatiques chez les primates de l' « Ancien Monde »

Chez l'Homme, comme chez tous les singes d'Afrique et d'Eurasie dont la vision des couleurs a pu être étudiée, la vision est trichromatique et il existe trois gènes gouvernant la synthèse des opsines S, M et L. Comme chez tous les mammifères, il existe par ailleurs un gène codant pour la rhodopsine.

Des variations minimes (un seul nucléotide) dans les séquences des gènes codant pour les opsines peuvent induire des déplacements dans le spectre d'absorption du pigment.

Afin de déterminer dans quelle mesure ces gènes sont apparentés, on a comparé deux à deux les séquences d'acides aminés de la rhodopsine et des différentes opsines de l'espèce humaine.

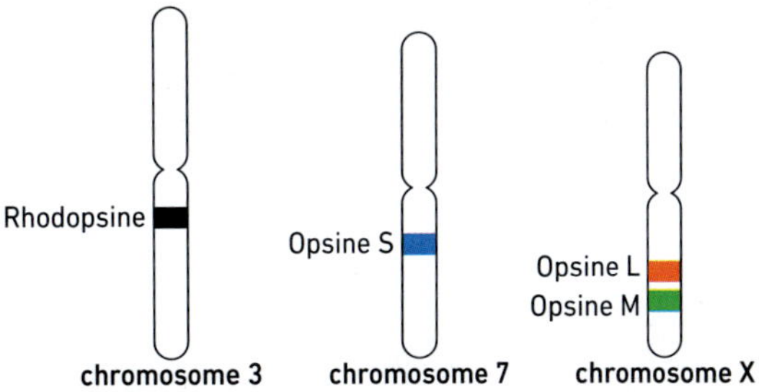

A Localisation chromosomique des gènes des opsines et de la rhodopsine dans l'espèce humaine.

	opsine-bleue	rhodopsine	ospine-rouge	opsine-verte
opsine-bleue	0	53.8	58.2	57
rhodopsine		0	57.3	56.1
ospine-rouge			0	4.39
opsine-verte				0

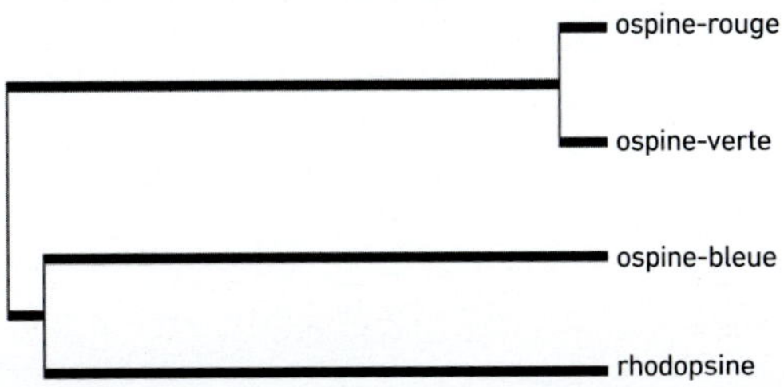

B Matrice des distances entre les différentes protéines humaines impliquées dans la vision et arbre phylogénétique correspondant (valeurs indiquées en pourcentage d'acides aminés différents).

PARTIE 1

CHAPITRE 3

Transferts horizontaux de gènes et endosymbioses

La seiche lilliputienne d'Hawaï *Euprymna scolopes* (3,5 cm) vit en symbiose avec des bactéries bioluminescentes. Ces dernières modifient l'expression génétique et le rythme biologique de leur hôte.

S'interroger avant d'aborder le chapitre

L'élysie, animal ou plante ?

La limace de mer *Elysia chlorotica* peut vivre des mois sans s'alimenter. Elle « vole » des chloroplastes à une algue, *Vaucheria litorea*, qu'elle consomme à l'état larvaire. Elle la digère, mais garde les chloroplastes intacts et fonctionnels dans les cellules de son tube digestif, en forme de nervures de feuille. Ils lui permettent d'être autotrophe et de ne pas s'alimenter au cours de sa vie.

Des bactéries qui échangent de l'ADN

Escherichia coli est une bactérie commune dans le microbiote intestinal humain. Certaines souches sont pathogènes et provoquent des troubles digestifs graves. Elles peuvent acquérir un ou des gènes de résistance aux antibiotiques, rendant leur élimination difficile.

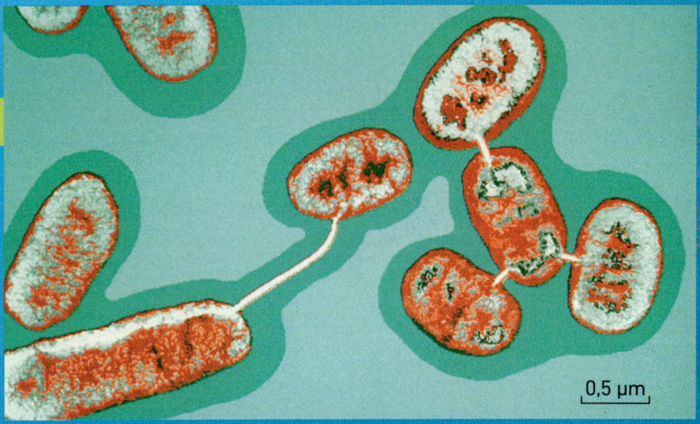

Conjugaison bactérienne (observation au MET*).

Formuler les problèmes à résoudre

- Des échanges de matériel génétique entre êtres vivants parfois non étroitement apparentés sont possibles et contribuent à une complexification des génomes.
- À partir des exemples présentés, mis en relation avec vos connaissances, formulez quelques questions posées par ce transfert insoupçonné de matériel génétique.

Des transferts horizontaux de gènes

Lors de la reproduction sexuée, les gènes des parents sont transmis aux descendants, à chaque génération : on parle de transfert vertical de gènes. Mais du matériel génétique peut également être transféré de manière « horizontale », entre individus de la même espèce ou d'espèces parfois très différentes.

Quelles sont les preuves de ces transferts et comment se font-ils ?

1 Des expériences historiques de transformation bactérienne

En 1928, le microbiologiste anglais Frederick Griffith travaillait à la fabrication d'un vaccin contre la pneumonie, maladie provoquée par une bactérie, le pneumocoque (*Streptococcus pneumoniae*). Ces bactéries sont de forme sphérique, regroupées par paires et entourées d'une capsule qui les protège contre les cellules immunitaires et les rendent virulentes*. Mises en culture sur milieu nutritif solide, chaque bactérie forme une colonie* à l'aspect lisse et brillant (souche S pour « smooth »). Frederick Griffith observa dans ses cultures un nouveau type de colonie à l'aspect rugueux, formé par des bactéries dépourvues de capsule. Il les appela souche R pour « *rough* » (rugueux). Alors que la souche S est mortelle, la souche R a perdu sa virulence.

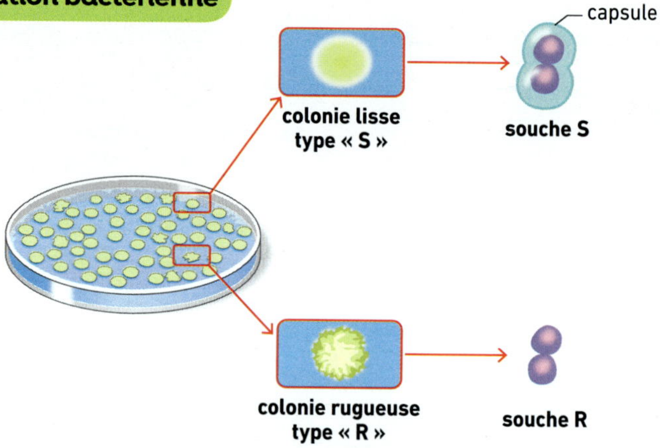

A Deux souches bactériennes génétiquement différentes.

	Expériences		Résultats	
1	souche **S**	pneumocoques **S** vivants	mort de la souris	nombreux pneumocoques **S** vivants
2	souche **R**	pneumocoques **R** vivants	la souris survit	absence de pneumocoques
3	souche **S** pneumocoques tués par la chaleur	pneumocoques **S** tués	la souris survit	absence de pneumocoques
4		**S** tués + **R** vivants	mort de la souris	nombreux pneumocoques **S** vivants
5	+ **protéase**	**S** tués, sans protéines + **R** vivants	mort de la souris	nombreux pneumocoques **S** vivants
6	+ **ADNase**	**S** tués, sans ADN + **R** vivants	la souris survit	absence de pneumocoques

B Les expériences de Griffith (1928), Avery, McLeod et McCarty (1944).

Les expériences 1 à 4 ont été réalisées par Griffith. Elles furent complétées par celles d'Avery, McLeod et McCarty en 1944 (expériences 5 et 6).
Ces chercheurs ont injecté à des souris des pneumocoques de souches différentes (S et R) soit séparément, soit associées, afin d'en suivre les effets sur les souris.

Dans les expériences 5 et 6, les bactéries S sont tuées, puis broyées et traitées soit avec une protéase, soit avec une ADNase. La protéase est une enzyme qui détruit les protéines, l'ADNase, une enzyme qui détruit l'ADN.

2 Divers mécanismes de transferts horizontaux de gènes

De l'ADN est en permanence libéré dans l'environnement (sols, milieux aquatiques, écosystèmes microbiotiques*...) à la suite de la destruction de cellules. Dans certaines conditions, de l'ADN libre peut être intégré par des bactéries avec lequel il entre en contact (A).

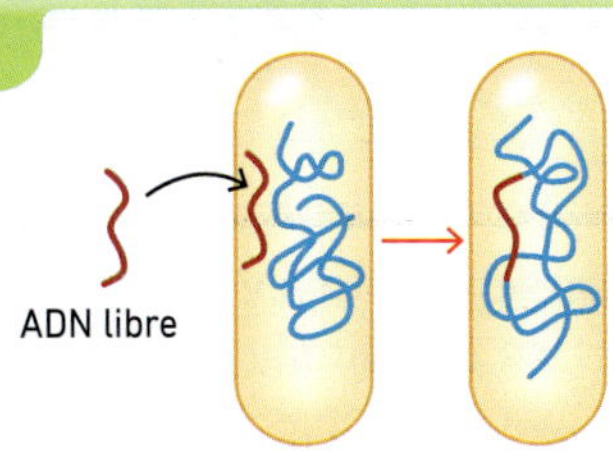

L'ADN libre passe dans la cellule et est intégré à l'ADN cellulaire.

A Transfert depuis le milieu extérieur.

En plus de leur chromosome, les bactéries possèdent de petites molécules d'ADN circulaire, les plasmides*, se répliquant indépendamment du chromosome bactérien. Ces plasmides sont transmissibles d'une bactérie à une autre cellule (bactéries de la même espèce ou d'espèces différentes ou même cellules eucaryotes) : entre bactéries, on parle de conjugaison* (B). C'est souvent ainsi que sont transférés des gènes de virulence, de résistance à des antibiotiques, donnant alors un avantage sélectif à la bactérie qui en hérite.

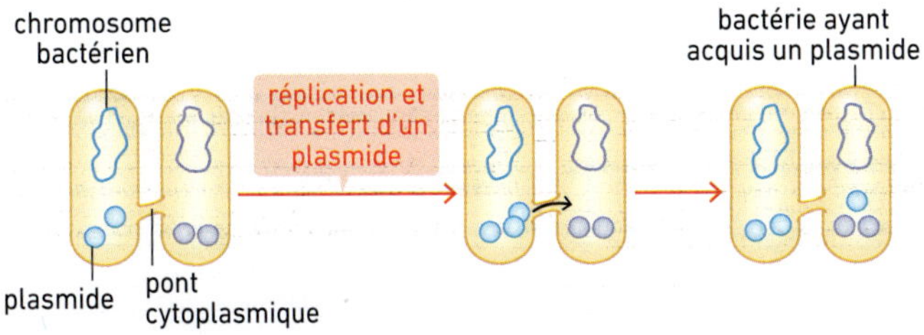

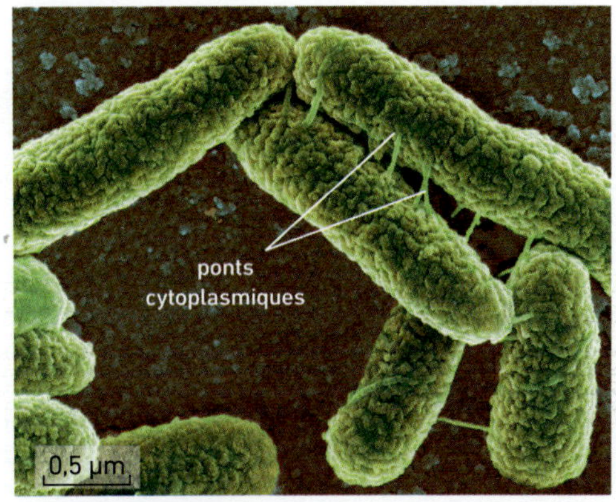

B Transfert horizontal de gène d'une bactérie à une autre par conjugaison (observation au MEB*).

Les virus sont d'excellents vecteurs de transfert horizontal de gènes : lorsqu'ils effectuent leur réplication dans une cellule hôte, de l'ADN viral peut être intégré et rester dans le génome de la cellule hôte. Réciproquement, un peu de l'ADN de la cellule hôte peut être incorporé à l'ADN viral dans les nouvelles particules formées : après leur libération, ces virus vont infecter d'autres cellules et peuvent y apporter des gènes provenant d'un autre organisme.

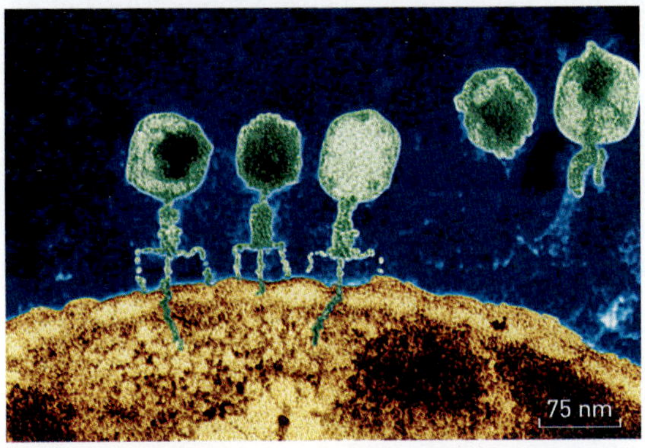

C Virus (bactériophages, en vert) injectant leur ADN dans une bactérie (MET*).

Cycle réplicatif du VIH — Bordas Flash PAGE animation

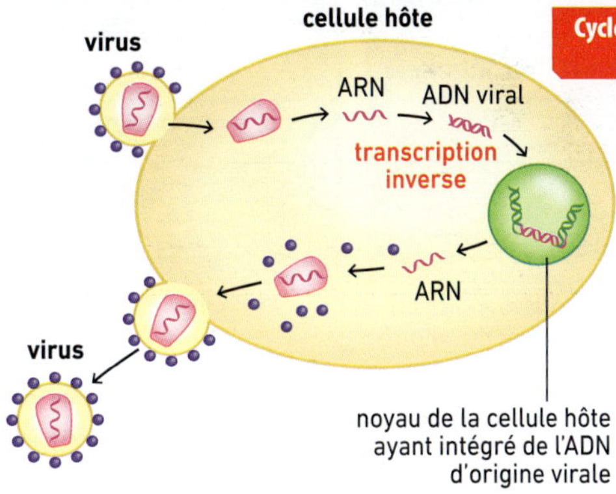

D Cycle de réplication d'un rétrovirus* à ARN.

Activités envisageables

Pour mettre en évidence l'existence de transferts horizontaux de gènes et comprendre leurs modalités :

- **Exploitez les expériences proposées (document 1) pour démontrer l'existence d'un transfert horizontal de gènes entre bactéries. Précisez quelle modalité a permis la « transformation » des bactéries.**
- **Rappelez quelles propriétés de l'ADN expliquent l'efficacité des échanges de gènes entre espèces différentes.**
- **Expliquez pourquoi les virus peuvent être d'importants vecteurs d'un transfert horizontal de gènes.**

Des clés pour réussir

- Comparez les conditions expérimentales (document 1).
- Utilisez vos connaissances sur l'information génétique et son expression.
- Appuyez-vous sur le mode de reproduction des virus.

* Lexique ➡ p. 509

Unité 2

Les transferts horizontaux de gènes, moteurs de l'évolution

La transmission verticale des génomes, accumulant mutations et autres innovations génétiques favorables, se traduit sur une grande échelle de temps par une évolution des espèces. Cependant, des gènes peuvent aussi être transmis horizontalement, en dehors de toute filiation.

Les transferts horizontaux de gènes contribuent-ils à l'évolution des génomes ?

1 Le placenta des mammifères, une innovation d'origine virale

Chez les mammifères, le placenta est un organe provisoire permettant d'assurer les échanges entre l'embryon, puis le fœtus, et sa mère. Pour former le placenta, certaines cellules de l'embryon fusionnent et forment des cellules géantes multinucléées, très invasives, permettant l'ancrage à la paroi utérine (A).

Une étude expérimentale (B) a permis d'identifier (chez l'Homme et d'autres primates) des gènes dont le rôle est déterminant dans la formation du placenta : l'expression de ces gènes (seulement au niveau du placenta) permet la synthèse de protéines appelées syncytines*.
Des cellules embryonnaires ont été mises en culture. Un marquage par anticorps spécifique colore les membranes des cellules en vert, et une coloration à l'iodure de propidium marque les noyaux des cellules en rouge.

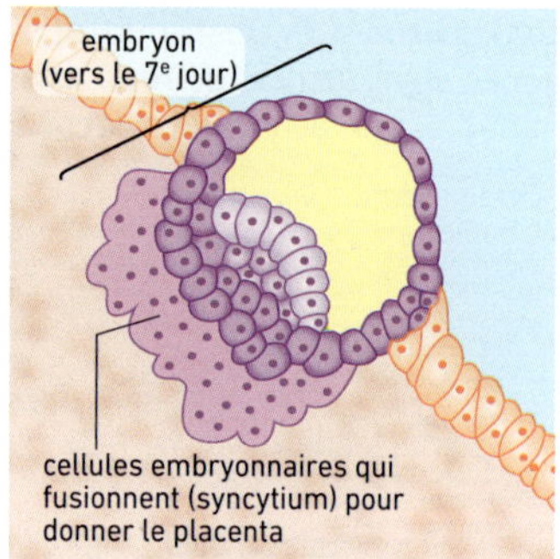

A L'implantation de l'embryon et le début de formation du placenta.

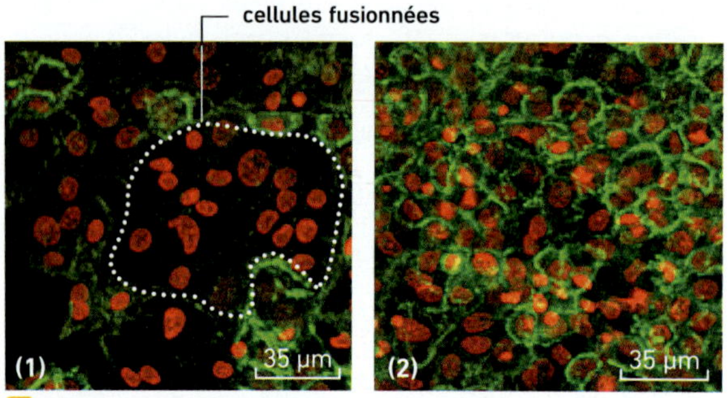

B Cellules embryonnaires humaines à l'origine du placenta après 72 heures de culture.

(1) culture témoin - (2) culture de cellules ayant subi l'inhibition de l'expression du gène codant l'une des syncytines.

Les rétrovirus sont des virus à ARN qui, après être entrés dans une cellule, sont capables de « rétro-transcrire » leur information génétique sous forme d'ADN et de l'intégrer au génome de la cellule parasitée (voir doc. 2D page 65). L'entrée d'un rétrovirus dans sa cellule hôte se fait par un mécanisme de fusion de l'enveloppe virale et de la membrane de la cellule infectée qui met en jeu des molécules membranaires. Comme ce mécanisme présente des analogies avec la formation du placenta (C), des chercheurs ont émis l'hypothèse que le gène à l'origine du placenta des mammifères aurait une origine virale.

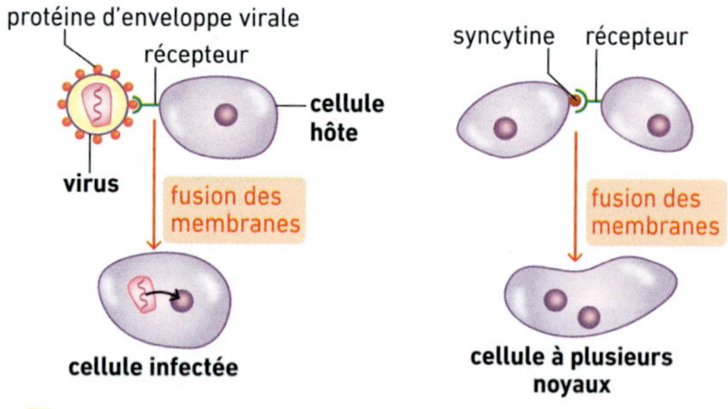

C Une interaction moléculaire à l'origine d'une fusion membranaire.

Activité pratique

- À l'aide du logiciel *Anagène* ou *GenieGen*, rechercher des arguments en faveur de l'hypothèse émise.
- On dispose de la séquence d'acides aminés de la syncytine 1 humaine et de celle de la protéine d'enveloppe d'un rétrovirus, le MSRV.

Comparaison avec alignement

```
                     135            140            145            150            155            160            165
Syncytine humaine    SerGlnLeuThrArgValHisGlyThrSerSerProTyrLysGlyLeuAspLeuSerLysLeuHisGluThrLeuArgThrHisThrArgLeuVal
Protéine virale MSRV -  -  -  -  -  Gly- Ser- Pro- -  -  -  -  -  Val- -  -  -  -  -  -  -  -  -  -  -  -  -  -  -
```

D Comparaison de la séquence d'acides aminés de la syncitine 1 humaine et d'une protéine d'enveloppe d'un rétrovirus.

2 Des transferts de gènes au sein du microbiote

Le microbiote* intestinal est un écosystème qui se compose de milliards de bactéries. Certaines d'entre elles nous permettent de dégrader des glucides complexes comme la cellulose, constituant les fibres alimentaires issues de végétaux terrestres : en effet, le génome humain ne possède pas de gènes codant pour des enzymes capables de dégrader les fibres de cellulose. Le microbiote peut s'enrichir de façon transitoire de bactéries associées aux aliments que nous ingérons.

Les makis-sushis (A) sont des aliments emblématiques du Japon. Ce sont des rouleaux constitués de riz recouvert d'une algue rouge du genre *Porphyra*, appelée nori (B). Les Asiatiques sont de grands consommateurs de nori depuis plus de 1 000 ans et le digèrent facilement, contrairement aux Occidentaux. Ces algues marines produisent des glucides complexes, dont le porphyrane, qui n'ont pas d'équivalent chez les plantes terrestres.

A Maki-sushi.

De nombreuses bactéries marines vivent associées à ces algues et sont capables de dégrader le porphyrane grâce à une enzyme, la porphyranase. Cette enzyme a été isolée notamment chez la bactérie *Zobellia galactanivorans* qui ne fait pas partie du microbiote humain et ne peut survivre dans notre intestin.

B L'algue nori.

Un séquençage à grande échelle de l'ADN du microbiote intestinal a permis d'identifier chez certains individus une ou plusieurs copies d'un gène codant pour une porphyranase dans des bactéries de l'espèce *Bacteroïdes plebeius* (C).

Individus	Japonais (sujet 1)	Japonais (sujet 2)	Japonais (sujet 3)	Japonais (sujet 4)	Japonais (9 sujets)	Américains (18 sujets)
Nombre de gènes détectés	1	3	1	2	0	0
% d'identité	100	83, 84 et 93	85	87 et 94	-	-

C **Nombre de gènes codant pour une porphyranase identifiés dans les bactéries *Bactéroïdes plebeius* du microbiote et pourcentage d'identité entre ces gènes (celle du sujet 1 servant de référence).** *(D'après Jan-Hendrik Hehemann.)*

3 Des gènes étrangers s'expriment dans les génomes

Une étude analysant des séquences de gènes disponibles dans des banques de données a permis d'estimer le nombre de gènes « étrangers » s'exprimant au sein du génome de 26 espèces : 12 espèces de drosophiles, 4 de nématodes (vers ronds microscopiques) et 10 de primates (dont l'espèce humaine).

	Drosophiles	Nématodes	Primates
Nombre de gènes « étrangers » actifs	40	173	109
Origine des gènes (cette étude ne prend pas en compte les gènes d'origine virale)	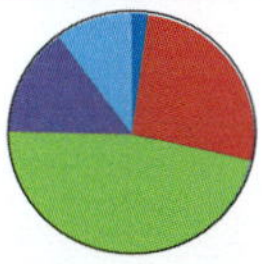	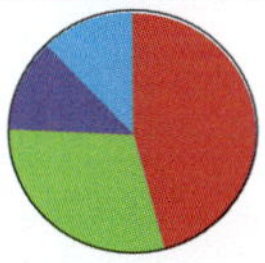	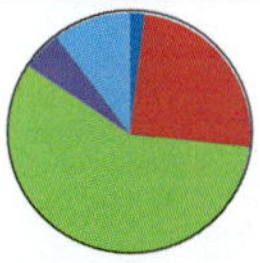

archées*
bactéries
protistes*
plantes
champignons

Nombre et origine de gènes étrangers exprimés chez différentes espèces. *(D'après Alastair Crisp & al.)*

Activités envisageables

Pour comprendre l'importance des transferts horizontaux de gènes dans l'évolution des espèces :

- **Exposez les arguments qui suggèrent que les gènes des syncytines humaines sont d'origine virale. Proposez un scénario expliquant leur présence dans le génome des primates.**
- **Réalisez un schéma expliquant comment un transfert de gènes a modifié l'écosystème intestinal des Japonais et leur a permis de s'adapter à leurs ressources alimentaires.**
- **Discutez de l'importance des transferts horizontaux de gènes dans l'histoire du vivant.**

Des clés pour réussir

- Identifiez les cellules concernées par ces transferts. Vous pouvez rechercher des données complémentaires (voir notamment l'exercice 15 page 82).

* Lexique ➡ p. 509

Unité

3 Transferts horizontaux de gènes et santé humaine

La capacité qu'ont les bactéries à échanger du matériel génétique et à se multiplier très rapidement leur permet de disséminer des facteurs de virulence et de résistance à des antibiotiques.
Nous pouvons aussi utiliser cette capacité pour produire des molécules utiles à la santé humaine.

Comment les transferts horizontaux de gènes peuvent-ils interférer, négativement ou positivement, avec les pratiques de santé humaine ?

1 L'acquisition d'une résistance aux antibiotiques

● L'utilisation excessive d'antibiotiques* a conduit à une émergence de bactéries de plus en plus résistantes, certaines devenant multirésistantes*. En Europe, on évalue à 25 000 le nombre de décès par an résultant de ce phénomène. L'acquisition de l'**antibiorésistance*** peut être la conséquence de mutations affectant le chromosome bactérien (phénomène rare, ne concernant qu'une bactérie sur 1 milliard) ou de l'acquisition par conjugaison d'un plasmide* porteur d'un ou plusieurs gènes de résistance (échanges fréquents, à raison d'une bactérie sur 100, représentant 80 % des résistances acquises).
Le séquençage de souches bactériennes présentes dans notre environnement a permis d'identifier une grande diversité d'éléments génétiques porteurs de résistance à la plupart des antibiotiques actuellement utilisés.

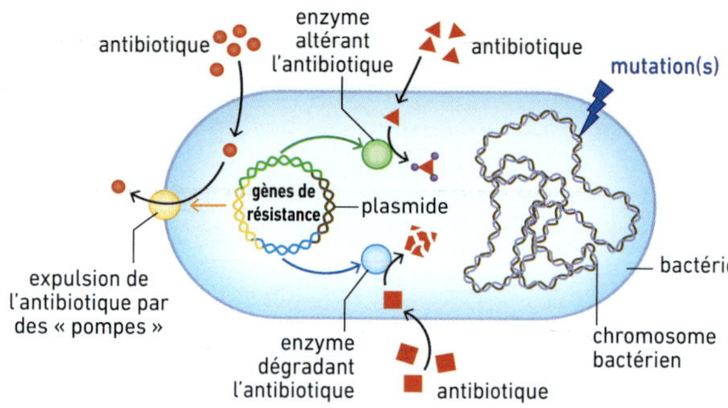

A Les divers mécanismes de résistance bactérienne aux antibiotiques.

● Des chercheurs ont étudié l'acquisition de la résistance d'*Escherichia coli* (bactérie du microbiote intestinal) à un antibiotique couramment utilisé, la tétracycline, qui entraîne la mort bactérienne en bloquant la synthèse protéique. Cette résistance repose sur sa capacité à évacuer l'antibiotique avant qu'il n'ait pu jouer son rôle destructeur grâce à des « pompes » membranaires. Ils ont pour cela mis des bactéries sensibles à la tétracycline en présence de bactéries résistantes et suivi par fluorescence l'évolution de ces deux populations.

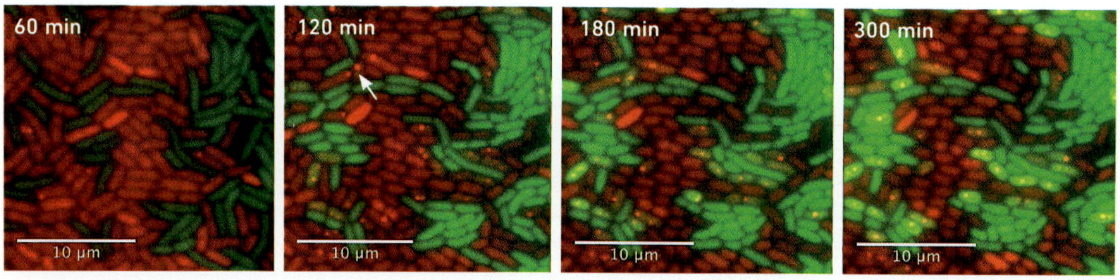

B Populations de bactéries sensibles (en rouge) ou résistantes (en vert) à la tétracycline. Observation par microscopie en fluorescence de cellules vivantes. (La flèche indique un plasmide).

● L'Homme et les animaux dispersent dans l'environnement des bactéries de leurs microbiotes (intestinal en particulier) dont certaines sont porteuses de gènes d'antibiorésistance, acquise par transfert horizontal. Ces bactéries cohabitent avec les microorganismes du sol et des milieux aquatiques. Ces microorganismes peuvent entrer en contact avec la peau et les muqueuses d'humains ou d'autres animaux.
Il existe ainsi des interactions très fortes entre réservoirs humains, animaux et environnement.

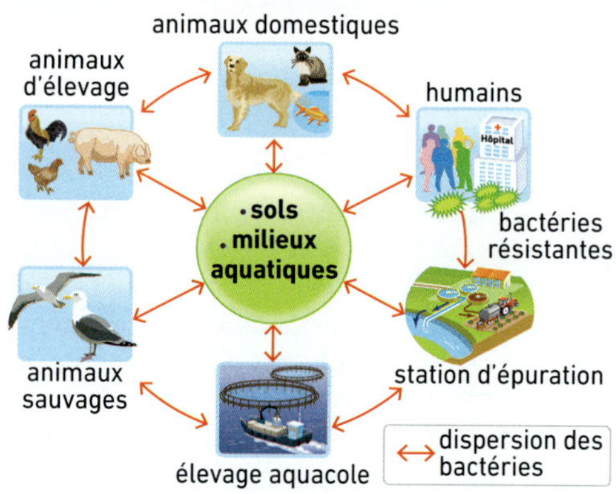

C Échanges de gènes d'antibiorésistance entre réservoirs.

2 La production de molécules thérapeutiques

L'insuline utilisée pour traiter les personnes souffrant de diabète insulino-dépendant (voir p. 448) a longtemps été extraite de pancréas de porcs. Depuis 1982, elle est produite par génie génétique, ce qui permet de couvrir les besoins sans cesse croissants et d'éviter les réactions immunitaires, l'insuline de porc n'étant pas exactement identique à l'insuline humaine.

Les biotechnologies exploitent les propriétés des plasmides bactériens afin de les utiliser comme vecteurs pour transférer des gènes. Le principe consiste à associer l'ADN plasmidique et celui d'un gène humain déterminant la synthèse de la protéine à produire (gène d'intérêt).

Après avoir isolé et cloné le gène d'intérêt et extrait le plasmide d'une bactérie, on fabrique un plasmide recombinant*, capable de s'introduire dans une souche bactérienne choisie (ex. *E. coli*). Pour ce faire, l'ADN humain et l'ADN plasmidique sont coupés puis assemblés grâce à des enzymes spécialisées (enzymes de restriction* et ADN ligases*).

Les bactéries modifiées fabriquent un grand nombre de copies du plasmide recombinant, qui sont transmises aux cellules filles à chaque fois que les bactéries se divisent (A).

Clonage d'un gène — Flash PAGE animation

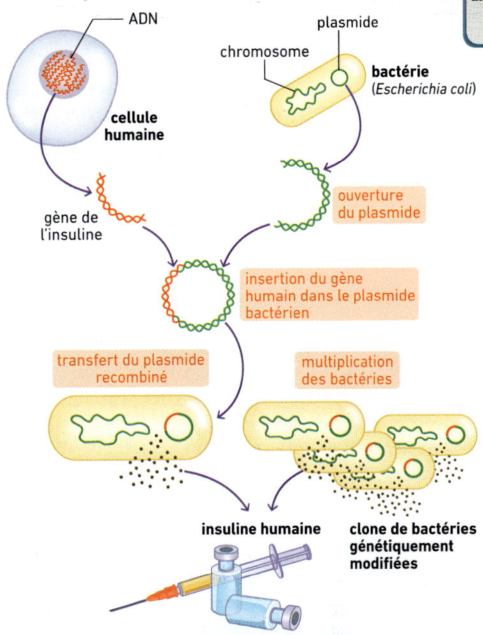

A Les étapes d'une transgénèse bactérienne pour produire de l'insuline humaine.

B Bioréacteurs contenant des bactéries génétiquement modifiées produisant des protéines humaines.

Placées dans des conditions favorables dans des bioréacteurs* où le milieu est contrôlé, elles produisent de grandes quantités de protéines, qui, après extraction et purification, sont conditionnées pour utilisation (B).

De nombreuses protéines à usage thérapeutique sont ainsi fabriquées par génie génétique* (C). Certaines ne peuvent être fabriquées dans une cellule bactérienne, où manquent les conditions nécessaires à la maturation des protéines : on utilise alors des levures (*Saccharomyces cerevisiae*) chez lesquelles sont introduits des plasmides recombinés.

Molécules produites par des bactéries génétiquement modifiées	insuline, hormone de croissance (somatotropine), interféron (cytokine), filgrastim (facteur de croissance des globules blancs)
Molécules produites par des levures génétiquement modifiées	insuline, antigène de surface du virus de l'hépatite B (pour vaccins), facteurs de coagulation, hydrocortisone (anti-inflammatoire), antipaludique (artémisinine), analgésiques (morphine, thébaïne)

C Molécules à usage thérapeutique fabriquées par génie génétique.

Activités envisageables

Pour comprendre pourquoi les pratiques de santé humaine sont concernées par les transferts horizontaux de gènes :

- **Réalisez un ou des schéma(s) expliquant ce que démontre l'expérience 1B.**
- **Expliquez en quoi l'antibiorésistance constitue un problème de santé publique et proposez des solutions pour la limiter.**
- **Expliquez quelles propriétés des bactéries sont mises à profit pour la production de molécules utiles en santé humaine.**

Des clés pour réussir

- Décrivez d'abord l'évolution des populations bactériennes observable sur la série de photos.
- Mobilisez vos connaissances sur l'ADN, tenez compte de ce qui a été vu dans les unités précédentes.

* Lexique ➥ p. 509

Unité

4 L'endosymbiose, une évolution par fusion entre organismes

La symbiose est définie comme une association durable, à bénéfices réciproques, entre deux êtres vivants appelés symbiotes. Si l'un des partenaires vit à l'intérieur des tissus ou des cellules de l'autre (son hôte), c'est une endosymbiose.

Quels sont les avantages et les contraintes de l'endosymbiose pour les deux partenaires ?

Endosymbiose — bordas Flash PAGE animation

1 Les coraux, des animaux photosynthétiques

A

Les coraux durs, constructeurs de récifs (A), sont des animaux appartenant au groupe des cnidaires. Ils sont formés de colonies de polypes* sécrétant un « squelette » externe calcaire. Ils se plaisent dans les eaux claires, peu profondes et chaudes (25 - 30 °C) des régions tropicales. Cet environnement est pauvre en nutriments et en plancton*.

B Un polype.

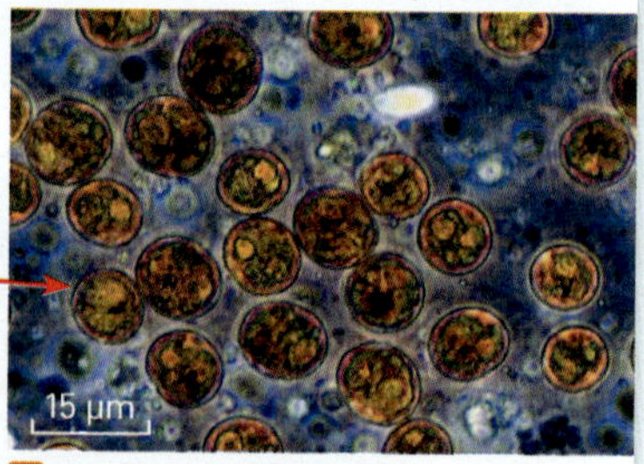

C Des zooxanthelles (MO).

Les polypes (B) se nourrissent la nuit et piègent de petites proies prélevées dans le plancton : c'est un apport de protéines qui ne contribue que faiblement à leur nutrition (10 à 20 %).

Dans les phagosomes* de certaines de leurs cellules, les polypes hébergent des algues unicellulaires photosynthétiques, les zooxanthelles*, leur offrant ainsi un milieu stable et protégé. On estime leur nombre à 1 million par cm² de tissu corallien. Ces algues produisent des pigments responsables de la couleur du corail et des « filtres solaires » qui protègent les deux partenaires contre les radiations trop fortes et nocives du soleil (UV-A).

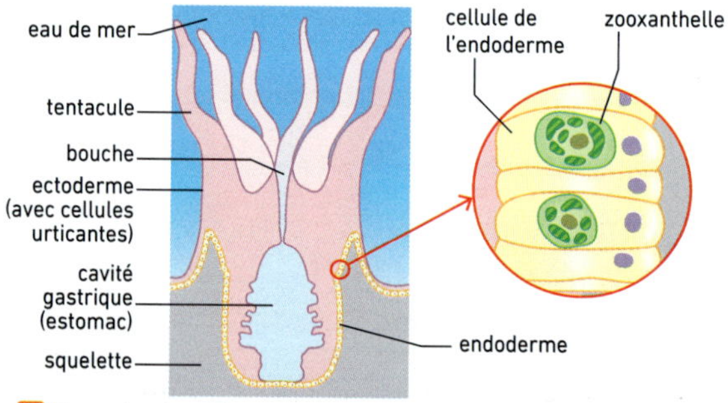

D Organisation d'un polype et localisation des zooxanthelles.

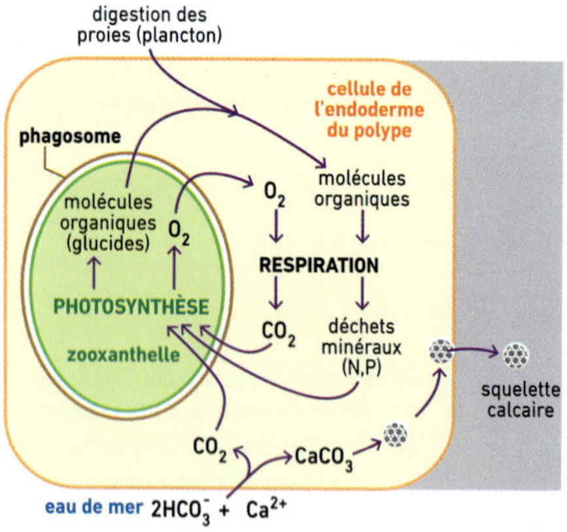

E Échanges à l'échelle cellulaire entre le polype et la zooxanthelle.

- Les zooxanthelles sont photosynthétiques : 30 à 90 % des molécules organiques issues de la photosynthèse des algues sont cédées à l'hôte. Les déchets azotés et phosphatés de son métabolisme sont source d'engrais minéraux pour l'algue.
- Le prélèvement de CO_2 par l'algue favorise la précipitation des carbonates, nécessaire à l'édification du squelette calcaire du polype.
- L'algue symbiotique est dépourvue de flagelle, pourtant présent dans les formes libres du plancton, et sa paroi est fine et perméable. Des molécules produites par l'hôte seraient à l'origine de ces particularités.
- Pour se protéger du dioxygène émis par la photosynthèse, le corail produit des composés antioxydants. Il développe une forme dans l'espace permettant d'optimiser l'exposition des algues à la lumière.
- Les génomes de coraux symbiotiques et des zooxanthelles montrent la présence, chez les deux partenaires, de gènes propres à la symbiose.

2 Les pucerons du pois et leurs bactéries symbiotiques

Les pucerons sont des insectes parasites des plantes, qui se nourrissent en insérant leur rostre (pièce buccale) dans les tissus conducteurs de la sève élaborée*.

Les pucerons doivent ingérer quotidiennement cent fois leur poids de sève pour se procurer les nutriments dont ils ont besoin. Ils rejettent alors par leur anus un miellat sucré. Il leur manque cependant une dizaine d'acides aminés essentiels, qu'ils ne sont pas capables de synthétiser, et qui sont souvent absents de la sève élaborée (B).

A Puceron du pois se nourrissant.

Composition	Sève élaborée
Glucides (surtout saccharose)	100 à 300 $g{\cdot}L^{-1}$
Acides aminés (surtout Glu, Asp, Gln, Asn)	5 à 40 $g{\cdot}L^{-1}$
Protéines	1,45 à 2,20 $g{\cdot}L^{-1}$
Ions minéraux	1 à 5 $g{\cdot}L^{-1}$

B Composition de la sève élaborée.

Près de leur tube digestif et des ovaires, les pucerons du pois possèdent des cellules géantes, les bactériocytes, contenant environ 10 millions de bactéries *Buchnera aphidicola*. Chaque bactérie est contenue dans une vésicule de la cellule hôte, appelée symbiosome (C).

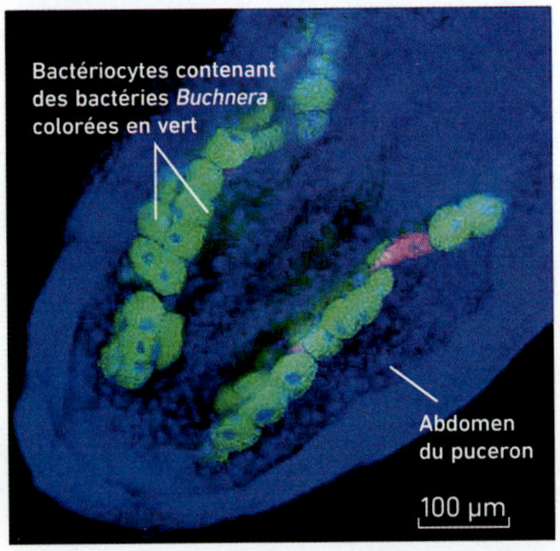

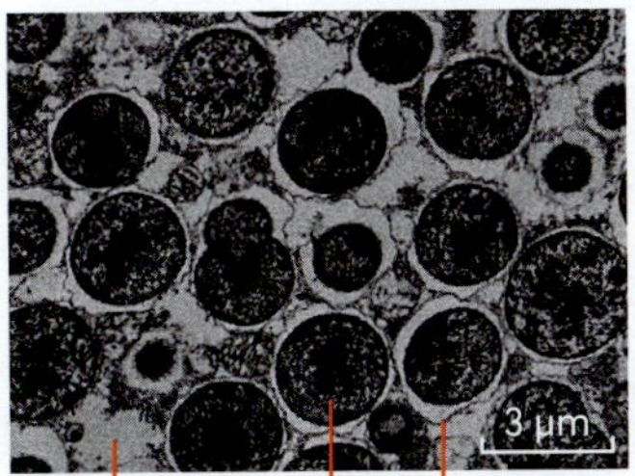

C Abdomen de puceron (microscopie optique en fluorescence : en vert, *Buchnera aphidicola*) et détail de l'intérieur d'un bactériocyte (MET*).

Buchnera ne peut vivre et se reproduire sans son hôte, qui lui procure protection et nutriments. Son génome d'environ 900 gènes est réduit et dégénéré, comparativement à celui d'une bactérie proche, *E. coli* (5 000 gènes). *Buchnera* a perdu par exemple des gènes impliqués dans la formation de la paroi bactérienne, dans la perception du milieu et la résistance aux agents stresseurs*. Mais il a conservé des gènes permettant la synthèse d'acides aminés essentiels et de vitamines.

La relation symbiotique de *Buchnera aphidicola* aux pucerons aurait débuté il y a 250 à 150 millions d'années. La transmission de ces bactéries se fait de façon verticale, du puceron femelle vers ses œufs ou embryons.

Expériences	Résultats
Pucerons en symbiose avec *Buchnera*, élevés sur un milieu dépourvu des dix acides aminés essentiels.	Les pucerons se développent et se reproduisent.
Traitement antibiotique tuant les bactéries *Buchnera*.	Les pucerons se développent mal et deviennent stériles.
Pucerons traités par l'antibiotique et auxquels on fournit une alimentation contenant les dix acides aminés essentiels.	Régression des symptômes.
Pucerons symbiotiques élevés dans un milieu enrichi en soufre et en azote marqués.	Des acides aminés marqués apparaissent au sein des bactéries, puis sont identifiés chez les pucerons.

D Étude expérimentale.

Activités envisageables

Pour comprendre comment les endosymbioses participent à la complexification du vivant :

- **Justifiez le terme d'endosymbiose donné aux deux exemples présentés.**
- **Montrez sous forme de schémas ou de tableaux que ces associations constituent des contraintes pour les symbiotes mais apportent aussi des avantages sélectifs.**
- **Relever des arguments attestant de modifications des génomes des symbiotes induites par l'association.**

Des clés pour réussir

- Montrez que les apports et les contraintes sont réciproques.
- Envisagez la vie ou la survie de ces organismes en dehors de leur association symbiotique.

* Lexique ➥ p. 509

Unité 5

Des endosymbioses aux conséquences évolutives majeures

Dans les années 1960, la biologiste Lynn Margulis proposa une théorie selon laquelle les organites énergétiques (mitochondries et chloroplastes) seraient des « descendants » de bactéries devenues, après phagocytose et endosymbiose avec des cellules eucaryotes primitives, des composants permanents des cellules eucaryotes.

Quels sont les arguments en faveur de cette théorie endosymbiotique ?

1 Les cellules eucaryotes, des cellules compartimentées

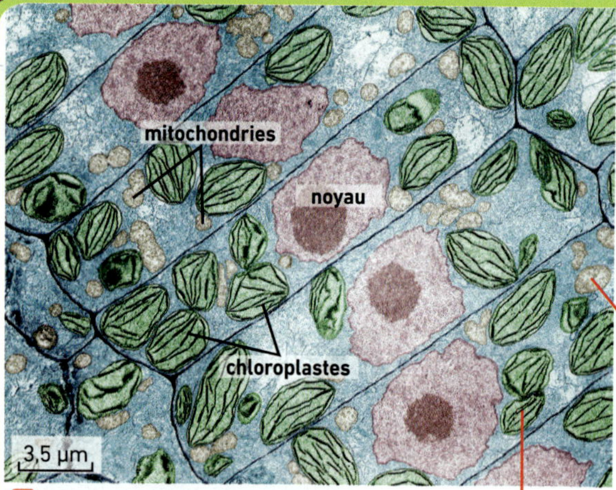

A Cellules végétales de lentilles d'eau (observation au MET*, fausses couleurs).

Le noyau des cellules eucaryotes contient l'essentiel de l'information génétique, répartie sur plusieurs molécules d'ADN associées à des protéines structurantes. Mais le cytoplasme comporte d'autres organites, spécialisés dans des fonctions spécifiques, comme les **mitochondries*** (sièges de la respiration cellulaire, présentes chez tous les eucaryotes) et les **chloroplastes*** (réalisant la photosynthèse, présents chez les eucaryotes de la lignée verte*).
Ces organites sont délimités par un système membranaire et, curieusement, renferment aussi de l'ADN.

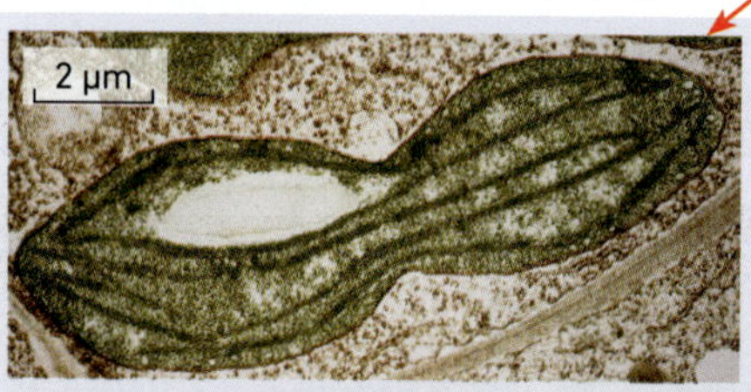

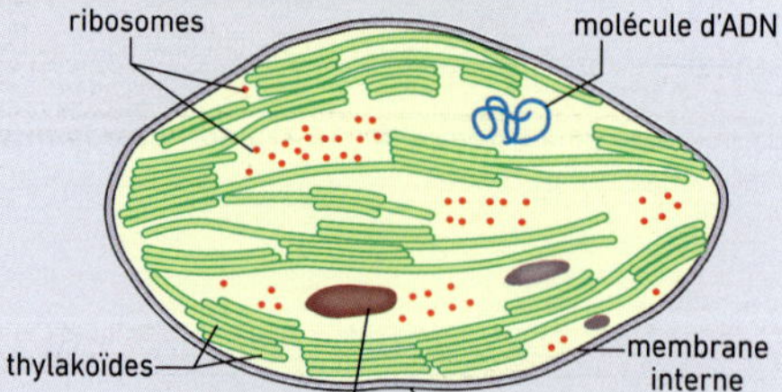

- Taille : 1 à 10 µm.
- Limité par une double membrane.
- ADN sans protéines associées, formant un chromosome circulaire, en de nombreux exemplaires identiques, codant la synthèse de certaines protéines et d'ARN.
- Présence de compartiments en forme de sacs (les thylakoïdes) dont la membrane renferme des molécules permettant la photosynthèse.
- Capables de divisions autonomes.

B Chloroplaste (observation au MET et caractéristiques).

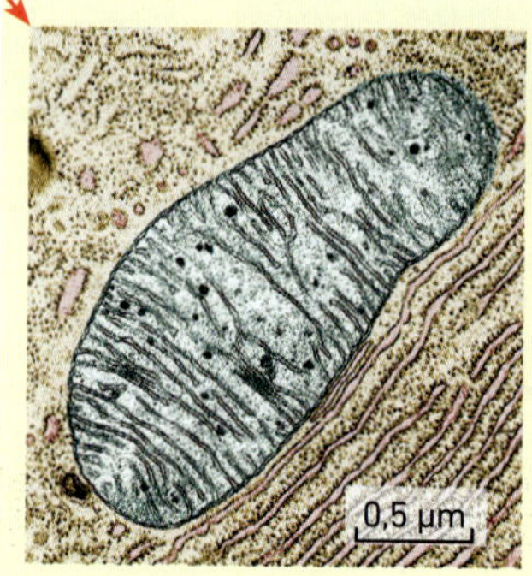

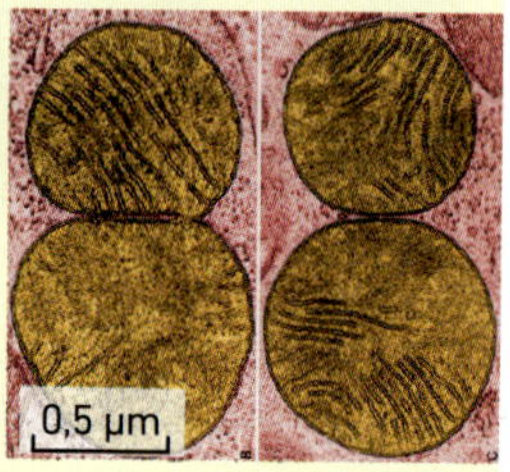

Deux étapes de la division d'une mitochondrie.

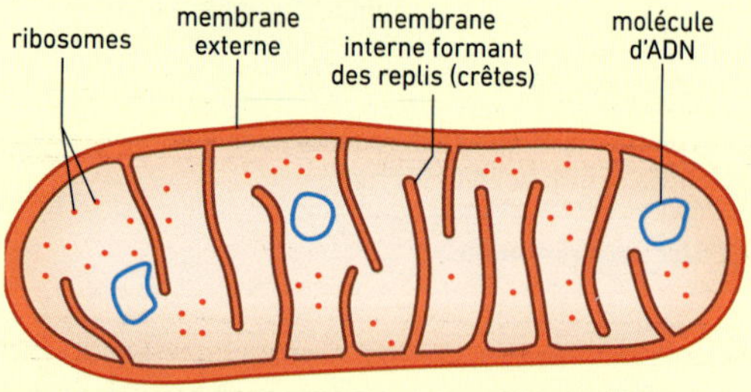

- Taille : 1 à 2 µm en général (jusqu'à 10 µm).
- Limitée par une double membrane.
- ADN sans protéines associées, formant un chromosome circulaire, en de nombreux exemplaires identiques, codant la synthèse de protéines et d'ARN. La plupart des protéines mitochondriales sont synthétisées à partir de gènes nucléaires.
- Capables de division autonome par séparation en deux.

C Mitochondrie (observations au MET et caractéristiques).

2 L'organisation des cellules bactériennes

La plupart des bactéries sont entourées d'une paroi chimiquement complexe, doublée intérieurement par une membrane plasmique entourant le cytoplasme et son contenu. Elles constituent des cellules non compartimentées, dépourvues de noyau : leur ADN est nu, organisé en un chromosome circulaire au contact direct du cytoplasme où se fait la synthèse protéique grâce aux ribosomes. Elles possèdent également des petites molécules d'ADN circulaires, les plasmides, qui se répliquent indépendamment du chromosome.

Leur reproduction se fait par simple division d'une cellule qui réplique son chromosome bactérien, s'allonge avant de se diviser en deux cellules filles dotées d'une membrane et d'une paroi.

Elles pratiquent des métabolismes variés : respiration, fermentations*, photosynthèse ou chimiosynthèse*.

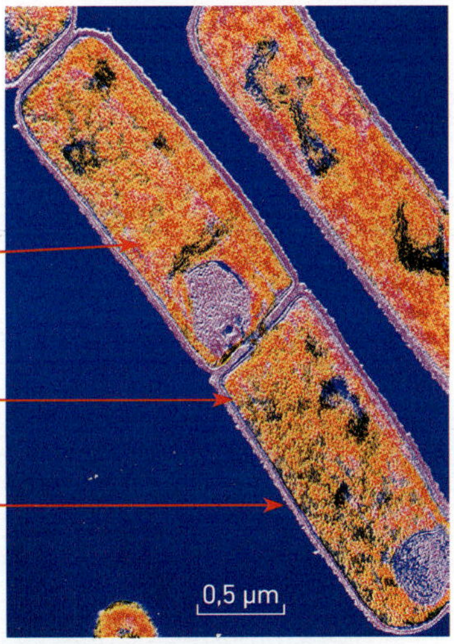

A Bactérie (*Bacillus subtilis*) en cours de division (MET).

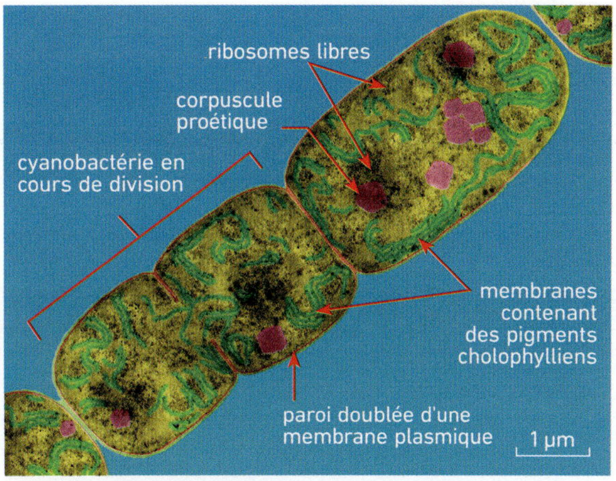

B Cyanobactérie filamenteuse photosynthétique (*Nostoc*), observée au MET.

3 Des données phylogénétiques

Les techniques de séquençage de l'ADN et de l'ARN permettent l'établissement de parentés moléculaires basées sur le degré d'identité de séquences que l'on compare.

L'**arbre phylogénétique*** ci-contre a été établi par comparaison d'un ARN entrant dans la composition des ribosomes. Les séquences utilisées pour construire cet arbre proviennent des ribosomes :
- de cellules d'organismes eucaryotes (dont le maïs, *Zea mays*) ;
- de bactéries ;
- d'archées* ;
- de chloroplaste et de mitochondrie du maïs.

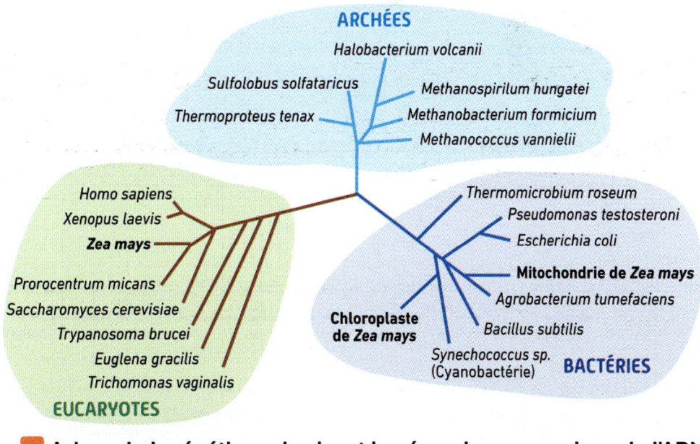

Arbre phylogénétique du vivant basé sur la comparaison de l'ARN des ribosomes.

Activités envisageables

Pour comprendre la portée de la théorie endosymbiotique :

- **Relevez les divers arguments ayant permis de valider cette théorie.**
- **Représentez par un schéma l'origine de la cellule eucaryote compartimentée, selon la théorie proposée par Lynn Margulis.**
- **Expliquez en quoi l'endosymbiose a joué un rôle évolutif majeur dans l'histoire du vivant.**

Des clés pour réussir

- Présentez votre schéma en plusieurs étapes.
- Comparez mitochondries et bactéries non photosynthétiques d'une part, chloroplastes et cyanobactéries d'autre part.

* Lexique ➥ p. 509

Bilan des connaissances

Transferts horizontaux de gènes et endosymbioses

Préparez le Grand oral p. 519

Les mutations, les modifications accidentelles des génomes et le brassage génétique réalisé par la reproduction sexuée assurent à chaque génération l'émergence de nouveaux génomes individuels. Il existe encore d'autres processus de diversification et de complexification des génomes.

1 Les transferts horizontaux de gènes

Des expériences historiques

Les pneumocoques de souche S sont des bactéries virulentes (responsables de pneumonies) car, dotées d'une capsule, elles ne sont pas détruites par le système immunitaire. Les pneumocoques de la souche R, dépourvues de capsule, ne sont pas pathogènes. En 1928, le microbiologiste anglais F. Griffith fait une découverte surprenante : l'injection simultanée à des souris de bactéries R vivantes et de bactéries S tuées se révèle mortelle. Les souris meurent et de nombreux pneumocoques pourvus de capsules, donc de souche S, sont identifiés chez les souris. Il y a eu transfert d'un caractère héréditaire des bactéries S mortes aux bactéries R vivantes. En 1944, les expériences d'Avery, Mc Leod et Mc Carty ont démontré que c'est de l'ADN qui est transféré des bactéries S aux bactéries R. Les bactéries R ont subi une « transformation » par intégration à leur génome d'un fragment d'ADN provenant des bactéries S. La transformation s'est faite grâce à un **transfert horizontal de gènes**, c'est-à-dire un transfert d'un organisme à un autre **non lié à la reproduction**.

Des transferts par divers processus

Quand des bactéries sont détruites, elles libèrent des quantités considérables d'ADN dans leur environnement. Dans certaines conditions, ces fragments d'ADN libres, pouvant contenir plusieurs gènes, sont intégrés par des bactéries. Ce processus, appelé **transformation**, s'observe toutefois chez un nombre limité d'espèces, présentes notamment dans le sol et les écosystèmes aquatiques.

Les bactéries possèdent de petites molécules d'ADN généralement circulaires, appelées **plasmides**. Ces plasmides sont très facilement transférés entre bactéries de la même espèce ou d'espèces différentes, grâce à l'établissement de « ponts cytoplasmiques » : ce phénomène est appelé **conjugaison**. Les plasmides bactériens peuvent aussi être transférés à des cellules eucaryotes.

Les **virus** constituent les **vecteurs de gènes** les plus abondants de la planète. En parasitant des cellules (bactéries ou cellules eucaryotes), ils y transfèrent leurs gènes, qui peuvent parfois s'intégrer au génome de la cellule hôte. Les particules virales fabriquées par les cellules parasitées peuvent également incorporer des gènes appartenant aux cellules hôtes. Ces gènes pourront être transférés à d'autres cellules au cours d'une infection ultérieure.

Un rôle majeur dans l'évolution

La comparaison de séquences d'ADN d'espèces différentes permet de construire des arbres de parenté ou **arbres phylogénétiques** : en effet, des similitudes génétiques traduisent généralement un héritage commun plus ou moins récent, transmis ensuite de générations en générations. On parle dans ce cas de transferts verticaux des gènes.

Mais il arrive que l'on identifie pour un gène particulier une similitude étonnante entre espèces éloignées. Dans ce cas, la proximité génétique ainsi révélée ne traduit pas une filiation entre les espèces concernées, mais résulte d'un transfert horizontal de gène.

En effet, du fait de l'**universalité de l'ADN**, des transferts horizontaux de gènes sont possibles entre espèces parfois très éloignées dans l'arbre du vivant (animaux, bactéries, archées, protistes, plantes, champignons…). Ainsi, il a été établi que l'ADN humain contient près de 10 % de gènes d'origine virale. Les transferts horizontaux de gènes constituent une **source de diversification** des êtres vivants, permettant une adaptation rapide aux variations de l'environnement. Ils ont joué un rôle important dans l'évolution des populations et des espèces.

Si l'on fait figurer sur un arbre phylogénétique les transferts horizontaux, on obtient un « **réseau phylogénétique** » qui traduit la complexité de l'histoire évolutive du vivant.

Transferts horizontaux de gènes et santé humaine

Au sein des populations bactériennes, les transferts horizontaux par le biais des plasmides constituent le principal mécanisme de la propagation rapide de gènes de virulence et de gènes de **résistance aux antibiotiques**. Ces transferts sont favorisés par l'abondance des bactéries dans notre environnement proche, notamment au sein des microbiotes. Leur fréquence pose de graves problèmes de santé, dus à l'apparition et à la sélection de bactéries résistantes, voire multirésistantes, à un antibiotique.

Des **applications biotechnologiques** résultent de la connaissance des mécanismes de transferts horizontaux de gènes. L'intégration et l'expression de gènes humains dans des microorganismes à forte capacité de multiplication (bactéries et levures) permet la production massive de **molécules d'intérêt** utiles à la santé humaine (insuline par exemple).

2 Les endosymbioses, une diversification par fusion entre organismes

L'endosymbiose, une association étroite entre êtres vivants

La symbiose est une association durable à bénéfices réciproques entre organismes d'espèces différentes. Cette association peut être particulièrement étroite si l'un des partenaires vit à l'intérieur des cellules ou des tissus de l'autre (zooxanthelles dans les tissus des polypes constructeurs de coraux, bactéries *Buchnera* chez les pucerons du pois) : on parle alors d'**endosymbiose**. Au sein des cellules de l'hôte, l'endosymbiote est internalisé dans une vésicule cytoplasmique et subit souvent une régression de certains de ses caractères (perte de paroi, de flagelle).

Dans la plupart des cas, l'endosymbiote apporte à son hôte des avantages d'ordre nutritionnel (molécules organiques issues de la photosynthèse, vitamines, acides aminés essentiels…) Réciproquement, l'organisme hôte procure à l'endosymbiote un milieu stable et protégé, et parfois certains nutriments. Il y a ainsi, pour les deux organismes, acquisition de nouvelles potentialités permettant une meilleure adaptation aux ressources et contraintes du milieu.

L'association impose cependant des contraintes aux deux partenaires, nécessaires pour conserver leurs propriétés spécifiques. Par exemple, la récupération de l'énergie lumineuse par l'algue contraint le polype à vivre dans des eaux claires à faible profondeur et à produire des molécules antioxydantes pour se protéger du dioxygène rejeté en excès par la photosynthèse.

L'endosymbiose associe les génomes des deux partenaires au sein d'une même cellule. Souvent, celui de l'endosymbiote régresse, cette régression s'accompagnant d'un transfert de gènes vers le noyau de la cellule hôte, facilité par l'extrême proximité des partenaires. Ce transfert contribue à la complexification du génome de la cellule hôte qui se trouve enrichi de nouvelles potentialités.

L'origine endosymbiotique des organites

À partir de la fin du XIXe siècle, des botanistes ont suggéré l'idée que les chloroplastes et les mitochondries des **cellules eucaryotes** provenaient de l'endosymbiose de bactéries. Largement ignorée jusqu'aux années 1960, cette idée a été reprise et défendue sous le nom de « théorie endosymbiotique » par Lynn Margulis.

Cette hypothèse a d'abord été étayée par de nombreuses ressemblances entre les organites et les bactéries :

– La taille des mitochondries et des chloroplastes est comparable à celle des bactéries (quelques µm).

– Ces deux organites sont dotés d'une double membrane. Une membrane externe analogue à la membrane plasmique (résultat de l'endocytose) et une membrane interne présentant des analogies avec la membrane bactérienne. Le système de membrane interne des cyanobactéries renferme, tout comme les thylakoïdes des chloroplastes, des pigments chlorophylliens assurant la capture d'énergie lumineuse et la réalisation de la photosynthèse.

– Mitochondries et chloroplastes renferment de petites molécules d'ADN nu, comme chez les bactéries. Cet ADN se réplique indépendamment de l'ADN nucléaire, et commande la synthèse de protéines fabriquées dans les organites grâce à des ribosomes de type bactérien.

– Chloroplastes et mitochondries se divisent par étranglement médian après avoir dupliqué leur ADN, comme le font les bactéries.

La comparaison des génomes a confirmé l'hypothèse de l'origine endosymbiotique des organites : l'ADN mitochondrial et chloroplastique est en effet plus étroitement apparenté à celui des bactéries et des cyanobactéries qu'à celui de l'ADN nucléaire des cellules eucaryotes.

Il y a environ 1,5 à 2 milliards d'années, des cellules eucaryotes primitives ont donc absorbé par endocytose des bactéries aérobies pratiquant la respiration, qui sont devenues des **mitochondries**. Ce phénomène s'est également produit à plusieurs reprises avec l'absorption de cyanobactéries photosynthétiques, à l'origine des **chloroplastes**. Capables de divisions autonomes, les mitochondries et chloroplastes, dotés de leur propre information génétique, sont transmises aux cellules filles : on parle d'**hérédité cytoplasmique**.

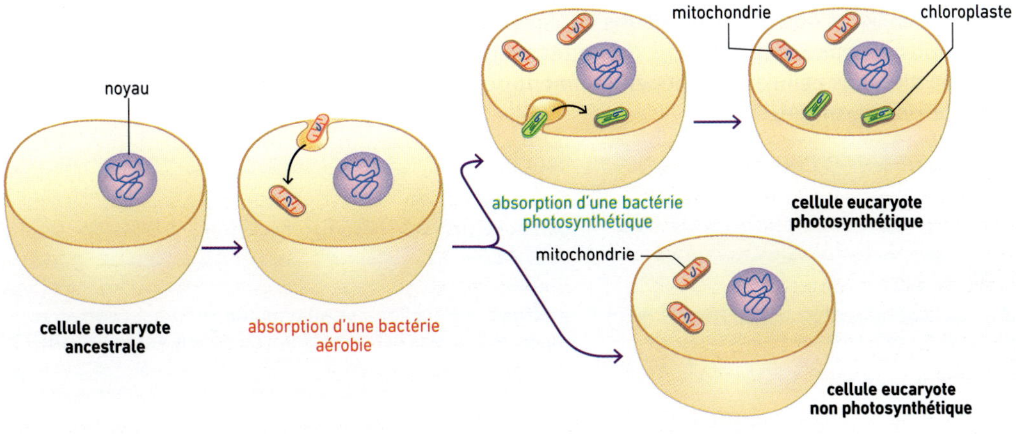

Le modèle endosymbiotique de l'origine des mitochondries et des chloroplastes.

L'essentiel

Transferts horizontaux de gènes et endosymbioses

Bordas Flash PAGE podcast

DYS

À retenir

Transferts verticaux et horizontaux de matériel génétique

À côté des transferts verticaux de gènes, assurés de génération en génération par la reproduction sexuée, il existe des **transferts horizontaux** entre organismes parfois non étroitement apparentés. Ces transferts horizontaux se font par divers mécanismes : incorporation d'**ADN libre** par des bactéries, **conjugaison** bactérienne, **transmission par des virus** jouant le **rôle de vecteurs de gènes**.

Une source de complexification et de diversification du vivant

Du fait de l'**universalité de l'ADN**, de sa structure et des modalités de son expression (code génétique), les gènes transférés horizontalement peuvent **enrichir les génomes**. L'analyse de l'ADN d'une espèce montre qu'une fraction non négligeable de son génome résulte de transferts horizontaux de gènes ayant joué un **rôle important dans son histoire évolutive**.

Transferts horizontaux de gènes et santé humaine

Les transferts horizontaux de matériel génétique ont un impact dans le domaine de la santé humaine : c'est en effet le plus souvent par transfert horizontal que les bactéries deviennent **résistantes aux antibiotiques**.

L'Homme sait mettre à profit ces mécanismes pour réaliser artificiellement des transferts de gènes et faire produire par des bactéries ou des levures des **molécules d'intérêt** thérapeutique.

Endosymbioses et diversification du vivant

Certains organismes incorporent au sein même de leurs cellules des organismes unicellulaires microscopiques. Une telle association, si elle est bénéfique pour les deux partenaires, constitue une **endosymbiose**. Souvent, le génome de la cellule intégrée régresse, mais certains de ses gènes sont transférés au génome de la cellule hôte. De telles endosymbioses sont fréquentes dans le monde vivant. En dotant les organismes qui en bénéficient de nouvelles propriétés, elles permettent une **meilleure adaptation à l'environnement** et jouent un rôle important dans leur évolution.

L'origine des mitochondries et des chloroplastes

De nombreuses données, en particulier l'analyse de l'ADN, confirment que les mitochondries et les chloroplastes que l'on trouve dans les cellules eucaryotes **résultent d'endosymbioses de bactéries et cyanobactéries**. Ces organites, qui contiennent de l'ADN, sont transmis au cours des divisions cellulaires indépendamment de l'ADN nucléaire : c'est ce qu'on appelle l'**hérédité cytoplasmique**.

Mots-clés

Chloroplastes • Complexification des génomes • Endosymbiose • Hérédité cytoplasmique • Mitochondries • Molécules d'intérêt • Phylogénie • Résistance aux antibiotiques • Transferts horizontaux de gènes • Universalité de l'ADN.

Schéma bilan

Transferts horizontaux de gènes et endosymbioses

Les échanges de gènes par transfert horizontal

Des mécanismes non liés à la reproduction sexuée

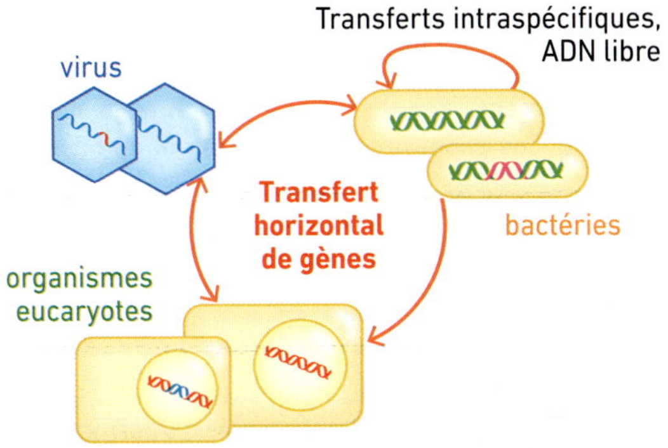

Un rôle important dans l'évolution

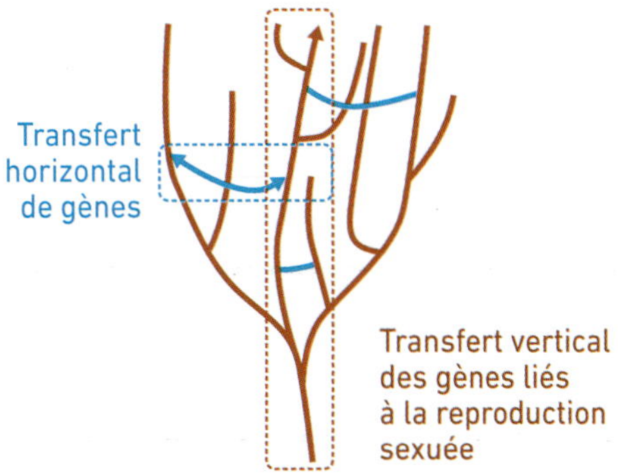

Des conséquences sur la santé humaine

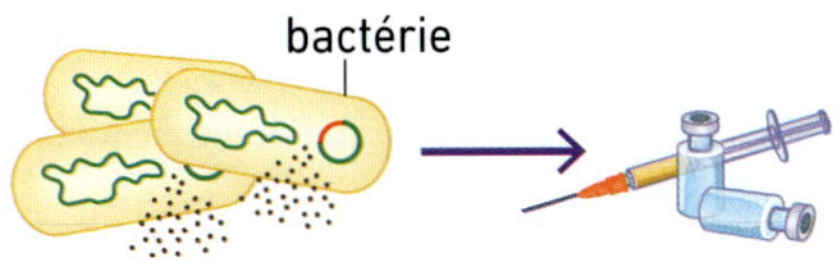

Production de molécules d'intérêt par transgénèse

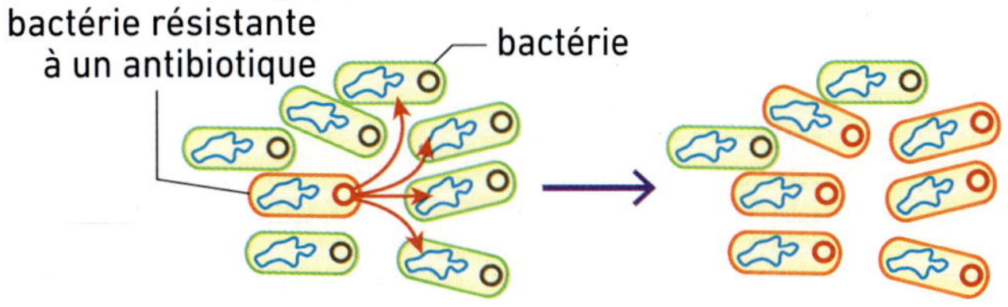

Transmission de l'antibiorésistance

L'enrichissement des génomes par endosymbiose

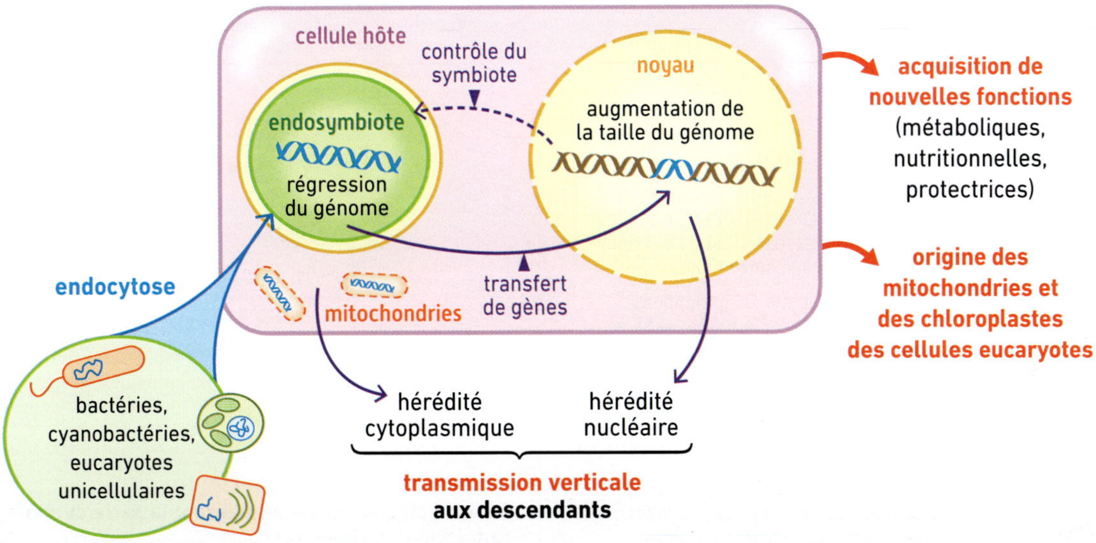

Autoévaluation

Réponses voir p. 502

1 Retour vers les problématiques

Relisez la page « S'interroger avant d'aborder le chapitre » (p. 63). À l'aide de ce que vous savez à présent, répondez aux questions que vous avez formulées.

2 QCM

Pour chaque affirmation, choisissez l'unique bonne réponse.

1. **Les transferts horizontaux de gènes :**
   a. s'effectuent toujours entre deux espèces différentes ;
   b. correspondent au transfert de gènes d'une génération à l'autre ;
   c. sont une source de diversification du vivant ;
   d. ne peuvent s'effectuer entre bactéries et eucaryotes.

2. **Les caractéristiques des mitochondries et des chloroplastes qui valident la théorie endosymbiotique sont :**
   a. la dimension de ces organites, de 1 à 10 µm, qui est proche de celle des cellules eucaryotes ;
   b. l'existence d'une double membrane : une externe semblable à la membrane plasmique et une interne de type bactérien ;
   c. la présence dans les organites de molécules d'ADN circulaires qui ressemblent à l'ARN des bactéries ;
   d. leur mode de reproduction par mitose.

3. **La théorie endosymbiotique propose que les mitochondries des cellules eucaryotes proviennent :**
   a. d'eucaryotes endosymbiotiques qui utilisent le dioxygène ;
   b. de bactéries endosymbiotiques photosynthétiques ;
   c. de bactéries endosymbiotiques qui utilisent le dioxygène ;
   d. d'eucaryotes endosymbiotiques photosynthétiques.

3 Apprendre en s'interrogeant

1. **Cachez l'une des colonnes du tableau suivant et retrouvez ce que contient l'autre (à faire seul ou à plusieurs).**
2. **Vérifiez vos réponses, et reprenez si besoin les notions concernées.**

Notion	Définition
Endosymbiose	Association à bénéfices réciproques de deux organismes, dont l'un (endosymbiote) est situé à l'intérieur des cellules de l'autre (hôte).
Transfert horizontal de gène	Transfert de matériel génétique entre individus de la même espèce ou non, en dehors de toute filiation.
Plasmide	Petite molécule circulaire d'ADN double brin qui se réplique de façon indépendante du chromosome bactérien.
Hérédité cytoplasmique	Transmission verticale des caractères héréditaires par l'ADN des organites cytoplasmiques (mitochondries, chloroplastes) ou de plasmides.

4 Vrai ou faux ?

Repérez les affirmations exactes et corrigez celles qui sont inexactes.

a. L'absorption de fragments d'ADN de l'environnement par une bactérie est appelée conjugaison.
b. Le cytoplasme des bactéries contient de petits anneaux d'ADN qui peuvent être modifiés pour leur faire fabriquer des protéines humaines.
c. Mitochondries et chloroplastes possèdent une double membrane et se divisent par étranglement médian.
d. Les endosymbioses n'apportent que des bénéfices aux deux partenaires.
e. Les endosymbiotes sont des organismes de petite taille : bactéries, algues unicellulaires ou virus.
f. Endosymbiose et transfert horizontal de gènes sont deux phénomènes indépendants.

5 Questions à réponses courtes

1. **Quels sont les différents processus permettant le transfert horizontal de gènes ?**
2. **Quels avantages les endosymbiotes retirent-ils de l'association avec leur hôte ?**
3. **Expliquez pourquoi on peut considérer la transgénèse comme un transfert horizontal de gène.**
4. **Par quels moyens les bactéries deviennent-elles résistantes à un antibiotique ?**

6 Légender un schéma

Retrouvez les étapes de cette technique utilisée pour la production de molécules thérapeutiques. Repérez quand se produit un transfert horizontal et un transfert vertical de gène.

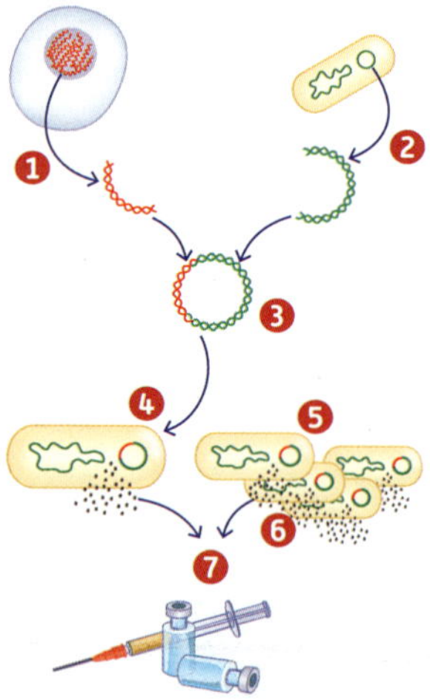

7 Exprimer une idée importante

Rédigez un court texte en utilisant la série de mots ou expressions ci-dessous :

théorie endosymbiotique • chloroplastes • mitochondries • cellule eucaryote primitive • bactéries • cyanobactéries.

★ facile ★★ intermédiaire ★★★ confirmé

8 Exploiter des données graphiques

★★

La théorie endosymbiotique propose que les mitochondries soient issues de l'endocytose de bactéries aérobies par une cellule eucaryote primitive, qui ne les aurait pas détruites. Le graphique traduit les proportions relatives de certains constituants membranaires de mitochondries, de cellules bactériennes et eucaryotes.

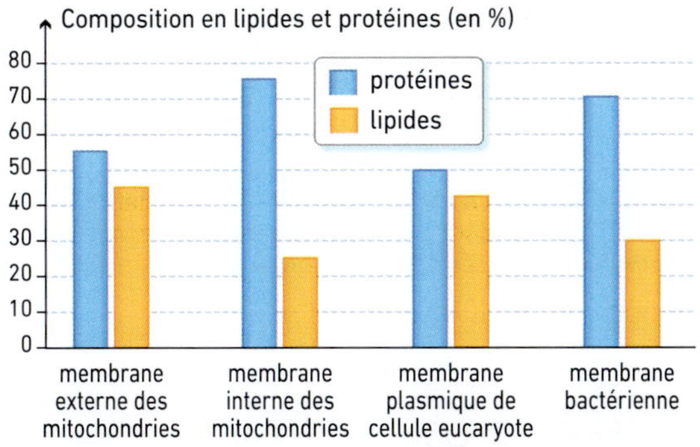

Montrez que les données du graphique apportent un argument en faveur de l'origine endosymbiotique des mitochondries.

9 Formuler un problème et émettre une hypothèse

★★

Les ascidies sont des animaux du groupe des tuniciers qui vivent fixées sur les fonds marins. Leur corps, en forme d'outre, est recouvert d'une tunique faite de cellulose, molécule généralement absente chez les animaux.

L'arbre phylogénétique ci-dessous traduit les parentés établies entre divers groupes d'êtres vivants à partir de caractères morpho-anatomiques. Il mentionne les groupes possédant le gène codant pour une enzyme, la cellulose synthase, impliquée dans la synthèse de cellulose.

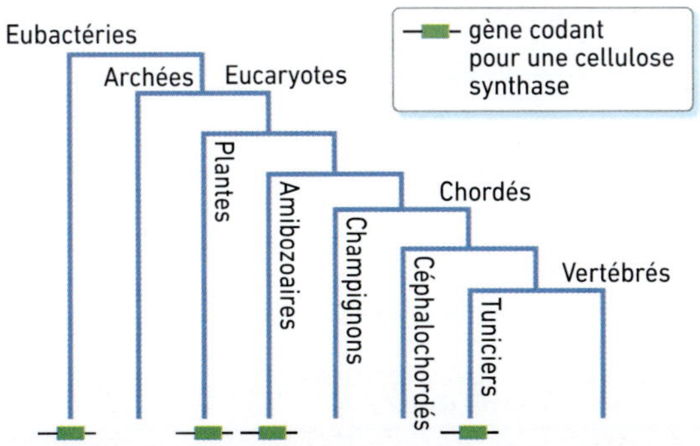

■ **Formulez le problème posé par cet arbre et proposez une hypothèse permettant d'expliquer la présence du gène de la cellulose synthase chez les ascidies.**

10 Interpréter des résultats et tirer des conclusions

★★★

En 1946, J. Lederberg et E. Tatum ont isolé et cultivé des souches bactériennes mutantes d'*Escherichia coli* qui ne peuvent se développer sur milieu minimum, c'est-à-dire sur un milieu gélosé contenant les éléments nécessaires et suffisants au développement des bactéries de souche sauvage. L'une, appelée souche A, ne peut se développer que si l'on ajoute au milieu minimum les acides aminés thréonine (Thr) et leucine (Leu). L'autre, appelée souche B, ne se développe que si de l'acide aminé méthionine (Met) est ajouté au milieu minimum.

Expérience 1 : On cultive les souches A et B mélangées, sur milieu minimum. On constate alors le développement de bactéries.

Expérience 2 : On place chacune des souches dans un tube en U, en les séparant par une membrane en verre poreux. On aspire et refoule plusieurs fois le liquide dans le tube de façon à favoriser les échanges entre les deux compartiments du tube. Les bactéries A et B récupérées dans le tube sont toujours incapables de se développer isolément sur milieu minimum.

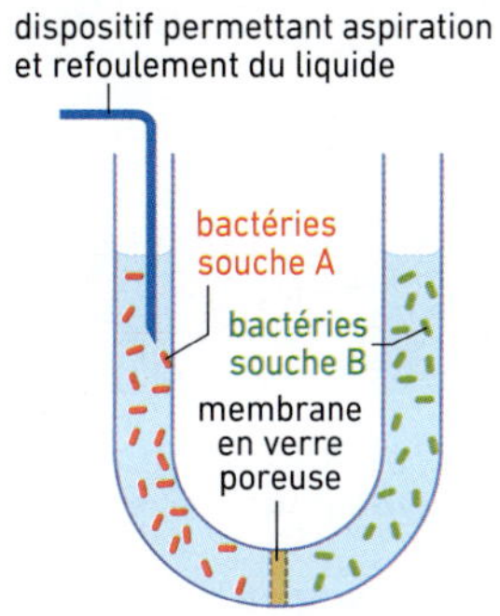

La membrane en verre (0,2 µm d'épaisseur) empêche le contact direct entre les souches, mais laisse passer l'ADN libre et les substances solubles ainsi que les phages (virus).

■ **Confrontez les résultats des expériences pour expliquer la différence des résultats obtenus dans les deux expériences.**

Aides à la résolution

- Bien comprendre que les différences entre les souches sont génétiquement déterminées.
- Relire les données de l'unité 1.

11 Faire preuve d'esprit critique

★★

La page d'ouverture du chapitre (p. 62) présente une petite seiche qui abrite et nourrit des bactéries bioluminescentes (*Aliivibrio fischeri*) dans des glandes spéciales de son manteau, appelées organe photophore. La nuit, les bactéries, alimentées par la seiche, transforment une partie de leur énergie en lumière bleue, ce qui permet à la seiche de se camoufler en rendant son ombre invisible. Le jour, les seiches se posent sur les fonds marins et expulsent 90 à 95 % de leurs bactéries, qu'elles récupèrent la nuit. Des travaux ont montré que le gène Escry1 de la seiche, impliqué dans son rythme biologique, ne s'exprime que si les bactéries émettent de la lumière bleue.

■ **Discutez l'idée que cette association seiche-bactéries constitue une endosymbiose particulière.**

12 Une endosymbiose obligatoire

★★

En 1966, le microbiologiste Kwang W. Jeon, qui étudiait les amibes, fit une découverte surprenante. Alors que ces organismes unicellulaires eucaryotes se cultivent facilement dans des tubes à essai en se divisant en deux tous les jours, Jeon constate que les amibes d'une culture meurent massivement, victimes d'une infection bactérienne. L'examen au microscope révèle qu'une de ces amibes peut contenir jusqu'à 60 000 à 150 000 bactéries dans son cytoplasme. Cependant, certaines amibes ont survécu à l'infection : cultivées pendant cinq ans, elles se multiplient tout aussi bien que des amibes non infectées.

Ces bactéries, qu'il a baptisées bactéries X, ont prospéré à l'intérieur des amibes, qu'elles ne rendent plus malades. Jeon entreprend alors une série d'expériences.

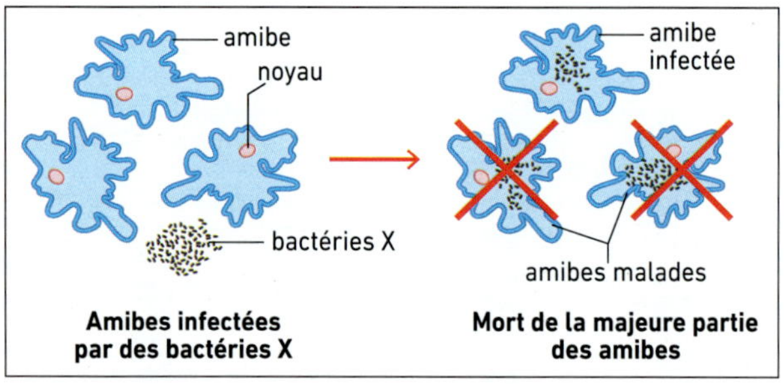

Observations réalisées par Jeon en 1966.

DOC 1 Première série d'expériences

Jeon soumet des amibes infectées survivantes à un traitement antibiotique auquel les bactéries X sont sensibles.

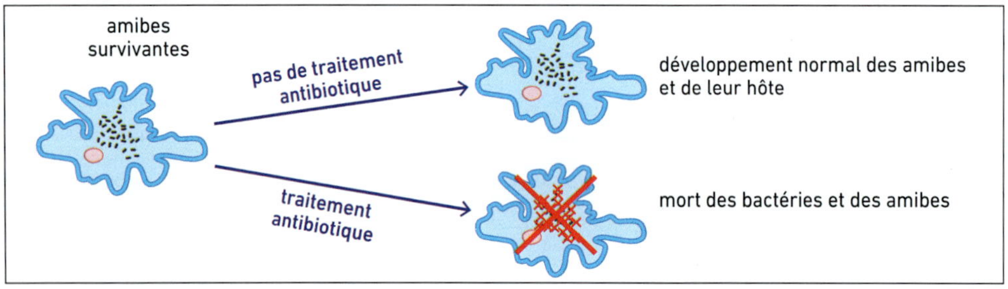

Effet d'un traitement antibiotique sur les amibes infectées par la bactérie X.

DOC 2 Deuxième série d'expériences

Jeon réalise des expériences de transplantation de noyaux.

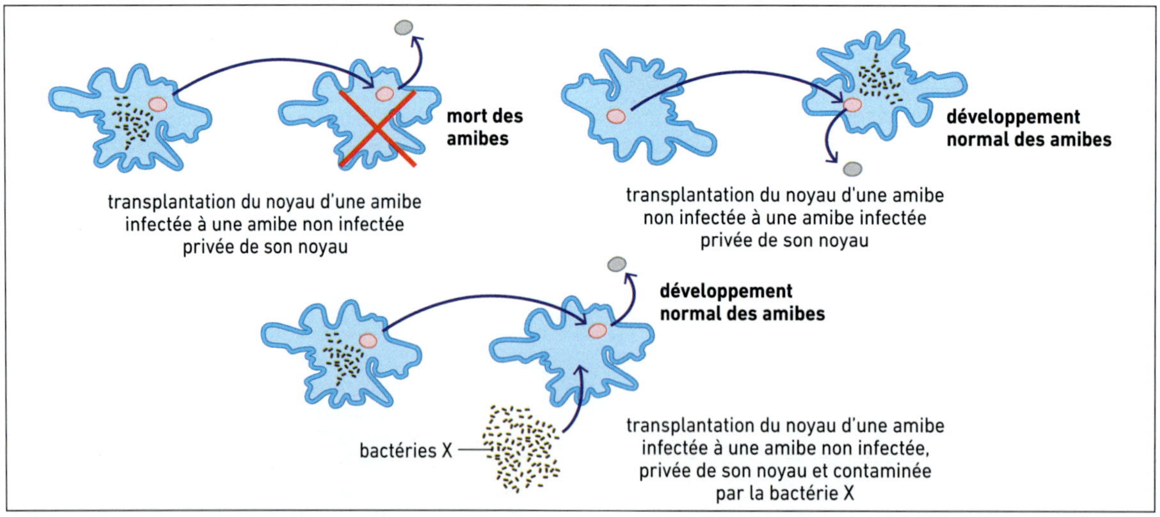

Des expériences de transfert de noyaux.

Expliquez les interactions entre amibes et bactéries ici mises en évidence. Montrez que cet exemple conforte la théorie endosymbiotique sur l'origine des cellules eucaryotes.

Épreuve écrite

Rédaction d'un texte argumenté pour répondre à une question scientifique

13 L'hérédité cytoplasmique

Les cellules eucaryotes contiennent des organites (mitochondries et chloroplastes) qui sont les vecteurs d'une hérédité dite cytoplasmique.

Expliquez, à partir de vos connaissances et en argumentant, en quoi l'histoire évolutive des mitochondries en fait des vecteurs d'une hérédité cytoplasmique, transmise verticalement.

Document proposé

Le syndrome de Leigh est une maladie liée au dysfonctionnement des mitochondries, résultant de mutations de l'ADN mitochondrial. Il s'agit d'une maladie à transmission maternelle car, au moment de la fécondation, seules les mitochondries provenant de l'ovocyte de la mère sont conservées et transmises à la descendance, après multiplication. Celles du père, contenues dans les spermatozoïdes, sont détruites peu de temps après la fusion des gamètes. Une technique de fécondation *in vitro* a permis à des couples touchés par cette maladie d'avoir un enfant.

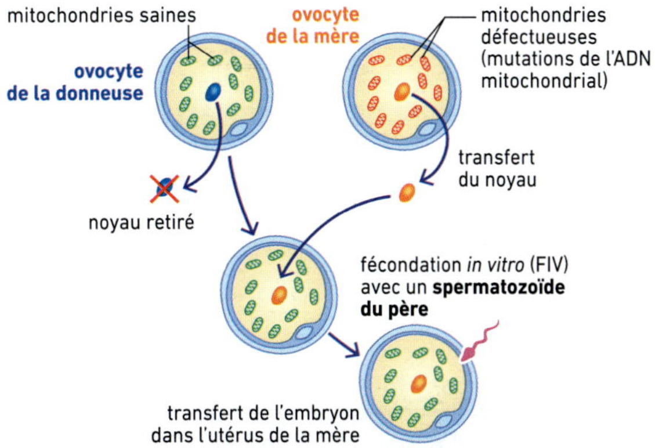

Un bébé « à 3 génomes ».

Épreuve pratique

Pour s'entraîner à l'Évaluation des Capacités Expérimentales

14 Mettre en œuvre un protocole – Présenter et exploiter des résultats

Les poissons vivant dans les eaux polaires résistent au froid en produisant des protéines « antigel » qui se lient aux germes cristallins de glace, empêchant ainsi leur croissance. La protéine II-AFP est une protéine antigel faisant partie de la famille des lectines, molécules qui participent à la reconnaissance des cellules. On dispose des séquences d'acides aminés de la lectine II-AFP de sept espèces de poissons et d'un arbre phylogénétique de référence (A).

Pour déterminer l'origine de la protéine II-AFP possédée par certains poissons, on doit comparer la séquence des acides aminés de cette protéine afin de construire un arbre phylogénétique.

- **Utilisez les fonctionnalités du logiciel *Anagène* (version en ligne) pour :**
  - **comparer les séquences ;**
  - **compléter la matrice des distances ;**
  - **construire un arbre de parenté.**

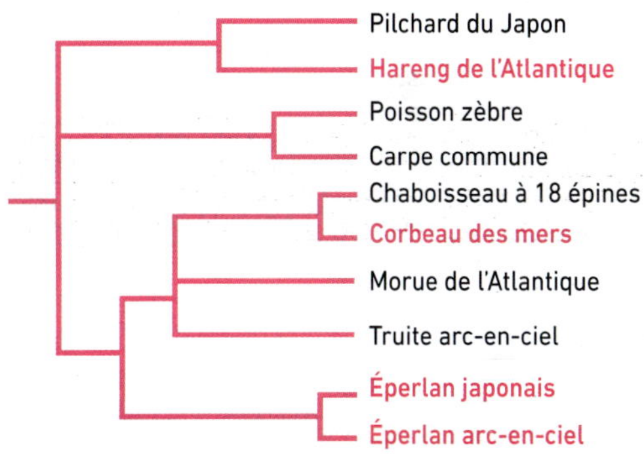

A Arbre de parenté construit par comparaison de l'ARN 16S (ARN ribosomial transmis verticalement).

II-AFP Corbeau de...	Leu	Thr	Val	Ser	Leu	Leu	Val	Cys	Ala	Met	Met	Ala	Leu
II-AFP Eperlan ar...	Leu	Ala	Ala	Leu	Leu	Val	Cys	Ala	Met	Val	Ala	Leu	Thr
II-AFP Eperlan ja...	Leu	Ala	Val	Ser	Leu	Leu	Val	Cys	Ala	Met	Val	Ala	Leu
II-AFP Hareng de ...	Leu	Thr	Val	Ser	Leu	Leu	Val	Cys	Ala	Ile	Val	Ala	Leu
Lectine carpe	Ala	Met	Leu	Arg	Ser	Leu	Leu	Leu	Leu	Phe	Ile	Val	Phe
Lectine Poisson-z...	His	Ser	Ser	Ser	Glu	Ala	Ser	Leu	Lys	Val	Ile	Ile	Cys
Lectine Saumon	Ala	Met	Leu	Thr	Ile	Ser	Leu	Leu	Leu	Cys	Ala	Ala	Val

(1) REMPLISSAGE — (2) RAPPROCHEMENT — (3) ARBRE PHYLOGÉNÉTIQUE

Matrice des distances

Remplissez la matrice avec les valeurs ci-dessus

	II-AFP Corbeau de...	II-AFP Eperlan ar...	II-AFP Eperlan ja...	II-AFP Hareng de ...
II-AFP Corbeau de...	0%	|		
II-AFP Eperlan ar...	Non renseigné	0%		
II-AFP Eperlan ja...	Non renseigné	Non renseigné	0%	
II-AFP Hareng de ...	Non renseigné	Non renseigné	Non renseigné	0%
Lectine carpe	Non renseigné	Non renseigné	Non renseigné	Non renseigné
Lectine Poisson-z...	Non renseigné	Non renseigné	Non renseigné	Non renseigné
Lectine Saumon	Non renseigné	Non renseigné	Non renseigné	Non renseigné

B Deux étapes de la construction de l'arbre phylogénétique (logiciel *Anagène*, version en ligne).

- **Présentez les résultats obtenus pour proposer une explication aux différences constatées avec l'arbre du document de référence.**

PRÉPA BAC

Raisonnement scientifique

Construisez et exposez votre propre démarche pour résoudre le problème posé

15 Des organismes en « poupées russes »

Comme beaucoup d'insectes se nourrissant de la sève élaborée de végétaux, pauvre en certains acides aminés et vitamines, la cochenille des agrumes, ou cochenille farineuse, héberge différentes bactéries qui lui fournissent ces nutriments essentiels.

Ce système symbiotique particulier a suscité l'intérêt des biologistes.

Utilisez les informations apportées par les documents et vos connaissances pour justifier les étapes du scénario évolutif proposé dans le document 4.

1 La cochenille farineuse, un ravageur des cultures

La cochenille farineuse (*Planococcus citri*) est une espèce d'insecte originaire d'Asie. Elle doit son nom au fait que son corps est recouvert de filaments blancs et cireux, la rendant très difficile à éliminer. Introduite en Europe, en Afrique, en Océanie et aux Amériques, c'est un ravageur qui s'attaque à plus de 200 espèces végétales cultivées (orangers, bananiers, tomates, vigne, ficus, orchidées) mais aussi à la flore sauvage.

Les cochenilles sucent la sève des végétaux qu'elles colonisent grâce à leurs pièces buccales piqueuses-suceuses et sécrètent un miellat qui enrobe feuilles et fruits, favorisant la croissance de champignons. Les feuilles jaunissent prématurément et la croissance des plantes est ralentie par ces attaques.

Cochenilles farineuses infestant une feuille d'agrume enduite de miellat collant.

2 Trois organismes en un

La cochenille des agrumes héberge deux bactéries, l'une appelée *Tremblaya princeps*, déjà connue comme endosymbiote, mais aussi une autre espèce de bactérie, plus récemment découverte, et nommée *Moranella endobia*.

Tremblaya princeps, de grande taille pour une bactérie (10 à 20 µm), possède le plus petit de tous les génomes connus, avec 139 000 nucléotides organisés en 121 gènes seulement. L'autre bactérie, *Moranella endobia*, beaucoup plus petite, possède 406 gènes répartis sur un ADN de 580 000 nucléotides.

Dans son abdomen, la cochenille possède un organe ovale, appelé bactériome, contenant de nombreuses cellules appelées bactériocytes, dans lesquelles se trouvent les bactéries.

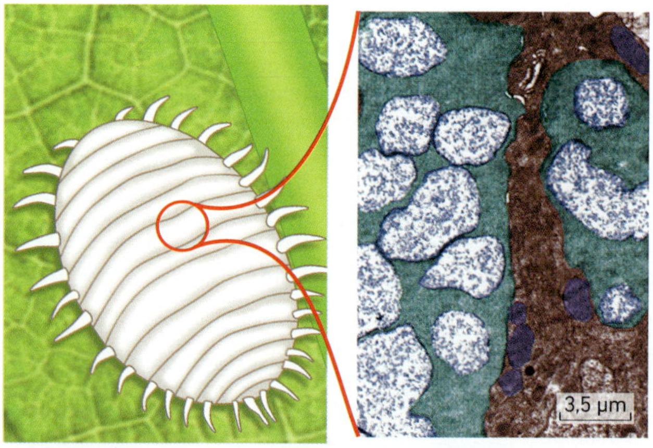

Un bactériocyte de la cochenille *Planococcus citri* (Observation au MET et colorisation).
- marron : cytoplasme du bactériocyte (avec mitochondries en pourpre)
- turquoise : cellules de *Tremblaya princeps*
- bleu : cellules de *Moranella endobia*

3 Un travail collaboratif

Pour subvenir à ses besoins, la cochenille doit compléter son alimentation par la fabrication, dans ses propres cellules, d'acides aminés essentiels et de vitamines absents de la sève des végétaux.

Les figures ci-dessous représentent les chaînes de biosynthèse de deux acides aminés (le tryptophane et la phénylalanine) et de la vitamine B2 chez *Planococcus citri* et l'origine des gènes impliqués dans ces chaînes de synthèse.

Chaque réaction de transformation d'une molécule en une autre est représentée par une flèche à laquelle est associée l'enzyme (ainsi que le gène contrôlant sa synthèse), représentée par un rond coloré, catalysant la réaction.

Les enzymes (et donc l'expression des gènes) sont disposées dans l'ordre où s'effectuent les réactions de synthèse. La couleur des ronds traduit la source du gène.

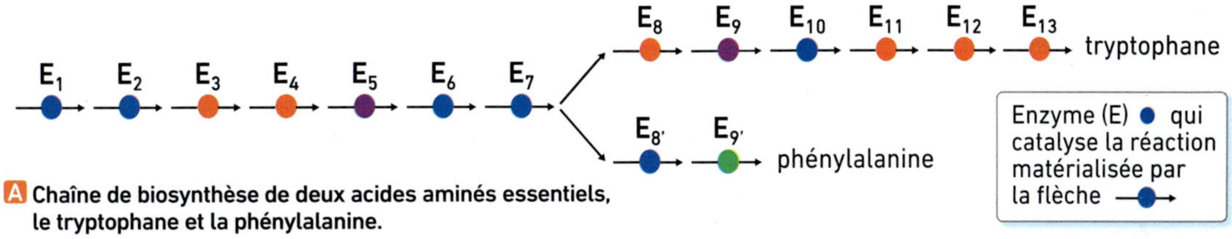

A Chaîne de biosynthèse de deux acides aminés essentiels, le tryptophane et la phénylalanine.

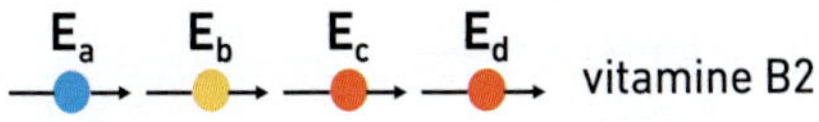

B Chaîne de biosynthèse de la vitamine B2.

- ● *Tremblaya*
- ● *Moranella*
- ● *Tremblaya et Moranellla*
- ● gènes de l'insecte, eucaryote
- ● gènes de bactéries (α-protéobactéries) présents dans le génome de l'insecte
- ● gènes de bactéries (γ-protéobactéries) présents dans le génome de l'insecte

C Origine des gènes impliqués dans les deux voies métaboliques.

Nombre	Origine
12	*Alpha-protéobactéries*
9	*Gamma-protéobactéries*
2	*Bacteroidetes*

D Origine de certains gènes exprimés, présents dans le génome nucléaire des cellules de *Planococcus citri*.

4 Reconstitution de l'histoire évolutive de la symbiose

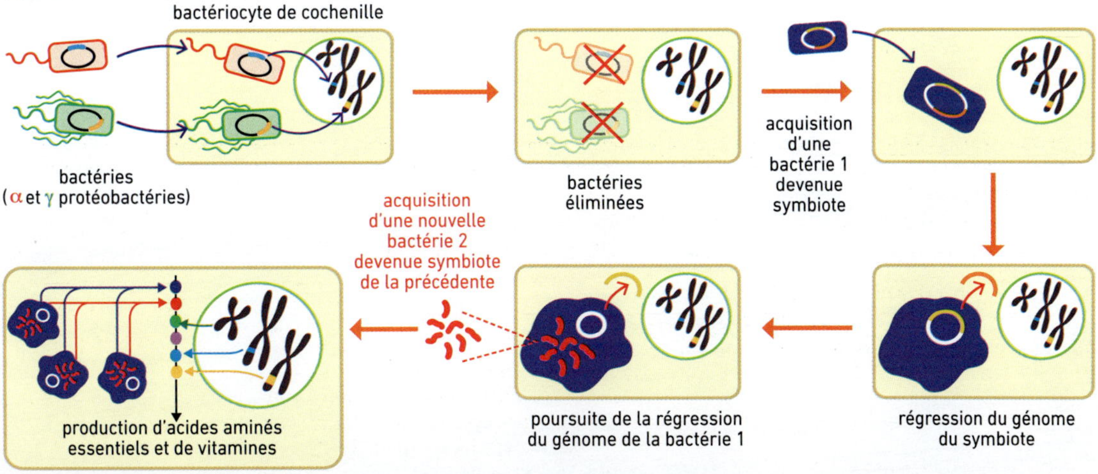

Scénario évolutif probable ayant abouti à l'association de la cochenille farineuse et de ses bactéries.

PARTIE 1

CHAPITRE 4

L'inéluctable évolution des génomes au sein des populations

Les livrées colorées des guppys représentent un avantage pour la parade sexuelle, mais exposent les mâles à l'appétit des prédateurs.

S'interroger avant d'aborder le chapitre

Quatre espèces de girafes

Des données récentes montrent qu'il n'existe pas une seule mais quatre espèces de girafes. Les chercheurs proposent de changer le nom d'espèce de la girafe (*Giraffa camelopardalis*) par les quatre suivants : la girafe du Sud (*Giraffa giraffa*), qui vit en Afrique du Sud et en Angola ; la girafe Masaï (*Giraffa tippelskirchi*), en Tanzanie et au Kenya ; la girafe réticulée (*Giraffa reticulata*), au Kenya, en Somalie et dans le sud de l'Éthiopie ; la girafe du Nord (*Giraffa camelopardalis*), en Afrique de l'ouest.

Sapiens et Néandertaliens

Tous les êtres humains qui peuplent aujourd'hui la planète Terre sont interfertiles et forment donc une seule et même espèce. Cependant, il y a plusieurs dizaines de milliers d'années, les *Homo sapiens* venus d'Afrique ont côtoyé en Eurasie des populations humaines déjà installées : les Néandertaliens.

Formuler les problèmes à résoudre

- Rappelez ce qu'est une espèce et précisez quelles questions soulève l'identification récente de quatre espèces de girafe.
- Formulez des questions scientifiques que peut poser la rencontre de populations étroitement apparentées comme *Homo sapiens* et Néandertaliens.

Unité 1

Le modèle de Hardy-Weinberg : un équilibre théorique

Grâce aux travaux de Mendel au XIXe siècle, on a compris que la transmission des caractères héréditaires se fait par les gènes, existant sous différentes versions appelées allèles.
Depuis lors, les biologistes tentent de concilier la théorie de l'évolution de Darwin avec les lois de la génétique.

Comment la fréquence des allèles évolue-t-elle dans une population ?

1 Les travaux de Mendel questionnent les biologistes

Au tout début du XXe siècle, les biologistes redécouvrent les lois de Mendel* (voir p. 22) et s'interrogent sur leurs implications évolutives : le fait que des croisements entre deux lignées pures, l'une dominante et l'autre récessive aboutissent systématiquement à des hybrides présentant un phénotype dominant pousse certains d'entre eux à penser que dans une population donnée, les allèles dominants finiront inéluctablement par s'imposer au bout d'un certain temps.
C'est le cas de R. Punnett*, qui s'étonne par conséquent de la rareté de la brachydactylie* dans la population humaine.

* R. Punnett expose ce problème à l'un de ses partenaires de cricket, le mathématicien G. H. Hardy. Ce dernier réfute la proposition de R. Punnett dans un article publié en 1908, qui se termine par la conclusion suivante :
« En un mot, nous n'avons pas la moindre raison de penser qu'un caractère dominant devrait montrer une tendance à envahir la population, ni qu'un récessif devrait tendre à disparaître. »
D'autres scientifiques, notamment le médecin W. Weinberg parviennent à la même conclusion.

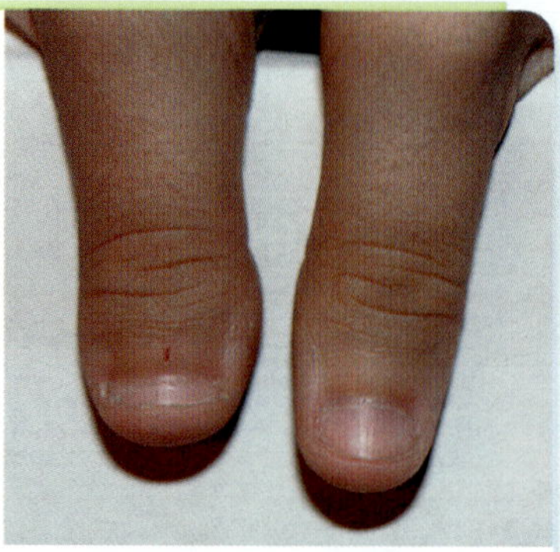

La brachydactylie de type D se caractérise par des doigts anormalement courts. Elle est déterminée par un allèle dominant du gène *HOXD13*.

2 Un équilibre théorique

A

B

Le médecin W. Weinberg (A) et le mathématicien G.H. Hardy (B) ont formulé de manière indépendante une loi d'équilibre qui porte leurs noms.

- Le modèle théorique de Hardy-Weinberg, aussi appelé **équilibre de Hardy-Weinberg***, peut se formuler ainsi : « Dans une population* isolée, d'effectif infini, dans laquelle les individus sont pareillement viables et fertiles, ont recours à la reproduction sexuée sans préférence, et à condition d'ignorer les **mutations***, les **fréquences alléliques*** restent stables de génération en génération. »

Il s'agit donc d'un **modèle*** « idéal », théorique : en effet, les conditions requises pour obtenir cet équilibre ne sont jamais parfaitement rencontrées dans la réalité.

Un tel modèle est cependant utile aux chercheurs, qui l'utilisent comme une hypothèse de référence.

Si au cours du temps une variation de fréquence allélique est observée, cela signifie que l'une des conditions du modèle n'est pas respectée : on peut alors en déduire l'impact évolutif de ce paramètre.

Remarque : la démonstration de l'équilibre des fréquences alléliques résultant du modèle mathématique de Hardy-Weinberg relève du programme de l'Enseignement Scientifique de la classe de Terminale.

3 L'impact limité des mutations

Edu'modèles

Les mutations sont à la source d'une variabilité génétique : on peut s'interroger quant à leur impact sur la variation de la fréquence des allèles au cours du temps.

Activité pratique

Le logiciel *Edu'modèles* permet de rendre compte très simplement de cet effet :

- Configurer l'environnement pour 100 × 100 cases ;
- Créer deux agents immobiles, qui correspondront aux allèles A1 (effectif initial 1 000) et A2 (effectif initial 0) ;
- Créer une règle du type A1 → A2 avec, par exemple, une probabilité de 0,1 %.

À l'exécution du modèle, on constate l'augmentation de la fréquence de l'allèle A2. Au bout de 700 générations environ (une génération = un tour du modèle), cette fréquence atteint 50 %.

En réalité, le taux de mutation est considérablement plus faible (de l'ordre de 0,0001 % pour un gène) et les mutations sont aléatoires. Il faudrait alors des milliers de générations avant que la fréquence de l'allèle muté atteigne seulement 1 %.

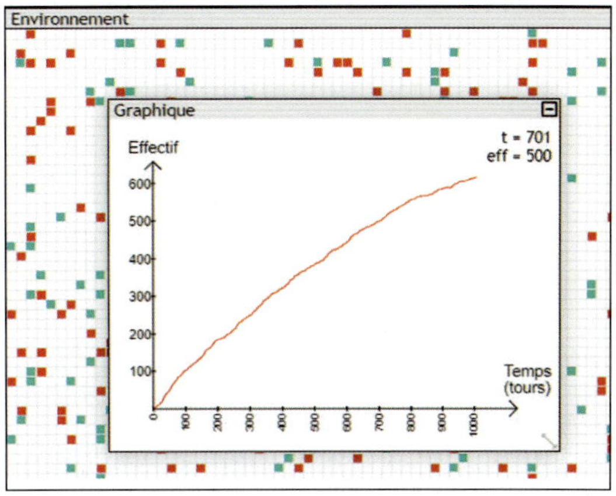

Évolution de l'effectif de l'allèle A2 dans la population au cours des générations (1 génération = 1 tour).

4 Un suivi au cours de l'évolution de la fréquence d'un allèle

Chez le papillon « écaille marbrée » (*Callimorpha dominula*) (A), on connaît un gène dont l'allèle *medionigra* détermine une pigmentation particulière des ailes. Une population isolée d'écailles marbrées, située près d'Oxford, a été suivie depuis 1947 par plusieurs chercheurs. L'évolution de la fréquence de l'allèle *medionigra* est décrite dans le graphique B. L'origine de ces variations est l'objet de débats parmi les chercheurs, plusieurs causes étant possibles.

A Une écaille marbrée.

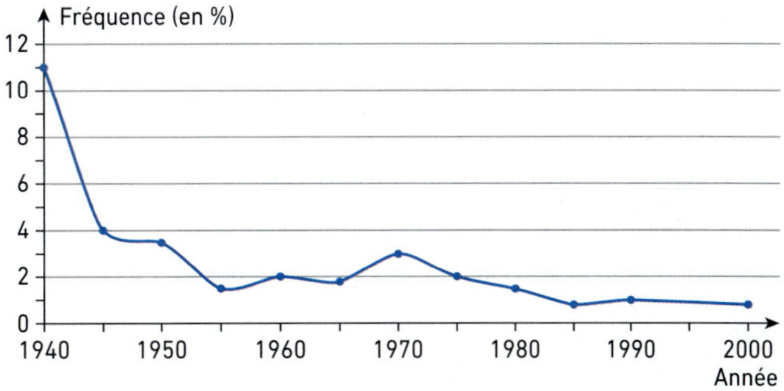

B Évolution de la fréquence de l'allèle *medionigra*.

Activités envisageables

Pour identifier des facteurs susceptibles d'influer sur la fréquence des allèles dans une population :

- **Discutez des conditions qui doivent être remplies pour que soit observé l'équilibre de Hardy-Weinberg.**
- **Faites diverses modélisations avec le logiciel *Edu'modèles*, en faisant varier les paramètres.**
- **Proposez plusieurs hypothèses pouvant expliquer l'évolution de la fréquence de l'allèle *medionigra*.**

Des clés pour réussir

- Dans la modélisation, vous pouvez par exemple ajouter une règle correspondant à la mutation inverse (A2 → A1) avec une probabilité de 0,05 %.
- Identifiez toutes les conditions requises par le modèle de Hardy-Weinberg.

* Lexique ➡ p. 509

Unité

2 La sélection à l'œuvre

L'équilibre de Hardy-Weinberg postule que les individus d'une population sont pareillement viables et fertiles, et qu'ils ont recours à la reproduction sexuée sans préférence. Dans la réalité, ces conditions sont rarement vérifiées car les populations sont soumises à des processus de sélection.

Comment la sélection modifie-t-elle la structure génétique des populations ?

– Jeu « Phalènes »
– Sélection naturelle

bordas Flash PAGE animation

1 L'effet de la sélection naturelle

Dans un environnement donné, une mutation peut s'avérer favorable, c'est-à-dire qu'elle augmente le succès reproducteur* des individus qui en héritent. Leur survie et leur fécondité* étant améliorées, le nombre de descendants survivants à la génération suivante est supérieur à celui des individus n'ayant pas hérité de cet allèle favorable.

Au cours du temps, si l'environnement ne change pas, un allèle favorable tend à se répandre dans la population tandis que les allèles défavorables se raréfient : c'est la **sélection naturelle***. Dans l'exemple ci-contre (voir p. 17), on considère que les papillons blancs ont en moyenne un succès reproducteur deux fois plus élevé que les papillons noirs : au cours du temps, les papillons blancs sont par conséquent de plus en plus nombreux.

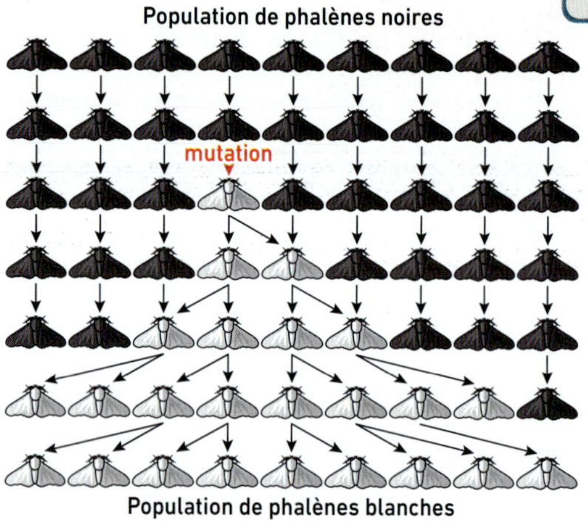

La sélection d'une mutation favorable.

2 Un compromis entre survie différentielle et préférence sexuelle

Edu'modèles

bordas Flash PAGE modélisation

A Guppy mâle (à gauche) et femelle (à droite).

Les guppys sont des petits poissons dont les mâles portent des tâches vivement colorées, de nombre et de forme variables. Ce nombre de taches est déterminé génétiquement.

On constate que les femelles s'accouplent préférentiellement avec les mâles plus colorés. Cependant, ceux-ci sont plus facilement repérés par d'éventuels prédateurs.

L'observation de guppys en milieu naturel montre que l'intensité de la coloration des mâles est plus ou moins intense selon les populations.

Activité pratique

À l'aide du logiciel *Edu'modèles*, on peut mettre en évidence l'effet de la **sélection sexuelle*** en présence ou en absence de prédateurs.

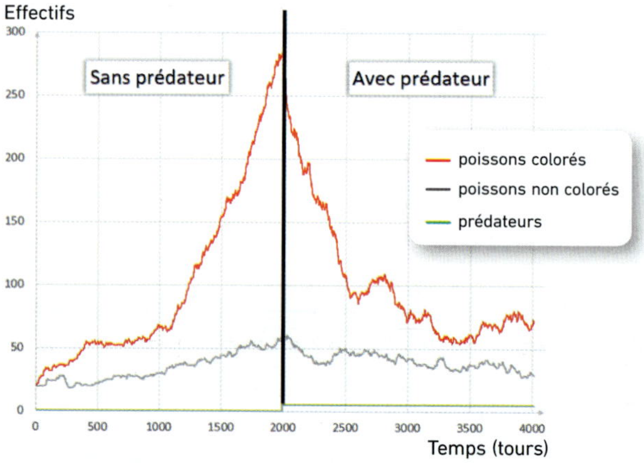

B Résultat d'une simulation obtenue avec *Edu'modèles*.

3 La sélection modifie la structure génétique des populations

• La punaise du savonnier (*Jadera haematoloma*) se nourrit exclusivement de graines d'arbres de la famille des Sapindacées grâce à un rostre* long et fin en forme d'aiguille, qui lui permet de percer l'enveloppe du fruit pour atteindre la graine (A).
Des chercheurs ont étudié la longueur du rostre dans deux populations de punaises, vivant dans deux régions de Floride (B) : dans le sud, les punaises vivent sur la liane-ballon, à fruit renflé, tandis que dans le centre, elles se développent sur le savonnier élégant, arbre dont le fruit est beaucoup plus plat.

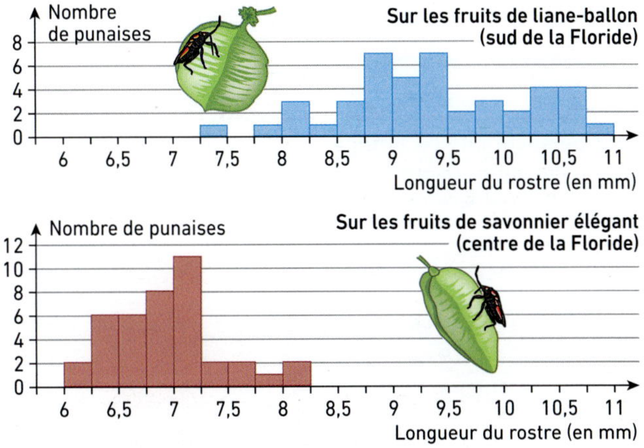

B Longueur du rostre des deux populations de punaises.

A Punaise du savonnier enfonçant son rostre dans un fruit de liane-ballon pour en atteindre la graine.

• En Floride, l'espèce indigène de Sapindacées est la liane-ballon, surtout présente dans le sud, plus rare dans le centre. Dans les années 1920, le savonnier élégant, originaire d'Asie, a été introduit dans le centre de la Floride où il s'est largement répandu.
L'étude de spécimens de punaises du savonnier conservées dans des musées a permis de reconstituer l'évolution de la taille du rostre dans la population du centre de la Floride au cours du temps (C).
Par ailleurs il a été démontré :
- que l'accès aux graines permet aux femelles d'augmenter leurs chances de reproduction (cette nourriture permet en effet la maturation des ovules) ;
- que la longueur du rostre est un caractère héréditaire*, génétiquement déterminé ;
- que les punaises sont sédentaires (il n'y a pas eu d'événements de migration entre les deux régions) ;
- que produire un rostre long est coûteux pour l'individu.

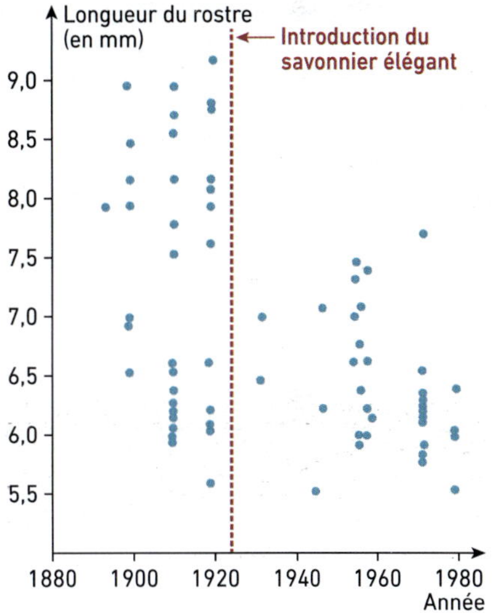

C Évolution de la taille du rostre des punaises du savonnier au cours du temps (un point correspond à un individu).

D'après S. Caroll et C. Boyd : « Host race radiation in the soapberry bug », 1992.

Activités envisageables

Pour montrer que la sélection se traduit par une différenciation génétique des populations :

- **En admettant (pour simplifier) que chaque caractère étudié dépend d'un gène dont il existe plusieurs allèles, montrez que les fréquences alléliques ne répondent pas à l'équilibre de Hardy-Weinberg.**
- **Identifiez les facteurs qui éloignent de l'état d'équilibre des fréquences alléliques.**
- **Expliquez comment ces facteurs produisent une évolution de la structure génétique des populations.**

Des clés pour réussir

- Tenez compte des facteurs qui influencent la survie et la fécondité.
- Appuyez-vous sur les documents et les activités de modélisation.
- Distinguez bien causes et conséquences.

* Lexique ➥ p. 509

Unité 3

D'autres perturbations de la structure génétique d'une population

L'équilibre de Hardy-Weinberg suppose un nombre d'individus théorique infini et une population isolée. La réalité est cependant souvent bien différente.

Dans quelle mesure les migrations et l'effectif nécessairement limité d'une population peuvent-ils modifier la structure génétique d'une population ?

1 L'impact de l'effectif des populations

Au XIXe siècle, des communautés religieuses fuyant les persécutions en Europe s'installent aux États-Unis et fondent des colonies. Ces communautés, relativement isolées, présentent un taux de natalité important et les mariages ont lieu au sein de la communauté.

La communauté mormone a été créée par le rassemblement d'environ 80 000 Mormons est-américains rejoints ensuite par près de 85 000 Européens.

Les communautés Amish et Huttérites ont été fondées par quelques centaines d'individus (voire moins).

	Allèles du gène HLA-A			Allèles du groupe sanguin (système A B O)	
	A10	A11	A28	A	B
Europe et EU	3 – 5	4,9 - 7,4	1,5 - 6	25 - 32	6 - 14,5
Mormons	2,8	6,6	2,8	21	8
Amish	0,7	14	0,7	66	6,5
Huttérites	14	0	0	35	2

A Fréquences alléliques (en %) de deux gènes (marqueur HLA* et marqueur des groupes sanguins) dans différentes populations *(d'après Mc Lellan, 1987).*

• L'effet fondateur* résulte de la migration ou de l'isolement de quelques individus à partir d'une population importante initiale. Par simple hasard, la sous-population ainsi formée peut avoir une diversité génétique différente de la population initiale.

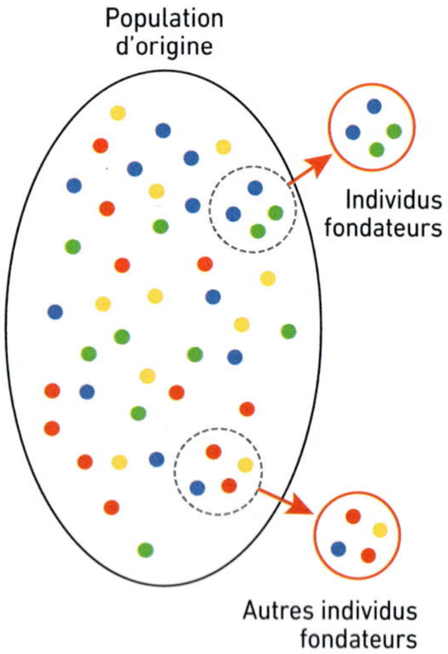

B L'effet fondateur.

• La **dérive génétique*** résulte d'un effet d'échantillonnage : dans une population de taille finie, la fréquence des allèles varie toujours plus ou moins, sous l'effet du hasard. Si l'effectif est faible, les fréquences alléliques peuvent subir des variations aléatoires importantes.

Activité pratique

– Évolution allélique
– Dérive génétique

bordas Flash PAGE animation

Le logiciel *Évolution allélique* permet de faire différentes simulations de l'évolution de la fréquence d'un allèle dans des populations d'effectif plus ou moins important.

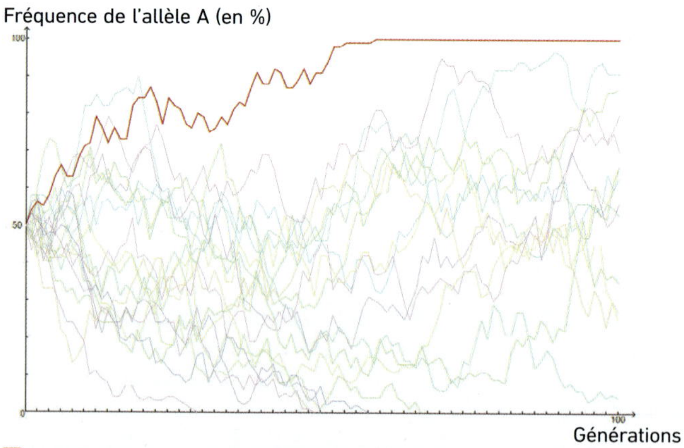

C Exemples de la variation aléatoire de la fréquence d'un allèle dans une population d'effectif réduit (50 individus).

2 L'effet des migrations

Sur l'île de Vlieland, située au nord des Pays-Bas, vivent deux populations de mésanges charbonnières (A) : l'une s'est établie à l'est de l'île, loin du continent, tandis que l'autre population, située à l'ouest, est plus proche du continent (B). Ces mésanges sont plus ou moins adaptées aux conditions particulières de la vie sur cette petite île. Des chercheurs ont en effet noté des différences significatives de survie entre les deux populations (C).

A Mésange charbonnière (*Parus major*).

• Ces populations ne sont pas isolées : des échanges par migrations s'effectuent entre les deux populations et depuis le continent. Chaque année, 43 % des mésanges couvant pour la première fois dans la population de l'ouest proviennent du continent. C'est aussi le cas de 13 % des mésanges de la population de l'est.
En moyenne, les individus vivant à l'ouest ont un seul grand-parent né sur l'île contre trois pour ceux nés à l'est.

• Le nombre d'œufs par couvée est un caractère génétiquement déterminé et il a été montré que les couvées importantes constituent un caractère défavorable sur l'île, du fait des ressources limitées.
Une étude a comparé l'effectif moyen des couvées dans chaque population en fonction du lieu de naissance de la mère (D).

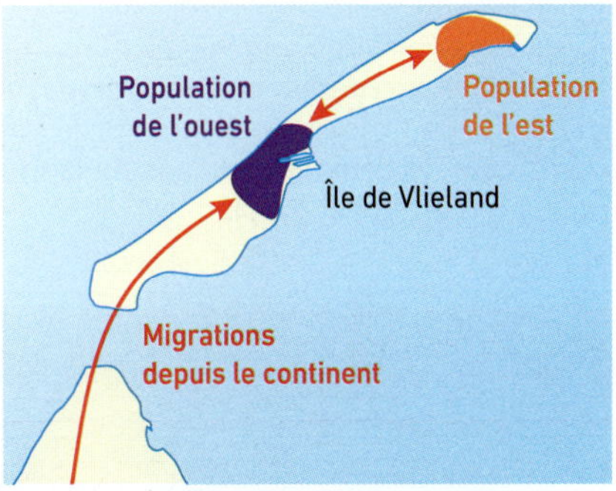

B Flux migratoire depuis le continent.

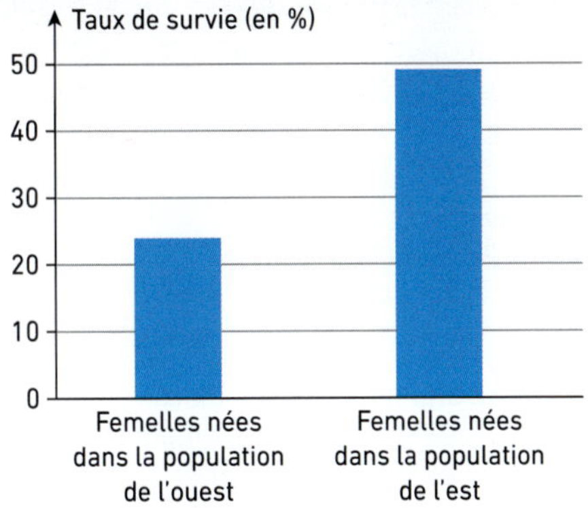

C Taux de survie annuel des femelles nées dans chaque population.

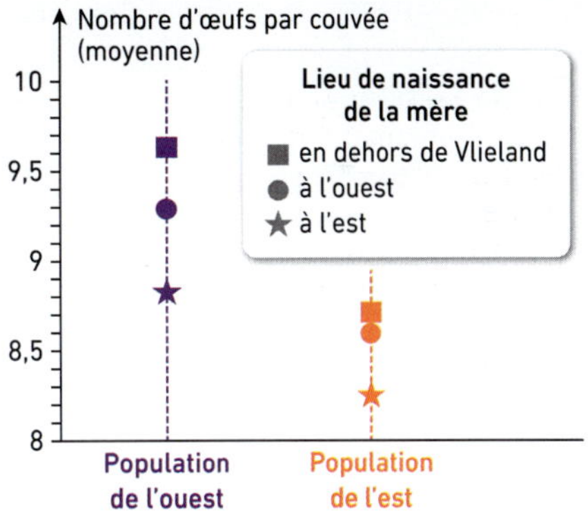

D Nombre d'œufs par couvée dans chaque population.

Activités envisageables

Pour identifier différents facteurs susceptibles de faire varier les fréquences alléliques dans certaines populations :

- **Comparez les fréquences alléliques des communautés mormone, amish et huttérites à celles de la population dont elles sont issues et proposez une explication aux différences observées.**
- **Faites des modélisations pour montrer l'impact de l'effectif d'une population sur les fréquences alléliques.**
- **Comparez les deux populations de mésanges de l'île de Vlieland et expliquez quelle peut être l'origine des différences constatées.**

Des clés pour réussir

- Tenez compte de l'effectif initial des différentes populations.
- Pour le doc. 2, n'oubliez pas que les mésanges migrantes sont moins adaptées aux conditions de l'île.

* Lexique ➡ p. 509

Un nouveau regard sur la notion d'espèce

Une espèce est généralement définie comme un ensemble d'individus capables de se reproduire et d'engendrer une descendance fertile et féconde. Devenu très courant, le séquençage de l'ADN apporte de nouveaux éléments qui questionnent cette définition.

Quel nouvel éclairage le séquençage génétique apporte-t-il à la notion d'espèce ?

1 Combien d'espèces d'éléphants ?

Jusqu'au début des années 2000, on distinguait deux espèces d'éléphants, sur la base de nombreux critères, morphologiques et géographiques : l'éléphant d'Asie et l'éléphant d'Afrique. En Afrique, les éléphants de forêt et les éléphants de savanes étaient alors considérés comme deux populations de la même espèce, coexistant, se fréquentant peu mais pouvant *a priori* s'accoupler.

Les **éléphants de forêt** (A) sont plus trapus que les **éléphants de savane** (B) et leurs défenses plus longues. Ils sont plus rares et se reproduisent moins (les femelles ne sont fertiles que vers 20 à 25 ans et le temps entre deux gestations est de 5 à 6 ans).

Entre 2010 et 2018, plusieurs équipes de chercheurs ont analysé l'ADN des éléphantidés actuels et d'éléphantidés aujourd'hui disparus (le mammouth laineux et l'éléphant à défenses droites). Quatorze génomes ont ainsi été séquencés et analysés et ont permis de reconstituer un arbre phylogénétique* (C). Alors que des phénomènes d'hybridation sont souvent observés entre espèces apparentées, les chercheurs n'ont trouvé aucune trace d'hybridation entre les génomes appartenant aux éléphants de forêt et ceux de savane.
Il n'y a plus de doute : l'éléphant de savane (*Loxodonta africana*) et l'éléphant de forêt (*Loxodonta cyclotis*), bien que vivant dans des milieux géographiquement proches, n'échangent plus de gènes depuis au moins 500 000 ans : ils doivent être considérés comme deux espèces distinctes.

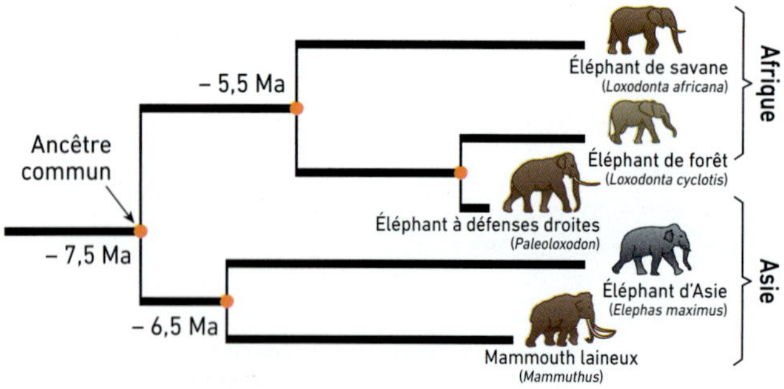

C Arbre phylogénétique établi par analyse d'ADN de différentes espèces d'éléphantidés.

Le principe de construction d'un arbre phylogénétique

- À partir de l'analyse de séquences d'ADN, les chercheurs établissent le pourcentage de similitudes entre les génomes. Logiquement, on considère que plus deux espèces partagent des similitudes, plus elles ont un ancêtre commun récent.
- À partir de différentes données (datation des fossiles, estimation du taux de mutations), on peut dater approximativement la divergence des lignées.

2 Sapiens et Néandertal : une ou deux espèces ?

S'il ne fait pas de doute que tous les Hommes actuels appartiennent à une même et unique espèce, il n'en a pas toujours été ainsi : plusieurs espèces appartenant au genre humain (*Homo*) ont coexisté durant des centaines de milliers d'années. Par exemple, lors de leurs migrations, les humains « modernes » (*Homo sapiens*) ont rencontré sur le continent eurasiatique d'autres populations humaines anciennement implantées, comme les Néandertaliens* et les Dénisoviens*. La question se pose de savoir si ces populations constituaient plusieurs espèces différentes ou une espèce unique.

• En 2003, une étude semblait trancher le débat. Des chercheurs ont comparé l'ADN mitochondrial* d'Hommes de Néandertal, d'Hommes de Cro-Magnon (Hommes « modernes » fossiles) et d'Hommes actuels : l'étude démontrait l'existence de trois groupes génétiquement bien différents.
En 2010, l'ADN nucléaire extrait de fossiles a pu être séquencé. Les chercheurs ont alors établi deux arbres phylogénétiques, l'un fondé sur la comparaison de l'ADN mitochondrial (A), l'autre sur la comparaison de l'ADN nucléaire (B).
Sur les arbres ci-contre, la longueur des branches horizontales est proportionnelle aux différences identifiées.

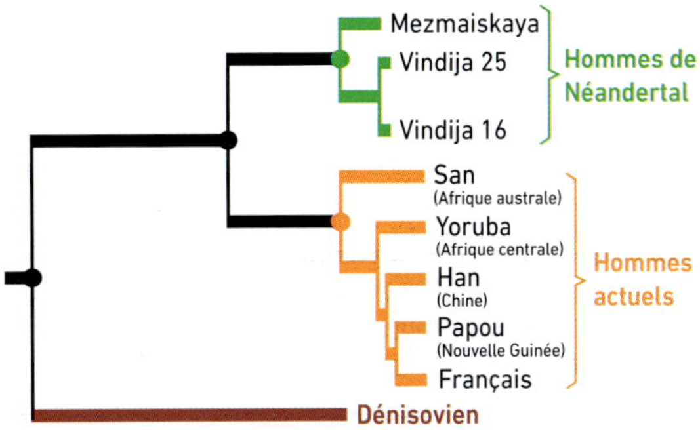

A Arbre phylogénétique obtenu par comparaison de l'ADN mitochondrial de 9 individus.

• Pour les scientifiques, la comparaison fondée sur l'ADN nucléaire est beaucoup plus fiable : alors que l'ADN mitochondrial ne comporte que 16 000 paires de nucléotides, l'ADN nucléaire en comporte plus de 3 milliards ! De plus, la transmission de l'ADN mitochondrial ne suit pas les lois de l'hérédité. Les comparaisons effectuées ont permis d'établir les constats suivants :

- Le génome nucléaire d'Hommes modernes révèle qu'une partie du génome des Eurasiens est constitué de gènes d'origine néandertalienne dans des proportions qui varient, pour un individu, de 1 à 3 %. D'autres analyses génétiques montrent également que les Mélanésiens* possèdent 5 % de gènes dénisoviens.
- Les séquences d'origine néandertalienne retrouvées chez les humains actuels ne sont pas les mêmes chez tous les individus : au total, l'ensemble de ces séquences représente plus de 20 % du génome néandertalien.

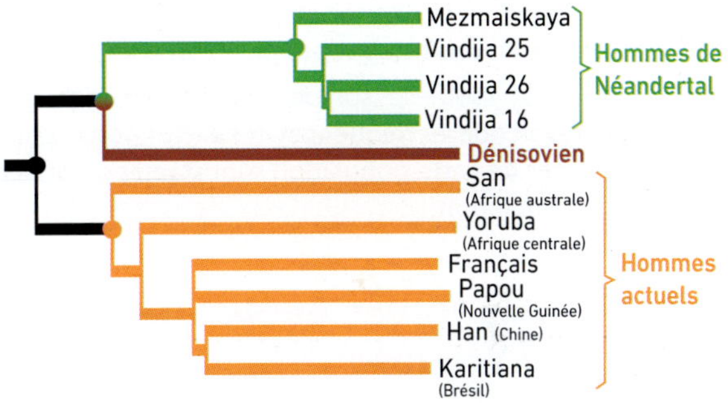

B Arbre phylogénétique obtenu par comparaison de l'ADN nucléaire de 11 individus.

Notons que, pour les chercheurs, l'appartenance de ces populations à une seule ou à plusieurs espèces est plus une affaire de convention qu'un réel problème scientifique. La véritable question est en revanche de préciser où et quand le métissage entre Sapiens, Néandertaliens et Dénisoviens s'est effectué, d'en déterminer l'ampleur, et de comprendre pourquoi Néandertaliens et Dénisoviens ont disparu.

Activités envisageables

Pour comprendre quel éclairage l'analyse de l'ADN apporte sur la notion d'espèce :

- **Montrez que le critère d'interfécondité utilisé pour définir l'espèce a ses limites.**
- **Donnez les arguments qui permettent d'affirmer qu'il existe bien deux espèces d'éléphants africains.**
- **Confrontez les deux arbres phylogénétiques comparant les ADN humains.**

Des clés pour réussir

- Pour chaque arbre du doc. 2, comparez les distances interindividuelles (entre deux Sapiens, entre deux Néandertaliens) par rapport aux différences intergroupes (entre un Sapiens et un Néandertalien).

* Lexique ➥ p. 509

Bilan des connaissances — L'inéluctable évolution des génomes au sein des populations

Préparez le Grand oral p. 519

1 L'équilibre théorique de Hardy-Weinberg

Au début du XXe siècle, biologistes et mathématiciens élaborent les premiers modèles de génétique des populations. Il s'agit d'un domaine de la biologie qui étudie la **structure génétique d'une population**, c'est-à-dire la **fréquence des allèles** présents et son évolution au cours du temps.

Le premier de ces modèles, établi par G. H. **Hardy** et W. **Weinberg**, s'appuie sur une **population théorique** d'organismes diploïdes ayant recours à la reproduction sexuée, et sur plusieurs hypothèses simplificatrices :

- l'effectif de la population est infini ;
- la population est fermée (elle n'est pas l'objet de migrations) ;
- ni la sélection naturelle, ni la sélection sexuelle ne s'y exercent ;
- les mutations ne sont pas prises en compte.

Si toutes ces hypothèses sont respectées, ce modèle théorique prévoit que les fréquences des allèles portés par les organismes de cette population sont **stables** de génération en génération.

2 Les forces évolutives à l'œuvre

Dans les **conditions réelles**, cet équilibre théorique n'est **jamais atteint** car les hypothèses sur lesquelles repose le modèle de Hardy-Weinberg ne sont pratiquement jamais vérifiées. Quatre **forces évolutives** font varier les fréquences alléliques au cours du temps.

Les mutations

Certaines **mutations**, touchant les cellules sexuelles, peuvent introduire de nouveaux allèles dans la population, modifiant ainsi leurs fréquences relatives. Ces mutations sont cependant **rares** (de l'ordre de 0,0001 % pour un gène donné), ce qui fait que leur impact est très limité sur l'évolution des fréquences alléliques dans les populations, surtout si ces dernières présentent un effectif important.

Sélections naturelle et sexuelle

Dans la plupart des populations, la fréquence des allèles varie au cours du temps sous l'effet de différents facteurs de l'environnement : c'est la **sélection**.

Dans un environnement donné, certains allèles confèrent un **avantage sélectif** aux individus qui les possèdent en augmentant leur **succès reproducteur**, c'est-à-dire le nombre de descendants viables et fertiles qu'ils laissent à la génération suivante : ce sont des **allèles favorables**. Si l'environnement reste stable, la fréquence de ces allèles a tendance à augmenter de génération en génération, ce qui explique l'**adaptation** des populations à leur environnement. À l'inverse, certains allèles sont défavorables et leur fréquence a tendance à diminuer. Ces allèles peuvent même disparaître.

Le **succès reproducteur** dépend de deux composantes : la **probabilité de survie de l'individu** jusqu'à l'âge adulte (donc l'adaptation de l'individu à son environnement) et sa **fécondité** (sa capacité à se reproduire et le nombre de descendants qu'il produit). Chez certaines espèces, l'accès à la reproduction dépend de caractères identifiables par les individus de sexe opposé : c'est la **sélection sexuelle**. Mais certains de ces caractères peuvent parfois diminuer les chances de survie de leur porteur. La sélection sexuelle résulte alors d'un **compromis** entre l'avantage que procure un caractère

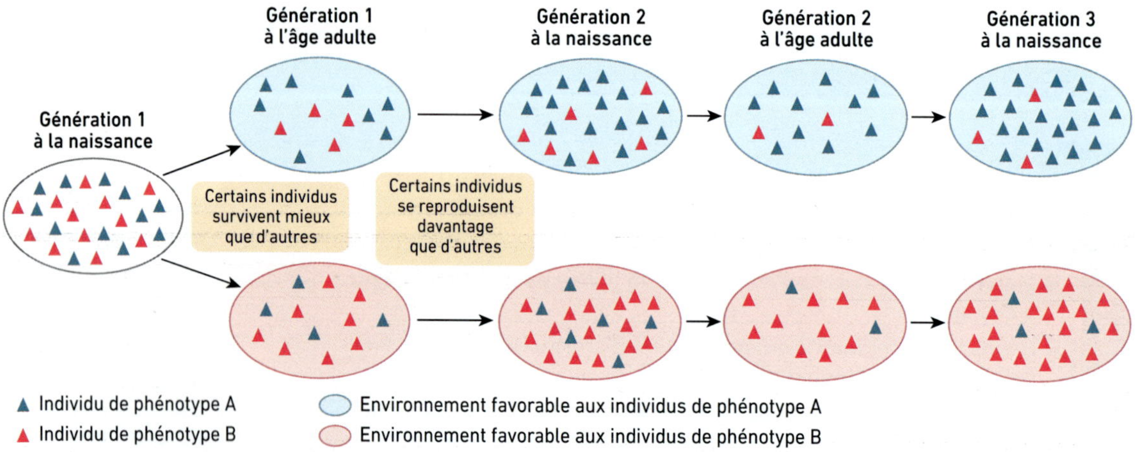

Le principe de la sélection naturelle.

pour l'accès aux partenaires sexuels et l'inconvénient qu'il entraîne pour la survie. Les **préférences sexuelles** sont également à l'origine d'écarts à l'équilibre de Hardy-Weinberg dans les populations réelles.

La dérive génétique

Les populations réelles ne sont pas de taille infinie. Même en l'absence de sélection, la fréquence des allèles dans une population varie **sous l'effet du hasard** : c'est la **dérive génétique**. Celle-ci s'exerce sur les traits neutres, c'est-à-dire qui ne confèrent aucun avantage ou désavantage sélectif, mais aussi sur les traits non neutres.

La dérive conduit à terme à la **fixation** ou à la **disparition** d'un allèle et donc à un **appauvrissement génétique** de la population. Elle est d'autant plus marquée que les **populations sont de petite taille**. Dans les petites populations isolées (du fait d'un **effet fondateur** à partir d'un petit groupe de migrants, ou à cause d'un évènement diminuant drastiquement l'effectif d'une population) la dérive génétique peut jouer un rôle prépondérant dans l'évolution, parfois même à l'encontre de la sélection.

Les migrations

L'équilibre de Hardy-Weinberg suppose une population fermée sur elle-même, sans arrivée ni départ d'individus. Or, dans la plupart des situations réelles, la migration d'individus peut faire entrer de **nouveaux allèles** au sein d'une population, de façon bien plus significative que les mutations. Ces **migrations** constituent des **flux de gènes** entre les différentes populations et tendent à **homogénéiser** leurs fréquences alléliques, donc à limiter leur différenciation. Les migrations peuvent parfois aller à l'encontre de la sélection en diminuant l'adaptation d'une population à son environnement. Mais elles permettent en revanche de limiter les effets délétères de la **consanguinité** dans des petites populations, phénomène qui peut mettre en péril une population à long terme.

3 Un nouveau regard sur la notion d'espèce

Dans sa définition la plus courante, l'**espèce** est un groupe d'individus interféconds capables de donner naissance à une descendance fertile dans des conditions naturelles. Cette définition s'appuie sur l'**isolement reproducteur** : deux populations constituent deux espèces différentes lorsqu'elles n'échangent plus ou très peu de gènes (spéciation). Cet isolement peut être géographique (éloignement, apparition d'une barrière empêchant la reproduction), comportemental (sélection sexuelle), écologique (sélection naturelle) ou lié à une survie faible voire nulle des hybrides issus d'une fécondation entre des individus de deux groupes éloignés.

Depuis quelques dizaines d'années, la baisse importante du coût du **séquençage génétique** permet de mesurer avec plus de précision les **flux de gènes** entre différentes populations. Dans certains cas, le séquençage remet en cause des conceptions pourtant bien ancrées. Par exemple, certaines populations que les scientifiques pensaient homogènes sont en réalité constituées de sous-populations isolées depuis plusieurs centaines de milliers d'années, et ne constituent donc pas une mais plusieurs espèces (ainsi, on sait désormais qu'il existe deux espèces distinctes d'éléphants d'Afrique). Au contraire, les analyses génétiques révèlent parfois des **hybridations** plus fréquentes entre des individus appartenant à des groupes considérés comme des espèces différentes. Ainsi, les flux de gènes entre les populations humaines de Néandertaliens et de Sapiens montrent que les limites entre deux espèces sont difficiles à définir et sont finalement assez arbitraires. Les analyses génétiques sont donc une avancée majeure pour mieux comprendre l'histoire des populations et leur évolution.

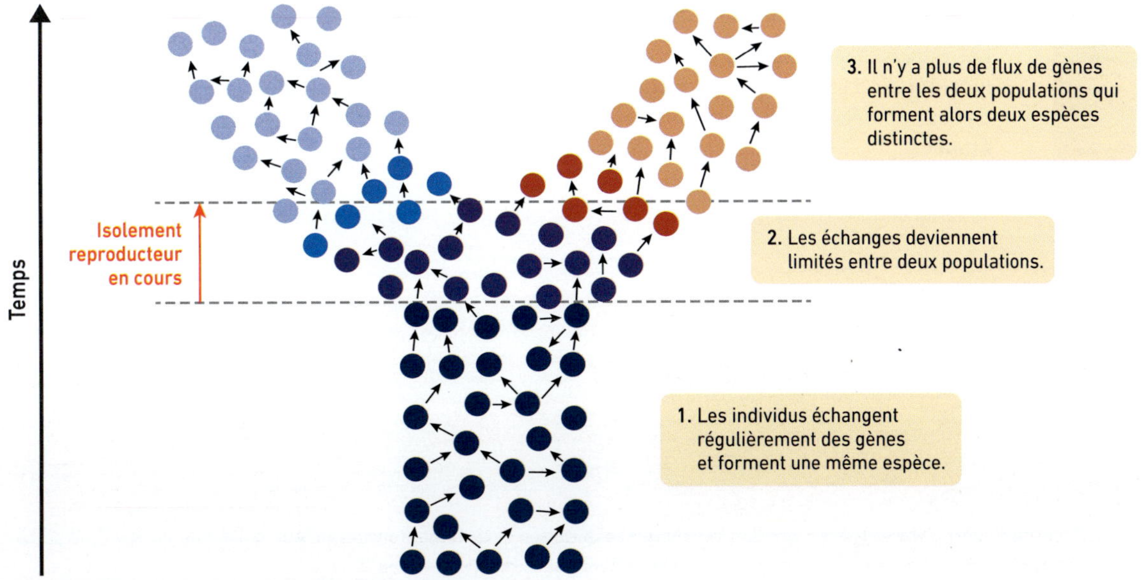

L'isolement reproducteur à l'origine d'une spéciation.

L'essentiel

L'inéluctable évolution des génomes au sein des populations

À retenir

Un équilibre théorique

Le **modèle théorique de Hardy-Weinberg** postule que, dans une population d'organismes diploïdes ayant recours à la reproduction sexuée, la **fréquence des allèles** est stable d'une génération à la suivante, sous certaines conditions : population isolée d'effectif infini, absence de sélection naturelle ou sexuelle, pas de mutations.

L'impact limité des mutations

Dans les conditions réelles, cet équilibre théorique n'est jamais parfaitement atteint, du fait entre autres des **mutations**, à l'origine de nouveaux allèles. Cependant, du fait de leur rareté, leur impact sur l'évolution des fréquences alléliques est modeste.

Sélections naturelle et sexuelle

La fréquence des allèles dans une population varie au cours du temps sous l'effet des facteurs de l'environnement : c'est la **sélection**. Les allèles qui confèrent un **avantage** reproducteur dans un environnement donné **ont tendance à se répandre** dans une population, tandis que les allèles défavorables ont tendance à se raréfier.

L'impact de la taille des populations

La **dérive génétique** correspond à une variation aléatoire de la fréquence des allèles dans une population. Elle est particulièrement marquée dans les **populations de petite taille**.

Les migrations

Les populations ne sont pas toujours isolées : les migrations apportent de nouveaux allèles et permettent des **échanges d'allèles** entre populations, ce qui a tendance à les rendre plus homogènes.

Un nouveau regard sur la notion d'espèce

Les **analyses génétiques**, permises par les progrès du séquençage de l'ADN, permettent de mesurer directement les **flux de gènes** entre des populations et de préciser l'histoire évolutive de ces populations. Ceci conduit parfois à remettre en cause des classifications précédemment établies.

Mots-clés

Dérive génétique • Espèce • Évolution • Fréquence allélique • Isolement reproducteur • Modèle de Hardy-Weinberg • Migration • Mutation • Population • Sélection naturelle • Sélection sexuelle

Schéma bilan

L'inéluctable évolution des génomes au sein des populations

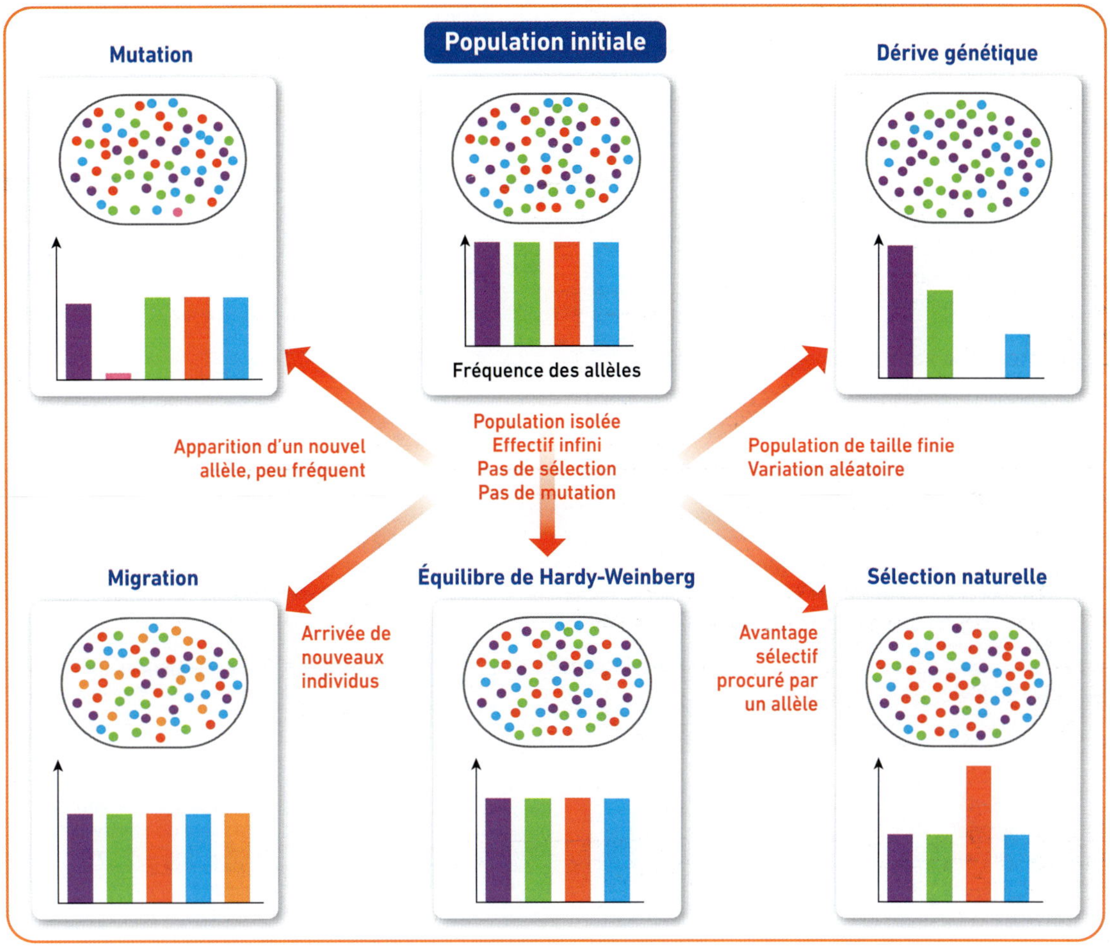

Une espèce est une entité temporaire qui évolue continuellement dans le temps

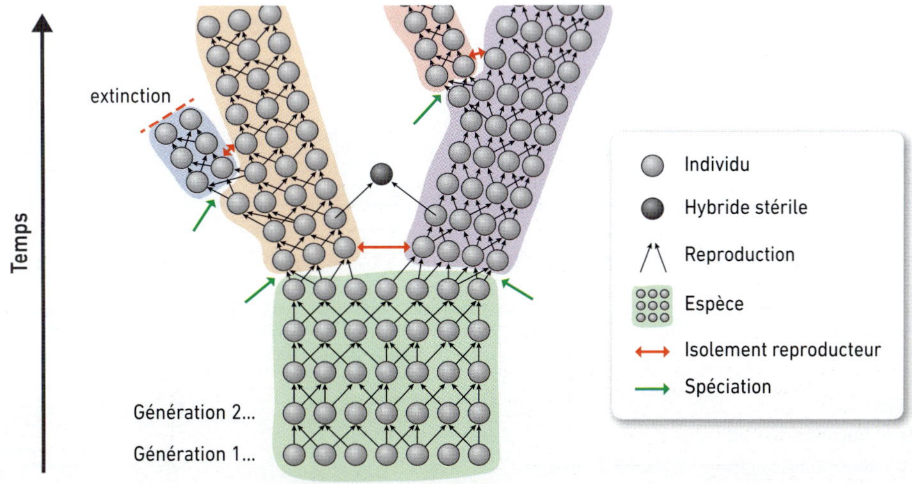

 Réponses voir p. 502

1 Retour vers les problématiques

Relisez la page « S'interroger avant d'aborder le chapitre » (p. 85) ; à l'aide de ce que vous savez à présent, répondez aux questions que vous avez formulées.

2 QCM

Pour chaque affirmation, choisissez l'unique bonne réponse.

1. **La sélection naturelle :**
   a. s'effectue sur certains individus, purement au hasard ;
   b. explique l'adaptation des populations aux conditions du milieu dans lequel elles vivent ;
   c. est le seul mécanisme expliquant l'évolution de la fréquence des allèles dans une population ;
   d. modifie le génome des individus.

2. **La forte diminution de l'effectif d'une population :**
   a. est souvent accompagnée d'un enrichissement génétique de la population ;
   b. provoque une augmentation de la fréquence des allèles conférant un avantage ;
   c. provoque une diminution de la fréquence des allèles conférant un avantage ;
   d. entraîne souvent une variation aléatoire de la fréquence des allèles.

3. **La sélection naturelle s'explique par :**
   a. l'avantage reproducteur procuré à certains individus par un allèle ;
   b. la variation aléatoire de la fréquence d'un allèle neutre ;
   c. l'effet mutagène de certains facteurs environnementaux ;
   d. des variations non héréditaires.

4. **La formation d'une nouvelle espèce :**
   a. se produit systématiquement dès lors que deux populations de la même espèce sont isolées géographiquement ;
   b. correspond à un isolement reproducteur entre populations ;
   c. ne peut pas s'effectuer tant que les populations partagent un même territoire ;
   d. résulte d'une hybridation entre deux espèces différentes.

5. **L'origine de caractères semblant extravagants chez les mâles de certaines espèces s'explique par :**
   a. une meilleure survie conférée par ces caractères ;
   b. des mutations sans valeur sélective ;
   c. la sélection sexuelle liée à ce caractère ;
   d. la dérive génétique.

3 Savoir expliquer

En une ou deux phrases, expliquez :

a. pourquoi un allèle neutre peut malgré tout devenir majoritaire dans une population de faible effectif ;
b. pourquoi l'équilibre de Hardy-Weinberg n'est pratiquement jamais observé ;
c. quels sont les effets de la migration sur la structure génétique d'une population et son adaptation à son environnement ;
d. comment deux populations peuvent être à l'origine de deux espèces distinctes.

4 Apprendre en s'interrogeant

1. **Cachez l'une des colonnes du tableau suivant et retrouvez ce que contient l'autre (à faire seul ou à plusieurs).**
2. **Vérifiez vos réponses, et reprenez si besoin les notions concernées.**

Notion	Définition
Mutation	Modification aléatoire de la séquence des nucléotides d'un allèle.
Dérive génétique	Modification aléatoire de la fréquence des allèles au cours du temps.
Sélection naturelle	Modification de la fréquence des allèles dans une population au cours du temps sous l'effet de l'environnement, du fait de la différence de succès reproducteur entre individus.
Sélection sexuelle	Cas particulier de la sélection naturelle dans lequel des caractères confèrent un avantage dans l'accès aux partenaires sexuels.

5 Questions à réponses courtes

a. Quelles sont les conditions pour qu'une population soit à l'équilibre selon le modèle de Hardy-Weinberg ?
b. Qu'appelle-t-on isolement reproducteur ?
c. Qu'est-ce que l'effet fondateur ?
d. Pourquoi la notion d'espèce est-elle parfois discutée ?

6 Retrouver une notion importante

Nommez et expliquez en quelques phrases la notion évoquée par ce dessin :

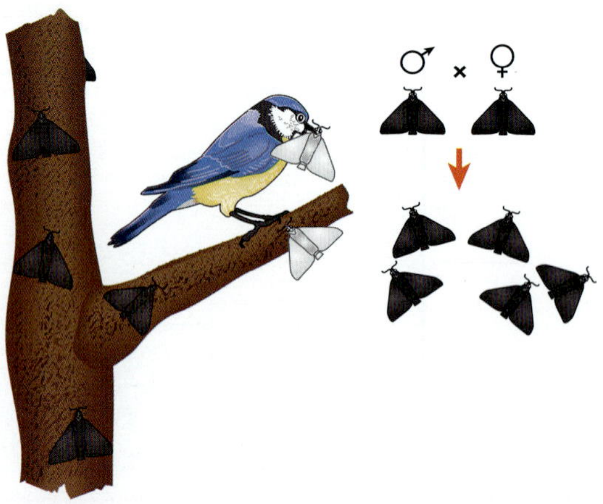

★ facile ★★ intermédiaire ★★★ confirmé

7 Justifier une théorie

★

Jusqu'à récemment, les scientifiques considéraient qu'il n'existait qu'une seule espèce de girafe, se répartissant en neuf sous-espèces différant par la forme et les motifs de leurs taches (voir p. 85). En 2016, une étude fondée sur la comparaison de l'ADN de 105 girafes appartenant à ces neuf sous-espèces propose de les regrouper en quatre espèces seulement.

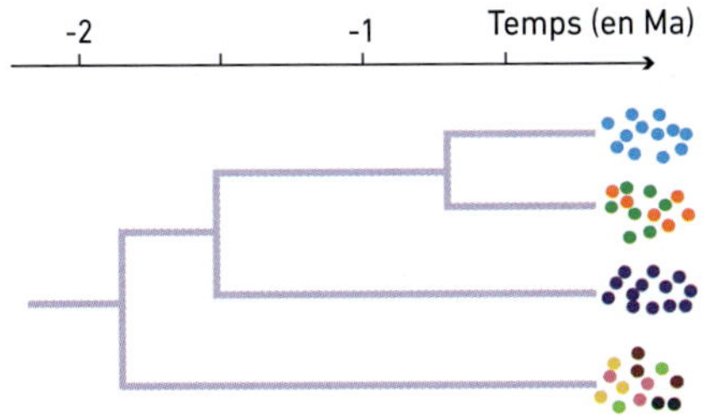

Sur cet arbre, la longueur des branches horizontales est proportionnelle à la différence des séquences d'ADN comparées et peut être rapportée à une échelle de temps. Les sous-espèces de girafes sont repérées par des points de couleurs différentes.

À l'aide de l'arbre phylogénétique (simplifié) ci-dessus, illustrant le résultat de cette étude, justifiez la proposition des chercheurs.

8 Extraire et exploiter les informations pertinentes d'un document

★★

Mimulus lewisii et *Mimulus cardinalis* sont deux espèces de plantes nord-américaines étroitement apparentées. Même lorsqu'elles se côtoient, aucun hybride n'est retrouvé à l'état naturel. En revanche, il est possible d'obtenir des hybrides en serre en déposant artificiellement le pollen d'une espèce sur le pistil de l'autre.

	M. lewisii	***M. cardinalis***
Couleur des fleurs	rose	rouge
Forme de la corolle	large	étroite
Quantité de nectar par fleur	25 µL	75 µL
Pollinisateurs	bourdons	colibris

À l'aide des informations du tableau, proposez une hypothèse quant à l'origine probable des deux espèces de *Mimulus*.

9 Faire preuve d'esprit critique

★★

Il existe deux types de corneilles qui se distinguent aisément (photographies). Les aires de répartition de ces oiseaux sont nettement séparées mais se superposent en quelques endroits. Dans ces zones, les cas d'hybridation restent rares mais existent néanmoins. Les hybrides sont variés et fertiles, mais souvent peu résistants.

Pour certains, ces corneilles constituent deux espèces différentes. D'autres soutiennent qu'il s'agit d'une seule et même espèce.

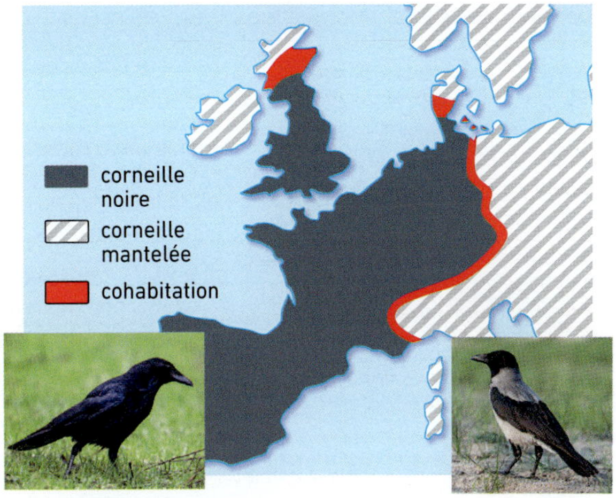

Confrontez les arguments en faveur de ces deux considérations.

10 Formuler une hypothèse

★

Les « Blue Fugates » sont une famille du Kentucky dont de nombreux membres présentaient une particularité rare : du fait d'une anomalie de l'hémoglobine, d'origine héréditaire et récessive, leur peau était bleuâtre. Cette lignée a été fondée en 1820 par un couple de colons dont plusieurs enfants ont la peau bleutée. La colonie n'a rompu son isolement que depuis les années 1920, avec les premières liaisons ferroviaires. Les routes ne permettent d'y accéder que depuis les années 1960. Actuellement, les Fugates se sont dispersés et ne présentent plus cette anomalie.

Formulez une hypothèse permettant d'expliquer l'origine de la fréquence élevée de cette anomalie chez les Fugates.

11 Comprendre qu'un effet peut avoir plusieurs causes

★★★

Les *Gilia* sont un genre d'angiospermes comprenant de nombreuses espèces. En Californie, plusieurs d'entre elles occupent la même aire de répartition (elles sont dites sympatriques). D'autres espèces, comme *Gilia valdivienses* du Chili et *Gilia lomensis* du Pérou, occupent des aires séparées de plusieurs centaines de kilomètres (elles sont allopatriques). Des chercheurs ont réalisé des pollinisations croisées entre différentes espèces sympatriques californiennes ainsi que des pollinisations entre les espèces allopatriques sud-américaines.
Leurs résultats sont donnés ci-dessous.

	Nombre moyen de graines par fleur
Croisements entre espèces sympatriques	0,2
Croisements entre espèces allopatriques	18,1

Montrez que plusieurs raisons peuvent expliquer la constitution d'espèces différentes.

12 Les colonisations successives des îles du sud-ouest du Pacifique par le zosterops à dos gris

★★★

A

Le zosterops à dos gris (*Zosterops lateralis*) (A) est un petit oiseau fréquent en Australie. À plusieurs reprises, il a colonisé des îles situées au sud-ouest du continent. Certaines de ces colonisations sont anciennes (respectivement environ 1 Ma, plusieurs centaines de milliers d'années, 3 000 à 4 000 ans). De ces colonisations sont issues sur ces îles plusieurs espèces de zosterops, comme le zosterops à bec fin sur l'île Norfolk. Par ailleurs, on connaît bien l'histoire de colonisations récentes qui se sont produites au cours des deux derniers siècles (B).

À l'aide des documents et en vous appuyant sur vos connaissances, proposez une explication aux événements de spéciation des zosterops constatés sur ces îles du Pacifique.

- Colonisations anciennes
- Colonisations récentes

cA : continent Australien
T : Tasmanie
ÎN : Îles Norfolk
Pn: Palmerstone north
îC: îles Chatham
îH : île Héron
sNZ : sud de la Nouvelle-Zélande
nNZ : nord de la Nouvelle-Zélande
ÎLH : Île Lord Howe

B Colonisation des îles par les zosterops.

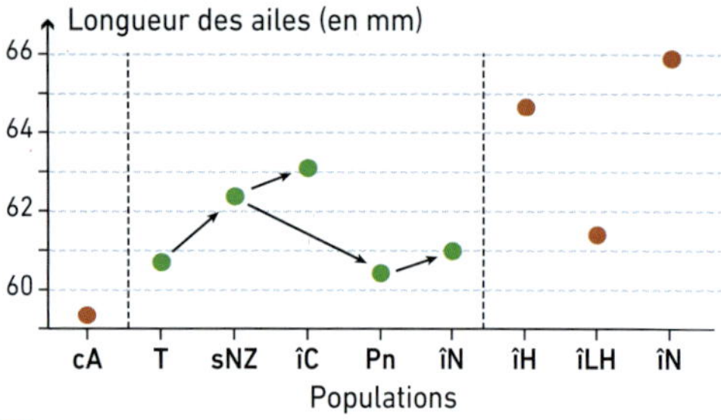

C Longueur des ailes des différentes populations de zosterops.

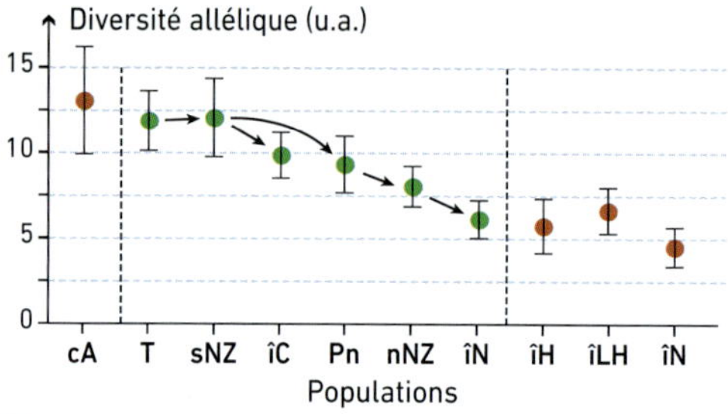

D Diversité allélique des différentes populations de zosterops (d'après Clegg et al. 2002).

13 La résistance du moustique aux insecticides

★★

Au cours des décennies 1970-2000, de vastes campagnes d'épandage d'insecticides ont été pratiquées le long du littoral languedocien pour lutter contre les moustiques.

Rapidement, on a constaté une augmentation du nombre de moustiques possédant des mutations des gènes Ester et Ace1. Ces mutations confèrent une résistance importante aux insecticides mais présentent également un « coût » important pour la survie et la reproduction des individus qui en sont porteurs (moindre résistance aux maladies, petite taille...).

	Période de reproduction (traitement insecticide)		Hors période de reproduction (pas de traitement)	
	Avantage	**Coût**	**Avantage**	**Coût**
Ace1	très élevé	élevé	aucun	très élevé
Ester	élevé	moyen	aucun	élevé

A Avantage et coût pour la survie et la reproduction des différentes mutations.

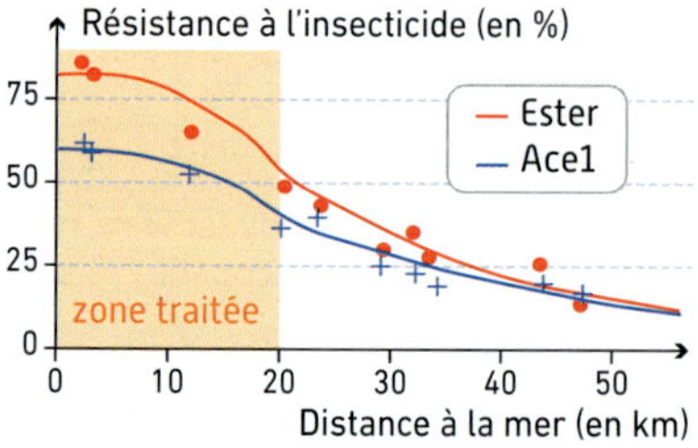

B Fréquence des différentes formes de résistance en fonction de la distance à la mer.

À partir de l'étude des documents et de vos connaissances, expliquez la fréquence et la répartition des formes résistantes.

PRÉPA BAC

Épreuve écrite

Rédaction d'un texte argumenté pour répondre à une question scientifique

14 L'inéluctable évolution des fréquences alléliques

L'équilibre de Hardy-Weinberg postule que, sous certaines conditions, les fréquences des allèles dans une population restent constantes. Or, ces conditions sont rarement remplies et les fréquences alléliques évoluent sous l'effet de différents facteurs.

À partir de vos connaissances et en vous appuyant sur des exemples, expliquez quels sont les facteurs à l'origine d'un écart de la fréquence des allèles par rapport à l'équilibre théorique de Hardy-Weinberg.

Documents proposés **Exemples de modélisations**

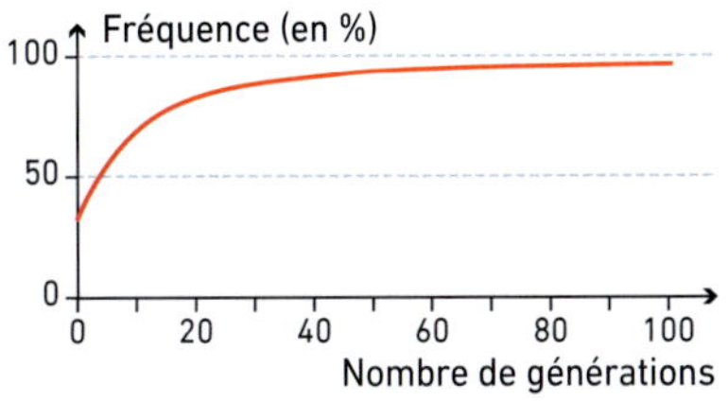

A Évolution de la fréquence d'un allèle présentant un avantage sélectif, sur 100 générations.

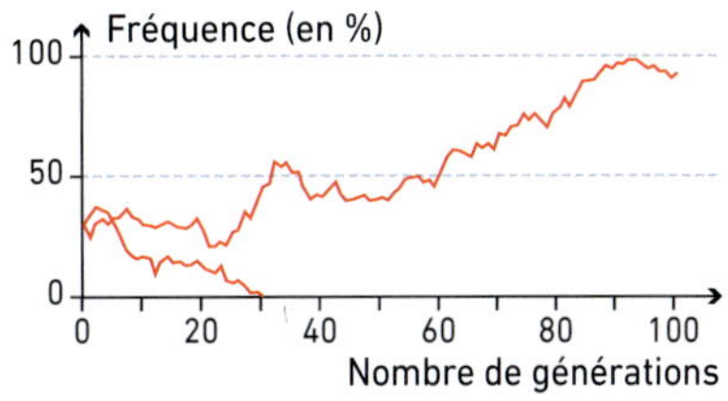

B Deux modélisations possibles de la fréquence d'un allèle neutre dans une population à effectif réduit (100 individus).

15 La loi du plus fort est-elle la meilleure ?

La sélection naturelle est souvent comprise comme étant la « loi du plus fort » : les individus les plus résistants ayant une espérance de vie plus importante, leurs caractéristiques génétiques augmentent mathématiquement de génération en génération. Pourtant, on constate chez certaines espèces que les mâles présentent des caractères *a priori* désavantageux (difficulté à s'enfuir, repérage facile par un prédateur, etc.).

En vous appuyant sur des exemples, montrez que les mécanismes sélectifs conduisant à l'évolution des génomes ne reposent pas exclusivement sur la capacité de survie individuelle.

Document proposé

Parade nuptiale chez la veuve dominicaine.

Épreuve pratique

Pour s'entraîner à l'Évaluation des Capacités Expérimentales

16 Mettre au point une stratégie et un protocole

La souris à abajoues *Chaetodipus intermedius* vit dans les déserts du sud-ouest des Etats-Unis et au nord du Mexique. Son pelage généralement clair lui permet de ne pas être facilement repérée de ses prédateurs. Cependant, dans des zones où le sol est recouvert par des coulées de basalte sombres relativement récentes, les souris de cette même espèce ont très majoritairement (90 %) un pelage foncé. Des chercheurs ont identifié un gène, Mc1r, impliqué dans la production de mélanine par les mélanocytes. Il existe plusieurs allèles de ce gène. L'allèle D (dark), dominant, permet la production de mélanine responsable d'un pelage sombre, tandis que l'allèle l (light), récessif, est responsable de la perte de la fonction de la protéine.

À l'aide d'un logiciel de modélisation, on cherche à déterminer à quelles conditions et en combien de temps la proportion de souris sombres peut devenir ainsi largement prépondérante. Proposez une stratégie et un protocole permettant de répondre au problème posé.

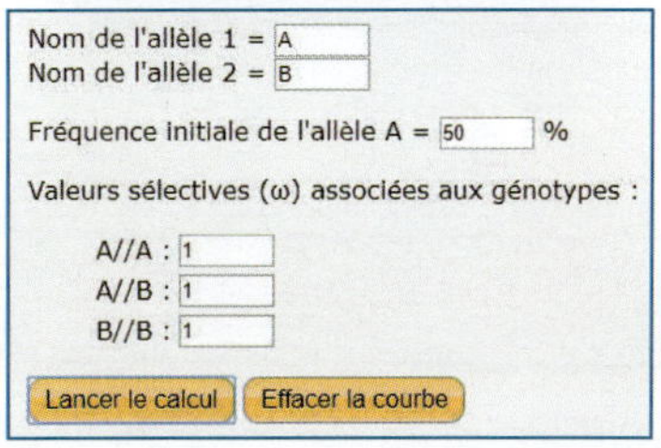

Raisonnement scientifique

Construisez et exposez votre propre démarche pour résoudre le problème posé

17 Des éléphants sans défenses

Dans les populations sauvages d'éléphants, les individus dépourvus de défenses sont rares. Pourtant, dans la population du parc Luangwa et celle du parc Addo, la fréquence des éléphants sans défenses est particulièrement élevée.

À partir de l'étude des documents proposés et en vous appuyant sur vos connaissances, expliquez la fréquence élevée des éléphants sans défenses dans ces deux parcs.

1 Les défenses des éléphants de savane

Chez l'éléphant de savane (*Loxondonta africana*), la plupart des mâles et des femelles portent des incisives supérieures à croissance continue, appelées défenses. Ces défenses, constituées d'ivoire, servent principalement à la recherche de nourriture (arrachage d'écorces ou de racines), pour la protection des petits ou lors de combats. Il a également été démontré que les individus avec des défenses plus grandes ont un avantage reproductif.

Certains individus sont dépourvus de défenses car porteurs d'une mutation inhibant leur croissance. Ce caractère « sans défenses » est héréditaire et sa transmission, complexe, est dépendante du sexe (c'est la raison pour laquelle les données présentées ici ne concernent que les femelles).

En 1930, dans le parc national Queen Elizabeth en Ouganda, des études ont recensé 2 % d'individus femelles sans défenses dans des populations sauvages.

Couple d'éléphants de savane (Kenya).

2 Les éléphants du parc Luangwa

En Zambie (comme dans de très nombreux autres pays), les populations d'éléphants ont été décimées par des chasseurs et des braconniers entre 1900 et 1989. Bien qu'il ait diminué, le braconnage, lié au commerce de l'ivoire, persiste encore dans de nombreuses régions.

En 1989, la Zambie signe un traité interdisant le commerce de l'ivoire. Comme dans le parc Luangwa, des barrières de protection et des patrouilles anti-braconnage sont créées. Les graphiques ci-contre présentent quelques données concernant le parc Luangwa entre 1969 et 1993.

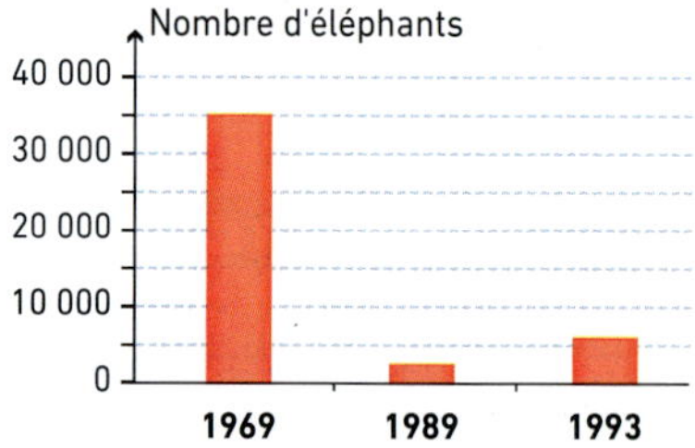

A Nombre total d'éléphants en fonction des années.

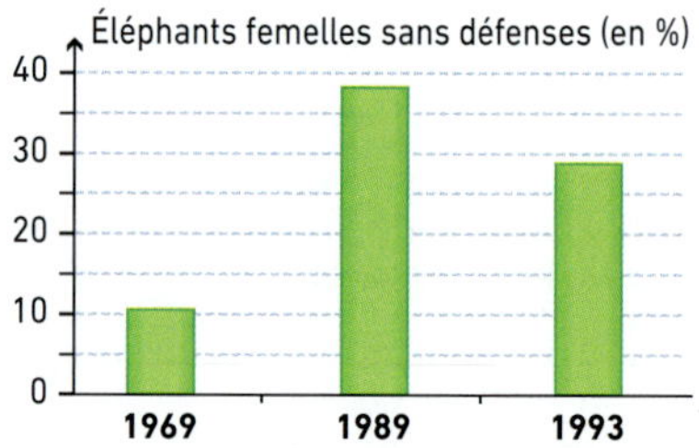

B Pourcentage d'éléphants femelles sans défenses en fonction des années.

3 Les éléphants du parc Addo

Au début du XXe siècle, suite à une chasse très intensive, il ne restait plus que quatre populations d'éléphants en Afrique du Sud. Le parc Addo est créé en 1931 pour protéger l'une de ces populations qui ne comptait alors que onze individus (8 femelles et 3 mâles). Ces individus sont les ancêtres des éléphants actuels du parc.

Les graphiques ci-dessous (B et C) présentent des données concernant la population du parc Addo.

A Éléphants du parc Addo (Afrique du Sud).

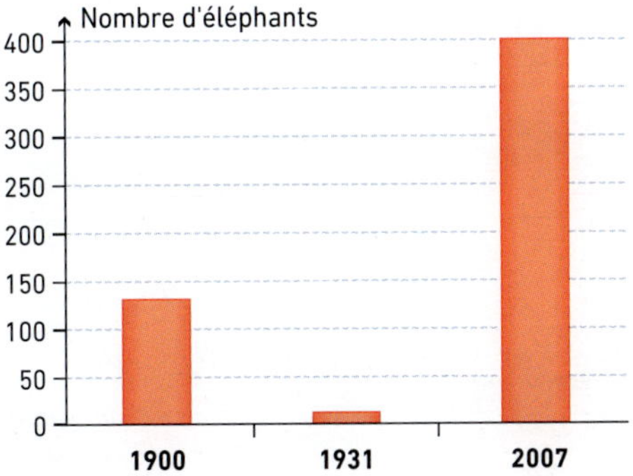

B Nombre total d'éléphants en fonction des années.

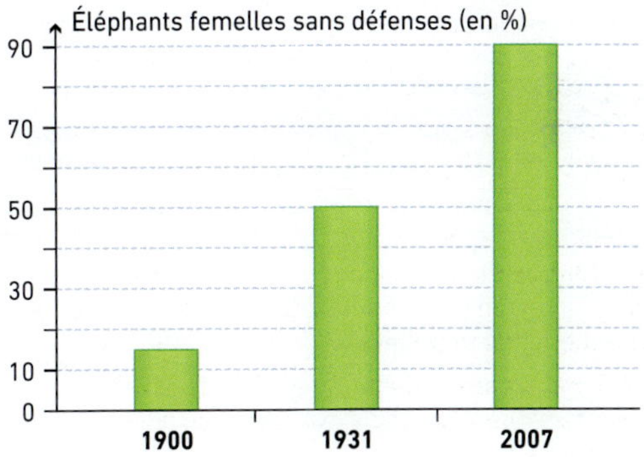

C Pourcentage d'éléphants femelles sans défenses en fonction des années.

La diversité génétique des populations d'Afrique du Sud a été étudiée en se fondant sur des séquences d'ADN appelées microsatellites. Ces séquences sont constituées d'un motif de nucléotides répétés en grand nombre, chaque allèle différant par le nombre de répétitions. Ces séquences ne sont pas codantes et sont donc un caractère neutre d'un point de vue évolutif.

Les graphiques ci-dessous (D) présentent pour deux locus, c'est-à-dire deux séquences microsatellites différentes (LA4 et LA5), la fréquence des différents allèles dans trois populations d'éléphants : la population actuelle du parc Addo, la population du parc Kruger (qui compte plus de 6 000 individus en 1970) et des spécimens conservés dans des musées (éléphants du parc Addo abattus avant 1930).

Les allèles sont désignés par le nombre de copies du motif répétitif.

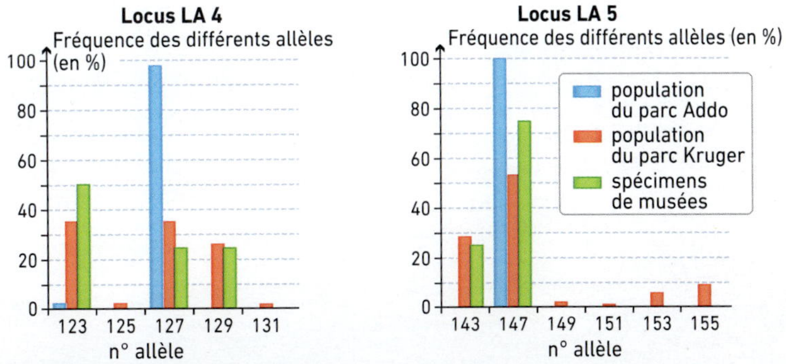

D Fréquence des différents allèles des locus LA4 et LA5 dans trois populations.

PARTIE 1

CHAPITRE 5

D’autres mécanismes contribuent à la diversité du vivant

Ce Bernard l’ermite (*Dardanus pedunculatus*) est un crustacé qui utilise une coquille laissée vide par un mollusque. Il vit en association avec une anémone de mer fixée sur la coquille : le crustacé profite de la protection des poils urticants de l’anémone, qui se nourrit des restes de repas du Bernard l’ermite.

S'interroger avant d'aborder le chapitre

L'utilisation d'outils

Certains animaux utilisent des objets pour accomplir une tâche précise. C'est le cas des loutres de mer, qui choisissent des pierres adéquates pour détacher et casser les coquillages dont elles se nourrissent. Elles peuvent parcourir de longues distances avec cette pierre calée sur une dépression de leur ventre, avant de la jeter quand elles n'en ont plus l'utilité.

L'utilisation du smartphone : une diffusion culturelle très rapide

L'utilisation du smartphone a révolutionné en peu de temps notre accès à l'information. Les différents usages (réseaux sociaux, messagerie instantanée...) et l'accès quasi permanent aux informations du monde entier ont imposé une diffusion culturelle planétaire très rapide de ce comportement, de façon horizontale (entre individus de la même génération) et verticale (entre générations).

Formuler les problèmes à résoudre

- Les processus de diversification génétique sont responsables d'une transformation permanente des êtres vivants, conduisant à l'évolution de la biodiversité. Cependant, d'autres mécanismes y contribuent également.
- Explicitez les questions que vous suggèrent les documents présentés ici concernant les modalités de diversification des êtres vivants.

Unité 1

Symbioses et diversité des êtres vivants

Certains êtres vivants s'associent pour vivre en symbiose, sans pour autant que l'un des deux partenaires soit inclus dans les cellules de l'autre. Cet assemblage est plus qu'une simple juxtaposition : des propriétés nouvelles propres à l'association peuvent émerger, participant ainsi à la diversification des êtres vivants.

Comment des associations entre individus d'espèces différentes contribuent-elles à la diversification du phénotype ?

Symbiose

bordas Flash PAGE animation

1 Les lichens, des associations symbiotiques entre algue et champignon

Les lichens sont des êtres vivants capables de résister à des conditions extrêmes. Ils sont présents dans presque tous les écosystèmes continentaux, de la toundra aux déserts chauds en passant par les forêts tropicales, des côtes rocheuses aux abords des glaciers. Ce sont souvent des organismes pionniers* capables de coloniser des milieux dépourvus de vie (rochers nus, façades ou toits des maisons...).
Il existe environ 20 000 espèces différentes de lichens, dont 3 000 ont été décrites en France. Tous les lichens sont des **associations symbiotiques***, en général entre une algue et un champignon.

A Différentes espèces de lichens sur une côte rocheuse, en Bretagne.

Activité pratique

- Réaliser des observations microscopiques pour mettre en évidence l'association caractéristique d'un lichen.

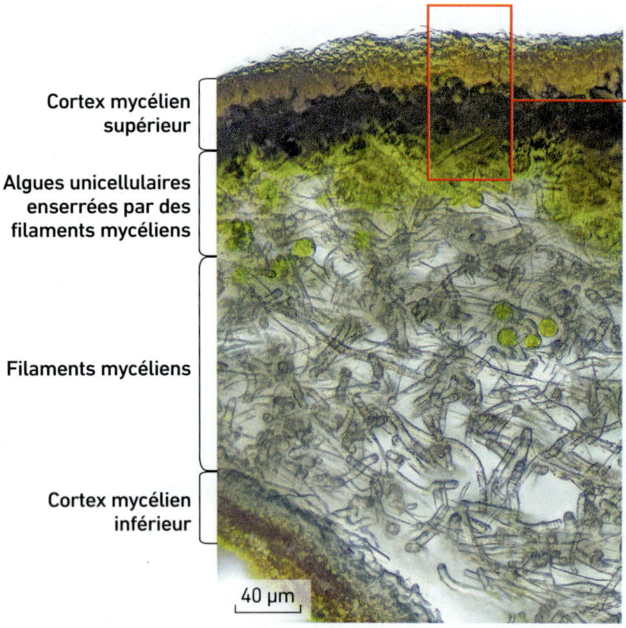

B Coupe transversale d'un lichen observé au microscope optique (vue générale).

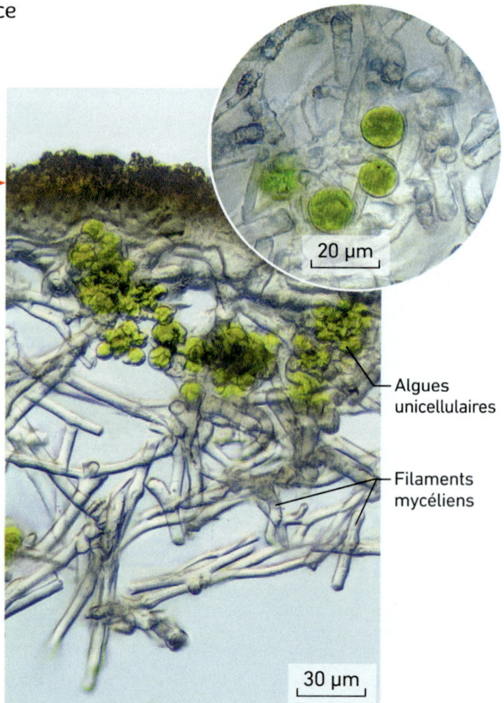

C Lichen observé au microscope optique (vues de détail).

2 Les lichens : 1 + 1 = 3

Chez les lichens, la symbiose tire profit des aptitudes des deux partenaires : l'algue photosynthétique produit de la matière organique, tandis que les filaments mycéliens retiennent la moindre trace d'humidité disponible.

Mais ce n'est pas tout : le lichen *Xanthoria parietina* présente une couleur jaune caractéristique (A). Ce pigment, la pariétine, joue un rôle de protection contre les effets des rayonnements ultraviolets du soleil, et permet au lichen de s'installer dans des conditions de luminosité extrêmes.

À ce jour, on a recensé plus de 1 500 composés organiques produits par les lichens, dont la plupart n'existent pas chez les autres êtres vivants.

Dans le but de déterminer les conditions nécessaires à la production de pariétine, on a réalisé des cultures *in vitro* dont les résultats sont présentés dans le tableau ci-contre.

Remarque : *les polyols sont des produits de la photosynthèse des algues.*

A Lichen *Xanthoria parietina* sur un rocher granitique.

	Production de pariétine
Lichen *Xanthoria parietina* entier	+
Champignon isolé de *Xanthoria parietina*	–
Algue isolée de *Xanthoria parietina*	–
Champignon isolé + ajout de polyols*	+

B Résultats d'une culture expérimentale *in vitro*.

Activité pratique

On cherche à caractériser la pariétine et à montrer que cette substance absorbe et réémet la lumière UV. L'absorption suivie de la dissipation dans le milieu du rayonnement UV (fluorescence*) permet la protection des tissus vis-à-vis du rayonnement absorbé.

- Extraire la pariétine et soumettre l'extrait au rayonnement UV.
- Faire sous microscope une cristallisation de l'extrait lichénique et observer en lumière polarisée analysée (LPA*).

C Observation en éclairage UV d'un extrait lichénique.

D Cristaux de pariétine (observation au microscope en LPA).

Activités envisageables

Pour montrer qu'une association symbiotique peut être à l'origine d'une diversification du vivant :

- **Réalisez, observez et présentez des coupes microscopiques de lichen.**
- **Démontrez qu'un lichen possède des caractéristiques propres à l'association symbiotique.**
- **Expliquez pourquoi les lichens peuvent avoir un rôle pionnier dans l'installation de la vie dans un milieu *a priori* hostile.**

Des clés pour réussir

- Vous pouvez faire des dessins ou présenter des photographies.
- Exploitez les résultats expérimentaux.

* Lexique ➡ p. 509

Unité 2

La notion de phénotype étendu

Le phénotype est généralement défini à l'échelle de l'organisme comme l'ensemble des caractères biologiques qu'il exprime. Certains biologistes en proposent une définition plus large, sous le concept de phénotype étendu.

Qu'est-ce qu'un phénotype étendu et comment contribue-t-il à la diversité du vivant ?

1 Richard Dawkins et le concept de phénotype étendu

En 1982, le biologiste Richard Dawkins expose le concept de **phénotype étendu*** dans un ouvrage du même nom. Selon lui, le concept de phénotype doit s'étendre aux comportements de l'individu et à ses actions sur l'environnement. Les comportements des organismes résultant de l'expression de certains gènes, et notamment les constructions réalisées grâce à ces comportements, peuvent constituer des avantages sélectifs favorisant la transmission de ces mêmes gènes d'une génération à l'autre.

Richard Dawkins.

2 Quelques exemples de phénotype étendu

Les fourreaux des phryganes

Les phryganes sont de petits insectes dont la larve aquatique présente la particularité de construire un fourreau, tube la protégeant des prédateurs (A). Pour le fabriquer, la larve de phrygane utilise tout d'abord les sécrétions de ses glandes salivaires. Elle tisse ainsi une enveloppe de soie qu'elle recouvre de petits éléments récoltés au fond de l'eau (fragments végétaux, fragments de coquilles, graviers).

A

B

Les toiles d'araignée

Les toiles d'araignée sont des pièges permettant à de nombreuses espèces d'araignées de capturer des proies (B). Sans aucun apprentissage, la jeune araignée construit sa toile grâce à la soie qu'elle produit, en suivant un plan caractéristique de son espèce. Selon les espèces, les toiles sont de forme et de taille très diverses.

C

Les termitières

Les termitières sont des constructions de terre pouvant atteindre jusqu'à 8 m de haut (C). Chacune abrite une colonie de termites, des insectes vivant en société. Les ouvriers, responsables de l'édification de la termitière, sont stériles tout comme les soldats défendant la colonie. Seule la reine et quelques mâles ailés peuvent se reproduire.

3 Un cas élaboré de phénotype étendu : guêpe parasite et coccinelle « garde du corps »

La guêpe *Dinocampus coccinellae* est un parasite classique de la coccinelle *Coleomegilla maculata*. Les femelles pondent un œuf dans l'abdomen de la coccinelle, et pendant le développement larvaire d'une vingtaine de jours, le parasite s'alimente des tissus de son hôte tout en diminuant ses défenses immunitaires. Ensuite, la larve de la guêpe s'extrait de l'abdomen de la coccinelle, sans la tuer, et commence à tisser un cocon entre ses pattes. La coccinelle, en partie paralysée, se voit alors forcée de jouer le rôle de « garde du corps » de ce cocon et de la chrysalide* qu'il contient, jusqu'à sa métamorphose en guêpe adulte. Dans près de 25 % des cas observés, la coccinelle survit à cette agression et reprend une activité normale.

A Coccinelle « couvant » un cocon de guêpe.

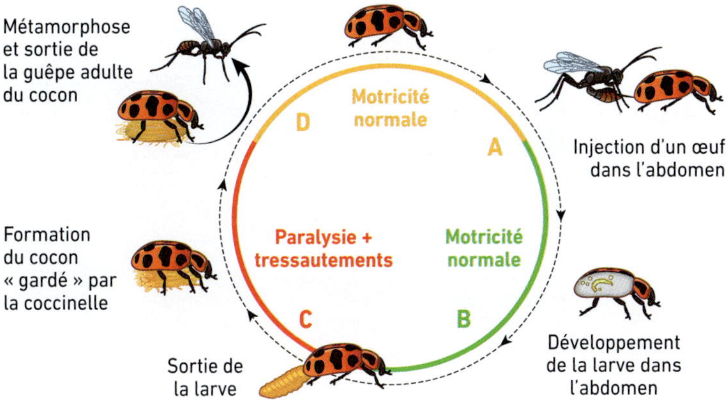

B Étapes du parasitisme de la coccinelle par la guêpe.

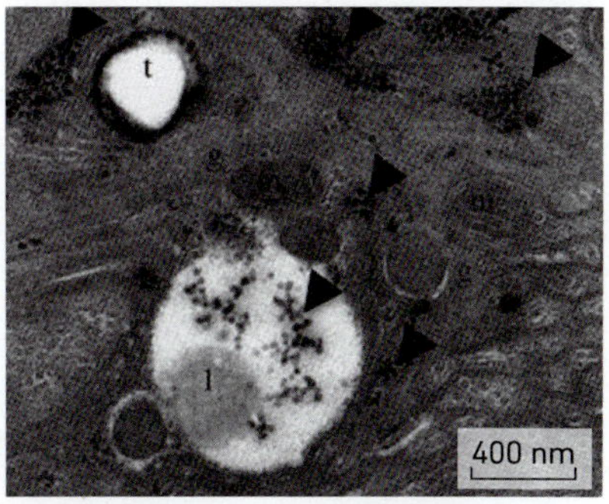

C Particules virales (flèches) dans le système nerveux central de la coccinelle (microscopie électronique).

Des scientifiques de l'université de Montpellier ont montré que les cocons de la guêpe gardés par une coccinelle sont beaucoup moins vulnérables à la prédation, comparés à ceux qui sont laissés seuls, ou à ceux qui sont gardés par une coccinelle expérimentalement tuée. Les chercheurs se sont demandé comment le parasite modifiait le comportement de son hôte, surtout après la sortie de la larve. Ils ont récemment découvert que l'œuf de la guêpe contenait un virus à ARN, le DcPV (C) dont ils ont pu analyser le taux de réplication à différents moments du cycle et dans différentes parties de la coccinelle hôte (D). L'équipe a analysé le tissu nerveux des coccinelles parasitées et a constaté que l'infection par le virus DcPV provoque le gonflement des axones* et d'autres traumatismes responsables de la paralysie de l'hôte et de son comportement de « garde du corps ».

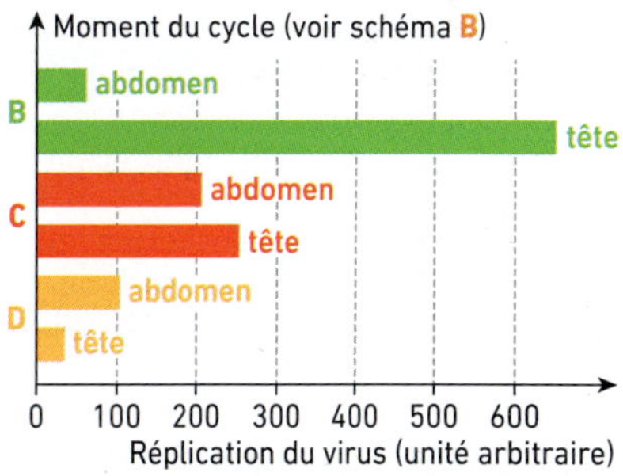

D Réplication du virus dans la coccinelle.

Activités envisageables

Afin de comprendre ce que recouvre la notion de phénotype étendu :

- **Montrez que les exemples présentés dans le document 2 illustrent le concept de phénotype étendu. Recherchez d'autres exemples de phénotypes étendus dans le règne animal.**
- **Montrez, par exemple sous forme d'un schéma, que le parasitisme pratiqué par cette guêpe constitue un exemple poussé de phénotype étendu.**

Des clés pour réussir

- De nombreux vertébrés (poissons, oiseaux, mammifères…) présentent des phénotypes étendus.
- Relevez les modifications induites par la guêpe chez l'hôte parasité.

* Lexique ➥ p. 509

Unité 3

Une transmission culturelle des comportements

Certains comportements animaux, bien que reposant sur des structures génétiquement déterminées, résultent en partie ou entièrement d'un apprentissage au cours de la vie. Ces comportements acquis constituent une source de diversité et peuvent dans certains cas se transmettre, constituant une hérédité culturelle qui s'ajoute à l'hérédité génétique.

Comment se transmettent les comportements nouvellement acquis ?

1 Des chimpanzés à l'école !

La culture peut être définie comme un ensemble de savoirs et de pratiques qui se partagent et se transmettent au sein d'un groupe d'individus : pour les biologistes, la culture ne concerne pas que les sociétés humaines, mais beaucoup d'autres espèces (oiseaux, éléphants, cétacés...).

Préparer et utiliser une brindille, casser des noix, creuser à l'aide d'un pilon, utiliser des feuilles comme une éponge, fabriquer un coussin de feuilles pour s'asseoir, se soigner avec des plantes : une étude récente et approfondie a déjà identifié formellement plus de 39 pratiques culturelles chez les chimpanzés. Il apparaît que chaque communauté possède des comportements qui lui sont propres.

Ce jeune chimpanzé apprend à utiliser une pierre pour casser une noix, sous le contrôle de l'une des doyennes du groupe. Chez les chimpanzés, il faut environ cinq ans pour apprendre à casser des noix.

2 La transmission du chant chez le diamant mandarin

Le chant du diamant mandarin (A) est caractérisé par des séries de sons rapidement répétés, chaque série étant séparée de la suivante par un bref silence. Chacune des séries de sons forme un motif caractérisé par sa durée d'une part, le nombre et la fréquence des sons qui le constituent d'autre part. Un même motif peut se trouver répété dans une « phrase » (B).

A Des diamants mandarins.

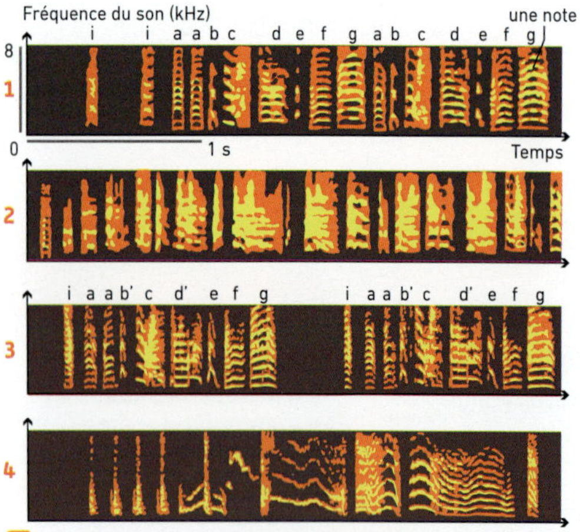

B Sonogrammes du chant de diamants mandarins.

Par exemple, l'enregistrement (1) ci-contre est constitué de 17 séries (en orange et jaune) séparées par de très courts silences (en noir). Les séries identiques sont identifiées par la même lettre. Les quatre enregistrements ci-contre ont été obtenus dans les conditions suivantes :

1 : Chant d'un diamant mandarin adulte au moment où il a été capturé.

2 : Chant d'un diamant mandarin élevé en présence de l'adulte (1), enregistré au plus jeune âge.

3 : Chant du même diamant mandarin (2), enregistré à l'âge adulte.

4 : Chant d'un diamant mandarin adulte, élevé isolément de ses congénères.

3 Une étude chez la baleine à bosse

Mesurant 11 à 13 mètres et pesant 30 à 40 tonnes, les baleines à bosse sont des cétacés migrateurs présents dans tous les océans et parcourant de très grandes distances. Les baleines à bosse sont plutôt solitaires mais se regroupent néanmoins temporairement pour chasser (A). Elles peuvent vivre jusqu'à 40 ou 50 ans.

A

Une nouvelle technique de chasse

En 1980, dans le golfe du Maine sur la côte est des États-Unis, fut observée pour la première fois une technique de chasse inédite développée par une baleine à bosse. Avant de plonger pour s'alimenter, la baleine frappait la surface de l'eau avec sa nageoire caudale (B).

B

Une longue étude sur une population entière

Des scientifiques américains ont mené, entre 1981 et 2007, une étude précise du comportement de chasse d'une population de 653 individus, réalisant 73 790 observations. Ils ont chaque année relevé le nombre d'individus pratiquant la chasse avec battement de queue (C).

Une adaptation à un changement de l'environnement

Les biologistes supposent que la chasse avec battement de queue est une adaptation à un nouveau type de proies, des poissons de la famille des lançons. Ils ont émis l'hypothèse que ce nouveau comportement était en relation avec la diminution importante de la population de harengs, proies principales des baleines à bosse (D).

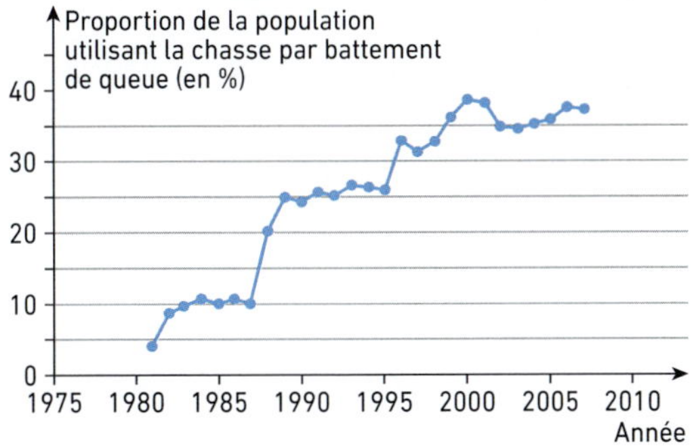

C Évolution de la proportion de la population maîtrisant la technique de la chasse par battement de queue.

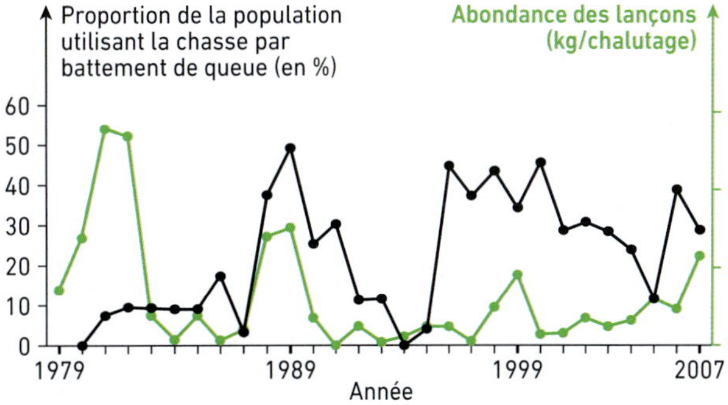

D Relation entre pratique de la chasse par battement de queue et type de proie.

Activités envisageables

Afin de mettre en évidence l'existence d'une transmission culturelle de comportements :

- **Recherchez les points communs entre les comportements présentés par ces documents.**
- **Comparez les sonogrammes du chant du diamant mandarin afin d'établir comment s'acquiert le chant chez cet oiseau.**
- **Montrez que la transmission culturelle des comportements peut être source de diversité et d'évolution.**

Des clés pour réussir

- Identifiez le principal processus d'apprentissage.
- Vous pouvez distinguer une transmission verticale (entre générations) et une transmission horizontale (entre congénères).

* Lexique ➥ p. 509

L'importance de l'évolution culturelle dans les sociétés humaines

Langues, alimentation, production et utilisation d'outils et de multiples objets, art, parures sont autant d'éléments marquant le rôle prépondérant de la culture dans l'évolution des sociétés humaines.

Quelles sont les caractéristiques de l'évolution culturelle humaine ?

1 La néolithisation, une évolution culturelle majeure de l'humanité

Dans son histoire évolutive, l'Homme a longtemps été chasseur-cueilleur jusqu'à l'apparition, très récente à l'échelle de son évolution, de l'agriculture. Cette **évolution culturelle*** majeure marque le début du Néolithique* (voir p. 260 et 261).

Plusieurs pôles d'apparition de l'agriculture

Les études archéologiques montrent que l'agriculture est apparue de manière indépendante en différents endroits du globe, lorsque des groupes humains ont commencé à domestiquer des espèces sauvages, végétales et animales.
Cette innovation a dû apporter suffisamment d'avantages pour qu'elle s'impose par sélection culturelle* au sein de ces groupes humains et se répande à partir de ces foyers de néolithisation*.

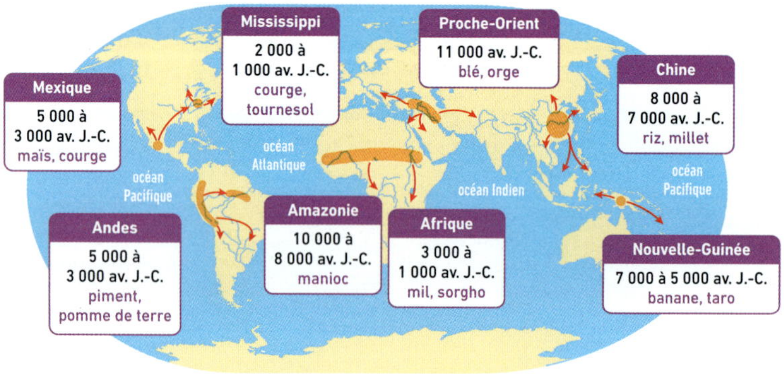

A Traces archéologiques témoignant de l'apparition de l'agriculture au Néolithique.

B Deux céramiques caractéristiques du Néolithique : céramique rubanée à décors incisés en forme de rubans (1) et céramique cardiale à décors imprimés à l'aide d'un coquillage, le cardium (2).

Des conséquences culturelles majeures

L'invention de l'agriculture a entraîné une révolution culturelle dans le mode de vie des sociétés humaines : changement de régime alimentaire, sédentarisation et construction des premiers villages, invention de techniques et d'outils pour cultiver les plantes et élever les animaux, invention de la céramique pour conserver les aliments, échanges commerciaux.

La diffusion de l'agriculture en Europe

Par l'étude des céramiques et des sites d'habitat notamment, les archéologues ont pu retracer la lente diffusion de l'agriculture en Europe à partir du foyer moyen-oriental. Deux modes de diffusion ont participé à la néolithisation de l'Europe :
- la migration* de groupes d'agriculteurs se transmettant les techniques de génération en génération, selon une **transmission verticale*** ;
- l'acculturation des groupes humains déjà présents en Europe, c'est-à-dire l'adoption de techniques par imitation. On parle alors de **transmission horizontale***.

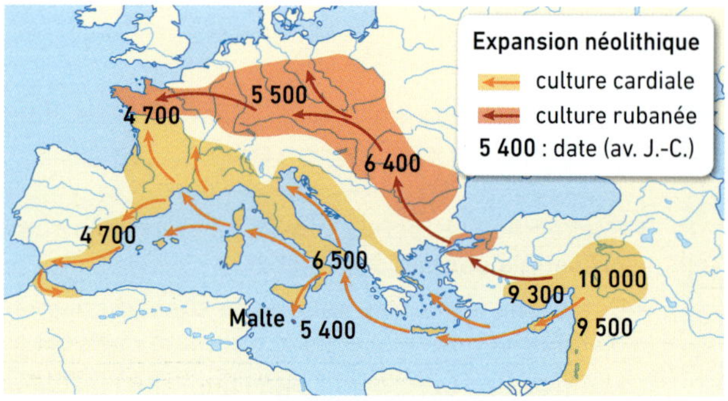

C Diffusion des cultures néolithiques en Europe.

2 Langues, musique et génétique

L'île de Taïwan est peuplée par différentes ethnies relativement isolées géographiquement les unes des autres (carte B).

Plusieurs études ont été menées sur neuf tribus :
- Étude linguistique : comparaison de la structure de 210 mots du vocabulaire courant dans les langues des neuf ethnies.
- Étude ethno-musicale : comparaison de la structure musicale de 220 chansons traditionnelles des répertoires des neuf groupes.
- Étude génétique : comparaison des séquences nucléotidiques de l'ADN mitochondrial de 1 050 individus appartenant aux neuf ethnies.

A **Chanteurs de la tribu Tsou.**

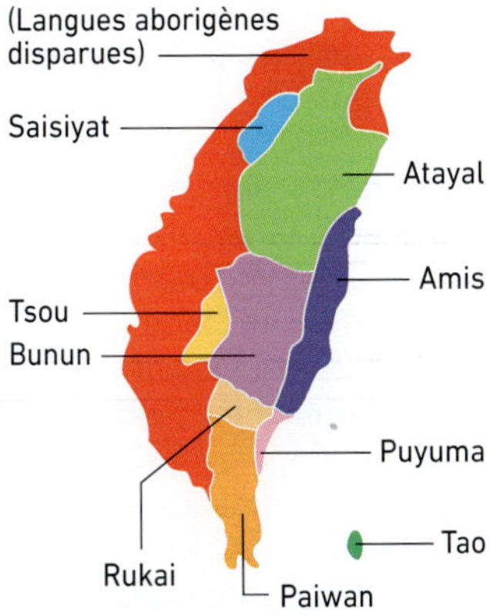

B **Les différentes ethnies de l'île de Taïwan.**

À partir de chacune des études, un traitement statistique a permis d'estimer les « distances » linguistique, musicale ou génétique entre les ethnies. Plus les données collectées présentent des similitudes, plus la distance estimée est faible.

	Distance linguistique	Distance musicale	Distance génétique
Tsou - Paiwan	4,8	1,8	8,4
Tao - Atayal	8,3	6,6	16,6
Tao - Paiwan	4,9	6,1	9,8

C **Exemples de mesures des distances linguistique, musicale et génétique (en % de différences).**

Les chercheurs ont ensuite mis en rapport les distances de différentes natures entre les groupes. Sur ces graphiques, chaque point correspond à la comparaison de deux groupes pour les distances indiquées en ordonnées et en abscisses, et les droites représentent la tendance caractéristique du nuage de points (modélisation par droite de régression linéaire*).

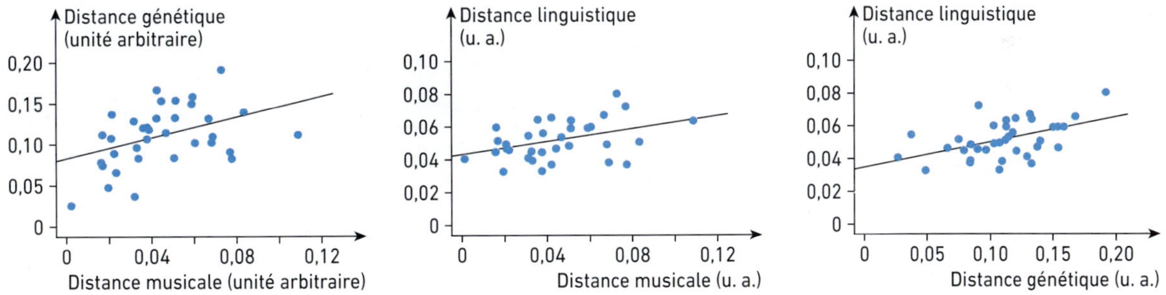

D **Graphiques de dispersion permettant de rechercher des corrélations.**
(D'après Steven Brown & Al. Correlation in the population structure of music, genes and language, 2013)

Activités envisageables

Pour établir des relations entre évolution biologique et évolution culturelle :

- **À partir des données du document 1, identifiez les étapes de la néolithisation et les mécanismes d'évolution culturelle mis en œuvre.**
- **À partir des résultats de l'étude sur les différentes ethnies taïwanaises, montrez que l'on peut établir une corrélation entre évolutions culturelle et génétique. Proposez des hypothèses sur les liens entre isolement géographique et différences génétique, musicale ou linguistique.**

Des clés pour réussir

- Remobilisez vos acquis concernant les mécanismes évolutifs : sélection, dérive, isolement.
- Une corrélation se traduit par une droite croissante ou décroissante. La corrélation est plus forte si les points sont peu dispersés autour de la droite.

* Lexique ➥ p. 509

D'autres mécanismes contribuent à la diversité du vivant

Préparez le Grand oral p. 519

1 Des associations non héréditaires

Les symbioses, sources de diversité

Les **symbioses** entre espèces différentes apportent des avantages aux deux partenaires, augmentant leur capacité de survie. Dans le cas des endosymbioses transmises entre générations (voir chapitre 3), des interactions s'établissent et modifient le génome des partenaires. Il existe cependant beaucoup d'associations symbiotiques non héréditaires, sans modification des génomes.

Dans le cas des lichens, l'association entre un champignon et une algue aboutit à une nouvelle forme de vie possédant son propre phénotype, qui n'est pas la simple addition de celui des deux partenaires. Par exemple, certaines activités métaboliques comme la synthèse de pariétine, pigment protégeant du rayonnement ultraviolet, n'existent que chez le lichen. De telles innovations favorisent la colonisation par les lichens de milieux de vie hostiles aux organismes non symbiotiques.

Un autre exemple de symbiose est le **microbiote** intestinal : les bactéries vivant dans l'intestin facilitent la digestion et renforcent les défenses immunitaires de leur hôte. Le microbiote intestinal d'un individu est **acquis** par contact lors de l'accouchement puis de l'allaitement, et continue à se diversifier au cours de la vie.

Les relations entre pathogènes et hôtes

Les êtres vivants sont fréquemment parasités par des organismes **pathogènes** (champignons, bactéries, virus…) qui vivent à leurs dépens. Le plus souvent, cette relation n'est pas fatale pour l'hôte qui en est la cible, mais elle contribue à modifier son phénotype. C'est par exemple le cas de la coccinelle maculée, dont le comportement est profondément modifié par une guêpe qui pond dans son abdomen un œuf porteur de virus.

Feuille d'eucalyptus parasitée par un insecte.

2 Le phénotype étendu

Le concept de **phénotype étendu** a été défini par le généticien Richard Dawkins. Selon lui, l'expression des gènes s'étend au-delà de l'organisme lui-même. Elle se manifeste par exemple par ses constructions (toiles des araignées, nids des oiseaux, fourreaux des phryganes, termitières) ou par certains de ses comportements. Lorsqu'un parasite modifie le comportement de son hôte (exemple de la guêpe et de la coccinelle maculée), le comportement de l'hôte peut alors être considéré comme faisant partie du phénotype étendu du parasite.

Les **constructions** réalisées par les organismes vivants résultent souvent de comportements innés, contrôlés génétiquement. En **mobilisant des composants inertes du milieu**, ces espèces animales augmentent leurs chances de survie ou de reproduction et donc favorisent la transmission de leurs gènes à leur descendance.

Les parures et parades que manifestent certains animaux pour se défendre ou se reproduire sont également des exemples de phénotype étendu.

Cet oiseau, le jardinier satiné, décore sa hutte nuptiale d'objets bleus pour attirer les femelles.

3 La transmission des comportements acquis

Contrairement aux comportements innés, les comportements acquis sont le produit des expériences et des apprentissages individuels. L'apparition de comportements nouveaux peut ainsi être source de diversification du vivant si ceux-ci se transmettent au sein d'une population.

La transmission horizontale des comportements au sein d'une population

Un comportement peut se transmettre entre membres d'une même population par imitation entre individus d'une même génération. Cette **transmission horizontale** se rencontre chez les baleines à bosse, chez lesquelles une nouvelle technique de chasse performante s'est répandue au sein de la population en quelques années seulement.

Un autre exemple bien connu est le cas des mésanges « voleuses de lait ». En Angleterre, certains de ces oiseaux ont développé la capacité de se nourrir en perçant avec le bec l'opercule des bouteilles de lait déposées devant les maisons par le laitier. Rapidement, ce nouveau comportement s'est répandu chez les mésanges, animaux sociaux, par imitation des congénères. Cette transmission nécessite un échange d'information entre les individus. Ainsi, si des cas isolés d'ouverture d'opercule de bouteille de lait ont été observés chez le rouge-gorge, oiseau solitaire, le comportement ne s'est pas répandu dans les populations de cette espèce.

Mésange ayant appris à ouvrir une bouteille de lait.

La transmission verticale des comportements au sein d'une population

Les individus adultes peuvent transmettre un comportement acquis aux individus plus jeunes. Cette **transmission verticale** nécessite alors un apprentissage. Il en est ainsi du chant des oiseaux : si la capacité d'émettre des sons est présente dès la naissance, l'apprentissage du chant typique de l'espèce, parfois même de la population, s'effectue le plus souvent dès le plus jeune âge par imitation du chant des adultes.

La transmission verticale des comportements s'observe souvent chez les animaux ayant une **vie sociale** élaborée : c'est le cas des primates comme les chimpanzés, où l'on observe de nombreuses pratiques transmises d'une génération à l'autre. Lorsque ces pratiques sont propres à chaque population, on peut parler d'une véritable **culture** : une culture est en effet définie comme un ensemble de savoirs et de pratiques qui se partagent et se transmettent socialement au sein d'un groupe donné, sans héritage génétique.

4 Évolution culturelle et évolution biologique

Les mécanismes d'une évolution culturelle

L'**innovation** est l'apparition de nouvelles pratiques au sein d'une population. Si ces pratiques se révèlent avantageuses pour les individus qui les mettent en œuvre, elles peuvent être sélectionnées positivement et se répandre au sein de la population. C'est le phénomène de **sélection culturelle**.

À l'image de l'apparition de l'agriculture chez l'Homme, ce phénomène peut se produire indépendamment en plusieurs foyers d'innovation, sous le double effet du hasard et de la pression sélective.

La **diffusion** d'une innovation culturelle peut être très rapide, particulièrement lors d'une transmission horizontale. La vitesse de la diffusion dépend de plusieurs facteurs : elle est ralentie par les barrières géographiques ou de communication entre populations et est accélérée par les migrations et les liens sociaux entre individus. Ainsi, chez l'Homme, l'évolution culturelle voit sa vitesse augmenter exponentiellement à mesure que se développent les moyens d'échanges et de communication.

Une innovation culturelle peut être abandonnée lorsqu'elle ne présente plus d'avantage dans des conditions de vie nouvelles : c'est une **contre-sélection**. Ainsi, l'introduction sur les bouteilles de lait de bouchons résistants aux coups de bec a entraîné l'abandon du comportement des mésanges « voleuses de lait ».

Une innovation peut également se perdre par **dérive**. Un exemple connu chez les humains concerne les aborigènes de Tasmanie. Ceux-ci, initialement reliés aux aborigènes australiens, ont formé un petit groupe qui s'est isolé il y a environ 10 000 ans. Lors de leur rencontre avec les premiers explorateurs, on a constaté qu'ils avaient perdu de nombreuses techniques pourtant présentes chez leurs ancêtres (outils en os, utilisation de filets de pêche, lances). Cette **perte culturelle** est le résultat d'un simple hasard : du fait du faible effectif, certains comportements n'ont pas été suffisamment transmis à la descendance.

Des liens entre évolution culturelle et évolution biologique

De nombreux points communs peuvent être établis entre les mécanismes de l'**évolution biologique** et ceux de l'**évolution culturelle** :

- innovations génétiques (mutations) ou innovations culturelles (inventions) ;
- sélection naturelle ou culturelle des innovations avantageuses ;
- transmission verticale, par hérédité génétique ou par apprentissage ;
- transmission horizontale, par transfert de gènes ou par imitation ;
- dérive génétique ou perte culturelle ;
- rôle des migrations et des barrières géographiques dans la transmission.

L'hérédité n'est donc pas seulement fondée sur l'ADN. Il existe d'autres mécanismes qui contribuent à la diversification des êtres vivants au cours du temps et des générations : l'évolution résulte des interactions entre évolution biologique et évolution culturelle.

L'essentiel

D'autres mécanismes contribuent à la diversité du vivant

Bordas Flash PAGE podcast

DYS

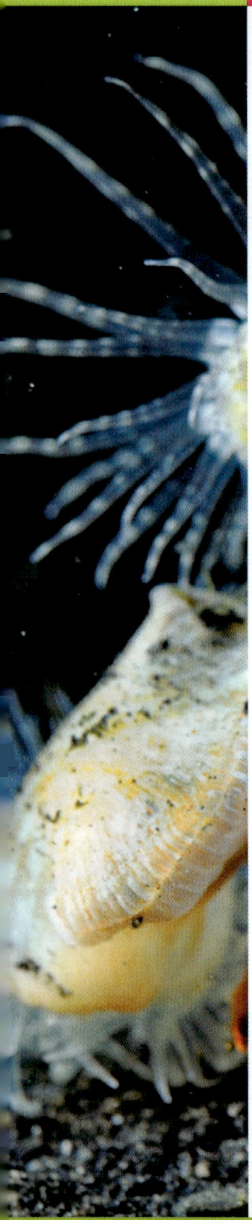

À retenir

Associations non héréditaires et diversification du vivant

Des associations entre espèces, non transmises de manière héréditaire, peuvent participer à la diversification du vivant. Les **symbioses**, associations à bénéfice réciproque, peuvent se traduire par de nouvelles formes de vie.
Les relations entre les **pathogènes** et leurs hôtes contribuent également à une diversification du phénotype.

Le phénotype étendu

Le phénotype d'un individu ne se limite pas à l'ensemble des caractéristiques de son organisme, mais s'étend aux modifications de son environnement dues à ses comportements : c'est ce qu'on appelle le **phénotype étendu**. On peut ainsi inclure dans le phénotype étendu des animaux leurs **constructions** à partir de composants inertes du milieu, leurs éléments de parure, certains de leurs **comportements**.

La transmission des comportements acquis

Un comportement est acquis lorsqu'il est le fruit de l'expérience individuelle ou de l'apprentissage. La transmission d'un comportement acquis au sein d'une population peut s'effectuer par **transmission horizontale** entre individus d'une même génération ou **verticale**, entre générations. L'apparition de nouveaux comportements et la différenciation des comportements transmis au sein des populations est une source de diversification. Il existe donc une hérédité non fondée sur l'ADN.

Évolution culturelle et évolution biologique

Le partage et la transmission de pratiques et de savoirs au sein d'une population constituent une culture. L'**évolution culturelle** est la transformation dans le temps de la culture d'une population. Elle fait intervenir des **innovations** pouvant être sélectionnées si elles sont avantageuses, contre-sélectionnées quand elles deviennent inopérantes, ou perdues par hasard. L'évolution de la biodiversité résulte des interactions entre évolution biologique et évolution culturelle.

Mots-clés

Apprentissage • Associations non héréditaires • Association symbiotique • Comportements acquis • Comportements innés • Culture • Évolution culturelle • Hérédité non fondée sur l'ADN • Phénotype étendu • Transmission horizontale • Transmission verticale

Schéma bilan

D'autres mécanismes contribuent à la diversité du vivant

Relations et associations entre les êtres vivants

▸ Symbiose

Association entre des espèces différentes :

- production de nouvelles substances ;
- propriétés nouvelles ;
- colonisation de nouveaux milieux.

lichen ⟶ pariétine (protection contre les UV)

lichen { algue / mycélium (champignon)

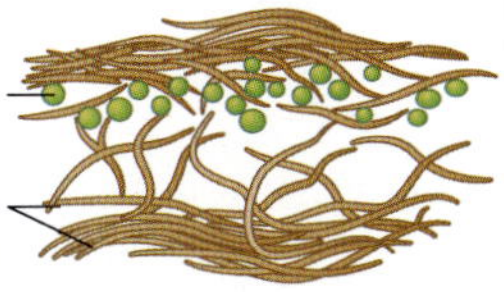

▸ Relations hôtes/parasites

Une des espèces vit aux dépens d'une autre :

- production de nouvelles substances ;
- modification du comportement de l'hôte.

Utilisation d'éléments inertes

Constructions, utilisation de matériaux…

Transmission culturelle des comportements acquis

Utilisation d'outils chez les chimpanzés

Adultes ↓ Jeunes : Transmission verticale (entre générations)

Transmission horizontale (au sein d'une génération) : Individus initiés ⟶ Individus non initiés

Comportement de chasse des baleines

Associations non héréditaires ⟶ Phénotype étendu

Recrutement de composants inertes ⟶ Phénotype étendu

Évolution culturelle ⟶ Phénotype étendu

Phénotype étendu ⟶ DIVERSIFICATION DU VIVANT

Exercices Autoévaluation

Réponses voir p. 502

1 Retour vers les problématiques

Relisez la page « S'interroger avant d'aborder le chapitre » (p. 105). À l'aide de ce que vous savez à présent, répondez aux questions que vous avez formulées.

2 QCM

Pour chaque affirmation, choisissez l'unique bonne réponse.

1. **Une association symbiotique entre deux organismes d'espèces différentes :**
   a. apporte un bénéfice à l'un des partenaires au détriment de l'autre ;
   b. peut se manifester par des nouveautés phénotypiques ;
   c. est la simple addition des capacités des deux organismes associés ;
   d. constitue souvent un ensemble particulièrement fragile et vulnérable.
2. **Le phénotype d'un individu :**
   a. est l'ensemble des caractères résultant de l'expression génétique indépendamment de son environnement ;
   b. est l'ensemble des caractères non génétiquement déterminés ;
   c. inclut les comportements et productions d'un être vivant ;
   d. est indépendant des facteurs de l'environnement.
3. **Les comportements des êtres vivants :**
   a. sont toujours stéréotypés et génétiquement déterminés ;
   b. peuvent correspondre à une culture propre à une population ;
   c. sont innés chez les animaux et culturels dans l'espèce humaine ;
   d. ne peuvent être transmis à la génération suivante que s'ils sont génétiquement déterminés.

3 Vrai ou faux ?

Repérez les affirmations exactes et corrigez celles qui sont inexactes.

a. La transmission d'un comportement des parents aux jeunes est une transmission horizontale.
b. Certaines constructions réalisées par des animaux peuvent résulter de l'expression de leurs gènes.
c. Une symbiose peut modifier le métabolisme propre à chacun des partenaires.
d. Dans une population, une innovation culturelle met toujours beaucoup de temps pour se transmettre et se généraliser.
e. La diversification des êtres vivants est toujours la conséquence de modifications génétiques transmises à la génération suivante.

4 Expliquer la différence entre...

a. Symbiose et parasitisme.
b. L'évolution culturelle et la sélection culturelle.
c. Une transmission culturelle verticale et une transmission culturelle horizontale.

5 Apprendre en s'interrogeant

1. **Cachez l'une des colonnes du tableau suivant et retrouvez ce que contient l'autre (à faire seul ou à plusieurs).**
2. **Vérifiez vos réponses, et reprenez si besoin les notions concernées.**

Notion	Définition
Symbiose	Association durable à bénéfice réciproque entre deux êtres vivants d'espèces différentes.
Phénotype étendu	Ensemble des caractéristiques d'un individu qui résultent de l'expression directe de son génome mais aussi de son action sur l'environnement (comportements, constructions...).
Évolution culturelle	Transformation dans le temps des éléments culturels d'une population.

6 Différencier des notions

Parmi les expressions suivantes, identifiez celles qui concernent :
– l'évolution biologique uniquement ;
– l'évolution culturelle uniquement ;
– les deux types d'évolution.

a. Transmission horizontale
b. Mutation allélique
c. Sélection naturelle
d. Invention
e. Dérive
f. Transmission de l'ADN
g. Imitation
h. Apprentissage
i. Comportement inné

7 Compléter un schéma

Présentez, sous la forme d'un schéma de ce type, les différents mécanismes de diversification du vivant que vous connaissez.

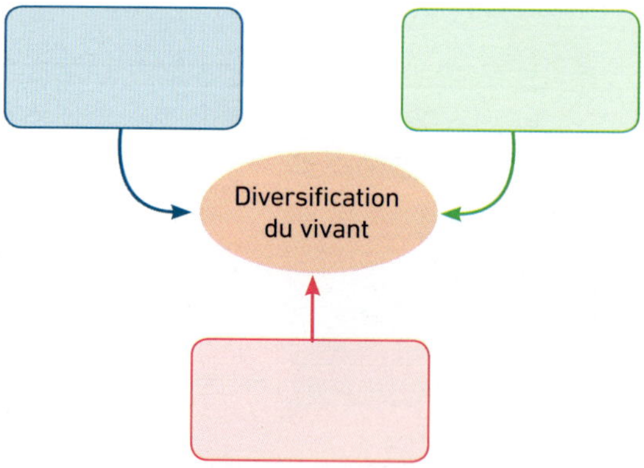

★ facile ★★ intermédiaire ★★★ confirmé

8 Mettre en relation des informations

★

Dans la région de Shark Bay en Australie, la technique de chasse la plus courante chez les dauphins consiste à repérer, grâce à un système d'écholocation, la présence de la vessie natatoire des poissons (poche remplie de gaz située dans l'abdomen des poissons, qui améliore leur flottaison). Les dauphins utilisent aussi parfois une éponge naturelle, qu'ils placent au bout de leur bec, afin de débusquer sans se blesser des proies au fond de l'eau ou entre les rochers.

Les poissons qui nagent en pleine eau possèdent le plus souvent une vessie natatoire. Les poissons qui vivent au fond de l'eau ou au milieu des rochers en sont dépourvus.

Le graphique traduit le résultat d'une étude portant sur les proies consommées par deux populations de dauphins (1 et 2).

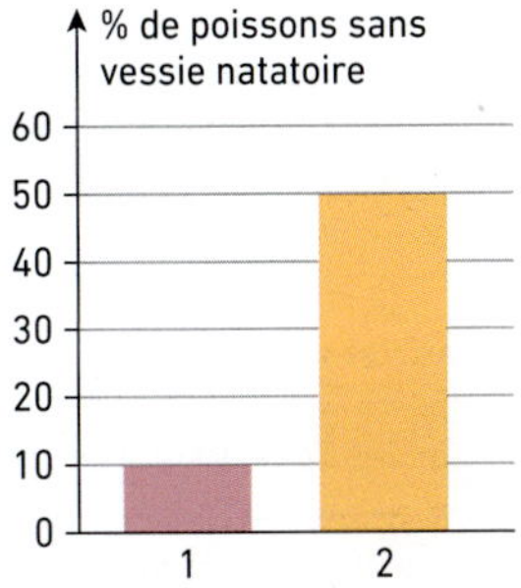

Que montre la mise en relation des informations issues du texte et du graphique ?

9 Exploiter un graphique et formuler un problème biologique

★★

Les anémones de mer sont des animaux qui vivent en adhérence à la surface des rochers ; elles peuvent néanmoins se déplacer. Certaines anémones vivent parfois en symbiose avec des algues unicellulaires hébergées dans leurs tentacules.

Une étude expérimentale a été menée pour observer l'effet de cette symbiose sur le comportement des anémones de mer.

Au début de l'expérience, les anémones sont placées dans un aquarium de telle sorte que la moitié se trouve dans un environnement éclairé et l'autre moitié dans un environnement non éclairé. On évalue régulièrement la répartition des anémones. L'étude est réalisée avec des anémones symbiotiques d'une part, avec des anémones non symbiotiques d'autre part.

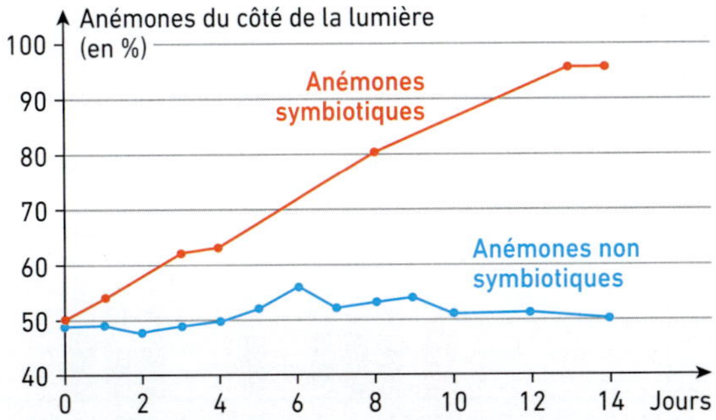

Justifiez le terme de symbiose utilisé pour qualifier cette association entre anémone de mer et algues.

Formulez un problème biologique posé par cette étude.

10 Établir une corrélation, proposer une hypothèse

★★★

Dans le chant des pinsons mâles, on a identifié un motif particulier, dénommé « PC1 », variable suivant les individus. Un indice a été utilisé pour caractériser ce motif. Les graphiques ci-dessous ont été obtenus en comparant deux à deux le motif PC1 de jeunes pinsons avec celui de leur père et celui de leur grand-père maternel.

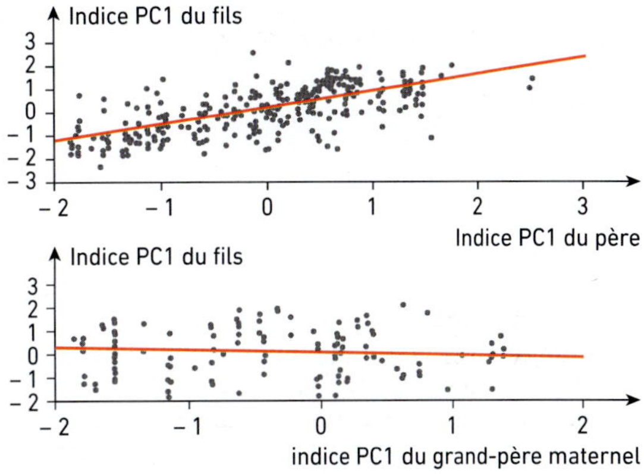

Indiquez ce que montre chacun de ces graphiques. Proposez une hypothèse explicative.

11 Réaliser un dessin d'observation

★

La photographie ci-dessous a été réalisée à partir d'une coupe transversale d'un lichen, observée à fort grossissement.

Réalisez un dessin légendé de cette observation de façon à illustrer un exemple de symbiose.

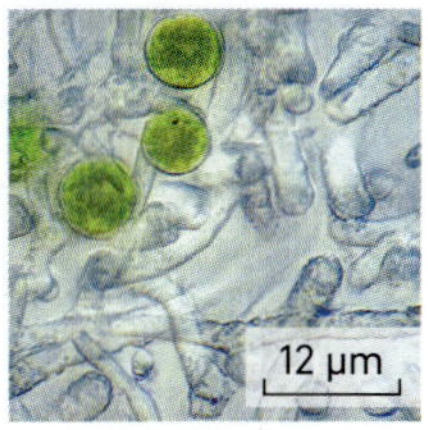

12 Raisonner avec rigueur

★

Souris sylvestre et son abri.

La souris sylvestre est très commune dans la majeure partie de l'Amérique du Nord, à l'exception du sud-est. Cet animal construit des abris sous forme de tunnels courts, avec entrée unique. La souris des dunes vit au contraire uniquement dans le sud-est de l'Amérique du Nord. Elle construit des tunnels longs comportant une issue de secours. Des observateurs ont émis l'hypothèse que ce comportement pouvait être transmis au sein de cette population par imitation.

Ces souris sont considérées comme des espèces différentes. Néanmoins, elles peuvent se reproduire entre elles en laboratoire. Des chercheurs ont alors croisé des souris sylvestres et des souris des dunes : ils ont obtenu des souris hybrides qui, à 100 %, construisent des tunnels longs avec une issue de secours. En croisant ces hybrides avec des souris sylvestres, les descendants construisent des tunnels de longueurs variables, avec une sortie de secours dans 50 % des cas.

Que doit-on déduire de cette expérience ?

13 Le « vol » de nectar par les bourdons

★★★

Un bourdon voleur de nectar.

Les bourdons se nourrissent de nectar qu'ils prélèvent habituellement en pénétrant à l'intérieur de la corolle des fleurs, assurant ainsi la pollinisation.
Déjà, Charles Darwin avait observé un autre comportement et suggéré que celui-ci pouvait être transmis socialement : les bourdons percent directement un trou en mordant la base de la corolle sur un côté de la fleur afin de prélever plus facilement le nectar. Lorsqu'ils trouvent une fleur percée, ils utilisent souvent le trou existant.
Différentes recherches ont été menées afin de déterminer comment un tel comportement peut se transmettre.

En exploitant ces documents, proposez une explication à l'apparition de ce comportement chaque été et à sa transmission au cours de la saison.

DOC 1 Des observations étonnantes

Entre 2009 et 2011, D. Goulson étudie le comportement de 168 bourdons dans 13 prairies d'alpage différentes et fait les constats suivants :
- Il existe une latéralité : selon les prairies, les fleurs sont percées par les bourdons très majoritairement soit du côté gauche, soit du côté droit.
- Cette latéralité ne se maintient pas nécessairement d'un été à l'autre. Dans une prairie, alors qu'en 2009, 169 des 171 fleurs étudiées en fin de saison étaient percées du côté gauche, en 2011, dans cette même prairie, 158 des 161 fleurs étaient percées majoritairement du côté droit.
- Dans une même prairie où coexistent deux espèces de bourdons, les deux espèces percent les fleurs du même côté.

DOC 2 Première étude expérimentale

On cherche à savoir dans quelle mesure ce comportement des bourdons pourrait être transmis par imitation de congénères.
Des bourdons « naïfs », n'ayant jamais percé de trous dans des fleurs, ni exploré de fleurs percées, sont répartis en deux lots :
- le lot 1 (15 bourdons) est mis en présence d'autres bourdons naïfs ;
- le lot 2 (15 bourdons) est mis en présence de bourdons ayant déjà pratiqué le vol de nectar.

On observe alors le comportement des bourdons des deux lots (en laboratoire) en présence de fleurs déjà percées : on détermine le nombre de bourdons qui sondent et explorent les trous de vol existants.

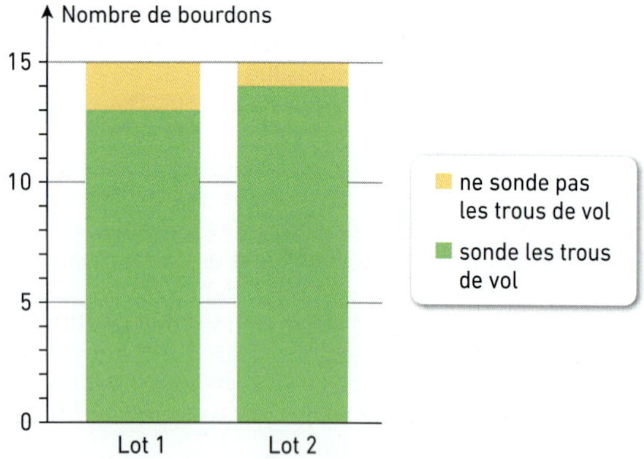

Comportement des bourdons des deux lots.

DOC 3 Deuxième étude expérimentale

Des bourdons « naïfs » sont répartis en deux lots :
- Le lot 1 est mis en présence pendant 30 minutes avec des fleurs dont la corolle intacte est protégée par du ruban adhésif ne permettant pas que celle-ci soit percée.
- Le lot 2 est mis en présence pendant 30 minutes avec des fleurs, également protégées par du ruban adhésif, mais percées d'un trou de 2 mm à la base de la corolle, permettant de prélever le nectar sans percer de trou.

On observe ensuite le comportement des bourdons des deux lots en présence de fleurs intactes : les bourdons des deux groupes tentent de mordre la fleur à différents endroits. On détermine, pour chaque bourdon, le pourcentage de morsures effectuées à la base de la corolle.

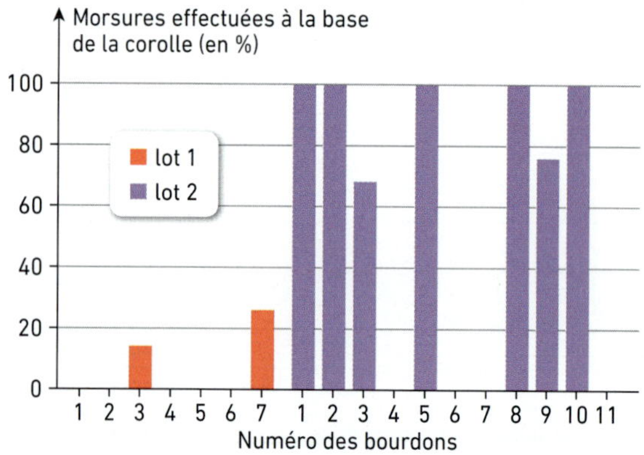

Localisation des morsures réalisées pour trouer la corolle.

PRÉPA BAC

À la date de publication de ce manuel, les notions enseignées dans ce chapitre sont exclues de l'épreuve écrite et de l'épreuve pratique.

Épreuve écrite

Rédaction d'un texte argumenté pour répondre à une question scientifique

14 L'évolution culturelle

L'éthologie, science du comportement des animaux, a permis de démontrer l'existence d'une transmission culturelle de comportements chez les animaux. On a ainsi mis en évidence, en parallèle de l'évolution biologique, l'importance d'une véritable évolution culturelle.

- **En vous appuyant sur des exemples, exposez les mécanismes de l'évolution culturelle, puis montrez en quoi cette évolution est source de diversité du vivant.**

Document proposé **Une technique de lavage des aliments chez les macaques japonais.**

La première mise en évidence d'une transmission culturelle d'un comportement date des années 1950.
Des chercheurs, qui observaient une population de macaques sur la petite île japonaise de Koshima, notent un curieux comportement. Ces singes croquent habituellement leurs aliments (notamment des patates douces) tels quels, couverts de la peau et de sable. Cependant, un jour de septembre 1953, les chercheurs observent une femelle s'approcher d'un ruisseau, y plonger une patate douce et la frotter des deux mains, avant de la croquer. Dès le mois de novembre, des camarades de jeu de cette femelle se mettent également à laver les patates douces. Dans les mois qui suivent, une variante apparaît : certains lavent désormais leurs aliments dans l'eau de mer. En 1962, les trois quarts des macaques de l'île de Koshima, jeunes et adultes, lavent leurs aliments avant de les croquer.

15 Relations interspécifiques et diversité du vivant

Des mécanismes non génétiques sont également générateurs d'une biodiversité : des associations non héréditaires entre êtres vivants peuvent être source d'une diversification phénotypique.

- **En vous appuyant sur des exemples, montrez que des relations interspécifiques entre organismes contribuent à la diversité du vivant.**

Document proposé

Les acacias portent des épines qui dissuadent les animaux herbivores (girafes, antilopes…). Certains acacias africains ont des épines particulières (photographie) : leur base bulbeuse constitue un nid pour des fourmis dont la piqûre est douloureuse. Ces fourmis se nourrissent du nectar produit par l'acacia.

Épines d'acacias africains.

Épreuve pratique

Pour s'entraîner à l'Évaluation des Capacités Expérimentales

16 Proposer une stratégie de résolution

Vous devez déterminer si le chant des oiseaux est un comportement transmis génétiquement, ou un comportement acquis par apprentissage.
Vous disposez d'enregistrements de chants d'oisillons de différents âges et d'un adulte, tous de l'espèce fauvette à tête noire, ainsi que du logiciel Audacity® permettant d'afficher le sonogramme à partir de ces fichiers.

- **Proposez une stratégie pouvant être mise en œuvre pour répondre au problème posé.**

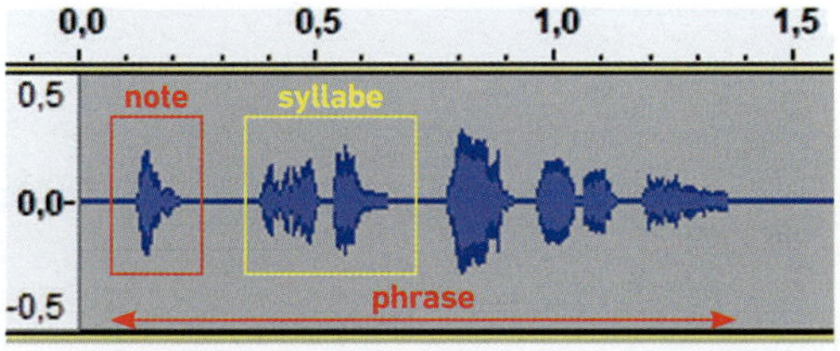

Exemple d'un sonogramme de chant d'oiseau sur le logiciel Audacity.

17 Présenter des résultats

Afin de montrer que les mycorhizes correspondent à une endosymbiose entre plantes et champignons, vous observez, au grossissement × 400, une coupe transversale de racine après coloration au bleu coton, un colorant se fixant sur les filaments mycéliens des champignons.

- **Présentez le résultat de cette observation sous la forme de votre choix.**

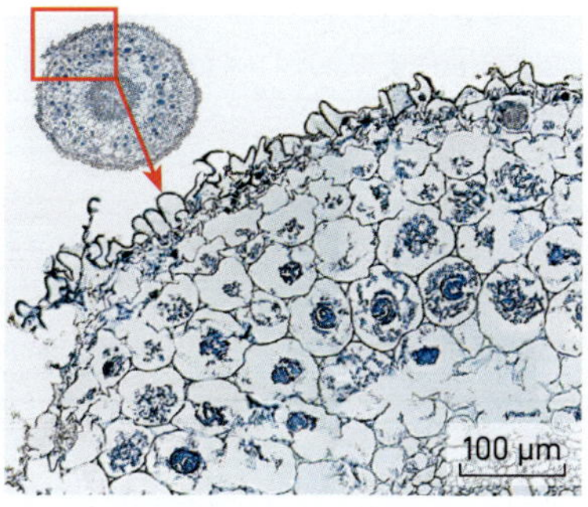

Observation d'une coupe transversale de racine mycorhizée (microscopie optique).

À la date de publication de ce manuel, les notions enseignées dans ce chapitre sont exclues de l'épreuve écrite.

Raisonnement scientifique

Construisez et exposez votre propre démarche pour résoudre le problème posé

18 Le microbiote intestinal : un écosystème symbiotique

Longtemps peu considérées, les bactéries hébergées dans l'intestin et constituant le microbiote intestinal font l'objet depuis quelques années d'un important effort de recherche.

À partir des données tirées des documents et en vous appuyant sur vos connaissances, identifiez le type de relation entre le microbiote et son hôte et montrez qu'elle est source de diversification. Vous étudierez également les modes de transmission du microbiote.

1 70 000 milliards de cellules !

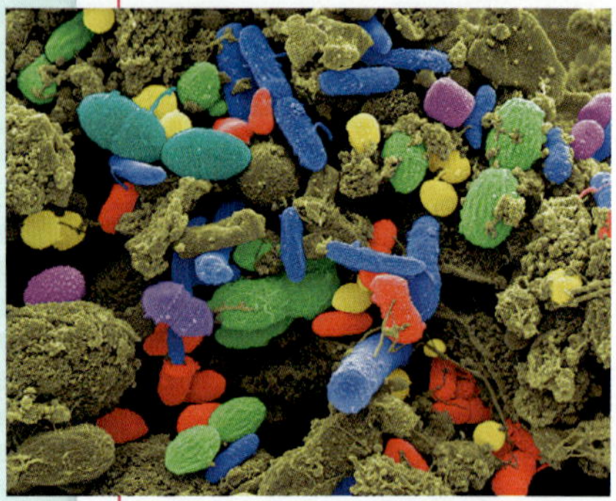

Microorganismes du microbiote intestinal (observation au microscope électronique à balayage, fausses couleurs).

Selon une étude récente, un être humain adulte serait constitué de 30 000 milliards de cellules humaines, appartenant à 300 types cellulaires différents. Mais il hébergerait plus de 38 000 milliards de bactéries et autres microorganismes, appartenant à 500 espèces différentes. La plus grande partie de ce microbiote vit dans la bouche et le tube digestif.

• **Des effets bénéfiques**

– L'équipement enzymatique de l'être humain ne permet pas de digérer les fibres végétales, contrairement à celui de certaines bactéries.
– Certains microorganismes du microbiote produisent des molécules utiles : acides gras à chaîne courte, vitamines…
– Le déséquilibre de la flore intestinale est responsable de troubles appelés dysbioses : problèmes digestifs, inflammation de l'intestin, allergies, diminution de la réponse immunitaire, élévation du risque d'obésité et de diabète.

• **L'intestin : un biotope particulier**

L'intestin est un milieu chaud, humide et abrité. Les matières organiques y abondent. Le milieu est pauvre en dioxygène, ce qui est favorable aux microorganismes anaérobies pour lesquels le dioxygène est un véritable poison.

2 La composition du microbiote

En étudiant les bactéries intestinales de plus de 250 personnes d'origines européenne, américaine et japonaise, les chercheurs de l'équipe internationale MetaHIT ont montré que la population humaine se répartit en trois grands groupes caractérisés par les proportions relatives de différents genres bactériens. Ces groupes, nommés entérotypes, sont indépendants du lieu de résidence, de l'état de santé ou du sexe des individus. Chaque entérotype est caractérisé par le groupe bactérien le plus représenté. Une étude portant sur 98 individus a démontré la corrélation importante entre ces entérotypes et le régime alimentaire à long terme : ainsi, le groupe *Bacteroides* correspond à une alimentation riche en protéines et graisses animales, tandis que le groupe *Prevotella* est dominant dans le cas d'une alimentation riche en glucides. Les chercheurs ont alors étudié l'effet sur 10 jours d'un changement de régime alimentaire :

– dès le 1er jour, la composition du microbiote change de façon significative ;
– l'identité de l'entérotype se maintient néanmoins tout au long de la période de 10 jours.

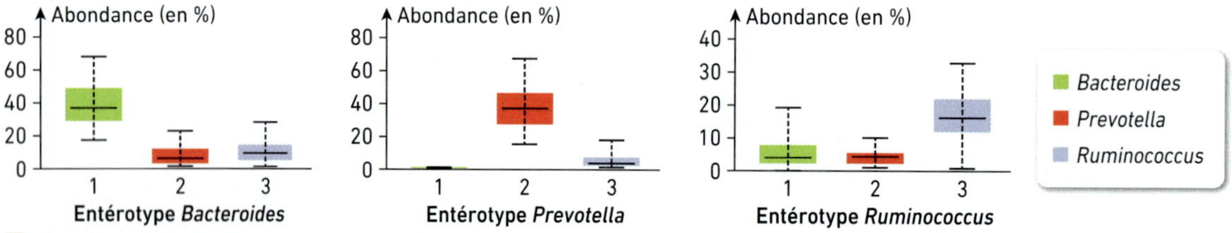

Abondance relative de trois genres bactériens dans les trois entérotypes.

3 Microbiote et relation mère-enfant

Une équipe américaine a étudié la composition du microbiote intestinal de quatre mères et de leur nourrisson, en se limitant à un groupe de bactéries du genre *Bifidobacterium*. Les quatre mères ont accouché par voie naturelle et allaitent leur enfant.

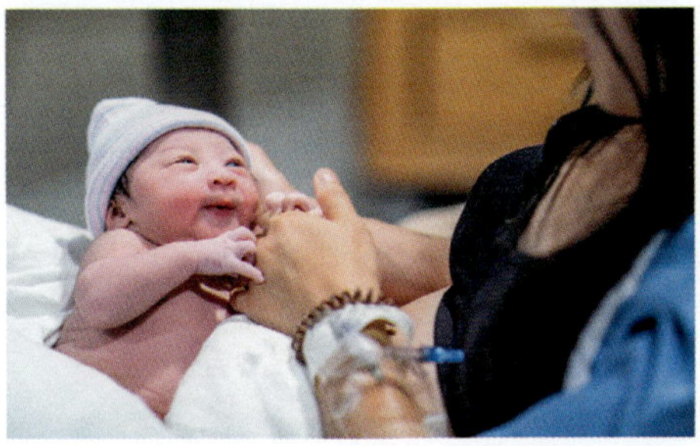

	Mère 1	Enfant 1	Mère 2	Enfant 2	Mère 3	Enfant 3	Mère 4	Enfant 4
B. adolescentis			X	X			X	
B. angulatum				X			X	X
B. bifidum	X		X					
B. breve	X	X				X	X	X
B. dentium	X			X			X	X
B. longum longum	X	X	X	X	X	X	X	X
B. longum suis				X	X	X		
B. pseudolongum	X	X	X	X	X	X	X	X
B. reuteri								
B. thermacidophilum	X	X						

Étude comparative de la composition du microbiote de quatre mères et de leur enfant.

Différents facteurs influencent la composition initiale du microbiote :
- Le liquide amniotique dans lequel vit le fœtus est un milieu stérile. Le développement du microbiote des enfants nés par césarienne est beaucoup plus lent que celui des enfants nés par voie naturelle.
- La colonisation de l'intestin est plus rapide chez les nourrissons nés dans des conditions d'hygiène moins strictes que dans un milieu hospitalier.
- Les enfants allaités présentent un microbiote plus riche en *Bifidobacterium* que celui des enfants nourris au lait artificiel.

4 Le rituel du bain japonais

Au Japon, le bain est une tradition, que celui-ci soit public ou privé. Considéré comme un espace de détente et de lien social, on ne se lave jamais dans le bain, mais avant ou après. L'eau chaude du bain n'est pas renouvelée pour chacun, on se met dans le même bain que les autres. Le bain en famille resserre les liens entre générations : parents et grands-parents se baignent régulièrement avec les enfants jusqu'à 7 ou 8 ans.

A Le bain familial : une pratique courante au Japon.

- Des chercheurs ont voulu déterminer si le bain japonais pouvait jouer un rôle de vecteur de souches du microbiote. Une première étude a eu pour objectif de comparer la ressemblance génétique des microbiotes des membres de plusieurs groupes familiaux prenant soit des bains collectifs, soit des bains individuels.

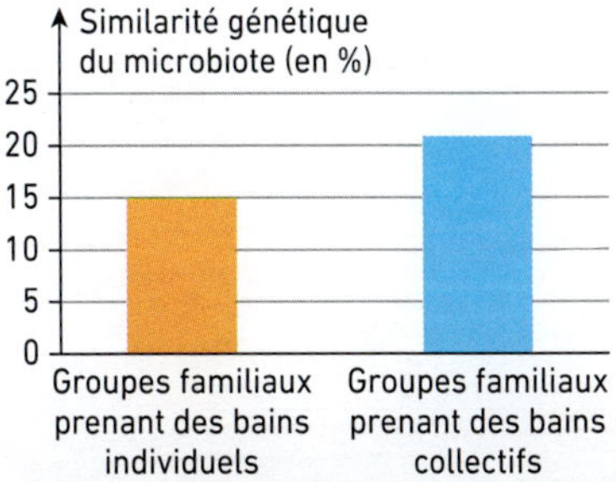

B Comparaison du microbiote de familles pratiquant ou non le bain collectif.

- Une autre étude a porté sur l'analyse du microbiote des individus d'une même famille et de la composition bactériologique de l'eau du bain. Les chercheurs se sont plus particulièrement intéressés au groupe des bifidobactéries du microbiote intestinal.

	Eau du bain	Microbiotes			
		Père	Mère	Fille	Fils
B. longum 1	(jaune)		(jaune)	(jaune)	
B. longum 2	(vert)	(vert)			
B. breve	(rose)	(rose)			
B. pseudocatenulatum 1	(gris)			(gris)	
B. pseudocatenulatum 2	(bleu)	(bleu)			

C Comparaison de l'analyse génétique de souches de bifidobactéries identifiées dans l'eau du bain. (Chaque case colorée indique une similitude supérieure à 99,5 %.)

1 Le temps et les roches 130
2 Les traces du passé mouvementé de la Terre 158

Le parc géologique national de Zhangye Danxia (Chine).

PARTIE 2

À la recherche du passé géologique de notre planète

Retrouver des acquis

De l'érosion aux roches sédimentaires détritiques

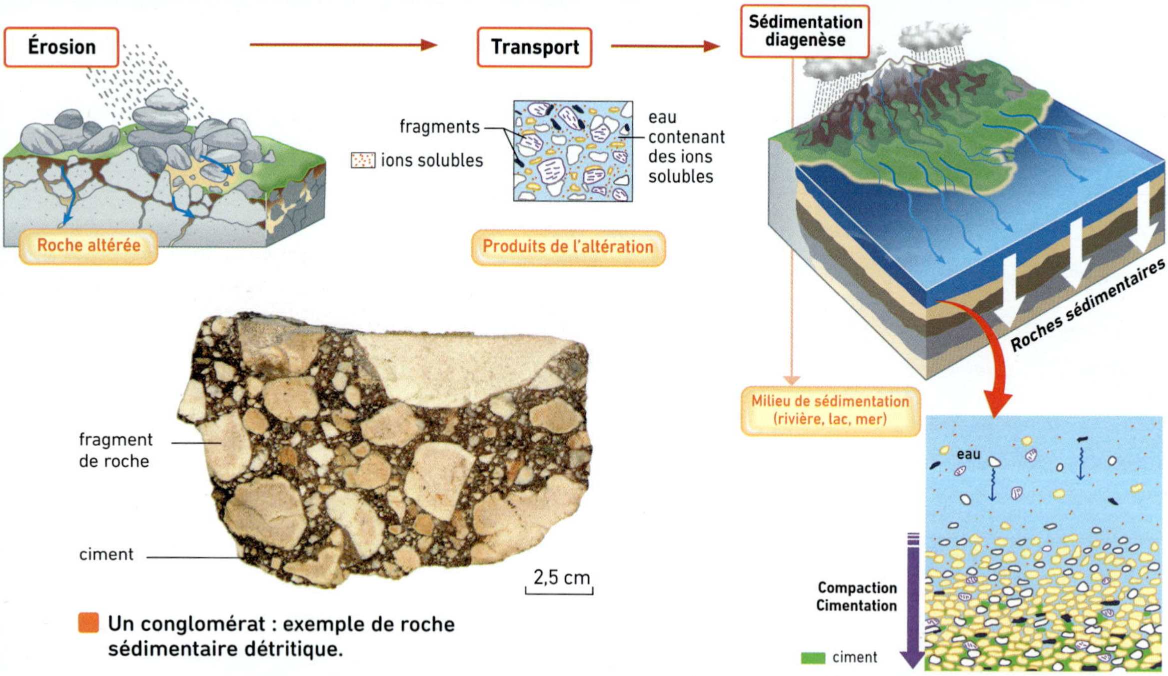

Un conglomérat : exemple de roche sédimentaire détritique.

Les fossiles, témoins des changements de la biodiversité

À l'échelle des temps géologiques, de longues périodes où les espèces se renouvellent progressivement contrastent avec de brèves périodes où la biodiversité subit de profonds changements. Ces périodes de changements rapides sont des crises biologiques.

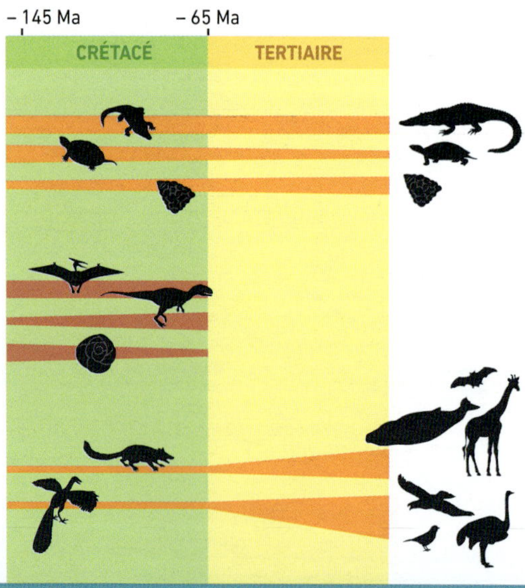

Les fossiles (flèches) sont les restes d'organismes conservés dans les roches sédimentaires. Certains d'entre eux sont typiques d'une période géologique, comme dans ces échantillons datant de la fin du Crétacé (A) et du début du Tertiaire (B).

Dater le passé de la Terre à l'aide de la radiochronologie

Au début du XXe siècle, H. Becquerel, E. Rutherford, P. et M. Curie et F. Soddy découvrent que certains **isotopes**, dits **radioactifs**, se désintègrent spontanément en d'autres isotopes, dits **radiogéniques**.

Un isotope radioactif est caractérisé par sa **demi-vie** $t_{1/2}$, durée au bout de laquelle la moitié de la quantité initiale de noyaux dans un échantillon s'est désintégré.

- L'évolution des quantités d'isotopes « père » et « fils » au cours d'une désintégration radioactive est prévisible : c'est la clé de la **radiochronologie**, une méthode qui permet la **datation** des échantillons étudiés.

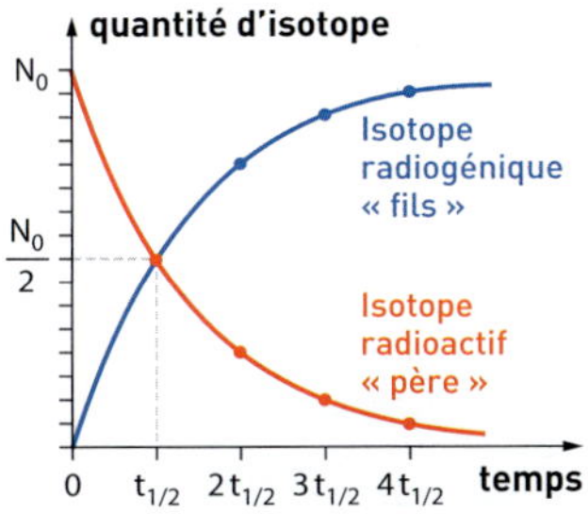

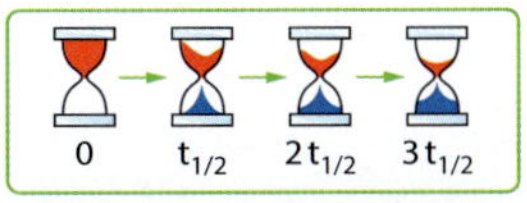

- Le **spectromètre de masse**, inventé par A. Nier entre 1936 et 1938, est un appareil qui permet de mesurer la quantité d'isotopes d'un élément chimique donné dans un échantillon.

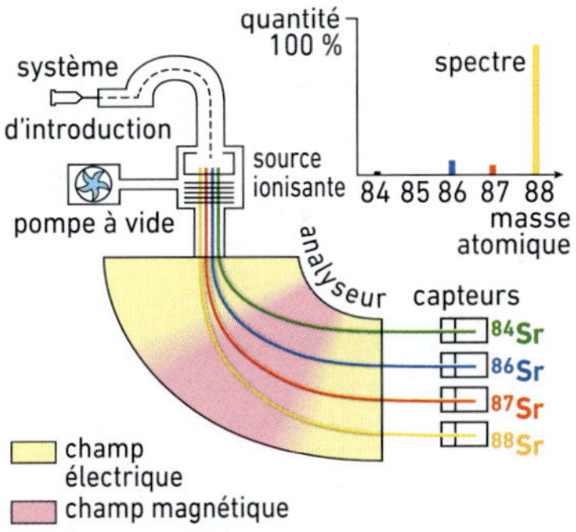

- En 1955, C. Patterson constate que les points correspondant à des mesures isotopiques réalisées sur diverses météorites et dans des sédiments marins s'alignent, formant une **droite isochrone** : ces échantillons ont le même âge, qui est aussi celui de la Terre, 4 570 millions d'années.

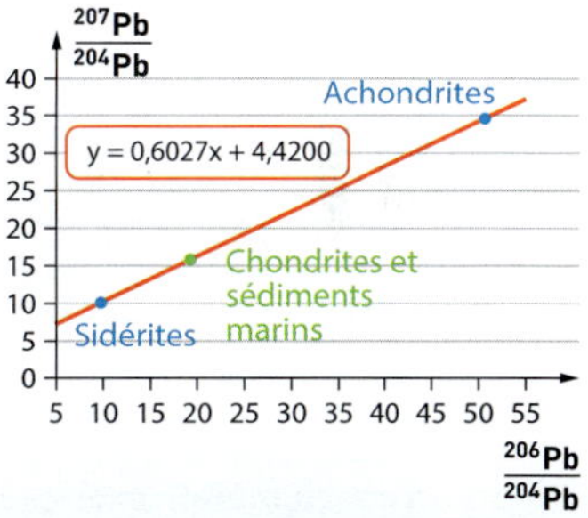

Des roches qui se déforment au cours du temps

Soumises à des contraintes liées à la **tectonique des plaques** les roches se déforment.

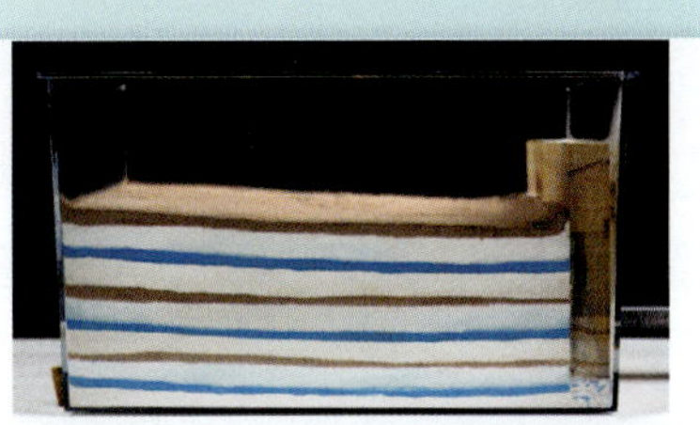

- Quand la contrainte est en **compression**, si les roches sont assez souples elles forment des **plis**. Sinon, elles se rompent brusquement le long de **failles inverses**.

- Quand la contrainte est en **extension**, les roches se rompent brusquement le long de **failles normales**.

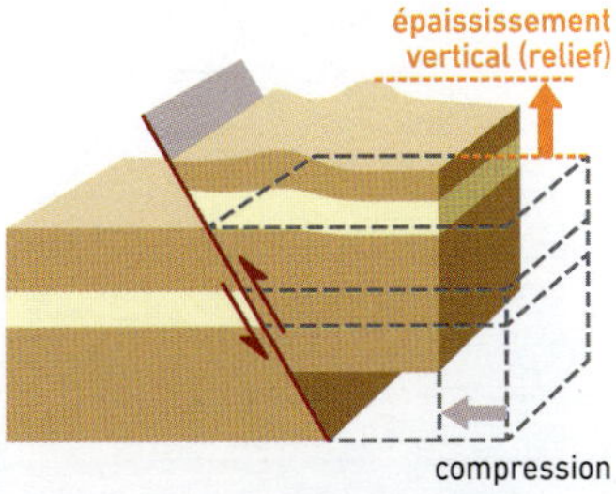

Une faille inverse.

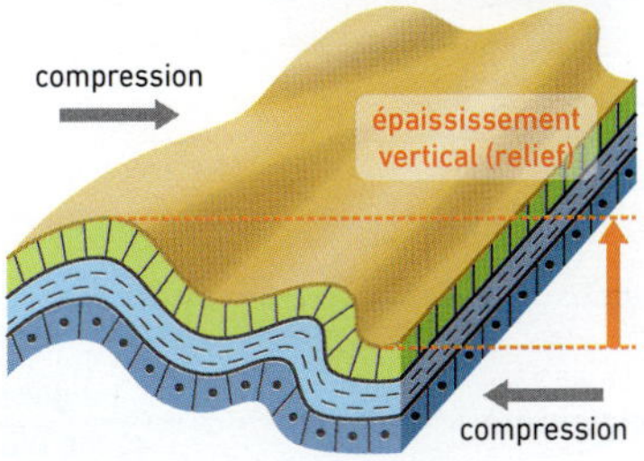

Des plis.

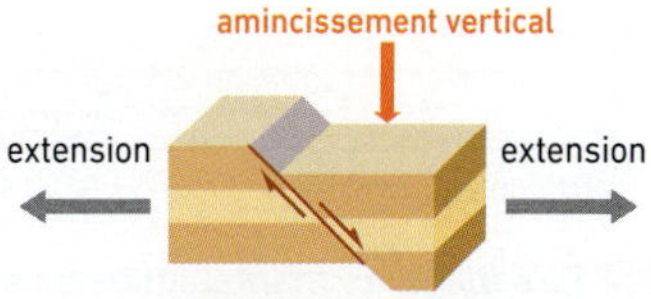

Une faille normale.

Retrouver des acquis

Des plaques lithosphériques mobiles à la surface de la Terre

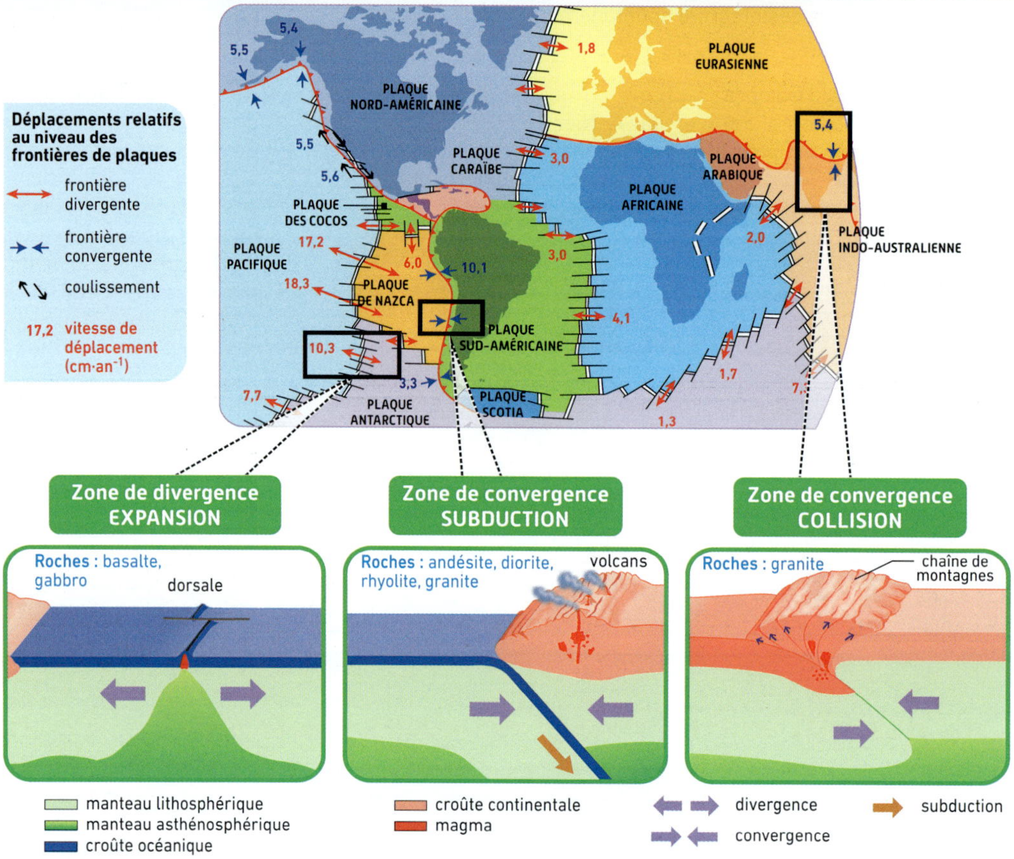

La mise en place de la lithosphère océanique

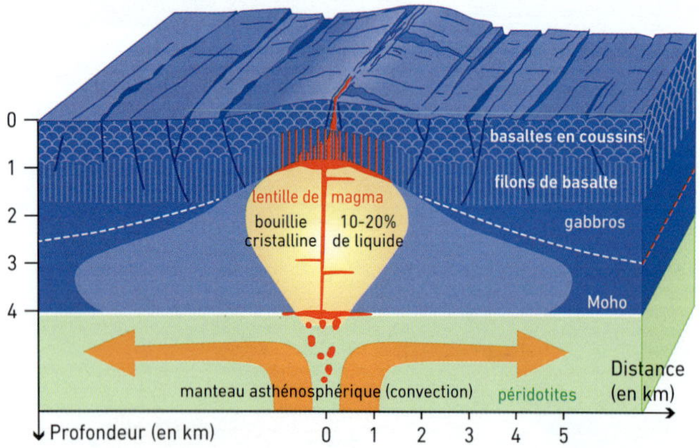

Des magmas mantelliques à l'origine de la croûte océanique.

La formation d'un **coussin de basalte**.

Le basalte, une roche volcanique (texture microlitique).

Le gabbro, une roche plutonique (texture grenue).

La croûte océanique subit des transformations minéralogiques

La circulation des fluides hydrothermaux, à travers la jeune croûte océanique, refroidit les roches et entraîne des réactions d'**hydratation des minéraux** qui les constituent (**A**). Cet hydrothermalisme transforme les basaltes et les gabbros en **roches métamorphiques** du faciès **schistes verts** (**B**).

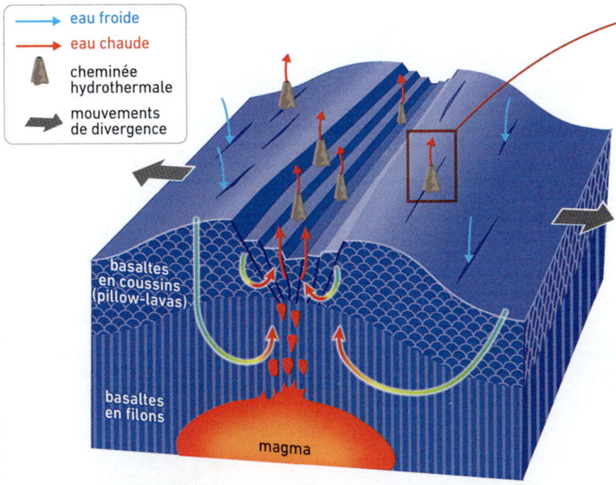

A Modèle de la circulation hydrothermale au niveau d'une dorsale.

B Métagabbro du faciès schistes verts.

Des expériences menées en laboratoire permettent de soumettre des minéraux à des conditions de pression et de température (P-T) qui se réalisent lors de la subduction de la croûte océanique. Elles montrent que des minéraux, stables dans des conditions P-T précises, commencent à réagir entre eux lorsque ces conditions changent, et donnent naissance à de nouveaux minéraux : un **métamorphisme** se produit. Le graphe **C** présente les **domaines de stabilité** de quelques assemblages minéralogiques.

Quelques réactions du métamorphisme :

1 plagioclase + pyroxène + eau → hornblende
2 plagioclase + hornblende + eau → actinote + chlorite
3 plagioclase + chlorite + actinote → glaucophane + eau
4 plagioclase + glaucophane → grenat + omphacite + eau

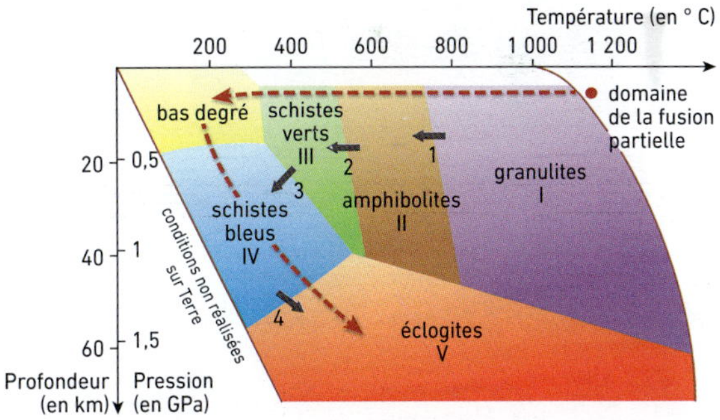

C Les domaines de stabilité de quelques assemblages minéralogiques.

D Métagabbro du faciès schistes bleus (IV).

E Métagabbro du faciès éclogites (V).

PARTIE 2

CHAPITRE 1

Le temps et les roches

Cet affleurement rocheux situé en Namibie est âgé de 850 millions d'années. Il montre un agencement de roches structuré par plusieurs phénomènes successifs : métamorphismes, plissements, fracturations, cristallisations...

S'interroger avant d'aborder le chapitre

Le plus vieux zircon actuellement connu

Le zircon est un minéral particulièrement résistant à l'érosion et aux conditions de pression et de température extrêmes. Celui-ci provient de Jack Hills, en Australie. Il aurait 4,374 milliards d'années.

A

B

La limite entre deux périodes géologiques

La limite entre le Permien et le Trias correspond au passage de l'ère primaire à l'ère secondaire. On peut notamment l'observer sur ces deux affleurements, l'un à Meishan, en Chine (A) et l'autre dans les gorges du Var en France (B).

Formuler les problèmes à résoudre

- **Reconstituer l'histoire de la Terre nécessite de découvrir les événements qui s'y sont produits, en partant à la recherche d'indices dispersés et très incomplets.
Utilisez les documents ci-dessus pour formuler les problèmes que doivent résoudre les géologues pour relever ce défi.**

Unité

1 La datation relative sur le terrain

L'étude des relations géométriques entre les structures rocheuses visibles sur le terrain permet d'établir une chronologie relative des événements géologiques qui se sont produits dans une région.

Sur quels principes fondamentaux repose la datation relative des événements géologiques ?

Plis
Différentes failles
Datation relative
bordas Flash PAGE animations

1 Les principes fondamentaux de la datation relative

L'interprétation des observations géologiques de terrain repose sur des principes de datation relative simples :

- **Principe de superposition*** : les sédiments se déposent en couches horizontales, donc une couche sédimentaire (ou strate) est plus jeune que celle qu'elle recouvre. Ce principe peut s'appliquer à des strates déformées (à condition que la série n'ait pas été inversée par les mouvements tectoniques) ainsi qu'à des coulées ou projections volcaniques.
- **Principe de continuité*** : une même strate est de même âge en tous points.
- **Principe de recoupement*** : une structure géologique qui en recoupe une autre est plus jeune que celle qu'elle recoupe. Cela s'applique par exemple aux failles, filons*, surfaces d'érosion...
- **Principe d'inclusion*** : tout objet géologique contenu dans un autre est plus ancien que la structure qui l'entoure.

A Empilement de couches sédimentaires déposées en milieu marin à l'est de Rodez (Aveyron).

B Pli dans la haute vallée du Buech (Hautes-Alpes).

C Faille dans la région de Lodève (Hérault).

D Filons basaltiques et strates volcaniques (Île de Madère, Portugal).

2 Une discordance entre deux formations géologiques

A Discordance du Jurassique sur les micaschistes primaires à Jard-sur-Mer (Vendée).

B Détail de la surface de contact entre les roches sédimentaires du Jurassique et les micaschistes de l'ère primaire.

Cette petite falaise du littoral Atlantique (à Jard-sur-Mer, en Vendée) (A) permet d'observer une **surface de discordance*** entre des roches dont l'orientation est différente : des strates sédimentaires horizontales du Jurassique inférieur (ère secondaire) reposent sur des micaschistes, roches métamorphiques formées dans les profondeurs d'une ancienne chaîne de montagnes, au cours de l'ère primaire. La lente érosion des reliefs a permis la remontée en surface des micaschistes. Les filons de quartz (C) qu'ils contiennent ne traversent pas les roches du Jurassique ; cependant, on observe des galets anguleux (peu usés) de quartz et de micaschistes à la base des strates sédimentaires (B), juste au-dessus de la surface d'érosion.

C Filons de quartz dans les micaschistes.

Activités envisageables

Pour comprendre et appliquer les principes fondamentaux de la datation relative :

- **Identifiez pour chaque photographie du document 1 les structures caractéristiques des paysages et retrouvez l'ordre dans lequel ces structures se sont formées.**
- **Reconstituez la chronologie des événements qui ont abouti à la formation de la falaise littorale de Jard-sur-Mer.**

Des clés pour réussir

- Vous pouvez réaliser des schémas des paysages montrant leurs structures caractéristiques actuelles, ainsi que leurs états passés successifs.
- Vous pouvez vous référer aux acquis p. 126.

* Lexique ➥ p. 509

Unité

2 La datation relative au laboratoire

Les échantillons récoltés sur le terrain peuvent contenir des indices permettant de confirmer ou d'affiner la chronologie relative établie à l'échelle du paysage.

Quels indices chronologiques des échantillons de roche peuvent-ils contenir ?

1 Une chronologie d'événements lisible à l'œil nu

En appliquant les principes de la datation relative (voir unité 1) à l'observation d'un échantillon de roche, on peut retrouver la trace et la chronologie d'événements intervenus au cours de sa formation.

A Basalte de Sauterre (Puy-de-Dôme) contenant une enclave de péridotite, roche constitutive du manteau terrestre.

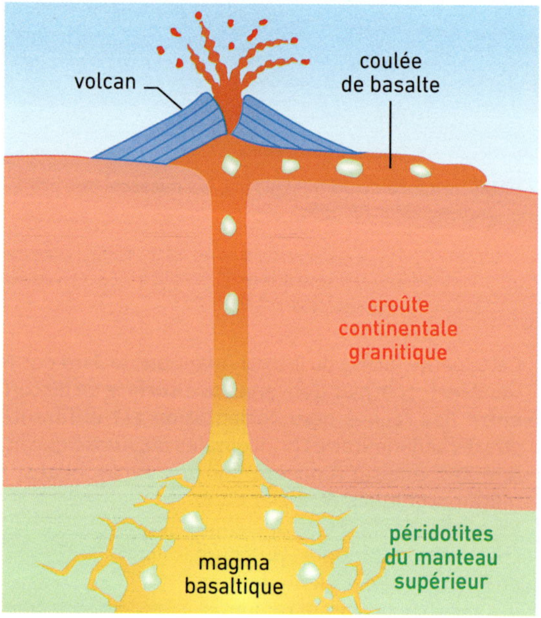

B Des fragments du manteau terrestre peuvent remonter jusqu'en surface.

Cette roche sédimentaire détritique (C) contient des galets de couleur claire, issus de l'érosion d'une ancienne chaîne de montagnes de l'ère secondaire. Leurs formes arrondies témoignent d'un transport fluviatile long. Ils sont solidarisés par un ciment de nature calcaire, attestant de la richesse des eaux fluviatiles de la région en ions calcium et hydrogénocarbonate.

C Conglomérat de la région d'Albas (Aude).

2 Une chronologie d'événements lisible au microscope

Basalte de l'Etna
Biotite contenant des zircons
bordas Flash PAGE lame mince

Les cristaux constituant une roche ne se forment pas tous en même temps. La chronologie de leur mise en place peut être reconstituée notamment en étudiant leur disposition les uns par rapport aux autres.

A Basalte de l'Etna (Italie), observé au microscope polarisant (LPA*). Cristaux de plagioclase (1 à 4), de pyroxène (5), d'olivine (6) et petits cristaux (microlites) dispersés dans du verre volcanique (7).

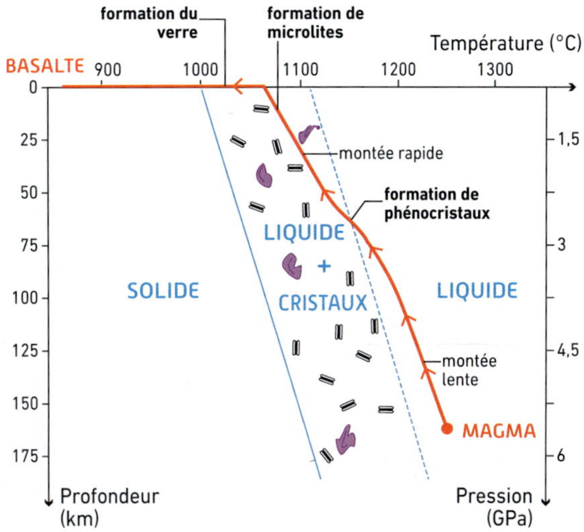

B Conditions de refroidissement et de cristallisation d'un magma basaltique.

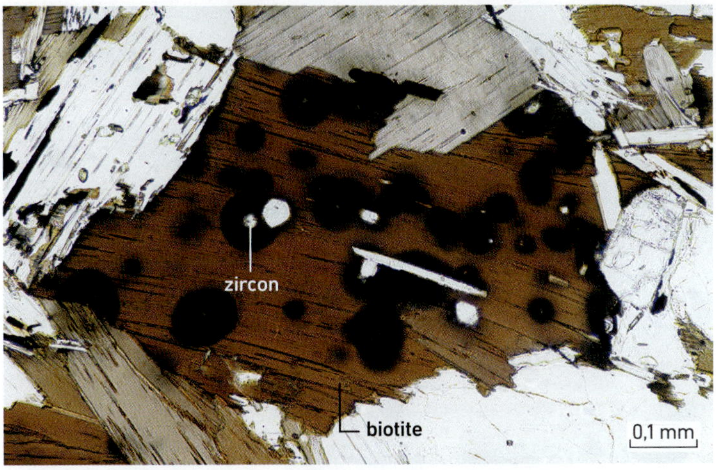

C Cristal de biotite contenant des cristaux de zircon. Observation au microscope polarisant (LPNA*).

Le zircon est un minéral courant dans les magmas granitiques. Extrêmement résistant, il est considéré comme pratiquement inaltérable, si bien que certains cristaux de zircon sont presque aussi vieux que la Terre (voir p. 131). On le trouve couramment en inclusion dans les cristaux de biotite au sein des granites et des rhyolites. Il peut contenir des traces d'uranium, élément radioactif qui, en se désintégrant, « brûle » la biotite environnante, provoquant la formation d'une auréole brune ou noire caractéristique.

Activités envisageables

Pour établir une chronologie relative à partir d'échantillons rocheux :

- **Proposez une datation relative du basalte et de la péridotite de Sauterre.**
- **Réalisez un schéma reconstituant les étapes de la formation du conglomérat d'Albas.**
- **Établissez une chronologie de la mise en place des cristaux visibles sur les lames minces.**

Des clés pour réussir

- Précisez à chaque fois les principes de datation relative sur lesquels vous vous appuyez pour ordonner les événements géologiques.
- Vous pouvez vous référer aux acquis p. 126.

* Lexique ➥ p. 509

Unité 3

La datation des roches sédimentaires grâce aux fossiles

Les fossiles contenus dans les roches sédimentaires peuvent constituer d'excellents indices pour établir une datation relative des terrains. Des précautions sont cependant nécessaires dans le choix des fossiles à utiliser.

Comment certains fossiles permettent-ils de dater les roches sédimentaires ?

1 Les caractéristiques d'un bon fossile stratigraphique

Certaines espèces fossiles permettent de dater les couches géologiques les unes par rapport aux autres : on les désigne sous le terme de **fossiles stratigraphiques***.
Un bon fossile stratigraphique doit posséder trois qualités :

- Il doit avoir une faible extension verticale dans les strates sédimentaires, ce qui signifie que l'espèce a existé pendant une période géologique relativement brève.
- Il doit être représenté par un grand nombre d'individus, afin qu'on puisse le trouver facilement.
- Il doit avoir une large répartition géographique, ce qui permet aux géologues de comparer l'âge des formations géologiques de différentes régions.

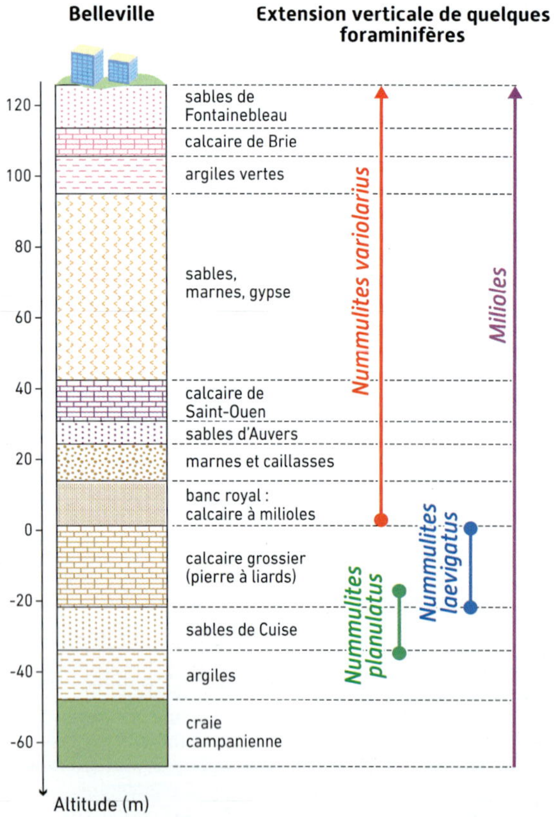

A Colonne stratigraphique de la colline de Belleville (Paris).

En Île-de-France, certaines strates du Bassin parisien sont riches en tests* de foraminifères* (nummulites et milioles). Les milioles sont des foraminifères marins qui vivaient en eau peu profonde. Leur extension stratigraphique va du Carbonifère (ère primaire) à l'époque actuelle.
Les nummulites, aujourd'hui disparues, vivaient dans les zones littorales au cours de l'ère tertiaire. Il en existe de nombreuses espèces, qui diffèrent par la taille, la forme, l'aspect des surfaces, l'allure des cloisons de leurs tests. De nombreux bancs de calcaire à nummulites existent aussi dans le sud de la France ainsi qu'en Espagne, en Indonésie… Le plus prestigieux de tous est certainement le calcaire à nummulites extrait des carrières proches du Caire (Égypte), utilisé dans la construction de la grande pyramide de Khéops.

Nummulites laevigatus.

Nummulites planulatus.

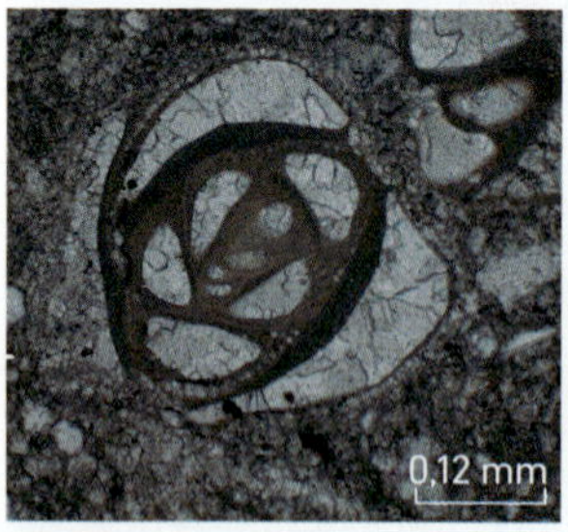

Miliole.

Nummulites variolarius.

B Quelques foraminifères fréquents dans les strates sédimentaires de Belleville.

2 Associer les fossiles stratigraphiques pour affiner les datations

La carrière de Vrines près de Thouars (Deux-Sèvres), classée « réserve naturelle nationale du Toarcien », permet d'observer des bancs de calcaires marneux très riches en fossiles. Les ammonites*, vaste groupe de fossiles marins, y sont particulièrement abondantes et diversifiées. L'étude méticuleuse de leur répartition verticale au sein des strates de la carrière a permis de définir 27 horizons bio-stratigraphiques* superposés, chacun étant caractérisé par une association de fossiles unique. Le découpage temporel ainsi réalisé est si précis que les géologues évaluent la durée nécessaire au dépôt d'un horizon à 200 000 ans seulement.

A Vue générale de la carrière de Vrines.

Hildoceras bifrons
(diamètre environ 12 cm)

Harpoceras falciferum
(diamètre environ 13 cm)

Phymatoceras gr. narbonense
(diamètre environ 16 cm)

B Trois espèces d'ammonites de Thouars.

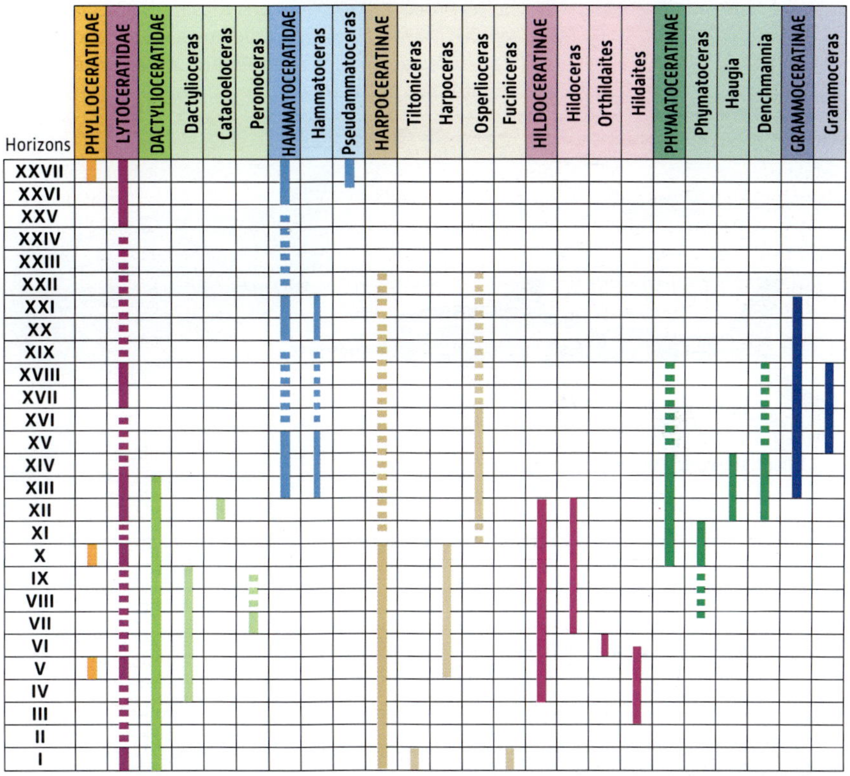

C Extension temporelle des ammonites dans les horizons de la carrière de Vrines (Thouars).

Activités envisageables

Pour comprendre comment les fossiles sont utilisés pour dater des roches sédimentaires

- Comparez l'intérêt stratigraphique des nummulites et des milioles et déterminez le meilleur fossile stratigraphique utilisable à Belleville.
- Recherchez à quels horizons de la carrière de Vrines (Thouars) appartiennent les trois ammonites présentées dans le document 2B.
- Justifiez une des coupures entre deux horizons successifs (par exemple, la coupure entre les horizons XI et XII) et expliquez l'intérêt de considérer des associations de fossiles stratigraphiques.

Des clés pour réussir

- Référez-vous aux qualités requises pour qu'un fossile soit utilisable en stratigraphie.
- Un fossile peut constituer un indice temporel par sa présence, mais aussi par son absence au sein des strates.

* Lexique ➥ p. 509

Unité 4

Établir des corrélations temporelles entre régions éloignées

L'étude des fossiles stratigraphiques permet d'établir des chronologies locales. Elle permet également de dater relativement des événements qui se sont déroulés en des endroits différents, parfois très éloignés.

Comment les fossiles stratigraphiques permettent-ils d'effectuer des corrélations temporelles entre formations géologiques géographiquement éloignées ?

1 Des fossiles rares d'un reptile marin, retrouvés dans des sites éloignés

Les roches sédimentaires de Saint-Jean-des-Vignes (Rhône) et de Digne-les-Bains (Alpes-de-Haute-Provence) ont livré des fossiles particulièrement rares. Il s'agit d'ichtyosaures, des reptiles marins aujourd'hui disparus. La datation relative de ces strates et des fossiles d'ichtyosaures qu'elles contiennent peut se faire à partir de l'étude des ammonites, très abondantes sur ces deux sites, en prenant en référence le site de Thouars (voir p. 137).

A Reconstitution d'un ichtyosaure.

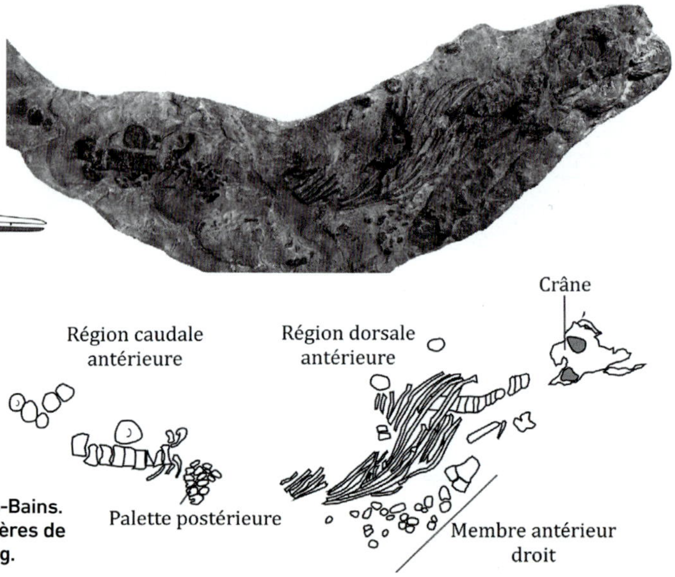

B Moulage d'un fossile d'ichtyosaure de Digne-les-Bains. Le plus grand spécimen retrouvé dans les carrières de Saint-Jean-des-Vignes mesure 11 mètres de long.

2 Le principe d'identité paléontologique

Deux couches sédimentaires qui contiennent les mêmes fossiles stratigraphiques sont du même âge. Ce principe d'**identité paléontologique*** permet de donner un âge identique à deux couches pour lesquelles il est impossible d'appliquer le principe de continuité (couches situées dans deux affleurements différents). Il permet inversement d'éviter les erreurs qui résulteraient de la ressemblance entre des couches distantes (elles ne sont pas nécessairement du même âge).

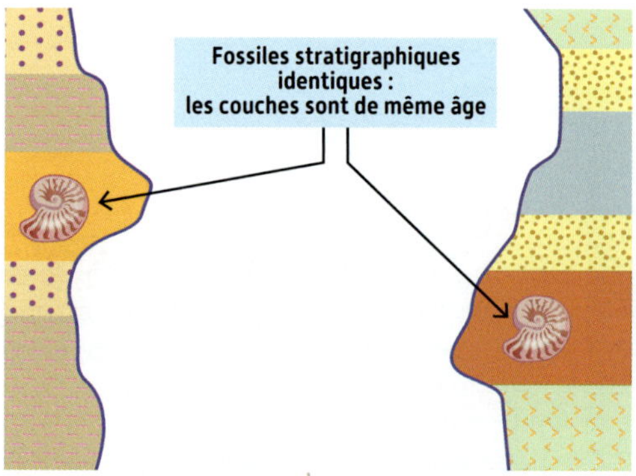

Le principe d'identité paléontologique.

3 Une corrélation temporelle entre formations éloignées

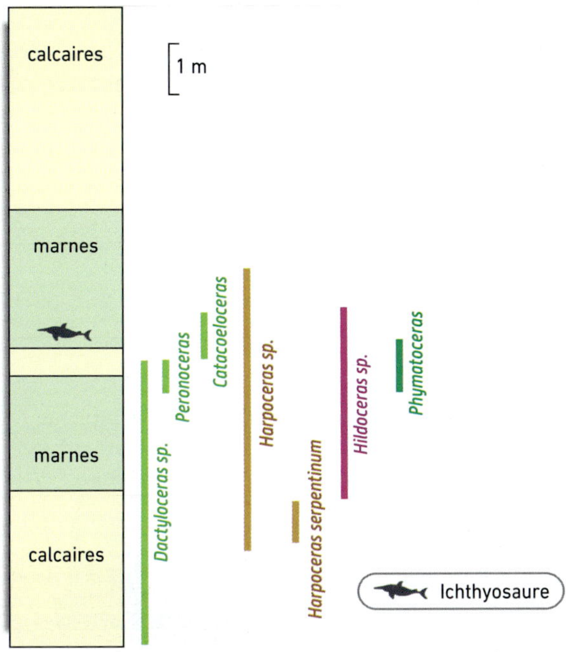

A Colonne stratigraphique et contenus paléontologiques sur le site de Saint-Jean-des-Vignes (Rhône), près de Belmont-d'Alzergues.

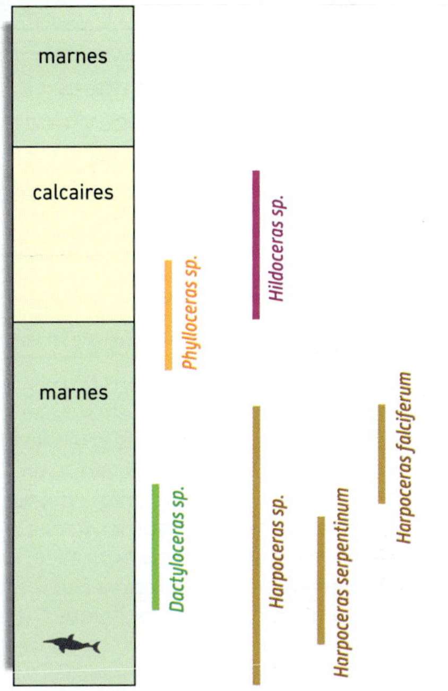

B Colonne stratigraphique et contenus paléontologiques sur le site de Digne-les-Bains (Alpes-de-Haute-Provence).

Catacoeloceras
(diamètre : 6 cm)

Phymatoceras
(diamètre : 8 cm)

C Deux ammonites de la région de Saint-Jean-des-Vignes.

Phylloceras sp.
(diamètre : 4 cm)

Hildoceras bifrons
(diamètre : 7 cm)

D Deux ammonites de la région de Digne-les-Bains.

Activités envisageables

Pour comprendre comment l'étude des fossiles permet de relier dans le temps des formations éloignées :

- **En expliquant la méthode utilisée, établissez la corrélation chronologique entre les strates de Saint-Jean-des-Vignes et Digne-les-Bains.**
- **En référence au site de Thouars décrit dans l'unité 3, proposez une datation des ichtyosaures des deux sites.**

* Lexique ➥ p. 509

Des clés pour réussir

- Comparez les ammonites présentes dans chaque strate des deux sites.
- Utilisez la notion d'horizon bio-stratigraphique étudiée dans l'unité 3.

Unité

5 La construction de l'échelle stratigraphique

Depuis le XVIIe siècle, des géologues cherchent à dater les événements qu'ils observent sur le terrain. Ils ont ainsi élaboré des chronologies locales qui se sont progressivement enrichies, et dont la combinaison a permis de construire une échelle stratigraphique des temps géologiques valable pour l'ensemble des terrains sédimentaires de la planète.

Quels sont les principes de construction de l'échelle stratigraphique ?

1 La construction de grandes subdivisions des temps géologiques

Les ères géologiques sont de vastes divisions de l'histoire de la Terre, dont les limites ont été définies en fonction de changements majeurs dans la nature des fossiles retrouvés (A). Elles portent des noms explicites tels que Paléozoïque (ou ère primaire), Mésozoïque (ou ère secondaire), Cénozoïque (ou ères tertiaire et quaternaire) (du grec palé(o) : ancien ; més(o) : moyen ; cén(o) : nouveau ; et Zo(o, i) : animal).
Au XIXe siècle, les géologues subdivisent les ères en périodes. Par exemple, l'ère Primaire est découpée en six périodes. Parmi elles, le Dévonien se caractérise par d'importants affleurements de grès rouges (B). C'est également une époque de transition entre deux grands cycles orogéniques* (Calédonien et Hercynien). La période suivante a été nommée Carbonifère en raison de sa richesse en roches productrices de charbon (C). C'est une période d'orogenèse active. En Europe, c'est au cours de cette période que se forme la chaîne hercynienne (voir chapitre 2).

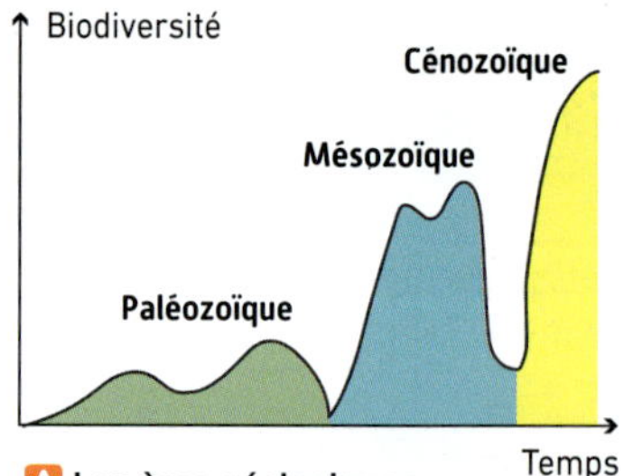

A Les ères géologiques.

B Grès rouge du Dévonien (dans l'est du Devon, en Angleterre).

C Affleurements de houille du Carbonifère à Graissessac (Hérault).

Activité pratique

La banque de données Sepkoski compile des informations sur plus de 30 000 genres de fossiles au niveau mondial. Cette référence pour l'étude de la paléobiodiversité est disponible en ligne. À l'aide des données de la banque, d'un tableur et de l'échelle stratigraphique internationale (voir rabat F en fin d'ouvrage) :

- Tracer l'évolution de la biodiversité au cours des temps géologiques. Vous pourrez notamment utiliser les groupes suivants : les mammifères (*mammalia*), les placodermes (*placodermi*), les poissons osseux (*chondrichtyes*), les reptiles (*reptilia*), les trilobites (*trilobita*), les crinoïdes (*crinoïdea*), les graptolites (*graptolithina*).
- Déterminer le rôle de ces groupes d'espèces fossiles dans la délimitation des périodes géologiques.

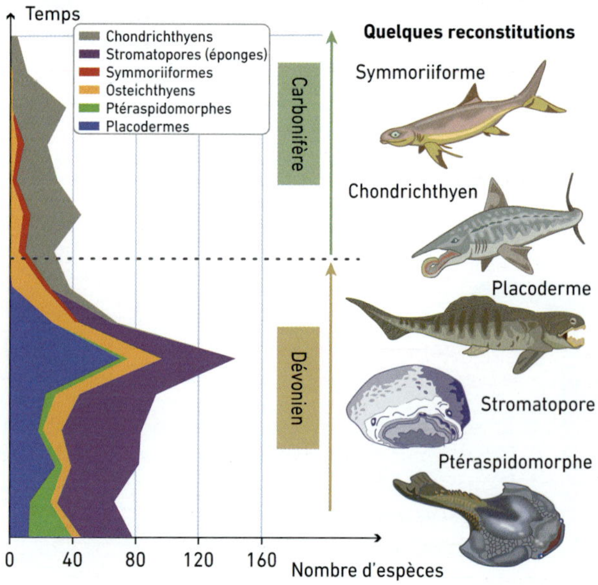

D La transition Dévonien-Carbonifère de quelques groupes d'espèces marines.

2 Les étages géologiques : unités fondamentales de l'échelle stratigraphique

De même que les ères sont découpées en périodes, ces dernières sont subdivisées en unités stratigraphiques plus petites : les étages. Chaque étage est défini à partir d'un **stratotype***, c'est-à-dire de l'affleurement rocheux le plus caractéristique et le plus complet. Un « clou d'or » est planté à la limite inférieure du stratotype et symbolise son statut de référence mondiale (A).
Ainsi, l'étage du Toarcien (Jurassique inférieur) initialement décrit à Thouars (France) dispose d'un stratotype à Ponta do Trovão (Portugal) (B). À sa base, apparaissent les ammonites *Dactyloceras simplex* (C) et disparaissent les ammonites *Pleuroceras spinatum* (D).

A Le « clou d'or » de Ponta do Trovão (Portugal) marque le début du Toarcien, et la fin de l'étage précédent, le Pliensbachien.

C *Dactyloceras simplex* (ammonite du Toarcien).

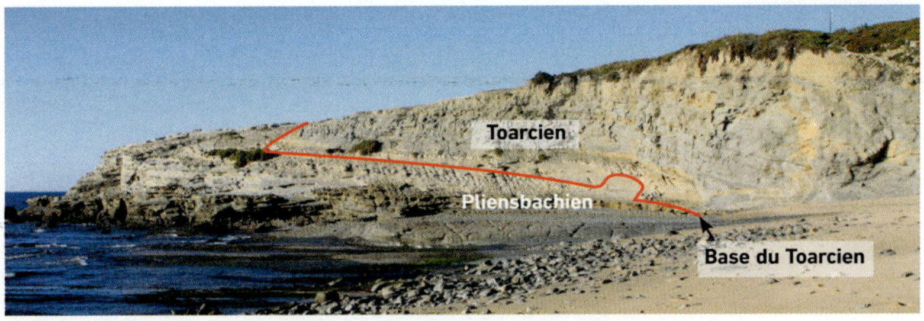

B Le stratotype du Toarcien à Ponta do Trovão (Portugal).

D *Pleuroceras spinatum* (ammonite du Pliensbachien).

3 Le calage de l'échelle stratigraphique dans le temps

L'échelle stratigraphique patiemment construite par des générations de géologues nous indique dans quel ordre chronologique les événements de l'histoire de la Terre se sont produits. Mais elle ne donne aucune indication sur les âges, les durées ou les vitesses de ces événements.
Grâce à l'utilisation des chronomètres géologiques (voir les unités suivantes) les limites stratigraphiques des ères, des périodes et des étages peuvent être datées, et l'échelle stratigraphique calée dans le temps. Même si ce calage fait encore l'objet de travaux et d'ajustements réguliers, il apparaît que l'histoire de la Terre s'inscrit dans un temps très long, dont l'unité de mesure couramment utilisée est le million d'année (Ma).
L'échelle stratigraphique détaillée est présentée sur le rabat F en fin d'ouvrage.

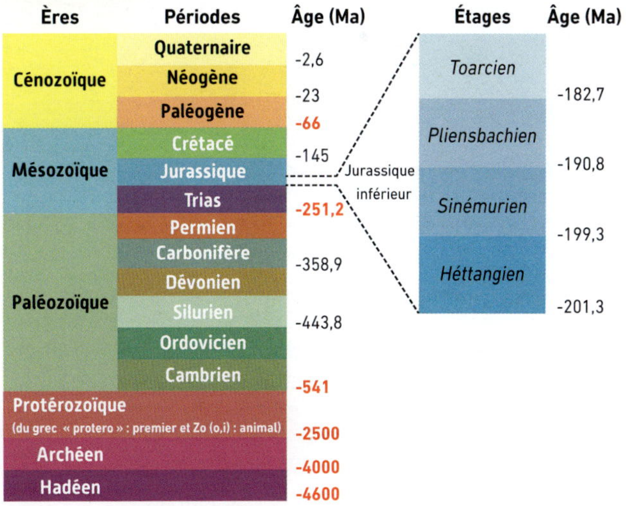

Activités envisageables

Pour comprendre comment l'échelle stratigraphique a été établie :

- **Justifiez les coupures établies par les géologues pour délimiter les ères, les périodes et les étages.**
- **Calculez les durées des ères géologiques et proposez une explication aux différences observées.**

Des clés pour réussir

- Appuyez-vous sur des exemples concrets.
- Les roches antérieures au Paléozoïque ne contiennent que de très rares fossiles.

* Lexique ➥ p. 509

Unité 6

La chronologie absolue : attribuer un âge chiffré aux roches

Jusqu'au début du XXe siècle, aucune méthode ne permettait d'évaluer l'âge absolu d'un événement géologique. Le physicien Ernest Rutherford propose alors d'utiliser la désintégration radioactive pour mesurer l'âge des minéraux constitutifs d'une roche.

Sur quels principes repose la chronologie absolue ?

Décroissance radioactive — bordas Flash PAGE animation

1 La désintégration radioactive constitue un chronomètre géologique

De nombreux éléments chimiques possèdent des isotopes radioactifs* qui sont utilisés comme **chronomètres géologiques***.

Lorsqu'un élément père radioactif se désintègre, il crée un élément fils, ou élément radiogénique.

Ce phénomène se déroule de façon continue et irréversible. La quantité d'élément père encore présente au temps t (P_t) est décrite par la loi dite « de désintégration radioactive » (1). Elle dépend :

– de la quantité initiale d'élément père (P_{t0}).

– de la constante de désintégration radioactive, dont la valeur est spécifique à chaque isotope radioactif. Cette constante, notée λ, est proportionnelle à l'inverse de la période (T) (ou « demi-vie ») de l'élément père.

– du temps écoulé depuis t_0, moment de la fermeture du système (voir page suivante).

(1) Loi de désintégration radioactive : $P_t = P_{t0}.e^{-\lambda t}$

Selon les cas, la datation peut être basée sur le dosage de l'élément père restant ou sur celui de l'élément fils formé. On utilise pour ces mesures un spectromètre de masse, appareil capable de séparer les isotopes et de les doser avec précision.

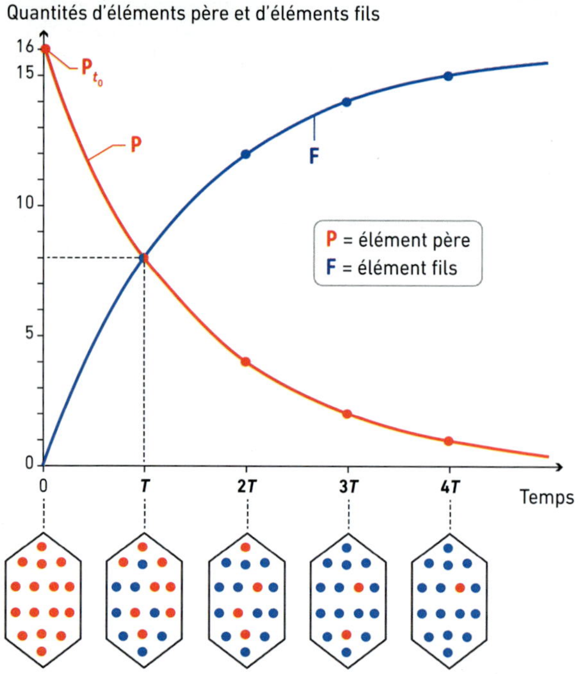

A **Transformation des éléments père en éléments fils au cours du temps.**

Le tableau (B) présente différents chronomètres. Le choix du chronomètre dépend de l'âge supposé de l'objet à dater, qui peut être appréhendé par datation relative.

Élément père → Élément fils	Période (années)	Domaine de datation (Ma : millions d'années)	Échantillons datés
$^{238}U \rightarrow ^{206}Pb$	4,53·10⁹	De 10 à 4 500 Ma	Minéraux riches en uranium (Ex : zircon)
$^{40}K \rightarrow ^{40}Ar$	1,31·10⁹	De 1 à 4 500 Ma	Feldspaths potassiques Amphiboles Pyroxènes Muscovite Biotite Zircon
$^{39}Ar \rightarrow ^{40}Ar$	1,25·10⁹	De 1 à 4 500 Ma	
$^{87}Rb \rightarrow ^{87}Sr$	49,9·10⁹	De 10 à 4 500 Ma	
$^{147}Sm \rightarrow ^{143}Nd$	106·10⁹	> 200 Ma	
$^{14}C \rightarrow ^{14}N$	5 730	< 40 000 ans	Os, bois et autres matières organiques

B **Quelques chronomètres classiquement utilisés en géologie.**

2 La fermeture du système

La datation peut être effectuée sur des morceaux de roches métamorphiques ou magmatiques considérés dans leur ensemble, ou sur les minéraux qu'ils contiennent (B). Dans tous les cas, pour que la datation absolue soit fiable, il faut qu'aucun échange d'isotope n'ait eu lieu entre l'échantillon et son environnement depuis sa formation, jusqu'au moment de la mesure. Si c'est bien le cas, l'échantillon constitue un système fermé*.

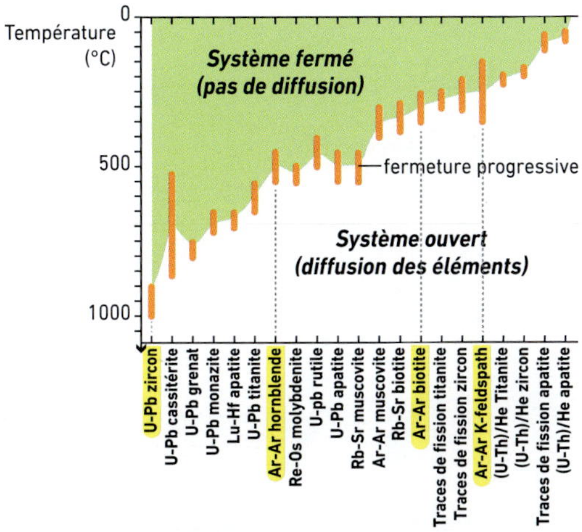

A Température de fermeture en fonction du minéral et du couple d'isotopes utilisés.

Dans le cas des roches magmatiques, les minéraux cristallisent lorsque la température du magma diminue. À des températures élevées, les isotopes peuvent cependant encore diffuser d'un minéral à l'autre : la fermeture est progressive au cours du refroidissement. La température de fermeture, déterminée expérimentalement, est définie comme la température en dessous de laquelle la composition isotopique d'un minéral n'est plus modifiée. Elle est doublement spécifique du minéral et du chronomètre utilisés (A).

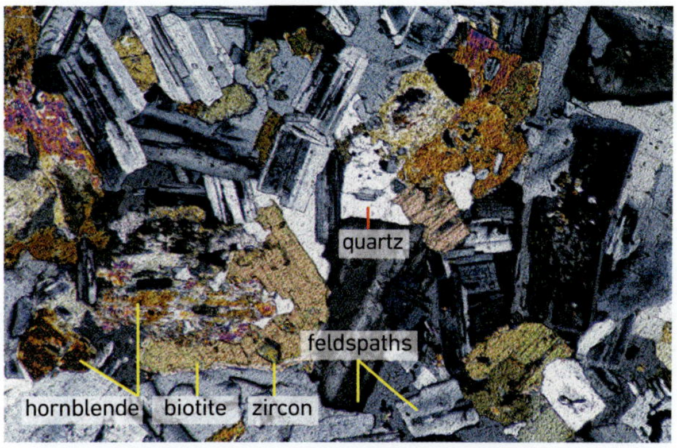

B Observation microscopique d'un granite contenant des cristaux d'hornblende, de feldspath potassique et de biotite. Ces derniers renferment des cristaux de zircon.

C Carrière de granite à Madagascar.

Le pluton* granitique de Carion, à Madagascar (C), provient du refroidissement lent d'un magma en profondeur. Il contient des minéraux qui peuvent être datés à l'aide de différents chronomètres géologiques (D).

Minéral	Couples d'isotopes utilisés	Âge +/- erreur
Zircon	$^{238}U/^{206}Pb$	532,1 +/- 5,1 Ma
Hornblende	$^{39}Ar/^{40}Ar$	513,2 +/- 1,4 Ma
Biotite	$^{39}Ar/^{40}Ar$	481,9 +/- 3,0 Ma
Feldspath potassique	$^{39}Ar/^{40}Ar$	466,0 +/- 4,4 Ma

D Datation de minéraux du pluton de Carion.

Activités envisageables

Pour comprendre comment attribuer un âge à des événements géologiques :

- **Choisissez le chronomètre le plus pertinent pour dater des échantillons dont la datation relative suggère un âge de quelques milliers d'années, de quelques millions d'années, et de plusieurs milliards d'années.**
- **Expliquez pourquoi les minéraux provenant du pluton de Carion ne fournissent pas tous le même âge ; discutez de la notion de datation « absolue » d'une roche.**

Des clés pour réussir

- Un chronomètre est plus fiable si on l'utilise loin des limites de son domaine de datation.
- Donnez les arguments qui permettent de justifier vos choix.
- Détaillez vos explications en vous appuyant sur des données chiffrées.

* Lexique ➥ p. 509

Unité 7

Le chronomètre potassium/argon

La datation basée sur le couple d'isotopes potassium/argon permet de couvrir l'ensemble des temps géologiques avec une bonne précision. Elle repose sur le dosage des quantités de potassium (K) et d'argon (Ar) que renferment les minéraux de roches volcaniques ou métamorphiques.

Comment utiliser le chronomètre K/Ar pour dater des roches ?

1 Principe d'utilisation du couple K/Ar

Le potassium est un élément abondant dans des minéraux communs tels que les feldspaths et les micas. Son isotope ^{40}K est un élément radioactif dont la désintégration produit du calcium (88 %) et de l'argon (12 %) (A). À partir de la loi de désintégration radioactive (p. 142), on peut établir l'équation suivante :

$$^{40}K_t = {}^{40}K_{t0}.(e^{-\lambda t})$$

que l'on peut aussi écrire sous la forme

$$t = \frac{\ln\left(\frac{^{40}K_{t0}}{^{40}K_t}\right)}{\lambda}$$

La quantité de $^{40}K_{t0}$ est inconnue, mais elle peut être déduite de la mesure de $^{40}Ar_t$. En effet, l'argon est un gaz qui s'échappe du magma. Il ne sera piégé que lors de la cristallisation. On peut donc considérer que tout l'argon présent dans l'échantillon provient de la désintégration du potassium : $^{40}K_{t0} = {}^{40}K_t + {}^{40}Ar_t$
On obtient alors :

$$t = \frac{\ln\left(1 + \frac{^{40}Ar_t}{^{40}K_t}\right)}{\lambda}$$

λ est la constante de désintégration du ^{40}K et vaut $5{,}81 \cdot 10^{-11}$ an^{-1}. Un spectromètre de masse permet de doser les teneurs en $^{40}K_t$ et $^{40}Ar_t$ dans l'échantillon.

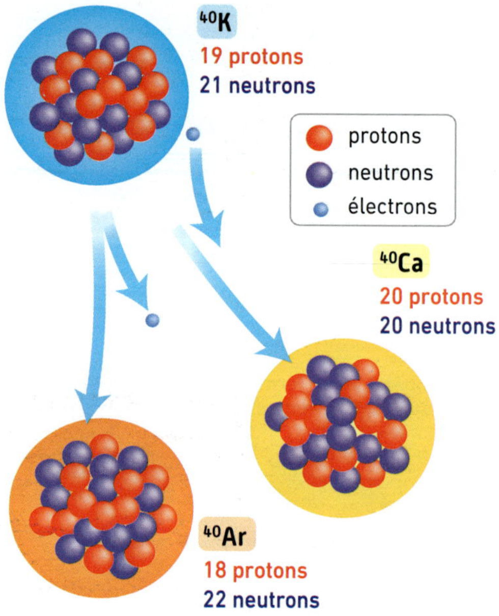

A La désintégration du potassium 40.

Activité pratique

À l'aide du logiciel *Radiochronologie* :

- Étudier la loi de décroissance du ^{40}K.
- Dans le menu « Datation » :
  – déterminer l'âge correspondant à un rapport $^{40}Ar/^{40}K$ = 0,000 34 (échantillon LK30Gm du doc. 2D) ;
  – déterminer l'âge correspondant à un rapport $^{40}Ar/^{40}K$ = 0,000 36 (échantillon TG-KB02AF du doc. 2D).

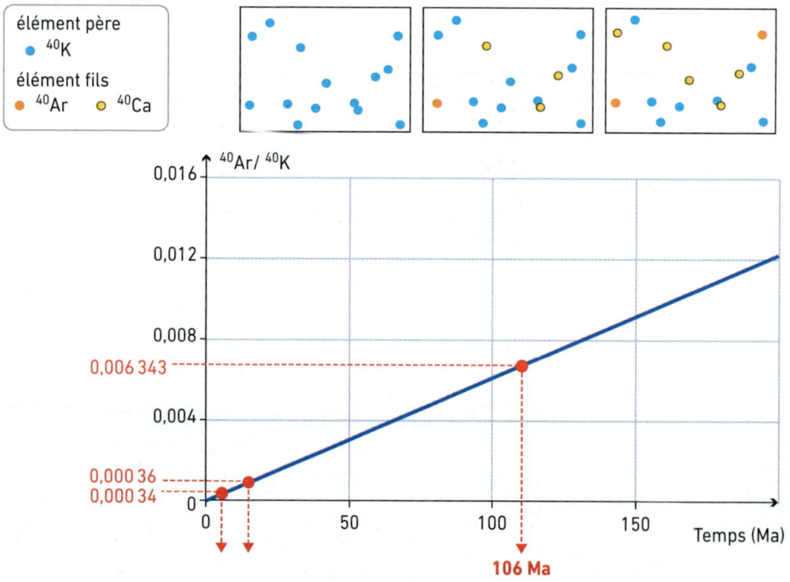

B Évolution du rapport $^{40}Ar/^{40}K$ au cours des 200 Ma qui suivent la fermeture du système.

2 Une application du chronomètre K/Ar : la datation d'un hominidé

Orrorin tugenensis est une espèce d'hominidé* découverte dans le bassin de Lukeino, au Kenya (A). Cette formation géologique est essentiellement constituée de sédiments lacustres* et fluviaux entrecoupés de filons de roches magmatiques (B). Le principal site de fouilles, situé à Kapsomin, a livré la plupart des fossiles d'*Orrorin* (C).

A Vue du bassin de Lukeino.

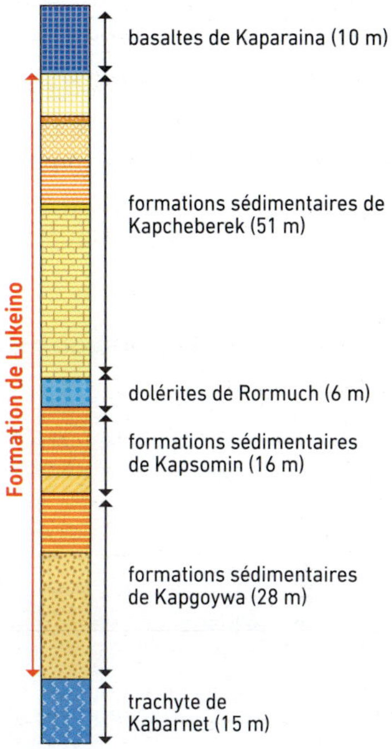

B Colonne stratigraphique des formations de Lukeino.

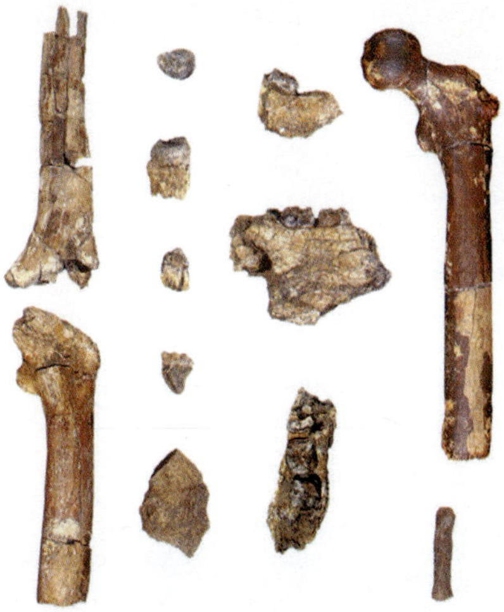

C Les restes fossiles d'*Orrorin tugenensis*.

Aucune datation directe des fossiles d'*Orrorin* n'a pu être effectuée. En revanche, les paléontologues ont réalisé des mesures sur les roches volcaniques situées en dessous et au-dessus de la formation de Kapsomin (D).

Échantillon	Formation	Type de roche volcanique	Matériau analysé	Quantité de ^{40}K en $mol \cdot g^{-1}$	Quantité de ^{40}Ar en $mol \cdot g^{-1}$
LK34Gm	Kaparaina	trachybasalte	pâte volcanique	$4{,}055 \cdot 10^{-8}$	$1{,}299 \cdot 10^{-11}$
LK30Gm	Rormuch	basalte	pâte volcanique	$3{,}063 \cdot 10^{-8}$	$1{,}039 \cdot 10^{-11}$
LK33AF	Kapcheberek	trachyte	feldspath	$1{,}680 \cdot 10^{-7}$	$5{,}583 \cdot 10^{-11}$
LK32Gm	Kapcheberek (partie inférieure)	trachybasalte	pâte volcanique	$4{,}639 \cdot 10^{-8}$	$1{,}523 \cdot 10^{-11}$
TG-KB02AF	Kabarnet	trachyte	feldspath	$1{,}552 \cdot 10^{-7}$	$5{,}623 \cdot 10^{-11}$

D Caractéristiques des échantillons analysés et résultats des dosages au spectromètre de masse.

Activités envisageables

Pour connaître les principes d'utilisation du chronomètre K/Ar :

- **Identifiez les particularités du chronomètre K/Ar par rapport au cas général étudié dans l'unité 6.**
- **Déterminez le plus précisément possible l'âge de l'hominidé *Orrorin tugenensis*.**

Des clés pour réussir

- Faites le point sur ce que l'on peut connaître (ou pas) concernant l'élément père et l'élément fils à t_0 et actuellement.
- Appuyez-vous explicitement sur un principe de la datation relative.

* Lexique ➡ p. 509

Unité

8 Le chronomètre rubidium/strontium

Le couple rubidium/strontium est fréquemment utilisé pour dater les événements géologiques dont l'âge s'affiche en dizaines ou centaines de millions d'années. Sa période de près de 50 milliards d'années permet même de dater des événements proches du début de l'histoire de la Terre.

Comment utiliser le chronomètre Rb/Sr pour dater des roches ?

1 Principe d'utilisation du couple Rb/Sr

Le rubidium (^{87}Rb) est un élément présent dans des roches magmatiques, en quantités variables selon les minéraux considérés. Radioactif, il se désintègre très lentement en un élément radiogénique stable, le strontium (^{87}Sr). À l'aide de la loi de désintégration radioactive (p. 142), on obtient l'équation suivante :

$$^{87}Sr_t = {}^{87}Rb_t\,(e^{\lambda t} - 1) + {}^{87}Sr_{t_0} \text{ avec } \lambda = 1{,}42 \cdot 10^{-11}$$

Dans cette équation, on cherche t (temps écoulé depuis la cristallisation du magma). Mais on ne peut la résoudre directement, car on est incapable de distinguer, parmi les atomes de ^{87}Sr que l'on dose dans l'échantillon, ceux qui étaient déjà présents au moment de la fermeture du système et ceux qui sont apparus ensuite par désintégration du rubidium. $^{87}Sr_{t_0}$ constitue donc une seconde inconnue.

Pour résoudre ce problème, on fait appel à un autre isotope stable du strontium, également présent dans les roches continentales : ^{86}Sr. Lors de leur formation, les minéraux comme les micas ou les feldspaths incorporent indifféremment l'un ou l'autre des deux isotopes du strontium. Si on considère différents échantillons de même âge t, leurs rapports $^{87}Sr_{t_0}$ / ^{86}Sr sont donc les mêmes. On rapporte également les mesures de ^{87}Sr et de ^{87}Rb à la même référence ^{86}Sr.

On mesure donc par spectrométrie les teneurs actuelles de différents échantillons en ^{87}Rb, ^{87}Sr et ^{86}Sr, puis on calcule les rapports isotopiques $^{87}Rb/^{86}Sr$ et $^{87}Sr/^{86}Sr$ de chacun d'entre eux.

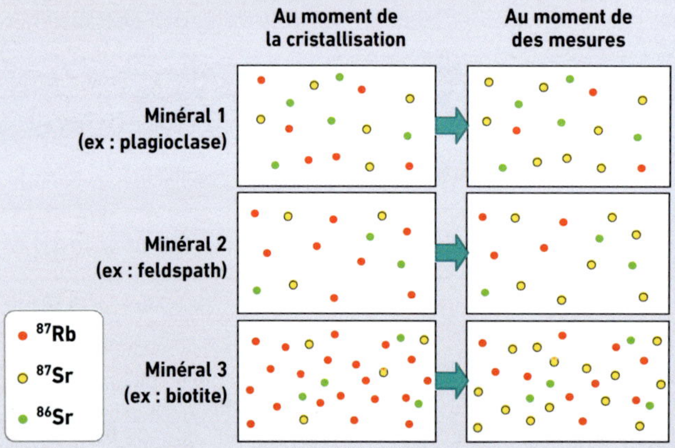

- Le rapport initial $^{87}Rb/^{86}Sr$ est différent pour chacun des minéraux.
- Tous les minéraux présentent initialement le même rapport $^{87}Sr/^{86}Sr$.
- Au cours du temps, le ^{87}Rb se désintègre en ^{87}Sr. Les variations sont d'autant plus importantes que le minéral est riche en ^{87}Rb.

A Un modèle d'évolution du rubidium et du strontium dans trois minéraux d'une même roche.

Placés dans un même repère, les points représentatifs des différents minéraux restent alignés au cours du temps.

Ils permettent de tracer une droite affine dont la pente (de coefficient directeur : $a = e^{\lambda t} - 1$) augmente au cours du temps. On peut alors montrer que l'âge de la roche est :

$$t = \frac{\ln(a + 1)}{\lambda}$$

La droite porte le nom d'isochrone, car elle relie des minéraux du même âge (du grec *isos* : égal, et *chronos* : temps).

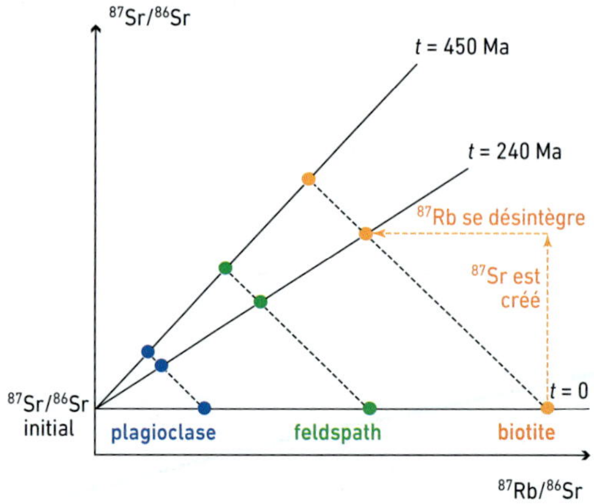

B La droite isochrone du couple Rb/Sr et son évolution au cours du temps.

2 Une application du chronomètre Rb/Sr : la datation d'un pluton granitique

Le pluton granitique de Meymac (Corrèze) résulte de la formation d'un magma riche en silice, puis de sa lente cristallisation, en profondeur (formation **18** sur la carte). Lors de sa mise en place, il a recoupé les roches déjà présentes, des gneiss* âgés de 419 à 382 Ma (formation **bk**).

Après sa formation, l'érosion a amené le pluton jusqu'à l'affleurement, et transporté ses fragments vers des bassins sédimentaires. C'est ainsi que des galets de ce granite ont été retrouvés en aval de Meymac, inclus dans des formations détritiques* âgées de 303 à 290 Ma.

Pour déterminer l'âge du granite de Meymac, des dosages isotopiques du rubidium et du strontium ont été effectués à l'aide d'un spectromètre de masse.

roches sédimentaires et métamorphiques
bk | ko | bo | h3 | m | g | q2
roches magmatiques et plutoniques
14 | 15 | 16 | 17 | 18
pq roches volcaniques

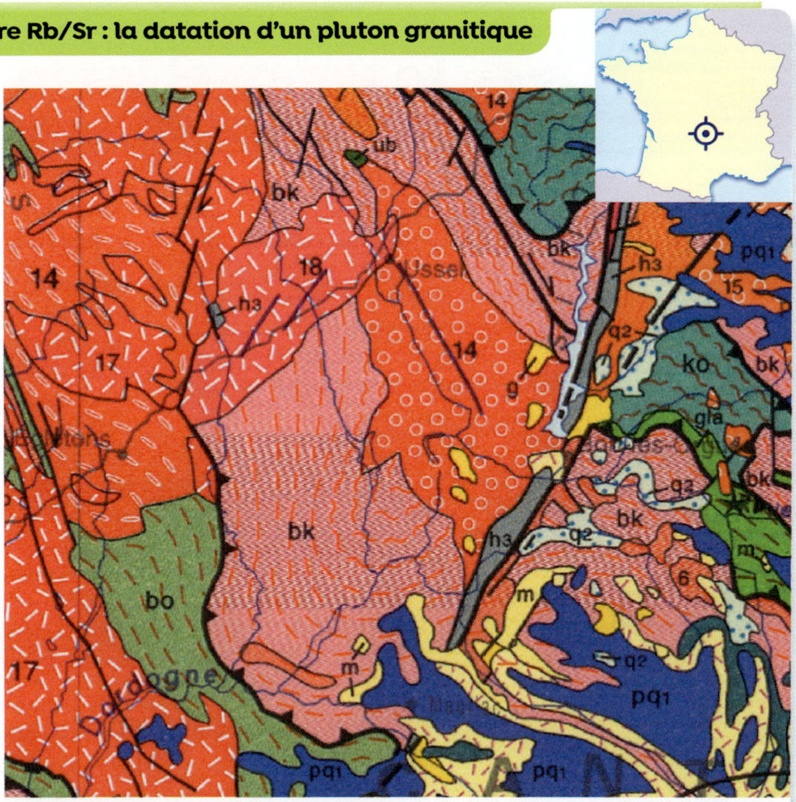

A Extrait de la carte géologique de France. 900 m

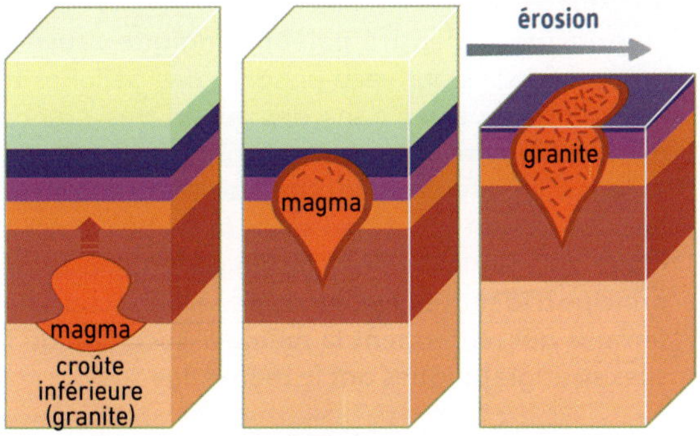

roches sédimentaires

roches métamorphiques

B Mise en place et érosion d'un pluton granitique.

n° échantillon	$^{87}Rb/^{86}Sr$	$^{87}Sr/^{86}Sr$
RT 9517	2,56	0,721 03
RT 9518	2,99	0,723 21
RT 9519	3,18	0,723 81
RT 9520	3,59	0,725 37
RT 9521	3,71	0,725 97
RT 9522	5,01	0,731 35
RT 9523	4,79	0,730 29
RT 9524	4,64	0,730 09

C Dosages isotopiques de huit échantillons du granite de Meymac (RT : roche totale).

Activités envisageables

Pour comprendre comment dater des événements géologiques à l'aide du couple Rb/Sr :

- **Expliquez l'évolution de la droite isochrone au cours du temps.**
- **Justifiez le choix du couple Rb/Sr pour dater le granite de Meymac.**
- **Calculez l'âge du granite de Meymac et vérifiez sa cohérence avec l'ensemble des données géologiques disponibles.**

Des clés pour réussir

- Commencez par expliquer l'alignement des points représentatifs des différents échantillons à t_0, puis envisagez ce qui se passe dans chacun d'entre eux au cours du temps.
- Appuyez-vous explicitement sur des principes de datation relative.
- Tracez la droite isochrone pour vérifier si les points sont bien alignés.

* Lexique ➥ p. 509

Bilan des connaissances

Le temps et les roches

Préparez le Grand oral p. 519

La datation des événements géologiques a commencé historiquement par une lecture des traces observables dans les roches (couches, plis, failles, restes d'organismes fossilisés…). Les géologues ont pu ainsi reconstituer un ordre de succession en datant les événements les uns par rapport aux autres. Ce n'est que beaucoup plus récemment que cette **datation relative** a pu être calibrée dans le temps par une **datation absolue**.

1 La chronologie relative

La chronologie relative consiste à établir une succession d'événements géologiques. La méthode de reconstitution fait appel à des principes basés sur les relations géométriques entre les formations géologiques, ainsi qu'à l'observation des fossiles inclus dans les roches sédimentaires.

Les principes de la datation relative

Le **principe de superposition** concerne les structures géologiques qui se forment par dépôts successifs : roches sédimentaires ou produits volcaniques (coulées de laves et projections). Dans une telle série, une **couche est plus récente** que celle qu'elle recouvre **et plus ancienne** que la couche située au-dessus d'elle.
Ce principe est plus difficile à appliquer dans une région où les terrains ont subi des déformations tectoniques importantes : celles-ci peuvent même inverser l'ordre normal de la superposition.

Le **principe de continuité** : dans les roches formant des strates (couches sédimentaires, dépôts volcaniques), **une même strate a le même âge en tous points**. Deux couches observées à distance l'une de l'autre peuvent aussi être considérées de même âge si elles présentent suffisamment d'indices en ce sens. Il peut s'agir par exemple de niveaux repères, situés en dessous et au-dessus de la couche. Cependant, ce principe doit être utilisé avec précaution, car les apparences peuvent être trompeuses : à une époque donnée, les conditions de sédimentation peuvent différer d'un endroit à l'autre, donnant à une même couche des aspects différents selon les affleurements. Inversement, des dépôts très ressemblants peuvent s'être formés à des époques différentes.

Selon le **principe de recoupement toute structure qui en recoupe une autre lui est postérieure.** Il peut s'agir de formations géologiques telles qu'un filon volcanique ou un massif intrusif de granite recoupant un encaissant rocheux, d'événements tectoniques (failles, plissements) ou de surfaces d'érosion qui recoupent d'autres structures.

L'utilisation combinée de ces principes permet de reconstituer les étapes d'une histoire géologique locale : par exemple, l'observation d'une **discordance angulaire** entre des strates horizontales et des couches déformées par un événement tectonique situées en dessous indique qu'a eu lieu une première phase de sédimentation, interrompue par l'événement tectonique à l'origine des déformations. Les sédiments déformés ont ensuite été érodés, avant une reprise des dépôts sédimentaires. L'application des principes de superposition et de recoupement permet de dater cette discordance : elle est postérieure à la dernière couche affectée par l'événement tectonique et antérieure à la strate non déformée située au-dessus.

Le **principe d'inclusion** stipule que **tout objet (roche, minéral) inclus dans un autre lui est antérieur.** Il est possible en effet d'observer des inclusions de cristaux plus anciens dans une matrice plus récente ; c'est le cas par exemple des enclaves de péridotite dans les roches volcaniques, ou des inclusions de zircon dans des biotites.

Le **principe d'identité paléontologique** : certaines espèces fossiles ont vécu pendant des périodes relativement brèves et dans des zones très étendues géographiquement : ce sont de bons **fossiles stratigraphiques.** Ils permettent de comparer les âges de couches éventuellement très distantes, de façon beaucoup plus fiable qu'à l'aide du principe de continuité. Selon le **principe d'identité paléontologique, deux couches de terrains qui renferment la même association de fossiles stratigraphiques ont le même âge**.

La construction de l'échelle stratigraphique

L'apparition et la disparition de groupes fossiles permet d'établir des coupures dans les strates, et donc dans l'histoire géologique de la Terre.

Sur la base de ces critères paléontologiques, les reconstitutions stratigraphiques locales ont peu à peu été mises en relation à l'échelle mondiale. Cela a permis aux géologues de construire une **échelle stratigraphique**, calendrier de référence couvrant l'ensemble de l'histoire de notre planète. Au sein de l'échelle stratigraphique, le temps est découpé en ères, comportant plusieurs périodes, elles-mêmes subdivisées en **étages**. Chaque étage est défini à partir de son contenu paléontologique, étalonné grâce à un affleurement de référence : le **stratotype.** L'étage constitue l'unité de base du calendrier qui a, dans ses grandes lignes, été établi bien avant que l'on sache quelles durées représentaient les différents intervalles de temps ainsi définis.

2 La chronologie absolue

La chronologie absolue permet de caler l'échelle stratigraphique dans le temps, en déterminant l'âge des roches en milliers, en millions, voire en milliards d'années.

Principes de la chronologie absolue

La **décroissance radioactive** : de nombreux éléments chimiques possèdent des isotopes naturels radioactifs qui se désintègrent régulièrement et irréversiblement au cours du temps.
L'isotope radioactif d'origine correspond à **l'élément père**. Il se transforme en un isotope radiogénique : **l'élément fils**. La vitesse de ce processus est caractéristique de chaque élément radioactif : **la demi-vie** (ou période) correspond à la durée nécessaire pour que la quantité d'isotope radioactif initiale diminue de moitié.
Les éléments père et fils n'ont pas la même masse. Il est donc possible de les séparer et de les doser à l'aide d'un **spectromètre de masse**. Cette mesure des proportions d'élément père restant et d'élément fils produit permet de calculer depuis combien de temps se déroule la désintégration au sein de l'échantillon.

Pour effectuer une datation absolue, les géologues disposent de plusieurs couples d'isotopes, qui diffèrent les uns des autres par la période de leur élément père. Cette période permet de savoir dans quel domaine de datation chacun des chronomètres est fiable. Afin de **choisir le chronomètre le mieux adapté** à l'objet que l'on souhaite dater, on s'efforce d'évaluer son âge, grâce notamment à la datation relative.

La datation peut être effectuée sur **des échantillons de diverses natures** : il peut s'agir de roches, ou de minéraux isolés les uns des autres. Il faut bien entendu que la roche ou le minéral utilisé contienne l'élément correspondant au chronomètre utilisé. La datation des roches sédimentaires est délicate, car bien souvent elles contiennent des particules détritiques plus anciennes que le dépôt. De plus, la diagenèse conduisant du sédiment à la roche est un processus long et progressif. C'est pourquoi la datation absolue s'appuie davantage sur des roches métamorphiques et magmatiques.

Quelle que soit la nature de l'échantillon, le calcul de son âge est basé sur le dosage des éléments père et fils qu'il contient. Le résultat ne sera fiable que s'ils n'ont pu ni entrer ni sortir de l'échantillon après sa formation. On dit alors que l'échantillon constitue un **système fermé**. Pour les roches magmatiques, la **fermeture du système correspond à la cristallisation du magma**. Cependant, tant que la température de la roche reste élevée, certains éléments chimiques diffusent encore entre les minéraux. De plus, la **température de fermeture** est spécifique à la fois de l'isotope considéré et de chaque type de minéral. C'est pourquoi des mesures réalisées sur différents minéraux d'une même roche peuvent fournir des âges différents.

Quelques méthodes de datation

L'utilisation du **chronomètre potassium/argon** : la datation « Potassium/Argon » permet de dater des roches volcaniques ou métamorphiques anciennes, car le ^{40}K se désintègre en donnant l'^{40}Ar avec une période de 1,31 Ga (milliard d'années).

La quantité initiale de l'élément père dans l'échantillon est inconnue, mais on sait qu'au moment de la fermeture du système, celle de l'élément fils est nulle : en effet, l'argon étant un gaz, il s'échappe du magma. L'âge peut être alors déduit à partir des concentrations d'élément père et d'élément fils mesurées dans l'échantillon.

L'abondance du potassium dans les roches confère à cette méthode une grande universalité.

L'utilisation du **chronomètre rubidium/strontium** : ce chronomètre convient pour les âges les plus anciens : ^{87}Rb se désintègre en ^{87}Sr avec une demi-vie de 50 Ga. C'est l'une des méthodes les plus utilisées en raison de sa fiabilité. On la réserve cependant à des roches anciennes, car la désintégration du ^{87}Rb est si lente que le système doit être fermé depuis près de 100 Ma pour que la décroissance de sa concentration puisse être convenablement mesurée.

Les quantités initiales des éléments père et fils étant inconnues, la détermination de l'âge passe par une résolution graphique. Une **droite isochrone** est réalisée à partir de plusieurs minéraux ou échantillons de la roche à dater. La pente de cette droite dépend du temps écoulé depuis la fermeture du système. Un calcul simple permet d'en déduire l'âge de l'échantillon.

3 Le couplage des deux méthodes de datation

Les deux types de datation, relative et absolue, se révèlent complémentaires. Les méthodes de datation absolue permettent de situer dans le temps les différentes coupures de l'échelle stratigraphique, obtenues grâce à la datation relative. Inversement, celle-ci est souvent utilisée en amont des travaux de datation absolue, pour guider le choix du chronomètre le plus pertinent. Lorsqu'il est impossible de pratiquer une datation absolue sur un objet géologique (une strate, un fossile, une surface d'érosion...), les deux méthodes appliquées conjointement (principe de superposition et datation absolue de strates situées de part et d'autre de l'objet) permettent d'estimer son âge.

L'essentiel

Le temps et les roches

Flash PAGE podcast

DYS

À retenir

La chronologie relative

La **chronologie relative** permet de dater des structures ou événements géologiques les uns par rapport aux autres. Elle repose sur des principes simples.

- **Principe de superposition** : une strate est plus récente que celle qui est située en dessous.
- **Principe de continuité** : l'âge d'une strate est le même sur toute son étendue.
- **Principe de recoupement** : toute structure qui en recoupe une autre est plus récente.
- **Principe d'inclusion** : tout objet (roche ou minéral) inclus dans un autre est plus ancien.
- **Principe d'identité paléontologique** : deux strates contenant les mêmes **fossiles stratigraphiques** sont de même âge. Ces fossiles doivent être abondants, avoir une brève extension dans le temps et une large distribution géographique.

Ces principes de chronologie relative ont permis de découper les temps géologiques, principalement sur des critères paléontologiques : les apparitions ou les disparitions de groupes fossiles constituent des repères temporels fiables. La superposition des intervalles de temps, limités par des coupures d'ordres différents (ères, périodes, âges), aboutit à **l'échelle stratigraphique**.

La chronologie absolue

De nombreux éléments chimiques possèdent des **isotopes radioactifs** qui se désintègrent régulièrement et irréversiblement au cours du temps. La vitesse de ce processus est caractérisée par la **période radioactive** (ou demi-vie) de chaque élément radioactif.
La mesure des proportions d'élément père restant et d'élément fils produit permet de calculer depuis combien de temps se déroule la désintégration au sein de l'échantillon (roche totale ou minéraux isolés), et donc de connaître son âge.

Le **chronomètre géologique** choisi doit avoir une période compatible avec l'estimation que l'on peut faire de l'âge de l'objet à dater. Les chronomètres ^{40}K / ^{40}Ar et ^{87}Rb / ^{87}Sr permettent de dater des roches très anciennes.
Les méthodes de datation absolue et de datation relative se révèlent très complémentaires.

Mots-clés

Chronologie absolue • Chronologie relative • Chronomètre géologique • Échelle stratigraphique • Fossile stratigraphique • Principe de continuité • Principe d'identité paléontologique • Principe d'inclusion • Principe de recoupement • Principe de superposition • Système fermé

Schéma bilan

Le temps et les roches

CHRONOLOGIE RELATIVE

Région 1

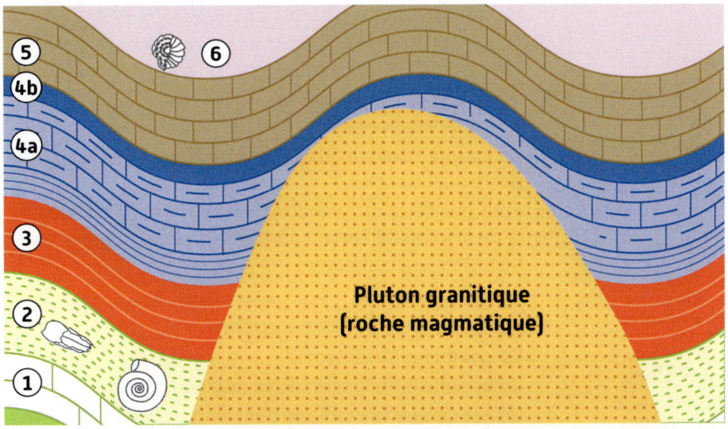

Région 2

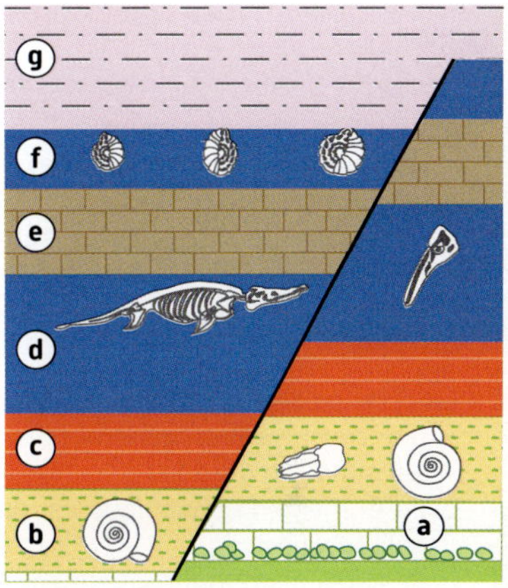

Chronologie régionale

Principe de superposition
les strates (1) à (6) se sont déposées successivement.

Principe de recoupement
Le plissement recoupe les strates : il s'est produit après le dépôt.

Principe de recoupement
Le pluton granitique recoupe les plis : il s'est mis en place après le plissement.

Principe de recoupement
La faille recoupe les strates de (a) à (f) mais pas la strate (g).
Elle a fonctionné entre le dépôt de (f) et celui de (g).

Principe d'inclusion
Les galets sont inclus dans la strate (a) :
ils existaient avant son dépôt.

Principe d'identité paléontologique
Les strates (2) et (b) contiennent les mêmes fossiles stratigraphiques : elles ont le même âge.
De même pour les strates (6) et (f).

CHRONOLOGIE ABSOLUE

Désintégration d'un isotope radioactif

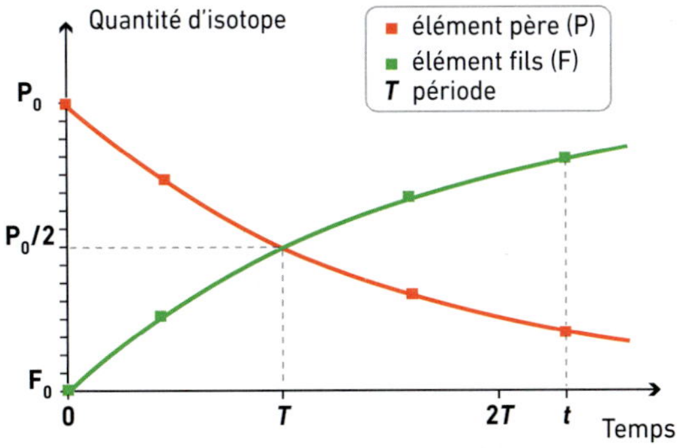

Mesure de F_t et/ou de P_t → Calcul de t, âge de la roche

$$t = \frac{\ln\left(\frac{P_0}{P_t}\right)}{\lambda}$$

Si P_0 inconnu : méthode de la droite isochrone

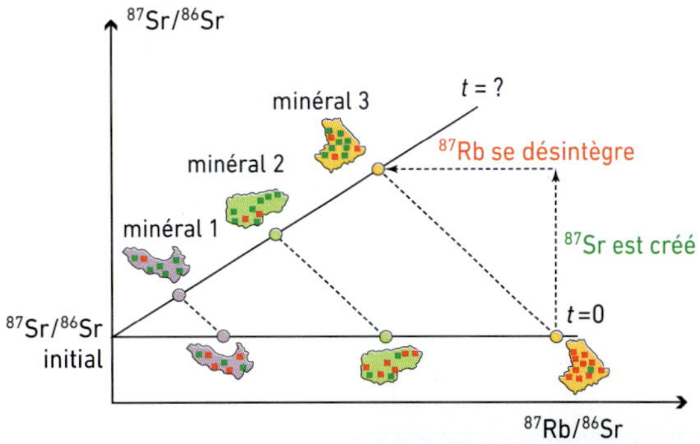

Détermination du coefficient directeur de la droite (a) → Calcul de t, âge de la roche

$$t = \frac{\ln(a+1)}{\lambda}$$

Autoévaluation

Réponses voir p. 502

1 Retour vers les problématiques

Relisez la page « S'interroger avant d'aborder le chapitre » (p. 131). À l'aide de ce que vous savez à présent, répondez aux questions que vous avez formulées.

2 QCM

Pour chaque affirmation, choisissez l'unique bonne réponse.

1. **La datation relative permet :**
   a. de donner l'âge d'un fossile en million d'années ;
   b. de positionner dans le temps un phénomène géologique par rapport à un autre ;
   c. de donner en million d'années la durée d'un phénomène géologique ;
   d. d'identifier les fossiles d'une strate de sédiments.

2. **Le principe de superposition stipule que :**
   a. une couche est en général plus jeune que celle qui est située en dessous ;
   b. un événement géologique est plus récent que celui qu'il recoupe ;
   c. des sédiments qui contiennent les mêmes fossiles ont le même âge ;
   d. des éléments inclus dans une structure sont plus anciens que cette structure.

3. **Les ammonites sont de bons fossiles stratigraphiques, car :**
   a. ce sont des organismes aujourd'hui disparus ;
   b. c'est un groupe très diversifié à évolution rapide ;
   c. ce groupe est constitué de nombreuses espèces endémiques, différentes selon les régions ;
   d. ce sont de véritables fossiles vivants, ayant peu évolué.

4. **La radiochronologie :**
   a. se base sur la transformation d'un élément en son isotope ;
   b. permet de calculer la quantité d'éléments radioactifs dans un échantillon ;
   c. mesure le temps écoulé depuis qu'un système est fermé, c'est-à-dire n'échange plus d'éléments avec son environnement ;
   d. est une méthode de datation plus précise que la chronologie relative.

5. **La datation d'une roche par la méthode $^{87}Rb/^{87}Sr$ repose sur le principe :**
   a. que différents minéraux d'une même roche ont des teneurs initiales en ^{87}Rb différentes ;
   b. que la vitesse de désintégration du ^{87}Rb est proportionnelle au temps écoulé ;
   c. que chaque minéral contient au départ la même quantité de ^{87}Rb ;
   d. que le magma ne contient pas de ^{87}Sr au départ.

6. **Le géochronomètre $^{40}K/^{40}Ar$:**
   a. repose sur le fait que la quantité initiale de ^{40}K présente dans une roche est une donnée connue ;
   b. suppose que la quantité initiale de ^{40}Ar présente dans l'échantillon était nulle ;
   c. a une demi-vie d'environ 5 730 ans ;
   d. permet de dater n'importe quelle roche.

3 Vrai ou faux ?

Repérez les affirmations exactes et corrigez celles qui sont inexactes.

a. Il est possible de dater une roche si elle contient un fossile.
b. Dans une région non déformée, les couches sédimentaires situées à la base d'une série sont plus anciennes que celles qui sont situées au-dessus.
c. Une discordance est la signature d'un épisode d'érosion.
d. Le couple rubidium-strontium permet de dater n'importe quelle roche.
e. Pour une certaine quantité d'un isotope radioactif donné, la proportion d'élément père qui se désintègre par unité de temps est constante.

4 Questions à réponses courtes

1. **Qu'est qu'un stratotype ?**
2. **Qu'appelle-t-on discordance angulaire ?**
3. **Qu'est ce que la demi-vie d'un isotope radioactif ?**
4. **Sur quels critères les géologues se basent-ils pour choisir un couple d'éléments afin de dater une roche ?**
5. **À quoi correspond la fermeture du système pour des roches magmatiques ?**
6. **Pourquoi ne peut-on pas dater un granite au ^{14}C ?**

5 Apprendre en s'interrogeant

1. **Cachez l'une des colonnes du tableau et retrouvez ce que contient l'autre (à faire seul ou à plusieurs).**
2. **Vérifiez vos réponses, et reprenez si besoin les notions concernées.**

Notion	Définition
Principe de recoupement	Principe selon lequel toute structure qui en recoupe une autre est plus récente.
Fossile stratigraphique	Fossile permettant d'effectuer une datation relative, du fait : – de son abondance ; – de son évolution rapide ; – de sa grande extension géographique.
Chronomètre géologique	Couple d'éléments, constitué d'un élément père radioactif se désintégrant en élément fils, dont les concentrations relatives permettent de dater une roche.

6 Expliquer comment :

a. Des formations géologiques géographiquement très éloignées peuvent faire l'objet d'une datation relative.
b. L'échelle stratigraphique internationale a été construite.
c. Les rapports isotopiques $^{87}Rb/^{86}Sr$ et $^{87}Sr/^{86}Sr$ évoluent au cours du temps dans une roche.

★ facile ★★ intermédiaire ★★★ confirmé

7 Exprimer mathématiquement

★★

Des géologues ont daté trois granites par radiochronologie (principe de la droite isochrone, basée sur la méthode rubidium-strontium). Le graphique obtenu est présenté ci-dessous.

Détermination de t (âge de la roche) :

$t = \ln(a + 1) / \lambda$, où a est le coefficient directeur de la droite isochrone et λ la constante de désintégration du rubidium, soit $1{,}42 \cdot 10^{-11}$ an^{-1}. On considère que les résultats obtenus ont une précision de +/-10 Ma.

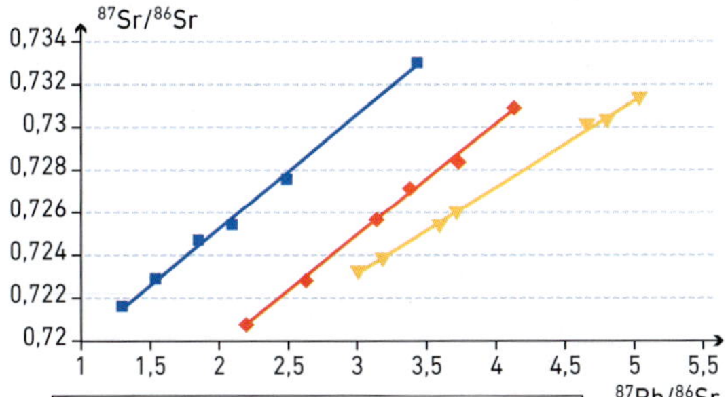

Coefficient directeur des droites		
■ 0,00532	◆ 0,00525	▼ 0,00410

Que peut-on déduire de l'étude du graphique ? Calculez l'âge absolu de chaque échantillon. Conclure.

8 Mettre en relation des données

★★

La carrière de Thouars est riche en ammonites, ce qui a permis de définir l'étage Toarcien. Le document répertorie l'extension des différentes espèces d'ammonites du genre *Hildoceras* dans les strates de cette carrière.

Dans deux sites éloignés de Thouars et éloignés l'un de l'autre, on a pu identifier :

– site A : *H. bifrons et H. lusitanicum* ;

– site B : *H. bifrons et H. angustisiphonatum*.

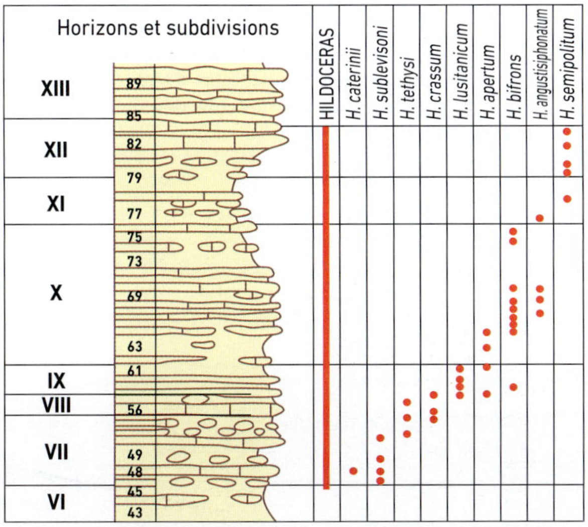

Que peut-on en conclure ?

9 Réaliser un schéma d'interprétation

★

Sur cette photographie (Cabo de São Vicente, sud du Portugal), les couches horizontales visibles sur la partie supérieure de l'affleurement sont des anciens sables déposés par un fleuve qui serpentait dans un paysage sans relief et transformés ensuite en grès rouges. Ces grès reposent sur un substratum constitué de schistes résultant du métamorphisme de sédiments marins, datant du Carbonifère.

Réalisez une série de schémas expliquant la succession des événements géologiques ayant abouti à cet affleurement tel qu'il se présente aujourd'hui.

10 Raisonner avec rigueur

★★

La photographie ci-contre (observation au microscope en LPA) permet d'observer un cristal de grenat (en noir).

Quels arguments permettent de penser que ce cristal de grenat s'est formé après les autres minéraux observables sur cette lame ?

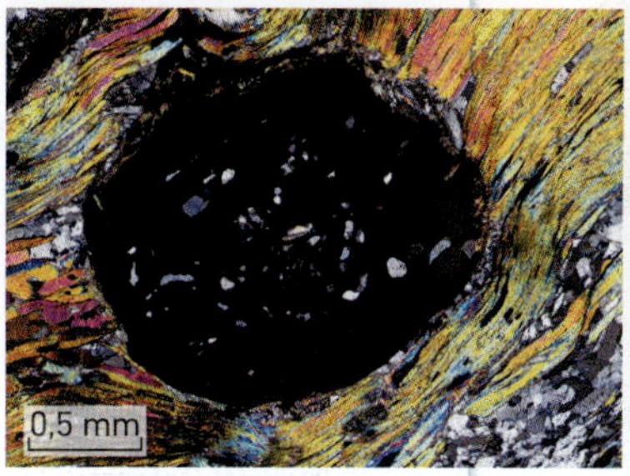

11 Recenser, extraire et exploiter des informations

★★★

La région de Clermont-Ferrand, située dans le Massif central, présente une chaîne de volcans en bordure de la plaine de la Limagne. Le document ci-dessous présente une coupe géologique du rebord de la Limagne.

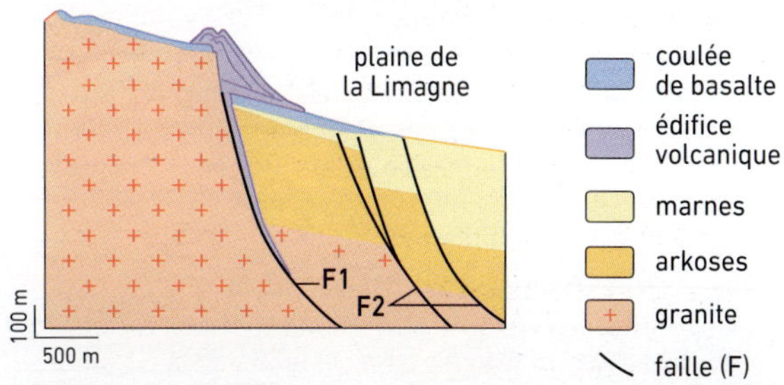

Extraire du document les informations permettant de dater relativement : les formations sédimentaires, les formations volcaniques, le granite, les failles F1 et F2.

12 La datation des zircons de Jack Hills

★

La région de Jack Hills, en Australie, est constituée de roches métamorphiques qui renferment des cristaux de zircon ($ZrSiO_4$). Particulièrement résistants à l'altération, les zircons traversent les périodes géologiques sans grande modification chimique. Ce sont les plus vieux minéraux connus sur Terre. Ils ont aussi l'avantage d'être riches en uranium, ce qui permet de les dater précisément.

■ **À l'aide de l'exploitation rigoureuse des documents et de leur mise en relation, déterminez l'âge des zircons de la région de Jack Hills et expliquez les résultats obtenus.**

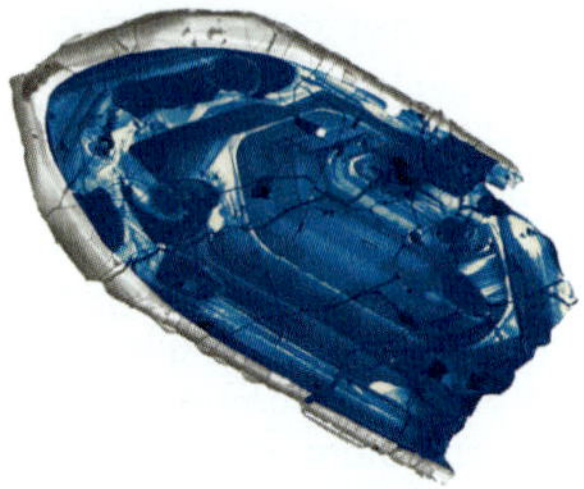

A **Cristal de zircon.**

La méthode uranium-plomb repose sur l'existence de plusieurs séries de désintégrations, chacune permettant d'établir des équations selon la loi de désintégration radioactive :

$^{238}U \rightarrow {}^{206}Pb$ avec $\lambda_{238} = 1{,}55125 \cdot 10^{-10}$ an^{-1}

$^{235}U \rightarrow {}^{207}Pb$ avec $\lambda_{235} = 9{,}8485 \cdot 10^{-10}$ an^{-1}

En conjuguant les équations obtenues, on trace le « diagramme concordia ». C'est une courbe qui reflète l'évolution des rapports ($^{206}Pb/^{238}U$) en fonction de ($^{207}Pb/^{235}U$) au cours du temps. Elle ne se présente pas sous la forme d'une droite, car les constantes de désintégration des deux couples sont différentes. Si les mesures des rapports isotopiques des échantillons se situent sur cette courbe, cela indique leur âge (en Ga = 10^9 ans). Si des points s'écartent de la courbe, cela signifie que les échantillons ne sont pas restés fermés et que les isotopes ont pu diffuser en dehors de leurs minéraux d'origine.

B **La méthode uranium-plomb.**

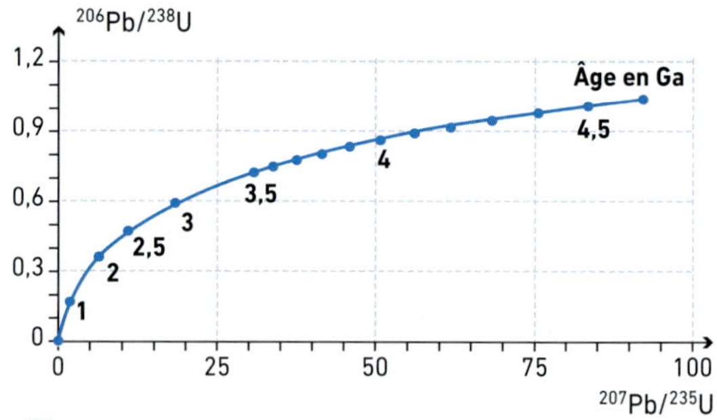

C **Le diagramme concordia.**

	Zircon 1	Zircon 2	Zircon 3	Zircon 4	Zircon 5	Zircon 6
$^{207}Pb/^{235}U$	71,9	68,6	74,6	58,8	69,5	67,2
$^{206}Pb/^{238}U$	0,965	0,929	0,968	0,797	0,928	0,897

D **Mesures des rapports isotopiques des zircons de Jack Hills.**

13 Établir une chronologie d'après une carte géologique

★★★

L'étude attentive d'une carte géologique permet de réaliser des coupes d'interprétation des structures géologiques et de retracer la succession des événements géologiques.

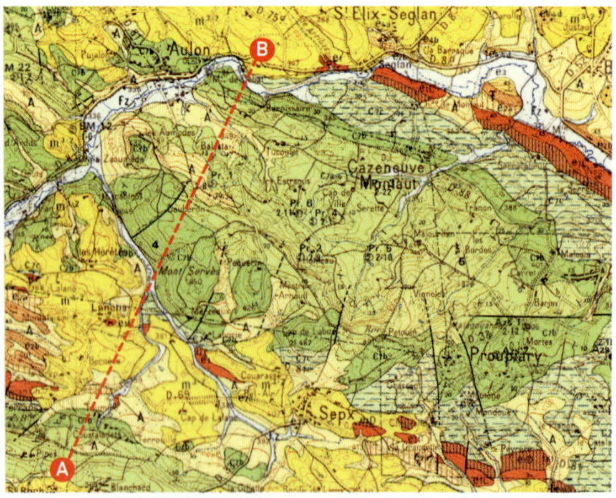

■ **Justifiez par un raisonnement ce qui a permis de réaliser la vue en coupe présentée par le bloc diagramme à partir de la carte géologique de Saint-Gaudens (Haute-Garonne). Établissez la chronologie des événements ayant affecté cette région.**

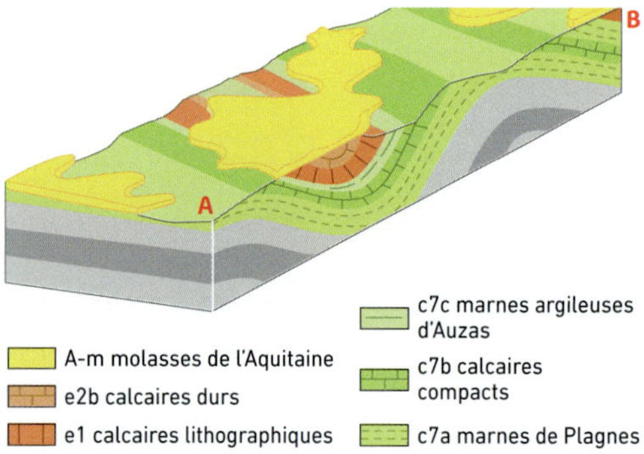

Roches sédimentaires, classées par ordre croissant d'âge : de A-m (plus récent) à c7a (plus ancien).

PRÉPA BAC

Épreuve écrite

Rédaction d'un texte argumenté pour répondre à une question scientifique

14 Les principes de la datation relative

Le temps est un paramètre fondamental en géologie. Bien avant de disposer de méthodes permettant de donner un âge chiffré absolu à des roches ou à des événements géologiques, les scientifiques ont mis en œuvre des raisonnements de chronologie relative.

Vous exposerez les principes permettant d'établir la chronologie d'événements ou de structures géologiques les uns par rapport aux autres.
Votre exposé sera structuré, illustré, et comportera une introduction et une conclusion.

Document proposé

***Principles of geology*, Charles Lyell**
Charles Lyell est un géologue écossais connu pour son ouvrage *Principles of geology* publié en 1830, où est exposé pour la première fois le principe de recoupement. Cet ouvrage, qui propose une interprétation des structures géologiques observables, influencera d'ailleurs Charles Darwin lors de son voyage qui le mènera à l'archipel des Galápagos.

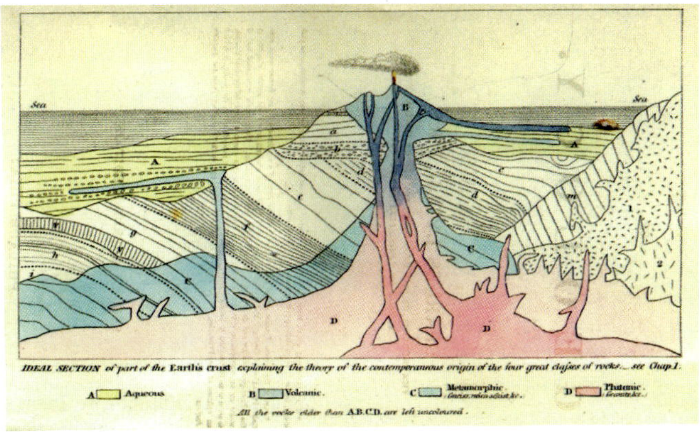

Frontispice extrait du livre de Charles Lyell, *Principles of Geology*, édition de 1857.

A Roches sédimentaires
B Roches volcaniques
C Roches métamorphiques
D Roches de profondeur

Épreuve pratique

Des exercices pour s'entraîner à l'Évaluation des Capacités Expérimentales

15 Utiliser un outil numérique

On cherche à déterminer l'âge des gabbros de l'ophiolite du Chenaillet. Pour déterminer l'âge absolu d'une roche, on peut utiliser plusieurs géochronomètres.

On utilise ici la méthode Sm/Nd (samarium-néodyme) : le ^{147}Sm est un élément instable, qui se désintègre en ^{143}Nd. Lors de la cristallisation d'un magma, le samarium peut se substituer au calcium et le néodyme à l'aluminium.

À l'aide d'un tableur, déterminez l'âge des gabbros du Chenaillet. Justifiez le choix de la méthode utilisée.

Documents proposés

N° mesure	$^{147}Sm/^{144}Nd$ (X)	$^{143}Nd/^{144}Nd$ (Y)
1	0,1914	0,513069
2	0,1834	0,513087
3	0,1832	0,513080
4	0,2624	0,513173
5	0,1934	0,513073
6	0,2402	0,513152
7	0,2621	0,513179

A Mesures réalisées.

– Constante de désintégration du ^{147}Sm : $\lambda = 6{,}54 \cdot 10^{-12}$ an^{-1}
– Détermination du temps écoulé : $t = \ln(1+a) / \lambda$, où a est le coefficient directeur de la droite isochrone.

Minéraux	Composition chimique
Quartz	SiO_2
Orthose	$KAlSi_3O_8$
Feldspaths plagioclases	Si_3AlO_8Na - $Si_2Al_2O_8Ca$
Pyroxène	$(Ca,Fe)MgSi_2O_6$
Biotite	$K(Mg,Fe)_3(OH,F)_2(Si_3AlO_{10})$
Muscovite	$KAl_2[(OH,F)_2AlSi_3O_{10}]$

B Données minéralogiques.

C Échantillon d'un gabbro du Chenaillet.

PRÉPA BAC

Raisonnement scientifique

Construisez et exposez votre propre démarche pour résoudre le problème posé.

16 L'âge du complexe ophiolitique de Zermatt-Saas

Le complexe ophiolitique de Zermatt-Saas est un ensemble de roches océaniques dont l'âge a été déterminé à partir de mesures des isotopes rubidium-strontium. Cependant, les mesures font apparaître des résultats surprenants.

En vous appuyant sur l'exploitation de ces documents et de vos connaissances, indiquez l'âge résultant des mesures effectuées, expliquez ce que traduit cet âge et discutez des éventuels écarts constatés pour certains échantillons.

1 Le complexe ophiolitique de Zermatt-Saas

Le complexe ophiolitique de Zermatt-Saas est situé dans les Alpes suisses, entre les massifs de la Dent Blanche et du Mont Rose. Il est constitué de gabbros, de basaltes et de sédiments océaniques métamorphisés.

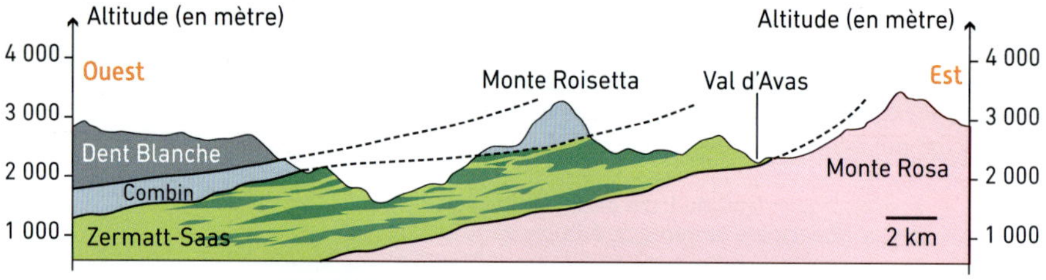

A La nappe ophiolithique de Zermatt-Saas, un reste de lithosphère océanique.

Il arrive en effet qu'au cours de la collision continentale à l'origine de la formation d'une chaîne de montagnes, des lambeaux de lithosphère océanique se trouvent incorporés au sein des roches continentales. Ces formations rocheuses, appelées ophiolites, sont souvent métamorphisées par les conditions rencontrées au cours de leur histoire.

B Nappes ophiolitiques dans le massif du Mont-Rose (Alpes suisses).

2 Mesures des rapports isotopiques dans des roches du complexe ophiolitique

Il a été possible de mesurer les concentrations en isotopes du rubidium et du strontium dans des échantillons de roches du complexe ophiolitique de Zermatt-Saas dans le but de dater ces roches. L'élément père, le ^{87}Rb, se désintègre en élément fils, le ^{87}Sr. La mesure des rapports isotopiques de ces élements, rapportés au strontium 86, stable, permet de calculer l'âge de la roche. Les résultats des mesures effectuées sur dix échantillons sont présentés dans le tableau suivant.

Échantillons	1	2	3	4	5	6	7	8	9	10
$^{87}Rb/^{86}Sr$	0,4710	1,2730	13,3390	0,0410	0,0400	3,2180	6,4550	2,5170	1,1590	2,1810
$^{87}Sr/^{86}Sr$	0,7102	0,7094	0,7189	0,7088	0,7088	0,7116	0,7135	0,7121	0,7094	0,7102

Principe de datation :
En reportant sur un graphique les rapports $^{87}Sr/^{86}Sr$ en fonction des rapports $^{87}Rb/^{86}Sr$, on obtient une droite dont la pente (a) est corrélée au temps écoulé (t) depuis la fermeture du système.
On peut démontrer que $t = \ln(1+a)/\lambda$.
Constante de désintégration du ^{87}Rb : $\lambda = 1{,}42 \cdot 10^{-11}\ an^{-1}$

Un échantillon provenant de l'ophiolite de Zermatt-Saas.

3 Métamorphisme et fermeture des systèmes minéralogiques

Après sa formation, une roche peut être déstabilisée par différents événements. C'est le cas par exemple au cours du métamorphisme. Les ophiolites ont parfois subi un métamorphisme durant lequel les conditions de pression et de température ont considérablement augmenté. Elles se sont ainsi transformées en roches schisteuses.

Lors d'un épisode de métamorphisme, les températures peuvent dépasser les conditions de fermeture des systèmes minéralogiques : les éléments chimiques les plus mobiles diffusent à nouveau dans la roche, les minéraux réagissent entre eux et échangent des éléments, et des fluides peuvent parfois percoler dans les roches.

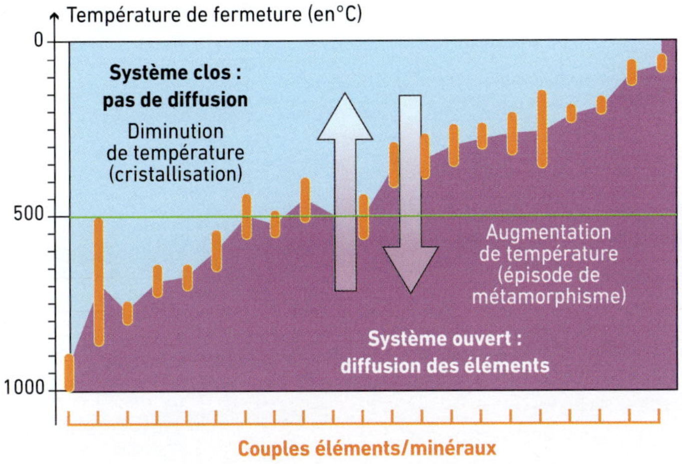

A Ouverture et fermeture d'un système pour différents minéraux d'une roche métamorphique.

B Des schistes plus ou moins métamorphisés.

4 Évolution de la droite isochrone au cours d'un épisode de métamorphisme

Le graphique ci-dessous présente la droite isochrone d'un schiste de la région de Zermatt-Saas (roche totale et ses minéraux).

De t_0 à t_1, le système reste clos : la roche initiale vieillit sans réouverture des systèmes minéralogiques.

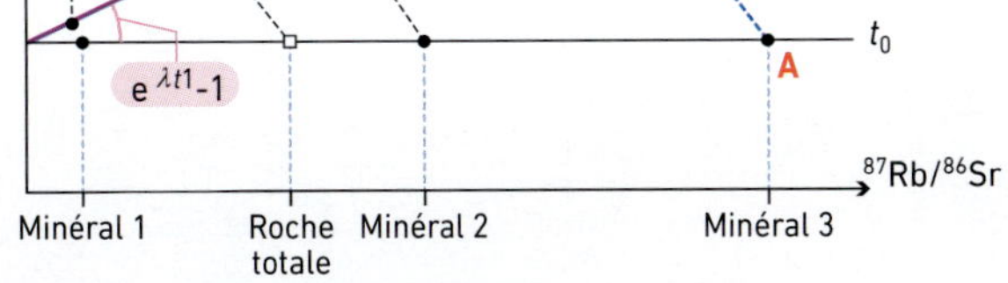

Une « remise à zéro » de la droite isochrone.

À partir de t_1, une augmentation de température, comme il peut s'en produire à la faveur d'un épisode métamorphique, provoque une réouverture du système. Le strontium (beaucoup plus mobile que le rubidium) diffuse dans la roche ; au temps $t_1 + \Delta t$ le rapport ($^{87}Sr/^{86}Sr$) atteint une nouvelle valeur, identique dans tous les minéraux. Le chronomètre isotopique est ainsi « remis à zéro ».

Après cet épisode de métamorphisme, la température diminue et la roche évolue à nouveau en système clos de $t_1 + \Delta t$ à t_2.

A-B : Cristallisation à t_0, désintégration du ^{87}Rb en ^{87}Sr dans des systèmes clos jusqu'à t_1.

B-C : métamorphisme, réouverture des systèmes et homogénéisation des rapports $^{87}Sr/^{86}Sr$ dans les minéraux jusqu'au temps $t_1 + \Delta t$.

C-D : Retour à des conditions de fermeture des systèmes, désintégration du ^{87}Rb en ^{87}Sr dans les systèmes clos jusqu'à t_2.

PARTIE 2

CHAPITRE 2

Les traces du passé mouvementé de la Terre

Le canyon de la Fish River, en Namibie, recoupe des roches témoignant de plus de 2 milliards d'années d'histoire géologique.

S'interroger avant d'aborder le chapitre

Une Terre immuable

À l'image des « neiges éternelles » de l'Himalaya, la géographie de la Terre nous apparaît immuable avec ses océans, ses continents, ses chaînes de montagnes. D'ailleurs, pour le philosophe grec Aristote (384-322 av. J.-C.), la Terre est éternelle et garde perpétuellement son identité, car les modifications qui affectent sa surface se compensent.

Alfred Wegener et la dérive des continents

A

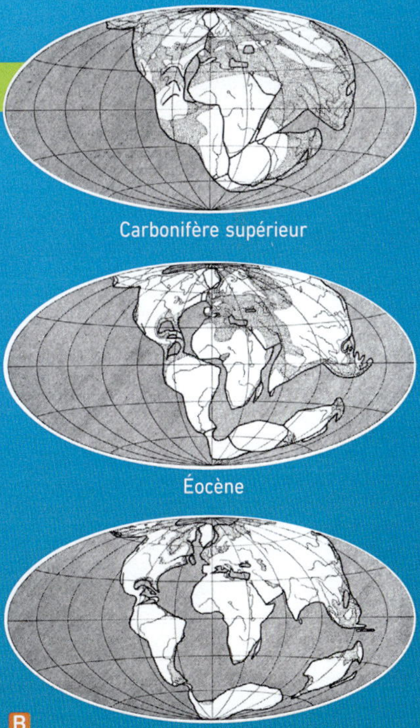

Carbonifère supérieur

Éocène

Quaternaire

B

Le glaciologue allemand Alfred Wegener (A) eut le premier l'intuition que le visage de la Terre avait changé au cours de son histoire. Dans son ouvrage *La Genèse des océans et des continents*, paru en 1915, il écrit : « L'hypothèse fondamentale est que les socles continentaux doivent s'être déplacés les uns par rapport aux autres » (B).

Formuler les problèmes à résoudre

- **Utilisez ces documents et vos connaissances en géologie pour identifier des phénomènes capables de modifier le visage de la Terre.**
- **Formulez ensuite des questions concernant les changements qui se sont produits au cours de son histoire.**

Les traces d'anciennes chaînes de montagnes

La convergence des plaques lithosphériques provoque la formation de chaînes de montagnes, ou orogenèse. Si les reliefs témoignent des orogenèses récentes, d'autres indices témoignent d'orogenèses très anciennes.

Quels sont les indices des orogenèses récentes et anciennes ?

Formation de l'Himalaya — bordas Flash PAGE animation

1 La ceinture alpine, un exemple de ceinture orogénique récente

Une **ceinture orogénique*** est un ensemble de chaînes de montagnes formées lors d'une orogenèse*.

La ceinture alpine s'étend ainsi de l'Atlas marocain à l'Indonésie, car tous ces massifs relèvent d'une même histoire orogénique. Résultant d'une orogenèse récente, elle présente des reliefs marqués (14 sommets dépassent 8 000 mètres d'altitude dans l'Himalaya).

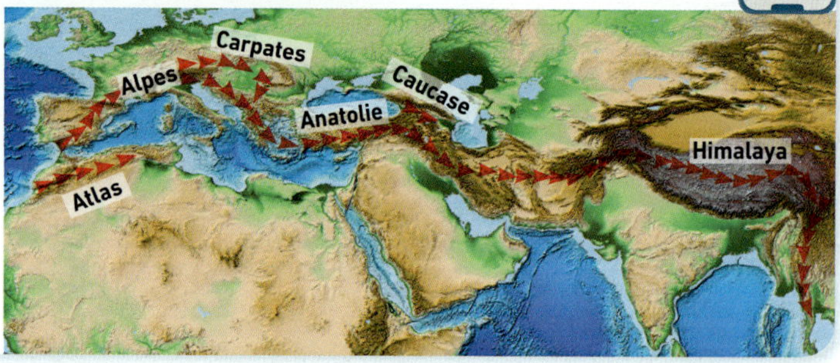

2 Des orogenèses d'âges très différents

À l'échelle mondiale, l'étude des formations géologiques a permis la reconstitution de nombreuses ceintures orogéniques anciennes, issues de **cycles orogéniques*** différents. Un cycle orogénique regroupe l'ensemble des mécanismes permettant la formation d'une chaîne de montagnes, puis son démantèlement.

Activité pratique

- Repérer sur la carte géologique mondiale p. 490 quelques ceintures orogéniques.
- Observer l'âge et la nature des roches dans ces régions.

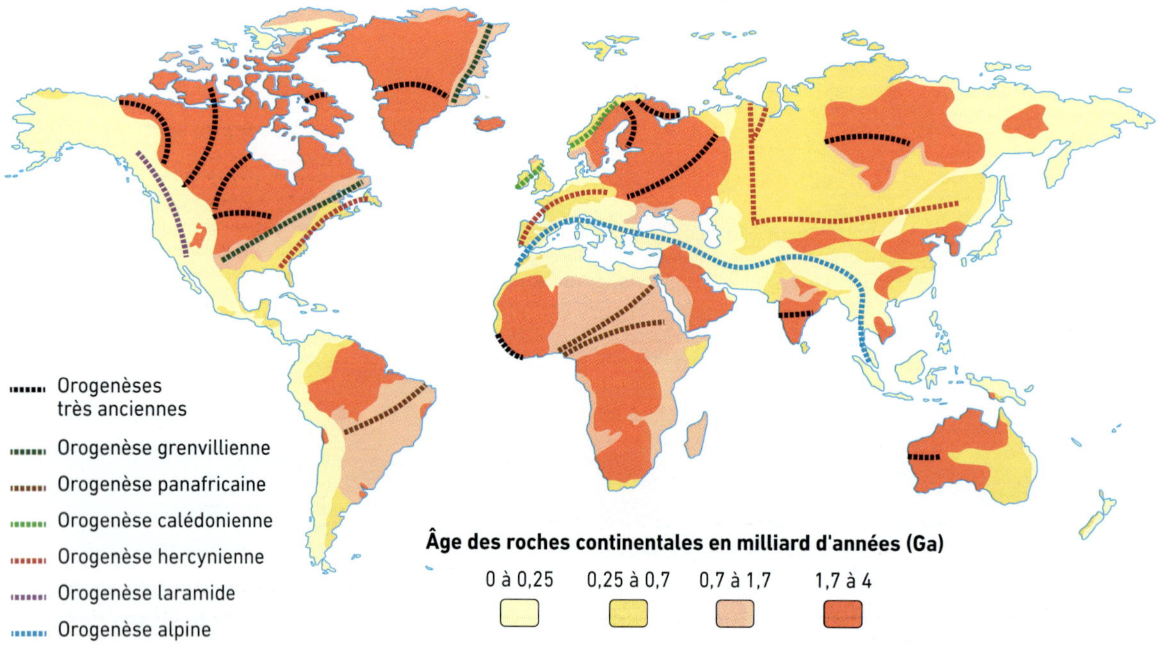

Carte mondiale des ceintures orogéniques.

3 Les traces de différentes orogenèses ayant affecté le territoire français

La carte géologique de la France (A) montre les grands domaines structuraux constituant le territoire métropolitain. On y distingue des bassins sédimentaires (Bassin parisien, Bassin aquitain, Bassin du Sud-Est) et des massifs montagneux portant les traces de deux principales orogenèses :

– Orogenèse alpine (ère Tertiaire) : Alpes, Jura, Pyrénées, Corse.

– Orogenèse hercynienne (ère Primaire) : Massif armoricain, Massif central, Vosges, Ardennes.

Des formations géologiques datant des orogenèses plus anciennes peuvent être décelées dans les massifs anciens (orogenèse calédonienne, de –444 à –416 Ma ; orogenèse cadomienne, de –660 à –540 Ma et orogenèse icartienne, de –2 200 à –1 800 Ma).

Activité pratique

À partir de la carte géologique de la France au 1/1 000 000e et de sa légende (voir p. 489), relever des informations chronologiques sur les formations métamorphiques et magmatiques témoignant des différentes orogenèses (voir les deux exemples B et C ci-dessous).

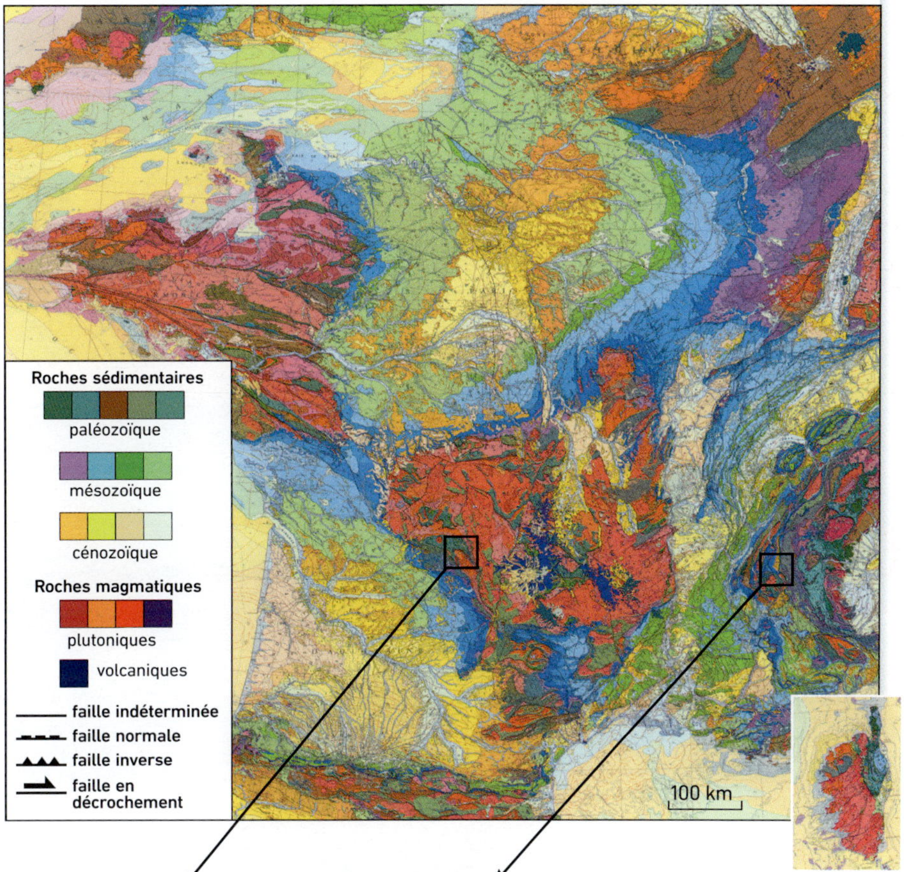

A Carte géologique de France au 1/1 000 000e.

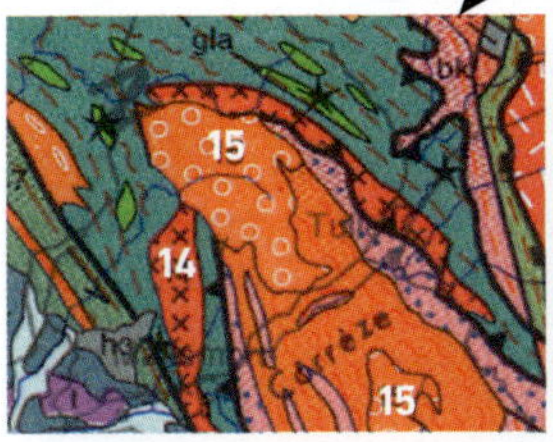

B Aux environs de Tulle (Corrèze) sont visibles de nombreuses roches métamorphiques et magmatiques (granites 14, 15) formées en profondeur dans la chaîne hercynienne. Elles sont recoupées par des failles.

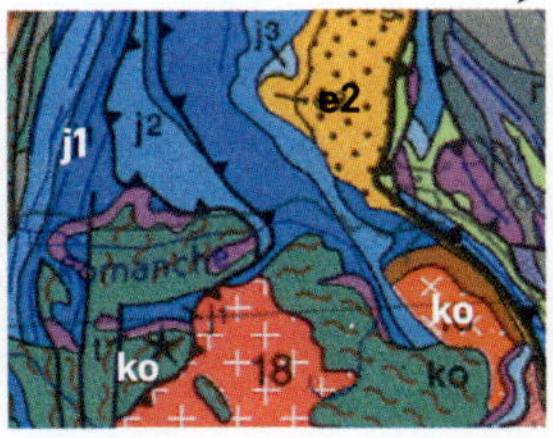

C Dans le parc des Écrins, à l'est de Grenoble, des formations géologiques des ères Secondaire et Tertiaire (j1 à e2) se chevauchent au niveau de failles inverses et de nappes de charriages. Des formations métamorphiques (ko) et magmatiques (granite 18) plus anciennes ont été remontées en surface lors de la formation des Alpes.

Activités envisageables

Pour établir un lien entre l'étude des ceintures orogéniques et l'histoire de la Terre :

- Montrez que la croûte continentale a enregistré les traces de nombreuses orogenèses successives.
- Repérez les indices géologiques typiques d'une ceinture orogénique.
- Expliquez en quoi les ceintures orogéniques témoignent du déplacement des masses continentales.

Des clés pour réussir

- Pour analyser la carte mondiale, vous pouvez relier les orogenèses et l'âge des roches.
- À l'échelle de la carte, les indices que vous pouvez rechercher sont la nature des roches et des structures tectoniques.
- Appuyez-vous sur vos acquis de la classe de première.

* Lexique ➡ p. 509

Unité 2

À la recherche des océans disparus

Dans le passé de la Terre, de vastes océans se sont refermés et leur lithosphère a disparu par subduction dans l'asthénosphère. On peut cependant retrouver des indices géologiques témoignant de leur existence et de leur histoire.

Quelles sont les traces laissées par ces océans aujourd'hui disparus ?

1 Les ophiolites du massif du Chenaillet dans les Alpes

Près de Briançon (Hautes-Alpes), le massif du Chenaillet s'étend sur une surface d'environ 40 km². Dans le paysage, trois types de roches se superposent : des péridotites, des gabbros et des basaltes (A). La superposition de ces roches sombres aux reflets verdâtres est qualifiée d'**ophiolites*** (on parle aussi de complexe ophiolitique).

Les basaltes (B) présentent un aspect en coussins (ou pillow-lavas) comparable à celui des basaltes observés au niveau des dorsales océaniques.

B Pillow-lavas du massif du Chenaillet.

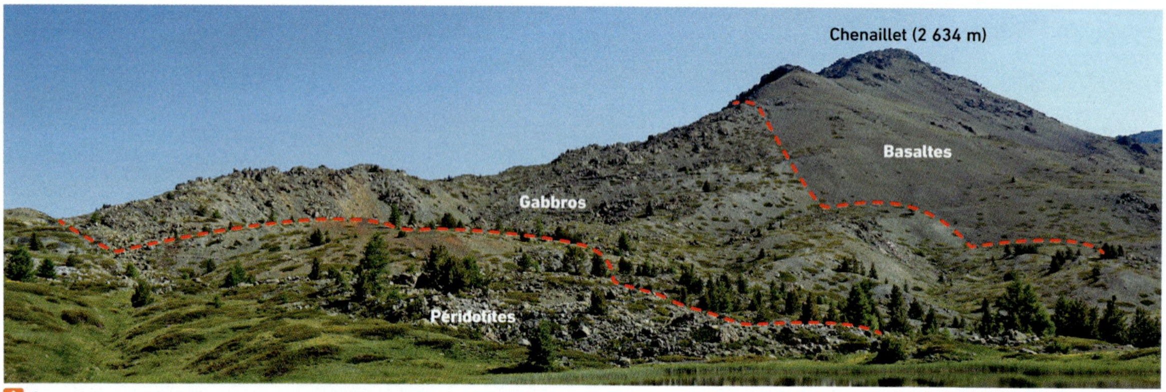

A Complexe ophiolitique du massif du Chenaillet.

2 Une position particulière au sein de la chaîne de montagnes

Les ophiolites forment une **suture*** au sein de la chaîne de montagnes. Elles sont situées à la frontière d'anciennes plaques tectoniques convergentes, aujourd'hui « soudées » par la collision des blocs continentaux.

Plaque « européenne » : croûte continentale ; sédiments continentaux
ophiolites ; sédiments océaniques
failles et chevauchements ; manteau lithosphérique
Plaque « africaine» : croûte continentale ; sédiments continentaux

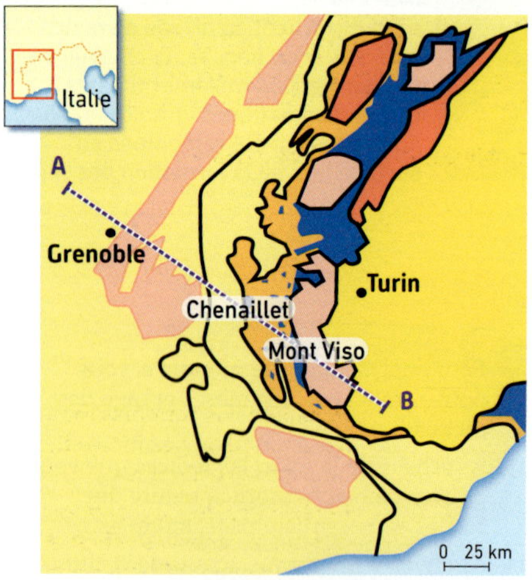

A Schéma structural simplifié des Alpes.

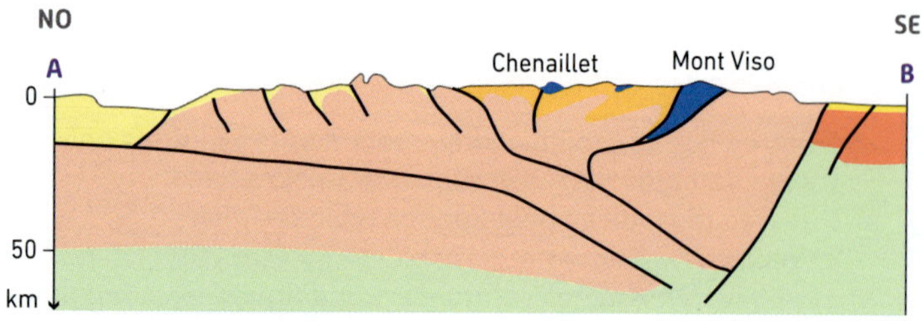

B Coupe suivant le tracé AB.

3 Étude des ophiolites à l'échelle des roches et des minéraux

Les minéraux qui composent les roches de l'ophiolite du massif du Chenaillet montrent qu'elles ont subi un métamorphisme* au cours de leur histoire.

A À l'œil nu, les péridotites (ou serpentinites) présentent des reflets verts et un aspect de surface évoquant la peau d'un serpent. Cette particularité est à l'origine de leur nom.

B Au microscope en lumière polarisée analysée (LPA), on constate qu'une grande partie de l'olivine et des pyroxènes (Px) constituant initialement la péridotite ont été remplacés par un minéral hydraté : la serpentine (Sp).

C À l'œil nu, les gabbros présentent des cristaux sombres de pyroxène (Px) et clairs de plagioclase (Pl) ainsi qu'une teinte verdâtre due à d'autres minéraux, dont l'actinote (Ac).

D Sur cet échantillon observé au microscope polarisant en LPA, seuls les contours des pyroxènes et plagioclases peuvent encore être devinés. Ils ont été remplacés par trois minéraux : l'actinote (Ac), la chlorite (Ch) et l'épidote (Ep).

En laboratoire, les géologues ont pu déterminer les domaines de stabilité des minéraux du gabbro en fonction de la pression et de la température, et identifier les réactions métamorphiques se produisant aux frontières de ces domaines de stabilité.

Réactions métamorphiques

1 : plagioclase + pyroxène + eau → amphibole (hornblende)

2 : plagioclase + hornblende + eau → chlorite + actinote

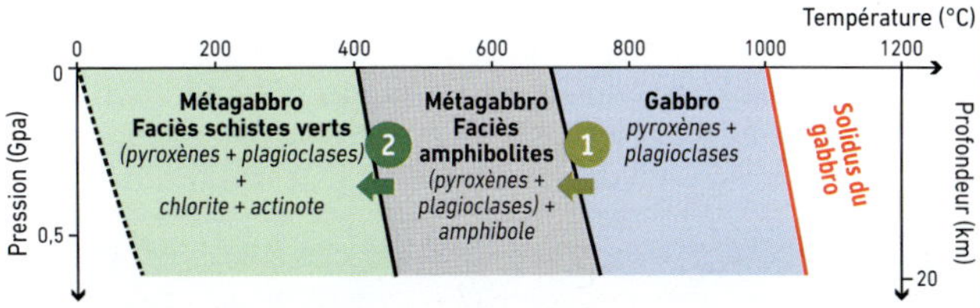

E Domaines de stabilité des minéraux du gabbro.

Activités envisageables

Pour établir un lien entre l'étude des ophiolites et les océans disparus :

- Montrez que le complexe ophiolitique correspond à une ancienne lithosphère océanique ayant subi un refroidissement et une hydratation.
- La recherche de complexes ophiolitiques est utilisée par les géologues pour identifier une suture entre blocs continentaux entrés en collision : justifiez cette démarche.

Des clés pour réussir

- Mobilisez vos connaissances de la classe de première sur la lithosphère océanique.
- Recherchez des arguments à différentes échelles : chaîne de montagnes, affleurement, roches, minéraux.

* Lexique → p. 509

Unité 3

Le passé tumultueux des ophiolites

Avant d'être intégrées aux chaînes de montagnes, les roches constituant les ophiolites ont connu une longue histoire, liée à la tectonique des plaques.

Comment se fait la mise en place des ophiolites ?

1 Les ophiolites de Bou Azzer, au Maroc

Les ophiolites de Bou Azzer (A) sont situées au sud du Maroc, dans l'Anti-Atlas, une très ancienne chaîne de montagnes issue de l'orogenèse panafricaine. Elles présentent une superposition de péridotites serpentinisées, de gabbros et de micro-gabbros (gabbros à petits cristaux).

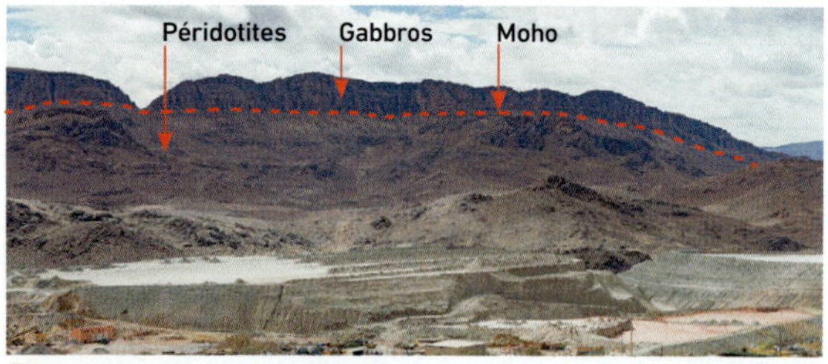

A Les ophiolites de Bou Azzer.

Malgré l'âge de ces roches, les géologues ont pu modéliser les étapes de leur mise en place (B). Celle-ci fait intervenir un mécanisme d'**obduction***, c'est-à-dire le charriage d'une portion de lithosphère océanique sur le continent.

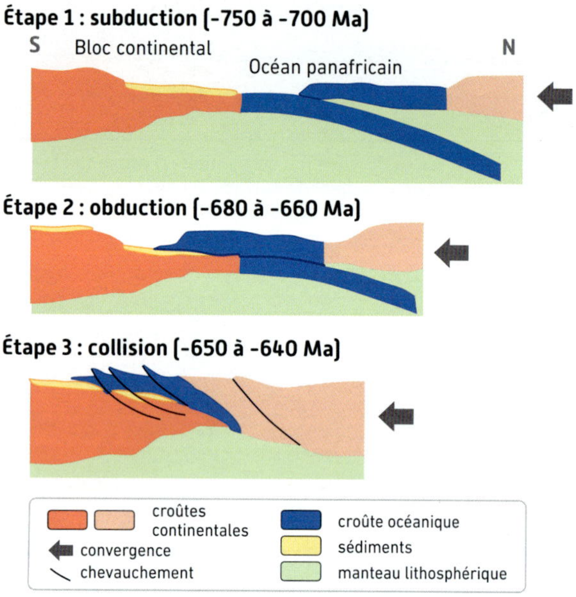

B Modélisation de la mise en place des ophiolites de Bou Azzer.

2 Les ophiolites du massif du Queyras et du Mont Viso

Avant d'acquérir leur position actuelle, toutes les ophiolites n'ont pas subi une obduction. Certaines ont connu une histoire encore plus complexe. C'est le cas de celles situées dans les Alpes au niveau du massif du Queyras (Hautes-Alpes, à l'est de Briançon) et du Mont Viso (encore plus à l'est, en Italie). Les géologues pensent que les roches océaniques les constituant ont subi une **subduction*** avant d'être portées en altitude lors de la **collision*** continentale.

A Le Mont Viso, panorama.

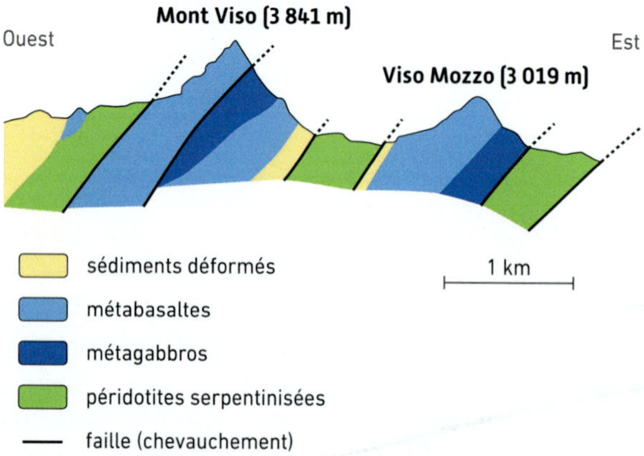

B Coupe géologique du complexe ophiolitique du Mont Viso.

3 Étude des métagabbros du Queyras et du Mont Viso

Métagabbro 1
Métagabbro 2
bordas Flash PAGE lame mince

Activité pratique

- Observer au microscope polarisant des métagabbros originaires ou semblables à ceux du Queyras (A et B) et à ceux du Mont Viso (C et D).
- Identifier leurs minéraux et les conditions de pression et de température ayant présidé à leur formation (voir guide pratique page 492).

Ce métagabbro 1 (photographies A et B) présente à l'œil nu des plagioclases (Pl) et des pyroxènes (Px) entourés d'une auréole d'un minéral bleuté, identifiable au microscope polarisant comme étant du glaucophane (Gl).

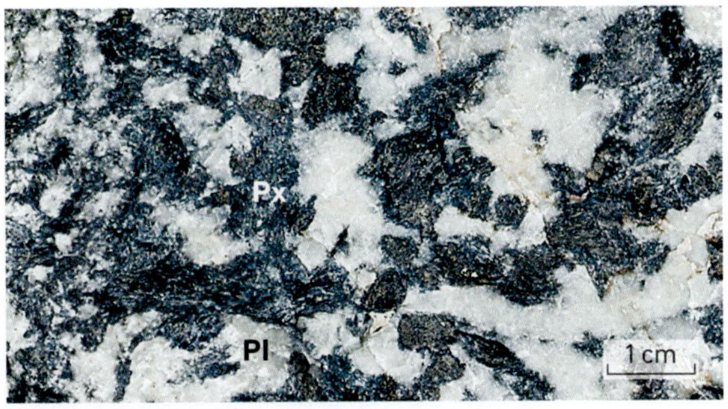

A Métagabbro 1 observé à l'œil nu.

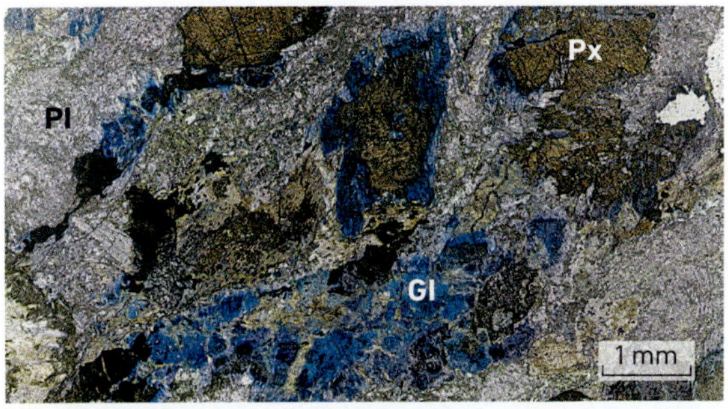

B Métagabbro 1 observé au microscope polarisant en LPNA.

Ce métagabbro 2 (photographies C et D) contient de nombreux grenats rouges (Gr) associés à un pyroxène vert, l'omphacite (Om).

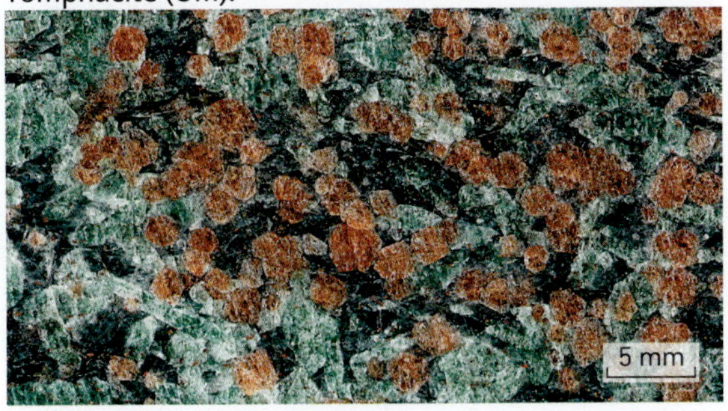

C Métagabbro 2 observé à l'œil nu.

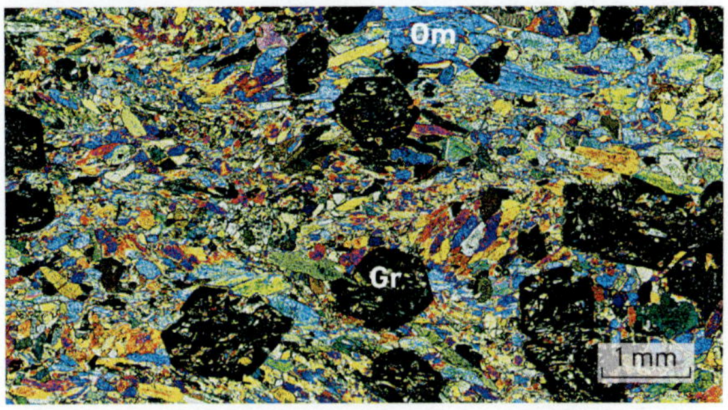

D Métagabbro 2 observé au microscope polarisant en LPA.

Domaine de stabilité	Faciès	Association minérale
1	granulite (gabbro de dorsale)	pyroxène + plagioclase
2	amphibolite	plagioclase + hornblende
3	schistes verts	plagioclase + actinote + chlorite
4	schistes bleus	glaucophane, +/– plagioclase, +/– omphacite
5	éclogites	omphacite + grenat

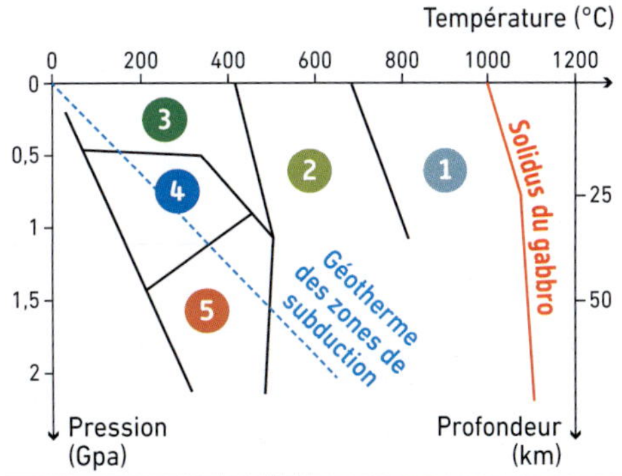

E Domaines de stabilité de quelques associations minérales de la croûte océanique.

Activités envisageables

Afin de comprendre le passé complexe des ophiolites :

- **Comparez les phénomènes géologiques subis par les ophiolites de Bou Azzer et de la région du Mont Viso.**
- **Recherchez des arguments en faveur du modèle de formation du complexe ophiolitique du Mont Viso proposé par les géologues.**

Des clés pour réussir

- Reconstituez la chronologie des phénomènes géologiques subis par les deux complexes ophiolitiques.
- Recherchez des arguments aux différentes échelles (affleurement, roches, minéraux).

* Lexique ➥ p. 509

Rifts et fragmentation continentale

À l'inverse des zones d'orogenèse où la convergence des plaques aboutit à l'épaississement de la lithosphère continentale, il existe des zones de fragmentation et d'effondrement, les rifts continentaux, situés dans des régions de divergence.

Quelles sont les caractéristiques des rifts continentaux et comment se forment-ils ?

1 Un exemple de rift continental : le rift d'Assal

La région des grands rifts africains, en Afrique de l'Est, est actuellement la plus remarquable des zones de **fragmentation continentale***. Le rift d'Assal permet d'étudier, à petite échelle, les mécanismes en jeu. Il est situé dans la région de l'Afar, en République de Djibouti, entre le lac Assal (salé) et le Ghoubbet Al Kharab, relié au golfe d'Aden. C'est une région présentant une forte activité sismique et volcanique.

A Panorama du rift d'Assal, vers le nord-ouest.

Failles de divergence

Flash PAGE animation

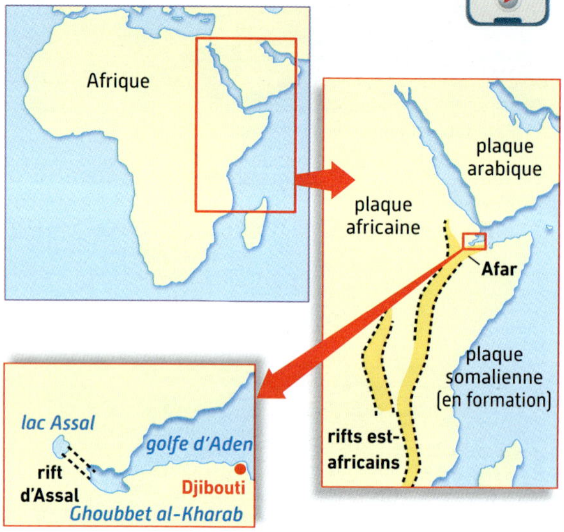

B La région des grands rifts africains.

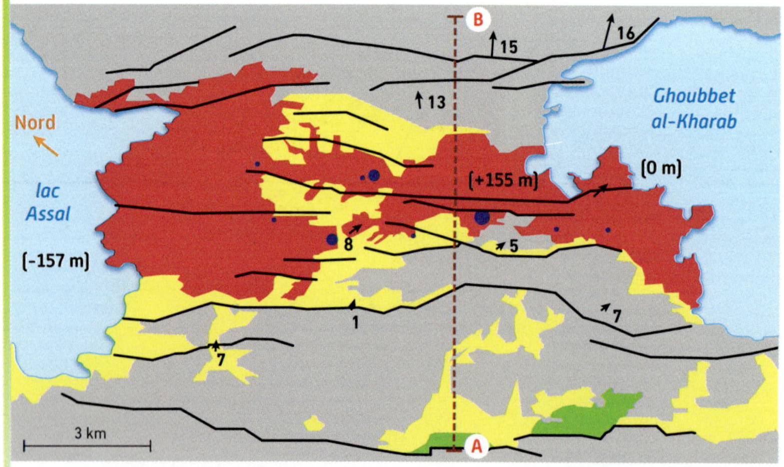

coulées basaltiques récentes — roches sédimentaires lacustres (calcaires, évaporites) — roches sédimentaires continentales (conglomérats)

● cratère volcanique — faille normale

(-157 m) altitude — ➔ Vecteur déplacement mesuré par GPS (valeurs en mm/an)

C Carte géologique simplifiée du rift d'Assal et mesures GPS.

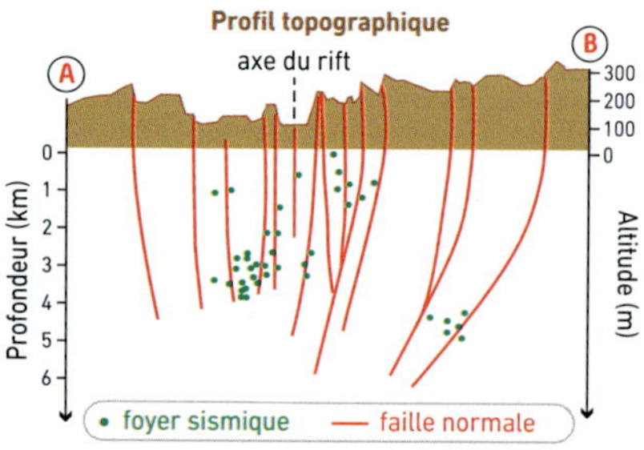

D Coupe suivant le profil AB et localisation des foyers de microséismes enregistrés durant 5 mois. Selon les géologues, ces petits tremblements de terre sont provoqués par des mouvements au niveau des failles et de la zone magmatique centrale.

2 Le contexte géodynamique des rifts de l'Afar

Activité pratique

En utilisant les fonctionnalités du logiciel *Tectoglob3D* (étude des vecteurs GPS, traçage de coupes, épluchage des couches du globe...) :

- Mettre en évidence le mouvement relatif des plaques au niveau de la région de l'Afar.
- Étudier les activités géologiques et les caractéristiques de la croûte et de la lithosphère dans cette région.

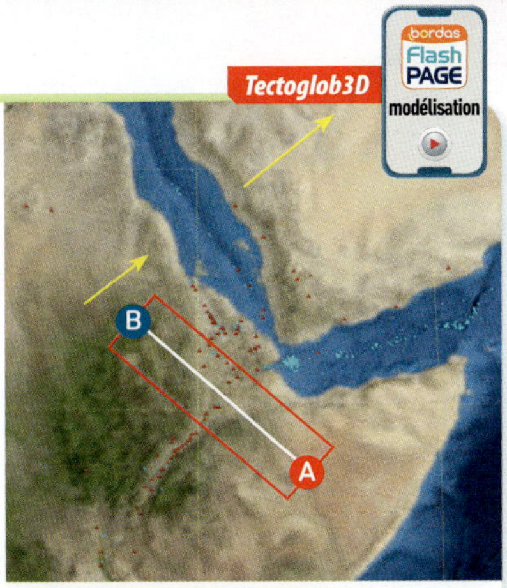

A Affichage des volcans, séismes et vecteurs GPS.

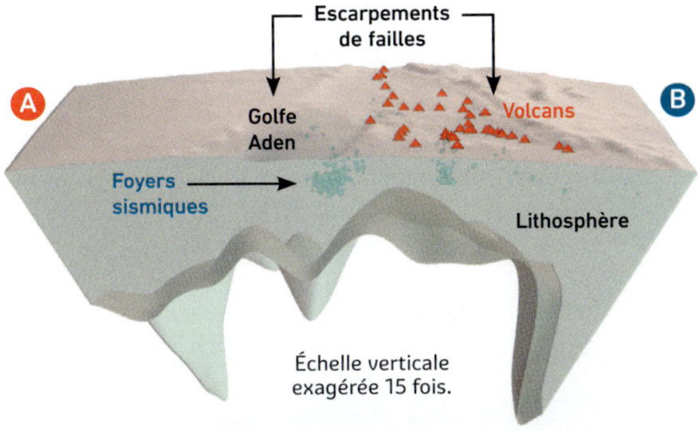

B Coupe lithosphérique en 3D du secteur du profil AB (voir carte A).

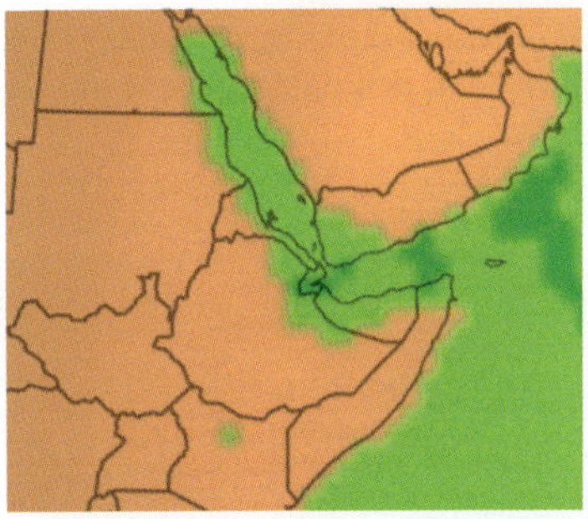

C « Épluchage » du globe à 28 km de profondeur.

3 Les roches des rifts de l'Afar et leur origine

Au fur et à mesure de l'effondrement du **rift continental***, de l'eau de mer envahit les zones basses en s'infiltrant par le réseau de failles. Lors de l'évaporation, des minéraux précipitent pour former des évaporites : carbonates de calcium et de magnésium (calcaires, dolomies), sulfate de calcium (gypse) et chlorure de sodium (sel gemme ou halite). Depuis des siècles, les dépôts de sel de l'Afar sont une ressource exploitée par l'Homme.

A Dépôts de sel dans le rift de l'Afar.

L'amincissement lithosphérique entraîne une remontée de matériaux chauds asthénosphériques entrant en fusion partielle vers 50 à 70 km de profondeur. Le magma ainsi formé remonte le long des failles et provoque des fontaines de lave et coulées en surface. Si les mécanismes de distension se poursuivent, ce magmatisme peut donner naissance à une nouvelle dorsale océanique.

B Le volcan Erta Ale, dans le rift de l'Afar.

Activités envisageables

Afin de comprendre les mécanismes mis en jeu dans la formation d'un rift continental :

- Relevez les caractéristiques du rift d'Assal.
- Identifiez le contexte géodynamique du rift de l'Afar et ses conséquences sur la lithosphère.
- Expliquez les liens entre le contexte géodynamique des rifts continentaux et leurs caractéristiques.

Des clés pour réussir

- Vous pouvez rechercher des caractéristiques de diverses natures (sismiques, sédimentaires, volcaniques, tectoniques...).
- Cherchez à établir des relations de cause à effet. Vous pouvez les représenter sous la forme d'un schéma.

* Lexique ➥ p. 509

Marges passives et océanisation

Les marges passives, zones de transition entre croûte continentale et croûte océanique, sont des régions bien étudiées, car riches en ressources, notamment pétrolières.

Que nous apprennent les marges passives concernant l'histoire des océans ?

1 La structure de la marge passive du golfe du Lion

La Méditerranée orientale est un domaine océanique de petite taille. Au nord-ouest de ce domaine, le golfe du Lion correspond à l'une des deux **marges passives*** de cet océan. Contrairement aux marges actives (zones de subduction), les marges dites « passives » n'ont généralement pas ou peu d'activité sismique et volcanique.

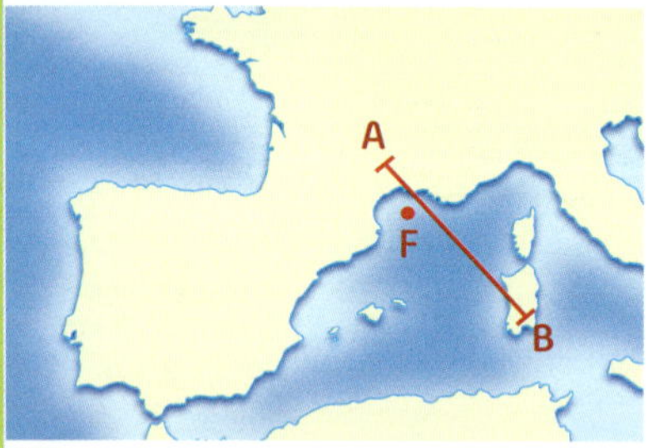

A Localisation du golfe du Lion.

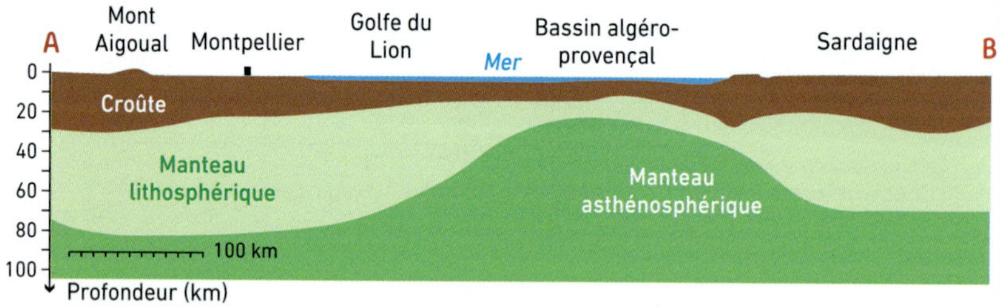

B Coupe simplifiée entre A et B.

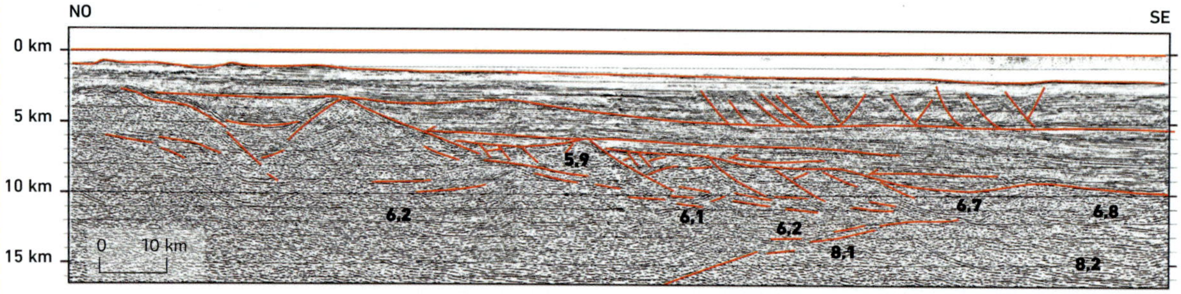

C Profil de sismique réflexion et vitesse des ondes P dans une zone du golfe du Lion.

La sismique réflexion est une technique permettant d'obtenir une image des couches superficielles du globe. À l'aide de canons à air comprimé, on crée des ondes sismiques qui se propagent et sont réfléchies sur les discontinuités (limites de couches sédimentaires, failles...).

L'enregistrement de ces ondes réfléchies permet de connaître leur temps de propagation et leur vitesse dans les milieux traversés. Le traitement informatique de l'ensemble de ces données sismiques permet alors d'établir un profil sismique présentant la position des discontinuités en fonction de la profondeur et la vitesse des ondes dans les différents milieux.

Roche	Granite	Basalte	Péridotite
Vitesse des ondes P ($km \cdot s^{-1}$)	5,9 à 6,2	6,7 à 6,9	> 8

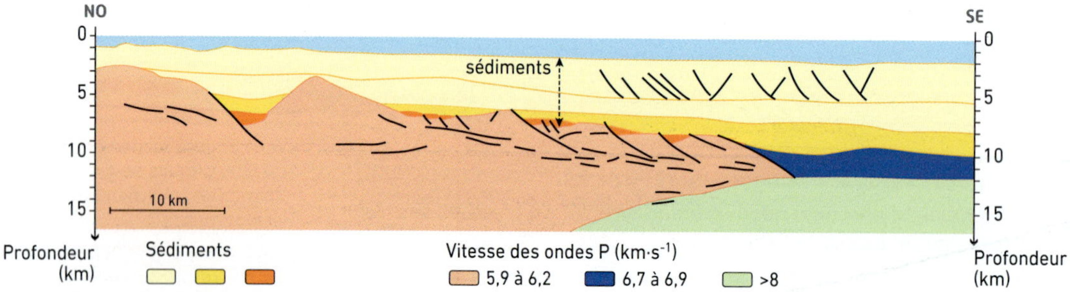

D Schéma interprétatif du profil sismique.

2 Étude des roches sédimentaires rencontrées lors d'un forage dans le golfe du Lion

De nombreux forages sous-marins ont été réalisés dans le golfe du Lion. Le schéma ci-dessous présente la séquence stratigraphique* simplifiée du forage Autan (point F sur la carte du document 1A).

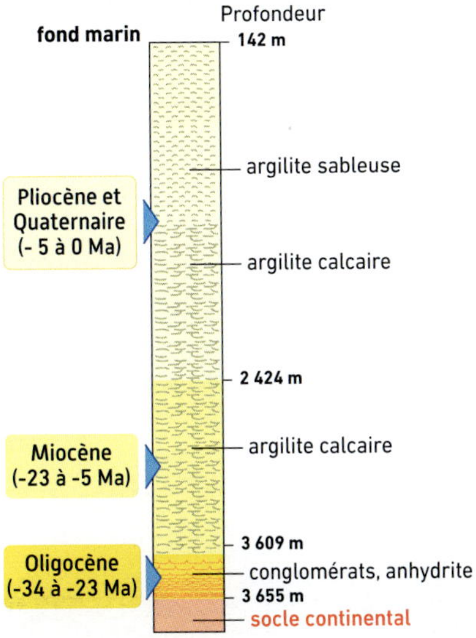

A

B Argilite : roche résultant du dépôt, en milieu calme, principalement marin, de très fines particules sédimentaires.

C Conglomérat : roche résultant du dépôt, en milieu continental, de graviers, galets et blocs rocheux cimentés naturellement.

D Anhydrite : roche formée par la précipitation d'ions sulfates et calcium lors de l'évaporation de l'eau de mer en milieu lagunaire.

3 Un modèle explicatif

Blocs basculés — bordas Flash PAGE animation

Afin d'expliquer les structures des marges passives, les géologues proposent un modèle associant tectonique et sédimentation. Des **blocs basculés*** le long de **failles normales*** courbes constituent en surface de petits bassins dissymétriques où s'accumulent des sédiments.

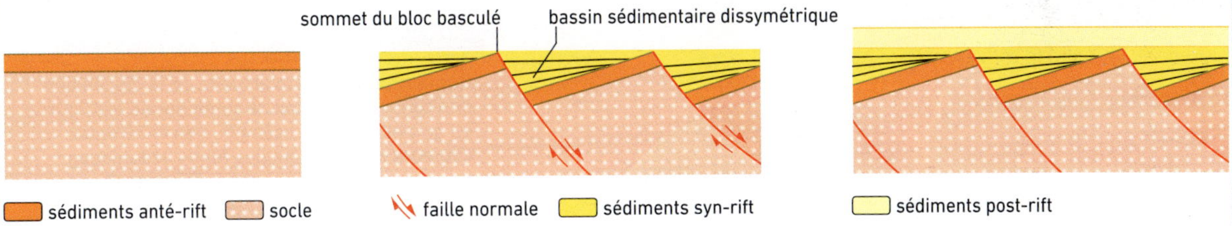

Étape 1 : sédimentation sur la croûte continentale stable (sédimentation anté-rift).

Étape 2 : fracturation de la croûte continentale par des failles normales courbes (failles listriques) dans une tectonique en distension. Sédimentation au fur et à mesure du basculement des blocs (sédimentation syn-rift).

Étape 3 : arrêt du basculement des blocs et sédimentation en milieu marin, lors de la phase d'expansion océanique (sédimentation post-rift).

Activités envisageables

Pour établir un lien entre la structure des marges passives et l'ouverture d'un océan :

- **Identifiez les structures tectoniques et les roches représentées sur le profil sismique du document 1. Reproduisez et légendez le schéma interprétatif.**
- **Établissez un lien entre la structure d'une marge passive et celle d'un rift continental étudié dans l'unité précédente.**
- **Reconstituez la chronologie des étapes de formation de la marge passive du golfe du Lion.**

Des clés pour réussir

- Pour identifier les roches, utilisez les données sismiques et celles du forage.
- Pour reconstituer la chronologie, exploitez les données du forage et confrontez le profil sismique au modèle explicatif.

* Lexique ➥ p. 509

Unité

6 La valse des continents

L'étude de très nombreuses données géologiques permet de reconstituer la disposition des continents à différentes époques de l'histoire de la Terre, et d'envisager les causes de ces changements.

Quels phénomènes géologiques participent aux déplacements des blocs continentaux ?

1 La paléogéographie, science à remonter le temps

Tectoglob3D

bordas Flash PAGE modélisation

La **paléogéographie*** a pour objet la reconstitution de la géographie des continents à différentes époques. Les cartes paléogéographiques sont ainsi des modèles construits à partir des données de terrain (étude des roches, des ceintures orogéniques, des ophiolites, des marges passives...). La précision de ces modèles dépend du nombre de données prises en compte et des modalités de leur traitement.

Activité pratique

- À l'aide de la fonction « Disposition passée des continents » de *Tectoglob3D*, observer et dater des épisodes de fragmentation des blocs continentaux.
- Faire de même pour des épisodes de réunion de blocs continentaux.

***Remarque :** utiliser de préférence le modèle de R.D. Muller, plus précis et plus fiable.*

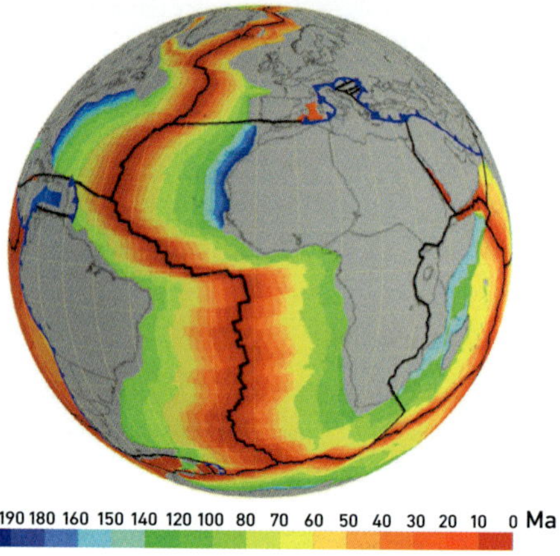

A Sur la représentation actuelle de la disposition des continents, la croûte continentale est figurée en gris et la croûte océanique en différentes couleurs suivant l'âge des fonds océaniques.

Les limites de plaques sont représentées par un trait noir épais et le trait bleu correspond à la subduction dont le sens est indiqué par les triangles.

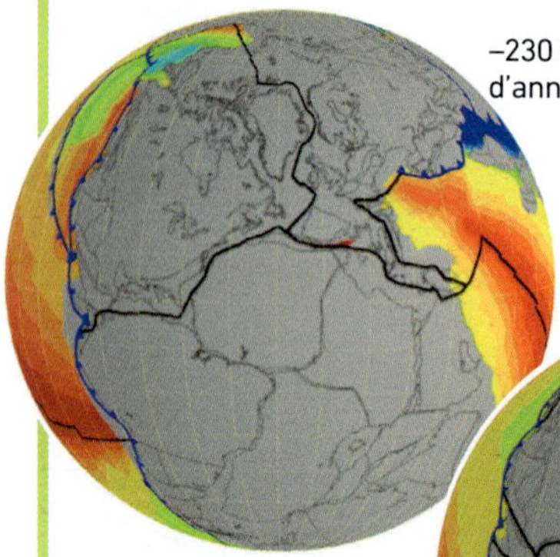

–230 millions d'années

B

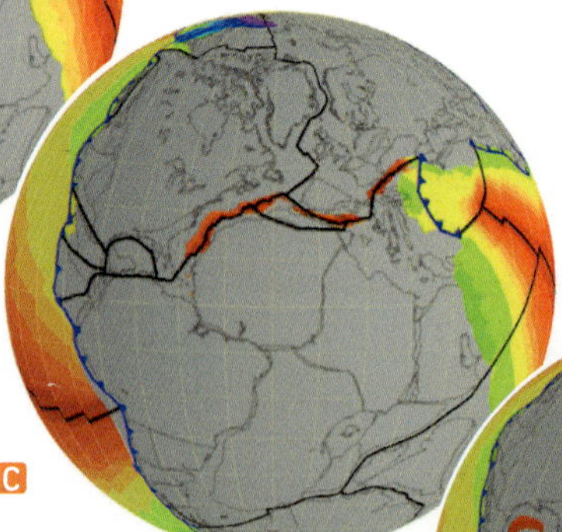

–164 millions d'années

C

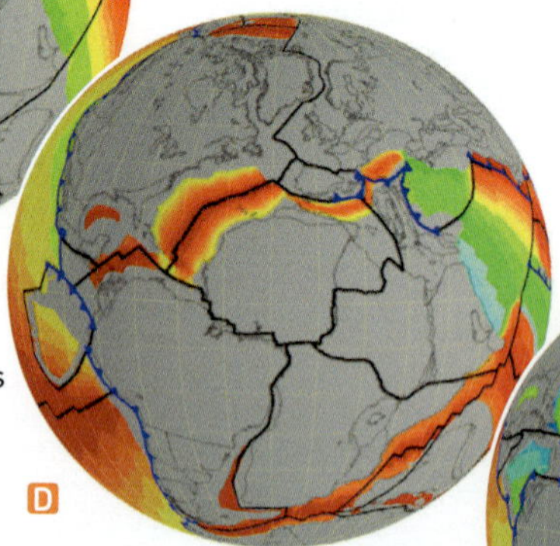

–122 millions d'années

D

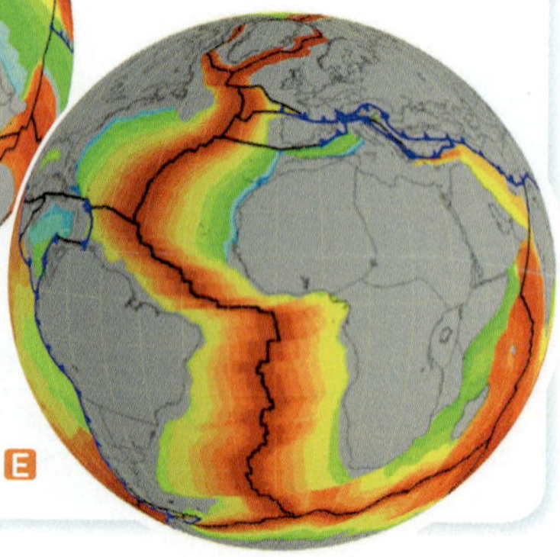

–37 millions d'années

E

Les exemples de cartes présentés (B, C, D, et E) illustrent la séparation des blocs continentaux par ouverture de l'océan Atlantique, mais également la formation de l'océan alpin suivie de l'orogenèse alpine.

2 D'un supercontinent à l'autre

Activité pratique

Des logiciels de modélisation, comme *Paleomap Maker*, permettent de reconstituer des paléogéographies.

■ En utilisant le modèle Paleomap, construire des cartes paléogéographiques entre –600 et –300 Ma, périodes où l'on suppose que les continents étaient regroupés en un seul « supercontinent ».

Les données étant très partielles pour ces époques reculées, les modèles sont assez hypothétiques.

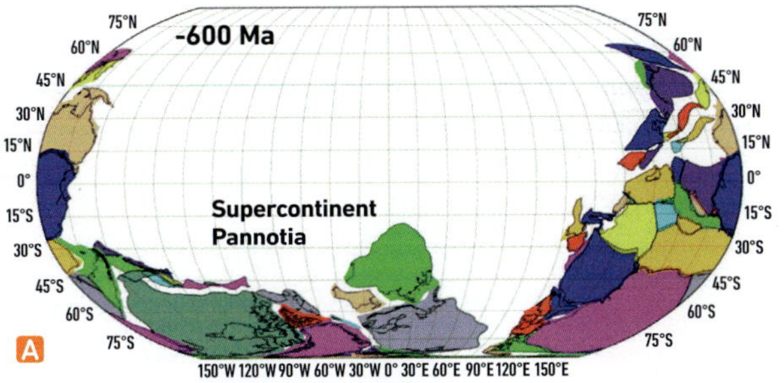

A

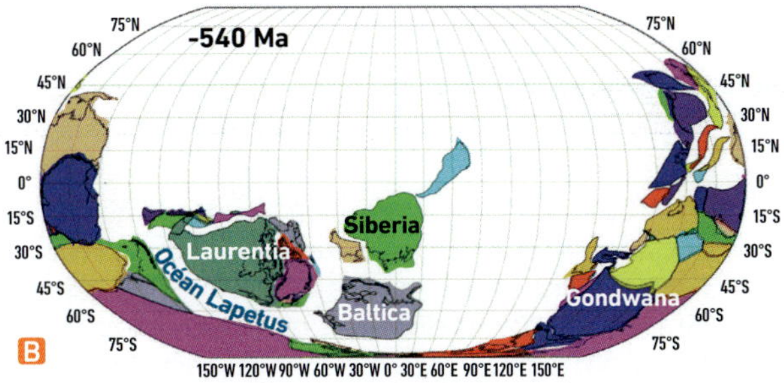

B

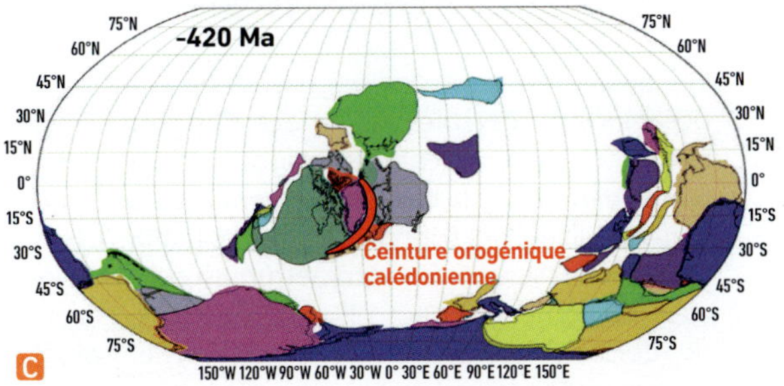

C

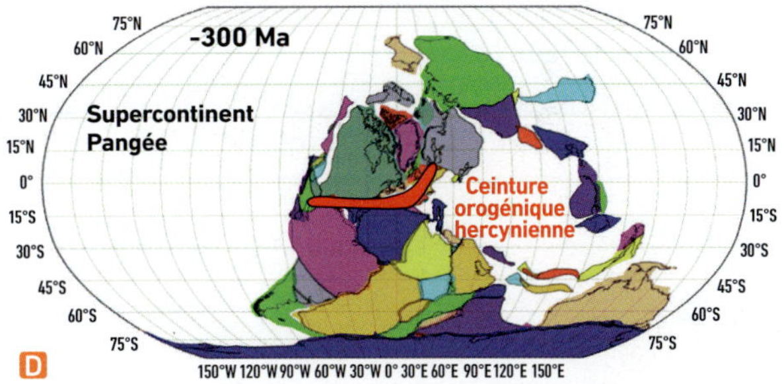

D

***Remarque :** les couleurs permettent de repérer les différents blocs continentaux.*

3 Le modèle du cycle des supercontinents

Selon le modèle élaboré par le géologue canadien John Tuzo Wilson (A), le déplacement des continents s'effectuerait suivant des cycles de 400 à 600 Ma. Chaque cycle, nommé cycle de Wilson, comprendrait la dislocation d'un supercontinent par ouverture de domaines océaniques, puis les blocs continentaux issus de cette fragmentation se rapprocheraient par subduction, et un nouveau supercontinent se formerait par le jeu des collisions successives. Difficile à vérifier pour les périodes anciennes de l'histoire de la Terre, ce modèle est encore très discuté dans la communauté scientifique.

A John Tuzo Wilson.

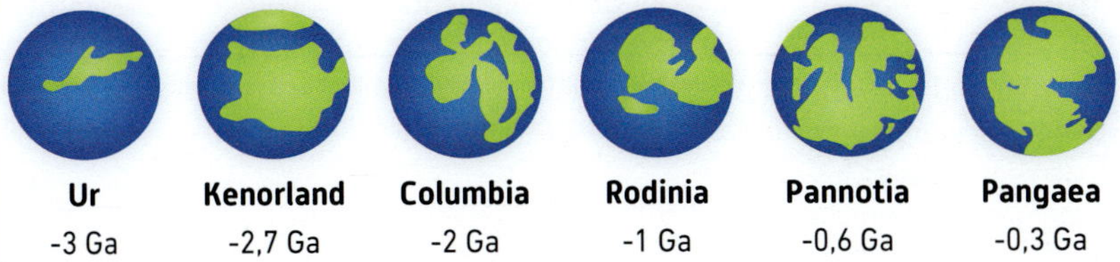

B **Les différents supercontinents de l'histoire de la Terre** (Ga = milliard d'années).

Activités envisageables

Afin de comprendre les mécanismes mis en jeu dans l'histoire de la géographie terrestre :

- **À partir de l'exploitation des cartes paléogéographiques, montrez que le changement de la géographie des continents résulte de la dynamique lithosphérique.**
- **Montrez que les cartes du document 2 correspondent au modèle du cycle proposé par Wilson.**

Des clés pour réussir

- Vous pouvez utiliser les notions abordées dans les unités précédentes.
- Citez des exemples précis à partir de l'analyse des cartes.

* Lexique ➥ p. 509

Bilan des connaissances — Les traces du passé mouvementé de la Terre

Préparez le Grand oral p. 519

1 Des traces du passé de la Terre

Des domaines continentaux d'âges variés

Alors que l'âge de la lithosphère océanique ne dépasse pas 200 Ma, les roches affleurant à la surface des continents présentent des âges variés pouvant atteindre plus de 4 milliards d'années (Ga). Les roches les plus anciennes, datées par radiochronologie, sont des roches de la ceinture Nuvvuagittuq au Canada. Leur âge, 4,28 Ga, approche celui de la Terre (4,55 Ga).

Ces âges considérables s'expliquent par la faible densité de la lithosphère continentale, qui demeure principalement en surface malgré les nombreuses déformations qu'elle subit.

La recherche des ceintures orogéniques

L'orogenèse est la formation de chaînes de montagnes résultant de la convergence de plaques lithosphériques. La plupart des chaînes se forment lors de la **collision entre deux masses continentales**. Cependant, certaines chaînes comme la cordillère des Andes peuvent résulter de déformations de la croûte continentale au niveau d'une zone de subduction océanique.

Les chaînes de montagnes formées au cours d'une même orogenèse dessinent un alignement appelé **ceinture orogénique**. Par exemple, la ceinture alpine comprend les Alpes, mais aussi l'Atlas, les Balkans, le Caucase et l'Himalaya. Cet ensemble de chaînes s'est formé au cours de l'ère Tertiaire (depuis –65 Ma) suite à la fermeture d'un vaste océan aujourd'hui disparu : la Téthys.

Les ceintures orogéniques récentes, comme la ceinture alpine, sont facilement visibles en surface par leurs reliefs très marqués. Mais il est possible de reconstituer les ceintures orogéniques anciennes, malgré l'érosion de leurs reliefs, grâce à certains indices géologiques : présence en surface de roches métamorphiques issues des déformations liées aux forces de compression, de roches magmatiques mises en place dans les profondeurs de la chaîne de montagnes, puis exhumées par l'érosion, présence de failles inverses, de chevauchements.

À l'échelle mondiale, la reconstitution des ceintures orogéniques anciennes permet d'établir une chronologie des cycles orogéniques subis par les continents depuis plusieurs milliards d'années. Un **cycle orogénique** correspond à l'ensemble des mécanismes de formation, puis de disparition d'une chaîne de montagnes (érosion).

En France, les deux principales orogenèses repérables sur la carte géologique sont l'orogenèse alpine (ère Tertiaire) visible dans les Alpes et les Pyrénées et l'orogenèse hercynienne (fin de l'ère Primaire) surtout visible dans le Massif central, le Massif armoricain et les Vosges. Des traces d'orogenèses encore plus âgées sont décelables dans les massifs anciens.

2 La recherche des océans disparus

Les ophiolites

Les **ophiolites** sont des fragments de la lithosphère océanique observables à la surface d'un continent. Elles forment en général des assemblages ordonnés de roches lithosphériques : à la base, se trouvent des péridotites du manteau. Elles sont surmontées par des gabbros, puis des basaltes, présentant au sommet un aspect de laves en coussins comparable aux pillow-lavas visibles dans l'axe des dorsales océaniques. Ce complexe rocheux peut être surmonté de sédiments océaniques.

Souvent, comme dans le massif alpin du Chenaillet, les roches des ophiolites présentent un métamorphisme lié à l'hydrothermalisme de dorsale (refroidissement et hydratation). Ainsi, les péridotites sont serpentinisées (présence d'un minéral typique, la serpentine) et les gabbros présentent un faciès amphibolites (présence de l'amphibole hornblende) ou un faciès schistes verts (présence de chlorite et d'actinote).

Les ophiolites sont donc interprétées comme des fragments d'un ancien océan, aujourd'hui refermé. Ces morceaux de lithosphère océanique ont été « coincés » entre les deux continents en convergence. Elles forment donc une zone de **suture** entre les blocs continentaux, véritable cicatrice témoignant de la collision de deux plaques lithosphériques.

Le passé tumultueux des ophiolites

Certaines ophiolites, comme celles de Bou Azzer au Maroc, sont les restes d'une lithosphère océanique qui a été charriée sur la lithosphère continentale avant la collision, échappant ainsi à la subduction : on parle alors d'**obduction**.

Dans d'autres cas, comme pour les ophiolites du Mont Viso dans les Alpes, des fragments de lithosphère océanique ayant subi la **subduction** ont pu être exhumés lors de la collision continentale. Dans ce cas, les roches du complexe ophiolitique ont subi lors de la subduction une forte augmentation de pression ainsi qu'une faible augmentation de température.

Dans les métagabbros se sont alors formés des minéraux caractéristiques du faciès schistes bleus (glaucophane) ou éclogites (grenat).

3 Fragmentation des continents et océanisation

Les rifts continentaux, lieux de la fragmentation continentale

La **fragmentation** d'un continent à l'origine d'un nouvel océan est observable actuellement en Afrique de l'Est. Les **rifts continentaux** de cette région du globe présentent des caractéristiques qui témoignent d'une déchirure de la lithosphère continentale.

La partie axiale d'un rift continental est structurée par de nombreuses **failles normales** parallèles qui délimitent un fossé d'effondrement en marches d'escalier. Cela révèle une tectonique en distension, provoquant l'étirement et l'amincissement de la lithosphère continentale. Ces failles normales sont particulières ; elles ont un profil légèrement courbe qui découpe la lithosphère en blocs ayant tendance à basculer.

Dans le fossé d'effondrement se forment des roches sédimentaires typiquement continentales :
– des roches détritiques issues de l'érosion des flancs du rift (conglomérats) ;
– des évaporites, roches issues de la précipitation chimique de sels minéraux lors de l'évaporation des eaux de ruissellement et d'infiltration (gypse, sel).

L'amincissement de la lithosphère s'accompagne d'une remontée de l'asthénosphère à l'origine d'un soulèvement des bords du rift et du magmatisme qui marque sa zone axiale. Le magma remonte le long des failles et provoque un volcanisme en surface, avec des coulées basaltiques. De nombreux séismes superficiels sont la conséquence à la fois des mouvements le long des failles normales et de la déformation des chambres magmatiques.

Du rift au domaine océanique

Si l'étirement et l'amincissement de la croûte continentale se poursuivent, celle-ci finit par se rompre. Dans la déchirure se forme alors une nouvelle dorsale. Le nouveau plancher océanique en expansion éloigne peu à peu les deux moitiés de l'ancien rift continental. Chaque demi-rift continental constitue alors une zone de transition entre domaine océanique et domaine continental au sein d'une même plaque lithosphérique. Devenues presque inactives du point de vue sismique et magmatique, ces marges continentales sont qualifiées de **marges passives**.

L'étude de la marge passive d'un domaine océanique actuel (golfe du Lion en Méditerranée par exemple) confirme ce modèle. La sismique réflexion dévoile en effet des structures en **blocs basculés** le long de failles normales courbes, correspondant à la moitié d'un rift continental. On y retrouve des sédiments syn-rifts, contemporains de la formation du rift continental (sédiments continentaux, évaporites), piégés dans les bassins liés à l'effondrement des blocs, et des sédiments post-rifts caractéristiques des fonds océaniques (argilites) venant recouvrir l'ensemble.

4 Le visage changeant de la Terre

Paléogéographie et déplacement des masses continentales

La **paléogéographie** a pour objet d'étude la reconstitution de la géographie passée de la Terre, au cours de sa longue histoire. Elle permet de produire des cartes représentant la position des masses continentales et des ceintures orogéniques à différentes époques géologiques.

On a pu ainsi montrer l'alternance, au cours de l'histoire de la Terre, de phases de réunion des blocs continentaux et de phases de fragmentation des continents. Lors d'une phase de réunion, la subduction provoque la fermeture de certains océans, le rapprochement des masses continentales, puis leur collision à l'origine d'une nouvelle orogenèse. Les phases de réunion des blocs continentaux peuvent aboutir à la formation d'un supercontinent unique regroupant l'ensemble des masses continentales, comme la Pangée il y a 300 millions d'années.

À l'opposé, certaines époques des temps géologiques, comme l'ère Secondaire, sont des phases de dislocation des masses continentales par fragmentation (rifts continentaux) et expansion de nouveaux domaines océaniques. Ainsi, les déplacements des continents sont une conséquence directe de la dynamique des plaques lithosphériques.

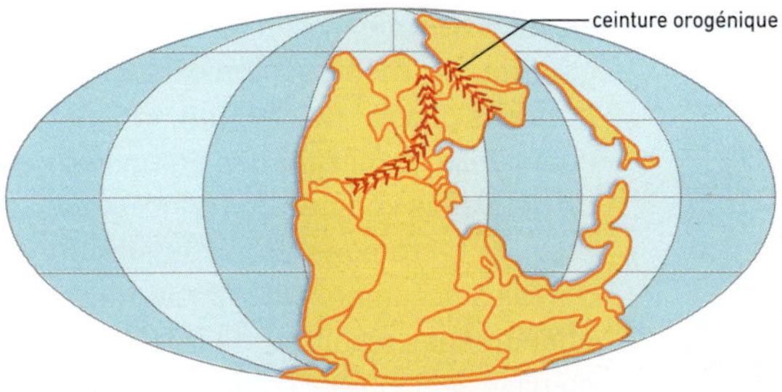

Un supercontinent : la Pangée, il y a 300 millions d'années.

Des cycles de supercontinents ?

À partir des reconstitutions paléogéographiques, le géologue John Tuzo Wilson a proposé un modèle d'évolution cyclique du visage de la Terre, alternant des phases de regroupement des masses continentales en un supercontinent et des phases de dislocation de ce supercontinent. L'origine de ces cycles serait à rechercher dans les mouvements convectifs affectant le manteau terrestre. Les données dont disposent les scientifiques pour ces périodes anciennes étant très partielles, le mécanisme de ces cycles et leur périodicité sont encore l'objet de recherches.

L'essentiel

Les traces du passé mouvementé de la Terre

podcast

DYS

À retenir

La surface des continents porte les traces du passé de la Terre

La surface des continents révèle des roches d'âges variés couvrant pratiquement les 4,55 milliards d'années de l'histoire de la Terre. On peut y déceler les traces de chaînes de montagnes parfois très anciennes formées par la convergence des plaques lithosphériques. On peut ainsi reconstituer des **ceintures orogéniques**, formées lors de **cycles orogéniques** successifs.

Les ophiolites, fragments des océans disparus

Les **ophiolites** sont des fragments de lithosphère océanique se trouvant à la surface des continents. Elles sont formées de péridotites, gabbros et basaltes. Ces restes de domaines océaniques disparus ont été amenés en altitude par la fermeture de l'océan. Suite à la collision des blocs continentaux, ils occupent une position de **suture** au sein des chaînes de montagnes. Les ophiolites ont pu subir un charriage sur le continent par **obduction**, ou un enfoncement dans l'asthénosphère par **subduction**, avant d'être exhumées lors de la **collision** continentale.

La fragmentation des continents et la naissance des océans

Les **rifts continentaux** sont le stade initial de la fragmentation des masses continentales par étirement et amincissement de la lithosphère dans un contexte de dynamique en distension. Ils sont le siège d'une importante sédimentation. Suite à cette **fragmentation continentale** peut se mettre en place un nouveau domaine océanique. Les **marges passives** bordant un océan sont les vestiges de l'ancien rift continental. Elles portent des marques de la distension : **failles normales** et **blocs basculés**.

La reconstitution paléogéographique de l'histoire de la Terre

La reconstitution de la géographie des continents au cours des temps géologiques, ou **paléogéographie**, montre l'alternance de périodes de réunion, puis de fragmentation des continents. Lors des **phases de réunion**, les masses continentales se rapprochent les unes des autres au cours de la fermeture des domaines océaniques, puis entrent en collision orogénique, formant de nouvelles chaînes de montagnes. Lors des **phases de fragmentation** des masses continentales, la tectonique en distension forme des rifts conduisant à la mise en place de nouvelles dorsales océaniques au niveau desquelles se produit l'accrétion de lithosphère océanique. Ces phénomènes résultent de la dynamique de la lithosphère par convergence (phases de réunion) ou divergence (phases de fragmentation).

Mots-clés

Blocs basculés • Ceinture orogénique • Collision • Cycle orogénique • Faille normale • Fragmentation continentale • Marge passive • Obduction • Ophiolite • Paléogéographie • Rift continental • Suture • Subduction

Schéma bilan

Les traces du passé mouvementé de la Terre

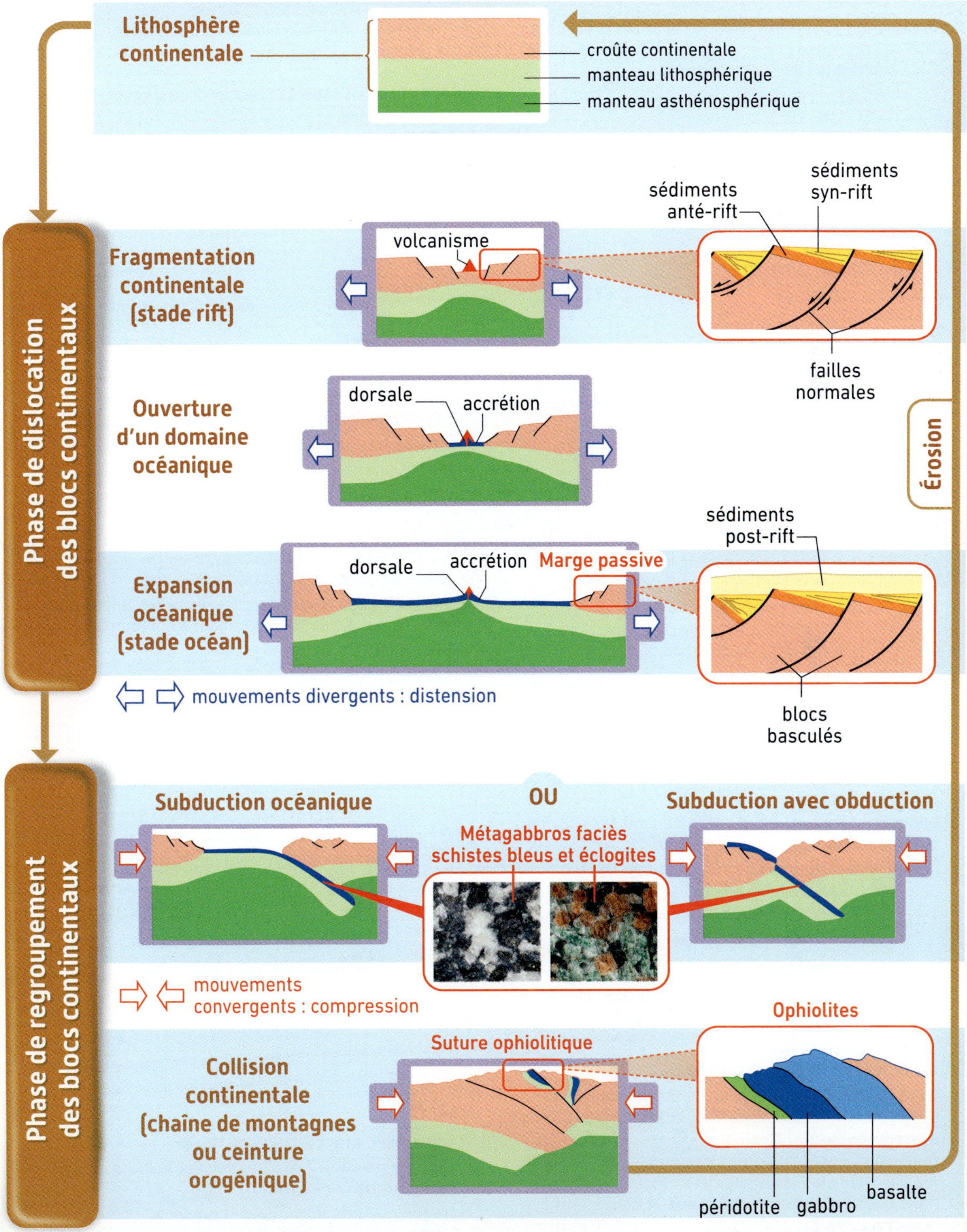

Réponses voir p. 502

1 Retour vers les problématiques

Relisez la page « S'interroger avant d'aborder le chapitre » (p. 159) ; à l'aide de ce que vous savez à présent, répondez aux questions que vous avez formulées.

2 QCM

Pour chaque affirmation, choisissez l'unique bonne réponse.

1. Les stades initiaux de la fragmentation continentale s'effectuent au niveau

a. d'une dorsale océanique ;
b. d'une chaîne de montagnes ;
c. d'une zone de subduction ;
d. d'un rift continental.

2. Les complexes ophiolitiques

a. sont des fragments de croûte continentale ;
b. sont toujours issus d'une obduction océanique ;
c. occupent une position de suture dans les chaînes de montagnes ;
d. se forment dans les rifts continentaux.

3. Les marges passives des océans

a. sont constituées de gabbros et basaltes ;
b. présentent des failles normales ;
c. résultent d'un phénomène de convergence des plaques ;
d. sont le siège de la subduction.

3 Vrai ou faux ?

Repérez les affirmations exactes et corrigez celles qui sont inexactes.

a. Les métagabbros à chlorite et actinote témoignent du métamorphisme lié à la subduction.
b. Les rifts continentaux correspondent au stade initial de la fragmentation continentale.
c. L'obduction correspond à l'enfoncement de la lithosphère océanique dans l'asthénosphère.
d. L'orogenèse résulte de la divergence de plaques lithosphériques.

4 Expliquer les différences entre...

a. Obduction et subduction.
b. Métagabbros faciès schistes verts et faciès éclogites.
b. Sédiments syn-rift et sédiments post-rifts.

5 Questions à réponses courtes

1. Quelles roches constituent un complexe ophiolitique ?
2. Quelle est la caractéristique de la lithosphère au niveau d'un rift continental ?
3. Quels minéraux témoignent des conditions de haute pression dans les métagabbros de faciès éclogites ?
4. Dans quel contexte géodynamique retrouve-t-on des blocs basculés ?
5. Qu'appelle-t-on la Pangée ?

6 Apprendre en s'interrogeant

1. Cachez l'une des colonnes du tableau ci-dessous et retrouvez ce que contient l'autre (à faire seul ou à plusieurs).
2. Vérifiez vos réponses, et reprenez si besoin les notions concernées.

Notion	Définition
Ophiolites	Roches typiques de la lithosphère océanique (péridotites, gabbros et basaltes) plus ou moins transformées et qui ont été transportées sur un continent.
Marge passive	Zone de transition entre la croûte continentale et la croûte océanique où l'activité sismique et magmatique est quasi nulle.
Cycle orogénique	Succession des événements qui voient se constituer, puis se détruire une chaîne de montagnes.
Obduction	Chevauchement d'une vaste portion de lithosphère océanique sur une croûte continentale.

7 Mettre dans l'ordre chronologique

Replacer dans l'ordre chronologique les étapes aboutissant à une chaîne de montagnes en nommant chacune d'entre elles.

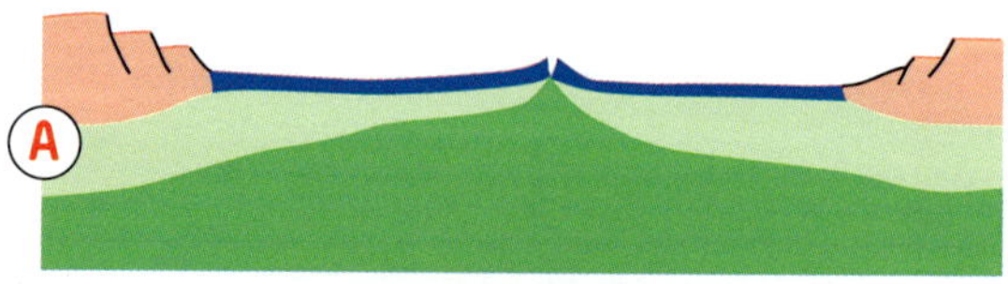

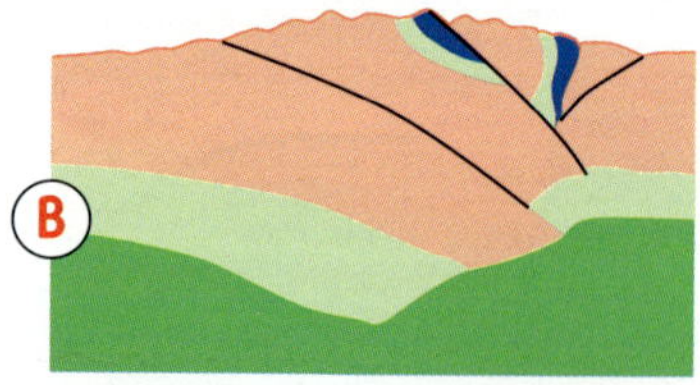

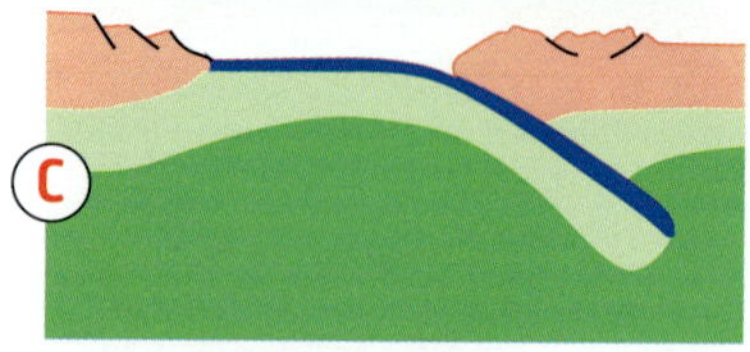

8 Exprimer une idée importante

Rédigez un court texte en utilisant la série de mots ou expressions ci-dessous :

fragmentation continentale • orogenèse • blocs continentaux • dorsale • collision • cycle.

★ facile ★★ intermédiaire ★★★ confirmé

9 Interpréter des résultats et en tirer des conclusions

★★★

On retrouve dans les Alpes des métagabbros du faciès éclogites dont les grenats présentent une auréole d'amphibole (hornblende), comme sur la photo suivante.

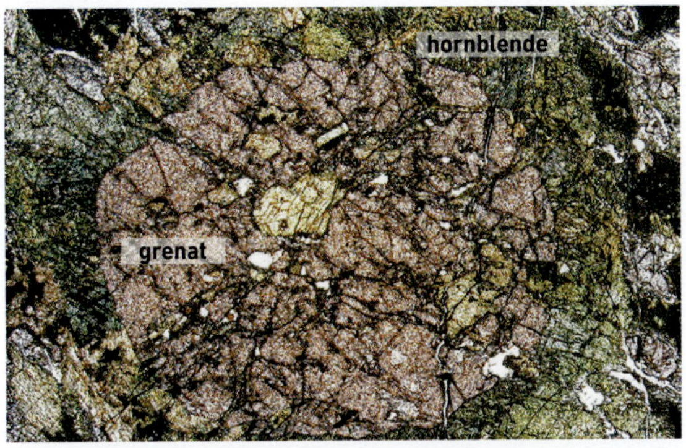

Métagabbro du faciès éclogites (LPNA).

Réalisez un schéma de l'observation microscopique en LPNA (lumière polarisée non analysée) et proposez-en une interprétation en utilisant le diagramme page 165 et le principe d'inclusion page 134.

10 Construire un schéma d'interprétation

★★

Cette photographie a été prise au niveau des rochers d'Armentier dans les Alpes.

Faites un schéma interprétatif de cet affleurement et indiquez le mécanisme tectonique dont il témoigne.

11 Conduire une recherche d'informations sur Internet pour répondre à une question

★

Recherchez sur Internet l'âge des différentes étapes du cycle aboutissant à la formation des Alpes : fracturation continentale, expansion océanique, subduction, collision.

12 Établir une relation de causalité

★★

Dans les péridotites des ophiolites du Chenaillet, l'olivine, minéral de formule $(Mg,Fe)_2SiO_4$ est remplacée par de la serpentine, de formule : $(Mg,Fe)_3Si_2O_5(OH)_4$

Établissez une relation entre l'origine océanique des ophiolites et la présence de serpentine.

13 Formuler une hypothèse

★★

L'exploration des marges passives est essentiellement du domaine de la prospection pétrolière, dans le but d'établir des plateformes off-shore.

Sachant que la formation du pétrole nécessite un enfouissement rapide de la matière organique, formulez une hypothèse en cohérence avec vos connaissances sur l'origine du pétrole dans les marges passives.

14 Recenser, extraire, organiser et exploiter des informations à partir d'un document

★★

Dans le rift d'Assal, on a mesuré sur plusieurs années la vitesse moyenne des déplacements verticaux de différentes balises GPS (voir carte ci-dessous).

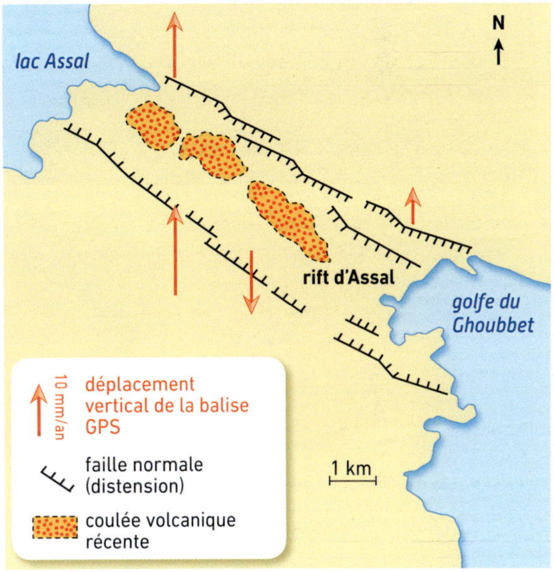

Mesurez les vitesses de déplacement vertical des différentes balises et appuyez-vous sur ces données pour montrer que le rift d'Assal résulte d'une déformation complexe de la croûte continentale.

15 Communiquer dans un langage scientifiquement approprié

★★★

Entre –1050 et –700 Ma, il aurait existé un supercontinent nommé Rodinia résultant de la réunion de 9 blocs continentaux. Il se serait disloqué en deux phases : une première, vers –700 Ma lors de la formation d'un proto-Pacifique isolant le Gondwana d'un ensemble Laurentia/Amazonia/Baltica et le second, vers –560 Ma, lors de l'ouverture de l'océan Iapetus entre Laurentia et Baltica.

1. **À partir du texte et en utilisant vos connaissances, montrez que le scénario exposé ici correspond à un cycle dont vous préciserez les mécanismes à l'échelle lithosphérique.**
2. **Réalisez des schémas simplifiés paléographiques de la Terre aux différentes époques évoquées dans le texte.**

16 Petit affleurement mais longue histoire !

★★★

Au col de Passo Gallarino, dans les Alpes italiennes, un affleurement de métagabbros présente un aspect particulier : des petits boudins de faciès éclogites (6) sont inclus dans une roche plus claire correspondant aux faciès schistes bleus (4 et 5) et schistes verts (stade 3). On a pu reconstituer le trajet pression-température-temps de cette roche depuis la formation du gabbro au niveau de la dorsale (flèche bleue sur le diagramme B).

- **Reconstituez l'histoire géologique de ces métagabbros et montrez qu'elle est en accord avec les cartes paléogéographiques de l'histoire alpine.**

A Affleurement de métagabbros du Passo Gallarino.

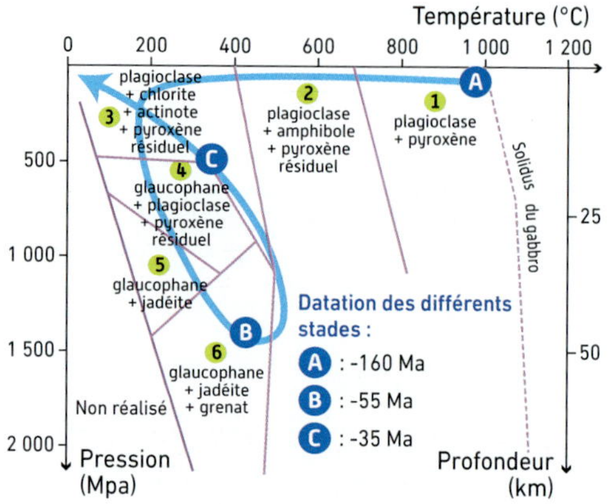

B Diagramme pression – température - temps.

Remarque : *Le trajet B vers C correspond aux effets de l'érosion qui ramène vers la surface les roches formées dans les profondeurs de la chaîne de montagnes.*

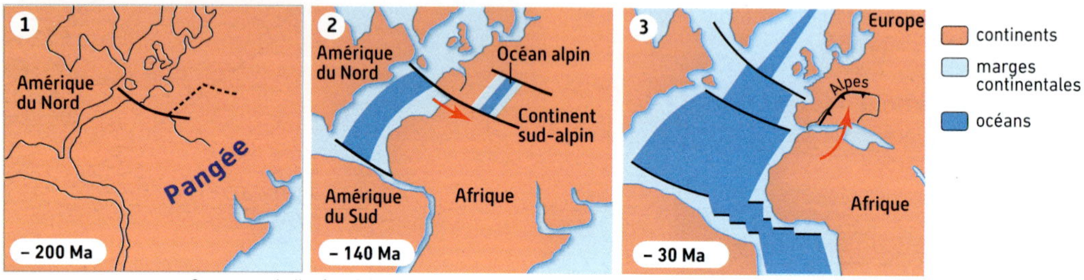

(1) Pangée (2) Ouverture de l'océan Atlantique nord et de l'océan alpin (3) Ouverture de l'océan Atlantique sud et formation des Alpes

C Cartes paléogéographiques de quelques étapes de l'histoire des Alpes.

17 La Baie de Lannion

★

- **À partir de l'analyse de cet extrait de la carte géologique de la France au 1/1 000 000e, montrez que la région qui entoure la baie de Lannion, en Bretagne, témoigne de trois orogenèses successives que vous daterez.**

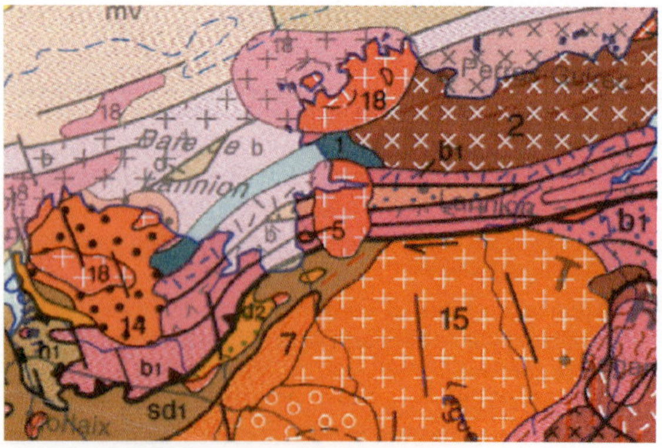

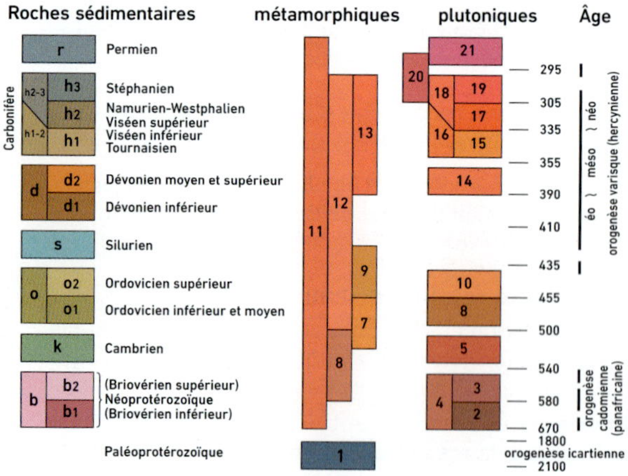

La carte géologique de la baie de Lannion.

Épreuve écrite

Rédaction d'un texte argumenté pour répondre à une question scientifique

18 Des formations géologiques très particulières, les ophiolites

Il existe sur Terre environ 150 complexes ophiolitiques d'âge très variable situés sur la croûte continentale.

- **Présentez la structure des ophiolites et expliquez les transformations que ces roches ont pu subir avant de trouver leur position actuelle.**

Document proposé

Carte géologique simplifiée de l'Himalaya (ci-contre).

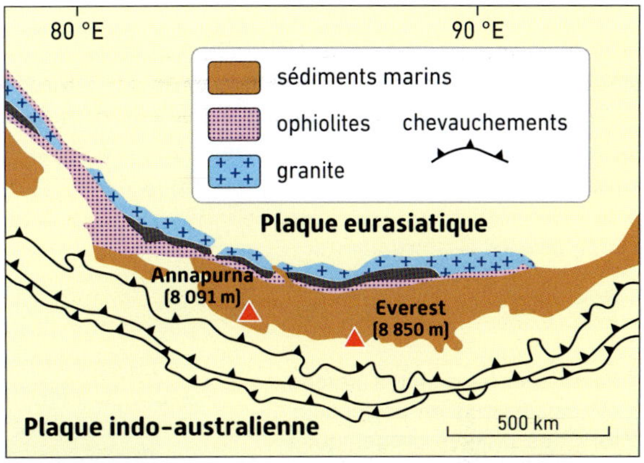

19 Les marges passives

La dynamique de la lithosphère détermine des périodes de réunion et des périodes de fragmentation des blocs continentaux.

- **Montrez en quoi les marges passives témoignent d'un des deux types de période.**

Votre exposé sera accompagné d'un schéma.

Document proposé

Profil sismique d'une marge passive.

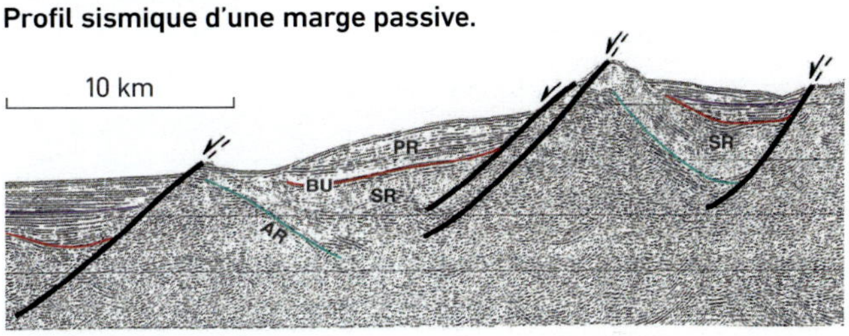

Épreuve pratique

Pour s'entraîner à l'Évaluation des Capacités Expérimentales

20 Présenter des résultats scientifiques

Afin de comprendre les étapes de la création d'un océan, on a réalisé deux coupes sur *Tectoglob3D* au niveau de la Mer rouge et du rift est-africain.

- **Présentez ces résultats de façon à préparer leur interprétation.**

Aides à la résolution

- Choisissez un mode de présentation qui facilite la comparaison des deux situations étudiées.
- Toutes les informations utiles, et seulement les informations utiles seront présentées.
- Votre communication doit être lisible et soignée.

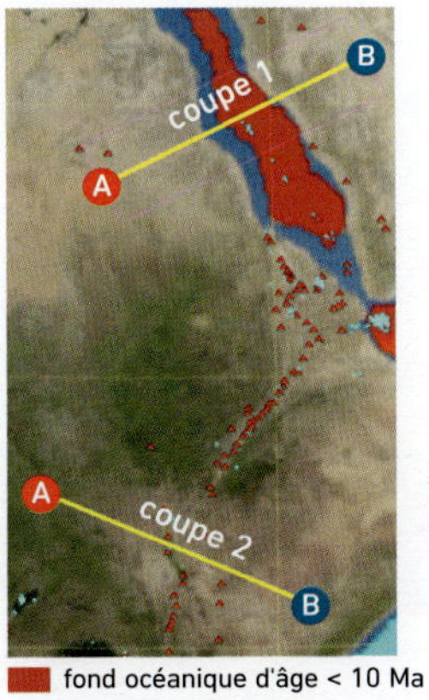

A Région étudiée.

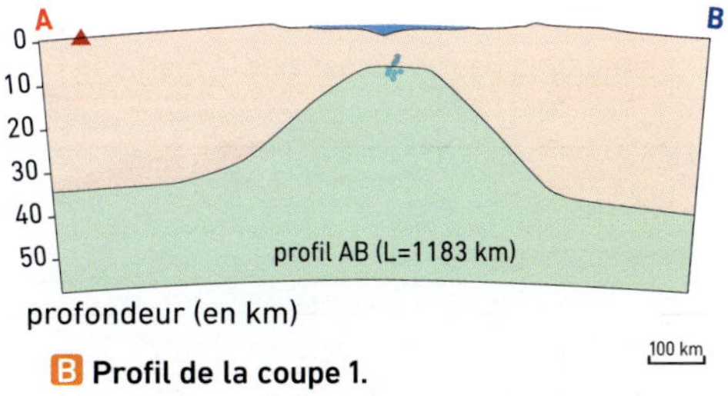

B Profil de la coupe 1.

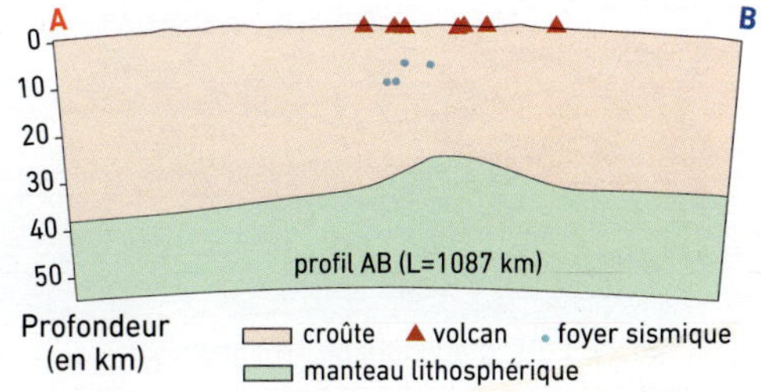

C Profil de la coupe 2.

PRÉPA BAC

Raisonnement scientifique

Construisez et exposez votre propre démarche pour résoudre le problème posé.

21 La Bretagne, un livre ouvert sur l'histoire de la Terre

La Bretagne est située au niveau du Massif armoricain. L'étude géologique de cette région permet de retracer quelques grands épisodes de l'histoire du globe.

À partir des données tirées des documents et en vous appuyant sur vos connaissances, montrez qu'il est possible de retrouver dans cette région des indices de plusieurs phases de regroupement et de dislocation des masses continentales.

1 Carte géologique du Massif armoricain

Remarque : les granites bretons se sont formés en profondeur lors des phases orogéniques (granites d'anatexie).

- granites hercyniens (-350 à -300 Ma)
- granites cadomiens (-670 à -540 Ma)
- roches sédimentaires et métamorphiques (-485 à -300 Ma)
- schistes du socle briovérien (-670 à -540 Ma)
- ophiolites
- sédiments d'âge < 145 Ma

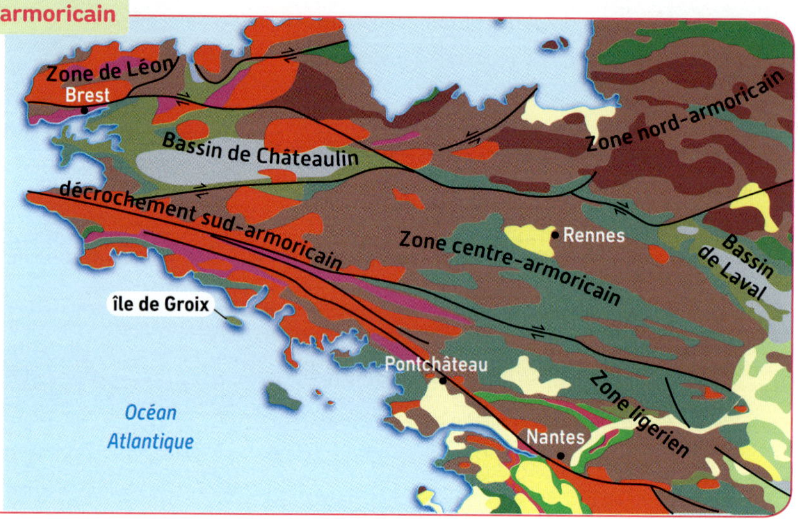

2 Deux roches métamorphiques de l'île de Groix

On a échantillonné deux roches sur les côtes de l'île de Groix puis réalisé des lames minces de ces roches, observées ci-dessous au microscope polarisant en lumière polarisée analysée.

La datation de ces roches par la méthode rubidium-strontium a donné un âge de 360 +/– 4 Ma.

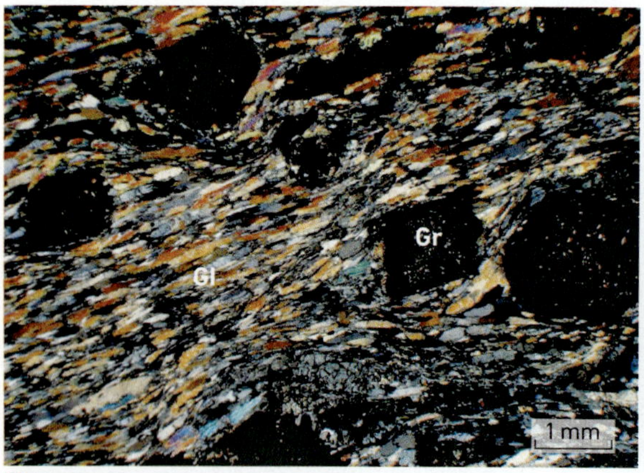

Roche 1 (Gl : glaucophane, Gr : grenat)

Roche 2 (Gl : glaucophane, Ch : chlorite, Ep : épidote)

3 La marge continentale armoricaine

Cette coupe de la marge armoricaine, au large de la Bretagne, a été réalisée à partir d'un profil de sismique réflexion et de données issues de plusieurs forages.

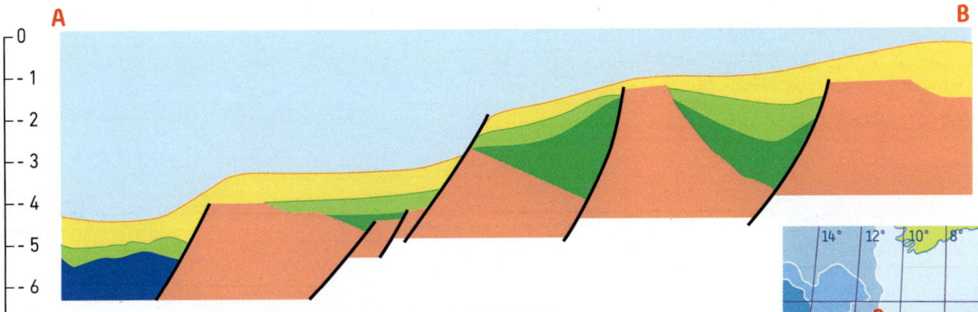

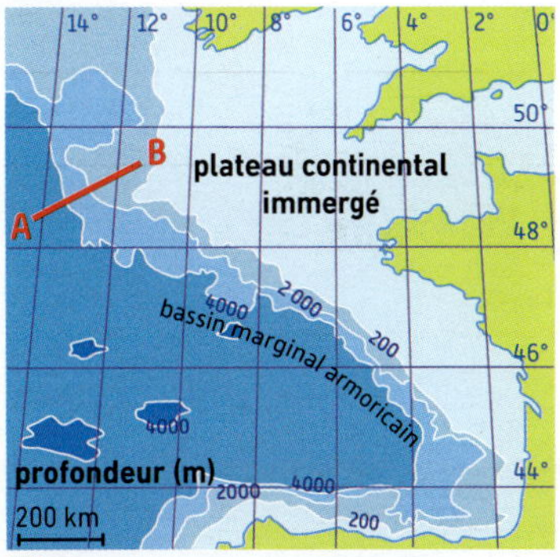

Localisation de la coupe AB.

4 Les migmatites de Port-Navalo

Sur la plage de Port-Navalo, à l'entrée du golfe du Morbihan, il est possible d'observer des roches plissées constituées de couches sombres et claires, les migmatites (A). Les couches claires sont issues d'une fusion partielle suivie de la recristallisation du magma. Les couches sombres correspondent au matériau qui n'a pas fondu. Les migmatites sont donc des roches situées entre métamorphisme et magmatisme. Celles de Port-Navalo sont âgées de 350 Ma.

A

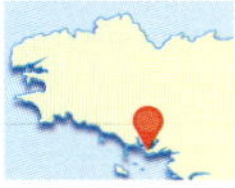

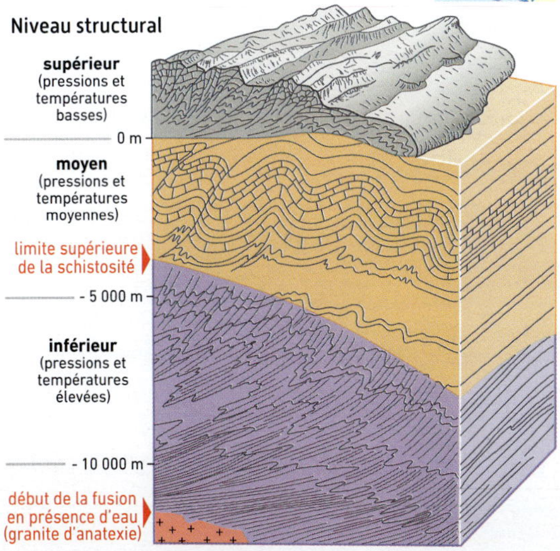

B Déformation des roches suivant la profondeur dans une chaîne de montagnes.

1 L'organisation fonctionnelle des plantes à fleurs 186
2 La plante, productrice de matière organique 212
3 Reproduction de la plante, entre vie fixée et mobilité 234
4 La domestication des plantes 258

Culture de l'olivier, Monte Sant'Angelo, Gargano, Italie.

PARTIE 3

De la plante sauvage à la plante domestiquée

Retrouver des acquis

Les niveaux d'organisation d'une plante

■ Chez les **organismes pluricellulaires**, les fonctions sont assurées par des structures complexes spécialisées dans l'accomplissement d'une fonction particulière : ce sont les organes. Chez les plantes, racines, tiges et feuilles assurent les **fonctions de nutrition**, tandis que fleurs, fruits et graines sont spécialisés dans la **reproduction**.

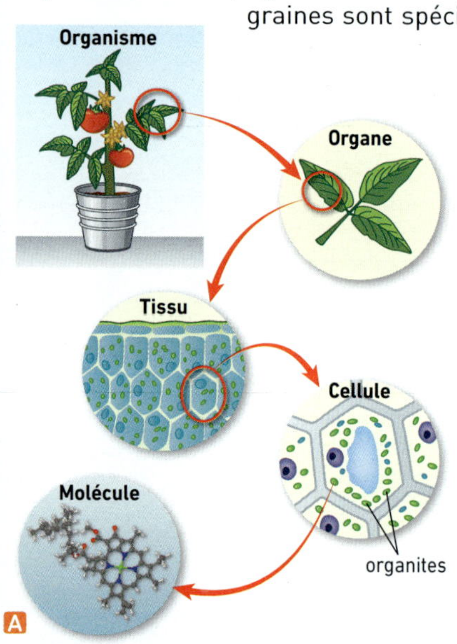

A

B Le tubercule de pomme de terre est un **organe** souterrain qui permet le **stockage** de réserves de **matières organiques**.

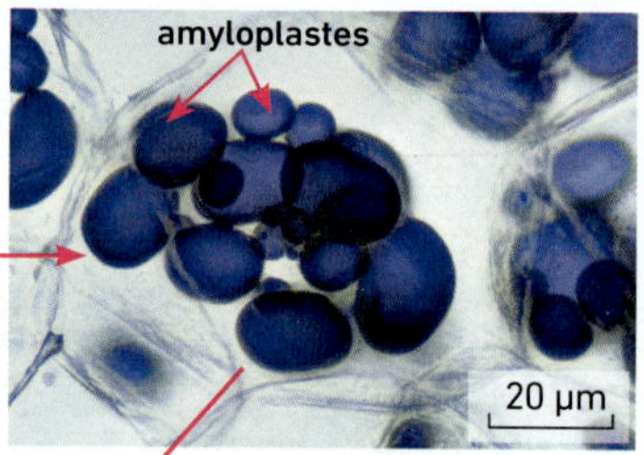

C **Cellule** de tubercule de pomme de terre. Elle contient de nombreux **organites**, les amyloplastes, ici colorés à l'eau iodée.

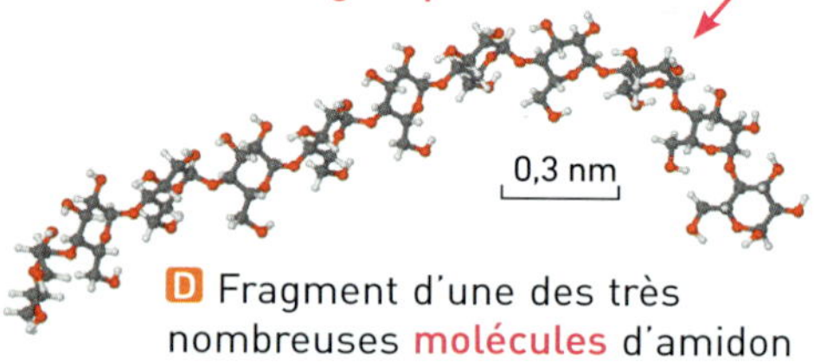

D Fragment d'une des très nombreuses **molécules** d'amidon contenues dans un amyloplaste.

Reproduction sexuée et asexuée des plantes

■ Un exemple de reproduction sexuée : la courgette

une fleur femelle

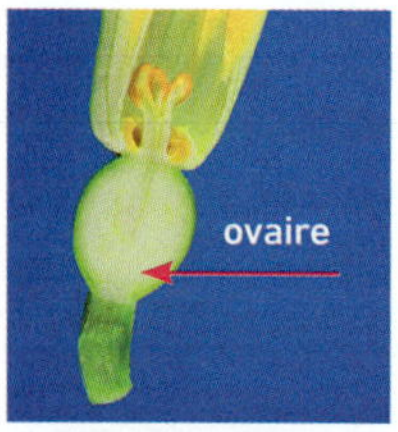

■ **Gamètes femelles** contenus dans l'ovaire

une fleur mâle

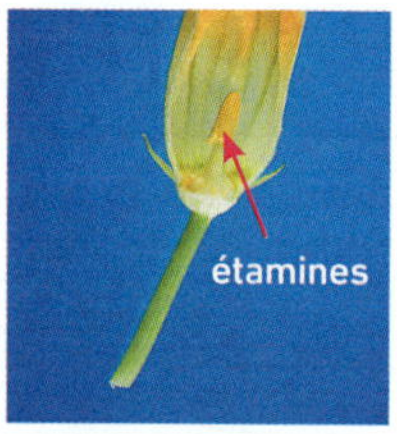

■ **Gamètes mâles** contenus dans les étamines

Fécondation
et transformation de l'ovaire en **fruit** contenant des **graines**...

... capables de donner de nouvelles plantes **génétiquement diversifiées**

■ Un exemple de reproduction asexuée : la pomme de terre

Les tubercules qui se développent sous terre contiennent des réserves et portent des bourgeons...

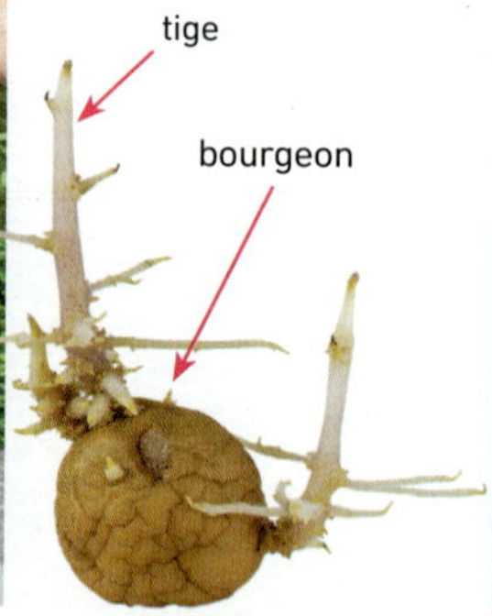

... capables de donner de nouvelles plantes **génétiquement toutes identiques**

Les plantes sont autotrophes grâce à la photosynthèse

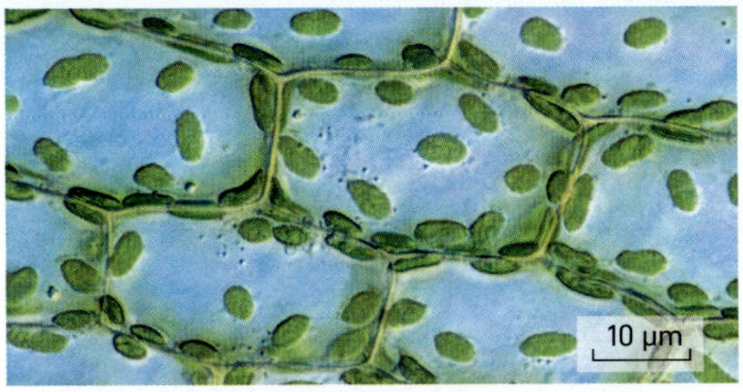

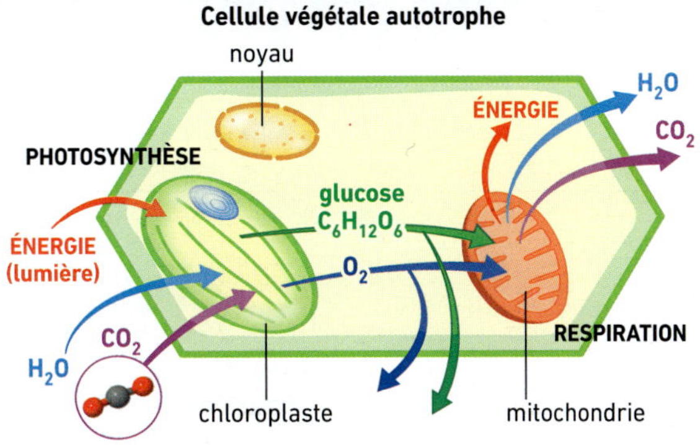

- Les plantes ont des cellules chlorophylliennes, pourvues de chloroplastes. Grâce à ces organites, les cellules fabriquent leurs propres molécules organiques (dont le glucose) à partir de molécules minérales prélevées dans l'environnement (eau, ions minéraux et CO_2).

Ce métabolisme nécessite l'absorption d'énergie lumineuse par la chlorophylle contenue dans les chloroplastes. Il assure l'autotrophie de la plante.

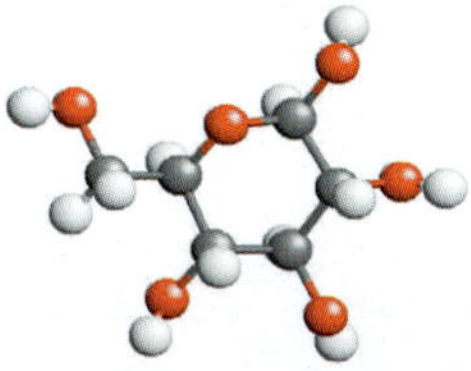

- Le glucose ($C_6H_{12}O_6$) est la première molécule organique fabriquée par photosynthèse. Il est le point de départ de nombreuses voies métaboliques.

Les agrosystèmes, producteurs de biomasse végétale

- Afin de produire de grandes quantités de biomasse, l'agriculture intensive cherche à maximiser la productivité.

Pour cela, elle utilise de grandes quantités d'intrants :
- des produits phytosanitaires (insecticides, herbicides, fongicides...) permettant le maintien d'un bon état de santé des cultures ;
- de l'eau (irrigation des cultures) ;
- des engrais permettant de maintenir la fertilité des sols après l'exportation de matière lors des récoltes ;
- des variétés végétales sélectionnées sur certains critères de productivité.

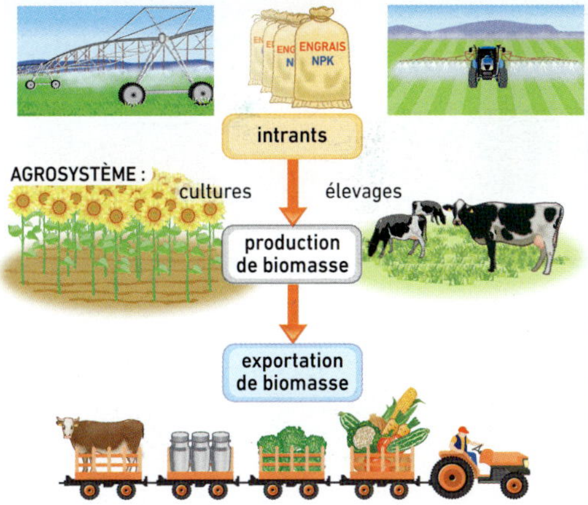

- Ces pratiques d'agriculture intensive ont des conséquences négatives sur l'état général de l'environnement (sols, air, eaux) et sur la santé humaine.

La recherche agronomique actuelle, qui s'appuie sur l'étude des processus biologiques et écologiques, apporte connaissances, technologies et pratiques culturales pour le développement d'une agriculture plus durable.

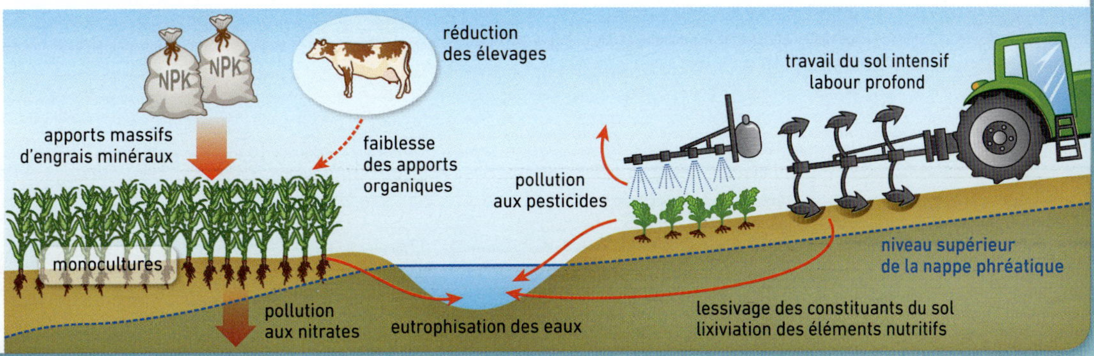

PARTIE 3

CHAPITRE 1

L'organisation fonctionnelle des plantes à fleurs

Les tiges feuillées du troène se construisent à partir des bourgeons qu'elles portent. Cette coupe révèle le contenu de l'un d'entre eux.

S'interroger avant d'aborder le chapitre

Des stomates observés à la surface d'une feuille

L'épiderme des feuilles de misère (*Tradescantia zebrina*) est pigmenté par des anthocyanes qui donnent leur couleur violette aux cellules. Cette pigmentation disparait au niveau de petites ouvertures appelées stomates et laisse entrevoir la couleur verte des cellules chlorophylliennes contenues dans la feuille.

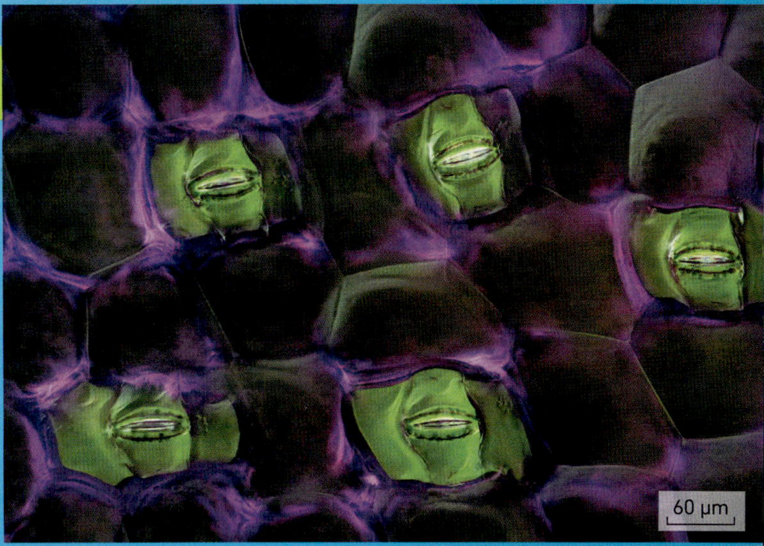

Épiderme d'une feuille de misère observé par épiscopie* (couleurs naturelles).

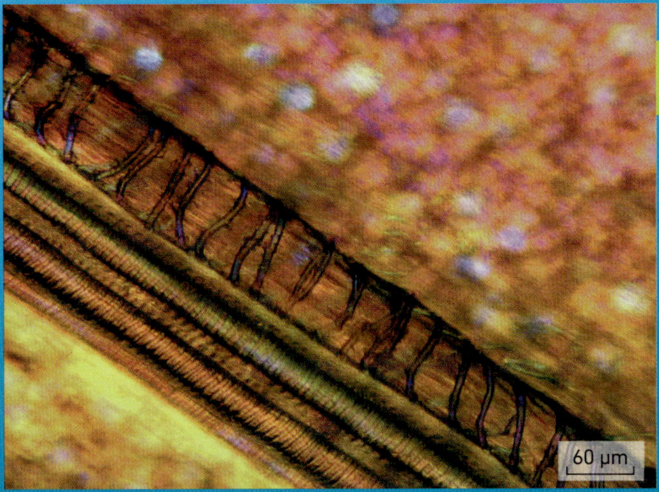

Vaisseaux conducteurs de sève dans une feuille d'ail sèche observée au microscope polarisant (LPA, lame quart d'onde).

Une circulation de matière au sein de la plante

Ces vaisseaux conducteurs de sève ont été observés dans une feuille d'ail.
On les trouve chez toutes les plantes à fleurs, du plus petit brin d'herbe aux plus grands arbres, et dans tous leurs organes, des racines jusqu'aux feuilles. Pour des raisons mécaniques, ces vaisseaux sont renforcés par des anneaux lignifiés.

Formuler les problèmes à résoudre

Les plantes à fleurs vivent presque toutes ancrées dans le sol par leurs racines. Cela constitue une contrainte très forte, qui conditionne toutes leurs fonctions vitales.

- **À partir des documents présentés, interrogez-vous sur l'organisation d'une plante à différentes échelles d'observation, et sur les liens que l'on peut faire entre ses caractéristiques et sa vie fixée à l'interface du sol et de l'atmosphère.**

Unité 1

Les racines, des organes adaptés à l'absorption de l'eau du sol

Sur la terre ferme, la lumière solaire n'est présente qu'au-dessus du sol, tandis que l'eau liquide et les nutriments minéraux sont présents essentiellement dans le sol. Des innovations évolutives ont permis aux végétaux terrestres de s'adapter aux contraintes de ces deux milieux.

Comment les plantes prélèvent-elles l'eau et les ions minéraux dont elles ont besoin ?

Systèmes racinaires

bordas Flash PAGE microscopie

1 Observer les racines dans leur milieu naturel

À l'INRA* de Dijon, des dispositifs expérimentaux appelés rhizotrons permettent d'observer les **racines*** *in situ*, sans arracher la plante (A). Un scanner peut en effet photographier l'ensemble du système racinaire se développant à la surface d'un cylindre. La résolution du scanner permet de distinguer les racines les plus fines (B).

A Culture de pois en rhizotron, dans une serre de recherche.

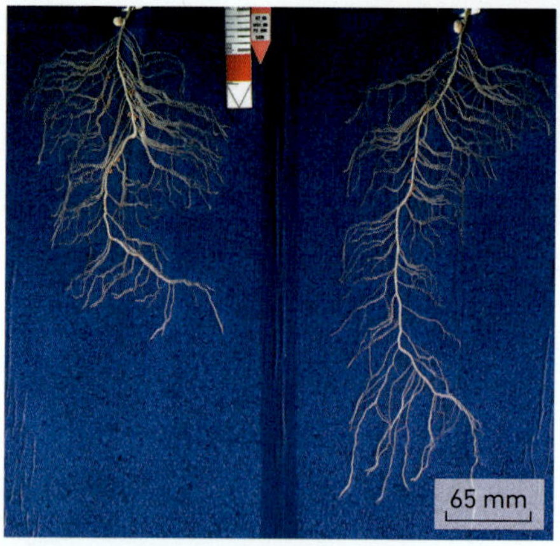

B Système racinaire complet d'un plant de pois.

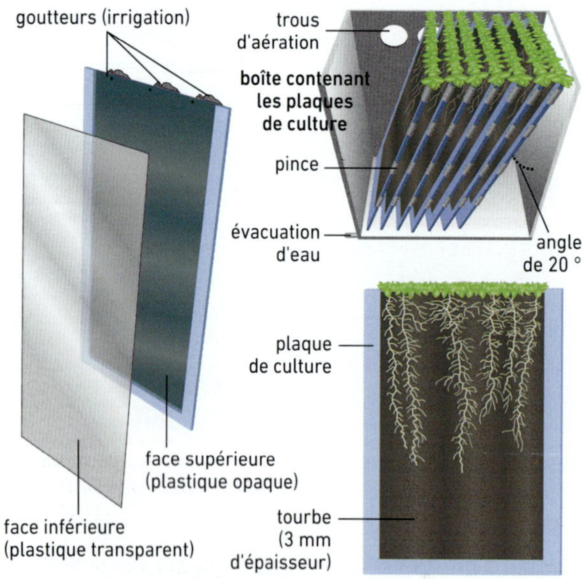

C Un modèle de rhizotron réalisable au lycée.

Activité pratique

Pour réaliser une étude du système racinaire à l'aide d'un rhizotron (C) :

- Mettre en place une couche de tourbe très fine entre les deux faces des plaques de culture.
- Refermer les plaques à l'aide de pinces métalliques.
- Réaliser un semis de graines en surface.
- Placer les plaques dans la boîte, faces transparentes inclinées vers le bas pour que les racines se développent au contact de la vitre.
- Maintenir humide grâce à un arrosage « goutte à goutte » et éclairer 12 h par jour.
- Photographier les plaques chaque jour.

Pour mesurer les racines, on peut utiliser le logiciel *EZ-Rhizo* (Université de Glasgow et ESIEE d'Amiens) (D).

Longueur de la racine principale (en cm)	8,44
Nombre de racines latérales	18
Longueur totale des racines (en cm)	12,98
Surface totale des racines (en cm^2)	0,81

D Résultats obtenus avec un plant d'arabette âgé de 15 jours.

2 De vastes surfaces d'échange entre les racines et le sol

Chez la plupart des plantes les racines sont très ramifiées et présentent, au voisinage de leurs extrémités, de nombreux **poils absorbants***. Il s'agit de cellules fines (13,5 µm de diamètre moyen) et allongées (0,7 mm de longueur moyenne).

Activité pratique

À partir d'observations que vous pouvez faire à la loupe et au microscope sur de jeunes plantules (A) et sur des coupes réalisées dans la zone pilifère* (B) :

- Évaluer la surface d'un poil absorbant (on pourra l'assimiler à un cylindre).
- Évaluer le nombre total de poils absorbants dans la zone pilifère.
- Comparer la surface correspondant à un même tronçon de racine sans poil absorbant d'une part, avec des poils absorbants d'autre part.

A Racines d'une plantule de blé.

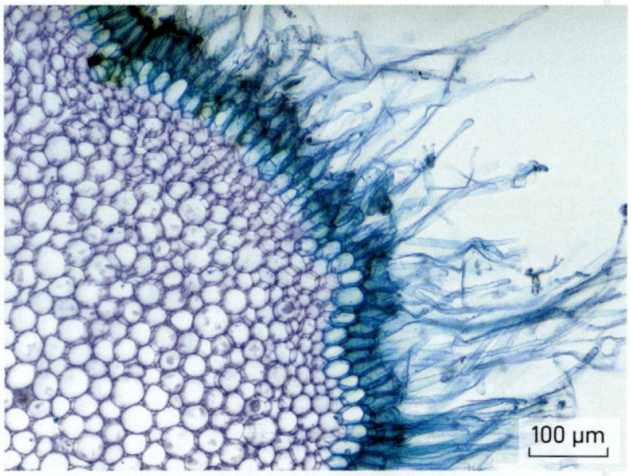

B Coupe transversale au niveau de la zone pilifère d'une racine de blé (MO*). Chez cette espèce, on peut trouver jusqu'à 2 500 poils absorbants par centimètre carré de racine.

3 Les mycorhizes amplifient les surfaces de contact entre la plante et le sol

La majorité des végétaux établissent des liens étroits avec le mycélium de certains champignons du sol. Ces symbioses* sont appelées **mycorhizes***. Le champignon bénéficie des matières organiques fabriquées par la plante, tandis que la plante profite de l'étendue du réseau mycélien pour améliorer l'absorption de l'eau et des ions (B).

On réalise une expérience avec des graines de basilic placées dans des pots contenant de la terre de jardin stérilisée. Dans la moitié des pots, on ajoute un mélange de champignons à mycorhizes. On mesure la croissance des plants dans les deux pots (C).

Racines non mycorhizées (A) ou mycorhizées (B).

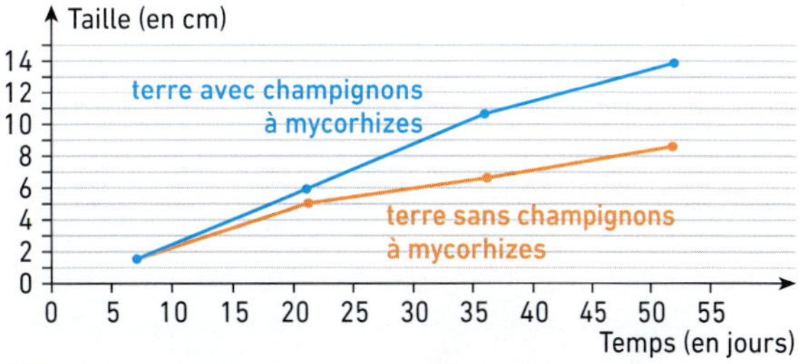

C Effet des mycorhizes sur la croissance du basilic.

Activités envisageables

Pour comprendre comment la plante peut efficacement prélever l'eau et les ions minéraux du sol :

- **Observez et décrivez un système racinaire.**
- **Comparez la surface d'une racine nue et celle d'une racine munie de poils absorbants.**
- **Montrez que la symbiose mycorhizienne facilite l'absorption de l'eau et des ions minéraux du sol.**

Des clés pour réussir

- La ressource numérique associée au doc. 1B permet d'observer les systèmes racinaires de plants de blé, luzerne, maïs et pois, y compris les poils absorbants.
- Faites des calculs simples mais rigoureux, pour obtenir des ordres de grandeur.

* Lexique ➥ p. 509

Unité 2

Les feuilles, des organes adaptés à la fonction de photosynthèse

Les feuilles captent l'énergie de la lumière solaire et l'utilisent pour transformer l'eau et le dioxyde de carbone en molécules organiques : c'est la photosynthèse. Pour se nourrir de façon efficace, une plante doit donc exposer ses cellules chlorophylliennes à la lumière, et faciliter leurs échanges de gaz avec l'air environnant.

Quelles adaptations permettent aux feuilles de réaliser la photosynthèse avec efficacité ?

1 Les feuilles, des capteurs d'énergie solaire

Activité pratique

- Prendre une image numérique d'une **feuille***, en prenant soin d'ajouter un moyen de donner une échelle (A).
- Ouvrir cette image dans le logiciel *Mesurim* et après avoir défini l'échelle, mesurer la surface de la feuille en utilisant les fonctionnalités du logiciel (B).

A

B

Si certaines plantes se caractérisent par des feuilles très petites voire absentes (plantes dites « aphylles » typiques des milieux secs), la plupart des végétaux possèdent de nombreuses feuilles. Ainsi, un grand pommier peut avoir 100 000 feuilles, un bouleau 200 000, un chêne 700 000. De vieux ormes d'Amérique ont jusqu'à 5 millions de feuilles.

bordas Flash PAGE microscopie

Coupes de feuilles

2 La structure interne d'une feuille

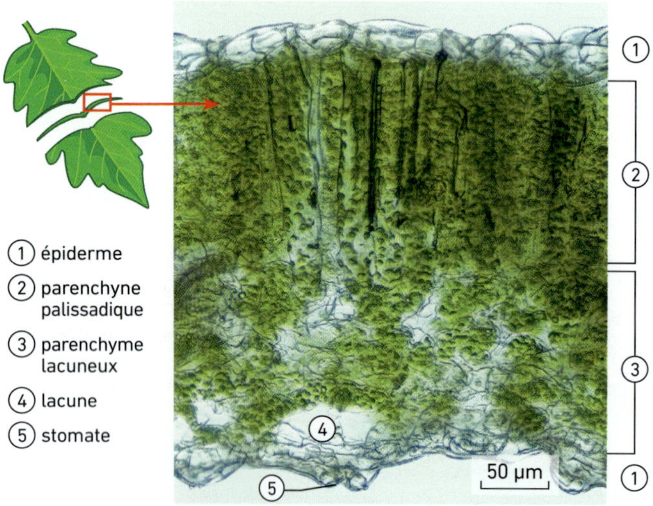

Coupe transversale de feuille observée au microscope optique.

Une coupe transversale de feuille révèle son anatomie : entre deux épidermes constitués de cellules transparentes recouvertes d'une cuticule imperméable ①, se trouvent les cellules chlorophylliennes. Celles du parenchyme palissadique ② sont disposées en couches serrées ; celles du parenchyme lacuneux ③ sont au contraire séparées par des espaces remplis d'air (lacunes) ④ qui communiquent avec l'atmosphère extérieure grâce aux **stomates***, des pores microscopiques de l'épiderme ⑤. Les stomates sont très nombreux, jusqu'à plusieurs centaines par millimètre carré d'épiderme.

La photographie ci-contre a été réalisée sur une feuille de tomate, par simple tranchage d'une mince lamelle. Les couleurs observées ici sont donc naturelles.

3 Les stomates permettent et régulent les échanges gazeux de la plante

Chaque stomate (A) est constitué de deux cellules de garde délimitant entre elles un orifice, l'ostiole, qui communique avec l'atmosphère interne de la feuille, contenue dans le parenchyme lacuneux. Les stomates s'ouvrent ou se ferment selon les variations de facteurs environnementaux (luminosité, température, hygrométrie, etc.) (B).

Activité pratique

- Prélever un fragment d'épiderme inférieur sur une feuille, par exemple de polypode, de salade, de chou...
- Monter entre lame et lamelle dans une goutte d'eau.
- Observer au microscope.
- Présenter l'observation (dessin ou photographie).

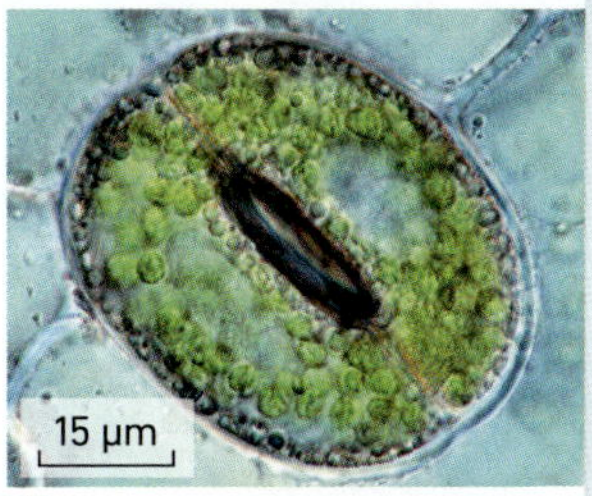

A Stomate de polypode (MO).

Bordas Flash PAGE microscopie

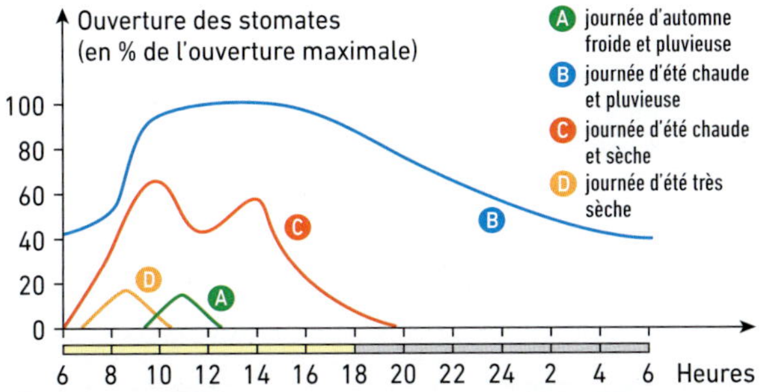

B Variations journalières de l'ouverture des stomates.

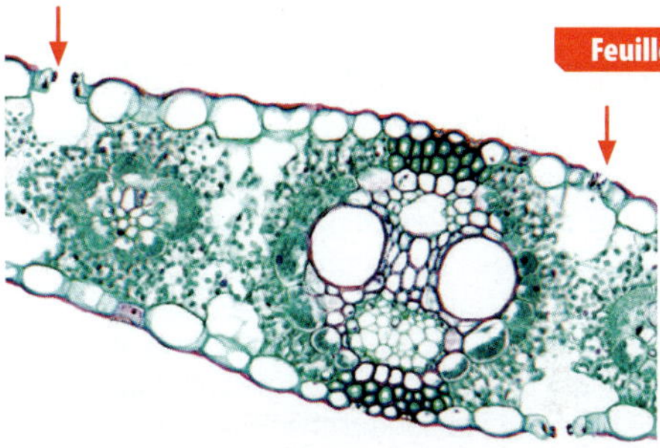

C Coupe transversale d'une feuille de maïs (MO). Les flèches montrent les stomates sur l'une des deux faces.

Activité pratique

Des feuilles de bégonia sont exposées au souffle d'un sèche-cheveux, d'autres non.

- Appliquer du vernis à ongle sur la face inférieure des feuilles. Laisser sécher.
- Prélever des lambeaux de vernis, en prenant soin de repérer leur origine.
- Monter entre lame et lamelle dans une goutte d'eau.
- Observer les empreintes au microscope.

D Stomates en conditions normales (empreinte au vernis).

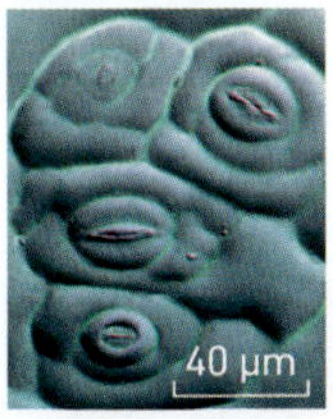

E Stomates exposés à un stress hydrique (empreinte au vernis).

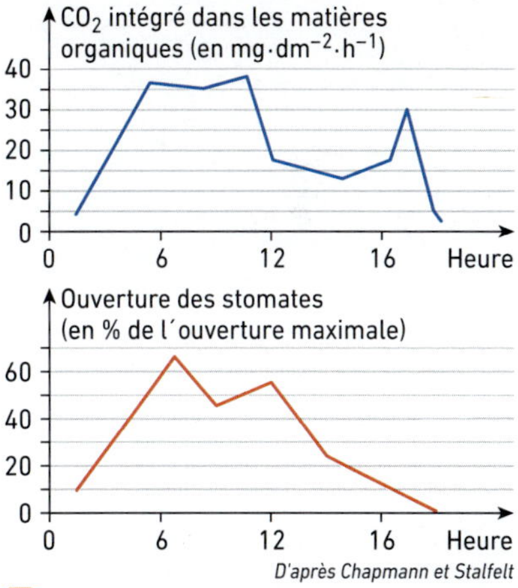

F Ouverture des stomates et photosynthèse.

Activités envisageables

Pour faire le lien entre la structure des feuilles et leur fonction photosynthétique :

- Proposez un protocole permettant de montrer que les feuilles ont un rapport surface/masse ou surface/volume très élevé.
- Expliquez en quoi la forme et l'anatomie des feuilles constituent pour la plante une adaptation à la vie fixée à l'interface du sol et de l'atmosphère.
- Identifiez les caractéristiques des stomates qui favorisent la photosynthèse tout en limitant les pertes en eau de la feuille.

Des clés pour réussir

- Le volume et la masse d'une feuille sont en général très faibles : il est préférable de considérer un lot de feuilles.
- À travers un stomate, les gaz peuvent entrer mais aussi sortir de la feuille.

* Lexique ➥ p. 509

Unité

3 Les plantes face aux contraintes de l'environnement

Certains environnements sont plus contraignants que d'autres en ce qui concerne la disponibilité de l'eau ou de la lumière, la température, le vent... De plus, les conditions de vie peuvent changer au cours du temps, selon les saisons par exemple.

Comment les plantes s'adaptent-elles aux contraintes de leur environnement ?

1 Des arbres adaptés aux conditions hivernales

En climat tempéré, la saison hivernale est peu propice à la photosynthèse : les jours sont courts, le Soleil monte peu au-dessus de l'horizon, les températures sont basses. La présence de liquides pouvant geler dans le végétal pourrait causer de grands dommages à la plante. C'est pourquoi la plupart des arbres des forêts tempérées entrent en vie ralentie à cette saison. Cela se manifeste entre autres par la chute de leurs feuilles au cours de l'automne, c'est la sénescence*. Il s'agit d'un phénomène contrôlé par un gaz, l'éthylène, et une hormone, l'auxine (voir p. 200) qui activent des enzymes qui dissolvent les parois cellulaires au niveau d'une zone précise située à la base du pétiole* de la feuille : la zone d'abscission.

A

B

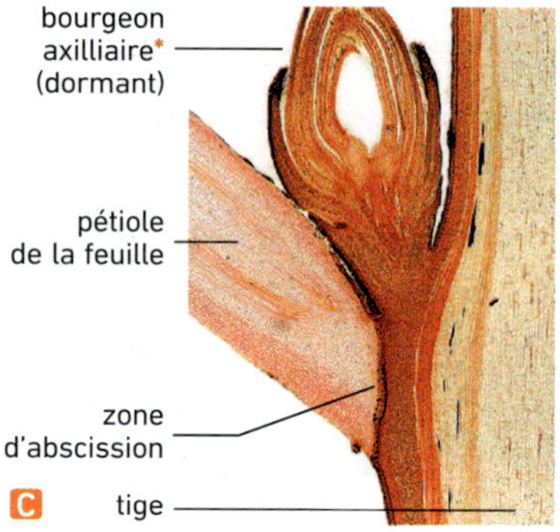

C

La sénescence des feuilles d'érable en automne. A et B : les matières organiques quittent la feuille ; C : le pétiole de la feuille se sépare de la tige* et la feuille tombe.

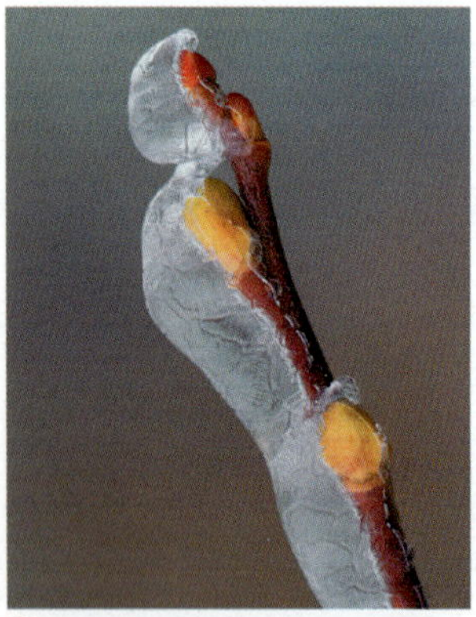

D Rameau d'érable recouvert de glace. Les ébauches de tige et de feuilles sont à l'abri du gel dans les bourgeons*.

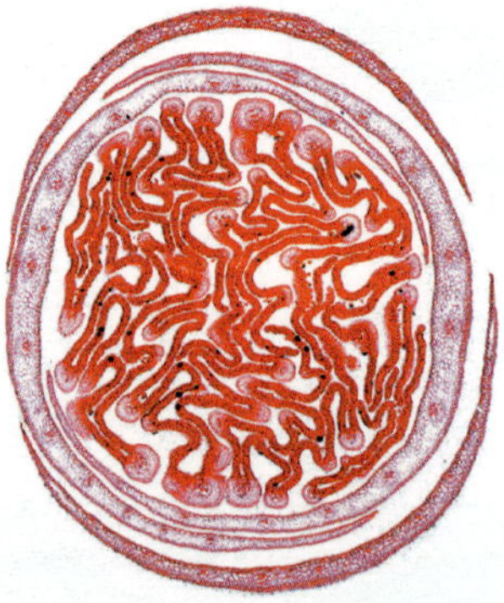

E Coupe transversale d'un bourgeon d'érable (MO). Les petites feuilles repliées sur elles-mêmes sont protégées par les écailles du bourgeon. L'activité cellulaire y est très réduite : en hiver, les bourgeons sont « dormants ».

F Lorsque les conditions redeviennent favorables, les bougeons « débourrent » sous l'effet de la croissance très rapide des nouvelles tiges feuillées.

2 Une spécialiste des milieux de vie très secs : l'oyat des dunes

L'oyat des dunes (A) est l'une des seules plantes capables de coloniser les dunes en bord de mer. Elle s'y développe malgré un sol très sableux, qui ne retient pas l'eau, et un climat souvent très venteux et desséchant. Les feuilles de l'oyat, d'apparence cylindrique et dressées verticalement possèdent des adaptations étonnantes.

A L'oyat des dunes.

Activité pratique

Un morceau de feuille coupée transversalement, conservé jusque-là en atmosphère humide est observé à la loupe binoculaire (B). La feuille en forme de lame aplatie (à gauche) se déshydrate et, en quelques minutes, prend la forme d'un tube fermé (à droite). Si on humidifie l'air autour de la feuille, on assiste alors au mouvement inverse.

B Les feuilles effectuent des mouvements en lien avec l'adaptation à la sècheresse.

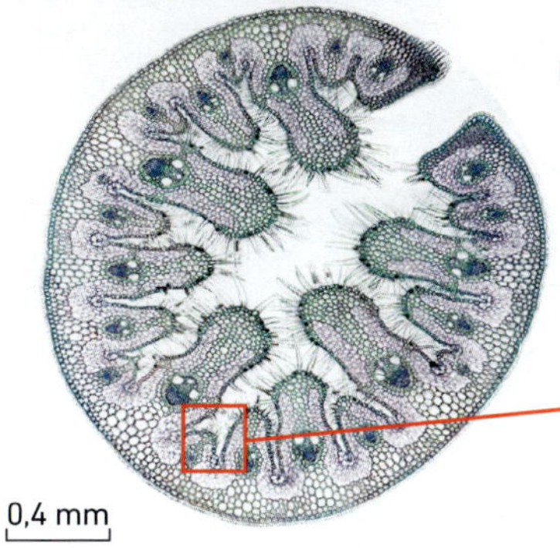

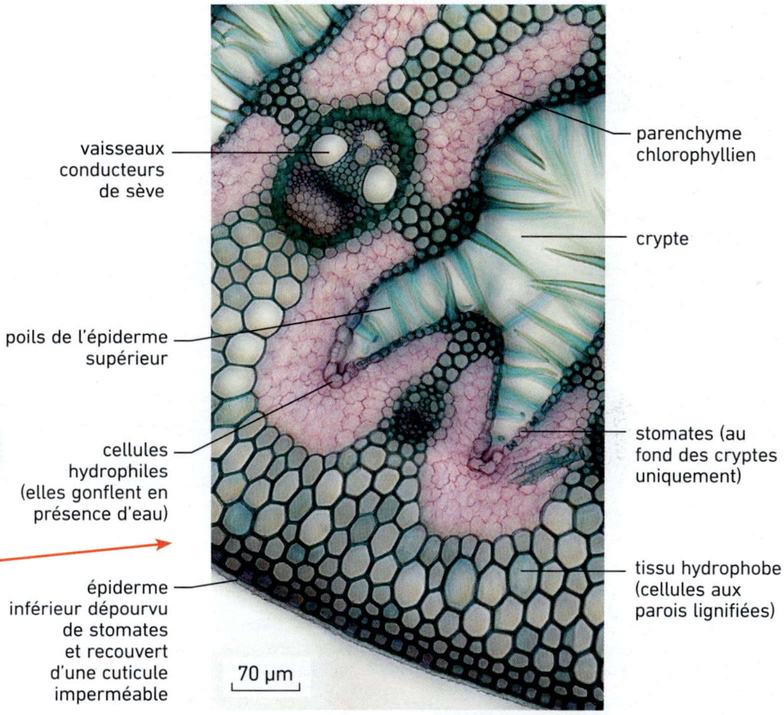

C Coupe transversale d'une feuille d'oyat observée au microscope optique (coloration au carmin-vert d'iode).

Activités envisageables

Pour connaître quelques adaptations des plantes aux contraintes de leur environnement :

- Expliquez comment certains arbres protègent leurs parties aériennes du froid.
- Montrez que l'anatomie et les mouvements des feuilles de l'oyat des dunes permettent à cette plante de limiter ses pertes en eau tout en réalisant la photosynthèse.
- Recherchez d'autres adaptations des plantes au froid, à la sécheresse, au vent, etc.

Des clés pour réussir

- Vous pouvez envisager ce qui se produirait si les organes étudiés ne présentaient pas ces particularités de structures ou de fonctionnement.
- Appuyez-vous sur les connaissances acquises au chapitre 4 de la partie 1.

* Lexique ➥ p. 509

La circulation de matières au sein de la plante

Les feuilles ne peuvent réaliser la photosynthèse sans l'eau et les ions minéraux prélevés par les racines. Ces dernières ne peuvent vivre sans les matières organiques fabriquées dans les feuilles. Des échanges de matières indispensables s'établissent entre les différents organes d'une plante.

Quelles structures permettent de faire circuler les matières dans la plante ?

1 La circulation de la sève brute

– Coupes de tiges
– Coupes de racines
bordas Flash PAGE microscopie

L'eau et les ions sont puisés dans le sol et constituent la sève brute. Si on trempe une tige feuillée dans une solution colorée au bleu de méthylène (A), on voit que le colorant circule dans des tissus particuliers, disposés en îlots constitués d'un ensemble de tubes souvent de grand diamètre. Ces **vaisseaux conducteurs*** de sève brute constituent le **xylème***. On peut les observer dans tous les organes de la plante : dans les tiges (B) mais aussi dans les nervures des feuilles (C) ou dans les racines (doc. 2). Les parois des cellules constituant les vaisseaux du xylème sont renforcées par des dépôts de lignine repérables par leurs formes spiralées ou en anneaux (D).

A Dispositif expérimental permettant d'observer le trajet de la sève brute.

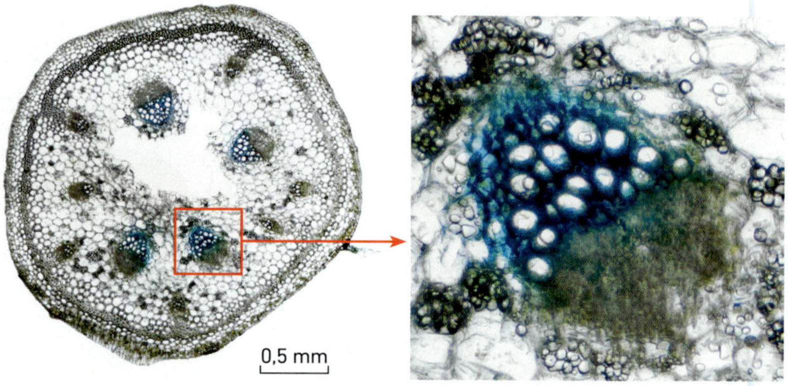

B Coupe transversale d'une tige de *Geranium robertianum* après le passage de l'eau colorée au bleu de méthylène.
Remarque : les cellules de petite taille situées sous les grandes cellules bleues constituent le phloème (voir document 2).

C Nervures d'une feuille de laitue sauvage.

Activité pratique

Pour observer les vaisseaux spiralés du xylème :

- Découper une feuille de poireau en tronçons de quelques centimètres.
- Faire bouillir dans l'eau pendant une dizaine de minutes.
- Ouvrir le tronçon de feuille en séparant les deux faces.
- Prélever une nervure à l'aide de pinces fines.
- Monter entre lame et lamelle dans une goutte d'eau ou de colorant (vert d'iode) et observer.

D Vaisseaux spiralés d'une feuille de poireau (microscope optique à contraste interférentiel).

2 La circulation de la sève élaborée

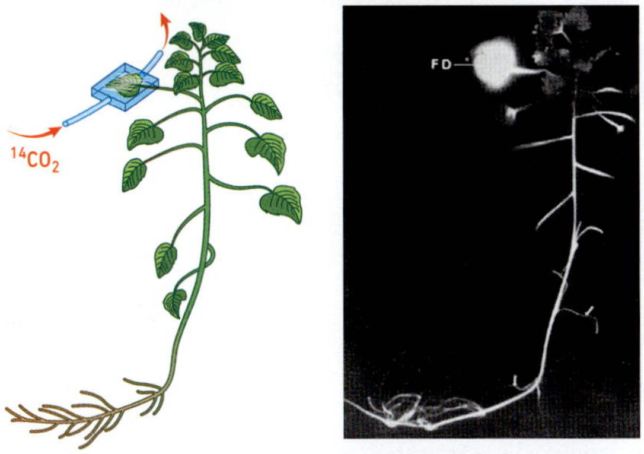

A Une mise en évidence du transport des produits de la photosynthèse. Une feuille de cette plante a été placée dans une enceinte alimentée en CO_2 marqué par du carbone 14 (isotope radioactif). Après 24 h d'exposition à la lumière, on réalise une autoradiographie* de la plante entière.

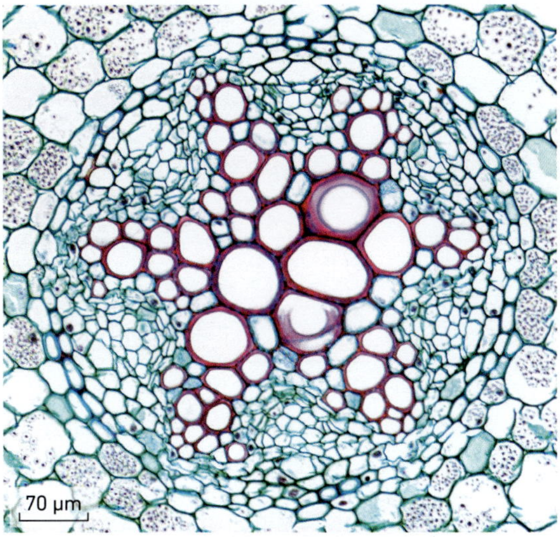

C Observation d'une racine de renoncule. Les vaisseaux du xylème (en rouge) et les tubes criblés du phloème (en vert-bleu) alternent au sein d'un cylindre situé dans l'axe de la racine.

La sève élaborée prend naissance dans les organes chlorophylliens et irrigue tous les autres organes (bourgeons, fruits, racines, etc.). Sa composition est très différente de celle de la sève brute qui circule dans le xylème.

Composants	Sève brute	Sève élaborée
Eau	99 %	80 %
Saccharose (mg·mL^{-1})	0	154
Acides aminés (mg·mL^{-1})	0,7	13
Ions minéraux (mg·mL^{-1})	0,2	1,8

B Composition des sèves brute et élaborée du lupin (d'après Laval-Martin et Mazliak). Remarque : ces compositions varient selon les plantes et les saisons.

La sève élaborée circule dans le **phloème***, un réseau de tubes situés à proximité du xylème. Le phloème est constitué de cellules vivantes aux parois contenant de la cellulose, très allongées et disposées en files : les tubes criblés. De nombreuses perforations des parois transversales (cribles) permettent à la sève de passer d'une cellule à l'autre.

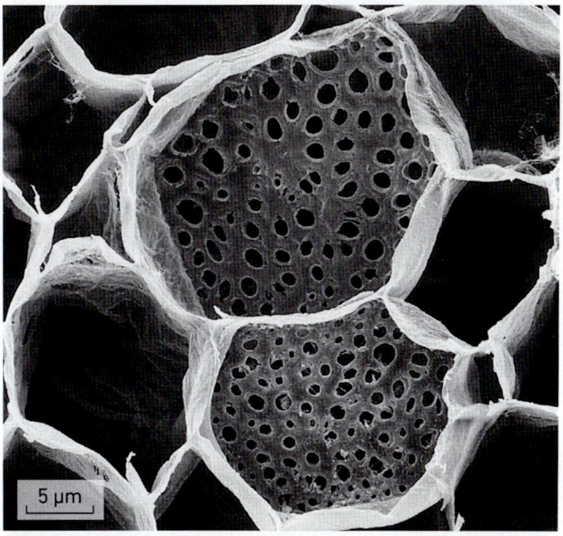

D Tubes criblés du phloème, en coupe transversale (MEB*).

Activités envisageables

Pour comprendre comment les parties aériennes et souterraines de la plante peuvent échanger des matières :

- **Réalisez et/ou observez des coupes de différents organes d'une même plante et recherchez la présence du xylème et du phloème.**
- **Réalisez un schéma des circulations de sève brute et de sève élaborée dans la plante.**
- **Montrez que ces circulations contribuent à la nutrition de la plante.**

Des clés pour réussir

- La mise en évidence des vaisseaux conducteurs de sèves est facilitée par l'utilisation de colorants.
- Votre schéma doit être lisible et bien légendé ; le respect des proportions n'est pas nécessaire.
- Distinguez bien les tubes conducteurs et le type de sève qu'ils transportent.

* Lexique ➡ p. 509

Unité

5 Des zones spécialisées dans la croissance de la plante

On sait que les bourgeons contiennent des tiges feuillées miniatures, capables d'une croissance très rapide lorsque les conditions sont réunies. Les racines, en revanche, ne possèdent pas de telles structures.

Comment s'effectue la croissance des tiges feuillées ? Celle des racines ?

- Bourgeon
- Cambium
- Extrémité racinaire

bordas Flash PAGE microscopie

1 Les méristèmes, zones de multiplication cellulaire

La coupe longitudinale d'un bourgeon (A) révèle qu'il contient une ébauche de tige feuillée. À son sommet, se trouve le **méristème caulinaire***, un ensemble de tissus constitués de cellules de petites dimensions, non différenciées et capables de se diviser indéfiniment. Les noyaux de ces cellules apparaissent en rouge sur les photos B et C. L'activité mitotique des cellules du méristème, très organisée dans l'espace et dans le temps, est à l'origine des ébauches de feuilles, de tiges et de bourgeons axillaires*.

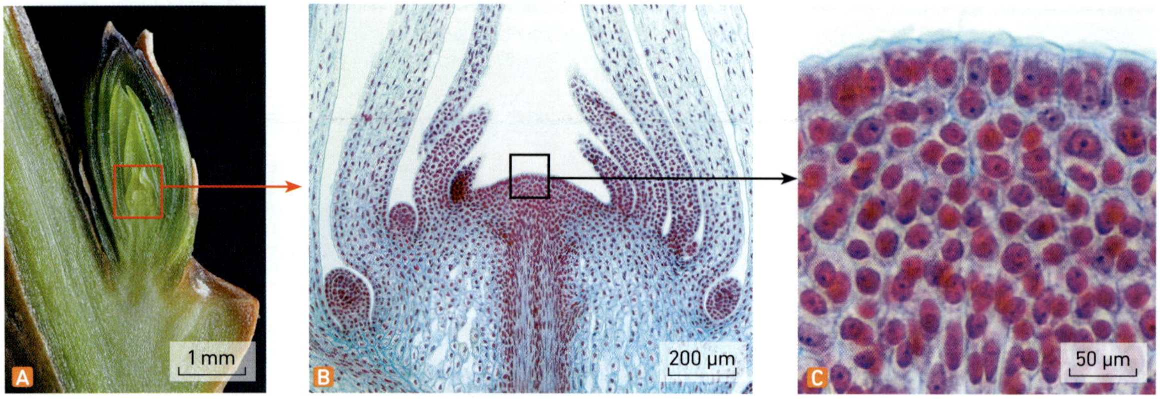

L'apex* d'une racine (D) observé au microscope optique (E et F) montre qu'il comporte également un tissu constitué de petites cellules cubiques, dans lesquelles il est fréquent d'observer des figures typiques de la mitose : il s'agit du **méristème racinaire***. Ses divisions produisent d'une part des cellules capables d'assurer la croissance en longueur de la racine, d'autre part la coiffe de la racine, un tissu protecteur et sensible à la gravité (voir p. 201).

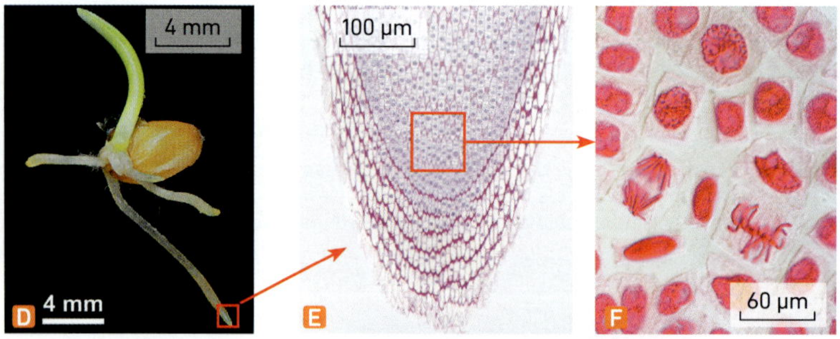

Les méristèmes permettent la croissance en longueur des tiges et des racines, mais aussi leur croissance en épaisseur. En effet, dans les organes déjà développés, on trouve encore des tissus méristématiques. C'est le cas par exemple du cambium*, situé entre xylème et phloème (G). En se divisant activement, les cellules du cambium sont à l'origine de nouveaux vaisseaux du xylème et du phloème qui se développent au fil de la croissance de la plante. Dans les plantes pérennes, cette structure est à l'origine du bois (voir p. 219 et p. 232).

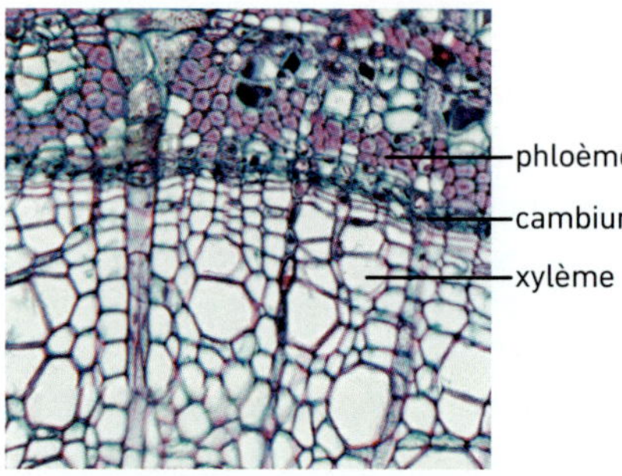

G Coupe transversale d'une tige (MO).

2 L'élongation cellulaire fait suite à la multiplication cellulaire

Activité pratique

Il est possible de repérer les zones d'une racine qui subissent une **élongation*** grâce à un dispositif simple de marquage à l'encre :

- Faire germer des graines (potimarron par exemple) sur un support humide.
- Lorsque la racine principale a atteint un ou deux centimètres, à l'aide d'une plume trempée dans de l'encre de Chine, y tracer une série de traits régulièrement espacés (tous les millimètres).
- Replacer ensuite les plantules marquées sur le milieu humide (en prenant soin de ne pas mouiller les zones marquées).
- Observer les résultats 24 heures plus tard.

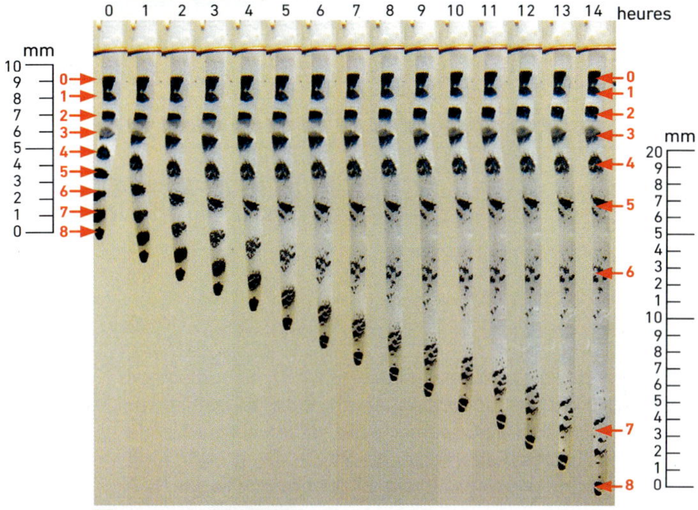

A Une racine marquée à l'encre de Chine a été photographiée toutes les heures.

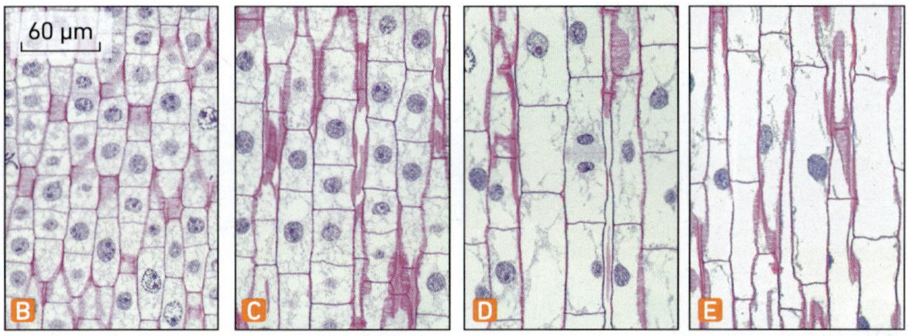

Observation de cellules situées à des distances croissantes de l'extrémité racinaire (de la gauche vers la droite).

L'élongation d'une tige feuillée passe également par la croissance en longueur des cellules qui la constituent. Cependant cette élongation est inégale : certains secteurs connaissent une forte croissance en longueur, d'autres presque aucune.

Marquage à l'encre de Chine d'un segment de tige de Coleus situé près du bourgeon terminal. État initial (F) et après quelques jours (G). Ce segment est situé entre deux nœuds (zones d'implantation de feuilles sur la tige). C'est ce qu'on appelle un entre-nœud.

Activité pratique

- Proposer et mettre en œuvre un protocole permettant de localiser les zones d'élongation d'une tige feuillée.

Activités envisageables

Pour comprendre comment peut se faire la croissance des plantes :

- **Localisez et caractérisez les zones de multiplication cellulaire sur un schéma de plante.**
- **Montrez comment la multiplication et l'élongation des cellules contribuent à la croissance d'une plante.**
- **Expliquez comment ce fonctionnement permet une croissance indéfinie de la plante.**

Des clés pour réussir

- Une croissance « indéfinie » se poursuit tout au long de la vie de l'organisme.

* Lexique ➥ p. 509

La mise en place des organes de la plante

Les plantes sont constituées d'organes spécialisés (tiges, feuilles, racines, fleurs, etc.) dans lesquels se trouvent des tissus différenciés, tels que les vaisseaux conducteurs. Toutes ces structures sont issues du fonctionnement des méristèmes.

Comment se forment les organes d'une plante ?

1 Une organisation modulaire des tiges feuillées

Les tiges feuillées sont construites et fonctionnent de façon modulaire : chaque module, appelé **phytomère***, est constitué d'un segment de tige comprenant un entre-nœud (zone dépourvue de bourgeon et de feuille) et un nœud (zone d'implantation des bourgeons axillaires et des feuilles). L'**organogenèse*** de chaque phytomère commence au sein d'un bourgeon, par la mise en place d'ébauches de très petite taille, résultant du fonctionnement du méristème caulinaire. Le développement de ce bourgeon consiste en une croissance de chaque phytomère (élongation des entre-nœuds, augmentation de la taille des feuilles) suivie d'une différenciation des tissus au sein de ces organes.

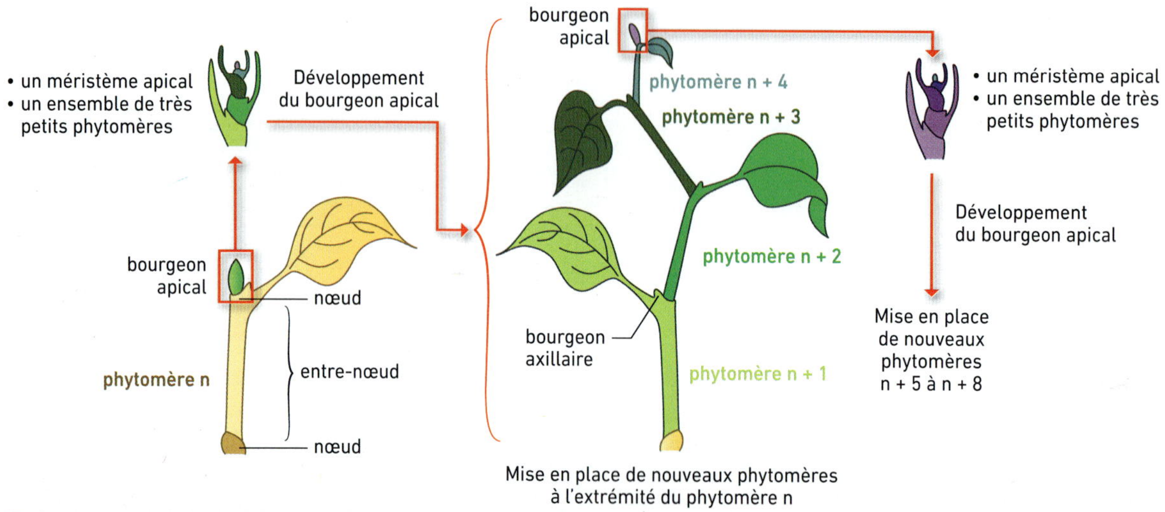

A Une organisation et un développement modulaire caractérisent les parties aériennes de la plante.

Des morphologies variées selon l'organisation des phytomères et le rythme de leur développement.

Chez certaines espèces, le méristème caulinaire ne génère qu'une seule feuille par phytomère (comme sur le schéma A). Les feuilles sont alors alternes. D'autres espèces comme la menthe (B) présentent deux feuilles par nœud (feuilles opposées) voire beaucoup plus (feuilles verticillées) comme le gaillet (C). Lorsque le bourgeon apical est pérenne année après année, il a tendance à limiter le développement des bourgeons axillaires. C'est le cas chez l'épicéa (D). Chez le noisetier (E), le bourgeon apical dégénère à l'issue d'une année de fonctionnement. Les bourgeons axillaires situés à la base de la tige se développent en rameaux vigoureux.

2 Les systèmes racinaires

Au cours de la germination d'une graine (A), une racine principale se forme et s'enfonce dans le sol. À quelques centimètres au-dessus de son apex apparaissent des racines secondaires, capables après élongation de se ramifier à leur tour.
Le massif de cellules méristématiques qui donnent naissance à la nouvelle racine, provient de la dédifférenciation* de certaines cellules proches des vaisseaux conducteurs de sève (B). Celles-ci retournent à l'état embryonnaire et commencent à se diviser activement : elles constituent le méristème apical de la nouvelle racine.

A

B Coupe transversale d'une racine de saule montrant la formation d'une racine secondaire (MO).

Selon le développement relatif de la racine principale et des racines secondaires, on distingue deux grands types de systèmes racinaires :

- **le système racinaire pivotant :** une grosse racine (dite pivot) et des ramifications latérales peu nombreuses et peu développées. C'est le cas par exemple chez la carotte (C).
- **le système racinaire fasciculé :** il n'y a pas de racine principale, toutes les racines ont un développement équivalent. Elles peuvent être ramifiées ou pas du tout, comme c'est le cas chez le poireau (D).

C

D

Activités envisageables

Pour comprendre comment se forment les organes d'une plante :

- **Décrivez et expliquez la diversité de la disposition des feuilles le long de la tige, ainsi que la diversité des morphologies selon les espèces de plantes.**
- **Recherchez d'autres exemples de systèmes racinaires pivotants ou fasciculés, en particulier chez les plantes cultivées, puis expliquez leur diversité.**

Des clés pour réussir

- Vous pouvez répondre sous forme de schémas montrant étape par étape la mise en place des organes de la plante.
- Vous pouvez utiliser les images de systèmes racinaires obtenues en rhizotron (p. 188).

* Lexique ➥ p. 509

Une organogenèse sous influences

Le développement d'une plante résulte du fonctionnement de ses méristèmes, et conduit à une organisation modulaire à la fois universelle et déclinée de façons diverses selon les espèces. Des facteurs internes et environnementaux contrôlent et influencent cette organisation.

Quels facteurs internes et environnementaux interviennent dans le développement d'une plante ?

1 Des hormones agissent au cours du développement de la plante

Chez le blé et d'autres plantes du même groupe (poacées), il existe un organe particulier appelé coléoptile. C'est un étui creux qui enveloppe le méristème caulinaire et les jeunes feuilles au cours des premiers stades du développement. Exposés à une lumière latérale, les coléoptiles en croissance se courbent en direction de la source lumineuse (A). Diverses expériences ont été menées à la fin du XIXe siècle et jusque vers 1930 pour expliquer ce phénomène, appelé phototropisme* (B).

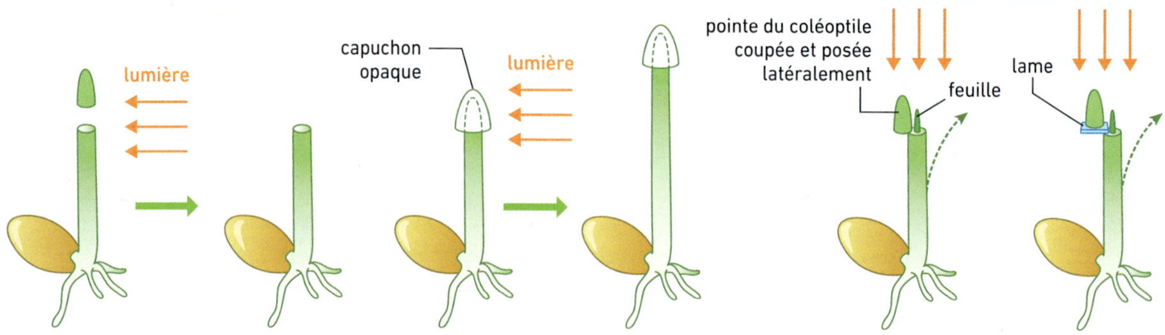

Pointe du coléoptile coupée : croissance arrêtée, pas de courbure.

Capuchon opaque posé sur la pointe : la croissance se poursuit, sans courbure.

La croissance ne se poursuit qu'en absence de lame, ou en présence d'une lame perméable à des molécules hydrosolubles. La croissance s'accompagne alors d'une courbure du côté sans pointe (ligne en pointillé).

B Des expériences historiques qui ont conduit à la découverte de la première hormone végétale.

L'**hormone végétale*** contrôlant la croissance a été nommée auxine (du grec *auxé* = croissance). Elle a pu être isolée grâce aux travaux de Went, en 1928. On a depuis montré que la synthèse de l'auxine s'effectue dans les apex de coléoptiles, mais aussi dans les méristèmes caulinaires et dans les jeunes feuilles.

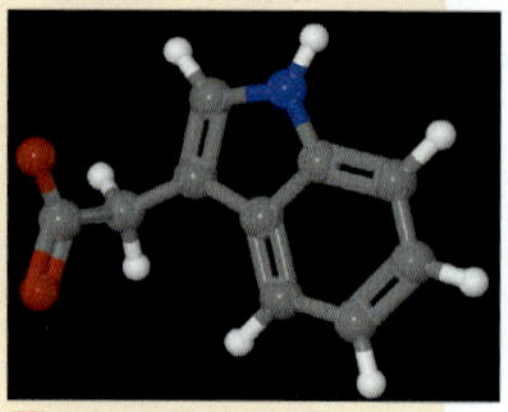

C Modèle moléculaire de l'auxine.

Chez les végétaux comme chez les animaux, le rôle d'une hormone est souvent complexe. Les expériences de Thimann sur des plantules de fève mettent ainsi en évidence un autre rôle de l'auxine produite par le bourgeon terminal de la tige (D). On a également pu montrer que l'auxine favorise la formation des racines secondaires.

À partir des années 1960, de nombreux travaux permettent d'identifier d'autres hormones végétales : cytokinines, gibbérellines, éthylène... qui interviennent dans le développement des plantes.

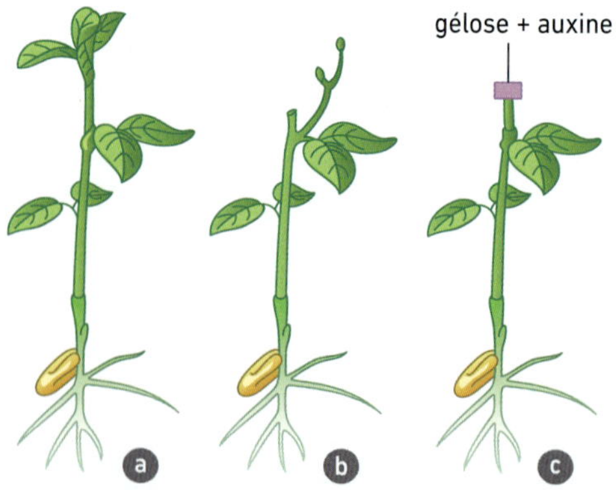

a état initial ; b quelques jours après section du bourgeon apical ; c quelques jours après section du bourgeon apical et apport d'auxine sur la section.

D L'auxine, responsable d'un effet de « dominance apicale ».

2 Une explication moléculaire du phototropisme

Des tronçons de coléoptiles sont prélevés dans la zone d'élongation, située quelques millimètres sous l'apex.
On pose à leur sommet un cube de gélose imprégnée d'auxine radioactive.
La base de chaque tronçon repose sur deux blocs de gélose initialement dépourvus d'auxine (notés R_1 et R_2 sur le schéma ci-contre).

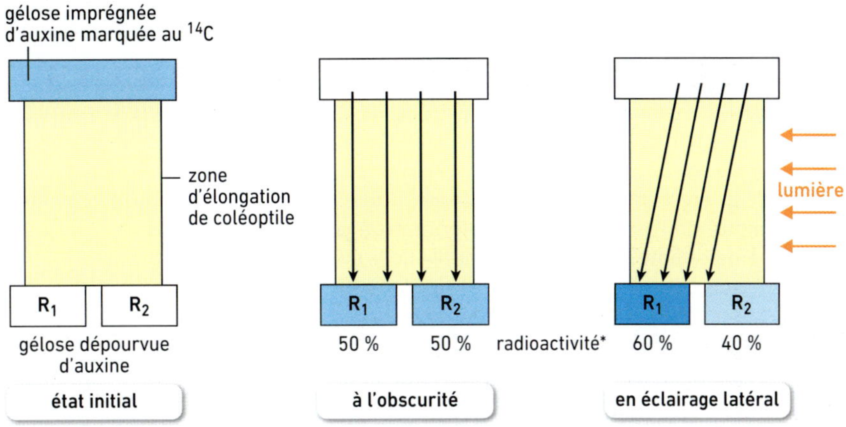

* la radioactivité est mesurée après 1 h de migration.

3 D'autres facteurs environnementaux influencent le développement

Les racines poussent habituellement en s'orientant vers le bas : c'est le géotropisme*. Des racines de maïs ont été placées horizontalement. On les a photographiées au début de l'expérience et après 90 minutes. On a aussi photographié au microscope optique les cellules qui se trouvent au centre de la coiffe (partie terminale de la racine).
A et B : début de l'expérience.
C et D : après 90 minutes.

Informations complémentaires

- Les cellules de la coiffe sont riches en organites contenant des grains d'amidon dense : les statolithes.
- Les membranes de ces cellules sont pourvues de protéines de transport, capables de faire sortir l'auxine. Cependant, pour fonctionner, ces protéines nécessiteraient un contact direct ou indirect avec des organites.
- De fortes concentrations d'auxine ont un effet négatif sur l'élongation cellulaire.

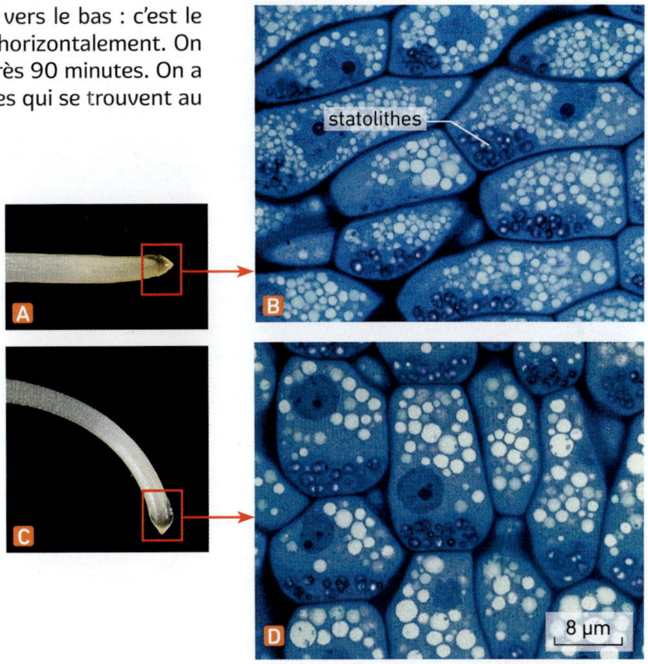

Activités envisageables

Pour comprendre les effets de l'environnement et d'une hormone sur le développement d'une plante :

- **Analysez les expériences du document 1 et expliquez chacun des résultats obtenus.**
- **Montrez que le développement du système racinaire est sous l'influence d'une hormone et d'un facteur environnemental que vous nommerez.**

Des clés pour réussir

- Appuyez-vous sur les informations du doc. 2 pour interpréter les résultats des expériences décrites dans le doc. 1.
- Vous pouvez faire le lien avec la diversité des morphologies étudiées dans l'unité 6.

* Lexique ➡ p. 509

Bilan des connaissances — L'organisation fonctionnelle des plantes à fleurs

Préparez le Grand oral p. 519

Sur la terre ferme, la lumière solaire n'est présente qu'au dessus du sol, tandis que l'eau liquide et les nutriments minéraux sont présents essentiellement dans le sol. L'humidité de l'air ainsi que sa température peuvent subir d'importantes variations. Des innovations évolutives ont permis aux végétaux terrestres de s'adapter à ces contraintes de la vie fixée à l'interface du sol et de l'atmosphère.

1 Les plantes développent de grandes surfaces d'échange

Les racines, des organes adaptés à l'absorption de l'eau et des ions minéraux du sol

Chaque plante dispose d'**un réseau de racines très longues et très fines** et souvent ramifiées. Leur petit diamètre maximise leur surface de contact avec l'eau du sol. Près de leurs extrémités, les racines sont parfois couvertes de très nombreux poils absorbants, très fins et très allongés, démultipliant encore les capacités de la plante à absorber eau et ions minéraux.

Chez la plupart des espèces, les racines s'associent au mycélium de champignons. Celui-ci peut former un feutrage en surface ou pénétrer à l'intérieur même de la racine jusque dans ses cellules. Cette association, appelée **mycorhize**, est une **symbiose** : le champignon se nourrit des matières organiques fabriquées par la plante, et celle-ci bénéficie, grâce aux filaments mycéliens du champignon, d'un volume d'exploitation de l'eau du sol très supérieur à ce qu'il serait sans mycorhize.

Les feuilles, des organes adaptés à la fonction de photosynthèse

Plates et fines, le plus souvent très nombreuses, les feuilles offrent **une grande surface d'exposition aux rayons solaires**, qui peuvent ainsi atteindre toutes les cellules de leur **parenchyme chlorophyllien**. Elles sont limitées extérieurement par deux épidermes recouverts d'une **cuticule imperméable aux gaz**, ce qui protège la plante contre la déshydratation. Cependant, des milliers de petits orifices, les **stomates**, permettent l'entrée du CO_2 dans la feuille. Une fois l'épiderme franchi, ce gaz peut atteindre toutes les cellules chlorophylliennes grâce aux **lacunes** qui les séparent. Inversement, de la vapeur d'eau s'échappe à travers les stomates. Cette **transpiration** est nécessaire car elle permet de faire monter la sève depuis les racines jusqu'aux feuilles. Elle tend à dessécher la feuille, mais l'ouverture des stomates varie selon la quantité d'eau disponible dans le sol, l'humidité et la température de l'air.

2 Les plantes face aux contraintes de l'environnement

Au cours de leur évolution, les plantes terrestres ont développé de multiples **adaptations aux conditions environnementales extrêmes**, ainsi qu'aux **variations journalières ou saisonnières** de ces conditions.

Des adaptations au manque d'eau

Les espèces végétales adaptées aux milieux de vie très secs possèdent souvent **des feuilles réduites**, voire absentes. Quand elles existent, elles sont recouvertes de **poils** et/ou d'une **cuticule épaisse**, leurs stomates sont protégés au fond de **cryptes**. Elles peuvent avoir la capacité de s'enrouler sur elles-mêmes, réduisant encore leur transpiration. Une sécheresse sévère peut provoquer la chute d'une partie ou de la totalité des feuilles. L'ensemble de ces caractéristiques et comportements limitent la photosynthèse, mais protègent la plante contre une déshydratation qui lui serait fatale. Les systèmes racinaires des plantes de milieu sec sont également adaptés à cette contrainte : ils sont souvent **très étendus** et explorent profondément le sol, ce qui optimise l'approvisionnement en eau de la plante.

Des adaptations au froid

La présence de liquides pouvant geler dans les organes pourrait causer de grands dommages à la plante. Là où ce risque existe, les végétaux montrent différentes adaptations :

- les **plantes annuelles** franchissent la mauvaise saison sous forme de graines contenant très peu d'eau, des réserves de matière organique et un embryon en vie ralentie.
- les **plantes pérennes** entrent aussi en vie ralentie et protègent leurs bourgeons (des organes indispensables à la reprise de leur développement) par d'épaisses écailles. La plupart des arbres perdent leurs feuilles. Certaines plantes herbacées ne subsistent durant l'hiver que grâce à des organes souterrains (bulbes, rhizomes, tubercules).

3 La circulation de matières au sein de la plante

La spécialisation fonctionnelle des organes (alimentation en eau et en ions, photosynthèse, stockage de réserves) rend indispensables des échanges de matières entre organes souterrains et aériens. Ils s'effectuent grâce à un double réseau de vaisseaux conducteurs de sèves.

Le xylème et la circulation de la sève brute

Le **xylème** est constitué de files de cellules mortes, allongées, dont ne subsiste que la paroi latérale, renforcée par des dépôts de **lignine**. Les vaisseaux du xylème transportent la **sève brute** (eau et ions minéraux) provenant des poils absorbants ou des mycorhizes, depuis les extrémités des racines jusqu'aux organes aériens. Dans les feuilles les vaisseaux du xylème se ramifient abondamment (réseau de nervures). Ils apportent eau et ions minéraux aux cellules chlorophylliennes.

Le phloème et la circulation de la sève élaborée

Le phloème est constitué de files de cellules vivantes, allongées, aux parois de **cellulose**. Les vaisseaux du phloème, aussi appelés **tubes criblés**, transportent la **sève élaborée** (eau, sucres, acides aminés, etc.) depuis les cellules chlorophylliennes vers tous les organes de la plante, et en particulier vers ceux ne réalisant pas la photosynthèse (racines, bourgeons, organes de stockage, etc.).

4 Le développement d'une plante

Des zones spécialisées dans la croissance de la plante

Chaque bourgeon contient une **ébauche de tige feuillée** à l'extrémité de laquelle se trouve un **méristème caulinaire.** Il s'agit d'un massif de cellules embryonnaires : petites et cubiques, elles sont indifférenciées et capables de se diviser indéfiniment. La **multiplication** de ces cellules par **mitose**, très organisée dans l'espace et dans le temps, engendre les ébauches de la tige, des feuilles, et des futurs bourgeons. L'apex d'une racine comporte également un méristème, le **méristème racinaire**. Les cellules produites par le fonctionnement des méristèmes racinaires et caulinaires, disposées en files parallèles, peuvent subir une **élongation**. Cette croissance orientée permet l'allongement des racines et des segments de tiges, ainsi que l'agrandissement des feuilles. Des méristèmes existent aussi au sein d'organes déjà développés. C'est le cas du cambium, à l'origine des vaisseaux du bois, qui provoquent une croissance du diamètre des tiges et des racines.

La mise en place des organes de la plante

Le développement d'une plante résulte du fonctionnement de ses méristèmes, et conduit à une organisation à la fois universelle et déclinée de façons diverses selon les espèces.

Les tiges feuillées sont construites et se mettent en place de façon modulaire : chaque module, appelé **phytomère**, est constitué d'un segment de tige comprenant un entre-nœud (zone dépourvue de bourgeon et de feuille) et un nœud (zone comportant une ou plusieurs feuilles et un ou des bourgeons axillaires, situés à l'aisselle de chaque feuille).

Le développement des ébauches de phytomères contenues dans un bourgeon consiste en une élongation des entre-nœuds, une augmentation de la taille des feuilles, suivie d'une différenciation des tissus au sein de ces organes (formation des vaisseaux conducteurs de sèves, des parenchymes chlorophylliens, etc.).

À quelques centimètres au-dessus de l'apex d'une racine, des **racines secondaires** peuvent se former. Le massif de cellules méristématiques qui donne naissance à la nouvelle racine provient de la **dédifférenciation** de certaines cellules proches des vaisseaux conducteurs de sève. Ces cellules retournent à l'état embryonnaire et se divisent activement, constituant ainsi le méristème apical de la nouvelle racine. Selon les espèces, on distingue des systèmes racinaires pivotants (une racine principale peu ramifiée) ou fasciculés (pas de racine principale, mais de nombreuses racines de tailles équivalentes).

5 Une organogenèse sous influences

Un développement contrôlé par des hormones

L'**auxine** est la première **hormone végétale** qui a été découverte. Elle est principalement sécrétée par les bourgeons apicaux et les jeunes feuilles, et migre vers le bas, jusqu'aux racines. Elle provoque une élongation des cellules et favorise la formation de racines secondaires ; elle inhibe au contraire le développement des bourgeons axillaires. Ses effets dépendent de sa concentration, mais aussi de la présence et de l'abondance d'autres hormones : ainsi, les **cytokinines** sont des hormones produites par les racines, qui migrent vers les parties aériennes de la plante. Contrairement à l'auxine, elles stimulent le développement des bourgeons axillaires.

Un développement influencé par des conditions du milieu

Soumises à un éclairement latéral, les tiges se courbent en direction de la source lumineuse. Ce **phototropisme** résulte de la **migration latérale de l'auxine** vers les cellules les moins éclairées, dont l'élongation sera de ce fait plus forte.

Bien d'autres facteurs environnementaux interviennent dans le développement de la plante : la gravité est perçue par des organites au sein des cellules végétales ce qui modifie la répartition des hormones et oriente verticalement la croissance des tiges et des racines (**gravitropisme**). Le froid ralentit la croissance des entre-nœuds et nanifie les plantes. Un vent soufflant toujours dans la même direction modifie la silhouette des arbres et ralentit leur développement.

L'essentiel

L'organisation fonctionnelle des plantes à fleurs

DYS

À retenir

Les plantes développent de grandes surfaces d'échange

Les plantes terrestres s'adaptent à la vie fixée à l'interface du sol et de l'atmosphère en développant de grandes surfaces d'échange dans ces deux milieux : leurs racines absorbent efficacement l'eau et les ions du sol grâce à leurs **poils absorbants** et aux **mycorhizes**. Leurs feuilles fines et nombreuses optimisent l'exposition des cellules chlorophylliennes à la lumière, et les **stomates** permettent leur approvisionnement en CO_2 tout en limitant les pertes en eau grâce à leur ouverture variable.

Les plantes face aux contraintes de l'environnement

En milieu très sec, les plantes limitent leurs pertes en eau grâce à des **feuilles de taille réduite**, recouvertes d'une **épaisse cuticule**, de **poils** et de **cryptes** protégeant leurs stomates. Leur réseau racinaire très étendu favorise l'absorption de l'eau du sol.

Leur capacité à entrer en **vie ralentie** permet aux plantes de survivre durant les périodes froides, soit sous forme de **graines**, soit sous forme d'**organes de réserves** souterrains, ou encore en protégeant leurs bourgeons par d'épaisses écailles.

La circulation de matières au sein de la plante

Les vaisseaux du **xylème** transportent la **sève brute** (eau et ions minéraux) provenant des racines jusqu'aux feuilles, où se déroule la photosynthèse. Les vaisseaux du **phloème** transportent la **sève élaborée** contenant les produits de la photosynthèse (sucres, acides aminés) depuis les cellules chlorophylliennes vers tous les organes de la plante, et en particulier vers les **organes de stockage**.

Le développement d'une plante

Le développement d'une plante associe **croissance** et **différenciation** d'organes. La croissance en longueur est assurée par les **mitoses** se déroulant dans les **méristèmes** caulinaires et racinaires. D'autres méristèmes existent et permettent la croissance en épaisseur des organes ou la ramification des racines. Le fonctionnement des méristèmes caulinaires produit une **organisation modulaire** des tiges feuillées. Chaque module, ou **phytomère**, est constitué d'un entrenœud et d'un nœud, où s'insèrent feuilles et bourgeons axillaires.

Une organogenèse sous influences

L'**auxine** et d'autres **hormones végétales** contrôlent l'organogenèse de la plante. Leurs concentrations et leurs interactions déterminent par exemple l'allongement et la ramification des tiges, la formation des racines secondaires. L'organogenèse peut être influencée par de nombreux facteurs environnementaux, dont l'intensité et l'hétérogénéité de l'éclairement (**phototropisme**), la gravité (**gravitropisme**), la température, le vent.

Mots-clés

- Bourgeon • Élongation • Feuille • Hormone végétale • Méristème caulinaire • Méristème racinaire • Mycorhize • Organogenèse • Phloème • Phytomère • Poil absorbant • Racine • Stomate • Tige • Vaisseau conducteur • Xylème

Schéma bilan

L'organisation fonctionnelle des plantes à fleurs

bordas Flash PAGE animation

La feuille et ses échanges avec l'atmosphère

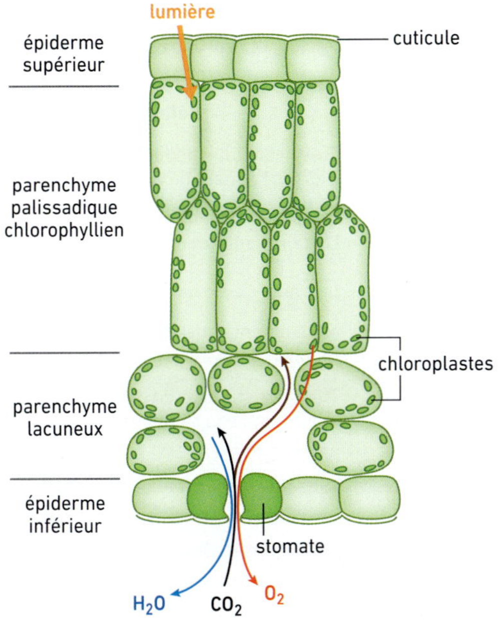

Le méristème caulinaire, zone de croissance

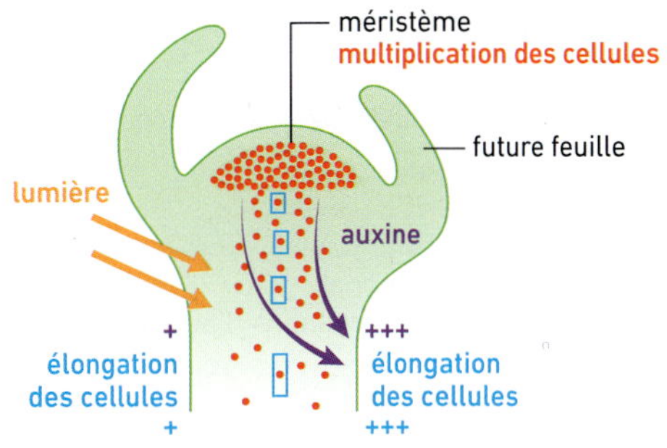

Des tissus conducteurs de sèves

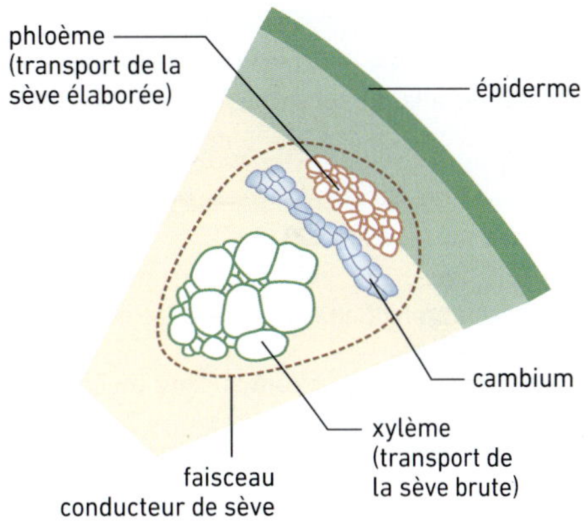

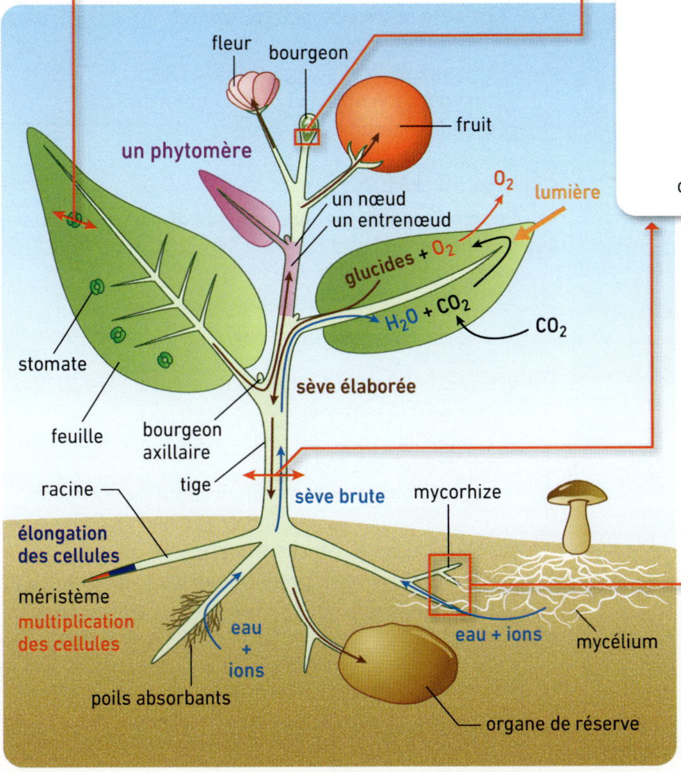

La racine et l'absorption de l'eau et des ions du sol

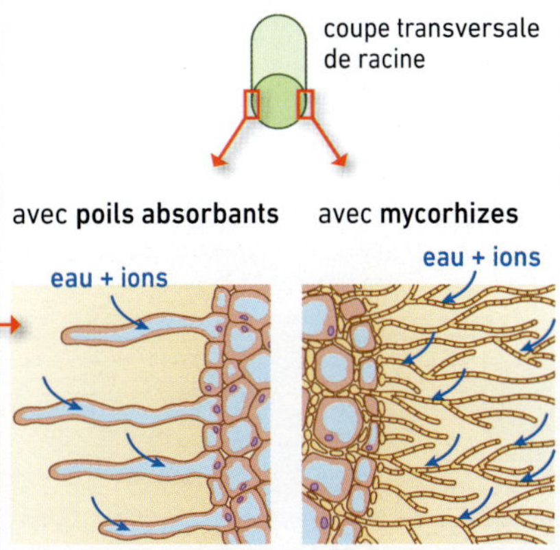

Autoévaluation

Réponses voir p. 502

1 Retour vers les problématiques

Relisez la page « S'interroger avant d'aborder le chapitre » (p. 187) ; à l'aide de ce que vous savez à présent, répondez aux questions que vous avez formulées.

2 QCM

Pour chaque affirmation, choisissez l'unique bonne réponse.

1. L'ouverture des stomates :
a. évite que la plante se déshydrate ;
b. est favorable à l'activité photosynthétique ;
c. est sous contrôle hormonal ;
d. est indépendante des conditions d'humidité.

2. Les mycorhizes :
a. sont des parasites des racines de nombreuses plantes ;
b. remplacent efficacement les poils absorbants ;
c. alimentent les plantes en glucides ;
d. permettent aux champignons de bénéficier de l'eau absorbée par la plante.

3. La sève élaborée :
a. circule des racines vers les feuilles ;
b. fournit aux feuilles les matières premières nécessaires à la photosynthèse ;
c. permet d'alimenter les organes non chlorophylliens ;
d. est essentiellement constituée de l'eau et des ions minéraux puisés dans le sol.

4. Dans une feuille :
a. le tissu chlorophyllien est plus dense du côté de la face supérieure ;
b. les échanges gazeux se font surtout du côté exposé à la lumière ;
c. les nervures permettent les échanges gazeux entre les cellules ;
d. l'apport en eau se fait essentiellement par les stomates.

5. Un bourgeon :
a. contient une plante en miniature ;
b. est constitué de cellules toutes indifférenciées ;
c. contient une mini tige feuillée ;
d. permet la croissance des tiges et des racines.

3 Comprendre et légender une photographie

Indiquez les légendes et proposez un titre à cette observation.

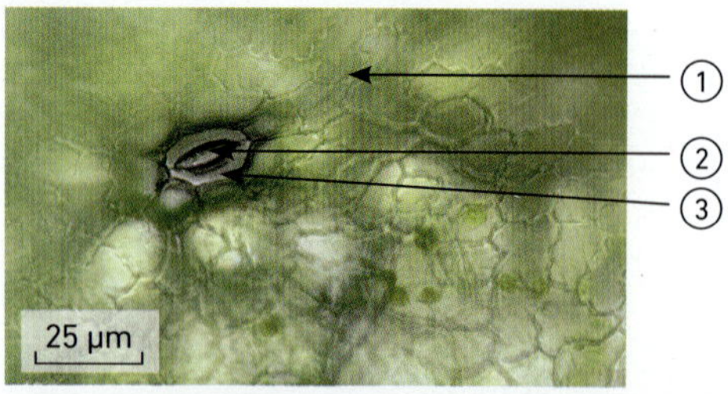

Sachant que cette photographie provient d'une lentille d'eau, de quelle face de la feuille s'agit-il ?

4 Apprendre en s'interrogeant

1. Cachez l'une des colonnes du tableau suivant et retrouvez ce que contient l'autre (à faire seul ou à plusieurs).

2. Vérifiez vos réponses, et reprenez si besoin les notions concernées.

Notion	Définition
Xylème	Tissu constitué de files de cellules mortes formant des vaisseaux conducteurs de sève brute.
Phytomère	Unité répétitive constituée d'un segment de tige comportant un entre-nœud et un nœud.
Phototropisme	Mouvement consistant à s'orienter en fonction de la lumière.
Méristème	Tissu constitué de petites cellules indifférenciées capables de se diviser indéfiniment.
Organogenèse	Mise en place des ébauches d'organes.

5 Expliquer la différence entre :

a. L'anatomie de la face inférieure d'une feuille et celle de la face supérieure.
b. Des racines avec poils absorbants et des racines mycorhizées.
c. La sève brute et la sève élaborée.
d. Le xylème et le phloème.
e. Multiplication et élongation cellulaire.
f. Un bourgeon apical et un bourgeon axillaire.
g. Un entre-nœud et un nœud.

6 Vrai ou faux ?

Repérez les affirmations exactes et corrigez celles qui sont inexactes.

a. L'auxine stimule l'élongation cellulaire des tiges.
b. L'auxine inhibe la formation des racines.
c. L'auxine stimule le développement des bourgeons axillaires.
d. L'auxine favorise la croissance des cellules du côté exposé à la lumière.
e. Les plantes vivant en milieu aride ont souvent une surface foliaire réduite.
f. Les bourgeons se forment au début du printemps.

7 Questions à réponses courtes

a. Comment les feuilles sont-elles alimentées en eau ?
b. Comment les feuilles sont-elles approvisionnées en CO_2 ?
c. Comment s'effectuent les échanges de matières entre les organes d'une plante ?
d. Pourquoi beaucoup d'arbres perdent-ils leurs feuilles en automne ?
e. Comment grandit une racine ?

★ facile ★★ intermédiaire ★★★ confirmé

8 Formuler un problème scientifique

★★

Lorsque les structures mises en place par un méristème restent compactes (par exemple une pomme de pin), l'observation révèle une organisation en spirales, les unes tournant dans un sens, les autres dans le sens inverse. En 1831, le botaniste allemand Alexander Braun fait remarquer que si l'on compte le nombre de spirales de chacun de ces deux types, on trouve dans la grande majorité deux nombres qui ne doivent apparemment rien au hasard. Ce sont toujours deux nombres consécutifs de la suite de Fibonacci, c'est-à-dire que chaque nombre est la somme des deux précédents : 1, 1, 2, 3, 5, 8, 13, 21, 34, 55...

Quel problème scientifique pose ce constat ?

Vue apicale d'une plante de la famille des crassulacées (*Echeveria*).

9 Distinguer causes et conséquences

★

Dans les régions ventées du littoral, les arbres comme les pins maritimes sont d'autant plus petits et tortueux qu'ils sont près de la mer. La réduction de la taille des plantes soumises à un vent intense est aussi observée en montagne. Des chercheurs ont démontré que l'effet du vent sur le nanisme de certaines plantes est annulé par le thiosulfate d'argent, un inhibiteur de l'action de l'éthylène.

L'éthylène est un gaz dont les effets sur les végétaux sont connus depuis la fin du XIXe siècle. Plus tardivement (1969), on a démontré que l'éthylène pouvait être fabriqué par la plante elle-même, dans différents organes (fleurs, fruits, graines, feuilles âgées). L'éthylène agit à l'intérieur de la plante, mais du fait de son état gazeux, il diffuse vers les plantes voisines. Ses effets sont multiples (maturation des fruits, inhibition de la croissance, etc.). C'est aussi une hormone de stress : l'éthylène est produit par la plante en situation défavorable (coupe d'un organe, action mécanique, vent, inondation, etc.).

Présentez sous forme d'un schéma cause/conséquences, l'effet du vent sur l'aspect des pins dans les régions ventées.

10 Interpréter des résultats

★★

Un bloc de gélose contenant de l'auxine est placé sur un côté de la section d'un coléoptile décapité. Après 90 minutes à l'obscurité, on mesure l'angle de courbure du coléoptile.

L'expérience est répétée pour différentes concentrations en auxine.

Interprétez les résultats traduits par ce graphique.

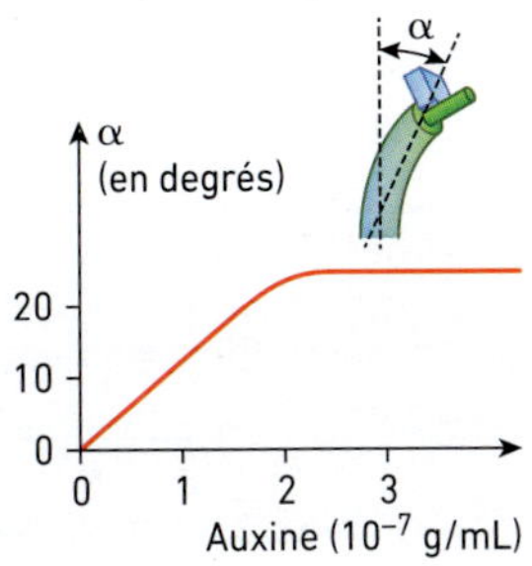

11 Discerner dans un phénomène complexe un principe fondamental de la biologie

★★★

L'auxine est une molécule synthétisée par les cellules du méristème et des jeunes feuilles des bourgeons apicaux. Elle migre principalement grâce à des transporteurs par les tubes criblés du phloème, et sa présence est détectable dans tous les tissus. L'auxine ne pénètre pas dans les cellules : elle se fixe sur des protéines spécifiques situées dans la membrane plasmique des cellules (1). En moins d'une minute, cette fixation engendre des modifications du métabolisme intracellulaire. Par exemple, des ions H^+ sont sécrétés vers la paroi (2 et 3), ce qui fragilise les liaisons entre les fibres de cellulose, assouplissant ainsi cette paroi. La cellule s'allonge alors sous l'effet de sa pression interne, tandis que des composés stockés dans des vésicules cytoplasmiques sont sécrétés (4), contribuant à l'agrandissement de la paroi.

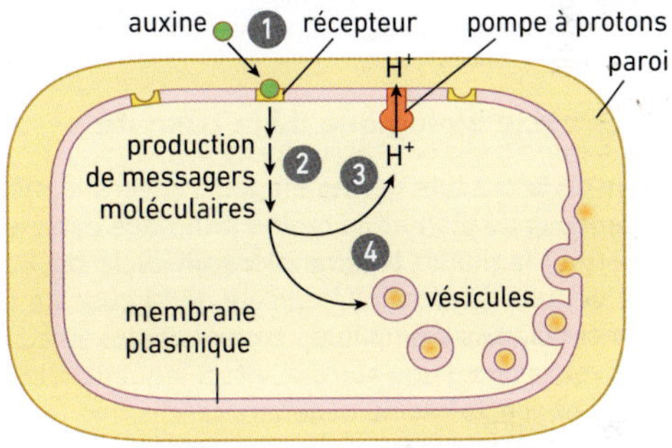

Justifiez le qualificatif d'hormone attribué à l'auxine.

12 Observer et raisonner

★★

Cette photographie est une observation au microscope optique d'une coupe transversale d'une feuille de nénuphar, laquelle flotte à la surface de l'eau. La coloration utilisée met en évidence la cellulose en vert, la lignine en rouge. Les chloroplastes apparaissent sous forme de grains rouges dans les cellules.

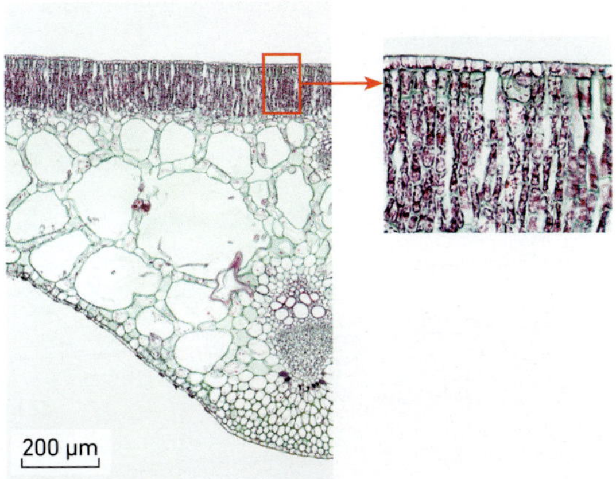

Montrez que cette feuille présente une adaptation au milieu de vie particulier de cette plante.

13 Une plante sans feuilles

★★

A

La cuscute est une plante qui est considérée comme un véritable fléau en raison des ravages qu'elle fait subir à certains écosystèmes (A) et à certaines cultures (tomates, maïs, tournesol, luzerne, vigne...), occasionnant souvent de très lourdes pertes de rendement.

À partir de l'exploitation des documents et de vos connaissances, présentez les particularités anatomiques et fonctionnelles de la cuscute.

B

DOC 1 Le cycle biologique de la cuscute

La graine de la cuscute germe en général vers le mois de juin. Comme pour beaucoup de plantes, la racine s'enfonce dans le sol tandis qu'une tige émerge : la plante entame alors un cycle dit « libre ». Vers la fin du mois de juillet, l'extrémité apicale de la cuscute effectue des mouvements circulaires d'amplitude croissante jusqu'à ce qu'elle rentre en contact avec la tige d'une autre plante à laquelle elle s'agrippe (B). Pendant cette phase, la racine dégénère tandis que la cuscute, dépourvue d'organes chlorophylliens, poursuit sa croissance, s'enroule autour de son hôte et envahit les plantes avoisinantes.

DOC 2 Coupe transversale d'une tige de cuscute associée à son hôte (microscopie optique)

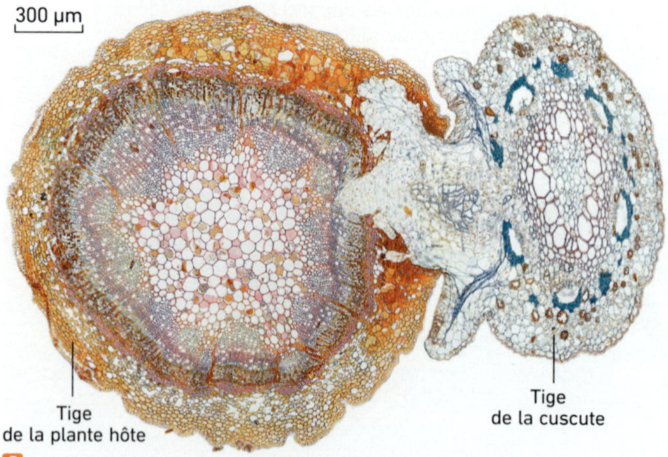

C

DOC 3 Étude expérimentale

Un plant de luzerne est placé pendant plusieurs heures dans une enceinte contenant du CO_2 radioactif ($^{14}CO_2$). Le plant de luzerne est ensuite associé à une tige de cuscute et l'ensemble est placé dans une enceinte dont l'air ne contient plus de CO_2 radioactif. Après fixation de la cuscute sur son hôte, on évalue la radioactivité des glucides dans la cuscute (D).

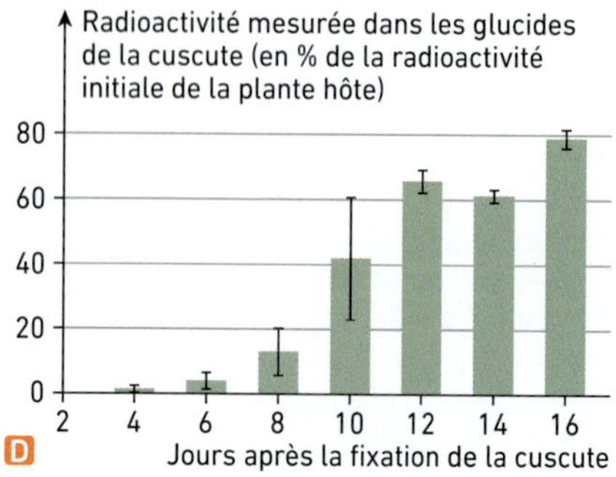

D

Épreuve écrite

Rédaction d'un texte argumenté pour répondre à une question scientifique

14 La feuille, organe adapté à sa fonction

Chez les plantes, la feuille est un organe spécialisé qui assure la fonction photosynthétique. La photosynthèse consiste en une production de molécules organiques, elle nécessite de l'eau, du CO_2 et de l'énergie lumineuse captée par la chlorophylle. La photosynthèse se déroule dans les chloroplastes. Les matières synthétisées s'accumulent peu dans la feuille et sont exportées vers les autres organes de la plante.

À partir de vos connaissances et en vous appuyant sur des observations, montrez que la structure d'une feuille est adaptée à sa fonction.

Document proposé coupe transversale d'une feuille de houx (microscopie optique).
Coloration au carmin-vert d'iode : cellules vidées de leur contenu, coloration de la cellulose en rose et de la lignine en vert.

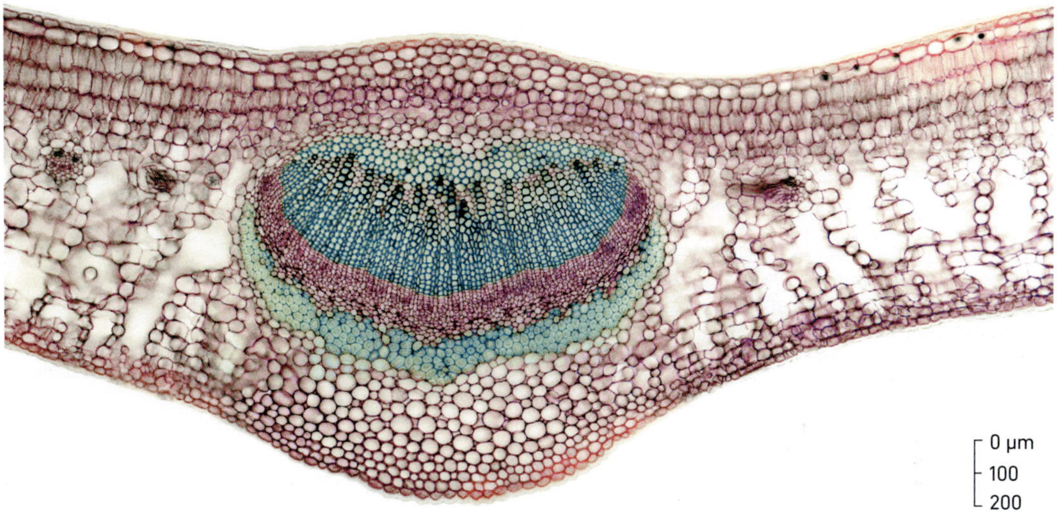

Épreuve pratique

Pour s'entraîner à l'Évaluation des Capacités Expérimentales

15 Mettre en œuvre un protocole et présenter des résultats

Afin de déterminer s'il existe une variation de la répartition des stomates suivant les espèces de plantes, on est amené à réaliser et à comparer plusieurs observations.
On dispose de deux feuilles (lierre et tulipe) et d'un tableau de données qu'il faut compléter.

Réalisez des observations de l'épiderme des deux faces de chacune des feuilles et déterminez les densités de stomates.

Protocole
- Repérer la face supérieure et la face inférieure.
- Sur l'une des faces, faire deux incisons parallèles, puis une troisième perpendiculairement aux deux premières.
- Avec des pinces fines soulever l'épiderme de façon à le décoller du parenchyme situé en dessous.
- Prélever délicatement le lambeau ainsi décollé et le déposer bien à plat dans une goutte d'eau sur une lame.
- Recouvrir d'une lamelle et observer au microscope.

Remarque : on appelle face adaxiale la face supérieure et face abaxiale la face inférieure.

Épiderme de feuille de tulipe, face abaxiale (microscopie optique à contraste interférentiel).

Raisonnement scientifique

Construisez et exposez votre propre démarche pour résoudre le problème posé

16 Comment une graine trouve-t-elle le haut et le bas ?

Bien que vivant fixées, les plantes sont capables de divers mouvements permettant notamment la croissance en direction de la lumière ou encore l'enroulement autour d'un support. Outre la question de la réalisation de ces mouvements, on peut se demander comment la plante s'oriente. La germination d'une graine, phénomène apparemment banal, nécessite en effet de s'orienter dans le noir.

À l'aide de vos connaissances et de l'exploitation de ces documents, exposez le mécanisme qui permet à une graine d'orienter la croissance initiale de la racine et de la tige dans la bonne direction.

1 Une croissance orientée

Lorsqu'une graine germe, quelle que soit sa position initiale dans le sol, la racine s'enfonce en profondeur tandis que la petite tige dirige sa croissance dans le sens opposé et sort de terre.
Si on sait que la lumière peut guider la croissance d'une tige, le problème reste posé de la croissance initiale de la petite tige sous terre.

Bien qu'au départ mal orientées, ces jeunes racines retrouvent vite la bonne direction.

2 Un deuxième tropisme pour les tiges

L'expérience suivante est réalisée avec des grains de blé en germination, dont on sait que le coléoptile est susceptible de s'orienter vers la lumière (voir page 200) :

- des grains de blé sont placés dans des pots contenant de la vermiculite et de l'eau ;
- les pots sont fixés sur une platine tournante ;
- durant toute l'expérience (plusieurs jours), la platine en rotation est recouverte d'un cache opaque.

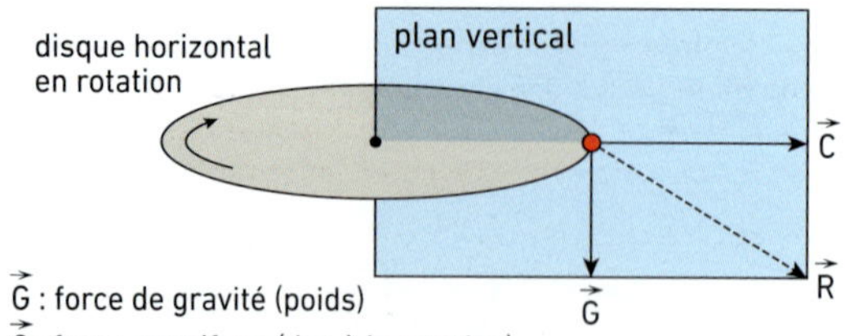

$\vec{G}$: force de gravité (poids)
$\vec{C}$: force centrifuge (due à la rotation)
$\vec{R}$: force résultant de $\vec{G} + \vec{C}$

Les graines en germination sont, comme tout objet à la surface de la Terre, soumises à la gravité (pesanteur).
Dans ce dispositif expérimental, la rotation de la platine crée une accélération centrifuge, qui s'ajoute à la pesanteur, bien que de direction différente.

Dispositif expérimental.

Résultats obtenus : les deux pots sont placés de la même façon que sur la photographie ci-dessus.

3 Les effets de l'auxine

Des études expérimentales montrent qu'une inégalité dans la distribution de l'auxine peut provoquer une croissance différentielle à l'origine de la courbure d'un organe.

- **Sur un coléoptile**

Un bloc de gélose imprégné d'auxine est déposé de façon dissymétrique sur la section transversale d'un coléoptile décapité (sans la zone apicale). L'ensemble est placé à l'obscurité et observé 90 minutes plus tard.

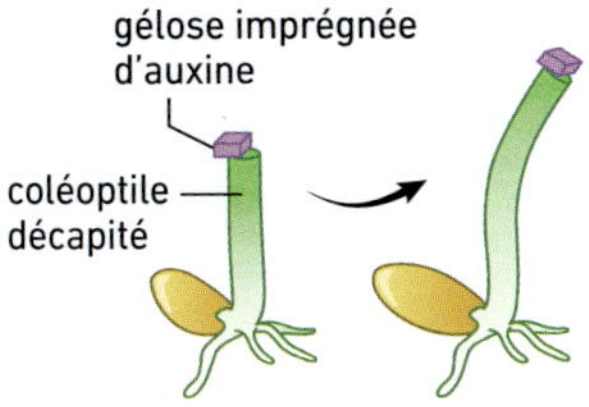

- **Sur une radicule**

Un bloc de gélose imprégné d'auxine (forte concentration) est posé sur un coté d'une jeune radicule. L'ensemble est placé à l'obscurité et observé 90 minutes plus tard.

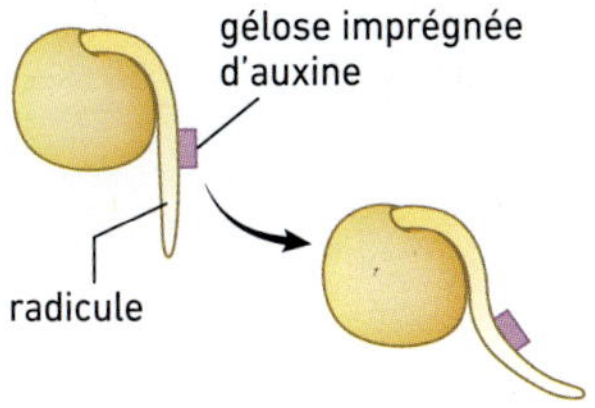

L'auxine est une hormone végétale naturellement produite par la plante et qui peut avoir différents effets. Des expériences montrent que ses effets varient d'une part en fonction de l'organe cible, d'autre part en fonction de la concentration en auxine. Le graphique ci-dessous montre l'effet d'un apport d'auxine sur l'élongation cellulaire.

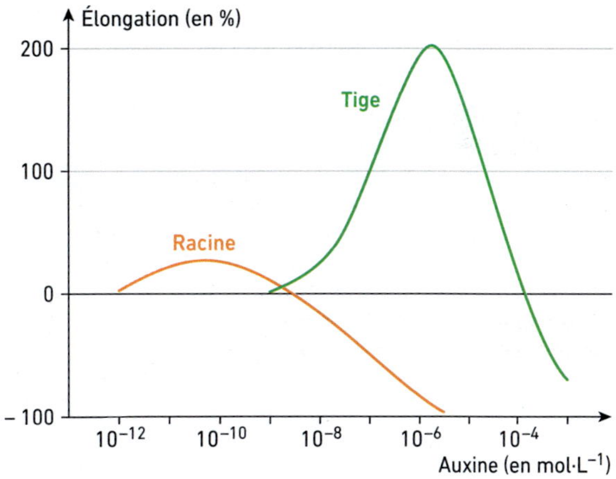

Variation de l'élongation de cellules de tige ou de racine en fonction de la concentration en auxine.

4 La perception et la transduction d'un signal

Certaines cellules végétales possèdent des grains d'amidon denses, appelés statolithes, qui peuvent se déplacer dans la cellule et sédimenter sous l'effet de la pesanteur (voir page 201). Le rôle de ces statolithes a été mis en évidence en ce qui concerne les cellules de la coiffe de la racine (A). Pour la tige, un mécanisme analogue semble exister dans certaines cellules de la tige.

Le mécanisme de la transduction n'est cependant pas totalement élucidé : il semble que la sédimentation des statolithes provoque l'ouverture de canaux ioniques membranaires sensibles à la déformation.

Des expériences utilisant de l'auxine marquée radioactivement montrent que la distribution de l'auxine est modifiée après gravistimulation. Cette redistribution de l'auxine est associée à un signal impliquant le calcium, sans que l'on sache encore le lien entre les deux.

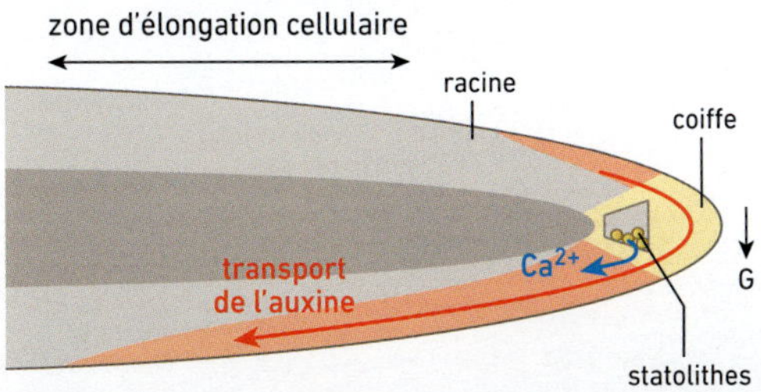

A Distribution de l'auxine en fonction de la gravité.

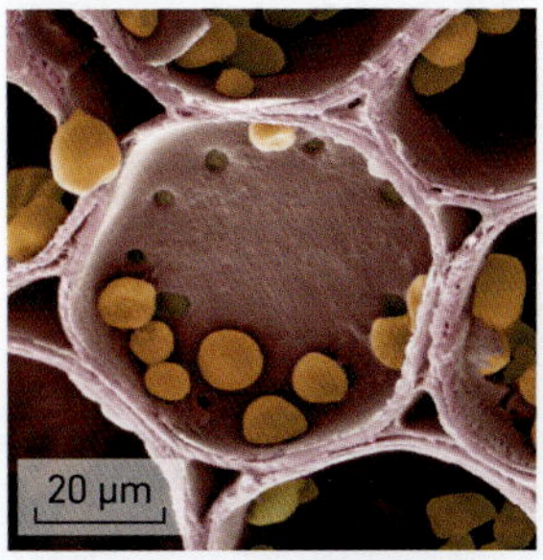

B Amyloplastes dans les cellules d'une tige de clématite (MEB, fausses couleurs).

PARTIE 3

CHAPITRE 2

La plante, productrice de matière organique

Les pétales rouges du coquelicot contiennent des anthocyanes. Cette plante produit aussi des tanins et divers alcaloïdes.

S'interroger avant d'aborder le chapitre

De la dépendance à l'autonomie nutritionnelle

Lorsque les conditions sont favorables, la graine restée enfouie dans le sol se met à germer. Avant que les premières feuilles ne se déploient, tels des panneaux solaires, la plantule ne peut compter que sur les réserves stockées dans la graine pour se développer.

Nous utilisons des produits organiques végétaux

La France produit chaque année 7 à 8 millions de mètres cubes de bois. Dans le monde, ce sont 30 % des forêts qui sont utilisés pour produire du bois et autres produits forestiers. Mais ce n'est là qu'un exemple parmi beaucoup d'autres : l'humanité utilise une grande diversité de produits végétaux, pour satisfaire ses besoins alimentaires, énergétiques, d'habillement, de santé...

Formuler les problèmes à résoudre

Les plantes sont autotrophes : elles produisent toutes les matières organiques qui les constituent.

- À partir des exemples présentés, interrogez-vous sur la façon dont elles réalisent leur autotrophie, sur les molécules produites et les fonctions qu'elles remplissent.

Unité

1 Les structures impliquées dans la photosynthèse

Les plantes sont autotrophes : grâce à l'énergie lumineuse, elles produisent par photosynthèse leur propre matière organique à partir de matières minérales (dioxyde de carbone, eau, sels minéraux). Les parties aériennes d'une plante ont donc des structures spécialisées pour capter la lumière.

Quelles sont les différentes structures des plantes impliquées dans la photosynthèse ?

1 La photosynthèse et les pigments chlorophylliens

La couleur verte des plantes est due à la présence de **pigments chlorophylliens***. Il s'agit d'un ensemble de molécules qui absorbent principalement les longueurs d'ondes correspondant à la lumière rouge et bleue, si bien que la lumière réfléchie ou transmise par les organes chlorophylliens apparait de couleur verte.

Activité pratique

Pour prouver que la chlorophylle est composée d'un ensemble de pigments :

- À 2 cm du bas d'une bande de papier Whatman, écraser une feuille à l'aide d'un agitateur en verre. Répéter l'opération au même endroit jusqu'à obtenir une tache vert foncé.
- Verser quelques millilitres de solvant dans une éprouvette et suspendre le papier de façon à ce que sa base trempe dans le solvant, tout en prenant soin de ne pas y plonger la tache verte.
- Laisser le solvant monter par capillarité dans le papier pendant environ 30 minutes, à l'obscurité.

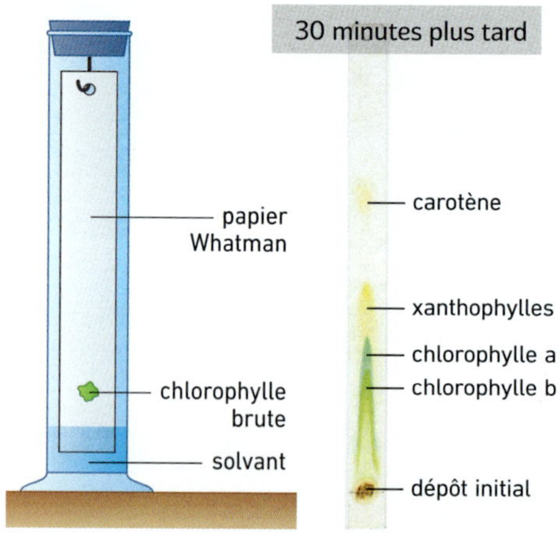

A Chromatographie des pigments chlorophylliens.

Afin d'établir le lien entre les pigments chlorophylliens et la matière organique* produite par photosynthèse, une plante aux feuilles panachées partiellement recouvertes de caches noirs est éclairée quelques heures (B).
Des feuilles sont prélevées (C) et décolorées dans de l'eau bouillante. Un test au lugol est effectué sur les feuilles décolorées (D). De couleur brune, le lugol prend une teinte bleue ou noire en présence d'amidon, un polymère* de glucose.

B Dispositif expérimental.

C Feuille de coléus partiellement recouverte d'un cache noir.

D Résultat du test au lugol.

Amidon

bordas Flash PAGE modélisation

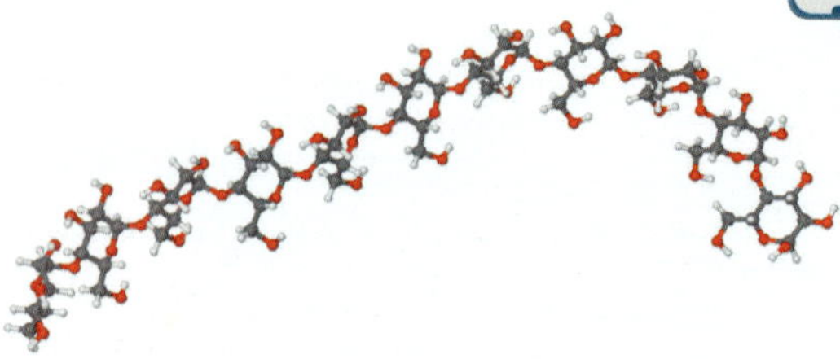

E Modèle d'un fragment de molécule d'amidon.

2 La photosynthèse à différentes échelles

De la plante au chloroplaste

bordas Flash PAGE animation

A Échelle de l'individu : plant de tomate.

B Échelle des organes : une feuille.

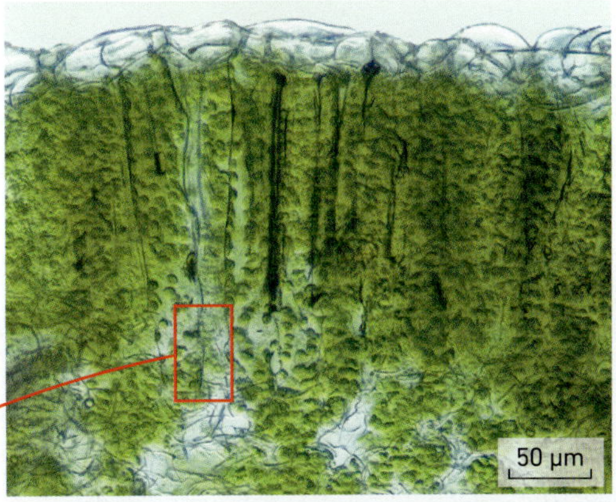

C Échelle des tissus : les parenchymes chlorophylliens observés sur une coupe transversale de feuille (MO).

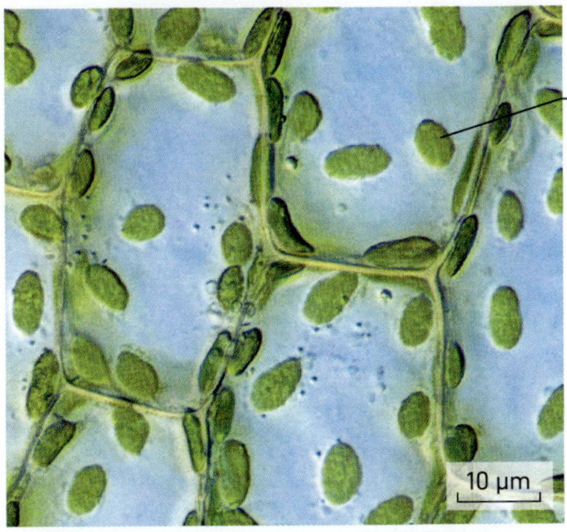

D Échelle cellulaire : cellules chlorophylliennes observées au MO.

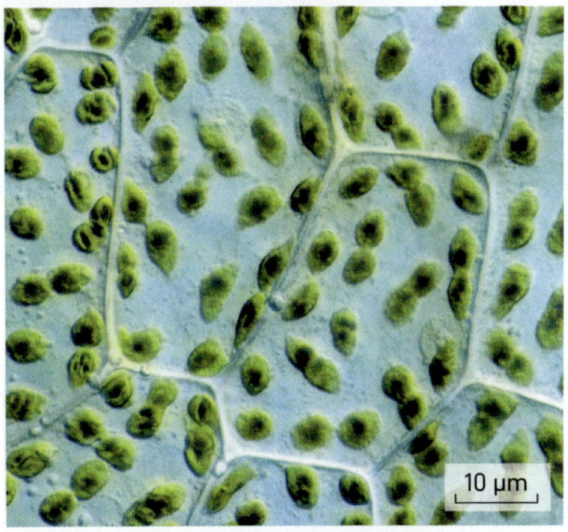

E Cellules chlorophylliennes exposées à la lumière, puis colorées au lugol (MO).

Activités envisageables

Pour localiser les structures de la plante qui réalisent la photosynthèse :

- Montrez que les pigments chlorophylliens sont nécessaires à la photosynthèse.
- Présentez les structures responsables de la photosynthèse aux différents niveaux d'organisation de la plante.

Des clés pour réussir

- Pensez à justifier les protocoles expérimentaux mis en œuvre.
- Appuyez-vous sur vos connaissances concernant le métabolisme des cellules en général et sur la photosynthèse en particulier.

* Lexique ➥ p. 509

Unité 2

La photosynthèse, une oxydoréduction activée par la lumière

Dans la première partie du XXe siècle, des scientifiques ont réussi à déterminer la nature des réactions chimiques qui ont lieu dans les chloroplastes des cellules chlorophylliennes, lors de la photosynthèse.

Comment ces expériences historiques ont-elles permis de comprendre les processus biochimiques de la photosynthèse ?

1 Oxydoréduction et énergie lumineuse : la réaction de Hill

La photosynthèse s'accompagnant d'un dégagement de dioxygène, on a longtemps cru que la photosynthèse résultait d'une rupture de la molécule de CO_2, selon la réaction suivante : $CO_2 + H_2O \rightarrow CH_2O + O_2$ (CH_2O : formule d'un glucide élémentaire).
Or, en 1937, Robert Hill remit cette conception en question : il montra que des chloroplastes isolés, en suspension dans un milieu dépourvu de CO_2, sont capables de libérer du dioxygène, à condition d'être exposés à la lumière et mis en présence d'une molécule oxydante, telle que le ferricyanure de potassium, connu depuis sous le nom de « réactif de Hill ».

Activité pratique

On veut vérifier que la production de dioxygène par les chloroplastes résulte d'une oxydoréduction nécessitant de l'énergie lumineuse.

- Broyer 10 g de feuilles d'épinard dans un mortier réfrigéré contenant 10 à 25 mL de solution tampon* à pH = 6,5.
- Filtrer ce broyat sur gaze et coton hydrophile.
- Vérifier au microscope optique que le filtrat contient des chloroplastes isolés, mais pas de cellules intactes.
- À l'aide d'un dispositif ExAO, suivre la concentration en dioxygène de cette suspension de chloroplastes, en faisant se succéder des phases d'obscurité et d'éclairement, en absence puis en présence du réactif de Hill.

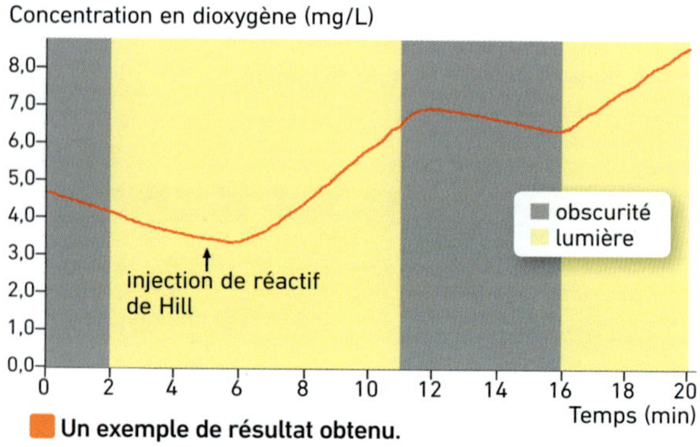

Un exemple de résultat obtenu.

2 L'origine du dioxygène produit : expérience de Ruben et Kamen

En 1941, les chimistes Ruben et Kamen ont permis de comprendre l'origine du dioxygène produit au cours de la photosynthèse.

Leurs expériences reposent sur le dispositif suivant :
Des chlorelles (algues unicellulaires) sont cultivées dans de l'eau enrichie en dioxyde de carbone, et exposées à la lumière.
Le pourcentage de l'isotope ^{18}O est fixé par les expérimentateurs, à la fois dans les molécules d'eau et dans les molécules de dioxyde de carbone. Il diffère selon les expériences (voir les proportions dans le tableau).
Les expérimentateurs recueillent le dioxygène produit par les chlorelles et déterminent sa teneur en ^{18}O.

Réaction de dissociation de l'eau
$$2H_2O \rightarrow O_2 + 4H^+ + 4e^-$$

Expériences	H_2O utilisée	CO_2 utilisé	O_2 recueilli
1	0,85 %	0,41 %	0,84 %
2	0,85 %	0,55 %	0,85 %
3	0,85 %	0,61 %	0,86 %
4	0,20 %	0,50 %	0,20 %
5	0,20 %	0,40 %	0,20 %

Résultats des expériences : teneurs en ^{18}O dans les molécules d'H_2O, de CO_2 et d'O_2.

La dissociation de l'eau est une oxydation* qui demande beaucoup d'énergie. Elle permet de scinder la molécule d'eau en hydrogène et oxygène. Elle n'est possible qu'en présence d'un accepteur d'électrons suffisamment puissant. Après avoir été éclairée, la chlorophylle devient une molécule très oxydante, capable de provoquer cette **photolyse de l'eau***.

3 La réduction du CO_2 : expériences de Calvin et Benson

Les expériences menées dans les années 1950 par Melvin Calvin et Andrew Benson montrèrent qu'au cours de la photosynthèse le CO_2 participe à des réactions chimiques qui conduisent à la production de glucides simples, dont le glucose ($C_6H_{12}O_6$). Globalement, ces réactions correspondent à une **réduction du CO_2*** au cours de la photosynthèse.

Leurs expériences reposent sur le dispositif suivant :
Des chlorelles (algues unicellulaires) sont cultivées dans des conditions optimales pour la photosynthèse. Le milieu de culture est relié à un serpentin grâce à une pompe qui permet de contrôler le débit et donc la durée de présence des algues dans le serpentin. Le serpentin est conçu pour injecter du $^{14}CO_2$ à différents endroits. Ceci permet de contrôler la durée de contact entre les algues et le $^{14}CO_2$. À la sortie du serpentin, les algues tombent dans de l'alcool bouillant, ce qui les tue instantanément.
Les molécules organiques sont ensuite extraites des algues, et soumises à une chromatographie bidimensionnelle*. Les molécules contenant du ^{14}C radioactif sont révélées par autoradiographie*. On peut identifier les différentes molécules par comparaison avec une chromatographie réalisée sur des molécules connues.

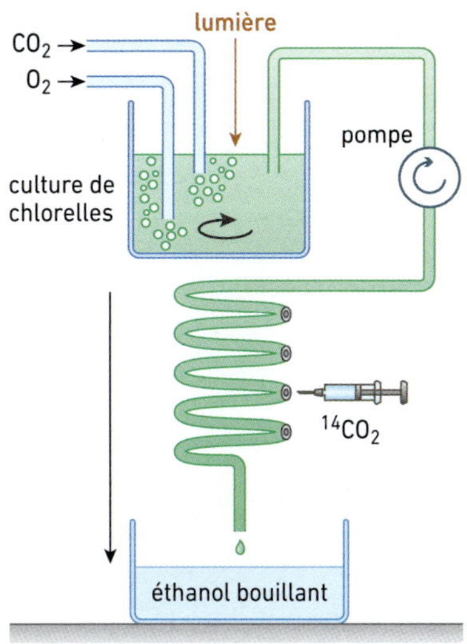

A Dispositif expérimental.

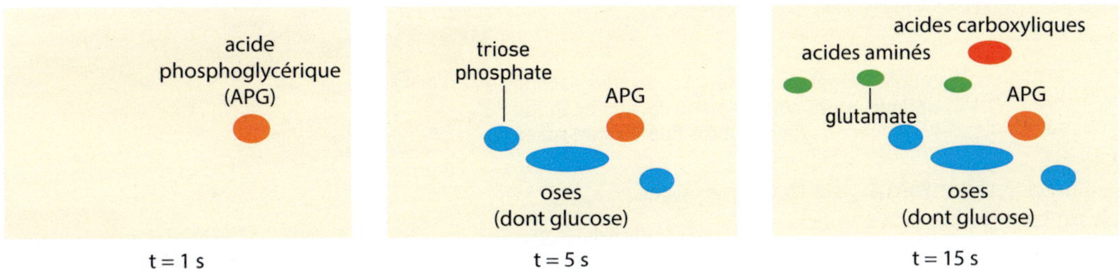

B Chromatographies bidimensionnelles (résultats schématisés).

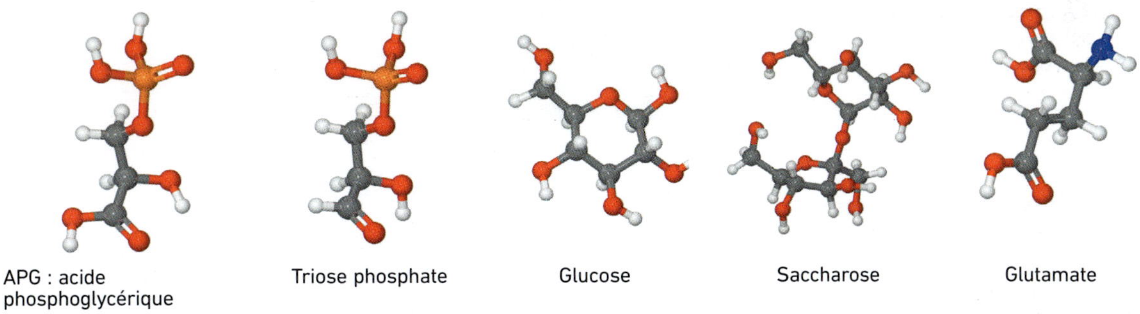

C Quelques molécules produites par la réduction du CO_2.

Activités envisageables

Pour comprendre comment la matière organique est produite lors de la photosynthèse :

- **Montrez que la réduction du CO_2 en molécules organiques nécessite de l'hydrogène et un apport d'énergie dont vous préciserez l'origine.**
- **Montrez que le bilan de la photosynthèse peut s'écrire de la façon suivante : $6CO_2 + 6H_2O \rightarrow C_6H_{12}O_6 + 6O_2$**

Des clés pour réussir

- Une analyse rigoureuse des protocoles et des résultats expérimentaux est nécessaire.
- Rappelez-vous qu'une oxydoréduction peut se décomposer en une oxydation couplée à une réduction.
- Faites le lien entre l'énergie lumineuse et les réactions d'oxydoréduction.

* Lexique ➡ p. 509

Unité

3 La matière organique assure la croissance et le port de la plante

Les molécules organiques issues de la photosynthèse circulent *via* la sève élaborée dans tous les organes de la plante, où elles sont métabolisées grâce à des enzymes variées. Certaines des molécules produites permettent le développement des racines, des tiges et des feuilles.

Quelles molécules sont impliquées dans la croissance et le port d'une plante ?

1 La cellulose et l'élongation cellulaire

Les cellules végétales adultes possèdent une matrice extracellulaire, ou paroi, formée principalement d'une macromolécule fibreuse, la cellulose. Les jeunes cellules en croissance fabriquent la cellulose au niveau de la membrane plasmique, grâce à un complexe d'enzymes : la cellulose synthase. Elle est ensuite exportée vers la paroi et s'y accumule.

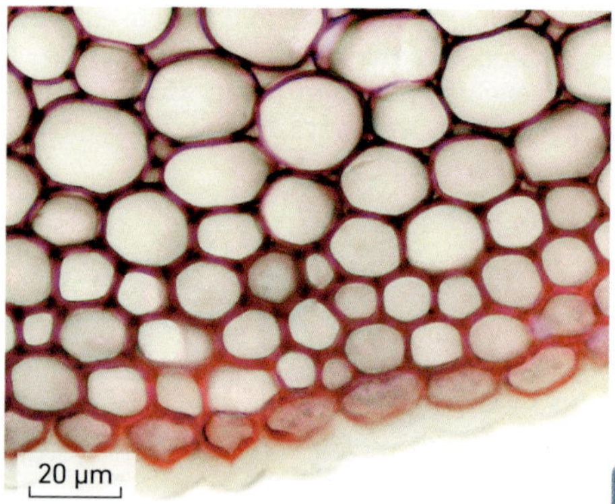

A Cellules végétales observées au microscope optique après coloration au carmin acétique (la cellulose apparait en rose).

Cellulose – bordas Flash PAGE modélisation

La cellulose est un polymère formé par association de très nombreuses molécules de glucose. Ces chaînes établissent entre elles des liaisons hydrogène qui permettent de former une microfibrille. Les microfibrilles s'associent ensuite entre elles, formant une fibre de cellulose (B).

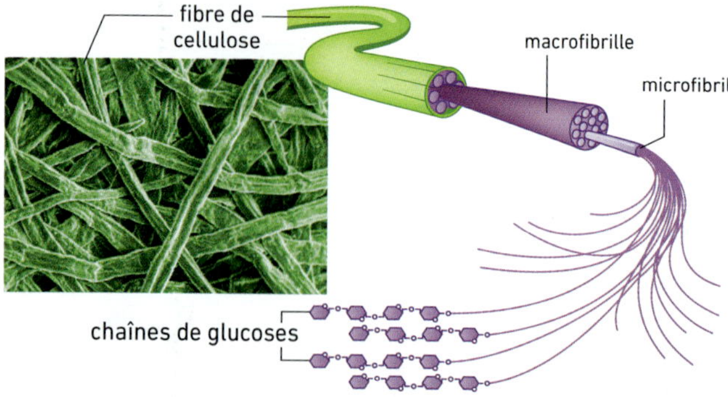

B Des fibres de cellulose observées au MEB*, et schéma interprétatif.

L'eau absorbée par la plante a tendance à s'accumuler dans les vacuoles* des cellules (1), provoquant leur gonflement et exerçant de ce fait une pression dite « de turgescence » sur la paroi.

La paroi des jeunes cellules est fine. Elle contient des pectines* (2) et peu de cellulose (3). La résistance est donc très inférieure à la pression de turgescence : la cellule répond à la contrainte en s'allongeant. Au cours de leur croissance, les cellules déposent des couches successives de fibres de cellulose entrecroisées (4). La paroi devient de plus en plus résistante et s'oppose finalement à la déformation. L'élongation s'arrête : les cellules ont alors atteint leur taille définitive.

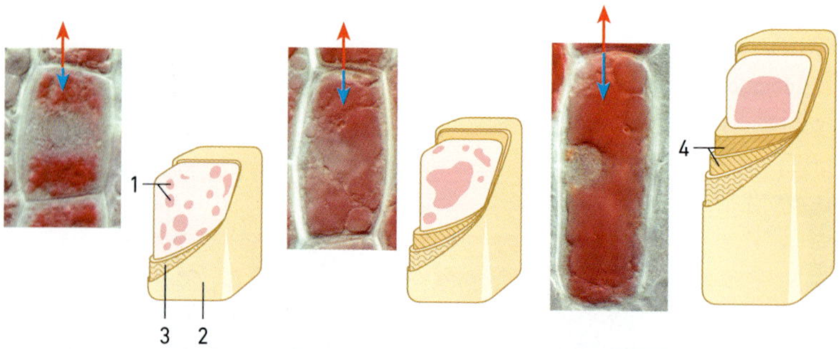

C Observation microscopique de l'élongation des cellules végétales et schémas d'interprétation.

2 Les lignines et le port de la plante

Les lignines sont des molécules produites dans le cytoplasme de certaines cellules végétales à partir d'un acide aminé issu de la photosynthèse : la phénylalanine (A). Trois monomères* nommés S, G et H sont d'abord fabriqués, puis transportés jusque dans la paroi cellulaire où ils se combinent, formant des polymères très diversifiés.

Les propriétés des lignines rendent les parois cellulaires imperméables : cela contribue à une conduction efficace de la sève brute dans les vaisseaux du xylème. De plus, les lignines confèrent aux parois une grande rigidité : alors que les premiers végétaux terrestres (ancêtres des mousses actuelles) étaient rampants et de taille réduite, la lignification des parois de certaines cellules végétales a permis l'apparition de plantes au port* dressé et de grande taille.

- Chez les plantes herbacées, le sclérenchyme est un tissu de soutien qui se forme dans les organes qui ont terminé leur croissance. Il est constitué de cellules mortes, le plus souvent lignifiées.
- Chez les arbustes et les arbres, des couches de xylème et de phloème « secondaires » se forment à partir de divisions affectant les cellules d'une zone méristématique, le cambium (voir p. 196). Cela permet une croissance en épaisseur des tiges et des racines. Après la phase de croissance annuelle de la plante, les cellules du xylème secondaire se lignifient, donnant naissance à un tissu rigide constitué de cellules mortes : le bois (B).

L'arbre — Flash PAGE animation

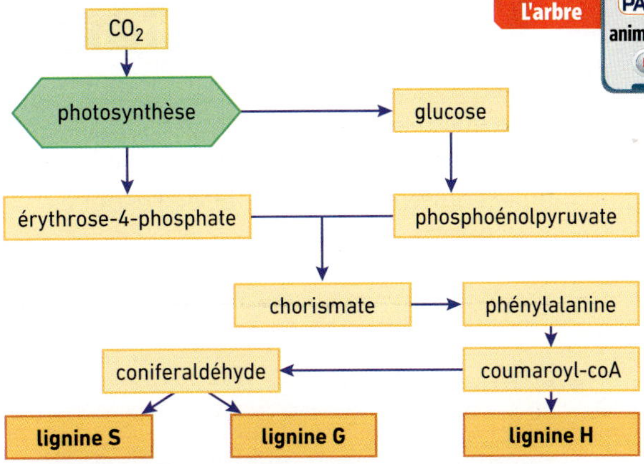

A Biosynthèse des lignines (simplifiée). Chaque flèche représente une série de réactions nécessitant chacune une enzyme spécifique.

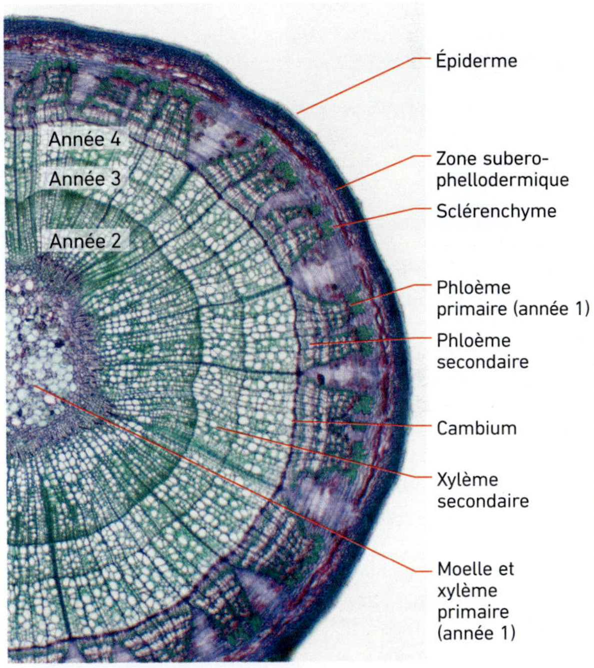

B Coupe transversale d'une tige de tilleul (arbre) âgée de 4 ans. Observation au MO* après coloration au carmin vert d'iode (la lignine apparait en vert).

Activité pratique

- Réaliser des coupes transversales et/ou longitudinales d'organes végétaux rigides (tiges herbacées au port dressé, jeunes tiges d'arbres ou d'arbustes…).
- Faire une coloration au carmin vert d'iode.
- Rechercher sur ces coupes la présence de cellules lignifiées (elles sont colorées en vert).
- Identifier s'il s'agit de bois ou de sclérenchyme.
- Mettre en rapport ces observations avec le port de la plante.

Activités envisageables

Pour comprendre comment des matières organiques assurent la croissance et le port des plantes :

- **Représentez sous forme de schéma l'origine de la cellulose et des lignines, ainsi que leurs rôles dans la croissance et le port de la plante.**
- **Illustrez votre schéma grâce à des observations microscopiques d'organes végétaux.**

Des clés pour réussir

- Reliez les évolutions possibles de la composition de la paroi au cours de la vie des cellules aux propriétés des tissus qui en résultent.
- Vous pouvez vous appuyer sur des observations personnelles et effectuer des recherches complémentaires.

* Lexique ➥ p. 509

Le stockage de la matière organique

La plupart des plantes connaissent au cours de leur vie des phases durant lesquelles elles doivent stocker de la matière organique. Ces réserves jouent souvent un rôle vital pour la pérennité de l'individu et de l'espèce.

Comment les plantes assurent-elles le stockage de la matière organique ? Quelles fonctions biologiques ces réserves remplissent-elles ?

1 Quelques organes de stockage de la matière organique chez les plantes

Les fruits et les graines

Chez les plantes à fleurs, l'embryon issu de la reproduction sexuée est protégé au sein d'une graine capable de résister à des conditions difficiles. La graine contient des réserves permettant à l'embryon d'assurer par lui-même les premières phases de sa croissance, lors de la germination (voir p. 244). La graine est contenue dans un fruit qui permet sa dissémination. Lorsque le fruit est charnu, il contient lui aussi des réserves de matières organiques (A).

Les bulbes

Les bulbes sont des organes de réserve* souterrains formés d'une tige très courte qui porte des racines adventives* et des feuilles épaisses, disposées en tuniques superposées autour d'un bourgeon apical. Les molécules organiques contenues dans les tuniques permettent aux plantes (ex : lys, tulipe, oignon) (B) de survivre pendant l'hiver et de reprendre leur développement au printemps.

Les rhizomes

Les rhizomes sont des tiges souterraines vivaces*, porteuses de bourgeons et de feuilles très réduites. Chez certaines plantes (comme les iris ou le gingembre) (C), ces tiges contiennent des réserves qui permettent la survie de la plante pendant la mauvaise saison et sa nutrition lorsque les conditions redeviennent favorables.

Les tubercules

Les tubercules sont des organes annuels* gorgés de réserves. Il peut s'agir de racines (carotte, dahlia) permettant la survie hivernale. Lorsqu'il s'agit de tiges (comme chez la pomme de terre ou l'igname) (D), les tubercules sont également des organes de multiplication asexuée.

D'autres exemples d'organes de stockage p. 236.

2 Des molécules organiques diversifiées peuvent être stockées

A Test du biuret sur des graines de haricot.

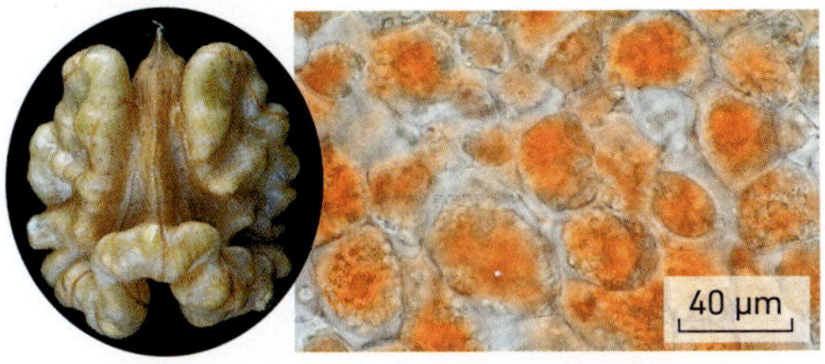

B Coupe de noix colorée au rouge Soudan III (MO).

C Test à la liqueur de Fehling sur le tubercule de la betterave.

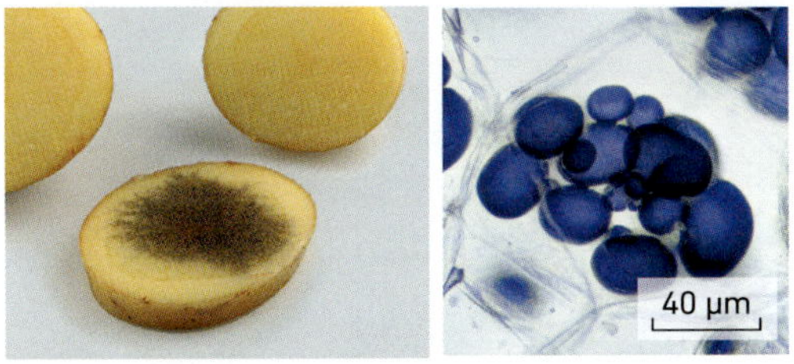

D Pomme de terre colorée au lugol et amyloplastes dans une cellule de ce tubercule (MO).

Recherche des protéines (test du biuret)

- Recouvrir l'échantillon d'une solution de sulfate de cuivre.
- Verser quelques gouttes d'hydroxyde de sodium (NaOH) à 1 mol·L^{-1}.

La couleur bleu-violet met en évidence la présence de protéines.

Recherche des lipides

- Couper très finement l'échantillon (pour une observation au microscope).
- Mettre l'échantillon dans un verre de montre.
- Ajouter quelques gouttes de rouge Soudan III.
- Monter entre lame et lamelle et observer au microscope.

Le rouge Soudan III met en évidence les lipides par une coloration rouge.

Recherche de sucres simples

- Broyer et filtrer l'échantillon pour en extraire le jus.
- Verser 2 mL dans un tube à essai contenant 1mL d'HCl à 1 mol·L^{-1}.
- Chauffer au bain-marie à 60°C quelques minutes.
- Verser le contenu du tube dans une solution de liqueur de Fehling (bleue).

La présence de glucose et de fructose issus de l'hydrolyse du saccharose est mise en évidence par un précipité rouge.

Recherche d'amidon

- Couper très finement l'échantillon (pour une observation au microscope).
- Mettre l'échantillon dans un verre de montre.
- Ajouter quelques gouttes de lugol concentré.
- Monter entre lame et lamelle et observer au microscope.

Le lugol met en évidence la présence d'amidon dans les amyloplastes par une coloration bleue très foncée.

Activités envisageables

Pour comprendre comment et pourquoi les plantes stockent la matière organique :

- Mettez en relation la présence de molécules organiques stockées dans les organes végétaux et les fonctions remplies par ces organes.
- Recherchez quels types de molécules organiques sont stockés dans les organes végétaux.
- Recherchez et étudiez d'autres exemples parmi les plantes alimentaires ou ornementales que vous connaissez.

Des clés pour réussir

- Envisagez ce que peuvent devenir ces réserves après leur déstockage.
- Pensez aux différentes fonctions biologiques (nutrition, croissance, reproduction, etc.) mais aussi aux facteurs externes (climatiques notamment).

* Lexique → p. 509

Unité 5

Matière organique et interactions avec d'autres espèces

Une plante vit auprès de congénères et d'individus d'autres espèces. Les interactions multiples qui s'établissent peuvent être à bénéfice mutuel (relations mutualistes) ou non (relations antagonistes). Différents métabolites produits à partir des molécules photosynthétiques participent à ces interactions.

Quelles molécules une plante produit-elle pour se protéger des prédateurs ? Pour attirer les insectes pollinisateurs ?

1 Les tanins, un exemple d'interaction antagoniste entre plantes et phytophages

Les plantes ne sont pas sans défense contre les phytophages*, qu'il s'agisse de champignons parasites (A), de vertébrés ou d'insectes herbivores (B). Elles fabriquent en effet diverses molécules toxiques, dont les tanins. Il s'agit de molécules organiques de type polyphénols (au moins deux groupes phénol* dans leur formule). Les tanins ont la particularité de provoquer la précipitation des protéines. Ainsi, ils rendent inopérantes les enzymes digestives des phytophages qui arrêtent donc de se nourrir de la plante.

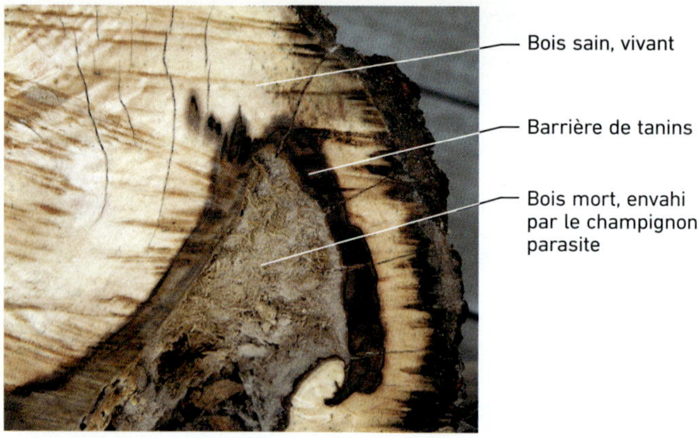

A Attaqué par un champignon, cet arbre a réagi en fabriquant des tanins permettant de limiter la progression du parasite.

W. Huang et ses collaborateurs ont mené en 2014 une étude qui a permis de décrire les interactions antagonistes* entre l'arbre à suif, présent en Chine et au Japon, et les insectes phytophages qui s'en nourrissent. Ils se sont particulièrement intéressés à *Bikasha collaris* (B), un petit coléoptère qui se nourrit des feuilles de cet arbre, et dont les larves se développent au niveau du système racinaire.

B Le coléoptère *Bikasha collaris* sur une feuille d'arbre à suif.

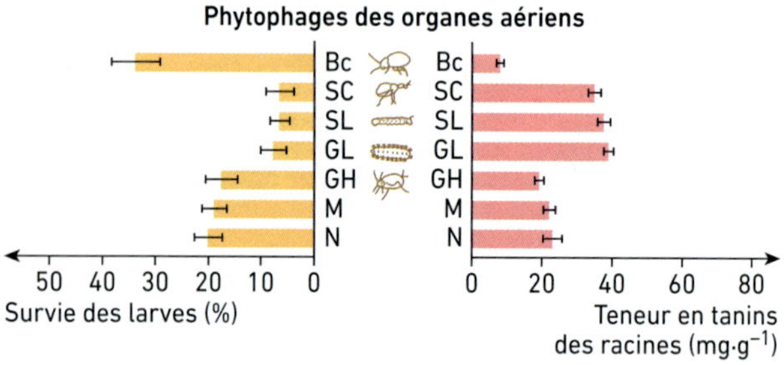

C Mesure de la survie des larves au niveau des racines et de la concentration en tanins dans les racines de l'arbre à suif soumis à l'action de différents phytophages (Bc, SC, SL, GL ou GH) ; M : lésions mécaniques ; N : témoin.

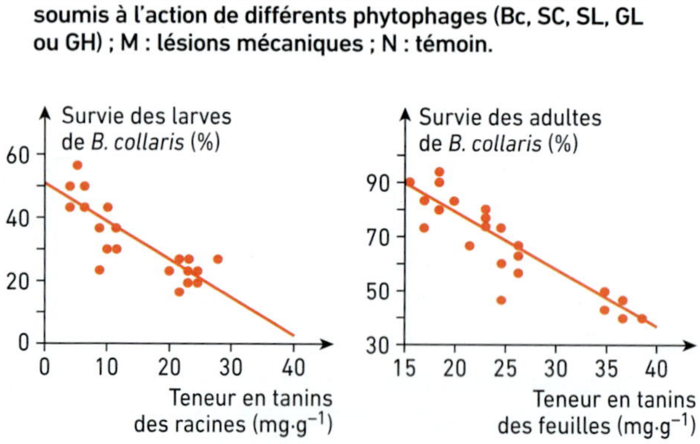

D Pourcentage de survie des larves ou des adultes de *B. collaris* en fonction de la concentration en tanins dans les organes qu'ils consomment (racines ou feuilles).

2 Les anthocyanes, un exemple d'interaction mutualiste entre plantes et pollinisateurs

Les anthocyanes (comme les tanins) appartiennent à la famille des flavonoïdes. Elles résultent de transformations complexes à partir du glucose, reposant sur des enzymes spécifiques. Ce sont des pigments bleus, rouges ou pourpres présents dans beaucoup de fleurs et de fruits (A), mais aussi parfois dans les feuilles et les racines. Elles prennent différentes couleurs en fonction de leur formule (B) mais aussi de paramètres comme le pH.

A Fruits et fleurs riches en anthocyanes.

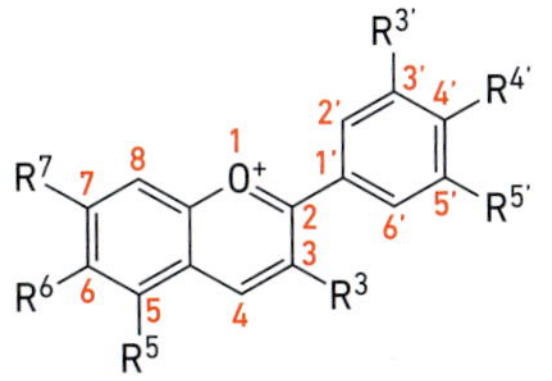

Les radicaux R peuvent être des hydroxyles (-OH) ou des méthoxyles ($-OCH_3$). R^3 est en général un sucre (glucose par exemple).

B Formule générale des anthocyanes. Selon la nature des radicaux, on distingue six types de pigments, de couleurs différentes.

Activité pratique

Afin de localiser les anthocyanes à l'échelle cellulaire :

- Prélever des fragments de pièces florales, de feuilles ou de racines riches en anthocyanes et les monter entre lame et lamelle, sans eau.
- Observer au microscope et rechercher les zones pigmentées.

Afin d'étudier les interactions mutualistes* entre plantes et insectes pollinisateurs, des observations et mesures ont été menées sur deux variétés de pétunias :

WP117 possède un allèle responsable d'une faible production d'anthocyanes.

WP19 possède un allèle responsable d'une production importante d'anthocyanes.

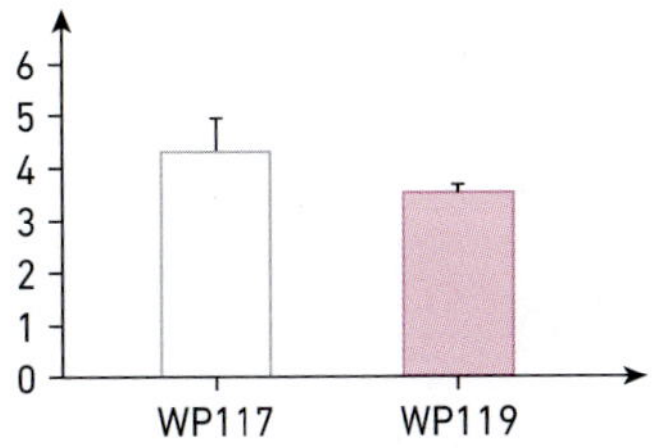

C Volume de nectar présent dans une fleur (en µL).

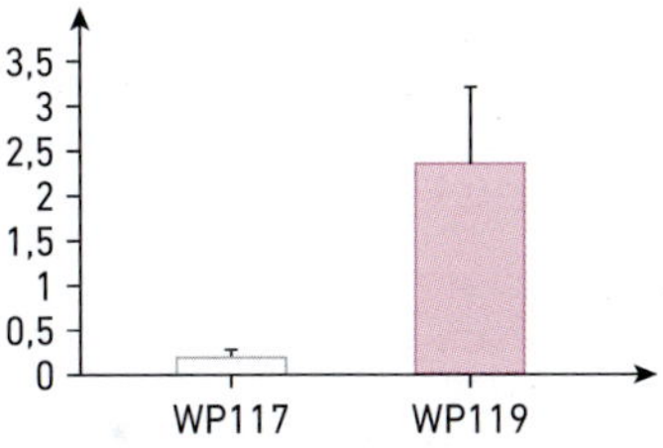

D Nombre de visites d'hyménoptères* (par fleur et par heure).

E Gouttelette de nectar (jus sucré produit par la fleur, et dont se nourrissent les insectes).

F Les abeilles domestiques ou sauvages sont des hyménoptères.

Activités envisageables

Pour comprendre comment des matières organiques permettent aux plantes d'interagir avec d'autres êtres vivants :

- **Montrez que la production des tanins résulte d'une interaction entre la plante et les phytophages, et qu'elle permet à la plante de s'en protéger.**
- **Expliquez un des rôles des anthocyanes et recherchez quels autres rôles elles peuvent jouer.**

Des clés pour réussir

- Pensez bien qu'une interaction est une action réciproque.
- Faites le lien entre les visites d'insectes pollinisateurs et la reproduction sexuée des plantes (voir p. 242).

* Lexique ➡ p. 509

Bilan des connaissances — La plante, productrice de matière organique

Préparez le Grand oral p. 519

1 Les structures impliquées dans la photosynthèse

Les plantes, des organismes autotrophes

Les plantes sont capables de produire toutes leurs molécules organiques (glucides, lipides, protides, acides nucléiques, vitamines…) à partir de molécules minérales (**dioxyde de carbone** prélevé dans l'air entré par les stomates, **eau** et **ions minéraux** prélevés dans le sol et transportés grâce à la sève brute) : ce sont des organismes **autotrophes.** Cette autotrophie nécessite de l'énergie lumineuse et se fait au cours d'un processus complexe, la **photosynthèse.**

Le **glucose** ($C_6H_{12}O_6$) étant l'une des premières molécules organiques produites lors de ce processus, l'équation bilan de la photosynthèse peut s'écrire ainsi :

$$6\ CO_2 + 6\ H_2O \rightarrow C_6H_{12}O_6 + 6\ O_2$$

Les organes chlorophylliens réalisent la photosynthèse

La présence d'amidon (une forme de stockage du glucose) peut être mise en évidence dans les **parties vertes** des plantes, seulement si elles ont reçu suffisamment de lumière. Ainsi, la production de matière organique par photosynthèse se fait dans les parties aériennes et vertes de la plante, principalement au niveau des **feuilles.**

C'est surtout dans leurs parenchymes que se trouvent les **cellules chlorophylliennes,** pourvues d'organites spécialisés dans la photosynthèse : les **chloroplastes.** Ils contiennent un ensemble de molécules capables d'absorber l'énergie lumineuse, les **pigments chlorophylliens.**

2 Les processus biochimiques de la photosynthèse

La photosynthèse : des réactions d'oxydoréduction

En 1937, Robert Hill constata que des chloroplastes isolés et bien éclairés libèrent du dioxygène, à condition qu'un oxydant (un accepteur d'électron) soit ajouté au milieu. Cette expérience montre que la photosynthèse s'accompagne de **réactions d'oxydoréduction activées par l'énergie lumineuse.**

En 1941, Ruben et Kamen au cours d'une série d'expériences montrent que le dioxygène produit lors de la photosynthèse a pour origine la molécule d'eau. Au cours de la photosynthèse, **des molécules d'eau sont donc oxydées,** libérant du dioxygène mais aussi des protons et des électrons. C'est la **photolyse de l'eau** :

$$2\ H_2O \rightarrow 4H^+ + 4\ e^- + O_2$$

Les électrons ainsi libérés doivent être captés par une autre molécule, qui sera alors réduite.

Les expériences de Calvin et Benson au cours des années 1950 montrent que le **dioxyde de carbone** est transformé au cours de la photosynthèse en différentes molécules organiques comme des **glucides** (glucose ou autres sucres solubles) et des **acides aminés.** À la suite de réactions chimiques complexes, le carbone qui était lié exclusivement à l'oxygène dans le CO_2 se retrouve lié dans les molécules organiques à d'autres carbones et à des hydrogènes. Cela correspond à une **réduction du dioxyde de carbone,** dont le bilan est le suivant :

$$6CO_2 + 24H^+ + 24\ e^- \rightarrow C_6H_{12}O_6 + 6H_2O$$

La photosynthèse correspond donc à une **réduction de CO_2** en matière organique couplée à l'**oxydation de l'eau.**

$$2\ H_2O \rightarrow 4H^+ + 4\ e^- + O_2\ (x6)$$ Oxydation

$$6CO_2 + 24H^+ + 24\ e^- \rightarrow C_6H_{12}O_6 + 6H_2O$$ Réduction

Oxydation

$$6\ CO_2 + 6\ H_2O \rightarrow C_6H_{12}O_6 + 6\ O_2$$

Réduction

Le rôle de la lumière

La réduction du dioxyde de carbone n'est pas une réaction spontanée : **elle nécessite de l'énergie** qui est apportée initialement par la lumière. Les cellules chlorophylliennes présentent donc des structures qui permettent de capter cette énergie lumineuse et de la convertir en énergie chimique, nécessaire à la synthèse de la matière organique. Ces structures sont les **pigments chlorophylliens,** (xanthophylles, carotènes, chlorophylles a et b) présents au sein des chloroplastes. Sous l'effet de la lumière absorbée par cet ensemble de pigments, des électrons de la chlorophylle a sont portés à un niveau d'énergie supérieur, puis transférés à d'autres molécules. Ainsi **l'énergie lumineuse est convertie en énergie chimique.** Cette énergie chimique permet *in fine* de réduire le dioxyde de carbone en matière organique.

3 Le devenir des produits de la photosynthèse

La matière organique est exportée et transformée

Les molécules organiques produites par la photosynthèse sont en partie utilisées par les tissus chlorophylliens eux-mêmes. Le reste est exporté sous forme de petites molécules solubles (**acides aminés, sucres**) vers tous les organes de la plante, et en particulier vers les organes non chlorophylliens (racines, bourgeons, fruits…) via la **sève élaborée**.

Ces sucres et ces acides aminés sont alors transformés et permettent la production d'une grande diversité de composés organiques, remplissant de nombreuses fonctions au sein de la plante.

Des matières organiques assurant la croissance et le port de la plante

Les cellules des plantes possèdent une paroi formée de différents composés organiques assemblés en couches superposées (pectines, hémicelluloses et cellulose). La **cellulose** est un polymère de glucose synthétisé grâce à une enzyme, la cellulose synthase, chez les jeunes cellules en cours de croissance. Leur paroi étant initialement fine et déformable, ces cellules s'allongent sous l'effet de la pression de turgescence. Exportée du cytoplasme vers la paroi, la cellulose y devient peu à peu le constituant principal et rend alors la paroi de plus en plus épaisse et rigide, finissant par s'opposer à la poursuite de la **croissance en longueur**.

Certaines cellules imprègnent leurs parois d'autres composés organiques, les **lignines**. Il s'agit de polymères dont les sous-unités sont issues d'une voie métabolique transformant un acide aminé issu de la photosynthèse (la phénylalanine) grâce à différentes **enzymes**. L'accumulation de lignine dans la paroi des cellules du xylème les imperméabilise, facilitant la circulation de la sève brute. La lignine est aussi présente au niveau des cellules du **sclérenchyme, un tissu de soutien** fréquent chez les plantes herbacées. Chez les plantes dites « ligneuses » un xylème secondaire se forme et s'épaissit année après année dans les organes pérennes (tiges, racines). Ce tissu se lignifie et donne un matériau à la fois léger et rigide, **le bois**, responsable du **port dressé** qui permet à certains arbres d'atteindre des tailles de plusieurs dizaines de mètres de haut.

Le stockage de la matière organique

En hiver ou lors de longues périodes de sécheresse, certaines plantes perdent leurs feuilles, d'autres perdent leurs parties aériennes, d'autres encore meurent. Des organes sélectionnés au cours de l'évolution permettent de stocker de la matière organique en attendant le retour de conditions plus favorables au développement et à la photosynthèse.

Les plantes herbacées pérennes possèdent des organes souterrains capables d'accumuler des réserves à l'abri des intempéries, comme les **bulbes** (tulipe, oignon), les **tubercules** (pomme de terre, carotte), les **rhizomes** (iris, gingembre). Les réserves dans ces organes sont le plus souvent glucidiques (**saccharose** de la betterave ou de l'oignon ; **amidon** stocké dans les **amyloplastes** de la pomme de terre).

Chez les plantes annuelles, la pérennité est assurée par les graines. Produit de la reproduction sexuée (voir le chapitre 3), la **graine** contient des matières organiques qui nourriront l'embryon, puis la jeune plantule lors de la germination. La nature des réserves au sein des graines diffère selon les espèces. Il peut s'agir de **glucides** (blé, riz), de **lipides** (noix, amande) ou encore de **protides** (pois, lentille).

Beaucoup de plantes possèdent des fruits charnus comestibles, riches en matières organiques (surtout des glucides). Ces fruits sont consommés par des animaux frugivores (certains oiseaux, reptiles, mammifères) ce qui contribue à la dispersion de leurs graines (voir le chapitre 3).

La matière organique de la plante et ses interactions avec d'autres espèces

Au cours de l'évolution des plantes, différentes innovations permettant de limiter l'impact de la prédation ont été sélectionnées. Ainsi, certaines plantes produisent des **tanins**. Il s'agit de molécules construites par assemblage de plusieurs phénols (petites molécules cycliques). Dans les cellules, les tanins sont produits par une voie de biosynthèse qui a pour précurseur le glucose, et qui implique de nombreuses enzymes. En se liant avec les protéines alimentaires ou avec les enzymes digestives du phytophage, les tanins produisent des précipités aux **effets toxiques ou répulsifs**, qui limitent la pression de prédation. De plus, les plantes agressées par des phytophages produisent davantage de tanins que les plantes indemnes : elles adaptent leur métabolisme en fonction des agressions qu'elles subissent.

La vie fixée pose aussi le problème du rapprochement des gamètes (voir chapitre 3). De nombreuses fleurs produisent un pollen abondant et un liquide riche en sucres et autres substances nutritives, le nectar. Elles attirent les **insectes pollinisateurs** en signalant la présence de ces matières comestibles grâce à des molécules organiques volatiles (parfums) et en affichant des couleurs vives. Par exemple, les fleurs roses, rouges ou violettes contiennent des **anthocyanes.** Il s'agit d'une famille de molécules fabriquées grâce à une voie de biosynthèse proche de celle des tanins, mais aboutissant à des pigments rouges, bleus ou pourpres, qui sont stockés dans les vacuoles des cellules, et qui rendent les fleurs plus attractives pour les pollinisateurs.

bordas Flash PAGE podcast

DYS

L'essentiel

La plante, productrice de matière organique

bordas Flash PAGE podcast

DYS

À retenir

La production de matière organique par photosynthèse

Les plantes sont des organismes **autotrophes**, car elles produisent leur matière organique à partir de matières minérales. Cette production se déroule à la lumière : c'est la **photosynthèse**. L'énergie lumineuse est captée par des **pigments chlorophylliens** présents dans des organites spécialisés, les **chloroplastes**, abondants dans les organes verts des plantes, comme les feuilles.

La photosynthèse, des oxydoréductions activées par la lumière

La production de matière organique correspond à une **réduction du dioxyde de carbone**, à l'issue de laquelle le glucose, d'autres **sucres solubles** et des acides aminés sont produits. Cette réduction est couplée à la **photolyse de l'eau**, une **oxydation des molécules d'eau** libérant du dioxygène. Cette réaction n'a lieu qu'en présence de lumière. En effet, la production de matière organique nécessite un apport d'énergie. C'est l'**énergie lumineuse** captée par les pigments chlorophylliens puis convertie en **énergie chimique** qui active ces réactions d'oxydoréduction.

Circulation et transformations de la matière organique

Les produits de la photosynthèse sont distribués via la **sève élaborée** dans tous les organes de la plante. Des **enzymes variées** les métabolisent, produisant **des molécules très diverses** capables d'assurer **de nombreuses fonctions** au sein de la plante.

Matière organique, croissance et port de la plante

La **cellulose** est une molécule fibreuse produite dans les zones d'élongation des organes. Elle s'accumule progressivement dans la paroi des cellules végétales, participant au contrôle de leur **croissance**. La paroi de certaines cellules s'enrichit en **lignines** et devient très rigide. Elles constituent alors des tissus comme le sclérenchyme ou le bois, qui assurent le soutien et le **port de la plante**.

Le stockage de la matière organique

Certaines plantes stockent des molécules organiques diverses dans des **organes de réserves** (bulbes, rhizomes, tubercules) qui leur permettent de **résister aux conditions défavorables**, ou d'assurer leur reproduction asexuée. Les **graines** et certains fruits contiennent aussi des réserves qui contribuent au succès de la reproduction sexuée.

Matière organique et interactions avec d'autres espèces

Plantes et **phytophages** sont en **interaction antagoniste**. Les **tanins** sont des molécules qui rendent la plante répulsive voire toxique, et permettent ainsi de limiter la prédation. Des **interactions mutualistes** avec d'autres êtres vivants existent aussi. Ainsi, les couleurs vives de certaines fleurs contenant des **anthocyanes** attirent les **insectes pollinisateurs**, qui s'y nourrissent et participent au transport du pollen.

Mots-clés

Chloroplaste • Croissance • Énergie chimique • Enzymes • Interactions antagonistes • Interactions mutualistes • Matière organique • Organes de réserves • Photolyse de l'eau • Photosynthèse • Pigments chlorophylliens • Port de la plante • Réduction du CO_2.

Schéma bilan

La plante, productrice de matière organique

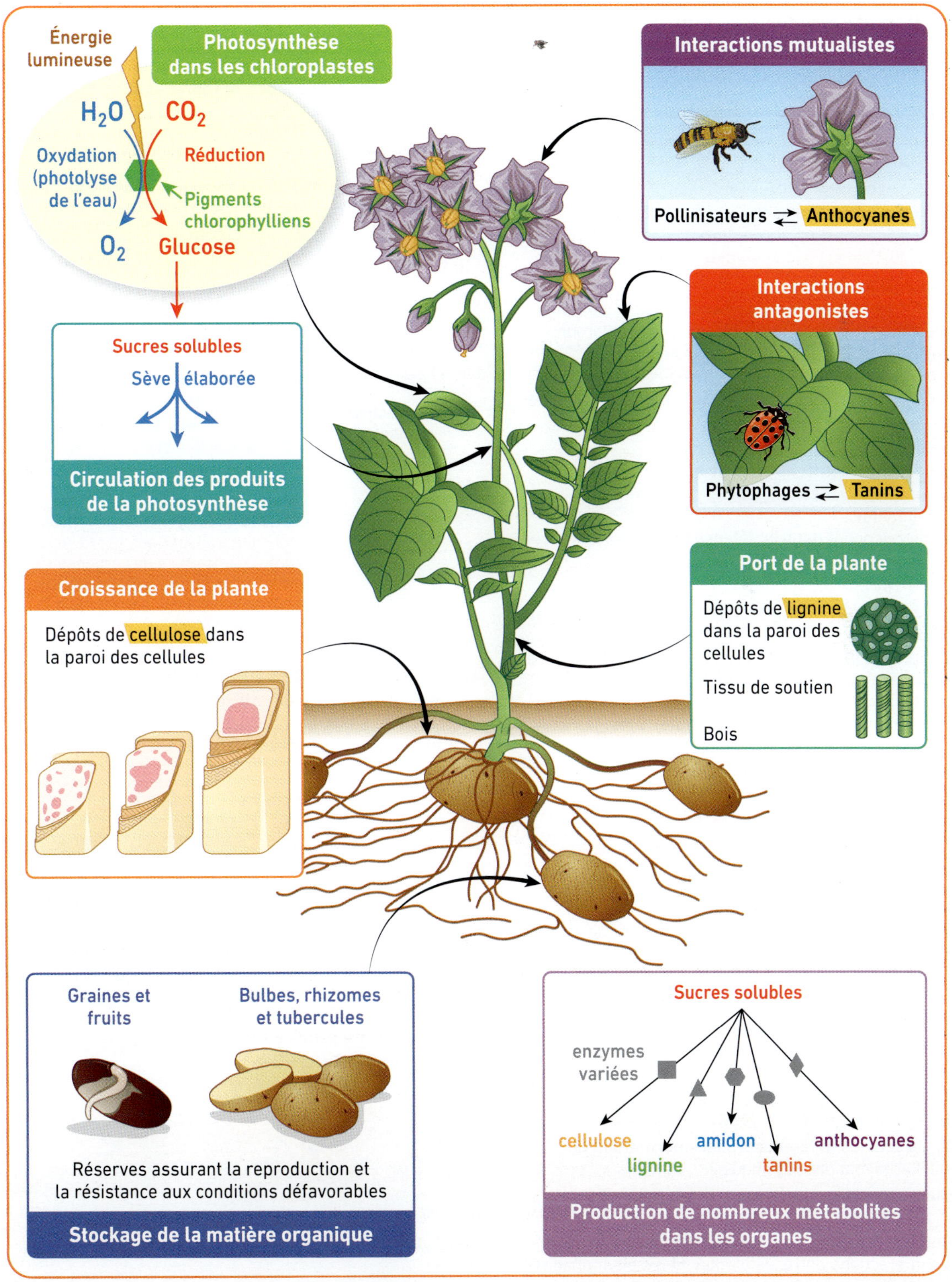

Réponses voir p. 502

1 Retour vers les problématiques

Relisez la page « S'interroger avant d'aborder le chapitre » (p. 213) ; à l'aide de ce que vous savez à présent, répondez aux questions que vous avez formulées.

2 QCM

Pour chaque affirmation, choisissez l'unique bonne réponse.

1. **Lors de la photosynthèse :**
   a. du dioxyde de carbone est oxydé en glucose ;
   b. du dioxyde de carbone est réduit en glucose ;
   c. du glucose est oxydé en dioxyde de carbone ;
   d. du glucose est réduit en dioxyde de carbone.
2. **L'énergie lumineuse :**
   a. est convertie en énergie chimique par le dioxygène ;
   b. est absorbée dans le cytoplasme par la chlorophylle ;
   c. est absorbée dans les chloroplastes par les anthocyanes ;
   d. est convertie en énergie chimique par la chlorophylle.
3. **La cellulose et l'amidon :**
   a. sont deux polymères de glucose ;
   b. sont contenus dans les amyloplastes ;
   c. sont des formes de stockage de la matière organique ;
   d. interviennent dans la défense de la plante.

3 Vrai ou faux ?

Repérez les affirmations exactes et corrigez celles qui sont inexactes.

a. Les réactions chimiques permettant la production de matière organique libèrent de l'énergie.
b. Le stockage de la matière organique se fait uniquement dans des organes souterrains.
c. Les tanins contenus dans les pétales de certaines fleurs attirent les pollinisateurs.
d. Les graines contiennent des réserves nutritives qui vont permettent la croissance de l'embryon.

4 Expliquer les différences entre...

a. les pigments chlorophylliens et les anthocyanes ;
b. un rhizome et un tubercule ;
c. les anthocyanes et les tanins ;
d. un chloroplaste et un amyloplaste.

5 Questions à réponses courtes

1. Quelles sont les caractéristiques des organes capables de réaliser la photosynthèse chez les plantes ?
2. Comment l'énergie solaire est-elle convertie en énergie chimique ?
3. Quels sont les différents organes permettant de stocker la matière organique ?
4. Quelles sont les structures cellulaires et les molécules impliquées dans le port de la plante ?
5. Quelles molécules végétales sont impliquées dans les interactions entre les plantes et les phytophages ?
6. Quels rôles joue la lignine chez les plantes ?

6 Apprendre en s'interrogeant

1. Cachez l'une des colonnes du tableau suivant et retrouvez ce que contient l'autre (à faire seul ou à plusieurs).
2. Vérifiez vos réponses, et reprenez si besoin les notions concernées.

Notion	Définition
Photolyse de l'eau	Réaction chimique qui consiste en une dissociation de la molécule d'eau sous l'effet de l'énergie lumineuse et qui aboutit à la production de dioxygène.
Réduction du CO_2	Réaction chimique au cours de laquelle le dioxyde de carbone capte des électrons, et qui aboutit à la production de glucose et autres sucres solubles.
Interaction mutualiste	Relation à bénéfice mutuel entre deux êtres vivants. Exemple : les insectes pollinisateurs contribuent à la reproduction des plantes à fleur, et celles-ci nourrissent ces mêmes insectes.
Sucres solubles	Molécules produites par les feuilles au cours de la photosynthèse. Ces molécules sont ensuite transportées par la sève élaborée à l'ensemble des organes d'une plante où elles seront métabolisées en différentes molécules, par exemple la cellulose ou le tanin.

7 Exprimer une idée importante

Rédigez un texte en utilisant les mots et expressions suivants : photosynthèse, dioxyde de carbone, réduction, sucres solubles, enzymes, croissance, port.

8 Retrouver une notion importante

Rappelez l'origine de l'énergie libérée par le bois en combustion lors d'un incendie.

9 Complétez les légendes de ce schéma et proposez un titre.

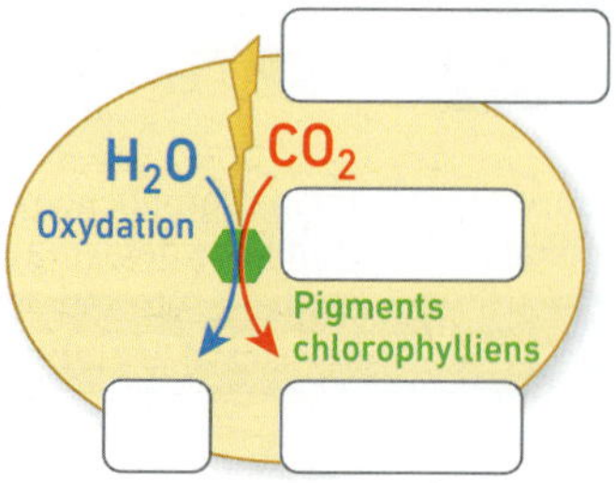

★ facile ★★ intermédiaire ★★★ confirmé

10 Interpréter un graphique

★ L'élongation cellulaire nécessite le relâchement des fibres de cellulose de la paroi.

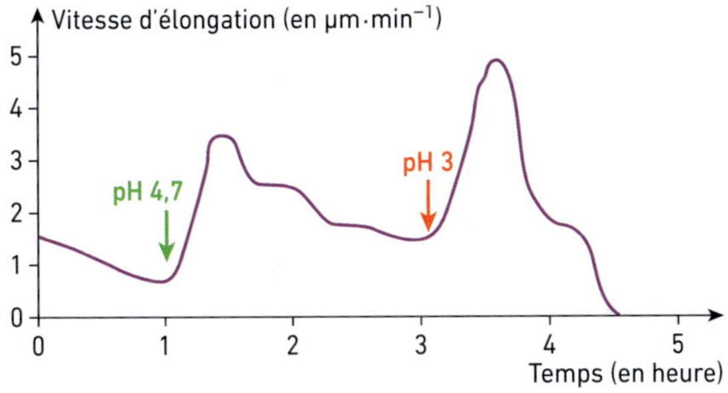

À partir du graphique ci-dessus, proposez un mécanisme permettant ce phénomène.

11 Formuler une hypothèse

★★
- L'if est un arbre qui provoque des intoxications mortelles tous les ans. Les Grecs anciens pensaient d'ailleurs que dormir sous un if était mortel.
- L'if sauve tous les ans la vie de personnes souffrant de cancer.

Proposez une hypothèse permettant d'expliquer les deux constats apparemment contradictoires.

12 Interpréter des observations microscopiques

★ L'inuline est un polysaccharide (sucre complexe) comme la cellulose et l'amidon, mais contrairement à l'amidon, l'inuline n'est pas hydrolysée lors de la digestion. Elle forme des cristaux lors d'un traitement à l'alcool absolu. L'amidon se colore en bleu foncé en présence d'eau iodée.

A Observation au microscope d'une coupe transversale de tubercule de topinambour traitée à l'alcool absolu.

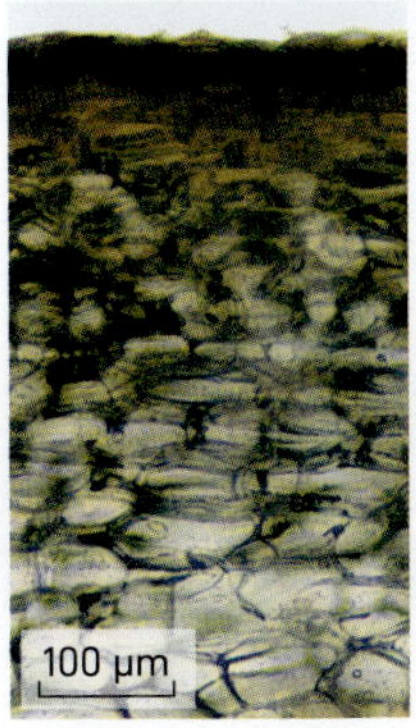

B Observation au microscope d'une coupe transversale de tubercule de topinambour colorée au lugol (eau iodée).

À partir des observations microscopiques, expliquez pourquoi les tubercules de topinambour sont des organes de réserve qui fournissent peu de calories lorsqu'on les mange.

13 Raisonner à partir d'une observation

★ Engelman, un physiologiste, a éclairé une algue filamenteuse en utilisant un prisme qui décompose la lumière. Il a ajouté dans l'eau des bactéries mobiles attirées par le dioxygène.

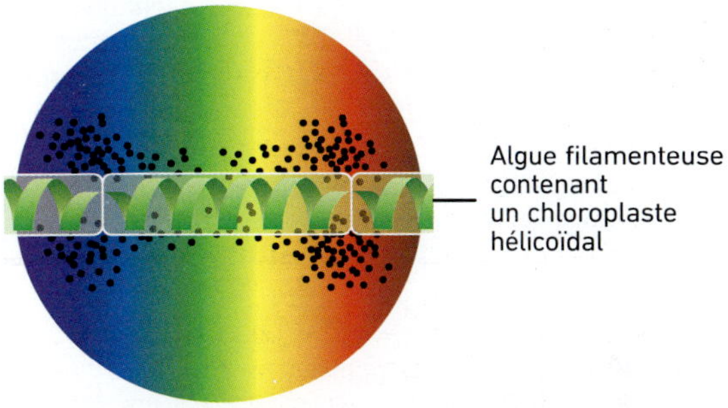

Expliquez en quoi l'expérience permet de conclure sur les longueurs d'ondes utiles à la photosynthèse.

14 Faire le lien entre deux informations

★ Les crésols sont des molécules que l'on retrouve dans des produits divers comme les carburants, les peintures ou les cosmétiques. Ils ont la particularité d'être très polluants.

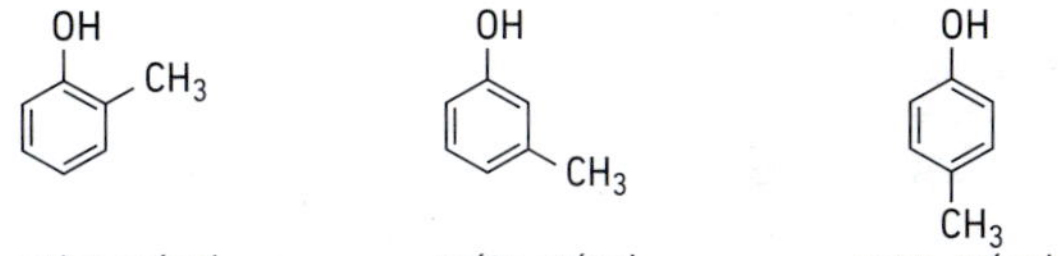

ortho-crésol méta-crésol para-crésol

A Trois exemples de crésols.

La pleurote huitre (*Pleurotus ostreatus*) est un champignon qui se développe sur les arbres. Une enzyme particulière, la laccase, lui permet de dégrader la lignine et de lui fournir les éléments nutritifs dont elle a besoin.

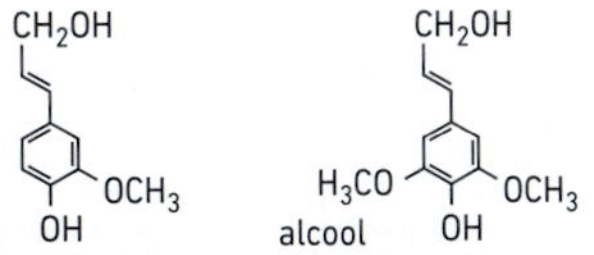

alcool *trans*-coniférylique alcool *trans*-sinapylique alcool *trans-p*-coumarylique

B Trois constituants des lignines.

Expliquez en quoi la pleurote huître pourrait être utile dans la dépollution de certains milieux.

15 Distinguer ce qui relève d'une croyance, d'une opinion et d'un savoir scientifique

★ On entend souvent cette expression : « *Si c'est naturel, c'est bon pour la santé !* ».

En vous appuyant sur vos connaissances et sur des recherches complémentaires, trouvez les arguments scientifiques validant ou non cette expression en ce qui concerne les molécules issues du métabolisme des plantes.

16 Un nectar toxique

★★★

Le rhododendron (*Rhododendron ponticum*) est une plante qui produit une neurotoxine, la grayanotoxine (GTX), qui lui permet de se défendre contre les prédateurs. Cette toxine est présente dans les feuilles mais aussi dans les fleurs, et même dans le nectar.

À partir de vos connaissances, expliquez pourquoi la présence de GTX dans le nectar peut paraître surprenante. À l'aide des informations tirées des documents, proposez ensuite une explication à cette particularité des fleurs de rhododendron.

Des abeilles (*Apis mellifera*) ainsi que des bourdons terrestres ont été nourris avec du nectar de rhododendron (*Rhododendron ponticum*). La survie des insectes a été suivie pendant plusieurs heures (doc A). Par ailleurs, des bourdons terrestres ont reçu de la nourriture contenant différentes toxines ou non (témoin). Leur mortalité a ensuite été évaluée pour chaque condition (doc B).

Les fleurs du rhododendron sont butinées par divers insectes. Cependant, des études ont montré que seuls les bourdons terrestres permettent la pollinisation de ces fleurs.
En effet, la taille du corps des bourdons terrestres leur permet de rentrer en contact avec le pistil de la fleur et d'y déposer le pollen accroché à leurs poils.

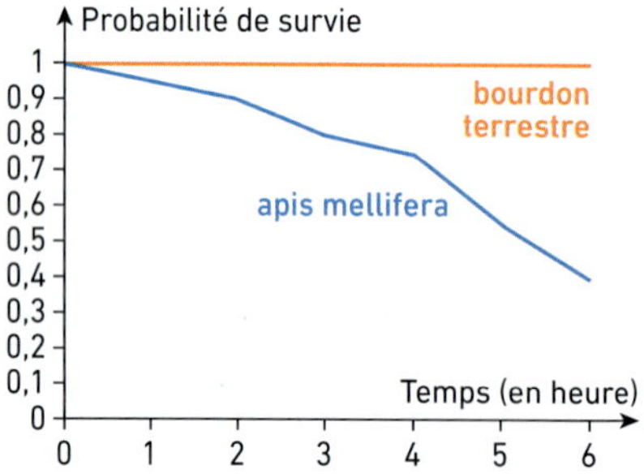

A **Taux de survie suite à la consommation de nectar de rhododendron.**

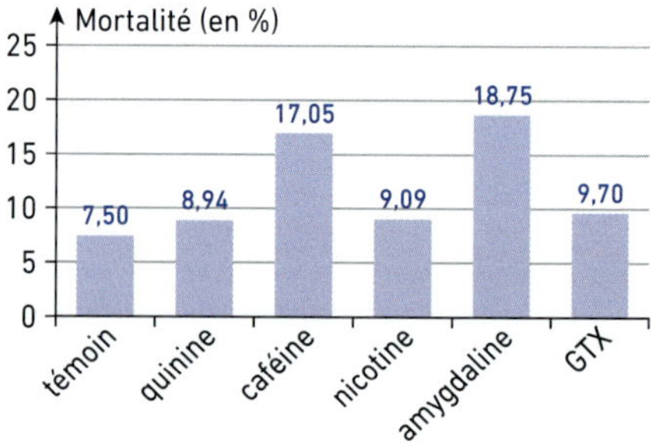

B **Mortalité des bourdons terrestres ayant consommé de la nourriture contenant diverses toxines.**

17 La fluorescence de la chlorophylle

★★★

Lorsqu'une molécule est excitée suite à une absorption d'énergie lumineuse, il existe trois voies lui permettent de retrouver son état fondamental. En fonction des conditions du milieu, une voie peut être prépondérante : émission de chaleur ; fluorescence ; transfert d'énergie à une autre molécule.

On a éclairé durant quelques minutes ou laissé à l'obscurité des tubes contenant une solution de chlorophylle brute et/ou une solution contenant des ions Ag^+.

Qu'est-ce que la fluorescence ?
Émission de lumière provoquée par le passage des électrons d'un état excité (très énergétique) à un état fondamental (moins énergétique).

À partir des résultats de l'expérience et de vos connaissances, montrez que la chlorophylle permet de capter l'énergie nécessaire à la réduction du dioxyde de carbone lors de la photosynthèse.

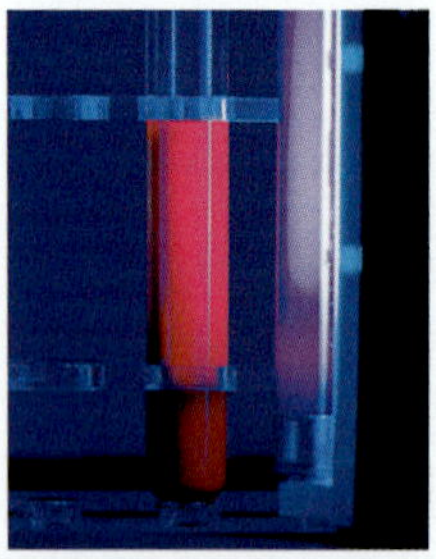

A **Observation d'une fluorescence rouge dans une solution de chlorophylle fortement éclairée.**

Conditions expérimentales			Résultats	
Lumière	Solution de Chlorophylle	Nitrate d'argent $Ag^+ + NO_3^-$	Fluorescence rouge	Formation d'un précipité métallique*
+	+	–	+	–
+	+	+	–	+
+	–	+	–	–
–	+	+	–	–

* $Ag^+ + e^- \rightarrow Ag$ (réaction nécessitant un apport d'énergie).

B **Présentation des manipulations et de leurs résultats.**

PRÉPA BAC

Épreuve écrite

Rédaction d'un texte argumenté pour répondre à une question scientifique

18 Les pigments des plantes

Les plantes présentent une grande diversité de couleurs. Tous les organes sont concernés : feuilles, tiges, racines, fleurs, fruits, etc.

À partir d'exemples de votre choix, montrez qu'il existe chez les plantes des pigments qui participent à différentes fonctions.

Documents proposés

Des scientifiques ont proposé à des fauvettes à tête noire de la nourriture plus ou moins concentrée en anthocyanes, puis ils ont mesuré la quantité de nourriture ingérée dans les deux conditions. Deux essais ont été réalisés. Les résultats sont représentés dans le graphique ci-contre.

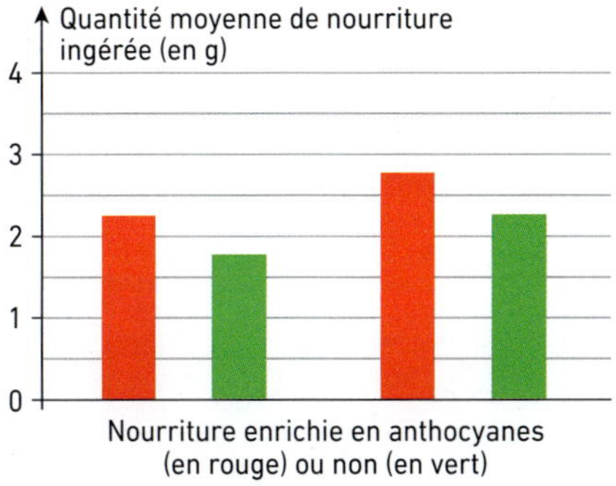

A Consommation de nourriture (enrichie en anthocyanes ou non) par des fauvettes à tête noire.

B Une fauvette à tête noire se nourrissant dans un cotoneaster.

Épreuve pratique

Pour s'entraîner à l'Évaluation des Capacités Expérimentales

19 Proposer une stratégie de résolution

Certains prunus ont des feuilles rouges durant toute la saison estivale. On cherche à savoir si cette couleur est due à la présence d'anthocyanes en plus des pigments chlorophylliens.

Proposez une stratégie permettant de résoudre le problème soulevé.

20 Présenter les résultats d'une expérience

On cherche à démontrer que la lumière est convertie en énergie chimique par les chloroplastes, grâce à des transferts d'électrons. Le DCPIP est une molécule qui a la particularité de changer de couleur en fonction de son état d'oxydation. Il est bleu à l'état oxydé et incolore quand il est réduit.

Manipulations effectuées

Une suspension de chloroplastes lésés (vert clair) a été préparée et versée dans deux tubes.
Dans chacun des tubes, on a ajouté du DCPIP bleu, donnant aux tubes une couleur vert foncé. Puis, un des tubes a été placé à l'obscurité tandis que l'autre a été placé à la lumière.

Résultats obtenus

Après quelques minutes, le tube placé à la lumière est redevenu vert clair tandis que celui qui a été mis à l'obscurité est resté vert foncé.

Présentez les résultats de la façon la plus appropriée.

Aide à la réalisation

- Votre présentation devra comporter un titre ; il devra rendre compte du contenu de votre document.
- Pensez à bien mettre en relation les résultats et les conditions dans lesquelles ils ont été obtenus.
- Si l'exactitude du contenu scientifique est importante, on attend aussi une présentation claire et soignée.

PRÉPA BAC

Raisonnement scientifique

Construisez et exposez votre propre démarche pour résoudre le problème posé.

21 Les méristèmes secondaires et la croissance en épaisseur.

Les arbres et les arbustes sont des plantes vivaces dont les tiges sont pérennes. Elles voient leur diamètre augmenter année après année.

■ **À partir de vos connaissances et des données tirées des documents, expliquez comment la croissance en épaisseur de la tige est assurée et quelles fonctions remplissent les nouveaux tissus fabriqués au cours de ce processus.**

1 La croissance en épaisseur d'une tige

Chez la plupart des végétaux, et en particulier chez les plantes ligneuses (arbustes, arbres), on observe une croissance en épaisseur des tiges : des tissus secondaires se mettent en place, puis se développent peu à peu.

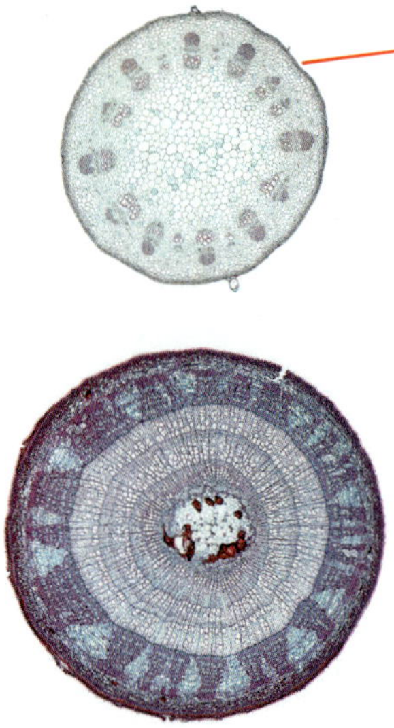

Coupes transversales d'une jeune tige (en haut) et d'une tige de plusieurs années (en bas) observées au microscope.

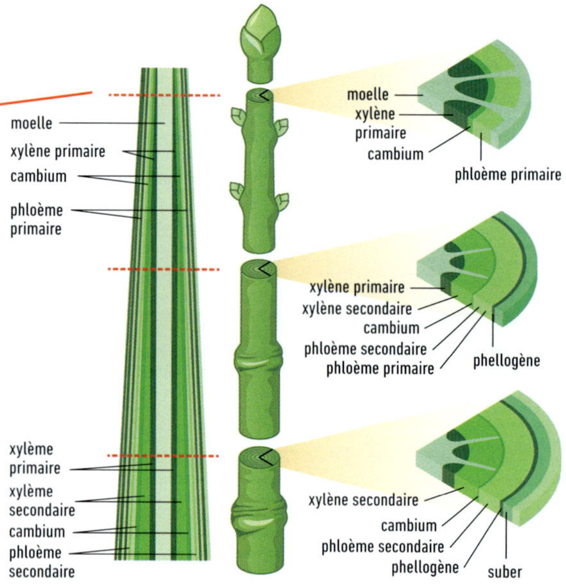

La mise en place des tissus secondaires d'une tige.

2 La formation des tissus secondaires

A. La jeune branche est dépourvue de tissus secondaires : elle ne comporte que le xylème primaire et le phloème primaire.

B. Les cellules du cambium (en jaune) commencent à se diviser.

C. Elles produisent vers l'intérieur des cellules qui se différencient pour devenir du xylème secondaire et, vers l'extérieur, des cellules qui se différencient pour devenir du phloème secondaire.

D. Le xylème primaire étant du côté du centre de la tige, sa position reste fixe. Mais, du fait de son activité, le cambium se déplace vers l'extérieur, où il repousse le phloème primaire.

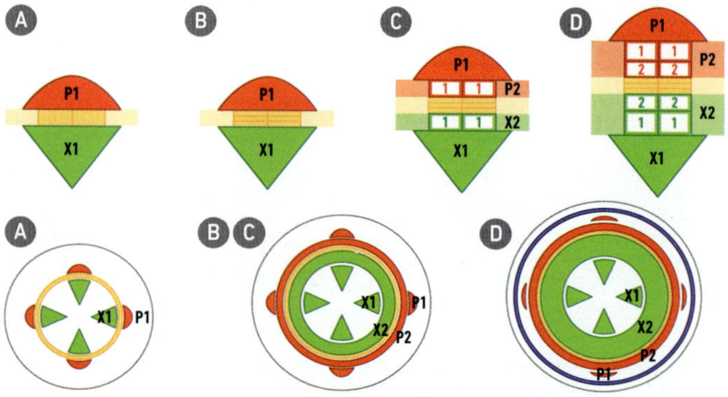

Coupes transversales d'une branche à différents stades de sa croissance en épaisseur.

3 Un autre méristème secondaire, le phellogène

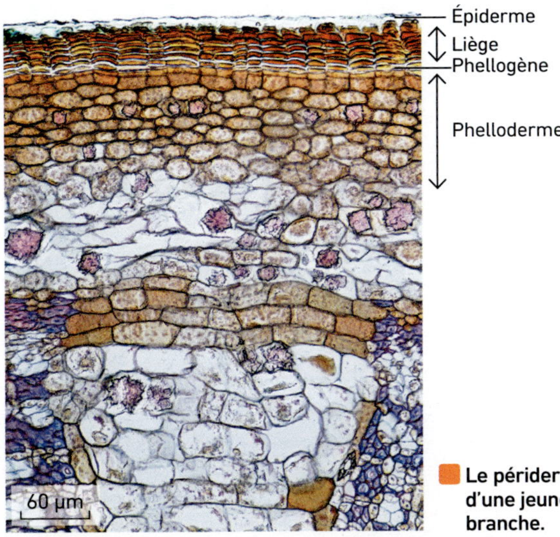

Le périderme d'une jeune branche.

Le phellogène est un méristème secondaire présent au niveau de l'écorce. Il permet la mise en place du périderme. Les cellules méristématiques se divisent et donnent vers l'intérieur le phelloderme, qui peut avoir un rôle de réserve, et vers l'extérieur le liège (ou suber) un tissu protecteur.

La paroi des cellules du périderme est riche en subérine (composé d'une succession de lipides et de composés phénoliques). La subérine rend la paroi imperméable et fait obstacle au passage des agents pathogènes, limitant par exemple les infections fongiques.

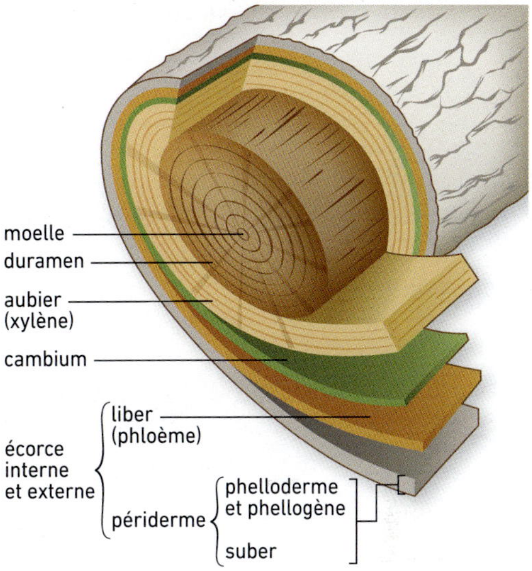

4 La lignine et le transport de la sève

Des expériences de transgenèse ont été effectuées sur des peupliers afin d'étudier l'importance de la lignine dans la survie des arbres, leur croissance, la résistance mécanique de leurs troncs et l'efficacité du transport de la sève brute. Cette efficacité est mesurée par un paramètre physique appelé « conductivité hydraulique ».

Trois lots d'arbres ont été constitués :
- ● Peupliers transgéniques produisant normalement la lignine
- ■ Peupliers transgéniques déficitaires en lignine
- ▲ Peuplier non transgénique (témoin)

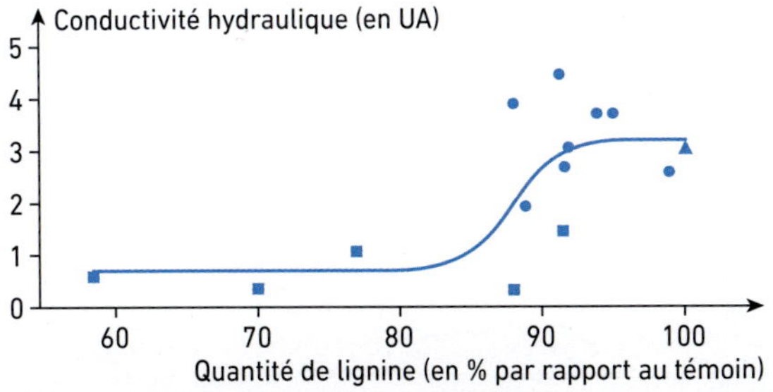

Conductivité hydraulique dans le xylème en fonction de la quantité de lignine.

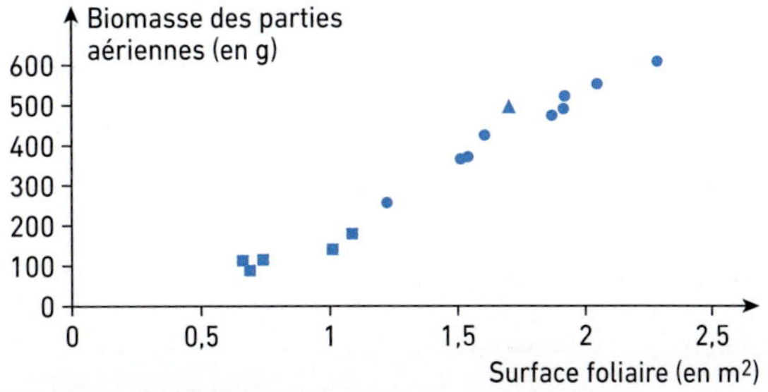

Biomasse des parties aériennes en fonction de la surface foliaire.

PARTIE 3

CHAPITRE 3

Reproduction de la plante, entre vie fixée et mobilité

Grains de pollen (jaune-orangé) sur le stigmate d'une fleur de belle-de-nuit (*Mirabilis jalapa*).

S'interroger avant d'aborder le chapitre

Le kalanchoe, une plante douée pour le clonage

Les kalanchoes sont des plantes grasses qui poussent dans des zones arides, voire désertiques, en Chine et en Afrique, notamment sur l'île de Madagascar. Elles produisent, à la périphérie de leurs feuilles, des plantules entières qui se détachent spontanément, et forment au sol de nouvelles plantes.

Une collaboration étroite plante-pollinisateur

L'abeille domestique (*Apis mellifera*) récolte dans cette fleur d'aster du nectar et du pollen, sources de nourriture pour elle-même et les autres membres de sa colonie. En visitant successivement de nombreuses autres fleurs de la même espèce, elle participe à la reproduction de ces plantes.

Formuler les problèmes à résoudre

- Les plantes, contraintes à vivre fixées au sol, utilisent différents procédés adaptés à cette situation pour se reproduire.
- À partir des exemples présentés, formulez quelques questions concernant les contraintes auxquelles les plantes sont soumises, et les stratégies pouvant permettre de les surmonter.

Unité 1

La reproduction asexuée, une stratégie pour occuper l'espace

Une plante s'installant dans un environnement qui lui est favorable peut coloniser très rapidement l'espace disponible par reproduction asexuée. La descendance est alors identique à la plante parente et forme un clone.

Quels organes des plantes permettent un tel clonage ?

Bouturage Marcottage — bordas Flash PAGE animation

1 Des organes dédiés à la reproduction asexuée

La **reproduction asexuée*** ou **clonage*** est commune chez les plantes. De nombreuses espèces pratiquent les deux modes de reproduction, asexuée et sexuée. Lors de la reproduction asexuée, différents organes (tiges, racines et feuilles) peuvent former de nouveaux individus autonomes, qui se développeront à proximité de la plante mère. Certains de ces organes permettent aussi à la plante de résister à des conditions défavorables (sécheresse, froid) grâce aux matières organiques qu'ils contiennent (voir p. 220-221).

- Les stolons sont des tiges qui se développent à la surface du sol (A). Tous les nœuds* peuvent produire des plantules entières (feuilles, racines puis fleurs). Les drageons sont des stolons souterrains développés par les racines (framboisier, lilas, noisetier...). Ils permettent aussi la formation de nouvelles plantes.
- Rhizomes et tubercules sont des organes souterrains gorgés de réserves. Les rhizomes (iris) et certains tubercules (pomme de terre) sont des tiges. D'autres tubercules sont des racines (carotte, dahlia).

A Stolons de fraisier cultivé (*Fragaria ananassa*).

B Rhizomes d'iris (1) et tubercules de dahlia (2).

- Les bulbes sont des organes généralement souterrains, formés d'une tige très courte (le plateau) sur laquelle se développent des racines, des bourgeons et des feuilles. Dans le cas de l'ail (C), des bourgeons axillaires* se gorgent de réserves et forment des bulbilles (les gousses d'ail). L'ensemble est protégé par des écailles (feuilles sèches). Chaque bulbille peut redonner une plante entière.
- Les tiges ou les feuilles de certaines espèces peuvent former de nouvelles plantes. L'élodée du Canada (D), par exemple, est une plante invasive qui s'est développée dans les cours d'eau de France sans reproduction sexuée, par simple fragmentation de ses tiges.

C Coupe longitudinale d'un bulbe d'ail (*Allium sativum*).

D Élodée du Canada (*Elodea canadensis*).

2 Une expérience de clonage *in vitro*

La reproduction asexuée des plantes repose sur leurs capacités de **croissance indéfinie*** au niveau de leurs méristèmes (chapitre 1) et sur la **totipotence*** de certaines cellules différenciées, capables de régénérer une plante entière. Il faut pour cela qu'elles subissent un « rajeunissement cellulaire » : des cellules se dédifférencient et retrouvent les caractéristiques des cellules méristématiques, aptes à la mitose. Elles peuvent alors exprimer l'ensemble des potentialités de leur génome. Leurs divisions conduiront à la formation de méristèmes à l'origine de tiges feuillées et de racines.

Activité pratique

A Fleurs et graines de lin.

■ Dans une boîte de Petri, mettre à germer des graines de lin (A) préalablement stérilisées en surface, sur un milieu gélosé n° 1 contenant des sels minéraux, des vitamines et des sucres (saccharose). Placer la boîte à une température de 25 °C, avec un éclairement de 16 heures par jour, durant 7 jours.

■ Après 7 jours, les jeunes plantes comportent des racines, une tige nommée hypocotyle et deux cotylédons* (B). Dans un environnement stérile, découper des segments d'hypocotyle d'un centimètre de long.

Placer les segments dans le milieu n° 1 (témoin) et dans les milieux n° 2 et n° 3, contenant des phytohormones* :
– milieu n° 2 = milieu n° 1 + auxine (ANA : acide naphtyl acétique),
– milieu n° 3 = milieu n° 1 + cytokinine (BAP : benzylaminopurine).

B Jeune plante développée en milieu n° 1 et âgée de 7 jours.

■ Résultats des cultures d'hypocotyles.

En milieu n° 1, il y a développement de rares bourgeons et de racines.
En milieux n° 2 et n° 3, les résultats sont ci-dessous.

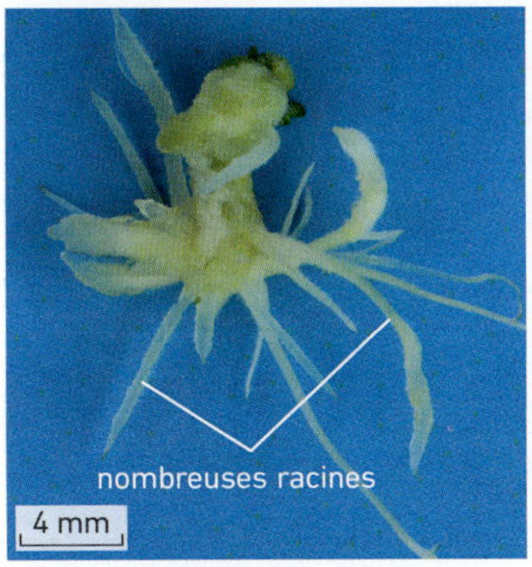

C Développement en milieu n° 2 pendant 14 jours.

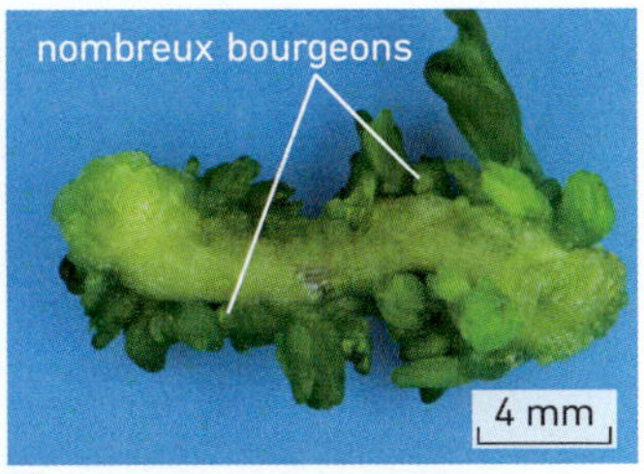

D Développement en milieu n° 3 pendant 14 jours.

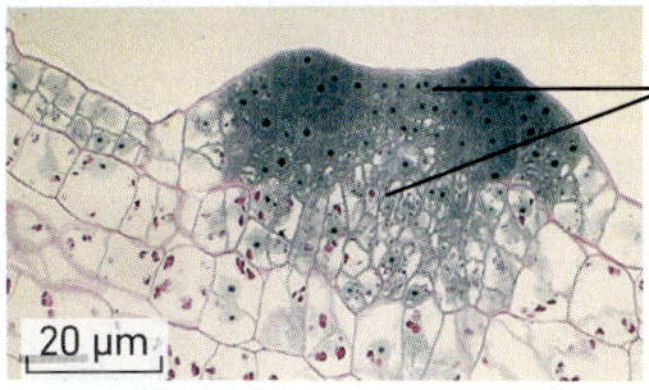

E Coupe d'hypocotyle du milieu n° 3 (microscopie optique).

■ Les bourgeons issus de la culture dans le milieu n° 3 sont ensuite isolés et repiqués dans un tube stérile contenant le milieu n° 1. Ils s'enracineront et formeront un clone de nouvelles plantes.

F Jeunes plantes issues du repiquage (clone).

Activités envisageables

Pour comprendre comment les plantes effectuent leur reproduction asexuée :

- **Relevez, dans les exemples proposés, les structures permettant la formation de nouvelles plantes et leur(s) propriété(s).**
- **Mettez en œuvre le protocole proposé. Justifiez la composition des milieux de culture et établissez les rôles des phytohormones utilisées.**
- **Recherchez d'autres techniques, utilisées en horticulture et en jardinage, exploitant les capacités de reproduction asexuée des plantes.**

Des clés pour réussir

- Utilisez vos connaissances sur le développement des plantes (chapitres 1 et 2).

* Lexique ➡ p. 509

Unité 2

La fleur, une structure spécialisée assurant la reproduction sexuée

La reproduction sexuée nécessite la production et la rencontre de gamètes mâles et femelles. Chez les plantes, ces cellules sexuelles sont produites par des organes contenus dans les fleurs.

Comment les fleurs sont-elles organisées ?

La fleur — bordas Flash PAGE animation

1 L'organisation d'une fleur de colza

Le colza (*Brassica napus*) est une plante annuelle cultivée pour ses **graines***, qui permettent la production d'huile alimentaire et de biocarburant.

A Inflorescences* d'un plant de colza.

Les **fleurs*** de colza sont constituées de quatre types d'organes, ou pièces florales, disposés en cercles concentriques. De l'extérieur vers l'intérieur, on trouve :

- les sépales*, formant le calice, protègent les organes reproducteurs tant qu'ils sont immatures (fleur « en bouton ») ;
- les pétales*, larges et vivement colorés en jaune, attirent les insectes pollinisateurs ;
- les **étamines*** sont les organes reproducteurs mâles ;
- le **pistil***, situé au centre, est l'organe reproducteur femelle.

B Fleur de colza en vue latérale. **C Fleur de colza en vue axiale.**

Activité pratique

À l'aide de pinces fines, de ciseaux fins et d'une loupe, réaliser la dissection d'une fleur de colza.

- Saisir la fleur par son pédoncule*.
- Repérer et prélever une à une et très délicatement les pièces florales, en commençant par l'extérieur (les sépales), puis les pétales et les étamines.
- Disposer ces pièces florales au fur et à mesure sur un support sombre, selon des cercles concentriques, en respectant leurs dispositions relatives dans la fleur.
- Déposer le pistil au centre des cercles ainsi formés.

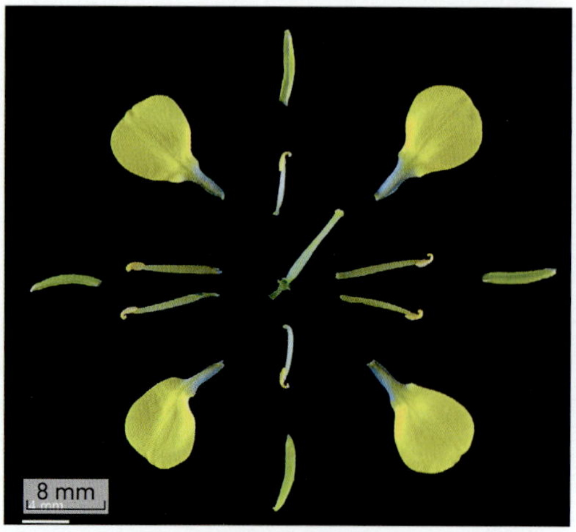

D Résultat de la dissection d'une fleur de colza.

2 Les pièces florales productrices de gamètes

Le pistil ou gynécée est l'organe reproducteur femelle des fleurs. Le pistil de la fleur de colza est constitué de deux carpelles* soudés formant, de la base au sommet, un ovaire surmonté d'un style et d'un stigmate. L'ovaire est divisé en deux loges dans lesquelles se développent les **ovules***.

Les étamines ou androcée sont les organes reproducteurs mâles des fleurs.
Chez le colza, chaque étamine est constituée d'un filet et d'une anthère comportant deux loges polliniques qui s'ouvrent par un sillon longitudinal, permettant ainsi la libération des **grains de pollen*** contenant les gamètes mâles.

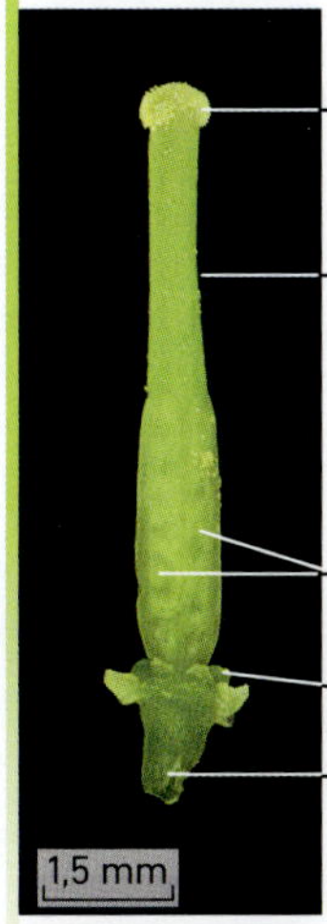

A Pistil de colza.

B Coupe longitudinale de l'ovaire.

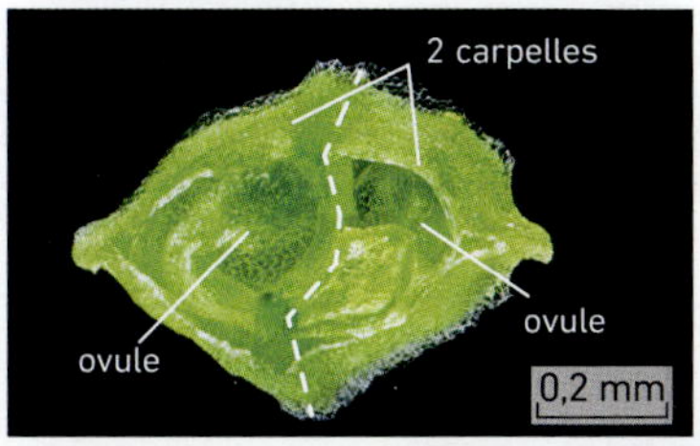

C Coupe transversale de l'ovaire.

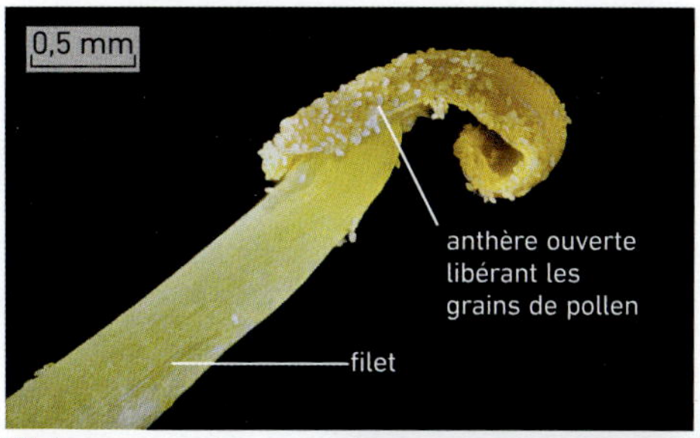

D Étamine de colza.

E Grain de pollen (MEB*).

3 Des fleurs aux morphologies très variées

Les angiospermes présentent une très grande diversité de fleurs, qui porte sur le nombre, la taille, la forme de leurs pièces florales. Certaines fleurs sont régulières (actinomorphes) avec une symétrie axiale, d'autres sont irrégulières (zygomorphes) à symétrie bilatérale. La plupart sont hermaphrodites* (avec des organes reproducteurs mâle et femelle), mais certaines espèces sont dioïques* (fleurs mâles et femelles sur des plantes différentes) ou monoïques* (la même plante porte des fleurs mâles et des fleurs femelles). Certaines fleurs minuscules sont regroupées en grand nombre dans un capitule (famille des astéracées), d'autres sont très discrètes (famille des poacées).

A Capitule du séneçon jacobée (astéracée).

B Fleur irrégulière de la sauge des prés (lamiacée).

C Fleurs mâles du saule (salicacée).

D Fleurs femelles du saule (salicacée).

E Fleurs en épi du blé (poacée).

Activités envisageables

Pour comprendre l'organisation des fleurs :

- **Réalisez la dissection florale proposée et/ou celle d'autres fleurs pour les comparer.**
- **Réalisez et observez à la loupe binoculaire des coupes d'ovaires. Observez une étamine et son pollen.**

Des clés pour réussir

- Vous pouvez tracer quatre cercles concentriques sur une feuille de papier blanc pour y disposer les pièces florales disséquées. Vous pouvez utiliser la classification en fin de manuel (rabats D et E).

* Lexique ➡ p. 509

Unité 3

La fécondation chez les plantes à fleur

Les ovules contenant les gamètes femelles sont situés à l'intérieur des ovaires. Les grains de pollen contenant les gamètes mâles se forment dans les anthères des étamines.

Comment les gamètes parviennent-ils à se rencontrer pour fusionner ?

1 La rencontre des gamètes dans l'ovaire

- À l'extrémité du pistil, le stigmate ① est un véritable piège à pollen : il comporte un tissu glanduleux qui sécrète un liquide sucré. Sa surface peut être collante, visqueuse, plumeuse, ou porter des aspérités...

A Stigmate de lis recouvert de grains de pollen.

B Gouttelettes visqueuses (jaunes) produites par le stigmate d'un crocus.

- Le pollen se dépose sur le stigmate et y adhère ②. S'il est reconnu comme compatible par les cellules du stigmate (grâce à un contrôle génétique), le grain de pollen est réhydraté par le liquide sucré sécrété par le stigmate. Il germe alors et forme un tube pollinique qui s'insinue dans les tissus du pistil.

C Grains de pollen germés (crocus).

- Le tube pollinique s'allonge ③. Les noyaux des gamètes mâles sont transportés passivement dans le tube.

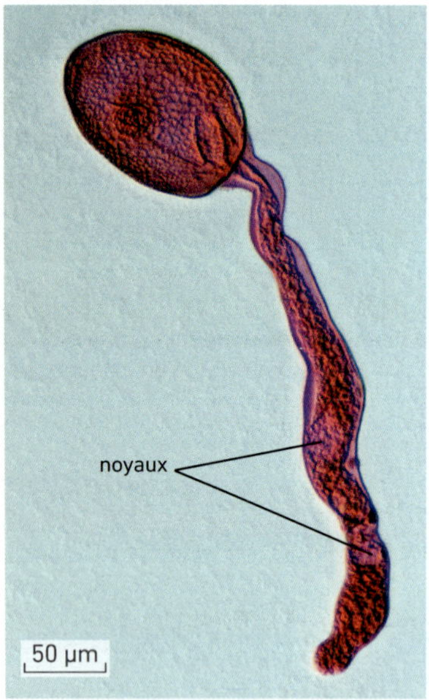

D Croissance d'un tube pollinique de lis (microscope optique).

- Les tubes polliniques parviennent jusqu'à l'ovaire où se trouvent les ovules ④. Leur guidage s'effectue grâce à des signaux chimiques (émis par les tissus mâle et femelle). Les gamètes mâles fécondent les gamètes femelles contenus dans les ovules : il se forme ainsi des cellules-œufs.

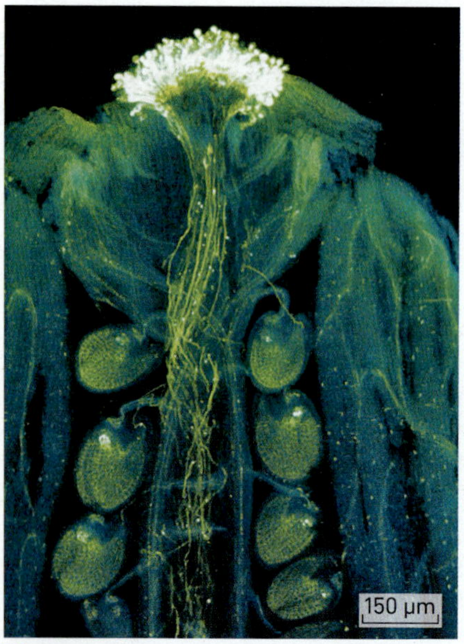

E Tubes polliniques progressant vers les ovules à travers les tissus du pistil (Arabette des dames, microscopie en fluorescence).

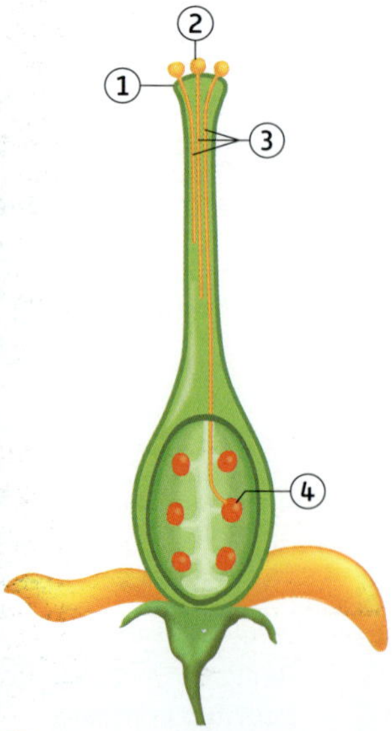

F Coupe longitudinale du pistil montrant les étapes du rapprochement des gamètes mâle et femelle.

2 Différentes modalités de fécondation

- La reproduction sexuée est source de diversité génétique, car elle assure le brassage des allèles des parents (voir partie 1, chapitre 1). Or, près de 90 % des angiospermes ont des fleurs hermaphrodites.
Certaines plantes à fleurs hermaphrodites pratiquent l'autofécondation : les ovules d'une fleur sont fécondés par des grains de pollen de la même fleur. C'est le cas de certaines plantes cultivées comme le soja, le blé, le lin ou le pois (A).
Cependant, la plupart des angiospermes réalisent une fécondation croisée. Les grains de pollen produits par certaines fleurs ne pourront féconder que les fleurs d'autres individus de la même espèce.
- Différentes adaptations évolutives favorisent la fécondation croisée :
  – Des fleurs mâles et des fleurs femelles séparées sur des plantes différentes (espèces dioïques), comme chez le kiwi (B).
  – Un décalage temporel dans la maturation des pièces florales et des gamètes (espèces à fleurs hermaphrodites) ou dans celle des fleurs mâle et femelle (espèces monoïques). C'est le cas par exemple chez la pimprenelle (C).

A Fleurs autogames* de pois de senteur. Étamines et pistil sont enfermés dans la carène, formée de deux pétales soudés.

C Inflorescences de pimprenelle : stigmates des fleurs femelles (1) et étamines pendantes des fleurs mâles (2). Chez cette espèce monoïque, les stigmates des fleurs femelles sont réceptifs alors que le pollen des fleurs du même plant n'est pas encore à maturité.

B Le kiwi est une plante dioïque. Certains pieds portent des fleurs mâles (avec étamines fertiles et pistil stérile) (1) ; d'autres portent des fleurs femelles (avec étamines stériles et pistil fertile) (2).

- La morphologie des pièces fertiles et/ou des grains de pollen, des mécanismes d'auto-incompatibilité (rejet par le stigmate de tout pollen présentant des caractéristiques génétiques proches) peuvent empêcher l'autofécondation des fleurs hermaphrodites.
Les primevères, par exemple, présentent deux types de fleurs (D) et deux types de grains de pollen : certains plants portent des fleurs de type (1) : pistil avec style court et extrémité stigmatique fine, étamines situées vers l'ouverture de la fleur et produisant de gros grains de pollen sphériques. D'autres portent des fleurs de type (2) : pistil avec style long et grosse extrémité stigmatique, étamines situées plus bas et produisant de petits grains de pollen ovales. Ainsi, le pistil d'une fleur est adapté à recevoir le pollen d'une autre fleur.

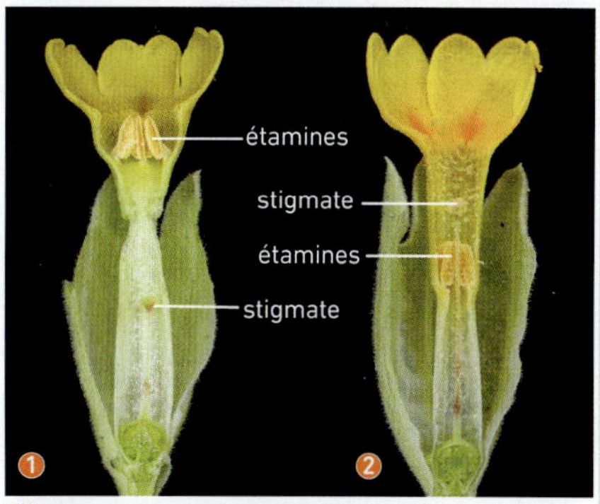

D Deux types de fleurs de primevère.

Activités envisageables

Pour comprendre comment se réalise la fécondation chez des plantes qui vivent fixées :

- **Expliquez quelles sont les adaptations des organes mâle et femelle favorisant la rencontre des gamètes. Décrivez le trajet des gamètes mâles jusqu'aux gamètes femelles.**
- **Représentez sous forme de schémas les modalités de la fécondation pour les différents exemples du document 2. Précisez leurs conséquences génétiques.**

Des clés pour réussir

- Utilisez les informations apportées par les photos et les textes du document 1.
- Distinguez les pièces florales par des couleurs.
- Utilisez le vocabulaire adapté.

* Lexique ➥ p. 509

Unité 4

Le transport du pollen, étape nécessaire à la fécondation croisée

Chez la plupart des plantes, la pollinisation est croisée : les grains de pollen produits par une fleur sont déposés sur les stigmates d'autres fleurs de la même espèce. Cela suppose le transport des grains de pollen.

Comment la mobilité des grains de pollen est-elle assurée ?

Pollinisation — bordas Flash PAGE animation vidéo

1 Deux modes principaux de dissémination du pollen

- **Certaines fleurs sont pollinisées par le vent.**

A **Fleurs mâles de noisetier laissant échapper de grandes quantités de pollen.**

B **Fleurs de poacée, aux stigmates plumeux (pourpres) et aux étamines pendantes.**

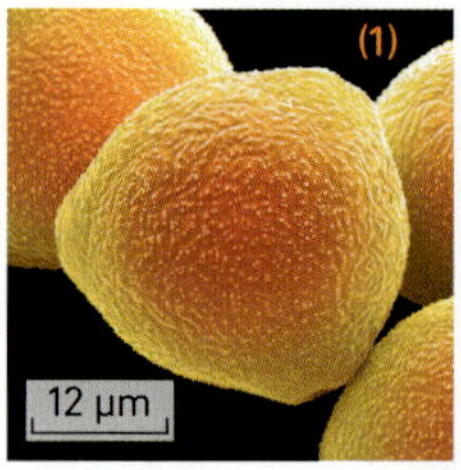

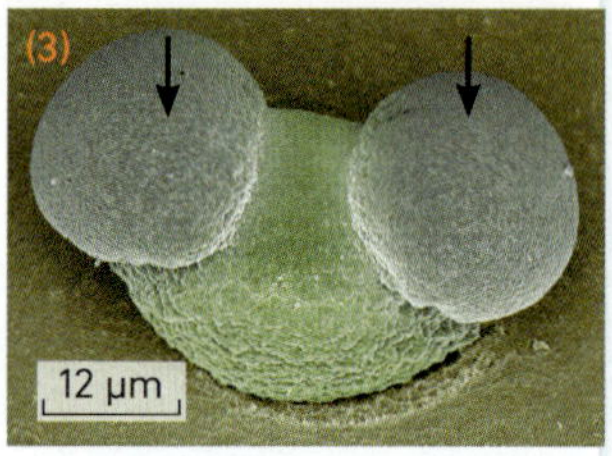

C **Grains de pollen au MEB* : noisetier (1), poacée (2), pin (les flèches désignent les deux ballonnets, remplis d'air) (3).**

- **D'autres fleurs sont pollinisées par les animaux.** Certaines sont source de nourriture pour des insectes (D), mais aussi pour certains oiseaux comme les colibris et des mammifères comme les chauves-souris. Ils y récoltent du pollen (E) et du nectar, liquide riche en sucres, sécrété par les nectaires (ou glandes nectarifères), souvent situées au fond des fleurs. Elles attirent ces animaux par des signaux visuels (couleurs ou formes), chimiques (parfums, substances attractives), trophiques* (substances nutritives).

D **Abeille récoltant du nectar.** On remarque de nombreux grains de pollen accrochés à ses poils.

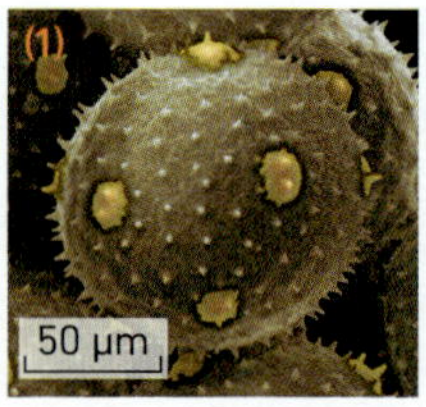

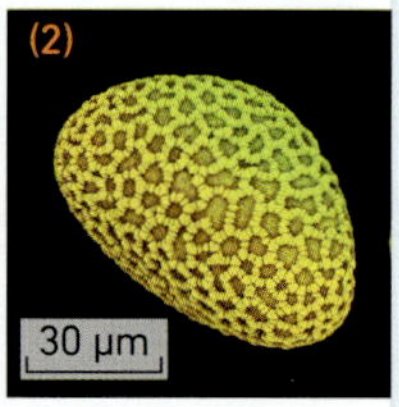

E **Grains de pollen de courge (1) et de lis (2) observés au MEB.**

F **Fleurs de myosotis à différents stades de maturité :** les fleurs roses sont immatures et sans nectar. Les fleurs bleues aux nectaires blancs sont déjà fécondées et n'ont plus de nectar. Les fleurs aux nectaires jaunes sont fécondables et leurs nectaires riches en nectar. Ce sont les seules visitées par les insectes.

G **Guides à pollen d'une digitale.** Ce sont des marques spécifiques, à l'intérieur de la corolle en forme de tube, qui guident les insectes vers les pièces fertiles.

H **Fleur d'ophrys abeille.** Le pétale inférieur mime l'abdomen d'une abeille femelle. La fleur émet l'odeur de la femelle (phéromone sexuelle). Le mâle, attiré par ce leurre, tente un accouplement et repart avec les étamines (flèches) fixées sur la tête.

2 Des adaptations conjointes entre les plantes et les pollinisateurs

Les insectes qui se nourrissent (ou nourrissent leurs larves) du pollen et du nectar qu'ils trouvent dans les fleurs assurent involontairement la **pollinisation***, passant d'une fleur à l'autre. Ils favorisent ainsi la fécondation croisée. Les deux partenaires tirent avantage de cette collaboration : les plantes à fleurs (angiospermes) et les insectes pollinisateurs, comme les hyménoptères (abeilles, bourdons) se sont diversifiés simultanément depuis 100 Ma. On compte aujourd'hui environ 300 000 espèces d'angiospermes et 20 000 espèces d'abeilles. Ces groupes ont évolué conjointement, la diversification des uns favorisant celle des autres : les insectes pollinisateurs présentent des adaptations particulières facilitant la récolte et le transport du nectar et du pollen, tandis que les fleurs entomophiles* présentent des adaptations les rendant plus attractives pour les insectes. Plantes entomophiles et pollinisateurs sont ainsi le produit d'une **coévolution***.

A Abeille domestique (*Apis mellifera*).

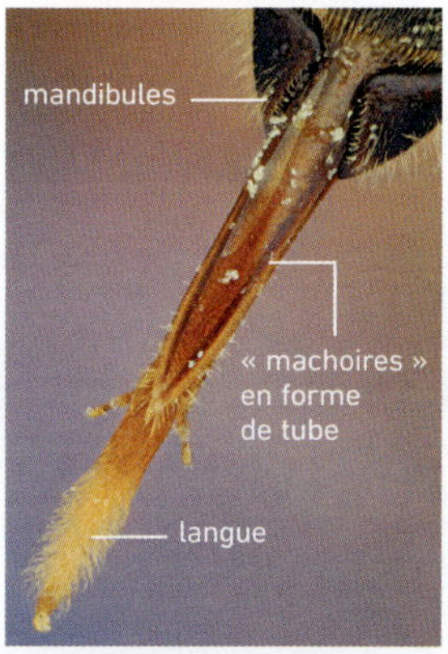

B La « langue » permet de lécher le nectar et les mâchoires de l'aspirer.

C Patte postérieure adaptée à la récolte du pollen. La corbeille du tibia permet le transport de la pelote de pollen (voir p. 235). Le peigne la façonne.

3 Pollinisateurs et sciences participatives

L'effondrement de la biodiversité est particulièrement marqué chez les insectes. La disparition des pollinisateurs, qui fécondent aussi bien les plantes sauvages que cultivées, est très préoccupante. Des inventaires naturalistes qui s'inscrivent dans des démarches participatives permettent le suivi des populations d'insectes pollinisateurs. C'est le cas par exemple du projet SPIPOLL (Suivi Photographique des Insectes POLLinisateurs) qui collecte des informations de terrain. Les données proviennent d'observateurs bénévoles : en suivant un protocole rigoureux, ils permettent aux scientifiques de mesurer les variations de la diversité des insectes pollinisateurs. Chacun d'entre nous peut y participer grâce à une interface en ligne.

Activités envisageables

Pour comprendre comment s'effectue la pollinisation :

- **Relevez et présentez sous la forme de votre choix les adaptations des plantes aux deux modes de transport du pollen.**
- **Montrez que la pollinisation des fleurs entomophiles repose sur une collaboration entre plante et pollinisateur.**
- **Expliquez comment cette étroite collaboration a pu se mettre en place au cours de l'évolution.**

Des clés pour réussir

- Pensez à relever les caractères des fleurs et des grains de pollen qui favorisent chacun des modes de transport.
- Mettez en relation organes de l'abeille et ressources proposées par les fleurs.

* Lexique ➥ p. 509

Unité 5

D'une génération à la suivante

Une fois les ovules fécondés par les grains de pollen, la fleur subit des transformations qui aboutissent à la formation d'un fruit, contenant des graines. Arrivées à maturité et placées dans des conditions environnementales favorables, celles-ci peuvent germer et donner naissance à une nouvelle génération de plantes.

Comment se forment fruits et graines ?
Comment la graine évolue-t-elle en plantule ?

1 De la fleur au fruit

Reproduction sexuée des plantes à fleurs — Flash PAGE animation

Le colza (voir p. 238) est une plante produisant des **fruits*** secs et des graines oléagineuses*.

A Les étapes du développement du fruit du colza.

B Fruit à maturité. On observe les graines issues des ovules fécondés.

Le cerisier est une plante produisant des fruits charnus.

C Fleur de cerisier.

D Cerise immature.

E Cerise à maturité.

2 La graine : un embryon et des réserves

Anatomie des graines — Flash PAGE animation

A Graine de haricot enveloppée par son tégument* protecteur.

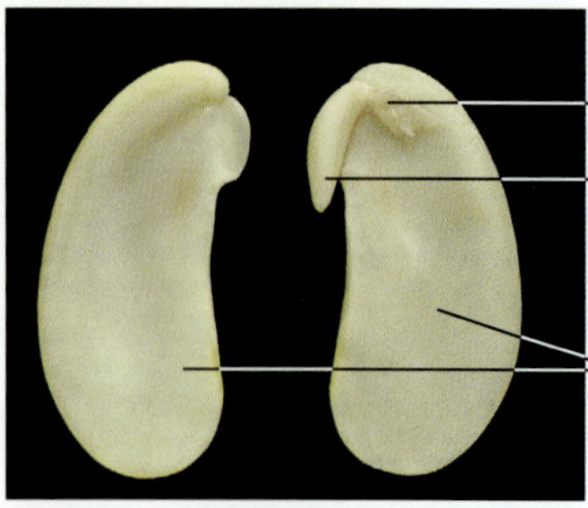

B Graine de haricot débarrassée de son tégument et dont les cotylédons ont été séparés.

Chaque graine contient un embryon* de très petite taille. Les premières phases de sa croissance lors de la **germination*** dépendent entièrement des réserves de matières organiques préalablement stockées dans la graine, par exemple dans les cotylédons*. Ces réserves sont de nature variable d'une espèce à l'autre (voir p. 221).

Germination de la graine — Flash PAGE animation

3 La germination, une mobilisation des réserves de la graine

Les graines arrivées à maturité se déshydratent et entrent en vie ralentie*. Elles peuvent pour la plupart attendre des années que toutes les conditions soient remplies pour la reprise de leur métabolisme. Certaines espèces ont besoin que leurs graines aient subi des conditions particulières, parfois extrêmes (exposition au froid ou à la chaleur, altération du tégument par les enzymes digestives des animaux frugivores* ou granivores*…). Alors, si l'humidité et la température sont suffisantes, la graine peut germer : elle se réhydrate et reprend son activité métabolique en puisant dans ses réserves de matières organiques. L'embryon se développe : la radicule* rompt le tégument et s'enfonce dans le sol. Une tige se dresse et expose rapidement les premières feuilles à la lumière solaire : une plantule est formée.

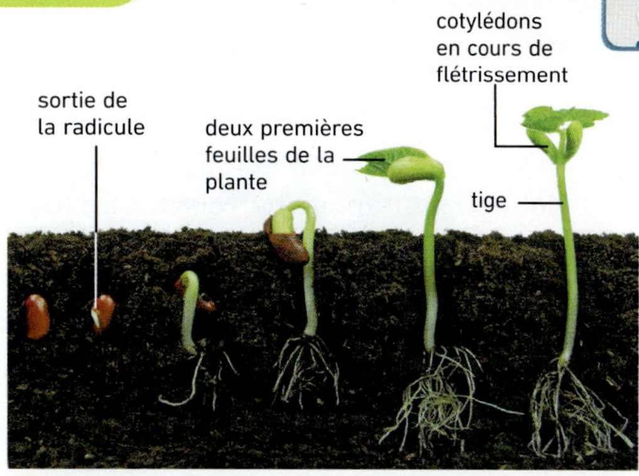

A Les différents stades de la germination d'une graine de haricot.

Activité pratique

Des expériences permettent de mettre en évidence la mobilisation des réserves de la graine au cours de la germination.

- Tremper des graines de maïs ou de blé dans de l'eau pendant 24 heures minimum, pour qu'elles s'imbibent d'eau. Les placer ensuite sur du papier maintenu humide jusqu'à la sortie de la radicule.
- Couler à chaud de la gélose additionnée d'amidon dans le fond d'une boîte de Petri.
- Recouvrir uniformément la gélose de lugol (eau iodée). Elle doit devenir bleu foncé. Éliminer l'excès de liquide.
- Couper les graines en deux dans le sens de la longueur et déposer la section d'une moitié contre la gélose colorée.
- Placer les boîtes à l'étuve à 20 - 25 °C pendant 24 heures minimum.
- Broyer des grains de maïs réhydratés pendant quelques heures et des grains germés depuis 3 jours.
- Tester chacun des broyats avec la liqueur de Fehling à chaud. Un précipité rouge brique apparaît en présence de sucres tels que le maltose et le glucose.

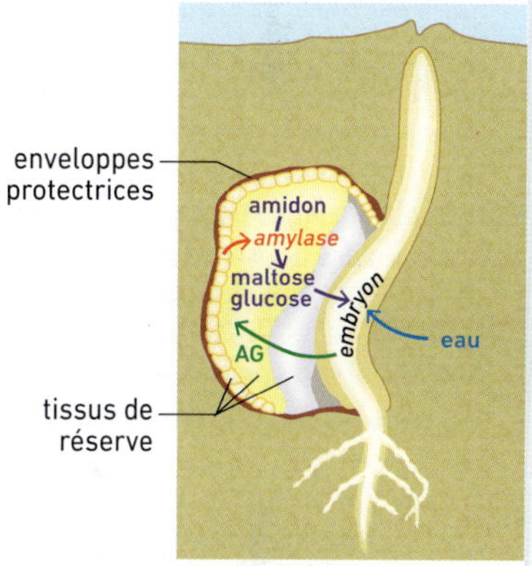

D Mobilisation des réserves dans un grain de maïs.
(AG : acide gibbérellique)

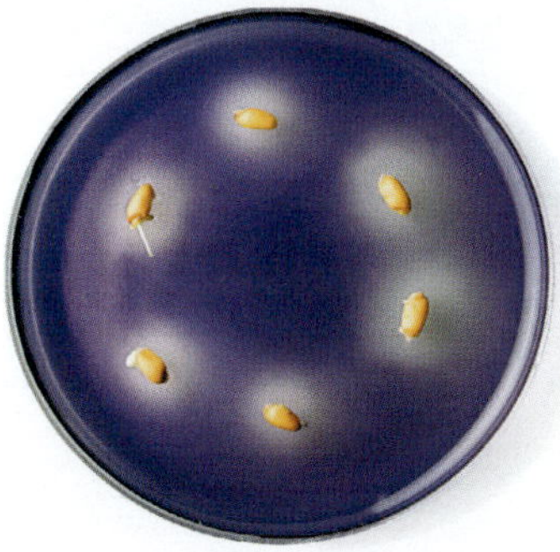

B Résultats obtenus avec des grains de blé après trois jours.

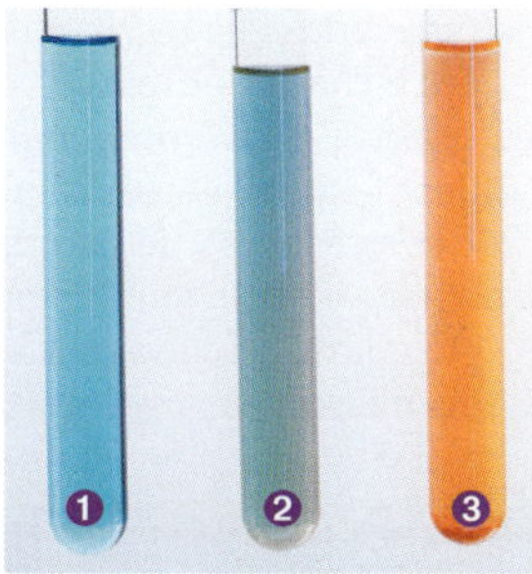

C Résultats obtenus :

1 : avec liqueur de Fehling seule.
2 : avec broyat de grains réhydratés.
3 : avec broyat de grains germés depuis 3 jours.

Une fois l'embryon réhydraté, il fabrique une hormone végétale, l'acide gibbérellique, stimulant la synthèse d'enzymes digestives qui hydrolysent les molécules stockées dans les tissus de réserve (amidon, protéines, lipides, en proportions variables selon les graines).

Activités envisageables

Pour comprendre la formation des fruits et le rôle des graines :

- **Utilisez l'un des exemples proposés dans le document 1 pour traduire sous forme de schéma l'évolution des structures de la fleur conduisant à la formation d'un fruit.**
- **Récapitulez la chronologie des événements permettant à une graine de générer une nouvelle plante, représentant la génération suivante.**

Des clés pour réussir

- Schématisez les structures de la fleur en coupe longitudinale.
- Précisez ce que devient chacun des constituants de la graine.

* Lexique ➡ p. 509

Unité 6

La dispersion des graines

Les graines issues de la reproduction sexuée doivent être disséminées à distance de la plante mère pour éviter la compétition avec celle-ci et coloniser de nouveaux territoires. Cette étape de mobilité repose parfois sur un mutualisme plante - animal disperseur.

Quels sont les mécanismes développés par les plantes pour disséminer leurs graines ?

1 Des dispositifs adaptés à la dissémination des graines et des fruits

La structure de certains fruits assure la **dissémination des graines*** lorsqu'elles arrivent à maturité (A). C'est le cas des gousses du genêt à balais (1) : en se desséchant au cœur de l'été, elles s'ouvrent de façon explosive et catapultent les graines qu'elles contiennent jusqu'à 7 mètres de distance.
Les fruits « plumeux » comme ceux du pissenlit (2), ou les fruits ailés, comme les samares des érables (3) se dispersent grâce au vent. L'eau est aussi un vecteur de dispersion. Le lotus sacré est une plante aquatique : à maturité, le réceptacle contenant ses fruits (4) se détache et flotte, emportant les graines à distance de la plante mère. Quant à la noix du cocotier (5), elle est résistante au sel et flotte grâce à ses enveloppes fibreuses, ce qui lui permet une dispersion, au gré des courants marins.

De nombreuses plantes dispersent leurs graines grâce aux animaux (B). Les fruits munis de crochets, comme ceux de la grande bardane (2) s'accrochent dans les poils des mammifères (1), qui les transportent alors involontairement. Le transport peut aussi être actif : le jaseur boréal (3) consomme la pulpe sucrée de la baie du gui, une plante qui parasite les arbres. Il se débarrasse de la graine collante sur une branche (souvent celle d'un autre arbre). Les baies du cotonéaster constituent en hiver une ressource alimentaire pour les oiseaux (4). Les graines résistantes, non altérées par le passage dans le tube digestif, sont rejetées dans les excréments. Le mulot sylvestre fait des réserves de glands (fruits de chêne) (5). Certains seront oubliés, et pourront germer à bonne distance de l'arbre. Les graines de la violette odorante disposent d'excroissances charnues riches en lipides et en protéines (6) très attractives pour les fourmis, qui les transportent alors dans leur fourmilière, lieu propice à leur germination.

A Dispersion autonome des graines, par le vent ou par l'eau.

B Dispersion des graines par les animaux.

2 Une dissémination, produit d'une coévolution

Le *Melocactus violaceus*, un cactus d'une dizaine de centimètres de diamètre, pousse sur les sols sableux des zones désertiques brésiliennes. Il produit des fruits roses au niveau d'une touffe de poils blanchâtres, appelée cephalium, située à son sommet (A).

- **Adaptations de la plante :** le lézard est un des rares animaux de la région à pouvoir être actif dans la journée. Les températures dépassent en effet régulièrement les 50 °C et le manque d'eau se fait sentir. Le cactus produit des fruits sucrés et très riches en eau qui se forment dans le cephalium et ne sortent qu'à maturité. Une équipe de chercheurs a mesuré le rythme de sortie des fruits de 118 cactus pendant une journée et l'a mis en parallèle avec le nombre de lézards présents autour des plantes. Les résultats sont présentés ci-dessous.

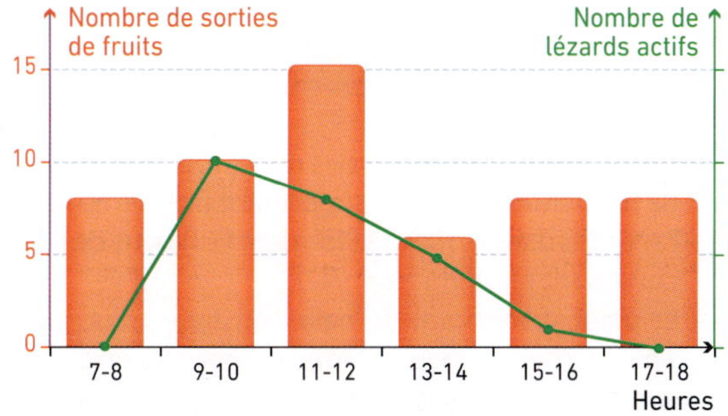

C Relation entre le nombre de fruits sortis et le nombre de lézards présents autour des plantes.

Le lézard *Tropidurus torquatus* est un des rares animaux à pouvoir manger ces fruits (B). Les graines défćquées restent intactes. Cet animal permet ainsi la dissémination des graines qui se retrouvent dans ses déjections.

- **Adaptations du lézard :** la morphologie du lézard lui permet de manger facilement les fruits du cactus : il est assez petit pour se faufiler entre les épines et sa bouche est assez grande pour pouvoir ingérer le fruit. Après digestion, les graines se retrouvent dans les déjections du lézard qui les dépose en moyenne à trois mètres de la plante mère. Pour estimer le pouvoir germinatif des graines digérées, des chercheurs ont récupéré et planté des graines mangées par des lézards. Ils ont suivi le taux de germination de ces graines au cours du temps en comparaison avec des graines n'ayant pas transité par le système digestif d'un lézard. Les résultats sont présentés par le graphique ci-dessous.

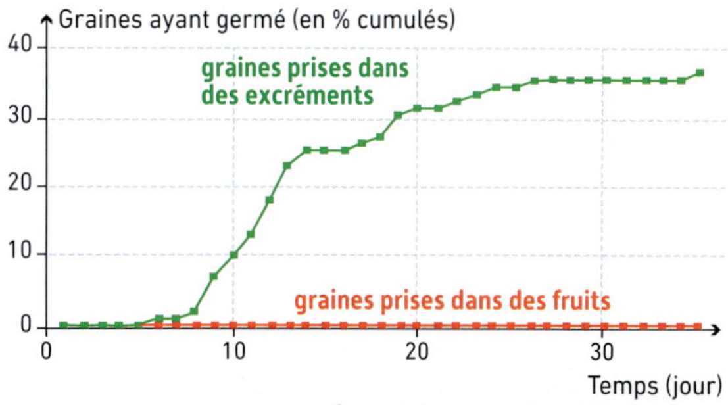

D Germination de graines provenant d'excréments de lézards et germination de graines provenant de fruits de cactus.

Activités envisageables

Pour comprendre les modalités de dispersion des graines :

- **Relevez, sous la forme d'un tableau, les adaptations des fruits et des graines en relation avec leur agent de dissémination.**
- **Établissez comment se manifeste la collaboration entre le lézard et le cactus dans les zones désertiques. Expliquez en quoi cet exemple est le résultat d'un processus de coévolution.**

Des clés pour réussir

- Pensez aux agents physiques et biologiques assurant la dissémination des graines.
- Votre tableau pourra comporter des schémas.
- Listez les avantages retirés par chacun des partenaires dans la relation cactus - lézard.

* Lexique ➥ p. 509

Bilan des connaissances

Reproduction de la plante, entre vie fixée et mobilité

Préparez le Grand oral p. 519

La vie fixée chez les plantes à fleurs, aussi appelées angiospermes, impose des contraintes qui se sont traduites par des adaptations leur permettant de se nourrir, d'interagir avec leur milieu et aussi de se reproduire par voie sexuée ou asexuée, assurant ainsi leur survie et leur dissémination à la surface des continents. Les deux types de reproduction peuvent exister chez une même plante.

1 La reproduction asexuée, se reproduire sans gamètes

Une grande diversité d'organes permet la reproduction asexuée

La reproduction asexuée ou végétative est un mode de reproduction assuré sans fécondation à partir d'un individu parental unique. Elle peut se faire grâce à divers organes de la plante. Certains ne sont pas spécialisés dans cette fonction reproductive. Ce sont des fragments de tiges feuillées ou des feuilles qui se séparent naturellement ou artificiellement du pied mère, et peuvent régénérer une plante entière. D'autres sont des organes dédiés à cette fonction reproductive. Ce sont par exemple des tiges particulières, comme les stolons des fraisiers ou les drageons des framboisiers. Enfin, certains organes de réserve permettent aussi une reproduction asexuée. Il s'agit des tubercules, des rhizomes et des bulbes.

Les propriétés des plantes qui permettent la reproduction asexuée

La reproduction asexuée repose sur la **totipotence** de certaines cellules des tiges, des feuilles et des racines, capables après dédifférenciation de donner naissance à de nouveaux méristèmes racinaires et caulinaires. Grâce à leurs **capacités de croissance indéfinie**, ces méristèmes permettent de reconstituer une plante entière, si les conditions environnementales le permettent.

La reproduction asexuée permet l'accroissement rapide des populations végétales et ainsi la colonisation efficace des milieux continentaux. Elle génère des clones, formés d'individus possédant la même information génétique que le parent unique, ce qui peut se révéler défavorable en cas de changements environnementaux ou d'infection par un pathogène.

Un mode de reproduction utilisé par l'Homme

Les horticulteurs exploitent depuis des siècles ces propriétés pour **cloner une plante intéressante** et la produire en grandes quantités. Selon les espèces, on peut procéder :

- par simple séparation et repiquage des bulbes, tubercules ou rhizomes ;
- par bouturage (une feuille ou une tige feuillée est séparée de la plante mère, puis on favorise la formation de racines) ;
- par marcottage (on favorise la formation de racines sur une tige feuillée, puis on la sépare de la plante mère).

À partir du XXe siècle, les progrès des connaissances en physiologie végétale ont permis la mise au point de techniques de **culture *in vitro*** qui ont conduit, à partir de tissus, voire de cellules isolées, à la régénération et à la multiplication très rapide des plantes sur un milieu nutritif approprié (milieu gélosé contenant des sels minéraux, des vitamines, des sucres et des hormones végétales), en conditions aseptiques.

2 Les fleurs permettent la reproduction sexuée

Les fleurs, de la production de gamètes à la fécondation

D'une grande variété de formes, de dimensions ou de couleurs, les fleurs renferment les organes reproducteurs mâles et/ou femelles. Elles comportent classiquement, de l'extérieur vers l'intérieur, des pièces florales organisées en cercles concentriques :

- Les **sépales**, souvent verts, protègent les organes reproducteurs tant qu'ils sont immatures (fleur « en bouton »).
- Les **pétales**, de forme et de couleur très variables. Lorsqu'ils sont larges et vivement colorés, ils attirent les insectes pollinisateurs.
- Les **étamines**, pièces florales mâles formées d'une partie filamenteuse, le filet, supportant une partie renflée, l'anthère, dans laquelle se forment les **grains de pollen**, contenant les gamètes mâles.
- Le **pistil**, pièce florale femelle constituée d'un ou plusieurs carpelles. Chaque carpelle comporte un stigmate, sur lequel peut se déposer le pollen, ainsi qu'une pièce intermédiaire, le style, et un ovaire creux renfermant les **ovules**, contenant les gamètes femelles.

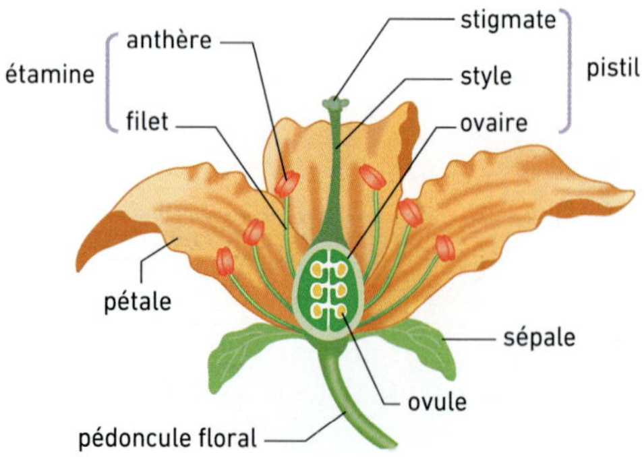

Schéma d'une fleur d'angiosperme.

Les grains de pollen déposés sur le stigmate du pistil d'une fleur de la même espèce absorbent la solution sucrée produite par celui-ci, germent et forment chacun un tube pollinique qui s'insinue dans les tissus du style et amène un noyau mâle jusqu'à un ovule, situé dans l'ovaire.

Quand la fleur est **hermaphrodite** (possédant pistil et étamines) ou que la plante porte des fleurs mâles et des fleurs femelles (plante monoïque), l'**autofécondation** est parfois possible. Cependant, la plupart des angiospermes ont recours à une **fécondation croisée** qui présente l'avantage de produire une **descendance génétiquement plus diversifiée**. Elle est favorisée par diverses adaptations : fleurs mâles et femelles sur des plantes différentes (espèces dioïques), décalage temporel dans la maturation des gamètes mâles et femelles, existence de barrières physiques entre les organes reproducteurs, incompatibilité d'ordre génétique entre pollen et stigmate.

La pollinisation, étape préalable à la rencontre des gamètes et à la fécondation

La fécondation croisée impose le transport du pollen. Certaines espèces sont pollinisées grâce au **vent** (anémogamie). Leurs fleurs présentent de nombreuses adaptations à ce mode de transport aléatoire : généralement discrètes, sans nectar ni odeur, aux étamines et pistils longs, bien exposés au vent, elles produisent en abondance du pollen de petite taille, sans ornementation, avec parfois des structures portantes (ballonnets).

D'autres sont pollinisées par des **animaux** (zoogamie) qui assurent un transport du pollen plus ciblé. Elles sont dotées de fleurs généralement de grande taille, colorées, aux étamines courtes et stigmates massifs, et qui produisent de gros grains de pollen ornementés.

Pour attirer les pollinisateurs, ces fleurs émettent des signaux variés. Il peut s'agir de **signaux visuels** (couleurs, guides, formes…), de **signaux chimiques** (odeurs, phéromones attractives) et de **signaux trophiques** (nectar sucré, pollen). Parallèlement, les animaux pollinisateurs (surtout des insectes, parfois des oiseaux comme les colibris ou des mammifères comme les chauves-souris) ont développé des organes adaptés à la récolte du nectar, et au transport du pollen. On a donc ainsi une **coévolution** de chacun des partenaires (plante et pollinisateur).

De la fleur au fruit

Après la fécondation, la fleur subit des transformations : les sépales, pétales et étamines fanent. **L'ovaire se transforme en fruit**, à l'intérieur duquel **les ovules se transforment en graines**. La paroi du fruit peut être charnue et gorgée de réserves (cerise, pêche, framboise, myrtille…), soit sèche et dure (noisette, colza, érable, pissenlit…) en relation avec le mode de dispersion des graines. Celles-ci subissent une **maturation** (déshydratation, stockage de réserves fournies par l'organisme parental et entrée en **vie ralentie**).

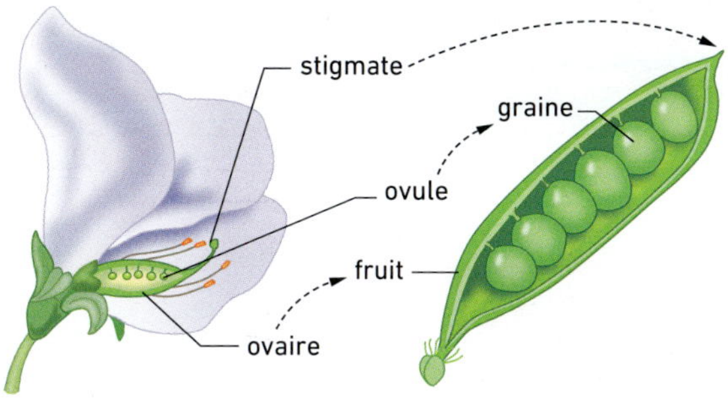

Formation d'une gousse de petits pois à partir d'une fleur fécondée.

La dispersion des fruits et des graines à distance

Grâce à différentes modalités, les fruits et les graines sont disséminés à distance de la plante mère, ce qui évite la compétition et permet la colonisation de nouveaux espaces. La dispersion des graines peut s'effectuer par la plante elle-même grâce à des dispositifs actifs de type catapulte, ou par des agents extérieurs comme le vent, l'eau ou les animaux. Les fruits et les graines présentent **des adaptations liées à la nature de l'agent disperseur** :

- légèreté et structures portantes pour la dissémination par le vent ;
- légèreté et flottabilité en cas de transport par l'eau ;
- crochets ou surfaces collantes permettant le transport passif par les animaux.
- fruits pulpeux, colorés et nutritifs incitant à la consommation par les animaux.

Dans ce dernier cas, le transit des graines dans l'appareil digestif soumet les graines à l'action des enzymes, ce qui altère leurs téguments et favorise la germination, après rejet dans les excréments fertilisants. Ce type de dispersion repose sur **une relation mutualiste** entre plante et animal.

Pollinisation et dispersion des fruits et des graines qu'ils contiennent constituent **des étapes de mobilité** dans la reproduction des **plantes**, leur permettant de coloniser de vastes territoires.

La germination ou le développement d'une nouvelle plantule

La graine contient **un embryon** issu du développement du zygote et des tissus contenant des réserves (amidon, protéines, lipides) protégés par une enveloppe, le tégument. Une fois la graine formée, l'embryon entre en vie ralentie. Lorsque les conditions sont favorables, la graine s'imbibe d'eau, son activité métabolique redevient très active (fabrication d'enzymes, respiration cellulaire…). L'embryon reprend son développement grâce à la mobilisation des réserves de la graine. Bientôt, la première racine puis la première tige feuillée déchirent le tégument : c'est **la germination**, à l'origine d'une nouvelle plantule.

bordas Flash PAGE podcast

DYS

L'essentiel

Reproduction de la plante, entre vie fixée et mobilité

bordas Flash PAGE podcast

DYS

À retenir

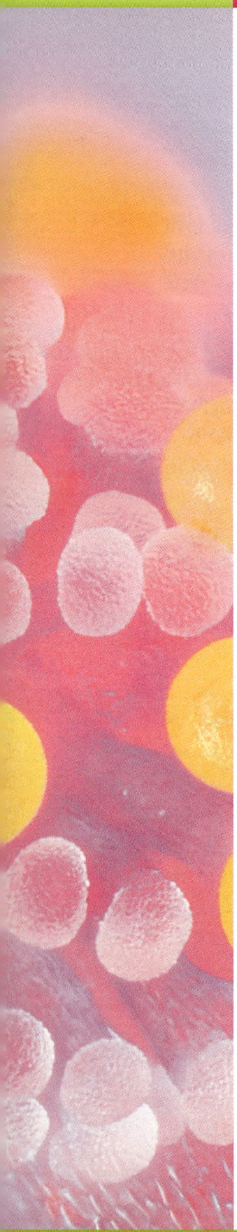

Une reproduction asexuée, sans gamète ni fécondation

La **reproduction asexuée** repose sur la **totipotence** des cellules végétales, c'est-à-dire leur capacité à se dédifférencier et à se redifférencier, mais aussi sur les capacités de **croissance indéfinie** des plantes. Ce mode de reproduction produit **des clones, génétiquement identiques** à leur unique parent. Qu'elle mette en jeu ou non des organes spécialisés, la reproduction asexuée permet à la plante de coloniser rapidement et à moindre coût énergétique son environnement. Ces propriétés sont exploitées par l'Homme dans ses pratiques culturales et les techniques de **clonage** *in vitro*.

La fleur contient les organes de la reproduction sexuée

Chez les angiospermes, la **fleur** est organisée en enveloppes concentriques et comporte des pièces stériles (sépales et pétales) et des pièces fertiles, **étamines** et carpelles constituant le **pistil**, au sein desquels se forment par méiose les **grains de pollen** et les **ovules**, renfermant les gamètes mâles et femelles.

La pollinisation, étape de mobilité nécessaire à la fécondation

Bien que la plupart des fleurs soient hermaphrodites, l'autofécondation est souvent impossible, et les plantes, du fait de leur immobilité, doivent recourir au transport de leur pollen afin de réaliser une fécondation croisée.

Cette **pollinisation** est assurée selon les espèces par le vent, l'eau ou les animaux (principalement des insectes). Ces derniers sont attirés par divers signaux. La collaboration plante – pollinisateur qui se construit grâce aux influences réciproques entre les deux partenaires est le résultat d'une **coévolution**.

De la fleur au fruit

À la suite de la pollinisation, les grains de pollen déposés sur le stigmate du pistil germent et amènent chacun un noyau mâle au contact d'un noyau femelle contenu dans l'ovule. La fécondation peut se produire et les ovules se transforment en **graines** contenues dans le **fruit** résultant de la transformation du pistil.

La graine contient un **embryon** et des **réserves organiques** qui seront utilisées pour développer, au moment de la **germination**, une nouvelle plante génétiquement différente de ses parents.

La dispersion des graines, autre étape de mobilité

La **dissémination des graines** permet la conquête de nouveaux territoires, mais évite aussi la compétition avec la plante mère. Les fruits et les graines présentent des adaptations en relation avec leur mode de dissémination par des vecteurs différents, le vent, l'eau ou des animaux. Dans ce cas, elle peut être le résultat d'une **coévolution**.

Mots-clés

Clonage • Coévolution • Croissance indéfinie • Dissémination des graines • Étamines • Fleur • Fruit • Germination • Grain de pollen • Graine • Ovule • Pistil • Pollinisation • Reproduction asexuée • Totipotence

Schéma bilan

Reproduction de la plante, entre vie fixée et mobilité

Une reproduction asexuée, la multiplication végétative

Des capacités naturelles de la plante…

- croissance indéfinie
- totipotence des cellules

… utilisées en horticulture

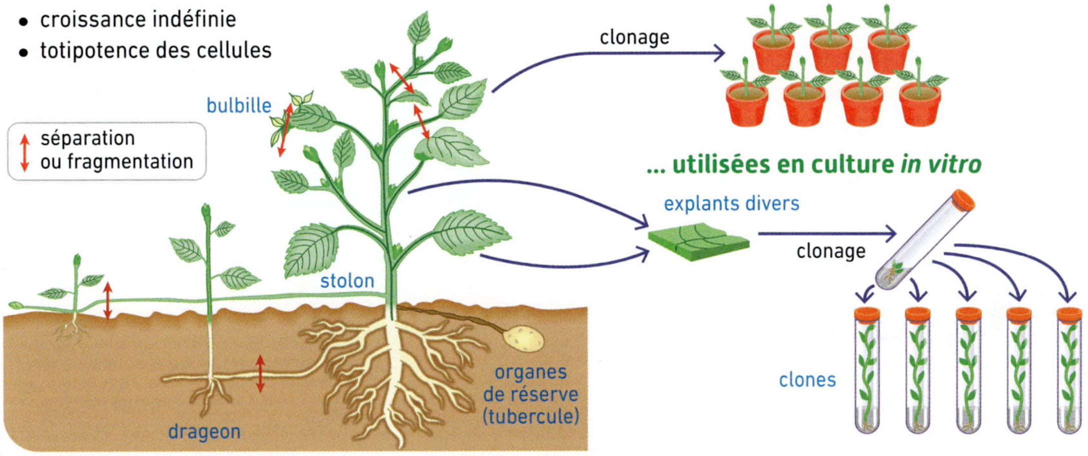

Une reproduction sexuée assurée par la fleur

Pollinisation par les insectes

La plante présente des signaux attractifs

- visuels (couleurs, formes)
- chimiques (odeurs, phéromones)
- trophiques (nectar, pollen)

L'animal présente aussi des adaptations favorisant le repérage des fleurs, la collecte et le transport du pollen

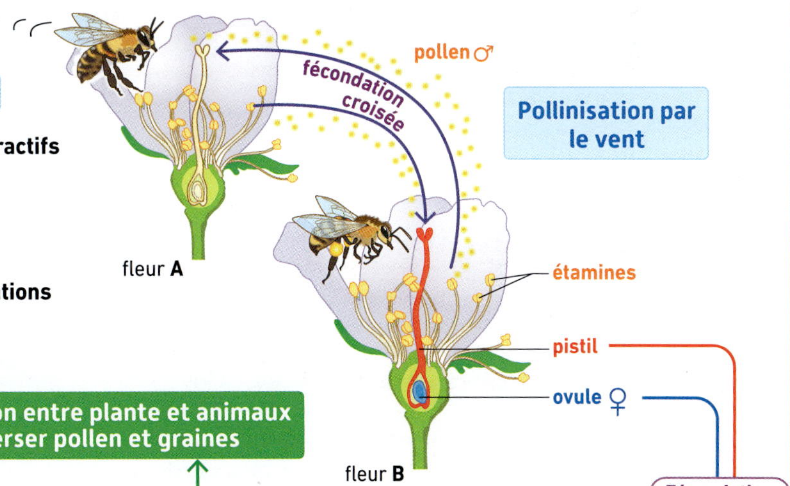

Une coévolution entre plante et animaux pour disperser pollen et graines

Dispersion des fruits et des graines

- vent, eau
- animaux
- dispositifs spécifiques

ressources nutritives attractives pour les animaux

colonisation de nouveaux territoires

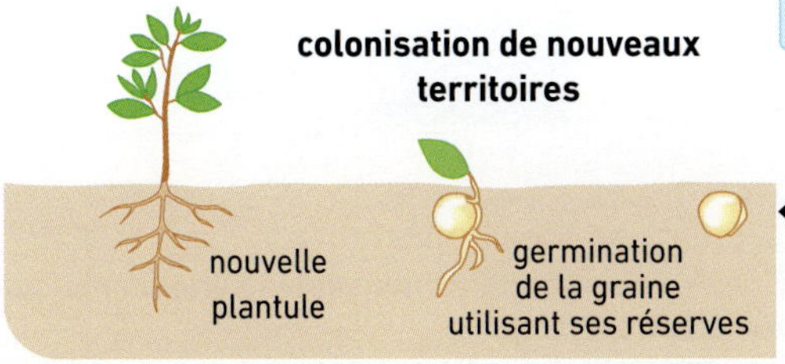

Réponses p. 502

1 Retour vers les problématiques

Relisez la page « S'interroger avant d'aborder le chapitre » (p. 235). À l'aide de ce que vous savez à présent, répondez aux questions que vous avez formulées.

2 QCM

Pour chaque affirmation, choisissez l'unique bonne réponse.

1. **Pour assurer la reproduction sexuée d'une plante :**
   a. les fleurs doivent produire du nectar et des molécules odorantes ;
   b. le pollen doit être transporté par les insectes ;
   c. les étamines doivent se trouver dans la même fleur que le pistil ;
   d. les graines doivent contenir un embryon et des réserves.

2. **Les organes impliqués dans la reproduction asexuée des plantes :**
   a. sont les fleurs, les graines et les fruits ;
   b. sont des organes souterrains uniquement ;
   c. peuvent être des tiges, des racines ou des feuilles ;
   d. sont toujours des organes de réserve.

3. **Chez les plantes pollinisées par le vent :**
   a. les étamines et les stigmates sont cachés à l'intérieur des fleurs, pourvues de grands pétales ;
   b. les étamines et les stigmates pendent à l'extérieur des fleurs, pourvues de grands pétales ;
   c. les étamines et les stigmates pendent à l'extérieur des fleurs, pourvues de petits pétales ;
   d. les étamines et les stigmates sont cachés à l'intérieur des fleurs, pourvues de petits pétales.

3 Vrai ou faux ?

Repérez les affirmations exactes et corrigez celles qui sont inexactes.

a. Les stolons, les rhizomes et les tubercules sont des organes souterrains gorgés de réserves assurant une reproduction asexuée.
b. Les fleurs comportent des pièces florales fertiles : les sépales et le pistil.
c. Par sa croissance, le tube pollinique permet la fécondation des ovules contenus dans l'ovaire.
d. Les plantes dioïques possèdent des fleurs mâles et femelles sur le même pied.
e. La dissémination des fruits et des graines permet de limiter la compétition avec la plante mère.

4 Questions à réponses courtes

1. **Quels organes peut-on trouver dans une fleur hermaphrodite ?**
2. **Quelles sont les adaptations des pollinisateurs favorisant la collecte et le transport du pollen ?**
3. **Quels sont les types de signaux émis par les fleurs pour attirer les pollinisateurs ?**

5 Apprendre en s'interrogeant

1. **Cachez l'une des colonnes du tableau suivant et retrouvez ce que contient l'autre (à faire seul ou à plusieurs).**
2. **Vérifiez vos réponses, et reprenez si besoin les notions concernées.**

Notion	Définition
Graine	Structure provenant de la maturation de l'ovule fécondé chez les plantes à fleurs.
Pollinisation croisée	Transfert de pollen d'une plante vers les fleurs d'une autre plante de la même espèce.
Totipotence	Propriété de certaines cellules de donner naissance à tous les types de cellules qui composent un organe, permettant dans certaines conditions la régénération d'une plante entière.
Coévolution	Ensemble de transformations conjointes de deux espèces en interactions réciproques au cours de l'évolution.

6 Annoter un schéma

Identifiez le phénomène illustré par ces schémas, replacez-les dans l'ordre et commentez-les.

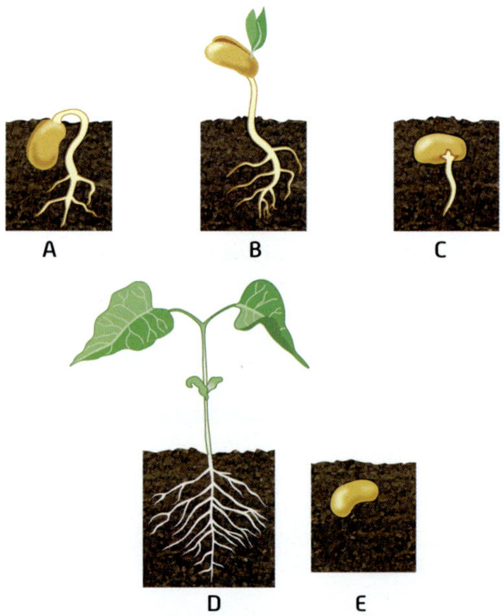

7 Exprimer une idée importante

Rédigez un court texte en utilisant la série de mots ou expressions suivantes :
reproduction asexuée • totipotence • croissance indéfinie • explant • culture *in vitro* • clonage.

★ facile ★★ intermédiaire ★★★ confirmé

8 Interpréter une photographie
★★

Réalisez un diagramme floral de cette coupe transversale de fleur. Utilisez les pages des rabats D et E en fin de manuel pour identifier la famille de plantes à laquelle elle appartient.

9 Observer et exploiter des informations
★

A Fruit d'un orme (*Ulmus minor*) avec la graine visible au centre.

B Fruit d'une aigremoine (*Agrimonia eupatoria*).

Déterminez le mode de dissémination probable de chacun de ces deux fruits. Argumentez votre réponse.

10 Formuler une hypothèse
★★★

L'Ophrys miroir (*Ophrys speculum*) est une orchidée présente dans le sud de la France. Son pollinisateur exclusif, la guêpe *Dasyscolia ciliata*, n'est présent qu'en Afrique du nord, en Espagne, ainsi qu'en Corse du sud et en Sicile.

Formulez une ou des hypothèses expliquant sa persistance dans les garrigues françaises.

11 Établir une relation de causalité
★

Les pollens d'arbres (bouleau, noisetier...) et de poacées sont responsables de rhinites allergiques printanières (rhume des foins).

Quelles propriétés de ces pollens peuvent expliquer les risques allergiques qu'ils provoquent ?

12 Exploiter un graphique et établir une relation de cause à effet
★★

Le genévrier de Phénicie est un arbre méditerranéen qui affectionne les garrigues pauvres, les fissures des rochers et les falaises calcaires. Il se développe dans des sites difficiles d'accès : certains se trouvent au milieu de barres rocheuses verticales ou surplombantes. Son renouvellement semble se faire correctement. La dissémination des graines, contenues dans des baies de couleur rougeâtre, riches en substances organiques, n'est envisageable que par un vecteur animal. Différents lots de graines ont été soumis à des conditions variables, avant d'être placés sur papier filtre humidifié en boîtes de Petri puis repiqués en pots. Leur germination a été suivie pendant 120 jours.

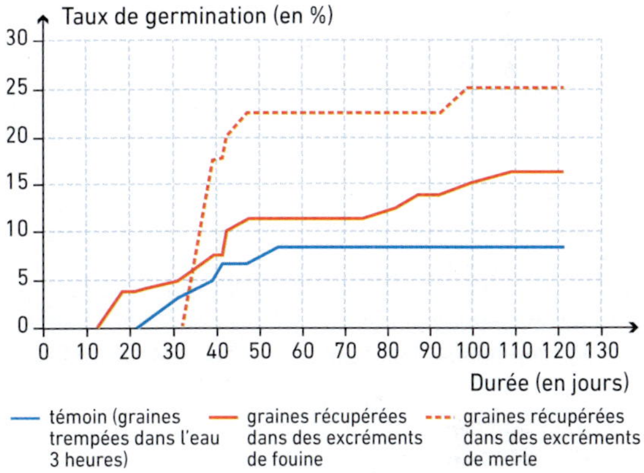

Mettez en relation texte et graphique pour expliquer les rôles des vecteurs animaux dans le maintien des populations de genévriers.

13 Mettre en relation des données
★

La fraise est un « faux-fruit » issu du développement du réceptacle de la fleur (zone où s'implantent les différentes pièces florales). Elle porte de vrais fruits, appelés akènes (granules situés à la surface des fraises). Les akènes sont issus de la fécondation et contiennent les graines. Les fraises les plus petites résultent d'une autofécondation. Les plus grosses sont obtenues par pollinisation entomophile (par les insectes).

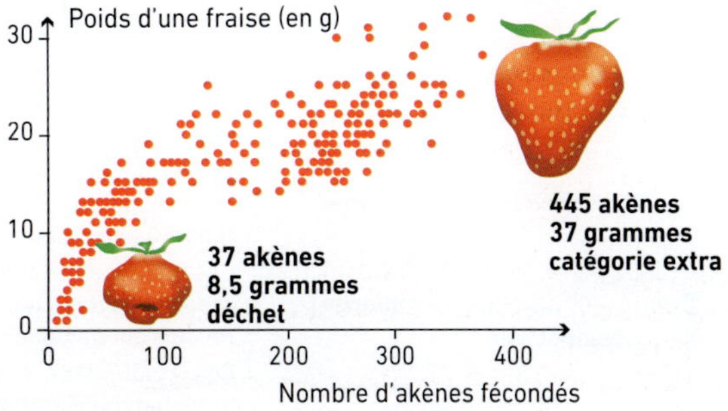

Exploitez les données pour justifier l'introduction de ruches dans les cultures de fraisiers aux fruits commercialisables.

14 Des fleurs successivement mâles et femelles

★★★

Chez les plantes à fleurs, la fécondation croisée est favorisée par différents dispositifs : il existe par exemple des espèces dioïques, chez lesquelles les fleurs mâles et les fleurs femelles sont portées par des plantes différentes. Chez d'autres espèces, comme la saponaire officinale, des fleurs hermaphrodites présentent une phase mâle puis une phase femelle, qui n'ont pas les mêmes caractéristiques : la séparation des sexes est alors temporelle.

Type de fleur	Fleurs mâles (M)	Fleurs en cours d'évolution du stade mâle au stade femelle (MF)	Fleurs femelles (F)
Dessin d'une fleur à différents moments de sa maturation.			

Des fleurs sont coupées et introduites dans des tubes à essai. Deux rangées de tubes contenant chacune une catégorie distincte de fleur sont disposées face à face, dans un jardin expérimental, de façon à évaluer la préférence des insectes. On comptabilise, sur une période d'observation de 20 minutes, la catégorie de fleur initialement visitée par un insecte. Le graphique suivant traduit le pourcentage de visites initiales pour chaque catégorie de fleur en fonction des confrontations réalisées : M et F, ou M et MF, ou MF et F.

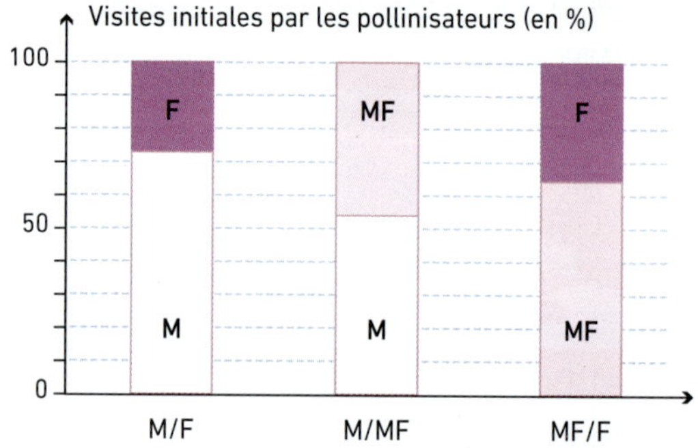

- **Exploitez ces données pour établir quel(s) caractère(s) de la fleur peu(ven)t jouer un rôle déterminant dans l'attraction des pollinisateurs et ainsi garantir le succès reproducteur de la saponaire officinale.**

15 Le baobab, un arbre à floraison nocturne

★

La pollinisation du baobab (arbre des régions semi-arides de Madagascar, d'Afrique et d'Australie) repose sur la collaboration entre l'arbre et un animal pollinisateur. Les grandes fleurs pendantes, fabriquant un nectar abondant à la base de la corolle, commencent à s'ouvrir le soir et émettent un parfum très fort, une odeur animale peu agréable pour l'Homme. Le lendemain, la plupart d'entre elles sont abimées : sépales et pétales tombés au sol présentent des traces de lacérations, alors que les abondantes étamines en couronne et le pistil sont intacts.

- **Utilisez les données fournies pour identifier le pollinisateur impliqué dans la dispersion du pollen chez le baobab. Proposez une hypothèse sur ce qui l'incite à visiter ces fleurs.**

Fleur de baobab en coupe longitudinale.

Animaux		Quelques caractéristiques des pollinisateurs présents dans ces régions	
		Période d'activité	Déroulement de la pollinisation
Oiseaux		diurne	Les oiseaux repèrent les fleurs de couleur rouge. Lorsque leur bec plonge au fond du tube floral afin d'y puiser le nectar, leur tête se frotte aux étamines et le pollen adhère à leurs plumes.
Chauve-souris		nocturne	Le mâle est très attiré par l'odeur, repère les grandes fleurs et s'y accroche. Il lèche, grâce à sa longue langue, le nectar en se couvrant le museau de pollen.
Insectes	Hyménoptères	diurne	Les hyménoptères (abeilles, bourdons) repèrent les fleurs présentant des couleurs bleu, jaune et celles repérables dans les ultraviolets. Ces insectes sont à la recherche d'un nectar fluide. Ils se recouvrent de pollen en se frottant aux étamines.
	Lépidoptères	diurne	Ces lépidoptères (papillons) repèrent les fleurs présentant des couleurs bleu, jaune et celles repérables dans les ultraviolets. Ces insectes sont à la recherche d'un nectar fluide. Ils se recouvrent de pollen en se frottant aux étamines.
		nocturne	Ces lépidoptères sont attirés par des fleurs émettant de fortes odeurs agréables. Ils sont à la recherche d'un nectar fluide. Ils se recouvrent de pollen en se frottant aux étamines.
	Diptères	nocturne et diurne	Les diptères sont attirés par des petites fleurs colorées, émettant de fortes odeurs nauséabondes. Ces insectes sont à la recherche d'un nectar sucré. Ils se recouvrent de pollen en se frottant aux étamines.

PRÉPA BAC

Épreuve écrite

Rédaction d'un texte argumenté pour répondre à une question scientifique

16 La colonisation d'un milieu par les plantes

Montrez, en vous appuyant sur des exemples, comment certaines plantes peuvent très rapidement coloniser l'espace, voire devenir envahissantes.

Documents proposés **Les jussies, des plantes exotiques envahissantes**

La jussie à grandes fleurs (*Ludwigia grandiflora*) et la jussie rampante (*Ludwigia peploides*), sont originaires d'Amérique du Sud et ont été introduites en France en 1830 pour leurs qualités ornementales. Mais leur prolifération incontrôlable en a fait des plantes invasives des étangs, des rivières ou des canaux. Leur commercialisation et leur introduction dans le milieu naturel sont interdites sur tout le territoire métropolitain depuis 2007.

B Jussie à grandes fleurs (*Ludwigia grandiflora*) en bordure de l'Allier.

Appareil végétatif	– Longues tiges rampantes qui se développent horizontalement dans l'eau, sur l'eau ou dans la boue et qui se fragmentent très facilement. – Deux types de racines : certaines servent à la fixation et à l'absorption des substances minérales, d'autres, entourées d'un tissu aérifère, assurent la flottaison des tiges. – Deux types de feuilles (émergées ou immergées).
Appareil reproducteur	– Grandes fleurs de 5 cm de diamètre. – 5 sépales qui persistent après la chute des pétales. 5 pétales jaune-orangé. – 10 étamines, 1 pistil. – Présence de nectaires. – Fruits renfermant de très nombreuses petites graines.
Caractéristiques écologiques	– Plantes très productives capables de doubler leur poids toutes les 2-3 semaines, qui produisent jusqu'à 2 kg de matière sèche par m^2. – Reproduction par bouturage très efficace : le plus petit fragment de la plante peut reformer un individu entier.

A Quelques caractéristiques des jussies.

17 Des collaborations plantes – animaux

En raison de leur mode de vie fixée, les plantes à fleurs ont développé au cours de leur évolution des modalités de reproduction sexuée originales, assurant à la fois la survie de l'espèce, mais également la colonisation de nouveaux espaces.

Après avoir présenté l'organisation de la fleur, exposez comment les stratégies développées par les plantes à fleurs et leur collaboration avec d'autres espèces assurent leur dispersion.

Aides à la réalisation

- Illustrez le propos avec un ou des schémas, notamment celui de l'organisation d'une fleur.
- Pensez aux phases de mobilité intervenant dans la reproduction sexuée.

Épreuve pratique

Pour s'entraîner à l'Évaluation des Capacités Expérimentales

18 Proposer une stratégie de résolution

Après sa formation, la graine entre en vie ralentie : il n'y a plus de synthèses, de dégradation de molécules organiques ni d'échanges avec le milieu. Au moment de la germination, elle se réhydrate, gonfle, et on voit apparaître la radicule après déchirure du tégument. On veut montrer que ces changements s'accompagnent de la reprise de l'activité métabolique, et en particulier de la respiration.

Proposez une stratégie utilisant une chaîne ExAO, pour répondre à la problématique posée.

19 Présenter puis interpréter des résultats

Afin de déterminer si une abeille domestique visite différentes plantes au cours d'un même vol, ou si elle butine à chaque fois une seule espèce de fleurs, des pelotes de pollen ont été récupérées à l'entrée de la ruche, au mois d'avril. Elles ont ensuite été observées à l'œil nu (B), puis le contenu de deux pelotes a été observé au microscope (C).

B Pelotes de pollen observées à l'œil nu.

Espèce	Mois de floraison	Couleur du pollen
Cerisier	Avril	Vert orangé
Saule	Mars-avril	Gris clair
Crocus	Mars-avril	Orange
Pissenlit	Mars-novembre	Orange
Romarin	Mars-avril	Beige rosé
Peuplier	Mars-avril	Rouge foncé
Erable	Avril-mai	Jaune-vert

A Caractéristiques de quelques pollens.

(1) (2)

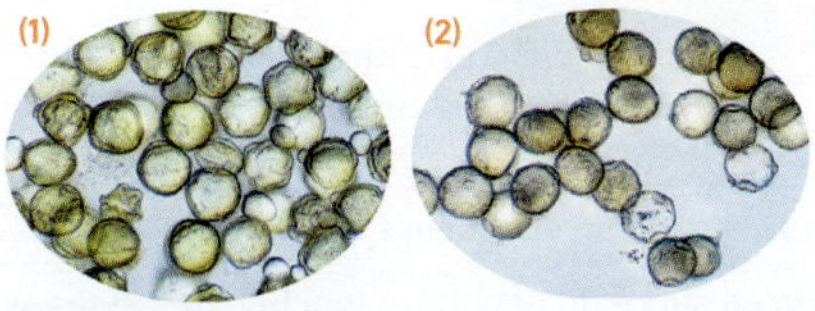

C Pollens observés dans une pelote orange (1) et dans une pelote rouge foncé (2).

Présentez ces résultats sous la forme de votre choix, puis utilisez-les en vue de résoudre le problème posé. Faites preuve d'esprit critique.

Raisonnement scientifique

Construisez et exposez votre propre démarche pour résoudre le problème posé

20 Des fleurs capables « d'entendre » leurs pollinisateurs ?

Les fleurs attirent les pollinisateurs par différents signaux visuels, chimiques et/ou par une récompense alimentaire comme le nectar.
La quantité et la qualité du nectar sécrété par une fleur favorisent ses chances de pollinisation. Mais cette production très sucrée est coûteuse en énergie. Elle peut favoriser le développement de bactéries qui dégradent la fleur ou attirer les fourmis qui la consomment « gratuitement ».

À partir des informations tirées des documents et en vous appuyant sur vos connaissances, montrez comment les fleurs d'onagre perçoivent l'arrivée de leurs pollinisateurs et sont capables d'y répondre.

1 Une onagre et ses pollinisateurs

Oenothera drummondii est une plante buissonnante, de la famille des onagres, originaire d'Amérique du Nord. Elle est abondante en bord de mer. Ses fleurs jaunes de grande taille, à la corolle en forme de bol, s'ouvrent au crépuscule et se ferment le matin. Elles sont butinées pendant la nuit par des papillons (sphinx). Au crépuscule et à l'aube, elles sont butinées par des abeilles.

Fleurs d'onagre et l'un des pollinisateurs.

2 Une première expérience pour mesurer la production de nectar

Une équipe de chercheurs de l'Université des sciences de Tel-Aviv s'est intéressée à la communication entre les fleurs d'onagre et leurs pollinisateurs. Ils ont prélevé le nectar des fleurs, puis les ont soumises à différents traitements sonores et ont mesuré, après trois minutes, dans chacun des cas, la quantité et la teneur en sucre du nectar produit par ces fleurs. L'expérience a porté sur 668 fleurs réparties en différents lots, cultivées à l'extérieur dans des conditions naturelles ou en laboratoire. Différents signaux sonores ont été testés dans cette expérience : aucun signal (silence), les battements d'ailes d'abeilles enregistrés à 10 cm (f = 200 à 500 Hz) et deux signaux artificiels générés par un logiciel, l'un de basse fréquence (f = 50 à 1 000 Hz) et l'autre de fréquence élevée (f = 158 à 160 KHz).

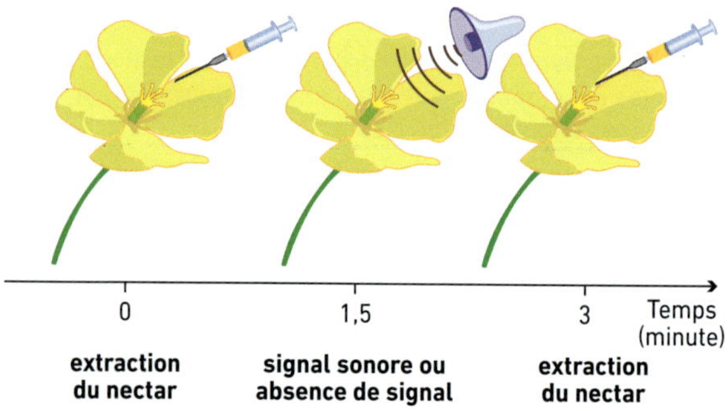

A Protocole expérimental.

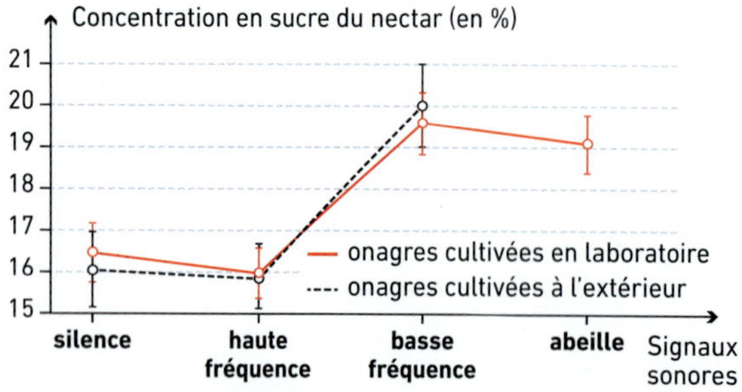

B Concentration en sucre du nectar en fonction des signaux sonores reçus.

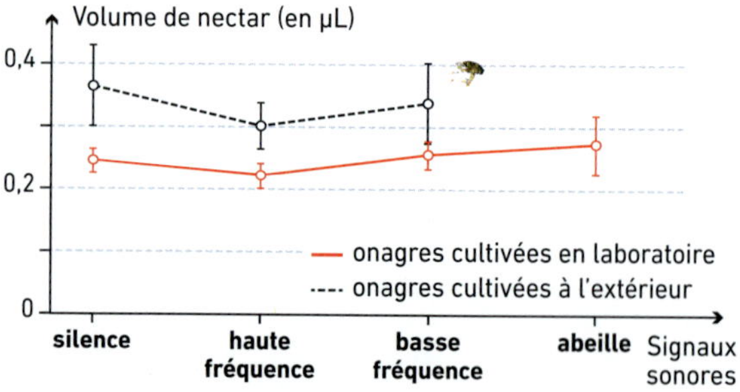

C Production de nectar en fonction des signaux sonores reçus.

3 Deuxième série d'expériences : mesures des vibrations des pétales

Dans cette deuxième série d'expériences, les scientifiques ont mesuré la vibration des pétales des onagres à la suite de différentes stimulations sonores, grâce à un vibromètre laser Doppler très sensible, dans différentes situations, ainsi que la teneur en sucre du nectar produit.

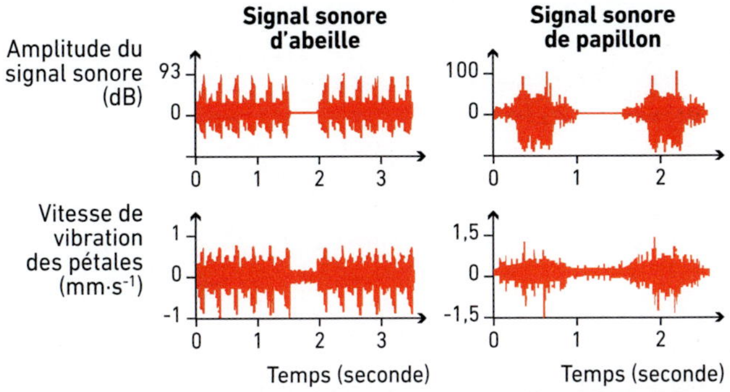

A **Mesure de la vitesse des vibrations des pétales d'onagre** à la suite de stimulations sonores (vibrations d'ailes d'abeilles et de papillons). (dB = décibel)

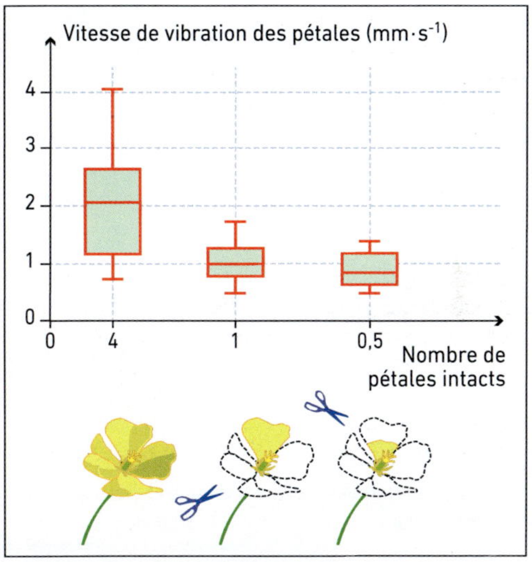

B **Mesure de la vitesse des vibrations des pétales d'onagre** soumis à des stimulations sonores (vibrations d'ailes d'abeilles), avant et après ablation de certains pétales.

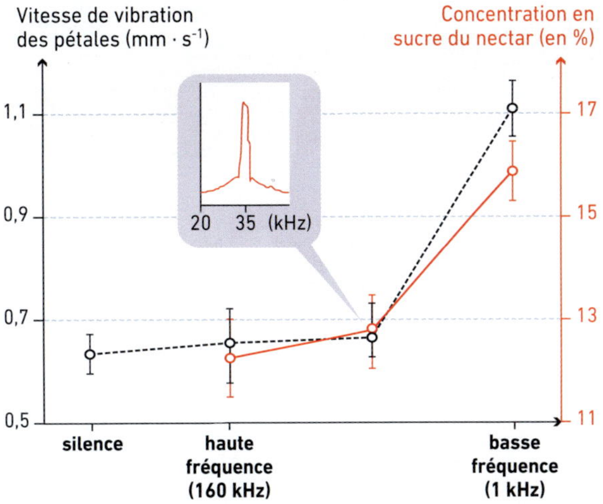

C **Mesure de la vitesse des vibrations des pétales d'onagre** soumis à des stimulations sonores artificielles et mesure de la concentration en sucre du nectar.

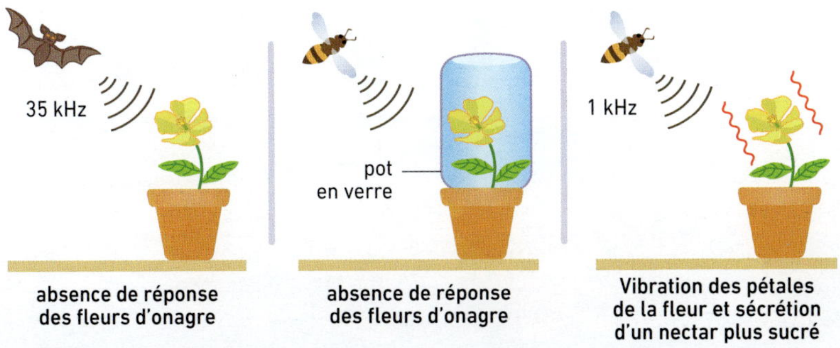

Dans cette expérience, les fleurs sont soumises aux vibrations d'ailes de chauve-souris ou d'abeille. On compare également l'effet produit par des vibrations d'ailes d'abeilles dans le cas où la fleur est isolée ou non dans un bocal en verre.

D **Relation entre signal sonore et qualité du nectar.**

PARTIE 3

CHAPITRE 4

La domestication des plantes

Des millénaires d'histoire commune ont façonné les plantes cultivées et les sociétés humaines.

S'interroger avant d'aborder le chapitre

Un petit nombre de plantes à la base de l'alimentation mondiale

Selon la FAO, le blé, le maïs et le riz fournissent 43 % des apports énergétiques alimentaires mondiaux. Sur les 300 000 espèces de plantes connues, moins de 200 sont utilisées pour l'alimentation humaine. Depuis les débuts de l'agriculture il y a environ 12 000 ans, les zones de production de ces plantes cultivées se sont étendues à de larges parties du monde. Par exemple, le maïs, dont le berceau se situe au Mexique, est maintenant cultivé en Amérique du Nord, en Europe et en Afrique.

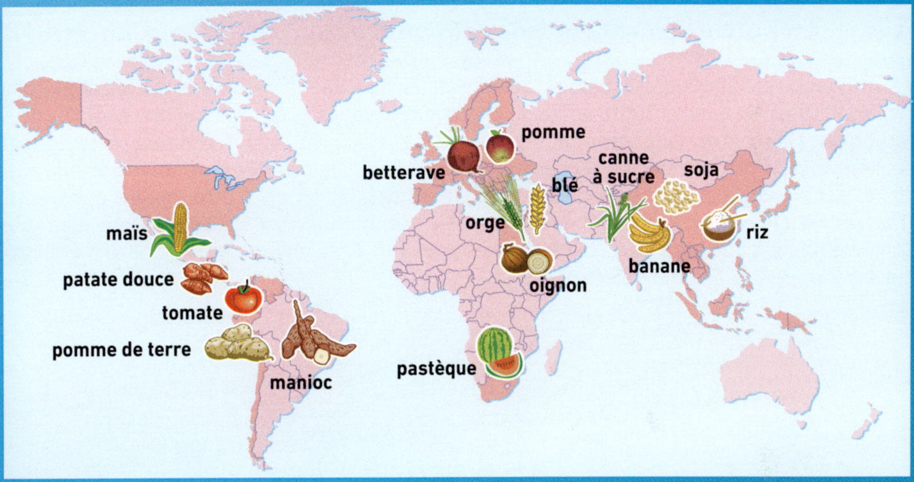

Berceaux de domestication des quinze plantes les plus anciennement cultivées.

Les défis de l'agriculture contemporaine

À l'horizon 2050, la population humaine se rapprocherait de dix milliards d'individus. Il faudra d'ici là augmenter la production agricole d'environ 70 %, tout en tenant compte des défis posés à l'agriculture par l'urbanisation croissante, la dégradation des sols et le changement climatique, qui devraient accroître les inégalités d'accès à l'eau potable et provoquer une baisse des rendements agricoles. Le taux de croissance des rendements est passé de 3,5 % dans les années 60 à 1,5 % dans les années 2000.

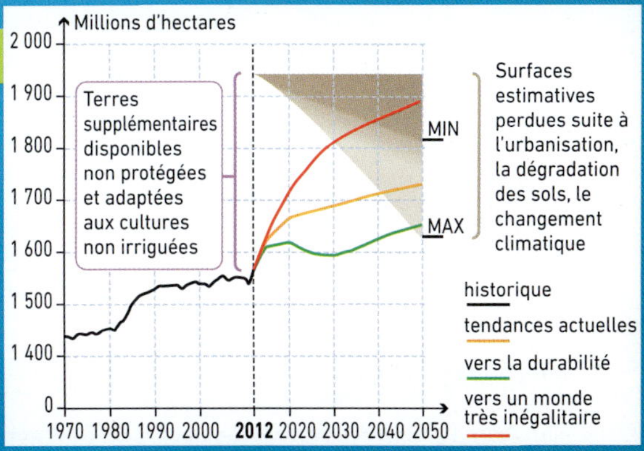

D'après FAO 2018.

Formuler les problèmes à résoudre

- **En vous appuyant sur vos connaissances et sur ces documents, interrogez-vous sur l'origine des plantes cultivées, sur ce qui les distingue des plantes sauvages et sur les modifications qu'elles subissent au contact de l'espèce humaine.**
- **Réciproquement, envisagez les rôles que les plantes cultivées ont pu jouer dans l'histoire de l'humanité, et leur place dans les défis majeurs de ce début de XXIe siècle.**

La domestication des plantes sauvages

Les plantes « domestiques » sont celles qui doivent leur existence et leur survie à la culture pratiquée par les Hommes. Elles sont issues de plantes sauvages, transformées au cours d'un très long processus appelé domestication. Cela a débuté au Néolithique, alors que certains groupes humains se sédentarisaient, passant du statut de chasseurs-cueilleurs au statut d'agriculteurs.

Comment, au cours de l'Histoire, les plantes cultivées sont-elles devenues des plantes domestiques ?

1 Les plantes actuellement cultivées diffèrent beaucoup de leurs ancêtres sauvages

Il a longtemps été admis que la **plante sauvage*** à l'origine du maïs était une espèce aujourd'hui disparue. Dans les années 1930, un jeune chercheur américain, George Beadle, comparant les caryotypes du maïs et de la téosinte, une plante mexicaine, fit l'hypothèse que cette dernière pourrait être la plante sauvage recherchée. Trente ans plus tard, George Beadle montra par des expériences de croisements que maïs et téosinte sont en effet étroitement apparentés. D'autres preuves, notamment archéologiques, viendront confirmer ses conclusions. Le maïs a donc été domestiqué à partir de la téosinte au Mexique il y a environ 9 000 ans. Il a été introduit en Europe à la fin du XVe siècle.

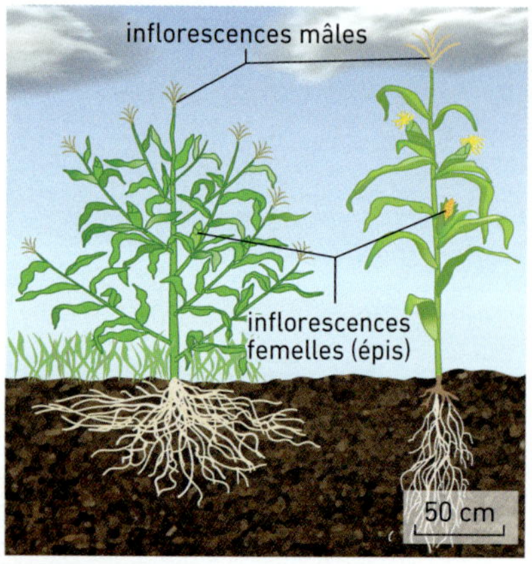

A Morphologie de la téosinte (à gauche) et du maïs (à droite).

	Téosinte	Maïs actuel
Parties aériennes	Plusieurs tiges ramifiées.	Une seule tige.
Appareil reproducteur	Très nombreux épis* à deux rangées de grains.	Un à plusieurs épis comportant une vingtaine de rangées.
À maturité	Désarticulation des épis, chute des grains au sol.	Épis stables. Grains restant soudés.

B Quelques caractéristiques de la téosinte et du maïs.

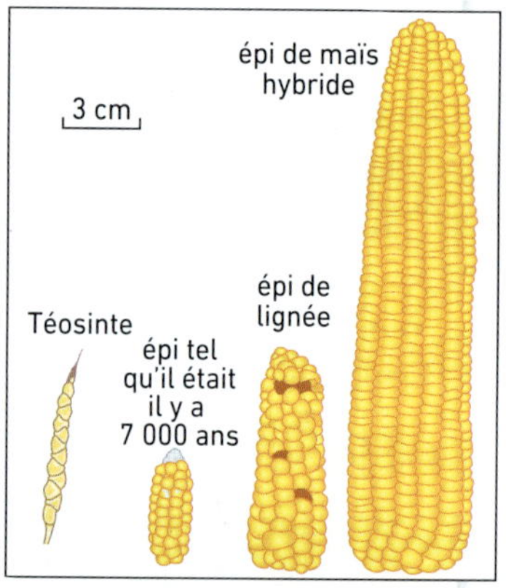

C Épis à différents stades de la domestication.

Activité pratique

Afin d'estimer les effets de siècles de **domestication*** sur les caractéristiques des plantes :

- Mesurer les dimensions (longueurs, diamètres, volumes...) des organes de diverses plantes cultivées.
- Compter le nombre de tiges, de graines, de fruits... présents sur un pied.
- Peser la plante entière et ses parties utiles.
- Déterminer les constituants organiques présents par des tests simples (voir p. 221).
- Rechercher ces caractéristiques chez les plantes sauvages de la même famille, porteuses de caractères ancestraux.

D Carotte sauvage (*Daucus carota carota*) et carotte cultivée (*Daucus carota sativa*). Les premières traces avérées de culture de la carotte datent du Xe siècle, en Iran. Le berceau serait l'Asie centrale et probablement l'Afghanistan.

2 Les premiers effets de la domestication sur les caractéristiques des plantes

De nombreuses recherches archéologiques ont étudié et daté au ^{14}C les premières **plantes domestiquées*** dans leurs berceaux d'origine (au Moyen-Orient pour des céréales comme le blé et l'orge ou en Chine pour le riz). Ces recherches ont permis de caractériser les effets de la sélection exercée par les humains sur les plantes, aux débuts du processus de domestication.

Les graines des blés sauvages tombent au sol lorsqu'elles arrivent à maturité ; elles se ressèment donc spontanément, mais cela rend leur récolte très difficile. Les vestiges archéologiques montrent qu'après un à quelques milliers d'années de culture de ces blés sauvages, des formes présentant de nouveaux phénotypes apparaissent. Ainsi, les épis des céréales ne se fragmentent plus et les graines ne tombent pas au sol. La taille des grains augmente progressivement. La plante ne se ressème plus seule, mais la récolte est en revanche grandement facilitée.

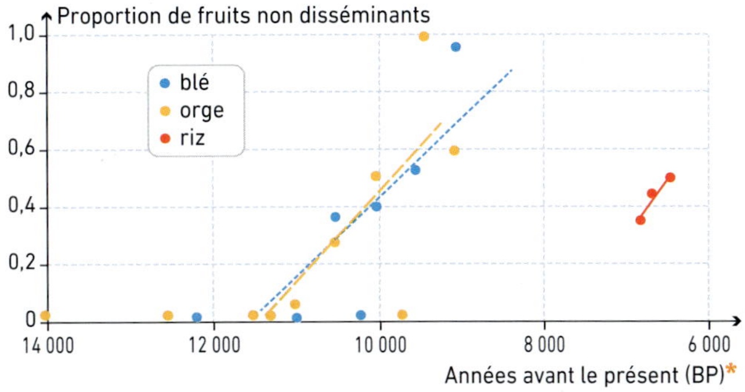

Fréquence des formes de céréales ne disséminant pas leurs fruits aux débuts de leur domestication dans leurs berceaux d'origine.

3 Des siècles de sélection empirique, à l'origine d'une biodiversité cultivée

Depuis des millénaires, les plantes cultivées germent, se développent, fructifient sous l'œil attentif des agriculteurs. Ils repèrent chaque année les individus les plus résistants aux maladies, aux intempéries, ceux qui produisent les meilleurs résultats... et choisissent leurs prochaines semences parmi ces « meilleurs » individus. Cette méthode de **sélection artificielle*** modifie très lentement les caractéristiques génétiques de la population de départ, sans jamais l'uniformiser. Les critères de sélection pouvant varier selon les lieux et au cours du temps, elle est à l'origine de l'immense diversité des **variétés*** dites « de pays », ou « paysannes ».

Dans ce modèle, les graines récoltées sont d'autant plus intéressantes pour constituer la semence de l'année suivante qu'elles sont foncées.
Mais le tri des graines est une tâche difficile, aux résultats imparfaits.

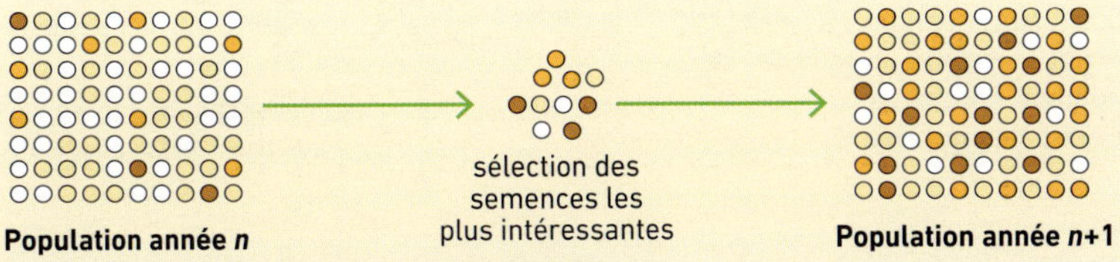

A Modélisation simple d'une sélection empirique.

B Depuis la plus haute Antiquité, les agriculteurs trient les plantes les plus performantes pour les multiplier.

Activités envisageables

Pour comprendre comment sont apparues les plantes domestiques :

- Décrivez l'intérêt, pour les populations humaines, des caractères sélectionnés au cours des premières étapes de la domestication.
- Proposez des hypothèses sur l'apparition de phénotypes modifiés au cours de la domestication.
- Expliquez comment la sélection empirique a pu influer sur les fréquences des allèles favorables aux populations humaines.

Des clés pour réussir

- Identifiez et caractérisez des caractères phénotypiques sélectionnés par l'Homme dans le processus de domestication.
- Reliez vos connaissances en génétique avec le processus de sélection.

* Lexique ➥ p. 509

Unité

2 La sélection programmée de nouvelles variétés

La sélection empirique exercée durant des millénaires ne repose que sur l'observation et le tri des plantes par les agriculteurs. À la fin du XIXe siècle, les ressources végétales deviennent un enjeu stratégique dans les sociétés industrialisées. Il faut produire plus, plus vite, plus homogène. La communauté scientifique se saisit alors de la question des semences, et révolutionne leur production.

Comment la production des semences est-elle devenue une activité commerciale spécialisée ?

1 Une sélection programmée : exemple de l'hybridation du maïs

Hybridation chez le maïs — bordas Flash PAGE animation

Dans le bulletin du comice agricole de Castres daté de février-avril 1924 (A), Carles de Carbonnières s'enthousiasme pour une technique d'**hybridation*** mise au point sur le maïs et développée dans les années 1910 aux États-Unis.

« Lorsqu'on croise entre elles deux variétés pures de Maïs, on obtient des graines, qui, semées l'année suivante, donnent la première génération hybride (F_1). Cette génération se distingue des suivantes et de ses progéniteurs par sa vigueur exceptionnelle et l'uniformité de toutes les plantes ne le cédant en rien à celles des races les plus perfectionnées. D'après les nombreuses observations faites depuis quarante ans, aux Etats-Unis, l'accroissement de récolte ainsi obtenu gratuitement et sans fumure supplémentaire, peut dépasser de 10 à 125 % le rendement moyen des géniteurs […].

Le moyen de les obtenir par grandes quantités est fort simple. Dans un champ, ensemencé avec la variété locale qui réussit le mieux, on intercale quelques lignes d'une ou plusieurs variétés différentes dont les plantes, émasculées avant la pollinisation, seront nécessairement et entièrement fécondées par la variété environnante. Les panicules mâles seront enlevées dès leur apparition entre les feuilles supérieures et de bon matin avant la déhiscence des anthères. Ce châtrage doit être poursuivi chaque jour jusqu'à ce que toutes les plantes mères soient opérées. Avant la récolte on cueillera sur pied les plus beaux épis des plantes les mieux conformées ; leur grain produira l'année suivante la première génération hybride. »

Carles de Carbonnières, « La première génération hybride de maïs », *Journal d'agriculture traditionnelle et de botanique appliquée*, 1924.

A Du principe de l'hybridation à sa mise en œuvre.

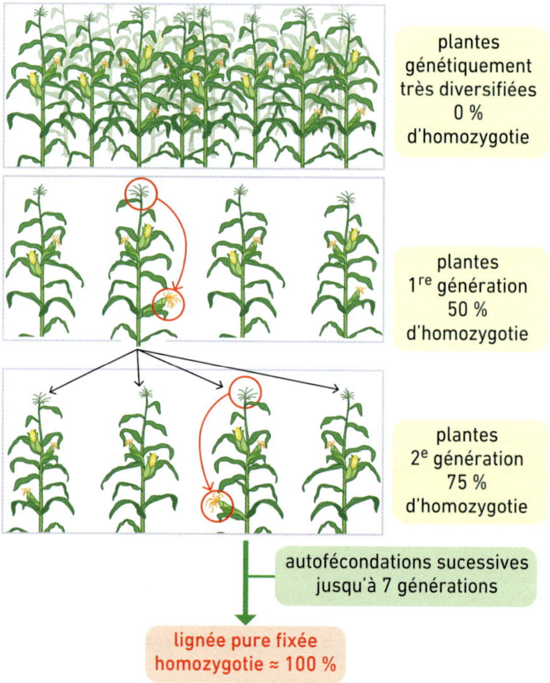

B Méthode d'obtention d'une lignée pure.

Au cours du XXe siècle, le recours à l'hybridation entre variétés se développe massivement. L'hybridation simple résulte du croisement entre deux lignées pures. Elle produit la génération F1 à l'origine d'une population aux caractéristiques homogènes et présentant un gain de vigueur, ou hétérosis*, par rapport aux deux parents. Cela est dû au fait que l'hybridation réintroduit de l'hétérozygotie. En effet, le processus d'obtention de lignées pures à partir d'individus appartenant à des variétés de « pays » conduit à un affaiblissement des plantes, du fait de l'augmentation progressive du taux d'homozygotie. Cependant, si on laisse les hybrides F1 se reproduire entre eux, la génération F2 engendrée est beaucoup plus hétérogène et bien moins productive en moyenne que la génération F1.

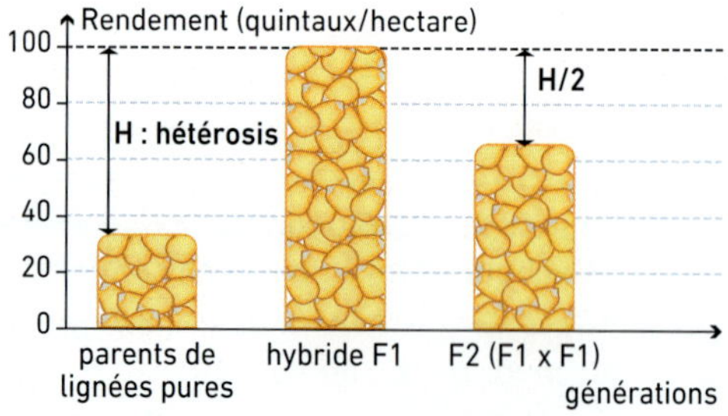

C Évolution des rendements de maïs selon les générations et les types génétiques.

2 La production de semences est devenue une activité commerciale spécialisée

Aujourd'hui, la majorité de nos plantes cultivées sont des lignées pures ou des variétés hybrides F1, issues d'une **sélection programmée***. En France, le *Catalogue officiel des espèces et variétés de plantes cultivées* compte environ 9 000 références, allant des céréales aux semences potagères, en passant par les protéagineux* et les fleurs (A). Pour obtenir le droit d'être commercialisée et entrer au catalogue, une variété doit obligatoirement passer par une procédure complexe. Elle subit des tests et doit faire preuve de son originalité, de son homogénéité, de sa stabilité.
Dès lors, la production et la commercialisation des nouvelles variétés et de leurs semences devient une activité industrielle et commerciale spécialisée, tout à fait distincte de l'activité agricole ordinaire.

1957 : production des premiers hybrides de maïs français	Les années 1970 : aubergines, carottes, concombres, courgettes	Les années 1980 : tournesol, chou-fleur, fenouil, pastèque	Les années 1990 : poireaux, radis, colza	Les années 2000 : artichaut

A Chronologie des débuts de la production de variétés hybrides de différentes espèces.

Produire une nouvelle variété de maïs hybride est un processus long et coûteux (B). Une fois leurs qualités testées et validées, des agriculteurs sont rémunérés pour multiplier les semences hybrides. Dans les champs de maïs, des lignées pures des deux parents sont semées côte à côte : une rangée de plants dits « mâles » et une rangée de plants dit « femelles » qui porteront les semences F1. Le maïs étant une espèce dioïque*, la castration des rangées femelles est indispensable, elle se fait mécaniquement ou manuellement.

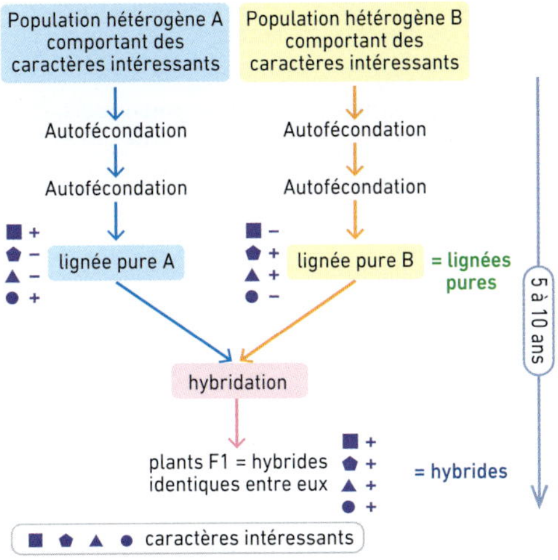

B Processus de création d'une nouvelle variété hybride par un créateur de variétés.

C Champ de production de semences de maïs : rang de pieds « mâles » (à gauche) et rangs de pieds « femelles » castrés (à droite).

Activités envisageables

Pour comprendre comment la production des semences est devenue une activité commerciale spécialisée :

- Expliquez comment les autofécondations successives au sein d'une population de plantes fortement hétérozygotes produisent finalement une lignée pure.
- Expliquez l'effet d'hétérosis à la génération F1 et la perte partielle de cet effet à la génération F2.
- Donnez des arguments qui justifient que la production de semences soit devenue une activité industrielle incontournable.

Des clés pour réussir

- Appuyez-vous sur vos connaissances en génétique.
- Vous pouvez considérer la transmission de plusieurs gènes indépendants et hétérozygotes.

* Lexique ➡ p. 509

Unité

3 Les biotechnologies et la création variétale

Depuis le début du XXe siècle, les connaissances en biologie cellulaire et en génétique associées aux progrès technologiques ont permis de développer de nouvelles techniques de création variétale, plus puissantes et plus rapides.

Quelles applications des biotechnologies permettent la création de nouvelles variétés ?

1 La production de variétés à l'aide des techniques de transgénèse

Contrairement à la sélection variétale classique, les techniques de transgénèse développées à partir des années 1970 permettent de s'affranchir des barrières entre espèces : il s'agit d'introduire dans des plantes cibles des séquences d'ADN codant pour un gène d'intérêt. Ces séquences peuvent provenir de tout type d'organisme, en vertu de l'universalité du code génétique. La commercialisation des **plantes génétiquement modifiées*** (PGM) a débuté en 1996. En 2019, ces cultures concernent 11,3 % des surfaces cultivées mondialement. Les principales espèces concernées sont le soja, le coton, le colza et le maïs-grain.

A Variété de maïs transgénique résistante à un herbicide (glyphosate). Celui-ci a été appliqué sur la culture, détruisant toutes les plantes, sauf le maïs.

	Introduction d'un gène...	
	... bactérien permettant de produire une molécule toxique pour les insectes	... bactérien permettant la résistance à des herbicides (glyphosate ou glufosinate)
Espèces receveuses	Maïs, coton, tabac, tomate, pomme de terre	Betterave, coton, maïs, soja, pomme de terre
Effets attendus	Diminution des épandages d'insecticides	Diminution du travail du sol destiné au désherbage
Limites connues à ce jour	Apparition de résistances chez les insectes et impact négatif sur les populations d'insectes non ravageurs	Augmentation de l'épandage de ces herbicides et apparition de plantes résistantes

B Exemples de gènes d'intérêt utilisés en création variétale.

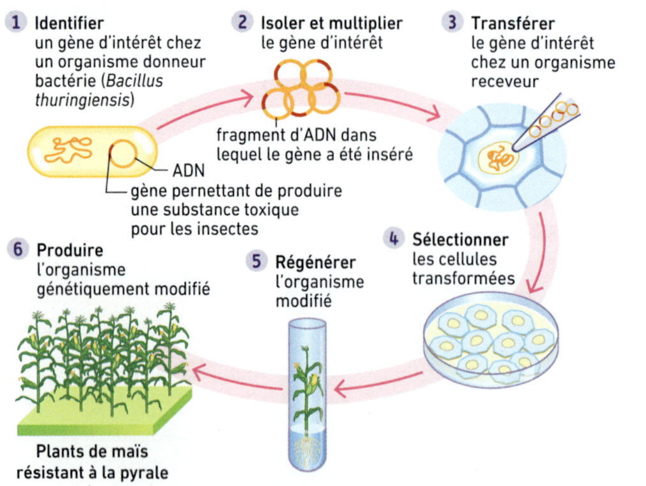

C Les étapes de la production d'un maïs génétiquement modifié.

Produire une nouvelle variété génétiquement modifiée nécessite généralement une dizaine d'années. Une technique consiste à utiliser une bactérie du sol naturellement capable d'introduire des fragments d'ADN dans les cellules végétales. Le gène d'intérêt peut aussi être collé à des billes microscopiques qui sont projetées sur les cellules cibles (canon à billes). Un champ électrique ou un agent chimique peuvent aussi être utilisés. Le transfert de gène et la régénération d'une plante entière sont les étapes les plus délicates de la transgénèse. La variété à modifier est donc choisie pour augmenter le taux de réussite de ces deux étapes, indépendamment de ses autres qualités. Pour retrouver l'ensemble des qualités recherchées, il est donc nécessaire de recourir à des croisements entre la plante transgénique et des variétés commerciales, sur plusieurs générations.

2 CRISPR-Cas9, des ciseaux moléculaires au service de la création de nouvelles variétés

En 2012, deux chercheuses, Jennifer Doudna et Emmanuelle Charpentier, publient les résultats obtenus sur la création de nouveaux allèles dans une cellule grâce à un complexe moléculaire associant un brin d'ARN et une enzyme Cas9, capable de découper l'ADN (A). Ce complexe baptisé CRISPR-Cas9 est très polyvalent : introduit dans une cellule hôte, il permet d'inactiver des gènes cibles 1, de créer de nouveaux allèles (modification ou édition de gènes) 2 ou d'insérer de nouveaux gènes 3. Il est maintenant utilisé dans de nombreux domaines dont celui de l'amélioration des plantes, à l'origine de nouvelles variétés aux propriétés intéressantes : résistance à des maladies fongiques chez le blé tendre par inactivation d'un gène ; insertion de gènes favorisant le rendement dans des variétés de tomates sauvages choisies pour leur résistance aux maladies.

Physalis pruinosa est une espèce apparentée à la tomate qui est considérée comme étant « semi-domestiquée » ; ses fruits sont petits (2 cm de diamètre) et ils tombent au sol. La plante a tendance à s'étaler en se développant, nécessitant de conserver une distance minimale d'un mètre entre les individus et ne facilitant pas la récolte des fruits. En s'appuyant sur la carte génétique de la tomate, une équipe de chercheurs américains a utilisé CRISPR-Cas9 pour modifier différents gènes chez *Physalis* de manière à améliorer ses caractéristiques. En deux ans, ils ont obtenu les résultats ci-dessous (B).

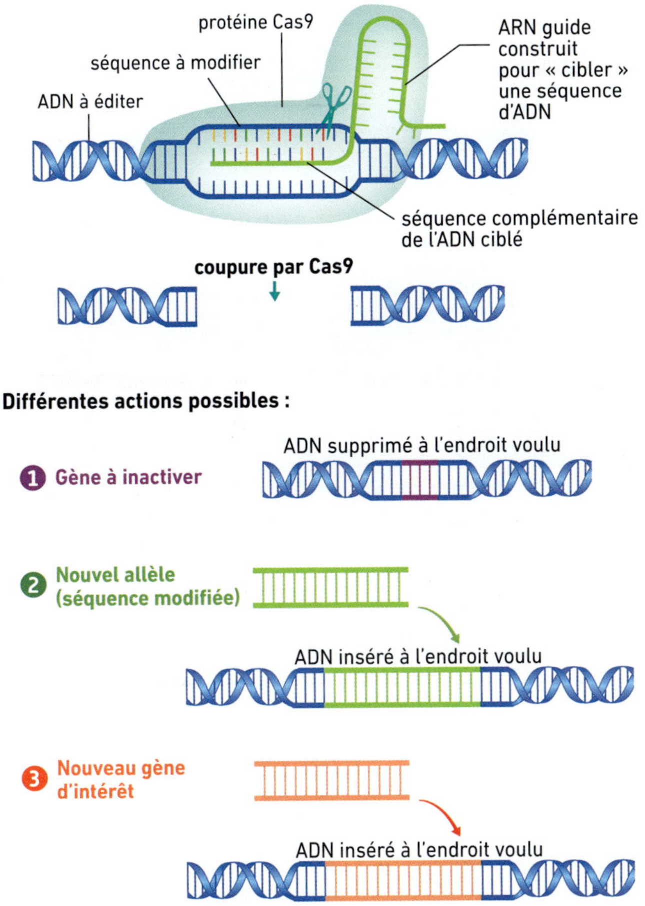

A CRISPR-Cas9, un système polyvalent.

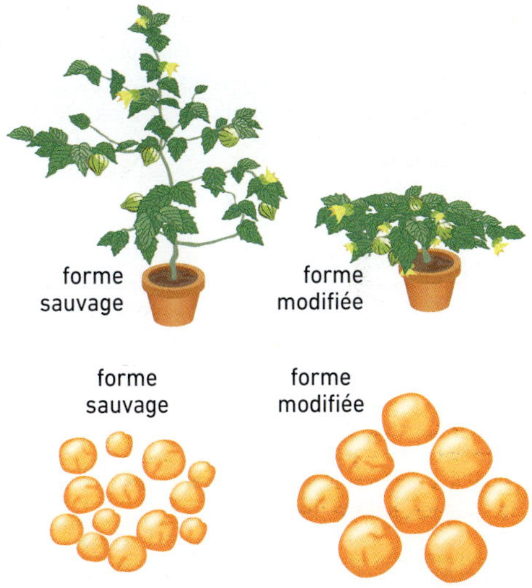

B L'utilisation de CRISPR-Cas9 pour poursuivre la domestication d'une variété.

Activités envisageables

Pour comprendre comment les biotechnologies ont révolutionné la création de variétés végétales :

- **Comparez les techniques de transgénèse avec celles utilisant CRISPR-Cas9 ainsi que les résultats obtenus.**
- **Discutez l'affirmation selon laquelle les variétés obtenues à l'aide de CRISPR-Cas9 sont des plantes génétiquement modifiées, au même titre que celles obtenues par transgénèse.**
- **Expliquez pour quelles raisons certains chercheurs estiment que le système CRISPR-Cas9 permet d'accélérer la domestication des plantes.**

Des clés pour réussir

- Faites preuve d'esprit critique et de nuance, en distinguant des cas particuliers au sein d'une même technique.
- Recherchez dans les unités 1 et 2 des éléments en rapport avec la durée des processus de domestication.

* Lexique ➡ p. 509

Les conséquences génétiques de la domestication

Depuis les premières récoltes et semis opérés par les populations néolithiques jusqu'aux ciseaux moléculaires des laboratoires de biotechnologies, toute l'histoire de la domestication des plantes a consisté à privilégier certaines caractéristiques héréditaires plutôt que d'autres.

Quels effets la domestication a-t-elle sur la diversité allélique des plantes ?

1 Évolution de la diversité allélique au cours d'un processus de domestication

Le riz est une céréale dont la domestication a débuté il y a environ 10 000 ans en Inde et en Chine. On estime qu'il existe actuellement plus de 150 000 variétés de riz, qui diffèrent par la forme du grain, sa couleur, ses qualités gustatives, son comportement gluant ou non après cuisson. Ce dernier caractère est dû au type d'amidon contenu dans le grain : plus l'amidon est riche en amylopectine* et pauvre en amylose*, plus le riz cuit sera gluant. La teneur en amylose est sous le contrôle d'un gène appelé Waxy ou Wx, codant pour une enzyme GBSSI catalysant la synthèse d'amylose. Il existe différents allèles de ce gène, permettant de produire des enzymes GBSSI plus ou moins efficaces.

A Riz cuit gluant.

B Riz cuit non gluant.

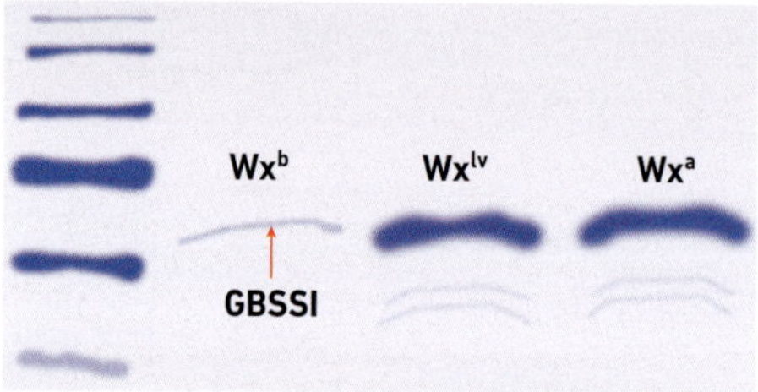

C Résultat d'une électrophorèse mettant en évidence la présence de l'enzyme dans trois variétés porteuses respectivement des allèles Wx^b, Wx^{lv} et Wx^a.

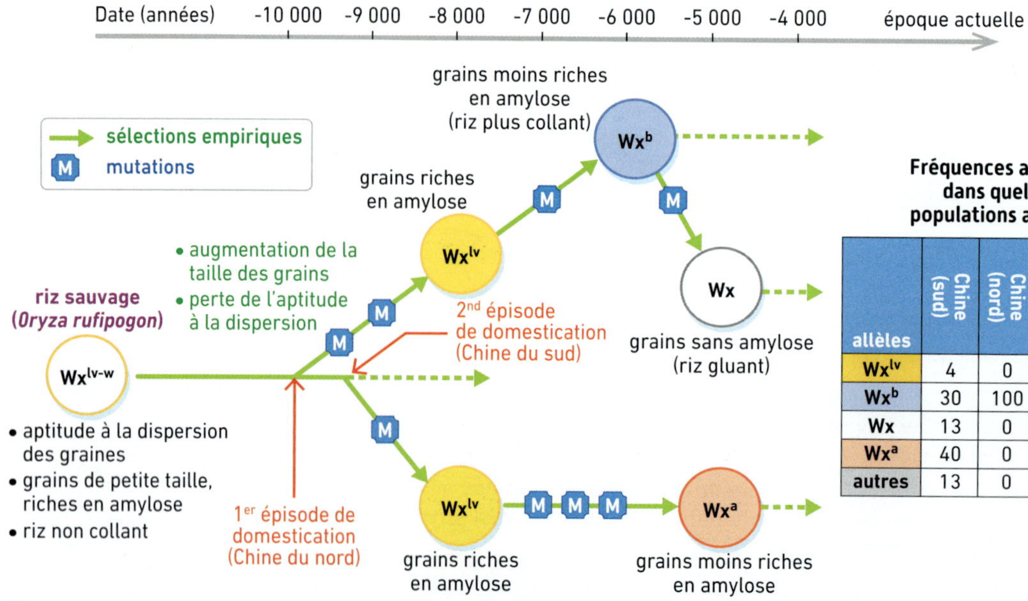

Fréquences alléliques dans quelques populations actuelles

allèles	Chine (sud)	Chine (nord)	Japon	Corée
Wx^{lv}	4	0	5	0
Wx^b	30	100	60	80
Wx	13	0	10	20
Wx^a	40	0	0	0
autres	13	0	25	0

D La diversification des allèles responsables de la texture du riz lors du processus de domestication.

2 Les effets génétiques des méthodes actuelles de création variétale

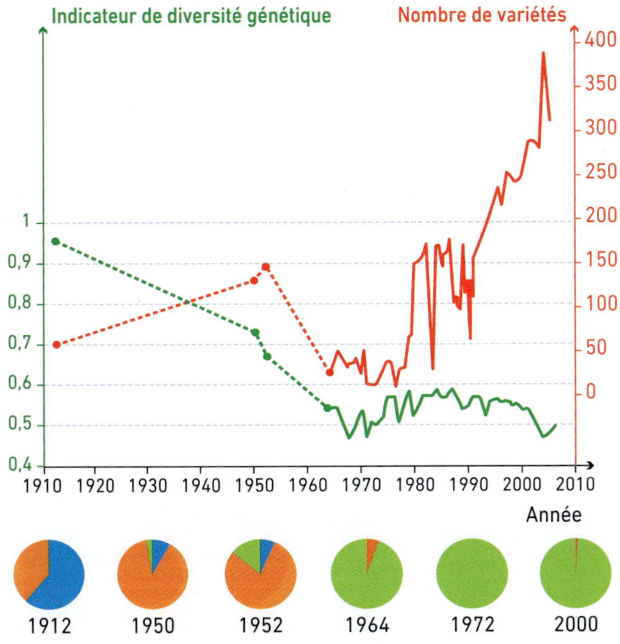

A Évolution des diversités génétique et variétale des blés cultivés en France.

Au XIXe siècle, les variétés de pays sont cultivées et font l'objet d'une sélection paysanne. Leur hétérogénéité génétique est très forte : sous une même appellation, on trouve alors des plantes semblables, mais aux génomes diversifiés.
La sélection programmée apparaît avec l'industrialisation et les nouvelles pratiques agricoles. Les « lignées anciennes » qui en résultent sont plus nombreuses et génétiquement bien plus homogènes que les variétés de pays.
Une nouvelle période de création variétale s'ouvre après la Seconde Guerre mondiale : toute nouvelle variété doit désormais obtenir une autorisation administrative pour être commercialisée. Les critères imposés par la réglementation font que ces « lignées pures modernes » sont encore plus homogènes que les précédentes. Dès 1964, elles deviennent le seul type de variétés cultivées et autorisées à la commercialisation. Ainsi, le nombre de variétés ne cesse d'augmenter mais la **diversité génétique*** intra et inter variétale ne cesse au contraire de diminuer.

B L'effondrement de la diversité génétique des plantes cultivées.

À la fin du XXe siècle, face à l'érosion génétique des variétés agricoles et aux risques potentiels posés par des situations de monopole de quelques grands producteurs de semences, un mouvement international émerge, mobilisant organismes de recherche nationaux comme l'INRA* et le CIRAD* en France, organismes internationaux et collectifs d'agriculteurs. Ce mouvement participatif vise à redonner aux agriculteurs la maîtrise de la sélection et de la production de semences, les stations de recherche venant en appui sur la réalisation et l'étude de croisements. En 2018, les eurodéputés ont voté une loi autorisant désormais les agriculteurs pratiquant l'agriculture biologique à produire leurs propres semences et à les commercialiser. La loi qui entrera en vigueur en 2021 mettra un terme à l'application du décret de 1981 qui interdit la commercialisation des semences en dehors du catalogue officiel.

C Des mouvements en faveur d'une diversité renouvelée des variétés cultivées.

D Dans sa ferme de Bourdeilles, en Dordogne, Armand Duteil examine ses semences paysannes de maïs bio. *« J'avais la volonté de rompre avec un système qui ne laisse aucun choix au producteur. [...] Je suis totalement autonome depuis 2012. »*

Activités envisageables

Pour comprendre quels effets génétiques la domestication peut avoir sur les plantes :

- **Expliquez l'apparente contradiction entre l'augmentation de la diversité allélique au cours du processus de domestication, l'augmentation du nombre de variétés et l'appauvrissement génétique des espèces cultivées.**
- **Envisagez les conséquences génétiques de l'autorisation de produire et de commercialiser des semences en dehors du catalogue à partir de 2021.**

Des clés pour réussir

- Tenez compte des temps différents liés aux processus de domestication et à l'utilisation des biotechnologies.
- Envisagez les effets de l'industrialisation et de la standardisation de l'agriculture.
- Utilisez les notions construites au cours des unités 1, 2 et 3.

* Lexique ➡ p. 509

Unité

5 Les défenses des plantes domestiques

L'agriculture intensive conduit à privilégier la monoculture, c'est-à-dire la culture sur de grandes surfaces de variétés très productives, génétiquement très homogènes.

Les plantes cultivées actuelles sont-elles plus fragiles que les plantes sauvages ? Quelles pratiques culturales peuvent contribuer à améliorer leur état sanitaire ?

1 Les défenses du chou commun contre la chenille de noctuelle

Le chou commun (*Brassica oleracea*) existe sous une forme sauvage et plusieurs variétés domestiquées. Il appartient à la famille des brassicacées comme le radis, le navet, la moutarde ou le colza. Ces plantes produisent des molécules de défense appartenant à la famille des glucosinolates (A), responsables de leur saveur amère ou piquante. Ces molécules sont toujours constituées d'une molécule de glucose et d'un groupement sulfate associé à un radical dérivé d'un acide aminé et formé d'une chaîne carbonée de longueur variable. Elles jouent un rôle défensif essentiel contre les insectes herbivores.

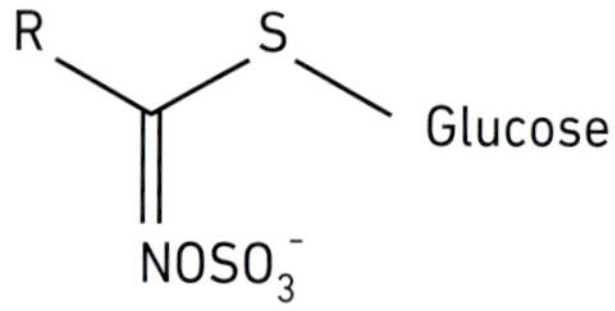

A Structure d'un glucosinolate.

B Chou sauvage.

C Variété de chou domestique : *acephala*.

D Variété de chou domestique : *capitata*.

Des chercheurs ont mesuré les niveaux de glucosinolates présents dans les feuilles de chou sauvage (B) et celles de deux variétés de choux, les variétés *acephala* (C) et *capitata* (D) avant et après introduction dans les parcelles cultivées de chenilles de la noctuelle du chou (E).

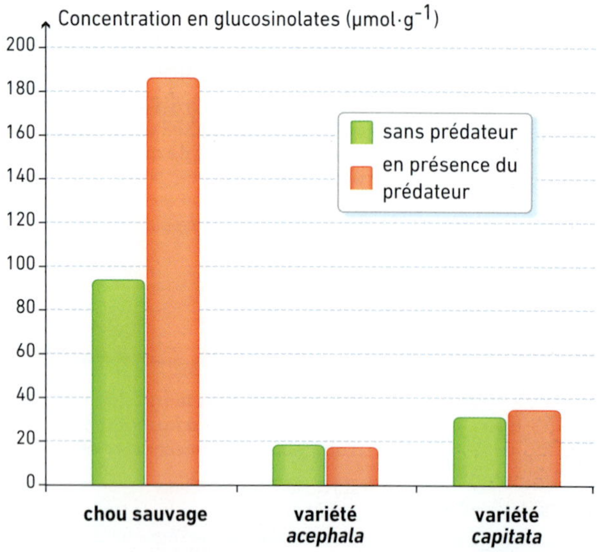

E Production de glucosinolates chez trois variétés de choux, avec ou sans prédateurs sur les plantes.

F Chenilles de noctuelle se nourrissant sur une feuille de chou.

2 Des fragilités qui peuvent être compensées par des pratiques culturales spécifiques

Le blé tendre, utilisé en boulangerie et pâtisserie, existe sous la forme de nombreuses variétés présentant des sensibilités spécifiques à différents champignons parasites à l'origine de maladies telles que les rouilles jaune et brune, l'oïdium ou la septoriose (A). Aucune variété n'est totalement résistante à l'un de ces agents. Le recours aux pesticides antifongiques* favorise les champignons résistants, entraînant une baisse de leur efficacité dans la durée. Des essais menés par l'INRA ont cherché à évaluer la pertinence de cultiver une association de quatre variétés de blé sur une même parcelle pour réduire la progression d'une de ces maladies, la septoriose (B). La période de risque, qui dure de mars à juin, est fonction de la pluviométrie. Selon la gravité de l'attaque, les pertes de rendement sont estimées entre 15 et 20 quintaux par hectare (q/ha) en cas d'infestation modérée et jusqu'à 50 q/ha en cas de forte infestation.

A La septoriose se manifeste par des lésions qui affectent les feuilles et les épis.

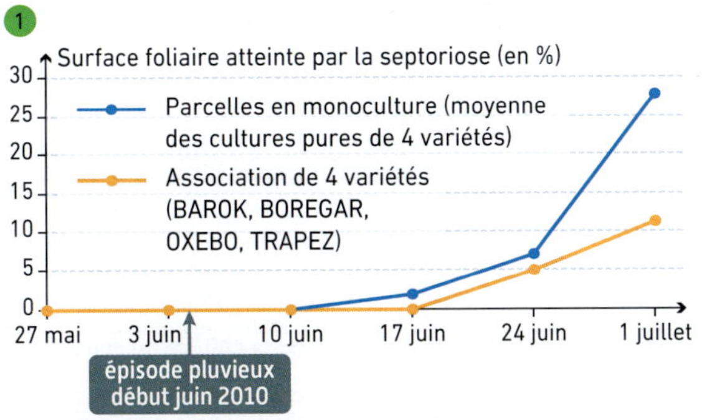

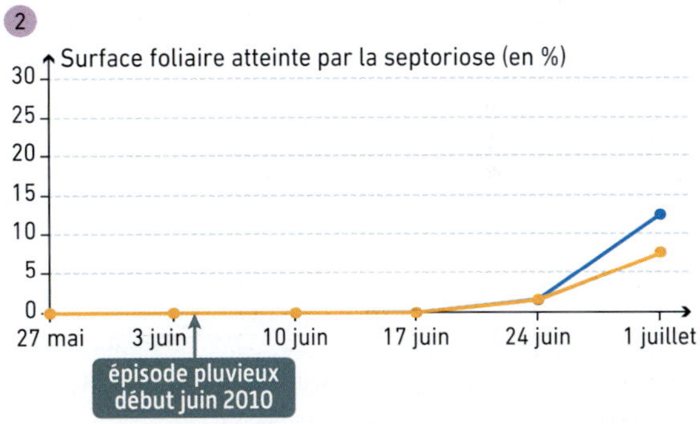

B Évolution des surfaces foliaires présentant les symptômes de la septoriose : plantes non traitées 1 et plantes traitées 2.

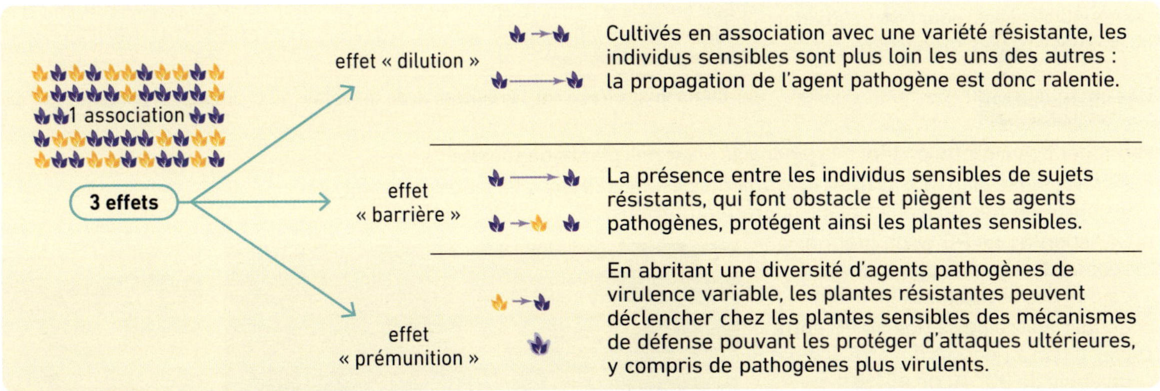

C L'association de deux variétés, l'une sensible (violet), l'autre résistante (orange) permet de limiter le développement des maladies infectieuses.

Activités envisageables

Pour comprendre le lien entre domestication, défenses des plantes et pratiques culturales :

- **Proposez des hypothèses permettant d'expliquer les différences observées entre les choux domestiques et le chou sauvage concernant leurs capacités à se défendre contre les prédateurs.**
- **Expliquez l'effet protecteur vis-à-vis de la septoriose joué par l'association des quatre variétés de blé.**

Des clés pour réussir

- Appuyez-vous sur vos connaissances concernant les mécanismes de l'évolution (Partie 1 chapitre 4).

* Lexique ➥ p. 509

Unité 6

Des ressources génétiques prometteuses

Les monocultures de variétés sensibles aux maladies et aux prédateurs conduisent les agriculteurs à utiliser des pesticides de synthèse pour à la fois maintenir les niveaux de production et obtenir de beaux fruits et légumes prisés des consommateurs. Or, ces pesticides suscitent de nombreuses interrogations concernant leurs effets sur la santé humaine et celle des écosystèmes.

Comment associer pratiques culturales et ressources génétiques des plantes dans une perspective d'agriculture durable ?

1 Associer des variétés résistantes ou tolérantes à des variétés productives grâce au greffage

La technique de greffage des arbres fruitiers existe en Europe depuis l'Antiquité. C'est dans les années 1920 que cette technique a été adaptée à la greffe de pastèque sur courge au Japon. Elle consiste à greffer une variété très productive mais sensible sur de jeunes plants d'une variété sélectionnée pour sa résistance* ou sa tolérance* aux maladies. Aujourd'hui, aubergines, courgettes, tomates, concombres et piments sont parmi les espèces les plus greffées dans des serres industrielles, pour être vendues et cultivées par les maraîchers.

	Rendement (kg par plant)	Nombre de fruits (par plant)	Nombre de nématodes (par g de racine)
Plant non greffé	4,5	20,4	224
Plant greffé sur porte-greffe tolérant aux nématodes	6,96	29,9	703

A Effets du greffage sur la tolérance aux nématodes* dans la culture du concombre sur sol infesté de nématodes.

	Nombre total de plants	Nombre de plants atteints
Plant non greffé	24	11
Plant greffé sur l'aubergine africaine jilo (*Solanum æthiopican*)	24	0

B Effets du greffage sur la résistance de la tomate au champignon parasite *fusarium*.

Activité pratique

Pratiquer une « greffe en tête à la japonaise » sur des plants de tomate :

- Installer sur le plan de travail les instruments désinfectés (scalpel, pinces à greffer), les porte-greffes (PG) et les plants à greffer (greffons) 1.
- Sélectionner un PG et un greffon 2 avec un diamètre de tige équivalent au dessus des cotylédons (1,5 à 2 mm).
- Couper au scalpel la tige du PG entre 6 et 10 cm au-dessus du terreau, avec un angle de 90° ou de 45° 3.
- Positionner la pince à greffer en haut de la tige du PG, avec la coupe à mi-hauteur de la pince 4.
- Couper la tête du greffon avec le même angle et la positionner dans la pince, en s'assurant que les deux coupes sont bien plaquées l'une contre l'autre 5.
- Placer un tuteur pour maintenir la tige du plant greffé bien verticale.
- Placer délicatement mais rapidement le plant greffé dans une armoire de culture.
- Désinfecter les instruments avant de passer à la greffe suivante.

C Un greffage réalisable en classe.

2 Les effets de l'association entre résistance et pratiques culturales chez le pommier

Le pommier, *Malus domestica*, est une des plantes cultivées les plus traitées avec une moyenne de trente-cinq traitements aux pesticides par saison, dont quinze à vingt traitements fongicides contre le champignon responsable de la tavelure, *Venturia inaequalis* (A).

Actuellement, 80 % des variétés cultivées résistantes sont porteuses du gène vf. Ce gène leur a été intégré par rétrocroisements successifs avec une espèce sauvage, *Malus floribunda*, dont les fruits de très petit calibre sont impropres à la consommation. Il aura fallu une soixantaine d'années pour développer des variétés commerciales. D'autres gènes de résistance partielle ou totale ont été identifiés, toutefois deux nouvelles souches de *Venturia* ont des caractéristiques leur permettant de contourner les mécanismes de défense liés au gène vf. Les programmes de recherche actuels visent à associer au sein d'un même individu plusieurs gènes de résistance.

Des recherches sont conduites en agriculture biologique pour associer différentes **pratiques culturales*** et diminuer l'impact de *Venturia* sur les cultures (B).

A Fruit et feuilles d'un pommier atteint par la tavelure.

Les pommes légèrement tavelées destinées à la vente sont déclassées et vendues moins cher. En cas de lésions plus importantes, des infections secondaires par d'autres pathogènes peuvent se produire et rendre les pommes impropres à la vente et à la consommation.

% de fruits tavelés à la récolte	
SANS mesures de prévention	**AVEC mesures de prévention**
3,96 % en 2003 66,4 % en 2004	0,73 % en 2003 30,2 % en 2004

• **Mesures de prévention de la maladie** chez la variété sensible « Smoothee » (ramassage et enfouissement des feuilles, traitements au soufre et au cuivre (produits autorisés en agriculture biologique).

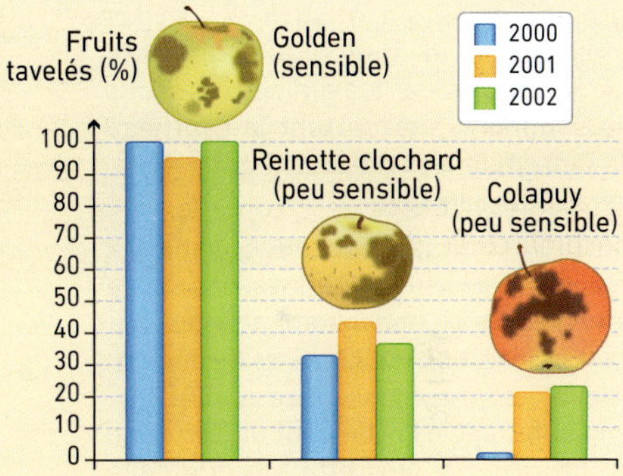

• **Recours à des variétés présentant des gènes de résistance partielle.** Ces résistances sont polygéniques, donc plus fortes.

• **Association de deux variétés**, l'une sensible (en vert clair) et l'autre résistante (en vert foncé).

fruits tavelés	
2001	27 %
2002	12 %

fruits tavelés	
2001	17 %
2002	11 %

fruits tavelés	
2001	14 %
2002	4 %

B Effets protecteurs de trois mesures pour limiter l'impact de la tavelure sur les fruits chez le pommier.

Activités envisageables

Pour comprendre comment on peut combiner ressources génétiques et pratiques culturales pour une agriculture plus durable :

- **Montrez l'intérêt de la greffe sur la tolérance aux nématodes chez le concombre, sur la résistance au *fusarium* chez la tomate.**
- **Proposez une démarche expérimentale utilisant le greffage en tête à la japonaise pour tester l'intérêt agronomique de cette technique.**
- **Montrez comment il est possible de diminuer le recours aux pesticides en arboriculture fruitière.**

Des clés pour réussir

- Raisonnez de façon comparative.
- Appuyez-vous sur les notions étudiées dans l'unité 5.

* Lexique ➡ p. 509

Unité **7**

Une relation mutualiste entre plantes et êtres humains

Les plantes domestiquées, en acquérant progressivement des caractères propices à l'agriculture et aux besoins humains, ont perdu leur aptitude à pouvoir se développer dans les conditions naturelles : elles sont devenues dépendantes de l'Homme. Réciproquement, les plantes que nous cultivons façonnent nos sociétés, et même certains aspects de notre biologie.

Quels effets la domestication des plantes a-t-elle sur les populations et les sociétés humaines ?

1 Le régime alimentaire, un exemple de pression de sélection sur les populations humaines

Les omégas 3 et 6 sont deux familles d'acides gras polyinsaturés* qui assurent des fonctions essentielles aux niveaux structural, immunitaire, cardio-vasculaire, hormonal ou encore énergétique. Le corps humain produit deux enzymes désaturases Δ5 et Δ6 qui, à partir des acides linoléique et α-linolénique apportés par les légumes et les graines que nous consommons, permettent la synthèse de l'ensemble des omégas 3 et 6 nécessaires à l'organisme.

Ces deux enzymes sont codées par deux gènes FADS1 et FADS2, localisés sur le chromosome 11. Une mutation correspondant à l'insertion de 22 paires de nucléotides a été mise en évidence sur FADS2 : cet allèle appelé I code pour une enzyme désaturase Δ6 plus efficace que celle codée par l'allèle D, non muté.

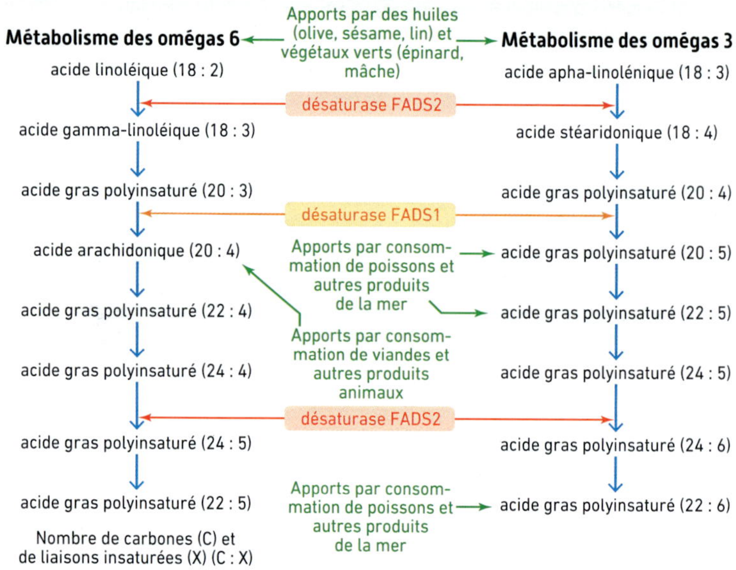

A Métabolisme des omégas 3 et 6 en relation avec les apports alimentaires.

Une étude menée sur les génotypes de 2054 individus répartis dans quatre régions du monde en relation avec leurs régimes alimentaires a produit les résultats présentés ci-dessous (B et C). Ces résultats ont conduit l'équipe de chercheurs à faire l'hypothèse que les individus porteurs d'au moins un allèle I ont été positivement sélectionnés dans un environnement offrant une alimentation principalement végétarienne.

Code	Population	Régime alimentaire type
YRI	Nigérians	majoritairement végétarien
LWK	Kenyans	
GWD	Gambiens	
ASW	Afro-américains	omnivore
TSI	Italiens	omnivore riche en légumes
FIN	Finlandais	riche en poissons et autres produits de la mer
CHB	Chinois	majoritairement végétarien
JPT	Japonais	
KHV	Vietnamiens	omnivore
PJL	Pakistanais	végétarien
BEB	Bangladais	
STU	Sri-Lankais	

B Régimes alimentaires de différentes populations.

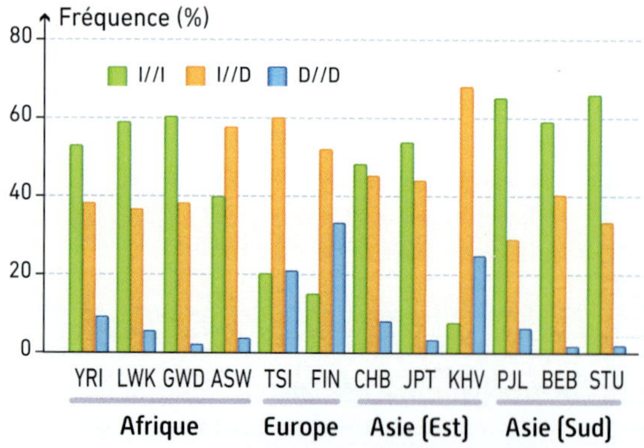

C Fréquences de trois génotypes liés au métabolisme des omégas 3 et 6 au sein de différentes populations.

2 La « révolution verte » en Inde dans les années 1960

Dans les années 1950, comme dans de nombreux pays en voie de développement, l'Inde connaît une grande insécurité alimentaire. En 1943, une famine importante au Bengale incite le gouvernement à moderniser à grands pas l'agriculture indienne. C'est au début des années 1960 qu'a lieu la première révolution verte, avec le développement de cultures céréalières à haut rendement (blés au nord, riz au sud de l'Inde). Les rendements agricoles triplent, assurant une auto-suffisance alimentaire pour les céréales. Si les périodes de famine sont enrayées, 40 % environ des paysans, restés à l'écart de cette révolution, sont demeurés très pauvres. Les autres sont entrés dans un système de production qui a profondément bouleversé leur mode de vie (A).

Axe biochimie	Axe mécanisation	Axe socio-économique
• Sélection de semences hybrides • Utilisation d'engrais et de pesticides	• Pompes électriques ou diesel pour l'irrigation • Mécanisation des pratiques • Amélioration des transports	• Redistribution des terres • Accès au crédit • Accès à des aides financières
• Augmentation des récoltes • Contrôle des ravageurs et des maladies des cultures • Dégradations de l'environnement	• Contrôle des apports en eau • Augmentation de la productivité du travail agricole • Augmentation des surfaces cultivées • Meilleur accès aux marchés agricoles	• Regroupement de fermes • Meilleures semences et autres intrants accessibles pour les agriculteurs pauvres • Plus forte dépendance technique et économique vis-à-vis des intrants • Plus forte sensibilité face aux aléas du marché

A Les trois axes de la révolution verte et la diversité de leurs effets.

Aux débuts des années 1960, les fondations Rockefeller et Ford fondent aux Philippines l'IRRI, Institut international de recherche sur le riz. De très nombreuses expériences d'hybridation aboutissent à la création d'une variété à très haut rendement, IR8, obtenue par croisement entre les variétés Peta et DGWG.

Nekkanti Subba Rao est un des premiers agriculteurs à avoir cultivé IR8 en 1967. Il se souvient de sa première récolte « *À l'époque, on ne pouvait espérer qu'un maximum d'une tonne et demi par hectare. Le rendement était là de 10 tonnes par hectare !* ».

B Repiquage du riz à Goa (en Inde).

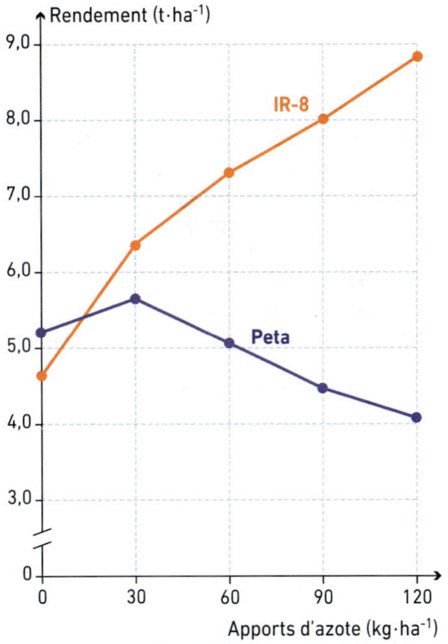

C Réponses comparées des variétés IR-8 et Peta à la fertilisation azotée.

Activités envisageables

Pour connaître quelques influences des plantes cultivées sur l'Homme et la société :

- **Donnez des arguments en faveur de l'hypothèse élaborée par les chercheurs pour expliquer la distribution des génotypes de FADS2 au sein des populations humaines.**
- **Caractérisez les changements agronomiques, sociaux et économiques qui ont accompagné la diffusion de la variété à haut rendement IR8 lors de la révolution verte en Inde.**

Des clés pour réussir

- Mettez en relation les caractéristiques des allèles, les rôles des enzymes et les régimes alimentaires des populations.
- Vous pouvez présenter les effets d'IR8 sous la forme d'une carte mentale.

* Lexique ➥ p. 509

Bilan des connaissances — La domestication des plantes

Préparez le Grand oral p. 519

1 Les processus de domestication des plantes

Les débuts de la domestication

Au sortir de la dernière grande glaciation, il y a environ 11 000 ans, des populations de chasseurs-cueilleurs ont commencé à semer les graines des plantes sauvages qu'elles consommaient. C'est le début de l'agriculture. Récolte après récolte, **une relation mutualiste** entre plantes cultivées et êtres humains s'est établie.

Les agriculteurs ont plus ou moins volontairement exercé une pression de **sélection empirique** sur ces plantes cultivées en favorisant la reproduction des individus les mieux adaptés au nouvel environnement que constitue le champ. Ainsi, les plantes dont les graines ou fruits murissent de façon synchrone et ne tombent pas spontanément au sol une fois à maturité ont été sélectionnées. D'autres pressions de **sélection artificielle** ont joué, notamment en faveur de la reproduction des individus dont les parties consommées (fruits, graines, organes de réserves…) présentaient les « meilleurs » phénotypes (taille, qualités gustatives et nutritives…). **Les plantes sauvages sont ainsi devenues peu à peu des plantes domestiquées**, dépendantes de l'Homme pour leur reproduction (semis, récolte des semences) et pour leur développement (travail du sol, désherbage, fertilisation, irrigation).

Réciproquement, **la domestication des plantes a sédentarisé les populations humaines**, provoquant la transformation de sociétés nomades en des sociétés aux structures sociales et économiques de plus en plus complexes.

Ce processus s'est produit dans différents lieux du globe, donnant naissance aux espèces de plantes domestiquées : le maïs au Mexique, le blé et l'orge au Moyen-Orient, le riz en Asie, par exemple.

Au cours des siècles, les plantes cultivées se sont dispersées sur la planète, suivant les populations humaines dans leurs migrations. **Des pressions de sélection diversifiées** selon les régions ont permis l'émergence **de nombreuses variétés** au sein de chaque espèce de plante cultivée (variétés de pays).

L'accélération du processus de domestication

La sélection empirique produit des populations de plantes cultivées aux caractéristiques hétérogènes. Au cours du XIXe siècle, la modernisation de l'agriculture européenne et l'industrialisation des filières de transformation nécessitent des plantes calibrées, adaptées aux machines. De plus, il est nécessaire d'améliorer les rendements agricoles pour rentabiliser les machines et nourrir une population qui s'urbanise. C'est dans ce contexte que débutent les premières expériences d'hybridation sur le maïs. Il faut cependant attendre le début du XXe siècle pour que soient mises au point des techniques de **sélection programmée** à grande échelle. L'**hybridation de lignées pures** sélectionnées pour leurs qualités agronomiques conduit à une **hausse significative des rendements agricoles** et à une **homogénéisation des populations variétales**. La création de variétés hybrides s'appuie sur une recherche agricole qui se professionnalise. Elle s'accélère à partir des années 1960 du fait de l'accumulation des connaissances sur la physiologie et la génétique des plantes. La création de ces variétés de plus en plus productives s'accompagne d'une intensification croissante de l'agriculture, afin de répondre aux besoins de ces plantes et aux besoins alimentaires de populations humaines en croissance exponentielle après la Seconde Guerre mondiale.

La création variétale se poursuit dans les années 80 et 90 grâce à la mise au point de nouvelles biotechnologies. Associée à la mise au point antérieure des techniques de **culture *in vitro***, la production de **plantes génétiquement modifiées** constitue une rupture technologique majeure, car elle permet d'inscrire dans le génome d'une plante de nouveaux caractères, comme la résistance à des maladies ou à des herbicides, en s'affranchissant des barrières entre espèces.

Au XXIe siècle, l'**édition génomique**, facilitée par la mise au point du système moléculaire CRISPR-Cas9, ouvre de nouvelles perspectives dans la création variétale. Introduisant des caractères agronomiquement intéressants dans des variétés anciennes (voire dans des plantes sauvages) aux caractéristiques plus robustes que les variétés récentes, l'édition génomique permet en effet d'envisager **une domestication génétiquement ciblée et accélérée** (en quelques années seulement).

La création des variétés nouvelles suit un processus complexe et très coûteux, souvent émaillé d'échecs, qui ne peut être mené qu'à une échelle industrielle. **Une filière spécialisée dans la création, la production et la commercialisation de semences** s'est ainsi constituée. Des législations nationales et supranationales soucieuses de protéger les industries semencières et la qualité des semences encadrent cette filière, interdisant par exemple la vente de semences entre agriculteurs. Cependant, la tendance actuelle est en faveur d'un relâchement des contraintes : ainsi, la législation européenne redonne à partir de 2021 la liberté aux agriculteurs biologiques de produire et de commercialiser leurs propres semences.

2 Les effets de la domestication des plantes

Les effets sur les plantes

Le processus de domestication des plantes a eu deux effets génétiques majeurs. Il a favorisé la fixation dans les populations cultivées de mutations pour des caractères particuliers (gènes contrôlant par exemple le rendement, la précocité, la couleur, le goût…) et ainsi contribué à une **forme de biodiversité**. Il a cependant aussi entraîné **un appauvrissement génétique global** des variétés cultivées du fait :

- de la perte de caractères présents chez les ancêtres sauvages des plantes domestiquées (par exemple la perte des capacités de dissémination des semences) ;
- de la sélection programmée de nouvelles variétés, à partir du XXe siècle, qui repose sur un nombre très restreint d'allèles jugés intéressants ;
- de l'abandon des variétés de pays (génétiquement assez diversifiées) au cours de la seconde moitié du XXe siècle, sous l'effet de l'industrialisation de l'agriculture et de législations très contraignantes.

La sélection variétale a aussi conduit à conserver **des variants génétiques moins résistants aux ravageurs et maladies des cultures.** Les cultures monovariétales et donc génétiquement uniformes, sur de grandes surfaces, favorisent le développement rapide de ces ravageurs et maladies au sein des populations. Pendant plus de cinquante ans, la réponse principale a été de multiplier les traitements pesticides (fongicides et insecticides principalement) pour conserver de hauts rendements. Actuellement, la nécessité de développer une agriculture plus respectueuse de l'environnement et de la santé humaine oriente la recherche agronomique vers :

- **la valorisation de ressources génétiques** existant chez des variétés de pays ou des plantes sauvages, permettant la création de nouvelles variétés productives mais résistantes ou tolérantes vis-à-vis des prédateurs et maladies ;
- **la mise au point de nouvelles méthodes de culture**, visant à compenser les fragilités des plantes cultivées tout en limitant le recours aux intrants chimiques (cultures associées, greffes, traitements autorisés en culture biologique, etc.).

Les effets sur les populations humaines

Les débuts de la domestication ont entraîné **la constitution et l'organisation sociale et culturelle des premières sociétés sédentaires**, en assurant notamment une forme de sécurité alimentaire. **L'amélioration variétale et le développement de l'agriculture intensive** à l'échelle mondiale a, au cours du XXe siècle, contribué à éliminer la plupart des famines et périodes de disette, permettant une croissance exponentielle de la population humaine. Cette agriculture reposant sur des semences sélectionnées pour leur haut niveau de performance, mais très consommatrice d'intrants (eau, engrais, pesticides, machines et carburants) semble avoir atteint ses limites, qu'il s'agisse du respect de l'environnement, de celui de la santé humaine ou des aspects économiques et financiers. De nouvelles agricultures émergent, dont l'agriculture biologique, qui s'appuient sur les connaissances actuelles pour envisager des stratégies durables associant à la fois productivité, qualité des produits et sécurité alimentaire, tout en permettant aux agriculteurs de vivre décemment de leur travail.

Outre ses effets sociaux, la domestication des plantes a eu des conséquences sur la génétique des populations humaines. Celles-ci ont adopté des régimes alimentaires diversifiés selon les régions du monde, en rapport avec les principales plantes cultivées localement. Ces régimes alimentaires ont pu exercer **des pressions de sélection sur les allèles** de certains gènes impliqués dans la digestion de nutriments ou le métabolisme. C'est ainsi qu'un allèle qui stimule la voie métabolique des acides gras omégas 3 et 6 (peu abondants dans les végétaux consommés) est nettement plus fréquent dans les populations principalement végétariennes que dans celles où l'on consomme surtout poissons et autres produits de la mer, riches en omégas 3 et 6.

Diversité des fruits exotiques.

L'essentiel

La domestication des plantes

bordas Flash PAGE podcast

DYS

À retenir

La domestication des plantes

La **domestication** des plantes est un processus mené par l'Homme qui sélectionne chez la plante des caractères désirables, en relation avec ses besoins et ses techniques agricoles. Les plantes résultant de ces sélections successives sont de plus en plus dépendantes de l'Homme pour leur survie.

Les étapes de la domestication des plantes

Les premières cultures de **plantes sauvages** à partir de –11 000 ans ont provoqué l'évolution progressive de ces plantes, soumises à **une sélection empirique** par l'Homme. Des caractères indispensables à la vie sauvage ayant été perdus, ces plantes cultivées sont devenues des **plantes domestiquées**. Leur diffusion hors des régions d'origine et la poursuite de sélections empiriques ont abouti en quelques milliers d'années à la production de nombreuses **variétés** présentant des caractères très différents des populations ancestrales. Au XXe et au XXIe siècles, les progrès technologiques liés à l'amélioration des connaissances en génétique et en physiologie végétale ont permis d'accélérer la création de nouvelles variétés à l'aide de la **sélection programmée** et de biotechnologies comme la **transgénèse** et, depuis peu, l'**édition de gènes**.

Les conséquences de la domestication sur les plantes

Les variétés créées par l'Homme sont de plus en **plus productives** et ont donc des besoins accrus ; elles sont aussi **génétiquement moins diverses** que les espèces sauvages et, de ce fait, **plus sensibles** aux maladies et aux prédateurs. Leur culture nécessite donc la mise en œuvre de techniques de plus en plus intensives, incluant l'utilisation d'intrants comme les engrais et les pesticides. La création de variétés se traduit aussi par la nécessité de produire des semences commerciales qui garantissent l'homogénéité des populations végétales.

Les conséquences de la domestication des plantes pour l'Homme

La création de nouvelles variétés de plus en plus productives a participé à l'**expansion démographique de l'Homme** sur la planète en améliorant sa sécurité alimentaire. La domestication des plantes a aussi contribué à la **sélection d'allèles au sein des populations humaines** en fonction de leurs régimes alimentaires. Aujourd'hui, le changement climatique et les effets de l'agriculture intensive sur l'environnement et sur la santé humaine nécessitent de créer des variétés productives et plus robustes, tout en développant de **nouvelles pratiques culturales**.

Mots-clés

Diversité génétique • Domestication • Hybridation • Plante domestiquée • Plante génétiquement modifiée • Plante sauvage • Pratiques culturales • Sélection artificielle • Sélection programmée • Variété

Schéma bilan

La domestication des plantes

plantes sauvages
(300 000 espèces connues)

Il y a 11 000 ans
les débuts de l'agriculture

plantes domestiquées
(environ 200 espèces)

Des millénaires de domestication
Sélection empirique, par les agriculteurs
- perte de caractères nécessaires à la vie sauvage
- fixation de caractères « intéressants » pour l'Homme
- dépendance mutuelle et coévolution Homme/plantes
- rendements faibles

nombreuses variétés
« de pays »

Depuis un siècle :
Sélection programmée, par les semenciers
- réduction de la diversité allélique
- perte de défenses chimiques (plantes plus fragiles)
- augmentation des rendements (monoculture)
- utilisation massive des intrants (engrais, pesticides)

petit nombre de variétés
(lignées pures, variétés hybrides)

Actuellement

Plante génétiquement modifiée

Utilisation des biotechnologies
- transgénèse
- édition de gènes

Domestication accélérée

Vers une agriculture plus durable ?

Valorisation des ressources génétiques
Recherche de gènes intéressants
- chez des plantes sauvages
- chez les variétés « de pays »

Cultures associées

Changement des pratiques culturales
- limitation des intrants
- cultures associées
- greffage

Exercices Autoévaluation

Réponses voir p. 502

1 Retour vers les problématiques

Relisez la page « S'interroger avant d'aborder le chapitre » (p. 259). À l'aide de ce que vous savez à présent, répondez aux questions que vous aviez formulées.

2 QCM

Pour chaque affirmation, choisissez l'unique bonne réponse.

1. Les débuts de la domestication des plantes ont en général conduit à une augmentation :
- a. de la résistance aux maladies et aux ravageurs ;
- b. de la taille des organes comestibles ;
- c. de l'aptitude à la dispersion des graines ;
- d. de la diversité allélique.

2. Une lignée pure s'obtient :
- a. après une génération obtenue par autofécondation chez des plantes hétérozygotes ;
- b. par des autofécondations successives chez des plantes initialement hétérozygotes ;
- c. par fécondation croisée entre plantes homozygotes ;
- d. par fécondation croisée entre plantes hybrides.

3. La technique impliquant le complexe CRISPR-Cas9 est :
- a. la première méthode utilisée pour obtenir des plantes génétiquement modifiées ;
- b. une biotechnologie performante pour modifier précisément le génome ;
- c. une nouvelle pratique culturale ;
- d. une technique d'hybridation entre plantes de lignées pures.

4. Les greffes en agriculture sont utilisées pour :
- a. associer deux variétés peu productives mais résistantes à des maladies ;
- b. créer de nouvelles variétés ;
- c. associer une variété tolérante ou résistante à une maladie et une variété productive ;
- d. associer deux variétés productives, sensibles aux maladies.

3 Vrai ou faux ?

Repérez les affirmations exactes et corrigez celles qui sont inexactes :

- a. L'hybride de génération F1 est plus productif que ses deux parents de lignée pure mais moins que les hybrides de génération F2.
- b. La domestication des plantes a favorisé la diversité variétale mais pas la diversité génétique.
- c. Les plantes domestiquées sont plus résistantes aux maladies que les plantes sauvages.
- d. Les variétés cultivées actuellement en France sont presque toutes des variétés « de pays ».
- e. Les plantes sauvages et les variétés « de pays » contiennent des ressources génétiques à valoriser.

4 Questions à réponses courtes

1. Pourquoi associe-t-on parfois des variétés différentes dans un même champ ?

2. Pourquoi dit-on que les plantes domestiquées dépendent des humains ?

3. Pourquoi dit-on que les plantes domestiquées contribuent à l'évolution génétique de l'espèce humaine ?

5 Présenter les différences entre...

- a. Une plante sauvage et une plante domestiquée.
- b. Diversité génétique et diversité variétale.
- c. Sélection naturelle et sélection artificielle.
- d. Sélection empirique et sélection programmée.

6 Apprendre en s'interrogeant

1. Cachez l'une des colonnes du tableau et retrouvez ce que contient l'autre (à faire seul ou à plusieurs).

2. Vérifiez vos réponses, et reprenez si besoin les notions concernées.

Notion	Définition
Sélection empirique	Sélection des plantes présentant les phénotypes les plus intéressants au sein d'une population, afin de constituer les semences à l'origine de la génération suivante.
Hétérosis	Supplément de vigueur de l'hybride F1 par rapport à ses parents homozygotes, du fait de son hétérozygotie.
Plante domestiquée	Plante ayant subi une sélection artificielle pour satisfaire nos besoins, et ayant conduit la plante à perdre ses capacités d'adaptation à la vie sauvage.
Pratiques culturales	Ensemble de techniques mises en œuvre par les agriculteurs pour cultiver les plantes et aboutir à une récolte.

7 Compléter un schéma

Recopiez ce schéma en remplaçant les nombres par les légendes adaptées.

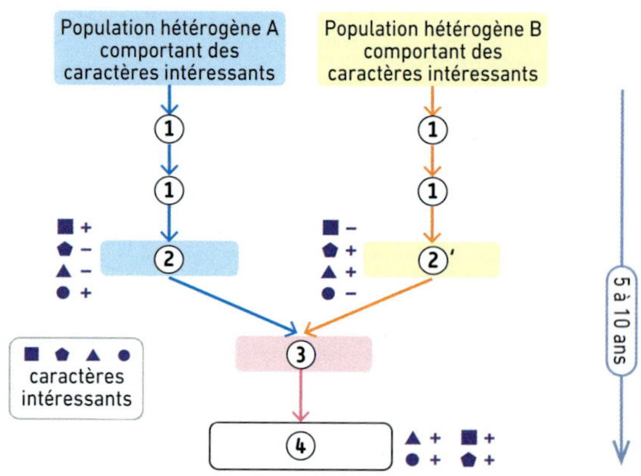

★ facile ★★ intermédiaire ★★★ confirmé

8 Lire et exploiter un graphique

★ Depuis le début des années 2000, des variétés de maïs, soja et coton génétiquement modifiées pour être résistantes à un herbicide, le glyphosate, sont cultivées aux États-Unis. Une étude américaine a évalué l'évolution des quantités épandues ainsi que l'apparition d'herbes résistantes au glyphosate dans les champs cultivés de ces variétés.

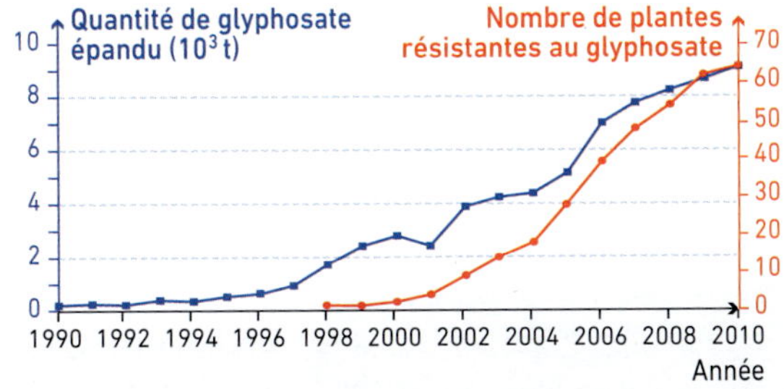

Décrivez les variations observées et mettez-les en relation.

9 Mener une recherche sur Internet

★★ Le tableau suivant nous informe de l'évolution de la productivité des variétés de blé en France depuis 1862.

Année	1862	1910	1950	1961	1964	1972	1980	1990	2000	2009
Rendement moyen du blé (q/ha)	10	10	16	24	31	46	52	65	76	74

Identifiez les grandes phases de cette évolution, puis recherchez sur des sites institutionnels (ministère de l'Agriculture ou FAO par exemple) si la tendance amorcée ces dernières décennies semble se confirmer ou non.

10 Communiquer par écrit

★★ La sélection empirique, puis les techniques modernes de création de variétés ont eu pour effet de réduire globalement la diversité allélique.
Rédigez un texte explicatif présentant ce processus à partir du schéma suivant.

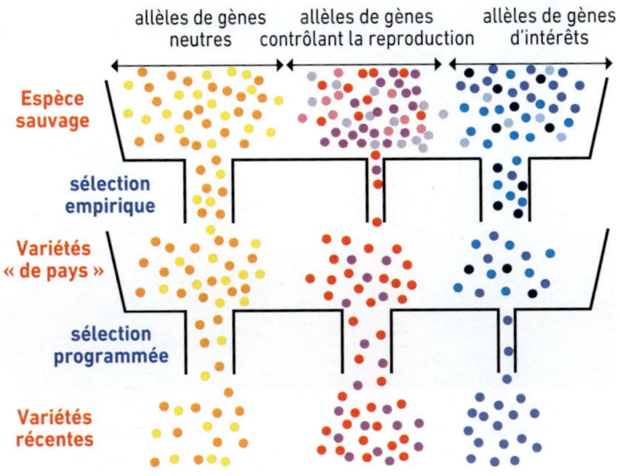

Création de variétés.

11 Proposer une pratique culturale

★★ Une étude a cherché à identifier des variétés de tomates résistantes au virus responsable de la mosaïque, une infection contre laquelle aucun traitement n'existe. Différentes variétés de pays (représentées par des numéros) et deux variétés commerciales connues pour leur productivité (Roma et Riogrande) sont cultivées sous serre et exposées au virus de la mosaïque.

À partir des résultats de cette étude, proposez des solutions permettant de poursuivre la culture des variétés commerciales et indiquez comment tester leur efficacité.

Variété	Perte de taille (%)	Perte de masse des racines (%)	Perte de masse des tiges (%)
6231	20,6	64,3	48,1
6234	36,9	73,6	45,8
17872	41,9	56,9	46,1
17883	14,4	37,8	26,9
17902	2,0	2,0	1,9
19842	50,1	77,7	55,1
Roma	42,0	75,3	50,5
Riogrande	47,1	75,6	51,0

Résultats des mesures après 5 semaines de culture.

12 Comprendre nos responsabilités en matière de préservation de la biodiversité cultivée

★ La verse se produit lorsque les plantes se couchent sous l'effet du vent et de la pluie, rendant la récolte difficile et diminuant sa qualité et son rendement. Chez le riz, le gène SD1 contrôle la longueur des tiges. Lors du processus de domestication, une mutation a produit un allèle récessif sd1 à l'origine de variétés semi-naines, donc plus résistantes à la verse. L'accroissement des risques d'inondation en lien avec le changement climatique a entraîné un regain d'intérêt pour l'allèle SD1 présent chez les variétés de pays.

En vous appuyant sur l'exemple du gène SD1, expliquez l'intérêt de conserver les anciennes variétés de plantes cultivées.

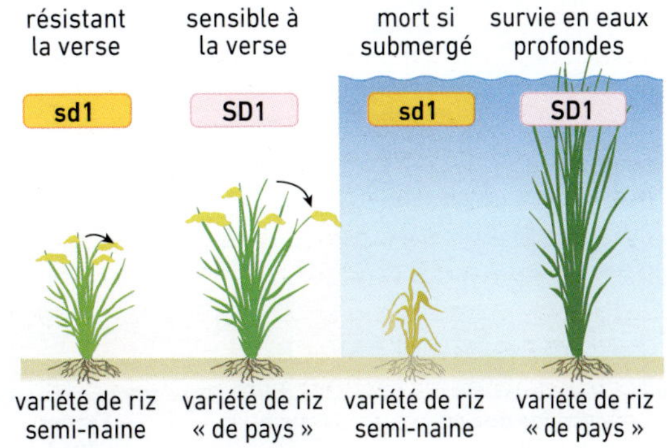

Différentes variétés de riz.

13 Étude de la résistance aux infections virales en agriculture intensive

★★

Une des caractéristiques de l'agriculture intensive est la culture monovariétale (ou monoculture) sur de vastes parcelles. Une équipe internationale de chercheurs a voulu caractériser l'impact des pratiques culturales sur l'état sanitaire des plantes. Elle doit présenter ses résultats lors d'un colloque international.

À l'aide de vos connaissances et de l'exploitation des documents, rédigez une présentation de cette recherche et proposez une ou plusieurs hypothèses permettant d'expliquer ses résultats.

Deux zones ont été sélectionnées pour la coexistence de monocultures et d'habitats naturels peu, voire non modifiés par les activités humaines. La recherche a été conduite sur chaque site en 2010 et en 2012. Les prélèvements réalisés en Afrique du Sud en 2012 se sont avérés inexploitables du fait de contaminations ultérieures. Dans chaque zone, 1 725 échantillons géolocalisés de plantes ont été prélevés et analysés pour détecter la présence d'ADN et d'ARN indiquant l'existence d'infections virales.

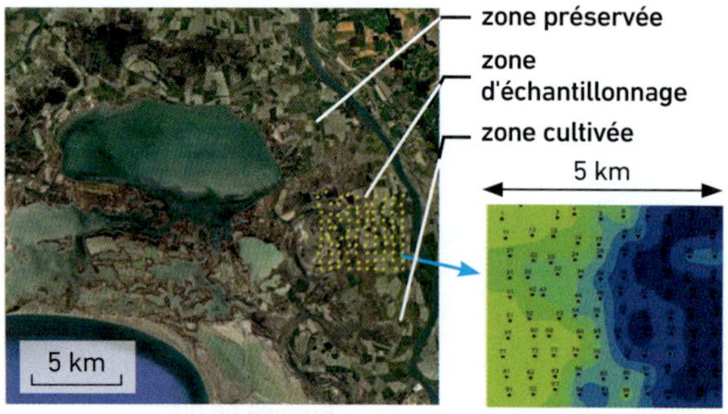

A **En France, dans le delta du Rhône, une interface comprenant des champs cultivés de blé d'hiver, de riz et de luzerne et des marais salants ainsi que des prés a été retenue.**

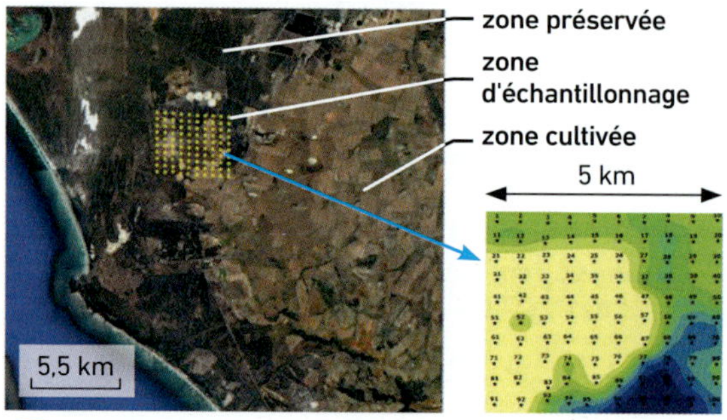

B **En Afrique du Sud, une zone située dans la région du Cap associant une réserve naturelle intégrant le fynbos et des champs d'orge et de blé d'hiver a été retenue.**

- cultures intensives
- forêts cultivées et pâturages
- jachères et champs abandonnés
- espaces naturels dégradés
- espaces naturels préservés

Les résultats obtenus sont présentés dans le document C. Par ailleurs, l'étude de la diversité des familles virales identifiées dans les échantillons a montré une plus grande diversité dans les zones cultivées en agriculture intensive que dans les zones non cultivées.

Chez les plantes, la plupart des virus sont transmis par des vecteurs, en général des insectes piqueurs-suceurs tels que les pucerons.

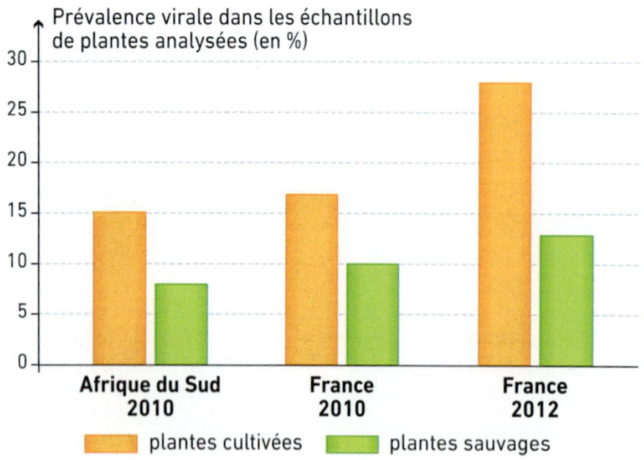

C **Résultats de l'étude.**

D **Le fynbos est un écosystème caractéristique de la côte australe de l'Afrique du Sud, au climat méditerranéen. Il présente une grande richesse floristique et faunistique.**

PRÉPA BAC

À la date de publication de ce manuel, les notions enseignées dans ce chapitre sont exclues de l'épreuve écrite et de l'épreuve pratique.

Épreuve écrite

Rédaction d'un texte argumenté pour répondre à une question scientifique

14 Les conséquences de la domestication sur les plantes cultivées

La domestication des plantes est un processus débuté il y a 11 000 ans environ, et qui s'est poursuivi durant toute l'histoire de l'humanité.

À l'aide de vos connaissances, vous argumenterez le fait que la domestication des plantes peut être considérée comme un exemple d'une coévolution plante-Homme. Vous appuierez vos propos par des exemples précis.

Documents proposés

L'amidon est un glucide complexe riche en énergie fabriqué par les plantes, qui joue un rôle de réserve. Il est présent en abondance dans de nombreux tubercules, mais aussi dans des graines, par exemple celles des poacées. Cette famille est à l'origine des céréales (blé, orge, riz, mil, maïs...) qui constituent la base alimentaire de la plupart des populations humaines. La digestion de l'amidon débute dans la bouche grâce à une enzyme, l'amylase salivaire, codée par le gène AMY1.

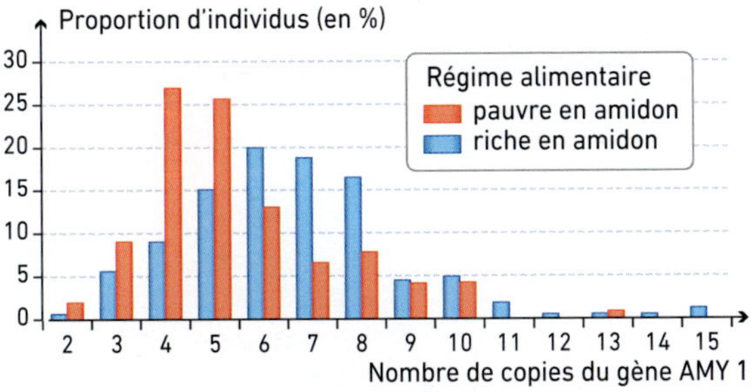

A Répartition du nombre de copies du gène AMY1 dans deux populations à régime alimentaire différent.

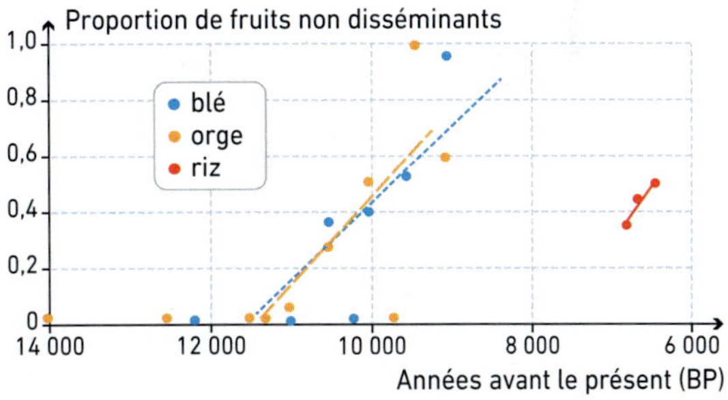

B Fréquence des formes de céréales ne disséminant pas leurs fruits aux débuts du processus de domestication.

Épreuve pratique

Pour s'entraîner à l'Évaluation des Capacités Expérimentales

15 Présenter et interpréter des résultats

Deux individus appartenant à des espèces différentes ne peuvent en principe pas se reproduire par voie sexuée. L'obtention d'hybrides végétaux interspécifiques présente pourtant un grand intérêt pour la recherche et pour l'agriculture. **On cherche à mettre au point une technique d'hybridation utilisant des cellules débarrassées de leur paroi, appelées protoplastes.**

Des protoplastes de poireau et de chou rouge ont été préparés, puis mélangés dans une chambre humide réalisée à l'aide d'une lame et de trois lamelles de verre. Après quelques minutes, les photographies ci-contre on pu être réalisées.

Rendez compte des résultats de cette expérience sous la forme de dessins d'observation. Commentez-les et rédigez un texte pour répondre à la problématique.

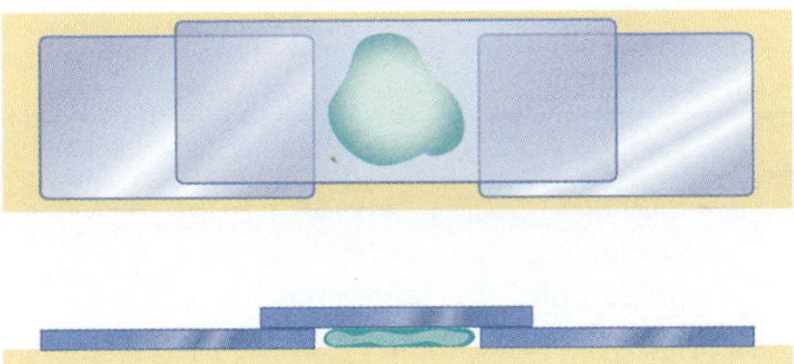

A Préparation de l'observation microscopique.

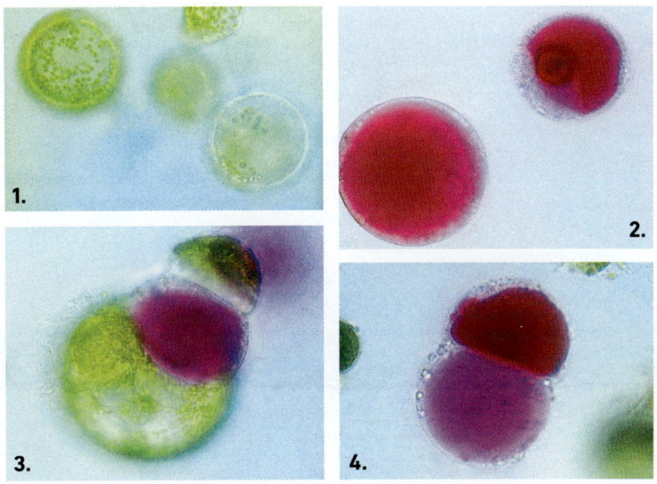

B Quelques exemples d'observations au microscope optique.

PRÉPA BAC

À la date de publication de ce manuel, les notions enseignées dans ce chapitre sont exclues de l'épreuve écrite.

Raisonnement scientifique

Construisez et exposez votre propre démarche pour résoudre le problème posé

16 Des blés sauvages aux blés tendres actuels

Riche en énergie, facile à récolter, à transporter et à conserver, le blé est devenu indissociable de la culture occidentale. Le pain, fabriqué à partir de la farine du blé tendre, est porteur d'une symbolique très forte. Source de vie, il représente le droit des peuples à se nourrir.

À l'aide de vos connaissances et des documents proposés, vous présenterez les mécanismes à l'œuvre dans la domestication qui a conduit aux variétés de blé tendre que nous consommons aujourd'hui.

1 La formation d'hybrides fertiles par polyploïdisation

Quand elle est possible, l'hybridation entre deux individus d'espèces différentes produit une nouvelle génération, en général stérile. Dans certains cas, une modification du génome des hybrides, appelée polyploïdisation, permet de rétablir la fertilité. Ce phénomène est particulièrement fréquent chez les plantes à fleurs (on estime que 70 % des espèces de ce groupe ont connu au moins un événement de polyploïdisation dans leur histoire, c'est notamment le cas dans l'histoire évolutive du blé tendre). Le schéma ci-dessous présente un mécanisme qui conduit à la formation d'une espèce polyploïde.

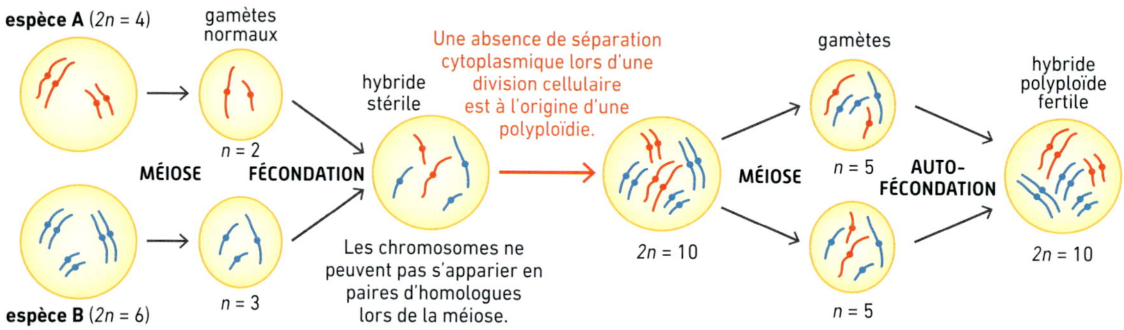

2 Quelques caractéristiques des plantes de la famille du blé

Espèces	Égilope de Sears	Égilope de Tausch	Engrain	Amidonnier	Blé dur	Blé tendre
Caryotype	$2n = 14$	$2n = 14$	$2n = 14$	$4n = 14 + 14$	$4n = 14 + 14$	$6n = 14 + 14 + 14$
Mode de vie	uniquement sauvage	uniquement sauvage	formes sauvages et domestiques	formes sauvages et domestiques	uniquement domestique	uniquement domestique
Dispersion spontanée des grains	oui	oui	oui	faible et tardive	non	non
Enveloppes protectrices adhérentes	oui	oui	oui	oui	non	non
Résistance au froid et à l'humidité	non	non	non	non	non	oui
Rendements	très faibles	très faibles	faibles	faibles	élevés	élevés
Utilisations alimentaires	non	non	pâtes non levées	semoules, pâtes non levées	semoules, pâtes non levées	pâtes levées (pain)

3 Une histoire inscrite dans la très longue durée

Il y a environ 12 500 ans, les populations de Mésopotamie (Iran et Irak actuels) commencent à cultiver les blés sauvages qui poussent dans leur environnement (engrain et amidonnier). À l'origine, les graines de ces blés sauvages tombent au sol ; elles se ressèment donc spontanément, mais leur récolte est difficile. Les vestiges archéologiques montrent qu'après environ mille ans de culture de ces variétés, ces blés cultivés ont changé : les épis ne se fragmentent plus et les graines ne tombent pas au sol. Dès le Néolithique, d'autres caractères évoluent : la taille des grains de l'amidonnier augmente, et certains mutants présentent des grains nus (enveloppes non adhérentes). Ce caractère facilitant grandement l'utilisation des grains, il a aussi été sélectionné et est à l'origine du blé dur.

Dans ces champs préhistoriques, apparaît il y a environ 8 000 ans un autre variant de l'amidonnier qui possède de gros grains dont le concassage produit non plus des brisures (semoule) mais de la farine : c'est l'ancêtre du blé tendre. Riche en gluten (protéines), cette farine permet de faire du pain : les premiers auraient été fabriqués en Égypte en 1 300 av. J.-C.

Outre cette remarquable propriété technologique, le génome hexaploïde ($6n$) du blé tendre est à l'origine de mutations qui expliquent sa remarquable capacité d'adaptation climatique : sa culture se répand au fil des siècles à travers le monde et des milliers de variétés « de pays » apparaissent.

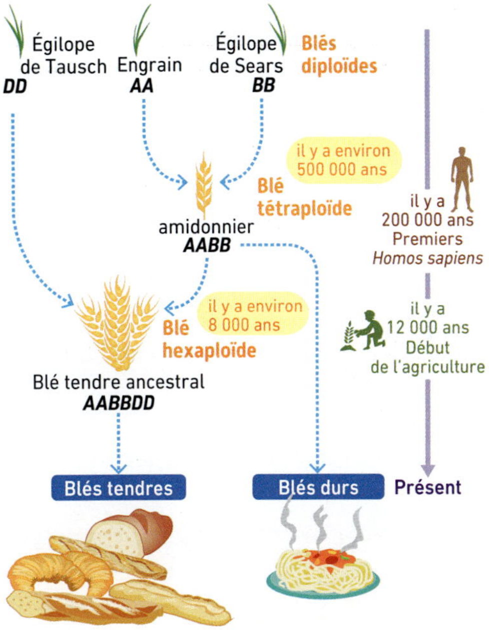

4 Au XXe siècle, tout s'accélère

Durant tout le XIXe siècle, la productivité du blé stagne aux alentours de 10 quintaux par hectare (q/ha). En 1950, le rendement du blé est à peine le double de celui de 1800 ! Mais au cours de la seconde moitié du XXe siècle, les rendements du blé ont triplé : ils sont actuellement voisins de 75 q/ha. Plus du tiers de ce progrès est imputable à la création scientifique de nouvelles variétés.

Création variétale

- **Induction de variabilité**
  - **Exploitation de mutations spontanées** (gènes contrôlant la longueur des tiges, les recombinaisons intrachromosomiques, les capacités d'hybridations interspécifiques)
  - **Mutations provoquées** (tolérance à la sécheresse ; tolérance à un herbicide)
  - **Croisements interspécifiques** avec des blés sauvages et d'autres céréales comme le seigle ou l'orge (résistance aux maladies, à la sécheresse, au froid ; teneur en protéines)
- **Accélération de la sélection variétale**
  - **Transgénèse** (essais non commercialisés) (résistance aux herbicides, aux maladies, qualité du grain)
  - **Édition de gènes** (tolérance à des maladies)
  - **Haploïdisation** (culture d'anthères *in vitro*) ; fixation rapide de lignées pures
  - **Séquençage du génome** (108 000 gènes dans le génome du blé tendre)
  - **Marquage moléculaire** (repérage rapide de la présence d'un allèle)
- **Principaux types variétaux**
  - **Lignées pures** (très grande majorité des variétés actuelles)
  - **Hybrides F1** (effet hétérosis, addition de caractères tels que des résistances aux maladies, la qualité boulangère...)

La Mer de Glace, dans le massif du Mont-Blanc, est en train de disparaître sous l'effet du réchauffement climatique actuel.

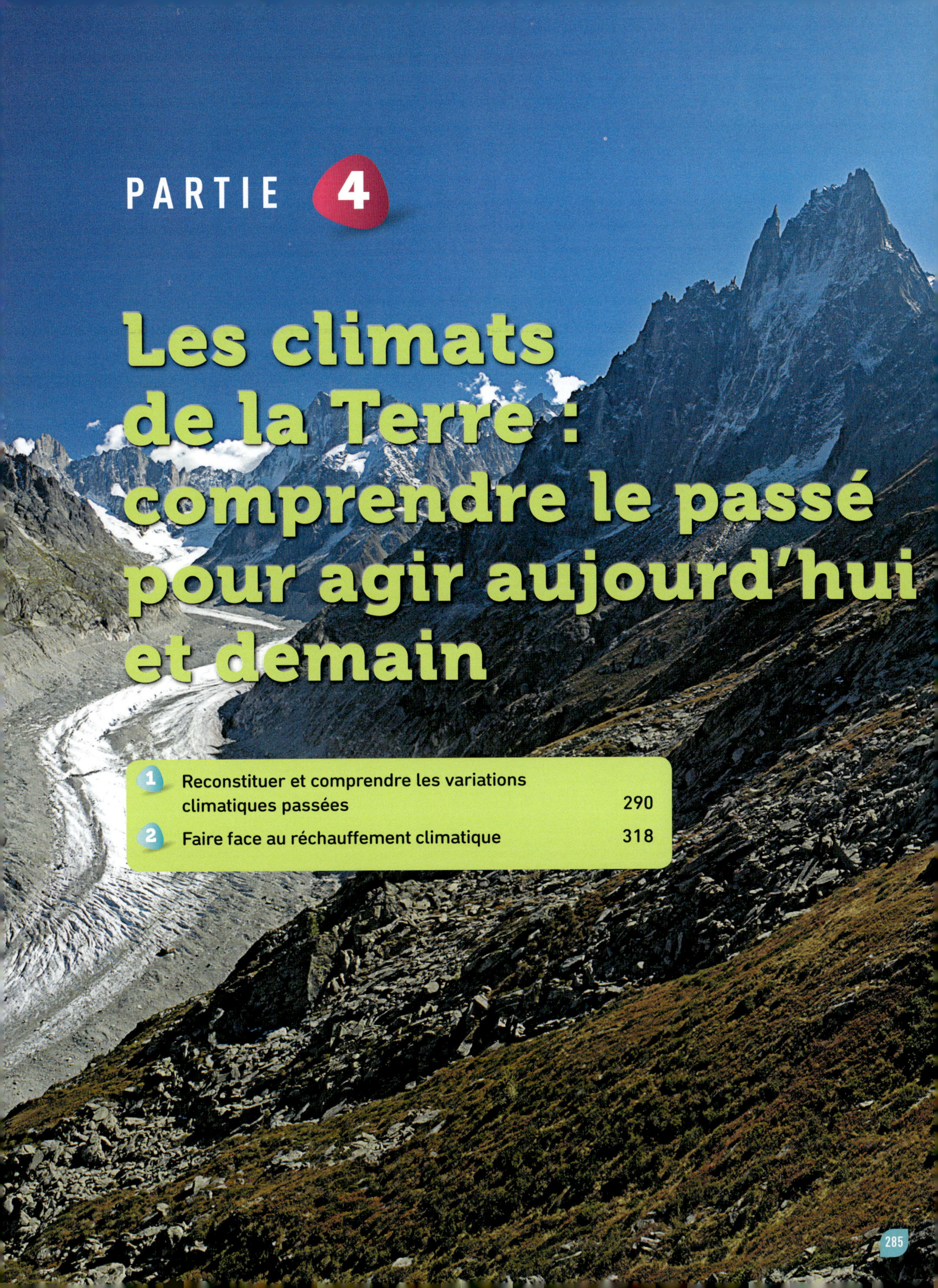

PARTIE 4

Les climats de la Terre : comprendre le passé pour agir aujourd'hui et demain

1 Reconstituer et comprendre les variations climatiques passées 290

2 Faire face au réchauffement climatique 318

Retrouver des acquis

Météorologie et climats

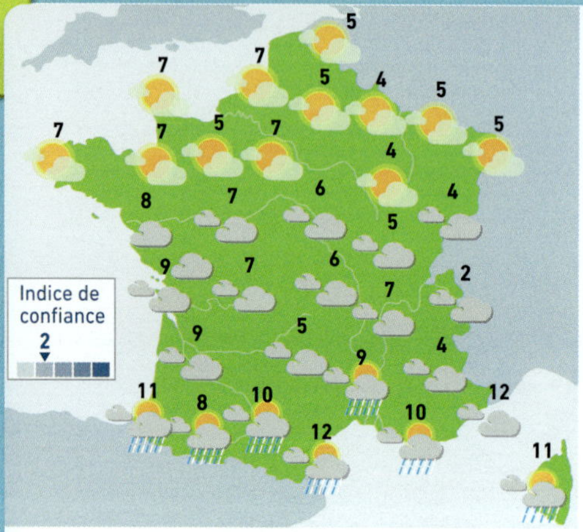

A Une donnée météorologique : le temps prévu pour le 3 mars 2020.

- La **météorologie** est une science qui étudie les phénomènes atmosphériques, notamment dans le but de faire des prévisions à **court terme** (jours ou semaines).
- Le **climat** est défini par les conditions météorologiques moyennes (température, pluviométrie, vents, ensoleillement, pression atmosphérique, nébulosité et degré d' hygrométrie) qui caractérisent un lieu géographique sur un temps long.
- La **climatologie** est la science qui étudie les variations du climat dans l'espace et dans le temps à **moyen et long terme** (années, siècles, périodes géologiques).

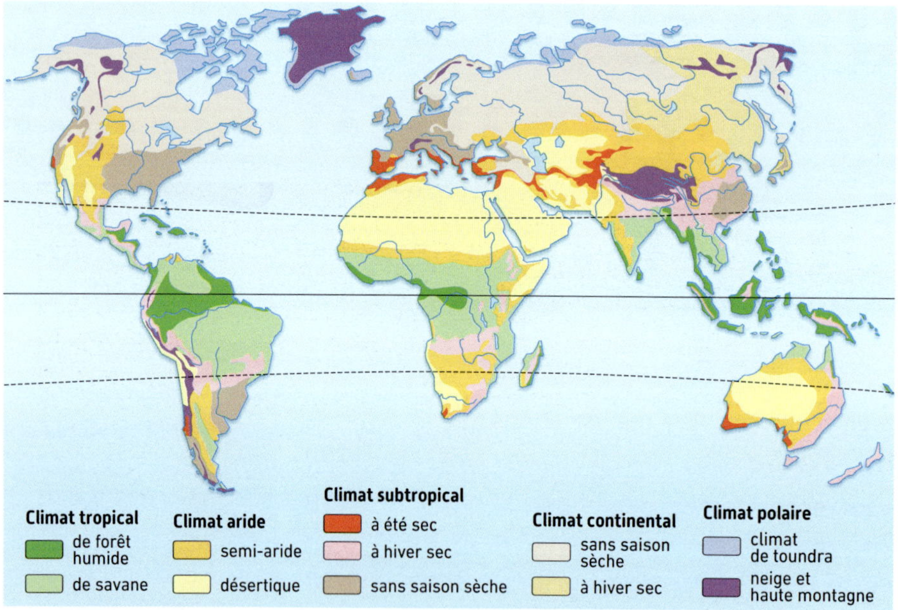

B Des données climatologiques : principales zones climatiques actuelles de la planète Terre.

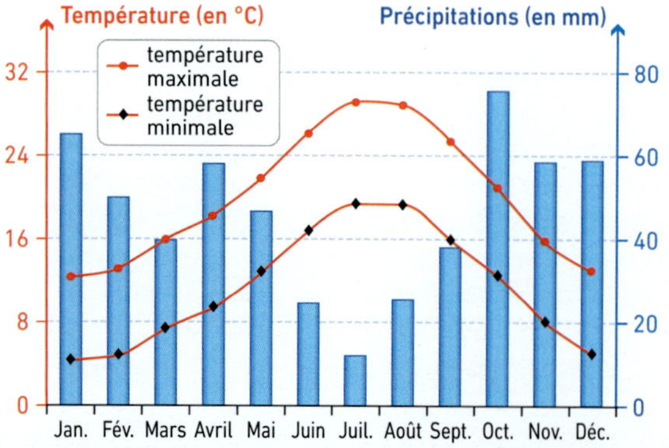

C Moyennes mensuelles sur 30 ans de la ville de Perpignan.

Un exemple : le climat méditerranéen

- Les températures moyennes des 3 mois les plus froids sont comprises entre 0 °C et 18 °C.
- La température minimale moyenne du mois le plus chaud est supérieure à 10 °C.
- Les saisons été et hiver sont bien définies.
- La saison sèche est en été.
- Les précipitations du mois estival le plus sec sont inférieures à 40 mm et inférieures à 1/3 du mois hivernal le plus humide.
- La température maximale moyenne du mois le plus chaud est supérieure à 22 °C.

Bilan radiatif et effet de serre

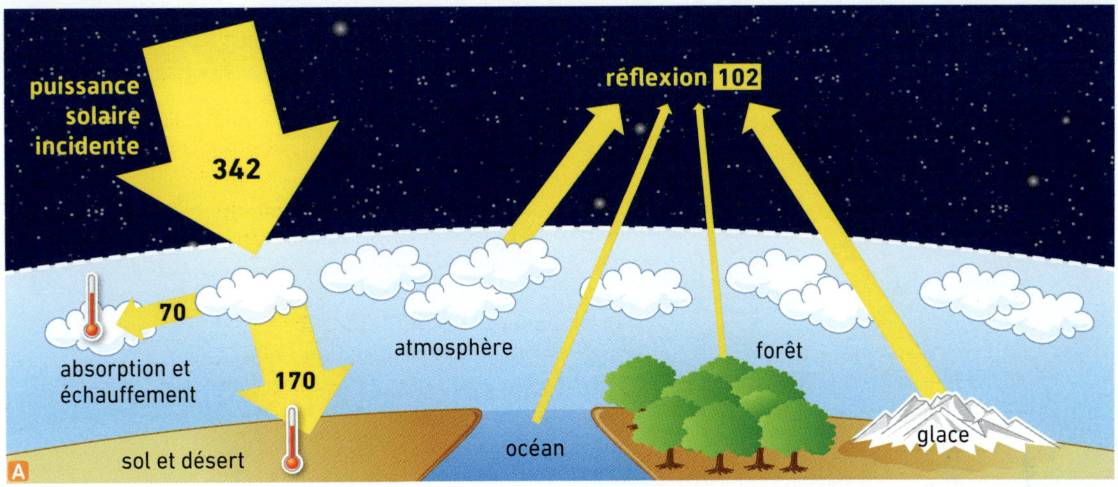

Valeurs moyennes (en W · m^{-2})

Calcul simplifié du bilan radiatif terrestre

Bilan radiatif = 342 – 102 – 240 ⟶ Température constante

- 342 : puissance solaire reçue
- 102 : puissance renvoyée par réflexion (albédo)
- 240 : puissance réémise par rayonnement IR

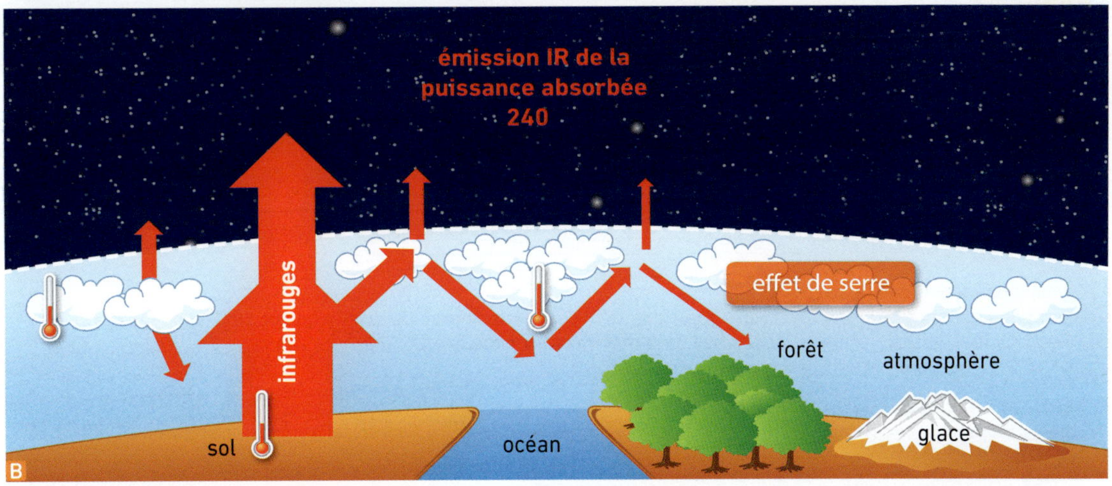

- La Terre reçoit de l'énergie du Soleil. Une partie de l'énergie solaire reçue est absorbée et diffusée par l'atmosphère. Les surfaces terrestres réfléchissent également une part plus ou moins importante de l'énergie reçue. La proportion d'énergie solaire réfléchie et qui repart donc directement vers l'espace est l'albédo. Les surfaces sombres (océans, forêts) ont un albédo faible, tandis que les surfaces claires (déserts, glace) ont un albédo élevé (A).

L'absorption de l'énergie solaire par la Terre provoque une augmentation de la température, qui se traduit par la réémission d'un rayonnement infrarouge (rayonnement thermique non visible).

L'atmosphère piège une fraction du rayonnement infrarouge réémis par la Terre : ce mécanisme naturel, qui provoque une augmentation de la température de l'atmosphère est l'effet de serre (B).

Certains gaz (vapeur d'eau, dioxyde de carbone, méthane) absorbent efficacement le rayonnement infrarouge et sont pour cette raison appelés gaz à effet de serre (GES).

Retrouver des acquis

Cycle du carbone et CO_2

■ Si l'on ne tient pas compte des activités humaines actuelles, les **flux de carbone** entrant et sortant de l'atmosphère s'équilibrent : la teneur atmosphérique en dioxyde de carbone est constante, et l'**effet de serre** est stable.

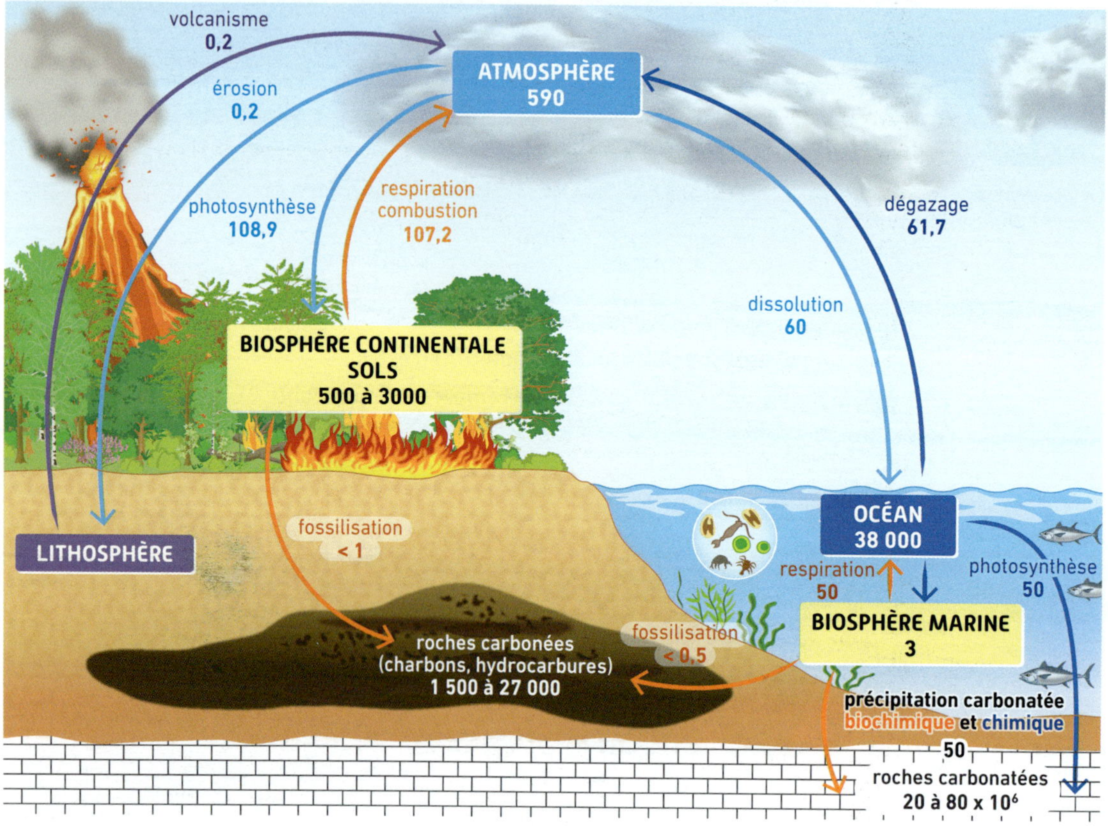

A Le cycle biogéochimique du carbone.
Les estimations données pour les réservoirs correspondent à la période préindustrielle (avant 1850). Les stocks sont exprimés en Gt de C (1 Gt = 10^9 tonnes). Les flux sont exprimés en Gt de $C \cdot an^{-1}$.

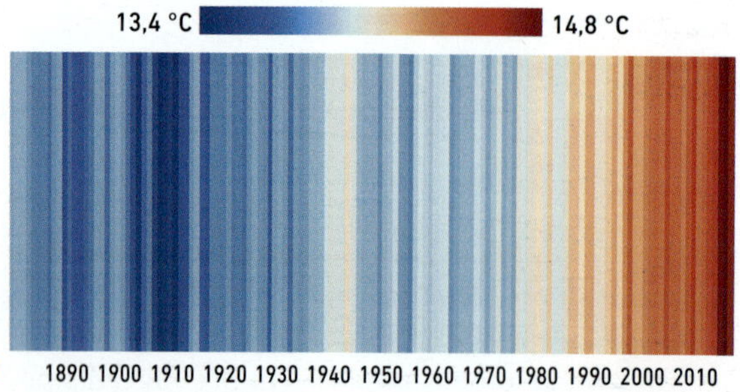

B

■ Ce graphique représente la température moyenne par année à la surface du globe sur une période de 137 ans, de 1880 à 2017. Depuis un siècle et demi, on mesure un réchauffement climatique global (B). Celui-ci est dû à un renforcement de l'effet de serre provoqué par les émissions de **gaz à effet de serre** dues aux **activités humaines**.

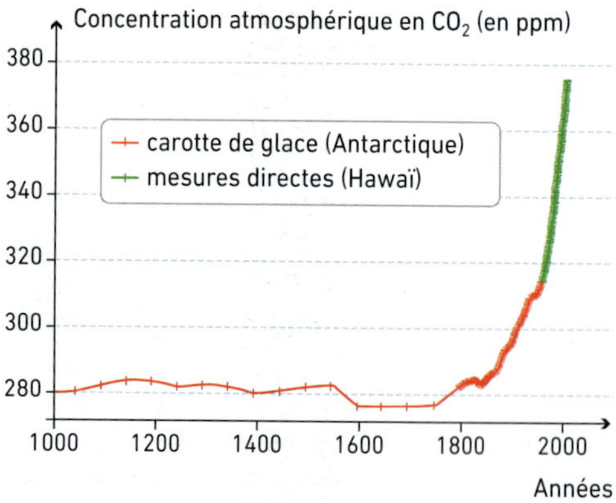

C L'augmentation du taux de CO_2 atmosphérique au cours du dernier millénaire.

La dynamique des paysages et des écosystèmes

A

- Sous l'effet du réchauffement climatique, l'**érosion côtière** est amplifiée. Tout cela provoque le **recul du trait de côte** (constaté sur un quart des côtes françaises).

  Des solutions locales (constructions de murs et d'épis littoraux, végétalisation des dunes) ont des effets réels mais limités.

B

- Tous les paysages se transforment du fait de l'altération des roches. Les produits issus de l'altération des roches sont **transportés** puis se **déposent** : ils subissent alors une **compaction** et une cimentation.

  Les sédiments empilés constituent des archives qui peuvent contenir des indices (fossiles par exemple) qui renseignent sur les **conditions et l'environnement** dans lequel ces roches se sont formées.

C

- La diversité des **écosystèmes** de la planète Terre recèle une extraordinaire **biodiversité**, aujourd'hui menacée.

  Les écosystèmes rendent des **services** à l'humanité :
  - services d'approvisionnement en produits issus de l'exploitation des écosystèmes ;
  - services de régulation (dépollution de l'eau, absorption du CO_2) ;
  - services culturels (patrimoine, loisirs).

- Les modifications climatiques peuvent conduire à la **désertification**. L'Homme tente d'**atténuer** ses effets en plantant par exemple des arbres qui protègent les zones agricoles.

D

PARTIE 4

CHAPITRE 1

Reconstituer et comprendre les variations climatiques passées

Solnhofen (Allemagne), il y a 150 millions d'années.

S'interroger avant d'aborder le chapitre

Randonneurs près d'un refuge au pied d'un glacier dans les Alpes françaises, XIXe siècle, Paris, Bibliothèque des Arts Décoratifs.

Louis Agassiz, pionnier de la paléoclimatologie

Louis Agassiz, naturaliste américano-suisse, est le premier savant à avoir l'intuition que la Terre a pu connaître dans son passé des changements climatiques importants. À partir d'explorations dans les Alpes, il écrit en 1840 un ouvrage intitulé *Études sur les glaciers* dans lequel il propose l'idée que les glaciers alpins ont connu autrefois une extension beaucoup plus importante.

Le climat, un fort enjeu de société

Depuis plusieurs années, la mise en évidence par les scientifiques d'un lien entre activités humaines et réchauffement climatique global a entraîné une prise de conscience des populations sur l'avenir de notre planète et de l'humanité.

Formuler les problèmes à résoudre

- À partir de vos connaissances sur l'histoire de la Terre et sur le réchauffement climatique, réfléchissez à l'intérêt de l'étude des variations climatiques passées pour mieux comprendre le réchauffement actuel.
- Formulez des questions que soulève l'étude des climats passés de la Terre.

Unité 1

Le climat actuel change très rapidement

De nombreux scientifiques alertent depuis des dizaines d'années sur l'existence d'un changement climatique récent caractérisé par un réchauffement global.

Quelle est la cause du changement climatique récent ?

1 Une corrélation entre température et concentration en CO_2 dans l'atmosphère

Le dioxyde de carbone (CO_2) est un des principaux **gaz à effet de serre***. Bien que présent en faible quantité dans l'atmosphère, il a un impact important sur le climat global. L'évolution du taux de CO_2 atmosphérique a pu être reconstituée à partir de bulles d'air emprisonnées dans les glaces polaires (voir p. 300). Depuis 1960, il est suivi en permanence, par mesure directe, notamment à l'observatoire atmosphérique d'Hawaï, dans l'océan Pacifique. Le graphe ci-contre présente ces variations, ainsi que les anomalies de la température terrestre par rapport à la moyenne des températures sur la période 1951-1980.

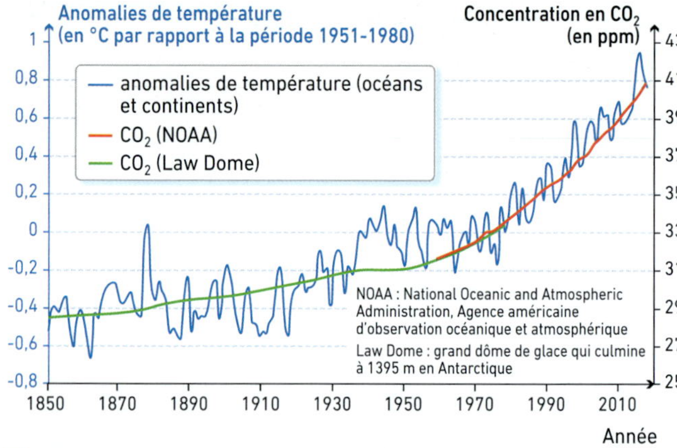

Anomalies moyennes globales de température et concentration en CO_2 atmosphérique depuis 1850.

2 Le cycle du carbone gravement perturbé par l'Homme

L'élément carbone se trouve sur Terre dans différents réservoirs et sous différentes formes. Les molécules carbonées sont soumises à des échanges naturels entre ces réservoirs (flux de carbone), qui impliquent des processus chimiques, physiques ou biologiques. Ces flux se mesurent en milliard de tonnes de carbone échangé chaque année. Le **cycle du carbone*** (voir p. 288) est dit équilibré quand les flux entrants et sortants de chaque réservoir sont égaux. Malheureusement, les activités humaines déséquilibrent fortement le cycle du carbone depuis les révolutions industrielles.

L'augmentation annuelle est de 4,7 milliards de tonnes de CO_2 dans l'atmosphère.

Le cycle du carbone

bordas Flash PAGE animation

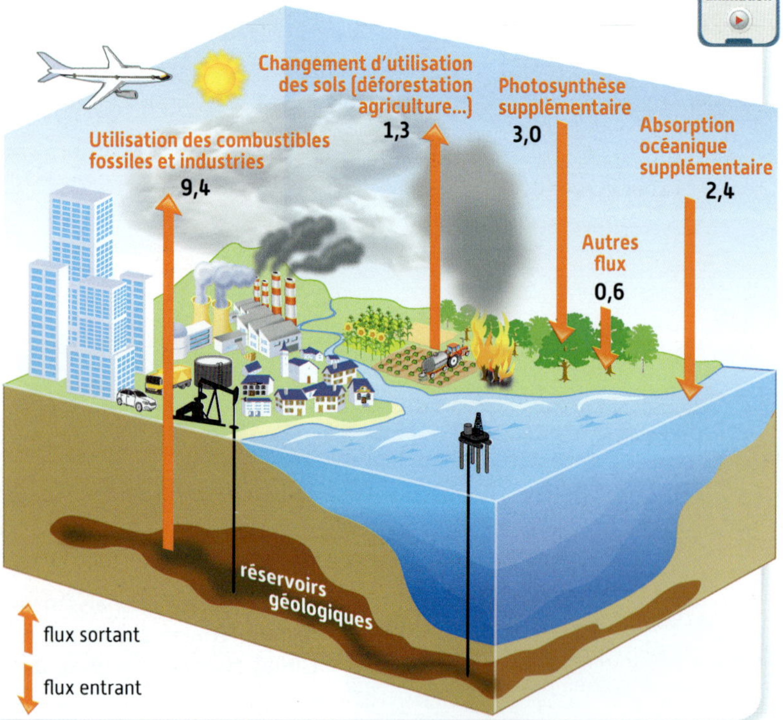

Perturbations anthropiques* **du cycle du carbone** (en milliard de tonnes de carbone par an en 2018).

3 Les émissions de CO_2 liées aux activités humaines

Le graphique ci-contre fait le bilan des principaux flux de CO_2 liés aux activités humaines depuis 1900. Les sources correspondent aux activités humaines qui enrichissent l'atmosphère en CO_2. Les puits sont les réservoirs qui absorbent le dioxyde de carbone de l'air, et qui contribuent donc à faire baisser le taux de CO_2 atmosphérique.

Activité pratique

À partir de données (*Global Carbon Project*) disponibles en ligne sur les émissions de carbone, réaliser des traitements graphiques permettant de mettre en évidence :

- la répartition des émissions selon les types de combustibles fossiles (pétrole, gaz, charbon) ;
- la variabilité des estimations selon les modèles utilisés ;
- les émissions de gaz à effet de serre par pays et leur évolution au cours du temps.

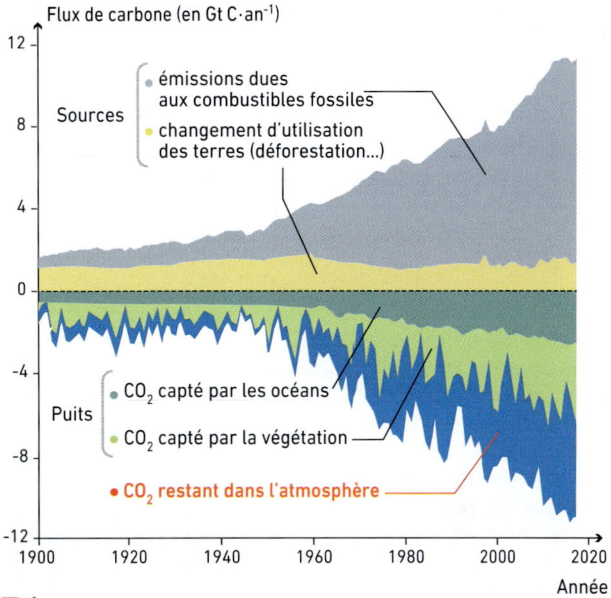

Évolution des sources et des puits de carbone depuis 1900.

4 Attribuer le réchauffement climatique à l'Homme

Observer une corrélation entre deux phénomènes n'est pas suffisant pour établir un lien de causalité entre eux. Pour comprendre les climats, les scientifiques utilisent des modèles climatiques*. Ces modèles tiennent compte des forçages, c'est-à-dire des différents facteurs qui influencent le système climatique. Ces forçages sont positifs s'ils contribuent à augmenter la température, et négatifs s'ils la diminuent. Certains forçages sont dus à l'Homme (émissions de gaz à effet de serre), d'autres sont d'origine naturelle (activité solaire, volcanisme...).

L'effet de serre

bordas Flash PAGE animation

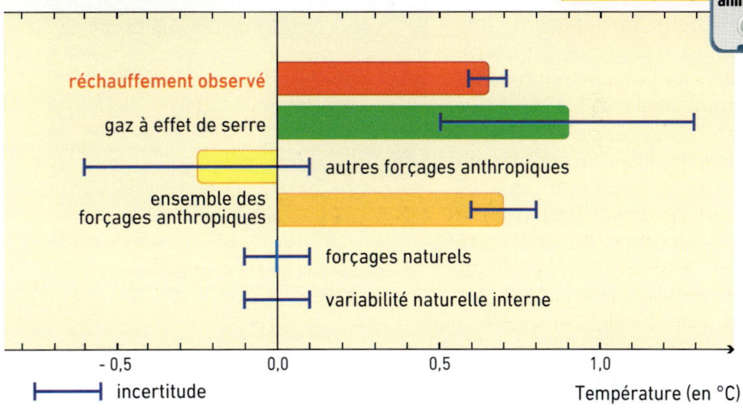

Contribution au changement observé de la température de surface entre 1951 et 2010 pour différents types de forçages. Ces estimations sont obtenues à partir d'une combinaison d'observations et de simulations par des modèles climatiques.

Activités envisageables

Pour connaître les causes du réchauffement climatique actuel :

- **Proposez une hypothèse permettant d'expliquer les anomalies de température observées sur le document 1.**
- **Faites le bilan des sources et des puits de carbone pour 2018 et comparez ce bilan à l'augmentation observée dans l'atmosphère.**
- **Expliquez à l'aide du document 4 pourquoi on peut affirmer que l'augmentation de température actuellement observée est due aux activités humaines.**

Des clés pour réussir

- Puits et sources de carbone concernent les échanges entre le réservoir atmosphérique et les autres réservoirs de carbone.
- Vous pouvez faire le bilan des forçages naturels, et les confronter au réchauffement observé.

* Lexique ➥ p. 509

Unité 2

Les indices géologiques du dernier maximum glaciaire

De nombreux indices géologiques attestent de l'existence de plusieurs périodes glaciaires en Europe au cours des derniers millions d'années. La plus récente a eu lieu entre –120 000 et –11 000 ans BP*. L'épisode le plus froid de cette glaciation, appelé « dernier maximum glaciaire » s'est déroulé il y a environ 20 000 ans.

Quels indices géologiques permettent de caractériser le dernier maximum glaciaire ?

1 Les traces laissées par les glaciers actuels

Vallée en U (glacier) — bordas Flash PAGE animation

Un glacier est une masse de glace formée par accumulation et compaction de nombreuses couches de neige, année après année. Cette glace s'écoule lentement par gravité, constituant une langue glaciaire capable d'éroder les roches les plus dures, et de transporter des blocs de toutes tailles. Poussés vers l'aval, ces matériaux rocheux se déposent, formant d'énormes pierriers, les moraines, notamment au front du glacier (A) et (B). Sur son passage, le glacier use et polit la roche, lui donnant un aspect « moutonné » et strié. Lors de sa fonte (ou retrait), le glacier dépose les roches qu'il transportait. Les plus grosses d'entre elles forment ce qu'on appelle les blocs erratiques.

A Une langue glaciaire et le front d'un glacier.

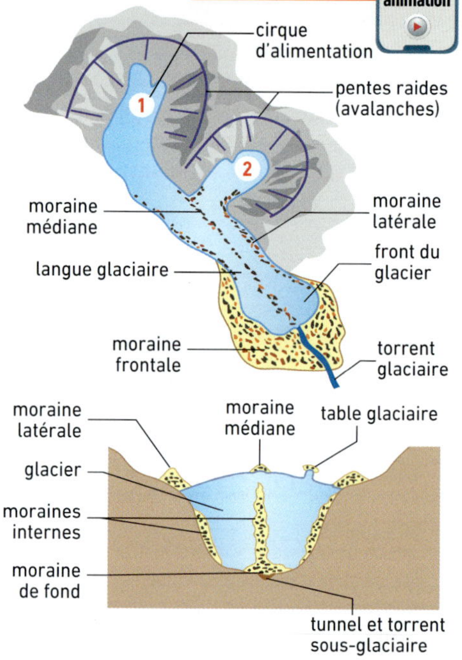

B Schéma d'un glacier, vu de haut et en coupe transversale.

Activité pratique

À l'aide d'un système d'information géographique ou SIG*, il est possible d'observer la Mer de Glace et les traces qu'elle a produites dans les paysages de la vallée de Chamonix, dans les Alpes françaises. La vue 3D doit être activée pour de meilleurs résultats.

- Repérer les différents éléments du schéma B visibles sur le terrain, et les légender sur une capture d'écran.
- Zoomer sur la moraine frontale et décrire l'aspect des roches.
- Observer la structure située au-dessus de la Mer de Glace (45°56'17"N, 6°56'05"E) et expliquer sa formation.
- Au niveau du site du Montenvers, chercher des stries sur les roches moutonnées et un gros bloc erratique.
- Étudier l'évolution du glacier à l'aide des images d'archives accessibles dans le SIG.

C La Mer de Glace, vue en 2019 (avec le SIG *Géoportail*).

2 Les traces laissées par les glaciers lors du dernier maximum glaciaire

Le principe d'actualisme

Au XVIIIe siècle, le géologue James Hutton énonça le **principe d'actualisme***, qui postule que les processus observés de nos jours s'opéraient de la même façon dans le passé. Son disciple Charles Lyell formula ce principe de la façon suivante : « Le présent est la clé du passé » (*Principles of geology*, 1830-1833).

A Un exemple de vallée glaciaire.

Les glaciers du dernier maximum glaciaire ont fortement reculé, mais ils ont laissé des traces dans les paysages qui permettent de reconstituer leur étendue : vallée en U (A), restes d'anciennes moraines (B), blocs erratiques (C), ou encore terrasses fluviatiles* formées par les torrents de fonte.

◀ B Une ancienne moraine, près de Grenoble.

C Bloc erratique ▶ dans un fjord*, en Norvège.

Activité pratique

En utilisant un système d'information géographique (SIG) et ses fonctionnalités 3D :

- Observer des paysages actuels comparables à ceux des Alpes il y a 20 000 ans : les glaciers de Patagonie (50°17'S, 72°20'W).
- Repérer dans les paysages actuels et essayer d'identifier les traces laissées par le retrait des glaciers alpins après le dernier maximum glaciaire, dans les sites suivants :
  - la vallée de Chamonix (45°55'N, 6°52'E) ;
  - la pierre à Martin (46°18'08.2"N, 6°20'29.2"E) ;
  - la colline de la Veyrie (45°15'24"N, 5°51'42"E) ;
  - la région de Voiron (45°21'N, 5°35'E) ;
  - le site d'Ivrée, en Italie (45°26'N, 7°54'E).

Des cartes géologiques en ligne (par exemple celles du site *InfoTerre*) peuvent être superposées aux images de ces lieux dans les SIG. Les traces glaciaires y sont repérées par la lettre « G », les traces fluvioglaciaires par « FG » suivi par une lettre en minuscule qui indique la période. Le dernier maximum glaciaire (Würm) est indiqué par la lettre « y » (Gy et FGy).

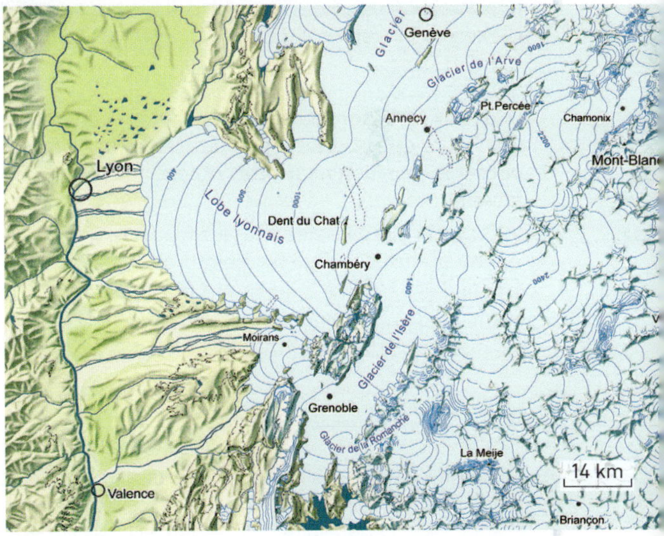

D Extension des glaciers du nord des Alpes lors du dernier maximum glaciaire.

Activités envisageables

Pour comprendre quels indices géologiques témoignent de la dernière glaciation :

- **Relevez les indices témoignant du recul récent des glaciers dans les Alpes.**
- **Expliquez quels indices permettent de reconstituer l'extension maximale des glaciers il y a 20 000 ans et la direction des langues glaciaires.**

Des clés pour réussir

- Utilisez le principe d'actualisme.
- Vous pouvez explorer d'autres sites que ceux qui sont suggérés, dans les Alpes et dans d'autres massifs montagneux.

* Lexique ➡ p. 509

Les indices écologiques du dernier maximum glaciaire

Le climat local est une composante majeure des écosystèmes, conditionnant fortement leur peuplement végétal et animal. Rechercher des indices laissés par la flore ou la faune dans le passé permettrait donc de reconstituer les climats anciens.

De quels indices écologiques dispose-t-on pour étudier le dernier maximum glaciaire ?

1 La faune du dernier maximum glaciaire représentée par les Hommes du Paléolithique

A Panneau des rennes de la grotte Chauvet (–30 000 ans).

Les Hommes du Paléolithique* ont représenté sur les parois des grottes les animaux qu'ils côtoyaient : chevaux sauvages, bouquetins, cervidés, mammouths... Certains de ces animaux ont disparu mais d'autres existent toujours. Dans des grottes du sud de la France (A), on retrouve des peintures de mammifères adaptés à un climat froid et sec, comparable au climat actuel de la Sibérie (B).

B Rennes actuels dans leur environnement naturel.

Activité pratique

Le site Internet consacré aux grands sites archéologiques (ministère de la Culture) permet d'effectuer des visites virtuelles de plusieurs grottes ornées* datant du Paléolithique.

- Recenser sur plusieurs sites les types d'animaux représentés, ainsi que l'âge des peintures ou des gravures.
- Rechercher, pour les animaux qui existent encore, dans quel type d'écosystème ils vivent, et à quel climat cela correspond.

2 Des pollens fossilisés

Les grains de pollens sont recouverts d'une enveloppe très résistante, dont la morphologie est caractéristique de chaque espèce. Disséminés par le vent, la pluie, ils peuvent être piégés dans des sédiments lacustres* ou dans des tourbières*. On peut aujourd'hui retrouver ces pollens fossilisés en prélevant des échantillons de sédiments ou de tourbe, ces matériaux s'accumulant sur certains sites depuis des dizaines de milliers d'années.

Activité pratique

Après extraction des grains de pollen conservés dans des sédiments lacustres ou dans de la tourbe :

- Colorer les pollens de l'extrait en y ajoutant quelques gouttes de fuchsine, un colorant rose.
- Observer une goutte de l'extrait au microscope optique, et repérer des pollens fossiles.
- Déterminer les espèces auxquelles appartiennent les grains de pollens repérés, en utilisant une clé d'identification, par exemple celle du logiciel *Paléobiomes 2*.

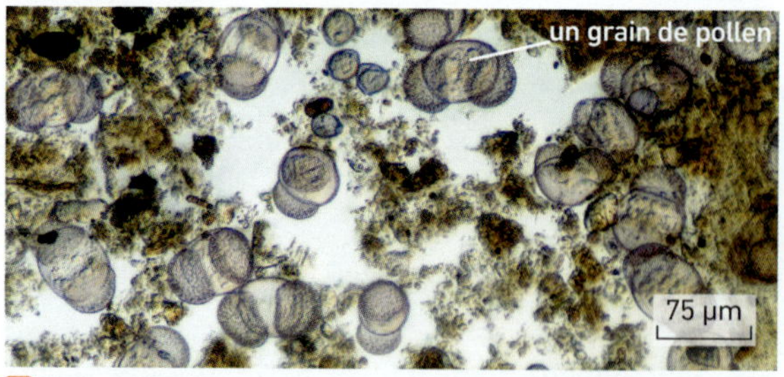

Pollens fossiles observés au microscope optique dans un extrait de tourbe.

3 Les pollens fossiles, indices des climats du passé

L'analyse des grains de pollen dans une carotte sédimentaire permet de connaître les associations de végétaux et les biomes* qui se sont succédé dans un lieu. L'application du principe d'actualisme permet d'en déduire les conditions climatiques qui régnaient localement dans le passé, et leurs éventuels changements (A).

Les graphes (B) ont été construits grâce à une étude quantitative des pollens contenus dans les sédiments du lac d'Amsoldingen, en Suisse. Deux niveaux ont été analysés, l'un a été daté à 1 438 ans BP* (*Before Present*) et l'autre à 13 600 ans BP. Chacun de ces **spectres polliniques*** fournit un aperçu de la végétation à une époque donnée. Lorsque l'on dispose de nombreux spectres d'âges différents, il est possible d'établir des **diagrammes polliniques***, qui présentent l'évolution de l'abondance relative des pollens d'une espèce au cours du temps. Ce travail a été réalisé pour sept espèces du lac d'Amsoldingen (C), à l'aide du logiciel *Paléobiomes 2*. Seules les espèces les plus typiques de certains biomes ont été présentées.

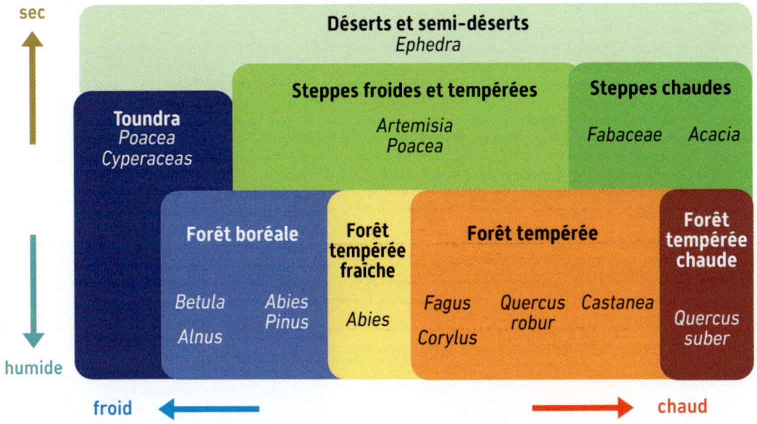

A Les associations végétales typiques des différents biomes.

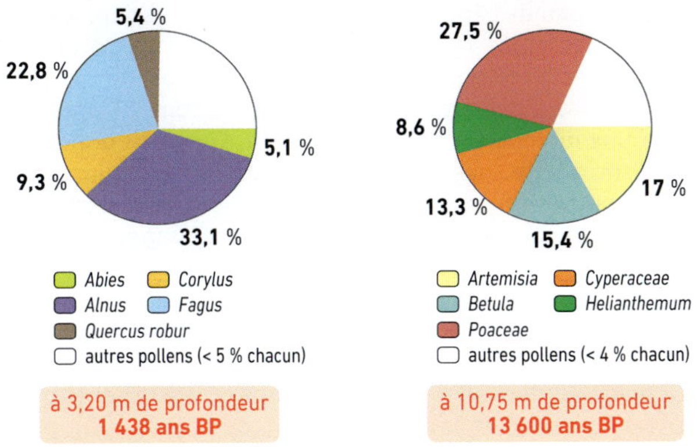

B Spectres polliniques établis pour deux époques différentes dans les sédiments du lac d'Amsoldingen.

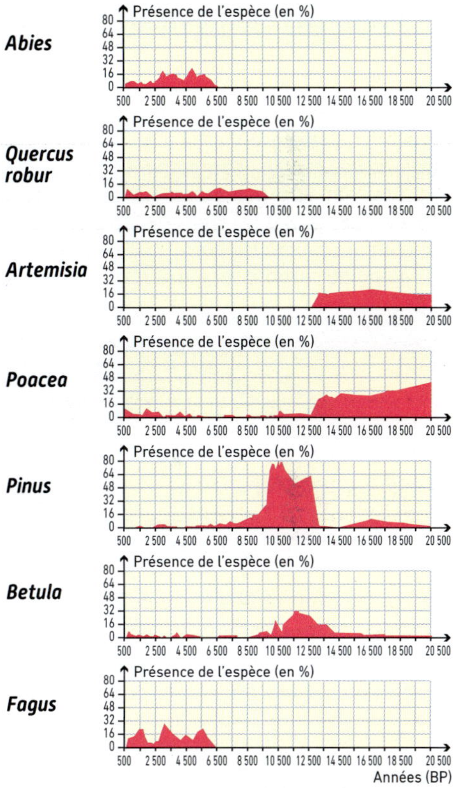

C Diagramme pollinique du lac d'Amsoldingen établi pour sept espèces caractéristiques.

Activités envisageables

Pour comprendre comment on peut reconstituer l'évolution du climat local à l'aide d'indices écologiques :

- À l'aide du document 1, formulez une hypothèse sur le climat de l'Europe il y a 20 000 ans.
- Identifiez les caractéristiques qui rendent les pollens intéressants pour l'étude d'un climat local.
- Reconstituez les grandes tendances de l'évolution du climat dans la région du lac d'Amsoldingen depuis 20 000 ans.
- Étudiez d'autres données polliniques, et montrez l'intérêt de croiser autant de données paléo-écologiques que possible.

Des clés pour réussir

- Utilisez le principe d'actualisme (voir unité 2).
- Faites preuve d'esprit critique.

* Lexique ➡ p. 509

Unité

4 Des thermomètres isotopiques

Les reconstitutions permises par l'utilisation des indices géologiques et paléo-écologiques peuvent être confirmées et précisées par l'étude de certains isotopes piégés dans les glaces ou dans les sédiments océaniques. Cette méthode permet également de remonter beaucoup plus loin dans le passé de la Terre.

Que sont les thermomètres isotopiques et que nous apprennent-ils sur les climats du passé ?

1 Principe des thermomètres isotopiques

Utilisation des isotopes de l'oxygène — bordas Flash PAGE animation

L'élément oxygène existe sous deux formes isotopiques, ^{16}O et ^{18}O. Les molécules contenant de l'oxygène, comme l'eau (H_2O) des glaces polaires ou les carbonates ($CaCO_3$) des coquilles fabriquées par les organismes marins, contiennent ces isotopes dans des proportions qui peuvent être mesurées par des spectromètres de masse*. On peut alors calculer le rapport isotopique* $\delta^{18}O$ de l'échantillon étudié en comparant son rapport $^{18}O/^{16}O$ à celui d'un échantillon standard (d'eau ou de carbonate) qui sert de référence, selon la formule (A).

$$\delta^{18}O = \frac{\left(\frac{^{18}O}{^{16}O}\right)_{\textit{échantillon}} - \left(\frac{^{18}O}{^{16}O}\right)_{\textit{standard}}}{\left(\frac{^{18}O}{^{16}O}\right)_{\textit{standard}}} \times 1\,000$$

A Formule du $\delta^{18}O$, exprimée en ‰.

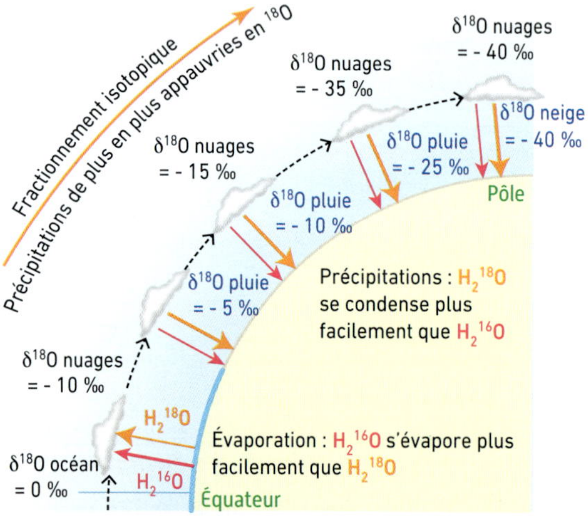

B Évolution du $\delta^{18}O$ des précipitations, de l'équateur vers le pôle.

Sur Terre, l'évaporation océanique a lieu essentiellement au niveau de l'équateur. Les masses d'air se déplaçant vers les pôles se refroidissent, ce qui est à l'origine de précipitations sous forme de pluie ou de neige. Lors d'un changement de phase, le comportement d'une molécule d'eau dépend de sa masse, et donc de l'isotope de l'oxygène qu'elle contient. Ainsi, lors de l'évaporation, les molécules d'eau $H_2{}^{16}O$, plus légères, sont davantage concentrées dans la vapeur d'eau que les molécules $H_2{}^{18}O$. Lors de la condensation de la vapeur d'eau, à l'origine des précipitations, c'est le contraire : les molécules $H_2{}^{18}O$, plus lourdes, se condensent en premier. Le $\delta^{18}O$ de la pluie ou de la neige va donc varier avec la température (B) et (C).

Le δD est un autre rapport isotopique utilisé par les scientifiques pour déterminer les paléotempératures*. Il correspond au rapport entre l'isotope ^1H et ^2H de la glace, qui varie également en fonction de la température des précipitations (C). Le deutérium (noté ^2H ou D) est un isotope naturel stable de l'hydrogène.

Calculés à partir de mesures réalisées sur des échantillons de glace ou de sédiments océaniques d'âges connus, les rapports isotopiques $\delta^{18}O$ et δD constituent des **thermomètres isotopiques***.

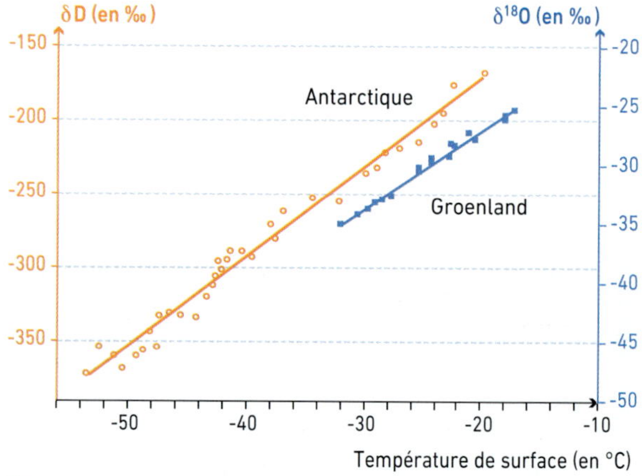

C δD et $\delta^{18}O$ des précipitations neigeuses en fonction de la température moyenne annuelle.

2 Les glaces, des archives climatiques

Au niveau des calottes polaires, comme celle du continent Antarctique (A), la neige peut s'accumuler durant des centaines de milliers d'années, formant plusieurs milliers de mètres d'épaisseur de glace. L'étude de la composition isotopique de cette glace permet de reconstituer les températures passées.

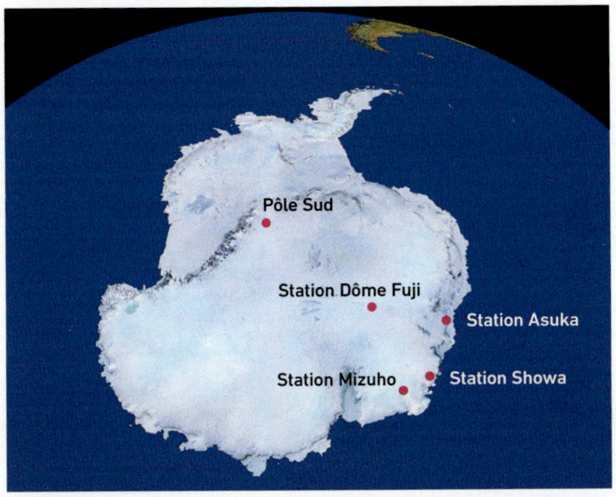

A Calotte glaciaire* en Antarctique.

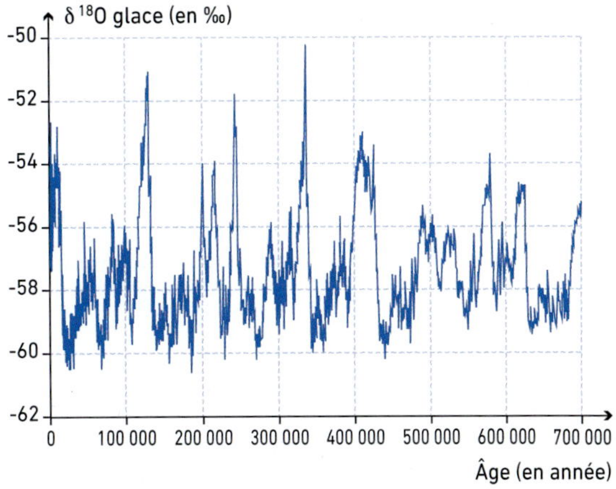

B Données obtenues en Antarctique à partir de la carotte* du dôme Fuji.

Activité pratique

En utilisant d'autres mesures isotopiques disponibles sur les banques de données en ligne :

- Tracer l'évolution du δD du site de Vostok, ou de sites situés au Groenland.
- Comparer avec les résultats obtenus pour le dôme Fuji.

3 Les enregistrements climatiques dans les sédiments océaniques

Les foraminifères (A) sont des organismes unicellulaires marins qui fabriquent une coquille minérale (ou test) riche en carbonate de calcium ($CaCO_3$). On considère que le $\delta^{18}O$ d'un test de foraminifère reflète le $\delta^{18}O$ de l'eau de mer au moment où ce test a été fabriqué. Reconstituer l'évolution du $\delta^{18}O$ des foraminifères marins au cours du temps permet donc de connaître l'évolution du $\delta^{18}O$ de l'eau de mer.

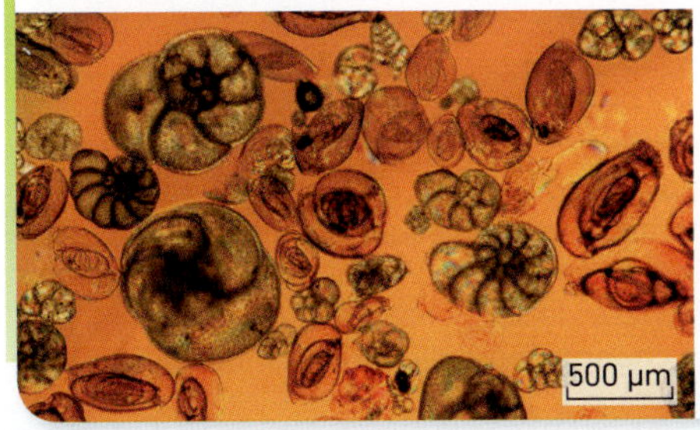

A Tests de foraminifères vus au microscope.

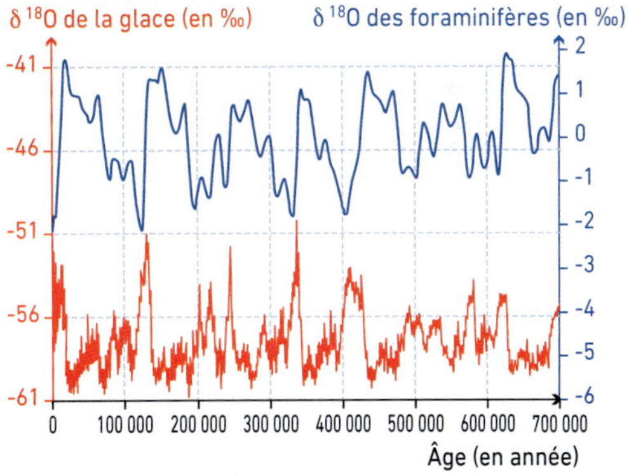

B Évolution des $\delta^{18}O$ des foraminifères et de la glace au cours des 700 000 dernières années.

Activités envisageables

Pour expliquer comment les isotopes peuvent révéler les températures du passé de notre planète :

- **À l'aide du document 1, justifiez l'utilisation du $\delta^{18}O$ et du δD comme thermomètres.**
- **Réalisez un schéma montrant l'évolution du $\delta^{18}O$ de la glace et du $\delta^{18}O$ des carbonates, en période de refroidissement d'une part et en période de réchauffement d'autre part.**
- **Mettez en évidence l'alternance de périodes glaciaires et interglaciaires, datez approximativement les cinq derniers maximums glaciaires, et calculez l'amplitude des variations de température au cours de cette période.**

Des clés pour réussir

- Pensez au comportement de l'^{16}O pour interpréter les différences entre le $\delta^{18}O$ de la glace et celui des foraminifères.
- Soyez très attentif aux sens de variation des données isotopiques, et à la représentation graphique du temps.

* Lexique ➥ p. 509

5 L'origine des variations climatiques quaternaires

Le Quaternaire, période de l'histoire géologique s'étendant de –2,6 Ma à l'actuel, est marqué par des variations cycliques du climat, avec alternance de périodes glaciaires et interglaciaires.

Quels mécanismes ont pu être à l'origine de ces variations cycliques du climat ?

1 La théorie astronomique du climat

Publiée en 1941, la théorie astronomique du climat, de l'astronome croate Milutin Milanković, suppose que les variations climatiques quaternaires sont la conséquence des variations cycliques de différents paramètres de l'orbite terrestre :

- L'excentricité de l'orbite correspond au degré d'aplatissement de l'ellipse que décrit la Terre dans sa révolution autour du Soleil.
- L'obliquité correspond à l'angle d'inclinaison de l'axe de rotation de la Terre par rapport au plan de son orbite.
- La précession correspond à la position de l'axe de rotation de la Terre, suivant un mouvement d'oscillation ressemblant à celui de l'axe d'une toupie.

Ces différents paramètres ont une influence sur la quantité d'énergie solaire reçue par la Terre au cours de l'année et également sur le contraste entre les saisons. Ils produiraient des variations climatiques cycliques, appelées **cycles de Milanković***.

Insolation et latitude

Bordas Flash PAGE animation

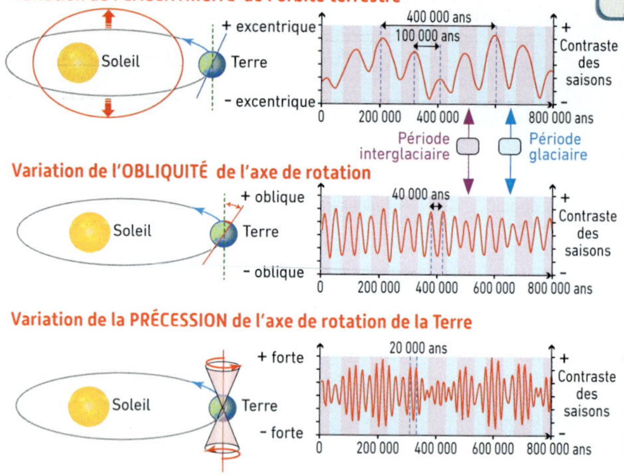

Variation des paramètres (excentricité, obliquité et précession) de l'orbite terrestre.

Cette théorie ne fût largement admise dans la communauté scientifique qu'au début des années 1970.

2 Relation entre insolation et variations climatiques

À partir des variations cycliques des paramètres orbitaux, les astronomes ont calculé les variations de la puissance solaire reçue (insolation) à 65° de latitude Nord (latitude à laquelle se forment ou fondent les glaces polaires) au moment des solstices*. Ces données sont mises en relation avec les paléotempératures reconstituées à partir de l'étude isotopique des glaces (A).

Les cycles climatiques du Quaternaire sont marqués par des phases rapides d'entrée ou de sortie de glaciation, décelées par les mesures isotopiques et l'analyse des bulles d'air des glaces, comme ici à Vostok (Antarctique). La vitesse de ces phases laisse penser que des phénomènes amplifient les changements climatiques initiés par les paramètres orbitaux (B).

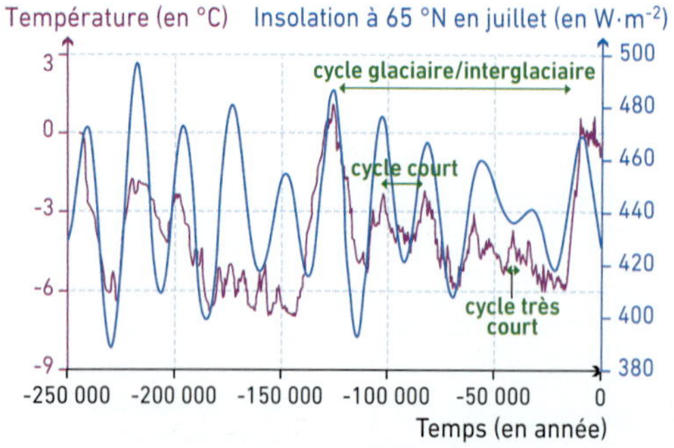

A Modifications de l'insolation et variations de températures depuis 250 000 ans.

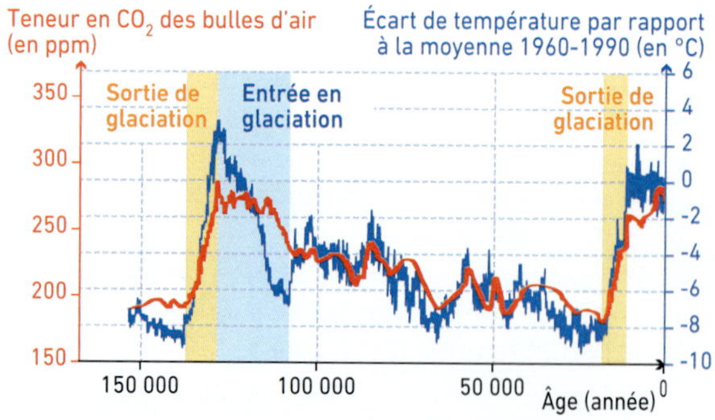

B Des entrées et sorties de glaciation très rapides.

3 Un phénomène amplificateur : l'albédo

Lors des derniers maximums glaciaires, la répartition asymétrique des continents sur le globe (très présents dans l'hémisphère Nord aux hautes latitudes) a pu favoriser la formation de calottes glaciaires (A). On estime que les calottes et la banquise* occupaient quatre fois plus de surface qu'actuellement. Plus au sud, la forêt de conifères était remplacée par la toundra*.

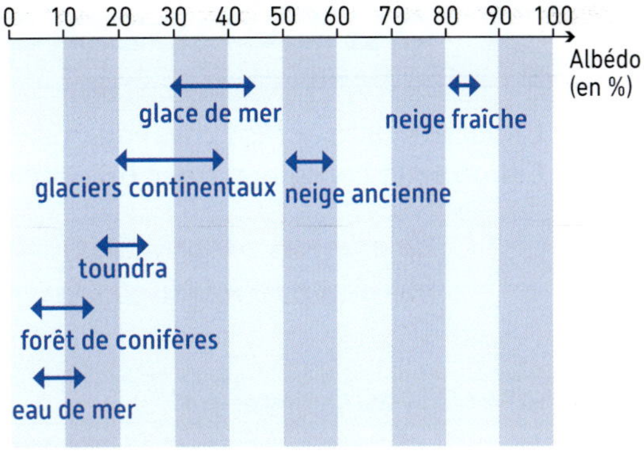

B **Albédo de différentes surfaces.**

Rappel : l'**albédo*** est le % du rayonnement solaire incident réfléchi par la surface terrestre.

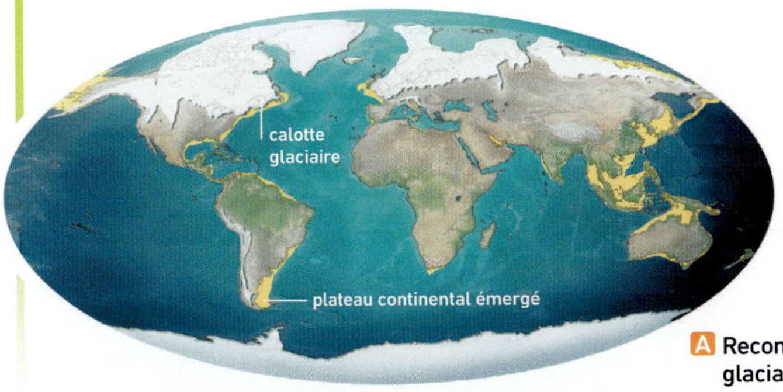

A **Reconstitution de développement de la calotte glaciaire au cours du dernier maximum glaciaire.**

4 La solubilité du CO_2 dans les océans joue aussi un rôle amplificateur

Activité pratique

Cette expérience a pour objectif de déterminer l'influence de la température sur la capacité de l'eau à absorber le CO_2 présent dans l'air. On verse dans un petit cristallisoir 150 mL d'eau, on y plonge une sonde à CO_2 et une sonde thermométrique, puis on ferme hermétiquement le récipient.

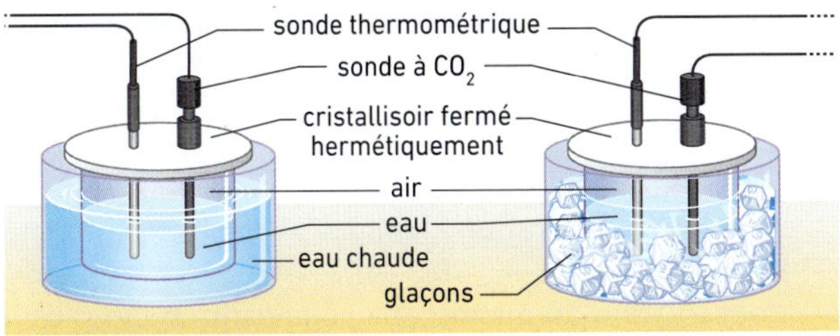

A **Montage expérimental.**

Aux temps t_1, t_3 et t_5, on a plongé le cristallisoir dans de l'eau chaude. Aux temps t_2, t_4 et t_6, on a plongé le cristallisoir dans de l'eau refroidie par des glaçons.

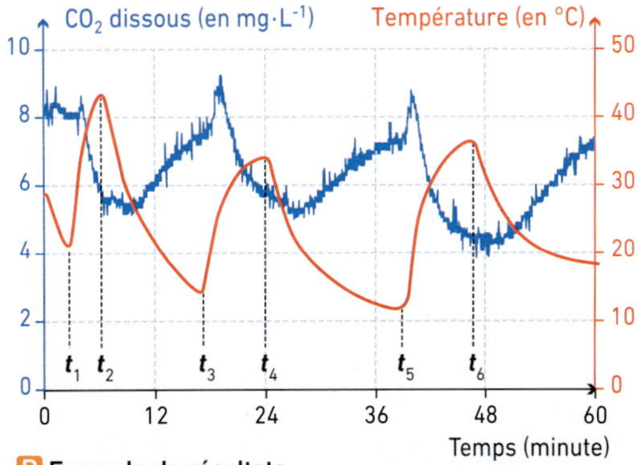

B **Exemple de résultats.**

Activités envisageables

Afin de comprendre les variations climatiques du Quaternaire :

- **Montrez que la théorie astronomique du climat semble se vérifier pour le Quaternaire.**
- **Expliquez comment l'albédo et la solubilité du CO_2 peuvent avoir des effets amplificateurs lors des entrées ou sorties de glaciation.**
- **Représentez par un schéma les relations de causes à effets pouvant expliquer les variations climatiques du Quaternaire.**

Des clés pour réussir

- Vous pouvez effectuer des corrélations entre les courbes, et comparer la périodicité des cycles.
- Une amplification sera très efficace si ses effets renforcent ses causes, formant ainsi une boucle de rétroaction positive.

* Lexique ➡ p. 509

Unité 6 — Variations climatiques au Cénozoïque

Débutant juste après la grande crise biologique ayant vu l'extinction des dinosaures, le Cénozoïque correspond aux 65 derniers millions d'années.

Comment reconstituer et expliquer les variations climatiques sur cette longue période de temps ?

1 Climat et CO_2 au Cénozoïque

Les forages glaciaires ne permettent pas de remonter à des âges supérieurs au million d'années. Les chercheurs utilisent donc d'autres méthodes pour reconstituer les variations du climat et de la teneur atmosphérique en CO_2 plus anciennes. Les graphiques ci-contre en présentent trois :

ⓐ Reconstitution de la présence de calottes polaires dans les deux hémisphères à partir de données sédimentologiques (présence de dépôts glaciaires comme les tillites*).

ⓑ Étude de la température des eaux océaniques profondes à partir du rapport isotopique $\delta^{18}O$ dans les foraminifères vivant sur le fond marin (voir p. 299).

ⓒ Reconstitution de la teneur atmosphérique en CO_2 à partir de l'étude de rapports isotopiques du carbone dans les sédiments carbonatés (« Paleo-CO_2 project »). Les scientifiques mesurent le rapport entre les différents isotopes du carbone à l'intérieur de molécules organiques fossilisées dans les tests de microalgues, les coccolithophoridés (voir document 2). En effet, lors de la photosynthèse, ces algues utilisent davantage le ^{12}C par rapport au ^{13}C, mais lorsque la teneur en CO_2 diminue, l'écart entre l'incorporation des deux isotopes décroît.

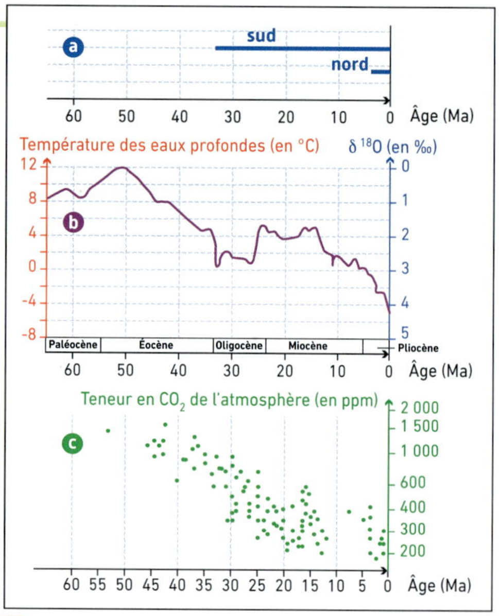

Trois indicateurs climatiques à l'échelle de l'ère cénozoïque.

2 Altération des roches continentales et CO_2

Granite altéré

Les roches silicatées comme le granite subissent en surface une **altération chimique*** sous l'effet de l'eau chargée en CO_2.

L'observation au microscope polarisant en LPA* d'un granite altéré (A) montre la transformation des plagioclases (Pl) en de nombreux cristaux d'un minéral argileux, la kaolinite (Ka) suivant la réaction (1).

Les ions Ca^{2+} et HCO_3^- ainsi formés passent en solution et sont transportés par les cours d'eau. Lorsque les conditions sont réunies, ils précipitent, le plus souvent grâce à l'action des êtres vivants, et forment des sédiments carbonatés suivant la réaction (2), dite de précipitation* des carbonates.

A Observation d'un granite altéré au microscope en lumière polarisée analysée.

B Échantillon d'un granite altéré.

C Tests calcaires de coccolithophoridés (microalgues), observés au MEB*.

① $2\ CaSi_2Al_2O_8 + 4\ CO_2 + 6\ H_2O \rightarrow 2\ Ca^{2+} + Si_4O_{10}Al_4(OH)_8 + 4\ HCO_3^-$

Plagioclase — Kaolinite

② $Ca^{2+} + 2\ HCO_3^- \rightarrow CaCO_3 + CO_2 + H_2O$

3 Les chaînes de montagnes du Cénozoïque

Le Cénozoïque est une période de réunion des blocs continentaux et de formation de chaînes de montagnes, dont les principales forment la ceinture orogénique alpine (voir p. 160). Dès leur formation, les reliefs montagneux sont soumis à l'altération et à l'érosion*. Ce phénomène est quantitativement très important. À titre d'exemple, on estime que pour l'Himalaya ces phénomènes ont démantelé un volume de roches de 2 millions de milliards de m^3 au cours des 20 derniers millions d'années.

A Dépôts sédimentaires liés à l'érosion de l'Himalaya dans la vallée de l'Indus.

Activité pratique

- À l'aide du logiciel *Tectoglob3D*, réaliser des cartes paléogéographiques afin de mettre en évidence la formation de chaînes de montagnes au Cénozoïque.

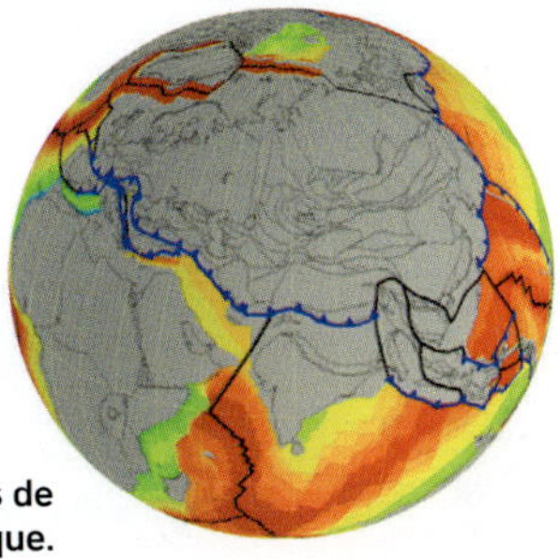

B Formation de chaînes de montagnes au Cénozoïque.

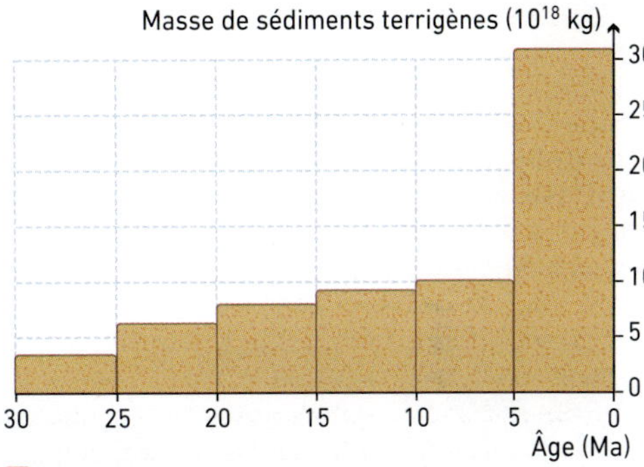

C Masse de sédiments issus de l'érosion depuis 30 millions d'années.

4 Des modifications de la circulation océanique globale

Le déplacement des masses continentales au cours du Cénozoïque, sous l'effet de la **tectonique des plaques***, a entraîné une modification des courants océaniques de surface, fermant certains passages et en ouvrant d'autres.

Les climatologues font des liens entre **circulation océanique*** et climat global :

- En réchauffant les eaux océaniques, un courant faisant le tour du globe dans la région intertropicale favorise un climat global chaud.
- Au contraire, la présence d'un courant froid autour du continent Antarctique (courant circumpolaire), en isolant ce dernier des apports d'eaux chaudes, y favorise l'installation d'une calotte glaciaire propice au refroidissement global, notamment par augmentation de l'albédo.
- L'existence de courants indépendants de direction globalement nord-sud (courants méridiens) accentue les différences de température en fonction de la latitude, ce qui est favorable à l'installation d'un refroidissement global.

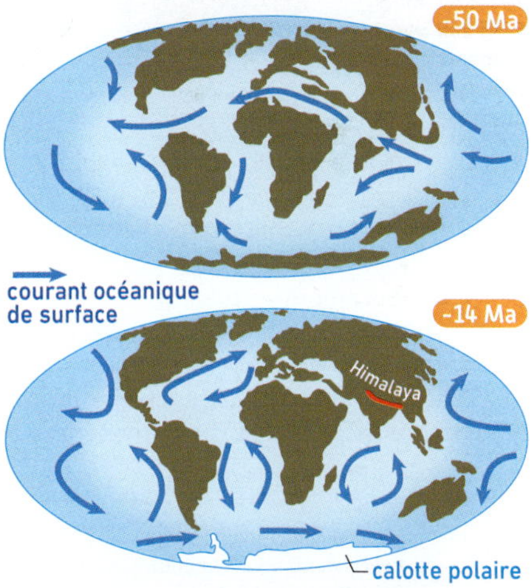

Dynamique des masses continentales et courants marins.

Activités envisageables

Afin de comprendre les variations climatiques du Cénozoïque :

- **À l'aide du document 1, indiquez la variation du climat global au Cénozoïque et corrélez-la aux variations de la teneur en CO_2.**
- **Établissez des liens entre dynamique des masses continentales, altération des roches, teneur en CO_2 et variations climatiques.**
- **Construisez, sous forme schématique, un modèle explicatif des variations climatiques du Cénozoïque.**

Des clés pour réussir

- Afin d'exploiter les réactions chimiques du document 2, vous pouvez faire un bilan des deux équations présentées.
- Pour construire le schéma bilan, vous pouvez relier les différents mécanismes impliqués par des flèches représentant les relations de cause à effet.

* Lexique ➡ p. 509

Unité 7

Le Crétacé, une période chaude

Le Crétacé est une période du Mésozoïque (ère secondaire), comprise entre –135 et –65 Ma. Les scientifiques la considèrent comme la période la plus chaude qu'ait connu notre planète depuis 600 Ma.

Comment les géologues ont-ils pu reconstituer le climat du Crétacé, et pourquoi faisait-il si chaud durant cette période ?

1 Reconstituer des paléoceintures climatiques

Les géologues utilisent des roches sédimentaires mais aussi des fossiles comme indices des climats du passé. Ils arrivent ainsi à reconstituer les zones climatiques à l'échelle du globe, ou **paléoceintures climatiques***.

A Les tillites sont des roches issues d'un dépôt glaciaire (climat froid).

B Les bauxites* et latérites* résultent de l'altération poussée des roches sous un climat chaud et humide.

C Les charbons* proviennent de l'enfouissement rapide de matière végétale en climat humide, tempéré à chaud.

D Les évaporites* se forment par évaporation de l'eau de mer en climat chaud et aride.

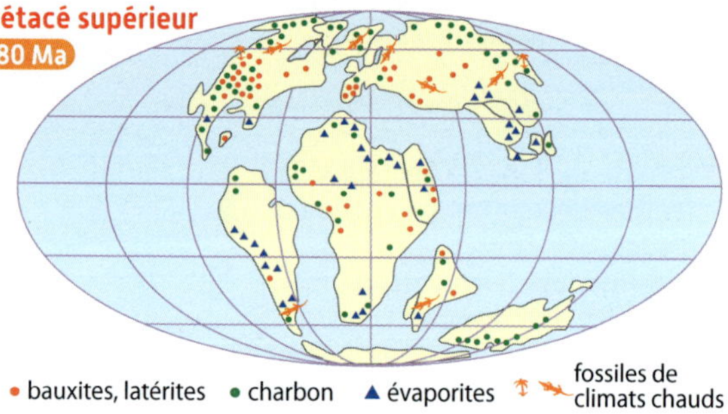

E Des indices des climats passés à l'échelle du globe.

2 Des feuilles fossiles qui nous renseignent sur la teneur en CO_2

Les paléobotanistes utilisent comme indice de la teneur atmosphérique en CO_2 la quantité de stomates* (orifices permettant les échanges gazeux) au niveau des feuilles fossiles. Expérimentalement, ils ont montré que leur nombre diminuait avec la teneur de l'atmosphère en CO_2 (B).

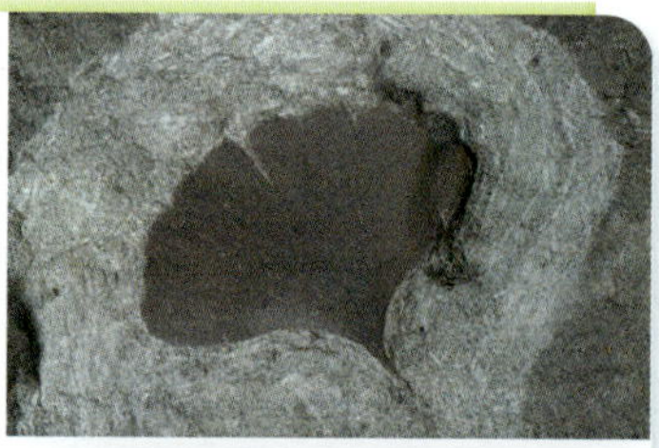

A Fossile de feuille de *Gingko biloba*.

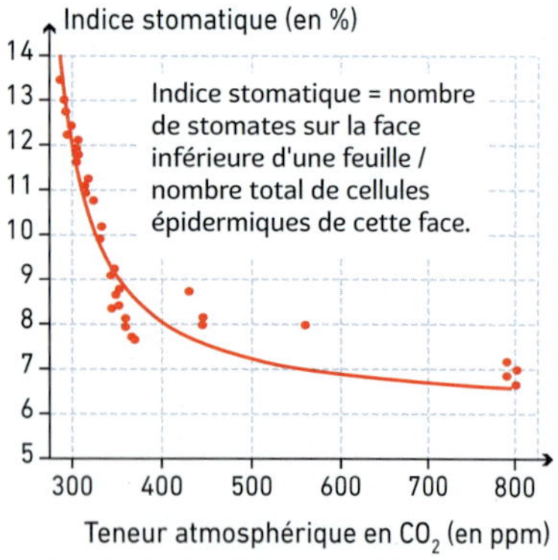

B Le calcul de l'indice stomatique de plusieurs fossiles de feuilles de *Gingko biloba*, datant de la fin du Crétacé, a donné un résultat de 7,09 %.

Activité pratique

- Recouvrir avec deux couches de vernis une surface d'environ 1 cm² de la face inférieure d'une feuille de *Gingko biloba*.
- Laisser sécher puis décoller doucement le film obtenu.
- Monter dans une goutte d'eau entre lame et lamelle.
- Observer au microscope et capturer une image numérique.
- À l'aide d'un logiciel (*Mesurim*), compter les stomates et les cellules épidermiques.
- Calculer l'indice stomatique de la feuille et le mettre en rapport avec la teneur atmosphérique actuelle en CO_2.

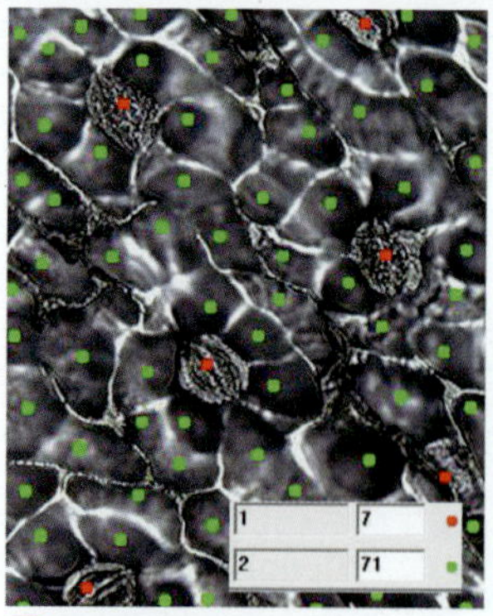

C Comptage de stomates d'une feuille de *Gingko biloba* avec le logiciel *Mesurim*.
Point rouge : stomate
Point vert : cellule épidermique

3 L'expansion océanique au cours des temps géologiques

Activité pratique

Afin d'estimer la vitesse d'expansion océanique au cours des temps géologiques :

- Sur le logiciel *Tectoglob3D*, afficher la carte de l'âge des fonds océaniques.
- Dans différents domaines océaniques et à différentes latitudes, mesurer la largeur des fonds océaniques produits pour chaque grande période.
- En déduire la vitesse moyenne de l'expansion océanique au cours de ces périodes.

Période	Jurassique moyen et supérieur	Crétacé inférieur	Crétacé supérieur	Cénozoïque
Âge, arrondi à la dizaine (Ma)	180 à 140	140 à 100	100 à 60	60 à 0
Largeur des fonds océaniques formés durant la période	2 100 km	4 300 km	4 500 km	6 600 km
Durée de la période (Ma)	40	40	40	60
Vitesse moyenne d'expansion ($km \cdot Ma^{-1}$)	53	108	113	110

A Exemple de résultats. Océan Pacifique, vers 20 °N.

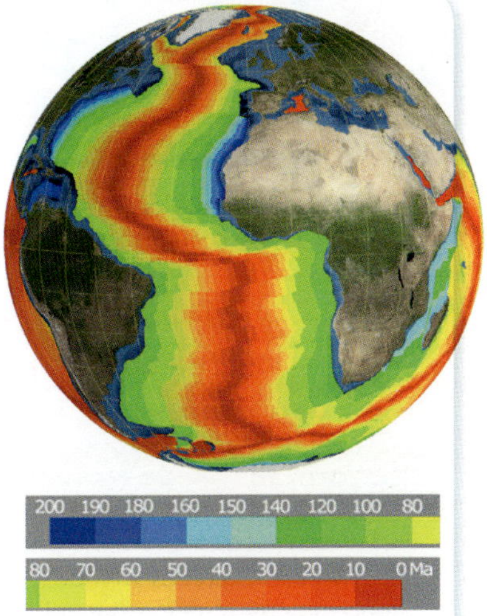

C Âge des fonds océaniques dans l'océan Atlantique (*Tectoglob3D*).

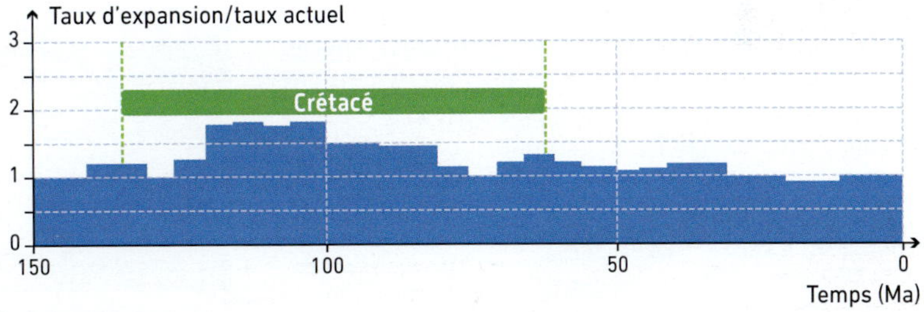

B Résultats obtenus par une équipe de chercheurs en estimant l'ensemble de production de lithosphère océanique par rapport à l'activité actuelle des dorsales.

4 Le « coût carbone » du magmatisme de dorsale

On évalue la production annuelle de magma au niveau des dorsales actuelles à 20 km^3. Ce magma contient des gaz, dont du CO_2, qui sont libérés lors de la mise en place de ces roches (dégazage).

Les travaux récents permettent d'estimer la libération actuelle de CO_2 au niveau des dorsales entre $2 \cdot 10^{10}$ et $2 \cdot 10^{11}$ $kg \cdot an^{-1}$. À titre de comparaison, les émissions de CO_2 d'origine anthropique sont d'environ $36 \cdot 10^{12}$ $kg \cdot an^{-1}$.

Une partie de ce CO_2, dissous dans l'eau, est transféré lentement vers l'atmosphère.

La formation de laves en coussin (*pillow lavas*) est typique du volcanisme de dorsale.

Activités envisageables

Afin de comprendre les variations climatiques du Crétacé :

- **Reconstituez les ceintures paléoclimatiques du Crétacé et comparez avec la zonation climatique actuelle.**
- **Évaluez la teneur atmosphérique en CO_2 au Crétacé et proposez une hypothèse explicative.**
- **Construisez, sous forme schématique, un modèle explicatif du climat au Crétacé.**

Des clés pour réussir

- Pour exploiter le document 1, vous pouvez tracer sur une reproduction papier ou numérique de la carte les limites entre les différentes zones climatiques.
- Pour construire le schéma bilan, vous pouvez relier les différents phénomènes impliqués par des flèches représentant les relations de cause à effet.

* Lexique ➡ p. 509

Unité

8 Le Carbonifère-Permien, une période froide

Le Carbonifère et le Permien sont des périodes de la fin du Paléozoïque (ère primaire) s'étendant entre –360 et –250 Ma. Le Carbonifère doit son nom aux nombreux gisements de charbon datant de cette époque en Europe.

Comment reconstituer le climat du Carbonifère-Permien, et quelles hypothèses permettent de l'expliquer ?

1 La forêt fossile de Montceau-les-Mines

En Europe, le Carbonifère est connu pour ses gisements de charbon, exploités depuis le XIXe siècle. Le site de Montceau-les-Mines a fait l'objet d'une étude depuis cette époque. La très bonne conservation des fossiles végétaux à l'intérieur de nodules* a permis la reconstitution d'un environnement chaud et humide propice au développement d'une forêt dense, peuplée d'espèces aujourd'hui disparues. La forte production de matière végétale et son enfouissement rapide sont à l'origine du charbon, une roche riche en carbone.

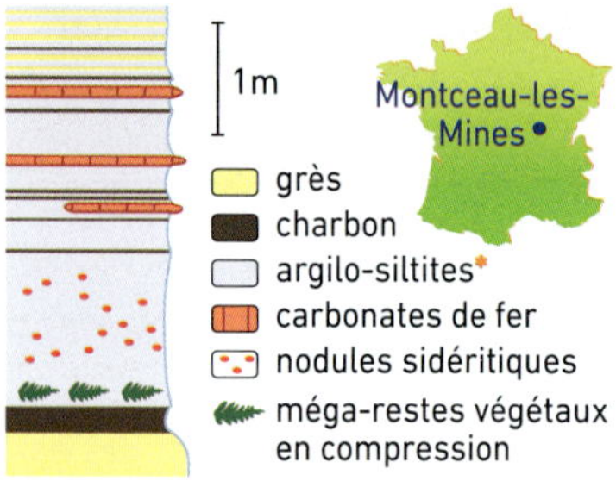

A Séquence stratigraphique du gisement fossilifère de Montceau-les-Mines.

Remarque : la sidérite ou carbonate de fer se forme en milieu lacustre et témoigne d'un climat tropical.*

C Reconstitution de la forêt houillère.

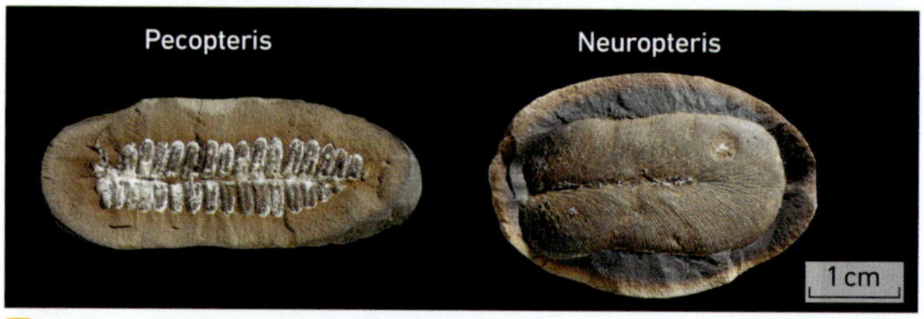

B Végétaux dans les nodules sidéritiques.

2 Reconstitution du climat global au Carbonifère

PaleoTerre

bordas Flash PAGE modélisation

À l'échelle globale, il est possible d'avoir une représentation des paléoceintures climatiques* en utilisant des indices géologiques, tels que les gisements de charbons et les tillites (voir l'unité 7).

Activité pratique

À l'aide du logiciel *PaleoTerre* :

- Sélectionner les affleurements de charbon et de tillites datant du Carbonifère.
- Les localiser sur la carte actuelle du globe.
- Les localiser sur la reconstitution paléogéographique du Carbonifère supérieur (–300 Ma) et relever leur paléolatitude* (latitude de l'époque).

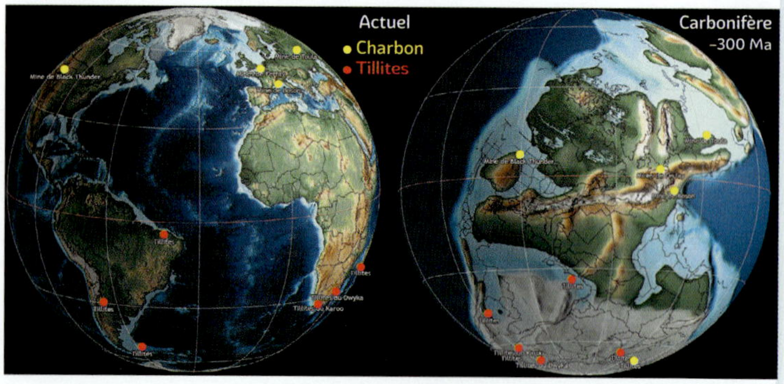

Géographie actuelle et reconstitution paléogéographique au Carbonifère.

3 Température, CO_2 et piégeage du carbone organique

Le graphique ci-contre présente les résultats de plusieurs modèles construits par les paléoclimatologues.

En **bleu** : modèle de température basé sur l'étude des isotopes de l'oxygène des sédiments océaniques.

En **vert** : modèle de l'évolution de la teneur atmosphérique en CO_2, prenant en compte plusieurs données (fossiles, indices stomatiques*, roches sédimentaires...). La plage vert clair correspond à la zone d'incertitude.

En **rouge** : modèle du piégeage du carbone issu de la matière organique dans les roches sédimentaires (charbon, pétrole, gaz naturel).

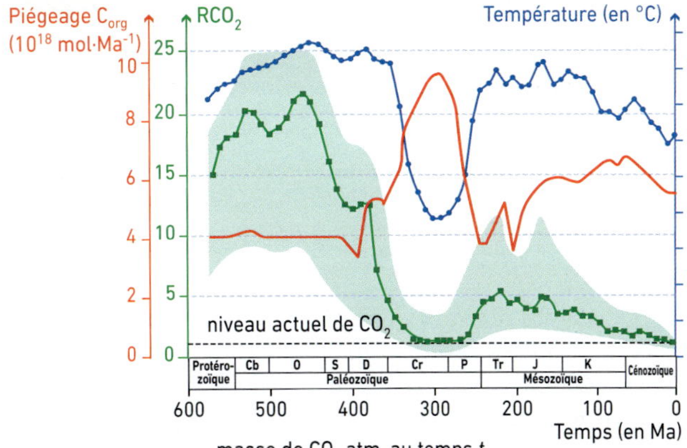

$$RCO_2 = \frac{\text{masse de } CO_2 \text{ atm. au temps } t}{\text{masse de } CO_2 \text{ actuel}}$$

Cr : Carbonifère
P : Permien

4 La paléogéographie particulière du Carbonifère et du Permien

La fin de l'ère primaire est marquée par la réunion des blocs continentaux en un seul continent, la Pangée (voir p. 171). Ce mécanisme a entraîné plusieurs conséquences :

- La formation de la ceinture orogénique* hercynienne, située au niveau de l'équateur et subissant une importante altération.
- La présence d'une masse continentale importante aux latitudes élevées de l'hémisphère Sud (A), favorisant la formation d'une calotte glaciaire.
- Les sédiments détritiques issus de l'érosion de la chaîne hercynienne se sont déposés dans des bassins sédimentaires situés sur son pourtour. Cette importante sédimentation a favorisé le piégeage de la matière végétale qui a lentement évolué pour former le charbon.
- Les décomposeurs présents sur les continents à cette époque n'étaient pas capables de décomposer la lignine (voir p. 219). D'énormes quantités de matières végétales ont ainsi échappé à la décomposition.
- Le rapport isotopique du strontium dans les sédiments carbonatés océaniques est utilisé par les géologues comme marqueur de l'altération des roches continentales. Un rapport élevé traduit une forte altération (B).

Fin Carbonifère
-300 Ma

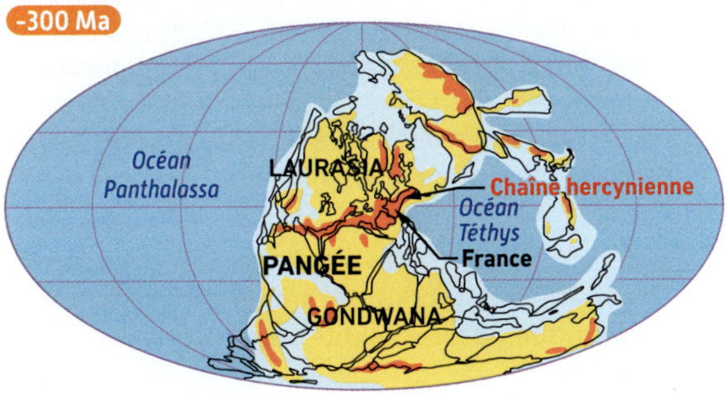

A **Reconstitution paléogéographique de la fin du Carbonifère.**

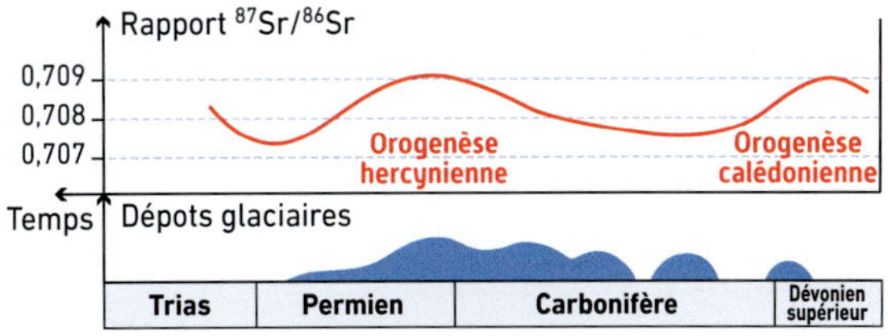

B **Extension des dépôts glaciaires et rapport isotopique du strontium à la fin de l'ère primaire.**

Activités envisageables

Afin de comprendre les variations climatiques du Carbonifère-Permien :

- **Montrez que la reconstitution paléoclimatique locale à Montceau-les-Mines ne témoigne pas du climat global régnant à la fin du Carbonifère.**
- **Identifiez les mécanismes qui ont pu être à l'origine de la glaciation du Carbonifère-Permien.**
- **Construisez, sous forme schématique, un modèle explicatif du climat au Carbonifère-Permien.**

Des clés pour réussir

- Pour exploiter le document 4, vous pouvez utiliser les réactions chimiques présentées dans l'unité 6.
- Pour construire le schéma bilan, vous pouvez relier les différents mécanismes impliqués par des flèches représentant les relations de cause à effet.

* Lexique ➥ p. 509

Bilan des connaissances

Reconstituer et comprendre les variations climatiques passées

Préparez le Grand oral p. 519

1 Les variations climatiques pendant le Quaternaire

Le climat récent

Depuis 150 ans, la température globale a augmenté d'environ 1 °C. Cette augmentation de température est liée à une modification du cycle biogéochimique du carbone, due aux activités humaines (utilisation de combustibles fossiles, changement d'utilisation des terres…). Nos émissions sont en partie compensées par des puits de carbone qui captent le CO_2 émis, mais ces puits sont insuffisants et le taux de CO_2 atmosphérique augmente actuellement d'environ 4,5 ppm par an.

L'origine humaine du changement climatique est clairement établie depuis les années 2000, les facteurs naturels ne pouvant expliquer une telle augmentation de température.

La reconstitution des variations climatiques quaternaires au niveau local

Le climat du Quaternaire (depuis 2,6 Ma environ) se caractérise par des **alternances de périodes froides (glaciaires) et plus douces (interglaciaires)**.

La dernière période glaciaire a commencé il y a 120 000 ans et s'est terminée il y a 11 000 ans. Le maximum glaciaire, moment le plus froid de cette glaciation, a été atteint il y a 20 000 ans. **Le nord de l'Europe et les Alpes étaient alors recouverts d'une calotte de glace** et le niveau de la mer était 120 m plus bas que le niveau actuel.

Ces reconstitutions sont basées sur le **principe d'actualisme** qui postule que dans le passé les processus opéraient de la même façon qu'actuellement. Les climatologues recherchent donc **des indices géologiques** capables de révéler les climats du passé. Ainsi, à l'heure actuelle comme dans le passé, la glace façonne les paysages, qui gardent longtemps après le retrait et la fonte des glaciers les traces de leur passage : **vallées à fond plat, restes de moraines, blocs erratiques**…

Des **indices paléo-écologiques** permettent aussi de reconstituer les climats locaux : les traces laissées par la faune ou la flore à une époque donnée peuvent révéler le climat local et ses changements. Ainsi, l'étude des **pollens fossilisés** permet de reconstituer l'évolution de la végétation et donc du climat au cours du temps. Pour les périodes plus récentes, l'étude des **peintures rupestres** nous informe sur la faune côtoyée par l'Homme, et donc sur le climat et ses évolutions.

Les archives glaciaires

Les carottes glaciaires permettent, grâce à des « thermomètres » basés sur la mesure des proportions des isotopes de l'oxygène ($\delta^{18}O$) ou de l'hydrogène (δD) dans l'eau de la glace, de reconstituer l'évolution de la température globale depuis 800 000 ans. En effet, la composition isotopique des précipitations dépend de la température locale : plus il fait froid, plus le $\delta^{18}O$ ou le δD des précipitations est faible.

Le $\delta^{18}O$ peut également être mesuré dans des sédiments océaniques carbonatés pour reconstituer l'évolution de la température de l'océan au-delà de 800 000 ans.

Ces mesures permettent de mettre en évidence l'alternance de huit périodes glaciaires et interglaciaires sur les derniers 800 000 ans.

L'origine des variations climatiques quaternaires

Proposée par l'astronome Milutin Milanković, la **théorie astronomique du climat** est le modèle actuellement admis pour expliquer les cycles glaciaires et interglaciaires du Quaternaire. Cette théorie repose sur les **variations périodiques des paramètres orbitaux de la Terre** (l'excentricité de l'orbite terrestre, l'obliquité et la précession de l'axe de rotation) qui se répètent avec des périodes (100 000 ans, 40 000 ans, 20 000 ans…) **coïncidant avec les variations climatique**s reconstituées à partir des thermomètres isotopiques. En modifiant la puissance solaire reçue à la surface du globe, ces petites variations astronomiques modifient l'équilibre thermique de la planète.

Des **boucles de rétroactions positives et négatives** permettent d'expliquer l'ampleur des changements climatiques et la rapidité des entrées et sorties de glaciation :

– La formation de glace augmente l'**albédo** terrestre. Les sols absorbant moins de chaleur se refroidissent, ce qui favorise l'extension des surfaces glacées. Le refroidissement est alors amplifié. Inversement, la fonte d'une partie de la glace diminue l'albédo terrestre, ce qui accélère le réchauffement lors d'une sortie de glaciation.

– Lors d'une entrée en glaciation, le refroidissement de l'océan entraîne une augmentation de la **solubilité du CO_2** dans les eaux océaniques. Cela provoque la diminution de sa teneur atmosphérique, donc la baisse de l'effet de serre et de la température, ce qui augmente en retour la solubilité du CO_2. Cette boucle amplifie le refroidissement. Le phénomène inverse se produit en sortie de glaciation.

2 Les variations climatiques à l'échelle des temps géologiques

Reconstituer les climats très anciens

Des méthodes indirectes permettent de reconstituer les climats très anciens. **L'étude des formations géologiques** permet de reconstituer la position et l'étendue des **paléoceintures climatiques.** Les bauxites et latérites (roches riches en aluminium et en fer) résultant de l'altération poussée des roches et les charbons issus de l'enfouissement rapide de matière végétale témoignent d'un climat chaud et humide. Les évaporites formées par l'évaporation de l'eau de mer témoignent d'un climat chaud et aride. Les tillites témoignent de dépôts glaciaires caractéristiques d'un climat froid.

L'étude des isotopes de l'oxygène des sédiments océaniques offre également la possibilité d'estimer les paléo-températures.

Concernant la teneur en CO_2 atmosphérique, de nombreuses méthodes peuvent être combinées afin d'obtenir une estimation indirecte :

– **l'abondance des stomates à la surface de feuilles fossilisées** est corrélée à celle du CO_2 atmosphérique de l'époque ;

– **l'étude des roches détritiques et des roches sédimentaires carbonatées** nous renseigne sur l'importance de l'altération chimique des roches continentales, consommatrice de CO_2 ;

– **la reconstitution des vitesses d'expansion des fonds océaniques** permet d'estimer les quantités de CO_2 libérées par l'activité magmatique des dorsales.

Le refroidissement cénozoïque

Le Cénozoïque correspond à la dernière grande ère géologique, couvrant les 65 derniers millions d'années. Après une brève période chaude, les 50 derniers millions d'années sont marqués par un refroidissement progressif aboutissant aux glaciations du Quaternaire. Deux modèles, encore discutés, ont été proposés pour expliquer ce refroidissement.

Le premier de ces modèles fait **le lien entre tectonique des plaques et cycle géochimique du carbone.** Les **orogenèses** provoquées par la réunion de blocs continentaux ont donné naissance à des chaînes de montagnes dont les Alpes et l'Himalaya. L'altération des roches silicatées des reliefs montagneux étant **un mécanisme piégeant le CO_2**, elle aurait entraîné une diminution de sa teneur atmosphérique et donc de l'effet de serre, provoquant le refroidissement.

Un second modèle fait le **lien entre tectonique des plaques et modification de la circulation océanique.** La fermeture d'un vaste domaine océanique centré sur l'équateur aurait provoqué la **disparition d'un courant chaud intertropical**, jouant un rôle de « pompe à chaleur » pour le globe. À l'inverse, l'isolement du continent Antarctique aurait permis la **formation d'un courant froid circumpolaire**, favorisant la formation de la calotte polaire sud dès –30 Ma. Cette immense surface glacée aurait participé au refroidissement global par effet albédo.

Ces deux modèles ne sont pas exclusifs, ils ont pu concourir au même effet climatique.

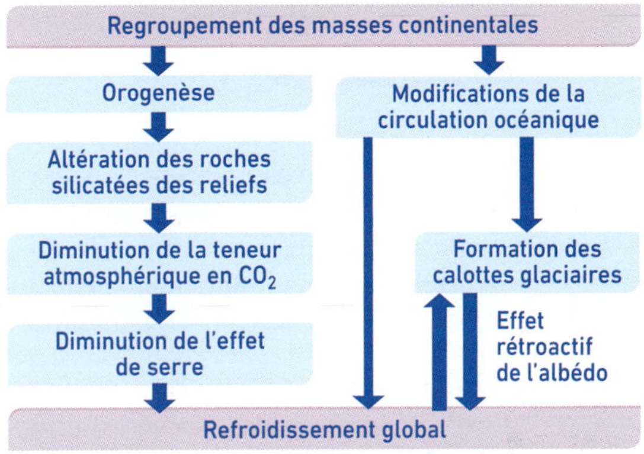

Le Crétacé, une période chaude

Le Crétacé s'étend de –135 à –65 Ma, sur la fin de l'ère mésozoïque. La reconstitution des paléoceintures climatiques montre le développement **des climats chauds à des latitudes élevées et l'absence de dépôts glaciaires.** Le climat global du Crétacé était donc particulièrement chaud. L'étude de l'indice stomatique, corrélée à d'autres méthodes, montre **une teneur élevée en CO_2 dans l'atmosphère** ayant entraîné un effet de serre important.

La principale hypothèse pouvant expliquer ce taux élevé de CO_2 atmosphérique au Crétacé est le volcanisme de dorsale. En effet, il s'agit d'une période de séparation des masses continentales (ouverture de l'océan Atlantique) avec **un taux d'expansion océanique particulièrement élevé.**

La glaciation Carbonifère-Permien

S'étendant de –360 à –250 Ma, le Carbonifère et le Permien occupent la fin de l'ère paléozoïque.

En Europe, la formation de grands gisements de charbon durant le Carbonifère témoigne d'un climat chaud et humide, mais la région était alors située en zone équatoriale. La reconstitution des paléoceintures climatiques montre au contraire un **climat global particulièrement froid.** Un ensemble d'indices montrent qu'à cette époque **le taux de CO_2 atmosphérique était très bas.** Plusieurs causes peuvent expliquer ce climat très froid :

– **altération de la chaîne hercynienne** située au niveau de l'équateur, donc en climat chaud et humide ;

– **fossilisation de grandes quantités de matière organique** par enfouissement de matière végétale, piégeant ainsi le carbone sous forme de charbon dans des bassins sédimentaires en périphérie de la chaîne hercynienne ;

– **modification des circulations océaniques et atmosphériques** due à la formation du supercontinent Pangée, favorisant la formation d'une vaste calotte glaciaire dans l'hémisphère Sud.

bordas Flash PAGE podcast

DYS

L'essentiel

Reconstituer et comprendre les variations climatiques passées

Flash PAGE podcast

DYS

À retenir

Le climat récent

Depuis 1850, la température globale a augmenté de plus de 1 °C. Ce **réchauffement climatique** est lié à la perturbation du **cycle biogéochimique du carbone** par les **émissions liées aux activités humaines** de **gaz à effet de serre** tels que le CO_2. L'étude des climats passés est indispensable pour anticiper le changement climatique à venir.

Le Quaternaire et ses cycles glaciaires et interglaciaires

Durant les 800 000 dernières années, le climat de la Terre a connu alternativement des périodes très froides (**périodes glaciaires**) et des périodes plus chaudes (**périodes interglaciaires**). La dernière période glaciaire s'étend de –120 000 à –11 000 ans. Les variations climatiques locales sont mises en évidence par de nombreux indices géologiques et écologiques. L'utilisation de **thermomètres isotopiques** permet de reconstituer l'évolution de la température globale.

L'origine des variations climatiques du Quaternaire

Les variations cycliques du climat durant le Quaternaire coïncident avec des variations périodiques des paramètres orbitaux de la Terre (**cycles de Milanković**) qui modifient la puissance solaire reçue aux hautes latitudes. Des **boucles de rétroaction positives et négatives** sont à l'origine des entrées et sorties de glaciation.

Le Cénozoïque, une période froide

Depuis 30 Ma jusqu'au début du réchauffement que nous vivons actuellement, de nombreux indices montrent une tendance générale à la baisse de la température moyenne du globe et de la concentration en CO_2 dans l'atmosphère. Ces baisses sont attribuées à l'**altération chimique des roches** dans les grandes chaînes de montagnes récentes comme l'Himalaya et au déplacement de continents dû à la **tectonique des plaques**. Cela modifie la **circulation océanique**, favorisant par exemple la formation d'une immense calotte au pôle Sud.

Le Crétacé, une période chaude

De nombreux fossiles et indices géologiques attestent que le Crétacé, au Mésozoïque, était une période très chaude de l'histoire de la Terre. La **forte activité des dorsales océaniques** à cette période serait à l'origine d'une concentration élevée en CO_2 dans l'atmosphère et donc d'un fort **effet de serre**.

La glaciation du Carbonifère-Permien

Le climat au Carbonifère-Permien (Paléozoïque) est caractérisé au contraire par une glaciation de grande ampleur, comme en témoignent de nombreux indices géologiques et fossiles. Cette glaciation est liée à l'**altération chimique des roches de la chaîne hercynienne** et à une très importante **fossilisation de matière organique**, responsables d'une chute de la teneur en CO_2 de l'atmosphère et donc d'une diminution de l'effet de serre.

Mots-clés

Albédo • Altération chimique • Circulation océanique • Cycle du carbone • Cycles de Milanković • Diagramme pollinique • Effet de serre • Paléoceinture climatique • Principe d'actualisme • Spectre pollinique • Tectonique des plaques • Thermomètre isotopique

Schéma bilan

Reconstituer et comprendre les variations climatiques passées

Des causes différentes

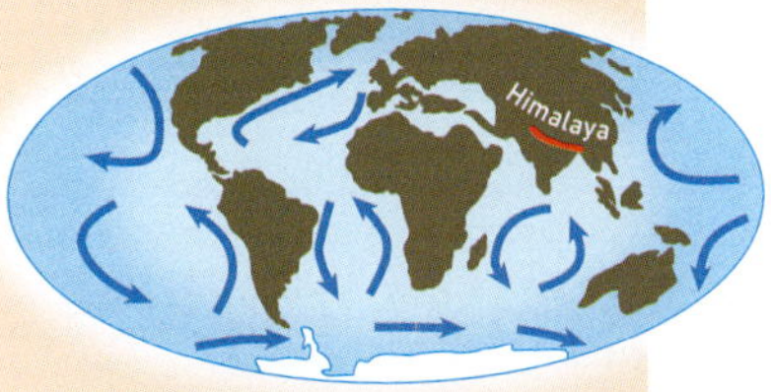

Amplification (albédo, solubilité CO_2)

Effets de la tectonique des plaques sur :
- la circulation océanique
- le cycle du carbone et l'effet de serre
- l'altération des silicates
- la fossilisation de la matière organique

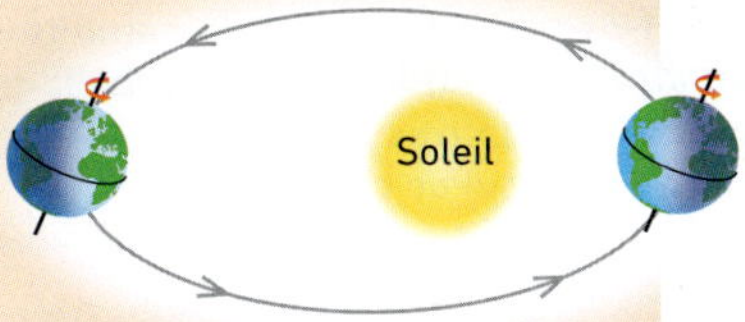

Amplification (albédo, solubilité CO_2)

Effets des cycles de Milanković sur :
- la puissance solaire reçue
- le contraste des saisons

Amplification (albédo, solubilité CO_2)

Effets des activités humaines sur :
- le cycle du carbone
- l'effet de serre

Des échelles de temps et des vitesses très différentes

Variations à l'échelle des temps géologiques

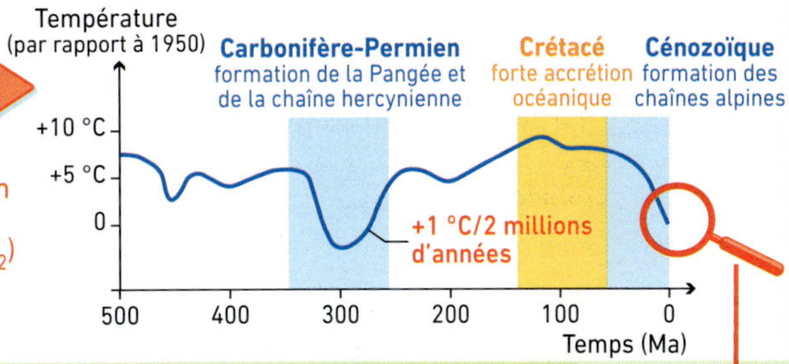

Indices (principe d'actualisme)
- roches et fossiles
- rapports isotopiques

Alternance périodes glaciaires/interglaciaires du Quaternaire

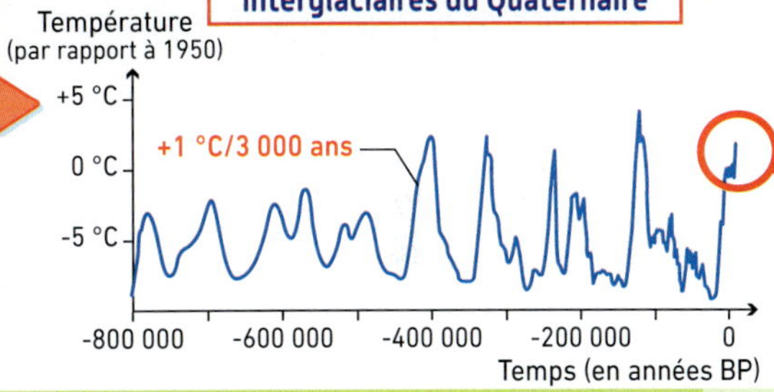

Indices (principe d'actualisme)
- pollens
- moraines
- rapports isotopiques

Réchauffement climatique global

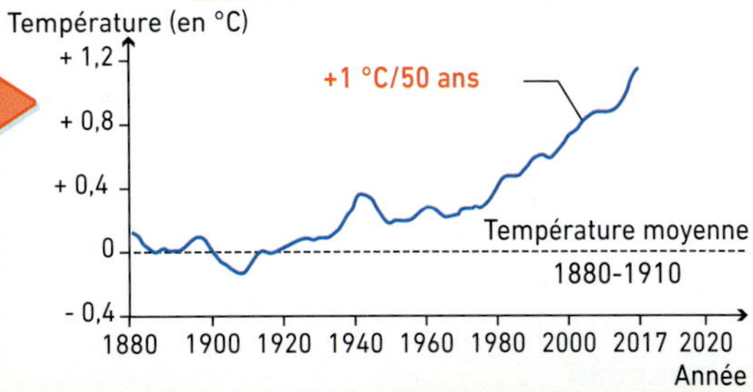

Mesures directes
- température
- taux des gaz à effet de serre dans l'atmosphère

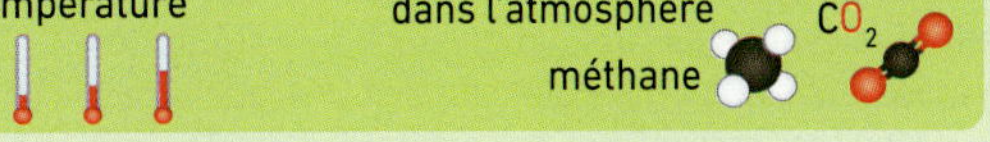

Réponses p. 502

1 Retour vers les problématiques

Relisez la page « S'interroger avant d'aborder le chapitre » (p. 291). À l'aide de ce que vous savez à présent, répondez aux questions que vous avez formulées.

2 QCM

Pour chaque affirmation, choisissez l'unique bonne réponse.

1. Les variations climatiques du dernier siècle sont dues :

a. uniquement aux cycles de Milanković ;
b. uniquement aux émissions de gaz à effet de serre ;
c. principalement à des causes humaines ;
d. à la déforestation uniquement.

2. Le $\delta^{18}O$ de la glace :

a. varie en fonction de la teneur en dioxygène de l'air ;
b. varie en fonction de la température de l'eau des précipitations ;
c. permet de reconstituer l'évolution de la quantité de gaz à effet de serre dans l'atmosphère ;
d. est le seul paléothermomètre utilisable en climatologie.

3. La cause principale du climat chaud au Crétacé est :

a. l'activité forte des dorsales ;
b. l'altération importante des silicates en zone tropicale ;
c. le niveau marin faible ;
d. un volcanisme peu important.

3 Compléter un schéma

Recopiez et complétez le schéma ci-dessous. Proposez un titre.

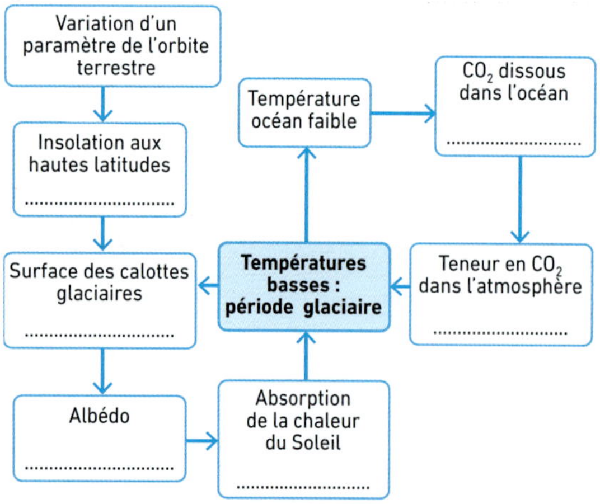

4 Expliquer comment

a. Les scientifiques peuvent être certains de l'origine anthropique du changement climatique actuel.
b. Des petites variations de l'insolation aux hautes latitudes sont responsables des cycles glaciaires et interglaciaires.
c. Certains fossiles permettent la reconstitution des climats passés.

5 Apprendre en s'interrogeant

1. Cachez l'une des colonnes du tableau suivant et retrouvez ce que contient l'autre (à faire seul ou à plusieurs).
2. Vérifiez vos réponses, et reprenez si besoin les notions concernées.

Notion	Définition
Effet de serre	Conservation par l'atmosphère d'une partie du rayonnement infrarouge réémis par la planète, provoquant une élévation de la température de la Terre.
Principe d'actualisme	Principe postulant que les processus observés aujourd'hui s'exerçaient de la même façon dans le passé.
Cycles de Milanković	Modifications périodiques de certains paramètres orbitaux de la Terre.
Albédo	Rapport entre l'énergie lumineuse réfléchie par une surface et l'énergie solaire reçue par cette même surface.

6 Légender et commenter une photographie

La photographie ci-dessous est une vue satellite de glaciers au nord du Bhoutan (Himalaya). Attribuez une légende pour chacune des lettres et précisez quels sont les indices montrant un recul de ces glaciers.

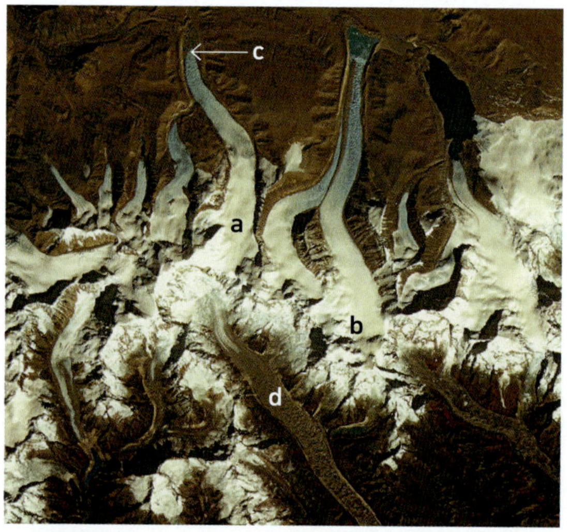

7 Expliquer la différence entre...

a. Des alluvions déposées par une rivière et celles déposées par le retrait d'un glacier.
b. Les variations du taux de CO_2 du dernier siècle et celles du Quaternaire.
c. Un spectre pollinique et un diagramme pollinique.
d. Les informations apportées par les bulles d'air de la glace et celles apportées par la composition isotopique de la glace.

★ facile ★★ intermédiaire ★★★ confirmé

8 Identifier l'incidence des activités humaines sur l'environnement à différentes échelles ★

Les forêts emmagasinent 20 à 50 fois plus de CO_2 que n'importe quel autre écosystème. De ce point de vue, les forêts tropicales sont très importantes, car avec leur biomasse considérable, elles stockent en moyenne 120 tonnes de carbone par hectare.

Entre août 2018 et juillet 2019, la déforestation de la forêt amazonienne a atteint un record avec 9 762 hectares déboisés, notamment par de nombreux incendies volontaires.

À partir des données issues de ce texte, établissez un lien entre activités humaines et réchauffement climatique.

9 Communiquer par écrit ★★

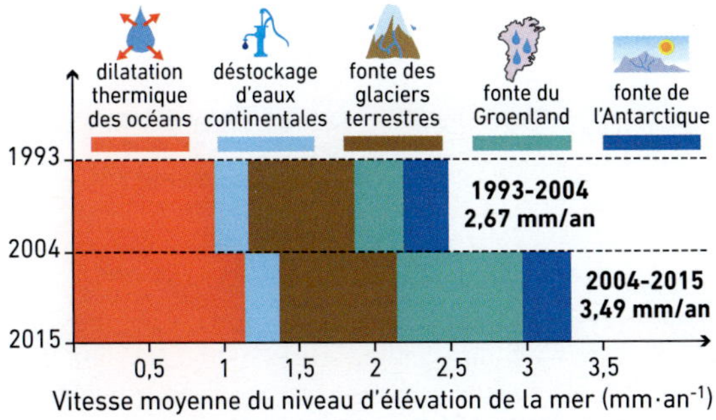

Vitesse moyenne d'élévation du niveau de la mer entre 1993 et 2015, avec ses contributions.

Remarque : le déstockage des eaux continentales correspond aux eaux prélevées dans les réserves principalement souterraines et finalement relâchées dans les océans.

Exprimez les informations apportées par ce diagramme sous la forme d'un texte de quelques phrases.

10 Établir une relation de causalité ★★

Il y a environ 380 millions d'années (Ma), une innovation majeure s'est produite chez certaines plantes continentales : il s'agit de l'apparition d'une molécule organique, la lignine, constituant l'essentiel de la paroi cellulaire des vaisseaux du xylème. Principal constituant du bois, la lignine a permis à ces végétaux d'atteindre des dimensions comparables à celles de nos arbres actuels. Les décomposeurs les plus efficaces de la lignine sont des champignons, dont les plus anciens fossiles connus ont environ 200 Ma.

Utilisez vos connaissances et ces informations pour établir une relation de causalité entre cette innovation évolutive et le climat global au Carbonifère et au Permien.

11 Formuler une hypothèse ★★

La fin de la période géologique du Dévonien, vers –360 Ma, est marquée par la présence de nombreux sédiments glaciaires sur le supercontinent du proto-Gondwana.

Proposez des hypothèses concernant les mécanismes ayant pu être à l'origine de cette période glaciaire (vous pouvez vous appuyer sur les connaissances acquises au chapitre 2 de la partie 2).

12 Recenser, extraire, organiser et exploiter des informations à partir d'un document ★★

Les fouilles de l'abri sous roche de Combes-Grenal, en Dordogne, ont livré de nombreux restes d'animaux, permettant la construction du relevé faunistique suivant.

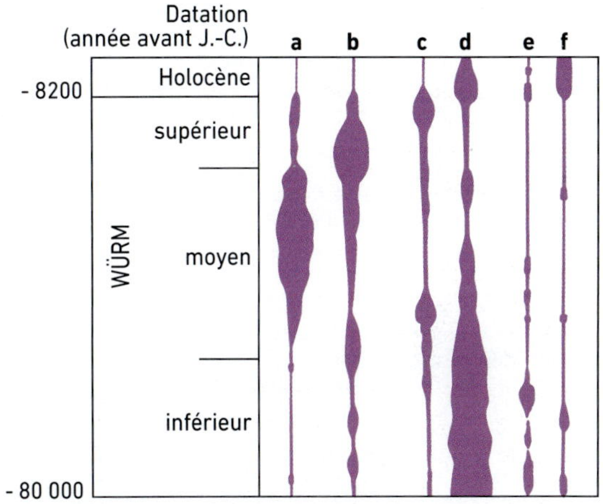

Relevé faunistique à Combes-Grenal.

La largeur du trait correspond à l'abondance de l'espèce.

	Espèces	Conditions de vie
a	Renne	Toundra arctique
b	Cheval	Prairie et steppes froides et sèches
c	Bison	
d	Cerf	Forêt tempérée
e	Chevreuil	
f	Sanglier	

Exploitez ces données pour en déduire les variations climatiques qui se sont produites durant cette période.

Aides à la résolution

- Relever pour chaque période les espèces les plus abondantes.
- En appliquant le principe d'actualisme, identifier les biomes et les climats régnant aux différentes périodes.
- Identifier les changements climatiques intervenus en prenant soin de partir de la période la plus ancienne vers la période la plus récente.

13 Comprendre le lien entre phénomènes naturels et langage mathématique ★

Volume des glaces continentales :

- Antarctique : $29 \cdot 10^6$ km^3
- Arctique : $2{,}5 \cdot 10^6$ km^3
- Autres glaciers : $0{,}2 \cdot 10^6$ km^3

Superficie des océans : $357 \cdot 10^6$ km^2

À partir des données ci-dessus, estimez l'augmentation du niveau marin en cas de fonte totale des glaces continentales (en considérant la superficie des océans comme constante).

14 La grotte Cosquer

★ En 1985, le plongeur Henri Cosquer découvrit près de Marseille une grotte sous-marine ornée. La dernière phase d'occupation humaine (–20 000 à –7 000 ans) correspond à celle des peintures et gravures d'animaux (chevaux, bouquetins, bisons, pingouins...). L'exploration des fonds au voisinage de la grotte a révélé des dépôts de galets et de coquillages correspondant à d'anciens rivages marins. Trois lignes de paléorivages ont ainsi pu être reconstituées. Elles sont nommées par rapport à leur profondeur actuelle (PR100 = paléorivage situé 100 m sous le niveau marin actuel).

À partir de vos connaissances et des documents proposés, montrez que la grotte Cosquer et ses alentours témoignent de variations du niveau marin (que vous caractériserez) en relation avec un changement climatique.

A Peintures de pingouins sur les parois de la grotte.

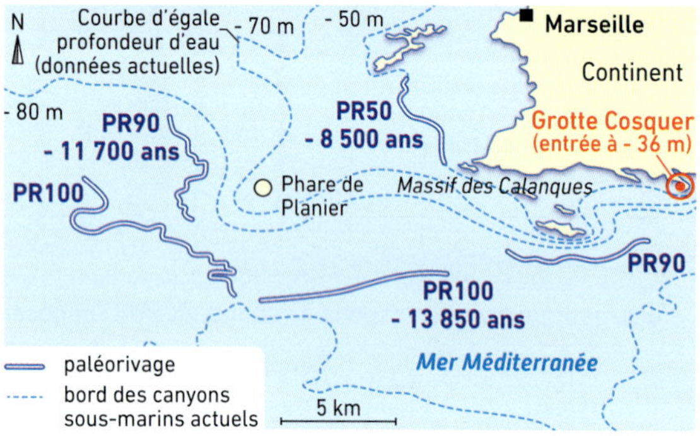

B Cartographie des paléorivages autour de la grotte.

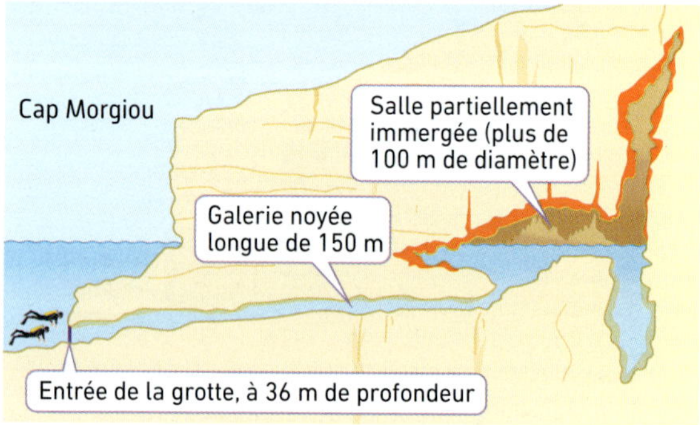

C Profil de la grotte Cosquer.

15 Les terrasses fluviatiles du Loir dans le Vendômois

★★ La vallée du Loir présente une série de terrasses, zones planes constituées d'alluvions qui s'étagent en gradins situés en hauteur par rapport au lit actuel de la rivière. Les géologues supposent que ces terrasses (ou nappes) résultent de l'alternance entre périodes interglaciaires, pendant lesquelles les alluvions se déposent, et périodes glaciaires, pendant lesquelles la rivière creuse son lit dans les dépôts précédents.

En exploitant le relevé des terrasses fluviatiles du Haut-Vendômois, apportez des arguments en faveur de l'hypothèse des géologues.

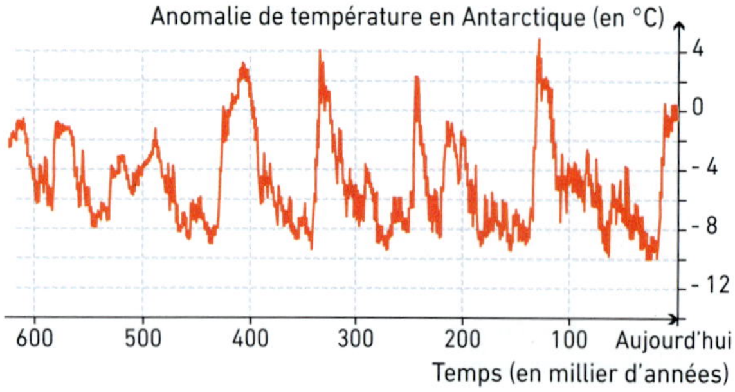

A Paléotempératures calculées à partir du $\delta^{18}O$ des glaces de l'Antarctique.

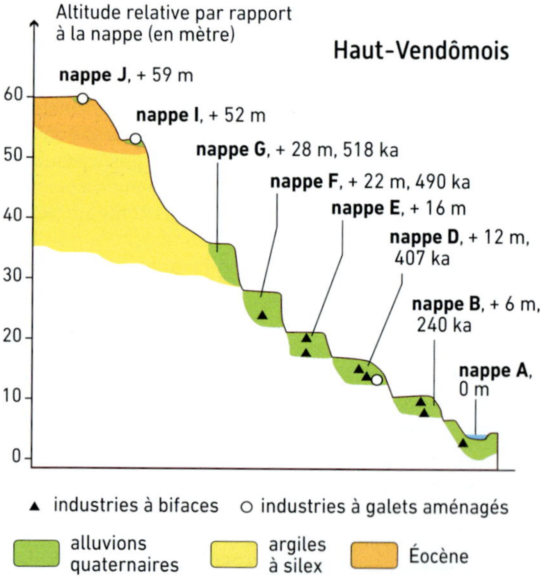

B Relevé des terrasses fluviatiles du Loir, avec leur altitude par rapport au lit actuel et leur âge (ka = 10^3 années).

PRÉPA BAC

Épreuve écrite

Rédaction d'un texte argumenté pour répondre à une question scientifique

16 Variations climatiques au Quaternaire

L'histoire climatique du Quaternaire est marquée par des variations cycliques du climat global.

Après avoir présenté les mécanismes à l'origine de ces variations, vous expliquerez en quoi le réchauffement enregistré depuis un siècle ne s'inscrit pas dans ces cycles climatiques naturels.

Document proposé **Variations de la température globale depuis 250 000 ans**

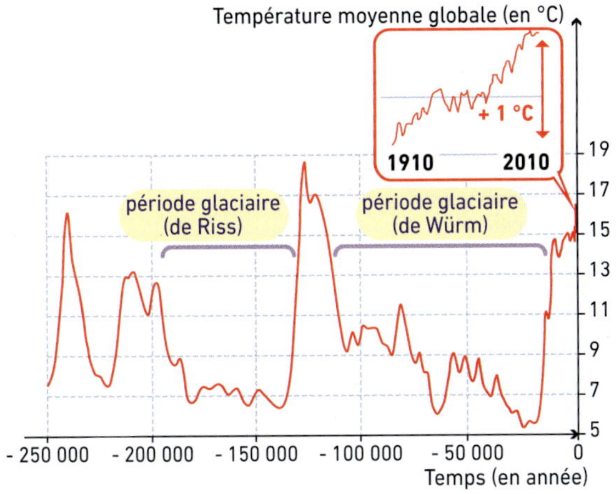

17 Climat du Crétacé et cycle du carbone

Le Crétacé correspond à une période particulièrement chaude de l'histoire de la Terre.

Présentez les faits permettant d'expliquer comment des perturbations du cycle du carbone pourraient être à l'origine du climat du Crétacé.

Document proposé **Modélisation de la teneur atmosphérique en CO_2 depuis 300 Ma**

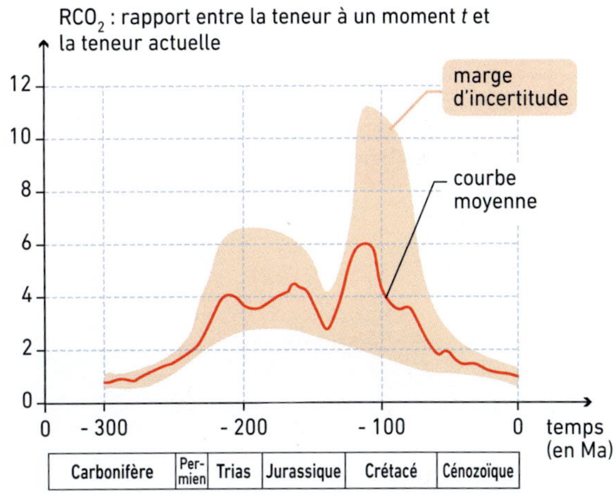

Épreuve pratique

Pour s'entraîner à l'Évaluation des Capacités Expérimentales

18 Présenter et interpréter des résultats pour résoudre un problème

Afin de mettre en évidence et de caractériser le changement climatique entre les périodes Pléistocène et Holocène, il y a 11 700 ans, vous avez observé et compté des grains de pollens issus de deux échantillons de tourbe datés de chacune des deux périodes.

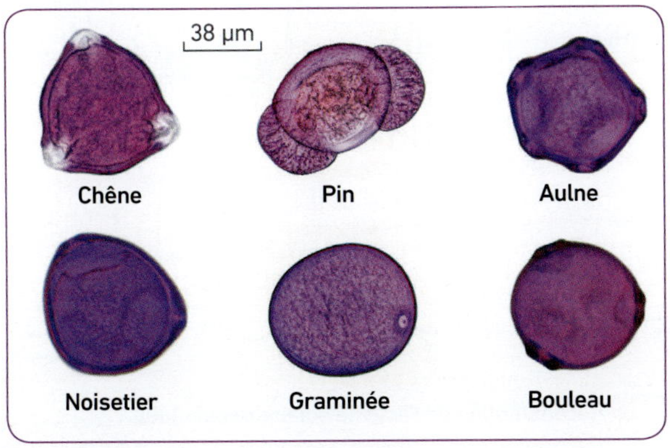

A Grains de pollens observés.

Présentez ces résultats sous la forme de votre choix, puis utilisez-les pour résoudre le problème étudié.

Documents proposés **Associations végétales caractéristiques des différents biomes (voir doc. 3A p. 297)**

	Fin Pléistocène	**Début Holocène**
Chêne	0	22
Pin	15	0
Aulne	0	17
Noisetier	0	13
Graminée	36	1
Bouleau	18	0
TOTAL	**69**	**53**

B Résultats obtenus.

Raisonnement scientifique

Construisez et exposez votre propre démarche pour résoudre le problème posé

19 Le Petit Âge glaciaire

Le Petit Âge glaciaire (PAG) est une période historique, située entre le milieu du XIVe siècle et le milieu du XIXe siècle, caractérisée par un climat froid, surtout en Europe. Ce refroidissement n'est pas continu mais se caractérise par des années avec des hivers particulièrement rudes et des étés doux, bien documentés par les annales, les peintures et les gravures de ces époques.

■ **À partir de l'étude des documents et en vous appuyant sur vos connaissances, montrez que plusieurs causes et mécanismes peuvent expliquer l'existence du Petit Âge glaciaire.**

1 Le Petit Âge glaciaire

De nombreux indices comme les analyses palynologiques, l'épaisseur des cernes des arbres, les dates des vendanges, l'abondance des récoltes ou les tableaux représentant des paysages permettent de reconstituer l'évolution des températures en Europe au cours des derniers siècles.

A Le glacier des Bois à Chamonix au début du XIXe siècle. Ce glacier correspond à l'actuelle mer de glace.
Samuel Birmann, *Au village des Prats*, 1823.

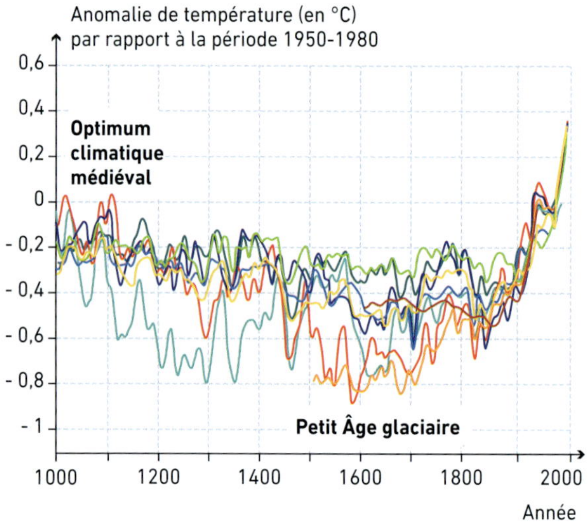

B Reconstitution des températures par plusieurs études. Les études ne mettent pas toutes en évidence une baisse de température, ce qui suggère que l'évolution des températures est essentiellement locale (Europe) et non globale.

2 L'activité solaire

L'activité du Soleil varie au cours du temps selon plusieurs cycles. Les périodes d'activité forte sont caractérisées par un nombre important de taches solaires. Ces taches sont observées dès le VIIIe siècle avant J.-C. en Chine et enregistrées par les observateurs européens à partir du XVIIe siècle.

De plus, lors des périodes où l'activité solaire est intense, la quantité de rayons cosmiques qui arrivent sur Terre est plus faible du fait d'un vent solaire important. Les rayons cosmiques sont à l'origine de la fabrication d'éléments comme l'isotope 10 du béryllium (^{10}Be) dans la haute atmosphère. La concentration en ^{10}Be peut être mesurée dans les carottes de glace.

L'activité solaire est corrélée avec la quantité d'énergie reçue par la Terre, mais il s'agit d'une variation très faible de l'ordre de 0,1 % pour le minimum de Maunder.

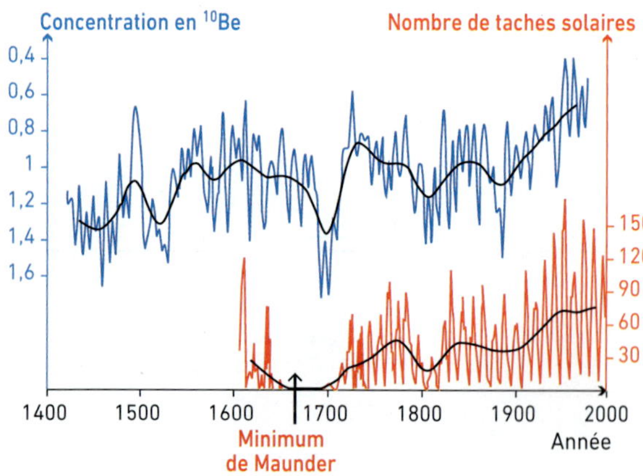

Reconstitution de l'activité solaire depuis 1400.

3 L'impact du volcanisme

Les grandes éruptions volcaniques explosives propulsent dans l'atmosphère une grande quantité d'aérosols (notamment des gouttelettes d'acide sulfurique). Ces aérosols réfléchissent la lumière incidente du Soleil (augmentation de l'albédo terrestre). Leur persistance dans l'atmosphère est faible (1 à 3 ans) et leur effet sur la température est donc limité à quelques années. Les éruptions passées sont enregistrées dans les carottes de glace où l'on retrouve des pics de concentration de sulfate qui permettent, grâce à leur analyse isotopique, d'estimer l'intensité de ces éruptions et leur impact sur le climat.

Des observations d'un ciel voilé ou de couchers de soleil spectaculaires sont également rapportées en Europe à l'occasion de ces grandes éruptions.

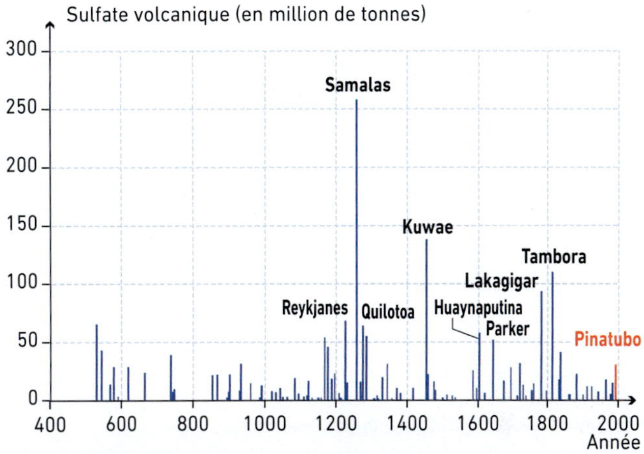

Quantité de sulfate émis dans l'atmosphère depuis l'an 800 et les dix éruptions les plus importantes.

L'éruption du Pinatubo en 1991, bien documentée, a provoqué un refroidissement global de 0,6 °C pendant deux à trois ans (Chaochao Gao et al., 2008).

4 La colonisation de l'Amérique

Une nouvelle hypothèse, encore en discussion, a été proposée dans les années 2010 pour expliquer le Petit Âge glaciaire. Du fait de la colonisation des Amériques par les Européens à partir de 1492, la population indigène du nouveau continent est décimée : de 60 millions d'habitants à la fin du XVe siècle, elle passe à 5-6 millions en 1600 du fait des guerres, des génocides et des maladies importées. Ce déclin important de la population est à l'origine de l'abandon de zones cultivées qui sont alors reboisées ou recouvertes de savanes d'une surface correspondant à peu près à celle de la France.

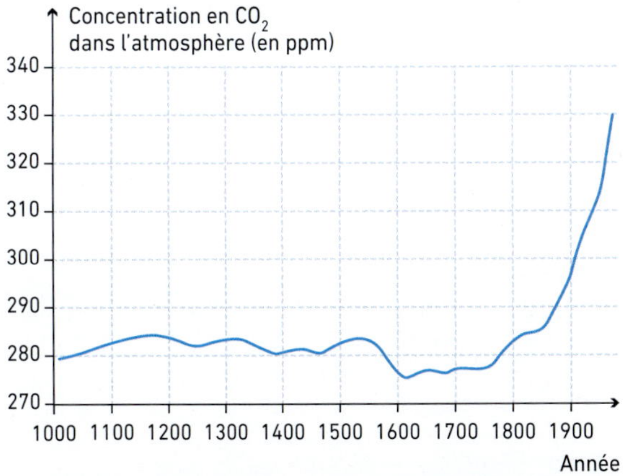

A Variation du CO_2 atmosphérique, entre l'an 1000 et 1975, mesurée dans les bulles d'air de la carotte de glace de Law Dome.

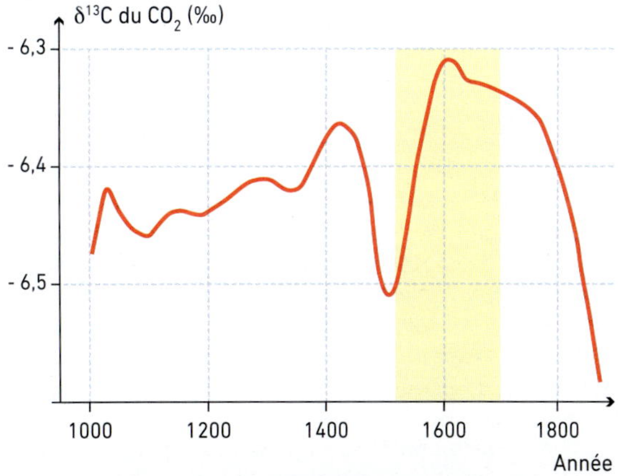

B Évolution du $\delta^{13}C$ mesuré dans les bulles de gaz des carottes de glace. Le $\delta^{13}C$ mesure la quantité de l'isotope 13 du carbone dans l'air relativement au ^{12}C, l'isotope le plus abondant. Lors de la photosynthèse, les plantes utilisent en priorité le CO_2 constitué de carbone léger : le $\delta^{13}C$ permet donc d'évaluer l'intensité de la photosynthèse au niveau global (Koch et al., 2019).

PARTIE 4

CHAPITRE 2

Faire face au réchauffement climatique

Entre science-fiction et réalité, la cité Lilypad est un projet de ville flottante autonome capable d'accueillir et de subvenir aux besoins alimentaires et énergétiques de 50 000 réfugiés climatiques.

S'interroger avant d'aborder le chapitre

Biodiversité et réchauffement climatique

bordas Flash PAGE animation

Un cycle de reproduction menacé

Il existe un synchronisme entre l'éclosion des œufs de mésange et la présence des chenilles nécessaires à l'alimentation des oisillons. Mais à cause du réchauffement climatique, les jeunes feuilles dont se nourrissent les chenilles apparaissent jusqu'à deux semaines plus tôt. Lorsque les oisillons naissent, les chenilles sont déjà trop grosses pour être mangées, provoquant une forte mortalité des jeunes mésanges.

Des gestes individuels pour un effort collectif

Cet étudiant sénégalais plante un acacia et participe ainsi à l'édification de la Grande Muraille Verte d'Afrique, qui doit s'étendre de Djibouti à Dakar sur plus de 7 000 km de long et 15 km de large. Ce faisant, il contribue à la lutte contre le réchauffement climatique et au maintien d'un environnement favorable aux activités humaines. Chacun peut participer à la reforestation du monde, en protégeant les arbres de son environnement proche, mais aussi en contribuant à des projets participatifs d'envergure régionale ou mondiale.

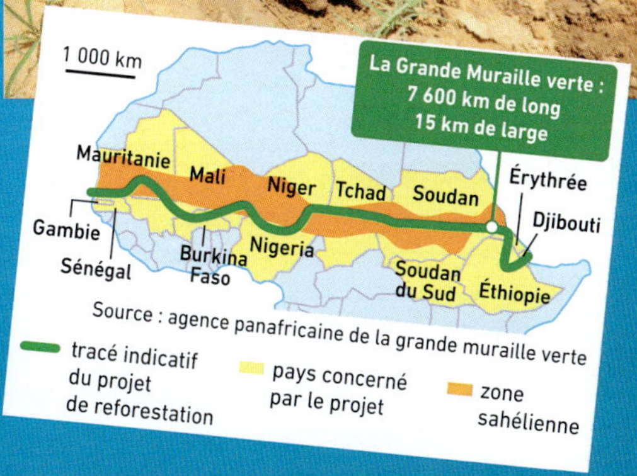

Source : agence panafricaine de la grande muraille verte

Formuler les problèmes à résoudre

Le réchauffement climatique n'est plus une théorie controversée mais une réalité constatée, qui menace l'intégralité des écosystèmes de notre planète, y compris l'espèce humaine.

- **Formulez quelques questions concernant les conséquences du réchauffement climatique sur le monde vivant et sur l'humanité.**
- **Interrogez-vous sur les actions qui peuvent être conduites pour y faire face.**

L'humanité face à la menace climatique

Chaque année, la lutte contre le réchauffement climatique prend une place de plus en plus importante dans les médias, traduisant l'inquiétude de nos sociétés face à cette menace.

Quelle est l'histoire de la lutte contre le réchauffement climatique ? Quelles sont les difficultés rencontrées dans cette lutte ?

1 De la mise en évidence d'un réchauffement climatique à la prise de décisions politiques

De nombreuses observations cumulées depuis 200 ans prouvent le **réchauffement climatique*** de la Terre (A). Il faut pourtant attendre 1979 pour que commence l'**élaboration d'un consensus scientifique*** sur ce sujet (1re conférence mondiale sur le climat) et qu'il soit porté à la connaissance du plus grand nombre.

Ainsi, en 1988, est créé le Groupe d'experts intergouvernemental sur l'évolution du climat (**GIEC***) permettant à plus de 2500 scientifiques du monde entier et à leurs équipes de produire plusieurs rapports à l'attention du grand public et des décideurs politiques (B).

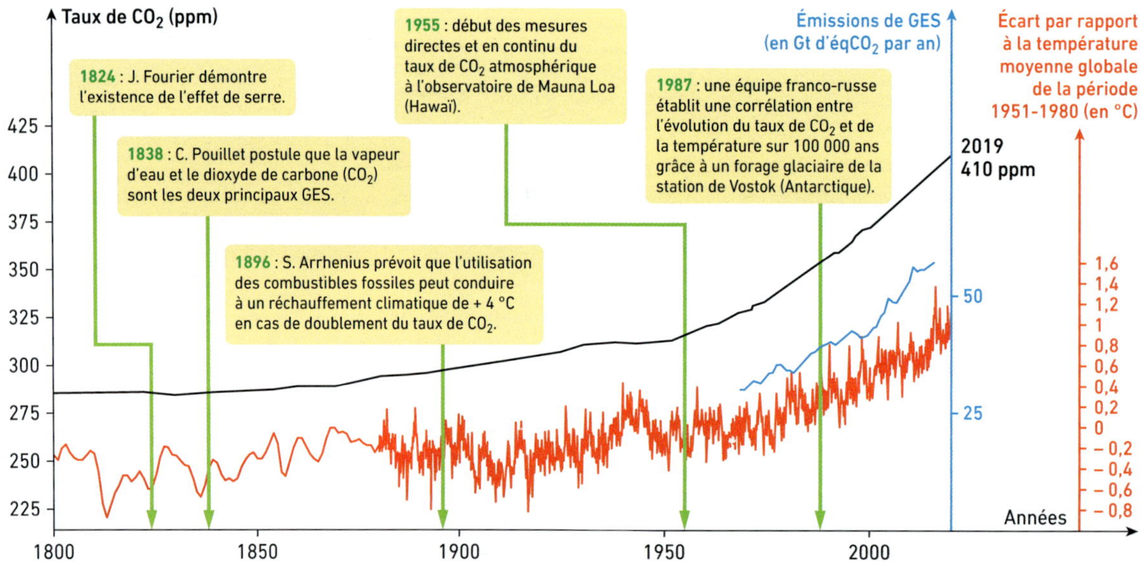

A Quelques repères historiques.

1990	**1er rapport :** l'influence humaine sur le climat global est jugée fortement probable.
1995	**2e rapport :** base du protocole de Kyoto.
2001	**3e rapport :** très médiatisé, il est à l'origine d'un mouvement d'opposition climato-sceptique* scientifique et politique.
2007	**4e rapport :** il met l'accent sur les conséquences du réchauffement et les stratégies d'atténuation à mettre en place.
2014	**5e rapport :** il avertit sur la nécessité de ne pas dépasser + 2 °C en 2100 par rapport à 1850.
2022	**6e rapport :** il évalue l'efficacité des efforts de réduction des émissions de GES.

B Historique des principaux rapports du GIEC.

En 1992, au sommet de Rio de Janeiro, la quasi-totalité des pays s'engagent à stabiliser les taux de **GES*** pour empêcher toute perturbation anthropique* du climat.
Un rendez-vous annuel est fixé sous la forme de « conférence des parties » ou « COP ». Lors de la COP 3 en 1997, 184 états s'engagent à réduire leurs émissions de GES de 5 % en 2012 par rapport à 1990 : c'est le protocole de Kyoto. Cet accord n'entrera en vigueur qu'en 2005 après d'âpres négociations marquées par le refus des États-Unis de ratifier ce protocole. La COP 15 de Copenhague (2009) portant sur la prolongation du protocole de Kyoto est un échec. À Doha, lors de la COP 18 (2012), 37 pays industrialisés, majoritairement européens, décident de poursuivre la réduction de leurs émissions jusqu'en 2020.
Enfin, lors de la COP 21 de Paris (2015), 195 pays s'engagent à éviter une augmentation de la température globale supérieure à 2 °C en 2100 par rapport à 1850, suivant ainsi les recommandations du GIEC.

2 Réchauffement climatique et vagues de froid

Donald J. Trump
@realDonaldTrump

In the beautiful Midwest, windchill temperatures are reaching minus 60 degrees, the coldest ever recorded. In coming days, expected to get even colder. People can't last outside even for minutes. What the hell is going on with Global Waming? Please come back fast, we need you!

Au début de l'année 2019, les États-Unis sont frappés par une vague de froid. C'est l'occasion pour le Président D. Trump de rappeler son climato-scepticisme. Comme beaucoup, le président des États-Unis confond météorologie et **climatologie***. En effet, une vague de froid est un phénomène météorologique de courte durée. La climatologie, quant à elle, étudie l'évolution des moyennes de nombreux paramètres sur une période de plusieurs décennies.

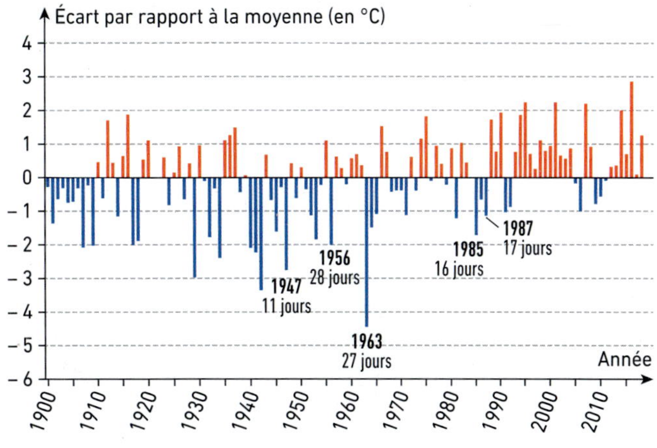

Variation de la température minimale en hiver par rapport à la moyenne 1961-1990 en France métropolitaine.

3 Le réchauffement climatique peut-il s'arrêter ?

Après une année 1998 très chaude, le GIEC constate un ralentissement du réchauffement climatique jusqu'en 2010. Les climatosceptiques y voient la preuve de la non responsabilité humaine dans le changement du climat. Or, on sait que de nombreux paramètres naturels influencent le climat (A) dont :

- Les éruptions volcaniques majeures, à l'origine d'aérosols* qui occultent la lumière du Soleil et peuvent provoquer une baisse de la température mondiale.
- *El Niño*, un phénomène cyclique de l'océan Pacifique, qui entraîne un réchauffement global.
- Les variations de l'activité du Soleil, qui modifient la puissance solaire reçue.

Il est possible de soustraire l'influence de ces divers facteurs sur l'évolution de la température (B).

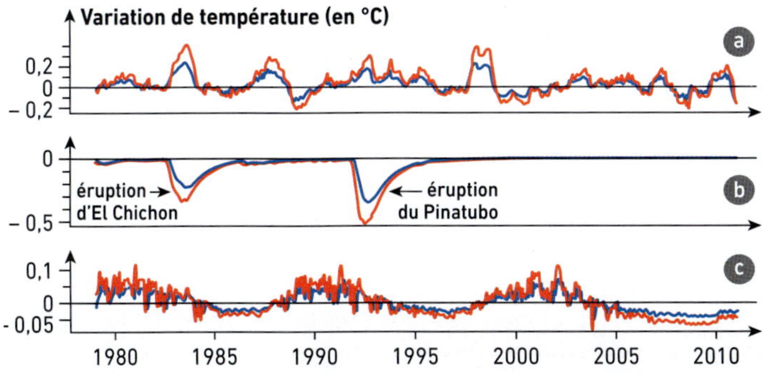

a : El Niño; b : Aérosols; c : Activité solaire.

A Influence de différents facteurs naturels sur la température globale. Mesures au sol et satellitaires.

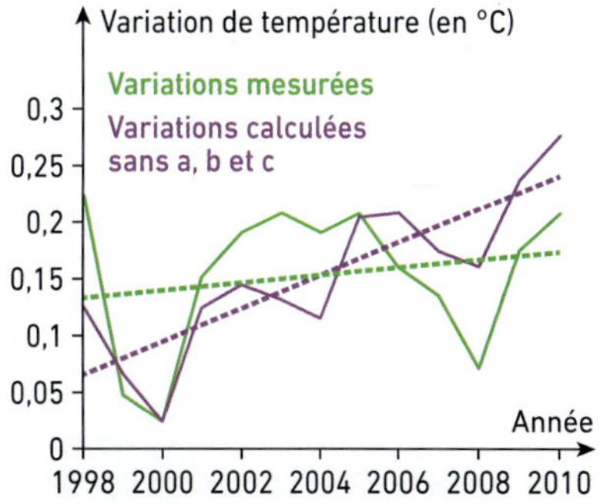

B Variations de la température moyenne globale déduction faite de l'influence de certains facteurs naturels.

Activités envisageables

Pour comprendre les difficultés rencontrées dans la lutte contre le réchauffement climatique :

- **Montrez que la lutte contre le réchauffement climatique est un processus long et qui n'a pas encore de résultats significatifs.**
- **Identifiez des obstacles qui expliquent l'inefficacité de la lutte contre le réchauffement climatique ces dernières décennies.**

Des clés pour réussir

- Vous pouvez faire appel à vos connaissances et à votre culture générale.
- Présentez une argumentation précise et chiffrée en vous appuyant sur des exemples concrets.

* Lexique ➡ p. 509

2 Réchauffement climatique et biodiversité

Si l'humanité cherche à éviter un réchauffement global supérieur à 2 °C en 2100 par rapport à 1850, l'Arctique, région particulièrement vulnérable, dépasse déjà cette limite. Le réchauffement risque d'y atteindre + 5 à + 9 °C d'ici 2080.

Quelles sont les effets du réchauffement sur la biodiversité arctique ?

1 L'ours polaire, victime emblématique du réchauffement climatique

Du fait de leur répartition sur un immense territoire, il est très difficile d'estimer les effectifs des différentes populations d'ours polaires. En 2016, on évaluait leur nombre à 26 000 individus. Les spécialistes s'attendent à une réduction de ces populations de 30 % d'ici 2050. Cette baisse est d'ores et déjà observée en Alaska.
Ces dernières années, l'état sanitaire de nombreux individus apparaît des plus inquiétants, notamment pour les femelles (A et B) ce qui serait une conséquence du réchauffement (C et D).

A Ours femelle photographiée près de l'archipel de Svalbard en 2015.

C'est entre la fin du printemps et le début de l'été que les ours polaires constituent les stocks de graisse qui leur permettent de jeûner pendant les trois mois d'été durant lesquels la banquise* recule, les obligeant à vivre sur la terre ferme.
À la fin du printemps les phoques naissent et passent leurs six premières semaines en surface ; ils représentent alors des proies faciles pour les ours polaires et constituent les deux tiers de leur alimentation (E).

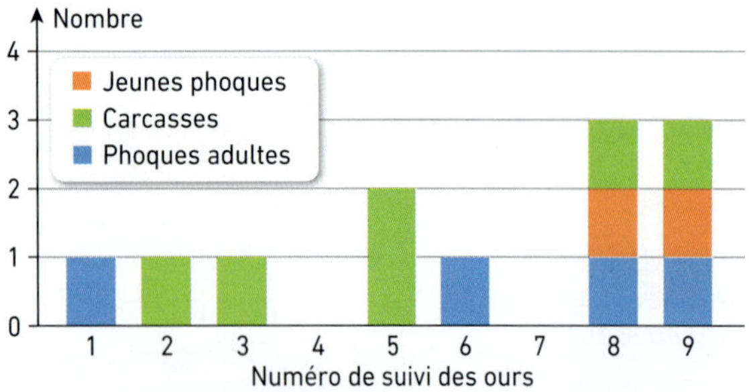

D Régime alimentaire de 9 ours femelles suivies sur une période de 8 à 11 jours en avril.

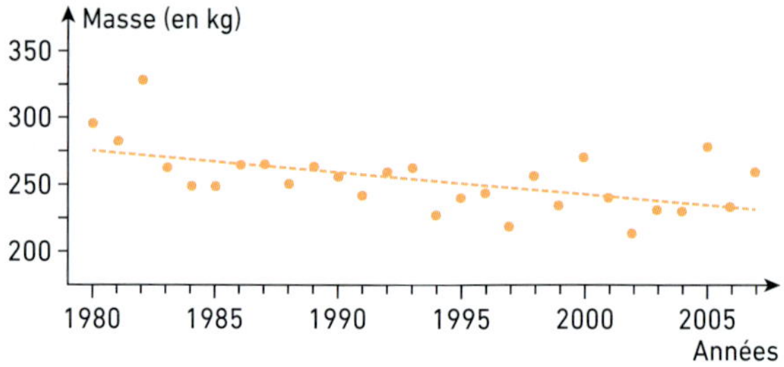

B Masse moyenne d'ours femelles adultes, à l'automne, dans l'ouest de la baie d'Hudson de 1980 à 2007.

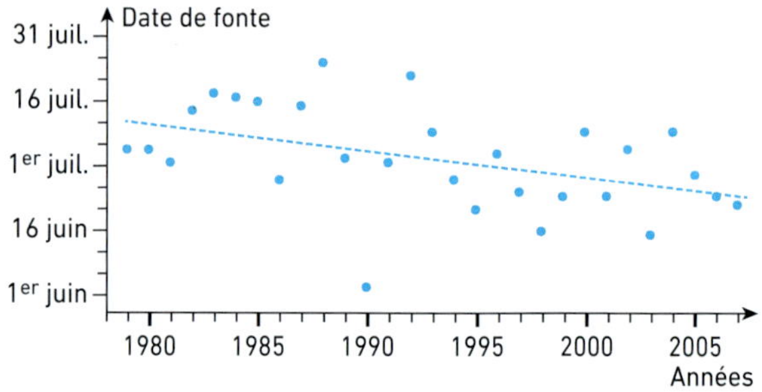

C Date de fonte annuelle de la banquise utilisée par la population d'ours de l'ouest de la baie d'Hudson de 1979 à 2007.

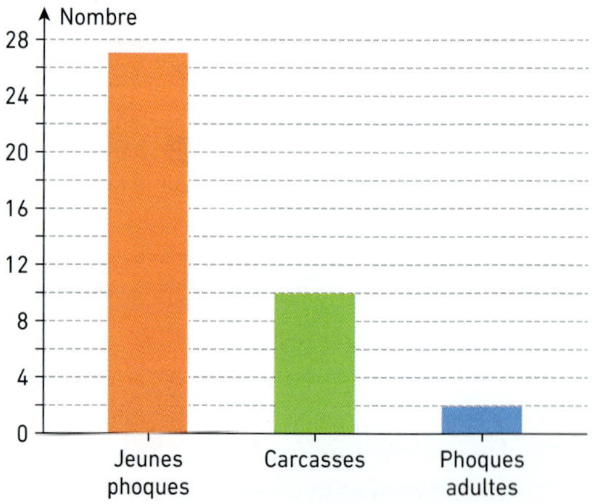

E Quantités de nourriture à consommer pour un ours polaire femelle sur 10 à 12 jours au printemps afin de constituer ses réserves de graisse.

2 La morue polaire, une espèce clé de l'écosystème arctique

La morue polaire *Boreogadus saida* (A) affectionne les eaux froides de l'océan Arctique dont la température se situe de – 2 à 0 °C. Elle représente la principale ressource alimentaire des oiseaux, morses et phoques de la banquise. La survie des larves de morue dépend de plusieurs paramètres, dont la présence de *Calanus hyperboreus* et *Calanus glacialis* (B), deux crustacés planctoniques qui constituent la nourriture principale des larves de morue (C).

A La morue polaire produit une protéine antigel qui lui permet de ne pas craindre les températures inférieures à 0 °C.

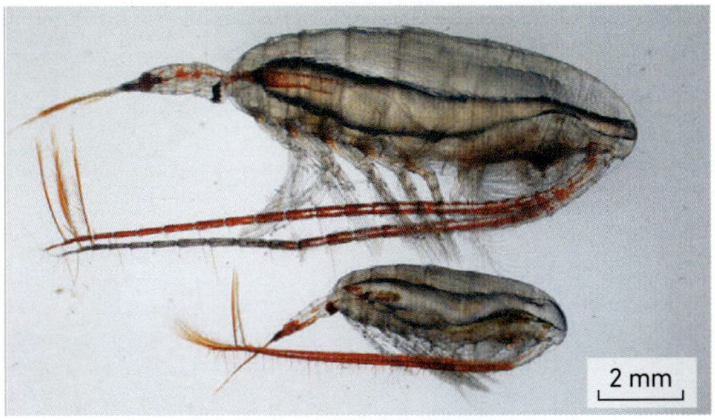

B Spécimens de *C. hyperboreus* (en haut) et *C. glacialis* (en bas). Le sac de lipides est bien visible au centre du corps.

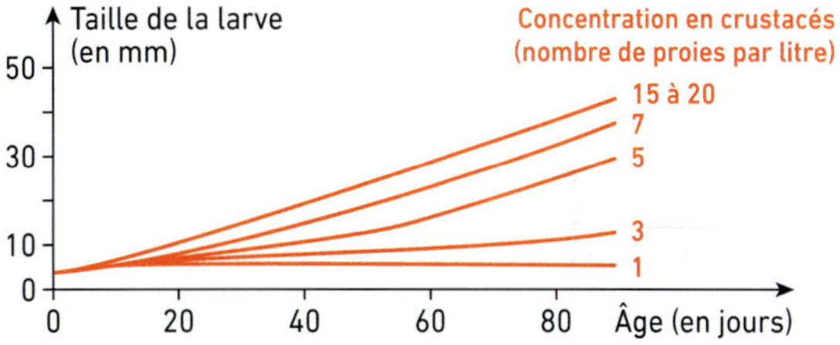

C Croissance des larves de morue en fonction de l'abondance de leur alimentation.

3 L'apparition d'espèces invasives

La disparition des glaces permet une meilleure pénétration de la lumière dans l'eau et le développement d'un phytoplancton* plus abondant, dont se nourrissent les calanus. Cependant *C. hyperboreus* et *C. glacialis* sont concurrencés par l'arrivée de l'espèce *Calanus finmarchicus* (A et B) favorisée par l'incursion d'eaux plus chaudes provenant de l'océan Atlantique. Or, cette espèce n'a pas les qualités nutritives des *Calanus* de l'Arctique.

Par ailleurs, d'autres espèces invasives font leur apparition en Arctique, comme les harengs, maquereaux et éperlans, qui se nourrissent eux aussi de *Calanus*. Des orques ont aussi été remarqués à des latitudes inhabituellement élevées (C).

C Les orques sont de grands prédateurs.

A

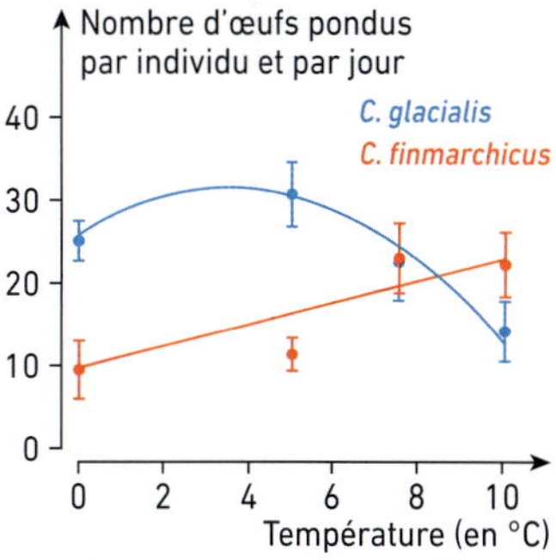

B Influence de la température sur la ponte de *C. finmarchicus* et de *C. glacialis*.

Activités envisageables

Pour comprendre l'impact du réchauffement sur l'écosystème arctique :

- **Indiquez quelques paramètres du biotope modifiés par le changement climatique.**
- **Représentez le réseau alimentaire principal de cet écosystème.**
- **Montrez comment les modifications du biotope peuvent gravement perturber ce réseau alimentaire, et par conséquent la biodiversité de l'Arctique.**

Des clés pour réussir

- On appelle biotope l'ensemble des paramètres physiques et chimiques d'un écosystème.
- Vous pouvez montrer des effets directs et indirects du réchauffement sur le réseau alimentaire.

* Lexique ➡ p. 509

3 Réchauffement climatique et santé humaine

En 2015, l'Organisation Mondiale de la Santé (OMS) poussait un cri d'alarme par la voix de sa directrice générale, la docteure Margaret Chan : « Les preuves sont accablantes : le changement climatique met en danger la santé humaine ».

Comment le réchauffement climatique peut-il avoir des effets sur notre santé ?

1 Des effets directs sur la physiologie humaine

Durant l'été 2003, une canicule d'intensité et de durée inédite a frappé la France, provoquant une surmortalité de 15 000 personnes en 20 jours. Cet événement exceptionnel pourrait devenir la norme dans les prochaines décennies. Les décès sont directement dus à l'impact de la chaleur sur l'organisme (B).

Dans un contexte de réchauffement, de nombreux chercheurs mettent en balance cette surmortalité estivale avec une sous-mortalité hivernale (A).

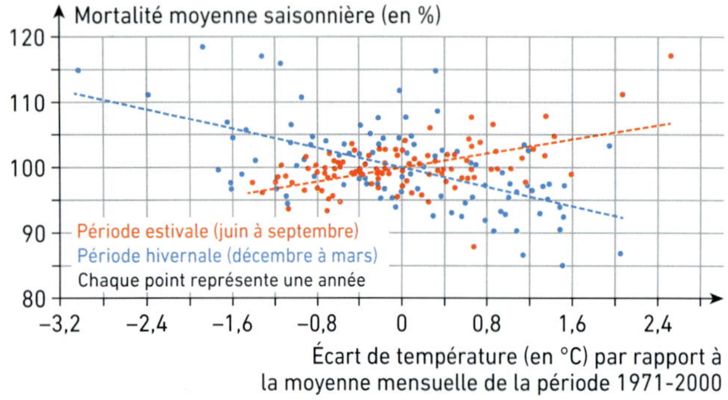

A Relation entre la température et les mortalités estivales et hivernales.

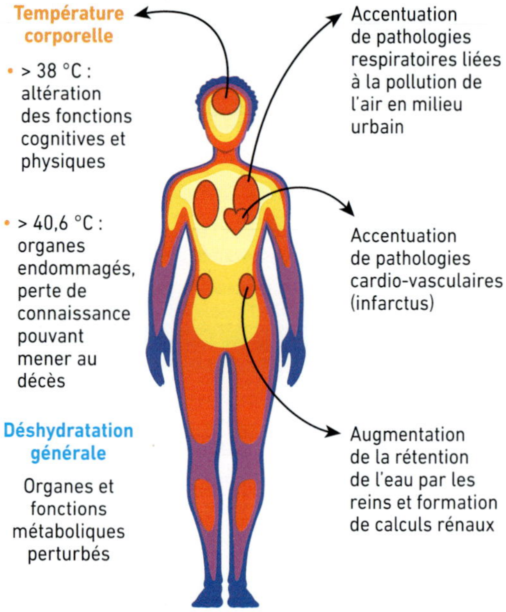

B Les effets d'un stress thermique sur le corps humain.

2 Des risques liés aux phénomènes météorologiques extrêmes

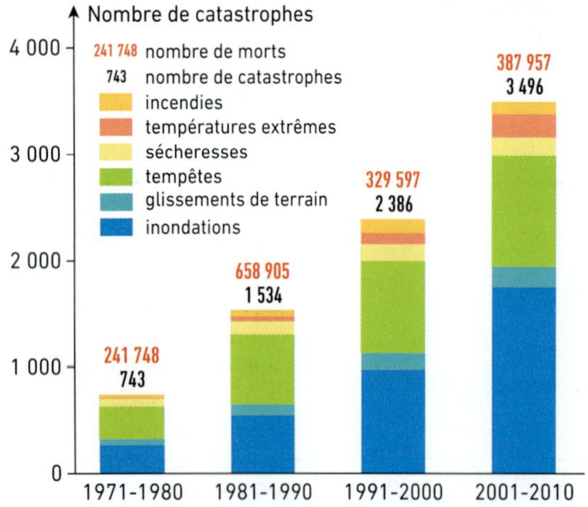

Selon l'Organisation Météorologique Mondiale (OMM) : *« les catastrophes liées à des phénomènes météorologiques, climatiques et hydrologiques sont en hausse dans le monde entier. Qu'ils soient industrialisés ou non, tous les pays doivent supporter le fardeau que représente la fréquence accrue des inondations, des sécheresses, des températures extrêmes et des tempêtes ».*

Bien que le lien entre réchauffement climatique et fréquence de certains de ces phénomènes météorologiques extrêmes soit difficile à établir, ces désastres touchent de plus en plus de régions et de populations non préparées à ce type d'évènements. Ils participent à l'exode de populations, à leur précarité et à l'apparition d'épidémies comme le choléra.

Nombre de catastrophes d'origine météorologique et nombre de décès par décennie, de 1971 à 2010.

3 Une expansion des maladies tropicales ?

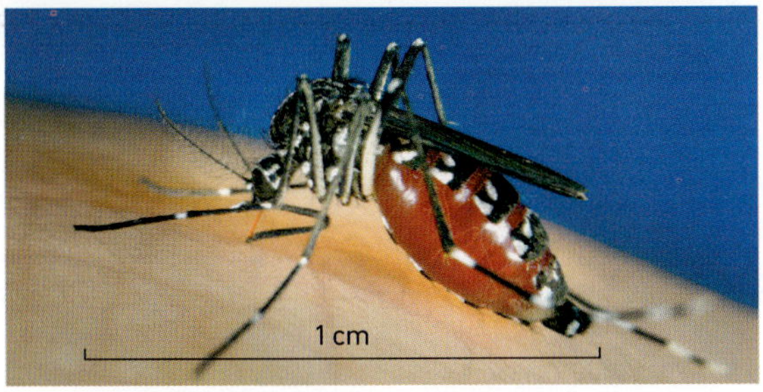

A Le moustique tigre, ici après un repas de sang, se reconnaît aisément à ses rayures noires et blanches sur le corps et les pattes.

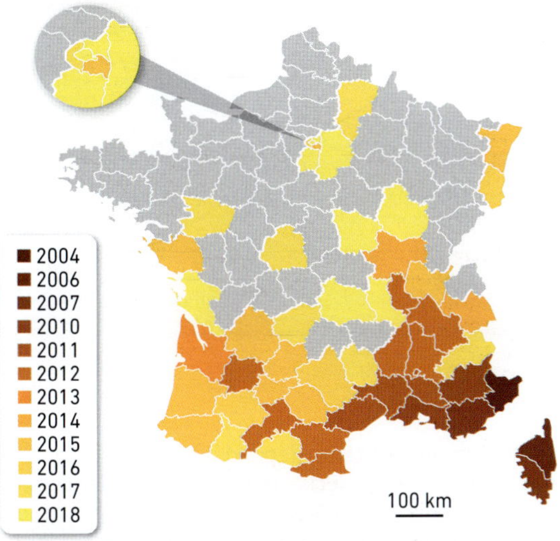

B Colonisation du territoire métropolitain par *Aedes albopictus* de 2004 à 2018.

C Ces œufs d'*Aedes albopictus* ne meurent que si la température est de – 10 °C pendant au moins 24 h.

Dans un contexte de changement climatique et de mondialisation des échanges, les maladies vectorielles* ont tendance à apparaître dans des secteurs géographiques épargnés jusqu'alors, ou à réapparaître dans des secteurs où elles avaient disparu.

Le moustique *Aedes albopictus*, communément appelé « moustique tigre » (A) peut véhiculer des virus comme ceux du chikungunya, de la dengue, de la fièvre jaune et du zika. Il est notamment présent dans les départements français de l'océan Indien où il a provoqué une très importante épidémie de chikungunya en 2006. Sa première installation en métropole a été constatée en 2004 à Menton. Fin 2018, le moustique tigre était implanté durablement dans 51 départements de métropole (B).

Le réchauffement climatique permet à cette espèce de survivre aux hivers à des latitudes de plus en plus élevées sous la forme d'œufs (C). De plus, l'augmentation des températures estivales accélère son cycle de développement (6 jours à 28 °C contre 10 entre 20 et 25 °C). La durée d'incubation* des virus qu'elle abrite est également raccourcie.

En combinant les modélisations de l'évolution du climat, les préférences climatiques des moustiques et des virus qu'ils véhiculent, les chercheurs évaluent les risques de propagation de ces maladies d'origine tropicale (D).

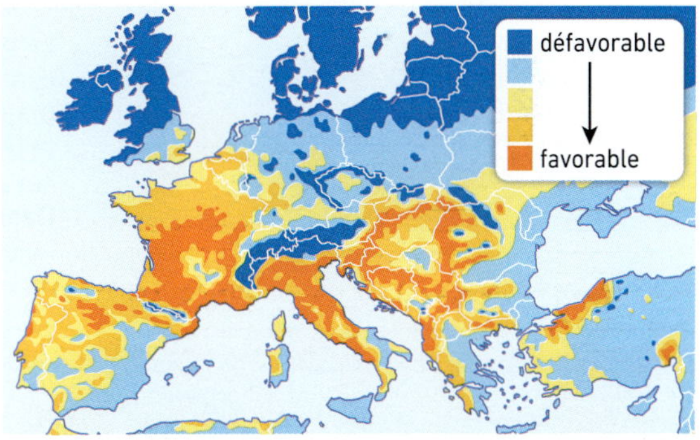

D Risque de transmission du chikungunya pourla période 2071-2100 dans le cas d'un réchauffement de 2,6 °C par rapport à 2000.

Activités envisageables

Pour comprendre l'impact du réchauffement climatique sur la santé humaine :

- **Déterminez et quantifiez les conséquences du changement climatique sur les mortalités saisonnières.**
- **Montrez qu'il n'y a pas de relation de proportionnalité entre le nombre de catastrophes naturelles et le nombre de victimes et proposez une ou plusieurs hypothèses pour l'expliquer.**
- **Présentez d'autres exemples de risques d'expansion de maladies vectorielles dues au réchauffement climatique.**

Des clés pour réussir

- Vous pouvez vous intéresser à d'autres maladies et vecteurs, régions du monde ou projections climatiques.
- Vous pouvez vous inspirer du doc. 3 pour produire une présentation sur un autre cas de figure.

* Lexique ➡ p. 509

Réchauffement climatique et agrosystèmes

Outre les impacts directs du changement climatique sur la santé humaine, l'insécurité alimentaire augmente significativement dans un monde qui se réchauffe.

En quoi le changement climatique peut-il aggraver les problèmes d'alimentation dans le monde ?

1 L'effet fertilisant du dioxyde de carbone

Comme le savent les maraîchers qui cultivent sous serre, une augmentation du taux de dioxyde de carbone de l'air (actuellement supérieur à 400 ppm*) favorise la photosynthèse et les rendements agricoles (graphique ci-contre) pour toutes les espèces, cultivées ou non.

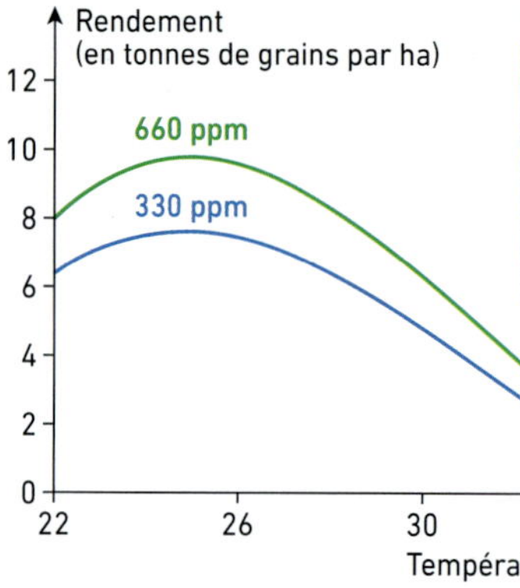

Évaluation de l'effet fertilisant du dioxyde de carbone sur la culture du riz.

2 Une modification des conditions de culture

La productivité d'un agrosystème dépend de nombreux facteurs comme la nature du sol ou les décisions prises par les agriculteurs (modes de culture, choix des variétés, etc.). Cependant, humidité et température restent les facteurs majeurs conditionnant le succès d'une production.

Dans un contexte de réchauffement, les chercheurs anticipent l'évolution des rendements agricoles en fonction des changements du régime des précipitations et de la température.

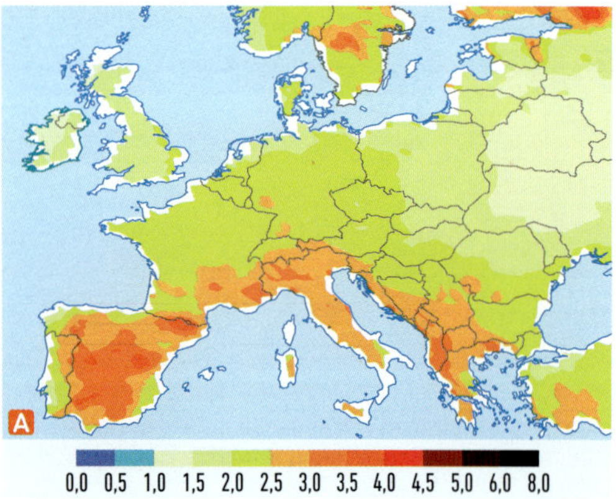

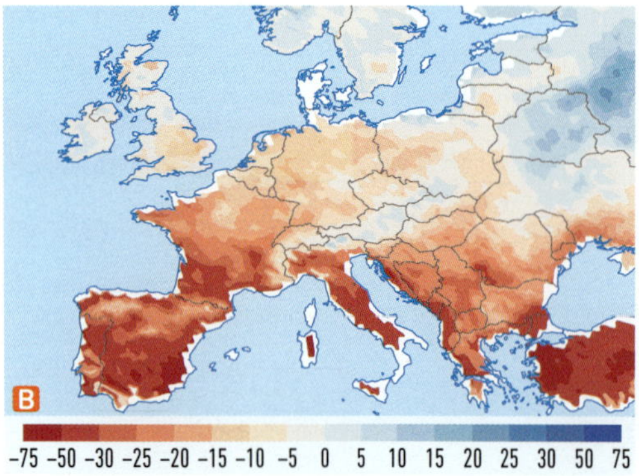

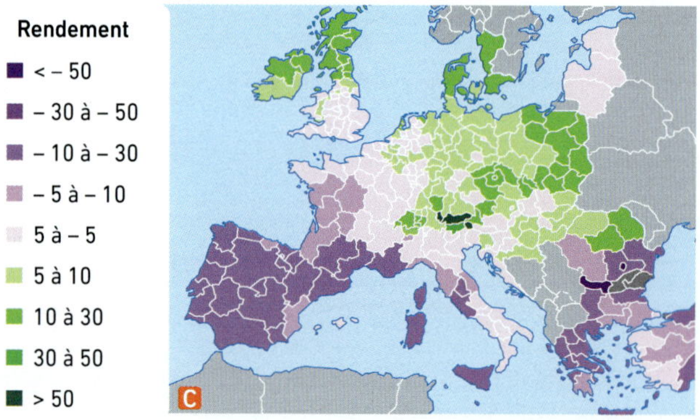

Projections, sur la période 2021-2050 par rapport à la période 1981-2010 dans le cas d'une élévation de température de 2 °C, des écarts :
A - de la température estivale (en °C)
B - des précipitations annuelles (en mm)
C - du rendement de la betterave sucrière (en %)

3 Des menaces amplifiées par le changement climatique

Une augmentation de la température globale moyenne favorise le développement des maladies des cultures et la présence d'insectes ravageurs, d'où une baisse des rendements agricoles.

Par ailleurs, les disponibilités en terres cultivables et en eau potable sont mises en péril par l'élévation du niveau marin, par l'extension de l'érosion côtière et de la désertification.

A **Invasion des terres fertiles du delta du Nil (fournissant 40 % de la production agricole égyptienne) par la mer, en cas d'élévation d'un mètre du niveau marin.**

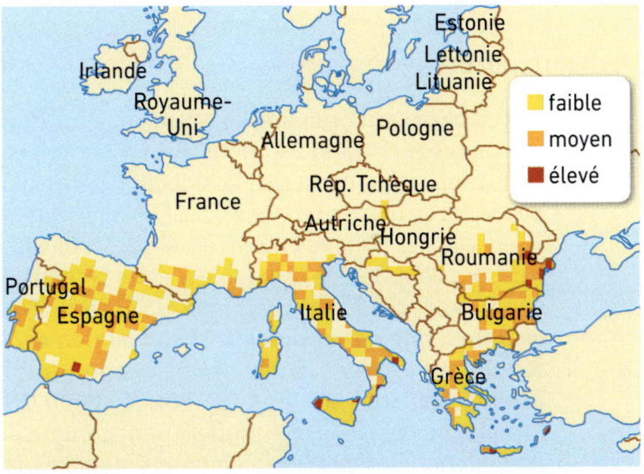

B **Projection du risque de désertification pour la période 2071 - 2100 dans le cas d'une élévation de température de 4,3 °C en Europe.**

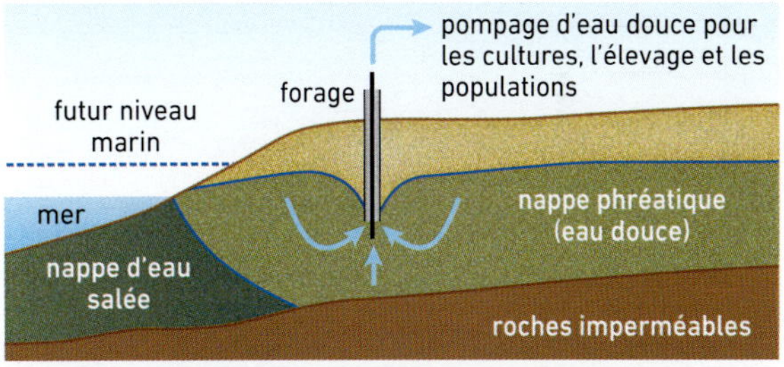

C **L'intrusion d'eau de mer dans les nappes phréatiques risque d'avoir de graves conséquences.**

4 Un service écosystémique remis en question

On estime que les sols du monde contiennent entre 1 200 et 2 000 milliards de tonnes de carbone, sous forme de matière organique indispensable à leur fertilité. Des chercheurs de l'INRA ont modélisé l'évolution des stocks de carbone des sols de France métropolitaine selon trois scénarios incluant différentes projections climatiques, pratiques culturales et politiques d'occupation des sols.

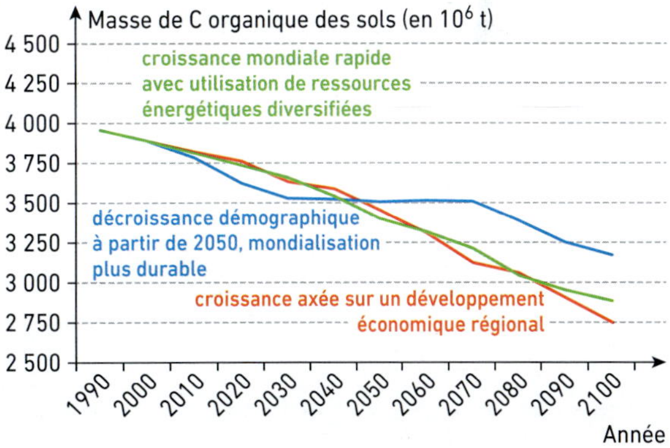

Projections de l'évolution du stock de carbone des sols en France pour le XXIe siècle.

Activités envisageables

Pour expliquer les conséquences du changement climatique sur l'alimentation des populations :

- **Expliquez pourquoi l'effet fertilisant du CO_2 ne permettra pas une augmentation durable des rendements agricoles.**
- **Identifiez les conséquences d'une élévation du niveau marin sur la sécurité alimentaire des régions littorales.**
- **Résumez sous la forme d'un schéma fonctionnel les effets négatifs du changement climatique sur la productivité agricole.**

Des clés pour réussir

- Vous pouvez reprendre et modifier le doc. 3C.
- Un schéma fonctionnel relie différents facteurs par des liens de causes à conséquences.

* Lexique ➥ p. 509

Unité 5

Agir collectivement contre le réchauffement climatique

Le 5e rapport du GIEC indique qu'une augmentation de la température de 2 °C en 2100 par rapport à 1850 est un seuil à ne pas franchir. Pour y parvenir, l'effort doit être mené à l'échelle collective (accords internationaux, gouvernances nationales, locales, entreprises).

Comment les collectivités humaines peuvent-elles lutter contre le réchauffement climatique et s'adapter à ses conséquences ?

1 Quantifier les efforts à réaliser pour atténuer le réchauffement climatique

Modèles climatiques

bordas Flash PAGE modélisation

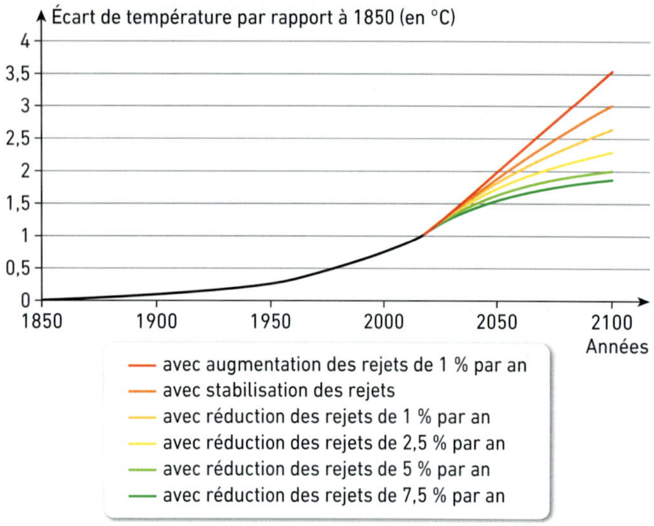

Modélisations de l'évolution de la température de 1850 à 2100 pour différents scénarios d'émissions de CO_2.

Depuis plusieurs décennies, les scientifiques utilisent des **modèles climatiques*** pour réaliser des projections climatiques et estimer la réduction nécessaire des rejets de gaz à effet de serre (GES), que cela soit à l'échelle des nations ou bien à celle des individus. Il est possible, à l'aide d'un tableur et de la connaissance du cycle du carbone (voir p. 288), de réaliser un modèle très simplifié de l'évolution de la température moyenne globale en fonction de différents scénarios de rejets anthropiques de CO_2 (graphique ci-contre). Ce modèle tient compte de la réduction de l'absorption de nos émissions par les océans et la végétation.

Activité pratique

- Réaliser différentes simulations en utilisant la feuille de calcul et les consignes qu'elle propose (en téléchargement).
- Rechercher les facteurs non pris en compte par le modèle et apporter les modifications nécessaires pour améliorer les simulations.

2 Le PNACC : Plan National d'Adaptation au Changement Climatique

Quelles que soient les **stratégies d'atténuation*** mises en place, la France de 2050 connaîtra une température moyenne en hausse de 0,6 à 1,3 °C par rapport à 2020, une pluviométrie plus forte en hiver et plus faible en été. Né en 2011 suite au Grenelle de l'environnement* de 2007, le PNACC actuel définit 58 actions à mener dans différents secteurs comme la santé, l'agriculture, la gestion de l'eau et des zones à risques comme les littoraux et, bien sûr, le milieu urbain.

Une des **stratégies d'adaptation*** consiste à développer les espaces verts en ville (rues plantées d'arbres, parcs...). En générant une atmosphère plus fraîche et ombragée, ils limitent les effets des canicules. La végétation urbaine participe au piégeage du dioxyde de carbone par photosynthèse, ce qui fait aussi de cette action une stratégie d'atténuation du réchauffement climatique.

Activité pratique

L'application en ligne *Cartoviz* permet d'évaluer les conditions de vie en Ile-de-France en période de canicule.

- Rechercher les critères permettant de caractériser la capacité d'un site urbain à mieux supporter les canicules.
- Confirmer ces recherches par des observations de terrain ou via des logiciels dédiés (*Géoportail* par exemple).

3 Un exemple de stratégie d'atténuation : piéger le CO_2 en profondeur

Depuis 1996, l'entreprise norvégienne Equinor, soumise à une lourde taxe carbone* (133 euros par tonne de CO_2 rejeté), piège un million de tonnes de carbone par an sur l'une de ses plateformes gazières de mer du Nord (A).

Suivant cet exemple, plusieurs entreprises (Shell, Total, Air liquide...) s'associent pour récupérer les rejets de différents sites industriels, qui ne peuvent se passer de combustibles fossiles, et les injecter dans une couche rocheuse située en mer du Nord, à 3 km sous le fond marin (B).

Aujourd'hui, différents types de réservoirs sont étudiés (C). Le réservoir idéal doit garantir un piégeage sécurisé sur au moins 1 000 ans. En effet, la catastrophe du lac Nyos (D) illustre les risques d'une fuite de CO_2 en surface.

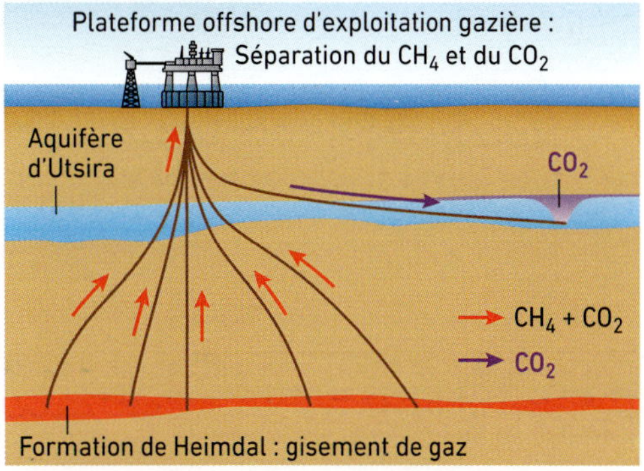

A **Le CO_2 est piégé dans un aquifère* salin recouvert d'une couche d'argile imperméable à 1 000 m de profondeur.**

- Centrales thermiques
- Cimenteries
- Raffineries
- Plateformes gazières
- Usines de production d'engrais
- Usines d'incinération des déchets

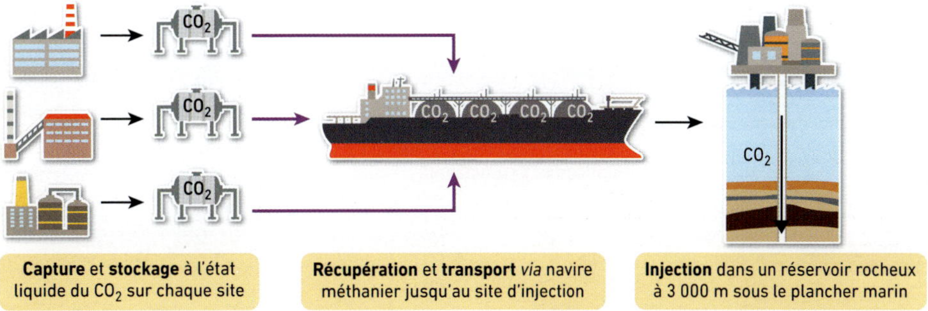

B **Ce projet, estimé à 1,4 milliard d'euros, permettra d'éviter le rejet d'environ 20 Mt* de CO_2 par an.**

Types de stockage	Capacités (en Gt* de CO_2)	Avantages	Inconvénients
Aquifères profonds	Estimées entre 400 et 10 000	Large répartition géographique.	Étanchéité à prouver.
Gisements de pétrole et de gaz naturel	930	Structures étanches bien connues. Récupération d'hydrocarbures lors de l'injection.	Souvent éloignés des sites d'émission de CO_2.
Gisements de charbon	40	Récupération de méthane lors de l'injection.	Faibles capacités.
Formations basaltiques	Non évalué	CO_2 piégé définitivement à l'état solide (carbonates).	Faible porosité des basaltes. Coût énergétique.

C **Des possibilités de stockage variées.**

D **En 1986, au Cameroun, la libération brutale de CO_2 d'origine volcanique piégé au fond d'un lac tue par asphyxie 1 746 personnes et 3 500 animaux domestiques.**

Activités envisageables

Pour comprendre comment nos sociétés peuvent relever le défi du changement climatique :

- **Indiquez le scénario qui permettrait d'éviter le seuil des 2 °C et montrez qu'il s'agit d'une approche optimiste.**
- **Recherchez et listez les différents domaines d'action du PNACC et illustrez-les par quelques exemples.**
- **Comparez les avantages et inconvénients de différentes stratégies d'atténuation.**

Des clés pour réussir

- Appuyez-vous sur vos connaissances d'Enseignement Scientifique.
- Vous pouvez comparer le piégeage profond du carbone et la reforestation. Créer 1 ha de forêt en Norvège coûte environ 3 000 euros et permet d'absorber 11,7 t de CO_2 par an.

* Lexique ➡ p. 509

Unité

6 Agir contre le réchauffement climatique à une échelle individuelle

En 2018, la France a émis sous forme de gaz à effet de serre l'équivalent de 7,2 tonnes de CO_2 par habitant. Lors des accords de Paris (COP21), notre pays s'est engagé à réduire ces rejets de 40 % d'ici 2030.

Comment chacun d'entre nous peut-il contribuer à cet objectif commun ?

1 Dans le domaine alimentaire

Toute stratégie d'atténuation du changement climatique nécessite de connaître l'origine des émissions de gaz à effet de serre. Dans le domaine de l'alimentation, elles sont liées à la production de matières premières agricoles (A), à leur transformation par le secteur industriel (B), à leur transport, conservation et préparation (C) et aux choix des consommateurs (D).

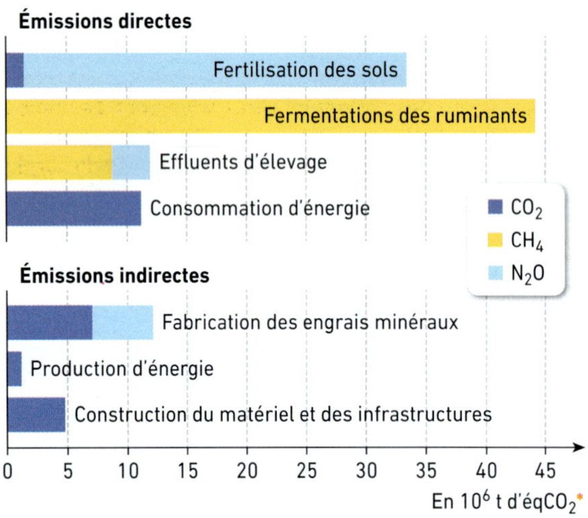

A **Émissions moyennes de GES du secteur agricole en France pour la période 2008-2013 (données CLIMAGRI).**

Consommer directement certaines denrées permettrait de réduire d'environ 10 % les émissions de gaz à effet de serre dues à la transformation des produits agricoles.

B **Empreinte carbone* de la transformation des produits alimentaires consommés en France.**

selon le mode de transport	**import aérien**	**import maritime**	**routier**
	1,07	2,53	18,49
selon l'origine géographique	**national**	**européen**	**mondial (hors Europe)**
	10,38	5,69	6,02

déplacement pour les repas	**à domicile (« courses »)**	**hors domicile**
	6,8	1,7
appareils de conservation et de cuissons des aliments	**à domicile**	**hors domicile**
	7,3	7,7

C **Émissions annuelles de CO_2 (en Mt) dues au transport, à la conservation et à la transformation des matières premières agricoles.**

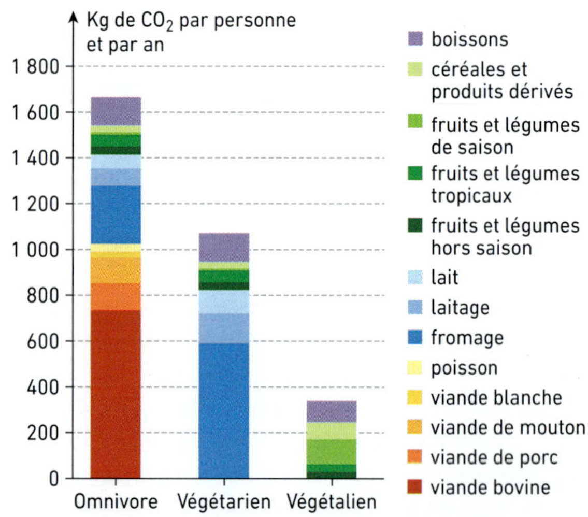

D **Empreinte carbone annuelle pour trois types de régime alimentaire. On ne tient compte ici que des émissions liées à la production et à la transformation des matières premières.**

2 Dans le domaine du transport de personnes

En moyenne, chaque Français parcourt 11 380 km par an pour ses déplacements à l'intérieur du territoire. L'estimation des rejets de GES causés par ces trajets tient compte de la façon dont est produite l'énergie nécessaire (tableau ci-dessous).

	Voiture (part de marché en 2018)				Deux-roues	Bus	Ferroviaire		Aérien (150 sièges)
	essence (47 %)	diesel (47 %)	hybride (4,8 %)	électrique (1,2 %)			train	métro - tram	
Émissions de GES	0,259	0,251	0,19	0,112	0,221	1,61	0,88	0,223	38,9
Distance moyenne parcourue par personne (en km)	7912				411	835	773	70	1 379
Nombre moyen d'individus transportés	1,5				1,2	12,7	156	48	128

Répartition du mode de transport en France métropolitaine pour des déplacements nationaux (d'après données ADEME). Les émissions de GES sont exprimées en kg d'éqCO_2 par km.

3 Dans le domaine de l'habitat

En 2016, la construction et l'équipement des bâtiments des secteurs tertiaire et résidentiel (pour 60 %) et leur alimentation en énergie (pour 40 %) ont généré des émissions d'environ 2 500 kg d'éqCO_2 par habitant et par an. Cependant, de nombreuses technologies permettent aujourd'hui de réduire fortement les émissions liées à la consommation d'énergie des maisons individuelles (exemple ci-dessous) ou des bâtiments plus importants. Le surcoût lié à ces installations peut être complètement compensé par la baisse des factures d'énergie ou la revente du surplus d'énergie produit.

Exemple de maison bioclimatique* permettant de diminuer fortement le recours aux énergies fossiles.

Activités envisageables

Pour comprendre comment agir contre le réchauffement climatique à l'échelle individuelle :

- **Réalisez le bilan de l'ensemble des réductions de GES envisageables et comparez-le aux objectifs de la COP21.**
- **Envisagez les changements que vous pouvez opérer dans votre mode de vie, leur portée quant à la réduction de votre empreinte carbone, les inconvénients que vous auriez à supporter.**

Des clés pour réussir

- Tenez compte dans vos calculs du nombre de personnes constituant la population française.
- Appuyez-vous sur des valeurs précises données dans les documents.

* Lexique ➥ p. 509

Bilan des connaissances

Faire face au réchauffement climatique

Préparez le Grand oral p. 519

Le réchauffement climatique est aujourd'hui très largement admis comme une réalité. Il est nécessaire de disposer d'informations scientifiques fiables sur ses causes comme sur ses conséquences, afin de définir les actions à mener pour y faire face.

1 Une prise de conscience scientifique et politique

Une réaction précoce de la communauté scientifique

En 1896, Svante Arrhenius prévoit que l'utilisation des **combustibles fossiles** par l'être humain pourrait conduire à un réchauffement climatique de 4 °C en cas de doublement du taux de CO_2 dans l'air, ce qui est proche des résultats fournis par les **modèles climatiques** actuels. Ces modèles, construits depuis les années 1980 à partir de décennies de mesures, et validés par comparaison avec la réalité, constituent des **arguments scientifiques robustes** pour expliquer les causes du changement climatique, comprendre ses mécanismes et **anticiper ses conséquences** via les projections climatiques qu'ils produisent.

Une réaction tardive du monde politique et de la société

Presque un siècle plus tard, la création en 1988 du **Groupe d'experts intergouvernemental sur l'évolution du climat (GIEC)** matérialise le début de la réaction des nations face à cette menace. La complexité du système climatique nécessite de surmonter **de nombreuses difficultés cognitives** comme la confusion entre météorologie et climatologie, l'appréhension d'échelles de temps différentes ou la confusion entre corrélation et causalité. De plus, les faits scientifiques obligent à **une remise en cause des modèles socio-économiques dominants**, tels que la société de consommation ou la nécessité d'une perpétuelle croissance économique. Ces difficultés expliquent la **très lente acceptation de la réalité du changement climatique**. Ainsi, il a fallu attendre le protocole de Kyoto en 1997 pour que les états s'accordent sur des objectifs de réduction des émissions de gaz à effet de serre (GES), et ceux-ci ne seront finalement pas tenus. Dans le cadre de son 5e rapport (2014), le GIEC avertit les pouvoirs politiques et les citoyens du monde de **l'inéluctabilité du réchauffement** et de **la nécessité de ne pas dépasser une élévation de 2 °C** en 2100 par rapport à la période pré-industrielle. Au-delà, les conséquences du réchauffement climatique risquent d'être ingérables et extrêmement dommageables pour l'humanité et pour la biodiversité dans son ensemble.

2 Conséquences sur la biodiversité

Une crise biologique aggravée

Les activités humaines sont directement à l'origine de l'**effondrement de la biodiversité mondiale**, dont les principales causes sont la destruction des habitats naturels, l'introduction d'espèces invasives, la dispersion de polluants chimiques (pesticides, polluants industriels…) et la surexploitation des milieux de vie.

Le réchauffement climatique amplifie cette crise : il modifie les **conditions du biotope** (température, répartition et intensité des précipitations, acidité des océans…) de la plupart des écosystèmes, dégradant l'**état sanitaire des organismes vivants**, perturbant leur **capacité à se reproduire et à se développer,** ce qui provoque une baisse très rapide des effectifs des populations.

Un bouleversement des écosystèmes

Certaines espèces voient leurs aires de répartition se déplacer vers de plus hautes latitudes ou de plus hautes altitudes, et deviennent ainsi des **espèces invasives** pour d'autres écosystèmes. L'Arctique en constitue un exemple car il s'agit d'un environnement aux contraintes écologiques très fortes. Or, le réchauffement y est particulièrement rapide (en 2017, la température moyenne en Arctique était 1,6 °C plus élevée que pour la période 1981-2010). Pour les espèces vivant dans ce milieu, il est impossible de migrer plus au nord. Progressivement, chaque maillon des **chaînes alimentaires**, du phytoplancton aux grands prédateurs, se retrouve donc en compétition avec des espèces invasives provenant des zones subarctiques.

S'il est possible que le réchauffement climatique soit profitable à certaines espèces, on estime que la rapidité de ce changement est si grande que la majorité des espèces n'aura **ni le temps de migrer** vers d'autres territoires **ni le temps d'évoluer pour s'y adapter**.

3 Conséquences sur la santé humaine

Des impacts sur l'état sanitaire des populations humaines

La physiologie de l'être humain est directement affectée par l'augmentation de la température moyenne, qui se traduit en particulier par **des chaleurs estivales de plus en plus fortes** dans les régions tempérées. On estime ainsi qu'en 2050, la canicule exceptionnelle de l'été 2003 correspondra à un été moyen. Durant ces vagues de chaleur, de nombreux **troubles physiologiques et**

pathologies sont accentués : risques de **déshydratation** et **fatigue cardiovasculaire**, **difficultés respiratoires** notamment en milieu urbain, risques d'**hyperthermie** conduisant au décès.

Par ailleurs, des centaines de millions d'individus sont de plus en plus soumis à des **phénomènes météorologiques extrêmes** (tempêtes, inondations, incendies, sécheresses…) dont **la fréquence et l'intensité** augmentent. Plus indirectement, le changement climatique favorise la **propagation de certaines maladies tropicales** par la migration de leurs vecteurs (paludisme, chikungunya, dengue, fièvre jaune…). Enfin, le bouleversement du fonctionnement des écosystèmes entraîne une dégradation de certains **services écosystémiques** (épuration de l'eau et de l'air) ce qui peut également avoir des conséquences négatives sur la santé humaine.

Des agrosystèmes menacés

Les **agrosystèmes** fournissent la biomasse utilisée pour assurer nos **besoins alimentaires** mais aussi certains de nos besoins en matériaux de construction, en médicaments et en énergie. Or, bien que l'élévation de la teneur atmosphérique en CO_2 **favorise la photosynthèse**, la **productivité des agrosystèmes est menacée** à différents niveaux :

- modifications du biotope (températures saisonnières, précipitations, qualité des sols et de l'eau) ;
- diminution de la surface de terres fertiles (élévation du niveau marin, désertification) ;
- augmentation des dégâts liés aux ravageurs et maladies des cultures.

Dans un monde où la croissance démographique se poursuit, le réchauffement climatique **menace la sécurité alimentaire**, particulièrement dans les pays les plus pauvres.

4 Une nécessaire mobilisation collective et individuelle

Des plans d'action nationaux

De nombreux pays se dotent de plans d'action visant à **limiter les effets du réchauffement climatique**. Par exemple, il existe en France depuis 2011, un **Plan National d'Action sur le Changement Climatique** (PNACC) chargé d'évaluer les risques climatiques, pour chaque portion du territoire et pour différents domaines (santé, gestion de l'eau, agriculture, préservation des littoraux…) et de proposer différentes **stratégies d'atténuation et d'adaptation**.

Mise en place de stratégies d'atténuation

Pour respecter les recommandations du GIEC, il est nécessaire de réduire les émissions mondiales de GES de 20 % d'ici 2030, puis de les interrompre totalement en 2075. On appelle **stratégie d'atténuation** tout processus mis en œuvre pour **limiter les émissions de GES** ou pour **diminuer leur teneur atmosphérique.** Dans le premier cas, il apparaît d'abord nécessaire de développer les **sources d'énergie alternatives faiblement émettrices de GES** (solaire, géothermie, hydro-électricité, biomasse…) pour remplacer progressivement les combustibles fossiles. Certains pays ont adopté une **taxe carbone** qui consiste à pénaliser financièrement les émissions de CO_2 des entreprises, les incitant ainsi à minimiser leurs rejets. Certains industriels, spécialisés dans l'exploitation des combustibles fossiles et donc lourdement taxés, étudient la possibilité de **capter le CO_2** avant qu'il ne soit émis puis de le **stocker dans différents réservoirs profonds.** Cette solution, onéreuse et risquée, présente l'avantage de réduire d'un tiers les émissions d'industries énergivores qui ne peuvent se passer de combustibles fossiles. Le processus de captage du CO_2 pourrait être appliqué directement à l'atmosphère.

Une des premières usines de filtration du CO_2 atmosphérique, en Suisse.

L'une des stratégies les plus efficaces et faciles à mettre en œuvre pour diminuer la teneur atmosphérique en CO_2 consiste à **reboiser massivement** notre environnement, que cela soit dans des écosystèmes aujourd'hui dégradés, en ville (végétalisation des rues, des murs et toitures) ou en milieu agricole (agroforesterie). En effet, on estime que les écosystèmes forestiers stockent actuellement 1 200 Gt de carbone (soit l'équivalent de 570 ppm de CO_2 atmosphérique). Cette solution présente les avantages de fournir à l'humanité de nombreux autres services écosystémiques, est peu onéreuse, peu risquée, et applicable collectivement comme individuellement.
Enfin, chaque individu, notamment des pays industrialisés, peut réduire d'environ 40 % ses émissions de GES par des choix de vie adaptés à différents niveaux : alimentation, transport et habitat…

La nécessité de s'adapter

En admettant que les actions de réduction de GES soient efficaces, il faudra plusieurs siècles avant que le réchauffement climatique ne s'atténue, du fait du **temps de résidence** des GES dans l'atmosphère (un siècle pour le CO_2) et de l'existence de **boucles de rétroaction** amplifiant le réchauffement climatique (par exemple, la libération du méthane provoquée par la fonte du pergélisol).

Il est donc nécessaire d'envisager des **stratégies d'adaptation** au changement du climat (construction de digues en zone littorale, choix de cultures, d'architectures, de modes de vie… adaptés aux nouvelles conditions climatiques). Ces actions devront être complémentaires des stratégies d'atténuation, individuelles ou collectives, nationales et internationales.

bordas Flash PAGE podcast

DYS

L'essentiel

Faire face au réchauffement climatique

À retenir

Une prise de conscience scientifique et politique

A la fin du XIXe siècle, certains scientifiques envisageaient déjà que les **rejets anthropiques** de gaz à effet de serre (GES) puissent provoquer un **réchauffement climatique**. Il faudra cependant attendre la fin du XXe siècle pour qu'un **consensus scientifique** mondial s'établisse, s'appuyant sur des décennies de mesures et de modélisation du système climatique. Au niveau politique comme à l'échelle du citoyen, de nombreuses difficultés liées entre autres à une méconnaissance des données scientifiques doivent encore être surmontées pour **accepter la réalité** du réchauffement climatique et agir pour y faire face.

Des conséquences sur la biodiversité

Le réchauffement climatique est reconnu comme une cause aggravante de l'**effondrement actuel de la biodiversité** dû aux activités humaines. Le réchauffement influence directement la **physiologie des organismes** et perturbe leur **capacité à se reproduire** et à se développer, ce qui réduit les **effectifs des populations** et dégrade leur **état sanitaire**. Certaines espèces migrent vers des régions plus favorables, modifiant leur répartition à la surface du globe. Elles deviennent des **espèces invasives.**

Des conséquences sur la santé humaine

L'être humain est concerné par le réchauffement climatique, qui **aggrave certaines pathologies**, nous expose à des **phénomènes climatiques extrêmes** et à de nouveaux **agents pathogènes**. Le fonctionnement des agrosystèmes est aussi affecté : si l'augmentation de la teneur atmosphérique en dioxyde de carbone favorise la productivité, cette dernière est menacée par la **désertification** ou la **montée du niveau marin,** par la **diffusion de pathogènes et de ravageurs des cultures**. En conséquence, le réchauffement du climat **dégrade la sécurité alimentaire** à l'échelle mondiale.

Une nécessaire mobilisation collective et individuelle

Les nations se réunissent chaque année (COP) et s'appuient sur les **rapports du GIEC** pour proposer différentes **stratégies d'atténuation** du changement climatique. Ces dernières visent à réduire les émissions de GES ou à absorber le CO_2 atmosphérique. Selon le GIEC, il est impératif **de limiter le réchauffement climatique à 2 °C** par rapport à 1850, ce qui impose une **réduction des émissions de GES de 20 % d'ici 2030** et leur arrêt total en 2075. Compte tenu de l'inertie climatique et des engagements actuels de réduction, les modèles climatiques prévoient un réchauffement moyen de 3 à 4 °C d'ici 2100. Il est donc nécessaire d'envisager des **stratégies d'adaptation,** de l'échelle internationale jusqu'à celle du citoyen.

Mots-clés

Climatologie • Élaboration d'un consensus scientifique • GES • GIEC • Modèles climatiques • Réchauffement climatique • Stratégies d'adaptation • Stratégies d'atténuation

Schéma bilan

Faire face au réchauffement climatique

Mesurer les enjeux pour prendre des décisions

Modélisations et projections climatiques (GIEC)

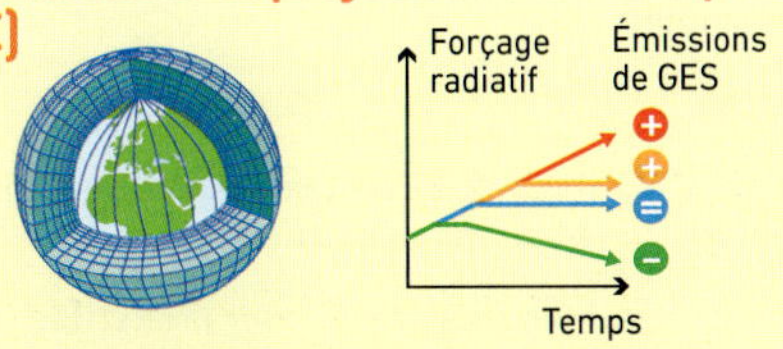

Compréhension et prise de conscience

- Tenir compte des échelles de temps
- Ne pas confondre météo et climat
- Distinguer causalité et corrélation
- Mieux connaître les données scientifiques

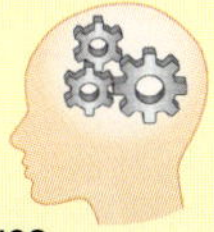

→ **Décideurs politiques et citoyens du monde**

→ **Prise de décisions collectives et individuelles**

Comprendre les conséquences du réchauffement sur la biodiversité et l'être humain

Modifications du fonctionnement des écosystèmes

- mortalité directe
- disparition d'habitat
- espèces invasives
- perturbations :
  - des chaînes alimentaires
  - de la reproduction
  - du développement

→ Effondrement des populations et disparition d'espèces → Dégradation des services écosystémiques → dégradation de l'état sanitaire des populations

Modifications du fonctionnement des agrosystèmes

→ Risques de pénuries alimentaires → dégradation de l'état sanitaire des populations

Propagation de maladies infectieuses

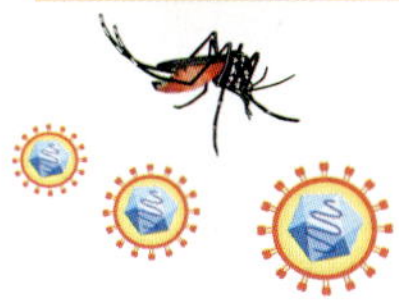

→ dégradation de l'état sanitaire des populations

Phénomènes météorologiques extrêmes

→ dégradation de l'état sanitaire des populations

Envisager des solutions collectives et individuelles face au changement climatique

Stratégies d'atténuation ← Complémentarité → **Stratégies d'adaptation**

Stratégies d'atténuation :
Réduire les émissions de GES
Renforcer les puits de GES

Stratégies d'adaptation :
Produire, consommer, habiter, se déplacer… autrement

Autoévaluation

Réponses voir p. 502

1 Retour vers les problématiques

Relisez la page « S'interroger avant d'aborder le chapitre » (p. 319) ; à l'aide de ce que vous savez à présent, répondez aux questions que vous avez formulées.

2 QCM

Pour chaque affirmation, choisissez l'unique bonne réponse.

1. La mise en évidence de la réalité du réchauffement climatique :
- a. eut lieu dès le XIXe siècle ;
- b. eut lieu au cours du XXe siècle ;
- c. permit une réponse rapide de la part des décideurs politiques ;
- d. fut rapidement admise par la communauté mondiale.

2. Le changement climatique :
- a. augmente la productivité agricole mondiale du fait de l'effet fertilisant dû au CO_2 de l'air ;
- b. diminue la mortalité saisonnière estivale ;
- c. accroît le risque d'extinction des espèces ;
- d. est sans conséquence sur les phénomènes météorologiques.

3. Parmi les exemples de stratégies d'adaptation, on peut citer :
- a. le changement des choix de plantes cultivées ;
- b. la reforestation ;
- c. le piégeage de CO_2 en profondeur ;
- d. la réduction des émissions de gaz à effet de serre.

3 Vrai ou faux ?

Repérez les affirmations exactes et corrigez celles qui sont inexactes.

- a. Une stratégie d'atténuation a pour unique objectif de réduire nos émissions de gaz à effet de serre.
- b. Il est probable que les espèces sauvages s'adapteront par sélection naturelle au changement du climat.
- c. Certaines espèces prolifèrent grâce au réchauffement climatique.
- d. Les mesures prises actuellement pour réduire notre consommation de combustibles fossiles vont permettre de compenser le réchauffement déjà constaté.

4 Questions à réponses courtes

Répondre aux questions suivantes en une ou deux phrases maximum :

- a. Quel est le rôle du GIEC ?
- b. Comment le changement du climat peut-il avoir des conséquences sur la santé humaine ?
- c. Quels peuvent être les effets directs du réchauffement climatique sur un écosystème ?
- d. En quoi consiste le piégeage profond du dioxyde de carbone ?

5 Apprendre en s'interrogeant

1. **Cachez l'une des colonnes du tableau suivant et retrouvez ce que contient l'autre (à faire seul ou à plusieurs).**

2. **Vérifiez vos réponses, et reprenez si besoin les notions concernées.**

Notion	Définition
Consensus scientifique	Accord de la majorité de la communauté scientifique sur un sujet donné.
Stratégie d'atténuation	Mesures prises pour limiter les émissions de gaz à effet de serre ou pour renforcer les mécanismes permettant de les soustraire à l'atmosphère.
Stratégie d'adaptation	Mesures prises pour réduire la vulnérabilité des écosystèmes ou des activités humaines face aux effets du changement climatique.
Modèle climatique	Représentation numérique simplifiée du système climatique terrestre permettant d'en améliorer la compréhension et de réaliser des prévisions et projections climatiques.

6 Utiliser ses connaissances

Indiquez, en justifiant votre réponse, le choix à réaliser pour lutter individuellement contre le réchauffement du climat.

a. Pour effectuer un long trajet, il vaut mieux utiliser :

b. Pour se nourrir, il vaut mieux préférer :

★ facile ★★ intermédiaire ★★★ confirmé

7 Faire preuve d'esprit critique
★★

Benoît chauffe sa maison à l'aide d'une cheminée qui fonctionne au bois. Son ami Yves, qui pour sa part utilise un chauffage central au gaz, critique le choix de Benoît, lui reprochant de contribuer au réchauffement climatique en produisant des gaz à effet de serre.

Proposez votre point de vue à ces deux personnes, en vous appuyant sur vos connaissances.

8 Exploiter une carte
★

Depuis le XVIIIe siècle, les Néerlandais ont entrepris d'augmenter la taille de leur territoire par la création de surfaces gagnées sur l'océan : les polders. Ils ont ainsi agrandi la surface de leur territoire de 20 %, créant assez de terres agricoles pour nourrir l'une des régions les plus densément peuplées d'Europe. Pour protéger ces cultures, des aménagements de grande ampleur furent effectués entre 1954 et 1997 avec, par exemple, la construction de 16 km de nouvelles digues de béton ainsi que le rehaussement des digues sableuses des littoraux.

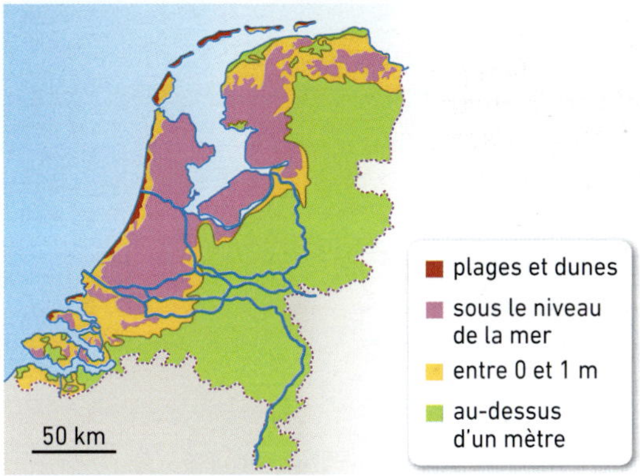

Carte topographique simplifiée des Pays-Bas.

Présentez les risques encourus par les Néerlandais à cause du réchauffement climatique et proposez des stratégies d'adaptation.

9 S'exprimer par un schéma
★★

La climatisation est un exemple de stratégie d'adaptation aux fortes chaleurs qui seront plus intenses et fréquentes dans un contexte de réchauffement climatique. On peut cependant considérer que cette méthode ne fait qu'aggraver la situation. En effet, les climatiseurs sont des appareils énergivores qui ont pour fonction d'extraire la chaleur des logements pour la rejeter à l'extérieur, ce qui peut se traduire par une élévation de la température de 1 °C en milieu urbain ! Enfin, ces appareils utilisent des gaz frigorigènes très volatils dont la capacité à renforcer l'effet de serre est de 500 à 2 000 fois supérieure à celle du CO_2.

Résumez, sous la forme d'un schéma fonctionnel, les inconvénients de la climatisation comme stratégie d'adaptation au réchauffement climatique.

10 Exploiter un graphique
★★

Comme pour la plupart des tortues, le déterminisme du sexe de la cistude d'Europe (espèce protégée) dépend de la température.

En exposant ses œufs à différentes températures, on peut déterminer la température pour laquelle la fréquence de chaque sexe à l'éclosion serait idéale pour le maintien des effectifs de la population (graphique ci-dessous).

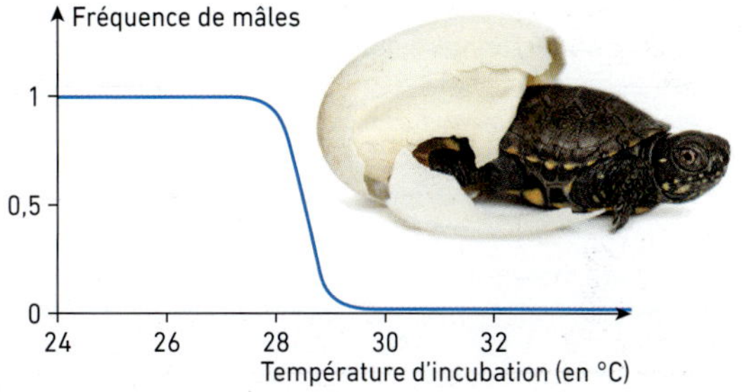

Évolution de la fréquence des mâles à l'éclosion en fonction de la température d'incubation des œufs.

Envisagez les conséquences du réchauffement climatique sur les populations de cistudes d'Europe.

11 Modéliser par le calcul
★★★

Le tableau ci-dessous résume quelques données quantitatives sur les gaz à effet de serre (GES).

Gaz à effet de serre	CO_2	CH_4	N_2O
Teneurs (en ppm, année 2018)	408	1,86	0,33
Rejets (en Gt, année 2019)	40	0,4	0,017
PRG* (à 100 ans)	1	28	265

*désigne le pouvoir de réchauffement global, différent d'un gaz à l'autre. Par convention, le PRG du CO_2 est fixé à 1 ; ainsi 1 kg de CH_4 équivaut à 28 kg de CO_2.

1. **Sachant que notre environnement absorbe 55 % de nos émissions, calculez la teneur atmosphérique théorique en GES à la fin de 2019 exprimée en ppm d'éqCO_2 (1 Gt d'éqCO_2 équivaut à 0,128 ppm d'éqCO_2).**
2. **En supposant que nos émissions augmentent de 50 % de 2020 à 2100, calculez la teneur en GES de 2100.**
3. **Estimez l'écart de température (ΔT) par rapport à 2019 en utilisant l'équation suivante :**

$$\Delta T = 2,675 \times \ln ([GES]_{2100}/[GES]_{2019})$$

Aides à la résolution

- Utiliser la valeur du PRG pour convertir les valeurs données en éqCO_2.
- Utiliser le résultat de la question 1 pour traiter la question 2 grâce à un calcul simple.

12 Les mangroves face au changement climatique

★★

La mangrove est un écosystème forestier installé dans la zone de balancement des marées des régions tropicales et subtropicales (A). La flore, peu diversifiée mais adaptée à des conditions de salinité et d'anoxie* des sols, abrite une grande biodiversité animale. Elle joue de plus un rôle essentiel de protection des côtes lors des tempêtes et ouragans.

La mangrove de bord de mer est essentiellement composée de palétuviers rouges (*Rhizophora mangle*) (B) qui jouent le rôle d'espèce pionnière de cet écosystème. Porté par ses racines échasses grâce auxquelles il absorbe le dioxygène de l'air via de fines ouvertures de l'écorce, le palétuvier rouge est capable de supporter des taux de salinité allant de 20 à 30 $g \cdot L^{-1}$.

Les fruits de cette espèce ont pour particularité de germer sur la plante mère pour former une racine de 30 cm de long. À maturité, le fruit tombe à l'eau telle une fléchette permettant à la racine de s'implanter dans la vase et au jeune arbre d'y pousser.

Les observations satellitaires montrent que, à peu près partout dans le monde, l'arrière-mangrove (zone située à l'intérieur des terres) est soit densément peuplée et mise en culture, soit adossée à des reliefs.

Envisagez les conséquences du réchauffement climatique sur le palétuvier rouge puis sur l'ensemble de l'écosystème mangrove.

A Mangrove indonésienne.

B

C

Racines échasses du palétuvier rouge (B) et fruits germés (C).

13 L'empreinte carbone de nos vêtements

★★★

Coton et polyester représentent 88 % des fibres textiles utilisées dans la production de vêtements. Si la fibre de coton provient du fruit du cotonnier, le polyester est une fibre synthétique produite à partir du pétrole. La production de ces fibres (A) représente en moyenne 71 % des émissions de gaz à effet de serre (GES) d'un vêtement (B), le reste correspondant au tissage du vêtement lui-même, à son transport en tant que marchandise, à son entretien et à sa destruction finale. Enfin, on estime que 3 % des vêtements produits sont invendus puis détruits (incinération ou enfouissement), tout comme 70 % des produits parvenant en fin de vie. Seuls 12 % des fibres sont recyclées pour d'autres usages.

1. **Calculez l'augmentation des émissions de GES dues à l'industrie textile entre 1980 et 2015, en pourcentage.**
2. **En vous appuyant sur les données fournies, proposez différentes stratégies d'atténuation individuelles ou collectives.**

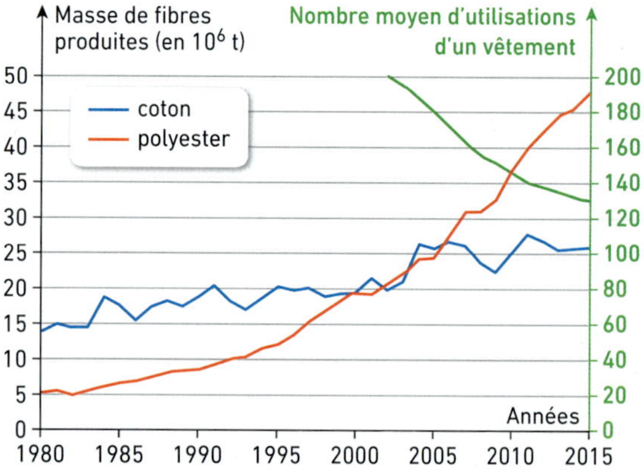

A Production de fibres textiles pour le prêt-à-porter et utilisation des vêtements.

Type de fibres	Coton	Polyester
Émissions de GES (en kg d'éqCO_2 par kg de fibres)	14,3	21,5

B Empreinte carbone de la production de fibres prêtes à être tissées.

PRÉPA BAC

À la date de publication de ce manuel, les notions enseignées dans ce chapitre sont exclues de l'épreuve écrite et de l'épreuve pratique

Épreuve écrite

Rédaction d'un texte argumenté pour répondre à une question scientifique

14 Agir contre le réchauffement climatique

Le réchauffement climatique est causé par une accentuation de l'effet de serre due aux rejets anthropiques de dioxyde de carbone, de méthane et de protoxyde d'azote.

Présentez, à l'aide d'exemples de votre choix, les stratégies d'atténuation et d'adaptation que nous pouvons mettre en place pour limiter le réchauffement climatique et/ou nous y adapter.

Document proposé **Origine et devenir des émissions anthropiques de gaz à effet de serre (simplifié).**

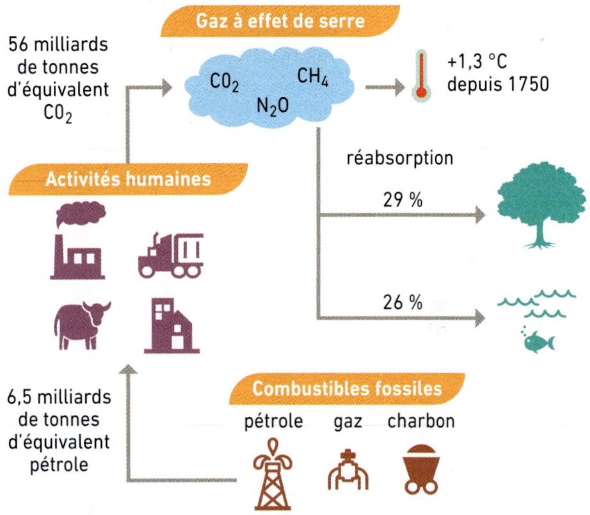

Les valeurs données sont indicatives et correspondent à l'année 2017.

Épreuve pratique

Pour s'entraîner à l'Évaluation des Capacités Expérimentales

15 Proposer une stratégie de résolution

La photosynthèse a pour équation-bilan :

$$6CO_2 + 6H_2O \xrightarrow{\text{Lumière}} C_6H_{12}O_6 + O_2$$

D'après certains chercheurs, l'élévation du taux atmosphérique de dioxyde de carbone CO_2 permettrait aux plantes d'accroître leur activité photosynthétique et de mieux absorber nos rejets. Pour vérifier cette hypothèse, on dispose du matériel suivant :

- Dispositif de mesure par ordinateur du taux de dioxygène ;
- Échantillon d'une plante aquatique ;
- Eau distillée ;
- Eau enrichie en CO_2 par ajout de bicarbonate de sodium ($NaHCO_3$) aux concentrations de 0,05 M – 0,1 M – 0,2 M – 0,5 M et 1 M.

Proposez une stratégie permettant de vérifier l'hypothèse des chercheurs.

Aides à la réalisation

L'élaboration d'une stratégie de résolution doit respecter 3 étapes :

- Dire ce que l'on souhaite faire.
- Expliquer comment le faire.
- Préciser les résultats que l'on s'attend à obtenir dans le cas où l'hypothèse à vérifier serait valide mais aussi dans le cas contraire.

16 Présenter et exploiter les résultats d'une expérience

Face au réchauffement climatique, des architectes paysagistes proposent de repeindre les bâtiments en blanc afin de limiter l'échauffement en été. Afin de vérifier l'efficacité de cette stratégie d'adaptation, on mesure l'élévation de la température de deux blocs métalliques, l'un blanc et l'autre noir, soumis à l'éclairement d'une simple lampe de bureau.
Les résultats obtenus sont présentés sur le graphique ci-contre.
La courbe rouge correspond au bloc noir. La lampe a été allumée une minute après le début de la mesure.

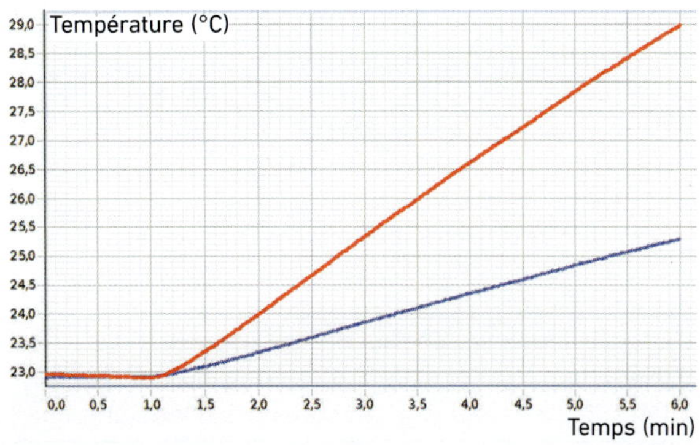

Indiquez les éléments à ajouter sur ce graphique pour préparer son interprétation.

Exploitez ces résultats afin de valider ou non l'efficacité de ce projet.

PRÉPA BAC

À la date de publication de ce manuel, les notions enseignées dans ce chapitre sont exclues de l'épreuve écrite

Raisonnement scientifique

Construisez et exposez votre propre démarche pour résoudre le problème posé

17 Les océans, un levier d'action contre le réchauffement climatique ?

On estime que les océans absorbent 26 % des émissions anthropiques de CO_2 par différents mécanismes. Ils constituent donc une véritable « pompe à CO_2 » dont le fonctionnement est cependant perturbé par le réchauffement climatique.

À partir de l'ensemble documentaire proposé et de vos connaissances, expliquez en quoi le changement de climat risque de limiter l'efficacité de cette pompe à CO_2, puis présentez la stratégie d'atténuation envisagée par certains scientifiques.

1 Les océans, une pompe physique de CO_2

Le CO_2 de l'air se dissout dans l'eau et réagit avec cette dernière (A).

Les échanges atmosphère-hydrosphère sont équilibrés et ne concernent que la partie superficielle des océans. Cependant, en certains points du globe, il existe un phénomène de plongée des eaux océaniques superficielles en profondeur (B).

Ce processus est lié à l'augmentation de la densité des eaux de surface provoquée d'une part par leur refroidissement aux hautes latitudes, d'autre part par l'augmentation de salinité de l'eau qui reste à l'état liquide lorsque la banquise se forme. Un courant océanique profond, froid et sursalé s'installe.

Dans d'autres zones, ces eaux finissent par remonter et rejoindre les courants de surface. Ces courants constituent la circulation thermohaline. On estime qu'il faut entre 1 500 et 2 000 ans pour qu'un trajet complet soit effectué.

$$CO_2 + H_2O \rightleftharpoons H_2CO_3 \rightleftharpoons HCO_3^- + H^+ \rightleftharpoons CO_3^{2-} + 2H^+$$

dioxyde de carbone — eau — acide carbonique — ion hydrogénocarbonate — ion carbonate

A Équations de dissolution du dioxyde de carbone.

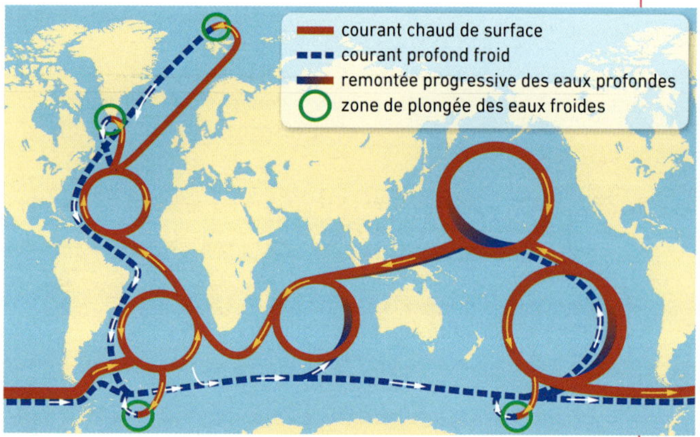

B Carte simplifiée de la circulation océanique thermohaline.

2 Changement climatique et océans

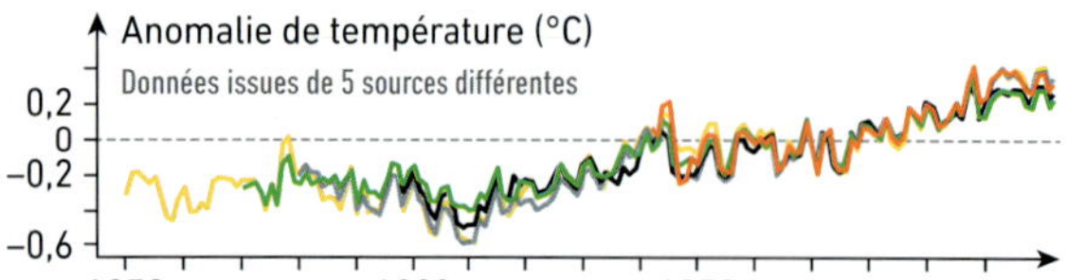

Évolution de la température moyenne des océans.

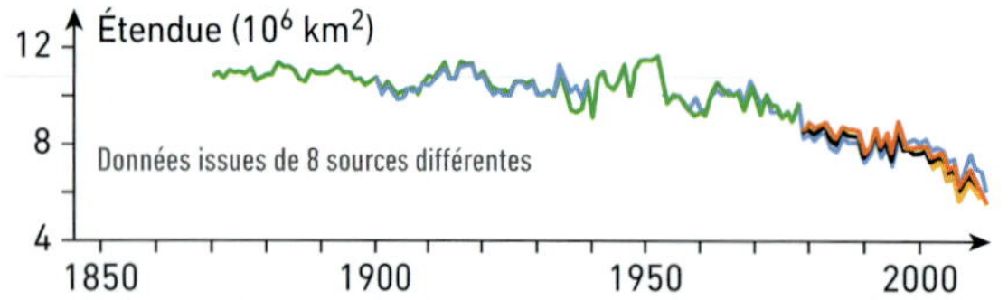

Évolution de la banquise estivale en Arctique.

D'après le 5e rapport du GIEC (2014).

3 Solubilité du CO_2 et température

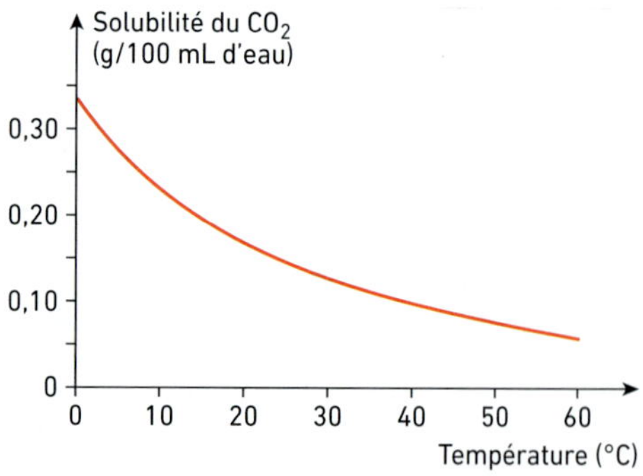

Évolution de la solubilité du dioxyde de carbone en fonction de la température de l'eau.

4 Un pompage biologique du dioxyde de carbone atmosphérique par les océans

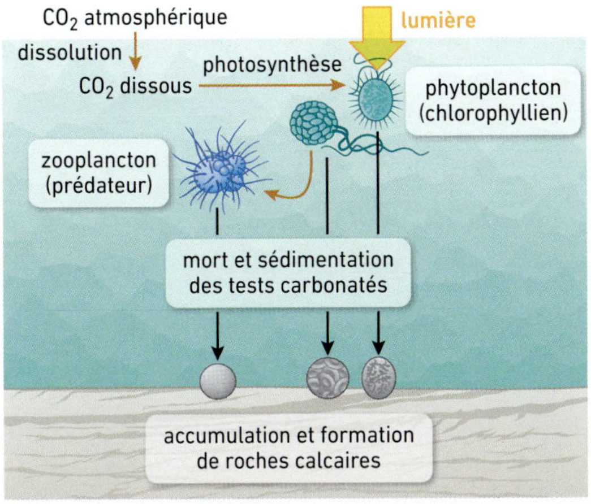

Fonctionnement simplifié de la pompe biologique à CO_2.

Dans l'eau, les ions hydrogénocarbonates peuvent réagir avec les ions calcium pour former un précipité de carbonate de calcium selon l'équation suivante :

$$2HCO_3^- + Ca^{2+} \rightleftharpoons CaCO_3 + CO_2 + H_2O$$

ion hydrogéno-carbonate ; ion calcium ; carbonate de calcium

Le phytoplancton marin réalise la photosynthèse selon l'équation suivante :

$$nCO_2 + nH_2O \xrightarrow{\text{lumière}} (CH_2O)_n + O_2$$

dioxyde de carbone ; eau ; Matière organique

En consommant le CO_2, la photosynthèse favorise la formation de carbonate de calcium ce qui permet à ces microorganismes de produire de véritables coquilles appelées tests.

Les restes de ces organismes sédimentent et se transforment en roches calcaires (schéma ci-contre).

5 Changement climatique et phytoplancton

Les coccolithophoridés (A) représentent l'une des familles de phytoplancton marin les plus abondantes. Leur test est constitué de plaques ovales de carbonate de calcium formant une coccosphère. Le graphique B évalue les effets de l'acidification des océans (C) sur la taille des coccosphères.

A Coccosphères observées au MEB (fausses couleurs).

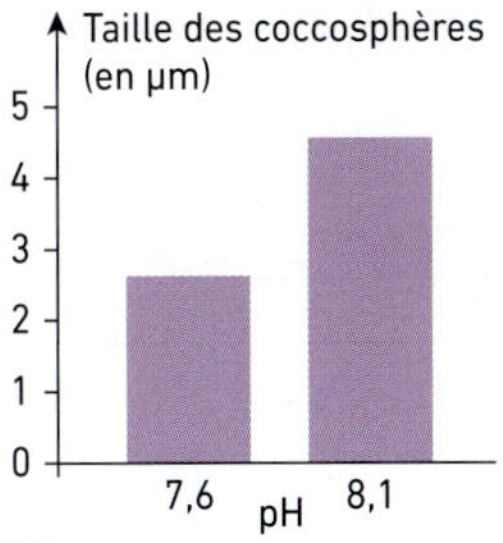

B Influence du pH sur la taille des coccosphères.

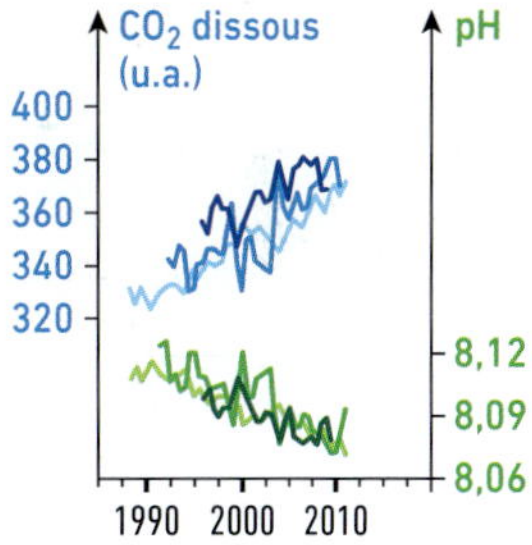

C Évolution du taux de CO_2 et du pH dans les océans.

6 Fertiliser les océans

Le phytoplancton a besoin d'un apport suffisant en fer, nécessaire à son métabolisme. Or, la concentration en fer de l'eau de mer est très faible (inférieure à $0{,}7 \cdot 10^{-9}$ mol·L^{-1}). Des organismes de recherche explorent donc la possibilité d'augmenter la productivité du phytoplancton en enrichissant artificiellement les eaux superficielles en fer. Si quelques essais ont donné des résultats encourageants à petite échelle (ci-contre), l'efficacité de cette technique reste cependant à démontrer. De même, de nombreux chercheurs expriment des craintes quant à d'éventuels effets indésirables sur le fonctionnement des écosystèmes marins.

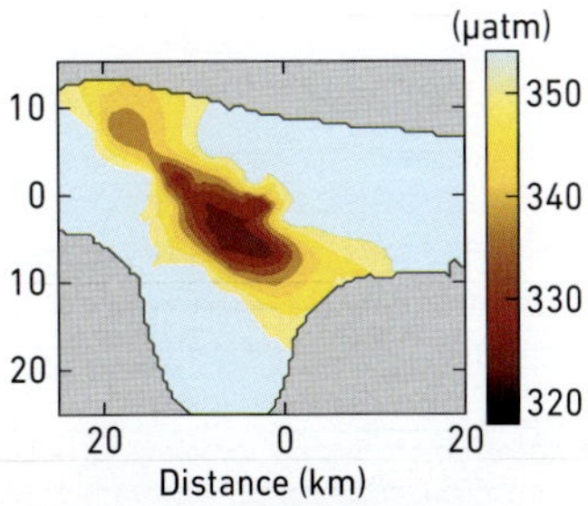

A Concentration en CO_2 des eaux de surface 12 jours après fertilisation (en gris : zones non étudiées).

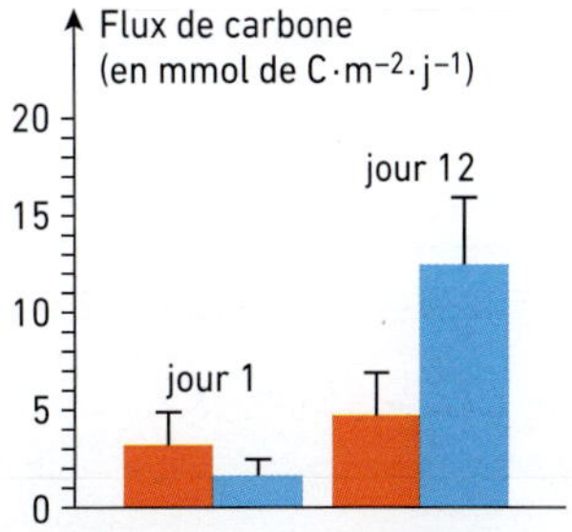

B Flux de carbone d'origine planctonique à 100 m de profondeur dans une zone fertilisée (en bleu) ou non (en rouge).

L'exigence d'une coordination et d'une maîtrise neuromusculaires.

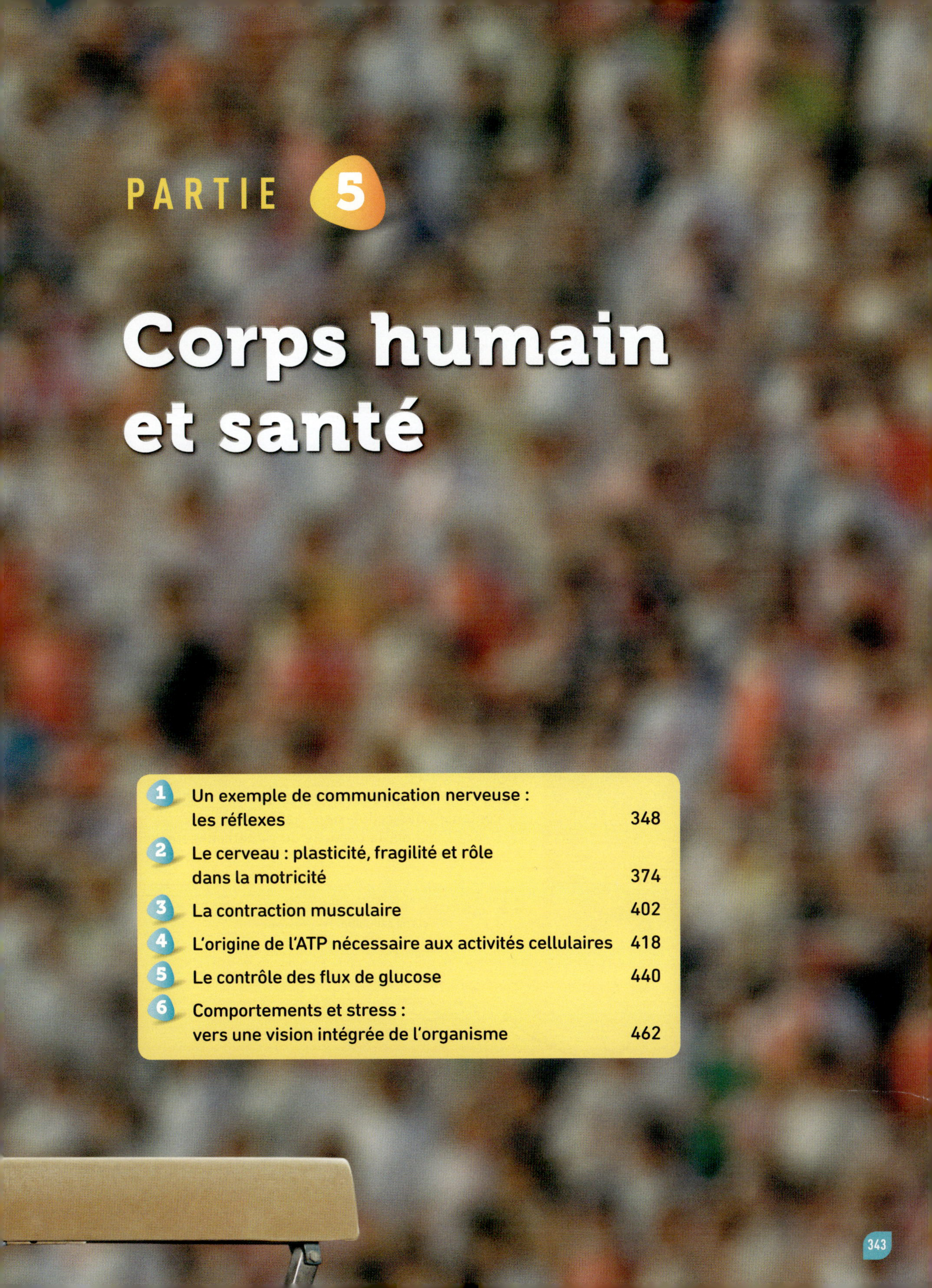

PARTIE 5

Corps humain et santé

1 Un exemple de communication nerveuse : les réflexes 348

2 Le cerveau : plasticité, fragilité et rôle dans la motricité 374

3 La contraction musculaire 402

4 L'origine de l'ATP nécessaire aux activités cellulaires 418

5 Le contrôle des flux de glucose 440

6 Comportements et stress : vers une vision intégrée de l'organisme 462

Retrouver des acquis

La communication nerveuse

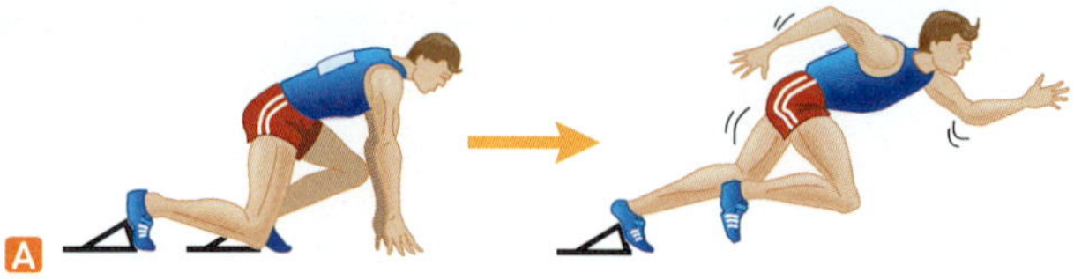

- Le système nerveux permet à l'organisme d'interagir rapidement avec son environnement (A). Des **organes sensoriels** perçoivent divers stimulus et les **messages nerveux** qui en sont issus parviennent jusqu'à des territoires spécialisés du **cerveau** (B). Ce sont aussi des messages nerveux qui commandent les contractions musculaires à l'origine de nos **mouvements**.

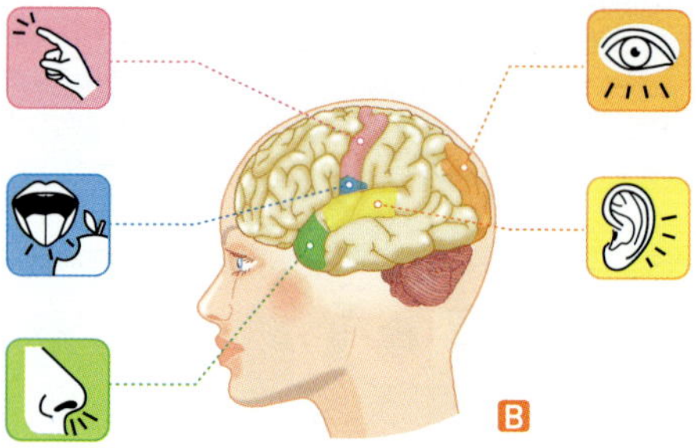

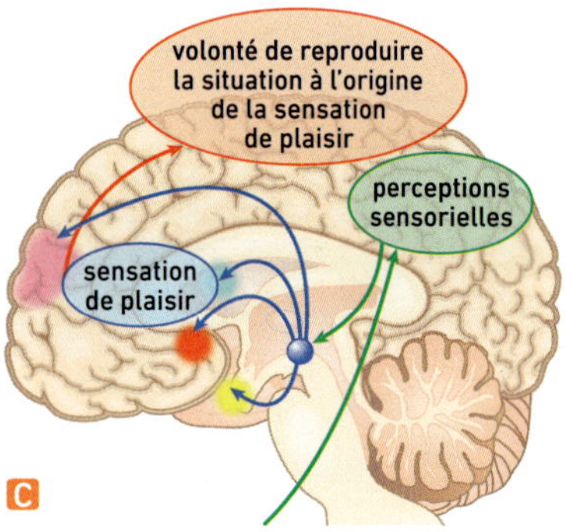

- Les informations qui circulent à l'intérieur du cerveau ont des rôles multiples, et jouent notamment un rôle dans la motivation (C).

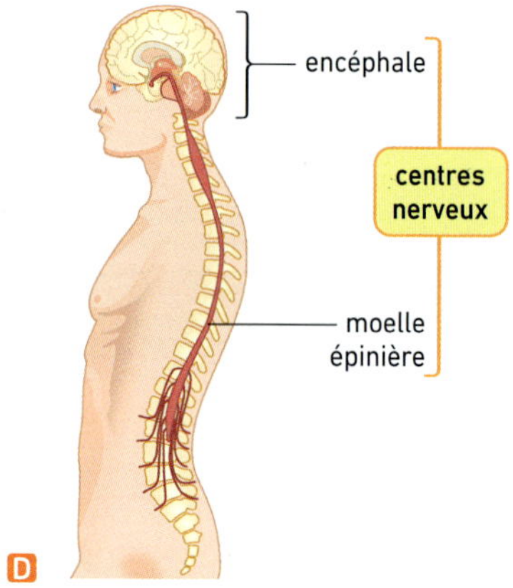

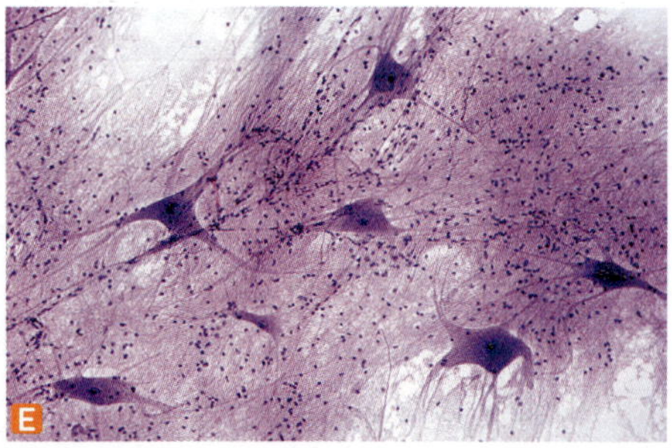

- Le système nerveux comporte divers **organes** (D) contenant des cellules spécialisées, les **neurones** (E et G), qui ont la capacité de s'interconnecter (F).

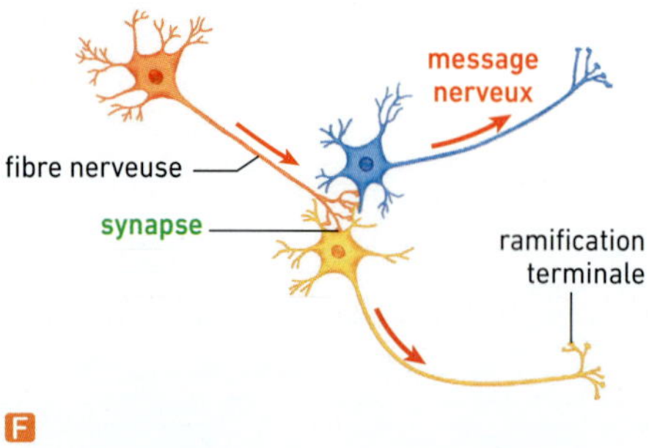

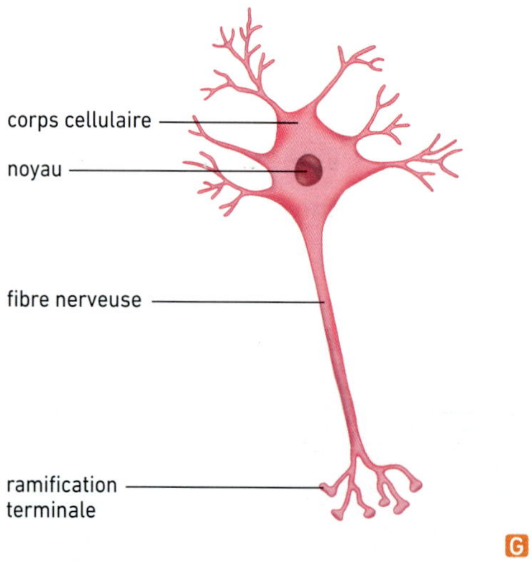

La communication hormonale

- Il existe un autre moyen de communication interne à l'organisme. Les **hormones** sont des molécules produites par des cellules spécialisées (cellules **endocrines**), secrétées et transportées dans tout l'organisme par le **sang**. Une hormone agit sur les organes dont les cellules possèdent des **récepteurs spécifiques** de cette hormone. La fixation d'une hormone sur un récepteur cellulaire modifie le fonctionnement de la **cellule cible** (**A**).

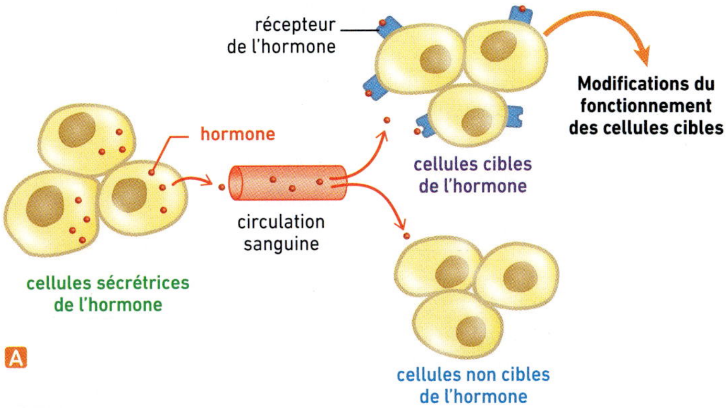

A

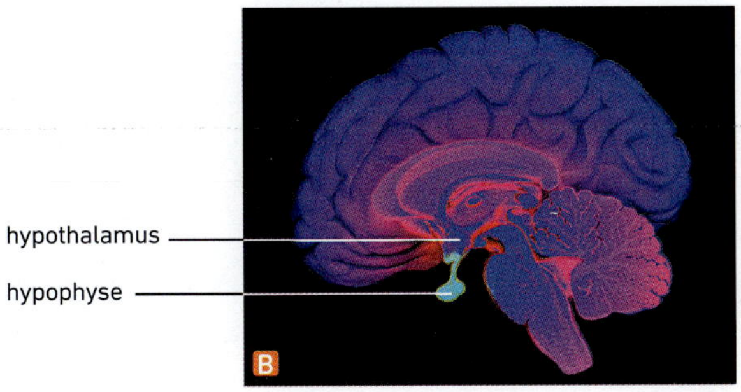

B

- L'**hypophyse** (**B**) est un exemple de glande endocrine (mais il y en a bien d'autres dans l'organisme). Bien que de petite dimension, l'hypophyse sécrète diverses hormones exerçant leur action sur différents organes.
- L'hypophyse est rattachée à une région de l'encéphale, l'**hypothalamus**, dont elle dépend.

- Les hormones agissent parfois « **en cascade** ». Les processus contrôlés par les hormones sexuelles en sont un bon exemple (**C**).
  - L'hypothalamus produit une hormone (GnRH) qui stimule la libération des hormones FSH et LH par l'hypophyse. Ce sont ces **hormones hypophysaires** qui **déclenchent la puberté** et, chez la femme, déterminent le **cycle de l'ovaire** (croissance d'un follicule, ovulation, corps jaune).
  - Une conséquence de cette action est la production par l'ovaire d'hormones sexuelles (œstrogènes et progestérone). Ainsi, les gonades, dont le rôle est de produire les gamètes, sont également des organes endocrines. Les **hormones ovariennes** ont de nombreuses cibles : elles agissent sur l'utérus (**cycle utérin**, **grossesse**) mais sont aussi responsables des **caractères sexuels secondaires**.

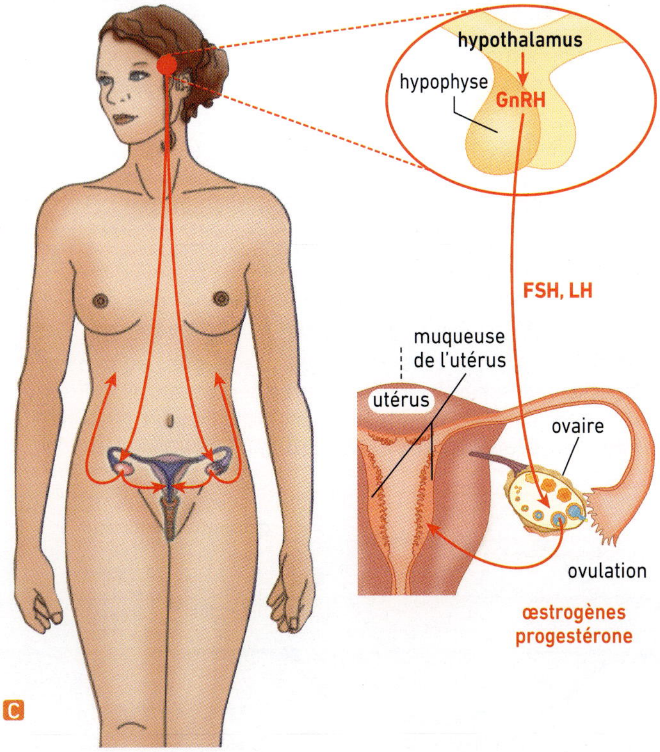

C

Retrouver des acquis

Le métabolisme énergétique

- L'**énergie** nécessaire au fonctionnement de l'organisme, notamment pour accomplir des efforts physiques (**contraction musculaire**) provient de l'**alimentation**. Pour être en bonne santé, l'apport alimentaire et les dépenses énergétiques doivent être équilibrés (A).

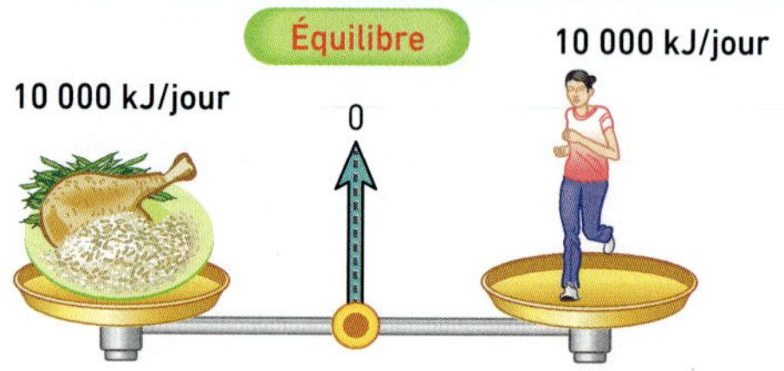

A Apports alimentaires — Dépenses énergétiques

- Il existe une relation entre la mise à disposition de **glucose** et la **consommation de dioxygène** par des cellules (B). En effet, c'est à l'échelle cellulaire que s'effectue la **respiration**, c'est-à-dire des réactions chimiques entre nutriments et dioxygène afin de libérer de l'énergie utilisable par la cellule (C).

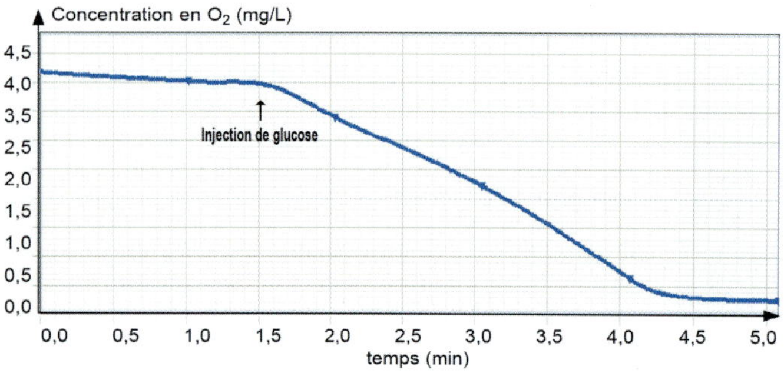

B **Évolution de la concentration en dioxygène au cours du temps dans une suspension de cellules.**

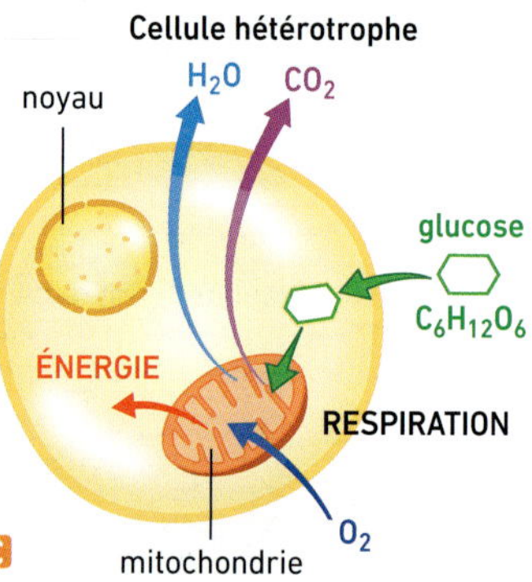

C

- L'approvisionnement permanent des organes et des cellules en nutriments et en dioxygène sollicite le **fonctionnement cardio-respiratoire** (D).
- C'est au niveau des poumons que s'effectue la **recharge du sang en dioxygène** (et l'évacuation du CO_2). Les nutriments proviennent quant à eux de la digestion des aliments et rejoignent le sang grâce à l'**absorption intestinale**.
- Le sang est mis en mouvement par les **contractions cardiaques**. Au cours d'un effort, le fonctionnement cardio-respiratoire doit **s'adapter** aux besoins de l'organisme.
- Le **surentraînement** ou plus encore le **dopage**, s'ils augmentent les capacités physiques et améliorent les performances, dépassent les limites supportables par l'organisme et peuvent avoir des conséquences très graves sur la santé (E).

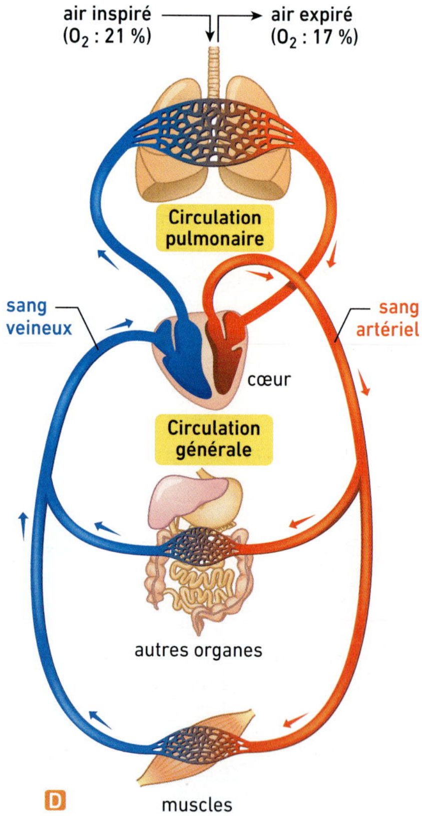

D

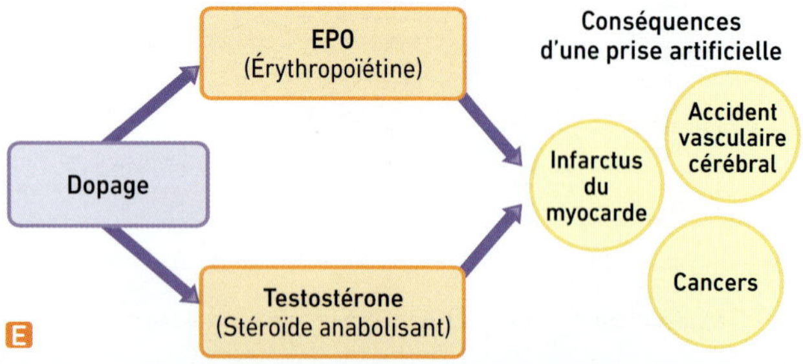

E

Diversité des molécules glucidiques

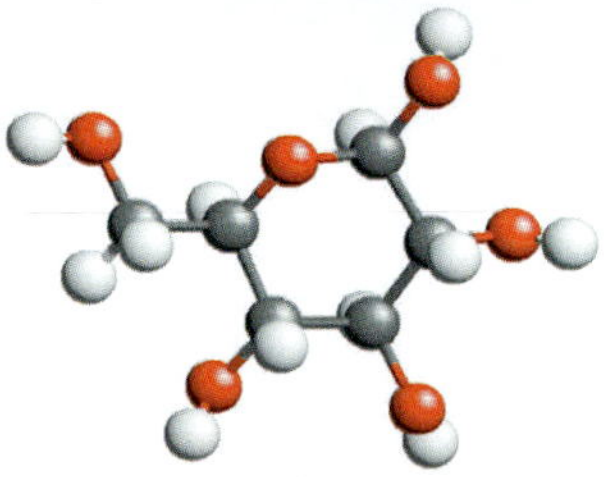

A Molécule de glucose.

- Les glucides constituent un ensemble de molécules ayant des propriétés et des caractéristiques structurales communes.
- Dans l'organisme, la fonction essentielle des glucides est de pouvoir fournir de l'énergie.
- Le glucose, de formule $C_6H_{12}O_6$ (A) est le glucide le plus couramment utilisé par les cellules (par exemple pour la respiration cellulaire). C'est un sucre qualifié de « simple », car constitué d'une seule unité structurale. Soluble, il est facilement transporté.

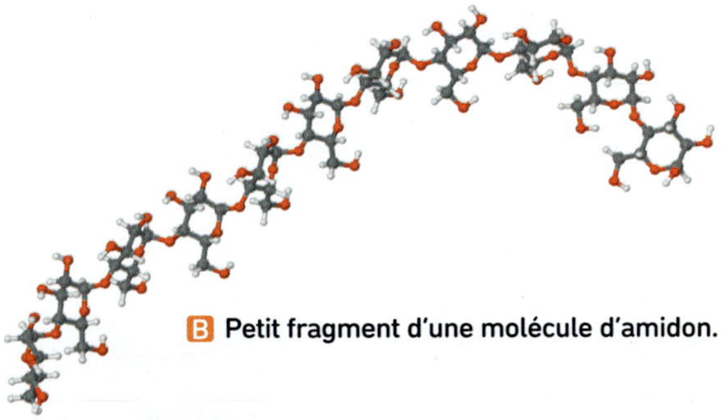

B Petit fragment d'une molécule d'amidon.

- Les glucides simples peuvent s'associer entre eux. Le « sucre de table » (saccharose) est un glucide double, formé de deux unités structurales (glucose et fructose).
- L'amidon et le glycogène sont des polymères de glucose (B), constitués d'un très grand nombre d'unités de glucose (plusieurs centaines) assemblées en chaînes ramifiées. Insolubles, ce sont des molécules de réserves pouvant être stockées sous forme de grains dans les cellules. L'amidon est le glucide de réserve des plantes, le glycogène celui des animaux et des champignons.

- Pour être assimilé, l'amidon doit être transformé en molécules plus petites contenant de moins en moins d'unités et finalement en glucose, absorbable par la muqueuse intestinale.
- Cette simplification moléculaire est une hydrolyse. Elle se déroule en plusieurs étapes, catalysées par des enzymes produites par les cellules des glandes salivaires, pancréatiques et intestinales (C).

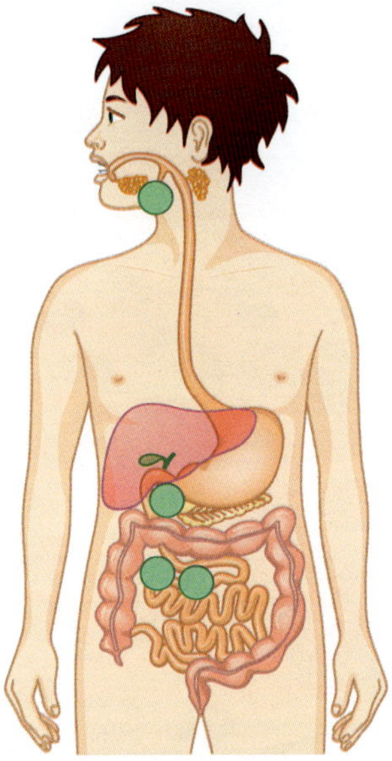

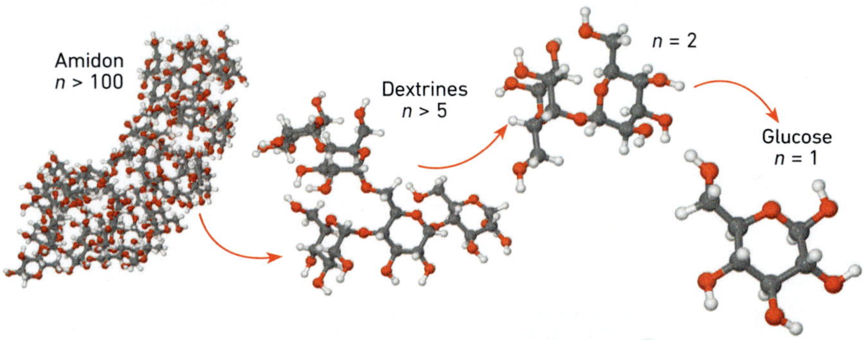

C La digestion de l'amidon.

- Toute réaction du métabolisme nécessite en effet une catalyse réalisée par une enzyme spécifique.
- Les enzymes dont des protéines qui résultent de l'expression de l'information génétique.
- L'action d'une enzyme s'effectue par association spécifique avec son substrat (D).

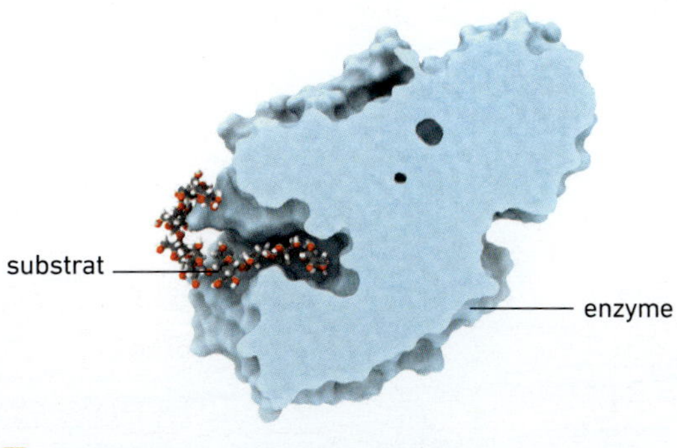

D Modélisation moléculaire : l'amylase et son substrat.

PARTIE 5

CHAPITRE 1

Un exemple de communication nerveuse : les réflexes

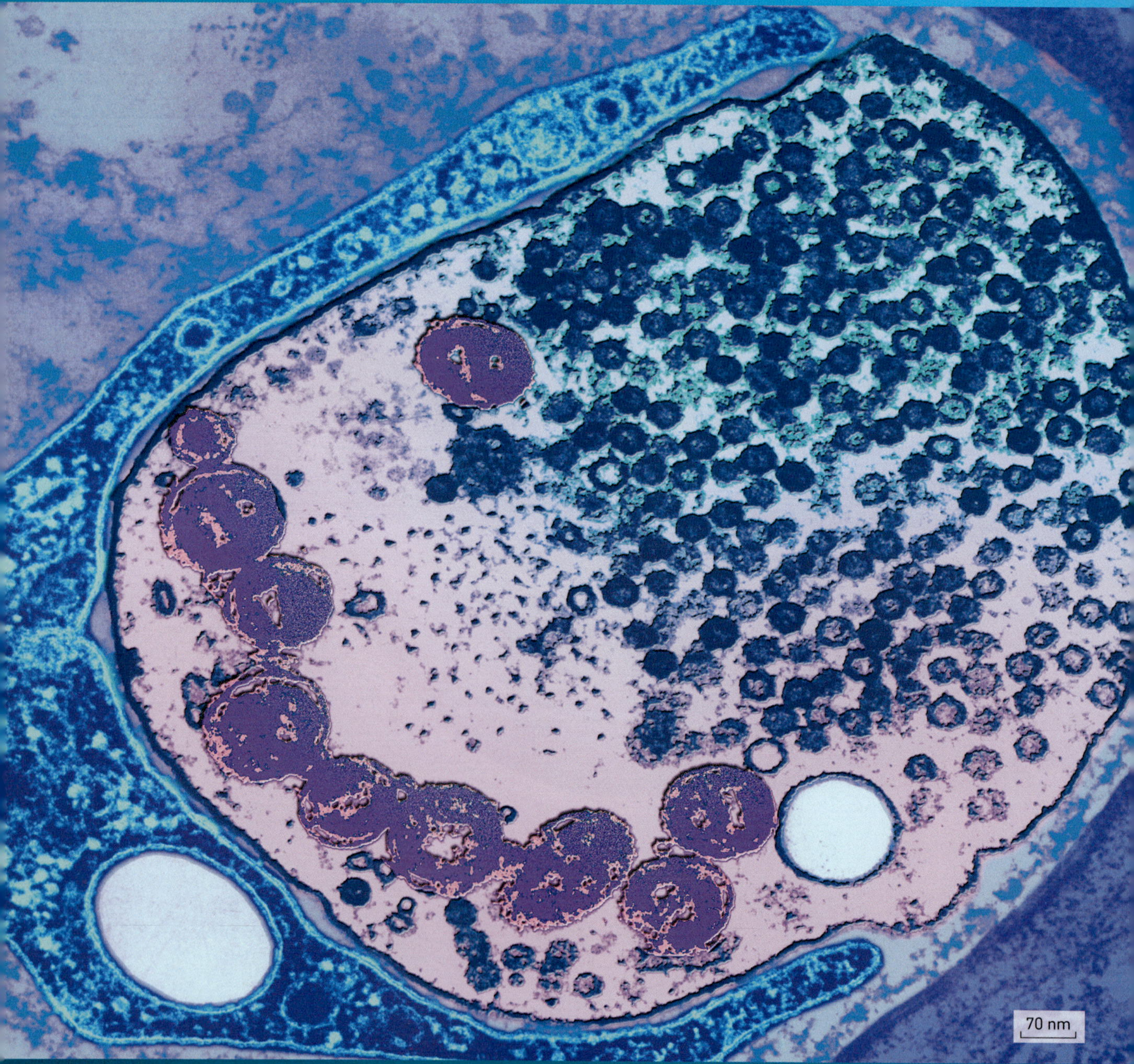

Connexion synaptique entre l'extrémité d'un neurone et une fibre musculaire (microscopie électronique).

S'interroger avant d'aborder le chapitre

Le réflexe pupillaire

De façon totalement involontaire, le diamètre de la pupille varie, notamment pour s'adapter à l'intensité de la lumière. Le réflexe pupillaire est souvent contrôlé par les médecins comme test diagnostic. Ce fonctionnement peut en effet être perturbé, par exemple en cas de traumatisme.

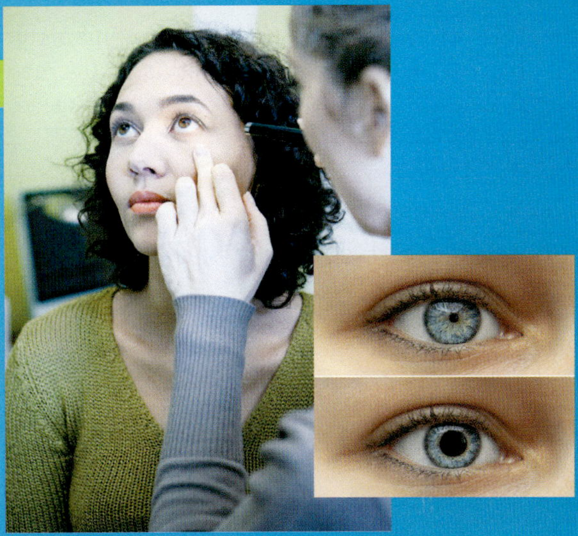

Naturelles, mais pas sans danger !

Naturelles et produites par des plantes, certaines substances sont des poisons redoutables. Le curare, extrait notamment du Chondrodendron (A) a des effets myorelaxants qui peuvent provoquer une paralysie des muscles respiratoires.
La conine contenue dans la cigüe (B) est un poison neurotoxique utilisé par les Athéniens pour exécuter les condamnés à mort. Ce fut le sort du philosophe Socrate, en 399 av. J.-C.

Formuler les problèmes à résoudre

Ces documents présentent des aspects bien différents en lien avec le fonctionnement nerveux.

- Formulez quelques questions concernant les mécanismes physiologiques sous-jacents aux phénomènes évoqués ici.

Unité

1 Des comportements réflexes

Nos comportements nécessitent généralement la contraction de muscles et résultent d'une commande nerveuse : si certains mouvements sont volontaires, d'autres sont de simples réflexes.

Qu'est-ce qu'un réflexe et quelles en sont les caractéristiques ?

Le réflexe rotulien — bordas Flash PAGE animation

1 De nombreux comportements sont liés à des réflexes

• En réponse à un **stimulus*** comme le froid, la peur ou une émotion forte (voir chapitre 6), il arrive que nous ayons la « chair de poule ». Cette réaction, appelée scientifiquement **réflexe*** pilo-érecteur (ou encore horripilation) permet de faire dresser les poils sur la peau : hérité de l'évolution, un tel réflexe permet d'emprisonner une couche d'air isolante, d'augmenter la sensibilité tactile.

Ce comportement est dû à la contraction de petits muscles se trouvant à la base des poils. Comme tout réflexe, cette réaction répond très rapidement à un stimulus ; elle est totalement involontaire, incontrôlable et stéréotypée*.

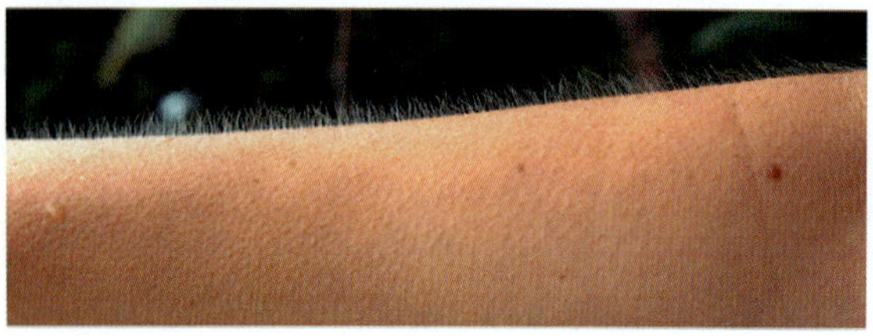

A La « chair de poule » ou réflexe pilo-érecteur.

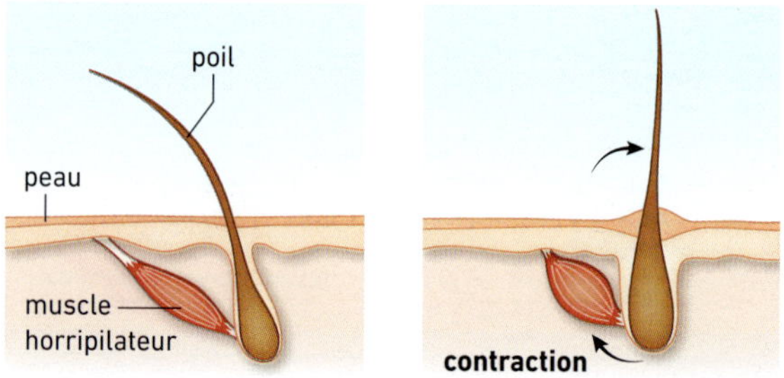

B La « chair de poule » résulte d'une contraction musculaire involontaire.

• Se tenir droit, marcher, maintenir la tête en équilibre au sommet de la colonne vertébrale : nos muscles se contractent en permanence pour maintenir notre posture et notre équilibre. En effet, un muscle squelettique* a la propriété de répondre systématiquement à son étirement par une contraction : c'est le réflexe myotatique*. Ce réflexe est utilisé comme test par les médecins : par exemple, en percutant le tendon d'Achille*, le médecin contrôle la réponse du muscle du mollet.

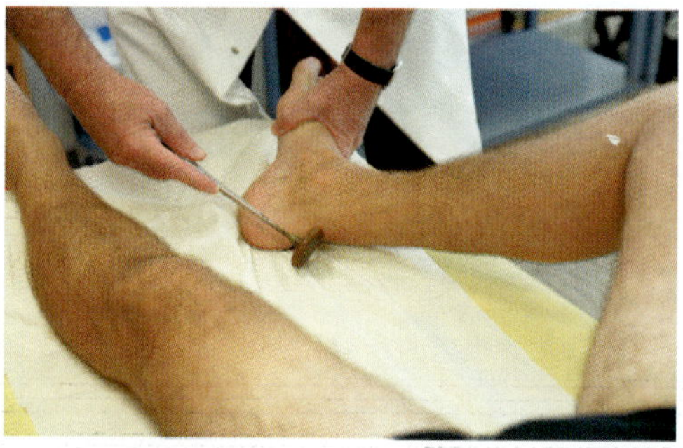

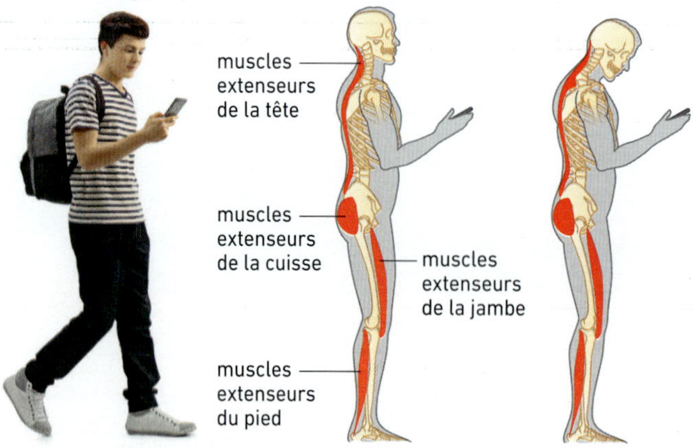

C Le maintien de la posture et de l'équilibre.

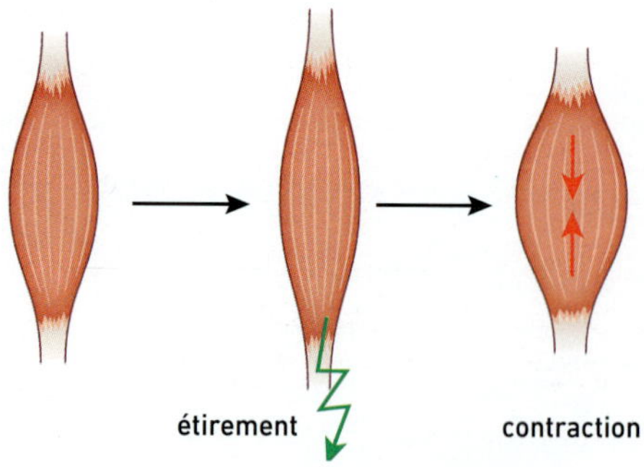

D Le réflexe achilléen, un réflexe myotatique.

2 Étude expérimentale d'un réflexe

Un réflexe n'est pas une réaction localisée : comme son nom l'indique, un réflexe suppose un trajet « aller-retour » par voie nerveuse, vers et depuis un **centre nerveux***.

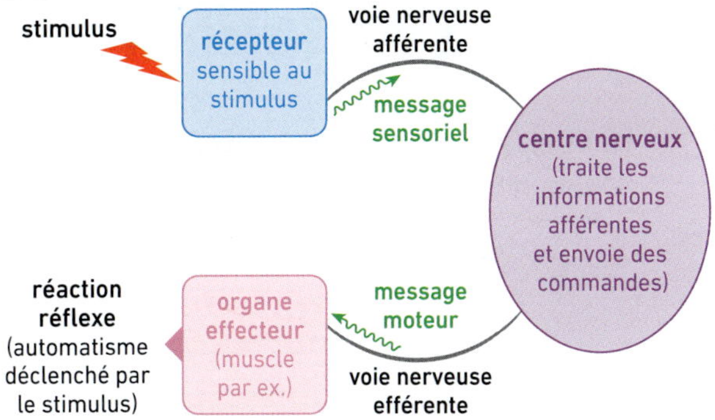

A Un réflexe implique un centre nerveux.

Activité pratique

On cherche à démontrer que l'exécution du réflexe achilléen (doc. 1D) peut effectivement correspondre à un trajet aller-retour jusqu'aux centres nerveux de la moelle épinière (partie lombaire).

- On utilise un dispositif ExAO : la contraction du muscle du mollet peut être enregistrée grâce à des électrodes, car cette contraction engendre une légère variation de la tension électrique à la surface de la peau. On obtient alors un électromyogramme*. Le marteau à réflexe utilisé est synchronisé : c'est le choc appliqué qui déclenche l'enregistrement de la tension au niveau des électrodes.
- Proposer une stratégie permettant de répondre au problème posé.
- Exercer un choc modéré au niveau du tendon d'Achille pour enregistrer la réponse réflexe du mollet.
- Déterminer si la réponse est variable ou non.

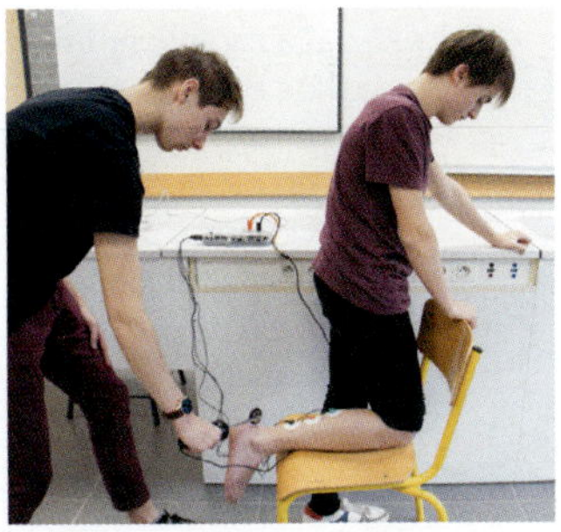

Quelques données
- longueur talon / région lombaire : 1,05 m
- longueur région lombaire / mollet : 0,90 m
- vitesse moyenne de la conduction d'un message nerveux : 70 à 100 $m \cdot s^{-1}$

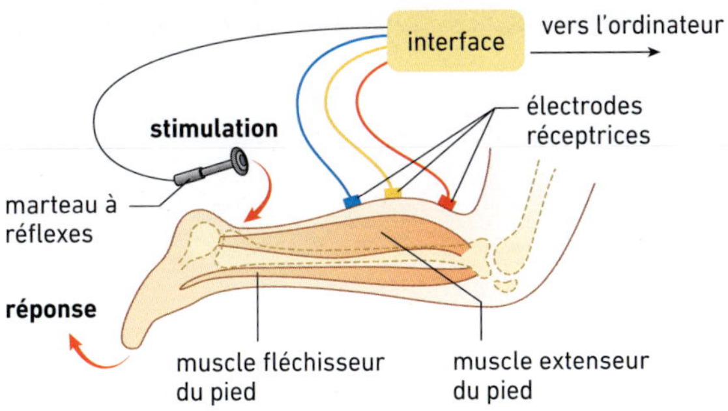

B Dispositif expérimental.

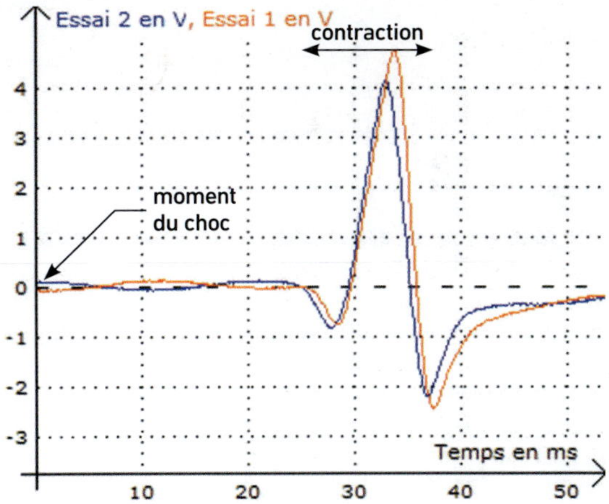

C Électromyogrammes obtenus.

Activités envisageables

Pour établir les caractéristiques essentielles des réflexes :

- **Donnez des exemples montrant que les réflexes interviennent dans nombre de nos comportements. Donnez leurs caractéristiques communes.**
- **Expliquez pourquoi le réflexe myotatique permet à tout instant le maintien de la posture et de l'équilibre.**
- **Représentez par un schéma les étapes de l'exécution du réflexe achilléen. Justifiez le trajet en vous appuyant sur l'enregistrement du réflexe.**

Des clés pour réussir
- Bien identifier stimulus et réponses.
- Analysez l'enregistrement obtenu et faites un calcul simple.

* Lexique ➥ p. 509

Unité **2**

La moelle épinière, centre nerveux du réflexe myotatique

La réalisation d'un réflexe myotatique suppose qu'un message nerveux soit transmis à la moelle épinière et revienne ensuite au muscle.

Quelles sont les caractéristiques d'un centre nerveux comme la moelle épinière et quels sont les neurones impliqués dans la réalisation du réflexe myotatique ?

– Moelle épinière
– Structure du neurone
bordas Flash PAGE animation

1 Une centralisation des neurones

La **moelle épinière*** est un long cordon nerveux (40 à 45 cm), de 1,8 cm de diamètre environ, protégé par le canal vertébral.
Entre les vertèbres, 31 paires de nerfs rachidiens* sont reliées à la moelle épinière par l'intermédiaire de racines (une racine dorsale et une racine ventrale pour chaque nerf).
Au microscope, en coupe transversale, la moelle épinière apparaît constituée de deux régions : au centre, la substance grise (en forme d'ailes de papillon) ; autour, la substance blanche.

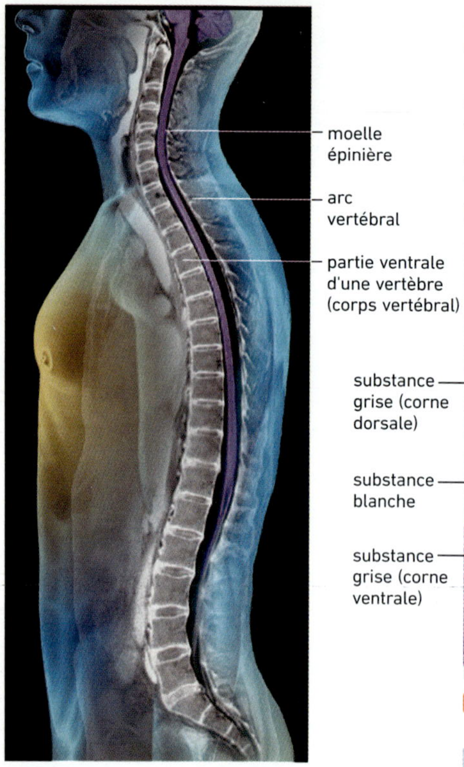

A **IRM* de la colonne vertébrale.**

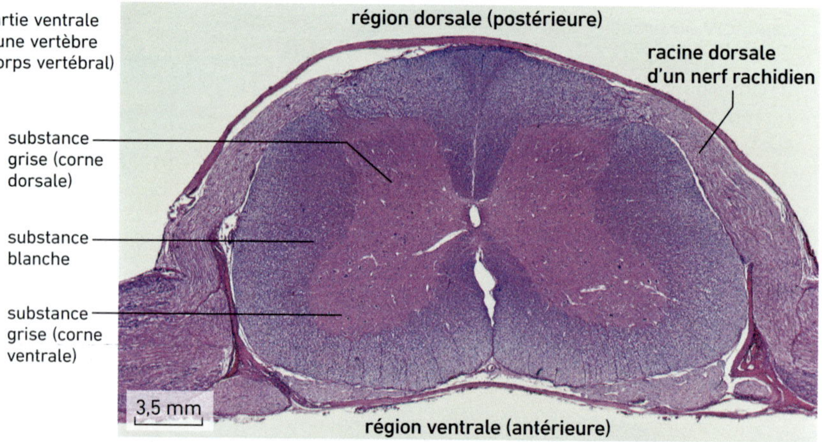

B **Coupe transversale de moelle épinière (microscopie optique).**

Activité pratique

Un **neurone*** est une cellule possédant un corps cellulaire contenant le noyau et des prolongements cytoplasmiques fibreux plus ou moins longs (voir acquis p. 344).

- Observer au microscope une coupe transversale de moelle épinière.
- Rechercher et localiser des corps cellulaires de neurones.

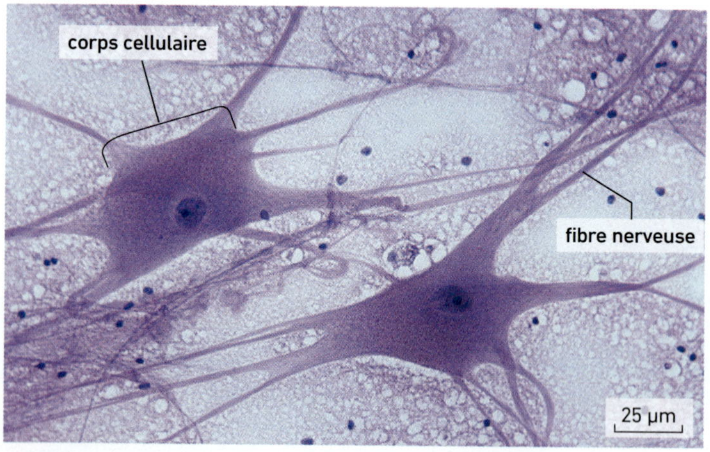

C **Corps cellulaires de deux neurones de la moelle épinière (microscopie optique).**

2 Le circuit nerveux au niveau de la moelle épinière

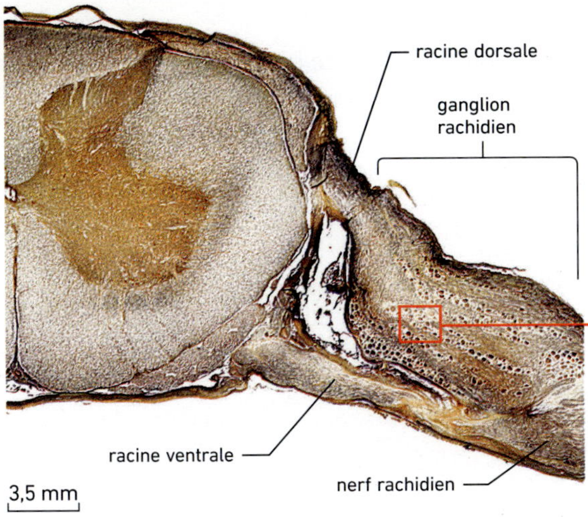

A Le raccordement d'un nerf rachidien à la moelle épinière (microscopie optique, coupe transversale).

Le ganglion rachidien* présent sur la racine dorsale de chaque nerf rachidien renferme des corps cellulaires de neurones de forme particulière (neurone en T) : deux fibres nerveuses bifurquent à proximité du corps cellulaire, l'une est issue du nerf rachidien tandis que l'autre est dirigée vers la moelle épinière.

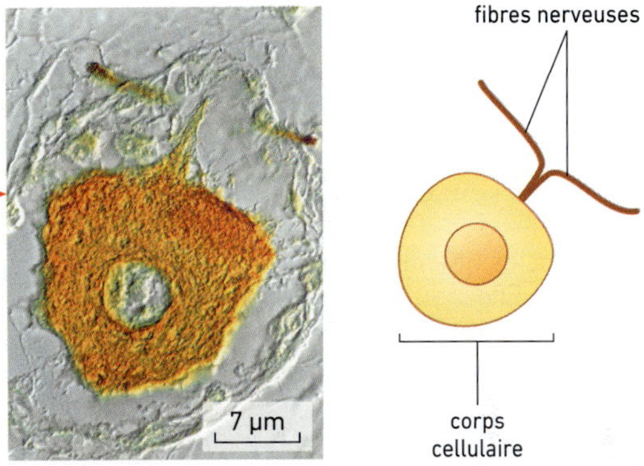

B Corps cellulaire d'un neurone dans un ganglion rachidien (microscopie optique).

• Des expériences réalisées dès 1822 par F. Magendie ont permis d'élucider les fonctions des deux racines des nerfs rachidiens. D'autres expériences et observations ont contribué à établir le trajet du message nerveux et le nombre de neurones impliqués dans la réalisation du réflexe myotatique.

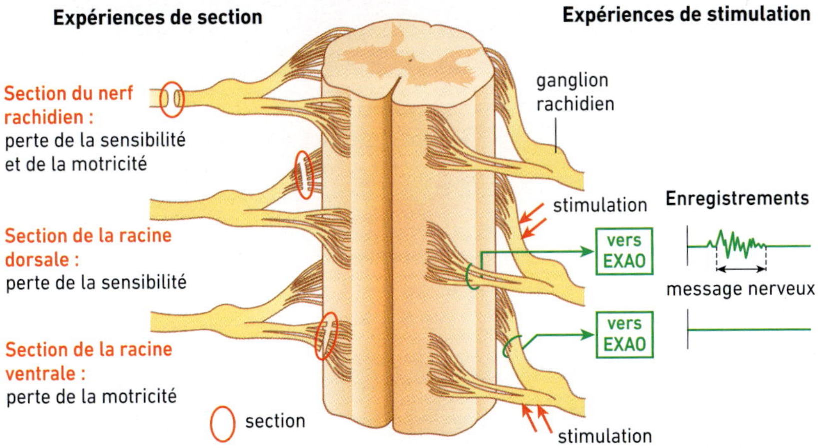

C Des expériences qui permettent d'établir le circuit du message nerveux.

Un message nerveux peut passer d'un neurone à un autre au niveau d'une zone de connexion appelée **synapse***.
Le franchissement d'une synapse se traduit par un léger ralentissement de la conduction du message nerveux : des mesures de la vitesse de propagation du message nerveux montrent qu'au cours du réflexe myotatique, le message ne franchit qu'une seule synapse dans la moelle épinière.

Activités envisageables

Pour comprendre comment est organisé le circuit nerveux assurant le réflexe myotatique :

- **Déterminez le nombre de neurones impliqués dans la boucle réflexe myotatique.**
- **Précisez la localisation et la fonction de ces neurones.**
- **Réalisez un schéma fonctionnel représentant le circuit du message nerveux au niveau de la moelle épinière.**

Des clés pour réussir

- Faites des déductions à partir des observations réalisées et de l'analyse des expériences présentées.
- Différenciez les neurones par des couleurs, indiquez le sens de circulation du message et utilisez le vocabulaire adapté.

* Lexique ➥ p. 509

Unité 3

Du récepteur sensoriel au message nerveux

Un réflexe est une réponse à un stimulus : cette sensibilité nécessite que le stimulus soit capté au départ par un récepteur dont le rôle est de générer un message qui sera alors transmis jusqu'aux centres nerveux.

Sous quelle forme le message correspondant à un stimulus est-il généré à partir d'un récepteur sensoriel ?

1 Le récepteur sensoriel du réflexe myotatique

Dans les muscles, il existe des fibres musculaires modifiées autour desquelles s'enroulent les extrémités de fibres nerveuses issues de neurones en T.

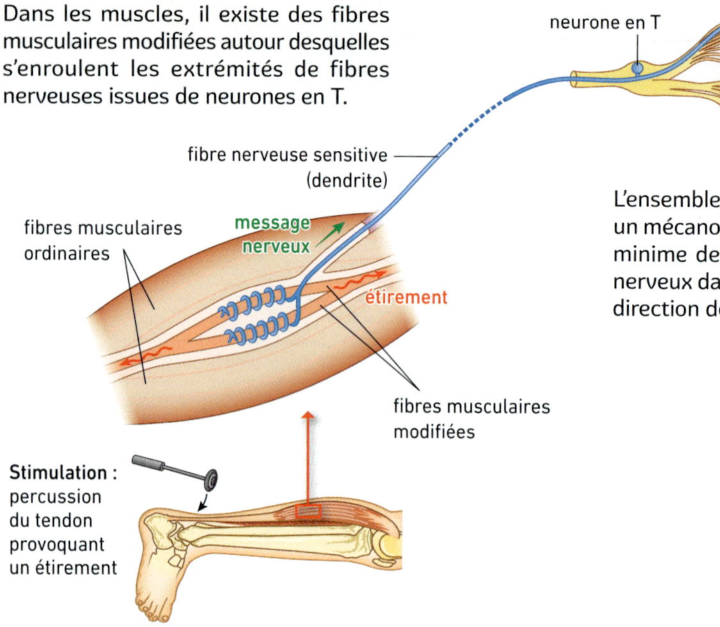

L'ensemble, appelé fuseau neuromusculaire*, constitue un mécanorécepteur* très sensible : un étirement même minime des fibres musculaires fait naître un message nerveux dans le fuseau. Ce message se propage alors en direction de la moelle épinière.

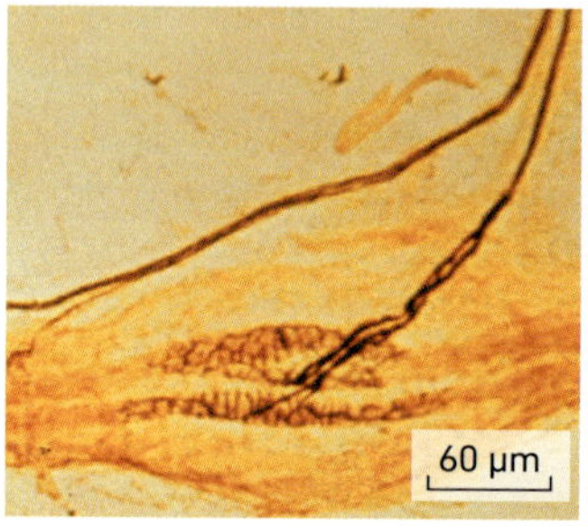

Le fuseau neuromusculaire : un récepteur sensible à l'étirement (schéma et observation au microscope optique).

2 La nature du message nerveux

Il est possible d'enregistrer le message nerveux en plaçant des microélectrodes reliées à un dispositif qui mesure la tension électrique au contact ou à l'intérieur d'une fibre nerveuse.

Mesure sur une fibre au repos (pas de stimulation) : Avant t_1, la microélectrode est à la surface de la fibre. De t_1 à t_2, la microélectrode est enfoncée dans la fibre, puis au temps t_2 la microélectrode est ressortie de la fibre. De t_1 à t_2, la tension électrique constatée entre surface et intérieur de la fibre nerveuse est appelée **potentiel de repos***.

Mesure sur une fibre après une stimulation : Pendant que l'électrode est implantée, on stimule la fibre nerveuse. On enregistre alors une série de variations très brèves de la tension : ces variations, appelées **potentiels d'action***, constituent un **message nerveux***.

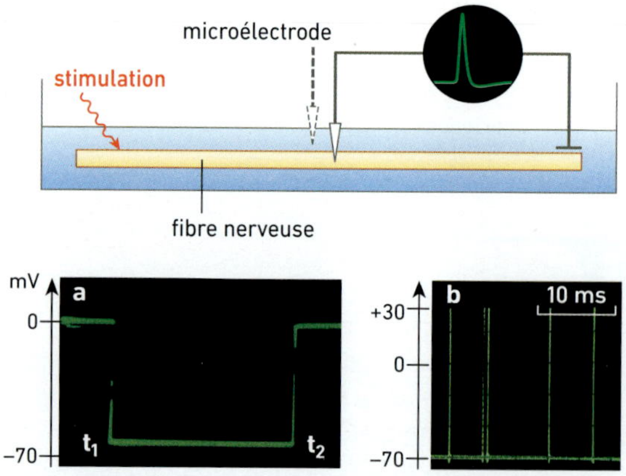

Enregistrement de la tension électrique entre l'intérieur et l'extérieur d'une fibre nerveuse, au repos (a) et après stimulation (b).

3 Le potentiel d'action, signal élémentaire du message nerveux

En modifiant la base de temps, on observe plus en détail un potentiel d'action (A) : on constate une phase de dépolarisation, très rapide, suivie d'une repolarisation de la fibre qui retrouve son potentiel de repos.

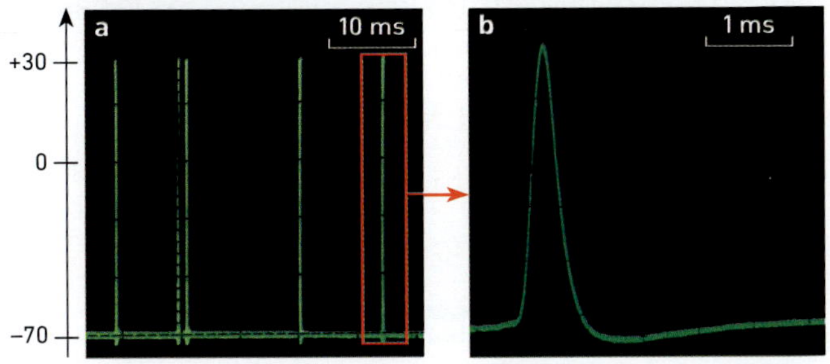

A Message nerveux (a) et potentiel d'action (b).

Ceci permet de comprendre la propriété fondamentale d'un récepteur sensoriel : sous l'effet d'un stimulus, il fait naître au niveau d'une fibre nerveuse une inversion temporaire de la polarisation membranaire (B). Il en est ainsi pour tous les récepteurs sensoriels, quelle que soit la nature du stimulus (mécanique, chimique, lumineux, etc.).

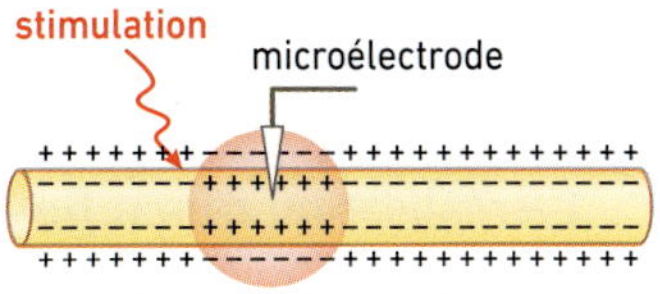

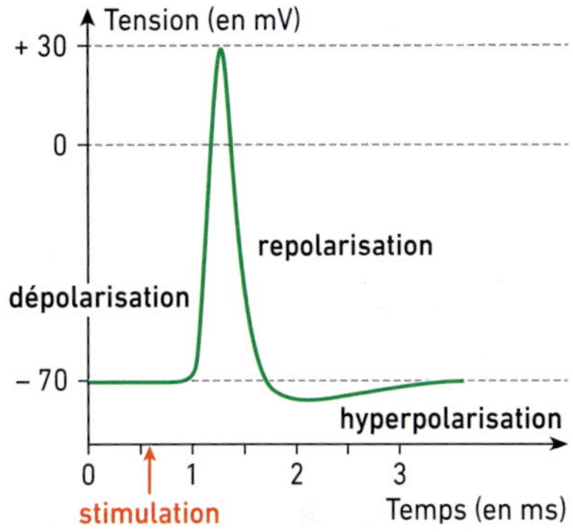

B La naissance d'un potentiel d'action.

4 Le codage de l'intensité du stimulus

Message nerveux

bordas Flash PAGE animation

Un potentiel d'action est rarement isolé : à la suite de la stimulation efficace d'un récepteur sensoriel, on constate que c'est une salve de potentiels d'action qui naît et se propage. Ainsi, un message nerveux est constitué par une succession de plusieurs potentiels d'action. Le schéma ci-contre montre le message nerveux généré par un fuseau neuromusculaire pour trois stimulations d'intensité croissante (chocs d'intensité croissante donnés avec le marteau).

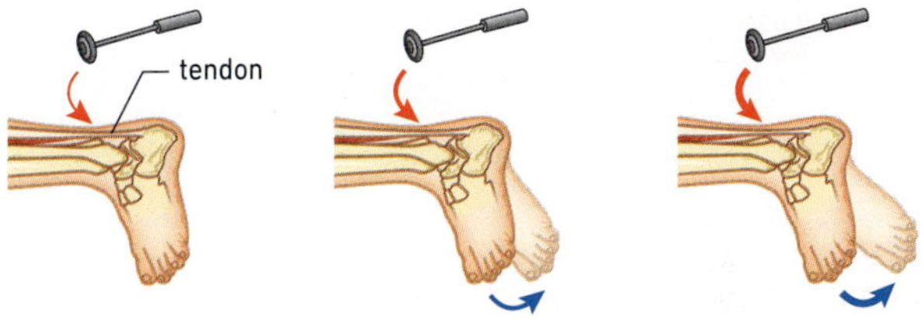

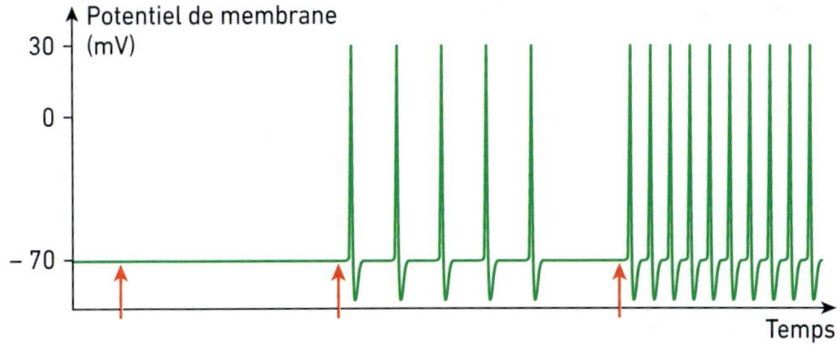

Messages nerveux générés à la suite de trois stimulations d'intensité croissante.

Activités envisageables

Pour comprendre ce qu'est un message nerveux et comment il est généré par un récepteur sensoriel :

- Donnez les caractéristiques du potentiel de repos et du potentiel d'action.
- Exprimez, sous la forme d'un texte de quelques phrases, comment un coup de marteau porté sur le tendon d'Achille peut générer un message nerveux.
- Établissez la relation existant entre l'intensité du stimulus et les caractéristiques du message nerveux généré par le récepteur sensoriel.

Des clés pour réussir

- Vous pouvez préciser dans quelles conditions ces potentiels se manifestent, donner des valeurs de tension et de durée.
- Différenciez bien potentiel d'action et message nerveux.

* Lexique ➥ p. 509

Unité 4

La conduction du message par les voies nerveuses

La réalisation d'un réflexe nécessite que le message nerveux, généré par le récepteur sensoriel en réponse au stimulus, soit transmis jusqu'au centre nerveux (moelle épinière dans le cas du réflexe myotatique), puis de celui-ci jusqu'au muscle, qui est l'organe effecteur de la réponse.

Comment le message nerveux se propage-t-il le long des voies nerveuses ?

1 Les nerfs, des faisceaux de fibres nerveuses

Les organes, récepteurs sensoriels et muscles, sont reliés à la moelle épinière par les nerfs rachidiens. Un nerf rassemble et contient les fibres nerveuses des nombreux neurones connectés à ces organes.

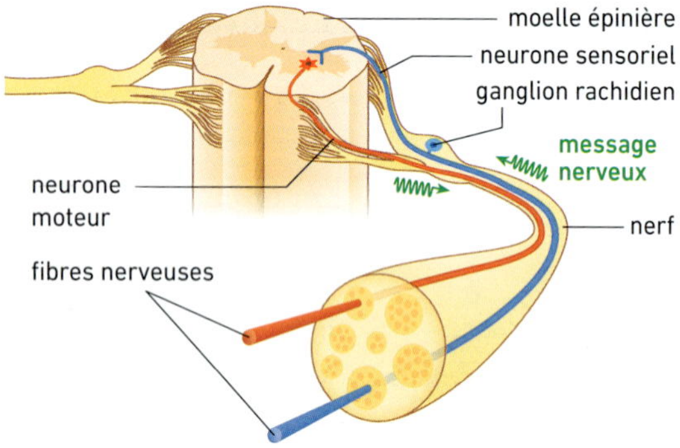

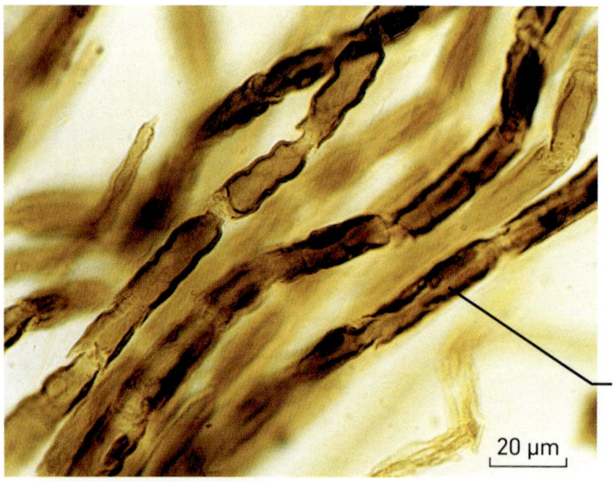

B Nerf dilacéré (microcopie optique).

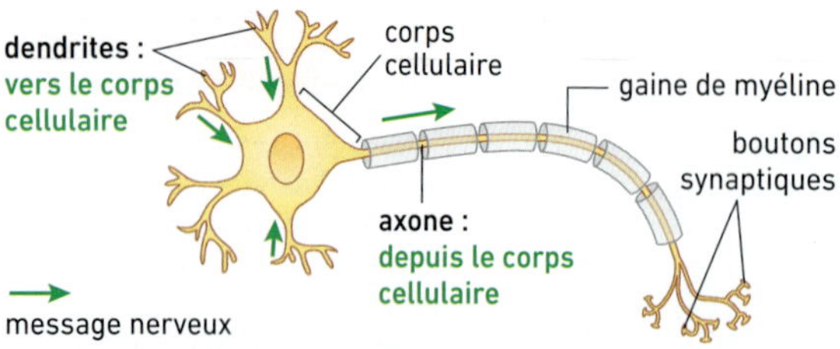

C Une conduction à sens unique.

Gaine de myéline — bordas Flash PAGE animation

Activité pratique

- Observer une coupe transversale de nerf rachidien.
- Il est aussi possible de dilacérer* un nerf pour observer des fibres dissociées.

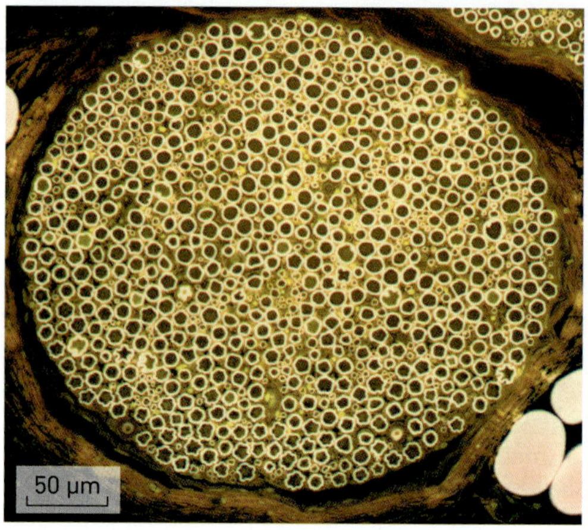

A Coupe transversale d'un nerf rachidien (microcopie optique).

Chaque fibre est entourée par une gaine lipidique blanche, la myéline*. Ses propriétés permettent l'augmentation de la vitesse de propagation du message nerveux.

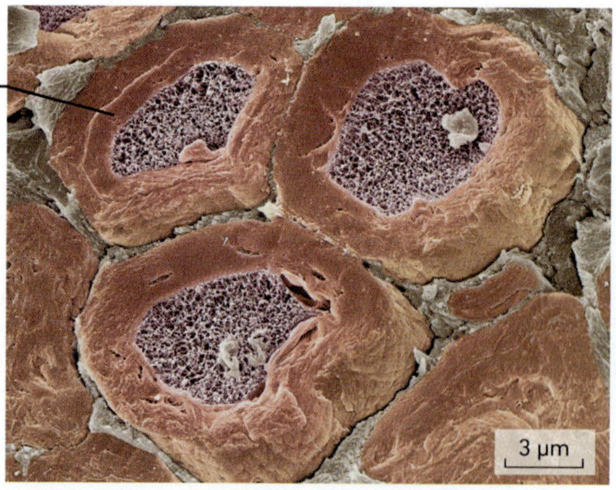

D Coupe transversale de trois fibres d'un nerf rachidien (observation au MEB*).

2 La propagation du message nerveux

En 1938, deux chercheurs, Hodgkin et Rushton, réalisent l'expérience suivante : ils portent une stimulation sur une fibre nerveuse « géante » de calmar et enregistrent la tension électrique transmembranaire à différentes distances du point de stimulation.

Le potentiel d'action apparaît comme une zone de dépolarisation temporaire de la membrane du neurone, qui se propage de proche en proche. À noter que l'amplitude du potentiel d'action ne varie pas : il n'y a pas d'atténuation du signal au cours de sa propagation.

La gaine de myéline, présente autour de nombreuses fibres nerveuses, augmente de façon très significative la vitesse de propagation du signal. Des atteintes de cette gaine se traduisent par des dysfonctionnements graves (voir p. 386).

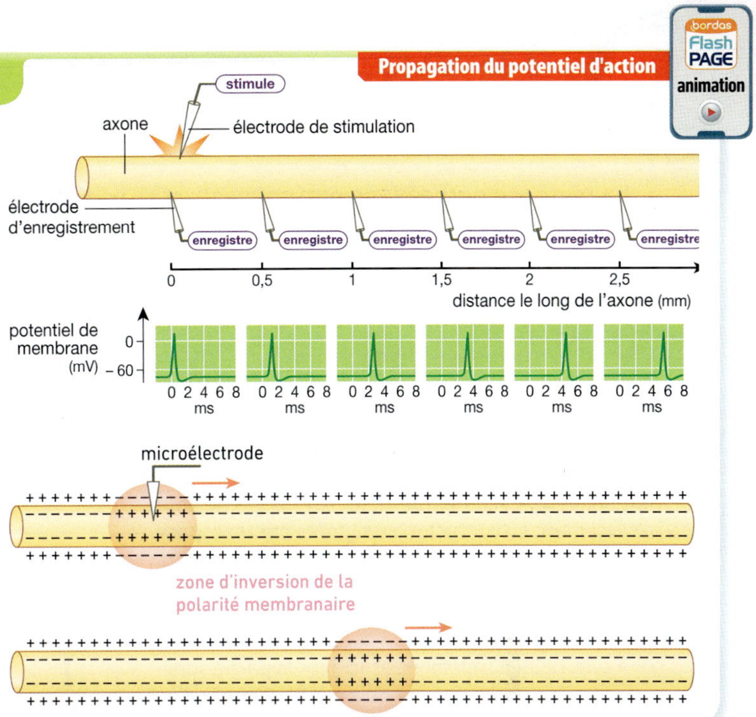

Étude expérimentale et interprétation.

3 Les plaques motrices, connexions nerf-muscle

Les nerfs transmettent les messages nerveux moteurs issus de la moelle épinière jusqu'aux muscles, organes effecteurs du mouvement. Un muscle est un organe constitué de cellules allongées, appelées **fibres musculaires*** (voir p. 406).

Chaque axone est en connexion avec une ou plusieurs fibres musculaires : chaque terminaison axonique forme en surface une zone de connexion appelée plaque motrice*.

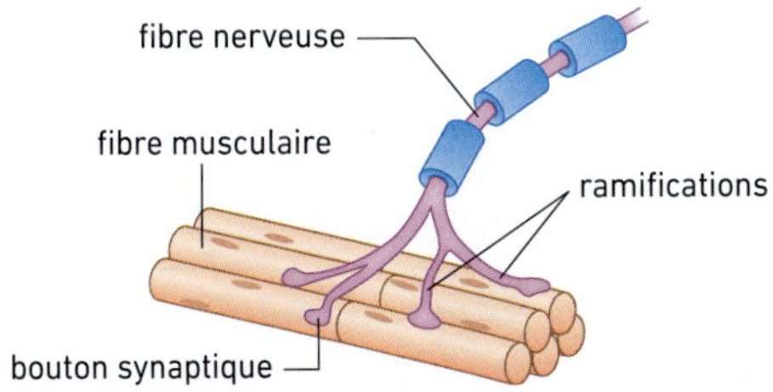

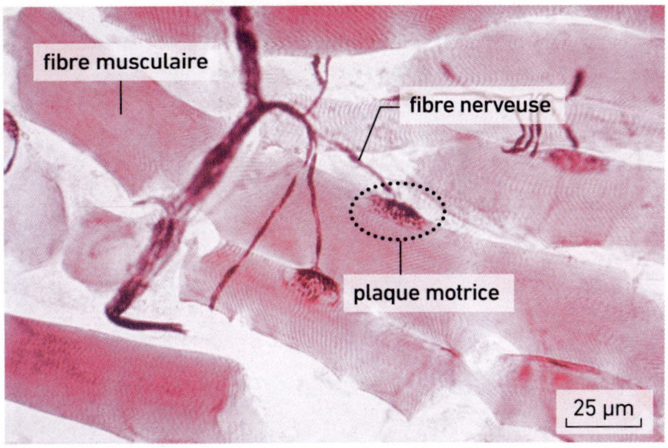

Connexion nerf-muscle (microscopie optique).

Activités envisageables

Pour connaître la structure et le fonctionnement des voies assurant la circulation du message nerveux :

- **Présentez vos observations sous forme de photographies ou de dessins légendés.**
- **Expliquez ce qui différencie axone et dendrite et pourquoi le nerf rachidien peut être qualifié de nerf mixte.**
- **Faites un schéma fonctionnel du réflexe myotatique, du stimulus à la réponse.**

Des clés pour réussir

- Utilisez un vocabulaire scientifique précis.
- Intégrez ce qui a été vu au cours des unités précédentes.
- Faites figurer, sous une forme simplifiée, le message nerveux et sa propagation.

* Lexique ➥ p. 509

Unité 5

La transmission synaptique

Le message nerveux, de nature électrique, se propage le long des fibres nerveuses. Il doit aussi être transmis d'un neurone à un autre ou d'un neurone vers une cellule musculaire, au niveau de zones de connexion appelées synapses.

Comment se fait la transmission du message nerveux au niveau des synapses ?

bordas Flash PAGE animation
– Synapse neuromusculaire (NM)
– Fonctionnement de la synapse NM

1 Les caractéristiques structurales d'une synapse

Le plus souvent, deux neurones successifs (A) ne sont pas directement en contact mais séparés par un espace d'environ 20 nanomètres de largeur : la fente synaptique*. Cette discontinuité provoque une rupture de la propagation des potentiels d'action de nature électrique. Dans les circuits neuroniques, les messages nerveux circulent à sens unique : l'élément situé dans la partie supérieure de la photographie ci-contre est l'extrémité d'un neurone qualifié de pré-synaptique*, tandis que le second neurone (situé en bas) est qualifié de post-synaptique*.

La connexion entre l'extrémité axonique d'un neurone moteur et une fibre musculaire (B et C) est très comparable à la zone de synapse entre deux neurones.

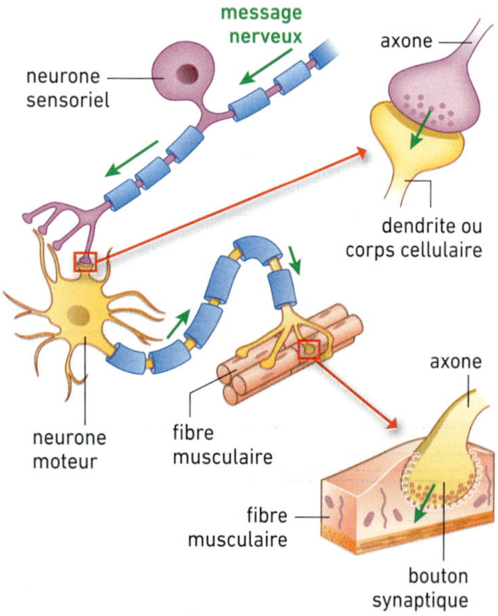

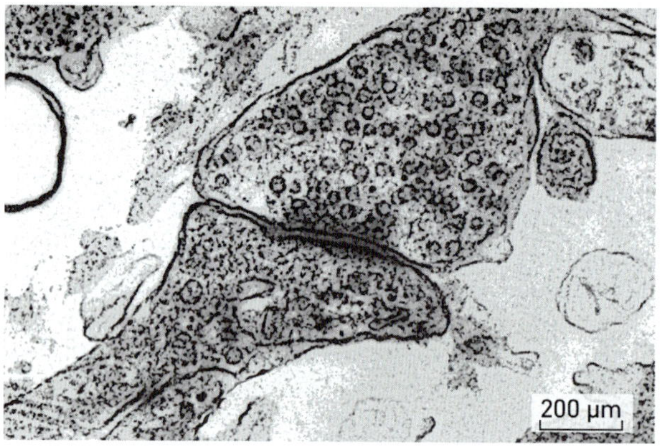

A Synapse neuro-neuronique (observation au MET*).

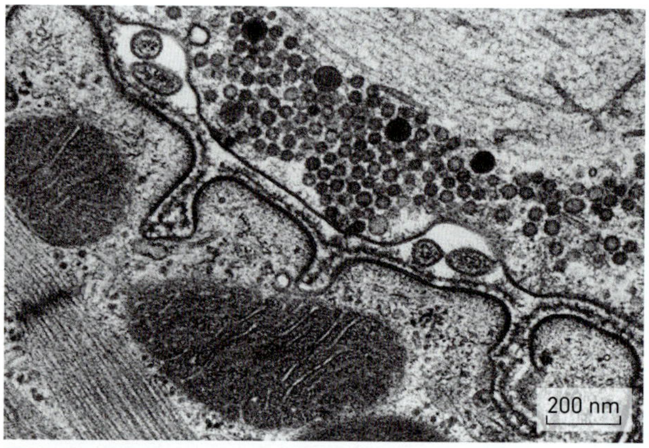

C Synapse neuromusculaire (observation au MET, vue partielle).

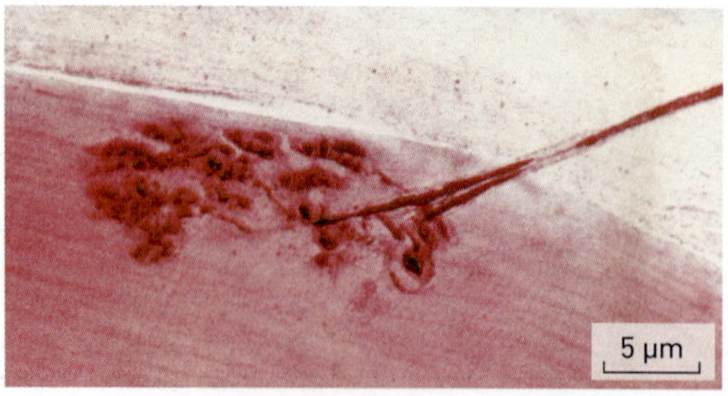

B Une plaque motrice ou synapse neuromusculaire (microscopie optique).

2 Le fonctionnement d'une synapse

Transmission synaptique — Bordas Flash PAGE animation

- Les instantanés remarquables ci-contre ont été obtenus en congelant brusquement des synapses.

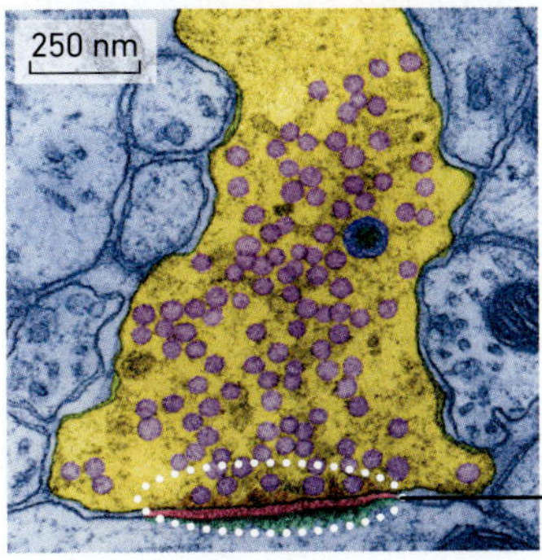

La photographie A a été réalisée sans effectuer de stimulation. La photographie B a été obtenue une milliseconde après une stimulation du neurone pré-synaptique.
Les vésicules synaptiques*, colorées en rose, renferment toutes une même substance : l'acétylcholine*. C'est un **neurotransmetteur***.

- L'étude expérimentale présentée ci-dessous permet de mettre en évidence le rôle du neurotransmetteur. Ces résultats sont extrapolables à la synapse neuro-neuronique.

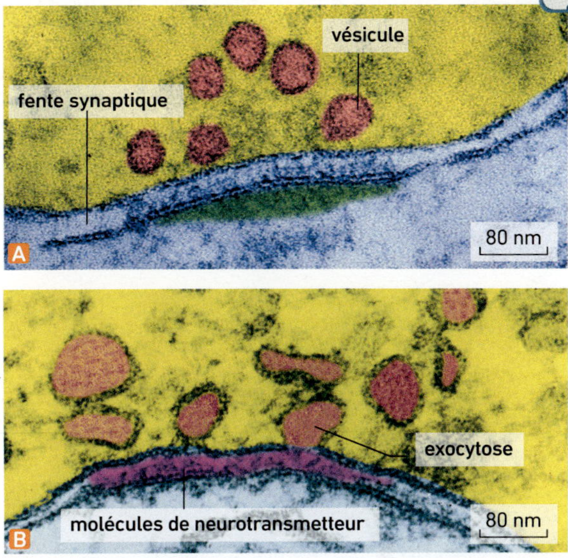

Connexion synaptique avant (A) et après (B) une stimulation du neurone présynaptique (MET).

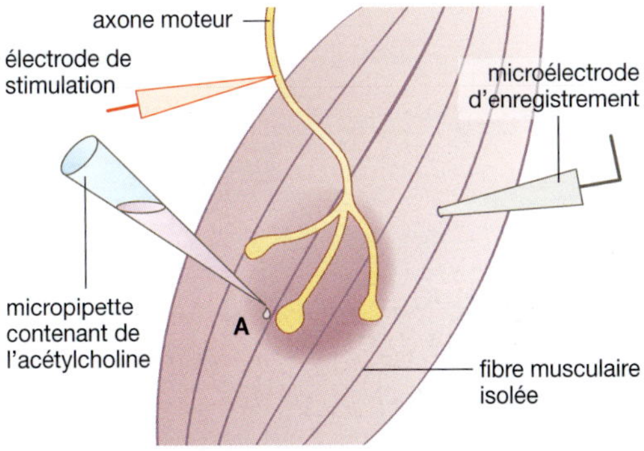

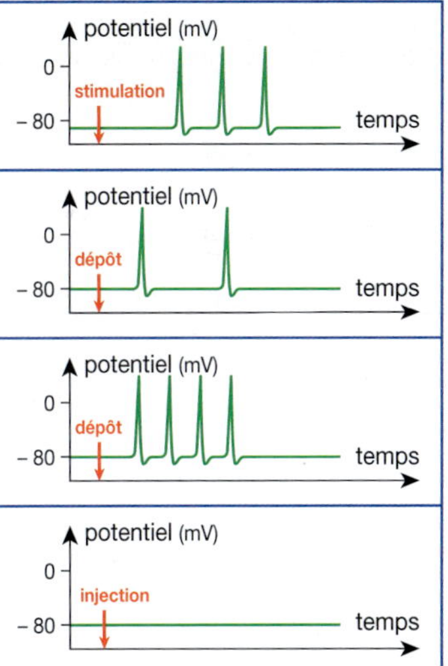

C Dispositif et résultats d'une étude expérimentale réalisée au niveau d'une synapse neuromusculaire.

Activités envisageables

Pour étudier les caractéristiques structurales et fonctionnelles des synapses :

- **Faites deux schémas d'interprétation des photographies 1A et 1C.**
- **Montrez que la cellule musculaire est excitable et déterminez les conditions nécessaires à son excitation.**
- **Précisez comment le message nerveux peut être codé au niveau d'une synapse.**

Des clés pour réussir

- Recherchez le vocabulaire à utiliser pour les légendes et les titres.
- Mettez en relation les observations et les expériences présentées par le doc. 2.
- Comparez les résultats expérimentaux de façon à faire des déductions.

* Lexique ➥ p. 509

Unité

6 Les molécules impliquées dans le fonctionnement synaptique

Au niveau des synapses, la transmission du message nerveux fait intervenir des substances chimiques, les neurotransmetteurs. Cependant, d'autres molécules sont nécessaires pour assurer le fonctionnement synaptique.

Comment les molécules de neurotransmetteur permettent-elles la transmission du message nerveux au niveau d'une synapse ?

– Acétycholine
– Récepteur de l'acétycholine

bordas Flash PAGE modélisation

1 La fixation du neurotransmetteur sur son récepteur

L'acétylcholine (A) est une petite molécule qui constitue le **neurotransmetteur*** de nombreuses synapses, dont les synapses neuromusculaires. Son action s'exerce à l'extérieur de l'élément post-synaptique (voir unité précédente) : il est donc nécessaire que le neurotransmetteur soit reconnu par un **récepteur***.

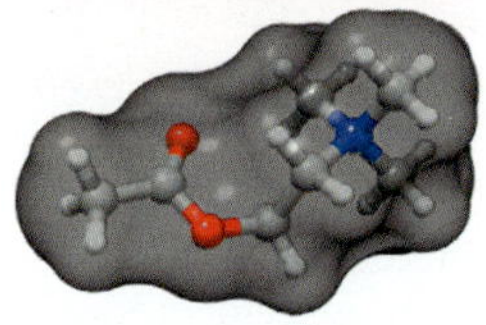

A La molécule d'acétylcholine.

Au niveau d'une synapse, le neurone post-synaptique et la fibre musculaire possèdent de nombreuses macromolécules enchâssées dans la membrane cellulaire : ce sont les récepteurs du neurotransmetteur. C'est la fixation de molécules d'acétylcholine sur ces récepteurs qui engendre la naissance des potentiels d'action au niveau de l'élément post-synaptique.

Activité pratique

À l'aide d'un logiciel de visualisation moléculaire :

- Étudier le récepteur de l'acétylcholine : déterminer sa nature, le nombre de chaînes qui le constituent, la façon dont ces chaînes sont agencées entre elles.
- Préciser comment s'effectue l'interaction avec l'acétylcholine.

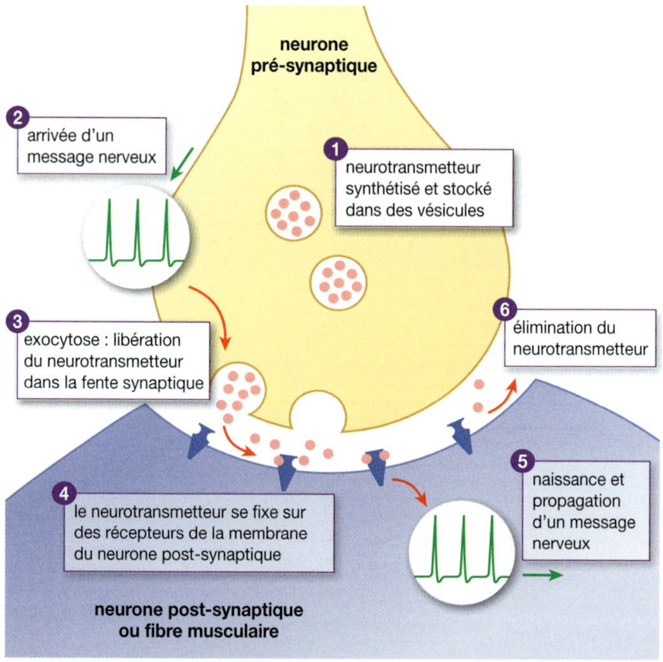

B Une modélisation du fonctionnement synaptique.

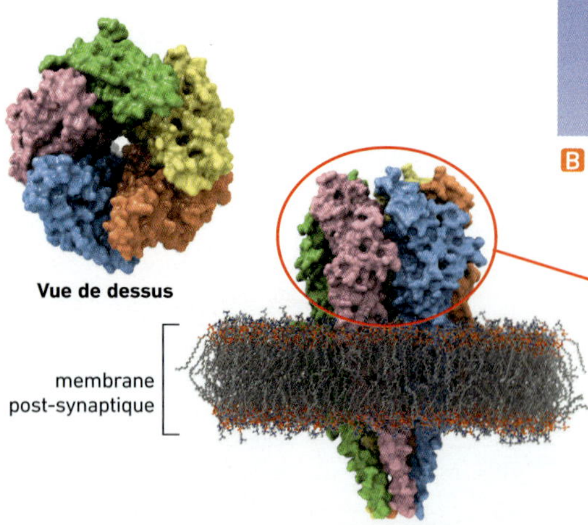

C Modèle moléculaire du récepteur de l'acétylcholine.

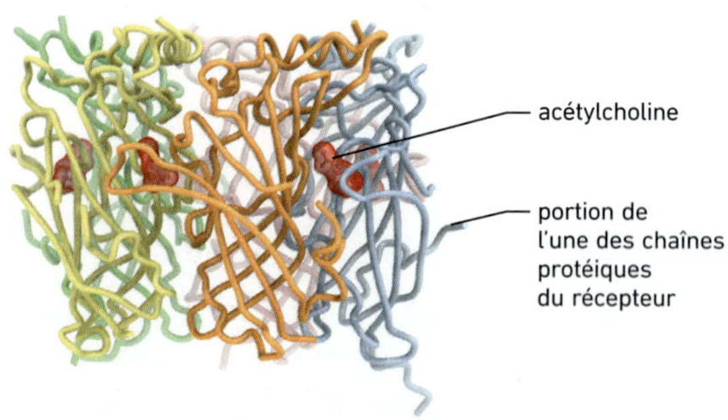

D Vue partielle (domaine extracellulaire).

2 L'élimination du neurotransmetteur

Presque aussitôt après sa liaison avec son récepteur, l'acétylcholine est libérée puis hydrolysée par une enzyme, l'acétylcholinestérase*. Ceci est indispensable pour mettre fin à l'action du neurotransmetteur et restaurer l'excitabilité du neurone ou de la fibre musculaire post-synaptique.

L'acétylcholinestérase est l'une des enzymes les plus efficaces que l'on connaisse : une seule molécule d'acétylcholinestérase peut en effet catalyser l'hydrolyse de 20 000 molécules d'acétylcholine par seconde. Ainsi, la transmission d'un message nerveux au niveau d'une synapse est extrêmement rapide (quelques ms) et les conditions nécessaires à la transmission d'un nouveau message sont immédiatement restaurées.

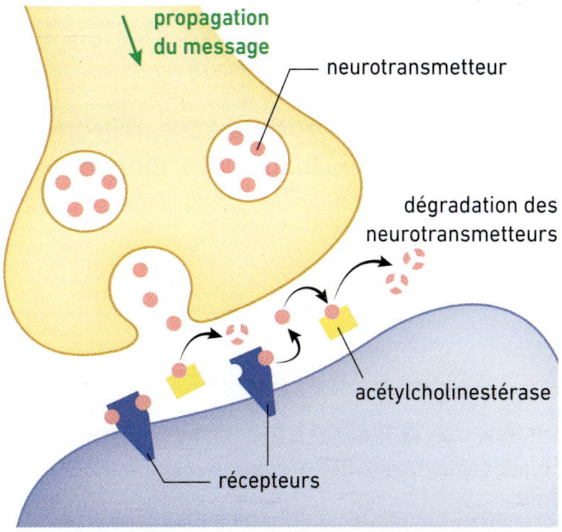

L'action essentielle de l'acétylcholinestérase.

3 Des substances qui perturbent le fonctionnement synaptique

Curare et récepteur à l'acétylcholine

bordas Flash PAGE molécule 3D

Les curares sont des substances d'origine végétale connues pour avoir un effet myorelaxant*.

Aujourd'hui, les curares de synthèse sont couramment utilisés en chirurgie pour produire un relâchement musculaire pendant l'anesthésie. Ceci facilite grandement le travail du chirurgien.

Le curare a la capacité de se fixer sur le récepteur de l'acétylcholine. Cependant, cette fixation n'engendre pas de potentiel d'action. Le curare est un antagoniste* de l'acétylcholine.

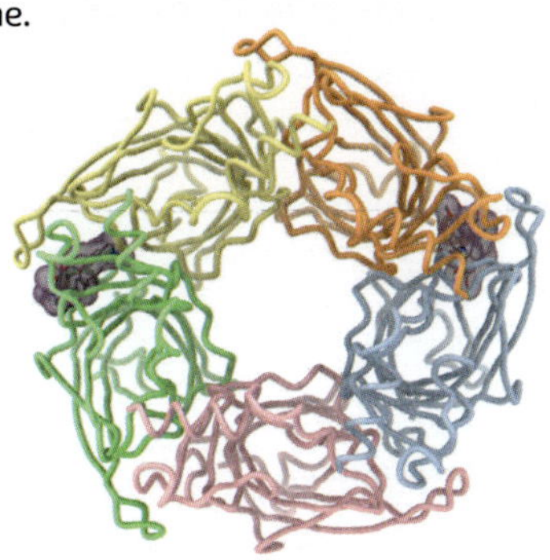

Molécules de curare associées au récepteur de l'acétylcholine.

De très nombreuses substances, naturelles ou de synthèse, sont des inhibiteurs* de l'acétylcholinestérase. De ce fait, elles sont qualifiées d'agonistes* de l'acétylcholine, car elles prolongent l'action du neurotransmetteur.

Certaines de ces substances ont un effet irréversible. C'est le cas des insecticides organophosphorés ou encore des gaz de combat neurotoxiques (interdits par une convention internationale depuis 1997).

D'autres ont un effet limité et réversible et sont utilisées dans le traitement de certaines maladies neurologiques comme la maladie d'Alzheimer ou la myasthénie*, par exemple.

Activités envisageables

Pour comprendre les interactions moléculaires impliquées dans le fonctionnement synaptique :

- **Décrivez le fonctionnement d'une synapse et expliquez comment il impose un sens unique de transmission du message nerveux.**
- **Expliquez quelles sont les causes et conséquences d'une plus ou moins grande libération d'acétylcholine.**
- **Expliquez sous forme de schéma(s) les effets produits par les différentes substances qui perturbent le fonctionnement synaptique.**

Des clés pour réussir

- Bien mettre en évidence le rôle des trois molécules principalement impliquées.
- Montrez en quoi le fonctionnement illustré par le doc. 1B est modifié par certaines substances.

* Lexique ➡ p. 509

Unité

7 Du message nerveux à la contraction musculaire

Au niveau d'une synapse neuromusculaire, le message nerveux est transmis à une fibre musculaire, cellule très allongée et contractile, constitutive d'un muscle.

Comment le message nerveux induit-il la réponse motrice au stimulus, c'est-à-dire la contraction musculaire ?

1 La diffusion du message nerveux

Comme les neurones, les fibres musculaires sont des cellules excitables, c'est-à-dire susceptibles de propager des potentiels d'action. La plaque motrice étant en général située au centre de la fibre musculaire, les potentiels d'action se propagent autour et vers les extrémités de la fibre musculaire.

De plus, la membrane d'une fibre musculaire présente des replis tubulaires qui s'insinuent au cœur de celle-ci. Les potentiels d'action qui y sont propagés sont alors à proximité immédiate du réticulum sarcoplasmique*. Situé dans le cytoplasme, ce réseau de cavités entoure les éléments contractiles de la fibre musculaire, appelés myofibrilles* (voir chapitre 3).

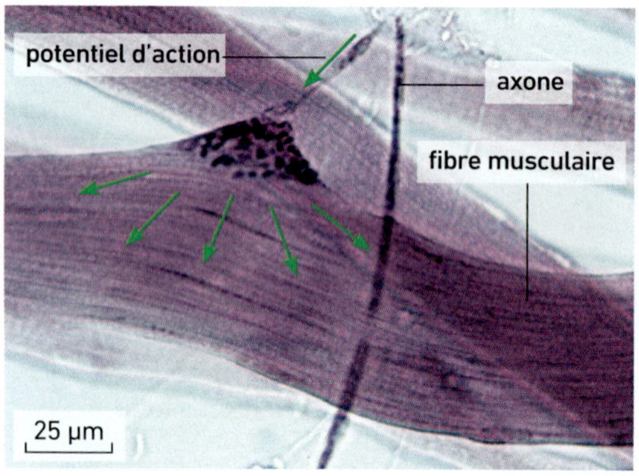

A La propagation des potentiels d'action à la surface d'une fibre musculaire.

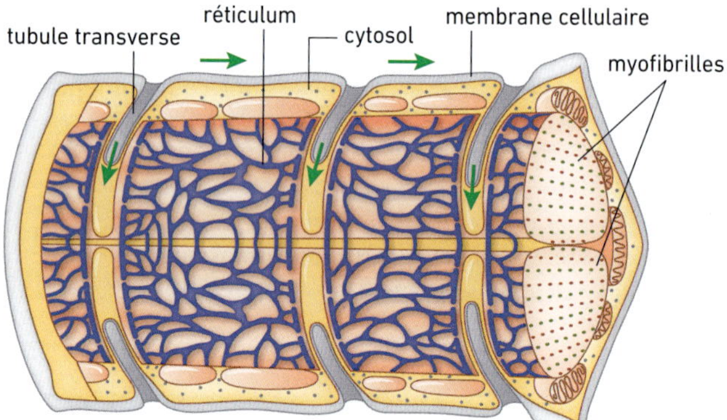

B Structure d'une fibre musculaire.

2 La mise en évidence du rôle du calcium

Des études expérimentales ont permis d'établir les étapes consécutives à la réception d'un message nerveux par une fibre musculaire.

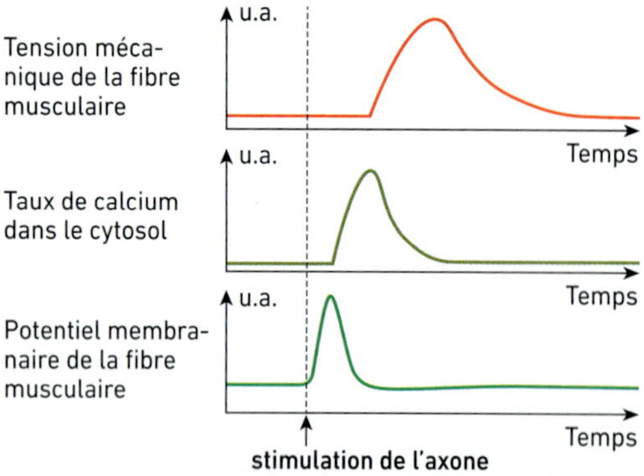

A Mesures effectuées au niveau d'une fibre musculaire à la suite de la stimulation de l'axone d'un neurone moteur.

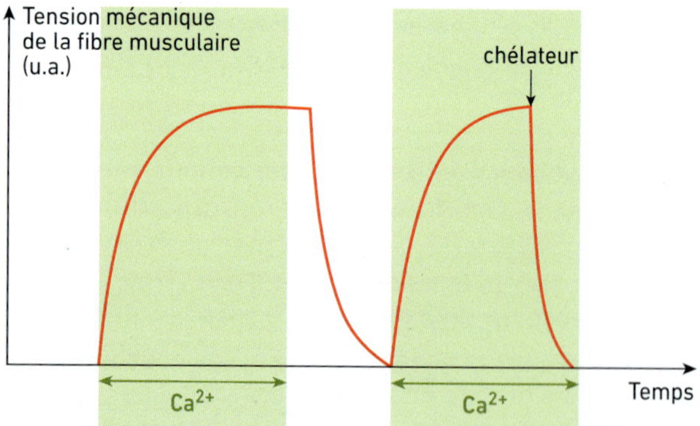

B Mesure de la tension musculaire en présence de calcium, sans et avec injection d'un chélateur (substance qui fixe durablement les ions calcium).

3 La libération du calcium dans le cytosol de la fibre musculaire

Le réticulum sarcoplasmique a la propriété de stocker de grandes quantités d'ions calcium (Ca^{2+}) à proximité immédiate des myofibrilles.
L'arrivée de potentiels d'action propagés par les tubules transverses* est suivie de l'ouverture de protéines enchâssées dans la membrane du réticulum, formant des canaux à calcium. Ainsi, les ions Ca^{2+} passent massivement depuis les cavités du réticulum vers le cytosol*.
L'augmentation de la concentration en ions calcium dans le cytosol met en action les myofibrilles (voir p. 409) et provoque la réponse motrice au stimulus.

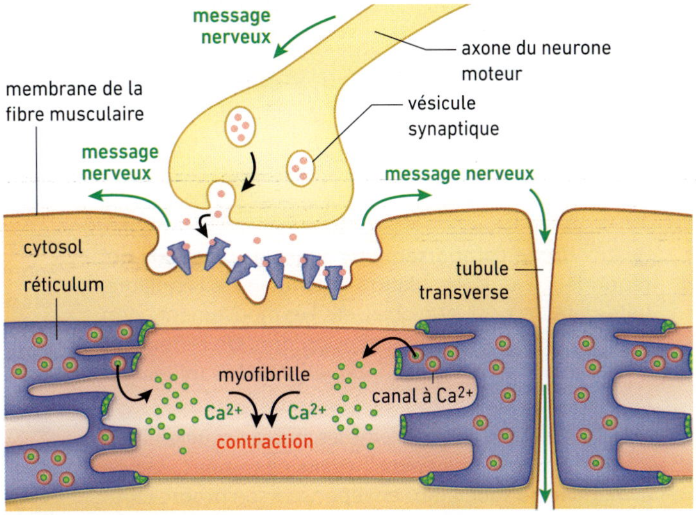

A Le déclenchement de la contraction musculaire.

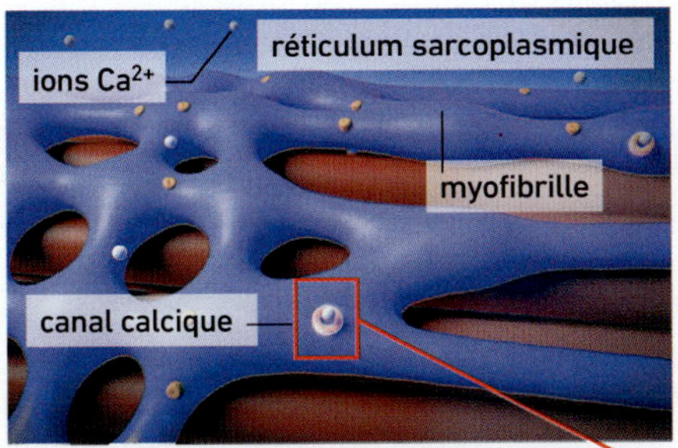

B La libération des ions calcium stockés par le réticulum sarcoplasmique.

Activité pratique

À l'aide d'un logiciel de visualisation moléculaire, étudier la structure du canal à calcium.

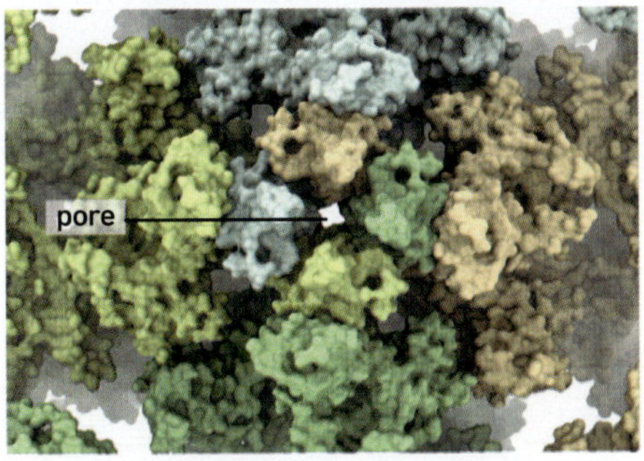

vue apicale (côté interne du reticulum)

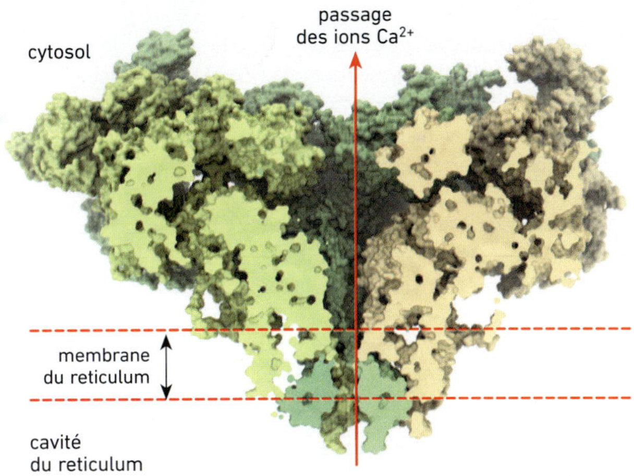

vue latérale en coupe

C Le rôle de canal à calcium assuré par des protéines membranaires.

Activités envisageables

Pour comprendre comment un message nerveux induit la contraction musculaire :

- **En vous fondant sur l'analyse des expériences, démontrez l'intervention des ions calcium dans le déclenchement de la contraction musculaire.**
- **Résumez, sous forme d'un schéma de cause à effet, l'enchaînement des événements qui se succèdent depuis le potentiel d'action nerveux jusqu'à la contraction de la fibre musculaire.**

Des clés pour réussir

- Utilisez les résultats expérimentaux pour établir une chronologie.
- Bien étudier l'architecture de la fibre musculaire.

* Lexique ➡ p. 509

Bilan des connaissances

Un exemple de communication nerveuse : les réflexes

Préparez le Grand oral p. 519

1 Des mouvements réflexes

Beaucoup de **comportements** sont des réactions qui répondent à une stimulation : maintien de l'équilibre, fuite, défense, prise d'un objet, etc. Les mouvements ainsi induits peuvent être volontaires ou non. Un **réflexe** est une **réaction involontaire**, intervenant très rapidement en réponse à un stimulus.

Le **réflexe myotatique** concerne les muscles squelettiques (c'est-à-dire les muscles rattachés aux os, responsables de la mobilité du squelette) : en réponse à son propre étirement, un muscle réagit immédiatement en se contractant. Ce reflexe intervient inconsciemment à tout moment, assurant le **maintien de la posture et l'équilibre du corps**. Le réflexe myotatique est un outil de diagnostic souvent utilisé pour apprécier le fonctionnement du système neuromusculaire : par exemple, en percutant légèrement le tendon d'Achille, on déclenche une brusque contraction du muscle du mollet, ce qui provoque l'extension du pied.

À l'aide d'électrodes réceptrices placées à la surface de la peau, il est possible d'enregistrer une contraction musculaire répondant à un stimulus. Cette étude expérimentale permet de dégager les caractéristiques de la réponse réflexe : elle est rapide, involontaire, stéréotypée, mais son intensité est variable. Une telle étude, en particulier la détermination du temps de réponse, montre qu'un réflexe fait intervenir le **système nerveux central** (moelle épinière et/ou cerveau) : le réflexe achilléen nécessite un trajet « aller-retour » entre le muscle du mollet et la partie basse de la moelle épinière. C'est la raison pour laquelle on parle d'**arc-réflexe**.

2 Le circuit nerveux d'un arc-réflexe

Les éléments d'un arc-réflexe

Un réflexe fait intervenir successivement :

- un **récepteur sensoriel,** qui capte une sensation (le stimulus) et élabore un message nerveux correspondant à ce stimulus ;
- des **fibres nerveuses** regroupées en nerf, qui transmettent le message nerveux sensoriel jusqu'à un centre nerveux, moelle épinière ou cerveau ;
- le **centre nerveux**, qui élabore un message nerveux moteur dépendant de tous les messages reçus ;
- d'**autres fibres nerveuses**, également regroupées en nerf, qui transmettent le message nerveux moteur jusqu'au muscle ;
- un **organe effecteur** de la réponse, **le muscle**, dont la contraction est provoquée par la réception du message nerveux moteur.

Le réflexe myotatique est un réflexe très simple. Il ne fait intervenir successivement que deux types de neurones : un **neurone sensoriel** assurant le trajet du muscle à la moelle, puis un **neurone moteur**, assurant le trajet de la moelle au muscle.

La moelle épinière, centre nerveux du réflexe myotatique

Le corps cellulaire du neurone sensoriel, appelé **neurone en T**, se trouve dans le **ganglion rachidien** situé au niveau de la racine dorsale du nerf rachidien, relié à la moelle épinière. La fibre nerveuse conduisant le message nerveux du muscle au corps cellulaire est un long prolongement cytoplasmique de ce neurone, appelé **dendrite.** Du corps cellulaire, un court **axone** gagne la substance grise de la moelle épinière. Le message est alors transmis par une zone de connexion appelée **synapse** au neurone moteur (ou **motoneurone**), dont le corps cellulaire se situe dans la partie ventrale de la substance grise de la moelle épinière. Son axone, très long, est une fibre nerveuse empruntant la racine ventrale du nerf rachidien et conduisant le message nerveux moteur jusqu'à une **fibre musculaire**.

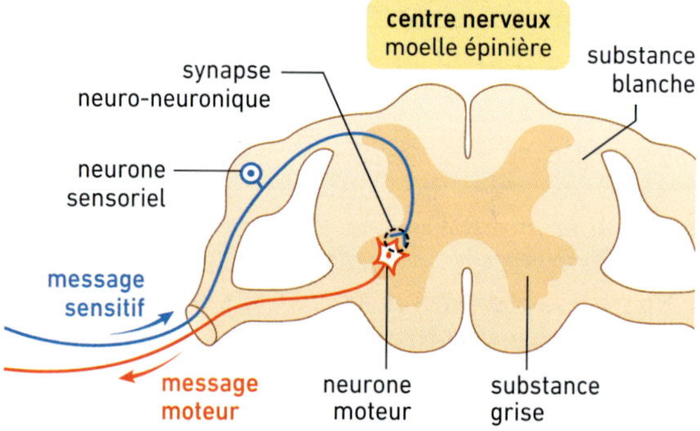

Le circuit nerveux au niveau de la moelle épinière.

Du récepteur sensoriel au message nerveux

Dans le cas du réflexe myotatique, le récepteur sensoriel est un mécanorécepteur sensible à l'étirement, appelé **fuseau neuromusculaire** (il existe également des structures mécanoréceptrices situées au niveau des tendons) : il s'agit de fibres particulières du muscle, autour desquelles sont enroulées les dendrites des neurones sensoriels. L'étirement des fibres musculaires du fuseau neuromusculaire génère un message nerveux de nature électrique au niveau de ces dendrites.

Il est possible d'enregistrer le **message nerveux** à l'aide d'électrodes très fines (microélectrodes) que l'on implante à l'intérieur d'une fibre. En absence de toute stimulation, on constate que la **membrane du neurone** est polarisée : il existe une tension électrique permanente de –70 mV entre ses deux faces, l'intérieur étant électronégatif par rapport à l'extérieur. Cette différence de potentiel transmembranaire est appelée **potentiel de repos**. Après une stimulation, on enregistre une série de modifications très brèves de la tension électrique transmembranaire : l'ensemble constitue le **message nerveux**, chaque signal élémentaire étant appelé **potentiel d'action**. Un potentiel d'action est une inversion brusque de la polarisation membranaire (la face interne de la membrane devenant électropositive par rapport à la face externe). L'amplitude est d'environ 100 mV. Cet événement est local et très bref (de l'ordre de la milliseconde).

Le message nerveux généré par un récepteur sensoriel est dépendant de l'intensité du stimulus : plus l'intensité du stimulus est importante, plus le nombre de potentiels d'action par unité de temps sera important. En revanche, on remarque que, quelle que soit l'intensité de la stimulation, l'amplitude des potentiels d'action reste constante. C'est donc la **fréquence des potentiels d'action** du message nerveux qui constitue le **codage** de l'intensité de la stimulation.

La propagation des messages nerveux

Une caractéristique d'un message nerveux est de pouvoir se propager le long des fibres nerveuses, dendrites ou axones et cela sans s'atténuer. Les **nerfs rachidiens**, reliant les organes périphériques à la moelle épinière, sont des nerfs mixtes : ils regroupent de très nombreuses fibres nerveuses, dendrites et axones, qui sont les prolongements cytoplasmiques des neurones sensoriels et moteurs. Chaque fibre conduit le message nerveux **dans un seul sens** : vers le corps cellulaire pour une dendrite et depuis le corps cellulaire pour un axone. La conduction du message nerveux s'effectue de proche en proche, à une vitesse variable, de l'ordre de 100 $m \cdot s^{-1}$. La présence d'une gaine de myéline autour d'une fibre augmente la vitesse de propagation du message.

Après la **synapse neuro-neuronale** entre le neurone sensoriel et le neurone moteur, l'axone du neurone moteur conduit le message nerveux jusqu'à une **synapse neuromusculaire**, ou plaque motrice, zone de connexion entre les boutons synaptiques, situés à l'extrémité de l'axone, et une fibre musculaire.

3 Le fonctionnement synaptique

La structure et le fonctionnement de la synapse neuro-neuronale et de la synapse neuromusculaire sont comparables. Dans les deux cas, il existe un espace, ou **fente synaptique**, de 20 à 50 nanomètres, séparant la fibre nerveuse pré-synaptique de l'élément post-synaptique (neurone ou fibre musculaire). L'observation au microscope électronique montre que le cytoplasme situé à l'extrémité de la fibre pré-synaptique contient de très nombreuses **vésicules**.

Le message nerveux pré-synaptique ne peut pas franchir directement la fente synaptique. Ce franchissement est assuré grâce à un médiateur chimique. En effet, les nombreuses vésicules de la fibre nerveuse pré-synaptique sont remplies de molécules d'une substance chimique appelée **neurotransmetteur**. Dans le cas du circuit nerveux de l'arc-réflexe myotatique, le neurotransmetteur est l'**acétylcholine**. L'arrivée des potentiels d'action au niveau de la terminaison pré-synaptique déclenche l'exocytose d'un nombre plus ou moins important de vésicules, qui libèrent alors l'acétylcholine dans la fente synaptique. La membrane de la cellule post-synaptique comporte de nombreuses molécules sur lesquelles l'acétylcholine peut se fixer : ce sont les **récepteurs du neurotransmetteur**. La conséquence de cette fixation est, si la quantité d'acétylcholine libérée est suffisante, la naissance de potentiels d'action post-synaptiques.

L'acétylcholinestérase : une enzyme nécessaire, qui met fin à l'action de l'acétylcholine.

Au niveau des synapses, c'est la **concentration en neurotransmetteur** libérée dans la fente synaptique qui constitue le **codage** du message : plus la concentration en acétylcholine est importante dans la fente, plus la fréquence des potentiels d'action du message post-synaptique est élevée.

Certaines substances chimiques sont susceptibles de perturber le fonctionnement synaptique. Le curare, par exemple, a la possibilité de se fixer sur les récepteurs de l'acétylcholine, mais ne génère pas de potentiels d'action : c'est un **antagoniste** de l'acétylcholine. Il provoque ainsi un relâchement musculaire durable. D'autres substances ont pour effet d'empêcher l'élimination de l'acétylcholine de la fente synaptique. Elles prolongent alors la durée d'action du neurotransmetteur : ce sont des **agonistes** de l'acétylcholine.

Après la synapse neuromusculaire, les potentiels d'action se propagent le long la membrane de la fibre musculaire : ces potentiels d'action provoquent l'ouverture de **protéines** jouant le rôle de **canaux ioniques**, libérant dans le cytosol de la fibre musculaire des ions calcium stockés dans un réseau de cavités cytoplasmiques, le réticulum sarcoplasmique. C'est l'augmentation de la concentration du cytosol en **ions calcium** qui provoque la contraction musculaire, en réponse au stimulus (voir chapitre 3).

L'essentiel

Un exemple de communication nerveuse : les réflexes

À retenir

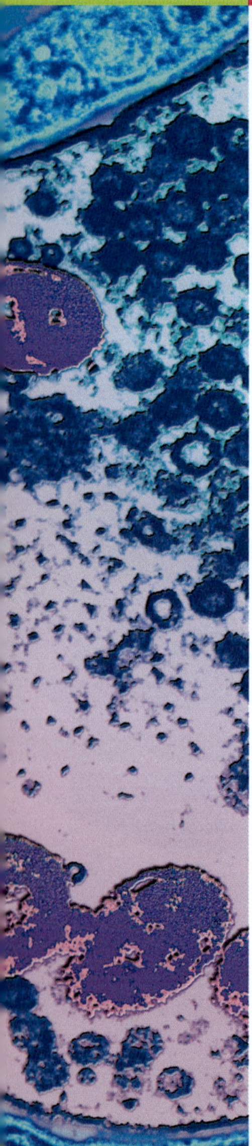

Les caractéristiques d'un réflexe

Les réflexes sont des **réactions involontaires** produites en réponse à des stimulations. Les réflexes sont très **rapides**, stéréotypés mais d'intensité variable ; ils interviennent dans de très nombreux **comportements** impliquant la contraction musculaire. Par exemple, le **réflexe myotatique** est la contraction d'un muscle déclenchée par son propre étirement : les réflexes myotatiques permettent le maintien de la posture et de l'équilibre.

Les éléments d'un arc-réflexe

Un réflexe met en jeu un **récepteur sensoriel** dont le rôle est de capter un stimulus et d'engendrer un message nerveux. Le message nerveux est transmis jusqu'à un **centre nerveux**, moelle épinière ou cerveau, par les **neurones sensoriels**. Après connexion synaptique, les **neurones moteurs** transmettent un message nerveux qui provoque la contraction de **fibres musculaires**.

Du stimulus à la réponse motrice

Le **message nerveux** élaboré par un récepteur sensoriel à partir du stimulus est de nature électrique. La membrane d'un neurone est en effet polarisée : la polarisation membranaire observée en dehors de toute stimulation est le **potentiel de repos**. Un message nerveux est constitué par une série de variations brèves de la polarisation membranaire du neurone, appelées **potentiels d'action**. Un message nerveux est **codé** par la **fréquence des potentiels d'action** qui le constituent.
Le message nerveux **se propage** jusqu'au centre nerveux puis du centre nerveux au muscle via des nerfs, qui sont des regroupements de fibres nerveuses. La conduction s'effectue de proche en proche le long des fibres, dendrites ou axones.
La propagation d'un message nerveux au niveau d'une cellule musculaire est à l'origine de la **libération de calcium** contenu dans le réticulum sarcoplasmique, et provoque la contraction de la fibre musculaire.

La transmission synaptique

La zone de connexion entre les deux neurones ou entre le neurone moteur et la fibre musculaire est une **synapse**. Au niveau d'une synapse, la transmission s'effectue par l'intermédiaire d'une substance chimique appelée **neurotransmetteur**. L'**acétylcholine** est le neurotransmetteur impliqué dans le fonctionnement du réflexe myotatique.
L'arrivée d'un message nerveux à l'extrémité de l'axone du neurone pré-synaptique entraîne la libération du neurotransmetteur dans la fente synaptique. Les molécules du neurotransmetteur se fixent sur des **récepteurs spécifiques** situés sur la membrane de l'élément post-synaptique (fibre nerveuse ou fibre musculaire), ce qui peut alors générer des potentiels d'action. Au niveau d'une synapse, le message est **codé** par la **concentration en neurotransmetteur**.

Mots-clés

Centre nerveux • Codage biochimique en concentration • Codage électrique en fréquence • Fibre musculaire • Message nerveux • Moelle épinière • Neurone moteur • Neurone sensoriel • Neurotransmetteur • Potentiel d'action • Récepteur post-synaptique • Récepteur sensoriel • Réflexe • Stimulus • Synapse

Schéma bilan

Un exemple de communication nerveuse : les réflexes

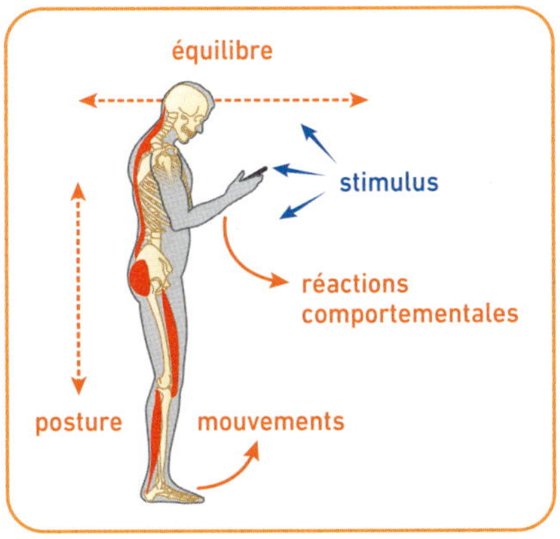

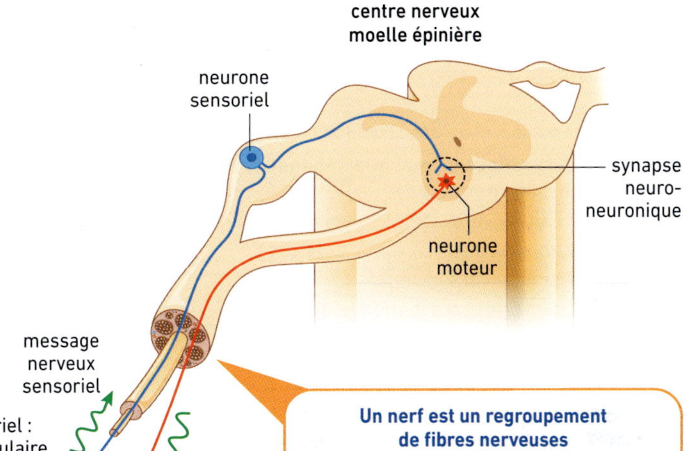

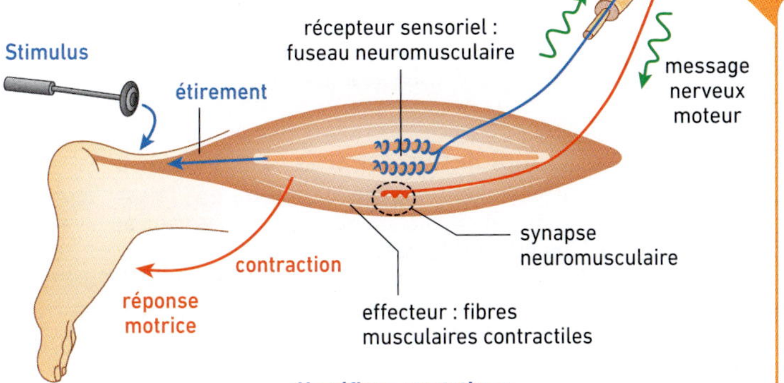

Un réflexe myotatique

Un nerf est un regroupement de fibres nerveuses

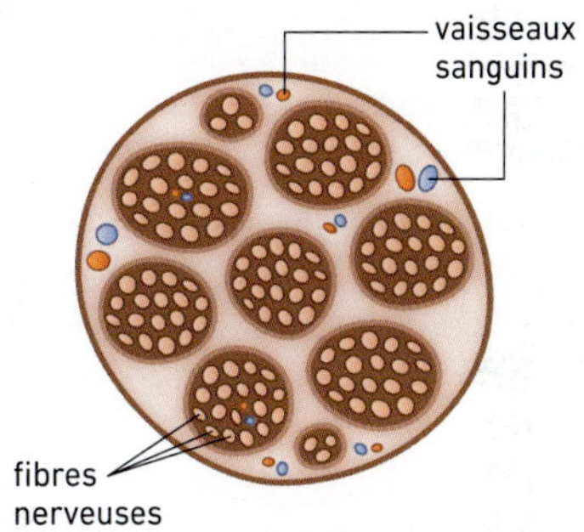

Le message nerveux

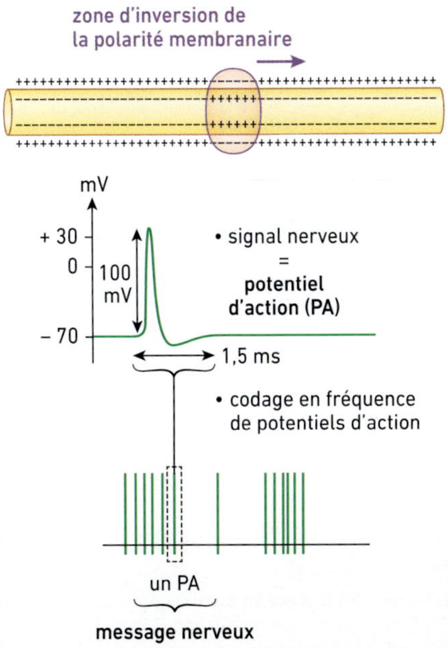

Les synapses sont des zones de connexion entre deux neurones ou entre un neurone et une fibre musculaire

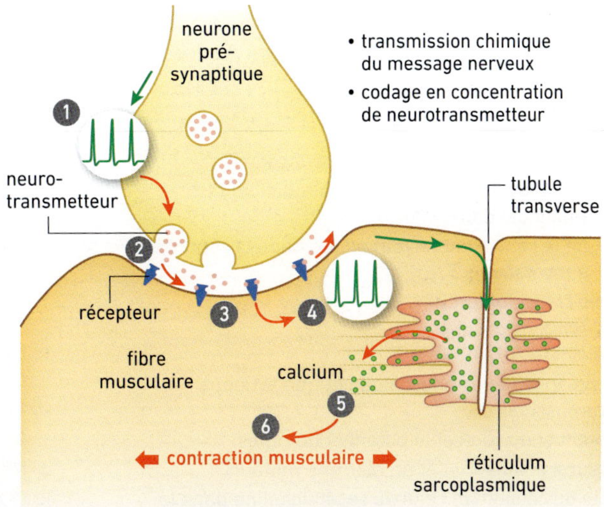

Exemple de la synapse neuromusculaire

Autoévaluation

Réponses voir p. 502

1 Retour vers les problématiques

Relisez la page « S'interroger avant d'aborder le chapitre » (p. 349) ; à l'aide de ce que vous savez à présent, répondez aux questions que vous avez formulées.

2 QCM

Pour chaque affirmation, choisissez l'unique bonne réponse.

1. La réalisation du réflexe myotatique implique la transmission d'un message nerveux :
a. de la plaque motrice vers la moelle épinière ;
b. du fuseau neuromusculaire vers le cerveau ;
c. de la moelle épinière vers le cerveau ;
d. du récepteur sensoriel vers la moelle épinière.

2. La stimulation d'une fibre nerveuse entraîne une modification de l'état électrique de repos :
a. dont l'amplitude dépend de la stimulation ;
b. qui est brève et se propage le long de la fibre nerveuse ;
c. qui dure quelques millisecondes et se propage en s'atténuant progressivement ;
d. dont la durée dépend de l'intensité de la stimulation.

3. Le neurotransmetteur impliqué dans la contraction musculaire est :
a. le calcium ;
b. le potassium ;
c. l'acétylcholine ;
d. la dopamine.

4. Un neurone moteur :
a. possède un axone qui gagne le muscle par la racine dorsale du nerf rachidien ;
b. possède des dendrites qui gagnent le ganglion rachidien par la racine dorsale du nerf rachidien ;
c. a un corps cellulaire situé dans le ganglion rachidien ;
d. possède un axone pouvant faire plusieurs dizaines de centimètres de longueur.

3 Questions à réponses courtes

a. Comment un message nerveux est-il codé ?
b. Quels sont les différents éléments fonctionnels intervenant dans un arc-réflexe ?
c. Quel est le centre nerveux impliqué dans la réponse réflexe myotatique ?
d. Qu'est-ce qu'un nerf ?

4 Expliquer la différence entre...

a. une synapse neuro-neuronique et une synapse neuromusculaire.
b. le potentiel d'action et le potentiel de repos.
c. un neurone sensoriel et un neurone moteur.
d. le rôle du calcium et celui de l'acétylcholine dans la contraction musculaire.
e. un potentiel d'action et un message nerveux.
f. un agoniste et un antagoniste de l'acétylcholine.

5 Apprendre en s'interrogeant

1. Cachez l'une des colonnes du tableau suivant et retrouvez ce que contient l'autre (à faire seul ou à plusieurs).

2. Vérifiez vos réponses, et reprenez si besoin les notions concernées.

Notion	Définition
Réflexe	Réaction involontaire, rapide et stéréotypée en réponse à un stimulus.
Récepteur sensoriel	Structure qui capte un stimulus et génère à l'extrémité d'une fibre nerveuse un message nerveux codé.
Potentiel d'action	Inversion temporaire de la polarisation de la membrane d'une fibre nerveuse ou d'une fibre musculaire.
Récepteur synaptique	Molécule de la membrane de la cellule post-synaptique sur laquelle peut se fixer un neurotransmetteur.

6 Compléter un schéma

Recopier et compléter ce schéma en y faisant figurer neurones et circulation du message nerveux au niveau de la moelle épinière.

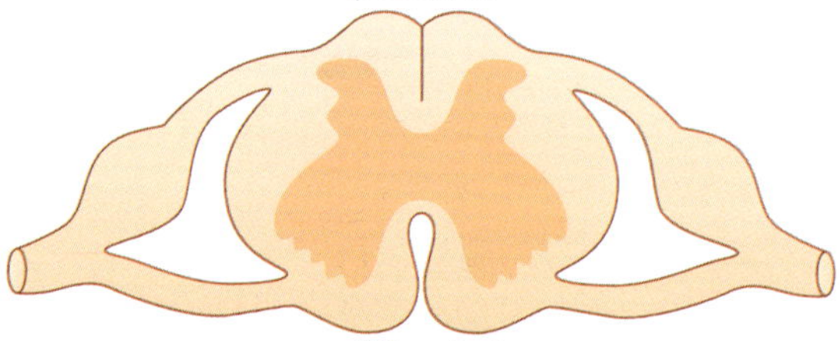

7 Remettre dans l'ordre chronologique

Replacez dans l'ordre chronologique ces étapes du déclenchement de la contraction musculaire :
a. Libération du calcium contenu dans le réticulum sarcoplasmique.
b. Potentiels d'action qui se propagent dans la fibre musculaire.
c. Fixation de l'acétylcholine sur les récepteurs de la fibre musculaire.
d. Augmentation de la concentration en ions calcium dans le cytoplasme de la cellule musculaire.
e. Mise en jeu des éléments contractiles de la fibre musculaire.
f. Ouverture de canaux à calcium.

★ facile ★★ intermédiaire ★★★ confirmé

8 Exploiter des résultats expérimentaux

★★

Pour étudier les caractéristiques du message nerveux, il est possible de faire naître un message nerveux à l'aide d'une microélectrode de stimulation placée sur une fibre nerveuse et d'enregistrer ce message à distance du point de stimulation grâce à une microélectrode.

On réalise une telle expérience, en augmentant plus ou moins la distance entre électrode stimulatrice et électrode réceptrice. La stimulation portée est telle qu'un seul potentiel d'action se propage à chaque stimulation.

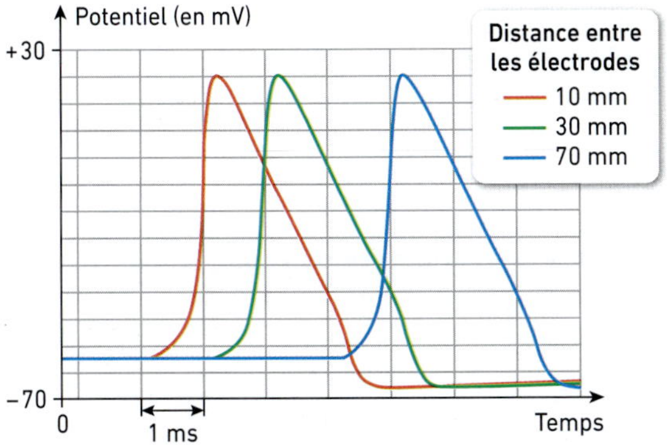

Justifiez l'affirmation suivante : sur une fibre nerveuse le message nerveux se propage à vitesse constante sans s'atténuer.

9 Réaliser un schéma fonctionnel

★

Le texte ci-dessous résume le mode de fonctionnement d'une synapse.

La zone de connexion entre deux neurones ou entre un neurone et une fibre musculaire est une synapse. Dans la fente qui sépare les deux cellules (fente synaptique), la transmission s'effectue par l'intermédiaire d'une substance chimique appelée neurotransmetteur.

L'arrivée d'un message nerveux à l'extrémité de l'axone du neurone pré-synaptique entraîne l'exocytose de vésicules synaptiques et donc la libération du neurotransmetteur dans la fente synaptique. Les molécules du neurotransmetteur se fixent sur des récepteurs spécifiques situés sur la membrane de la cellule post-synaptique (fibre nerveuse ou fibre musculaire), qui peut alors générer des potentiels d'action (nerveux ou musculaires).

À partir de ces informations, réalisez un schéma du fonctionnement synaptique.

10 Extraire des informations pour justifier une affirmation

★★

La toux est une expiration brusque pouvant être volontaire ou involontaire, qui permet l'expulsion brutale de l'air contenu dans les poumons. Après une inspiration, l'air est bloqué un court instant (0,2 s) par la fermeture de la glotte. Les muscles expiratoires (diaphragme et intercostaux) se contractent afin de comprimer l'air ainsi emprisonné. Une contraction brève du diaphragme précédant l'ouverture de la glotte expulse alors l'air à une vitesse proche de la vitesse du son (250 $m \cdot s^{-1}$).

Cette réaction normale de l'appareil respiratoire répond en général à une irritation. Des récepteurs sensoriels localisés dans les voies respiratoires sont stimulés par des poussières, corps étrangers, sécrétions de mucus. Des substances polluantes, le tabac, des variations de température, peuvent provoquer une hypersensibilité des récepteurs des voies aériennes, en baissant le seuil nécessaire au déclenchement de la toux. La toux devient alors chronique. Le centre nerveux impliqué dans la toux, dont l'organisation est mal connue, est situé dans le bulbe rachidien à la jonction entre la moelle épinière et le cerveau.

Justifiez l'affirmation selon laquelle la toux est un réflexe.

11 Exercer son esprit critique

★★★

En 1857, Claude Bernard réalise une étude expérimentale méthodique du mode d'action de substances chimiques « toxiques et médicamenteuses » sur le système nerveux. Claude Bernard démontre alors que le curare ne bloque pas directement la contraction du muscle mais interrompt l'action du nerf moteur à son extrémité périphérique. Il tire de ses expériences la conclusion suivante : « le curare entraîne la mort du nerf moteur ».

Pourquoi la conclusion de Claude Bernard était-elle logique à l'époque et comment doit-elle être corrigée aujourd'hui ?

12 Faire un schéma d'interprétation

★★

La photographie ci-dessous est une observation au microscope électronique à transmission (MET) à fort grossissement d'une zone de connexion entre deux neurones.

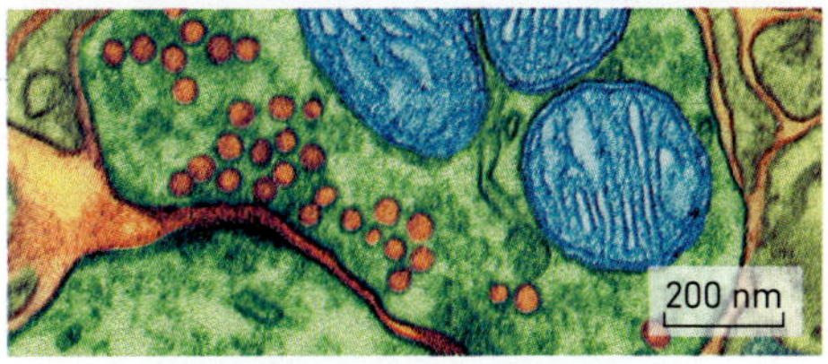

Faites un schéma d'interprétation de cette observation.

13 Argumenter

★★★

On entend souvent dire que se soigner par les plantes est bénéfique car naturel.

Recherchez des exemples concernant le fonctionnement nerveux pour apporter une réponse critique scientifiquement argumentée à cette affirmation.

Aides à la réalisation

- Faites une recherche sans *a priori* ;
- Vérifiez les sources que vous utilisez ;
- Recherchez des exemples précis d'effets positifs et négatifs de certaines substances végétales sur le système nerveux ;
- Trouvez l'explication des effets produits par ces substances.

14 Lutter contre les intoxications aux organophosphorés

★★★

Flacon de pesticide abandonné.

Les organophosphorés sont des composés chimiques principalement utilisés pour leur puissante action insecticide. Certains organophosphorés ont été développés comme gaz de combat, d'autres sont utilisés pour le traitement de maladies (voir p. 361). Tous ont en commun d'être des inhibiteurs de l'acétylcholinestérase, enzyme qui inactive l'acétylcholine et met donc fin à l'action de ce neurotransmetteur.
Du fait d'une utilisation parfois incontrôlée de pesticides, l'intoxication par les organophosphorés est une cause d'empoisonnement et de décès à l'échelle mondiale.
En cas d'intoxication, les antidotes immédiatement administrés sont l'atropine et la pralidoxime.

1. **À partir de l'analyse des documents et de vos connaissances, justifiez le recours à l'atropine et à la pralidoxime comme antidotes à une intoxication aux organophosphorés.**
2. **Réalisez un schéma expliquant les effets d'une intoxication aux organophosphorés et le mode d'action des deux substances antidotes.**

DOC 1

Signes et symptômes d'une intoxication aux organophosphorés

- Contraction de la pupille (myosis), trouble de la vision ;
- Larmoiement, hypersalivation, sueurs, vomissements, diarrhées, hypersécrétion de mucus bronchique ;
- Constriction des bronches, troubles respiratoires ;
- Crampes, paralysie ;
- Agitation, anxiété ;
- Coma convulsif.

DOC 2 Les deux types de récepteurs de l'acétylcholine

	Récepteurs nicotiniques	Récepteurs muscariniques
Localisation	– Système nerveux central – Jonction neuromusculaire (muscles squelettiques)	– Système nerveux central – Muscles lisses (bronches, intestins, vaisseaux sanguins, glandes salivaires...)
Neurotransmetteur	Acétylcholine	Acétylcholine
Agoniste	Nicotine (alcaloïde toxique du tabac)	Muscarine (alcaloïde toxique de certains champignons)
Antagoniste	Curare	Atropine

DOC 3 Effet de l'administration d'une oxime sur l'activité de l'acétylcholinestérase

L'acétylcholinestérase est une enzyme également présente dans les hématies. Le dosage de l'acétylcholinestérase des hématies est un très bon indicateur de l'activité de cette enzyme dans tous les tissus. Ce paramètre est utilisé pour le suivi des intoxications aux organophosphorés. La concentration normale de cette enzyme est de 600 à 700 mU/µmol d'hémoglobine.
Le graphique ci-dessous compare le dosage de l'acétylcholinestérase des hématies dans le cas d'une intoxication aux organophosphorés (diméthoate ou diazinon) et l'effet de l'administration de pralidoxime.

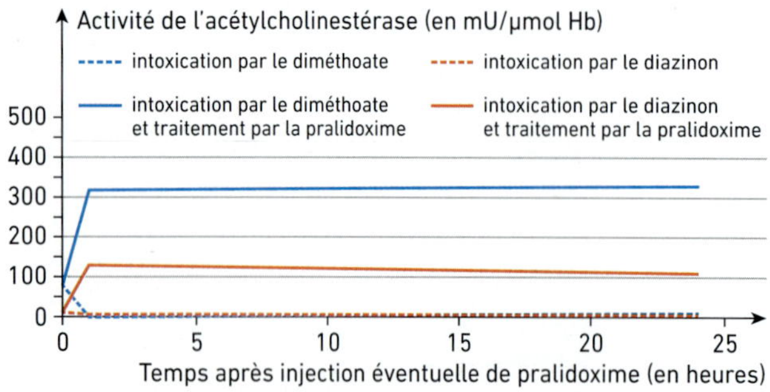

DOC 4 Effet de l'atropine

Des chercheurs ont mesuré la force de contraction d'un muscle lisse.

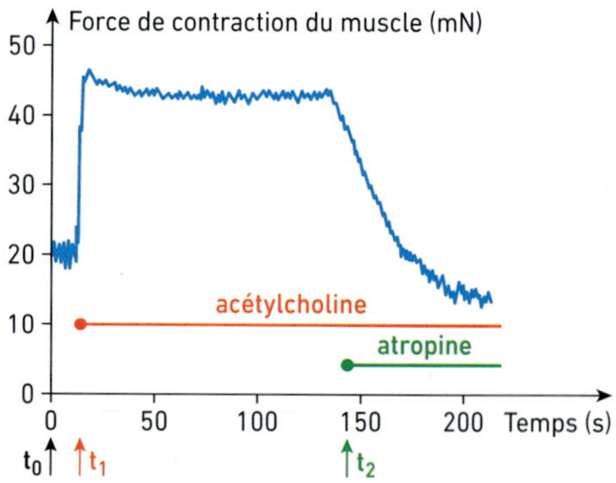

t_0 : muscle relâché
t_1 : muscle perfusé par de l'acétylcholine
t_2 : muscle perfusé par de l'atropine

PRÉPA BAC

Épreuve écrite

Rédaction d'un texte argumenté pour répondre à une question scientifique

15 Les éléments d'un arc-réflexe

Certains comportements sont involontaires et mettent en jeu différents éléments qui constituent un arc-réflexe.

- **En vous appuyant sur des exemples, présentez, en précisant leur rôle, les éléments intervenant dans un arc-réflexe.**
  (L'exposé sera accompagné par un schéma fonctionnel ; on ne détaillera pas le fonctionnement synaptique).

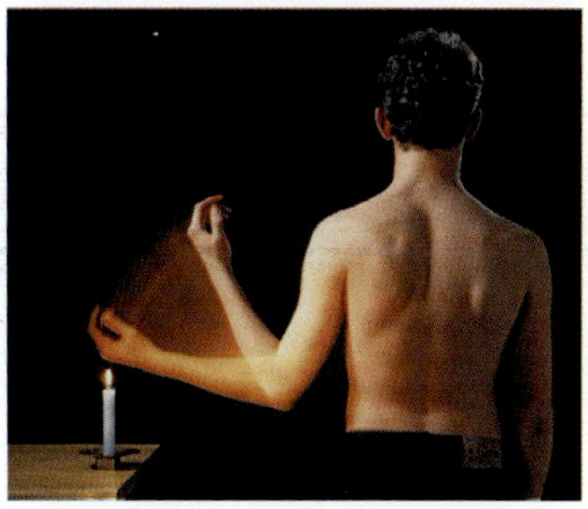

Documents proposés

Le **réflexe d'évitement** de la douleur est une réaction qui consiste à éloigner rapidement une partie de son corps de la source d'un stimulus perçu comme désagréable (photographie).

La perception de la chaleur

Un sujet place sa main au voisinage d'une ampoule électrique allumée. L'expérimentateur modifie progressivement la puissance de l'éclairement pour faire varier la température de l'ampoule.

- Jusqu'à une température de 45 °C, le sujet est capable de détecter et de décrire l'augmentation de la chaleur dégagée par la lampe. La sensation est qualifiée de non désagréable, aucune sensation douloureuse n'est mentionnée.
- Au-delà de 45 °C, le sujet s'avère incapable de discriminer les variations de température : pour lui, la lampe est aussi chaude à 50 °C qu'à 60 °C. En revanche, il déclare ressentir de la douleur : plus la température est élevée, plus la sensation douloureuse est intense.

La réponse de deux types de fibres nerveuses

La peau est très riche en différents récepteurs sensoriels. Certaines terminaisons de fibres nerveuses dispersées dans la peau sont sensibles à la température et permettent à un sujet de percevoir la proximité d'une source de chaleur.

On a pu mesurer précisément la fréquence des potentiels d'action (PA) de deux types de fibres nerveuses en réponse à un stimulus thermique.

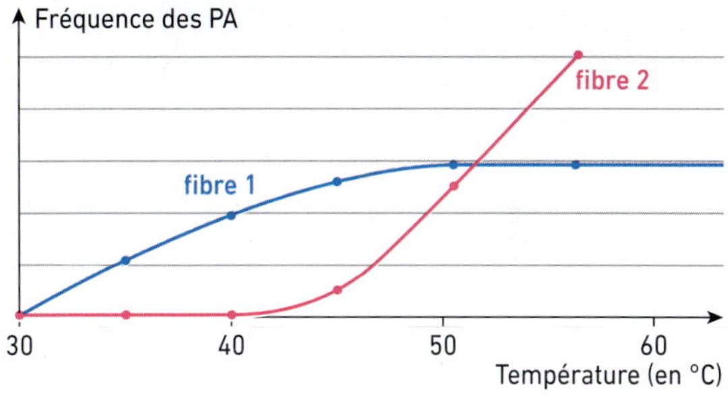

Épreuve pratique

Pour s'entraîner à l'Évaluation des Capacités Expérimentales

16 Mettre en œuvre un protocole, exploiter des résultats

On cherche à déterminer si la réponse réflexe est variable.

- **À l'aide d'un dispositif expérimental semblable à celui de la p. 351, réalisez des enregistrements dans les conditions suivantes :**
  - choc très léger sur le tendon (1) ;
  - choc plus intense, mais restant modéré (2) ;
  - sujet averti de l'imminence du choc (3) ;
  - sujet distrait (4) ;
  - sujet qui effectue une importante traction des bras pendant le choc (5).

Précaution à prendre : respecter un temps de repos entre chaque stimulation.

- **Présentez et exploitez les résultats obtenus.**

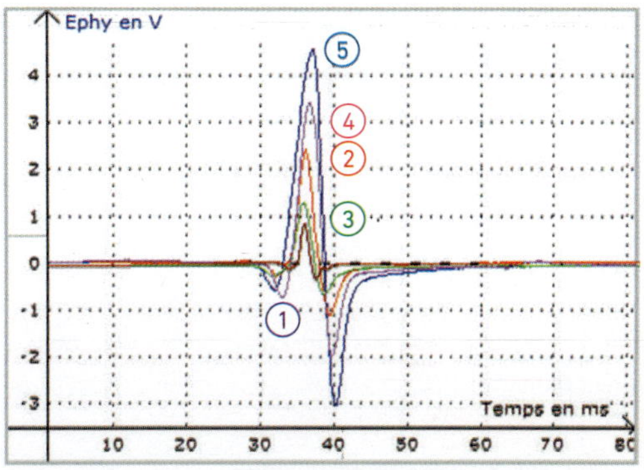

Exemples d'électromyogrammes correspondant aux différentes situations.

Raisonnement scientifique

Construisez et exposez votre propre démarche pour résoudre le problème posé

17 Le fonctionnement coordonné des muscles antagonistes

Avoir un bon équilibre est primordial pour la santé et pour diminuer le risque de chute. Une activité apparemment simple comme la marche requiert en réalité un fonctionnement coordonné de nombreux muscles.

À partir de l'étude des documents et en vous appuyant sur vos connaissances, montrez comment est coordonné le fonctionnement des muscles antagonistes.

1 Des muscles aux effets opposés

A

La pratique récente de la slackline, une activité où l'on doit marcher en équilibre sur une sangle souple à faible distance du sol, permet d'exercer son équilibre. Dans un contexte de rééducation ou de sport de loisir, cet exercice permet d'améliorer le contrôle postural et l'équilibre.

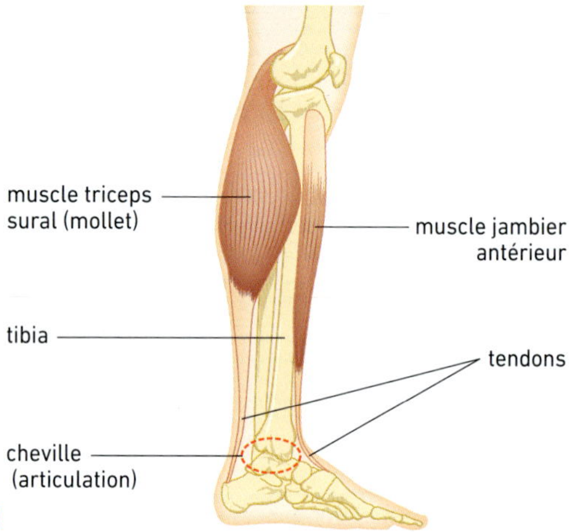

B

Les muscles squelettiques permettent le mouvement des os du squelette, rendus mobiles les uns par rapport aux autres grâce aux articulations. Pour permettre un mouvement de flexion ou d'extension du pied par exemple, il faut un fonctionnement coordonné de muscles antagonistes.

2 Une étude du fonctionnement des muscles antagonistes

À l'aide d'un dispositif ExAO, on réalise un enregistrement simultané de l'activité des muscles antérieurs de la jambe et du groupe de muscles du mollet.

Pendant l'enregistrement, le sujet a effectué une succession de flexions et d'extensions du pied, d'une durée de 10 s chacune, l'exercice commençant par une extension.

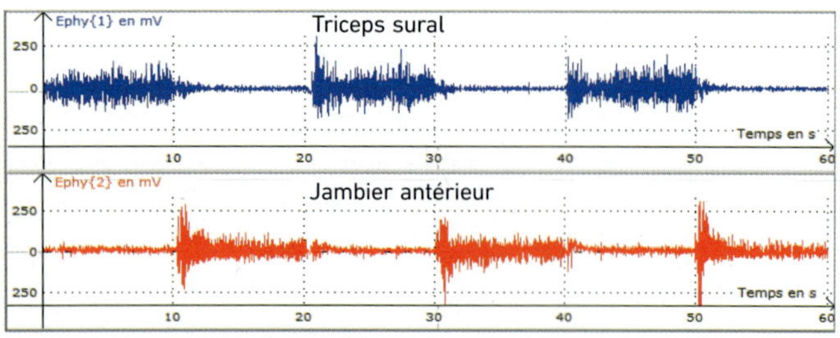

Électromyogrammes obtenus.

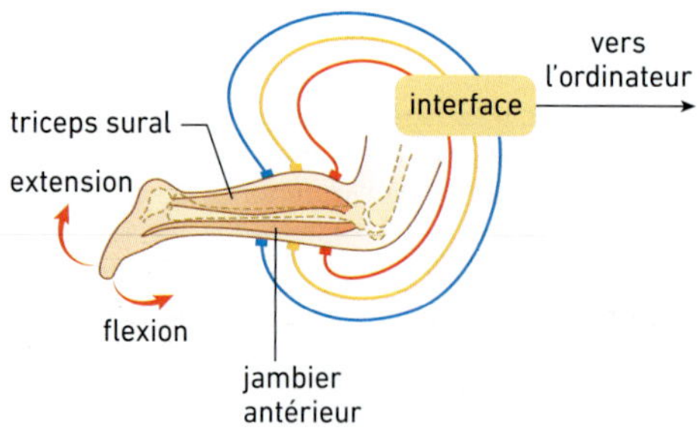

3 Une expérience historique

Charles Scott Sherrington (1857-1952) est un scientifique britannique qui a réalisé diverses expériences sur l'activité réflexe dans le but de comprendre les propriétés générales du fonctionnement nerveux. Ses travaux lui valurent le prix Nobel de physiologie ou médecine en 1932.

En 1913, Sherrington réalise une expérience qui fera date : en stimulant une patte postérieure d'un animal, il déclenche une flexion réflexe du membre. Sherrington enregistre alors simultanément la tension mécanique du muscle fléchisseur et du muscle extenseur.

Les résultats obtenus le conduisent à établir le principe de l'innervation réciproque : une seule stimulation exerce une action sur les deux muscles antagonistes.

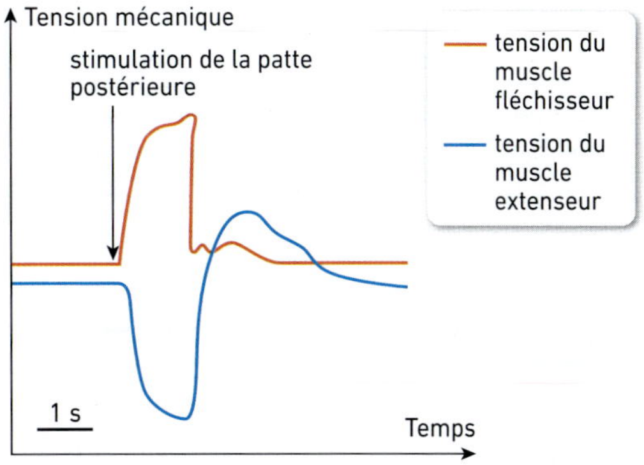

Réponse des muscles antagonistes à la stimulation portée sur l'un d'entre eux.

4 L'innervation réciproque des muscles antagonistes

- Le circuit nerveux correspondant à l'innervation réciproque mise en évidence par Sherrington a ensuite été établi.

Alors que la boucle réflexe myotatique est qualifiée de monosynaptique (on ne considère que la synapse neuro-neuronique), il existe dans la moelle épinière des interneurones, qui assurent des connexions intermédiaires, à l'intérieur même de la substance grise. Ainsi, un interneurone permet la connexion entre le neurone sensitif issu du fuseau neuromusculaire d'un muscle et le motoneurone du muscle antagoniste.

Évidemment, ce qui est vrai pour un muscle (ici le muscle du mollet) existe également pour l'autre muscle, d'où la qualification d'innervation réciproque utilisée pour nommer ce circuit nerveux.

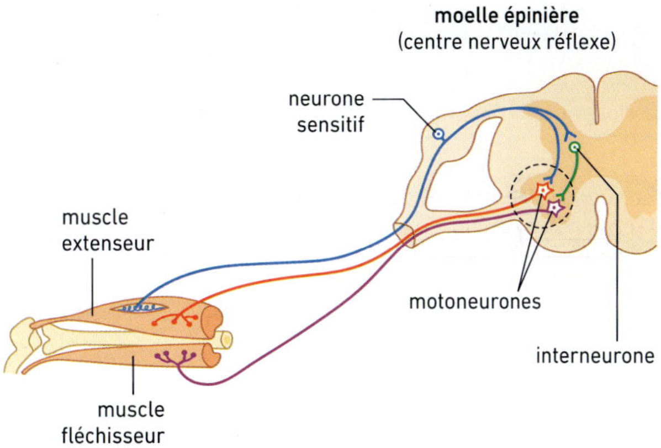

A L'innervation des muscles antagonistes.

- Des études expérimentales ont permis de préciser la nature de l'effet exercé par l'interneurone.

Dans cette modélisation, on provoque un léger étirement du muscle extenseur du pied et on enregistre l'activité électrique du motoneurone innervant le muscle fléchisseur (l'étirement est maintenu pendant quelques secondes).

Ces études ont ainsi mis en évidence la nature inhibitrice de certaines synapses.

Remarque : avant l'étirement, l'activité électrique s'explique par l'état de contraction musculaire correspondant au tonus musculaire : même au repos, les muscles squelettiques sont légèrement contractés.

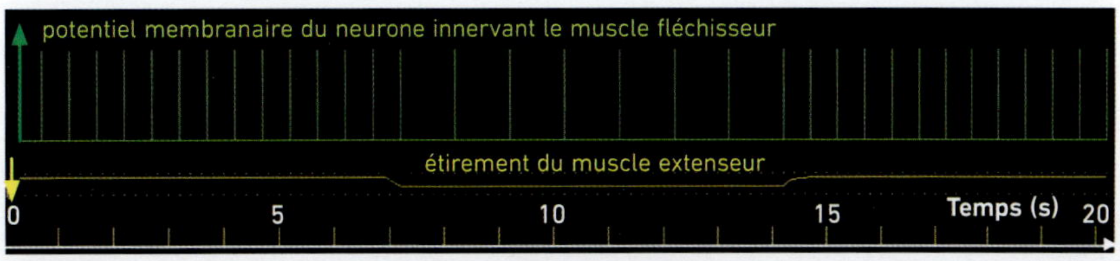

B Influence de l'étirement d'un muscle sur l'activité du motoneurone innervant le muscle antagoniste.

PARTIE 5

CHAPITRE 2

Le cerveau : plasticité, fragilité et rôle dans la motricité

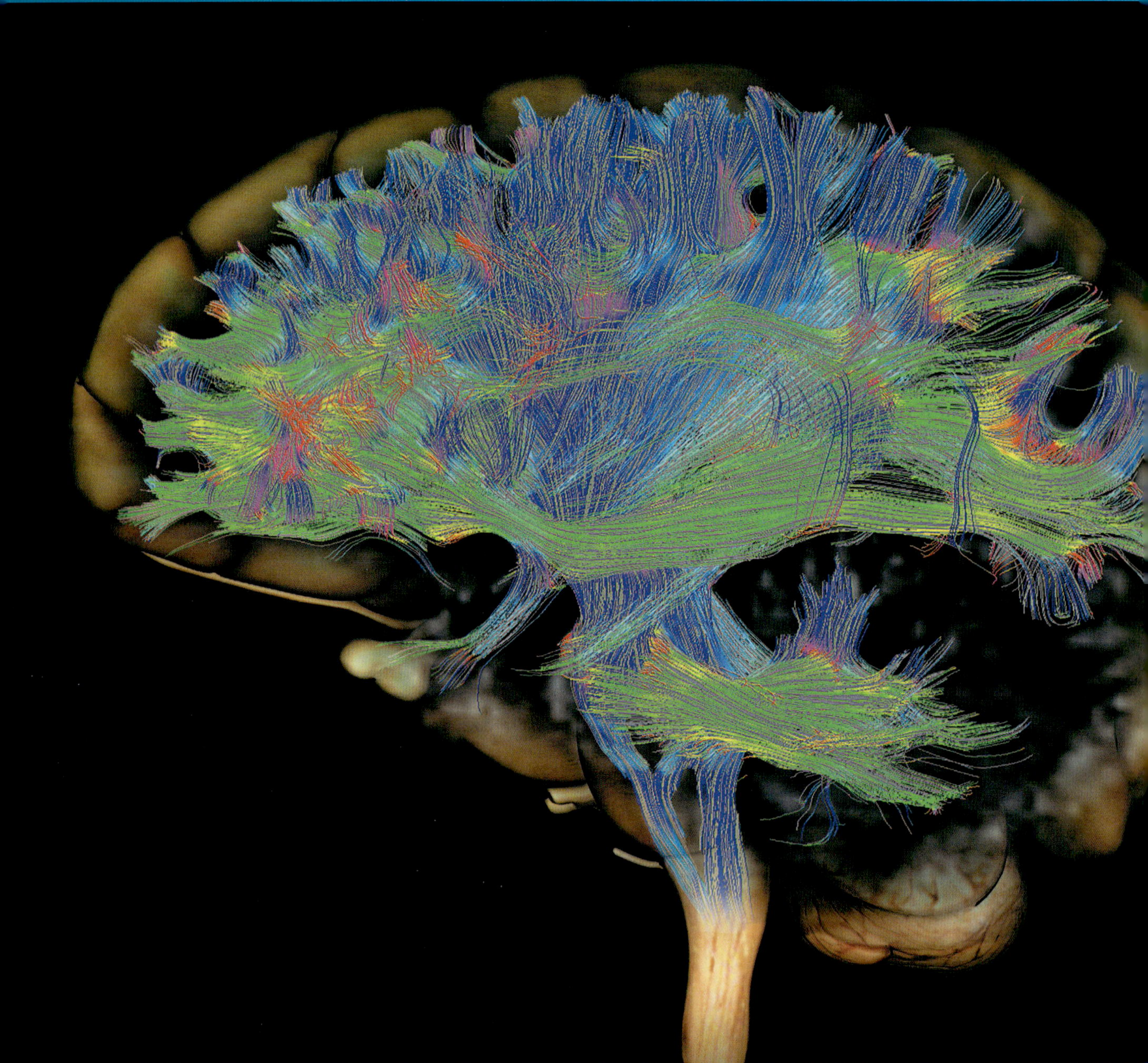

Le « connectome » : image du cerveau humain visualisant les directions des fibres nerveuses (IRM* de diffusion).

S'interroger avant d'aborder le chapitre

Des prothèses activées par le cerveau

Dans l'épisode V de la célèbre saga Star Wars, sorti en 1980, la main amputée de Luke Skywalker est remplacée par une prothèse qui permet de ressentir la douleur et d'y répondre par des mouvements. Cette main robotisée n'est plus vraiment de la science-fiction : la « force » des scientifiques, reposant sur une meilleure connaissance du fonctionnement nerveux, permet aujourd'hui la mise au point de prothèses échangeant des signaux avec le cerveau.

Neurone en culture établissant des connexions synaptiques (MEB).

La plasticité cérébrale

Dans un article publié en 1969, le neurologue britannique Geoffrey Raisman apporte la preuve que de nouvelles connexions synaptiques s'établissent dans le cerveau à la suite d'une lésion. Cette capacité de remodelage a fondé le concept de « plasticité cérébrale », qui s'est depuis révélé particulièrement fécond.

Formuler les problèmes à résoudre

- Interrogez-vous sur la différence entre mouvements réflexes et mouvements volontaires.
- Formulez des questions soulevées par l'étude de ces documents, concernant le rôle du cerveau, son activité, sa capacité à modifier son fonctionnement dans diverses situations.

Unité 1

Les cellules du cerveau

Au cours de l'évolution, le cerveau a progressivement acquis une structure très complexe. Après plus d'un siècle de recherche scientifique, on commence à en comprendre l'organisation, notamment à l'échelle cellulaire.

Quelles cellules constituent le cerveau et quels sont leurs rôles ?

- Cerveau humain
- Cerveau humain en coupe

bordas Flash PAGE animation

1 Du cerveau aux neurones

Situé dans la boîte crânienne, l'encéphale est constitué du cerveau (principal organe du système nerveux central*), du cervelet et du tronc cérébral. Le cerveau est composé de deux hémisphères dont la surface forme de nombreux replis ou circonvolutions. En coupe, il apparaît constitué de deux grands types de tissus : la substance grise (cortex* en périphérie, centres nerveux profonds) et la substance blanche.

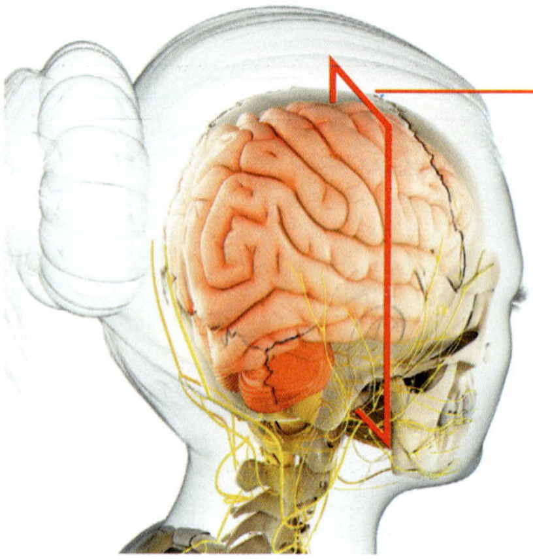

A Situation du cerveau dans la boîte crânienne.

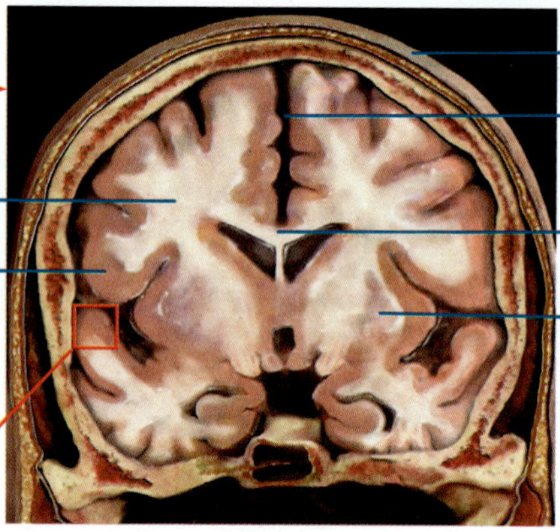

B Coupe coronale* de cerveau humain.

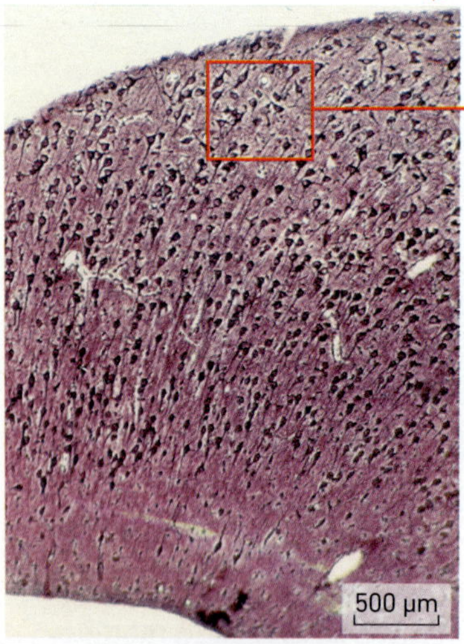

C Cortex cérébral (microscopie optique).

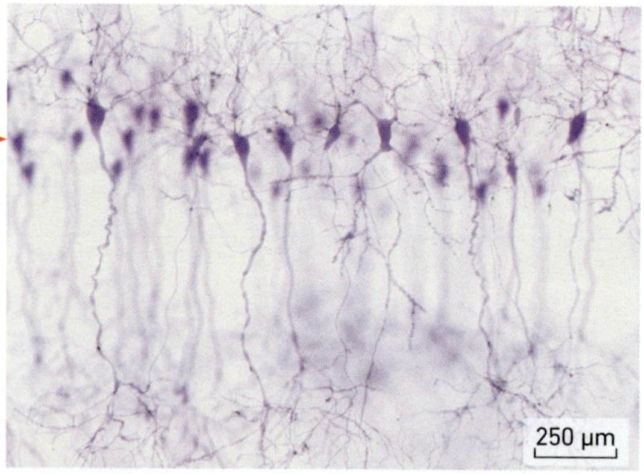

D Neurones pyramidaux du cortex cérébral.

L'observation microscopique du cortex montre une organisation en plusieurs couches de **neurones*** dits pyramidaux.
Le nombre total de neurones à l'intérieur du cerveau est estimé entre 86 et 100 milliards.

2 Les cellules gliales

• Pendant longtemps, les biologistes se sont intéressés aux seuls neurones. Pourtant, ceux-ci ne représentent qu'une partie des cellules du cerveau, le reste étant constitué des **cellules gliales*** (qui doivent leur nom à leur aspect gluant). On sait depuis peu qu'elles sont essentielles pour la survie et le bon fonctionnement du cerveau. Des dysfonctionnements des cellules gliales interviendraient dans de nombreuses maladies neurologiques (maladie de Parkinson, maladie d'Alzheimer, épilepsie...).

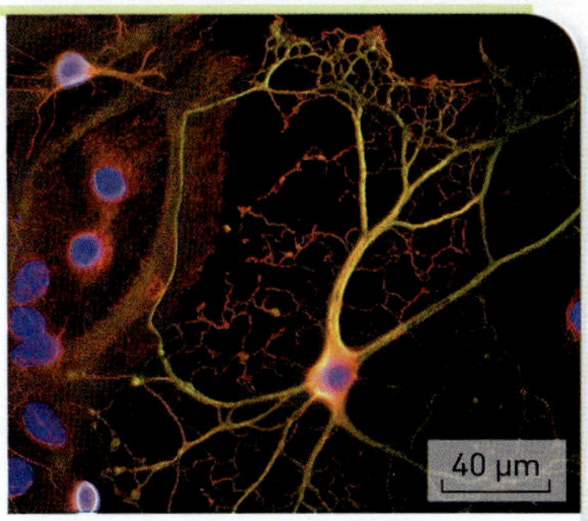

A Astrocyte en culture (marquage fluorescent).

• On distingue trois catégories de cellules gliales :

Les astrocytes : ces cellules de forme étoilée jouent un rôle important dans le support, la protection, la nutrition et le métabolisme énergétique des neurones. On a également découvert plus récemment qu'elles peuvent réguler la transmission synaptique.

Les oligodendrocytes : dans la substance grise, ces cellules ont un rôle métabolique. Dans la substance blanche, elles produisent la gaine de myéline*, qui accélère jusqu'à 100 fois la conduction du message nerveux par les fibres nerveuses (voir p. 356).

Les cellules de la microglie : elles interviennent dans la défense immunitaire du cerveau. Douées de phagocytose, elles peuvent également libérer des médiateurs chimiques ou jouer le rôle de cellules présentatrices d'antigènes.

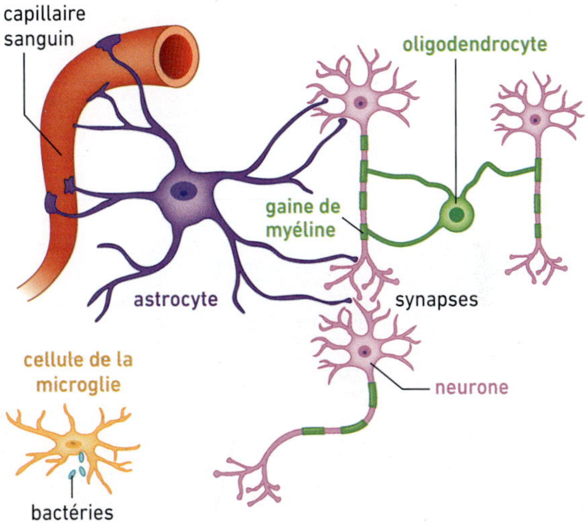

B Diversité des cellules gliales.

• La sclérose en plaques (voir p. 386) est une maladie auto-immune* se manifestant par la disparition de la gaine de myéline au niveau des neurones du cerveau, perturbant la conduction du message nerveux et entraînant à terme une dégénérescence des neurones.
Cependant, les chercheurs ont observé chez des malades une capacité plus ou moins importante de régénération spontanée de cette gaine de myéline. Des études chez la souris montrent le rôle des oligodendrocytes dans cette remyélinisation, offrant des pistes de traitement prometteuses.

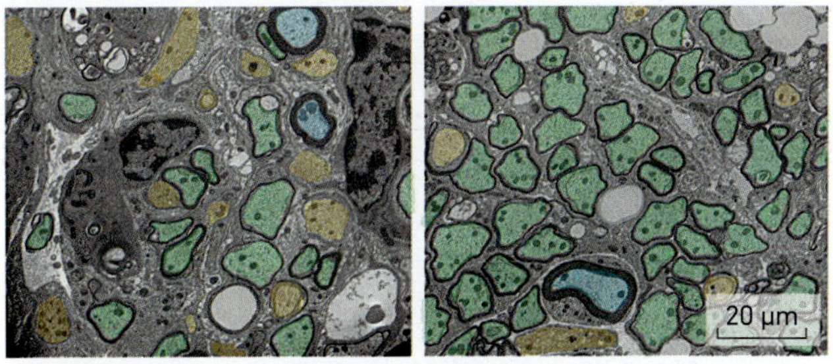

C Intensité du processus de remyélinisation chez deux personnes atteintes de sclérose en plaques (MET*).
Jaune : axones démyélinisés.
Vert et bleu : axones remyélinisés (coupe transversale).

Activités envisageables

Afin de comprendre l'organisation cellulaire du cerveau :

- **Faites des observations de coupes réalisées dans le tissu cérébral : présentez vos observations, identifiez les différents types cellulaires constituant le cerveau.**
- **Précisez le lien entre les cellules gliales et la sclérose en plaques.**
- **Montrez que les cellules du cerveau coopèrent entre elles.**

Des clés pour réussir

- Remobilisez vos connaissances sur les neurones, abordées dans le chapitre 1.
- Bien mettre en évidence la diversité des rôles joués par les cellules gliales.

* Lexique ➡ p. 509

Unité 2

La commande des mouvements volontaires

Contrairement aux mouvements réflexes, la commande des mouvements volontaires fait nécessairement intervenir le cerveau : c'est au niveau du cortex cérébral que se manifestent la conscience des perceptions et la volonté de commander des mouvements.

Comment l'exploration du cortex cérébral permet-elle de situer les territoires du cerveau à l'origine de la motricité volontaire ?

Technique de l'IRM — Flash PAGE animation

1 L'exploration du cortex : des études historiques à l'imagerie fonctionnelle

A Eduard Hitzig (medecin) et Gustav Fritsch (anatomiste).

• Dès 1870, Eduard Hitzig et Gustav Fritsch montrent que la stimulation électrique de différentes zones du cortex cérébral d'un animal provoque des contractions musculaires de régions précisément localisées. Les expérimentations du neurologue David Ferrier, réalisées chez des primates, permettent de proposer en 1873 une cartographie des **aires motrices***.

Depuis les années 1990, l'utilisation de la technique d'**IRM fonctionnelle*** (IRMf) permet de visualiser de façon non invasive et sans irradiation les différentes parties du cerveau en fonctionnement (voir le guide pratique p. 500).

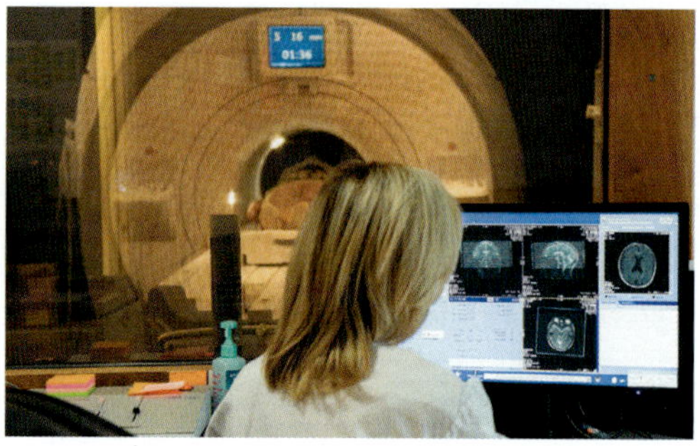

B L'IRM : une révolution pour l'exploration du cerveau.

• La commande des mouvements volontaires met en jeu des territoires bien déterminés du cortex cérébral, appelés pour cette raison aires corticales motrices. Ces aires motrices sont présentes symétriquement dans les deux hémisphères cérébraux.

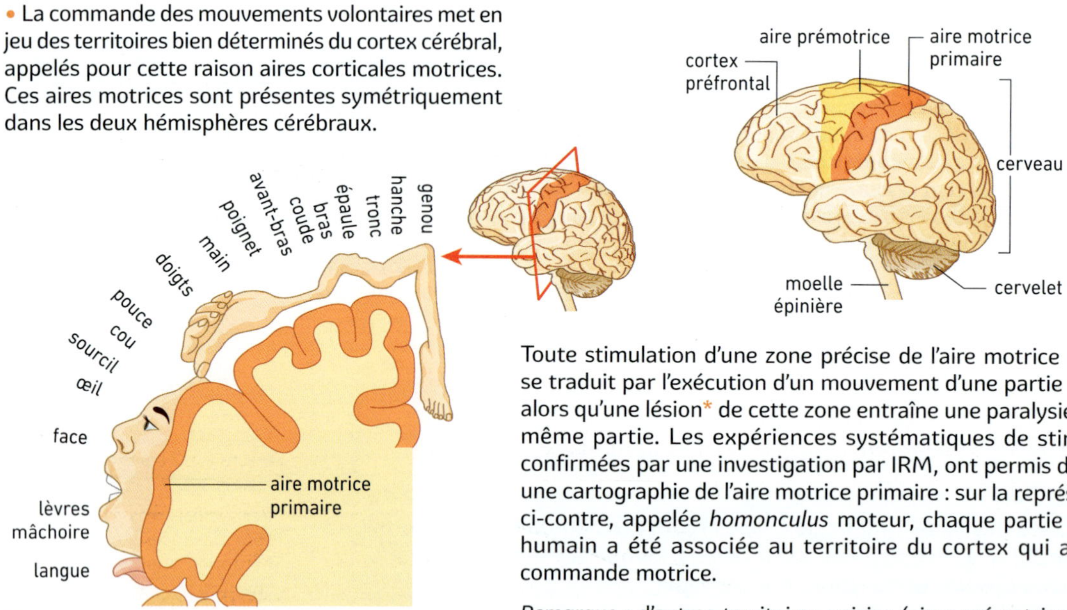

C Une carte motrice à la surface du cerveau.

Toute stimulation d'une zone précise de l'aire motrice primaire* se traduit par l'exécution d'un mouvement d'une partie du corps, alors qu'une lésion* de cette zone entraîne une paralysie de cette même partie. Les expériences systématiques de stimulation, confirmées par une investigation par IRM, ont permis de dresser une cartographie de l'aire motrice primaire : sur la représentation ci-contre, appelée *homonculus* moteur, chaque partie du corps humain a été associée au territoire du cortex qui assure sa commande motrice.

Remarque : d'autres territoires voisins (aires prémotrices et aires motrices supplémentaires) sont impliqués dans la planification et le contrôle du mouvement.

Flash PAGE animation

2 Localiser la région du cortex cérébral à l'origine d'un mouvement

Commande cérébrale du mouvement

• On cherche à vérifier que la commande d'un mouvement volontaire met en jeu un territoire bien déterminé du cortex cérébral et que cette commande est controlatérale (c'est-à-dire issue de l'hémisphère opposé). On cherche aussi à savoir si cette localisation est variable suivant les individus.

Activité pratique

Le logiciel *EduAnat2* permet de visualiser et d'explorer des IRMf du cerveau (voir guide pratique p. 500).
On dispose d'images correspondant à deux sujets qui effectuent un test de routine consistant à répéter un même mouvement (clic de souris), soit de la main droite, soit de la main gauche.

- Afficher les images utiles.
- Explorer les plans de coupe de façon à rechercher une zone dont le surcroît d'activité correspond au mouvement exécuté.
- Comparer différentes images.

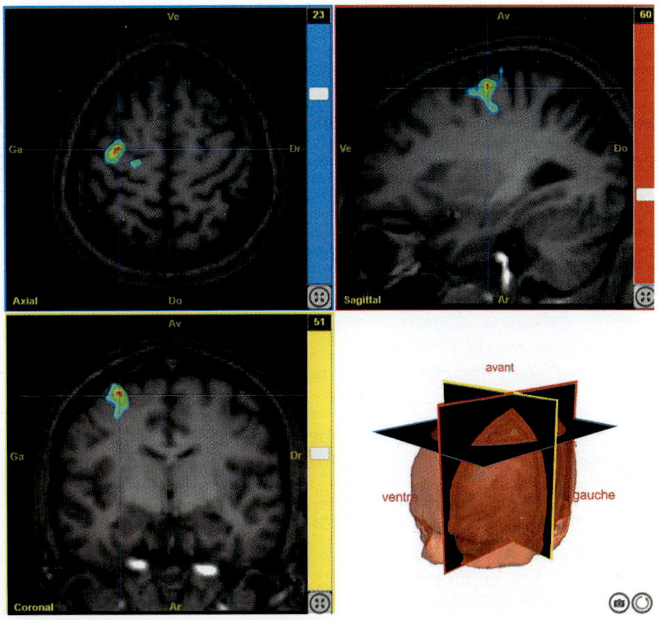

A IRM et calque fonctionnel montrant la zone corticale impliquée dans la réponse motrice de la main droite.

• Dans le test présenté ci-dessous, on a simplement demandé au sujet d'effectuer un mouvement de la langue en répétant la syllabe « la ».

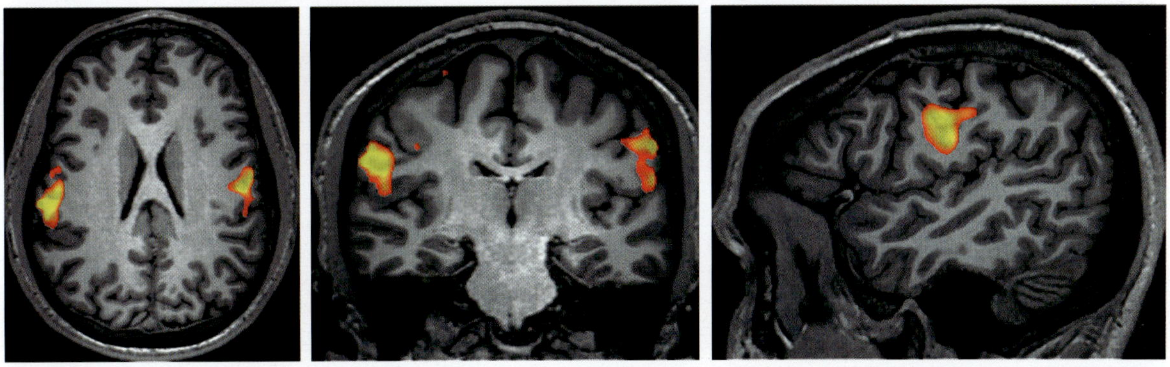

B IRMf montrant les zones du cortex impliquées lors d'un mouvement volontaire de la langue (dans l'ordre : plan axial, coronal et sagittal gauche).

Activités envisageables

Pour localiser les aires du cerveau à l'origine des mouvements volontaires :

- **Étudiez des IRMf correspondant à différentes activités motrices, comme celles suggérées par le doc. 2. Présentez votre démarche, vos images et votre raisonnement.**
- **Confrontez les IRMf à la cartographie des aires motrices présentée par le doc. 1.**

Des clés pour réussir

- Sélectionnez les images les plus pertinentes, tenez compte de l'orientation des plans de coupe. Aidez-vous du guide pratique p. 500.
- Vous pouvez rechercher des informations complémentaires (voir l'exercice 13 p. 398 sur l'effet de l'apprentissage d'un geste).

* Lexique ➡ p. 509

Unité **3**

La communication entre aires cérébrales

Si les muscles peuvent être commandés directement par les neurones de l'aire motrice primaire, la réalisation de mouvements complexes nécessite une communication entre différentes aires du cortex, ainsi qu'avec d'autres régions du cerveau.

Comment les aires corticales et les autres régions du cerveau communiquent-elles ?

1 Les aires corticales coopèrent entre elles

L'étude des IRM fonctionnelles permet de mettre en évidence une coopération entre différentes aires du cortex et avec des centres nerveux plus profonds.

Le schéma ci-contre présente les zones activées chez un sujet droitier écrivant un texte (seules les régions impliquées dans l'acte d'écrire sont localisées).

L'écriture nécessite une action motrice complexe. Elle implique les aires corticales liées à la motricité fine (aires motrice, prémotrice et motrice supplémentaire), des centres nerveux plus profonds impliqués dans le contrôle de la motricité et des aires corticales liées à la formation des lettres et à l'écriture des mots.

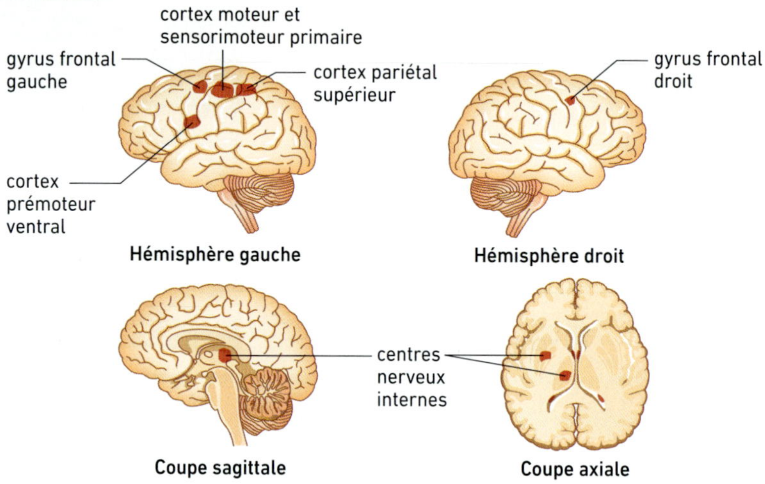

Régions du cerveau actives chez un sujet écrivant un texte.

2 Des voies neuronales complexes

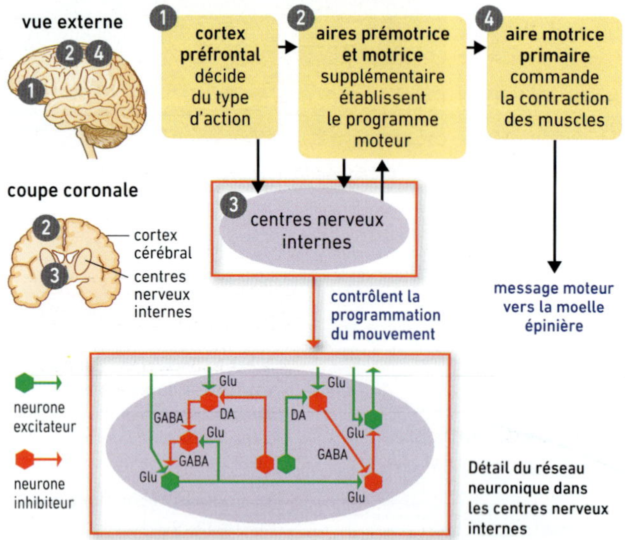

Réseau neuronique impliqué dans le contrôle du mouvement.

Le schéma ci-contre présente, de manière simplifiée, le réseau neuronique cérébral contrôlant l'exécution des mouvements. Il fait intervenir des **voies neuronales*** interconnectées où se propagent des messages codés en fréquence de potentiels d'action.

Les couleurs de représentation des neurones permettent de distinguer des neurones excitateurs (en vert) et des neurones inhibiteurs (en rouge).

L'action de ces deux types de neurones permet de moduler la fréquence des potentiels d'action le long des voies neuronales.

Les synapses entre les neurones font intervenir une grande diversité de **neurotransmetteurs*** :

- Glu : Glutamate
- GABA : acide γ-aminobutyrique
- DA : Dopamine.

3 Les neurotransmetteurs régulent les messages nerveux le long des voies neuronales

• Une expérience sur le cerveau des rats

Des chercheurs ont enregistré l'activité spontanée d'un neurone du cortex cérébral de rat.
Par une technique de micro-injection, ils ont testé l'effet de deux neurotransmetteurs communs dans le cerveau sur cette activité : l'acétylcholine et le GABA. La même quantité de ces deux substances (60 unités) est appliquée. Ils ont enregistré le message nerveux produit par le neurone et mesuré le nombre de potentiels d'action le constituant.

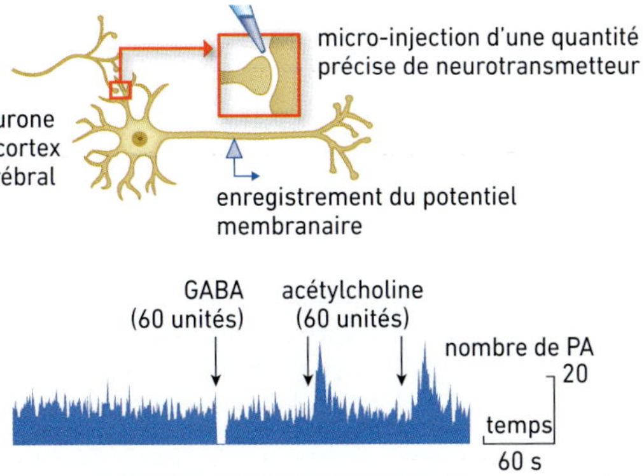

A Action de deux neurotransmetteurs sur le message nerveux postsynaptique.

• Mécanisme d'action du GABA

Comme l'acétylcholine, le GABA se fixe sur un récepteur en forme de protéine-canal*, mais alors que l'acétylcholine provoque l'entrée d'ions Na^+ dans le neurone postsynaptique, la fixation du GABA entraîne l'entrée d'ions Cl^-.

Activité pratique

À l'aide d'un logiciel de modélisation moléculaire, visualiser la fixation du GABA sur son récepteur et mettre en évidence la forme de protéine-canal de ce dernier.

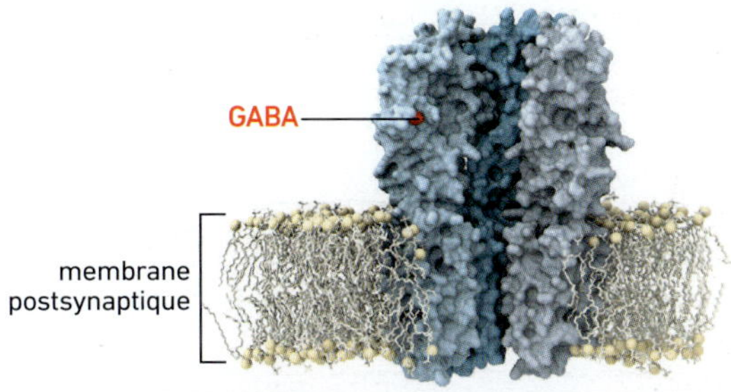

B Modèle moléculaire du récepteur au GABA (vue latérale en coupe).

4 Le connectome du cerveau humain

Comprendre l'ensemble des relations entre les 10^{11} neurones constituant le cerveau humain semblait, il y a peu, un rêve inaccessible. Les neurosciences ont cependant connu un développement remarquable ces dernières décennies, grâce au développement de l'imagerie médicale et des capacités de traitement d'un nombre considérable de données.

De nombreux projets portent sur la cartographie du connectome* humain, c'est-à-dire de l'ensemble des connexions neuronales du cerveau.

L'image ci-contre, obtenue grâce à l'IRM de diffusion*, représente les fibres nerveuses reliant les zones du cerveau, colorées suivant leur orientation.

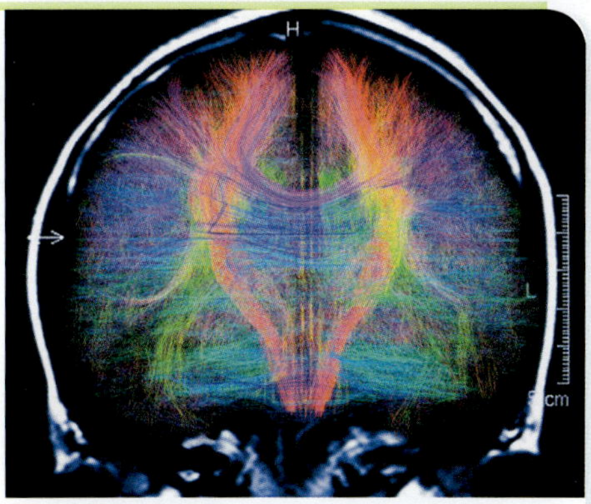

Une représentation du « connectome » (plan coronal).

Activités envisageables

Afin de comprendre comment les différentes régions du cerveau peuvent communiquer entre elles :

- **Montrez la nécessité d'une communication entre les différentes aires du cortex cérébral et indiquez comment elles peuvent interagir.**
- **Expliquez comment des neurotransmetteurs peuvent moduler le message nerveux propagé par les voies neuronales.**

Des clés pour réussir

- Vous pouvez relier l'action du GABA dans les voies neuronales (doc. 2) au fonctionnement de son récepteur (doc. 3).
- Utilisez vos connaissances concernant le message nerveux et le fonctionnement synaptique.

* Lexique ➥ p. 509

Unité

4 Du cerveau aux motoneurones de la moelle épinière

Les muscles des membres et du tronc sont directement mis en jeu par les neurones moteurs situés dans la moelle épinière. Cependant, les mouvements volontaires sont commandés par les neurones des aires motrices du cortex cérébral.

Quel trajet suivent les messages nerveux moteurs et quelles sont les conséquences de lésions affectant ces voies motrices ?

1 Des accidents aux conséquences très variables

A Nicholas Fairall, un sportif paraplégique.

Le 5 janvier 2015, l'athlète américain Nicholas Fairall fait une chute lors de la coupe du monde de saut à ski, qui lui provoque de graves blessures à la colonne vertébrale. Malgré une intervention chirurgicale rapide, la compression de la moelle épinière entraîne une paralysie des deux jambes et de la partie basse du tronc (paraplégie). La motricité de ses membres supérieurs est conservée. En 2017, cet athlète est sélectionné pour participer aux championnats du monde handisport de ski nautique.

Certains traumatismes peuvent avoir des conséquences gravissimes : l'IRM ci-dessous révèle une fracture sévère de la 7e vertèbre cervicale avec atteinte de la moelle épinière (en rouge). Les lésions de ce segment particulièrement vulnérable de la colonne vertébrale (accidents de la circulation, chutes) sont la cause de paralysies graves (tétraplégie*) ou de décès.

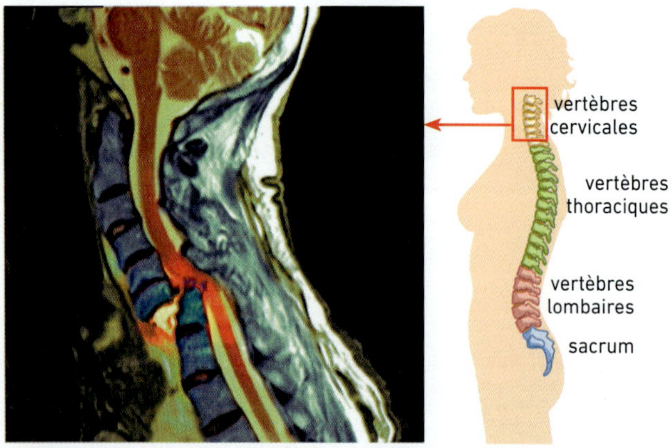

B IRM de la région du cou (plan sagittal).

Les axones des neurones issus du cortex moteur forment des faisceaux qui descendent dans la moelle épinière et établissent des contacts synaptiques avec les neurones moteurs aux différents niveaux de la moelle épinière (C).

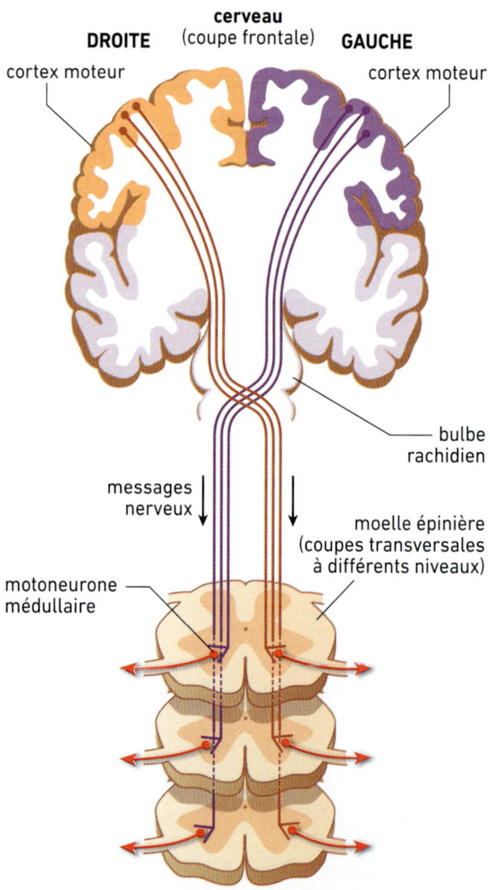

C Les voies nerveuses de la motricité volontaire.

2 Origine et conséquence d'un AVC

Un AVC (accident vasculaire cérébral) est un trouble de la circulation sanguine irriguant le cerveau. Dans 80 % des cas environ, c'est l'obstruction d'une artère qui est à l'origine de l'accident (AVC ischémique), mais l'AVC peut également provenir d'une hémorragie liée à la rupture d'un vaisseau sanguin dans le cerveau.
Les AVC ont des conséquences extrêmement variables : certains sont très discrets, tandis que d'autres sont la cause de décès ou de handicaps plus ou moins lourds. Il existe cependant d'importantes facultés de récupération (voir p. 389).

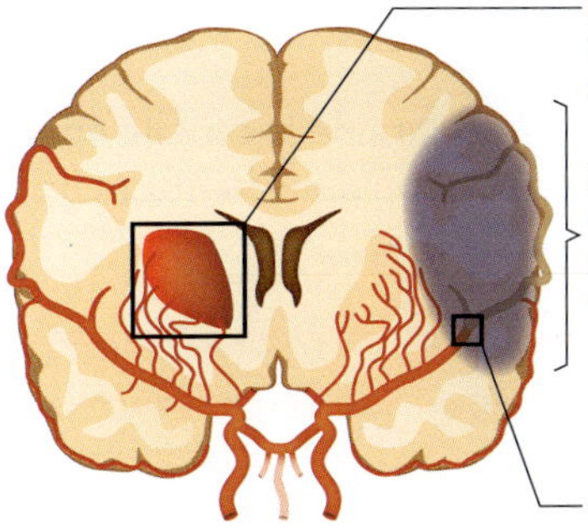

A Les causes des accidents vasculaires cérébraux.

Activité pratique

Le logiciel *EduAnat2* permet de visualiser et d'explorer des IRM du cerveau et des vaisseaux sanguins (voir guide pratique p. 500).

- On étudie le cas d'un patient victime d'un AVC et présentant une hémiplégie* gauche, une incapacité à répondre à des stimulus du côté gauche, une perte de l'hémichamp visuel* gauche (œil droit et œil gauche) ainsi qu'une atteinte de la sensibilité du côté gauche du corps.
- Explorer l'IRM du cerveau de manière à identifier la lésion et son étendue (image réalisée 6 mois après l'AVC).
- Rechercher la cause de cet AVC.

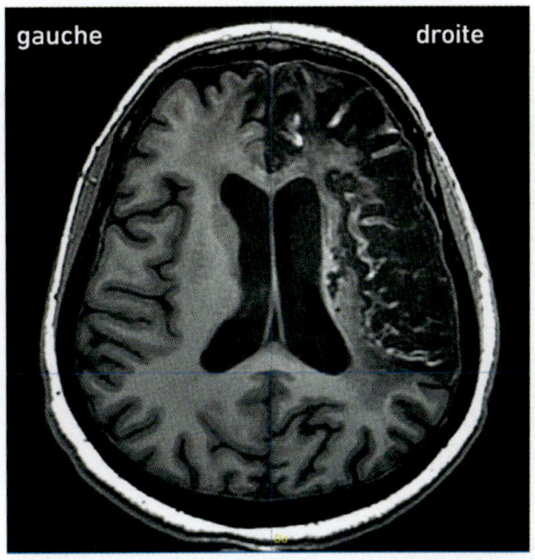

B IRM cérébrale du patient (plan axial médian).

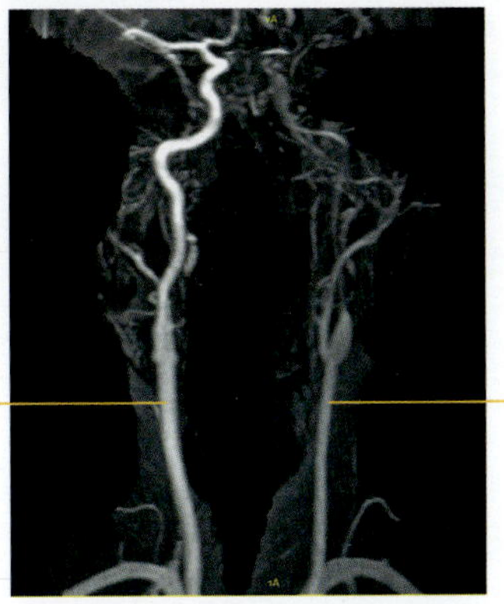

Les artères carotides sont les deux principales artères du cou. Sur cette image, le sang circulant apparaît en blanc.

C IRM des artères carotides*.

Activités envisageables

Afin de comprendre quel trajet suit le message nerveux lors d'un mouvement volontaire :

- **Expliquez les conséquences variables des lésions de la moelle épinière.**
- **Réalisez l'activité proposée par le doc. 2. Sélectionnez et présentez des images de façon à déterminer les causes et conséquences de cet AVC.**
- **Expliquez les résultats constatés par l'étude pratique réalisée au cours de l'unité 2 (p. 379).**

Des clés pour réussir

- Vous pouvez chercher d'autres exemples. Pour les lésions médullaires, tenez compte du niveau auquel se situe la lésion.
- Vous pouvez comparer avec des IRM de sujets sains.
- Tenez compte de la cartographie des aires corticales.

* Lexique ➥ p. 509

Le rôle intégrateur des neurones moteurs

Les neurones moteurs de la moelle épinière interviennent aussi bien dans les réflexes neuromusculaires que dans la motricité volontaire. Ils reçoivent donc des informations variées, parfois contradictoires.

Comment un motoneurone tient-il compte des diverses informations qu'il reçoit pour produire un message nerveux moteur adapté ?

1 Mise en évidence de l'intégration par le neurone moteur

Un neurone moteur de la moelle épinière reçoit des messages nerveux en provenance de nombreux neurones présynaptiques (A). Certains, comme des neurones sensitifs ou des neurones du cortex, ont une action excitatrice sur le motoneurone et favorisent la formation d'un nouveau message moteur. D'autres ont une action inhibitrice s'opposant à la formation d'un message moteur.

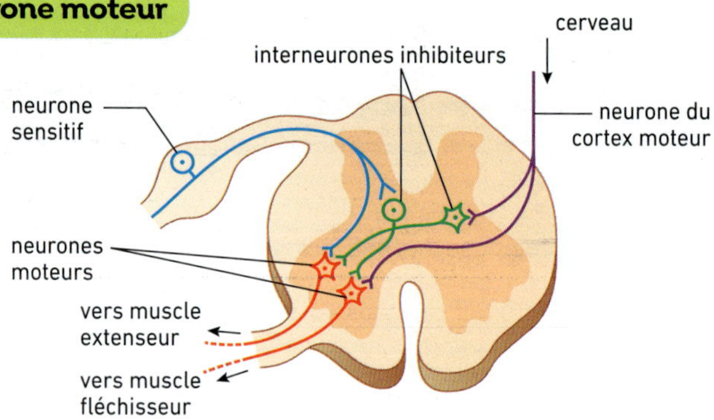

A Exemples de diverses connexions synaptiques sur un même motoneurone.

Activité pratique

À l'aide d'un dispositif ExAO (voir p. 351), on enregistre par électromyographie la contraction réflexe du muscle extenseur en réponse à son étirement suite à un choc sur le tendon d'Achille, dans trois conditions :

1. Muscles de la jambe relâchés et choc relativement important.
2. Muscles de la jambe relâchés et choc plus faible.
3. Muscle fléchisseur légèrement contracté volontairement et choc important.

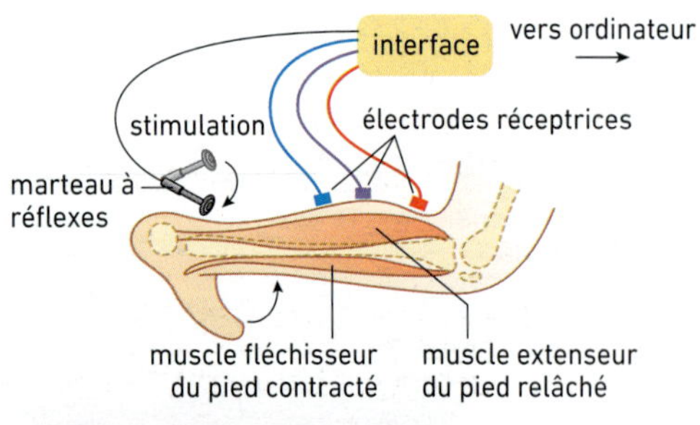

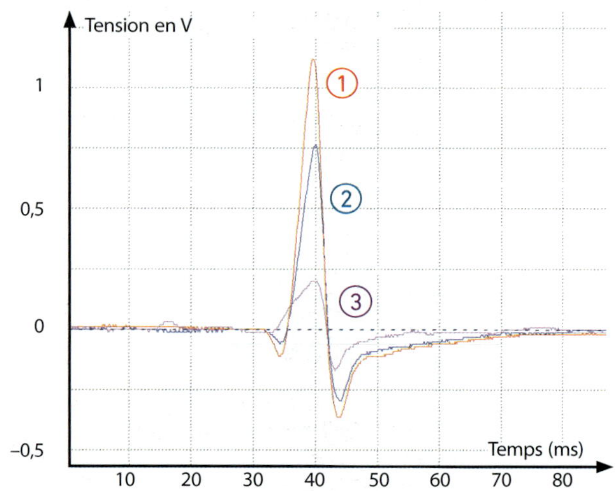

B Enregistrements de la contraction du muscle extenseur de la jambe dans trois conditions différentes.

Le neurone moteur est ainsi soumis à un « cocktail » de neurotransmetteurs aux effets opposés. Les neurotransmetteurs excitateurs favorisent la formation des potentiels d'action. Ils ont tendance à en augmenter la fréquence. Les neurotransmetteurs inhibiteurs ont au contraire pour effet de rendre plus difficile la formation des potentiels d'action, d'en diminuer la fréquence voire de les annuler (voir p. 381). La réponse du neurone moteur dépend ainsi du dosage de ces divers neurotransmetteurs.

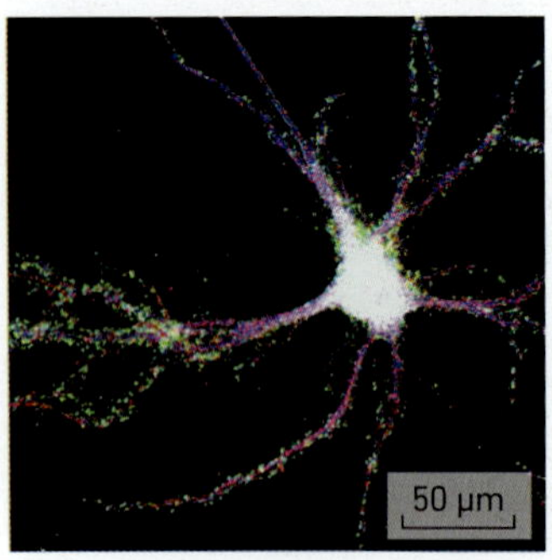

C Mise en évidence des très nombreux contacts synaptiques (en vert) au niveau d'un seul neurone moteur.

2 Les modalités d'intégration au niveau du neurone moteur

logiciel sommation spatiale

Flash PAGE animation

• Pour réaliser l'observation microscopique ci-contre (A), une technique a permis de colorer chaque fibre nerveuse motrice d'une couleur différente. Un tel marquage a montré qu'une fibre nerveuse peut innerver plusieurs fibres musculaires mais qu'une fibre musculaire ne reçoit de message nerveux que d'un seul motoneurone. Le motoneurone et les fibres musculaires qui lui sont associées forment ce qu'on appelle une unité motrice.

• Un motoneurone peut intégrer des informations de différents neurones afférents : c'est ce qu'on appelle la **sommation spatiale***. Il peut aussi intégrer des messages nerveux reçus successivement d'une même synapse : c'est ce qu'on appelle la **sommation temporelle*** (B).

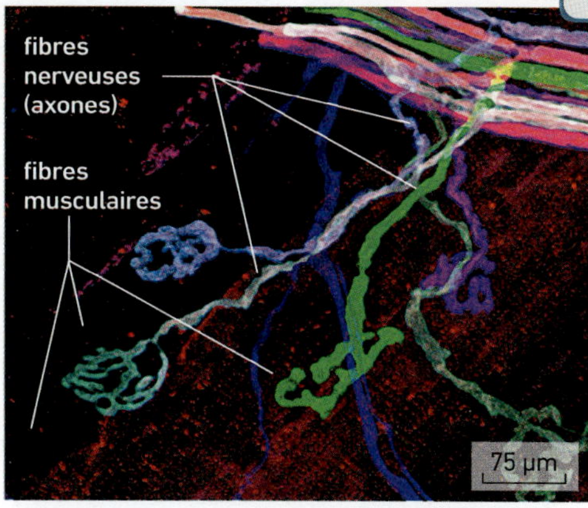

A La mise en évidence des unités motrices.

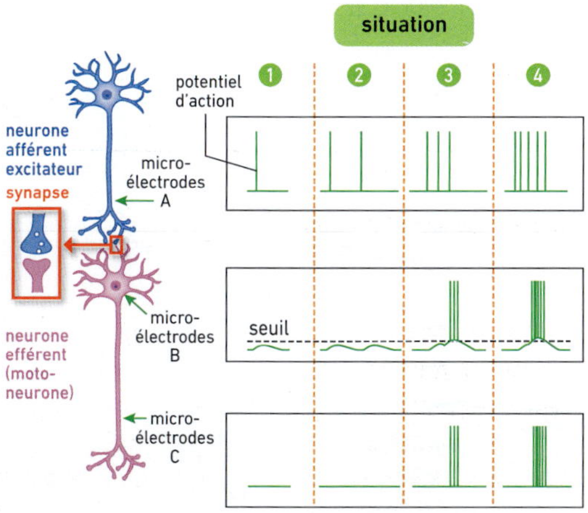

B Le principe de la sommation temporelle.

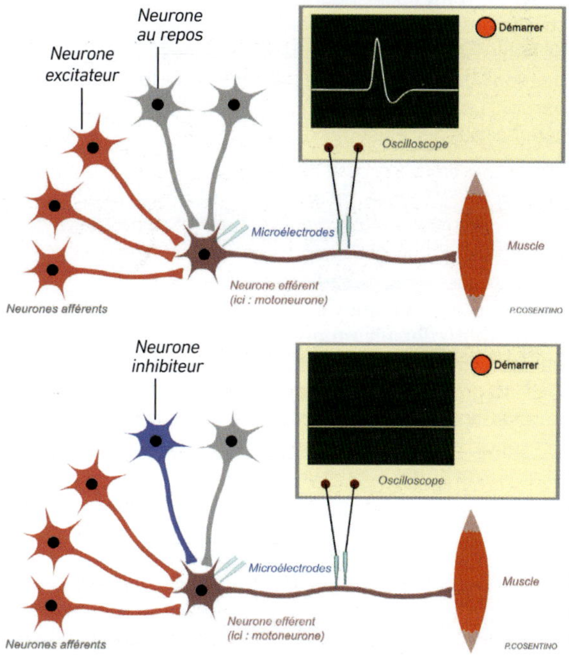

C La sommation spatiale : deux exemples de simulations réalisées.

Activité pratique

À l'aide de l'application *Sommation spatiale* (C), on peut simuler la réponse d'un motoneurone à l'activation simultanée de neurones excitateurs ou inhibiteurs.

- Montrer que des messages nerveux présynaptiques peuvent produire un message postsynaptique, mais pas nécessairement.
- Montrer que l'action stimulatrice d'un neurone peut-être diminuée ou annihilée par un autre neurone.

Activités envisageables

Afin de comprendre le rôle intégrateur des neurones moteurs :

- **Montrez que les réponses réflexes myotatiques mettent en évidence les propriétés intégratrices des neurones moteurs.**
- **Relevez les relations existant entre les motoneurones et les fibres musculaires. En vous appuyant sur diverses simulations que vous présenterez, expliquez les modalités d'intégration utilisées par le motoneurone.**

Des clés pour réussir

- Remobilisez vos connaissances sur le réflexe myotatique vues dans le chapitre 1.
- Pour exploiter les résultats de l'expérience, identifiez les neurones et le type de neurotransmetteur mis en jeu (voir unité 3).

* Lexique ➥ p. 509

Unité 6

Des dysfonctionnements du système nerveux

Multiples et variées, brutales ou chroniques, les pathologies du système nerveux sont souvent à l'origine d'une dégradation de la qualité de vie et de l'autonomie du patient. La compréhension des mécanismes de ces maladies et des symptômes associés fait l'objet de nombreuses recherches.

Comment certaines anomalies perturbent-elles le fonctionnement du système nerveux ?

Gaine de myeline — bordas Flash PAGE animation

1 La sclérose en plaques : une maladie qui affecte la transmission du message nerveux

Les symptômes

La sclérose en plaques (SEP) touche plus de 110 000 personnes en France. L'âge moyen du début des symptômes est d'environ 30 ans. Les symptômes sont neurologiques mais extrêmement variés et peu spécifiques, touchant aussi bien la motricité que la sensibilité : sensation de faiblesse musculaire, fatigabilité, perturbation des réflexes, troubles de l'équilibre, de la vision, de l'audition, de la sensibilité générale, de la parole... La sclérose en plaques est de gravité variable, se manifestant souvent par des épisodes de poussées aigües entrecoupés de longues périodes de stabilisation ou de récupération.

Dans 80 % des cas, les patients atteints d'une sclérose en plaques depuis plus de 10 ans présentent des problèmes de coordination des membres et éprouvent des difficultés à marcher.

Les causes de la maladie

La sclérose en plaques est une maladie auto-immune : le système immunitaire détruit progressivement les cellules qui fabriquent la gaine de myéline entourant les fibres nerveuses, axones et dendrites. Or, l'intégrité de cette gaine est indispensable à une conduction rapide du message nerveux. Chez les malades, la conduction des messages est considérablement ralentie (elle peut passer de 100 $m \cdot s^{-1}$ à 10 $m \cdot s^{-1}$) et leur synchronisation n'est plus assurée (B).

A La SEP, une maladie neurologique qui se traduit souvent par des troubles de la motricité.

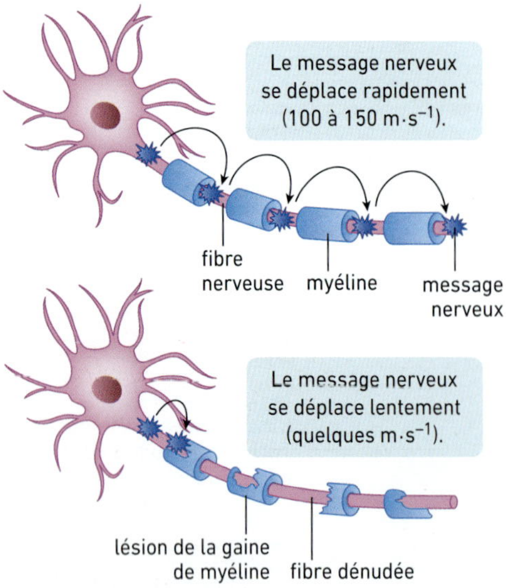

B Des perturbations de la conduction des messages nerveux.

Il est difficile de diagnostiquer la maladie à ses débuts. L'IRM révèle cependant des plaques blanches, caractéristiques de la démyélinisation (flèches sur les IRM).

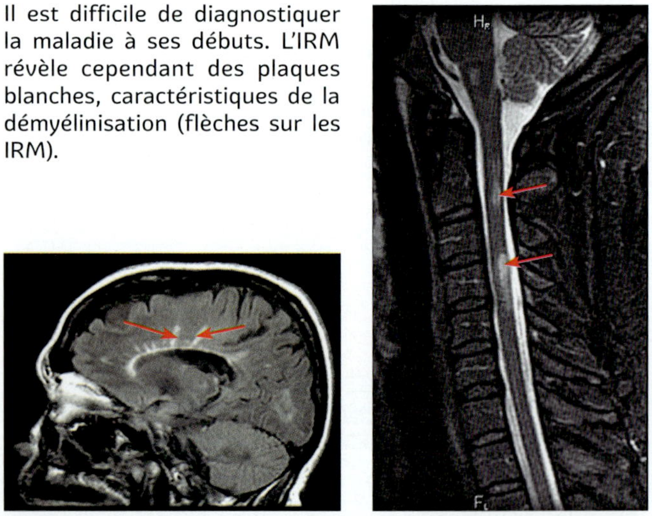

C IRM de cerveau et de moelle épinière d'une personne atteinte de SEP (coupes sagittales).

2 La maladie de Parkinson, une maladie neurodégénérative

Les symptômes

Avec la maladie d'Alzheimer, la maladie de Parkinson est une des principales maladies dues à une **dégénérescence*** de neurones cérébraux.

La maladie de Parkinson touche environ 160 000 personnes en France (en 2019), principalement de plus de 65 ans, mais parfois plus jeunes. Le nombre de cas a doublé en 25 ans.

La maladie de Parkinson est une maladie neurologique du mouvement :
- tremblements au repos ;
- lenteur et difficulté pour l'exécution de mouvements pourtant simples ;
- difficulté d'élocution, de déglutition ;
- raideur (le corps tend à être courbé vers l'avant).

D'autres troubles non moteurs apparaissent : dépression, troubles du sommeil et cognitifs. La maladie de Parkinson peut évoluer vers un handicap sévère et une perte d'autonomie.

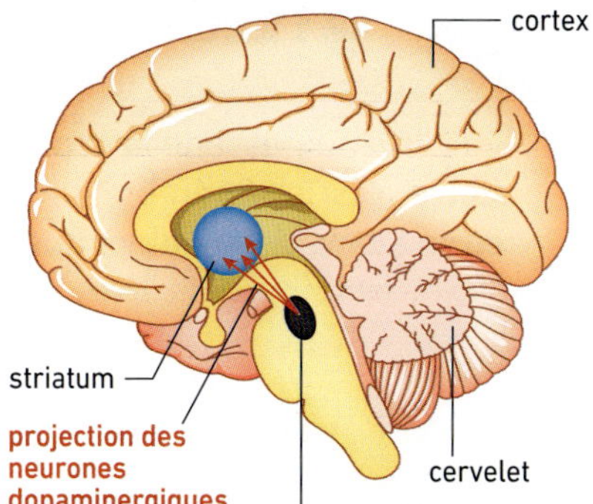

A Les centres nerveux impliqués dans la maladie de Parkinson.

Les causes de la maladie

Le cerveau possède environ 800 000 neurones produisant un neurotransmetteur particulier, la dopamine*. Ceux-ci sont principalement situés dans une zone profonde du cerveau appelée substance noire et établissent des connexions avec les neurones du striatum (A). Dans le cas de la maladie de Parkinson, on constate une diminution importante du nombre de neurones dopaminergiques de la substance noire (B). Cependant, les premiers symptômes n'apparaissent qu'après la perte d'au moins 80 % de ces neurones. La cause de cette dégénérescence est encore très mal connue.

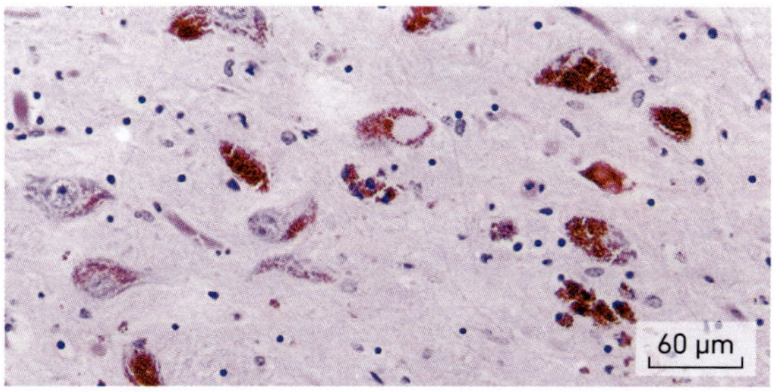

B Neurones en dégénérescence dans la substance noire d'un malade atteint de la maladie de Parkinson.

La dopamine est indispensable pour assurer le contrôle des mouvements du corps. La diminution de sa concentration est la conséquence de la dégénérescence progressive des neurones qui la produisent (C).

Des traitements médicamenteux (précurseurs et agonistes* de la dopamine) existent mais ils sont contraignants et leur efficacité n'est pas systématique.

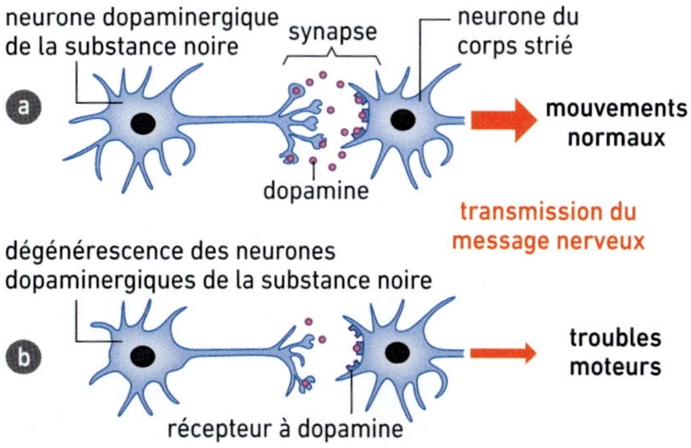

C Transmission du message nerveux chez un sujet non atteint (a) et un patient atteint (b) par la maladie de Parkinson.

Activités envisageables

Afin de comprendre certains dysfonctionnements du système nerveux :

- **En vous appuyant sur ces documents et sur ce que vous avez étudié précédemment, établissez le lien entre les symptômes de ces maladies et leur cause.**
- **Complétez cette approche par des recherches sur les perspectives de traitement de ces pathologies.**

Des clés pour réussir

- Bien relier les différents symptômes aux divers aspects du fonctionnement nerveux : structure et fonction du neurone, autres cellules du tissu nerveux, fonctionnement synaptique, localisations cérébrales, organisation en réseau, voies nerveuses, etc.

* Lexique ➡ p. 509

Unité 7

Apprendre ou réapprendre grâce à la plasticité cérébrale

Le cerveau possède la capacité de se modifier en permanence : c'est ce qui permet d'apprendre. Cette plasticité cérébrale rend possible une récupération des facultés motrices et sensitives suite à une lésion, alors que des neurones ont été irrémédiablement détruits.

Comment se caractérise la plasticité cérébrale ?

1 La plasticité cérébrale, indispensable à l'apprentissage

• L'apprentissage de la lecture nécessite une adaptation du cerveau

A

• Lors de tout apprentissage (faire du vélo, lire, conduire), le cerveau s'organise et se modifie pour être le plus efficace possible. Après un temps d'acquisition, la tâche devient de plus en plus facile, jusqu'à devenir un automatisme.
L'acquisition de la lecture est une étape importante dans le développement d'un enfant. Des chercheurs ont suivi, grâce à des IRMf, le fonctionnement cérébral de dix enfants durant leur année de CP. Pendant les tests, les enfants devaient regarder des images de visages, de corps, de maisons, de chiffres et de lettres.

• Dès qu'ils ont commencé à développer la lecture, l'activité d'une région spécifique du cortex visuel de l'hémisphère gauche (aire VWFA*) est assez vite décelable et commence à répondre de façon sélective à la reconnaissance de mots écrits. La comparaison des différentes IRM a permis de constater que cette zone avait colonisé une aire jusque-là peu spécialisée, située à proximité d'une région activée par la reconnaissance des visages. Cependant, l'acquisition de la lecture n'a pas remplacé la faculté à reconnaître les visages, qui s'est quant à elle focalisée dans l'hémisphère droit.

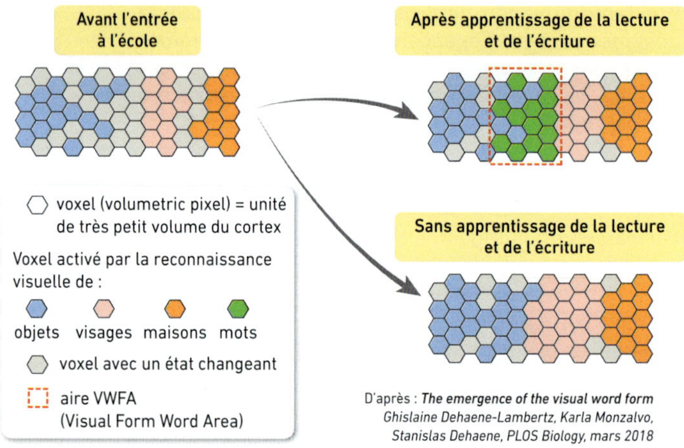

D'après : *The emergence of the visual word form* Ghislaine Dehaene-Lambertz, Karla Monzalvo, Stanislas Dehaene, PLOS Biology, mars 2018

B L'apprentissage de la lecture oriente certaines régions du cortex visuel vers la reconnaissance des lettres.

• Des progrès rapides mais des performances qui diminuent avec l'âge

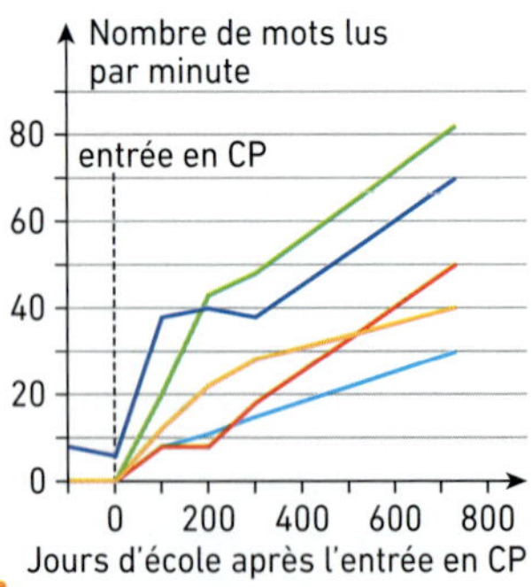

C

• Chez les jeunes enfants, l'apprentissage de la lecture est en général rapide (C). Une étude récente a suivi les changements neuro-fonctionnels associés à l'apprentissage tardif de la lecture chez un adulte analphabète (D). Les résultats montrent que l'émergence de cette zone VWFA s'est faite sur plusieurs mois, de façon continue. Elle s'accompagne d'une diminution légère mais significative de l'activation de l'aire de la reconnaissance des visages.
Au bout de deux ans, la lecture reste lente et soumise à un effort d'attention. De façon générale, peu de personnes ayant appris à lire à l'âge adulte sont capables de lire plus de 50 mots par minute.

D

2 La récupération des fonctions cérébrales après une lésion

• Les accidents vasculaires cérébraux (AVC, voir p. 383) touchent plus de 140 000 personnes chaque année en France et sont la première cause de handicap acquis chez l'adulte. La prise en charge doit être rapide car les dommages cérébraux peuvent être irréversibles. Même si un pronostic est très difficile à établir et les capacités de récupération très variables d'un individu à un autre, une rééducation entreprise immédiatement favorise la récupération.
Cette rééducation dépend des atteintes du patient et fait intervenir une équipe de professionnels spécialisés (kinésithérapeutes, ergothérapeutes*, médecins, infirmières, orthophonistes*, etc.). La stimulation des fonctions sensori-motrices et cognitives se fait grâce à la combinaison de différentes approches. Les outils numériques et le matériel robotisé sont des aides précieuses pour favoriser la mise en mouvement des différentes parties du corps à mobiliser (logiciel informatique, bras robotisé, exosquelette*, réalité virtuelle, etc.).

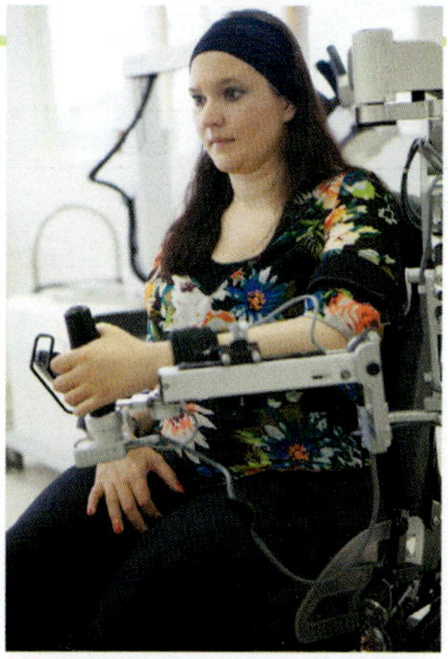

A Utilisation d'accompagnement robotisé pour une rééducation motrice.

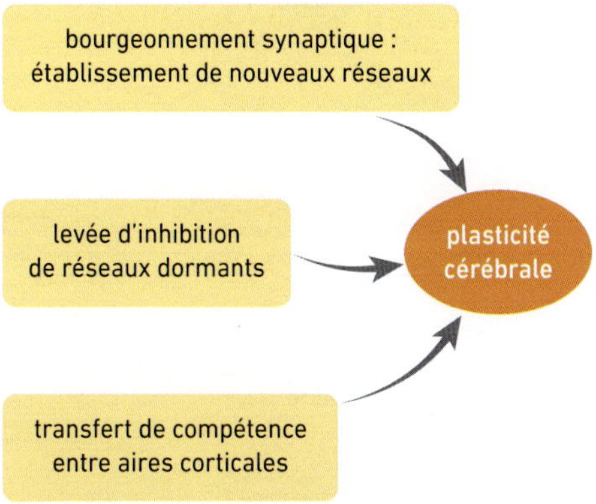

B Quand le cerveau se réorganise.

• Si l'on sait aujourd'hui que certaines zones profondes du cerveau sont capables de générer de nouveaux neurones, on sait aussi que la récupération ne repose pas sur le remplacement des neurones détruits. Les mécanismes à l'œuvre sont de mieux en mieux connus :

- de nouvelles synapses s'établissent entre des neurones qui n'étaient pas connectés : c'est ce que l'on appelle le bourgeonnement synaptique ;
- des réseaux de neurones existants mais jusque-là inhibés* sont activés ;
- certaines aires corticales peuvent suppléer les zones déficientes. Notamment, une aire éloignée de l'aire atteinte, située dans l'hémisphère opposé mais de même fonction, peut assurer le rôle précédemment joué par la région atteinte.

• Après amputation d'une main, on constate que la représentation du cortex moteur correspondant disparaît. Elle est cependant regagnée progressivement quelques mois après une greffe et bien avant la récupération fonctionnelle des mouvements de la main greffée. Les zones actives, diffuses au départ, se déplacent peu à peu pour occuper leur position normale : petit à petit, le cerveau intègre les muscles greffés dans le cortex moteur.

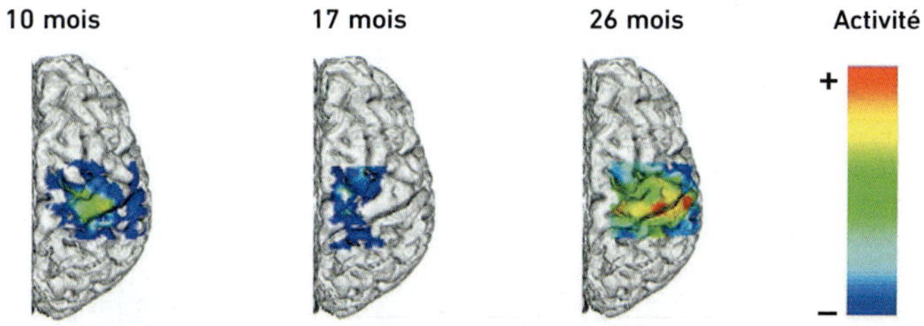

C Activité du cortex moteur (hémisphère droit) correspondant aux muscles assurant la mobilité de l'index gauche dans les mois suivant la greffe d'une main. (*d'après Vargas et al, 2009*)

Activités envisageables

Pour comprendre comment la plasticité cérébrale permet l'apprentissage et la récupération en cas de lésion :

- **L'étude du fonctionnement cérébral a depuis longtemps donné naissance au concept de localisation cérébrale et d'aires spécialisées ; en vous appuyant sur ces documents, discutez de cette notion.**
- **Proposez une explication à l'intérêt de la stimulation d'un membre paralysé pour favoriser la récupération de la fonction motrice.**

Des clés pour réussir

- Faites preuve d'esprit critique et de nuance, donnez des arguments.
- Proposez des hypothèses explicatives fondées sur les processus de la plasticité cérébrale.

* Lexique ➥ p. 509

Unité

8 L'action de substances exogènes sur le cerveau

De nombreuses substances exogènes, c'est-à-dire non produites par l'organisme, ont un effet sur le fonctionnement du système nerveux central, elles sont dites psychoactives. La consommation de certaines d'entre elles peut entraîner des perturbations du fonctionnement nerveux et une addiction.

Comment agissent ces substances sur le fonctionnement du cerveau et pourquoi peuvent-elles entrainer une addiction ?

Nicotine sur récepteur à l'acétylcholine — bordas Flash PAGE molécule 3D

1 L'effet de la nicotine sur le cerveau

• Une action sur les récepteurs de l'acétylcholine

La nicotine, substance contenue dans le tabac, agit au niveau de certains récepteurs du neurotransmetteur acétylcholine. Ces récepteurs portent d'ailleurs le nom de récepteurs nicotiniques.

Ces récepteurs sont des protéines-canaux* (voir p. 360, 363 et 381). Lorsqu'ils sont activés, ils laissent pénétrer des ions Na^+ à travers la membrane, entraînant une légère dépolarisation. L'ouverture des canaux est provoquée par le rapprochement de deux acides aminés, Cys et Trp, des chaînes peptiques du récepteur.

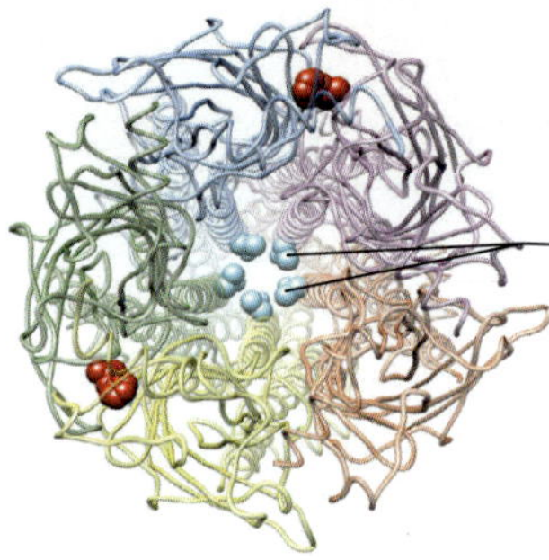

A Nicotine (en rouge) fixée sur le récepteur de l'acétylcholine.

Activité pratique

À l'aide d'un logiciel de modélisation moléculaire :

- Observer la fixation de la nicotine sur le récepteur de l'acétylcholine.
- Mesurer la distance entre les deux acides aminés impliqués dans l'ouverture de cette protéine-canal sur trois modèles moléculaires.

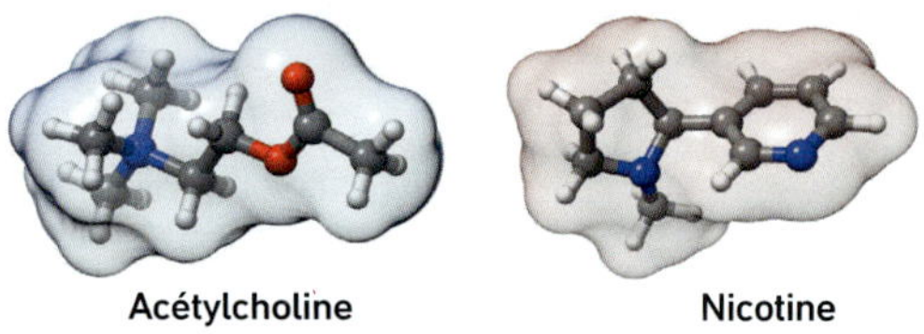

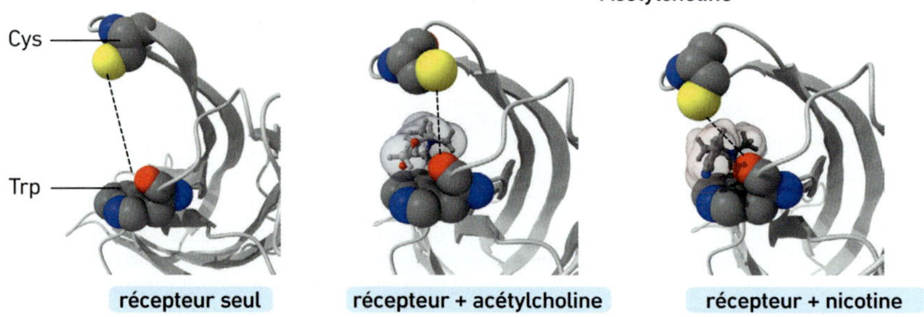

B Distance entre les acides aminés responsables de l'activation du récepteur.

• L'effet en cascade de la nicotine

Les récepteurs nicotiniques sont présents non seulement sur la membrane postsynaptique des synapses à acétylcholine mais également sur la membrane présynaptique de neurones libérant d'autres neurotransmetteurs comme la dopamine, le GABA, le glutamate. La nicotine entraîne donc une perturbation de l'activité de nombreuses synapses dans le cerveau à l'origine des divers effets ressentis.

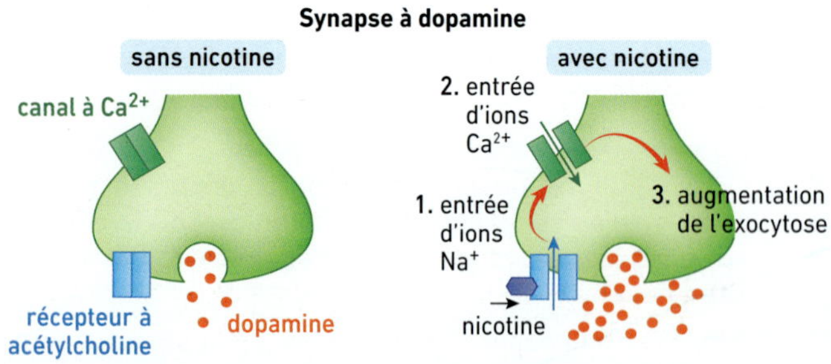

C Une modification du fonctionnement synaptique.

2 De la consommation à l'addiction

Mode d'action des drogues — Flash PAGE animation

• Une addiction* est une pathologie cérébrale définie par la nécessité de reproduire un comportement (consommation de substance ou activité), malgré la connaissance de ses conséquences néfastes.

	Tabac	Alcool	Cannabis	Héroïne	Cocaïne	Amphétamines
Expérimentateurs[1]	36 millions	47 millions	18 millions	0,5 million	2,1 millions	1,9 million
Usagers réguliers	15 millions	9 millions	1,5 million			
Pouvoir addictif[2]	32 %	15 %	9 %	23 %	17 %	11 %
Personnes traitées pour addiction	3,4 millions	142 000	59 000	45 000		

A Principales substances exogènes addictives consommées en France (résultats de 2018).
1. **Expérimentateurs :** personnes ayant au moins consommé une fois du produit.
2. **Pouvoir addictif :** part des usagers développant une addiction à la substance qu'ils consomment.

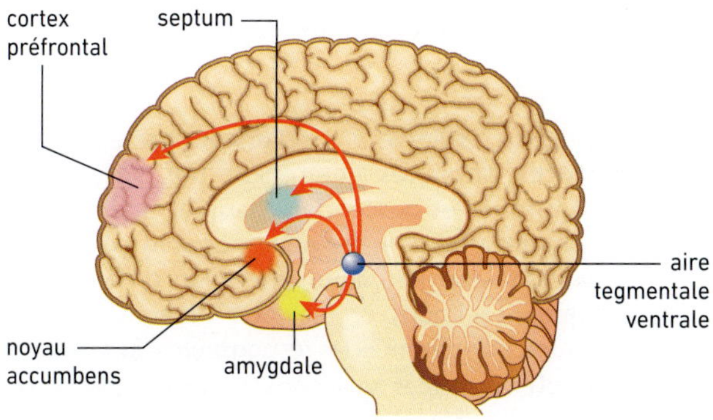

B Le système cérébral de récompense.

• L'addiction résulte d'une perturbation du système cérébral de récompense*. Ce système est à l'origine de la sensation de plaisir liée à certains comportements. Il fait intervenir différents centres nerveux du cerveau et un neurotransmetteur clé, la dopamine. Il renforce la sensation de désir ne pouvant être satisfaite que par le renouvellement du comportement afin de retrouver la sensation agréable (la « récompense »). Dans les conditions naturelles, l'effet du système de récompense est régulé par un système inhibiteur. Lors de la consommation de substances addictives, cette régulation devient insuffisante, entraînant l'accroissement de la consommation.

• Des chercheurs ont mesuré *in vivo* (chez le rat) la libération de dopamine dans un centre nerveux du système de récompense, le noyau accumbens, après administration de diverses substances addictives.

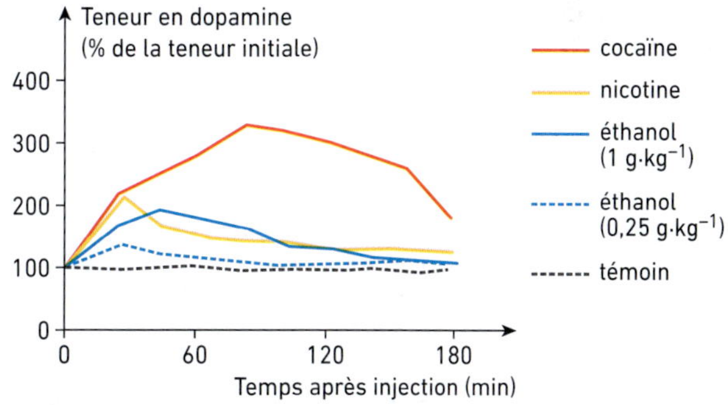

C Variation de la teneur en dopamine du noyau accumbens en fonction du temps.

Activités envisageables

Afin de comprendre l'action des substances exogènes sur le cerveau :

- **Expliquez les mécanismes entraînant la perturbation du fonctionnement du cerveau lors de la consommation de nicotine.**
- **Expliquez comment la consommation d'alcool, de tabac ou autres drogues entraîne une addiction chez de nombreux usagers.**
- **Par une recherche complémentaire, identifiez les risques pour la santé des diverses substances étudiées.**

Des clés pour réussir

- Mobilisez vos connaissances sur le fonctionnement des synapses et sur les voies neuronales pour expliquer les effets de ces substances.
- Pour les recherches, privilégiez les sources sûres (ministère de la santé par exemple).

* Lexique ➡ p. 509

Bilan des connaissances — Le cerveau : plasticité, fragilité et rôle dans la motricité

Préparez le Grand oral p. 519

1 Cerveau et mouvement volontaire

Le cerveau, un organe complexe

Le cerveau est l'organe le plus important du système nerveux central. À l'échelle cellulaire, il est constitué de deux types de cellules : les neurones et les cellules gliales.

Les **neurones** sont responsables du traitement et de la propagation des messages nerveux. Le cerveau contient environ 100 milliards de neurones dont les corps cellulaires se concentrent dans la substance grise du **cortex cérébral** (couche superficielle du cerveau) et des centres nerveux profonds.

Les **cellules gliales**, plus nombreuses encore que les neurones, participent au bon fonctionnement du cerveau. Il en existe plusieurs types :

- les astrocytes, intervenant dans la protection, la nutrition et l'activité des neurones ;
- les oligodendrocytes, responsables de la formation de la gaine de myéline autour des axones de certains neurones ;
- les cellules de la microglie, responsables de la défense immunitaire du cerveau.

Des aires cérébrales spécialisées

Autrefois explorée par l'étude de cas cliniques ou l'expérimentation animale, l'organisation du cortex cérébral est aujourd'hui accessible grâce aux techniques de l'imagerie médicale. L'**IRM** (Imagerie par Résonance Magnétique) est une technique permettant d'obtenir des images anatomiques du cerveau sous forme de coupes virtuelles, sur lesquelles il est possible de visualiser les zones actives lorsque le sujet effectue une tâche déterminée (IRM fonctionnelle ou IRMf).

On a pu ainsi mettre en évidence des territoires du cortex cérébral dont l'activité est liée à l'exécution d'un mouvement volontaire : les **aires motrices**. Les aires motrices primaires commandent directement les mouvements. La cartographie des ces aires motrices primaires montre que chaque partie du corps humain est associée à un territoire défini du cortex qui assure sa commande. Les parties du corps douées d'une motricité fine (main, bouche…) sont contrôlées par une surface plus importante de l'aire motrice primaire. Les aires motrices contrôlant la partie droite du corps sont situées sur l'hémisphère gauche et inversement : la commande est **controlatérale**.

Les aires du cerveau communiquent entre elles

La réalisation d'un mouvement complexe comme l'écriture nécessite la coopération de nombreuses aires corticales et de centres nerveux situés à l'intérieur du cerveau. Ces différentes régions du cerveau communiquent entre elles par des réseaux de neurones formant des **voies neuronales**, le long desquelles l'information circule sous forme de trains de potentiels d'action (PA). La fréquence de ces potentiels d'action est modulée par des neurotransmetteurs : certains sont excitateurs et augmentent la fréquence des PA (acétylcholine, glutamate) ; d'autres sont inhibiteurs et agissent en diminuant cette fréquence (GABA).

Les voies motrices

Les messages nerveux moteurs qui partent des aires motrices primaires cheminent par des **faisceaux de neurones** et descendent dans la moelle épinière. À différents niveaux, ces neurones sont en connexion synaptique avec les neurones moteurs de la moelle, qui produisent un nouveau message moteur commandant la contraction des muscles responsables du mouvement. Ces **voies motrices** sont croisées (au niveau du bulbe rachidien), expliquant la commande controlatérale des mouvements volontaires.

2 Le rôle intégrateur des neurones moteurs

Des réponses motrices intégrées

Par une étude expérimentale du réflexe myotatique, il est facile de montrer que l'amplitude de la contraction musculaire en réponse à l'étirement du muscle varie en fonction des conditions de l'enregistrement. Par exemple, si le sujet contracte volontairement le muscle fléchisseur au moment de l'étirement du muscle extenseur, la réponse de ce dernier est diminuée. De même, la contraction réflexe est proportionnelle à l'étirement du muscle.

L'intégration de plusieurs messages nerveux

Un neurone moteur de la moelle épinière reçoit des informations de nombreux neurones qui établissent avec lui des synapses excitatrices (neurones sensitifs du réflexe myotatique, neurones du cortex moteur) ou inhibitrices (interneurones inhibiteurs).

Au niveau des synapses excitatrices, la fixation du neurotransmetteur sur les récepteurs postsynaptiques favorise la formation d'un nouveau message nerveux

par le motoneurone. À l'inverse, le neurotransmetteur des synapses inhibitrices, en se fixant sur ses récepteurs, s'oppose à cette formation.
Le neurone moteur, soumis à l'action des différents neurotransmetteurs, est capable d'intégrer l'ensemble des informations lui parvenant et de produire éventuellement un nouveau message nerveux codé en fréquence de potentiels d'action.
Cette intégration s'effectue par deux mécanismes de sommation :

- La **sommation spatiale** est la capacité du motoneurone de prendre en compte les informations excitatrices et inhibitrices lui parvenant de différents neurones présynaptiques.
- La **sommation temporelle** est la capacité du motoneurone d'additionner les informations lui parvenant successivement d'un même neurone présynaptique.

Si le résultat de cette double sommation est une excitation suffisante, des potentiels d'action sont émis le long de l'axone en direction de plusieurs fibres musculaires avec une fréquence proportionnelle à l'excitation. Sinon, le neurone reste au repos.
Contrairement au neurone moteur, la fibre musculaire ne reçoit un message que d'un seul motoneurone, elle n'a donc aucun rôle d'intégration.

3 Le cerveau, un organe fragile à préserver

Dysfonctionnements du système nerveux

Protégés par le squelette (crâne, colonne vertébrale), les centres nerveux sont formés de tissus fragiles.
Les **sections accidentelles de la moelle épinière**, en coupant les voies motrices, entraînent la paralysie des muscles commandés par les motoneurones situés sous le niveau de section : paraplégie (membres inférieurs) ou tétraplégie (membres inférieurs et supérieurs).
Le cerveau est particulièrement sensible aux **accidents vasculaires cérébraux** (AVC). Un AVC correspond soit à l'obstruction soit à la rupture d'un vaisseau sanguin irriguant une région du cerveau. Les neurones alors non approvisionnés en dioxygène meurent rapidement. Première cause d'handicap et seconde cause de décès en France, les AVC sont des situations d'urgence nécessitant une intervention rapide des secours. Comme pour les maladies cardiovasculaires, il existe des facteurs de risque liés au mode de vie et favorisant les AVC : tabagisme, alcool, sédentarité, alimentation non équilibrée, stress, etc.
Les **maladies neurodégénératives**, comme la maladie de Parkinson ou la maladie d'Alzheimer provoquent une détérioration du fonctionnement des cellules nerveuses, en particulier des neurones, pouvant conduire à la mort cellulaire (ou neurodégénérescence). Ces maladies sont souvent lentes et évolutives avec une aggravation de l'état du patient par atteinte de ses capacités motrices ou cognitives (mémoire, raisonnement). Les mécanismes à l'origine de ces maladies sont encore mal connus et font l'objet de nombreuses recherches afin de pouvoir envisager des traitements. Enfin, le système nerveux central peut être la cible d'**infections virales ou bactériennes**.

La plasticité cérébrale

Suite à un AVC, il subsiste généralement dans le cerveau une zone nécrosée, c'est-à-dire irrémédiablement détruite. Cependant, la rééducation par des exercices permet dans une certaine mesure une **récupération** du déficit moteur engendré par l'AVC. Cette récupération ne correspond pas à un rétablissement du fonctionnement de l'aire nécrosée mais à la réaffectation de neurones situés en dehors de cette zone (parfois même dans l'hémisphère opposé) afin de suppléer à la destruction des neurones.
Cette capacité du cerveau à réorganiser ses connexions neuronales en fonction des expériences vécues par l'individu constitue la **plasticité cérébrale**.
La plasticité cérébrale est également responsable des modifications du cerveau lors de l'**apprentissage**.

L'action des substances exogènes sur le cerveau

Le fonctionnement des neurones peut être perturbé par des substances exogènes, c'est-à-dire extérieures à l'organisme (alcool, nicotine, autres drogues, médicaments psychoactifs, etc.).
Ainsi, la nicotine contenue dans le tabac agit sur le système nerveux en se fixant sur le récepteur du neurotransmetteur acétylcholine et en déclenchant son activation : c'est un **agoniste** de l'acétylcholine. D'autres substances peuvent agir en bloquant le récepteur d'un neurotransmetteur, ce sont des **antagonistes**.
L'utilisation de **substances exogènes** psychoactives entraîne un risque plus ou moins important d'addiction au produit. L'**addiction** correspond au désir puissant de renouveler un comportement (ici la consommation du produit) malgré la connaissance des effets néfastes de ce comportement.
Le comportement addictif repose sur une perturbation du système de récompense. En augmentant la libération de dopamine, neurotransmetteur impliqué dans le système de récompense, les substances addictives comme le tabac ou d'autres drogues déclenchent le désir de renouvellement de leur consommation chez l'individu. Etant donné les conséquences de la consommation de ces substances (maladies cardiovasculaires, cancers, accidents de la route, violence, etc.), la lutte contre les addictions liées à leur consommation est un enjeu important de santé publique.

bordas Flash PAGE podcast

DYS

L'essentiel

Le cerveau : plasticité, fragilité et rôle dans la motricité

Flash PAGE podcast

DYS

À retenir

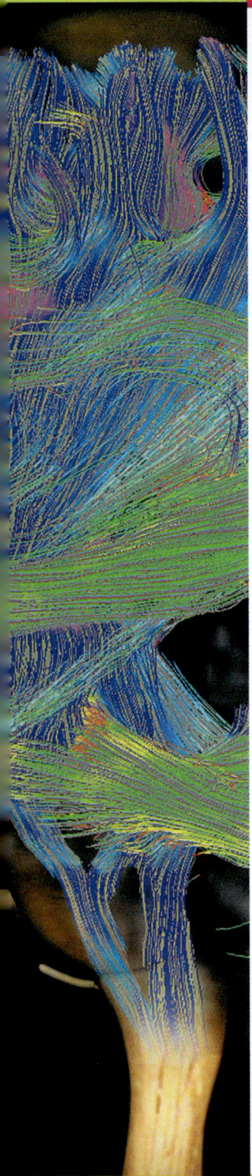

Le cerveau et la commande volontaire des mouvements

Le cerveau est constitué de **neurones**, traitant et propageant les messages nerveux, et de **cellules gliales** assurant le bon fonctionnement du système nerveux. La partie superficielle du cerveau, formée de plusieurs couches de neurones, constitue le **cortex cérébral**. Grâce à l'IRM, il est possible de localiser les **aires motrices** responsables de la commande volontaire du mouvement. Les aires du cortex communiquent entre elles et avec les zones profondes du cerveau par des **voies neuronales** le long desquelles se propagent des potentiels d'action dont la fréquence est modulée par un ensemble de **neurotransmetteurs** excitateurs ou inhibiteurs. Les messages nerveux moteurs partant du cerveau sont acheminés par des faisceaux de neurones descendants dans la moelle épinière jusqu'aux neurones moteurs.

L'intégration des messages nerveux par le neurone moteur

Le corps cellulaire d'un neurone moteur, situé dans la substance grise de la moelle épinière, reçoit de nombreuses informations provenant de neurones excitateurs ou inhibiteurs. Il intègre l'ensemble de ces informations par **sommation spatiale et temporelle** afin de produire un message moteur unique, codé en fréquence de potentiels d'action.

Les dysfonctionnements du système nerveux

Le système nerveux central est fragile, il peut être sujet à différents types de dysfonctionnements : sections de la moelle épinière, **accidents vasculaires cérébraux** (AVC), **maladies neurodégénératives**, infections virales ou bactériennes. Ces dysfonctionnements peuvent avoir des conséquences variées et souvent graves sur la santé : paralysies, perte de sensibilité, trouble de la mémoire ou du comportement.

La plasticité cérébrale

La **plasticité cérébrale** est la capacité du cerveau à se réorganiser en fonction des expériences vécues par l'individu. Elle explique l'aptitude de l'être humain à apprendre, ainsi que la capacité de récupération suite à certains dysfonctionnements.

Substances exogènes et addiction

De nombreuses substances exogènes consommées plus ou moins fréquemment entraînent une perturbation des messages nerveux : tabac, alcool et autres drogues, certains médicaments. En stimulant le système de récompense par libération d'un neurotransmetteur, la dopamine, ces substances peuvent provoquer des **comportements addictifs**.

Mots-clés

Aires motrices • AVC • Cellules gliales • Comportement addictif • Intégration par le neurone moteur • IRM fonctionnelle • Maladie neurodégénérative • Molécules exogènes • Neurones • Neurotransmetteur • Plasticité cérébrale • Sommation spatiale • Sommation temporelle • Voies neuronales

Schéma bilan

Le cerveau : plasticité, fragilité et rôle dans la motricité

Stimulations, entraînements, expériences vécues ↓ — **Lésions, dysfonctionnements, substances exogènes** ↓

PLASTICITÉ : réorganisation du cortex

→ apprentissage tout au long de la vie

→ récupération des fonctions (+ ou –)

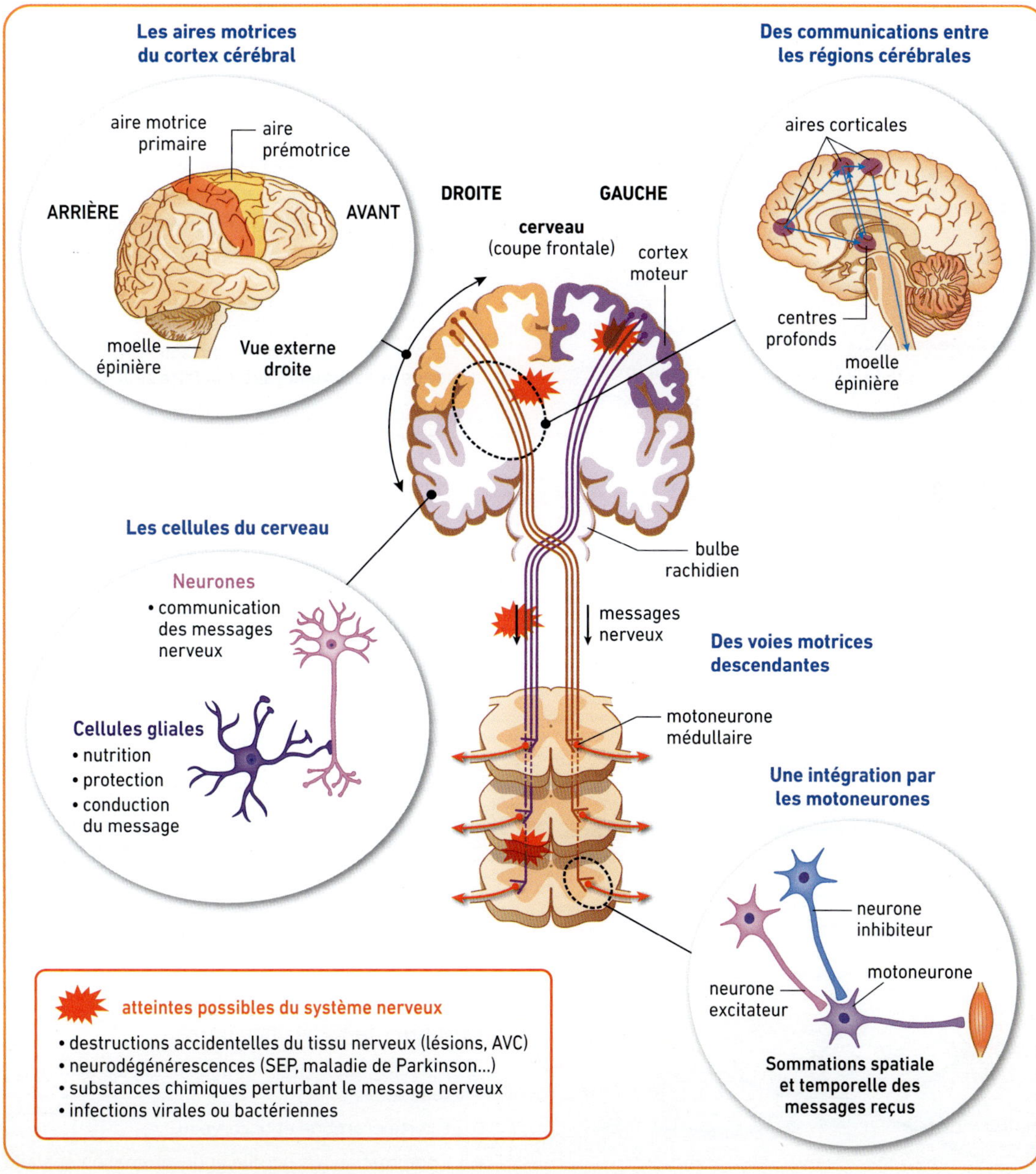

atteintes possibles du système nerveux

- destructions accidentelles du tissu nerveux (lésions, AVC)
- neurodégénérescences (SEP, maladie de Parkinson...)
- substances chimiques perturbant le message nerveux
- infections virales ou bactériennes

Réponses voir p. 502

1 Retour vers les problématiques

Relisez la page « S'interroger avant d'aborder le chapitre » (p. 375). À l'aide de ce que vous savez à présent, répondez aux questions que vous avez formulées.

2 QCM

Pour chaque affirmation, choisissez l'unique bonne réponse.

1. **Les cellules gliales :**
   a. sont une catégorie particulière de neurones ;
   b. propagent le message nerveux entre deux neurones ;
   c. sont localisées dans une zone précise du cerveau ;
   d. participent aux défenses immunitaires du cerveau.

2. **Un accident vasculaire cérébral :**
   a. est une maladie dégénérative du cerveau ;
   b. est une destruction rapide de neurones due à une mauvaise circulation sanguine ;
   c. est souvent causé par une lésion ou un traumatisme dû à un accident (circulation, sport) ou une chute ;
   d. est dû à un problème de conduction des messages nerveux.

3. **La plasticité cérébrale :**
   a. permet souvent une récupération après un AVC ;
   b. est essentiellement due à la capacité du cerveau à régénérer de nouveaux neurones ;
   c. repose sur le fait qu'il n'y a aucune spécialisation des différentes zones du cerveau ;
   d. s'explique avant tout par l'existence de deux hémisphères, l'un pouvant remplacer l'autre.

4. **Les terminaisons présynaptiques qui arrivent sur un neurone :**
   a. sont toujours excitatrices ;
   b. appartiennent toutes à un même neurone ;
   c. peuvent moduler l'activité du neurone postsynaptique ;
   d. libèrent nécessairement toutes le même neurotransmetteur.

3 Exprimer une notion importante

En quelques phrases, nommer et expliquer la notion présentée par ce schéma.

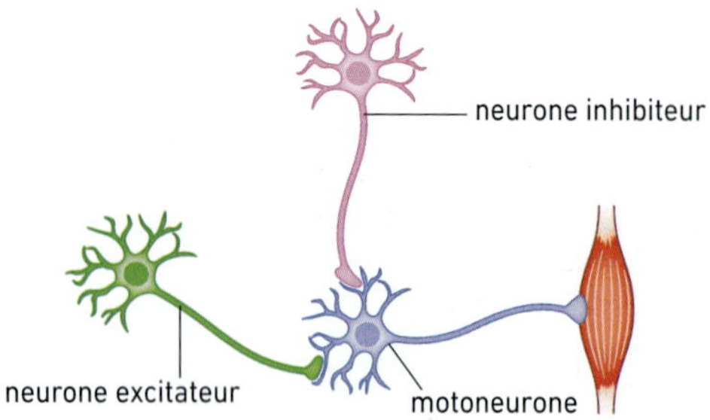

4 Vrai ou faux ?

Repérez les affirmations exactes et corrigez celles qui sont fausses.

a. Une section accidentelle de la moelle épinière entraîne la paralysie des muscles situés au-dessus du niveau de la section.

b. Un AVC est toujours lié à la rupture d'un vaisseau sanguin irriguant une région du cerveau.

c. De nombreux facteurs externes augmentent le risque de dysfonctionnement du système nerveux.

d. L'addiction est un mécanisme qui repose sur une perturbation du réseau neuronique du circuit de la récompense.

e. Une fibre musculaire intègre les messages nerveux qu'elle reçoit de différents neurones.

f. Chez les gauchers, l'hémisphère cérébral gauche commande la partie gauche du corps.

g. Les aires cérébrales de la motricité volontaire sont toutes situées dans l'hémisphère gauche.

5 Apprendre en s'interrogeant

1. **Cachez l'une des colonnes du tableau suivant et retrouvez ce que contient l'autre (à faire seul ou à plusieurs).**
2. **Vérifiez vos réponses, et reprenez si besoin les notions concernées.**

Notion	Définition
Voies neuronales	Interconnexions des différentes parties du système nerveux permettant la communication via la transmission des potentiels d'action.
Addiction	Nécessité de reproduire un comportement (consommation de substance ou activité), malgré la connaissance de ses conséquences néfastes.
Aire motrice	Territoire du cortex cérébral dont l'activité est responsable de l'exécution d'un mouvement volontaire.
Voies motrices	Neurones qui assurent la transmission des informations nerveuses à l'origine de la contraction d'un muscle.
Plasticité cérébrale	Capacité du cerveau à se réorganiser sous l'effet de stimulations reçues, d'une rééducation ou d'un apprentissage.

6 Expliquer la différence entre...

a. Un neurotransmetteur et une substance neuroactive exogène.

b. Le cortex cérébral et le cerveau.

c. La sommation temporelle et la sommation spatiale.

★ facile ★★ intermédiaire ★★★ confirmé

7 Interpréter les résultats d'une expérience historique ★

En 1870, à partir de leurs expérimentations chez le chien, les physiologistes E. Hitzig et G. Fritsch réalisent les observations suivantes :

- La stimulation électrique de certaines régions du cortex cérébral entraîne la contraction des muscles situés dans la partie controlatérale du corps.
- Le résultat des stimulations est prédictible : la stimulation d'une région précise entraîne toujours la contraction des mêmes muscles.
- La destruction d'une région entraîne la paralysie des muscles dont la contraction est déclenchée par la stimulation électrique de cette même région.

Proposez une interprétation des différentes observations réalisées par les deux savants.

8 Identifier des outils et des techniques ★★

Des scientifiques de l'INSERM ont obtenu cette image du cerveau d'un individu à qui on demande de mettre en contact son pouce avec les autres doigts de la main droite.

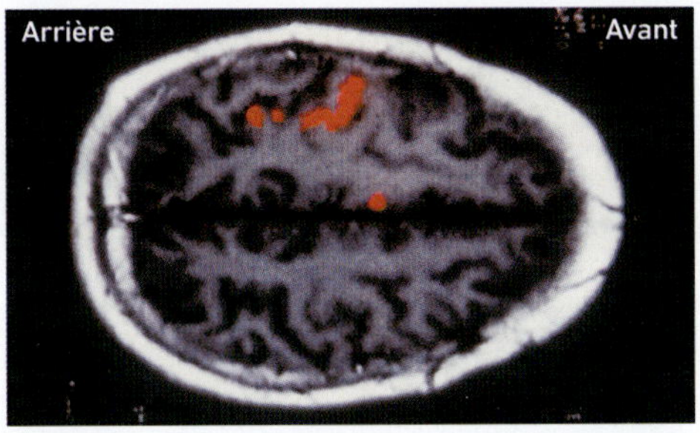

Indiquez comment une telle image a été obtenue et interprétez-la.

9 Comprendre qu'un effet peut avoir plusieurs causes ★★★

Face à un patient présentant une paralysie des muscles du visage, le médecin peut envisager de nombreux diagnostics dont :

- un accident vasculaire cérébral ;
- un traumatisme avec fracture de la base du crâne ;
- la formation d'une tumeur cérébrale ou le long du trajet des nerfs de la face ;
- une sclérose en plaques ;
- une maladie infectieuse.

Proposez des liens entre les différentes causes possibles et le symptôme du patient.

10 Conduire une recherche d'informations sur Internet ★

Pour l'année 2015, l'agence sanitaire Santé Publique France estime à 75 000 le nombre de décès dus à la dépendance tabagique en France.

Recherchez sur Internet, en privilégiant les sources fiables, les causes impliquées dans ces décès.

11 Recenser, extraire, organiser et exploiter des informations à partir d'un document ★★

Les muscles lisses de la paroi du tube digestif sont contrôlés par voies nerveuses et présentent des contractions périodiques dites péristaltiques. On teste *in vitro* l'effet de deux substances, l'acétylcholine et l'atropine, sur l'état de contraction des muscles lisses de la paroi du tube digestif du lombric.

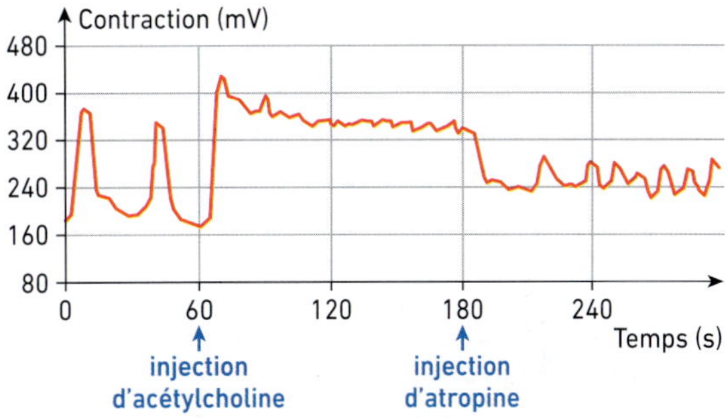

À partir de l'analyse des résultats, identifiez l'effet des deux substances sur la contraction des muscles lisses et proposez des hypothèses sur leur mode d'action.

Aides à la résolution

- Identifier les valeurs représentées en abscisse et en ordonnées.
- Déterminer les trois phases de l'expérience.
- Analyser les variations de la grandeur mesurée en fonction de la variable.
- Relever dans l'énoncé l'explication des variations observées dans la phase 1 de l'expérience.
- Établir une relation de causalité entre les conditions expérimentales et les variations observées dans les phases 2 et 3.
- Utiliser des connaissances pour proposer des hypothèses explicatives cohérentes.

12 Fonder sur des arguments scientifiques ses choix de comportement vis-à-vis de la santé ★★

Le score de Fagerström est un outil de mesure de la dépendance au tabac dont l'échelle varie de 0 à 10. Ce score augmente avec le nombre d'années de tabagisme.

Les fumeurs qui, à 16 ans, ont trois années de tabagisme ont un score de Fagerström moyen de 1,8 ± 2,0. Ceux qui ont moins de 16 ans et déjà trois ans de tabagisme, ont un score de Fagerström moyen de 2,5 ± 1,7.

En quoi ces données permettent-elles d'expliquer en partie que les adolescents soient une cible privilégiée des campagnes anti-tabac ? Proposez d'autres raisons.

13 L'effet d'un apprentissage

★ L'expérience suivante a été réalisée pour tester l'effet de l'entraînement dans l'exécution d'une tâche motrice. La tâche, moins facile qu'il n'y paraît, consiste à taper successivement sur le pouce les quatre autres doigts de la main, dans un ordre bien précis, par exemple la séquence 4, 1, 3, 2, 4 (doigts numérotés de 1 à 4, de l'index à l'auriculaire). La tâche est réalisée avec la main non dominante (main gauche pour un droitier et inversement). L'entraînement consiste à réaliser quotidiennement cette tâche avec précision, le plus rapidement possible, pendant 10 à 20 minutes, pendant 5 semaines.

- La performance est testée régulièrement en mesurant le nombre de séquences réussies en 30 secondes. Le graphique A présente les résultats obtenus.

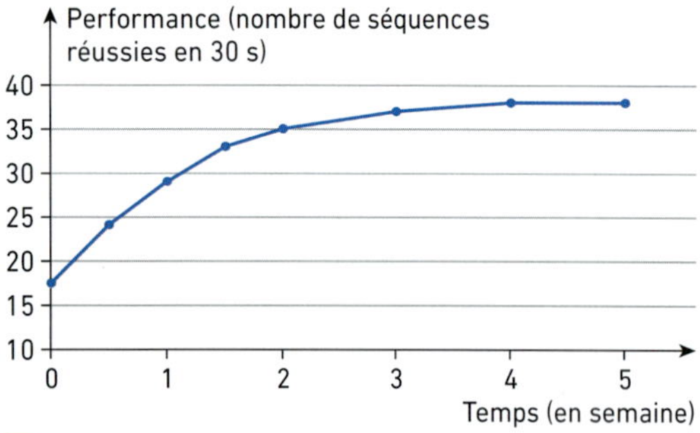

A Résultats obtenus (moyenne sur 10 sujets).

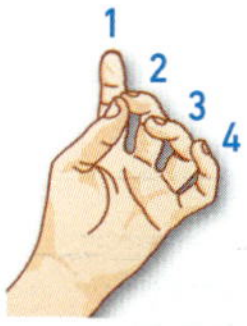

- Une exploration par IRMf est réalisée chaque semaine chez des sujets pratiquant l'entraînement, d'autres non (ces sujets réalisent néanmoins régulièrement le test mesurant la performance).

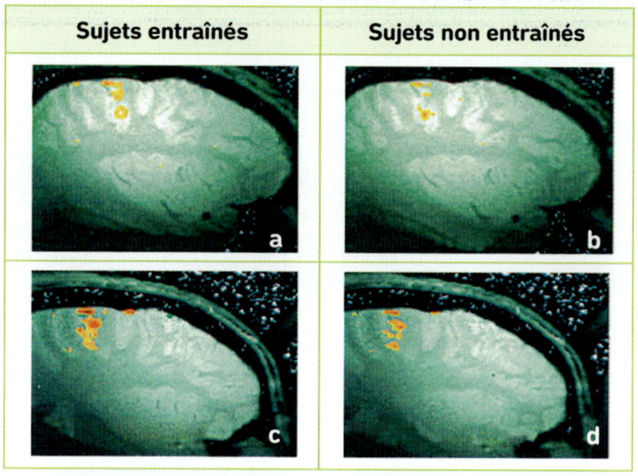

B IRMf : plan sagittal (l'avant est à droite).
a et b : IRMf réalisée à la fin de la 3e semaine.
c et d : IRMf réalisée 8 semaines après l'arrêt de l'entraînement.

Déterminez les effets de l'entraînement ainsi mis en évidence et proposez une explication en utilisant vos connaissances.

14 Un espoir pour la maladie d'Alzheimer

★★ La caféine est bien connue pour son action stimulante, favorisant l'attention et l'éveil ainsi que les performances de mémorisation. Le mécanisme moléculaire de son action est connu : la caféine peut se fixer sur les récepteurs à adénosine du cerveau (récepteurs A2a). Or, l'activation de ces récepteurs par l'adénosine provoque un ralentissement de l'activité de neurones impliqués dans la mémorisation mais cette activation est également responsable de la production de substances inflammatoires pouvant détériorer le cerveau.
Des chercheurs ont eu l'idée de mimer cet effet de la caféine en inactivant chez des souris le gène qui code pour le récepteur A2a. Les résultats sont présentés par les photographies ci-dessous.

Expliquez sous la forme d'un schéma les effets de l'adénosine, de la caféine et la piste de traitement contre la maladie d'Alzheimer envisagée par ces chercheurs.

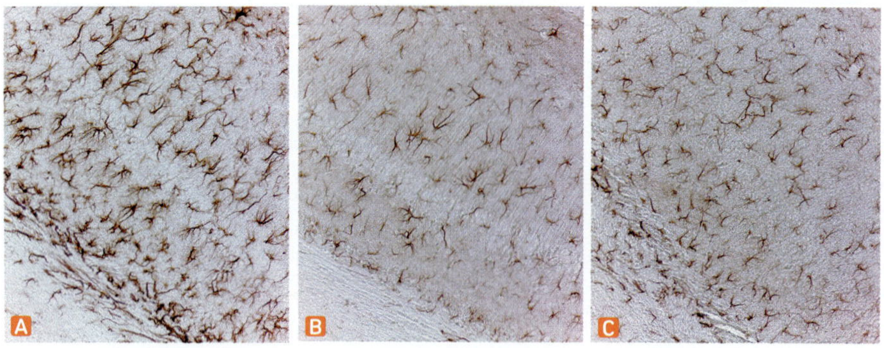

A Réaction inflammatoire des astrocytes chez une souris présentant des lésions de type Alzheimer.
B Astrocytes chez une souris présentant des lésions de type Alzheimer dont les récepteurs A2a ont été bloqués.
C Astrocytes chez une souris témoin.

PRÉPA BAC

Épreuve écrite

Rédaction d'un texte argumenté pour répondre à une question scientifique

15 Le cerveau, un organe fragile à préserver

Certaines substances exogènes peuvent perturber le fonctionnement nerveux et provoquer des comportements addictifs.

Documents proposés

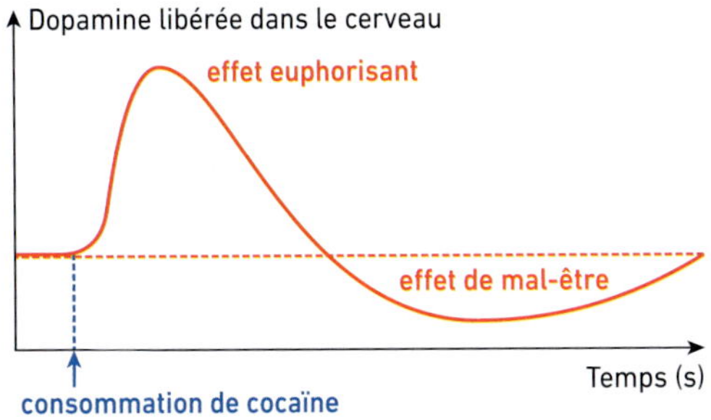

A Effets de la cocaïne sur la libération de dopamine dans le cerveau.

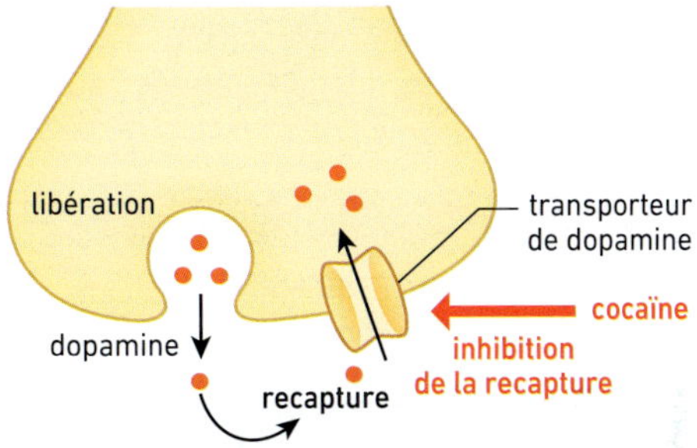

B Action de la cocaïne sur la synapse à dopamine.

■ En vous appuyant sur des exemples, notamment issus des documents proposés, montrez comment des substances exogènes peuvent perturber le fonctionnement nerveux et éventuellement provoquer une addiction.

16 Le rôle intégrateur du motoneurone

Les motoneurones de la moelle épinière intègrent les informations intervenant dans la motricité volontaire ou réflexe.

■ En vous appuyant sur les résultats expérimentaux du document et sur vos connaissances, présentez les mécanismes permettant cette intégration par le motoneurone médullaire.

Document proposé

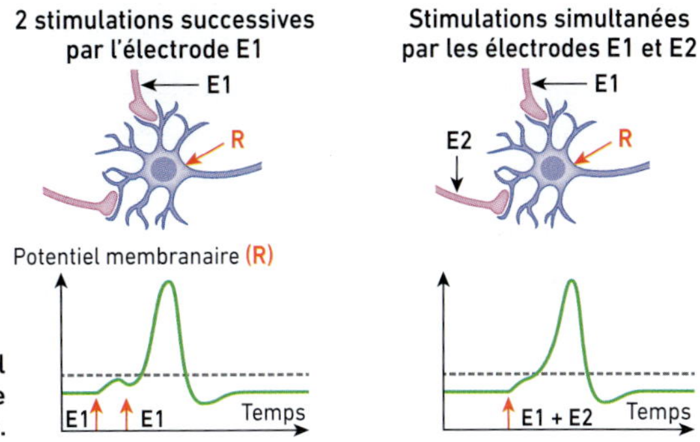

Enregistrements du potentiel membranaire d'un motoneurone sous l'effet de deux stimulations.

Épreuve pratique

Pour s'entraîner à l'Évaluation des Capacités Expérimentales

17 Proposer une stratégie de résolution

Une patiente est admise aux urgences avec une paralysie touchant la moitié droite du corps.

- Deux heures après le début des symptômes, deux IRM anatomiques sont réalisées par deux techniques : IRM de diffusion (permet de révéler les signes précoces d'AVC) et IRM en pondération T2 (permet de révéler des signes hémorragiques).
- Une obstruction de l'artère sylvienne gauche, apportant le sang à une partie du cerveau, est détectée et traitée par résorption du caillot sanguin.
- Une seconde IRM en pondération T2 de contrôle est effectuée 24h après.

Les médecins cherchent à connaître l'évolution de l'AVC de la patiente.

Vous disposez du logiciel *EduAnat2* et des fichiers des IRM réalisées.

■ Proposez une stratégie de résolution pouvant être mise en œuvre pour répondre à la problématique.

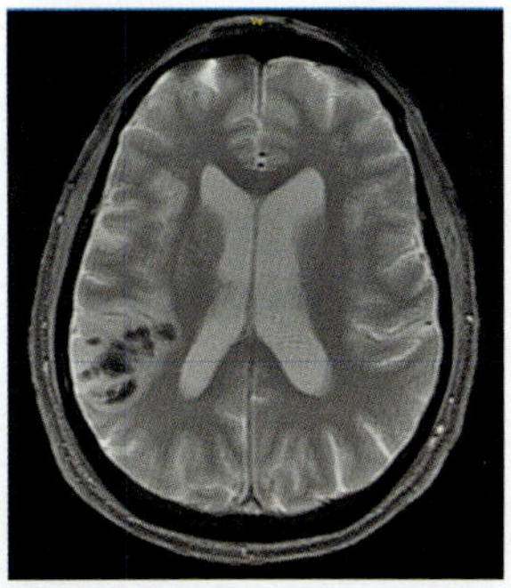

IRM en pondération T2 effectuée 24h après (plan axial).

Raisonnement scientifique

Construisez et exposez votre propre démarche pour résoudre le problème posé

18 La sclérose latérale amyotrophique : des espoirs thérapeutiques

La sclérose latérale amyotrophique (SLA) est une maladie rare (1,47 cas pour 100 000 personnes). Elle se manifeste par une paralysie progressive des muscles du corps, aboutissant après quelques années au décès du patient suite à la paralysie des muscles respiratoires.

À partir des données tirées des documents et en vous appuyant sur vos connaissances, vous expliquerez comment cette maladie peut entraîner une paralysie musculaire et vous montrerez que les recherches entreprises ont non seulement pour but de mieux comprendre la maladie mais également d'envisager des traitements.

1 La sclérose latérale amyotrophique

La sclérose latérale amyotrophique est causée par une dégénérescence des motoneurones centraux ou périphériques, provoquant l'apparition d'un tissu cicatriciel appelé sclérose. L'absence prolongée de contraction musculaire est responsable d'une fonte de la masse musculaire ou amyotrophie. Seule la fonction motrice est touchée, le patient conservant tout au long de la maladie ses capacités intellectuelles et sensorielles.

On distingue deux types de SLA suivant les fonctions motrices qui s'altèrent en premier au cours de l'évolution de la maladie :

- La forme spinale débute par des troubles de la motricité des membres locomoteurs supérieurs ou inférieurs.
- La forme bulbaire commence par des troubles de la parole et des difficultés à déglutir.

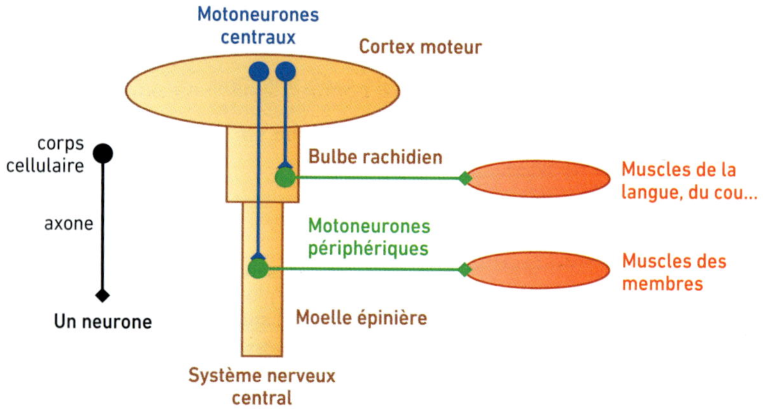

Schéma simplifié de la motricité volontaire.

2 Des formes familiales de la maladie

Chez les patients atteints de SLA, 10 % présentent une forme familiale (plusieurs individus atteints dans la parentèle). Les chercheurs ont pu identifier plus de 20 gènes dits de prédisposition dont certains allèles mutés peuvent être retrouvés chez les patients atteints de SLA.

Les allèles mutés du gène codant pour l'enzyme superoxyde dismutase (SOD) se retrouvent chez 20 % des patients atteints de la forme familiale. Leur transmission est de type dominant : la présence de la protéine codée par les allèles mutés suffit à diminuer l'efficacité de l'enzyme SOD.

La SOD intervient dans l'élimination de l'anion superoxyde O_2^-. Celui-ci, très oxydant, est produit secondairement lors de l'action du neurotransmetteur glutamate sur les motoneurones. L'excès d'O_2^- peut provoquer une mort cellulaire.

$$O_2^- + 2H^+ \xrightarrow{\text{Enzyme SOD}} H_2O_2 \xrightarrow{\text{Catalase}} H_2O + \frac{1}{2} O_2$$

3 Cellules gliales et SLA

Une équipe française, travaillant sur des souris présentant une pathologie voisine de la forme familiale de la SLA, a pu établir un lien entre cellules de la microglie et SLA. Les cellules microgliales sont activées au cours de la maladie et cette activation peut entraîner la production de facteurs toxiques à l'encontre des neurones, comme le glutamate, entraînant une surexcitabilité des neurones.

Dans les cellules microgliales activées, les chercheurs ont découvert un transporteur membranaire, le transporteur xC, responsable de la libération de divers facteurs toxiques. Ils espèrent trouver une molécule capable de bloquer le système xC, ce qui pourrait permettre de ralentir la progression de la maladie.

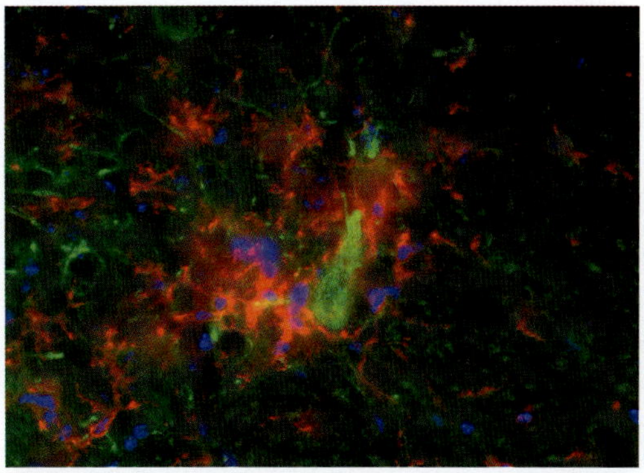

A Un motoneurone (en vert) entouré par des cellules microgliales activées (en rouge).

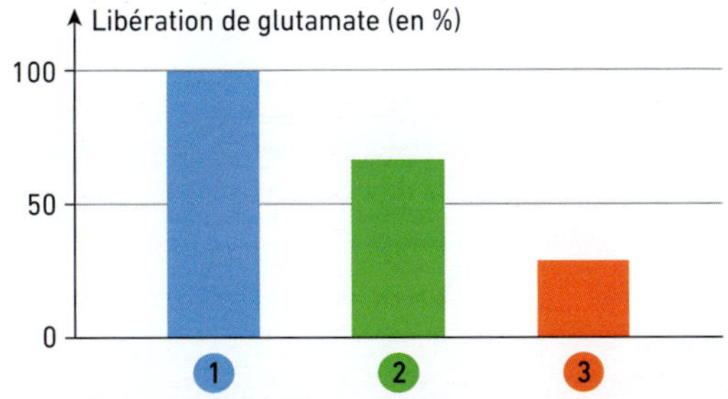

1 Souris homozygote possédant l'allèle normal du gène codant le transporteur xC (xC+//xC+)

2 Souris hétérozygote (xC+//xC-)

3 Souris homozygote possédant l'allèle muté du gène codant pour le transporteur xC (xC-// xC-)

B Résultats expérimentaux : libération de glutamate par les cellules microgliales des souris.

4 Une autre piste de traitement

Des chercheurs américains ont mené des expériences chez des rats mutants pour le gène de la SOD.

Ils ont injecté pendant 28 jours des oligonucléotides anti-sens dont la séquence est complémentaire de l'ARNm codé par l'allèle muté du gène de la SOD. Ils ont ensuite mesuré la quantité de cet ARNm dans différents tissus du système nerveux central. De plus, les chercheurs ont observé un ralentissement de la maladie chez les rats ayant reçu l'oligopeptide anti-sens par rapport à un lot témoin.

Des essais cliniques sont en cours chez l'Homme.

Un oligonucléotide anti-sens est un fragment d'ARN, généralement synthétisé en laboratoire, qui peut se lier spécifiquement à un ARN messager naturel par complémentarité des bases. Il peut ainsi modifier la synthèse de l'ARN messager par plusieurs mécanismes possibles : destruction de l'ARNm, piégeage de l'ARNm au moment de la transcription, modification des mécanismes d'épissage lors de la transcription.

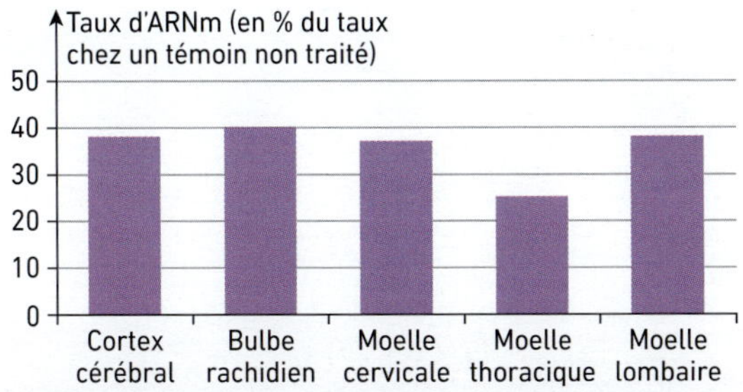

A Taux d'ARNm codé par l'allèle muté du gène de la SOD dans différents tissus chez un patient traité.

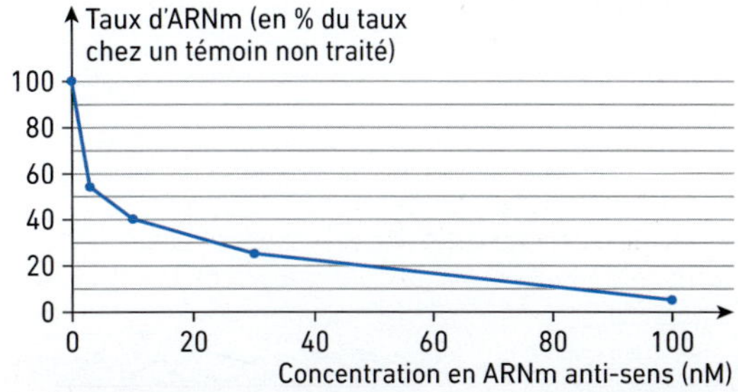

B Taux d'ARNm codé par l'allèle muté du gène de la SOD en fonction de la concentration en ARN anti-sens.

PARTIE 5

CHAPITRE 3

La contraction musculaire

Fibres d'un muscle squelettique humain, observées au microscope optique en lumière polarisée.

S'interroger avant d'aborder le chapitre

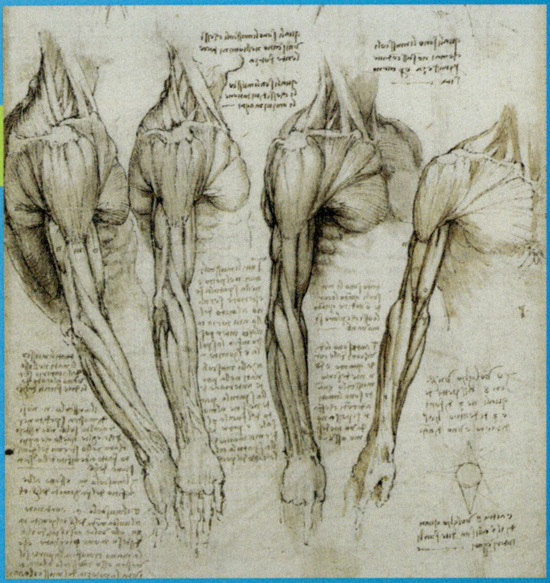

L'anatomie du bras dessinée par Léonard de Vinci (vers 1510)

Léonard de Vinci a disséqué une trentaine de cadavres et réalisé plusieurs centaines de dessins anatomiques. Le dessin ci-contre représente la musculature du bras avec une grande précision. Léonard de Vinci associe cette représentation à l'étude de la réalisation des mouvements, étudiant les contraintes subies par les os, réalisant des maquettes dans lesquelles des cordelettes jouent le rôle des muscles et des tendons, comparant la flexion du coude à l'action mécanique d'un levier.

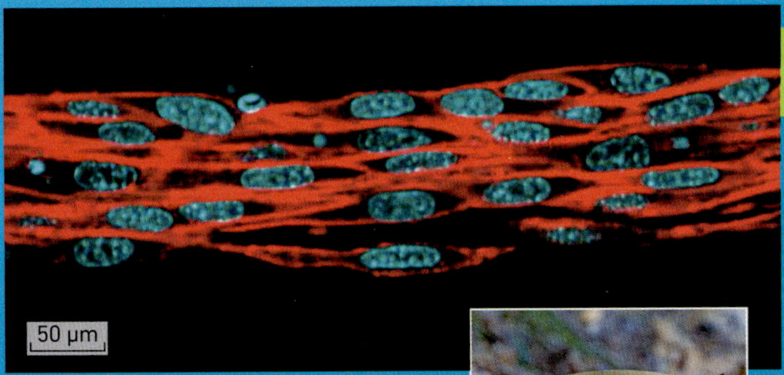

Fibres musculaires en formation (microscopie optique, coloration à la rhodamine-phalloïdine).

Une visualisation du cytosquelette

La phalloïdine est une substance toxique produite par des champignons vénéneux du genre *Amanita*. Associée à une molécule fluorescente rouge (la rhodamine), elle se fixe et met en évidence des protéines constitutives du squelette intracellulaire.

Formuler les problèmes à résoudre

- **Produire un mouvement nécessite de mobiliser les muscles, organes constitués de cellules particulières. Envisagez les questions mécaniques, structurales, énergétiques, posées par la réalisation d'un mouvement par les muscles.**

Unité 1

Le muscle, un organe contractile

Qu'ils soient réflexes ou volontaires, nos mouvements résultent de la contraction musculaire, qui fournit l'énergie mécanique nécessaire à la mobilité du squelette.

Comment la contraction des muscles génère-t-elle un mouvement ?

1 La contraction d'un muscle squelettique à l'origine d'un mouvement

Le muscle — bordas Flash PAGE animation

Activité pratique À l'aide d'outils à dissection, mettre en évidence les muscles qui permettent le mouvement de l'avant-bras d'une patte (lapin par exemple).

- Éliminer les muscles de l'épaule et de l'avant-bras. Attention à ne pas couper les **tendons***des muscles du bras qui s'attachent sur ces segments.
- Décoller et séparer les muscles du bras, sans les déchirer (utiliser une sonde cannelée).

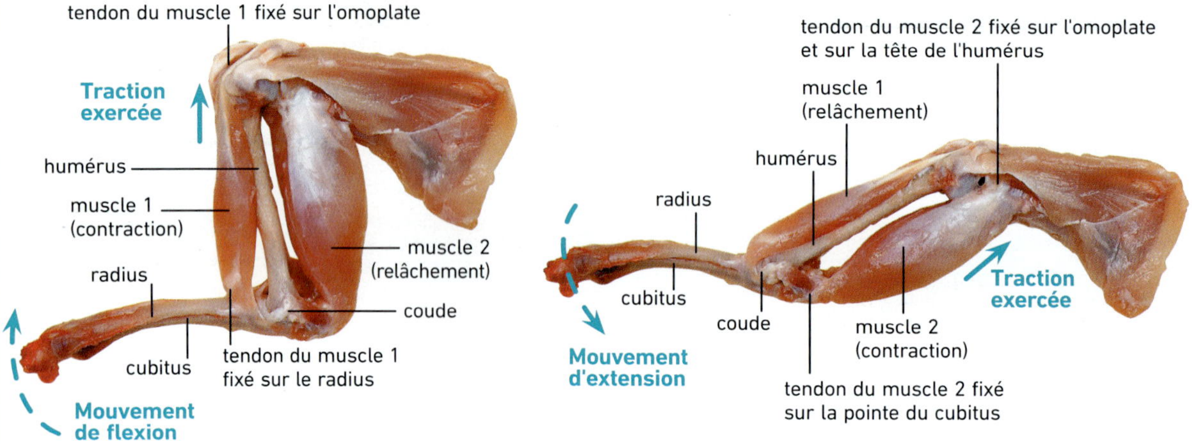

A Dissection d'une patte antérieure de lapin.

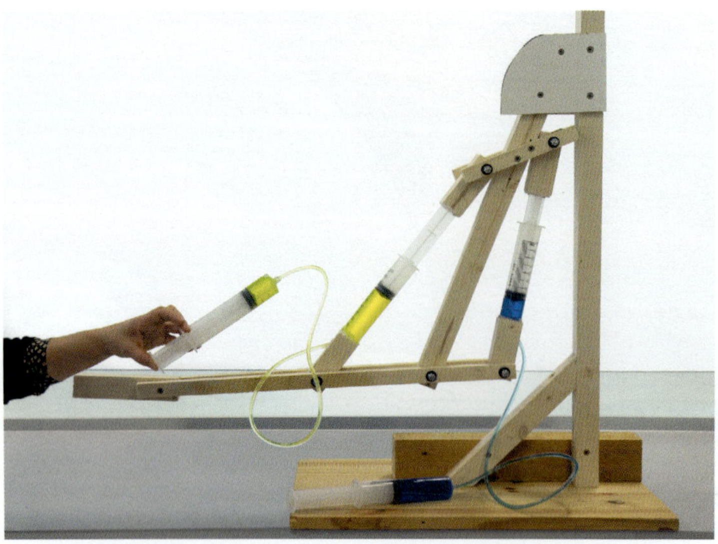

Ce bras robotisé a été réalisé avec du matériel très simple :

- des tasseaux de bois de différentes longueurs ;
- des vis simples et des boulons à écrou libre ;
- de la colle forte ;
- des seringues remplies de liquide et un système permettant de faire varier leur remplissage.

Aujourd'hui, des prothèses myoélectriques (pour la main par exemple) permettent de réaliser des mouvements précis : les signaux émis par de faibles contractions musculaires de l'avant-bras sont captés et activent la main motorisée.

B Un bras robotisé : modélisation simple d'un mouvement et du rôle des muscles.

2 L'organisation du système musculo-articulaire

Si les muscles sont les organes moteurs des mouvements, ils ne suffisent pas à assurer un mouvement tel que la flexion ou l'extension de l'avant-bras par exemple (A). Une IRM* du coude (B) permet de découvrir les différents organes de cette **articulation*** : on y distingue très bien les tissus musculaires et leur insertion sur les os grâce aux tendons, ainsi que le cartilage*.

Les ligaments*, qui solidarisent les os, sont plus difficiles à discerner. Les tendons réalisent la jonction entre le muscle et le squelette. Ils sont constitués de tissu conjonctif riche en fibres de collagène qui leur confèrent une grande résistance mécanique. Ce sont cependant des structures qui peuvent se rompre si la tension est trop brutale.

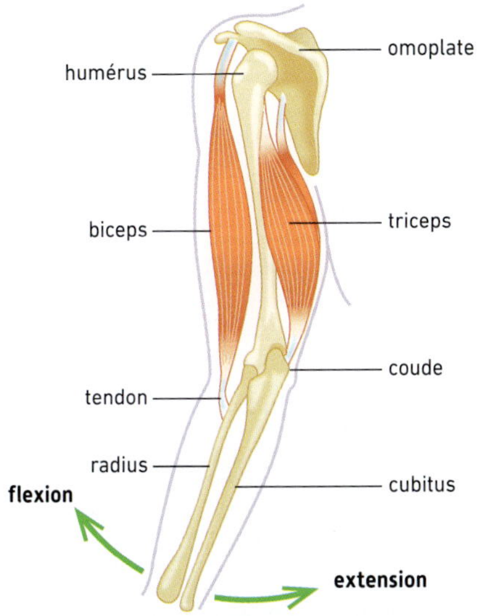

A Flexion et extension mobilisent l'ensemble du système musculo-articulaire.

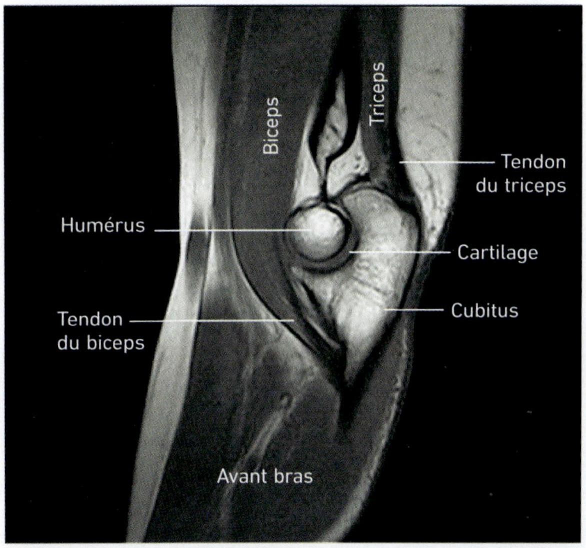

B IRM du coude (coupe sagittale*).

Dans un muscle, les cellules, appelées **fibres musculaires***, sont disposées parallèlement les unes aux autres et sont regroupées en faisceaux.

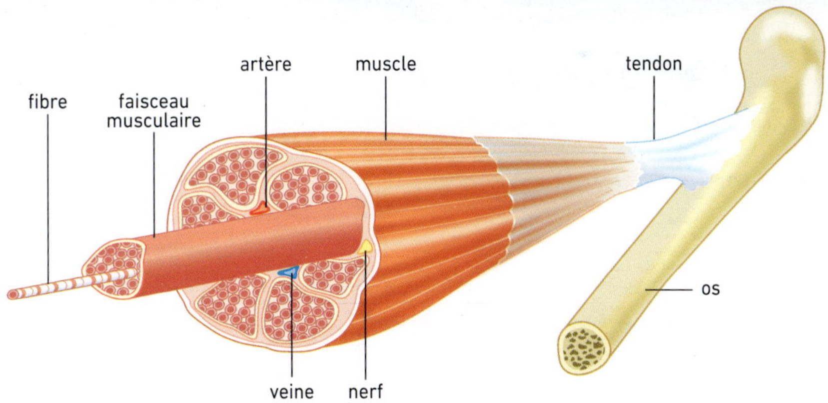

C Structure d'un muscle squelettique.

Activités envisageables

Pour comprendre le rôle des muscles et des autres structures participant à la réalisation d'un mouvement :

- **Montrez que le mouvement de flexion de l'avant-bras nécessite un fonctionnement coordonné de deux muscles antagonistes. Expliquez le rôle du biceps.**
- **Mettez en relation les structures impliquées dans un mouvement et les éléments utilisés pour la réalisation du bras robotisé (doc. 1B).**
- **Réalisez un schéma annoté de la flexion de l'avant-bras sur le bras.**

Des clés pour réussir

- Comparez l'aspect d'un muscle dans un état relâché et dans un état contracté.
- Précisez la fonction de chaque structure.

* Lexique ➥ p. 509

Unité 2

La fibre musculaire, une cellule spécialisée dans la contraction

Les muscles squelettiques sont constitués de cellules spécialisées, les fibres musculaires. La contraction implique un raccourcissement du muscle et donc de ses fibres musculaires.

Comment l'organisation d'une fibre musculaire permet-elle sa contraction ?

1 Les fibres musculaires, des cellules très particulières

Les muscles squelettiques sont composés de faisceaux de fibres musculaires (A) qu'il est possible d'isoler et d'observer au microscope optique (B et C).

Activité pratique

Prélever un faisceau de fibres musculaires dans un muscle cru (bœuf, lapin, grenouille...).

- Placer ce fragment sur une lame de verre. À l'aide d'une aiguille, dissocier les fibres musculaires dans le sens de la longueur.
- Colorer au bleu de méthylène.
- Attendre quelques minutes avant de recouvrir d'une lamelle et observer au microscope.

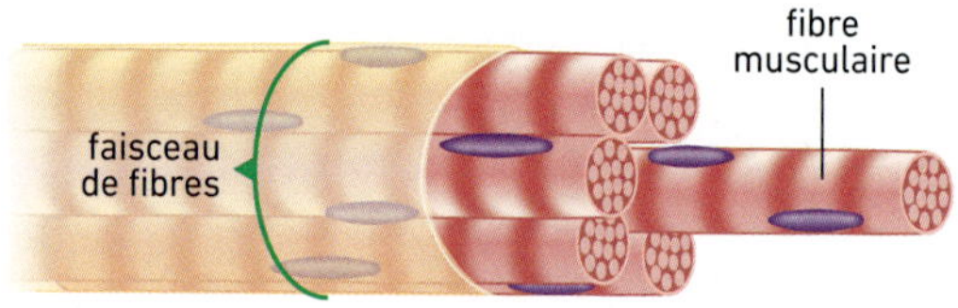

A **Du muscle aux fibres musculaires.**

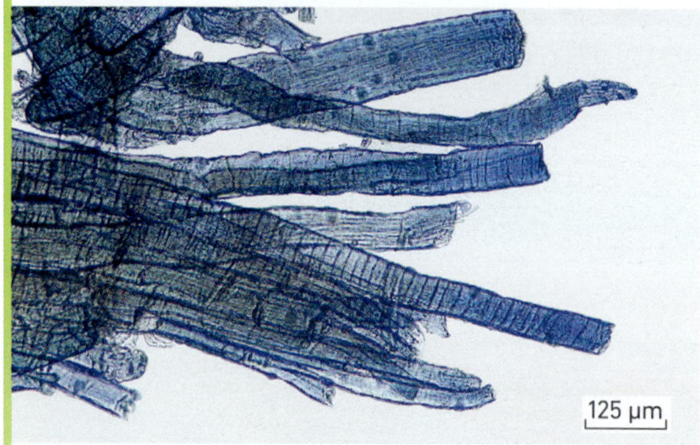

B **Fibres musculaires dissociées et colorées au bleu de méthylène (microscope optique).**

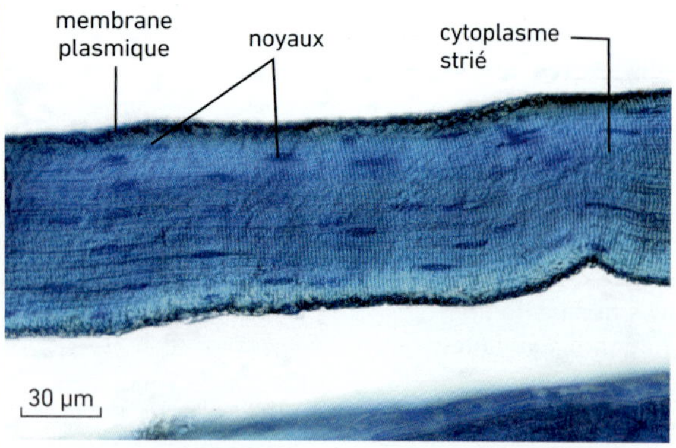

C **Cellule musculaire striée, colorée au bleu de méthylène (microscope optique).**

Les cellules des muscles squelettiques sont des fibres très allongées pouvant atteindre plusieurs centimètres et d'un diamètre compris entre 10 et 100 µm.

Une fibre résulte de la fusion de plusieurs cellules (d'où la présence de nombreux noyaux dans chaque fibre). Le cytoplasme d'une fibre musculaire est rempli à 80 % par des filaments de nature protéique groupés en cylindres appelés **myofibrilles***, donnant à la cellule un aspect strié caractéristique (C).

Au microscope électronique, on observe que la striation des cellules musculaires est le reflet de la répétition d'unités, appelées **sarcomères***, constituant les myofibrilles (D).

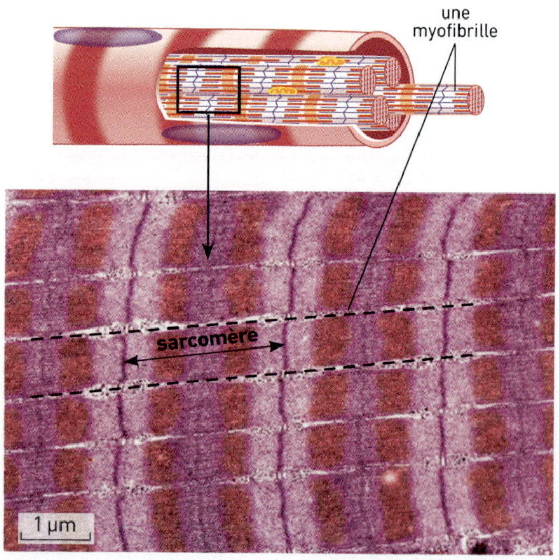

D **Cytoplasme d'une cellule musculaire (coupe longitudinale, observée au MET*).**

2 Les sarcomères, unités contractiles de la cellule musculaire

Contraction du sarcomère — bordas Flash PAGE animation

Une myofibrille est formée d'une succession de sarcomères, chaque sarcomère étant délimité par deux lignes apparaissant très sombres, appelées stries Z.

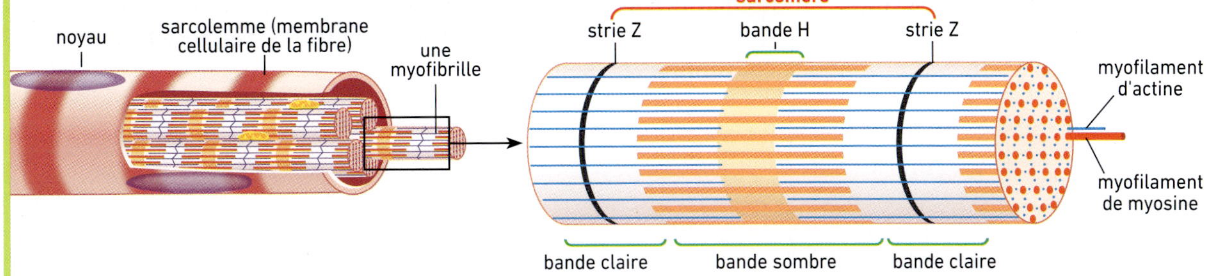

■ Chaque sarcomère est constitué d'un assemblage régulier de deux types de myofilaments* protéiques (A) :

- des myofilaments épais de **myosine***, localisés au niveau des bandes sombres ;
- des myofilaments fins d'**actine*** rattachés aux stries Z.

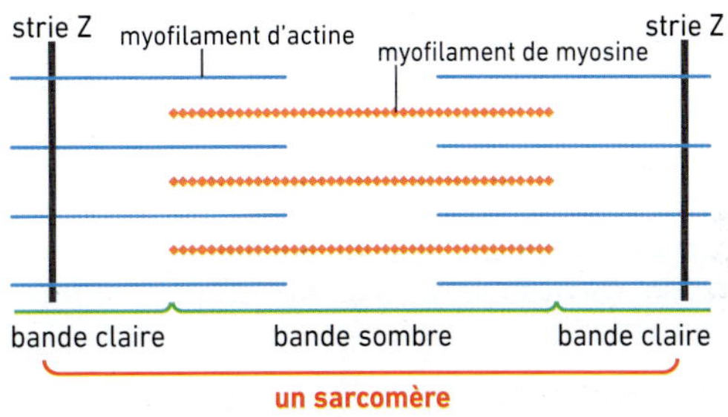

A

■ L'observation au microscope électronique (B) des sarcomères des fibres musculaires au repos et contractées permet de comprendre l'origine du raccourcissement engendré par la contraction.

Dans une myofibrille, tous les sarcomères se contractent de façon comparable et de manière synchrone.

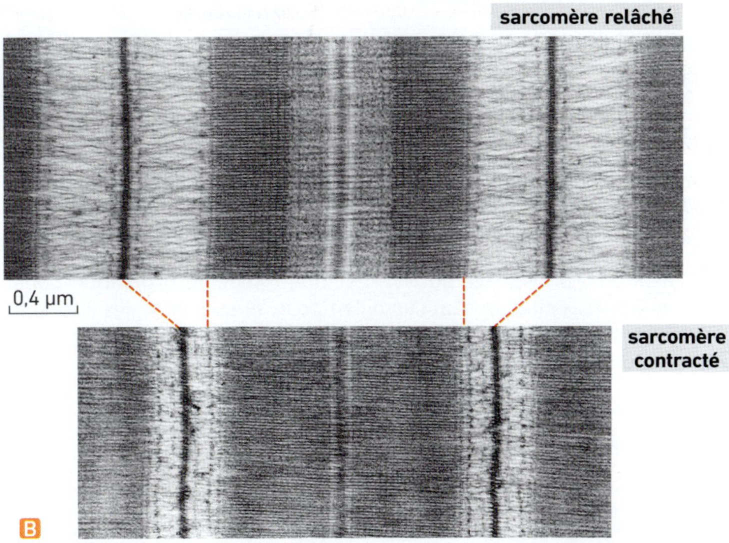

B

Activités envisageables

Pour comprendre comment l'organisation de la fibre musculaire permet sa contraction :

- **Expliquez la striation d'une fibre musculaire observable au microscope optique et au microscope électronique.**
- **Comparez la longueur du sarcomère dans son état relâché et dans son état contracté. Schématisez un sarcomère contracté en prenant comme modèle celui du sarcomère relâché.**
- **Expliquez le raccourcissement de la fibre musculaire responsable de la contraction et estimez le pourcentage de ce raccourcissement.**

Des clés pour réussir

- Faites la relation entre la nature des myofilaments, leur disposition, et l'aspect sombre ou clair d'une myofibrille.
- Remarquez que les filaments ne changent pas de dimension.

* Lexique ➥ p. 509

Unité 3

Le mécanisme moléculaire de la contraction

La contraction des cellules musculaires traduit un raccourcissement des sarcomères réalisé par les déplacements des myofilaments d'actine et de myosine les uns par rapport aux autres. Ces déplacements protéiques coordonnés ne sont pas spontanés.

Quelles sont les conditions nécessaires au déplacement des myofilaments ? Quel en est le mécanisme moléculaire ?

1 La mise en évidence du rôle de l'ATP

L'arrivée d'un message nerveux moteur se traduit par une augmentation de la concentration en calcium dans le cytoplasme des fibres musculaires (voir p. 362). Par ailleurs, la contraction musculaire nécessite de l'énergie. Diverses études suggèrent que c'est l'hydrolyse* d'une molécule d'**ATP*** qui fournit cette énergie. Pour éprouver cette hypothèse, des portions de fibres musculaires sont placées dans une solution ionique dont on fait varier la composition. On observe alors au microscope, au très fort grossissement, si les fibres musculaires se contractent (A).

Conditions expérimentales	Contractions des fibres musculaires
Solution ionique sans ATP	–
Solution ionique avec ATP	+
Solution ionique avec ATP + salyrgan*	–
Solution ionique avec ATP + chélateur** du calcium	–

* *bloque l'hydrolyse de l'ATP qui ne peut alors plus être utilisée par la cellule.*
** *fixe les ions Ca^{2+}, inhibant ainsi leur action.*

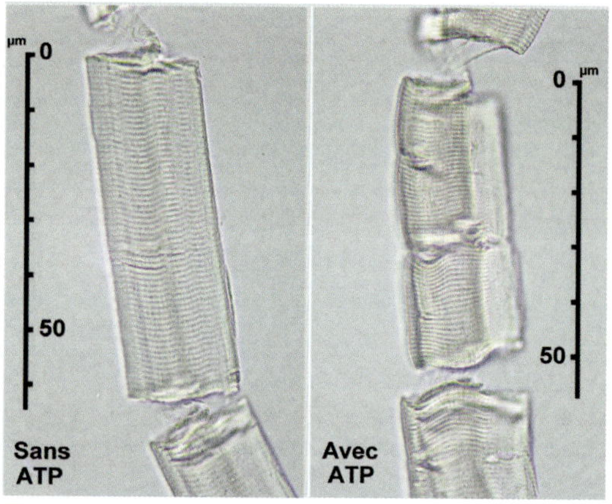

A Aspects de la fibre au cours de l'expérience.

L'adénosine tri-phosphate ou ATP est une molécule organique constituée d'une base azotée, l'adénine, et d'un sucre, le ribose, auquel sont liés successivement trois groupements phosphates (PO_4^{3-}). La rupture par hydrolyse d'une liaison phosphate est une réaction qui libère de l'énergie (B et C).

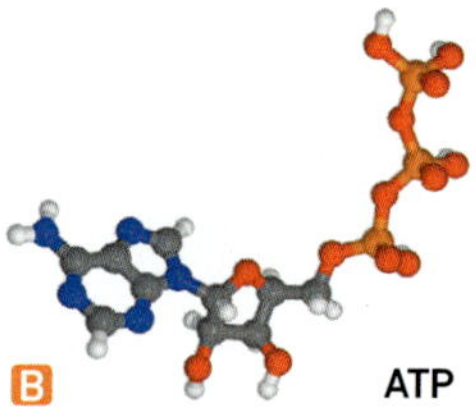

B ATP

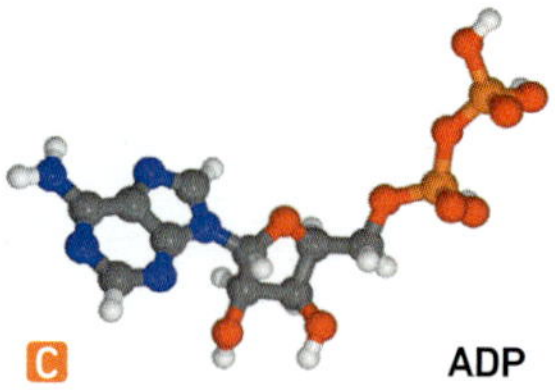

C ADP

Un filament de myosine est formé par une association de nombreuses molécules de myosine (D). Une molécule de myosine est consituée d'une « tige » et d'une « tête » globuleuse au niveau de laquelle se situe un site de fixation de l'ATP avec une fonction enzymatique (ATPase). L'ATPase catalyse l'hydrolyse de l'ATP en ADP et libère ainsi de l'énergie permettant un changement de conformation de la myosine.

Activité pratique

À l'aide d'un logiciel de visualisation moléculaire, étudier :

- la structure de l'ATP et de l'ADP ;
- la structure d'une molécule de myosine.
(Guide pratique pages 496 à 499).

Myosine — bordas Flash PAGE molécule 3D

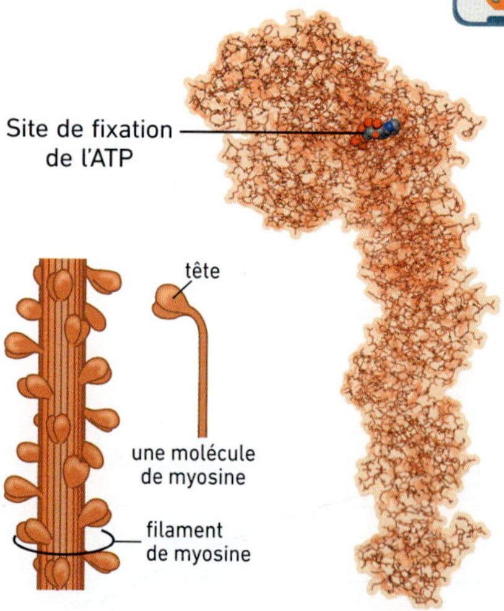

D Schéma d'un filament et d'une molécule de myosine, et structure tridimensionnelle de sa « tête ».

2 Les interactions moléculaires et le mouvement des myofilaments

De forme globulaire, les molécules d'actine s'assemblent pour former de longs et fins filaments. Les molécules de myosine sont associées entre elles, constituant ainsi un myofilament épais et hérissé sur sa longueur par toutes les « têtes ». Les filaments d'actine portent des sites spécifiques sur lesquels peuvent se fixer les têtes de myosine. Ces sites sont masqués en absence de Ca^{2+} et deviennent accessibles en sa présence.

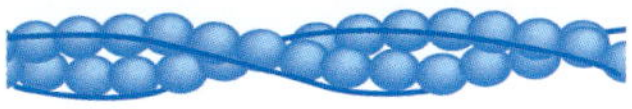

myofilament d'actine

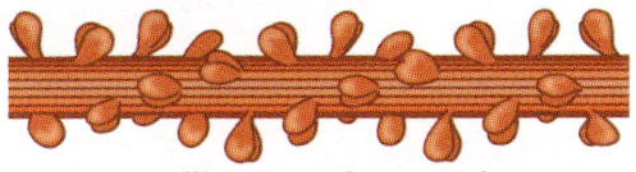

myofilament de myosine

Activité pratique

À l'aide d'un logiciel de visualisation moléculaire, étudiez les interactions entre actine et myosine.

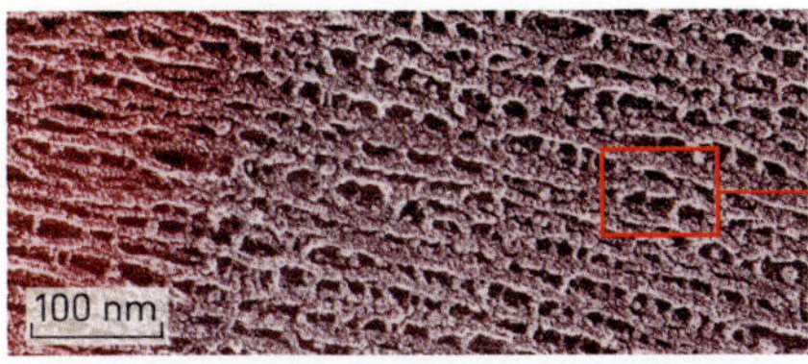

A Observation au microscope électronique à très fort grossissement.

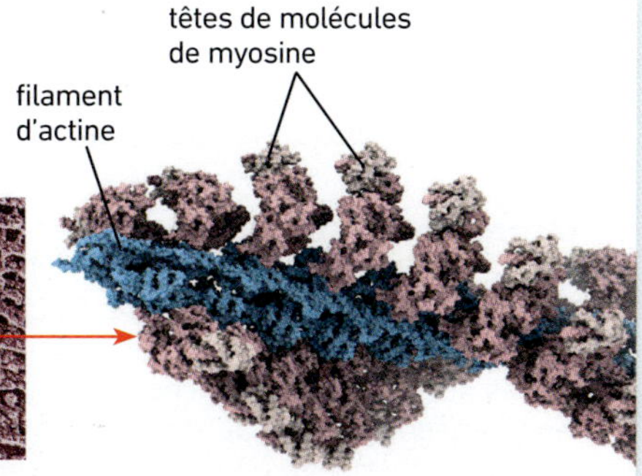

B Modélisation des interactions actine-myosine.

– Actine-myosine
– Rôle de l'ATP

bordas Flash PAGE molécule 3D animation

- La contraction d'une fibre musculaire est due au glissement des myofilaments au sein de chaque sarcomère. Elle se réalise selon une chronologie très précise : pendant la contraction, les têtes de myosine se déplient et s'accrochent aux filaments d'actine. Ensuite, elles pivotent, ce qui fait glisser les filaments d'actine. Elles se détachent alors de l'actine.
- En présence de calcium, ce changement de conformation des têtes de myosine est permis par la fixation puis l'hydrolyse de molécules d'ATP.
- En absence d'ATP, les têtes de myosine restent solidement attachées à l'actine.
- Tant que l'ATP est disponible et la concentration en calcium suffisamment élevée dans le cytoplasme, le cycle de contraction se produit pour toutes les têtes de myosine. Ce cycle peut se répéter plusieurs fois par seconde, ce qui fait progressivement glisser les filaments à une vitesse de 15 µm par seconde.

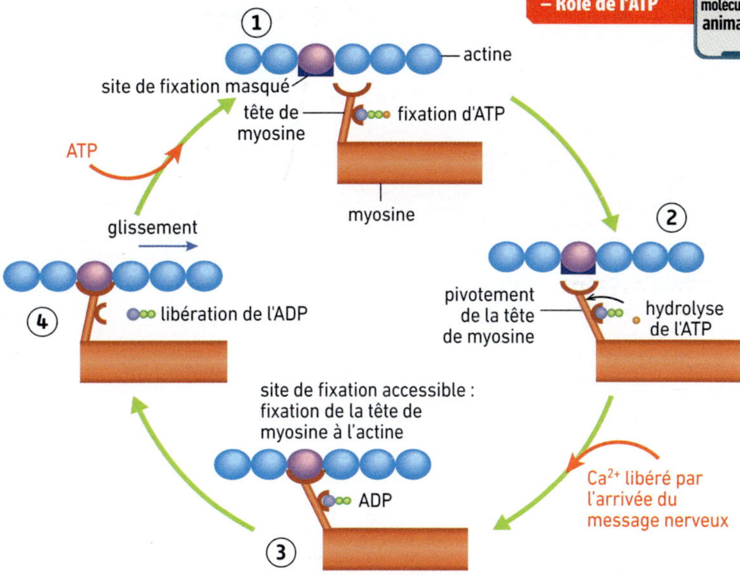

C Interactions entre le complexe actine-myosine et l'hydrolyse de l'ATP.

Activités envisageables

Pour comprendre le mécanisme moléculaire de la contraction et le rôle de l'ATP :

- **Expliquez les résultats de l'expérience présentée par le doc. 1A.**
- **Étudiez les modèles moléculaires, faites des images et présentez-les de façon à expliquer les interactions moléculaires intervenant dans la contraction.**
- **Expliquez pourquoi le renouvellement de l'ATP est indispensable au cours de la contraction musculaire.**

Des clés pour réussir

- Précisez le rôle des ions calcium et de l'ATP dans le glissement des myofilaments.
- Tenez compte des propriétés enzymatiques de la myosine.

* Lexique ➥ p. 509

Unité

4 La myopathie, une dégénérescence des cellules musculaires

En 1861, Guillaume Duchenne décrit l'affaiblissement progressif des muscles squelettiques de jeunes patients. Il s'agit de myopathies, maladies dont la forme la plus sévère portera son nom : la myopathie de Duchenne.

Comment expliquer les symptômes de la myopathie ?

1 Le phénotype de la myopathie de Duchenne

- La dystrophie* musculaire de Duchenne ou DMD est une maladie rare touchant les garçons (1 cas sur 3 500 naissances). Les symptômes apparaissent à partir de trois ans environ. Une faiblesse musculaire gagne progressivement les membres inférieurs puis se propage à l'ensemble de l'organisme. Les traitements permettent d'augmenter l'espérance de vie, mais pas encore de guérir de cette maladie.

- Une étude histologique des muscles, réalisée ici chez un animal, permet de comparer des muscles sains et des muscles atteints de DMD (A et B). Des fibres musculaires sont exposées à un anticorps, couplé à un colorant rouge, qui se fixe spécifiquement sur une protéine, la dystrophine*.

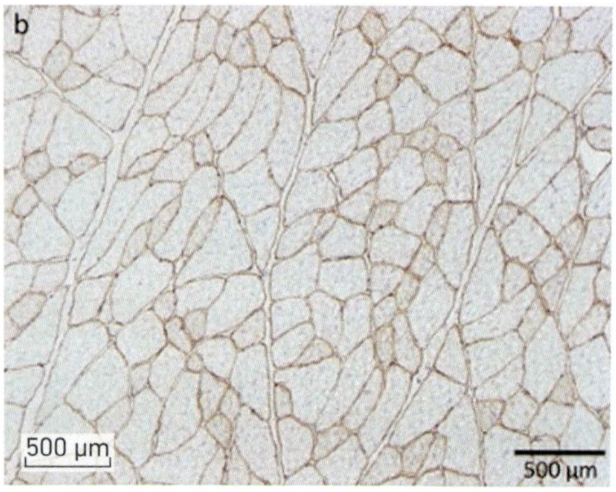

A Muscle d'un animal non atteint (coupe transversale – microscopie optique).

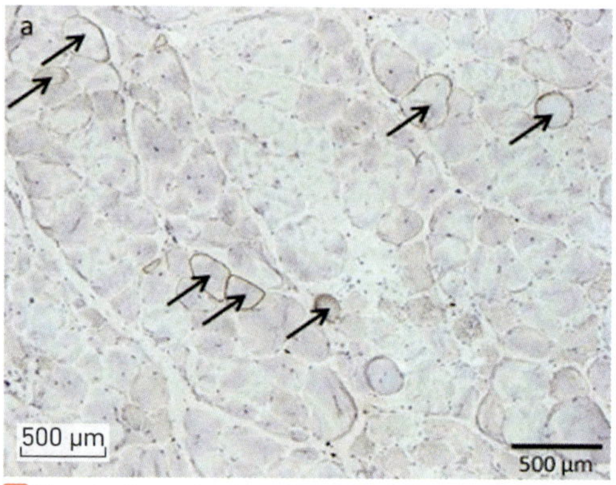

B Muscle d'un animal atteint de DMD (coupe transversale – microscopie optique).

- La dystrophine est une protéine filamenteuse reliant la matrice extracellulaire* des cellules musculaires aux filaments d'actine contenus dans le cytoplasme. Elle s'attache à un complexe moléculaire enchâssé dans le sarcolemme* et relié aux protéines de la matrice. Les molécules de dystrophine soutiennent et stabilisent ainsi les fibres musculaires durant les cycles de contraction/relâchement des myofilaments.

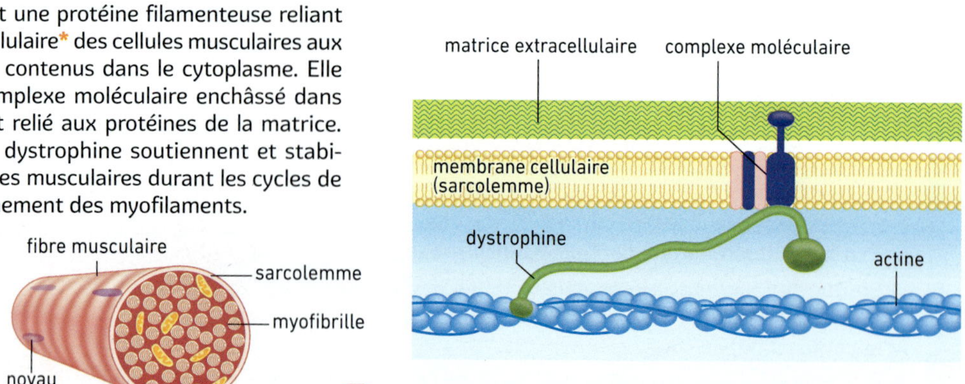

C Le rôle de la dystrophine dans les fibres musculaires.

2 La myopathie de Duchenne, une maladie génétique

- Le gène responsable de la DMD a été localisé sur le chromosome X (voir p. 33). Il est constitué de $2{,}3 \cdot 10^6$ paires de nucléotides, ce qui en fait le gène humain le plus long, et donc le plus susceptible de subir des mutations.
- Ce gène est constitué de 79 exons*, permettant aux fibres musculaires de diriger la synthèse de la dystrophine. Chez les sujets en bonne santé, la partie centrale de la dystrophine, qui se lie au sarcolemme, est composée de motifs en hélice se répétant jusqu'à 24 fois. Chez les malades, on constate une réduction de cette partie de la protéine.

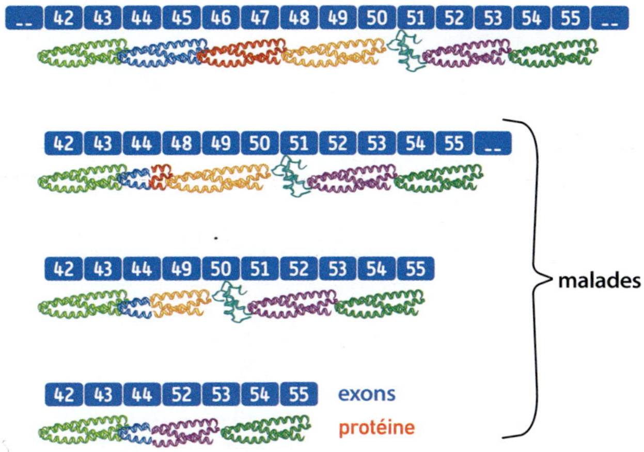

A La production de protéines défectueuses à l'origine de la DMD.

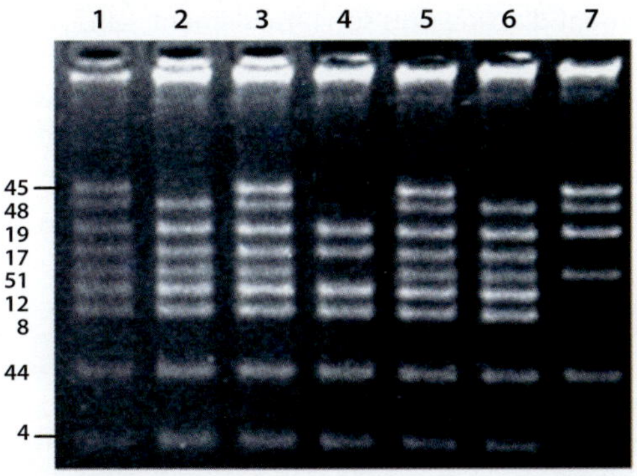

B Résultats de la recherche par PCR de certains exons du gène de la DMD.

Grâce à la technique de PCR*, neuf exons du gène ont été recherchés chez plusieurs sujets (exons 4, 8, 12, 17, 19, 44, 45, 48 et 51).

L'électrophorèse ci-contre montre les résultats obtenus :
- 1, 3, 5 : sujets en bonne santé.
- 2, 4, 6 et 7 : sujets atteints de DMD.

- L'une des formes graves de la DMD provient d'une mutation de l'exon 44 : un codon stop* arrête de façon très prématurée la synthèse de la dystrophine. Par **thérapie génique*** utilisant le « scalpel moléculaire CRISPR-Cas9* », des chercheurs parviennent à éliminer cet exon.
- Les photographies ci-contre montrent les fibres musculaires cardiaques d'un témoin non malade (**1**), d'un sujet avant le traitement (**2**) et d'un sujet après traitement (**3**). La dystrophine apparaît en rouge dès lors qu'elle est suffisamment longue.

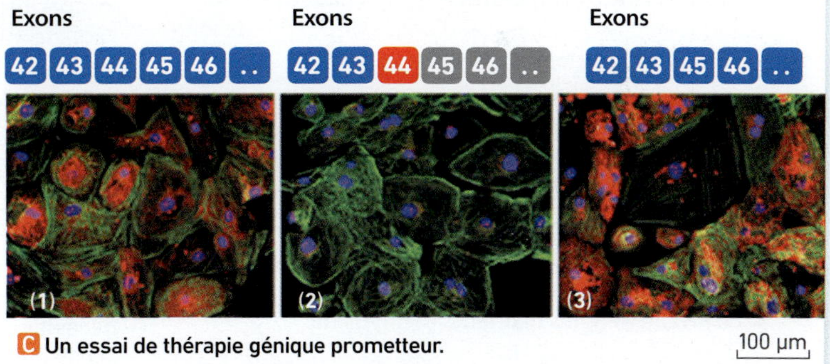

C Un essai de thérapie génique prometteur.

(d'après Yi-Li Min et al, CRISPR-Cas9 corrects Duchenne muscular dystrophy exon 44 deletion mutations in mice and human cells)

Activités envisageables

Pour expliquer comment une anomalie génétique peut être à l'origine d'un dysfonctionnement musculaire :

- **Sous la forme d'un tableau par exemple, comparez les phénotypes aux différentes échelles de façon à expliquer les symptômes de la myopathie de Duchenne.**
- **Identifiez l'origine de la maladie (cas des malades présentés par le doc. 2).**
- **Analysez et interprétez les résultats de l'essai de thérapie génique.**

Des clés pour réussir

- Après avoir étudié les documents, il peut être plus facile de commencer par l'échelle moléculaire.
- Reliez causes et conséquences.

* Lexique ➡ p. 509

Bilan des connaissances — La contraction musculaire

Préparez le Grand oral p. 519

1 Le muscle, un organe contractile

Le muscle strié squelettique est constitué d'une multitude de **fibres** reliées entre elles, disposées parallèlement et organisées en faisceaux. Chaque fibre est une cellule géante de plusieurs centimètres de long, née de la fusion de nombreuses cellules.

Un mouvement est causé par la contraction synchrone des fibres composant le muscle strié. Le **raccourcissement** de l'ensemble du muscle exerce une traction sur les os auxquels il est attaché par l'intermédiaire de tendons. Ainsi, l'articulation est mobilisée.

2 La fibre musculaire, une cellule spécialisée dans la contraction

Une fibre musculaire squelettique présente au microscope un aspect strié. Cette striation est due à l'organisation moléculaire des **myofibrilles** qui constituent le cytosquelette occupant le cytoplasme. En effet, chaque myofibrille est formée d'une succession d'unités de 2,5 µm de long environ chacune, les **sarcomères**.

Chaque sarcomère est un assemblage de deux types de filaments de nature protéique, disposés parallèlement à l'axe de la myofibrille : des filaments fins d'**actine** et des filaments épais de **myosine**. Les filaments épais occupent la partie centrale du sarcomère. Les filaments fins sont attachés aux extrémités du sarcomère (stries Z) et pénètrent en partie dans la zone centrale, alternant à ce niveau avec les filaments de myosine.

Lors de la contraction, les sarcomères se raccourcissent d'environ 25 % de leur longueur par glissement des filaments d'actine par rapport aux filaments de myosine. Le sarcomère est donc l'unité structurale et contractile du muscle strié.

3 Le mécanisme de la contraction

Le glissement des filaments protéiques d'actine et de myosine constitue le mécanisme moléculaire à l'origine de la contraction musculaire. Un tel mouvement des myofilaments est couplé à l'**hydrolyse de l'ATP**, qui fournit l'énergie nécessaire.

Les filaments de myosine possèdent des extrémités globuleuses (« têtes ») qui peuvent se fixer sur les filaments d'actine et se mouvoir le long de ces filaments selon une succession d'étapes qui se répètent.

Chaque tête de myosine fixe une molécule d'ATP et catalyse son hydrolyse. Le clivage de l'ATP « arme » la tête de myosine. L'entrée de calcium dans la cellule provoque l'attachement de la tête de myosine sur le filament d'actine puis son basculement : ainsi, les deux filaments coulissent l'un par rapport à l'autre. La myosine fixe une nouvelle molécule d'ATP et se détache alors de l'actine. Un nouveau cycle reprend, si la concentration en calcium dans la cellule reste suffisante.

4 Les myopathies, une dégénérescence des cellules musculaires

La myopathie de Duchenne (DMD) est une affection génétique qui touche toute la musculature. Elle se caractérise par un affaiblissement progressif des muscles des membres et du tronc, aboutissant à une grave incapacité motrice et cardio-respiratoire, en général après l'âge de 10 -13 ans. Elle résulte de mutation(s) affectant le gène de la **dystrophine**, localisé sur le chromosome X, et touche les garçons (1 / 3 500 naissances masculines).

La dystrophine est une grosse protéine en forme de bâtonnet qui relie les filaments d'actine du cytoplasme à la **matrice extracellulaire**. Pour cela, elle s'attache à un complexe de molécules qui traverse le sarcolemme (membrane de la cellule musculaire) et s'ancre dans la matrice. Cet ensemble assure une cohérence structurale nécessaire à des contractions répétées. Si la dystrophine est absente ou se dégrade, les fibres musculaires dégénèrent. Le traitement des myopathies est aujourd'hui l'objet de recherches intensives.

Mots-clés

Actine • Articulation • ATP • Contraction • Fibre musculaire • Myofibrilles • Myopathie • Myosine • Relâchement • Sarcomère • Tendon • Thérapie génique

Schéma bilan

Flash PAGE animation

La contraction musculaire

Le muscle est constitué de cellules spécialisées : les fibres musculaires

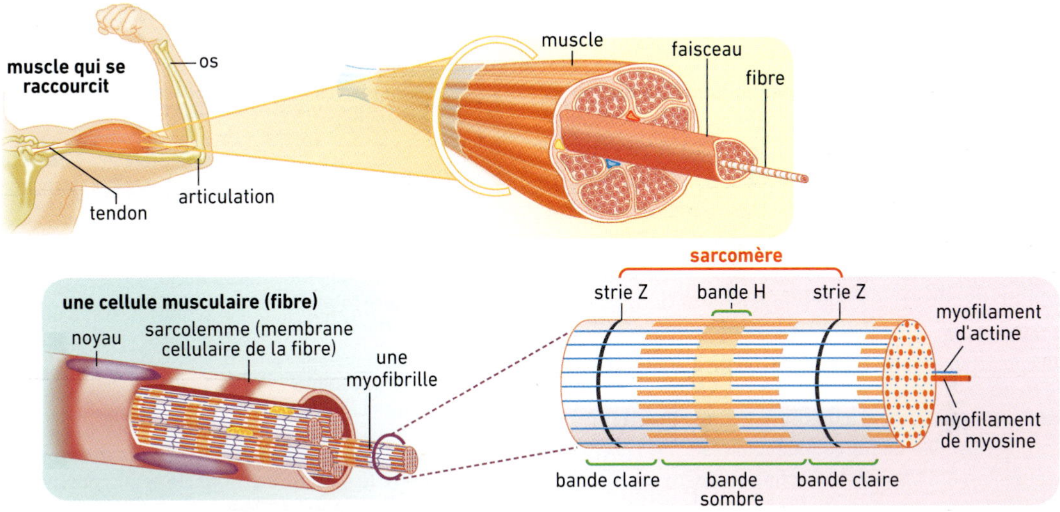

Le mécanisme de la contraction

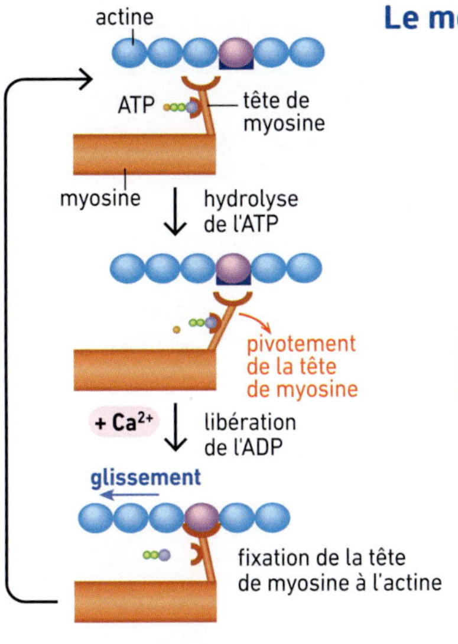

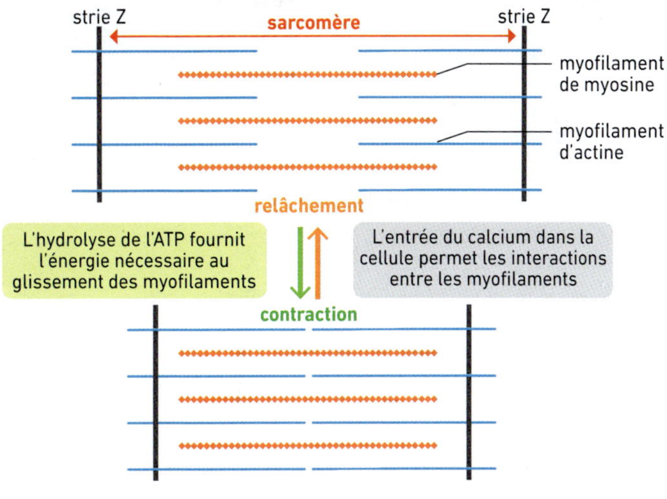

Les myopathies : une dégénérescence des fibres musculaires

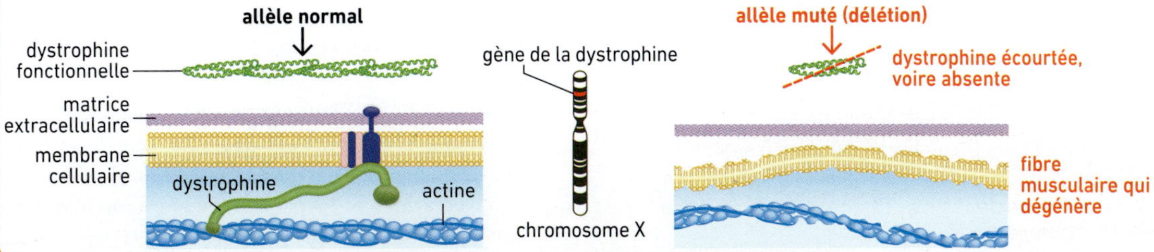

Réponses voir p. 502

Autoévaluation

1 Retour vers les problématiques

Relisez la page « S'interroger avant d'aborder le chapitre » (p. 403) ; à l'aide de ce que vous savez à présent, répondez aux questions que vous avez formulées.

2 QCM

Pour chaque affirmation, choisissez l'unique bonne réponse.

1. **Les muscles :**
   a. sont reliés aux os par des ligaments ;
   b. sont fixés aux deux extrémités d'un même os ;
   c. exercent une force de traction sur un os par l'intermédiaire d'un tendon ;
   d. sont mis en mouvement par les articulations.

2. **Une myofibrille :**
   a. comporte un assemblage de filaments d'actine et de myosine ;
   b. est l'autre nom donné à une cellule musculaire ;
   c. est un ensemble de fibres musculaires ;
   d. est un filament protéique, d'actine ou de myosine.

3. **Un sarcomère :**
   a. peut mesurer plusieurs centimètres de longueur ;
   b. possède une alternance de bandes claires constituées d'actine et de bandes sombres constituées de myosine ;
   c. est une unité structurale de la fibre musculaire dont la longueur est constante ;
   d. est une unité structurale de la fibre musculaire qui peut se raccourcir.

3 Expliquez les différences entre...

a. un myofilament et une myofibrille ;
b. un myofilament et un sarcomère ;
c. la bande claire et la bande sombre d'un sarcomère ;
d. l'actine, la myosine et la dystrophine ;
e. le rôle du calcium et celui de l'ATP dans la contraction musculaire.

4 Vrai ou faux ?

Repérez les affirmations exactes et corrigez celles qui sont fausses.

a. Lorsqu'il se contracte, un muscle s'allonge et s'épaissit.
b. Une cellule musculaire est une fibre comportant plusieurs noyaux.
c. Les filaments d'actine sont plus épais que les filaments de myosine.
d. Au cours de la contraction, les filaments d'actine et de myosine d'un sarcomère se raccourcissent.
e. Certaines myopathies sont dues à un défaut d'interaction entre les myofilaments et la matrice extracellulaire.

Entraînement

★ facile ★★ intermédiaire ★★★ confirmé

5 Établir une relation de causalité

★

Chez l'Homme, le muscle droit externe de l'œil permet des mouvements très fins du globe oculaire alors que le muscle gastrocnémien du mollet permet des mouvements beaucoup moins précis d'extension du pied. On cherche à expliquer ces différences. Le tableau présente les résultats d'observations réalisées sur les deux muscles.

	Muscle droit externe de l'œil	Muscle gastrocnémien
Nombre de fibres nerveuses motrices innervant le muscle	1 740	579
Nombre total de fibres musculaires	22 000	1 000 000
Tension développée pour une seule fibre musculaire	$4{,}5 \cdot 10^{-5}$ N	$56 \cdot 10^{-5}$ N

Utilisez les données du tableau pour établir une relation entre la structure du muscle et les caractéristiques des mouvements réalisés.

6 Conduire une recherche d'informations sur Internet et communiquer sous forme de tableau

★★

Le document ci-dessous présente des coupes longitudinales des trois types de muscles (observations microscopiques et schémas) : muscle squelettique (1), muscle lisse (2), muscle cardiaque (3).

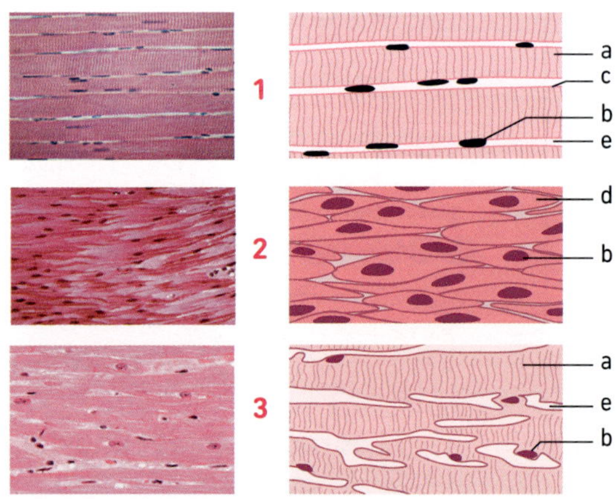

(a) stries, (b) noyau, (c) membrane cellulaire, (d) cellule en forme de fuseau, (e) matrice extracellulaire.

1. **Recherchez sur Internet des informations sur la localisation et les fonctions des trois types de muscles.**
2. **Présentez dans un tableau les principales différences structurales et fonctionnelles entre les trois types de cellules musculaires.**

PRÉPA BAC

Épreuve écrite

Rédaction d'un texte argumenté pour répondre à une question scientifique

7 La fibre musculaire, une cellule spécialisée

Le mouvement de segments (bras, avant-bras, jambe, cuisse) repose sur le raccourcissement des muscles, constitués de cellules spécialisées aux propriétés contractiles.

- **Vous exposerez, en vous appuyant sur des schémas, l'architecture d'un muscle et d'une fibre musculaire de façon à expliquer comment le muscle peut se raccourcir afin de faire jouer une articulation.**

Documents proposés **Observations au microscope électronique d'un sarcomère d'une fibre musculaire**

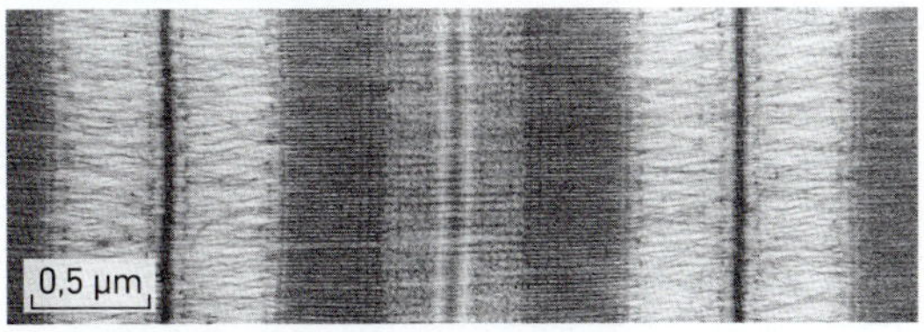

A Sarcomère relâché.

B Sarcomère contracté.

8 Le mécanisme moléculaire de la contraction musculaire

La contraction musculaire repose sur des mécanismes impliquant diverses molécules ayant des rôles spécifiques.

- **Présentez, en vous appuyant sur des observations et des résultats expérimentaux, le rôle des molécules nécessaires à la contraction musculaire.**

Votre exposé sera structuré, illustré, et comportera une introduction et une conclusion.

Documents proposés

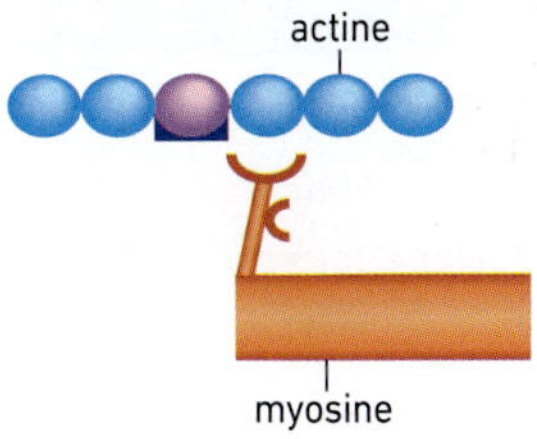

A Représentation de l'actine et de la myosine.

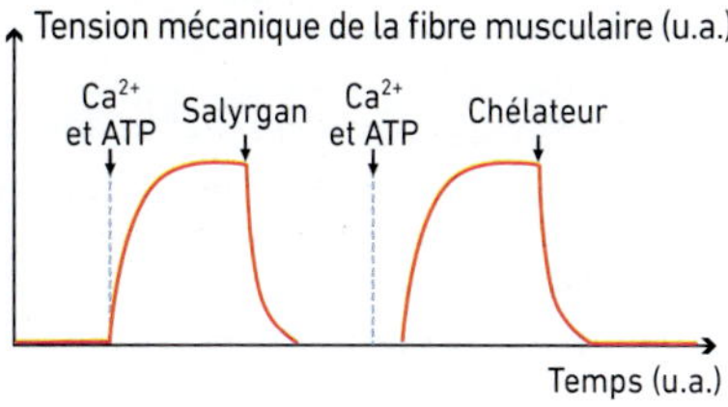

Le salyrgan inhibe l'hydrolyse de l'ATP.
Un chélateur est une substance qui fixe les ions calcium

B Une étude expérimentale.

Épreuve pratique

Pour s'entraîner à l'Évaluation des Capacités Expérimentales

9 Présenter et exploiter des résultats pour répondre au problème posé

Afin de montrer comment l'action de muscles antagonistes permet le fonctionnement d'une articulation, on a enregistré grâce à un dispositif ExAO les contractions musculaires des muscles antérieurs et postérieurs de la jambe au cours de la réalisation de mouvements de flexion et d'extension du pied.

L'enregistrement en bleu correspond au muscle du mollet, l'enregistrement en rouge au muscle jambier situé sur la face antérieure du tibia.
Le sujet a effectué une alternance de flexions et d'extensions du pied d'une durée de 10 secondes chacune, en commençant par une extension.

- **Présentez et exploitez ce résultat de façon à répondre au problème posé.**

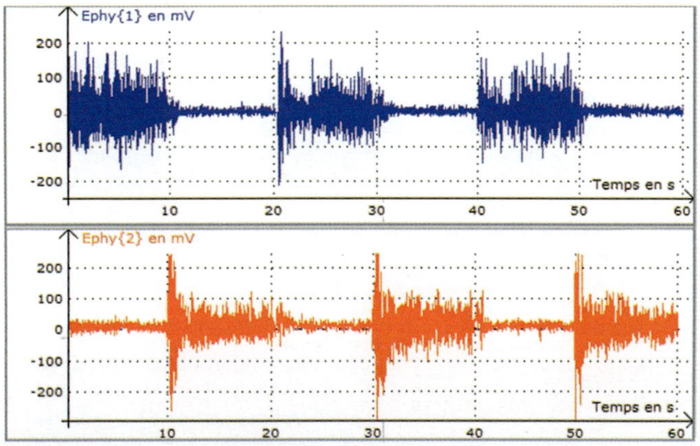

Enregistrements ExAO obtenus au cours de l'expérience.

Raisonnement scientifique

Construisez et exposez votre propre démarche pour résoudre le problème posé

10 Un exemple de mouvement intracellulaire : la cyclose des chloroplastes

La plupart des cellules sont animées de mouvements intracellulaires : déplacement des organites, processus de division cellulaire… Dans les cellules végétales d'une feuille exposée à la lumière, il est courant d'observer un déplacement cyclique des chloroplastes. Un tel mouvement est qualifié de cyclose.

■ À partir de l'exploitation des documents mis en relation avec vos connaissances, montrez que le modèle proposé est cohérent avec les observations et les études expérimentales.

1 La cyclose dans une cellule chlorophyllienne de feuille d'élodée

L'observation microscopique d'une feuille d'élodée exposée à la lumière révèle l'existence d'un mouvement de cyclose des chloroplastes. Ce déplacement cyclique permet une meilleure répartition des organites et optimise l'exposition à la lumière des chloroplastes.

A Extrait d'une séquence vidéo : l'astérisque (*) met en évidence le déplacement d'un chloroplaste. 10 µm

● Une étude expérimentale de la vitesse de la cyclose

Des chercheurs ont mesuré la vitesse de la cyclose dans une feuille d'élodée placée dans différentes conditions.

La vitesse a été mesurée dans la partie médiane d'une feuille d'élodée, où la cyclose est unidirectionnelle. Les chercheurs ont déterminé la vitesse de la cyclose en mesurant le temps nécessaire pour qu'un chloroplaste parcoure la distance de 28 µm.

Dans cette expérience, une feuille a été placée successivement :
- dans une solution témoin ;
- dans une solution comportant de l'ATP (10^{-5} mol · L^{-1}) ;
- dans une solution comportant de l'ATP (10^{-5} mol · L^{-1}) et de l'acide p-chlorobenzoïque (pClBA, 10^{-5} mol · L^{-1}). Le pClBA est un inhibiteur de l'utilisation de l'ATP par la cellule.

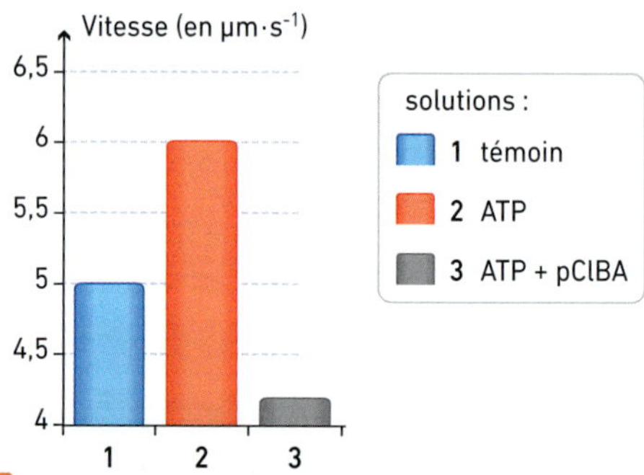

B Vitesse de la cyclose dans différentes conditions.

2 Des filaments constitutifs d'un cytosquelette

Les cellules contiennent des filaments protéiques plus ou moins rigides formant des sortes de câbles qui constituent ce qu'on appelle le cytosquelette. Dans le cas des cellules végétales de feuilles, l'observation microscopique révèle la présence dans l'ectoplasme de telles fibrilles, orientées parallèlement à la direction des mouvements de cyclose (voir doc 3B).

Ces filaments peuvent être mis en évidence par immunofluorescence : sur les photographies ci-contre, on a utilisé une substance fluorescente rouge (fluorochrome) couplée à des anticorps anti-actine.

La cytochalasine B est une substance (naturellement produite par certains champignons) qui empêche l'association des molécules d'actine (actine G) en filaments (actine F). L'ajout de cytochalasine B interrompt très rapidement la cyclose.

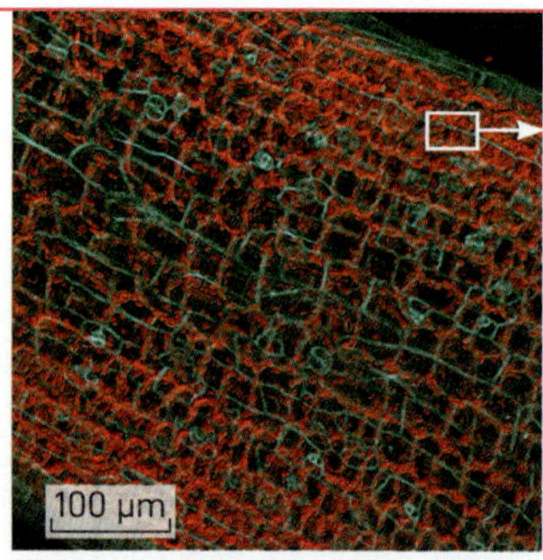

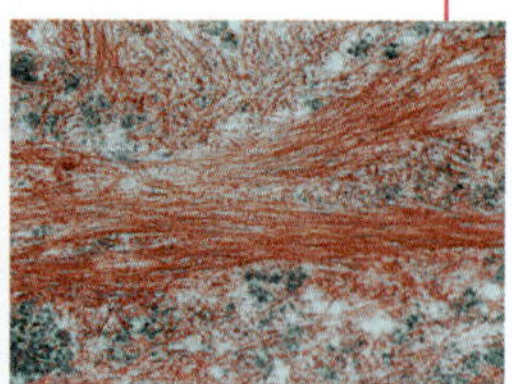

(Observation au MET).

Mise en évidence par immunofluorescence de filaments du cytosquelette dans des cellules de feuille. (Microscopie optique).

3 Le rôle d'un système actine myosine

Les characées sont des algues qui ont servi de support à de nombreux travaux de recherche visant à élucider le mécanisme de la cyclose.

Organisation d'une cellule de *Chara*

Le cytoplasme n'est pas homogène : une grande partie du volume cellulaire est occupée par une vacuole (poche remplie d'eau et de substances dissoutes). La partie interne du cytoplasme, ou endoplasme, est très fluide et contient divers organites (ribosomes, réticulum). La partie externe, ou ectoplasme est beaucoup plus visqueuse.

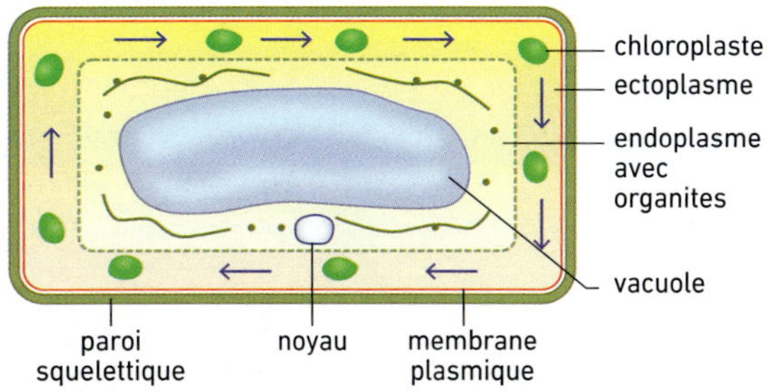

A Schéma de l'organisation d'une cellule de *Chara*.

Observations ultrastructurales

Des observations réalisées sur des cellules dans lesquelles la cyclose a été inactivée montrent des chloroplastes accolés contre les filaments du cytosquelette présentés par le document 2. On distingue également des sortes de « ponts » assurant un contact entre ces filaments du cytosquelette et des organites de l'endoplasme.

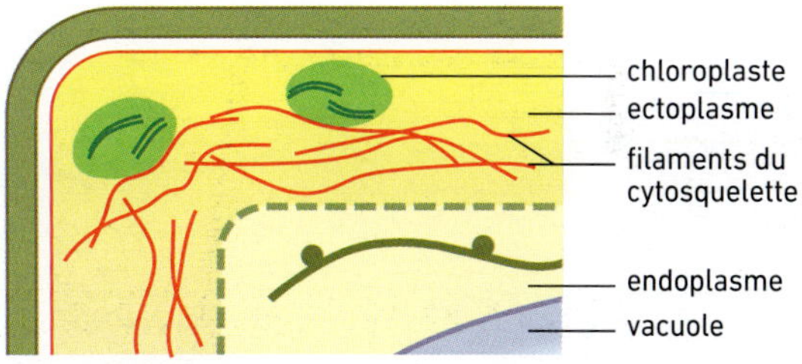

B Localisation et disposition des fibres du cytosquelette.

Modélisations moléculaires

Des chercheurs sont ensuite parvenus à isoler de la myosine à partir de l'endoplasme d'une cellule : cette molécule, baptisée myosine XI, est constituée de deux chaînes. L'extrémité la plus fine de chaque chaîne est capable de se lier à la membrane des organites endoplasmiques. L'autre extrémité, globuleuse, comporte un site de liaison à l'actine et une activité ATPasique (hydrolyse de l'ATP).

Il a été possible de suivre, *in vitro*, les interactions entre la myosine XI et un filament d'actine : tandis que l'une des deux têtes de la myosine reste fixée à l'actine, l'autre tête peut se déplacer de 35 nm à chaque hydrolyse de l'ATP. Cette tête de myosine effectue ainsi plusieurs « pas », avant que la deuxième tête se libère de sa liaison avec l'actine.

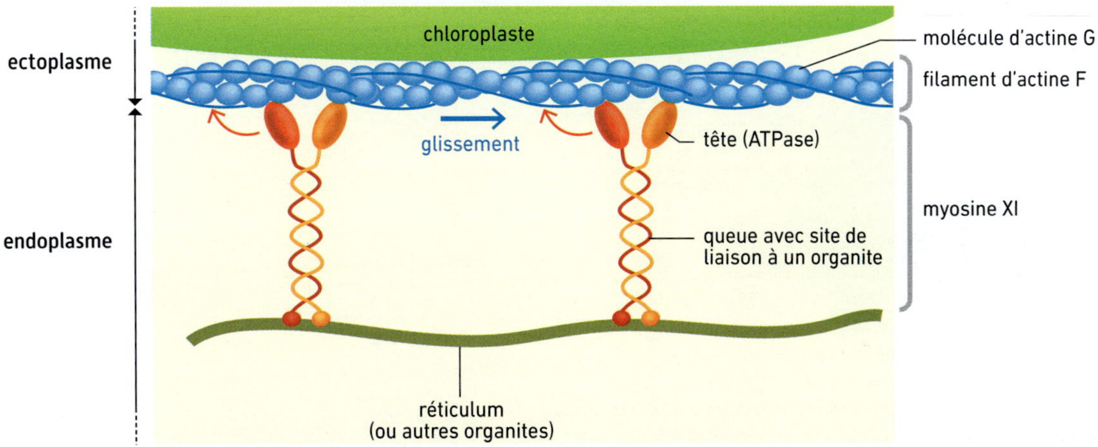

C Un modèle du système actine-myosine impliqué dans le mouvement de cyclose.

Remarque : *d'autres modèles du moteur de la cyclose sont envisagés, mais tous font intervenir le système actine-myosine.*

D'après Jean-Jacques Auclair : http://jean-jacques.auclair.pagesperso-orange.fr/index.htm

PARTIE 5

CHAPITRE 4

L'origine de l'ATP nécessaire aux activités cellulaires

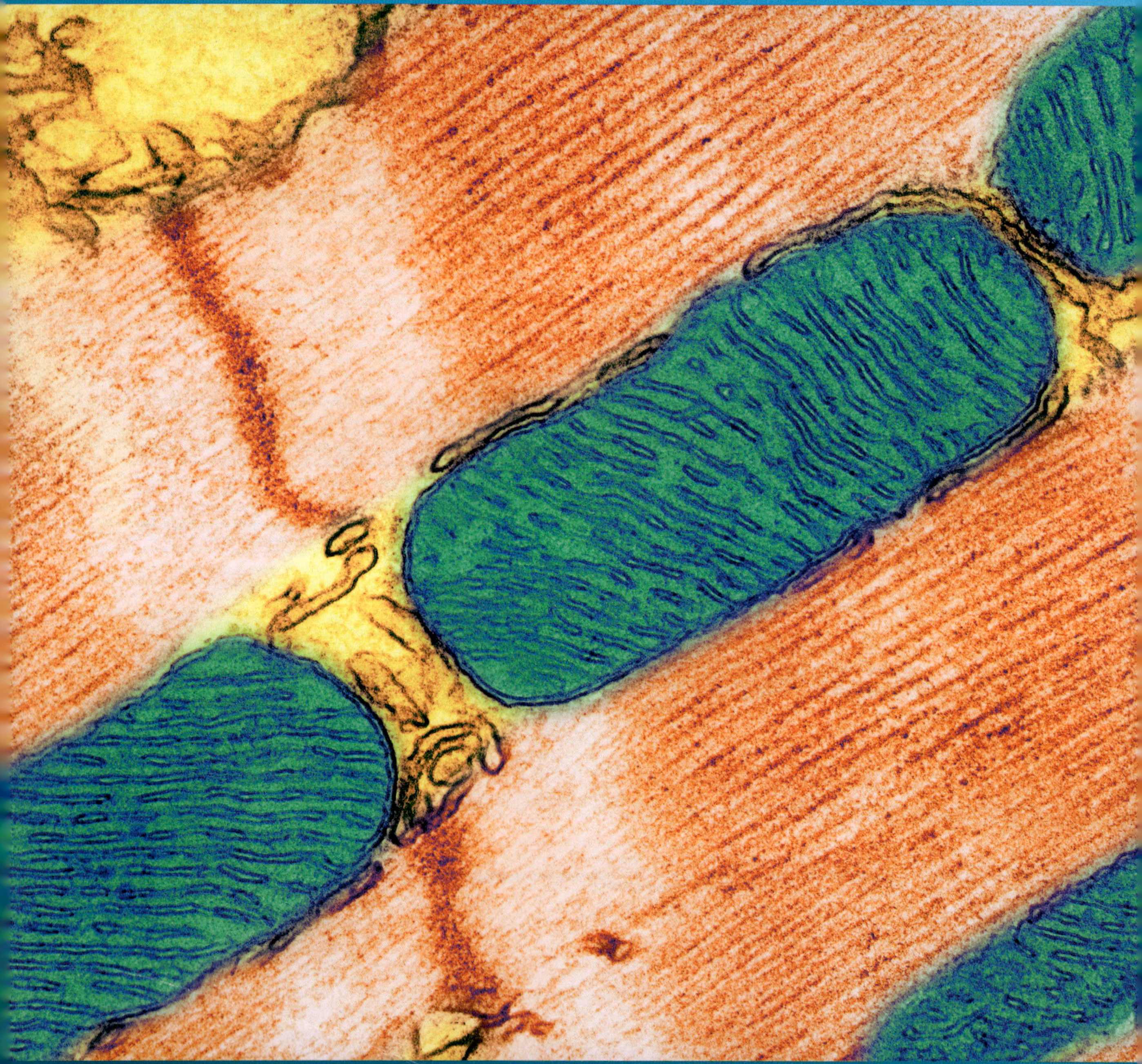

Mitochondries dans une cellule musculaire, observation au microscope électronique à fort grossissement.

S'interroger avant d'aborder le chapitre

Des dizaines de kilos d'ATP par jour

On estime que les besoins énergétiques de l'organisme nécessitent l'hydrolyse d'environ 45 kg d'ATP par jour ! Contrairement à ce que suggèrent certains suppléments alimentaires ou boissons « énergisantes », l'ATP nécessaire au fonctionnement de l'organisme ne provient pas directement de l'alimentation. D'ailleurs, la molécule d'ATP ne peut pas franchir la membrane qui entoure la fibre musculaire.

Des musculatures différentes

Le 14 mai 1983, Carl Lewis (à gauche) devient le premier sportif à courir le 100 m en moins de 10 secondes, à basse altitude. En octobre 2019, Eliud Kipchoge (ci-dessous) parvient à courir un marathon en moins de 2 heures. La musculature de ces deux sportifs et le métabolisme mis en œuvre pour accomplir ces performances sont bien différents.

Formuler les problèmes à résoudre

- À partir de ce que vous savez de l'origine de l'énergie nécessaire au fonctionnement du corps humain et de ce que suggèrent ces documents, formulez des questions précises concernant l'origine de l'ATP nécessaire à la contraction musculaire et, plus généralement, aux besoins des cellules de l'organisme.

Unité

1 L'ATP, molécule clé du métabolisme énergétique des cellules

L'adénosine tri-phosphate, ou ATP, fournit aux fibres musculaires l'énergie nécessaire à leur contraction. Plus généralement, l'ATP est un intermédiaire nécessaire à l'ensemble du métabolisme énergétique des cellules : l'organisme consommerait environ 45 kilos d'ATP par jour !

Comment l'ATP est-elle produite, et comment permet-elle de satisfaire les besoins énergétiques des cellules ?

1 L'ATP, une molécule universellement répandue

L'**ATP*** est une petite molécule dont l'hydrolyse en ADP (Adénosine di-phosphate) s'accompagne d'une libération d'énergie : la réaction est exoénergétique*. L'hydrolyse de l'ATP est couplée à des processus endoénergétiques* de la cellule comme la synthèse ou la transformation de molécules, ou encore la réalisation de mouvements (voir p. 408).

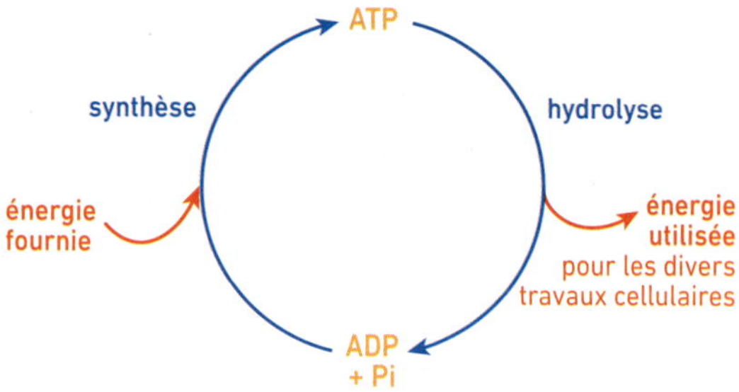

Activité pratique

Il est possible de rechercher dans les cellules l'activité de l'ATP-synthase*, enzyme qui catalyse la production de l'ATP. En interrogeant une banque de données (comme *ProteinAtlas*), rechercher et mettre en évidence la production d'ATP-synthase dans différents types cellulaires.

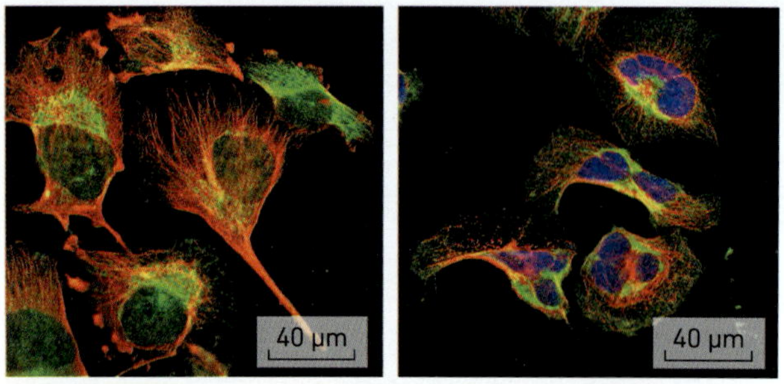

A Neurones (à gauche) et cellules osseuses traités par immunofluorescence : la couleur verte traduit la présence d'ATP-synthase.

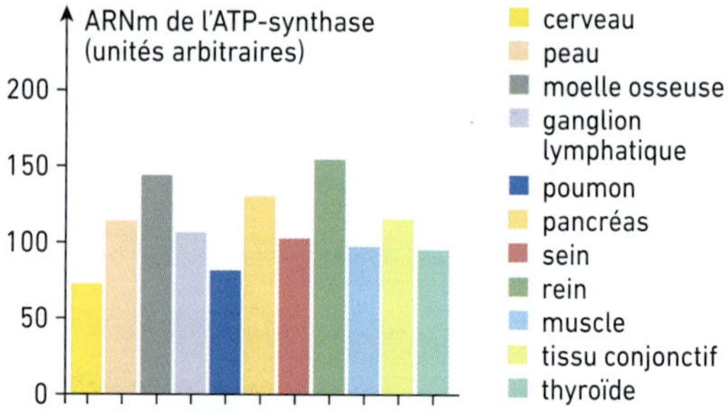

B Expression du gène de l'ATP-synthase dans différents types cellulaires.
(The Human Protein Atlas, proteinatlas.org).

2 Consommation et régénération de l'ATP au cours d'une activité cellulaire

La contraction musculaire nécessite de l'énergie : lors d'un exercice physique de forte intensité, la consommation d'ATP par l'organisme peut atteindre 0,5 kg·min^{-1}.
Une expérience a permis de doser les quantités de glucides et d'ATP dans un muscle d'amphibien lors de sa contraction. La même expérience a été réitérée en présence d'oligomycine, un inhibiteur* de la synthèse d'ATP.

	Constituants chimiques	Avant contraction	Après contraction
Expérience 1 sans inhibiteur de l'ATP	Réserves de glucides	10,8 g·kg^{-1}	8 g·kg^{-1}
	ATP	4 à 6 mmol·kg^{-1}	4 à 6 mmol·kg^{-1}
	État du muscle	Muscle contracté	
Expérience 2 avec inhibiteur de l'ATP	Réserves de glucides	10,8 g·kg^{-1}	10,8 g·kg^{-1}
	ATP	4 à 6 mmol·kg^{-1}	0 mmol·kg^{-1}
	État du muscle	Arrêt immédiat de la contraction	

3 Les voies métaboliques de la régénération de l'ATP

La consommation continue de l'ATP, alors que sa concentration intracellulaire est faible, nécessite une régénération permanente. C'est l'énergie produite par la dégradation de métabolites organiques* qui permet cette synthèse.
L'expérimentation étant difficile sur des fibres musculaires humaines, on peut, dans une première approche, utiliser des levures comme modèle pour une étude du métabolisme énergétique à l'échelle cellulaire. Les levures sont des eucaryotes* unicellulaires qui se multiplient activement par bourgeonnement, à condition d'être cultivées dans un milieu contenant des substances nutritives (glucose). Elles dépensent alors davantage d'ATP et leur consommation en substrats organiques augmente.

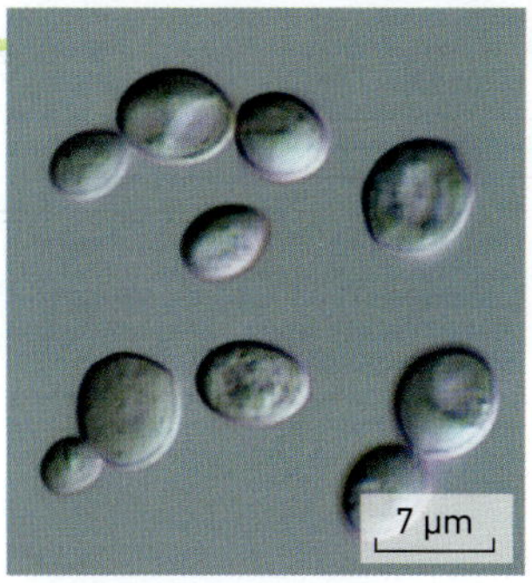

A Culture de levures dans un milieu favorable à leur bourgeonnement (MO).

Activité pratique

- On cherche à caractériser les voies métaboliques par lesquelles les levures peuvent exploiter un métabolite organique.
- On dispose d'une culture de levures, d'une solution de glucose, et de capteurs permettant de suivre les concentrations en dioxygène, dioxyde de carbone et éthanol.

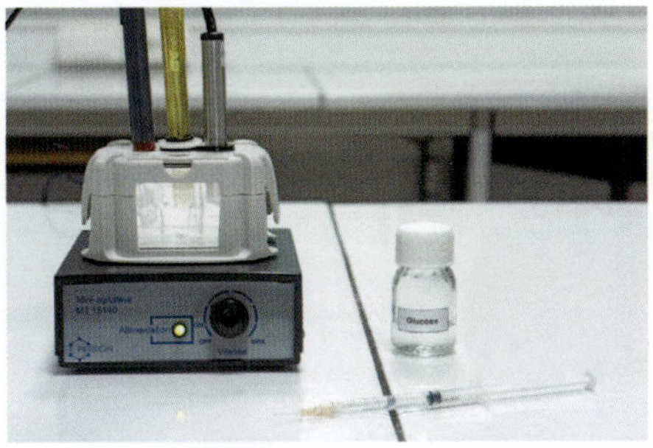

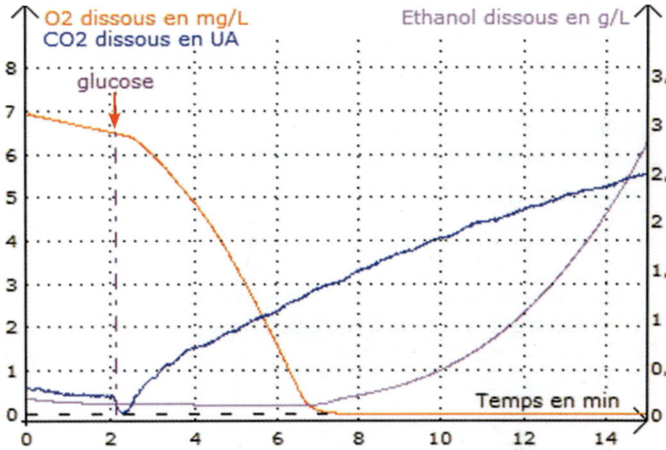

B Dispositif et résultats de l'expérience.

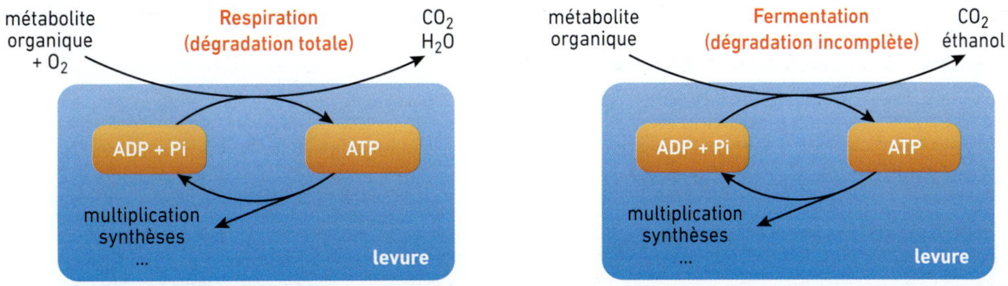

C Deux voies métaboliques couplées à la synthèse d'ATP.

Activités envisageables

Pour comprendre la place de l'ATP dans le métabolisme énergétique des cellules :

- **Montrez le caractère universel de l'ATP.**
- **Établissez et justifiez le protocole expérimental répondant aux objectifs du doc. 3. Réalisez l'expérience et exploitez les résultats pour caractériser les deux voies métaboliques de régénération de l'ATP.**
- **Justifiez la position d'intermédiaire énergétique souvent donnée à l'ATP.**

Des clés pour réussir

- Mettez en relation le tableau du doc. 2 et l'exploitation de l'expérience du doc. 3.
- Distinguez bien les réactions qui nécessitent de l'énergie et celles qui en produisent.

* Lexique ➥ p. 509

Unité 2

Les mitochondries, organites de la respiration cellulaire

Les cellules produisent sans cesse de l'ATP, indispensable à leur fonctionnement. La respiration cellulaire est la principale voie de régénération de cette molécule ATP.

Comment la respiration se manifeste-t-elle dans la cellule et où se déroule-t-elle ?

1 Des organites spécialisés

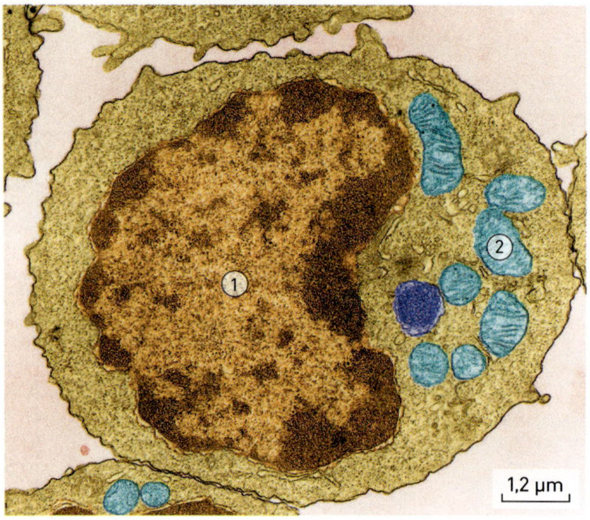

A Lymphocyte humain (observation au MET*).

• Les **mitochondries*** sont des organites qui ont longtemps intrigué les biologistes. Très petites, elles sont en effet très difficiles à observer au microscope optique. Elles peuvent pourtant représenter jusqu'à 25 % de la masse des cellules qui ont des besoins énergétiques importants. Leur rôle dans la **respiration cellulaire*** a donc été suggéré dès le début du XXe siècle. C'est le microscope électronique qui a révélé la structure des mitochondries.

(1) noyau
(2) mitochondrie

• En milieu oxygéné, les levures respirent. Cependant, elles sont aussi capables de vivre dans un milieu dépourvu de dioxygène. Dans ce cas, elles développent un autre type de métabolisme énergétique, la fermentation (voir p. 426). Le microscope électronique permet de comparer la structure interne de ces cellules dans les deux situations.

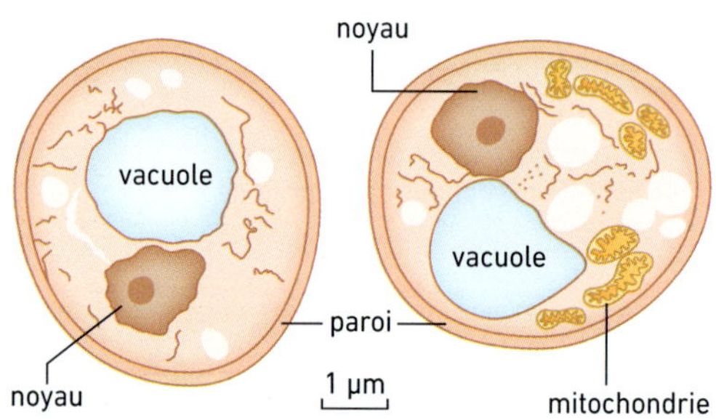

B Levures cultivées en anaérobiose* (à gauche) et en aérobiose* (à droite).

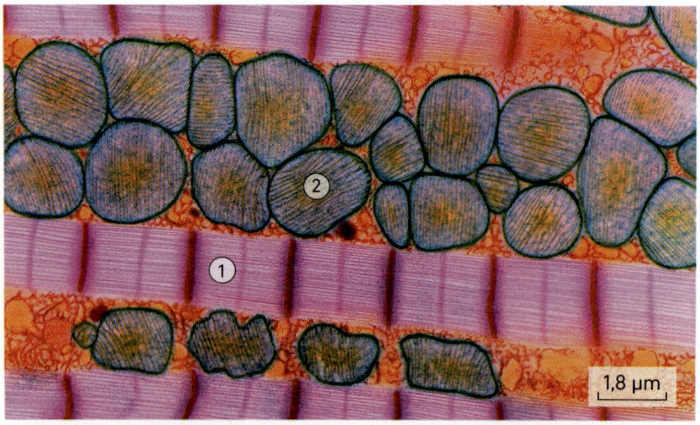

C Portion de cytoplasme d'une fibre musculaire (observation au MET).

• Les fibres musculaires sont des cellules dont les besoins en ATP sont particulièrement importants, puisque l'ATP est nécessaire au glissement des myofilaments (voir p. 409). Le cytoplasme de ces cellules présente une organisation remarquable.

(1) sarcomère
(2) mitochondrie

2 La mise en évidence du rôle des mitochondries

Pour étudier le rôle des mitochondries, il est nécessaire de les isoler. Pour cela, on utilise des cellules particulièrement riches en mitochondries, par exemple des cellules de foie ou de cœur.
Les cellules subissent d'abord un broyage mécanique modéré afin de libérer leurs constituants sans les léser. Le broyat est ensuite centrifugé : la rotation à grande vitesse des tubes contenant les extraits cellulaires permet de séparer les constituants et d'obtenir une fraction riche en mitochondries. L'isolement complet des mitochondries nécessite cependant une centrifugation à très grande vitesse, non réalisable avec une centrifugeuse de lycée.

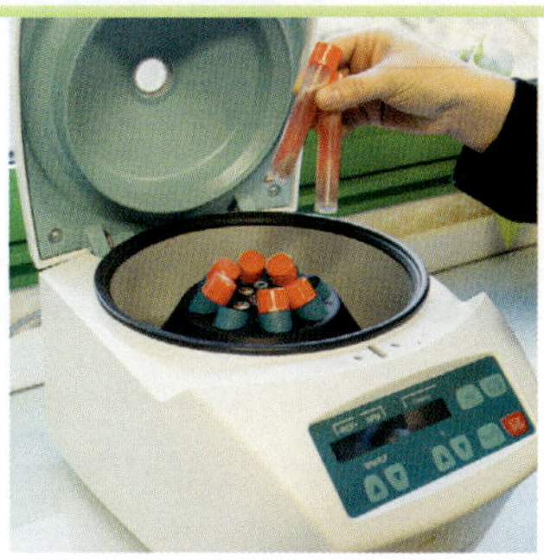

A La préparation de mitochondries isolées.

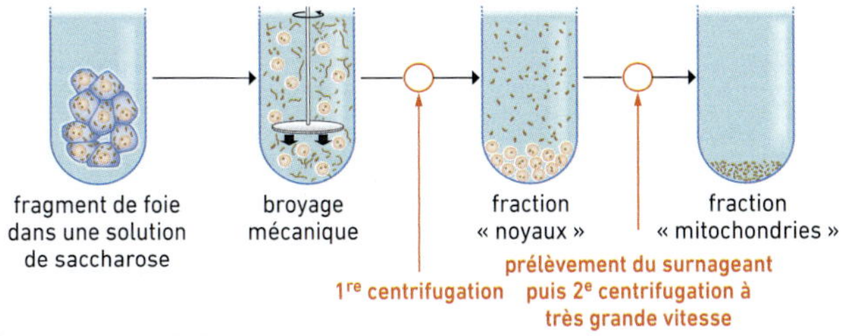

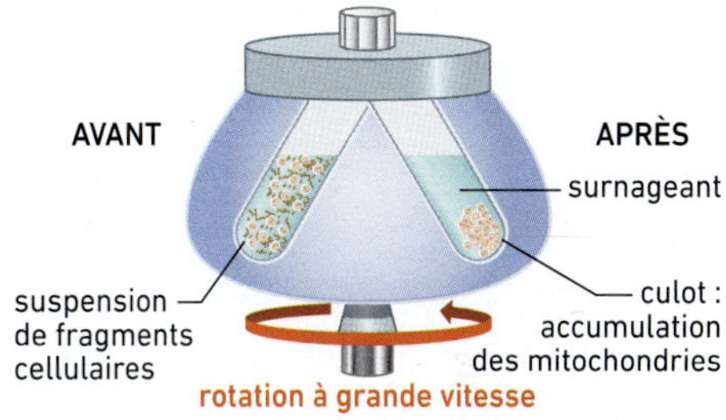

Activité pratique

Différentes études et observations suggèrent que la respiration cellulaire se déroule dans les mitochondries, mais qu'une première étape est réalisée dans le cytosol*, en dehors des mitochondries. Lors de cette première étape, une scission et une déshydrogénation du glucose ($C_6H_{12}O_6$) produirait deux molécules d'acide pyruvique ($C_3H_4O_3$).

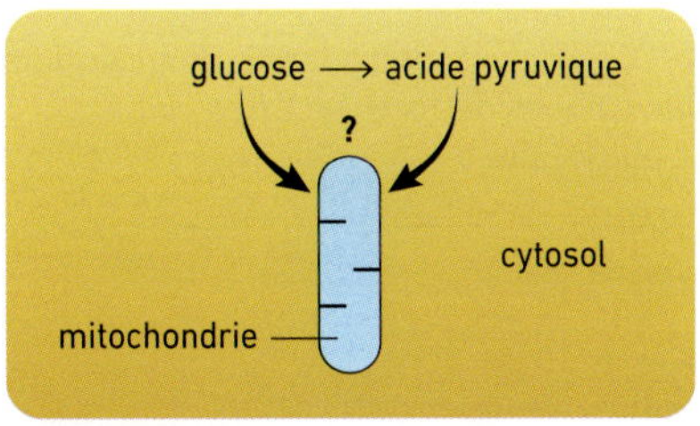

On cherche à vérifier cette hypothèse et à savoir si cette étape est indispensable à la respiration cellulaire.
On dispose d'un dispositif ExAO, d'une suspension de mitochondries, de deux solutions que l'on peut injecter : glucose et acide pyruvique.

- Déterminer une stratégie permettant de tester cette hypothèse.
- Mettre en œuvre le protocole, présenter et interpréter le résultat.

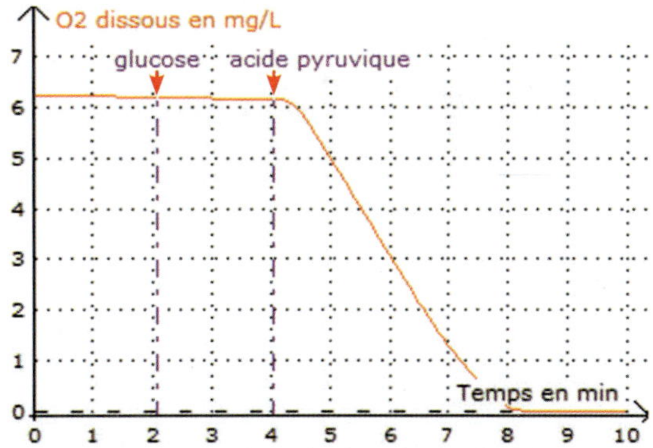

B Évolution de la concentration en dioxygène dans une suspension de mitochondries isolées.

Activités envisageables

Pour localiser la respiration cellulaire et mettre en évidence le rôle des mitochondries :

- **Recherchez les arguments qui permettent de dire que les mitochondries sont les organites de la respiration cellulaire.**
- **Établissez et justifiez le protocole de l'expérience.**
- **Exploitez les résultats de l'expérience de façon à répondre au problème posé.**

Des clés pour réussir

- Recherchez des indices en comparant le contenu des cellules.
- Justifiez chaque étape du protocole expérimental.
- Recherchez éventuellement ce qui pourrait expliquer une consommation de dioxygène avant toute injection.

* Lexique ➥ p. 509

Les étapes de la respiration cellulaire

La production d'ATP au cours de la respiration cellulaire débute dans le cytoplasme, mais elle se produit pour l'essentiel dans des organites spécialisés, les mitochondries.

Quelles sont les principales étapes de l'oxydation d'un métabolite organique par la respiration cellulaire ?

1 Une oxydation totale du glucose

Glycolyse

bordas Flash PAGE animation

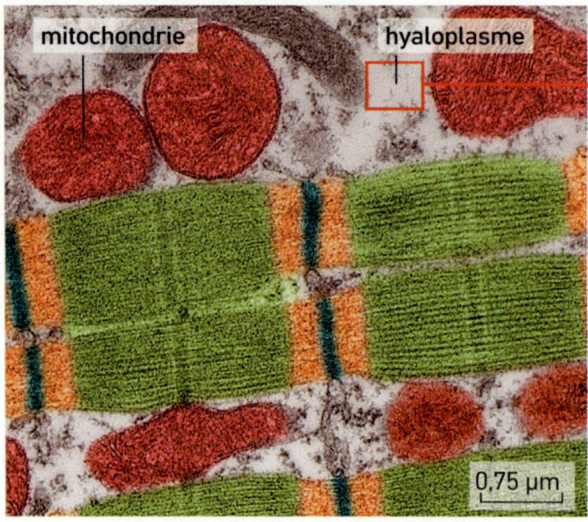

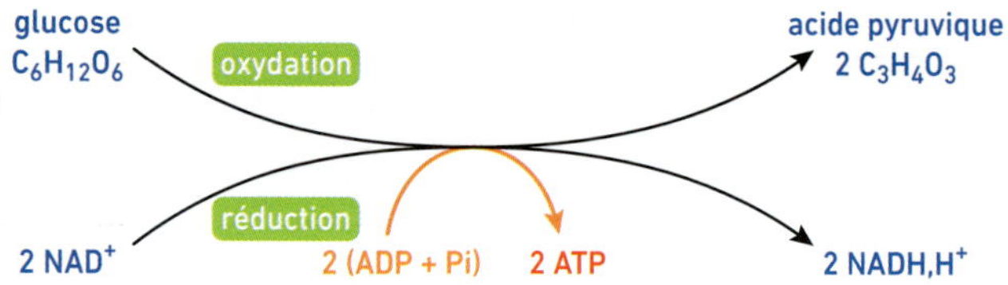

Dans le hyaloplasme* (ou cytosol), la molécule de glucose est progressivement convertie en deux molécules d'acide pyruvique : cette succession de réactions chimiques s'appelle la **glycolyse***. Globalement, deux événements importants se produisent :
- Le glucose est oxydé en acide pyruvique. Cette réaction est couplée à la réduction d'un composé, le NAD^+.
- L'énergie libérée lors de cette oxydoréduction permet la synthèse de deux molécules d'ATP.

A Première étape : la glycolyse, dans le hyaloplasme (cellule musculaire observée au MET).

Souvent qualifié de transporteur d'hydrogène, le NAD^+ (Nicotinamide adénine dinucléotide) est une molécule présente dans le cytoplasme des cellules de tous les êtres vivants. Cette molécule peut être sous une forme oxydée ou réduite :

$$NAD^+ + 2e^- + 2H^+ \rightarrow NADH,H^+$$

forme oxydée — forme réduite

Le cycle de Krebs

bordas Flash PAGE animation

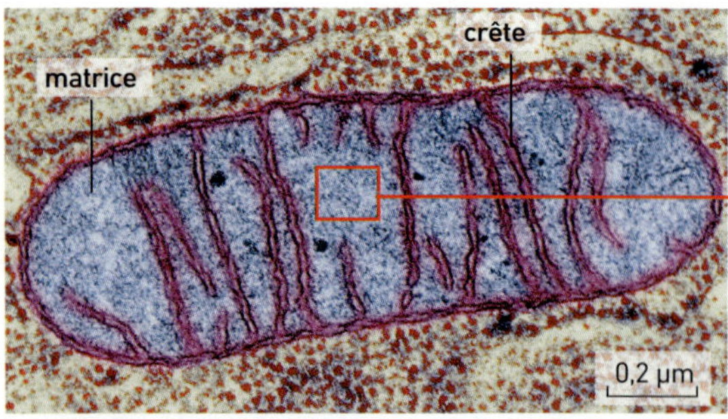

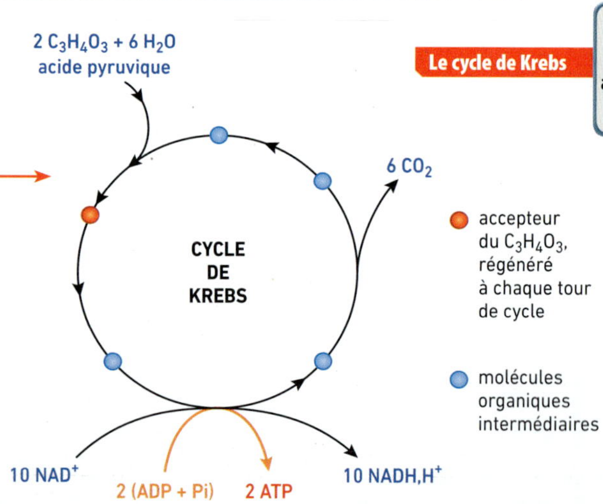

Dans le compartiment interne des mitochondries (la matrice), l'acide pyruvique est totalement oxydé au cours d'une série de réactions chimiques appelée **cycle de Krebs***.
Ce cycle rejette du dioxyde de carbone et génère des $NADH,H^+$ ainsi que des molécules d'ATP.

B Deuxième étape : le cycle de Krebs, dans la matrice des mitochondries (observation au MET).

bordas Flash PAGE animation

2 L'oxydation des composés NADH,H⁺ et le rôle du dioxygène

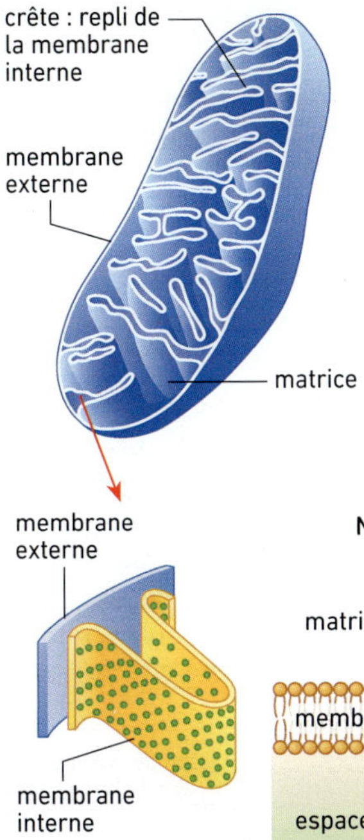

L'observation au microscope électronique montre qu'une mitochondrie possède deux membranes (doc. 1B). Alors que la membrane externe est ordinaire, la membrane interne présente une structure complexe avec de très nombreux replis, appelés crêtes mitochondriales. En outre, la membrane interne est très riche en protéines (80 % de ses constituants, contre 50 % pour la membrane externe).
Un ensemble complexe de molécules enchâssées dans la membrane interne constitue la **chaîne respiratoire***. Ces molécules assurent une ré-oxydation des composés réduits $NADH,H^+$ produits par la glycolyse et le cycle de Krebs. Chaque transporteur de la chaîne accepte les électrons du transporteur précédent et les transmet au suivant.
Finalement, en bout de chaîne, c'est le dioxygène qui accepte électrons et protons pour former de l'eau. Ces oxydations fournissent à l'ATP synthase l'énergie permettant de produire 32 molécules d'ATP à partir de 12 molécules de $NADH,H^+$.

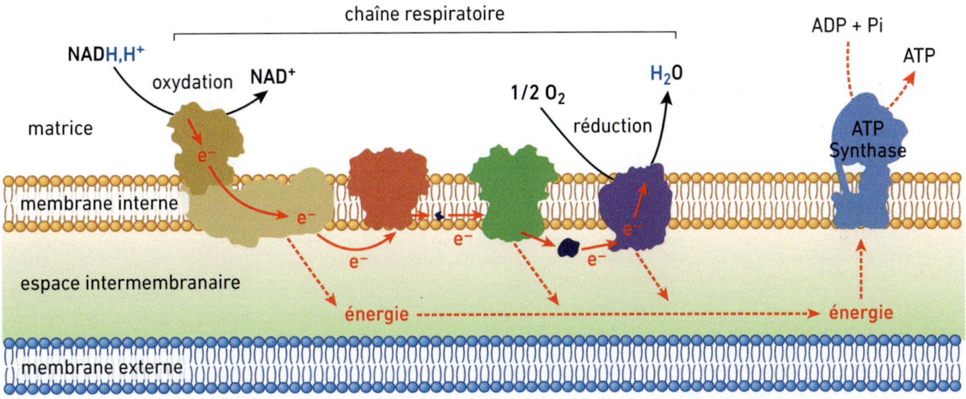

A **Troisième étape : les réactions de la chaîne respiratoire dans les crêtes mitochondriales.**

Activité pratique

Le vert de Janus est un colorant qui peut exister à l'état oxydé ou réduit : $VJ + 2e^- + 2H^+ = VJH_2$.
Il est de couleur bleu-vert à l'état oxydé mais devient rouge à l'état réduit. Le vert de Janus oxydé peut donc jouer le rôle d'accepteur d'hydrogène.
- Préparer une suspension de mitochondries.
- Utiliser le vert de Janus pour caractériser le rôle du dioxygène dans le fonctionnement mitochondrial.

Au début de l'expérience : tant que le milieu reste oxygéné, le vert de Janus reste bleu-vert.

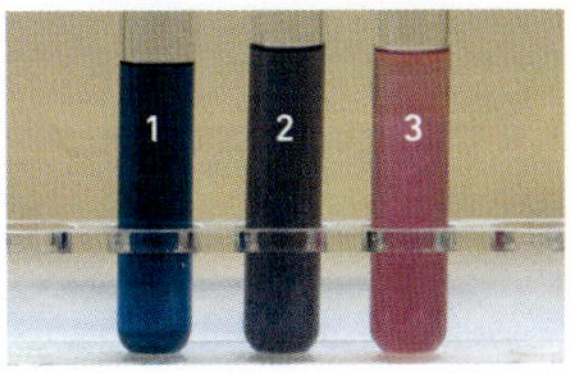

Quelques heures plus tard

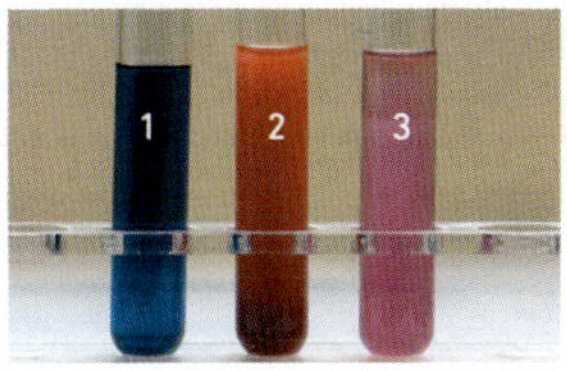

Tube 1 : vert de Janus + solution tampon
Tube 2 : vert de Janus + solution tampon + mitochondries
Tube 3 : solution tampon + mitochondries

B **Une expérience qui permet de comprendre le rôle du dioxygène.**

Activités envisageables

Pour comprendre comment et où se déroule la respiration dans les cellules :

- **Justifiez que la respiration est une oxydation complète du glucose et précisez l'origine du dioxyde de carbone et de l'eau rejetés.**
- **Interprétez l'expérience réalisée (doc. 2B) en vous appuyant sur le rôle du dioxygène dans la respiration mitochondriale.**
- **Montrez que les étapes de la respiration sont dépendantes les unes des autres.**
- **Comparez la production d'ATP au cours des principales étapes de la respiration.**

Des clés pour réussir

- Bien repérer le double intérêt de l'oxydation des transporteurs $NADH,H^+$.
- Dans l'expérience, bien considérer que le dioxygène n'est pas renouvelé.

* Lexique ➡ p. 509

Les voies métaboliques assurant la contraction musculaire

La respiration n'est pas la seule voie métabolique fournissant l'énergie nécessaire à la contraction musculaire. Selon les circonstances, d'autres voies métaboliques permettent d'assurer l'approvisionnement en ATP des fibres musculaires.

Quelles voies métaboliques interviennent au cours de la contraction musculaire ?

1 Une voie métabolique anaérobie

Pour régénérer en permanence le stock d'ATP nécessaire à la contraction, les cellules musculaires sont capables de respirer, ce qui nécessite un approvisionnement constant et suffisant en dioxygène. Mais, comme les levures, elles peuvent aussi réaliser une fermentation* (voir unité 1 p. 421). Dans les fermentations, l'ensemble des réactions se déroulent dans le cytoplasme et ne nécessitent donc pas d'organites particuliers. Lors d'une fermentation, la dégradation du glucose est incomplète : il y a production d'un composé secondaire dont la nature dépend des enzymes spécifiques présentes dans les cellules. Les fibres musculaires sont capables d'effectuer la **fermentation lactique*** : celle-ci ne nécessite pas de dioxygène et s'effectue donc dans des conditions anaérobies*.

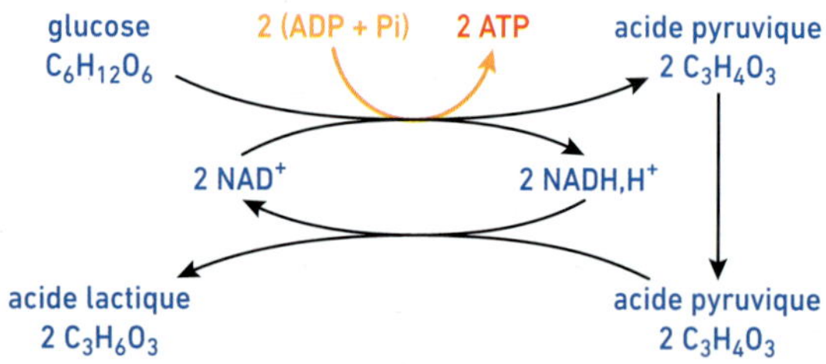

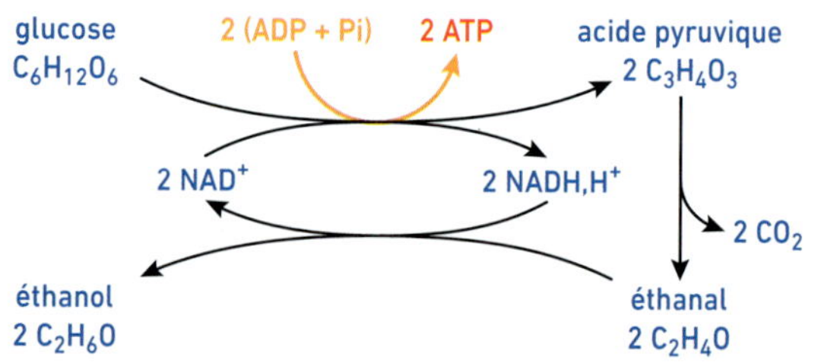

Comparaison de la fermentation lactique (à gauche) et de la fermentation alcoolique (à droite).

2 Des rendements différents

Respiration et fermentation sont deux façons différentes de produire de l'énergie (ATP) à partir d'un métabolite organique. Leur **rendement*** est cependant bien différent : alors que la respiration produit 36 ATP par mole de glucose consommé, la fermentation n'en produit que 2.

L'énergie potentielle* fournie par la combustion complète d'un métabolite organique peut-être mesurée expérimentalement. Par ailleurs, on connait aussi l'énergie susceptible d'être libérée par l'hydrolyse d'une mole d'ATP : dans les cellules, elle est d'environ 50 kJ par mole.

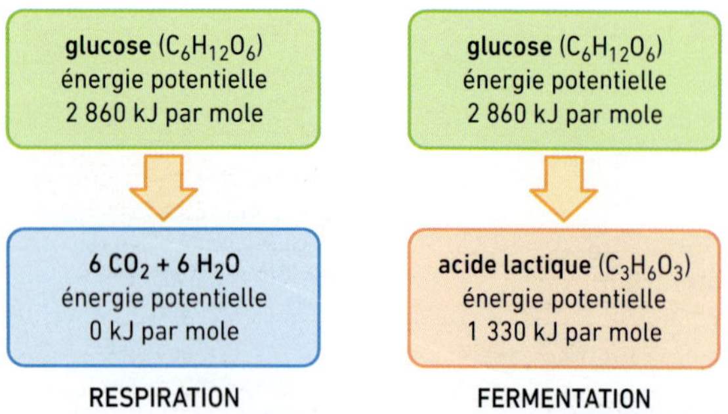

Une comparaison entre fermentation et respiration.

3 Un stock initial d'ATP très limité

Les réserves d'ATP dans une cellule sont infimes. Il existe cependant dans les fibres musculaires une autre molécule, la phosphocréatine* (PCr), possédant une liaison phosphate à haut potentiel énergétique. L'énergie libérée par l'hydrolyse de la phosphocréatine n'est pas directement utilisée par le muscle mais permet de reconstituer de l'ATP :

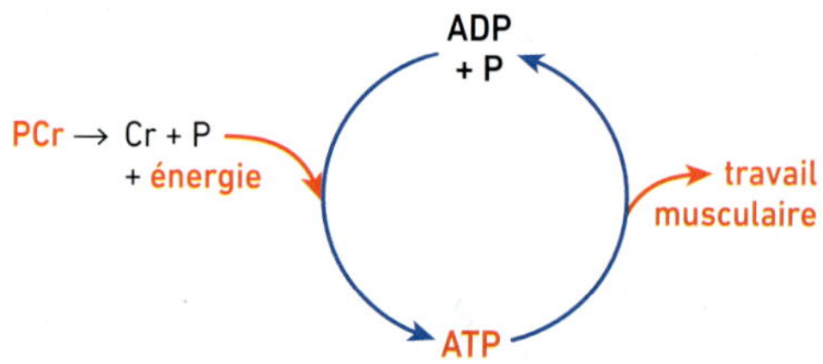

Ce système est instantané et ne nécessite aucune structure cellulaire particulière. Il permet de subvenir aux besoins immédiats, mais, en moins de 30 s, les stocks d'ATP et de phosphocréatine s'épuisent.

La voie anaérobie de la phosphocréatine.

4 Des fibres musculaires spécialisées dans des efforts de nature différente

• L'observation microscopique ci-dessous (A) a été réalisée grâce à une coloration particulière : l'intensité de la coloration traduit en effet l'activité d'une enzyme spécifique intervenant dans la production d'ATP par les mitochondries.
On y distingue ainsi deux types principaux de fibres musculaires :
– les fibres de type I, de couleur foncée, à forte activité enzymatique mitochondriale ;
– les fibres de type II, de couleur claire, à faible activité enzymatique mitochondriale.
Il existe cependant des fibres intermédiaires entre ces deux types de fibres musculaires.
D'autres caractéristiques permettent de distinguer le métabolisme de ces fibres (B).

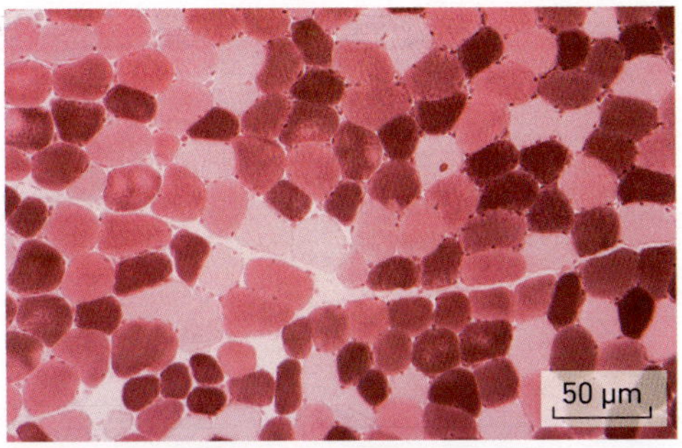

A Coupe transversale des fibres musculaires après coloration (MO).

	Fibre de type I	Fibre de type II
Résistance à la fatigue	forte	faible
Vitesse de contraction	lente	rapide
Richesse en mitochondries	élevée	faible
Teneur en enzymes de la fermentation lactique	faible	moyenne à élevée
Irrigation sanguine	forte	faible
Teneur en glycogène*	faible	élevée

B Quelques caractéristiques biochimiques des deux types de fibres musculaires.
*Le glycogène est une macromolécule glucidique de réserve (polymère de glucose).

• Le graphique ci-dessous (C) montre la succession dans le temps des différentes voies métaboliques utilisées par le muscle pour produire l'ATP nécessaire à la contraction au cours d'un exercice d'intensité moyenne. En fonction du type d'effort à fournir et de sa durée, les parts respectives de ces métabolismes varient (D).

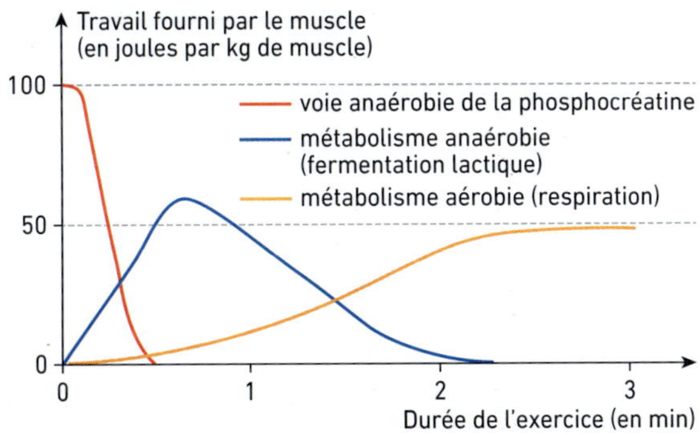

C Intervention des voies métaboliques au cours d'un effort musculaire.

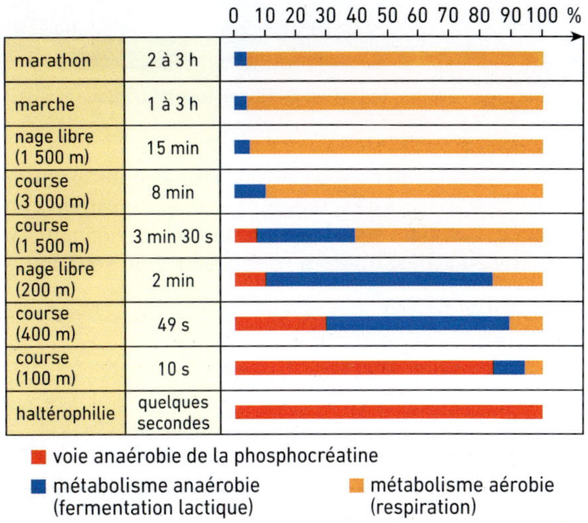

D Parts respectives des voies métaboliques en fonction du type d'effort.

Activités envisageables

Pour caractériser les voies métaboliques intervenant au cours d'un effort musculaire :

- **Comparez le rendement énergétique de la respiration cellulaire et de la fermentation lactique.**
- **Montrez que les fibres musculaires présentent une spécialisation.**
- **Expliquez l'intérêt de cette spécialisation en indiquant comment les types de fibres sont sollicités au cours d'un effort.**

Des clés pour réussir

- Tenez compte des avantages et des contraintes associées aux différentes voies de régénération de l'ATP.
- Rappelez-vous qu'un apport accru en dioxygène nécessite une modification importante du fonctionnement cardiaque et pulmonaire.

* Lexique ➡ p. 509

L'adaptabilité du muscle aux pratiques sportives

Un muscle sollicite des fibres musculaires spécialisées et des voies métaboliques différentes pour assurer sa contraction et adapter son métabolisme au type d'effort pratiqué. Des substances exogènes peuvent également intervenir sur le métabolisme musculaire.

Comment le muscle s'adapte-t-il au type d'effort fourni ? Quels sont les effets de certaines substances sur les muscles et la santé ?

1 La plasticité du muscle squelettique

Des biopsies* de cellules musculaires, réalisées avant et après un entraînement d'endurance de huit semaines, permettent de déceler les variations des types de fibres (type I ou type II, voir p. 427) ainsi que leurs surfaces, mesurées dans une section de coupe transversale.

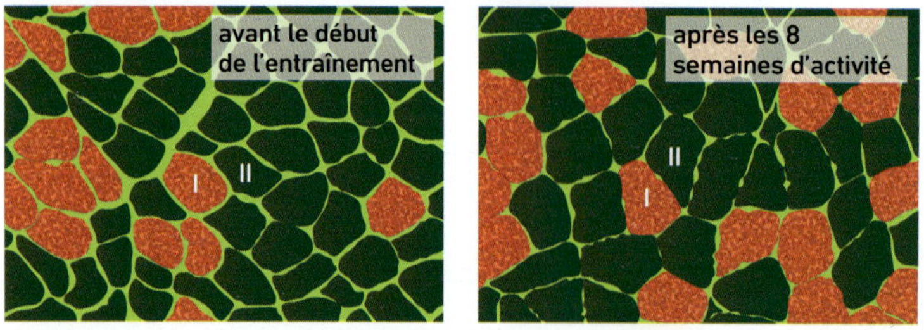

A Biopsies révélant les types de fibres (coupe transversale).

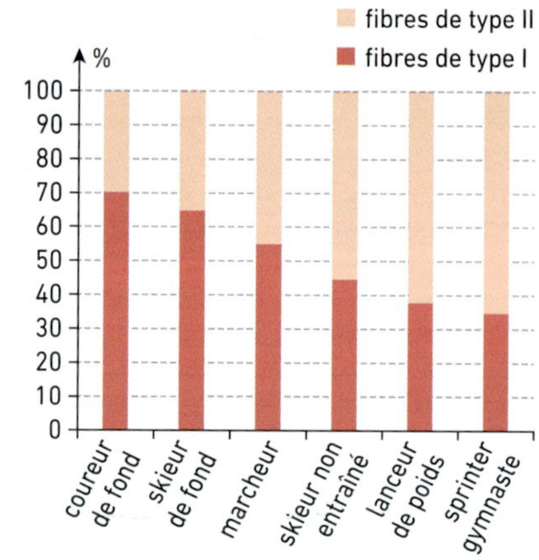

B Proportions des types de fibres en fonction de la pratique sportive.

Des dosages du nombre de mitochondries dans les fibres musculaires ont été effectués tout au long d'un stage d'endurance. Les jours suivants, certains des participants se mettent au repos, d'autres se reposent une semaine et s'entraînent à nouveau, d'autres encore poursuivent l'entraînement sans interruption (C). Ce dosage est complété par celui d'enzymes du métabolisme impliquées dans la production d'ATP (D).

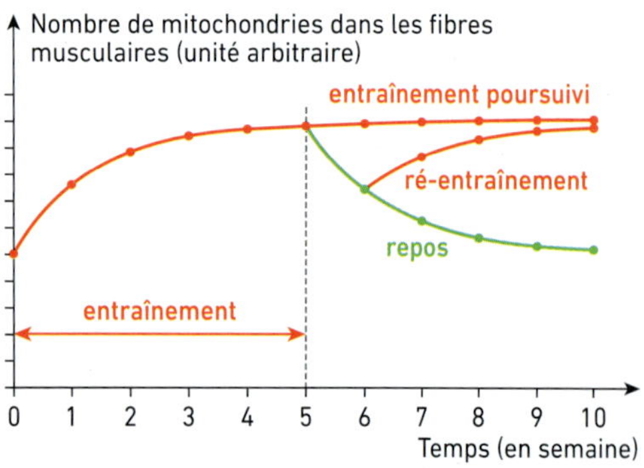

C Variation du nombre de mitochondries.

	Sujet non entraîné	Sujet après 6 mois d'entraînement
Activité d'une enzyme de la glycolyse (µmol/min/g)	20	24
Activité d'une enzyme du cycle de Krebs (µmol/min/g)	23	41
Activité d'une enzyme de l'oxydation des lipides (µmol/min/g)	0,6	1,2

D Dosage d'enzymes du métabolisme énergétique.

Avant et après un entraînement de six semaines, on a mesuré dans les fibres musculaires la quantité d'ARNm correspondant à des gènes codant pour :
- une protéine intervenant dans le métabolisme des acides gras (FABP3) ;
- une enzyme de la chaîne respiratoire mitochondriale (COX5B) ;
- une enzyme mitochondriale transformant le pyruvate (PDK1) ;
- une enzyme de la glycolyse (GAPD) ;
- la synthèse de la myoglobine* (MYH2).

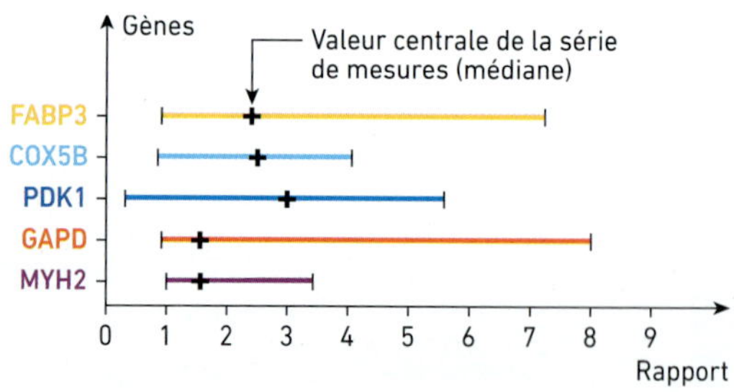

E Rapport $\frac{\text{ARNm après entraînement}}{\text{ARNm avant entraînement}}$

2 Le dopage aux stéroïdes anabolisants : une pratique à risque

Les stéroïdes anabolisants* sont des hormones de synthèse qui dérivent toutes de la testostérone. Cette hormone est produite principalement chez l'homme, et assure différentes fonctions, dont la masculinisation de l'individu, en particulier par augmentation de la masse musculaire. Chez l'homme, un taux de testostérone insuffisant est préjudiciable à la fonction de procréation (production de spermatozoïdes). Afin d'y remédier, des stéroïdes anabolisants comme la nandrolone peuvent être prescrits par les médecins. Mais ces molécules sont hélas détournées de leurs indications thérapeutiques et utilisés comme **produits dopants*** par des sportifs désireux d'augmenter leur masse musculaire afin d'améliorer leurs performances. Cette pratique est interdite car déloyale et très néfaste pour la santé.

Pour comprendre comment les stéroïdes anabolisants augmentent la masse musculaire, plusieurs tests contrôlés en milieu médical ont été réalisés. Des hommes non entraînés ont reçu des doses croissantes de 25 à 600 mg/semaine d'énanthate de testostérone pendant 20 semaines.

Les graphiques (A) et (B) montrent les effets de ce traitement sur le calibre des fibres musculaires, le nombre de noyaux dans les fibres musculaires et le nombre de cellules satellites.

Les cellules satellites sont des cellules souches présentent autour des fibres musculaires. Lorsqu'elles sont activées, elles peuvent proliférer, se différencier et fusionner avec les cellules musculaires. L'ajout de nouveaux noyaux aux fibres musculaires augmentera en fin de compte la capacité des fibres musculaires à exprimer et à synthétiser leurs protéines musculaires et provoquera leur hypertrophie.

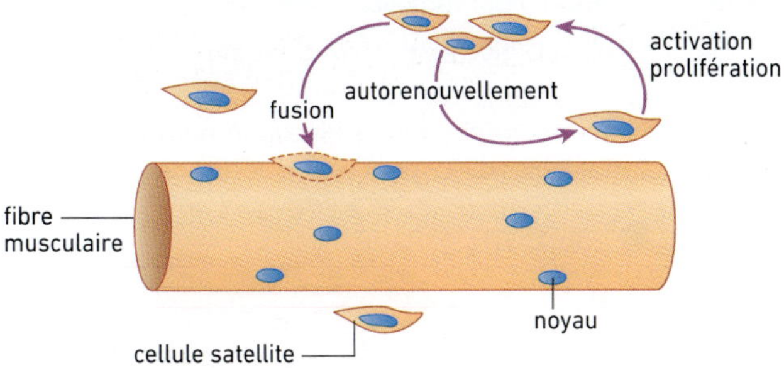

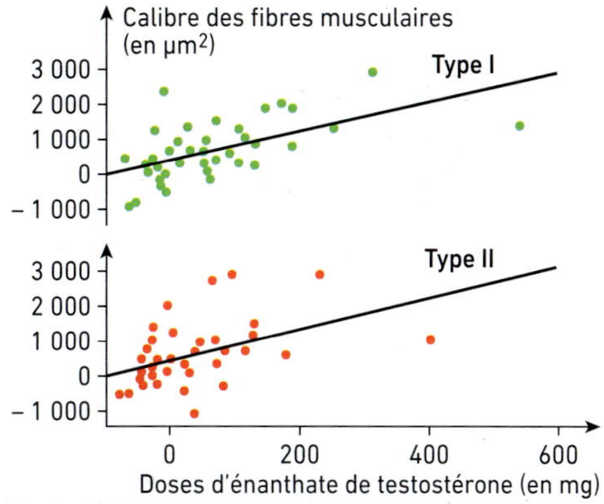

D'après : *I. Sinha-Hikim & al.*

A Variation du calibre des fibres.

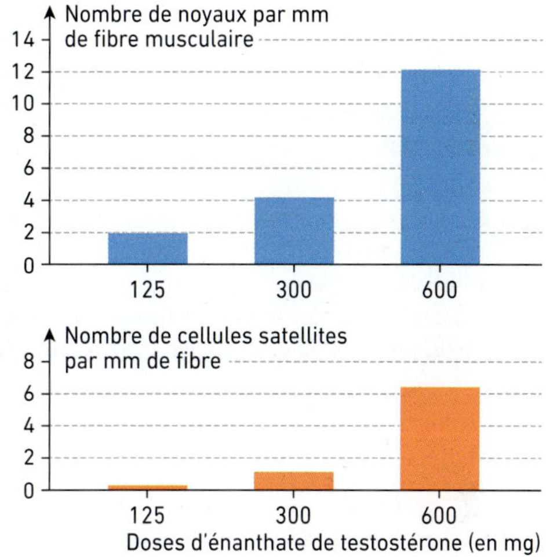

D'après : *I. Sinha-Hikim & al.*

B Variation du nombre de noyaux et de cellules satellites.

Quelques-uns des effets secondaires de la prise de stéroïdes anabolisants

- Hypertension artérielle
- Accidents cardiaques
- Fragilité musculaire et tendineuse
- Atrophie testiculaire et infertilité
- Lésions du foie
- Voix plus grave (chez la femme)
- Acné prononcée
- Problèmes neurologiques
- Maladies rénales
- Agressivité

Activités envisageables

Pour comprendre comment le muscle s'adapte et le danger de certaines substances exogènes :

- **Sous la forme d'un schéma fonctionnel, montrez qu'un entraînement conduit à une modification du phénotype musculaire à différentes échelles.**
- **Expliquez comment les stéroïdes anabolisants peuvent augmenter la masse musculaire.**
- **Expliquez pourquoi le dopage aux stéroïdes anabolisants correspond à une utilisation thérapeutique détournée.**

Des clés pour réussir

- Établissez des relations de cause à effet.
- Mettez en relation des informations issues des textes et de l'analyse des graphiques.

* Lexique ➥ p. 509

Bilan des connaissances

L'origine de l'ATP nécessaire aux activités cellulaires

Préparez le Grand oral p. 519

La contraction musculaire et plus généralement l'ensemble des activités cellulaires consomment de l'énergie. La principale source d'énergie immédiatement disponible pour la cellule est l'adénosine triphosphate ou ATP. Les besoins en ATP sont constants, les réserves presque inexistantes : pour être disponible, cette molécule doit être générée en permanence.

1 L'ATP, une molécule clé du métabolisme énergétique

L'ATP, molécule universelle présente dans toutes les cellules, comporte une série de trois groupements phosphate. L'**hydrolyse** de l'ATP produit de l'ADP et un ion phosphate libre (noté Pi). Elle **libère de l'énergie** :

ATP + H_2O → ADP + Pi + énergie disponible

L'énergie libérée par l'hydrolyse de l'ATP varie suivant les conditions du milieu (concentration des autres substances, température, pH etc.). Dans les conditions qui règnent dans les cellules, elle est de l'ordre de 50 $kJ \cdot mol^{-1}$. L'énergie libérée est ensuite transférée aux réactions biochimiques qui la consomment. Au repos, une personne hydrolyse environ 45 kg d'ATP par jour. Inversement, la **synthèse** d'ATP **nécessite un apport d'énergie** :

ADP + Pi + apport d'énergie → ATP + H_2O

Plusieurs voies métaboliques permettent d'obtenir l'énergie nécessaire à cette régénération de l'ATP.

2 Les caractéristiques des voies métaboliques de régénération de l'ATP

L'étude d'une culture de levures permet de caractériser les voies métaboliques de régénération de l'ATP. Les levures utilisent en permanence de l'ATP, notamment pour croître et se multiplier.

Dans un **milieu aérobie** (en présence de dioxygène) les levures **respirent**, alors qu'en **milieu anaérobie** (en absence de dioxygène) elles effectuent la **fermentation alcoolique**. Ce sont deux processus d'oxydation de molécules organiques qui produisent de l'ATP, mais avec des rendements différents. Dans le cas de la molécule de glucose ($C_6H_{12}O_6$), les réactions globales sont les suivantes :

• La **respiration** : $C_6H_{12}O_6 + 6\ O_2 \rightarrow 6\ CO_2 + 6\ H_2O$

La molécule du glucose est **complètement oxydée** en CO_2 et permet la production de 36 ATP par mole de glucose.

• La **fermentation alcoolique** :

$C_6H_{12}O_6 \rightarrow 2\ C_2H_6O$ (éthanol) $+ 2\ CO_2$.

• L'**oxydation** de la molécule de glucose est **incomplète** : il y a production d'un composé secondaire organique, ici l'éthanol, et une production de seulement 2 ATP par mole de glucose.

3 La respiration cellulaire et la régénération de l'ATP

La respiration cellulaire comporte plusieurs étapes.

Une première étape, dans le hyaloplasme : la glycolyse

La dégradation d'une molécule de glucose ($C_6H_{12}O_6$) commence dans le hyaloplasme (ou cytosol) des cellules. C'est un ensemble de réactions, appelé **glycolyse**, au cours desquelles :

- le glucose est oxydé en deux molécules d'**acide pyruvique** ($C_3H_4O_3$) ;
- des atomes d'hydrogène du glucose sont pris en charge par des composés NAD^+ (Nicotinamide adénine dinucléotide) qui sont alors réduits en $NADH,H^+$.

Le bilan la glycolyse, s'écrit donc ainsi :

$$C_6H_{12}O_6 + 2\ NAD^+ \rightarrow 2\ C_3H_4O_3 + 2\ NADH,H^+$$

L'énergie libérée par la glycolyse permet de produire **2 molécules d'ATP** pour une molécule de glucose oxydée.

Une deuxième étape, dans la matrice des mitochondries : le cycle de Krebs

Les mitochondries sont les organites où se déroule l'essentiel de la respiration cellulaire. Ce sont de petits organites, particulièrement nombreux dans les cellules aux besoins énergétiques importants, comme les fibres musculaires. Une mitochondrie est limitée par une double membrane, la membrane interne formant des replis appelés **crêtes mitochondriales**, et délimitant un volume interne, la **matrice**.

Dans la matrice mitochondriale, l'acide pyruvique subit une série de réactions constituant un cycle appelé **cycle de Krebs**. Au cours de ces réactions, l'acide pyruvique est totalement dégradé. C'est l'origine du dioxyde de carbone rejeté par la respiration. Cette dégradation produit aussi des électrons et des ions hydrogène, pris en charge par les composants NAD^+. Pour les deux molécules d'acide pyruvique issus de la glycolyse d'une molécule de glucose, il se forme ainsi 6 molécules de CO_2 et 10 $NADH,H^+$.

Le bilan du cycle de Krebs est donc :

$$2\ C_3H_4O_3 + 10\ NAD^+ + 6\ H_2O \rightarrow 6\ CO_2 + 10\ NADH,H^+$$

Ces réactions libèrent de l'énergie permettant de produire **2 molécules d'ATP**.

Une troisième étape, au niveau des crêtes des mitochondries :

Les crêtes mitochondriales sont riches en molécules qui constituent ce qu'on appelle la **chaîne respiratoire mitochondriale.** Il s'agit de diverses molécules enchâssées dans la membrane de la mitochondrie et situées à proximité les unes des autres. Par une série d'oxydoréductions, cet ensemble oxyde les composés $NADH,H^+$: les électrons et les ions hydrogène sont transférés jusqu'à un accepteur final qui n'est autre que le **dioxygène**. Ce dernier est alors réduit pour former de l'eau. C'est donc à ce stade, en tant qu'**accepteur final des électrons et de l'hydrogène**, qu'intervient le dioxygène nécessaire à la respiration.

Les réactions d'oxydoréduction de la chaîne respiratoire permettent, pour 12 $NADH,H^+$ oxydés (deux provenant de la glycolyse et dix du cycle de Krebs), une production de **32 molécules d'ATP**.

À partir d'une molécule de glucose totalement oxydée lors des diverses étapes de la respiration, **36 molécules d'ATP** environ sont produites, pour l'essentiel au niveau de la chaîne respiratoire mitochondriale.

4 Les voies métaboliques assurant la contraction

Les différentes voies de génération de l'ATP

Les fibres musculaires ont la capacité d'effectuer une **fermentation lactique.** Cette voie métabolique a l'avantage de pouvoir procurer **rapidement** de l'ATP, sans nécessiter d'apport accru en dioxygène. La glycolyse, réalisée à partir de glucose issu des réserves de glycogène produit en effet de l'ATP. Ce mécanisme a cependant un **faible rendement**, car il consomme beaucoup de réserves glucidiques pour une production d'ATP relativement modeste. En outre, l'acide lactique produit par cette fermentation abaisse le pH musculaire, ce qui contribue à la fatigabilité et conduit même à l'épuisement.

La **respiration** est le mécanisme le plus efficace pour produire durablement de l'ATP. L'ensemble des réserves énergétiques de l'organisme, et non celles du muscle seulement, peuvent être mobilisées et **le rendement en ATP est très élevé.** Cependant, cette voie de production d'ATP est limitée par l'approvisionnement des cellules en dioxygène, lui-même soumis aux capacités des appareils respiratoire et circulatoire. On comprend ainsi la nécessité d'une **bonne oxygénation** au cours d'un effort physique.

Le métabolisme des fibres musculaires

Un muscle squelettique renferme des **fibres musculaires spécialisées** dans des efforts de nature différente :

- **des fibres lentes, de type I** (fibres rouges) riches en mitochondries, d'une puissance modérée, mais très résistantes à la fatigue. Leur voie principale de régénération de l'ATP est la respiration. Ces fibres sont sollicitées lors d'exercices d'endurance.
- **des fibres rapides, de type II** (fibres blanches) pauvres en mitochondries, très puissantes mais peu résistantes à la fatigue. Elles régénèrent l'ATP principalement par **fermentation lactique**. Elles sont sollicitées pour des exercices intenses de courte durée.

Au cours d'un exercice, les faibles réserves d'ATP instantanément mobilisées permettent de réaliser immédiatement le travail musculaire. **Selon l'intensité et la durée de l'exercice**, la fermentation lactique puis la respiration prennent le relais, permettant le maintien du travail musculaire. Le muscle adapte donc son métabolisme au type d'effort.

5 L'adaptabilité du muscle squelettique aux pratiques sportives

La plasticité du muscle à l'entraînement

Les muscles s'adaptent continuellement à des changements d'activité par un **remodelage** de leur phénotype. La proportion des types de fibres I ou II composant les muscles, génétiquement déterminée, est différente selon les individus. Des études tendent à montrer qu'un **entraînement physique** ciblé peut cependant modifier cette proportion des fibres et produire des remaniements dans la structure et le métabolisme des cellules musculaires. Par exemple, un entraînement d'endurance recrute spécifiquement les fibres de type I et quelques fibres de type II. Il augmente à la fois le calibre des fibres musculaires, la densité des capillaires sanguins et le nombre des mitochondries. Il stimule l'expression des gènes codant pour les enzymes impliquées dans la glycolyse et le cycle de Krebs, améliorant ainsi le métabolisme respiratoire. Ces modifications, qui ont lieu au sein des muscles, combinées avec les adaptations des systèmes cardiaque et respiratoire, améliorent la performance et l'endurance.

Les effets de certaines substances exogènes

Afin d'améliorer leurs performances, certains sportifs ont recours au **dopage**. Ils détournent de leur usage médical des molécules comme les **stéroïdes anabolisants** qui sont des dérivés de la testostérone. Pris à forte dose, ces produits augmentent la masse et la force musculaire. L'augmentation de la masse musculaire induite par la testostérone est associée à une hypertrophie des fibres musculaires et non à une augmentation de leur nombre. En fusionnant avec des cellules souches satellites, les fibres musculaires synthétisent davantage de protéines musculaires ce qui entraîne leur hypertrophie.

Malheureusement, outre l'acte de tricherie qu'il constitue, le dopage a des **effets secondaires catastrophiques.** Il peut entraîner à court terme des lésions musculaires et tendineuses et à long terme cancers, stérilité, voire masculinisation du corps pour les athlètes féminines.

bordas Flash PAGE podcast

DYS

L'essentiel

L'origine de l'ATP nécessaire aux activités cellulaires

Bordas Flash PAGE podcast

DYS

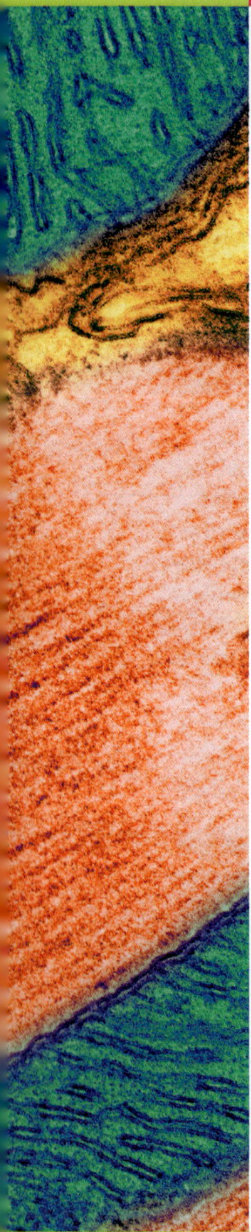

À retenir

L'ATP, molécule clé du métabolisme énergétique

L'énergie est apportée sous forme de molécules d'ATP à toutes les cellules. Il n'y a pas de stockage de l'ATP, cette molécule est **régénérée en permanence** par les cellules grâce à l'énergie de molécules organiques, notamment le glucose.

Les cellules respirent

À l'aide du dioxygène, les cellules oxydent diverses molécules organiques, produisant du dioxyde de carbone et de l'eau. Pour une molécule de glucose oxydée, le **bilan de la respiration** s'écrit :

$$C_6H_{12}O_6 + 6\,O_2 \rightarrow 6\,CO_2 + 6\,H_2O$$

Cette **oxydation complète** du glucose libère de l'énergie investie dans la production de molécules d'ATP, avec un rendement remarquable.

Le déroulement de la respiration cellulaire

La respiration débute dans le hyaloplasme par la glycolyse et se poursuit dans la matrice des **mitochondries** par le **cycle de Krebs** : ces réactions produisent du CO_2 , des composés réduits NADH, H^+ et une petite quantité d'ATP.

Au niveau des **crêtes mitochondriales**, les composés réduits sont oxydés par les molécules de la **chaîne respiratoire**. Le **dioxygène** intervient en bout de chaîne, en tant qu'accepteur final des électrons et de l'hydrogène pour former de l'eau.

Ces oxydoréductions successives permettent de produire de grandes quantités d'ATP.

Une autre voie pour produire de l'ATP : la fermentation

Les cellules musculaires peuvent produire de l'ATP par une autre voie métabolique, la **fermentation lactique**. Cette autre voie est plus rapide, ne nécessite **pas de dioxygène** mais produit beaucoup **moins d'ATP**.

L'adaptabilité des cellules musculaires

Les métabolismes anaérobie (fermentation lactique) ou aérobie (respiration) dépendent du type d'effort à fournir : la fermentation intervient surtout dans les **exercices courts et puissants**, la respiration exige un apport suffisant en dioxygène durant l'effort physique et permet l'**endurance**.

Des **substances exogènes** peuvent augmenter la masse musculaire, ou stimuler le métabolisme. Les produits dopants ont des effets parfois très graves sur la santé.

Mots-clés

Aérobiose • Anaérobiose • ATP • Chaîne respiratoire • Cycle de Krebs • Fermentation lactique • Glycolyse • Mitochondrie • Produits dopants • Rendement • Respiration cellulaire

Schéma bilan

Flash PAGE animation

L'origine de l'ATP nécessaire à la contraction musculaire

Des échanges nécessaires à la respiration cellulaire

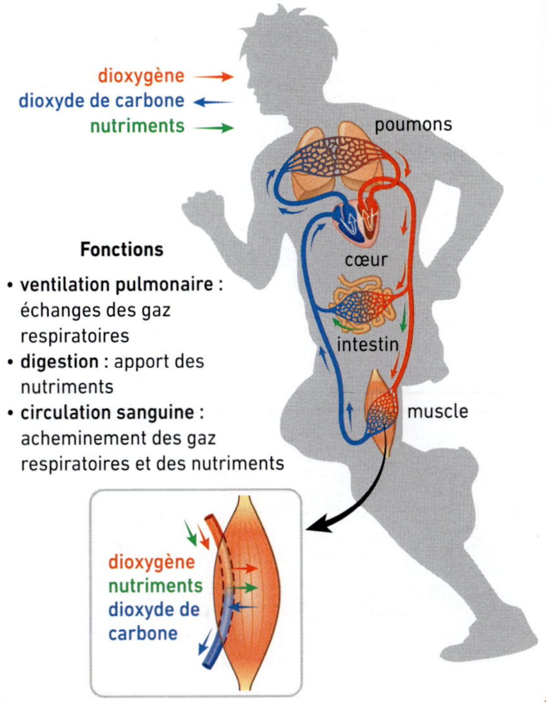

L'adaptabilité du phénotype musculaire

Exercices d'endurance

Métabolisme aérobie (respiration)
- fibres lentes, riches en mitochondries
- muscle très vascularisé (oxygénation)

Efforts courts et puissants

Métabolisme anaérobie (fermentation lactique)
- fibres rapides, riches en réserves de glycogène
- muscle peu vascularisé

Produits dopants

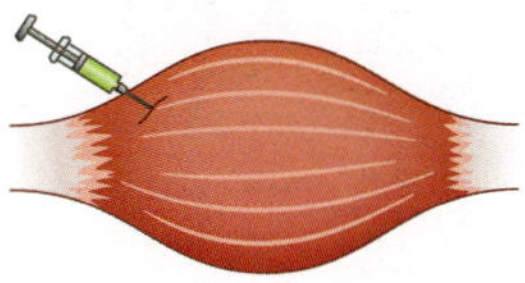

Métabolisme hors normes
- muscle hypertrophié
- risques de blessure
- effets secondaires potentiellement gravissimes

Le métabolisme des cellules musculaires

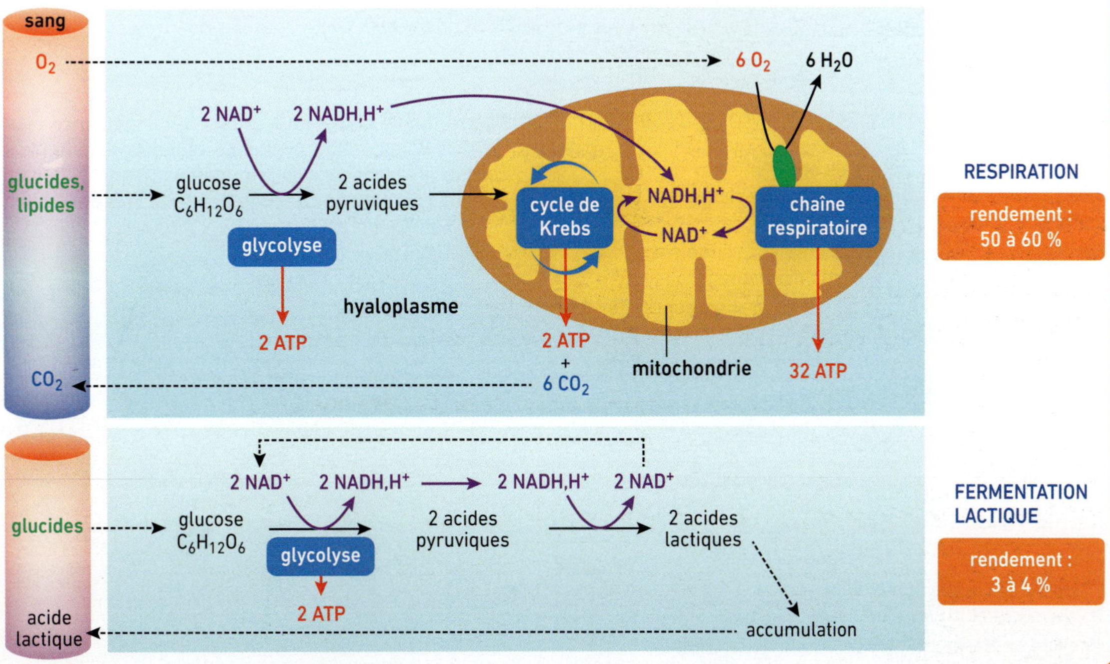

Autoévaluation

Réponses voir p. 502

1 Retour vers les problématiques

Relisez la page « S'interroger avant d'aborder le chapitre » (p. 419) ; à l'aide de ce que vous savez à présent, répondez aux questions que vous avez formulées.

2 QCM

Pour chaque affirmation, choisissez l'unique bonne réponse.

1. **L'ATP est une molécule :**
   a. dont l'hydrolyse produit de l'énergie ;
   b. dont la synthèse produit de l'énergie ;
   c. consommée par la respiration cellulaire ;
   d. produite par la contraction musculaire.
2. **La production de l'ATP :**
   a. nécessite toujours du dioxygène ;
   b. nécessite la consommation d'un substrat organique ;
   c. consomme du dioxyde de carbone ;
   d. résulte essentiellement des réactions du cycle de Krebs.
3. **La fermentation lactique :**
   a. consomme moins de réserves glucidiques que la respiration (pour une même quantité d'ATP produite) ;
   b. nécessite un approvisionnement accru en dioxygène ;
   c. se déroule dans les mitochondries ;
   d. produit de l'ATP sans modification du fonctionnement cardio-respiratoire.
4. **Le dioxygène consommé par la respiration :**
   a. est rejeté sous forme de dioxyde de carbone ;
   b. intervient au cours de la dernière réaction du métabolisme respiratoire ;
   c. est consommé au cours de la glycolyse ;
   d. intervient au cours des réactions du cycle de Krebs.

3 Vrai ou faux ?

Repérez les affirmations exactes et corrigez celles qui sont fausses.

a. Toutes les fibres musculaires ont le même métabolisme énergétique et sont très riches en mitochondries.
b. La respiration cellulaire a un meilleur rendement énergétique que la fermentation lactique.
c. Le dioxygène consommé par la respiration est rejeté sous forme de molécules d'eau.
d. Une fermentation est une dégradation complète d'un métabolite organique.
e. Les fibres musculaires de type I (« rouges ») sont plus puissantes que les fibres musculaires de type II (« blanches »).

4 Expliquez les différences entre...

a. la respiration et la fermentation lactique.
b. l'hydrolyse et la synthèse d'ATP.
c. la glycolyse et le cycle de Krebs.
d. le cycle de Krebs et les oxydations de la chaîne respiratoire.

5 Apprendre en s'interrogeant

1. **Cachez l'une des colonnes du tableau suivant et retrouvez ce que contient l'autre (à faire seul ou à plusieurs).**
2. **Vérifiez vos réponses, et reprenez si besoin les notions concernées.**

Notion	Définition
Hydrolyse de l'ATP	Réaction entre l'ATP et l'eau, produisant ADP et Pi, et libérant de l'énergie utilisable par les cellules.
Chaîne respiratoire	Ensemble de molécules situées dans les crêtes mitochondriales, réoxydant les composés réduits, permettant ainsi la production de grandes quantités d'ATP.
Produit dopant anabolisant	Substance exogène qui accroit la masse du muscle et modifie son métabolisme, avec un effet parfois grave sur la santé.
Glycolyse	Transformation du glucose en acide pyruvique, se déroulant dans le hyaloplasme.
Métabolisme énergétique anaérobie	Voie métabolique régénérant de l'ATP sans consommation de dioxygène.
Matrice mitochondriale	Espace interne d'une mitochondrie, où se déroule le cycle de Krebs.
Adaptabilité (ou plasticité) musculaire	Capacité du muscle à modifier sa structure et son métabolisme en fonction de l'effort à fournir, sous l'effet d'un entraînement.

6 Retrouver une notion importante

Le graphique ci-dessous présente l'importance relative de trois voies métaboliques de régénération de l'ATP au cours d'un exercice physique. Indiquez à quelle voie métabolique correspond chacune des trois courbes.

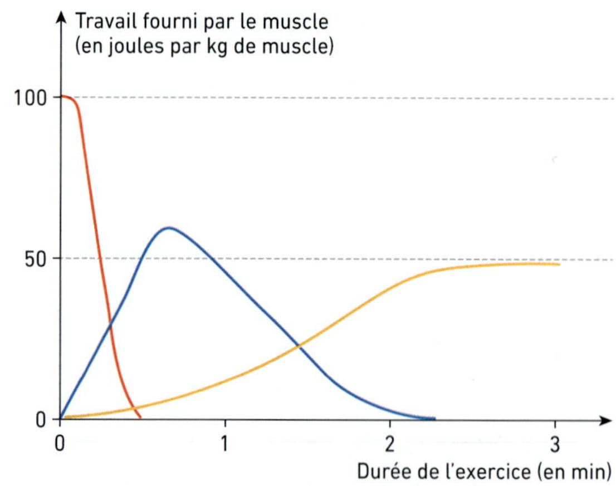

★ facile ★★ intermédiaire ★★★ confirmé

7 Extraire des informations et les mettre en relation avec des connaissances
★

Des exercices d'entraînement ont été comparés de façon à améliorer le recours au métabolisme respiratoire lors d'un effort physique.
Ce graphique présente la quantité de mitochondries par fibre musculaire en fonction de l'intensité et de la durée d'une course quotidienne.
L'intensité des entraînements augmente de *a* jusqu'à *e*.

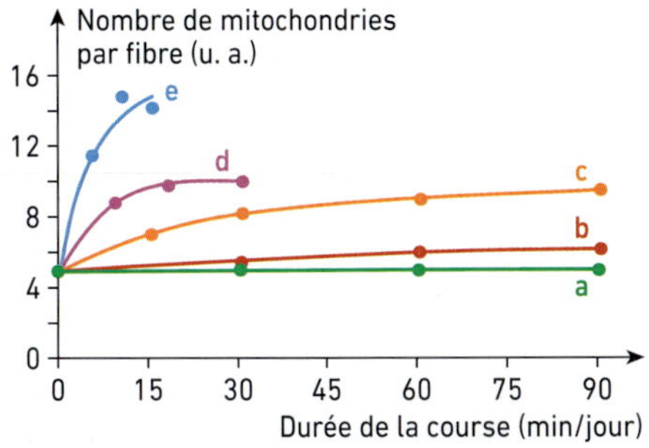

Déterminez l'exercice le plus efficace et justifiez votre réponse.

8 Formuler un problème scientifique
★★

Les levures sont des êtres vivants capables de vivre en réalisant une fermentation dite alcoolique, car le produit formé à partir du glucose est de l'éthanol. L'organisme humain, mais aussi certaines bactéries, réalisent une fermentation lactique, ainsi nommée car le produit formé par dégradation du glucose est de l'acide lactique.

Formulez une question scientifique posée par ce constat.

9 Émettre une hypothèse
★

Les poissons ont très souvent besoin de réagir vivement mais brièvement, afin de fuir un prédateur ou de capturer une proie. C'est le cas de nombreuses espèces telles que le flétan, dont la chair est totalement blanche.
Le thon est réputé pour être un excellent nageur : il peut atteindre des vitesses de pointe de plus de 70 km/h, mais également nager sur de longues distances.
Le schéma ci-dessous présente le type et la localisation des masses musculaires blanches et rouges du thon.

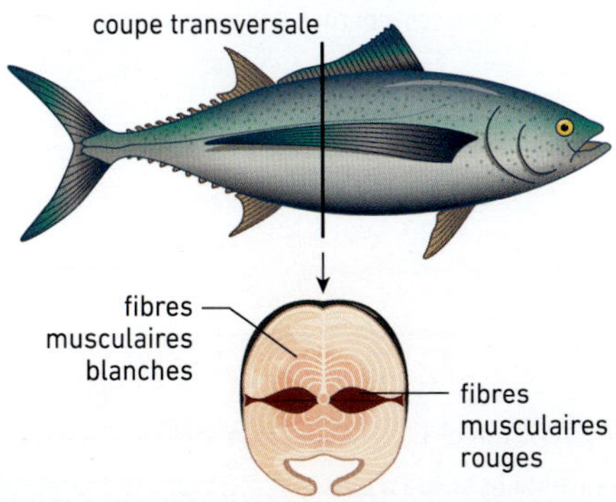

Proposez une hypothèse expliquant les qualités de nageur du thon.

10 Interpréter des résultats
★★

Les bactéries sont des microorganismes qui renouvellent leur ATP par un métabolisme respiratoire, et/ou fermentaire.
La culture de colonies de bactéries dans des tubes de gélose permet d'identifier leur type de métabolisme énergétique. En effet, la surface du tube est exposée à l'atmosphère et donc plus riche en O_2 que le fond des tubes.

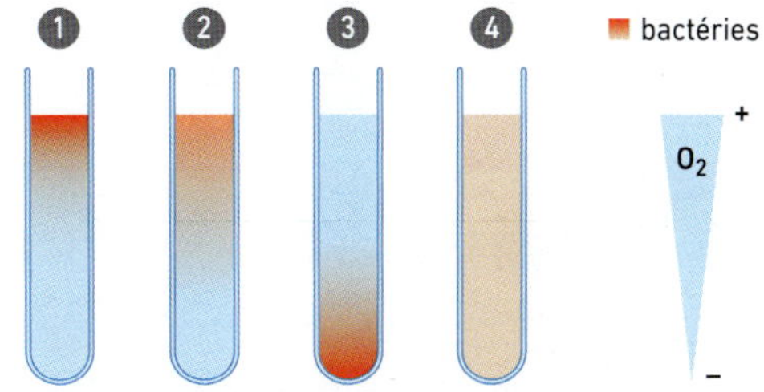

Culture 1 : *Pseudomonas*
Culture 2 : *Escherichia*
Culture 3 : *Bacteroides*
Culture 4 : *Streptococcus*

À partir de l'étude de ces expériences, attribuez à chaque genre de bactéries un ou plusieurs types de métabolisme.

11 Extraire une information et l'exploiter à l'aide de connaissances
★★

Un groupe d'individus a subi un entraînement durant six mois. Des biopsies ont été pratiquées afin de quantifier la densité de capillaires sanguins par millimètre carré de muscle (le vastus lateralis), avant et après cette période.

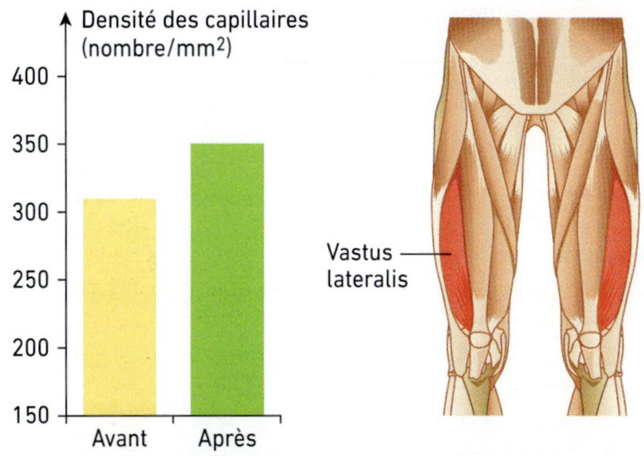

Après avoir extrait l'information utile apportée par ce document, expliquez à l'aide de vos connaissances comment cet entraînement sportif permet à l'organisme de s'adapter à un effort.

12 Raisonner avec rigueur
★★★

Le cyanure est l'un des poisons les plus connus. Son mode d'action est aujourd'hui bien compris : l'ion cyanure est en effet un inhibiteur de l'enzyme qui assure le transfert des électrons au dioxygène lors du fonctionnement de la chaîne respiratoire mitochondriale.

Énoncez les conséquences précises d'une intoxication au cyanure sur le métabolisme respiratoire.

13 Le déplacement des spermatozoïdes

★ Les spermatozoïdes sont des cellules capables de se déplacer dans le liquide séminal grâce aux mouvements ondulatoires de leur flagelle. C'est au niveau de la pièce intermédiaire qu'est généré ce mouvement.

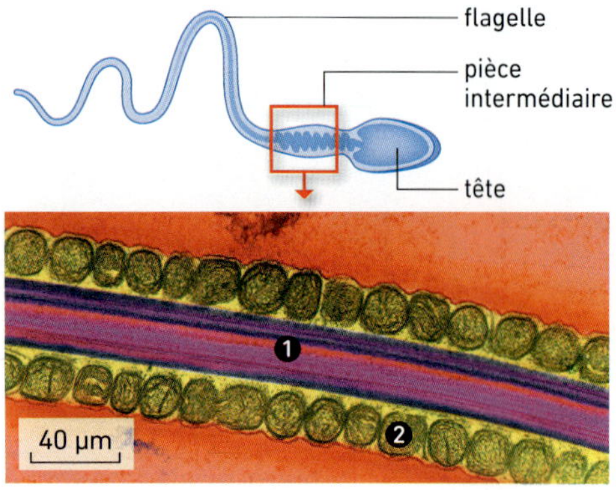

Pièce intermédiaire d'un spermatozoïde (MET).
❶ filaments du flagelle ; ❷ mitochondries

Étude expérimentale

Des spermatozoïdes sont placés dans un milieu contenant du fructose (un glucide très proche du glucose, présent dans le liquide séminal). On évalue la mobilité des spermatozoïdes dans trois conditions différentes :

1. milieu oxygéné sans ajout d'ATP ;
2. milieu non oxygéné, sans ajout d'ATP ;
3. milieu non oxygéné, addition d'ATP.

Les résultats sont présentés par le graphique ci-dessous.

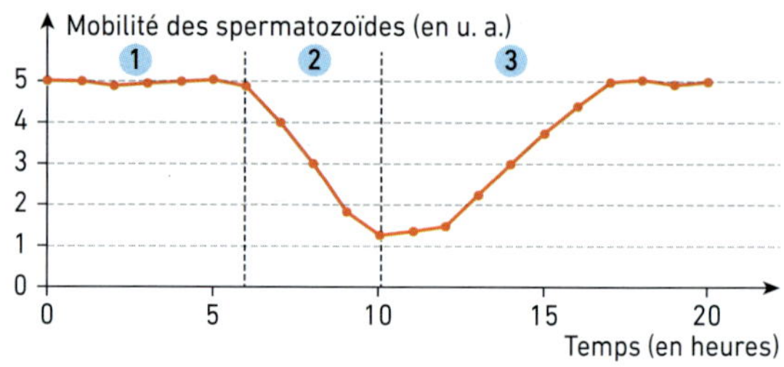

Par un raisonnement fondé sur l'exploitation des documents et en utilisant vos connaissances, expliquez l'origine de la mobilité de cette cellule spécialisée.

14 L'énergie nécessaire au fonctionnement des neurones

★★ Le message nerveux nécessite l'existence d'une tension électrique transmembranaire constituant le potentiel de repos (voir p. 353). Pour se maintenir, cette tension transmembranaire exige une sortie permanente d'ions Na^+ du cytoplasme du neurone vers le milieu extracellulaire.

Afin de comprendre comment le neurone entretient cette activité cellulaire, des chercheurs ont placé des neurones de calmar contenant des ions Na^+ radioactifs dans de l'eau de mer. Ils ont mesuré la vitesse de sortie de ces ions dans trois conditions différentes :
- eau de mer ;
- eau de mer additionnée de cyanure ;
- injection d'ATP dans le neurone en présence de cyanure*.

**Le cyanure est un inhibiteur de la chaîne respiratoire mitochondriale : il empêche l'oxydoréduction entre le dernier composé réduit de la chaîne respiratoire et le dioxygène.*

Exploitez ce document et utilisez vos connaissances pour montrer que le message nerveux nécessite un métabolisme énergétique de la part du neurone et précisez comment celui-ci est assuré.

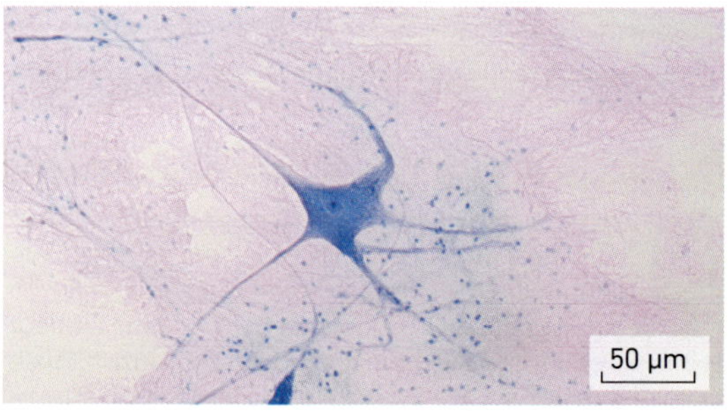

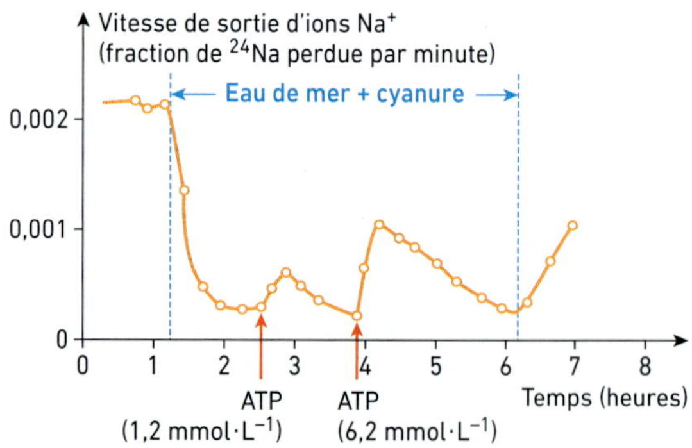

Mesure de la sortie d'ions Na^+ à travers la membrane du neurone dans différentes conditions expérimentales.

Épreuve écrite

Rédaction d'un texte argumenté pour répondre à une question scientifique

15 Les voies métaboliques de la production de d'ATP

Pour leurs activités, les cellules ont besoin d'énergie apportée sous forme d'ATP. Comme il n'y a pas (ou très peu) de stockage de l'ATP, cette molécule doit être régénérée en permanence.

- **En vous appuyant sur des exemples et des expériences, présentez et comparez les deux principaux types de métabolisme énergétique d'une cellule.**

Document proposé **En 1860, Louis Pasteur réalise une série d'expériences sur les levures qui sont présentées dans le tableau ci-contre.**

Expériences	Quantité d'éthanol produit par les levures	Rendement de la culture (en mg de levures formées par g de glucose consommé)
au contact du dioxygène de l'air 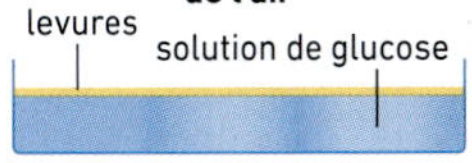	traces	250
air appauvri en dioxygène 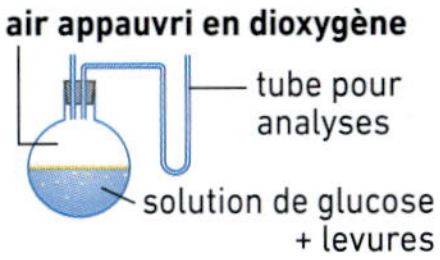	++	40
absence de dioxygène 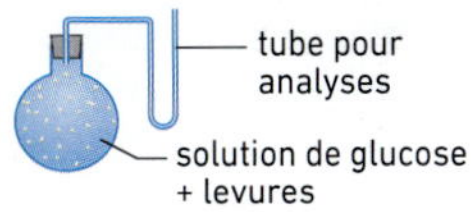	+++++	5,7

16 L'adaptabilité du métabolisme des fibres musculaires

Les voies métaboliques mises en œuvre dans les fibres musculaires pour générer l'ATP dépendent du type d'effort à fournir.

- **En vous appuyant sur des exemples, montrez comment l'organisme s'adapte et couvre les besoins énergétiques de différents efforts physiques.**

Document proposé **Quelques caractéristiques de deux types de fibres musculaires (le nombre de croix indique l'importance relative de chaque caractéristique).**

	Fibres de type I	Fibres de type II
Réserves de glycogène	++	+++
Densité en myofibrilles	++	+++
Mitochondries	+++	+
Densité en capillaires sanguins	+++	+
Vitesse de contraction	+	+++
Force développée	+	+++
Fatigabilité	+	++
Volume	+	+++

Épreuve pratique

Pour s'entraîner à l'Évaluation des Capacités Expérimentales

17 Présenter et exploiter un résultat pour répondre au problème posé

On cherche à savoir si la respiration des levures est plus importante quand elles disposent de plus de glucose. Pour le déterminer, on a réalisé des mesures ExAO de la concentration en dioxygène de cultures de levures dont la concentration en glucose diffère.

- **Présentez les résultats sous forme d'un tableau, de façon à répondre à la problématique de cette étude.**

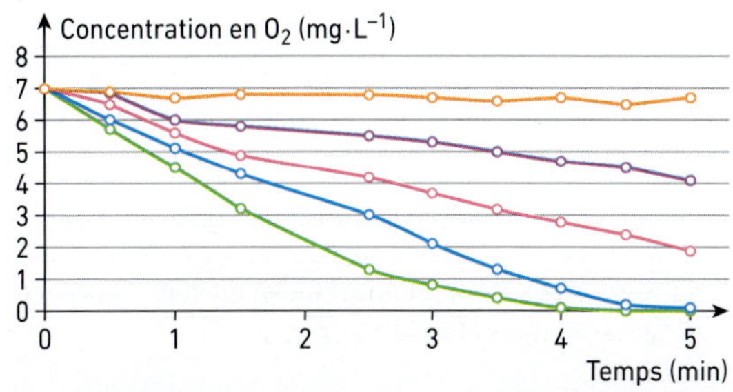

Concentration en dioxygène en fonction du temps pour différentes concentrations en glucose du milieu.

PRÉPA BAC

Raisonnement scientifique

Construisez et exposez votre propre démarche pour résoudre le problème posé

18 Une myopathie d'origine mitochondriale

★ Les myopathies sont des maladies neuromusculaires, quasiment toutes d'origine génétique, qui affectent les enfants et les adultes. Les contractions musculaires se dégradent progressivement, ce qui rend les déplacements et la respiration difficiles. Certaines myopathies ont pour origine un dysfonctionnement des mitochondries : ce sont les myopathies mitochondriales.

■ **À l'aide de l'exploitation rigoureuse des documents à votre disposition et de vos connaissances, déterminez la cause possible et les conséquences d'une myopathie mitochondriale.**

1 L'importance de la protéine ANT

L'ANT, ou ADP/ATP-translocase, est une protéine enchâssée dans la membrane interne des mitochondries. Des altérations de cette protéine, notamment au niveau musculaire, ont été récemment mises en cause dans plusieurs maladies, que ce soit par une mutation de son gène ou un dérèglement de son expression.

Afin de confirmer et préciser le rôle de l'ANT, des chercheurs ont « invalidé » le gène codant pour l'ANT chez des souris. Cette invalidation (knock out ou « KO » en anglais) consiste en une inactivation totale du gène. Les souris ont alors présenté des déficiences respiratoires et musculaires, une intolérance à l'exercice physique ainsi qu'une hypertrophie cardiaque.

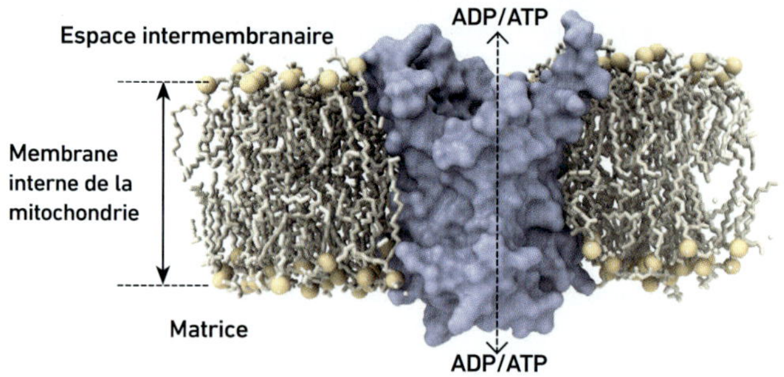

■ **Modélisation moléculaire de la protéine ANT.**

2 La synthèse de l'ATP dans une mitochondrie

Certaines fibres musculaires sont très riches en mitochondries : l'ATP régénérée par la respiration est en effet utilisée par les myofibrilles pour assurer la contraction musculaire (voir chap. 3).

Dans une mitochondrie, la synthèse d'ATP est assurée par des ATP-synthases, également appelées « sphères pédonculées ». Ces complexes enzymatiques catalysent la synthèse d'ATP à partir d'ADP et P.

Les sphères pédonculées sont enchâssées dans la membrane interne de la mitochondrie (crêtes mitochondriales) mais la réaction de synthèse de l'ATP se déroule dans la matrice de la mitochondrie. Le fonctionnement des ATP-synthases nécessite l'énergie produite grâce aux réactions d'oxydoréductions de la chaîne respiratoire.

Les mitochondries possèdent deux membranes : la membrane externe laisse facilement passer de nombreuses molécules (ADP, ATP, P, acide pyruvique, NAD^+, O_2 et CO_2...) depuis le cytosol. La membrane interne est en revanche beaucoup moins perméable : les échanges moléculaires entre la matrice et l'espace intermembranaire sont beaucoup plus limités et doivent souvent être assurés par un transport spécialisé.

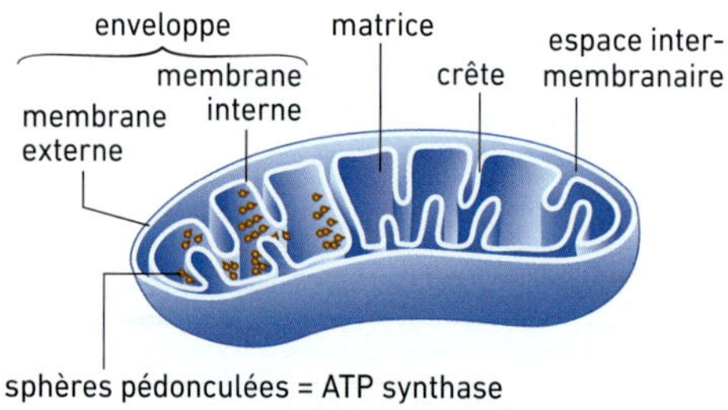

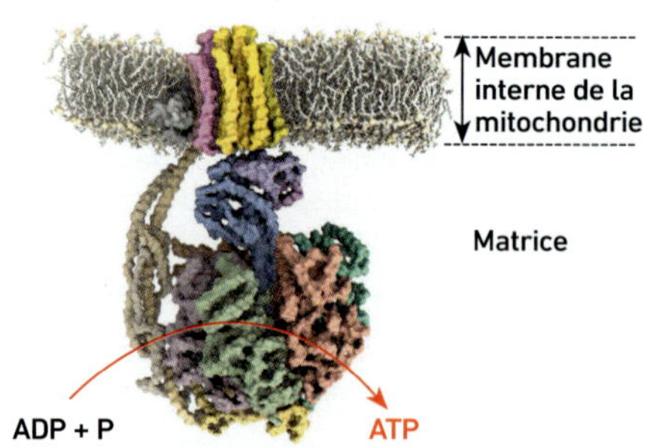

■ **Modélisation d'une sphère pédonculée.**

3 Le rôle des translocases

Les translocases constituent un groupe d'enzymes auquel appartient la protéine ANT. Elles représentent environ 14 % des protéines de la membrane interne des mitochondries. Elles jouent le rôle de « passerelles moléculaires », prenant en charge de façon sélective des molécules d'ADP de l'espace intermembranaire et les déposant dans la matrice.
Inversement, elles « récupèrent » les molécules d'ATP qu'elles transfèrent vers l'espace intermembranaire.

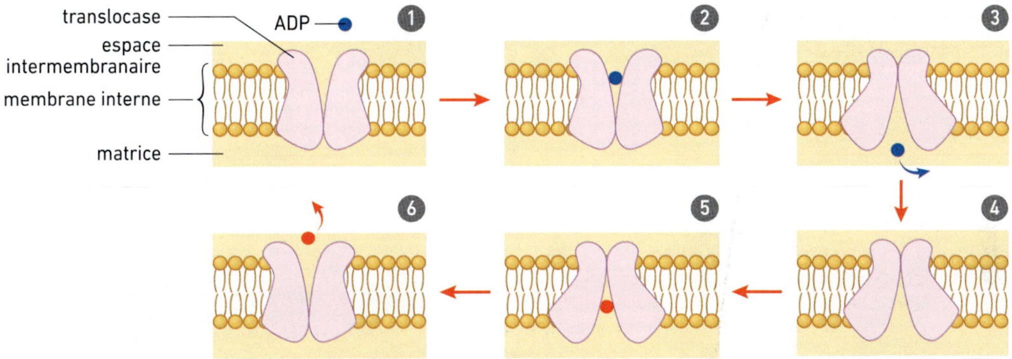

Le fonctionnement de l'ADP/ATP-translocase.

4 Les caractéristiques d'une hypertrophie cardiaque pathologique

Les cardiomyopathies sont des maladies qui affectent le muscle cardiaque. On observe une modification des cellules du tissu musculaire du cœur (myocarde) : les parois s'épaississent de façon anormale, diminuant le volume interne des cavités cardiaques. Le cœur est alors contraint d'augmenter son activité pour faire circuler le sang dans l'organisme. Le malade est essoufflé et ses muscles s'atrophient progressivement.

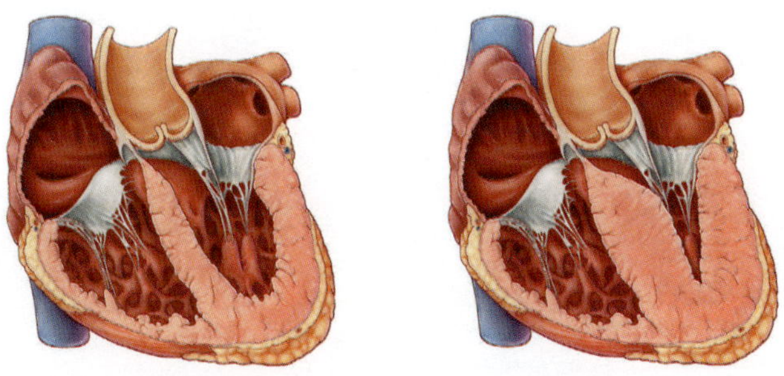

Remarque : cette maladie, très rare, ne doit pas être confondue avec l'augmentation de volume et du dynamisme cardiaque souvent constaté chez les sportifs, qui est au contraire très bénéfique.

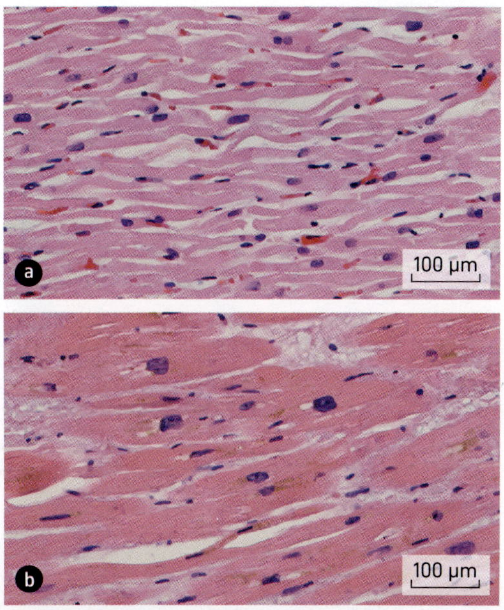

Cellules du muscle cardiaque normal ⓐ et hypertrophique ⓑ.

PARTIE 5

CHAPITRE 5

Le contrôle des flux de glucose

L'alimentation apporte des nutriments indispensables à l'organisme, notamment le glucose, véritable « carburant » des cellules musculaires.

S'interroger avant d'aborder le chapitre

Des cyclistes professionnels lors d'une étape du Tour de France.

La nécessité d'un apport énergétique

Un coureur cycliste dépense jusqu'à 5 000 kilocalories lors d'une étape du Tour de France, alors que le besoin journalier moyen d'une personne se situe aux environs de 2 400 kilocalories. Pour faire face à de tels besoins, les apports avant l'effort ne sont pas suffisants : ils doivent être complétés pendant l'étape par des ravitaillements (1 500 kilocalories) et par la consommation de réserves de graisses de l'organisme (2 000 kilocalories).

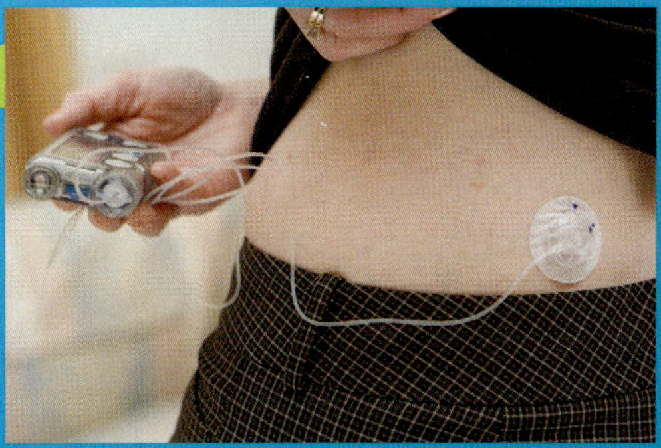

Suppléer à la déficience d'un organe

La mise en place d'une pompe à insuline est parfois nécessaire pour des personnes diabétiques. Cet appareil discret libère le patient des injections multiples d'insuline dont il a besoin au cours d'une journée.

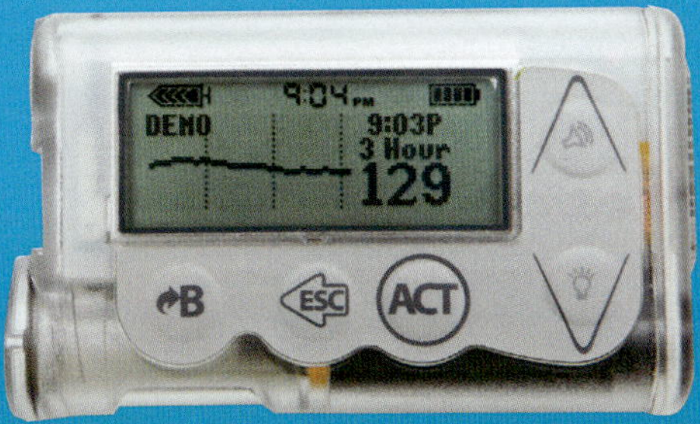

L'appareil, qui dispose d'un réservoir, est programmé pour reproduire ce que l'organisme fait naturellement, c'est-à-dire délivrer de petites doses d'insuline à intervalles réguliers tout au long de la journée, et une dose supplémentaire adaptée au moment des repas.

Formuler les problèmes à résoudre

- En vous appuyant sur ces documents, interrogez-vous sur l'origine du glucose nécessaire au fonctionnement des muscles.
- Exprimez les questions que vous vous posez concernant le dispositif médical présenté.

1 Les besoins des cellules musculaires

La contraction des cellules musculaires nécessite une grande quantité d'énergie, obtenue par oxydation de nutriments, selon des voies métaboliques aérobies ou anaérobies en fonction du type d'effort fourni.

Quels sont les besoins des cellules musculaires, et comment y subviennent-elles ?

1 Activité musculaire et besoins de l'organisme

Lors d'un effort, la dépense énergétique de l'organisme augmente. Dans les cellules musculaires, l'ATP nécessaire à la réalisation de cet effort est obtenu par des mécanismes métaboliques tels que la respiration cellulaire ou la fermentation lactique (voir chap. 4) nécessitant des nutriments. On a mesuré la consommation de dioxygène et de glucose lors d'efforts physiques.

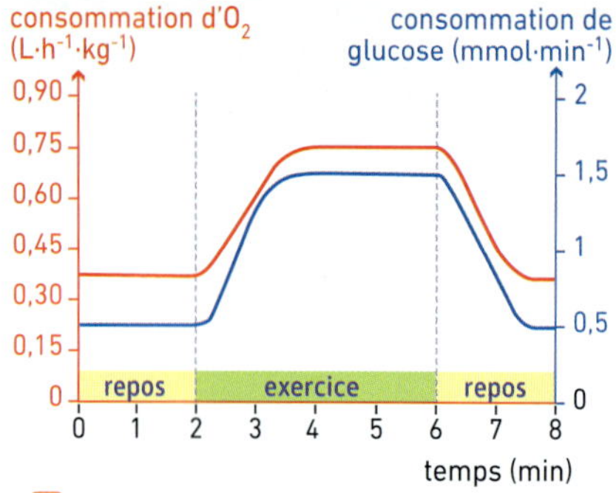

A Consommations de glucose et de dioxygène lors d'un effort physique.

Puissance de l'effort (en W)	Glucose utilisé (en $g \cdot min^{-1}$)	Dioxygène consommé (en $L \cdot min^{-1}$)
50	1,09	0,88
100	1,88	1,50
150	2,66	2,13
200	3,44	2,75
250	4,22	3,38

B Consommations de glucose et de dioxygène pour des efforts d'intensité croissante.

2 L'origine des nutriments consommés lors de l'activité musculaire

Afin de préciser l'origine des nutriments consommés lors d'une activité physique, on a déterminé la composition chimique du sang artériel* et du sang veineux* au niveau d'un muscle au repos et d'un muscle en activité (A), puis pour les muscles des jambes au cours d'efforts d'intensités différentes (B).

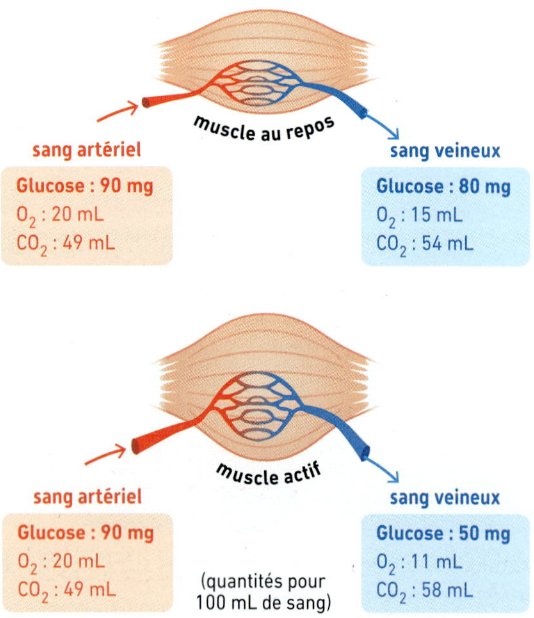

A Bilan sanguin d'un muscle au repos et en activité.

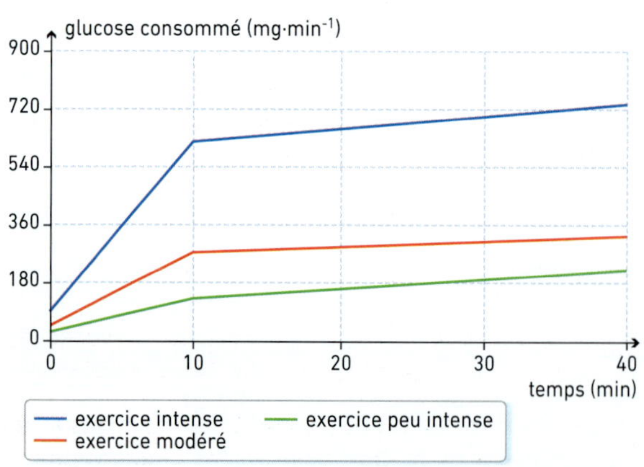

B Les muscles sont des **organes consommateurs*** de glucose sanguin.

3 Un paramètre biologique important, la glycémie

On appelle **glycémie*** la concentration sanguine en glucose. Ce paramètre biologique important peut être suivi en continu à l'aide d'un lecteur de glycémie, capable de réaliser des mesures toutes les 10 secondes.

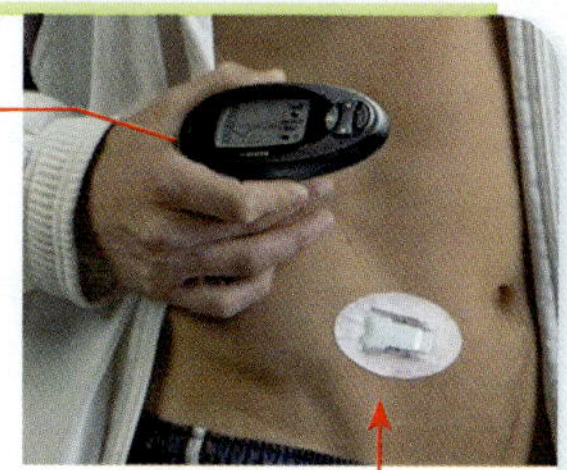

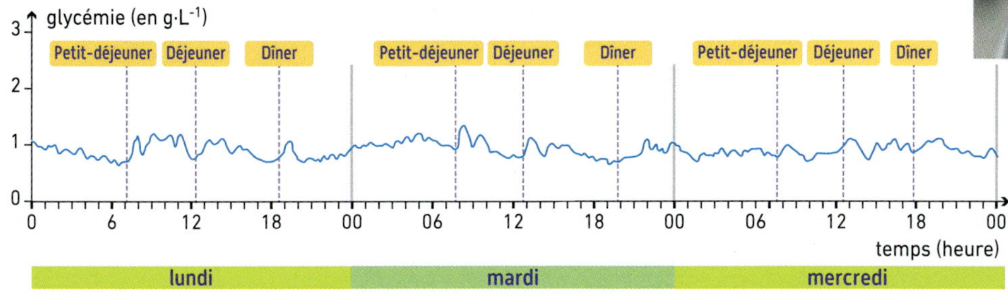

Suivi de la glycémie réalisé chez un sujet ne présentant aucun trouble particulier, pendant 72 h.

4 Apports de glucose alimentaire et variations de la glycémie

La muqueuse de l'intestin grêle, qui est directement en contact avec les aliments en cours de digestion, est richement vascularisée. Elle constitue ainsi une grande surface d'échanges permettant l'absorption des nutriments issus de la digestion.

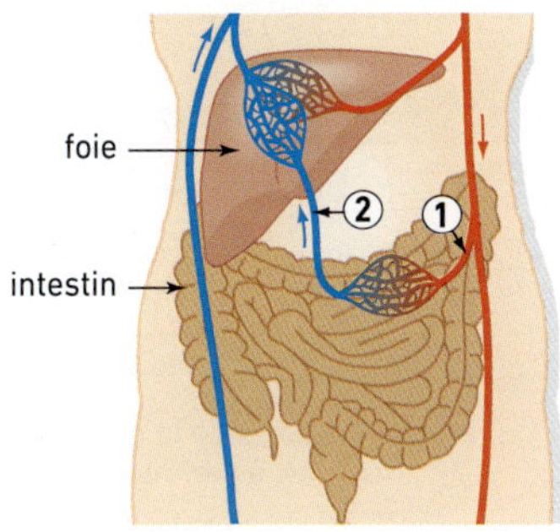

Une personne à jeun depuis 12 heures absorbe une solution contenant 75 g de glucose. On réalise ensuite des prélèvements sanguins pour suivre l'évolution de sa glycémie au cours du temps alors qu'elle reste au repos.

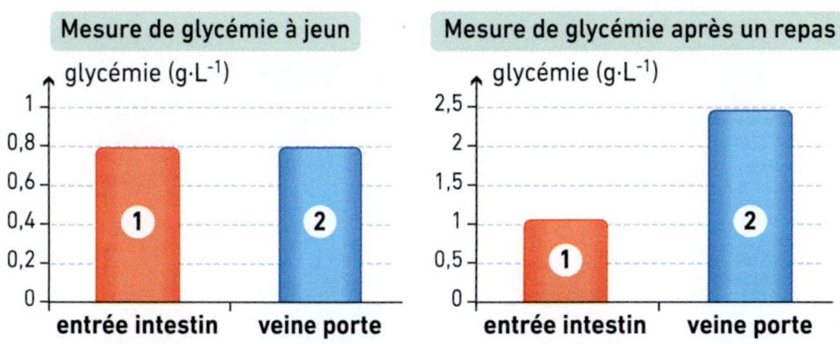

A Mesures de la glycémie au niveau de l'artère alimentant l'intestin ① et de la veine porte ②, chez un même sujet à jeun, et après un repas.

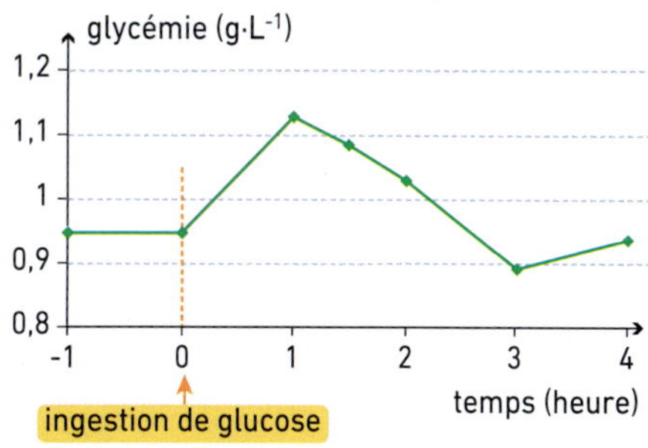

B Suivi de la glycémie lors d'un test d'hyperglycémie provoquée.

Activités envisageables

Pour déterminer quels sont les besoins des cellules musculaires et comment elles y subviennent :

- **Identifiez l'effet de l'activité musculaire sur la consommation de glucose et de dioxygène, et l'origine de ces deux molécules.**
- **Formulez le problème biologique posé par les suivis de la glycémie, et proposez une ou plusieurs hypothèses explicatives.**

Des clés pour réussir

- Adoptez une démarche comparative et appuyez-vous sur des données chiffrées.
- Confrontez les suivis de la glycémie aux phénomènes qui peuvent la faire varier.

* Lexique ➡ p. 509

2 Les réserves de glucose de l'organisme

Les cellules musculaires, ainsi que l'ensemble des cellules de l'organisme, consomment du glucose. Par l'intermédiaire du sang, des flux de glucose existent donc entre des organes sources de glucose et les organes consommateurs.

Quels organes sont source de glucose, et sous quelle forme le glucose s'y trouve-t-il ?

1 Le foie, un organe clé dans la gestion du glucose sanguin

Le glucose issu de la digestion pénètre dans le sang au niveau de la muqueuse intestinale (A). L'intestin est donc un **organe source*** de glucose en période postprandiale*. La totalité du sang provenant de la muqueuse intestinale entre ensuite dans le foie, via la veine porte hépatique ②, et irrigue cet organe grâce à un vaste réseau de capillaires. À la sortie de ces capillaires, le sang ressort du foie par la veine hépatique ③.

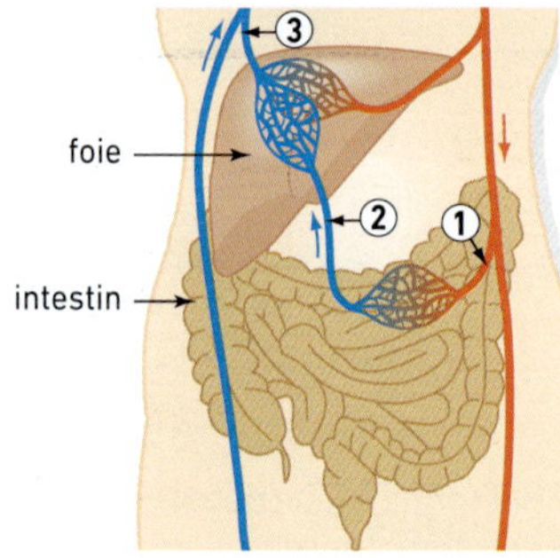

A Le foie, un organe impliqué dans les **flux de glucose***.

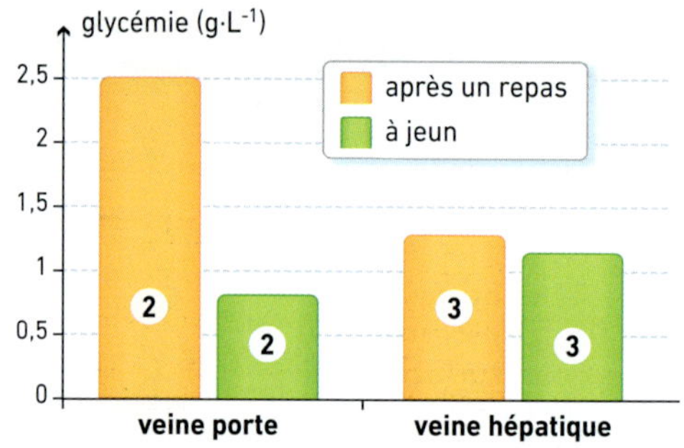

B Mesures de la glycémie chez un sujet à jeun et après un repas, à l'entrée (2) et à la sortie du foie (3).

2 Le glycogène, une forme de mise en réserve du glucose

L'acide périodique de Schiff est un réactif caractéristique d'une macromolécule cellulaire, le glycogène*, qu'il colore en rose. Ce réactif a été mis en contact avec des coupes de foie (B) et de muscle (C) prélevées à des moments différents.

bordas Flash PAGE molécule 3D — Glycogène

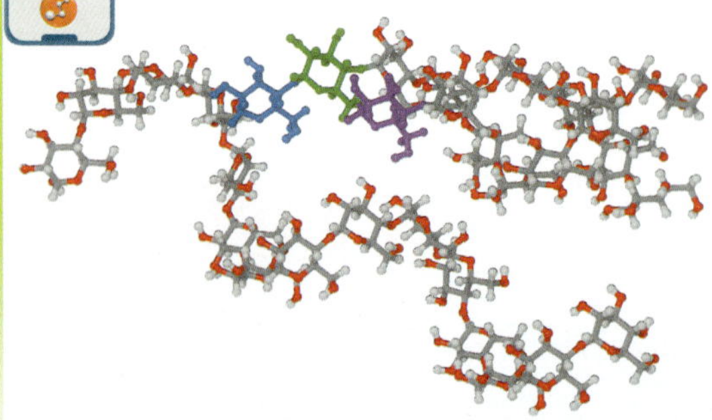

A Modèle moléculaire du glycogène : trois sous-unités de glucose ont été colorées afin de les mettre en évidence.

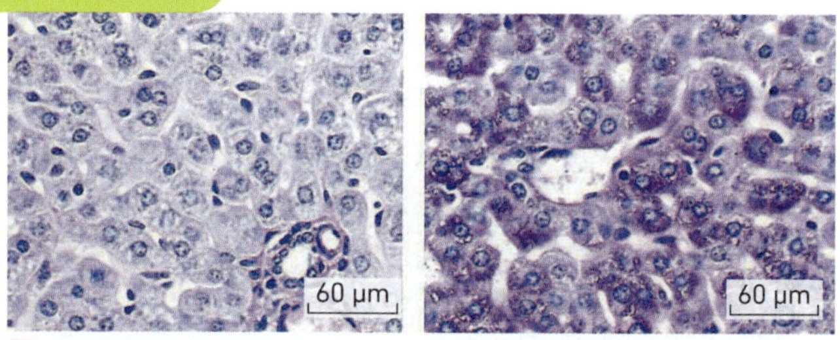

B Observations microscopiques de foie : après 8 h de jeûne (à gauche), 2 h après un repas (à droite).

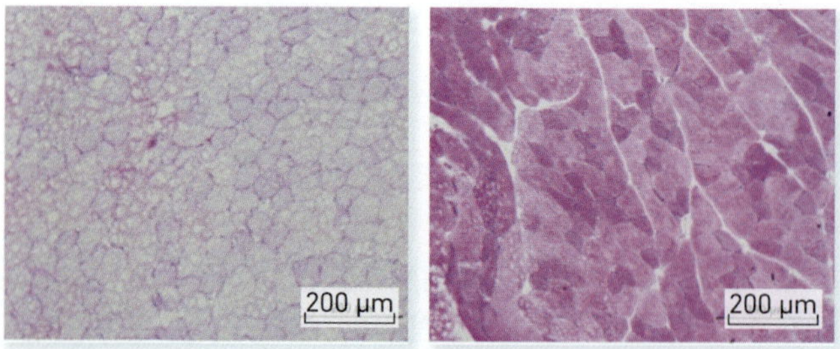

C Observations microscopiques de muscle : après 24 h de jeûne (à gauche), après un repas et au repos (à droite).

3 La libération du glucose dans le sang

Claude Bernard, médecin français, est considéré comme le fondateur de la physiologie expérimentale. Il a notamment cherché à comprendre les mécanismes agissant sur la glycémie. En 1855, il réalisa l'expérience dite « du foie lavé », qu'il décrivit en ces termes :

> *« J'ai choisi un chien adulte, vigoureux et bien portant qui depuis plusieurs jours était nourri de viande ; je le sacrifiai 7 heures après un repas copieux de tripes.*
> *Aussitôt, le foie fut enlevé, et cet organe soumis à un lavage continu par la veine porte [...].*
> *Je laissai ce foie soumis à ce lavage continu pendant 40 minutes ; j'avais constaté au début de l'expérience que l'eau colorée en rouge qui jaillissait par les veines hépatiques était sucrée ; je constatai en fin d'expérience que l'eau, parfaitement incolore qui sortait ne renfermait plus aucune trace de sucre [...].*
> *J'abandonnai dans un vase ce foie à température ambiante et, revenu 24 heures après, je constatai que cet organe que j'avais laissé la veille complètement vide de sucre s'en trouvait pourvu très abondamment. »*

A *La leçon de Claude Bernard* (1889) de L. Lhermitte.

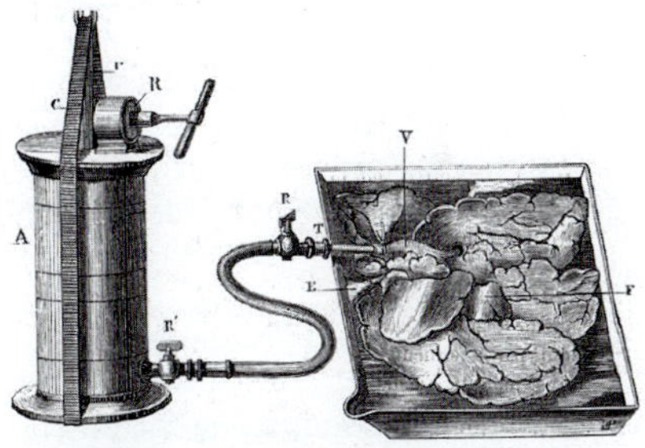

B Dispositif expérimental utilisé par C. Bernard.

Activité pratique

On cherche à tester quels organes possèdent la capacité mise en évidence par Claude Bernard :

- Découper en morceaux 30 g de l'organe à tester, les placer dans un bécher et les immerger dans de l'eau distillée. Mélanger de temps en temps pendant 5 minutes puis réaliser une recherche de glucose à l'aide d'une bandelette test.
- Rincer abondamment les morceaux sous le robinet pendant 5 minutes.
- Immerger à nouveau les morceaux dans un bécher et faire immédiatement un second test de recherche de glucose.
- Mélanger de temps en temps et refaire un troisième test après 10 minutes.

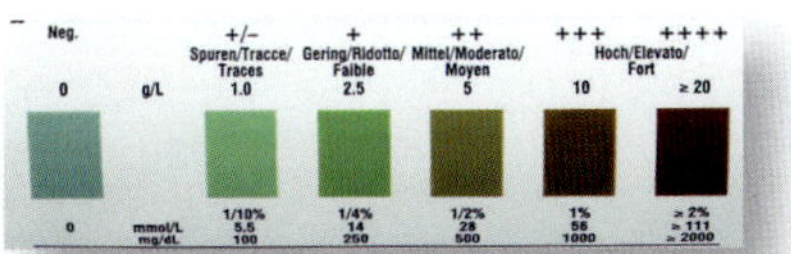

Test 1

Test 2

Test 3

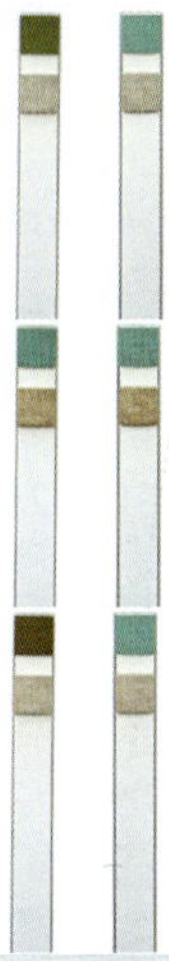

C Manipulation et résultats obtenus avec du foie (bandelettes de gauche) et avec du muscle (bandelettes de droite).

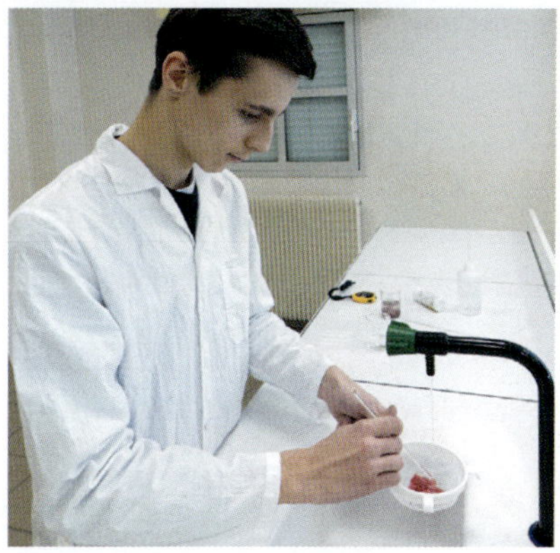

Seul le 1er carré de la bandelette évalue la présence de glucose.

Activités envisageables

Pour identifier les organes à l'origine des flux de glucose dans l'organisme :

- **Expliquez où et comment le glucose est mis en réserve dans l'organisme.**
- **Réalisez des expériences de lavage de différents organes, et concluez sur leur capacité à restituer du glucose vers la circulation sanguine.**

Des clés pour réussir

- Pour que vos réponses soient rigoureuses, vous devrez décrire les expériences, leurs résultats, et les utiliser pour faire des déductions.

* Lexique ➡ p. 509

Unité

3 Le pancréas, un organe régulateur de la glycémie

La glycémie est un paramètre important pour assurer le bon fonctionnement de l'organisme. Or, les flux de glucose entre organes sources et organes consommateurs ne cessent de varier.

Comment la glycémie peut-elle être maintenue relativement stable au cours du temps ?

1 La découverte de la fonction hormonale du pancréas

Un siècle de recherches a été nécessaire pour découvrir et mettre en cohérence les différents éléments qui composent le **système de régulation*** de la glycémie. Les principales étapes en sont résumées ci-dessous.

1850

En 1869, P. Langerhans observe que le pancréas (A) contient, au milieu des cellules produisant le suc pancréatique (**1**), des cellules regroupées en petits amas. Ces derniers porteront son nom : les **îlots de Langerhans*** (**2**).

En 1889, O. Minkowski et J. Von Mering découvrent que l'ablation* du pancréas chez un chien provoque une forte hyperglycémie*. Une ligature du canal de Wirsung (B), qui conduit les enzymes digestives du pancréas à l'intestin, ne reproduit pas cet effet.

1900

En 1921, F. Banting et C. Best enlèvent le pancréas d'un chien, puis réalisent diverses injections intraveineuses pour tester l'hypothèse selon laquelle le pancréas agirait sur la glycémie par voie hormonale (C).
La même année, N. Paulesco isole dans le pancréas une **hormone hypoglycémiante*** qu'il nomme « pancréïne ». Elle sera ensuite nommée **insuline***.

En 1923, C. Kimball et J. Murlin postulent l'existence d'une substance antagoniste* de l'insuline.

En 1943, J. Dunn constate que l'injection d'une substance chimique, l'alloxane, provoque les mêmes troubles de la glycémie que l'ablation du pancréas (D). L'étude histologique* montre que l'alloxane détruit spécifiquement certaines cellules des îlots de Langerhans.

1950

En 1954, A. Staub isole et détermine la composition chimique du **glucagon***, une **hormone hyperglycémiante*** produite par le pancréas.

Pancréas

Flash PAGE microscopie

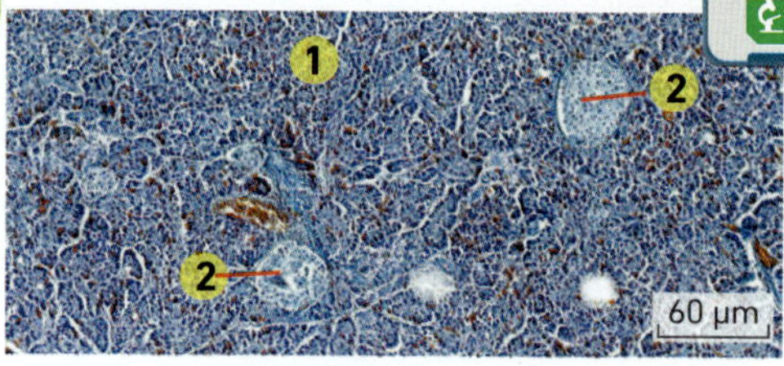

A Le pancréas, observation au microscope optique.

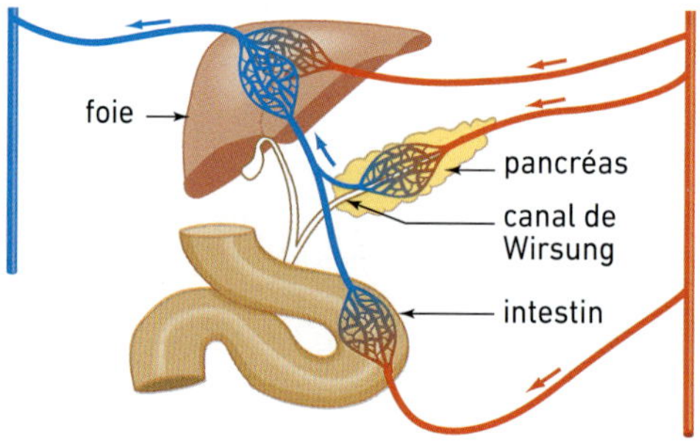

B Schéma des relations entre intestin, foie et pancréas.

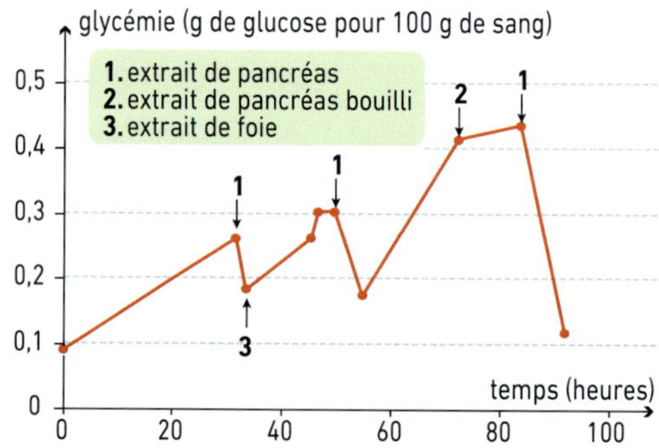

C Résultats de l'expérience de Banting et Best (1921).

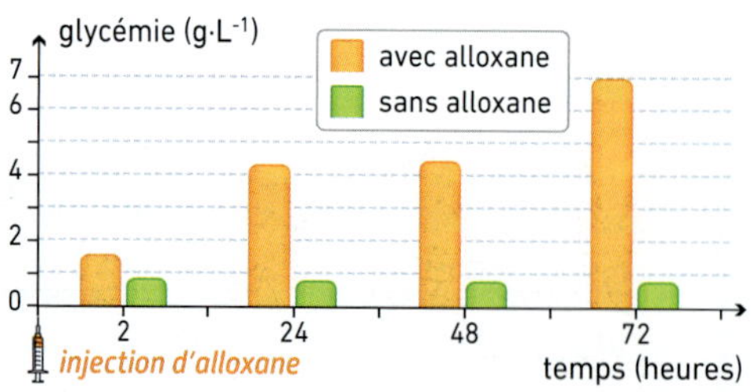

D Expérience de Dunn (1943).

2 La mise en évidence d'un système de régulation de la glycémie

Régulation de la glycémie — Flash PAGE animation

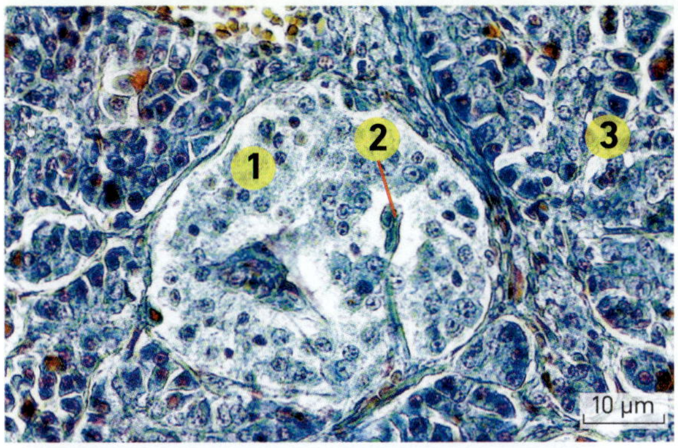

A Un îlot de Langerhans observé au microscope optique. 1 : **cellules endocrines*** ; 2 : capillaire sanguin ; 3 : cellules productrices de suc digestif, situées autour de l'îlot.

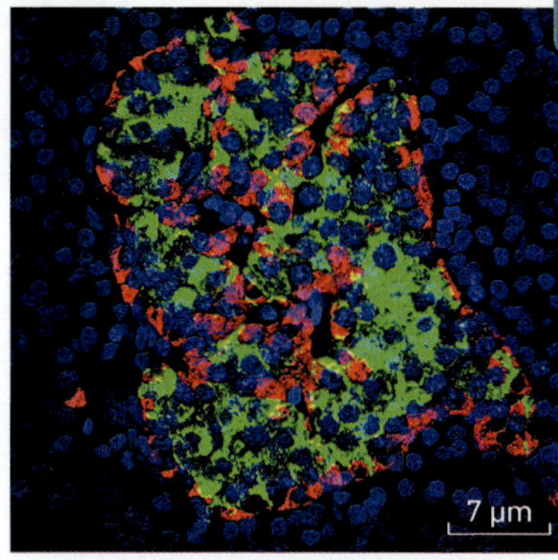

B Immunomarquage* d'un îlot de Langerhans : cellules α, productrices de glucagon (en rouge) et cellules β, productrices d'insuline (en vert).

Insuline Glucagon — Flash PAGE molécule 3D

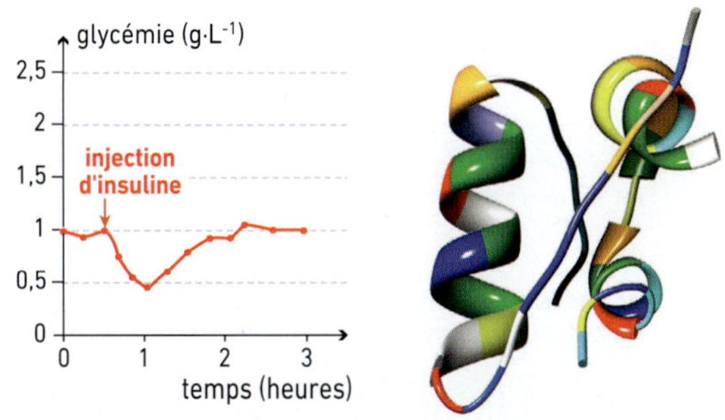

C Structure de l'insuline (coloration par acides aminés) et ses effets sur la glycémie.

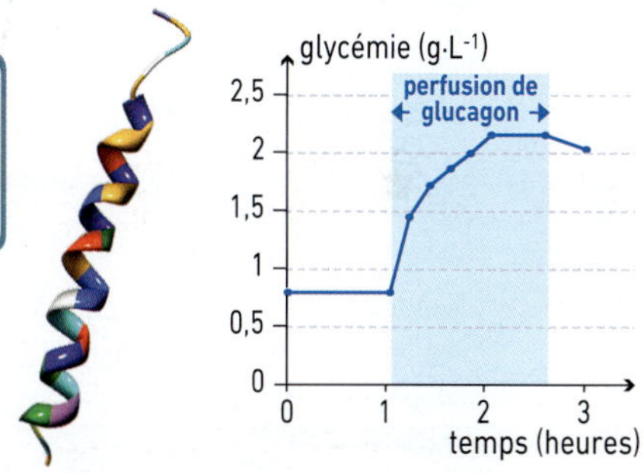

D Structure du glucagon (coloration par acides aminés) et ses effets sur la glycémie.

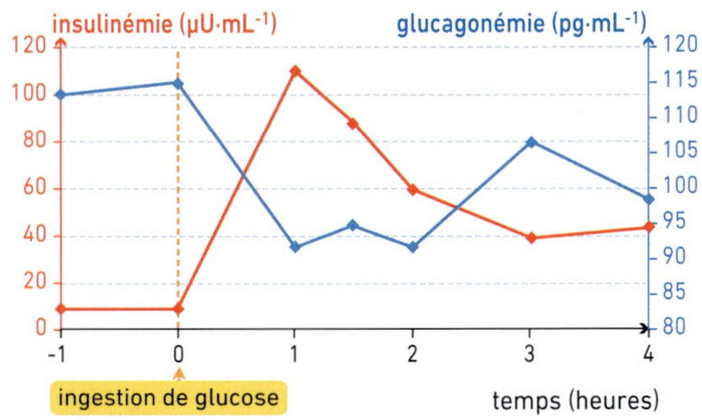

E Évolution des taux sanguins d'insuline et de glucagon suite à une prise de glucose.

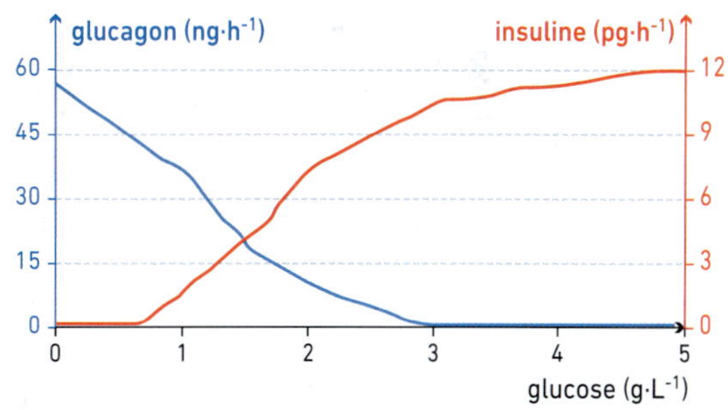

F Production de glucagon et d'insuline par des îlots de Langerhans isolés et cultivés dans un milieu dont on fait varier la concentration en glucose.

Activités envisageables

Pour comprendre par quels mécanismes la glycémie est maintenue stable :

- **Exploitez les expériences historiques et expliquez en quoi elles prouvent que le pancréas est un organe régulateur de la glycémie agissant par voie hormonale.**
- **Présentez sous la forme d'un schéma fonctionnel le rôle régulateur du pancréas endocrine, chez un sujet qui vient de prendre un repas d'une part, et dans le cas d'un sujet qui jeûne d'autre part.**

Des clés pour réussir

- Distinguez bien les différents niveaux d'organisation (organe, tissus, cellules, molécules).
- Demandez-vous ce qu'apporte chacun des graphiques du doc. 2.
- Faites le lien entre le graphique 2E et celui de l'unité 1, doc. 4B.

* Lexique ➥ p. 509

Unité 4

Les diabètes, des dérèglements de la régulation de la glycémie

Le pancréas est un organe vital, notamment en raison de son rôle régulateur de la glycémie. Les diabètes sont des affections caractérisées par des troubles de la glycémie.

Comment l'action régulatrice du pancréas est-elle perturbée en cas de diabète ?

1 Un dysfonctionnement précoce : le diabète de type 1

A Le portrait d'un diabétique de type 1.

Patient 1
Hugo, 13 ans

- Collégien.
- 40 kg, 1 m 55.
- **Évolution du poids :** perte de 7 kg le mois précédant le diagnostic.
- **Activité physique :** 6 heures par semaine. Se rend à pied à son collège.
- **Alimentation :** normale.
- **Paramètres médicaux :**
  - polyurie (urines abondantes : 4 L par jour) ;
  - hyperglycémie à jeun ;
  - présence de glucose et de corps cétoniques dans les urines.

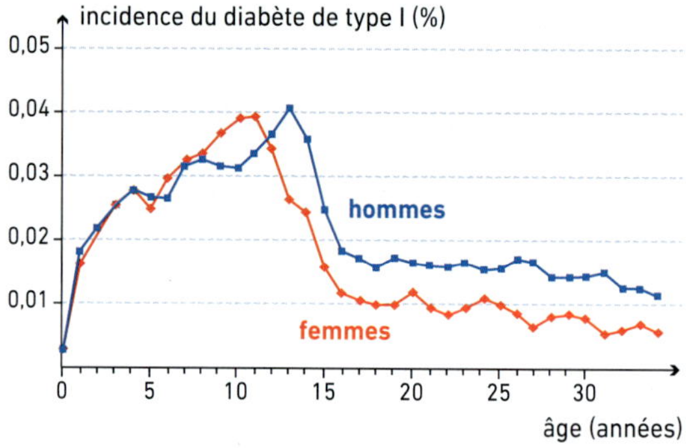

B Incidence du diabète de type 1 en fonction de l'âge. (Incidence = nombre de nouveaux cas annuels)

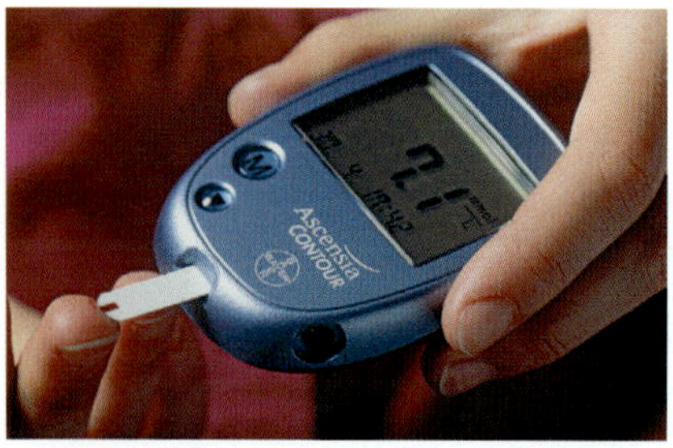

Un sujet est diagnostiqué diabétique si la mesure de sa glycémie à jeun est supérieure à 1,26 g·L^{-1} à deux reprises, ou si elle dépasse 2 g·L^{-1} à un quelconque moment de la journée. Les diabétiques de type 1 (DT1) sont en général rapidement diagnostiqués et pris en charge. En effet, le déclenchement du DT1 est soudain et s'accompagne de symptômes typiques : soif importante, envie fréquente d'uriner, perte de poids, somnolence.

Le DT1 est un **diabète insulinodépendant***. En effet, il est corrigé par des injections régulières d'insuline, manuellement ou par l'intermédiaire d'une pompe à insuline (voir p. 441).

Les diabétiques de type 1 représentent environ 10 % des 3,3 millions de patients traités en France pour un diabète en 2016.

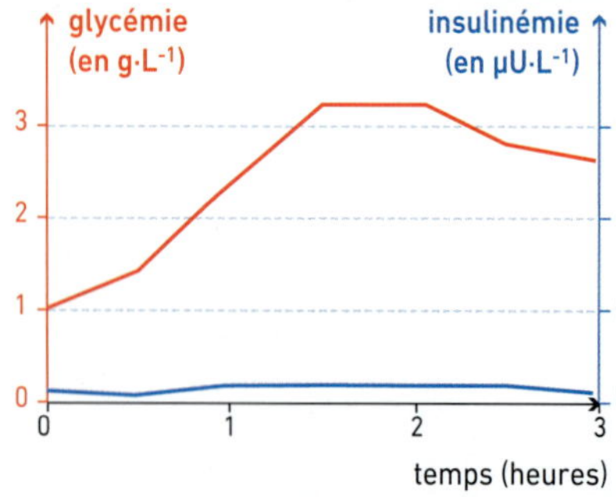

C Évolution de la glycémie et de l'insulinémie après l'ingestion de 75 g de glucose chez un sujet DT1.

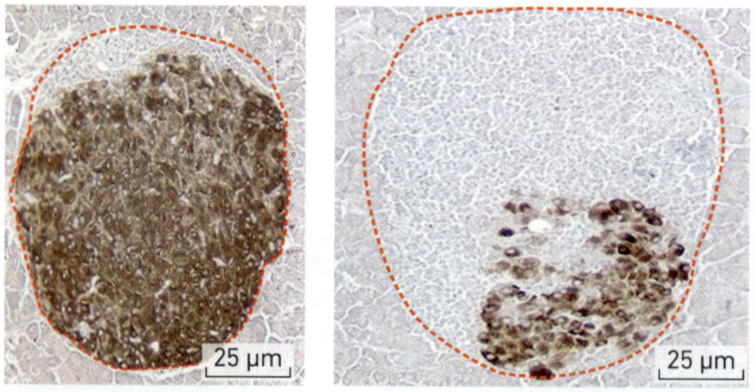

D Îlots de Langerhans d'une souris normale (à gauche) et d'une souris débutant un DT1. Les cellules β sont colorées en brun.

2 Un dysfonctionnement plus tardif : le diabète de type 2

A **Le portrait d'une diabétique de type 2.**

Patient 2 : Natacha, 52 ans

- 110 kg, 1 m 70.
- **Évolution du poids :** augmentation régulière depuis l'âge de 15 ans.
- Employée de bureau.
- **Activité physique :** vie sédentaire, se déplace surtout en voiture.
- **Alimentation :** riche en graisses et sucres.
- **Paramètres médicaux :**
  - hypertension ;
  - hyperglycémie à jeun ;
  - présence de glucose dans les urines ;
  - excès de triglycérides dans le sang.

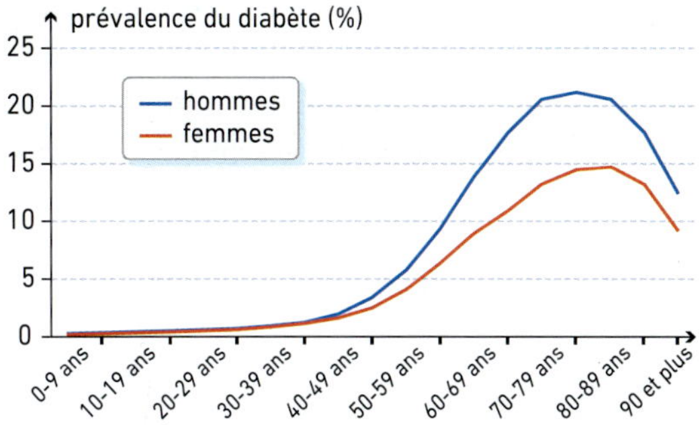

B **Prévalence* du diabète en fonction de l'âge, en France, en 2016 : 90 % de ces cas concernent le diabète de type 2.**

Le diagnostic du diabète de type 2 (DT2) est posé à partir des mêmes résultats que le diabète de type 1 lors des mesures de la glycémie. Cependant, son déclenchement est progressif et ne s'accompagne d'aucun symptôme typique. Du fait de ce caractère silencieux, la maladie peut passer inaperçue durant des années. On considère ainsi que 20 à 30 % des adultes diabétiques ne sont pas diagnostiqués au début de leur maladie.

Le DT2 est un **diabète non insulinodépendant*** : même si certains patients ont besoin d'insuline, la prise en charge consiste principalement en des médicaments visant à augmenter l'efficacité de l'insuline ou à limiter l'absorption intestinale du glucose, par le contrôle de l'alimentation et la pratique d'activités physiques.

Le diabète de type 2 est un problème de santé publique : le nombre de cas est en constante augmentation (plus de 6 millions de nouveaux cas dans le monde chaque année), et les conséquences à long terme de la maladie sont importantes : risques accrus d'accident cardiovasculaire (AVC, infarctus...), atteintes des reins, des yeux, du système nerveux, etc.

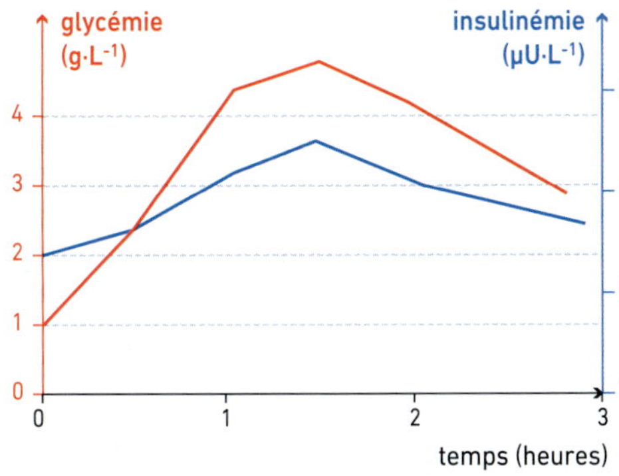

C **Évolution de la glycémie et de l'insulinémie après l'ingestion de 75 g de glucose chez un sujet DT2.**

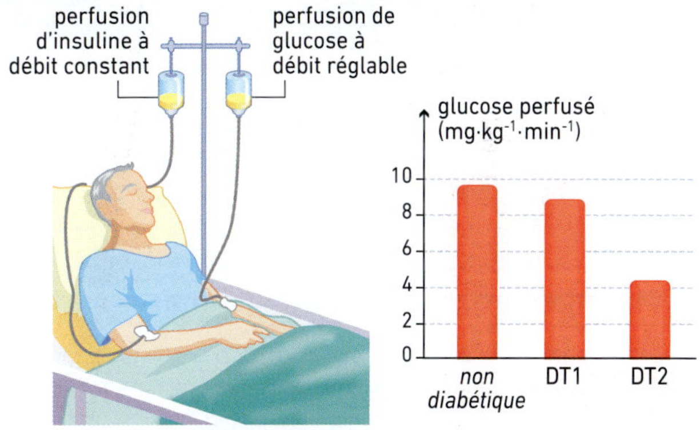

D **Expérience permettant de mesurer l'efficacité de l'insuline. Le sujet reçoit une dose constante d'insuline, et l'on note la quantité de glucose qu'il est nécessaire de perfuser pour maintenir la glycémie.**

Activités envisageables

Pour savoir caractériser les dysfonctionnements de la régulation de la glycémie :

- **Réalisez un tableau comparatif des deux diabètes.**
- **Justifiez les termes « insulinodépendant » et « non insulinodépendant », employés pour qualifier ces deux types de diabètes.**
- **Justifiez les modes de prise en charge de ces deux diabètes.**

Des clés pour réussir

- Listez les critères de comparaison que vous allez utiliser.
- Votre réponse pourra prendre la forme d'un tableau à double-entrée.
- Si besoin, effectuez des recherches complémentaires.

* Lexique ➥ p. 509

Unité

5 Les mécanismes moléculaires de la régulation de la glycémie

Les îlots de Langerhans régulent la glycémie par l'intermédiaire d'une hormone hypoglycémiante, l'insuline, et d'une hormone hyperglycémiante, le glucagon.

Quels sont les modes d'action précis de ces deux hormones pancréatiques sur leurs cellules cibles ?

1 Une nécessaire reconnaissance hormone-récepteur

récepteur à insuline
récepteur à glucagon

bordas Flash PAGE molécules 3D

Pour réagir à une hormone, une cellule doit posséder des **récepteurs*** sur lesquels l'hormone peut se fixer spécifiquement. Cette fixation repose sur la complémentarité de forme entre le récepteur et l'hormone. Elle déclenche une cascade de réactions chimiques intracellulaires, qui constituent la réponse de la cellule au message hormonal.

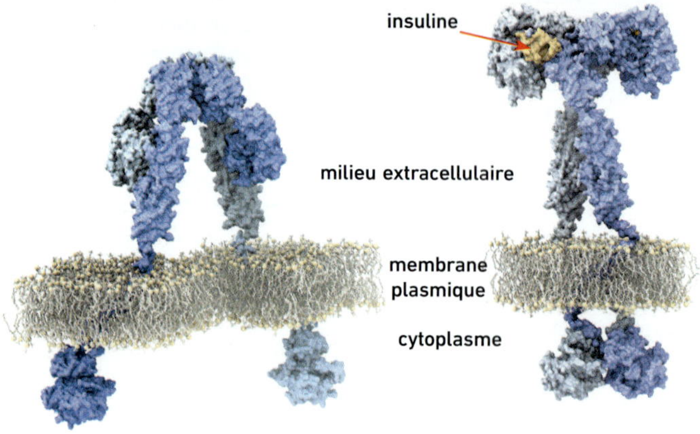

A Le **récepteur à insuline***, présent chez de très nombreuses cellules, dont celles du foie et des muscles. Sans ou avec fixation de l'hormone.

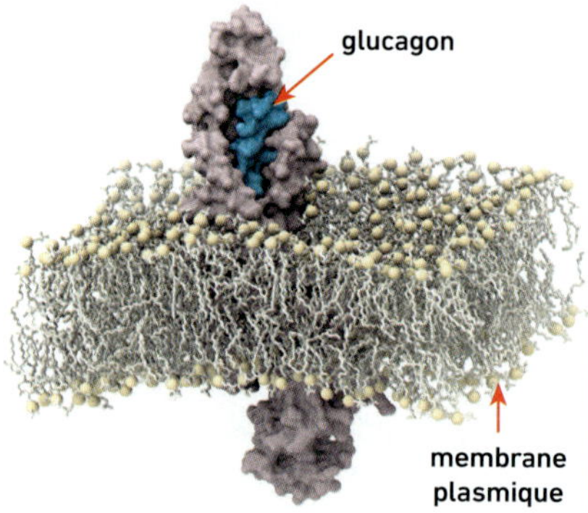

B Le **récepteur à glucagon***, présent uniquement chez les cellules du foie.

2 Des protéines membranaires pour transporter le glucose

La régulation de la glycémie implique des transferts de glucose de part et d'autre de la membrane plasmique des cellules. Ils sont réalisés par une catégorie de protéines membranaires dites GLUT (Glucose Transporter). Ces molécules, qui permettent un transfert unidirectionnel ou bidirectionnel, sont parfois spécifiques de certains tissus, et leur nombre peut varier au cours du temps.

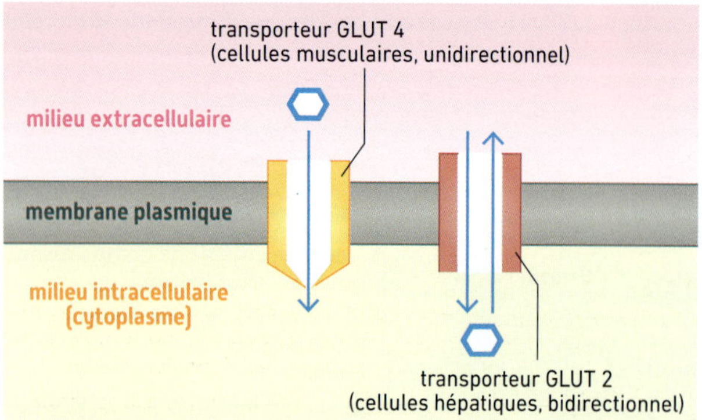

A Représentation schématique de deux transporteurs de glucose.

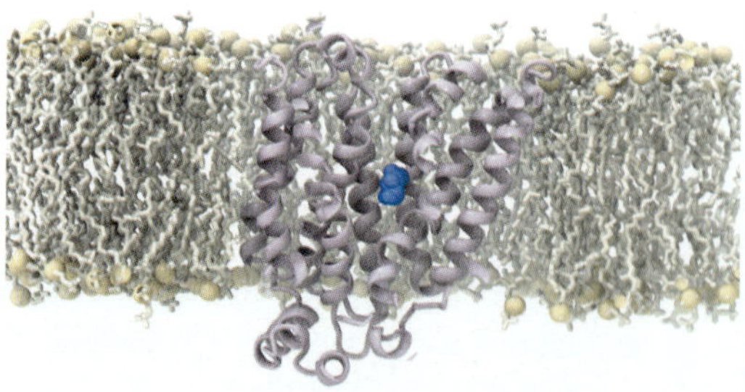

B Modèle moléculaire d'un transporteur de glucose (affichage en rubans, coloration par structure ; glucose en sphères, coloration bleue).

3 Les effets des hormones pancréatiques sur leurs cellules-cibles

hypoglycémie hyperglycémie — bordas Flash PAGE animation

Différentes mesures ont été réalisées pour comprendre les effets de l'insuline et du glucagon sur les organes et les cellules cibles de ces hormones.

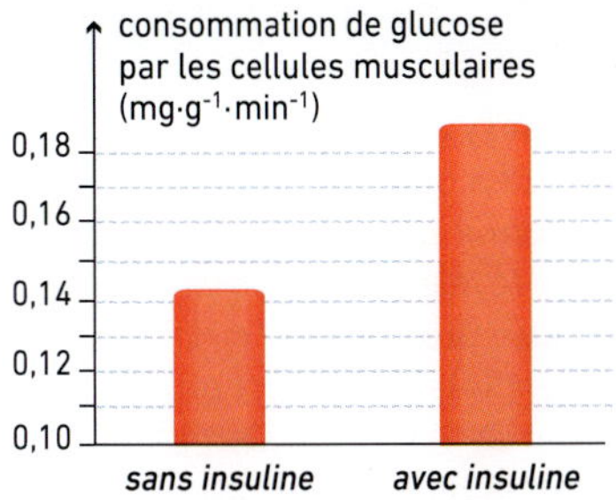

A Action de l'insuline sur les cellules musculaires.

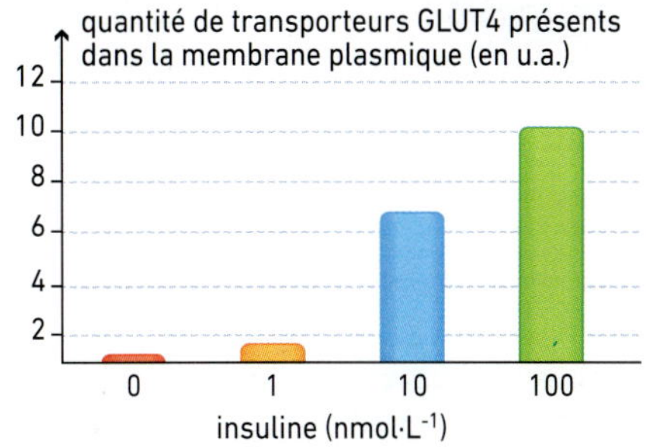

B Action de l'insuline sur les transporteurs GLUT 4.

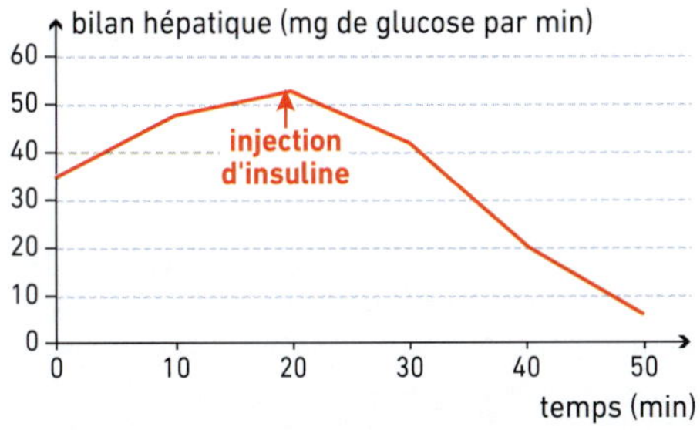

C Le bilan hépatique (BH) est un calcul permettant d'estimer la production ou la dégradation du glycogène par le foie : on soustrait la quantité de glucose entrant du foie de celle sortant du foie : BH = glucose sortant du foie - glucose entrant.

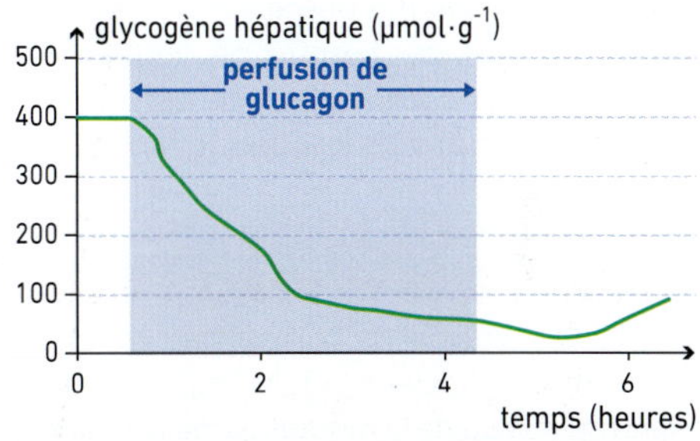

D Des animaux à jeun ont été perfusés avec du glucagon ($2{,}5\ \mu g \cdot L^{-1}$) : on mesure alors la quantité de glycogène hépatique en fonction du temps.

1. fixation du glucagon sur son récepteur
2. cascade de réactions chimiques
3. activation de la glycogénolyse
4. export de glucose vers le plasma sanguin

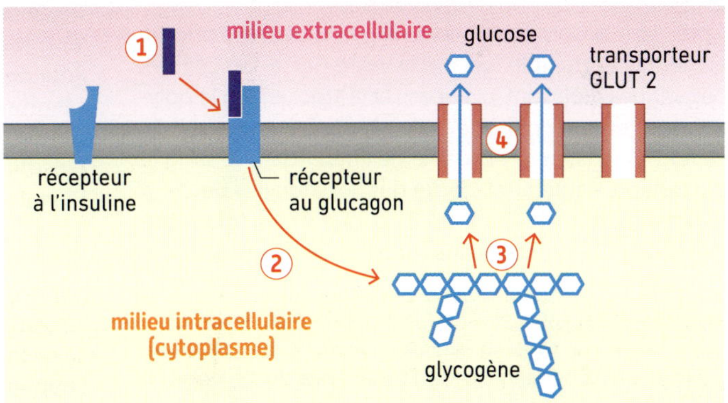

E Effet du glucagon sur une cellule hépatique.

Activités envisageables

Pour comprendre le mode d'action des hormones pancréatiques :

- **Explorez les modèles moléculaires pour mettre en évidence la spécificité des hormones vis-à-vis de leurs cellules cibles.**
- **Proposez un schéma montrant les effets de l'insuline, en précisant sur quelles cellules elle agit.**
- **Faites le lien entre ces mécanismes moléculaires, la régulation normale des flux de glucose d'une part, les dysfonctionnements de cette régulation d'autre part.**

Des clés pour réussir

- Inspirez-vous du schéma E du doc. 3 pour représenter les effets de l'insuline.
- Utilisez les connaissances acquises dans les unités précédentes.

* Lexique ➡ p. 509

Bilan des connaissances — Le contrôle des flux de glucose

Préparez le Grand oral p. 519

1 Des flux de glucose dans l'organisme

Des organes consommateurs de glucose : les muscles

Pour assurer leurs besoins énergétiques, les cellules musculaires **consomment** principalement du glucose, qu'elles oxydent grâce à la respiration cellulaire ou à la fermentation lactique. Nutriments et dioxygène sont **puisés dans le sang** en fonction des besoins des cellules musculaires. Faibles au repos, ces besoins peuvent être très importants lors d'efforts physiques intenses. Les muscles sont donc des organes vers lesquels le flux de glucose sanguin est dirigé.

Des apports en glucose discontinus

L'origine du glucose de l'organisme est alimentaire : la digestion des glucides produit du glucose qui passe dans le sang au niveau de la muqueuse de l'intestin grêle. Cette entrée de glucose est discontinue : forte après les repas, elle est quasi nulle hors des périodes de digestion.

Des organes qui stockent le glucose

Après son absorption intestinale, le glucose d'origine alimentaire atteint le foie par la veine porte. Les cellules hépatiques prélèvent le glucose et le stockent en le polymérisant en glycogène : c'est la **glycogénogenèse**.
Le foie est également capable de libérer dans le sang le glucose préalablement stocké : les hépatocytes peuvent hydrolyser le glycogène qu'ils contiennent (**glycogénolyse**), et le glucose ainsi produit peut rejoindre la circulation sanguine.
Le glucose est aussi stocké par les cellules musculaires, mais leurs réserves de glycogène sont en revanche privées : le glucose issu de l'hydrolyse du glycogène musculaire ne peut être libéré dans le sang, et n'est donc destiné qu'au muscle lui-même.
Le foie a donc un rôle essentiel de régulation des flux de glucose de l'organisme.

2 La glycémie, un paramètre biologique régulé

La nécessité d'un système de régulation

Le bon fonctionnement de l'organisme impose que les organes sources de glucose subviennent en permanence aux besoins des organes consommateurs. Les besoins étant variables et les apports étant discontinus, l'existence d'un **système de régulation** de la glycémie (concentration en glucose sanguin) est impérative.
Chez une personne en bonne santé, la mesure en continu de la glycémie révèle de légères variations autour d'une valeur moyenne proche de 1 $g \cdot L^{-1}$: la glycémie diminue légèrement lors d'un effort physique, et augmente légèrement après les repas. Cette stabilité globale de la glycémie est la preuve de l'existence de mécanismes de régulation.

Un organe de contrôle de la glycémie : le pancréas

L'ablation totale du pancréas est suivie d'une très forte hyperglycémie : cette glande tend donc globalement à abaisser la glycémie. Des injections intraveineuses d'extraits pancréatiques ont également un effet hypoglycémiant, prouvant ainsi que cet effet provient de molécules pancréatiques transportées par le sang : ce sont donc des hormones.

Le pancréas contient deux types de tissus : un tissu continu, constitué de cellules productrices de suc digestif, libéré dans l'intestin grêle : elles sont sans effet sur la régulation de la glycémie. Un tissu discontinu, constitué de cellules formant de petits amas sphériques dispersés : les **îlots de Langerhans**. Richement irrigués, ces îlots contiennent **deux types de cellules endocrines** sécrétant des hormones dans le sang. Les cellules α produisent du **glucagon**, les cellules β produisent de **l'insuline**.
L'insuline a un effet hypoglycémiant (elle abaisse la glycémie) et agit sur toutes les cellules, à l'exception des neurones. **Le glucagon a au contraire un effet hyperglycémiant** (il augmente la glycémie) et agit principalement sur les cellules hépatiques.
La sécrétion de ces hormones dépend de la glycémie : **l'hyperglycémie stimule les cellules β** alors que l'hypoglycémie les inhibe ; c'est le contraire pour les cellules α.
Le message, hypoglycémiant ou hyperglycémiant, est codé par la concentration sanguine des deux hormones pancréatiques : une hyperglycémie entraîne une forte sécrétion d'insuline et diminue la sécrétion de glucagon, ce qui conduit à un retour progressif vers une glycémie moyenne de 1 $g \cdot L^{-1}$. Le contraire se produit en cas d'hypoglycémie.
Le message hormonal s'adapte en permanence à l'état de la glycémie, car glucagon et insuline sont dégradés rapidement après avoir été sécrétés (leur demi-vie est d'environ 5 minutes).

3 Dysfonctionnements de la régulation de la glycémie

Une mauvaise régulation peut avoir de graves conséquences. L'hypoglycémie sévère (glycémie < à 0,5 $g \cdot L^{-1}$) est une situation d'urgence car elle affecte les cellules nerveuses, dont le glucose est l'unique nutriment énergétique.
En France, **plus de 5 % de la population** est touché par le diabète. Il s'agit de troubles de la régulation marqués par une **hyperglycémie chronique** (glycémie à jeun > à 1,26 $g \cdot L^{-1}$). Il existe différents types de diabètes, mais deux d'entre eux regroupent la quasi-totalité des malades.

Un défaut de production d'insuline : le diabète de type 1

Le **diabète insulinodépendant** (diabète de type 1) se déclare chez des individus jeunes (avant 20 ans le plus souvent, avec un pic au moment de la puberté). Les patients montrent alors un amaigrissement malgré une alimentation normale voire excessive, une soif intense avec polyurie (émission d'urine importante). Les analyses révèlent une glycémie très élevée (parfois plus de 4 $g \cdot L^{-1}$) et la présence de glucose dans les urines (glycosurie). Cette forme de diabète est due à **une destruction des cellules β productrices d'insuline**, suite à une réaction autoimmune. Sans insuline, l'action hypoglycémiante du pancréas n'a pas lieu. Les cellules n'absorbent plus assez de glucose sanguin, et dégradent alors lipides et protéines pour se procurer l'énergie dont elles ont besoin (d'où l'amaigrissement). Cela produit des déchets toxiques (corps cétoniques) qui sont rejetés dans le sang puis évacués dans les urines, avec l'excès de glucose.

Une insulinorésistance : le diabète de type 2

Le **diabète non insulinodépendant** (diabète de type 2) affecte plutôt des personnes de plus de 45 ans, en surpoids et menant une vie très sédentaire. Si le mode de vie augmente fortement le risque de déclencher ce type de diabète, des prédispositions génétiques sont presque toujours présentes. Au moment du diagnostic, la glycémie à jeun est supérieure à la normale, mais sans atteindre des valeurs extrêmes.
La maladie s'installe progressivement quand l'insuline commence à perdre de son efficacité sur ses cellules cibles. Les cellules β en augmentent la sécrétion et, pendant plusieurs années, il y a ainsi production croissante d'**une insuline de moins en moins efficace** : les **cellules cibles deviennent insulinorésistantes.** Puis, le fonctionnement des cellules β est altéré, la production d'insuline décroît : le sujet commence à présenter des hyperglycémies modérées (1,10 à 1,26 $g \cdot L^{-1}$). Des hyperglycémies plus sévères marquent le début du diabète. De par son caractère silencieux et progressif, de nombreux sujets ignorent leur état et ce sont les complications qui s'installent qui leur révèlent qu'ils sont atteints.

4 Les mécanismes de la régulation de la glycémie

Des transporteurs de glucose

La régulation implique que des cellules puissent absorber du glucose à partir du plasma sanguin, ou au contraire en restituer vers le sang. Ces transferts sont opérés par des transporteurs de glucose, des protéines capables de s'intégrer à la membrane plasmique et comportant un canal plus ou moins spécifique pour le transit du glucose. L'abondance de ces transporteurs dans les membranes varie, et détermine la capacité des cellules à absorber ou à rejeter le glucose à un moment donné.

Complémentarité hormone / récepteur

Seules les cellules qui possèdent des **récepteurs spécifiques** à une hormone sont sensibles à la présence et à la concentration de cette hormone dans leur environnement. Ces récepteurs sont des protéines qui présentent un ou plusieurs sites dont **la forme tridimensionnelle est complémentaire de celle de l'hormone**, ce qui explique leur spécificité vis à vis d'une hormone particulière.

La fixation de l'insuline sur son récepteur provoque une modification de sa conformation tridimensionnelle, activant une cascade de réactions chimiques avec deux conséquences :

- **des transporteurs de glucose sont transférés vers la membrane plasmique**, ce qui augmente la capacité des cellules à absorber le glucose sanguin.
- **la glycogénogenèse est activée** dans les cellules musculaires et hépatiques : le stock de glycogène augmente. Le bilan hépatique (différence entre les concentrations de glucose dans le sang sortant du foie et dans le sang entrant) se réduit : l'hyperglycémie est corrigée.

Le glucagon agit sur les cellules hépatiques, car elles possèdent des récepteurs pour cette hormone. Sa fixation déclenche une cascade de réactions chimiques qui **active la glycogénolyse et la sortie du glucose**, transféré via les transporteurs de glucose vers le plasma sanguin. L'hypoglycémie est ainsi corrigée.

La prise en charge des diabètes dépend de ces mécanismes moléculaires. Celle du diabète de type 1 consiste principalement à **compenser le manque d'insuline** grâce à des apports quotidiens de cette hormone, sous forme d'injections ou grâce à des pompes plus ou moins automatisées. Dans le cas du diabète de type 2, le nombre de récepteurs membranaires à l'insuline et de transporteurs de glucose inclus dans les membranes plasmiques diminue. Des études montrent que la contraction musculaire active la synthèse et la mise en place membranaire de transporteurs de glucose. C'est la raison pour laquelle le changement de mode de vie (**davantage d'activité physique et rééducation alimentaire**) est recommandé pour les diabétiques de type 2, avant même le recours à des traitements médicamenteux.

bordas Flash PAGE podcast

DYS

L'essentiel

Le contrôle des flux de glucose

bordas Flash PAGE podcast

DYS

À retenir

Des flux de glucose dans l'organisme

Afin de produire l'énergie nécessaire à la contraction, les cellules musculaires reçoivent un **flux de glucose sanguin**, d'intensité croissante avec le degré d'activité de l'organisme. Ce flux de glucose, d'origine alimentaire, est discontinu : il provient de l'intestin grêle, où se fait l'absorption des produits de la digestion.

Le glucose est **stocké dans le foie et les muscles** sous forme de glycogène. Le foie peut libérer dans le sang le glucose obtenu en hydrolysant le glycogène accumulé. **Le foie a un rôle régulateur** : il entretient le flux de glucose vers les muscles hors des périodes de digestion.

La glycémie, un paramètre biologique régulé

La glycémie est soumise à un **système de régulation** qui la maintient en permanence à $1\ g \cdot L^{-1}$ environ. Les cellules des **îlots de Langerhans du pancréas** produisent **l'insuline, hormone hypoglycémiante** issue des cellules β, et **le glucagon, hormone hyperglycémiante** issue des cellules α. La libération de ces hormones dépend de la glycémie : l'hyperglycémie stimule la libération d'insuline et inhibe celle du glucagon (et inversement pour l'hypoglycémie).

Des dysfonctionnements de la régulation de la glycémie

Les diabètes sont des dysfonctionnements de la régulation de la glycémie caractérisés par une hyperglycémie chronique.

Le **diabète insulinodépendant** (de type 1) touche plutôt des individus jeunes, il est causé par la destruction des cellules β des îlots de Langerhans.

Le **diabète non insulinodépendant** (de type 2) touche des personnes de plus de 45 ans en surpoids, dont les cellules sont devenues insulinorésistantes.

Les mécanismes moléculaires de la régulation de la glycémie

Les transferts de glucose entre le sang et les cellules se font par des protéines de transport intégrées aux membranes plasmiques, et dont la quantité est variable.

Les cellules sensibles à l'insuline et au glucagon portent **des récepteurs spécifiques**, de forme complémentaire de celles des hormones. C'est la fixation de l'hormone sur le récepteur qui déclenche son effet. L'insuline fait augmenter le nombre de transporteurs de glucose et stimule la glycogénogenèse dans les cellules musculaires et hépatiques. Sous l'effet du glucagon, les cellules hépatiques hydrolysent le glycogène qu'elles contiennent et libèrent du glucose.

Mots-clés

Cellule endocrine • Diabète insulinodépendant • Diabète non insulinodépendant • Flux de glucose • Glucagon • Glycémie • Hormone hyperglycémiante • Hormone hypoglycémiante • Îlot de Langerhans • Insuline • Organe source • Système de régulation • Récepteur hormonal

Schéma bilan

Le contrôle des flux de glucose

Des flux de glucose différents selon les circonstances

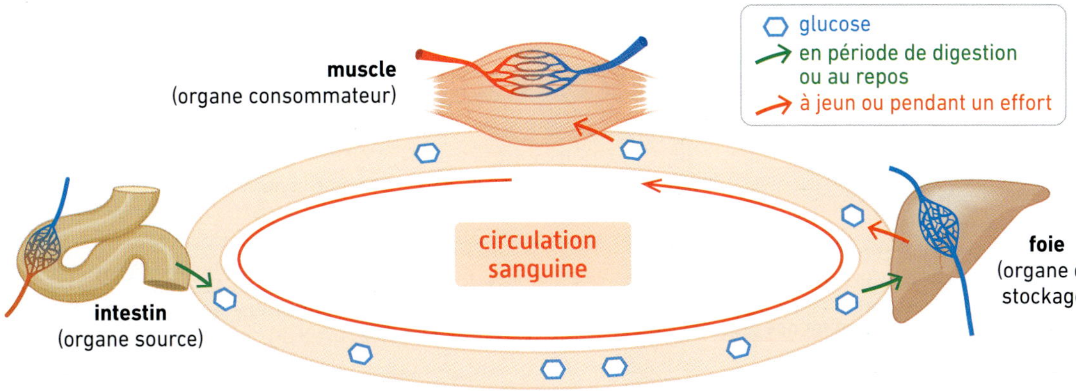

La régulation des flux de glucose

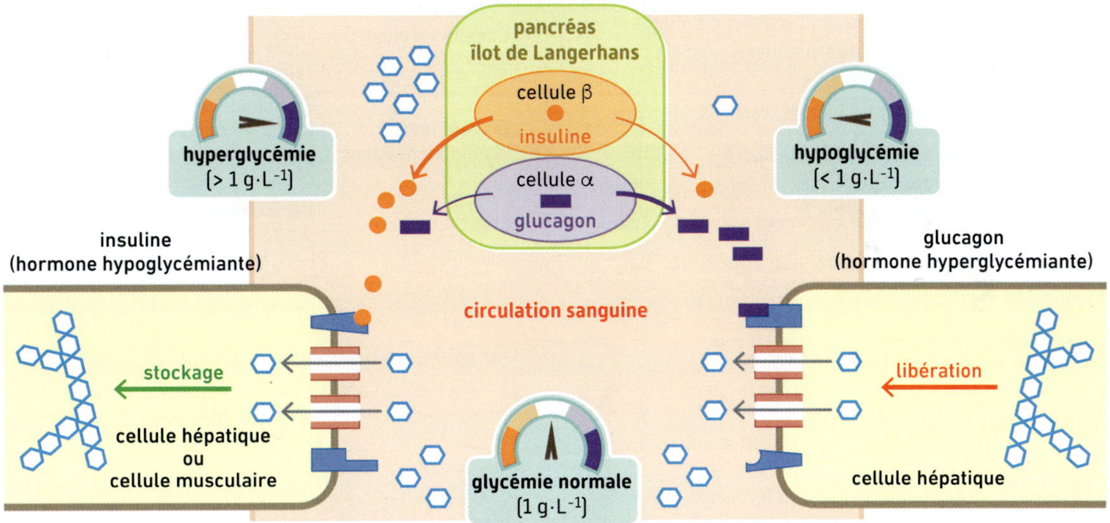

Des dysfonctionnements du système de régulation

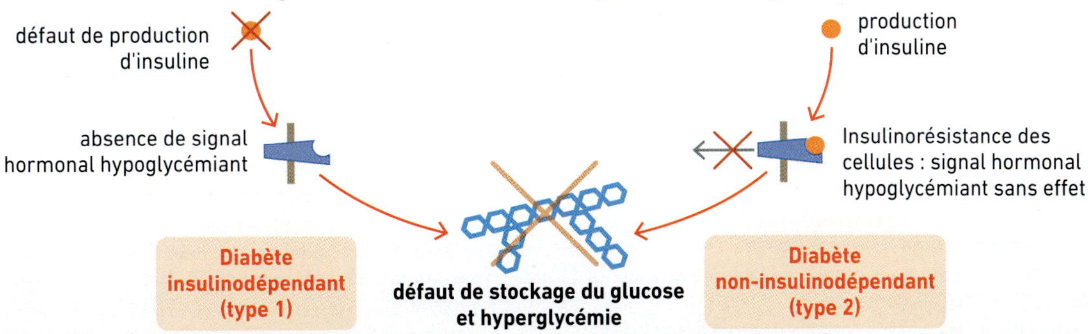

Autoévaluation

Réponses voir p. 502

1 Retour vers les problématiques

Relisez la page « S'interroger avant d'aborder le chapitre » (p. 441) ; à l'aide de ce que vous savez à présent, répondez aux questions que vous avez formulées.

2 QCM

Pour chaque affirmation, choisissez l'unique bonne réponse.

1. **Le pancréas est un organe :**
   a. exclusivement endocrine ;
   b. exclusivement exocrine ;
   c. à la fois endocrine et exocrine ;
   d. ni endocrine ni exocrine.

2. **À la suite d'un repas contenant des glucides :**
   a. la glycémie et l'insulinémie augmentent ;
   b. la glycémie et la glucagonémie augmentent ;
   c. la glycémie augmente et l'insulinémie diminue ;
   d. la glycémie augmente et la glucagonémie diminue.

3. **L'expérience du foie lavé a permis de prouver :**
   a. que le pancréas provoque la libération de glucose ;
   b. que le pancréas produit de l'insuline ;
   c. que le foie produit de l'insuline ;
   d. que le foie est capable de libérer du glucose.

4. **Le diabète non insulinodépendant touche généralement des personnes :**
   a. de tous âges, aléatoirement ;
   b. de plus de 40 ans, sédentaires et en surpoids ;
   c. de plus de 40 ans, à l'alimentation équilibrée ;
   d. jeunes et sous-alimentées.

5. **La glycogénogenèse est :**
   a. un trouble de la régulation de la glycémie ;
   b. une voie métabolique permettant la mise en réserve du glucose ;
   c. la forme de réserve du glucose dans les cellules hépatiques ;
   d. un canal membranaire permettant l'entrée du glucose dans les cellules.

3 Vrai ou faux ?

Repérez les affirmations exactes et corrigez celles qui sont inexactes.

a. Le diabète provient toujours d'un problème de sécrétion d'insuline.
b. Le nombre de transporteurs de glucose situés sur la membrane d'une cellule est influencé par l'insuline.
c. L'effet hyperglycémiant du glucagon disparaît en cas de diabète.
d. Une hormone et son récepteur membranaire doivent avoir la même forme tridimensionnelle.
e. Le pancréas est le seul organe capable de stocker le glucose issu de l'alimentation.
f. Le foie est le seul organe capable de stocker le glucose et de le restituer.

4 Apprendre en s'interrogeant

1. **Cachez l'une des colonnes du tableau suivant et retrouvez ce que contient l'autre (à faire seul ou à plusieurs).**
2. **Vérifiez vos réponses, et reprenez si besoin les notions concernées.**

Notion	Définition
Glucagon	Hormone hyperglycémiante produite par les cellules α des îlots de Langerhans du pancréas et agissant sur les cellules du foie.
Ilot de Langerhans	Groupe de cellules endocrines situé dans le pancréas, responsables de la sécrétion d'insuline et de glucagon.
Glycogène	Polymère de glucose permettant de stocker celui-ci au niveau des cellules hépatiques et musculaires.
Cellule cible	Cellule portant un récepteur membranaire lui permettant d'être sensible à une hormone.
Diabète insulino-dépendant	Trouble de la régulation de la glycémie causé par une destruction précoce des cellules β des îlots de Langerhans.
Diabète non insulinodépendant	Trouble de la régulation de la glycémie causé par une baisse progressive de sensibilité des cellules à l'insuline.
Insuline	Hormone hypoglycémiante produite par les cellules β des îlots de Langerhans du pancréas et agissant notamment sur les cellules du foie et des muscles.

5 Compléter un schéma

Le schéma suivant permet de représenter les échanges entre une cellule hépatique et un vaisseau sanguin.

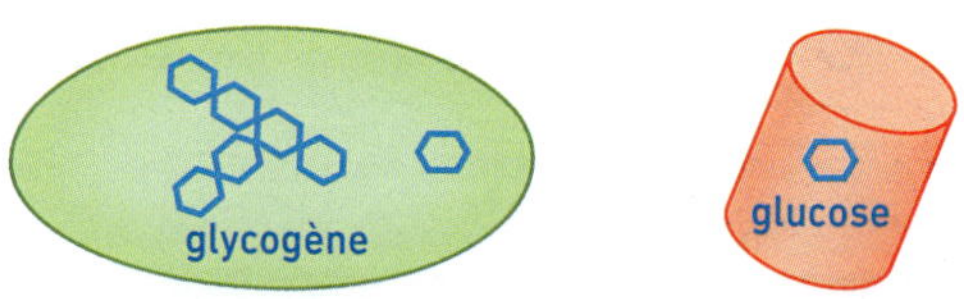

Complétez ce schéma pour indiquer comment les hormones pancréatiques influencent ces échanges chez un sujet à jeun. Refaites ensuite ce schéma dans le cas d'un sujet qui vient de terminer un repas.

6 Expliquez pourquoi :

a. l'existence d'un système de régulation de la glycémie est indispensable au bon fonctionnement de l'organisme.
b. toutes les cellules de l'organisme ne sont pas sensibles à toutes les hormones.
c. le diabète insulinodépendant touche généralement des personnes plus jeunes que le diabète non insulinodépendant.
d. la forme tridimensionnelle d'un récepteur hormonal est déterminante pour l'action d'une hormone.

★ facile ★★ intermédiaire ★★★ confirmé

7 Exploiter un graphique

★ On a évalué chez des rats la production de glucose par les cellules hépatiques : deux lots d'animaux ont reçu deux doses différentes de metformine, alors que le lot témoin n'en a pas reçu.

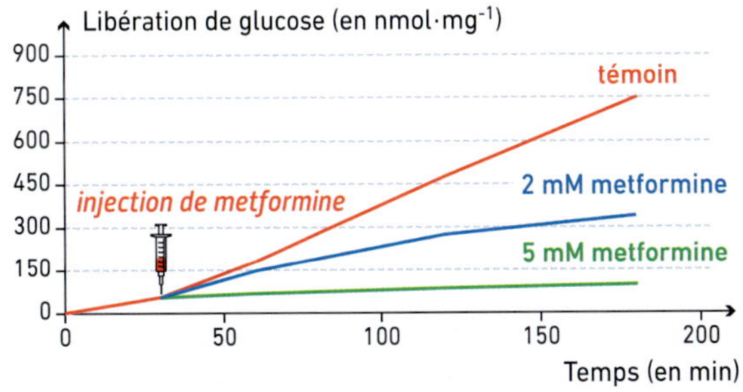

À partir des informations extraites du graphique et de vos connaissances, indiquez si les propositions suivantes sont exactes ou non, en justifiant votre réponse.

a. La metformine permet de faire baisser la glycémie.
b. La metformine a le même effet que le glucagon.
c. La metformine stimule la glycogénolyse.
d. La metformine reproduit les effets du diabète.
e. La metformine permet de lutter contre le diabète.

8 Émettre une hypothèse

★★★ Avant que le diabète non insulinodépendant se déclenche, les sujets pré-diabétiques compensent la baisse d'efficacité de l'insuline par une sécrétion accrue de celle-ci. Une étude a été menée chez la souris pour déterminer le mécanisme de cette augmentation de sécrétion d'insuline. Les souris LIRKO utilisées ici sont génétiquement modifiées : leurs cellules hépatiques sont dépourvues du récepteur à l'insuline. Leur foie est donc ainsi rendu insensible à cette hormone.

Une expérience de parabiose
La parabiose consiste à relier chirurgicalement deux animaux, permettant ainsi une communication sanguine entre eux. On a estimé la proportion de cellules β en mitose chez des souris isolées ou en parabiose.

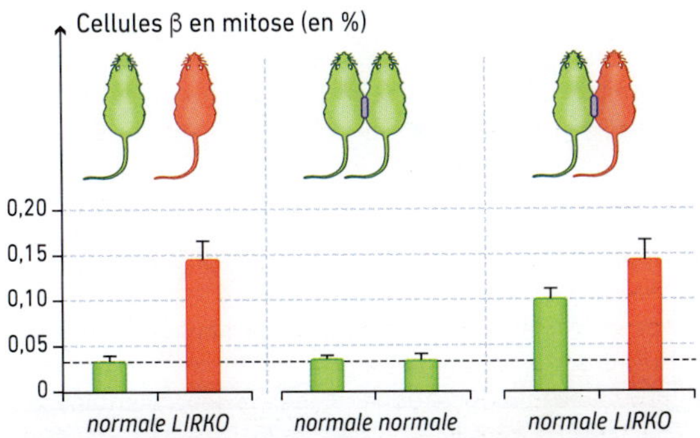

Proposez une hypothèse sur le mécanisme conduisant à l'augmentation de la sécrétion d'insuline chez les sujets pré-diabétiques.

9 Mettre en relation des données

★★ En cas de maladie auto-immune, les lymphocytes d'un organisme détruisent des cellules reconnues à tort comme étrangères. Ces lymphocytes infiltrent les tissus concernés, et on note en parallèle une production d'anticorps dirigés contre les cellules attaquées.

On a recherché chez des patients diabétiques nouvellement diagnostiqués la présence d'anticorps ICA, spécifiquement dirigés contre les cellules des îlots de Langerhans.

Recherche des anticorps ICA

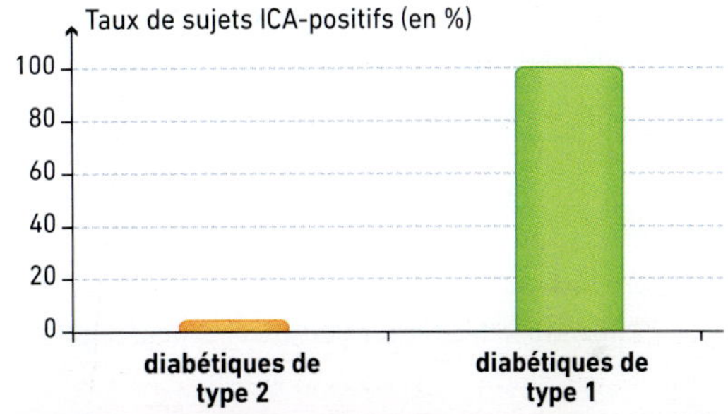

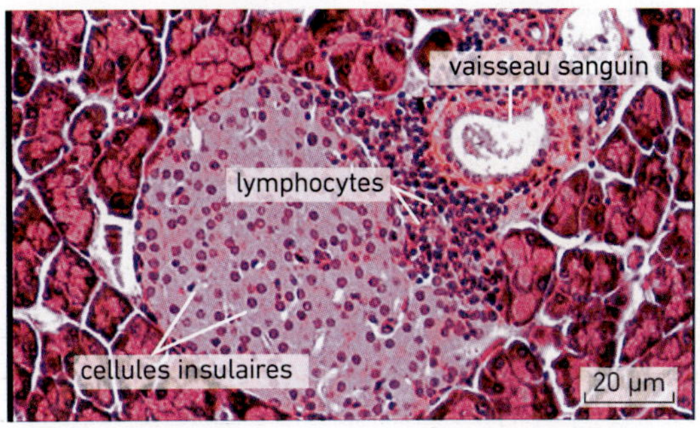

Aspect d'un îlot de Langerhans d'une souris débutant un diabète de type 1.

Que peut-on déduire de la mise en relation des informations issues de ces deux documents ?

10 Faire des choix responsables vis-à-vis de la santé

★ Le test FINDRISC (Finnish Diabetes Risk Score) est reconnu internationalement et approuvé par les instances de santé françaises. Il permet à chacun d'estimer son risque de déclencher un diabète de type 2, à partir de 8 questions très simples. Ce test est disponible sur Internet.

À partir des questions qui constituent ce test, identifiez les principaux facteurs de risque du diabète de type 2 et formulez des recommandations pour diminuer ce risque.

11 Exprimer mathématiquement

★ Formule du glucose : $C_6H_{12}O_6$.

Masse molaire du carbone : 12 g ; de l'hydrogène : 1 g ; de l'oxygène : 16 g.

Utilisez ces données pour exprimer en concentration molaire une glycémie égale à 1 g·L^{-1}.

12 Une évaluation des réserves de glycogène de l'organisme

★ Plus il y a de glycogène dans une solution et plus sa coloration par l'eau iodée est foncée. Il est donc possible de quantifier le glycogène présent en mesurant l'intensité de la coloration (absorbance) avec un colorimètre pour la longueur d'onde 470 nm (maximum d'absorption de l'eau iodée).

Le glycogène contenu dans 20 g de foie a été extrait dans 100 mL d'eau. La même extraction a été réalisée avec du muscle. Les solutions ont été colorées à l'eau iodée, puis soumises à des mesures d'absorbance à 470 nm.

Utilisez les documents pour estimer la quantité totale de glycogène dans l'organisme.

Organe (masse moyenne totale dans l'organisme)	Absorbance
Foie (1,5 kg)	1,5
Muscle (20 kg)	0,6

A Résultats des mesures d'absorbance.

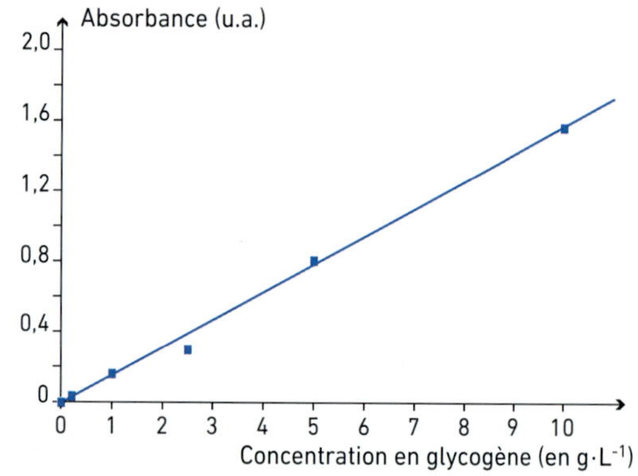

B Courbe étalon obtenue à partir de mesures effectuées sur une gamme de solutions de glycogène de concentrations connues.

13 L'origine d'un diabète rare

★★ Le diabète Mody-2 (Maturity Onset Diabete of the Young) est une forme rare de diabète d'origine génétique, caractérisée par une hyperglycémie modérée souvent détectée avant 25 ans.

À partir de l'exploitation des documents et de vos connaissances, expliquez l'origine de l'hyperglycémie chez les sujets atteints de diabète Mody-2.

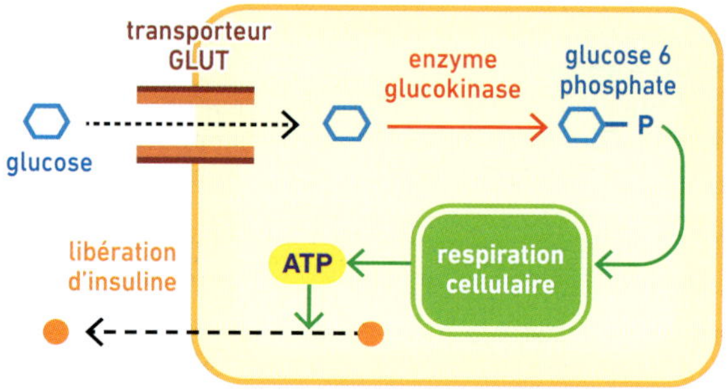

A Schéma simplifié du mécanisme de la sécrétion d'insuline par une cellule β.

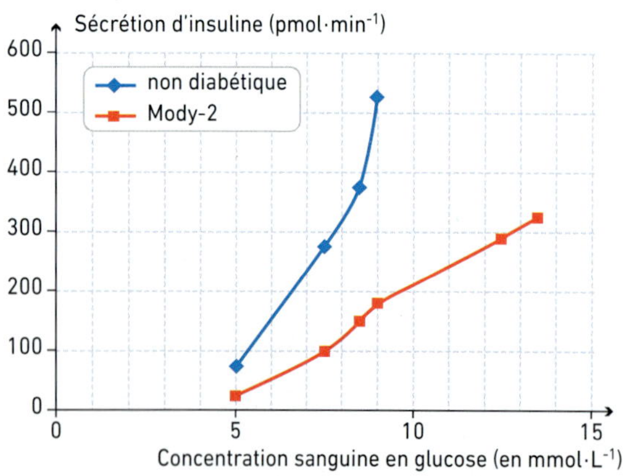

B Sécrétion d'insuline en fonction de la concentration sanguine en glucose chez deux sujets.

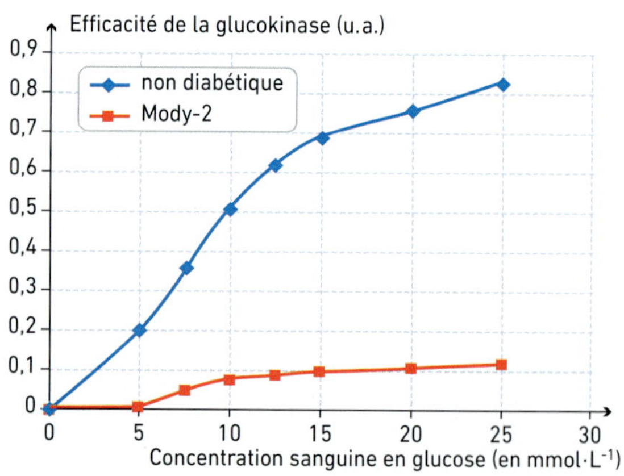

C Efficacité de l'enzyme glucokinase en fonction de la concentration sanguine en glucose chez deux sujets.

PRÉPA BAC

Épreuve écrite

Rédaction d'un texte argumenté pour répondre à une question scientifique

14 Régulation de la glycémie et effort physique

Lors d'un effort physique, les besoins en énergie des muscles augmentent, et un apport supplémentaire en glucose est alors nécessaire.

■ **Expliquez le rôle du système de régulation de la glycémie dans l'approvisionnement en glucose des muscles lors d'un effort physique prolongé.** Appuyez votre argumentation sur des faits ou des résultats expérimentaux démontrant le rôle des organes impliqués.

Documents proposés

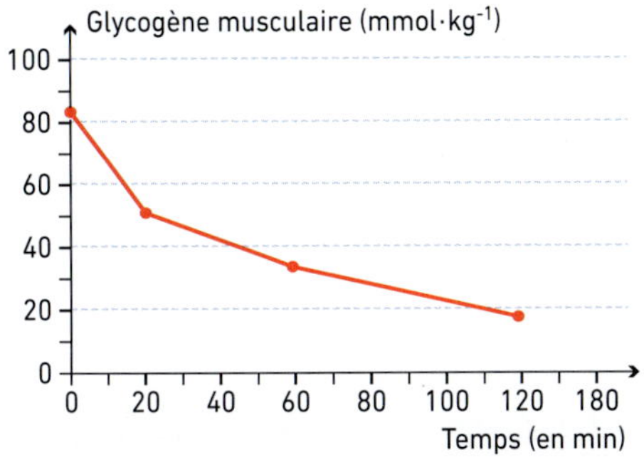

A Variation des réserves musculaires en glycogène au cours d'un effort modéré, mais prolongé.

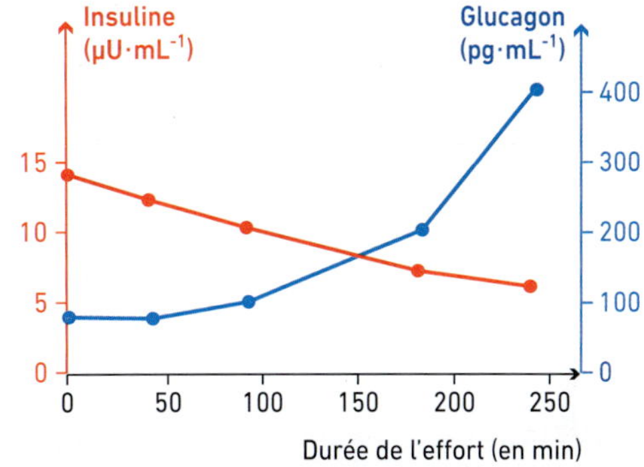

B Suivi de différents paramètres sanguins au cours d'un effort physique modéré, mais prolongé.

Épreuve pratique

Des exercices pour s'entraîner à l'Évaluation des Capacités Expérimentales

15 Le mécanisme d'action d'une molécule antidiabétique

Le GLP-1 (glucagon-like peptide 1) est une hormone produite par l'intestin lors de la digestion, qui stimule la synthèse et la libération de l'insuline et inhibe celles du glucagon, contribuant ainsi à la baisse de la glycémie.
Le GLP-1 conserve son effet en cas de diabète de type 2, mais est rapidement dégradé après sa libération par l'enzyme DPP4 (DiPeptidylPeptidase 4).

La sitagliptine est une molécule de synthèse utilisée dans le traitement du diabète non insulinodépendant qui inhibe l'action de DPP4.

■ **Mettre en œuvre le protocole proposé, afin de montrer que la molécule de sitagliptine vient se placer dans le site actif de l'enzyme DPP4, ce qui empêche son action et permet à GLP-1 d'agir plus longtemps.**

À l'aide d'un logiciel de visualisation moléculaire :
- Ouvrir le modèle proposé (code pdb 1X70) ;
- Sélectionner la sitagliptine et l'afficher en sphères ;
- Sélectionner la partie protéique et l'afficher en ruban, coloré de manière uniforme ;
- Sélectionner les acides aminés du site actif et les afficher en bâtonnets.

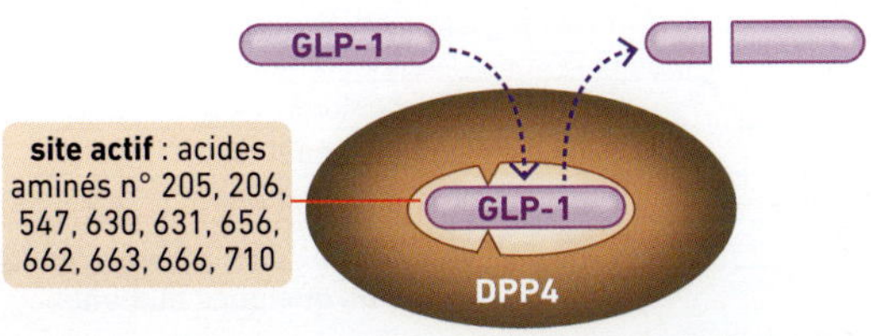

A Schéma montrant l'action de l'enzyme DPP4.

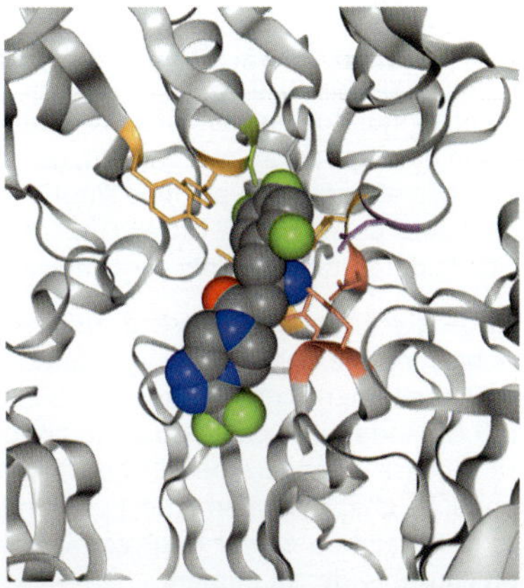

B Détail du modèle moléculaire de l'enzyme DPP4 ; affichage en rubans, en bâtonnets pour les acides aminés du site actif ; en sphères pour la sitagliptine.

Raisonnement scientifique

Construisez et exposez votre propre démarche pour résoudre le problème posé.

16 Prévenir l'entrée dans le diabète de type 2

Madame B consulte son médecin car le suivi de sa glycémie, prescrit et réalisé sur plusieurs mois, est arrivé à son terme. Madame B se demande si elle est diabétique et si elle doit être traitée ou modifier son mode de vie.

■ **À l'aide des informations extraites de l'étude des documents et de vos connaissances, proposez des réponses argumentées aux interrogations de cette patiente.**

- Suis-je diabétique ?
- Est-ce que cela peut se traiter avec un médicament ?
- Que faire pour améliorer mon état de santé ?
- Cornflakes au petit déj... prendre des tartines à la place ?
- Pâtes et pommes de terre... je peux continuer ?
- Bonbons : il faut que j'arrête ?

1 Données personnelles et médicales, et interrogations de Mme B

Femme, 47 ans
Mensurations : 1,63 m - 77 kg
Profession : conductrice de bus

Loisirs : cuisine, cinéma, lecture
Activité physique : natation en piscine, environ 1 fois par mois

BIOCHIMIE SANGUINE

Examens ci-dessous réalisés le 17.10.2019 , validés le 17.10.2019

			Intervalle de référence	Antécédents	
GLYCEMIE	* **1,14**	g/L	0,74 à 1,06	*1,23 Le 20.06.2019*	*1,18 Le 17.11.2018*
Hexokinase/G6PDH - Roche - voir information 01 (OR)	*soit 6,32*	mmol/L	4,11 à 5,89		
HEMOGLOBINE GLYQUEE (HBA1C)	**6,0**	%	3,8 à 6,0		
HPLC - Bio-Rad (OR)					

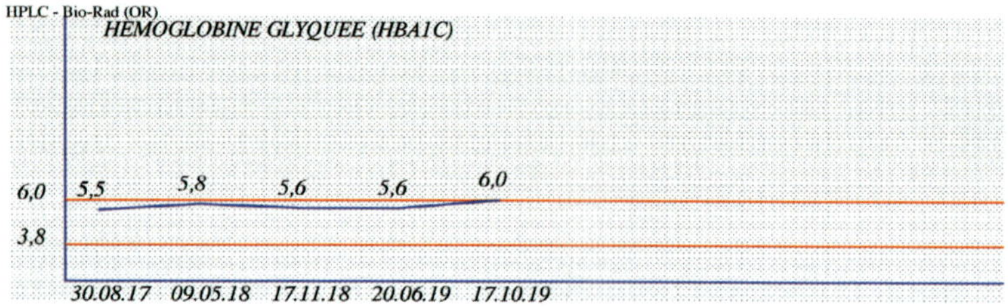

soit	**42,08**	mmol/mol		*37,71 Le 20.06.2019*	*37,71 Le 17.11.2018*
Glycémie moyenne	**1,26**	g/L		*1,14*	*1,14*
Estimée sur les 3 derniers mois (ADAG 2008)	*soit 6,99*	mmol/L			

La mesure de l'hémoglobine glyquée (hémoglobine sur laquelle est fixé un ose) est un paramètre biologique qui renseigne sur la glycémie moyenne au cours des trois derniers mois, contrairement à la glycémie à jeun, qui est une mesure instantanée.

2 Données sur quelques aliments

L'index glycémique (IG) est un indice qui estime le pouvoir glycémiant d'un aliment dans les deux heures qui suivent sa consommation. Il est donné par rapport au glucose pur, qui sert de référence et auquel on attribue l'indice 100. Il permet ainsi de comparer l'effet d'une même quantité de différents aliments sur la glycémie.

La charge glycémique (CG) prend en compte l'index glycémique mais aussi la quantité de l'aliment réellement consommée (un aliment à fort IG consommé en petite quantité apporte peu de glucose et donc a peu d'impact sur la glycémie). La charge glycémique d'un aliment évalue la capacité à élever la glycémie d'une portion courante de cet aliment.

Aliment	IG	CG
pommes de terre sautées	95	38
riz	87	34
pomme de terre à l'eau	70	27
spaghetti	65	25
carotte (cuite)	47	5
petits pois	41	7
haricots blancs	34	7
haricots verts	30	3
chou fleur	15	1
cornflakes	82	20
baguette	75	26
brioche	63	12
pain de seigle	45	13

Aliment	IG	CG
melon	65	9
ananas	59	10
banane	58	15
raisin	53	11
kiwi	53	4
orange	42	5
pomme	34	5
barre chocolatée	68	27
bonbons	80	22
cookies	52	18
cacahuètes	13	7
chocolat noir	23	2

Index et charge glycémiques de quelques aliments.

3 Diagnostic et prévention du diabète

Diagnostic

Il est posé à partir des mesures de glycémie à jeun :

– de 0,80 $g{\cdot}L^{-1}$ à 1,10 $g{\cdot}L^{-1}$: sujet non diabétique

– de 1,10 $g{\cdot}L^{-1}$ à 1,26 $g{\cdot}L^{-1}$: sujet intolérant au glucose

– supérieur à 1,26 $g{\cdot}L^{-1}$: sujet diabétique

Prévention

Pour évaluer l'impact des médicaments et du mode de vie dans la prévention du diabète non insulinodépendant, une étude a été menée sur 2 994 sujets à risque (individus génétiquement prédisposés). Les sujets ont été répartis en trois groupes : l'un a reçu un médicament hypoglycémiant, la metformine, un second un placebo et le troisième a suivi un régime et augmenté son activité physique. On a évalué le nombre d'individus qui sont devenus diabétiques.

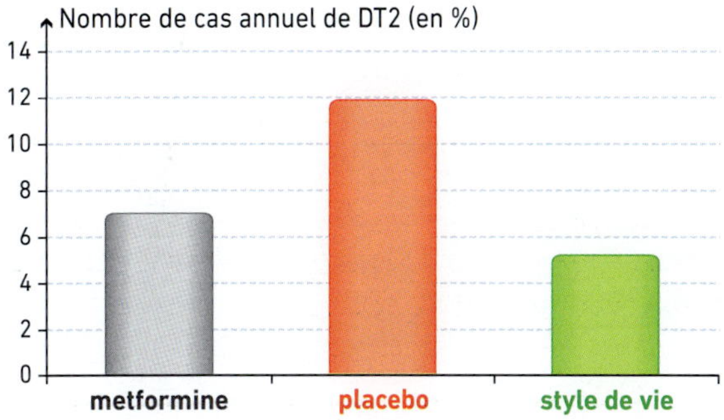

4 Les transporteurs GLUT4 et l'absorption de glucose par les cellules musculaires

Les transporteurs GLUT4 sont des canaux membranaires spécialisés dans le transfert du glucose du plasma sanguin vers les cellules musculaires. Ils sont synthétisés et mis en place dans la membrane de chaque cellule musculaire en fonction des besoins de celle-ci et de l'insulinémie.

Ils sont l'objet de nombreuses recherches du fait de leur impact important sur la glycémie : plus le nombre de transporteurs GLUT4 est grand et plus les muscles prélèvent de glucose dans le plasma sanguin, ce qui diminue la glycémie. Les graphiques ci-contre et ci-dessous présentent les résultats de deux études.

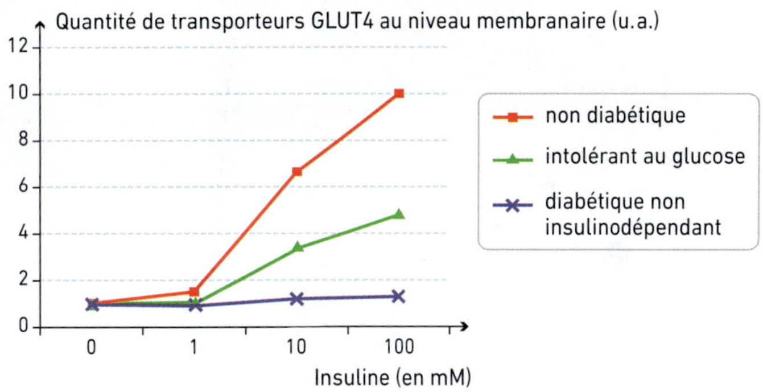

A Effets de l'insuline sur la quantité de transporteurs GLUT4 chez les cellules musculaires de trois individus.

B Effets de l'activité physique et/ou de l'insuline sur l'absorption du glucose sanguin par les cellules musculaires.

Mesures dans le cadre d'une étude sur la prévention du diabète non insulinodépendant. Les cellules musculaires ont été isolées et placées dans diverses conditions expérimentales :
1 : non stimulées (témoin) ; **2** : en présence d'insuline ; **3** : après 5 minutes de contractions ; **4** : après 5 minutes de contractions en présence d'insuline.

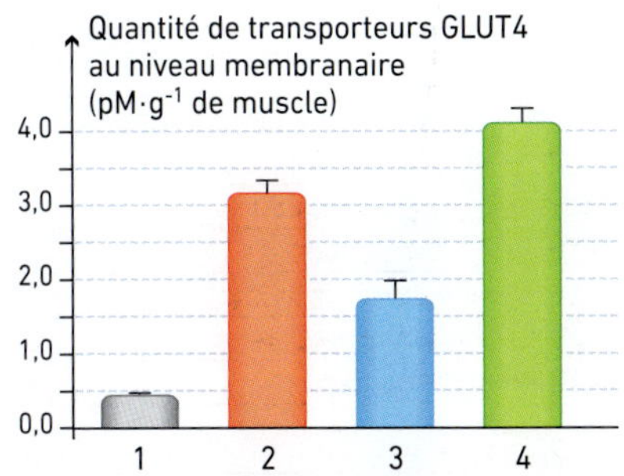

Effets de différentes conditions expérimentales sur la quantité de transporteurs GLUT4 inclus dans la membrane des cellules musculaires.

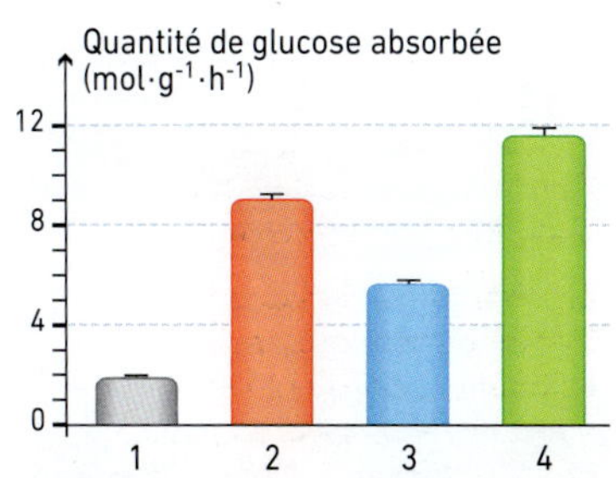

Effets de différentes conditions expérimentales sur la quantité de glucose absorbé par les cellules musculaires.

PARTIE 5

CHAPITRE 6

Comportements et stress : vers une vision intégrée de l'organisme

Nous sommes constamment soumis à des situations génératrices de stress. Face à ces agressions plus ou moins graves, notre organisme dispose de tout un arsenal défensif.

S'interroger avant d'aborder le chapitre

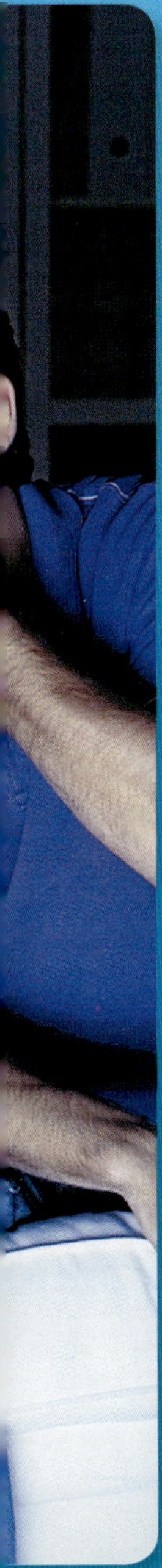

L'IRMf permet d'explorer l'activité du cerveau

L'augmentation ou la baisse de l'activité des régions cérébrales lors de diverses situations stressantes peut être visualisée par IRMf* (imagerie par résonance magnétique fonctionnelle). Des chercheurs sont ainsi parvenus à discerner les effets sur le cerveau de différentes émotions, comme la surprise, la peur, la colère ou la tristesse.

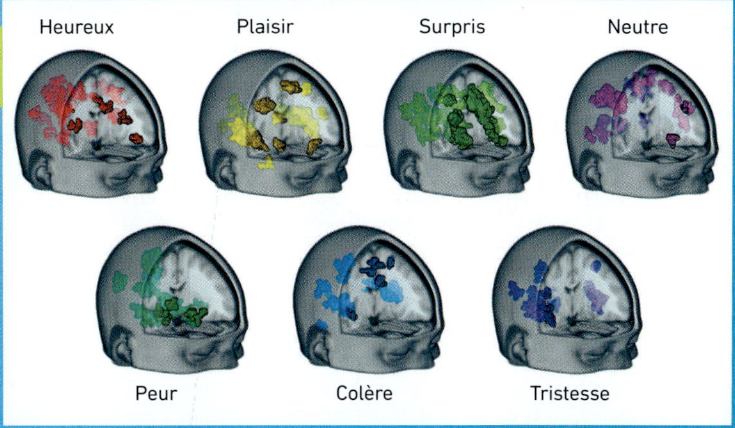

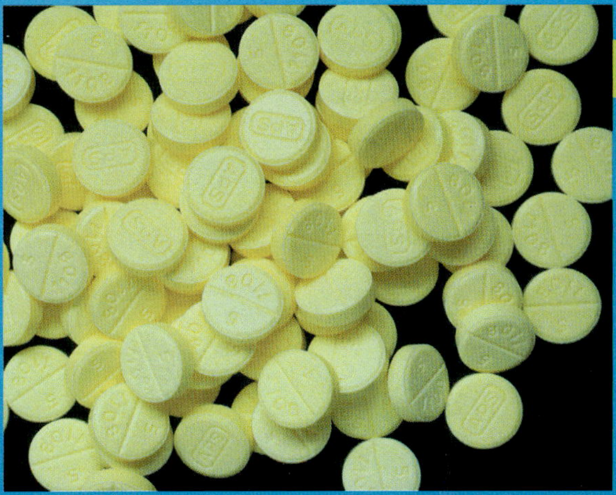

Réduire l'anxiété chronique

Lorsque l'organisme ne peut plus faire face seul à l'anxiété, aux insomnies, à l'agitation, une aide s'avère nécessaire. Elle peut être de nature médicamenteuse, comme la prise de ces comprimés anxiolytiques qui facilitent la résilience. Seul le médecin est habilité à les prescrire, toujours pour une durée limitée, car ces médicaments présentent d'importants inconvénients.

Formuler les problèmes à résoudre

- À partir de ces documents et de vos connaissances, interrogez-vous sur les symptômes que vous ressentez en situation de stress, sur leur utilité et les désagréments qu'ils provoquent.
- Formulez les questions que vous vous posez sur ce qu'est le stress et sur les moyens de le maîtriser.

Unité 1

L'organisme face aux agents stresseurs

Quelles que soient les perturbations auxquelles nous sommes soumis, encore appelées agents stresseurs, notre organisme tente de faire face. Cette réponse adaptative constitue le stress aigu.

Quelles sont les réponses de l'organisme face à une situation stressante ?

1 Une grande diversité d'agents stresseurs

Des situations exceptionnelles, potentiellement dangereuses, peuvent se présenter à nous : être renversé par un brusque mouvement de foule, ressentir une secousse sismique ou sortir indemne d'un accident de la route (A)... Elles sont néanmoins rares. Plus courants sont, par exemple, les changements des conditions météorologiques. Un soudain refroidissement hivernal peut exposer au risque d'une hypothermie sévère (B), tandis qu'une canicule estivale soumet les organismes à de possibles déshydratations et « coups de chaleur ».

Notre vie quotidienne offre elle aussi son lot de difficultés. Nombreux sont ceux qui angoissent à l'idée de prendre la parole en public, ou à l'approche d'un examen comme le bac (C). Le surmenage professionnel est de plus en plus souvent cité comme un **agent stresseur*** par les salariés. Il peut déboucher sur un « burn-out ». L'ennui au travail (« bore-out ») est une autre cause importante de stress (D). En 1967, les psychiatres Holmes et Rahe ont élaboré une échelle des agents stresseurs du quotidien. Ils ont répertorié quarante-trois événements liés aux émotions, auxquels ils ont attribué une valeur de stress classée de 11 (pour une petite infraction) à 100 (pour le décès d'un conjoint).

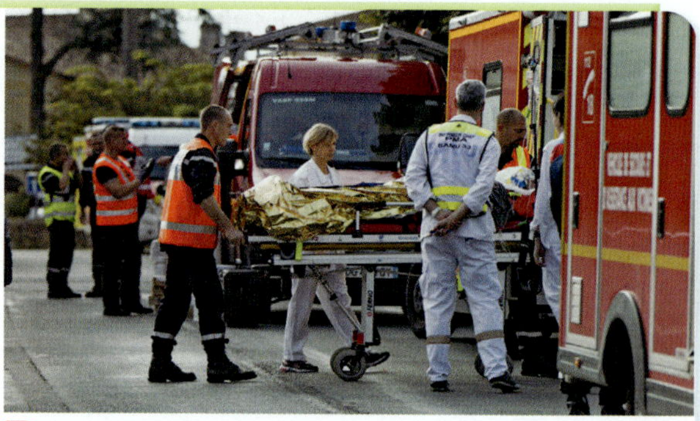

A Les accidents de la circulation font plus de 70 000 blessés et 3 000 morts chaque année en France.

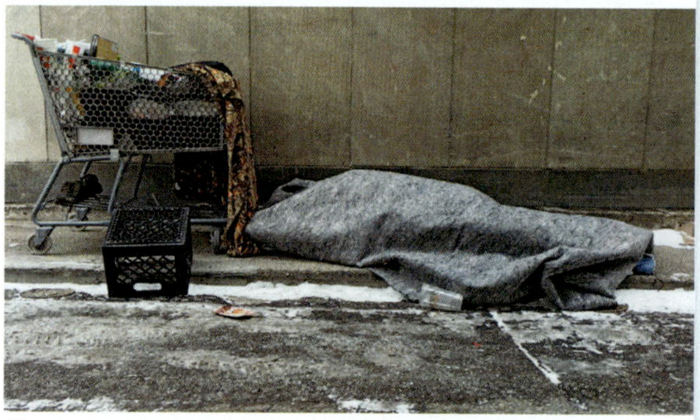

B Les grands froids sont des agents stresseurs très redoutés par les personnes sans abri.

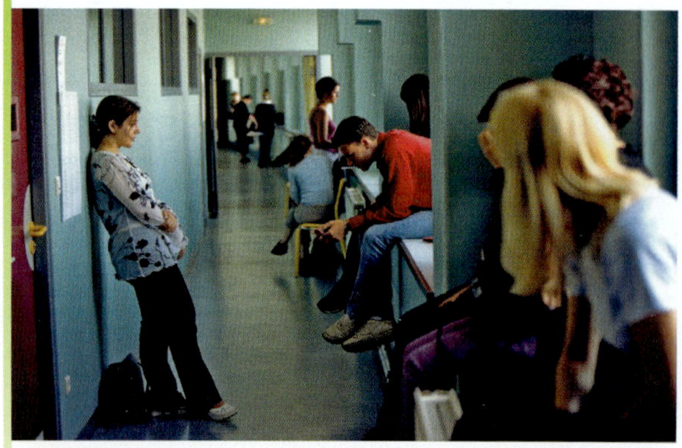

C Les épreuves orales : une angoisse pour beaucoup d'élèves.

D Moins connu mais tout aussi dévastateur que le « burn-out », le « bore-out » au travail.

2 Les manifestations du stress aigu

Face à un agent stresseur, l'organisme dispose d'un mécanisme biologique lui permettant de s'adapter : c'est le **stress aigu***, qui comporte plusieurs phases (A). Tous les agents stresseurs provoquent les mêmes réponses. Cependant, suivant les caractéristiques de l'agent stresseur et l'évaluation que la personne fait de la situation, les réponses produites seront plus ou moins intenses.

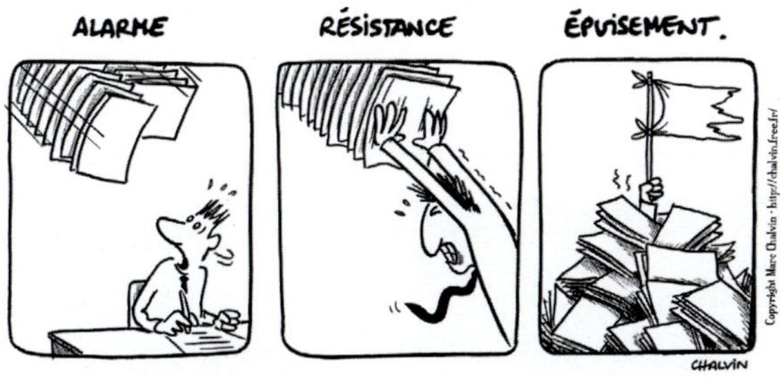

A Les trois phases du stress aigu.

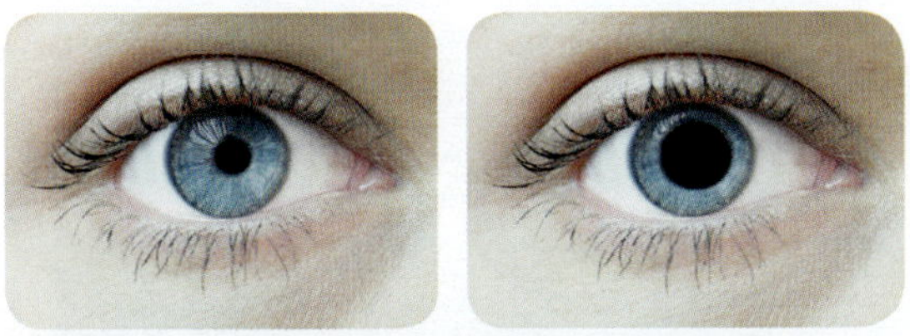

B Pupille avant et lors du stress aigu.

Les principales réponses observables lors de la phase de résistance du stress aigu sont les suivantes :

- Le diamètre de la pupille change (B).
- L'activité cardiaque se modifie (C).
- Les poils se dressent sur la peau : la « chair de poule » apparaît (D).
- Les narines et la gorge s'élargissent, la ventilation pulmonaire devient plus ample, ce qui permet entre autres de crier plus fort (E).

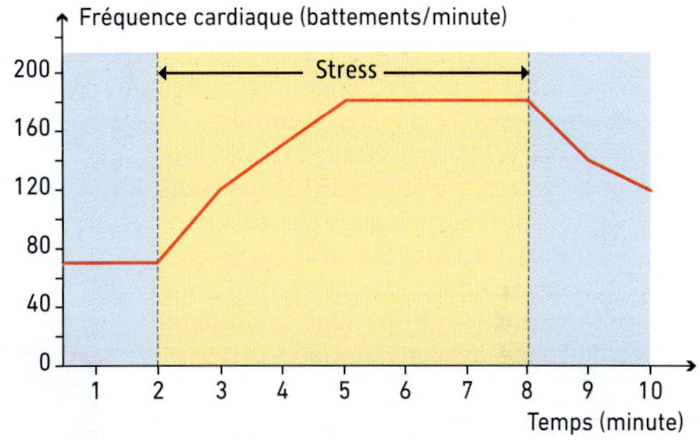

C Fréquence cardiaque avant et au cours du stress aigu.

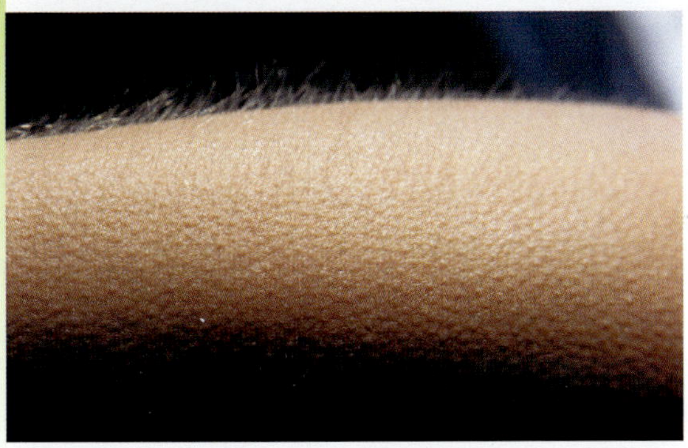

D Certaines situations nous donnent la « chair de poule ».

E Crier pour exprimer sa colère, sa peur.

Activités envisageables

Afin de comprendre les réponses de l'organisme face à un agent stresseur :

- **Identifiez, à partir des situations proposées, plusieurs grandes catégories d'agents stresseurs.**
- **Montrez que les réponses de l'organisme constituent des adaptations face à la situation stressante.**
- **Discutez des limites de ces adaptations.**

Des clés pour réussir

- On pourra distinguer les agents stresseurs selon leur durée, leur intensité, leur origine… et présenter cela sous forme de carte mentale.
- Rappelez-vous que l'adaptation est une notion utilisée lorsqu'on étudie la sélection naturelle.

* Lexique ➥ p. 509

Le cerveau, un déclencheur d'alerte lors du stress aigu

Lorsqu'il perçoit une situation stressante, le cerveau produit des signaux d'alarme qui préparent la personne à résister à l'agent stresseur. Plusieurs régions cérébrales sont impliquées et coopèrent lors de cette phase d'alerte.

Quelles sont les zones du cerveau impliquées ? Quand et comment interviennent-elles ?

1 Observer « en direct » la réponse cérébrale

Afin de mettre en évidence les zones cérébrales activées par les émotions, on compare des IRMf réalisées lors de l'écoute de sons neutres à d'autres IRMf réalisées lors de l'écoute de musiques qui suscitent des émotions. L'activité du cerveau, révélée par les zones colorées, est superposée à une image anatomique du patient selon deux plans de coupe, axial et coronal (A).

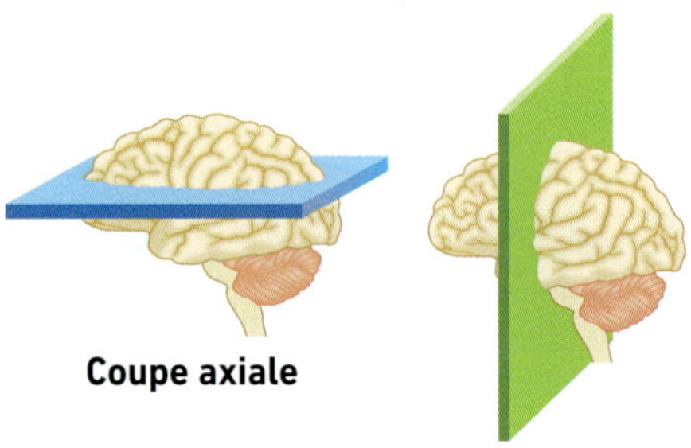

B Plans de coupe utilisés (voir guide pratique, p. 500).

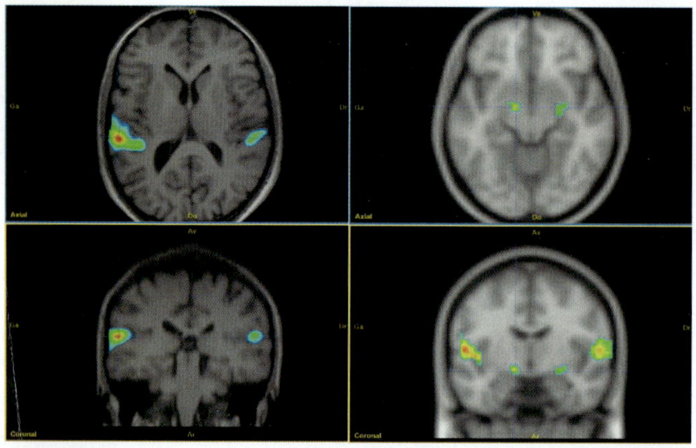

A Image par résonnance magnétique fonctionnelle (IRMf) d'une personne écoutant un son neutre (à gauche), ou une musique tantôt effrayante, tantôt joyeuse (à droite).

Activité pratique

À l'aide du logiciel *EduAnat2* :
- Explorer ces images selon les deux plans de coupe proposés.
- Identifier la zone cérébrale activée par les émotions.

2 La coopération de plusieurs régions cérébrales

Aujourd'hui, de nombreuses expériences réalisées chez l'Homme ou sur des modèles animaux ont établi que les mécanismes du stress aigu sollicitent plusieurs régions cérébrales. Dans un premier temps, le **cortex préfrontal*** analyse les informations issues des cinq sens, en échangeant avec l'hippocampe* (impliqué dans la mémorisation) et avec l'amygdale* (site de traitement des émotions). Ces deux régions font partie du **système limbique***. Puis, le cortex préfrontal active l'**hypothalamus*** qui stimule à son tour le locus cœruleus*. Quelques secondes plus tard, le système nerveux sympathique* est à son tour activé.

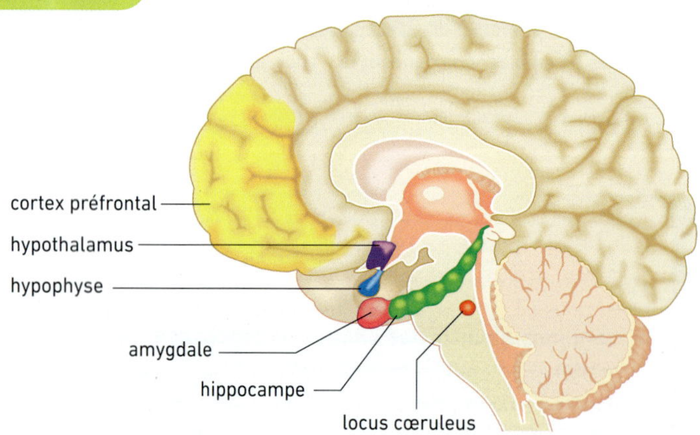

Les régions cérébrales impliquées dans le stress, vues en coupe sagittale.

3 Une réponse très rapide : la décharge d'adrénaline et ses conséquences

Les messages nerveux parcourant les nerfs sympathiques* provoquent immédiatement une stimulation du cœur et de l'appareil respiratoire. Au cours des secondes qui suivent, ils déclenchent la libération dans le sang d'une hormone : l'**adrénaline***. Cette molécule est fabriquée par les deux **glandes surrénales***, organes situés dans la cavité abdominale, au-dessus de chaque rein. La coupe transversale d'une glande surrénale (A) montre qu'elle est entourée de tissu adipeux* et comporte deux zones distinctes : au centre (ici coloré en violet), la médullosurrénale sécrète l'adrénaline ; en périphérie (ici de couleur rose), le cortex surrénalien sécrète une autre hormone, également impliquée dans le stress (voir p. 468).

L'adrénaline a des effets physiologiques variés sur l'organisme. Elle provoque la dilatation pupillaire, modifie les paramètres cardiovasculaires (B) et agit sur les réserves de glycogène* de l'organisme (C).

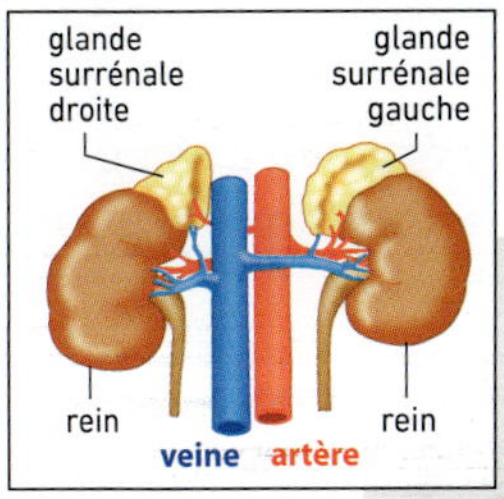

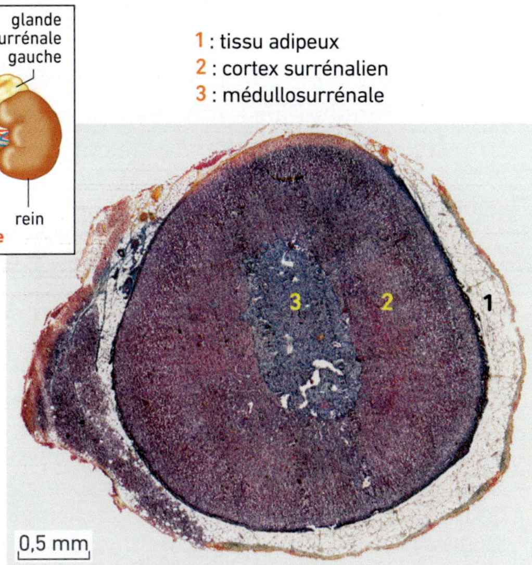

A **Coupe transversale d'une glande surrénale de rat observée au microscope optique.**

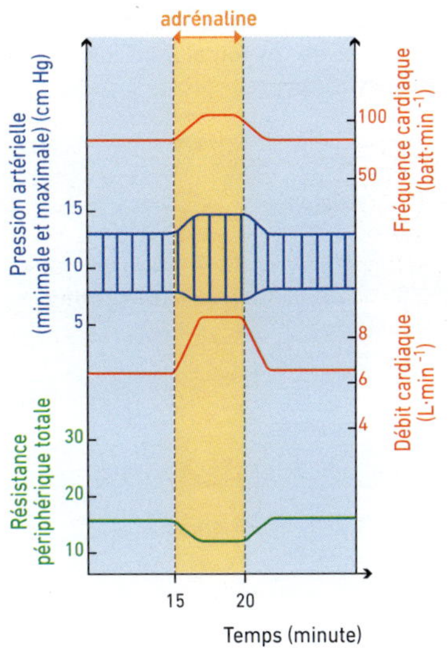

B **Modifications cardiovasculaires provoquées par une perfusion* intraveineuse lente d'adrénaline.**

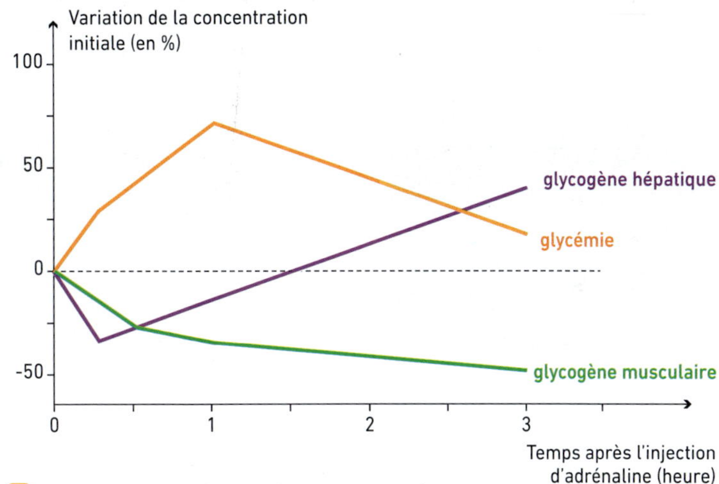

C **Effets d'une injection d'adrénaline sur les réserves de glycogène et sur la glycémie chez un rat alimenté.**

Activités envisageables

Pour comprendre comment le cerveau intervient dans le déclenchement du stress aigu :

- **Décrivez ce que montre l'exploration par IRMf du cerveau d'une personne écoutant une musique stressante.**
- **Construisez un schéma fonctionnel montrant l'intervention des zones cérébrales impliquées dans le déclenchement du stress aigu.**
- **Expliquez comment les effets de l'adrénaline permettent une adaptation physiologique et comportementale très rapide.**

Des clés pour réussir

- Reliez bien entre elles les informations que vous avez sélectionnées.
- Attribuez une signification précise aux flèches de votre schéma.

* Lexique ➥ p. 509

Unité 3

La sécrétion d'une hormone, le cortisol

Suite à la décharge d'adrénaline étudiée précédemment, une seconde réponse hormonale se produit. Plus lente, mais plus durable, elle permet la libération dans le sang d'une autre hormone surrénalienne : le cortisol.

Quelle est l'origine et quels sont les effets du cortisol ?

1 Le rôle de l'axe hypothalamo-hypophyso-surrénalien

L'hypothalamus (A) est une petite zone cérébrale dont les neurones (B) ont la particularité de fabriquer des hormones comme la CRH* (de l'anglais Corticotropin Releasing Hormone) qui intervient dans la sécrétion de cortisol* par le cortex surrénalien (E). L'hypothalamus est relié par des capillaires sanguins à une glande située sous le cerveau, l'hypophyse. Celle-ci produit également de nombreuses hormones, dont l'**ACTH*** (de l'anglais Adreno Cortico Trophic Hormone) (C). L'ACTH est, elle aussi, impliquée dans la sécrétion de cortisol. En 1955, R. Guillemin prouva qu'une hypophyse cultivée *in vitro* ne produisait ses hormones qu'à la condition d'être mise en présence de fragments d'hypothalamus prélevés dans le cerveau. La démonstration d'un lien chimique entre les deux organes était faite. Des études ultérieures précisèrent la nature chimique et la concentration sanguine de ces hormones. Les taux hormonaux sanguins de CRH, ACTH et de cortisol ont ainsi pu être modélisés lors de l'action d'un agent stresseur (D).

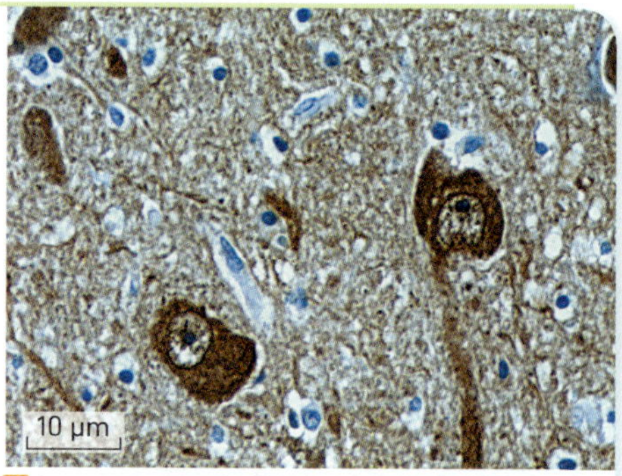

B Les neurones de l'hypothalamus sécréteurs de CRH (en brun).

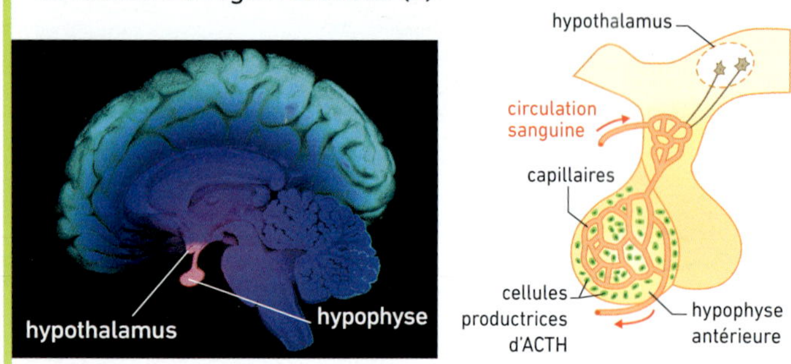

A Position de l'hypothalamus et de l'hypophyse sur une coupe sagittale d'encéphale (IRM 3D, fausses couleurs) et schéma des relations entre ces deux organes.

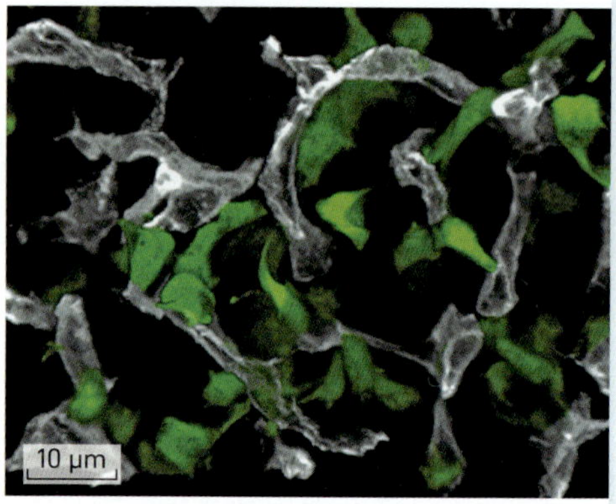

C Les cellules de l'hypophyse sécrétrices d'ACTH (en vert) entourées par des capillaires (en gris).

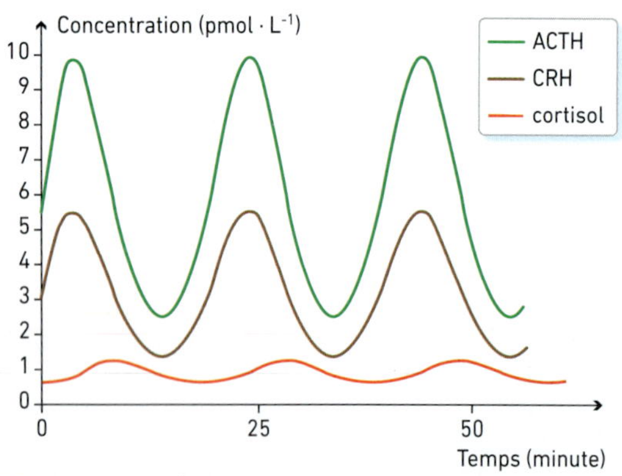

D Sécrétion des hormones CRH, ACTH et cortisol en présence d'un agent stresseur.

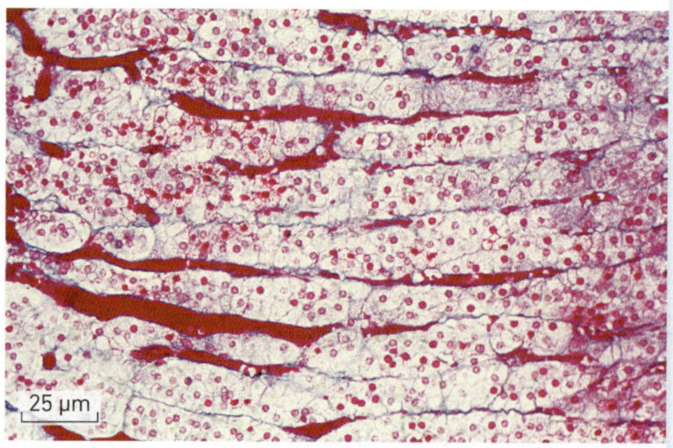

E Cellules du cortex surrénalien secrétrices de cortisol.

2 La libération du cortisol et ses effets

En prélevant du sang par ponction veineuse*, l'évolution journalière de la concentration plasmatique en cortisol peut être mesurée chez un patient ou chez un animal.

CORTISOL

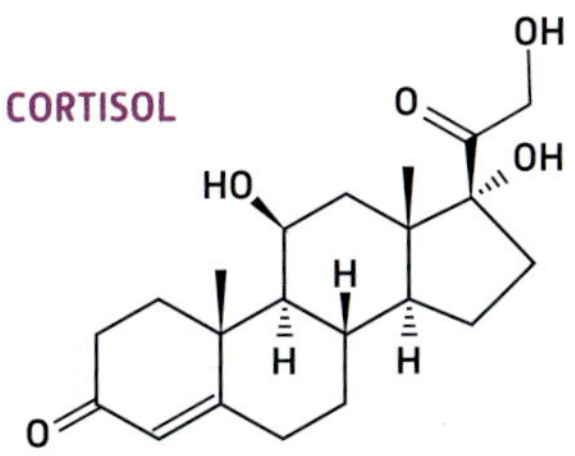

En présence d'un agent stresseur, l'organisme libère du cortisol. Cette libération a lieu quelques minutes après la décharge d'adrénaline, mais s'inscrit sur une plus longue durée (A).

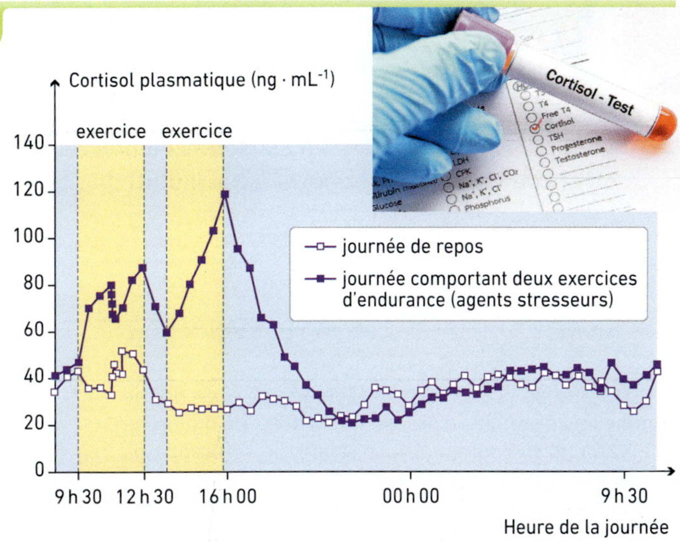

A Taux journalier de cortisol sanguin d'un cheval lors d'une journée de repos et au cours d'une journée comportant deux exercices d'endurance, considérés comme agents stresseurs.

Lors du stress aigu, au cours de la phase de résistance, tous les aspects de la réponse immunitaire peuvent être affectés, depuis la réaction inflammatoire jusqu'au développement de l'immunité acquise. Les médicaments contenant des corticoïdes de synthèse, molécules proches du cortisol, reproduisent l'action de ce dernier sur la réaction inflammatoire, mais leur activité est majorée de 5 à 30 fois (B).

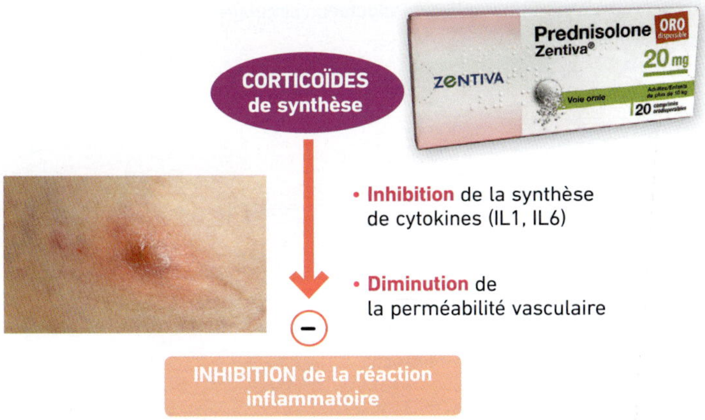

B Action du cortisol sur la réaction inflammatoire.

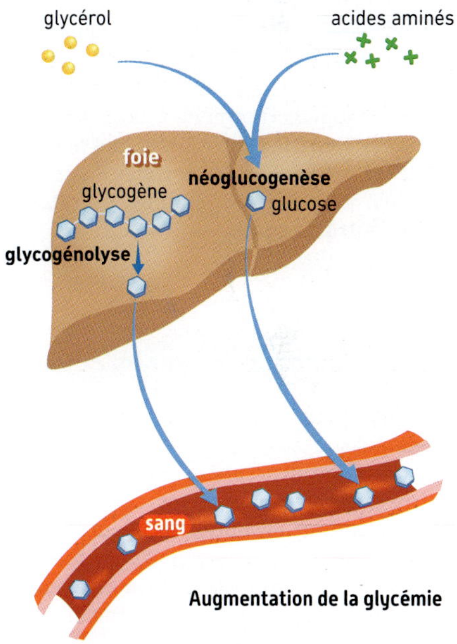

C Le cortisol agit sur le foie en stimulant une de ses fonctions : la néoglucogenèse*.

Activités envisageables

Afin de comprendre comment le cortisol est produit et quelles en sont les conséquences :

- **Identifiez et décrivez les relations hormonales au sein de l'axe hypothalamo-hypophyso-surrénalien.**
- **Comparez les variations de la sécrétion de cortisol lors d'une journée sans ou avec un stress aigu.**
- **Relevez les effets du cortisol sur l'organisme.**

Des clés pour réussir

- Suivez bien la chronologie des événements.
- Vous pouvez présenter ces relations sous la forme d'un schéma fonctionnel.

* Lexique ➥ p. 509

Unité 4

Contrôle du taux sanguin de cortisol et résilience

Le taux sanguin de cortisol est soumis à une régulation, permettant de limiter la durée et les effets de cette réponse hormonale induite par les agents stresseurs.

Comment l'organisme sort-il du stress aigu ?

1 Un modèle simple de système de régulation

Un système de régulation, en biologie, peut se définir comme un ensemble de processus capables de maintenir une variable biologique à une valeur de référence en compensant négativement ses variations à la hausse, et en compensant positivement ses variations à la baisse.

Le taux sanguin d'une hormone est soumis en permanence à des perturbations de sa valeur de référence (la sécrétion de l'hormone augmente sa concentration sanguine, tandis que la dégradation naturelle de l'hormone et sa fixation sur les cellules-cibles la diminuent). Ce taux sanguin est perçu en permanence par des capteurs, qui transmettent cette information à un centre de contrôle. Celui-ci est capable d'agir sur des organes effecteurs afin qu'ils ramènent le taux sanguin de l'hormone à sa valeur de référence.
Tous ces éléments constituent une boucle de régulation. En effet, après avoir été corrigée, la valeur de la variable est réinsérée dans le système. Ce retour constitue un **rétrocontrôle négatif***.

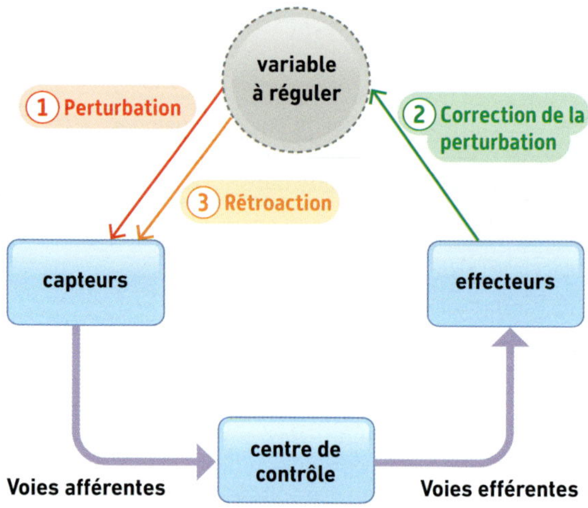

Un modèle de régulation circulaire.

2 La résilience, un retour au calme

La **résilience*** est la capacité d'un individu, mais aussi d'une espèce, d'un écosystème ou encore d'une structure comme une ville ou une entreprise à retrouver un état d'équilibre après un événement exceptionnel. Pour l'organisme humain, il s'agit de retrouver un fonctionnement normal après avoir subi une perturbation, engendrée ici par un agent stresseur.

La résilience peut être mise en évidence expérimentalement. Le taux de cortisol dans l'organisme a été évalué au sein d'un groupe de quatorze jeunes personnes volontaires, toutes en bonne santé, sur une durée de deux heures. Après une phase d'accueil, les volontaires ont lu des magazines jusqu'à la 22e minute. De la 23e à la 48e minute, ils se sont préparés à un entretien individuel d'embauche, ont passé cet entretien et obtenu une réponse (agent stresseur). Ensuite, jusqu'à la 120e minute, ils se sont relaxés comme ils le souhaitaient. Au cours de cette expérience, huit prélèvements individuels de salive ont été effectués. L'évolution du taux de cortisol salivaire reflète celle du taux de cortisol sanguin.

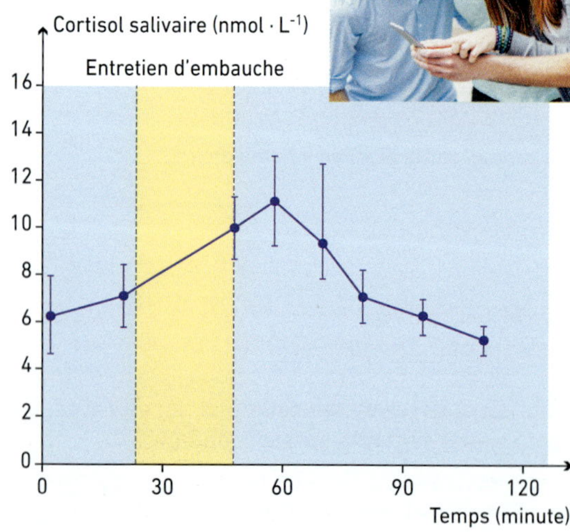

Résultats des mesures du taux de cortisol salivaire.

Récepteur au cortisol
bordas Flash PAGE molécule 3D

3 Le rétrocontrôle du cortisol sur l'hypothalamus

Une fois libéré, le cortisol agit sur des cellules cibles, comme les cellules hépatiques. Ces cellules possèdent des récepteurs* cytoplasmiques au cortisol (A). Plus surprenant, ces mêmes récepteurs sont aussi présents dans les neurones de plusieurs régions cérébrales, dont l'hypothalamus et l'hippocampe (B). Suite à la liaison entre les récepteurs cérébraux et le cortisol, la concentration sanguine de l'hormone est modifiée (C).

Activité pratique

À l'aide d'un logiciel de modélisation moléculaire :

- Visualiser le modèle de la molécule de cortisol liée à son récepteur.
- Déterminer la nature de ces deux molécules.
- Réaliser une coupe au travers du modèle pour présenter la façon dont ces deux molécules se lient entre elles.

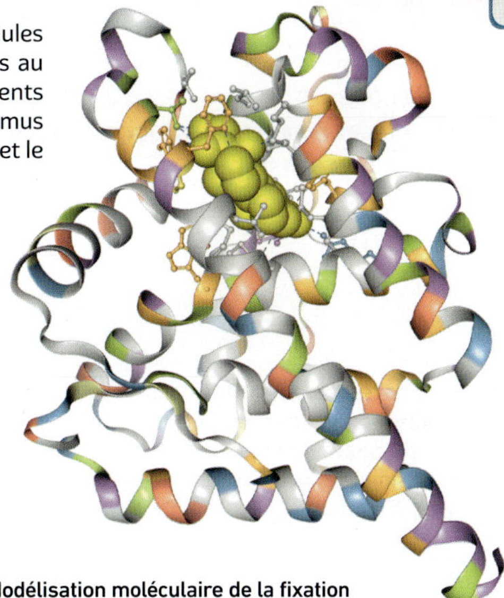

A Modélisation moléculaire de la fixation du cortisol (en jaune) sur son récepteur.

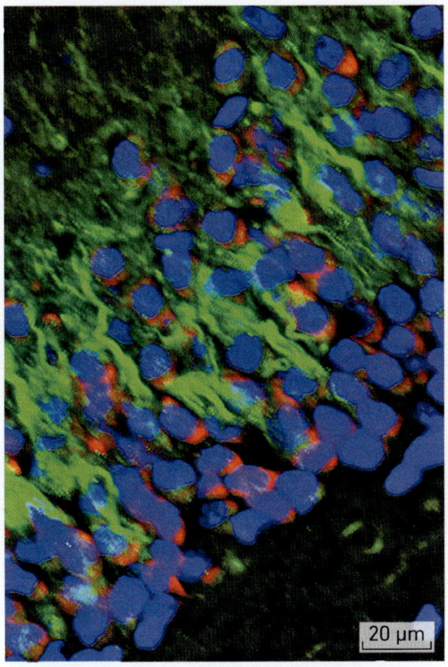

B Récepteurs au cortisol (en vert) à l'intérieur de neurones (en rouge et bleu). Coupe d'hippocampe de rat en microscopie confocale.

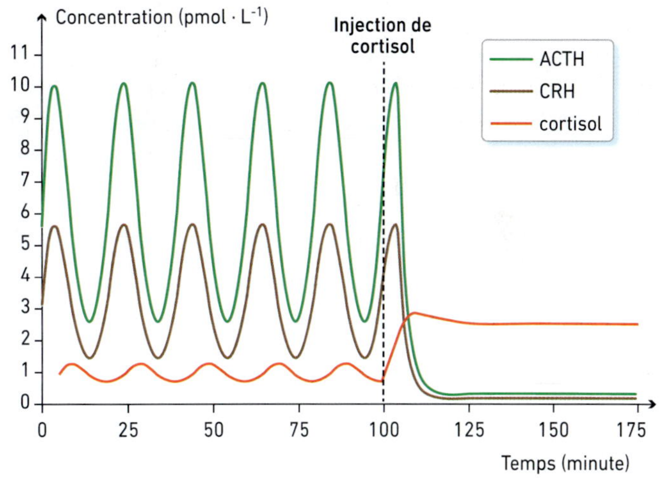

C Influence d'une injection unique de cortisol chez un individu sain, à t = 100 minutes.

Activités envisageables

Afin de comprendre comment la libération de cortisol est régulée dans l'organisme :

- **Montrez que la résilience après un stress aigu est obtenue grâce à un système de régulation par rétrocontrôle négatif du taux sanguin de cortisol.**
- **Représentez le système de régulation du cortisol sous forme d'un modèle circulaire comparable à celui du document 1.**

Des clés pour réussir

- Pensez à relever des valeurs numériques.
- Faites le lien entre les éléments du modèle et les faits biologiques.

* Lexique ➡ p. 509

Quand le stress devient chronique

Si les agents stresseurs sont trop intenses ou si leur action se prolonge sur une longue durée, les mécanismes physiologiques sont débordés. Le système de contrôle se dérègle : un stress chronique s'installe.

En quoi consiste un stress chronique ? Quelles en sont les conséquences ?

1 Une perturbation de la sécrétion journalière de cortisol

Lors de sa croissance, d'environ 1 cm par mois, le cheveu enregistre et permet un suivi en continu du taux sanguin de cortisol. Cette méthode a été utilisée pour comparer le taux sanguin de cortisol de 61 personnes en chômage de longue durée à celui de 44 autres personnes ayant un emploi. Résultat : le taux de cortisol est supérieur dans la catégorie des chômeurs de longue durée. De même, la comparaison entre 33 travailleurs nocturnes et 89 travailleurs diurnes montre un taux de cortisol moyen de 47,3 pg·mL^{-1} contre 29,7 pg·mL^{-1}. Cette élévation permanente est caractéristique d'un **stress chronique***.

Le travail de nuit, une cause de stress chronique.

2 Une plasticité « mal-adaptative » du cerveau

Les études menées sur des personnes atteintes du syndrome de Cushing, maladie caractérisée par une hypersécrétion de cortisol, ont montré son impact sur le volume de l'hippocampe (A) et sur ses cellules (B). Cette observation est extrapolable aux situations de stress chronique. D'autres zones cérébrales sont affectées (C).

On constate par ailleurs, chez ces patients, un développement des extrémités dendritiques des neurones de l'amygdale par rapport à un individu sain.

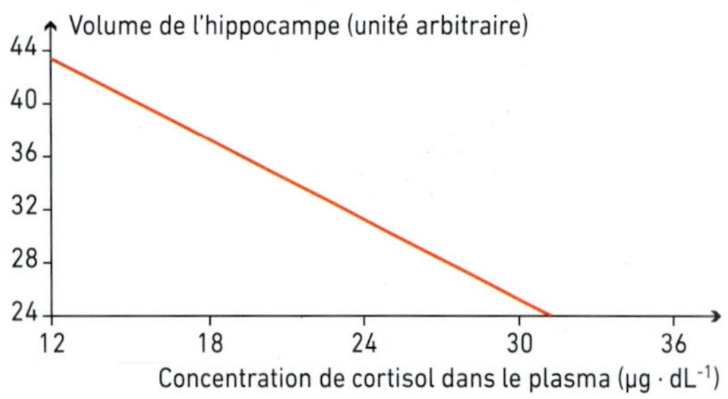

A Influence du taux sanguin de cortisol sur le volume de l'hippocampe.

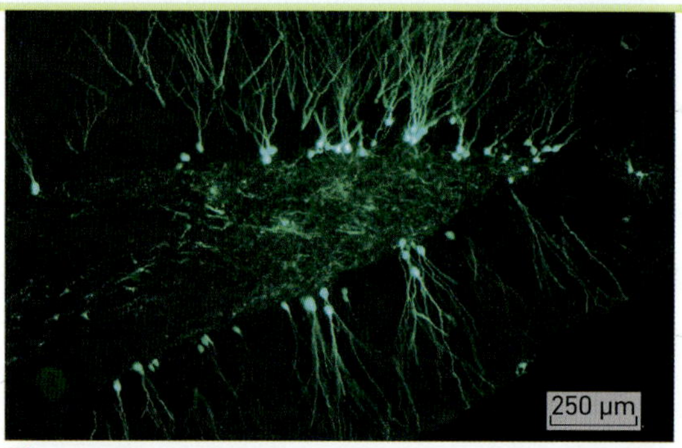

B Le cortisol inhibe la formation de nouveaux neurones (ici en vert) dans l'hippocampe.

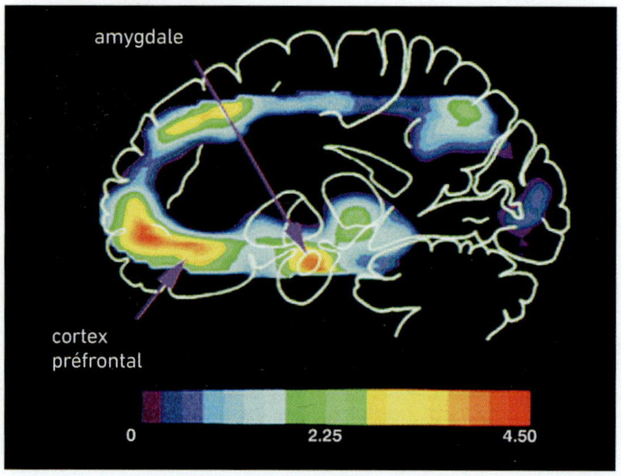

C Modification de l'activité cérébrale chez un patient souffrant de troubles dépressifs, conséquences d'un stress chronique.

3 Les pathologies engendrées par un stress chronique

Les modifications cérébrales dues à un stress chronique entraînent des dérèglements aussi divers que troubles du sommeil, comportements addictifs* ou dépression. Elles contribuent au développement de l'obésité abdominale, de l'hypertension artérielle et d'une résistance à l'insuline pouvant évoluer vers un diabète. Le risque d'accident cardiovasculaire est augmenté. Le système immunitaire est démobilisé, si bien que les personnes en stress chronique deviennent plus vulnérables face aux virus et aux bactéries pathogènes. Toutes ces perturbations montrent que le **système complexe*** permettant l'**adaptabilité*** de l'organisme face au stress aigu peut être débordé et dysfonctionner si le stress devient chronique.

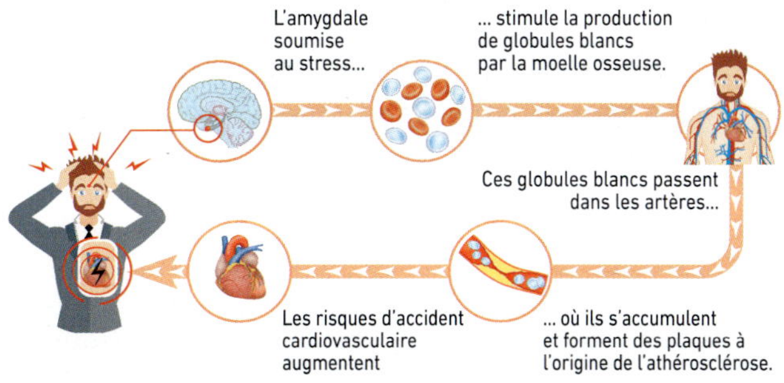

Mécanisme d'action du stress chronique sur le risque cardiovasculaire.

4 Un cas particulier : le trouble de stress post-traumatique

Les victimes ou témoins directs d'un événement très violent (A) peuvent développer un trouble de stress post-traumatique (TSPT). Les souvenirs ressurgissent par la manifestation de cauchemars et de crises d'angoisse intenses : les personnes revivent une peur ressemblant à celle vécue au cours de l'événement. Si la situation continue plusieurs mois après les faits, cela veut dire qu'un TSPT s'est installé. Paradoxalement, le souvenir émotionnel récurrent de l'événement est très vif alors que le souvenir épisodique*, conscient et verbalisable, est très mince. Les victimes présentent une hypermnésie* pour certains détails et une amnésie* du contexte de l'événement. Ces troubles sont dus à un dérèglement du système limbique (B).

A **Rescapés de l'attentat du Bataclan, Paris, le 13 novembre 2015.**

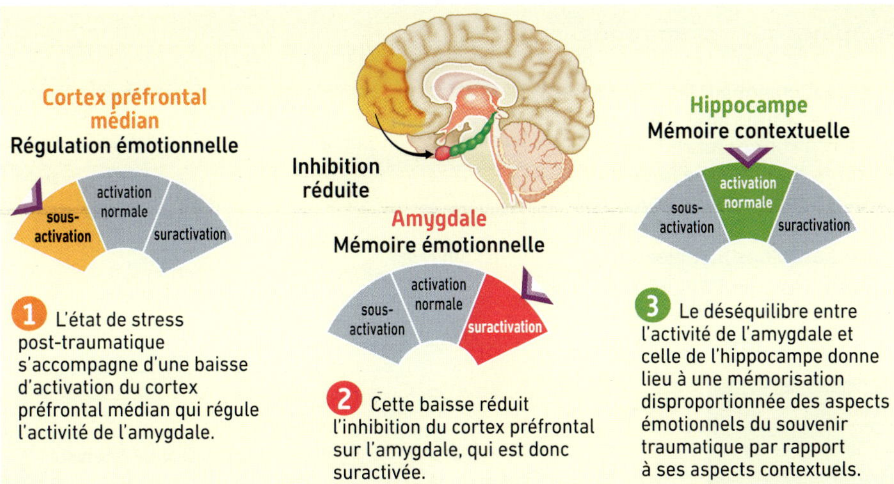

B **Dérèglement du système limbique lors d'un trouble de stress post-traumatique (TSPT).**
D'après *La Recherche*, n°534, avril 2018.

Activités envisageables

Afin de comprendre la nature et les conséquences du stress chronique :

- **Précisez les effets engendrés par un taux excessif de cortisol sur certaines structures cérébrales.**
- **Expliquez comment un stress chronique augmente le risque d'accident cardiovasculaire.**
- **Expliquez pourquoi les personnes victimes d'un TSPT revivent leur peur de manière intense et récurrente.**

Des clés pour réussir

- Tenez compte de l'ensemble des structures cérébrales présentées.
- Vous pouvez présenter les causes du TSPT sous la forme d'un schéma causes/conséquences.

* Lexique ➡ p. 509

Unité 6

Des médicaments qui soignent le stress chronique

Les pathologies liées au stress chronique peuvent être traitées par des médicaments comme les benzodiazépines. Ils visent à rétablir un fonctionnement durable de l'axe hypothalamo-hypophyso-corticosurrénalien, sans provoquer d'autres perturbations.

Comment agissent les benzodiazépines ?

1 Les pathologies liées au stress chronique peuvent être traitées par des médicaments

Ces médicaments doivent leur nom à la présence d'une structure chimique commune dans leurs molécules actives : le noyau benzodiazépine. Seules les chaînes latérales varient d'une benzodiazépine à une autre. Ces molécules sont utilisées pour calmer l'anxiété (effet anxiolytique) ainsi que l'agitation motrice exagérée et inadaptée (effet myorelaxant), mais elles possèdent aussi des effets hypnotiques* et amnésiants*.

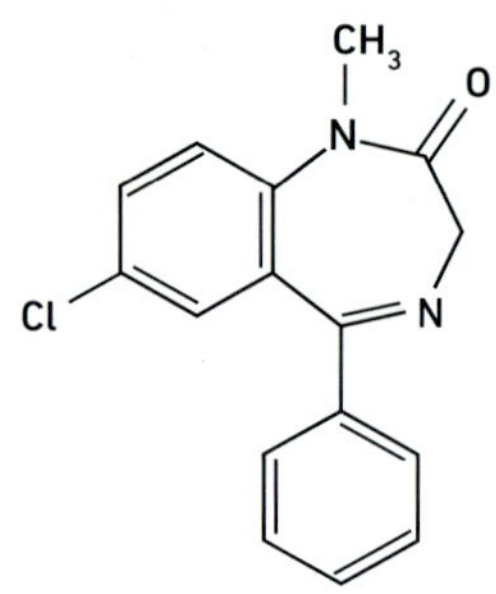

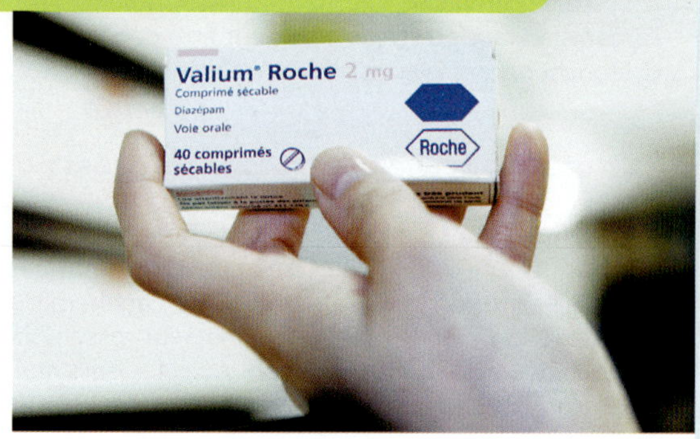

Molécule de diazépam, benzodiazépine souvent prescrite comme médicament anxiolytique.

2 L'action des benzodiazépines sur les neurones

Les benzodiazépines agissent uniquement sur les neurones dont le neuromédiateur est l'acide gamma aminobutyrique ou GABA (A). Les neurones à GABA sont nombreux dans le cerveau et ils sont aussi présents dans la moelle épinière où ils sont impliqués dans le fonctionnement des synapses inhibitrices. Un dispositif expérimental approprié (B) permet d'étudier l'effet des benzodiazépines au niveau d'une synapse entre un neurone à GABA et un motoneurone dont l'axone véhicule des messages nerveux moteurs excitateurs aux fibres musculaires (C).

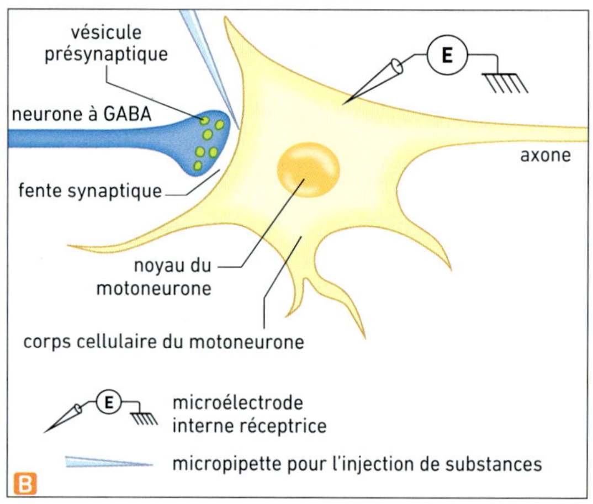

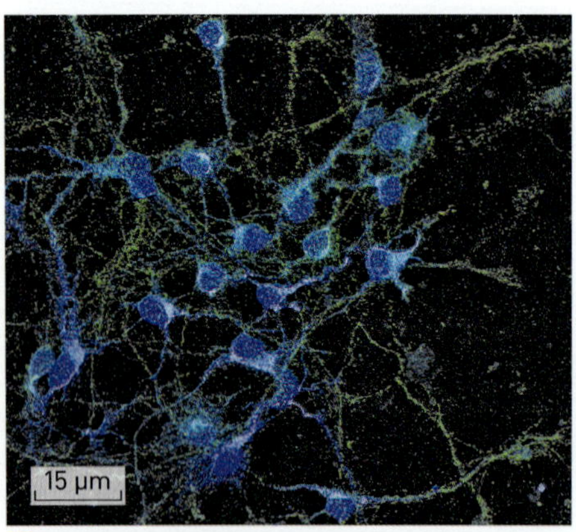

A Neurones cérébraux à GABA (en bleu) observés au MET.

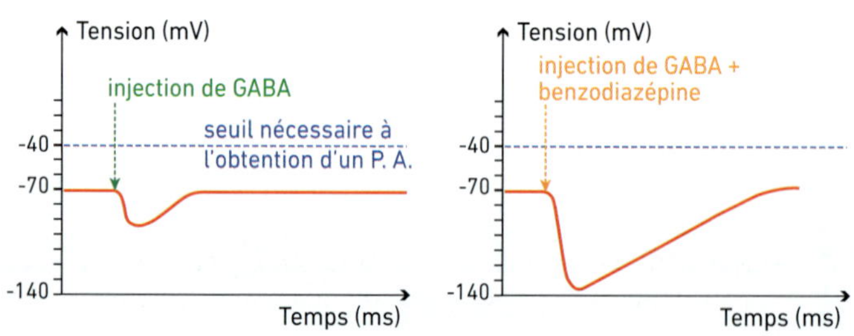

C Effets d'une benzodiazépine sur une synapse entre un neurone à GABA et un motoneurone (P. A. : potentiel d'action).

Récepteur à GABA et benzodiazépine — bordas Flash PAGE molécule 3D

3 L'action des benzodiazépines sur les récepteurs au GABA

Le récepteur au GABA est une protéine canal (voir p. 381) dont l'ouverture permet l'entrée d'ions Cl^-, responsable de l'hyperpolarisation mise en évidence par le document 2C. Outre le GABA, le récepteur peut fixer les benzodiazépines (A) mais également d'autres molécules comme les stéroïdes* ou les barbituriques*. Les effets de cette fixation ont fait l'objet d'une expérimentation (B).

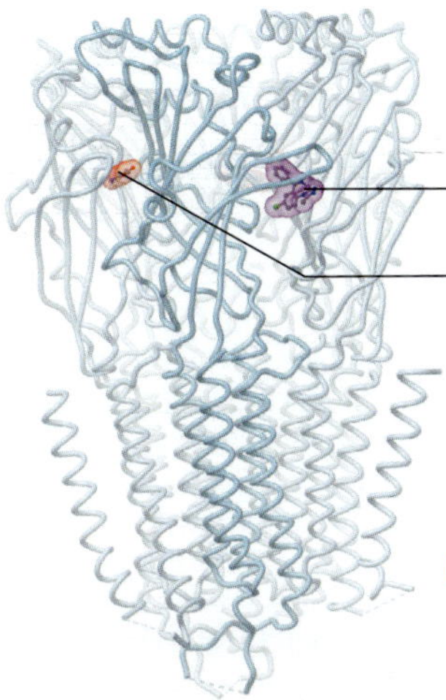

A Modèle de récepteur au GABA en présence de benzodiazépine.

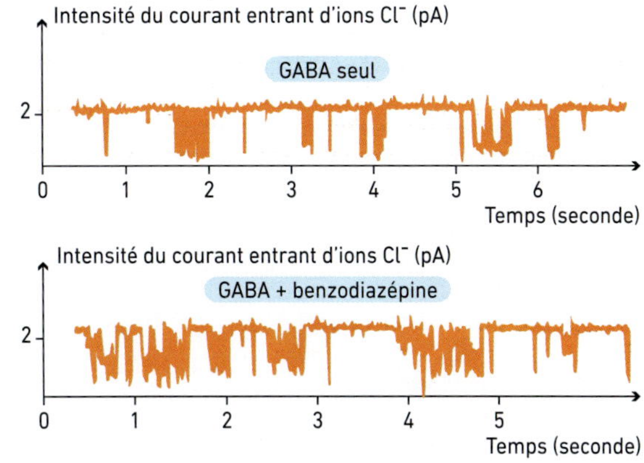

B Mesures de l'ouverture de la protéine canal en absence et en présence de benzodiazépine.

4 La consommation de benzodiazépines doit être rigoureusement encadrée

Bien qu'en baisse, la consommation des benzodiazépines en France reste élevée. Elle se situe au deuxième rang en Europe. En 2017, 13,4 % de la population française a eu au moins une fois recours aux benzodiazépines. Utilisées pour leurs propriétés anxiolytique, myorelaxante, sédative, ces molécules efficaces ont cependant des effets indésirables reconnus. Elles diminuent notamment la mémorisation. De plus, lors de prises répétées et surtout à doses élevées, une somnolence diurne est fréquente. Enfin, une dépendance peut apparaître à l'arrêt d'une prise de longue durée. Cet effet addictif* se manifeste par un rebond d'insomnie avec anxiété et agitation. Il est amplifié en cas de non-respect de la durée de prescription de ces molécules.

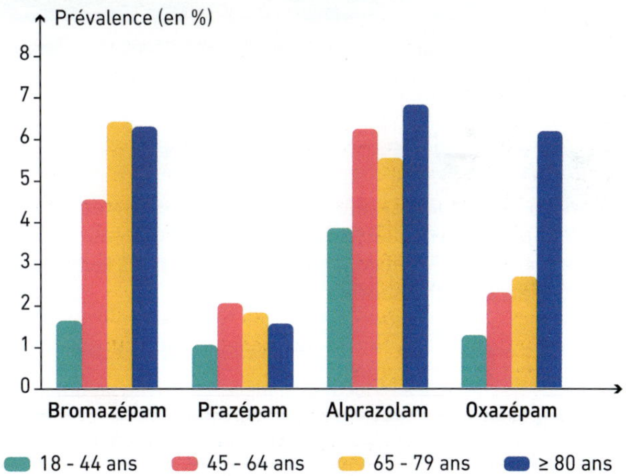

Consommation de quelques benzodiazépines en France en 2015.

Activités envisageables

Afin de comprendre les effets des benzodiazépines :

- **Reconstituez la succession des événements qui aboutit à l'effet myorelaxant des benzodiazépines sur l'organisme.**
- **Justifiez la nécessité d'encadrer la prise de benzodiazépines.**

Des clés pour réussir

- Vous pouvez consulter les pages 380-381 sur les synapses à GABA.
- Vous pouvez envisager la succession de causes et d'effets à différentes échelles (molécules, cellules, organes...).

* Lexique ➥ p. 509

Des pratiques alternatives aux médicaments anti-stress

La prise de médicaments comme les benzodiazépines favorise la résilience chez les personnes souffrant de stress chronique. Néanmoins, des effets indésirables sont souvent observés. Des pratiques non médicamenteuses efficaces constituent une alternative.

Quelles sont ces pratiques ? Comment agissent-elles sur le cerveau ?

1 Les pouvoirs préventifs et curatifs du sport sur les maladies chroniques

Marcher, courir, nager ou faire du vélo… l'important, c'est de bouger !

L'activité physique est préconisée avant tout traitement médicamenteux contre les dépressions légères à modérées. Il faut au moins trois séances de trente minutes par semaine avec un coach, de préférence en groupe pour profiter de l'émulation collective. Cette recommandation s'appuie sur des travaux de recherche qui rapportent des effets équivalents entre les antidépresseurs et l'activité physique. Les chercheurs ont constaté que l'activité physique stimule la production d'endorphines* et active fortement le circuit de récompense*. « *Il y a visiblement des effets sur le système limbique qui font diminuer le stress sur l'axe hypothalamo-hypophyso-surrénalien, justement hyperactif chez le patient dépressif* » explique Cédric Moro, chercheur à l'INSERM.

2 D'autres solutions pour gérer le stress

Outre la pratique régulière d'un sport, d'autres solutions existent pour une meilleure gestion du stress en cas de troubles chroniques, mais aussi de façon préventive dans le cadre d'une vie quotidienne stressante.

Troubles majeurs	Thérapies envisageables
endormissement tardif, troubles du sommeil	**Rééducation** dans un centre du sommeil spécialisé et homologué, dans lequel des examens seront faits avant le choix des soins.
anxiété	**Thérapie cognitive comportementale** (TCC) avec un psychiatre pendant 5 à 6 semaines. Au cours de ces séances, le patient apprend à repérer les pensées et les croyances erronées et négatives qu'il cultive sur lui-même, à mieux contrôler ses émotions, le but étant de les modifier (A).
anxiété, stress chronique	**Méditation de pleine conscience :** cette technique issue du bouddhisme apprend à développer une présence non réactive aux pensées et émotions. Concentration sur la respiration et relâchement corporel permettent de développer une absence de réaction négative face aux agents stresseurs (B).

A Une thérapie cognitive comportementale nécessite une relation active entre médecin et patient.

B Un groupe s'initiant à la méditation de pleine conscience. ▸

3 La méditation change notre cerveau

La pratique de la méditation permet de cultiver la stabilité de l'esprit et l'équilibre émotionnel. Quelle que soit la forme pratiquée, les personnes deviennent moins sensibles au stress et contrôlent mieux leurs émotions. Un bénéfice net sur le plan psychologique est ainsi obtenu. Plus surprenant, de multiples études ont prouvé que la méditation modifie durablement le cerveau.

Une étude comparative a été menée par Richard Davidson à l'Université du Wisconsin sur 150 personnes réparties en 3 groupes :

- un groupe de volontaires, pratiquants réguliers de la méditation de pleine conscience depuis des milliers d'heures, comme le moine bouddhiste français Matthieu Ricard (A) ;
- un groupe de patients qui a suivi pendant 8 semaines une thérapie visant à réduire leur stress, incluant des méthodes de bien-être et la méditation de pleine conscience ;
- un second groupe de patients qui a suivi les mêmes méthodes de bien-être que le précédent, mais sans méditation (groupe contrôle).

Des IRMf (B) ont montré que l'observation d'images suscitant des émotions positives diminuait l'activité de l'amygdale chez tous les patients ayant pratiqué la méditation. Cette réduction de l'activité était beaucoup plus forte chez les méditants « experts ». De plus, seuls ces derniers montraient une activité réduite de l'amygdale lors de l'observation d'images suscitant des émotions négatives.

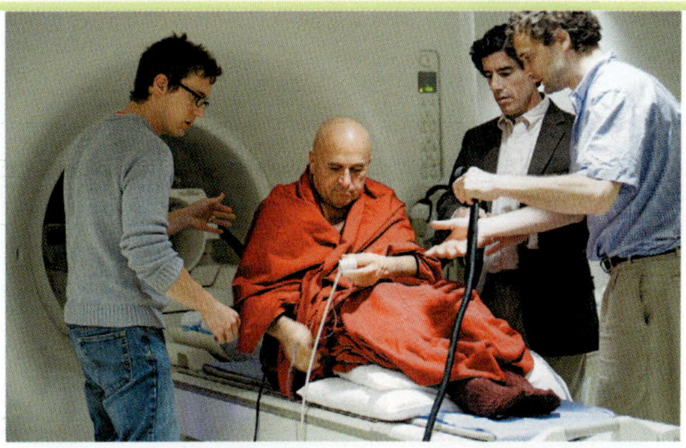

A Réalisation d'une IRMf sur un « expert » de la méditation.

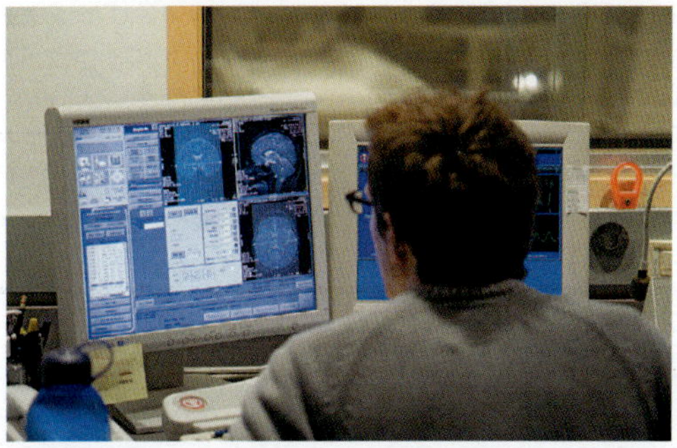

B L'activité de l'amygdale est modulée par la méditation.

L'épaisseur du cortex cérébral de l'insula et des aires de Brodman 9 et 10 (cortex préfrontal) a été évaluée par IRM chez des sujets « experts » de la méditation et chez des personnes ne la pratiquant pas (C). Ces régions cérébrales, impliquées dans le traitement de l'attention et des sensations corporelles internes, sont le siège d'une plasticité du système nerveux*, mise en évidence ici.

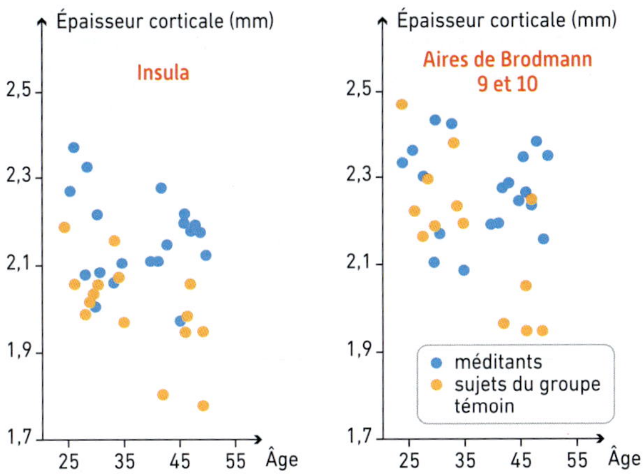

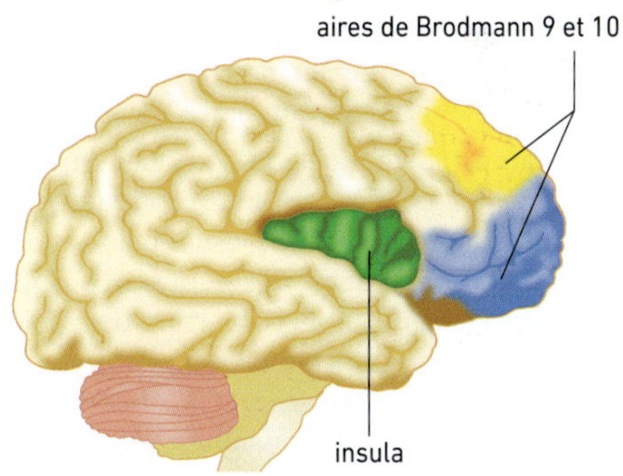

C Épaisseur du cortex dans trois régions du cerveau.

Activités envisageables

Pour étudier les effets des pratiques non médicamenteuses sur le stress :

- **Formulez des conseils à un lycéen anxieux voulant réduire son état de stress chronique à l'approche des examens.**
- **Identifiez les effets observables de la méditation sur le cerveau et sur la réaction face aux agents stresseurs.**

Des clés pour réussir

- Sélectionnez des méthodes applicables à la situation proposée.
- Reprenez les notions vues sur l'amygdale et le cortex préfrontal p. 466-467 et p. 472-473.

* Lexique ➡ p. 509

Bilan des connaissances

Comportements et stress : vers une vision intégrée de l'organisme

Préparez le Grand oral p. 519

1 Le stress aigu : un ensemble de réponses adaptatives

Des réponses bien identifiables

Face aux perturbations quotidiennes de notre environnement, nous disposons d'un mécanisme d'adaptation : le **stress**. Il s'agit d'une réponse physiologique stéréotypée qui comporte toujours trois phases. Une phase d'alerte prépare l'individu à se défendre. Au cours de la phase suivante dite « de résistance », l'organisme lutte contre l'**agent stresseur**. Enfin, survient la phase d'épuisement, lorsque l'organisme a dépensé toute son énergie d'adaptation. Quelle que soit la nature de l'agent stresseur (problèmes physiques, psychologiques, relationnels…) les réponses sont les mêmes. Les pupilles se dilatent, les poils se hérissent augmentant la sensibilité au toucher… Tous les sens sont en alerte. Les fréquences cardiaque et ventilatoire augmentent, les muscles reçoivent ainsi plus de sang oxygéné. Toutes ces réponses, qui font que l'organisme est prêt à l'action, constituent le **stress aigu**.

Une double réponse hormonale plus discrète

Après une stimulation réflexe du cœur et des poumons qui accélère l'activité de ces deux organes, le corps sécrète de l'adrénaline, puis du cortisol. Ces deux molécules sont produites par les **surrénales**, deux glandes de forme triangulaire situées au-dessus des reins.

L'**adrénaline** est libérée quelques secondes seulement après le début de la situation stressante. Fabriquée par la partie interne des surrénales, la médullosurrénale, cette hormone provoque l'augmentation des fréquences cardiaque et ventilatoire. En stimulant la conversion des molécules de glycogène stockées dans le foie en glucose, elle amplifie la libération de glucose dans le sang : la glycémie augmente. Recevant de plus grandes quantités de sang oxygéné et riche en glucose, les muscles disposent de toute l'énergie nécessaire afin de se contracter de manière soutenue. L'adrénaline est également à l'origine de la dilatation pupillaire et de l'apparition de la « chair de poule ».

Plusieurs minutes après, la seconde hormone surrénalienne est libérée dans le sang. Le **cortisol**, fabriqué par la partie externe de ces glandes endocrines, le cortex surrénal, exerce alors une action plus durable que l'adrénaline. Il stimule également la libération de glucose à partir des réserves de l'organisme. Sous son influence, les protéines et surtout les acides gras sont convertis en glucose, ce qui augmente la glycémie. Enfin, le cortisol inhibe le système immunitaire, par exemple en diminuant la réaction inflammatoire, ce qui explique les traitements médicaux à base de cortisone.

2 La mise en route de la réponse adaptative

Le cerveau initie l'alerte

Lorsqu'une personne doit faire face à un agent stresseur, le cerveau déclenche l'alerte qui aboutira à la libération des deux hormones surrénaliennes. Des expériences sur des modèles animaux et des études effectuées par IRM fonctionnelle montrent que le **cortex préfrontal** intervient d'abord. Situé en surface et à l'avant du cerveau, le cortex préfrontal analyse des informations issues de l'ensemble des organes des sens. Puis, des échanges d'informations ont lieu avec deux autres régions cérébrales plus profondes, l'**amygdale**, site de gestion des émotions, et l'**hippocampe**, site de traitement de la mémoire. Ces deux régions cérébrales appartiennent au **système limbique**, un ensemble impliqué dans les émotions mais également dans l'apprentissage et dans le contrôle des sécrétions hormonales. Ces échanges débouchent sur l'activation d'une autre région cérébrale, localisée à la base du cerveau, l'**hypothalamus**. Celui-ci stimule le système nerveux sympathique, dont les messages sont à l'origine de l'augmentation des rythmes cardiaque et ventilatoire d'une part, de la décharge d'adrénaline par les médullosurrénales d'autre part.

L'axe hypothalamo-hypophyso-corticosurrénalien prend le relais

L'hypothalamus est aussi la porte d'entrée d'un système à la fois nerveux et endocrinien, l'**axe hypothalamo-hypophyso-corticosurrénalien**. Les neurones hypothalamiques fabriquent plusieurs types d'hormones dont la corticolibérine ou **CRH** (de l'anglais Corticotropin Releasing Hormone). La CRH est libérée dans des capillaires qui irriguent directement l'hypophyse. Cette petite glande située sous l'hypothalamus fabrique elle aussi diverses hormones, dont l'adrénocorticotrophine ou **ACTH** (de l'anglais Adreno Cortico Trophic Hormone). Cette hormone est déversée dans la circulation générale et atteint les glandes surrénales. Ainsi stimulées, ces dernières libèrent du cortisol dans le sang, en grande quantité.

L'existence d'un rétrocontrôle négatif

Le cortisol exerce en retour un **rétrocontrôle négatif** sur la libération de CRH. Le cerveau possède en effet de nombreux récepteurs moléculaires pour cette hormone, notamment au niveau des cellules de l'hypothalamus. La fixation de la CRH sur ces récepteurs hypothalamiques agit en quelque sorte comme un frein : elle inhibe la sécrétion de CRH. Par ce mécanisme, les conditions d'un fonctionnement durable de l'organisme sont rétablies. Cette capacité de l'organisme à revenir à son état initial, après la perturbation engendrée par la présence de l'agent stresseur, est une forme de **résilience**.

Une réponse intégrée au sein d'un système complexe

Système nerveux et système hormonal n'agissent pas de manière indépendante. Bien au contraire, ils constituent un **système complexe** qui coordonne l'intervention des organes sollicités lors du stress aigu. Par son fonctionnement harmonieux, l'**adaptabilité** de l'organisme face aux agents stresseurs est possible.

3 Quand le stress s'installe durablement

L'installation du stress chronique

L'intensité et la durée du stress aigu varient d'un être humain à un autre en fonction de multiples facteurs (psychologiques, sociaux, émotionnels, génétiques). S'il se prolonge, les mécanismes physiologiques sont débordés, le système de rétrocontrôle est mis à mal. Un stress différent s'installe sur la durée : le **stress chronique**.

Des conséquences importantes sur la santé

Le stress chronique doit être traité, car de multiples pathologies peuvent survenir dans cette situation. Dépression, troubles du sommeil, addictions… ont été clairement reliés à une sécrétion intense de cortisol. En outre, le métabolisme peut être perturbé avec un développement de l'obésité abdominale ou une résistance à l'insuline par exemple. Ces perturbations accroissent les risques d'accidents cardiovasculaires. Enfin, le système immunitaire étant inhibé, les personnes victimes d'un stress chronique sont plus sensibles à l'action des microorganismes pathogènes.

Même le cerveau est modifié

Par ailleurs, chez les personnes victimes d'un stress chronique, le taux sanguin de cortisol est durablement trop élevé, et cela a d'importantes répercussions sur le cerveau. Par exemple, on constate chez des anciens combattants souffrant de syndrome post-traumatique que plus le taux sanguin de cortisol est élevé, plus le volume de leur hippocampe est réduit. La fabrication de nouveaux neurones y est fortement réduite. Quant à l'amygdale, son activité reste élevée de manière continue et la structure de ses neurones est modifiée. Ces modifications cérébrales sont donc une forme de plasticité, mais qui ne permet pas de s'adapter aux situations sources de stress : il s'agit d'une **plasticité mal-adaptative**.

4 Des solutions face au stress chronique

Le stress chronique nécessite des soins afin de limiter les dérèglements, leurs conséquences, et de favoriser la résilience du système complexe de régulation. Médicamenteuses ou non, les pratiques susceptibles d'agir doivent être adaptées à la personnalité de chaque individu et bien encadrées.

Les médicaments employés

Les **benzodiazépines** constituent un groupe de médicaments couramment utilisés, surtout pour leurs **effets anxiolytique** et **myorelaxan**t. Ces molécules de synthèse ont la propriété de se fixer au niveau des synapses à **GABA** (acide gamma aminobutyrique), un neurotransmetteur inhibiteur. Par cette liaison, les benzodiazépines augmentent l'affinité des récepteurs pour le GABA. Ainsi, plus l'individu absorbe de benzodiazépines, plus le GABA se fixe facilement aux neurones et plus l'inhibition du système nerveux est forte. Les muscles sont alors moins activés, d'où l'effet myorelaxant. De la même manière, l'activité des neurones à GABA étant diminuée dans le système nerveux central, un effet anxiolytique est constaté. La prise de ces médicaments doit suivre un protocole rigoureux afin de ne pas provoquer d'effets secondaires comme une sédation ou des troubles de l'attention, voire une addiction.

Des alternatives non médicamenteuses

Les effets indésirables des benzodiazépines étant importants, les pratiques non médicamenteuses susceptibles de favoriser la résilience sont encouragées. Par exemple, la **méditation** de pleine conscience développe une présence non réactive face aux agents stresseurs par la concentration sur la ventilation pulmonaire et le relâchement du tonus musculaire. Des neurologues ont prouvé que cette pratique diminue l'activité de l'amygdale, où les émotions sont traitées, et abaisse la sécrétion de cortisol chez des personnes stressées. Il existe d'autres possibilités (pratiques sportives, rééducation du sommeil, thérapie cognitive comportementale…). Le choix doit se faire en fonction des troubles et de la personnalité de chacun. Ces pratiques peuvent s'avérer utiles dans le cadre de la vie quotidienne, par exemple quand il s'agit de se préparer pour des épreuves « stressantes ».

bordas Flash PAGE podcast

DYS

Comportements et stress : vers une vision intégrée de l'organisme

bordas Flash PAGE podcast

DYS

À retenir

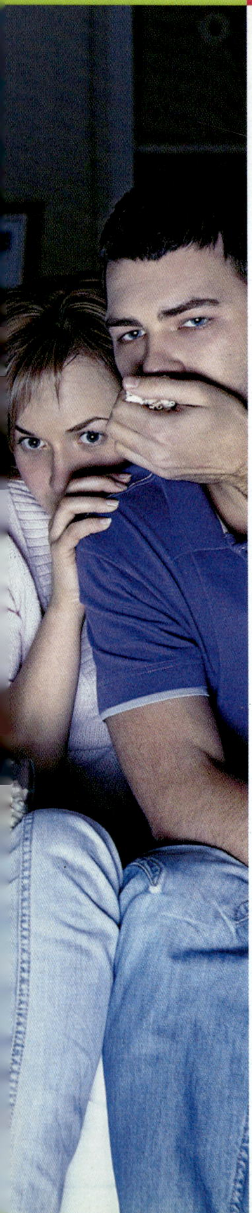

Face aux agents stresseurs, l'organisme fait face

Modification environnementale, agression physique ou perturbation psychologique déclenchent des réponses adaptatives identiques : le **stress aigu**. Organes des sens, cœur, poumons sont fortement activés, tout l'organisme est prêt à l'action. Cette **adaptabilité** permet à l'individu d'adopter un comportement approprié à la situation : fuir, lutter, se cacher, résister...

Le cerveau « sonne » l'alarme

La coopération entre diverses régions du cerveau dont le **cortex préfrontal** et le **système limbique** (amygdale, hippocampe) aboutit à une analyse immédiate de la situation. Les messages nerveux générés stimulent alors l'hypothalamus.

L'axe hypothalamo-hypophyso-corticosurrénalien est activé à son tour

La **CRH**, hormone hypothalamique, est libérée dans le sang et stimule l'hypophyse qui libère à son tour une autre hormone, l'ACTH, qui active les glandes surrénales. Ces dernières sécrètent deux hormones, l'**adrénaline** en quelques secondes, puis le **cortisol** dans les minutes suivantes.

Les actions des hormones surrénaliennes

L'adrénaline augmente les rythmes cardiaque et ventilatoire et la libération de glucose dans le sang, alors que le cortisol favorise la mobilisation du glucose. Les muscles disposent ainsi de toute l'énergie nécessaire à la lutte. Par ailleurs, le cortisol exerce un **rétrocontrôle négatif** sur la libération de CRH, favorisant ainsi la **résilience**.

Les méfaits du stress chronique

Si la résilience n'a pas lieu, une sécrétion élevée d'adrénaline et de cortisol est maintenue sur de longues périodes, un **stress chronique** s'installe. Les trop fortes concentrations de cortisol dans le cerveau modifient ce dernier. Elles sont la source d'une **plasticité cérébrale mal-adaptative**, associée à diverses pathologies graves.

La nécessaire résilience du système

Les médicaments comme les benzodiazépines, qui activent les récepteurs post-synaptiques des neurones à GABA, ont des effets myorelaxant et anxiolytique, mais peuvent avoir de graves effets secondaires. Des techniques non-médicamenteuses, comme la méditation, favorisent aussi la résilience de ce **système complexe** sans engendrer d'effets secondaires.

Mots-clés

Adaptabilité • Adrénaline • Agents stresseurs • Axe hypothalamo-hypophyso-corticosurrénalien • Cortex préfrontal • Cortisol • CRH • Glandes surrénales • Plasticité du système nerveux • Résilience • Rétrocontrôle négatif • Stress aigu • Stress chronique • Système complexe • Système limbique

Schéma bilan

Comportements et stress : vers une vision intégrée de l'organisme

Agression par des agents stresseurs

Rendez-vous, maladie, intempéries, surmenage, chômage...

dispute, examens, séisme, pauvreté, attentat, accident, décès d'un proche...

Réponses adaptatives de l'organisme : le stress aigu

Analyse de la situation par le cortex préfrontal et le système limbique :
- hippocampe
- amygdales

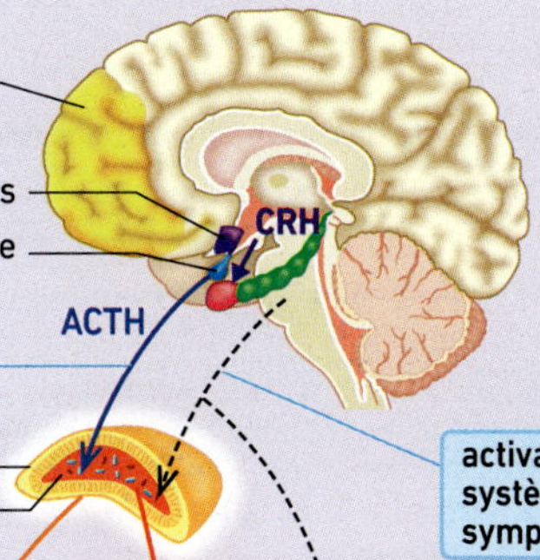

activation de l'axe hypothalamo-hypophyso-corticosurrénalien

activation du système nerveux sympathique

messages nerveux

cortisol

adrénaline

inhibition du système immunitaire

augmentation des fréquences cardiaque et respiratoire

mobilisation des réserves énergétiques

- dilatation pupillaire
- « chair de poule »

Retour à la normale : la résilience

Le cortisol agit comme un frein : rétrocontrôle négatif sur l'hypothalamus

HYPOTHALAMUS
↓ (+) CRH
HYPOPHYSE
↓ (+) ACTH
GLANDE SURRÉNALE
↓
CORTISOL → (−) HYPOTHALAMUS

Quand le stress devient chronique

Sécrétion excessive de cortisol sur une longue durée
↓
Installation d'une plasticité cérébrale mal-adaptative
↓
Diverses pathologies graves (troubles du sommeil, dépression, addictions...)

Des solutions existent

- Des médicaments anxiolytiques et myorelaxants

- Efficacité prouvée
- Risques en cas de prise excessive

- Des alternatives non médicamenteuses (sport, rééducation du sommeil, méditation...)

- Efficacité prouvée
- Pas d'effets secondaires

Autoévaluation

Réponses p. 502

1 Retour vers les problématiques

Relisez la page « S'interroger avant d'aborder le chapitre » (p. 463). À l'aide de ce que vous savez à présent, répondez aux questions que vous avez formulées.

2 QCM

Pour chaque affirmation, choisissez l'unique bonne réponse.

1. **Les hormones surrénaliennes fabriquées lors du stress aigu sont :**
   a. d'abord le cortisol, puis l'adrénaline ;
   b. d'abord l'adrénaline, puis le cortisol ;
   c. le cortisol et l'adrénaline simultanément ;
   d. les benzodiazépines.
2. **La CRH est une hormone libérée par :**
   a. les glandes médullosurrénales ;
   b. les glandes corticosurrénales ;
   c. l'hypothalamus ;
   d. l'hypophyse.
3. **Le cortisol exerce une rétroaction :**
   a. négative sur la libération de CRH par l'hypothalamus ;
   b. positive sur la libération de CRH par l'hypothalamus ;
   c. négative sur la libération d'adrénaline par les médullosurrénales ;
   d. positive sur la libération d'adrénaline par les médullosurrénales.
4. **Le stress chronique peut entraîner des modifications de certaines structures du cerveau dont :**
   a. l'hémisphère gauche uniquement ;
   b. le système limbique et l'hypothalamus ;
   c. le cortex préfrontal et l'hypothalamus ;
   d. le cortex préfrontal et le système limbique.

3 Légender un schéma

Complétez les légendes de ce schéma et donnez-lui un titre.

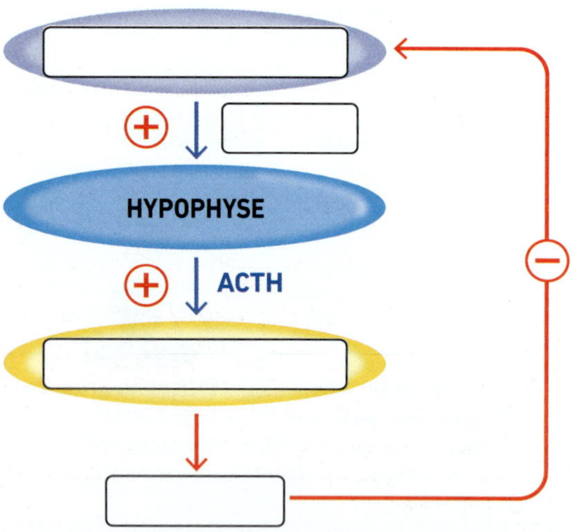

4 Retrouver des notions importantes

1. **Nommez quelques agents stresseurs.**
2. **Indiquez comment, lors du stress aigu, la résilience de l'organisme se met en place.**

5 Apprendre en s'interrogeant

1. **Cachez l'une des colonnes du tableau suivant et retrouvez ce que contient l'autre (à faire seul ou à plusieurs).**
2. **Vérifiez vos réponses, et reprenez si besoin les notions concernées.**

Notion	Définition
Cortisol	Hormone qui favorise la mobilisation du glucose et inhibe le système immunitaire.
Adrénaline	Hormone qui accélère le rythme cardiaque, amplifie la ventilation pulmonaire et la libération de glucose dans le sang.
Stress aigu	Ensemble des réponses de l'organisme face aux agents stresseurs.
Résilience	Capacité de l'organisme à retrouver des conditions durables de fonctionnement suite à une perturbation engendrée par un agent stresseur.
Benzodiazépines	Médicaments aux effets anxiolytique et myorelaxant.

6 Expliquer les différences entre...

a. Un agent stresseur et le stress.
b. La plasticité cérébrale normale et la plasticité cérébrale mal-adaptative.
c. Le rôle des glandes médullosurrénales et celui des glandes corticosurrénales lors du stress aigu.
d. L'action de la CRH sur la libération du cortisol et l'action en retour du cortisol sur la libération de la CRH.

7 Vrai ou faux ?

Repérez les affirmations exactes, et corrigez celles qui sont inexactes.

a. Les agents stresseurs regroupent l'ensemble des perturbations de l'environnement auxquelles un organisme est soumis.
b. L'hippocampe est constitué de structures cérébrales interconnectées entre elles, dont le système limbique et l'amygdale.
c. L'hypophyse sécrète une hormone appelée CRH.
d. Des pratiques non médicamenteuses, comme le contrôle des mouvements ventilatoires, favorisent la résilience de l'organisme suite à un stress chronique.
e. L'IRMf ne permet pas de visualiser les modifications cérébrales induites par un stress chronique.

★ facile ★★ intermédiaire ★★★ confirmé

8 Analyser un graphique
★

Le taux de cortisol plasmatique (cortisolémie) a été évalué chez plusieurs personnes déprimées ainsi que chez des personnes qui ne le sont pas (témoins).

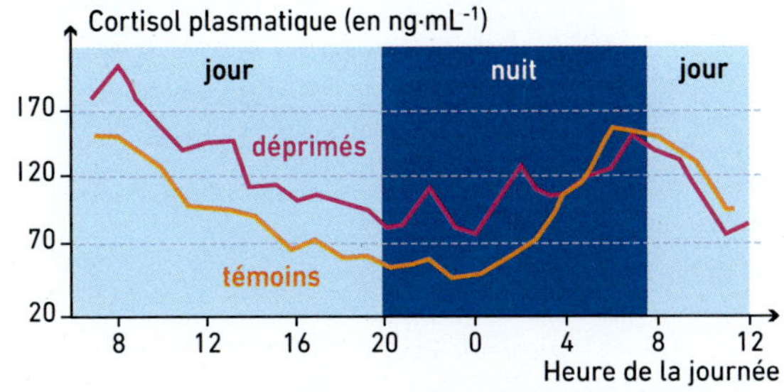

Comparez les variations de cortisolémie chez ces deux groupes de personnes sur 24 heures.

9 Exploiter des résultats expérimentaux
★★

L'activité électrique d'un motoneurone a été enregistrée en présence de GABA, avec ou sans benzodiazépine.

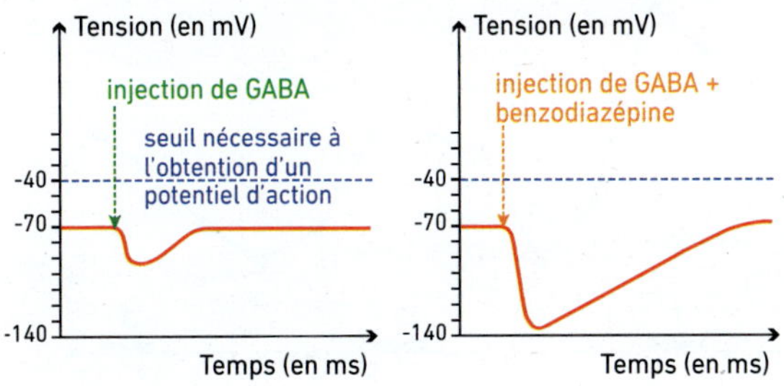

Choisissez l'unique bonne réponse parmi ces propositions.
Ces résultats prouvent que :

a. le GABA fait naître un potentiel d'action (PA) ;
b. le GABA renforce l'action des benzodiazépines ;
c. les benzodiazépines renforcent l'action du GABA ;
d. les benzodiazépines s'opposent à l'action du GABA.

10 Communiquer par écrit
★★

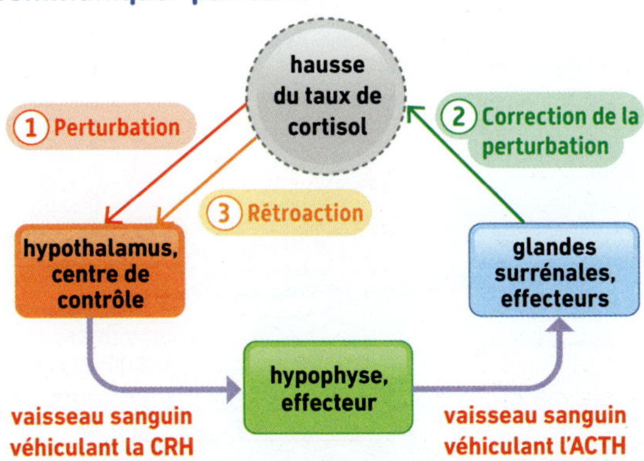

Utilisez les informations de ce schéma pour expliquer comment la résilience de l'organisme intervient après la perturbation engendrée par l'agent stresseur.

11 Mettre en relation des informations et des connaissances
★

Chaque mouton adulte est tondu en moyenne une fois par an. La tonte est un acte d'hygiène nécessaire pour la majorité des races qui ne perdent pas spontanément leur laine de manière saisonnière. On cherche à savoir si la tonte constitue un agent stresseur pour cet animal. Pour ce faire, les taux sanguins d'adrénaline et de cortisol ont été évalués lors des heures qui suivent la tonte.

A La tonte d'un mouton.

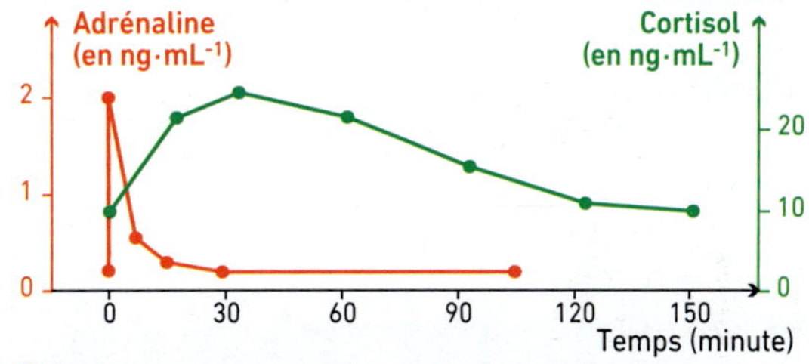

B Taux d'adrénaline et de cortisol après la tonte.

Mettez en relation les informations du document et vos connaissances afin de résoudre le problème posé.

12 Justifiez un protocole expérimental
★★★

La dégradation enzymatique du glycogène musculaire (glycogénolyse) aboutit à la formation de glucose immédiatement disponible. Comme le taux sanguin d'adrénaline augmente lors d'un effort physique, on peut se demander si cette hormone joue un rôle sur la glycogénolyse au cours de l'exercice. Afin de tester cette hypothèse, une expérience a été menée : des fibres musculaires de rat isolées ont été perfusées avec du sérum physiologique (eau salée) ou avec une solution d'adrénaline. Dans chacun des cas, on a réalisé deux lots. Un des deux lots a été laissé au repos, tandis que les fibres de l'autre lot ont été stimulées et se sont contractées. La teneur en glycogène des fibres a ensuite été mesurée. Les résultats sont donnés dans le graphe ci-dessous.

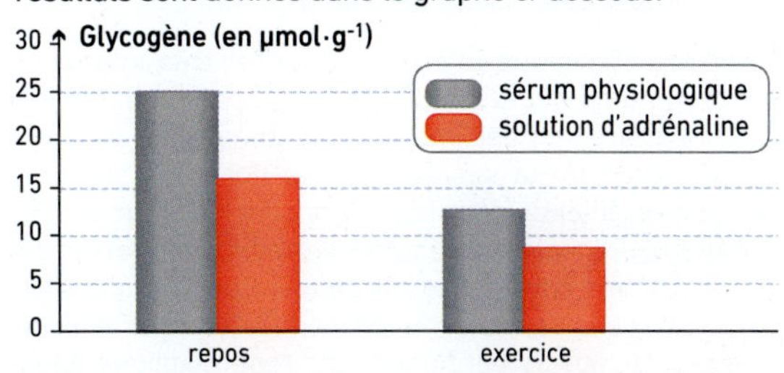

Justifiez chaque aspect du protocole expérimental mis en œuvre.

Aides à la résolution

- Identifiez les objectifs des expérimentateurs.
- Comparez les dispositifs expérimentaux mis en œuvre.
- Vérifiez si ces dispositifs permettent ou non d'atteindre les objectifs fixés.

13 Qui est le plus stressé en compétition, le cheval ou son cavalier ?

★★

Chevaux et cavaliers sont soumis à plusieurs facteurs de stress lors d'une compétition : transport, changements d'environnement, efforts physiques, pression du résultat… On souhaite évaluer leur niveau de stress aigu lors d'un concours complet d'équitation. La journée comporte trois épreuves distinctes : le dressage (**1**), le saut d'obstacles (**2**) et le cross-country (**3**). Des prélèvements de cortisol salivaire (A) ont été régulièrement effectués au cours de cette journée et reportés sur un graphique (B).

1. **Expliquez à l'aide de vos connaissances pourquoi les taux de cortisol ont été suivis, et argumentez le choix de les mesurer dans la salive.**

2. **Caractérisez l'état de stress des cavaliers et des chevaux tout au long de cette journée.**

Le prélèvement de salive est indolore, contrairement au prélèvement sanguin. Il se conserve mieux que ce dernier.

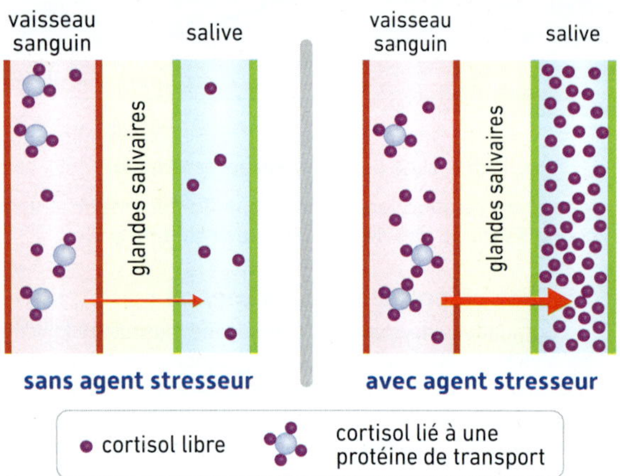

A **Des taux de cortisol différents dans le sang et dans la salive.**

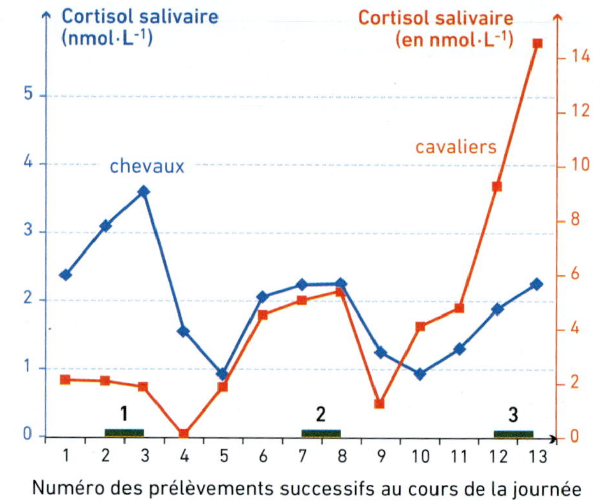

B **Taux de cortisol salivaire chez les cavaliers et leurs chevaux lors d'une journée de concours complet d'équitation.**

14 Les effets négatifs du stress intense sur le cœur

★

Le stress chronique intense a un effet très important sur le système nerveux autonome sympathique. Celui-ci provoque directement une grande stimulation du cœur et indirectement la sécrétion d'une hormone surrénalienne, l'adrénaline, dont les effets sont les mêmes. Ces stimulations accélèrent le rythme cardiaque, provoquent des arythmies cardiaques ou peuvent encore entraîner une contraction des artères coronaires, les vaisseaux qui irriguent le muscle cardiaque. Les répercussions négatives du stress chronique intense sur le cœur sont ainsi clairement démontrées.

Montrez qu'un événement comme un séisme peut réellement avoir une répercussion négative, en tant qu'agent stresseur.

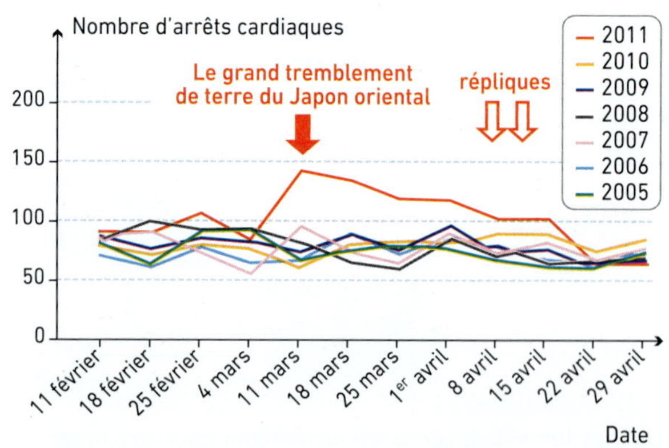

Nombre d'arrêts cardiaques dans 3 préfectures au Japon lors de 6 années différentes.

PRÉPA BAC

Épreuve écrite

Rédaction d'un texte argumenté pour répondre à une question scientifique

15 La libération de cortisol dans le sang

La réponse de l'organisme face à un agent stresseur provoque la libération de cortisol dans le sang.

■ **En vous appuyant sur des données anatomiques et physiologiques, montrez que la libération de cortisol dans l'organisme résulte de l'activité de l'axe hypothalamo-hypophyso-corticosurrénalien.**

Document proposé Sécrétions hormonales en présence d'un agent stresseur.

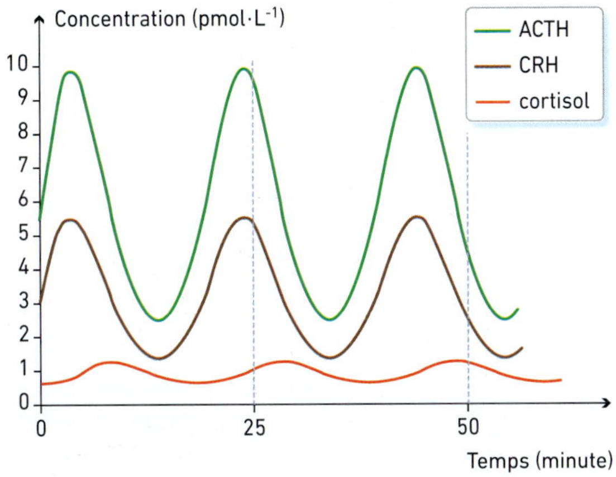

16 Stress et système limbique

Le système limbique est un groupe de structures cérébrales impliqué dans les réponses de l'organisme face aux perturbations de l'environnement.

■ **Après avoir défini le système limbique et rappelé son rôle lors d'un stress aigu, montrez en vous appuyant sur des observations cliniques comment le stress chronique en modifie la structure et le fonctionnement.**

Document proposé IRM en coupe axiale montrant deux structures cérébrales du système limbique colorisées.

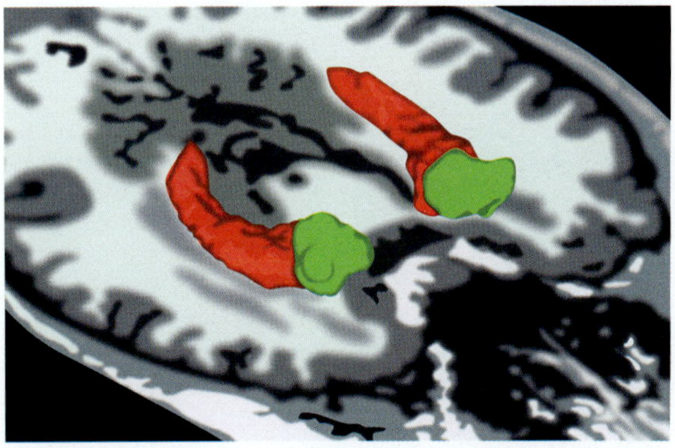

Épreuve pratique

Pour s'entraîner à l'Évaluation des Capacités Expérimentales

17 Présenter et exploiter des résultats

Le syndrome de Cushing est une maladie qui se caractérise par une hypersécrétion de cortisol par les glandes surrénales. Cette sécrétion accrue provient le plus souvent soit d'une tumeur des surrénales elles-mêmes, soit d'une tumeur de l'hypophyse antérieure. On cherche à déterminer l'origine de cette maladie chez un patient décédé. Pour ce faire, une observation d'hypophyse saine a été réalisée (A) et comparée à une observation d'hypophyse effectuée chez une personne décédée de la maladie de Cushing (B).

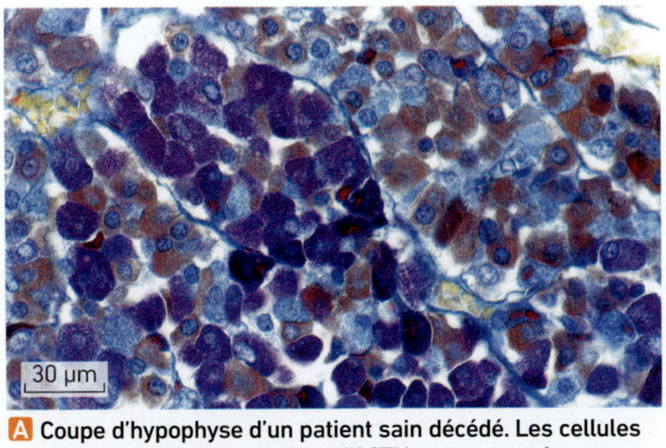

A Coupe d'hypophyse d'un patient sain décédé. Les cellules corticotropes qui produisent l'ACTH ont un cytoplasme coloré en violet.

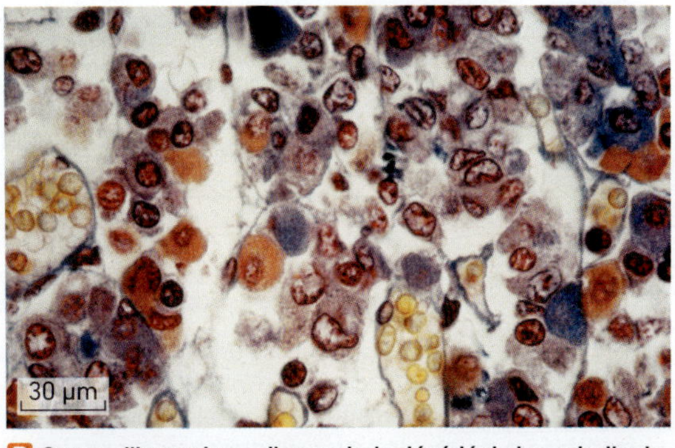

B Coupe d'hypophyse d'un malade décédé de la maladie de Cushing. Les cellules corticotropes qui produisent l'ACTH ont un cytoplasme coloré en violet.

■ **Présentez les deux observations microscopiques sous forme de schémas ou de dessins d'observation, puis exploitez ces résultats afin de répondre au problème posé.**

Raisonnement scientifique

Construisez et exposez votre propre démarche pour résoudre le problème posé

18 Dépression ou burn-out ?

Votre amie Pénélope n'a pas la grande forme depuis un mois. Elle exprime régulièrement son mécontentement vis-à-vis de ses collègues de travail, des bénévoles qui interviennent avec elle dans une association caritative, de ses parents… Elle revient exténuée des entraînements de son club de rugby féminin. Elle ne vient plus aux sorties entre copines, ne lit plus, et cette grande cinéphile n'arrive plus à regarder un film en entier ! Son état vous inquiète mais vous ne savez pas quoi faire. Vous décidez donc de faire de multiples recherches afin d'en savoir plus sur son état de santé, dans le but de l'inciter à consulter un médecin.

À partir de vos connaissances et de l'exploitation des documents, indiquez si votre amie Pénélope semble souffrir ou non d'une des deux maladies décrites et argumentez afin de l'inciter à consulter un médecin.

1 Principaux symptômes de la dépression et du burn-out

	Dépression	Burn-out
Conscience du trouble	forte, souvent dans la plainte	faible, voire déni
Fatigue	variable	très grande
Tristesse	très grande	variable
Perte de plaisir	généralisée	limitée au domaine du travail
Insomnie	généralisée	variable
Envie de faire des projets	non	oui
Récupération	non	temporaire après sieste, vacances
Risque de suicide	oui	faible

2 Algorithme du diagnostic de l'épisode dépressif caractérisé, un outil développé par l'OMS*

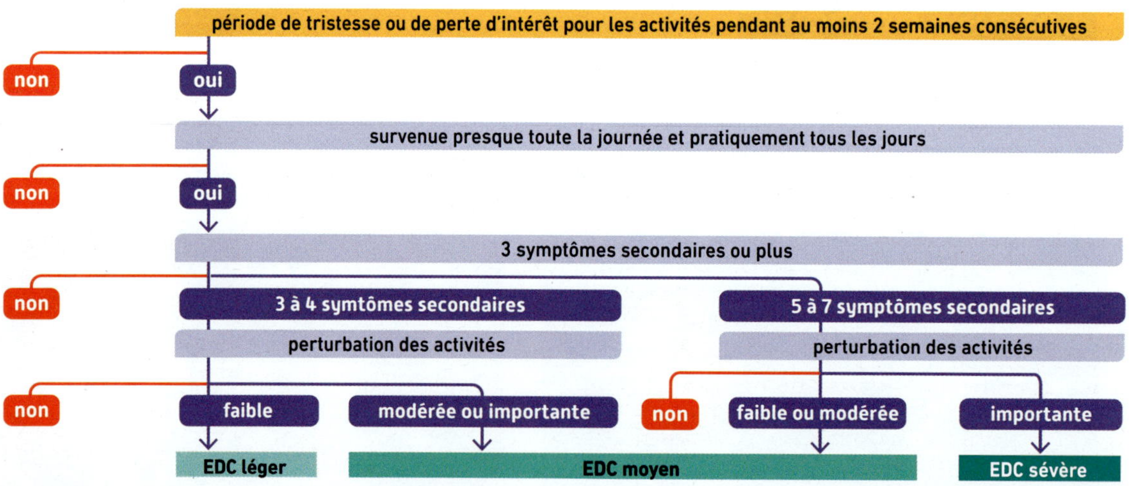

Un épisode dépressif caractérisé (EDC) se définit par une période de tristesse ou de perte d'intérêt pendant au moins deux semaines consécutives. Ces signaux doivent être associés à au moins trois symptômes secondaires et à une perturbation des activités habituelles. Les symptômes secondaires sont une prise ou une perte de poids supérieure à 5 kg, des difficultés plus que de coutume à dormir, un sentiment d'épuisement, une perte d'intérêt pour la plupart des choses, des problèmes de concentration… L'EDC est classé selon trois niveaux : léger, moyen ou sévère.

* OMS : Organisation Mondiale de la santé.

3 Trois affiches d'une campagne de prévention appelée « La dépression : parlons-en »

A

La dépression est une des maladies les plus fréquentes et les plus souvent sous-estimées. Une personne sur cinq souffrira de dépression à un moment de sa vie, quel que soit son sexe, son âge ou statut social et économique.

B

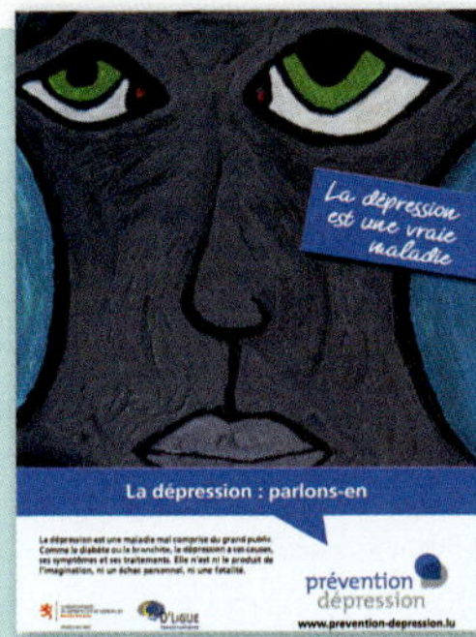

La dépression est une maladie mal comprise du grand public. Comme le diabète ou la bronchite, la dépression a ses causes, ses symptômes et ses traitements. Elle n'est ni le produit de l'imagination, ni un échec personnel, ni une fatalité.

C

Aujourd'hui, la dépression peut se soigner efficacement grâce à la psychothérapie et/ou avec certains médicaments. Comme la dépression n'est pas toujours diagnostiquée, ces méthodes de traitement restent malheureusement peu utilisées.

4 Deux modifications biologiques de l'organisme

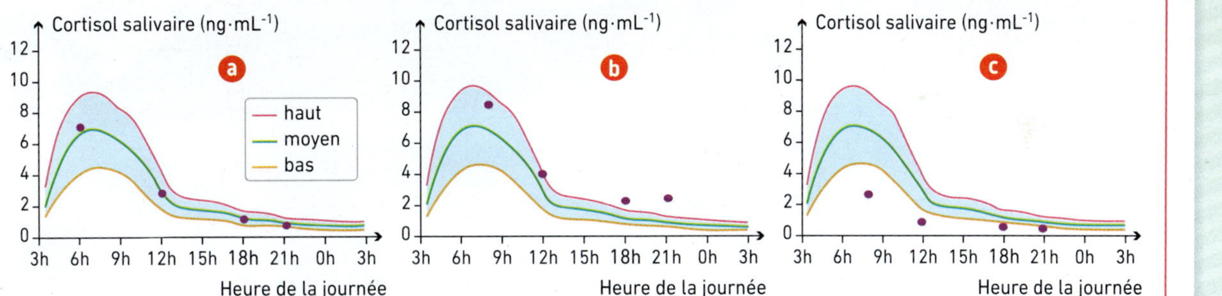

A Dosages du cortisol chez trois personnes différentes.

Le taux de cortisol salivaire, reflet du taux sanguin, a été évalué respectivement chez une personne en bonne santé **a** une personne dépressive **b** et une personne en burn-out **c**. Les 4 prélèvements de cortisol salivaire ont été faits aux mêmes heures (points violets) puis reportés sur des courbes exprimant les valeurs moyennes du taux de cortisol trouvées dans la population.

Plus le glucose est utilisé, plus l'activité cérébrale est intense. Sur les images du doc. B, les couleurs « chaudes » (rouge) correspondent à une utilisation importante, les couleurs « froides » à une utilisation faible (bleu).
À gauche, image obtenue chez un patient témoin.
Au centre, image obtenue chez patient déprimé.
À droite, image obtenue après un mois de traitement antidépresseur efficace.
Cette technique n'est pas utilisée à des fins de diagnostic.

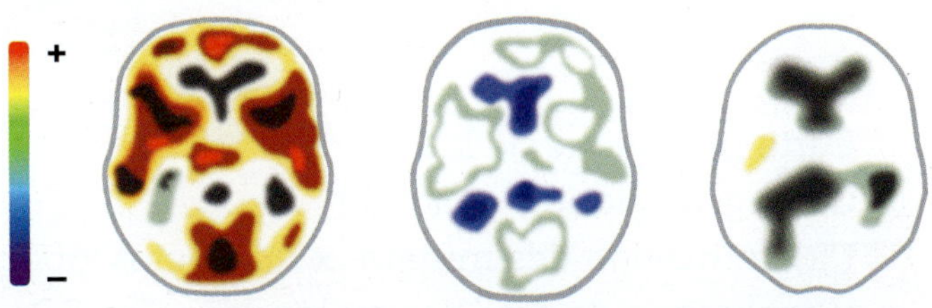

B Activité cérébrale observée par PET Scan chez trois sujets différents.

Guide pratique

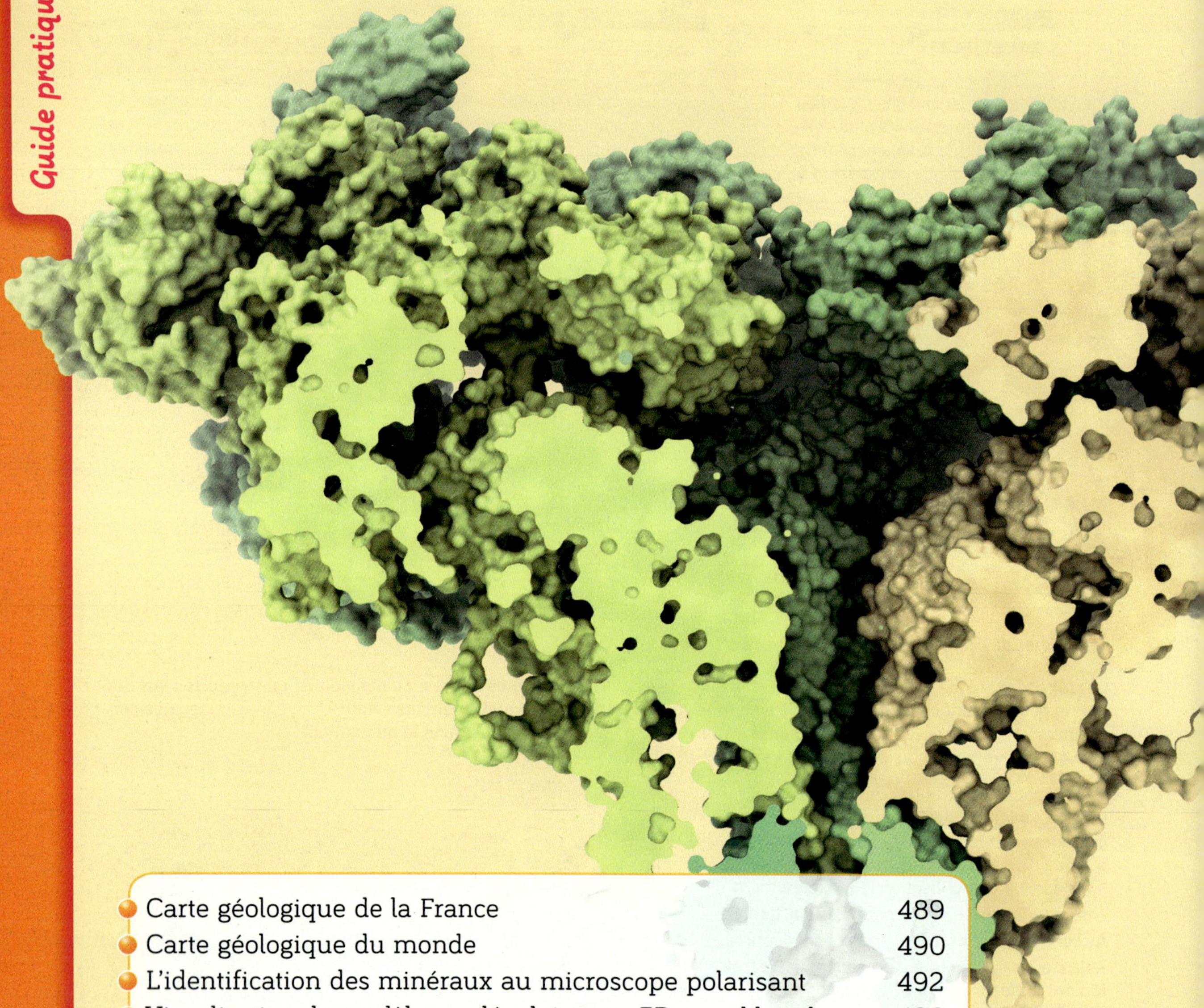

- Carte géologique de la France 489
- Carte géologique du monde 490
- L'identification des minéraux au microscope polarisant 492
- Visualisation de modèles moléculaires en 3D avec libmol.org 496
- L'imagerie par résonance magnétique (IRM) 500
- La visualisation d'IRM avec le logiciel *EduAnat2* 501

Carte géologique de la France

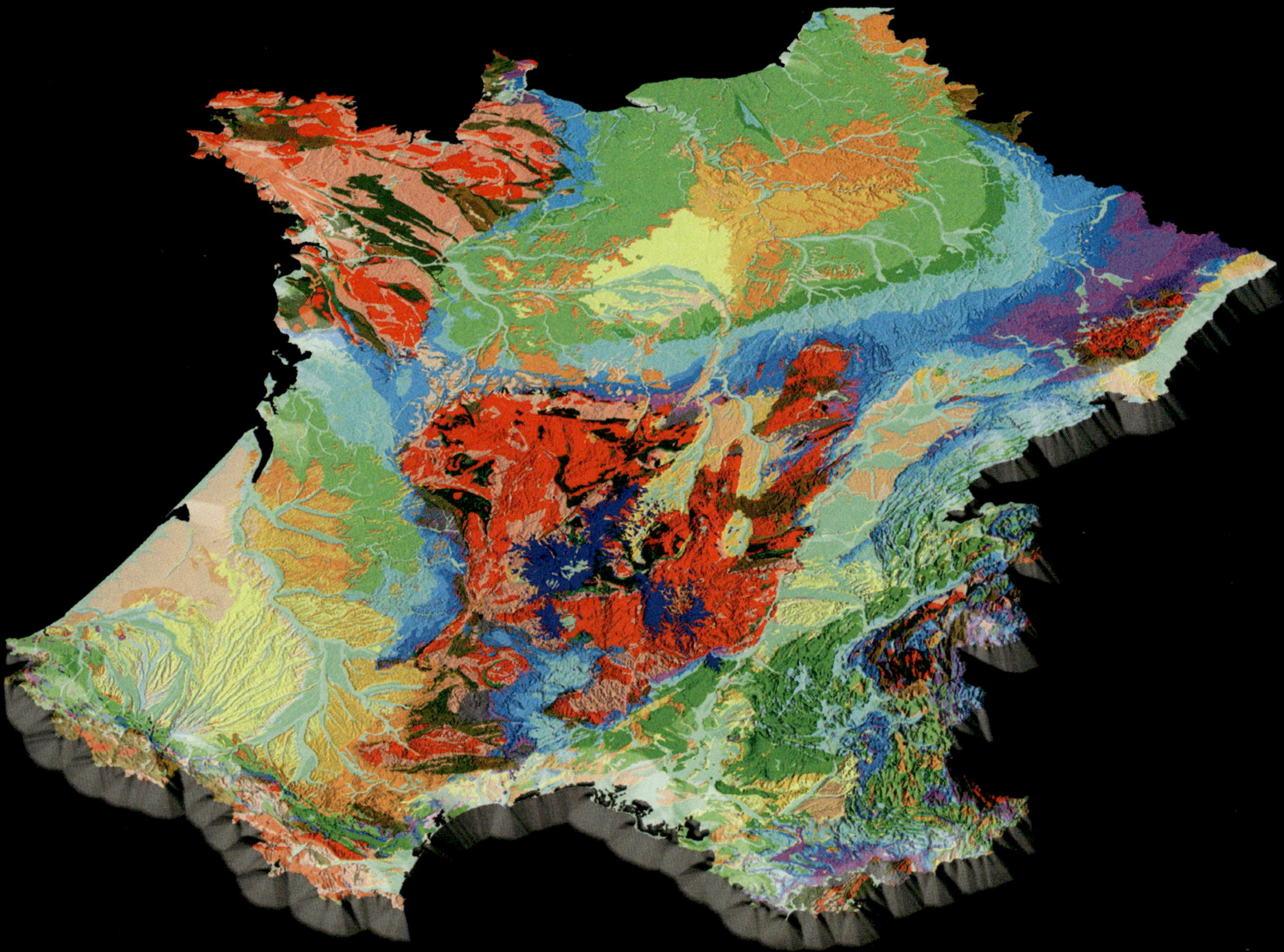

Bassins sédimentaires
- Quaternaire
- Néogène
- Paléogène
- Crétacé
- Jurassique
- Trias

Roches métamorphiques
- Paléozoïque
- Précambrien

Roches magmatiques
- Roches volcaniques
- Roches plutoniques

Carte géologique du monde

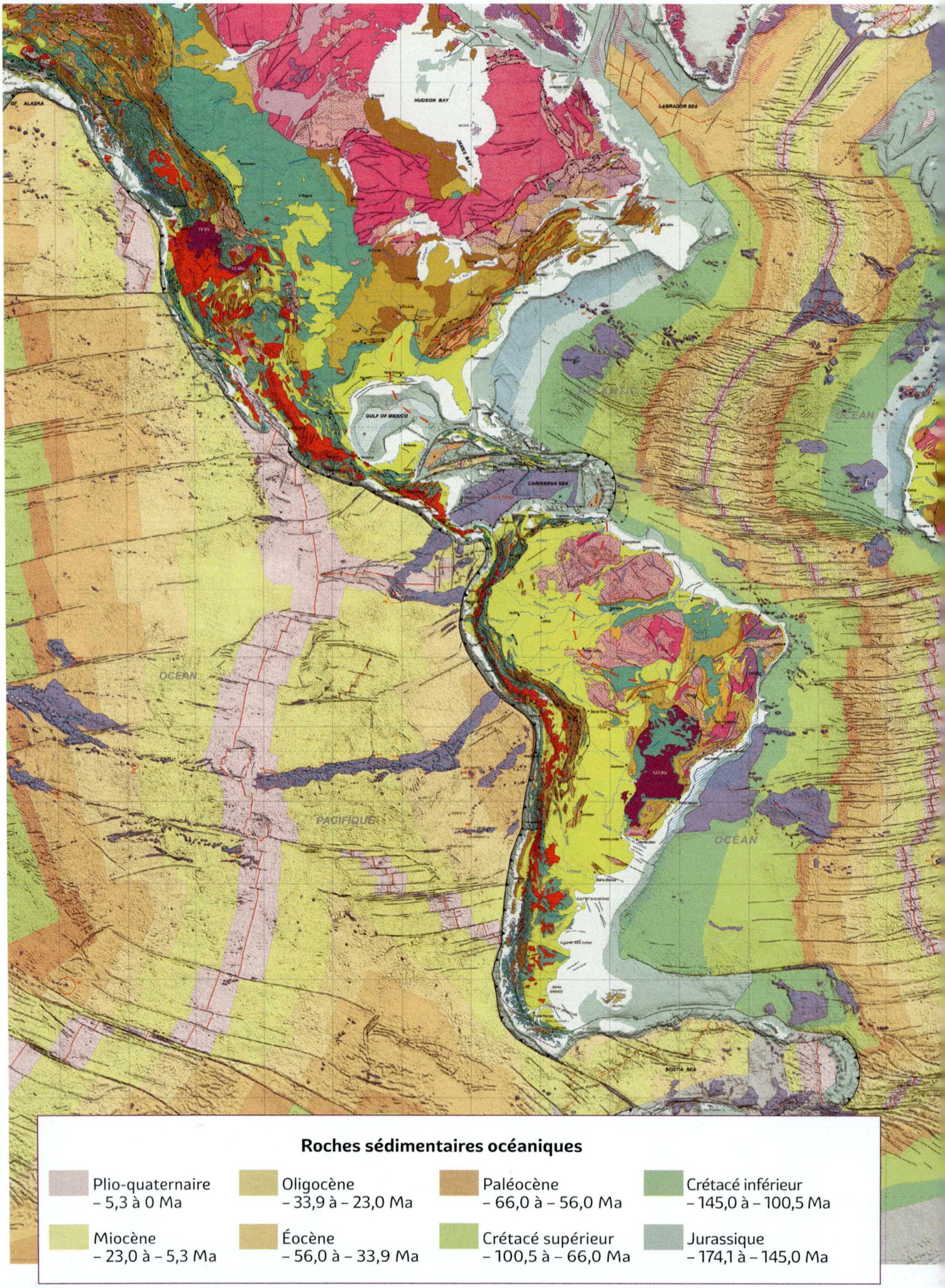

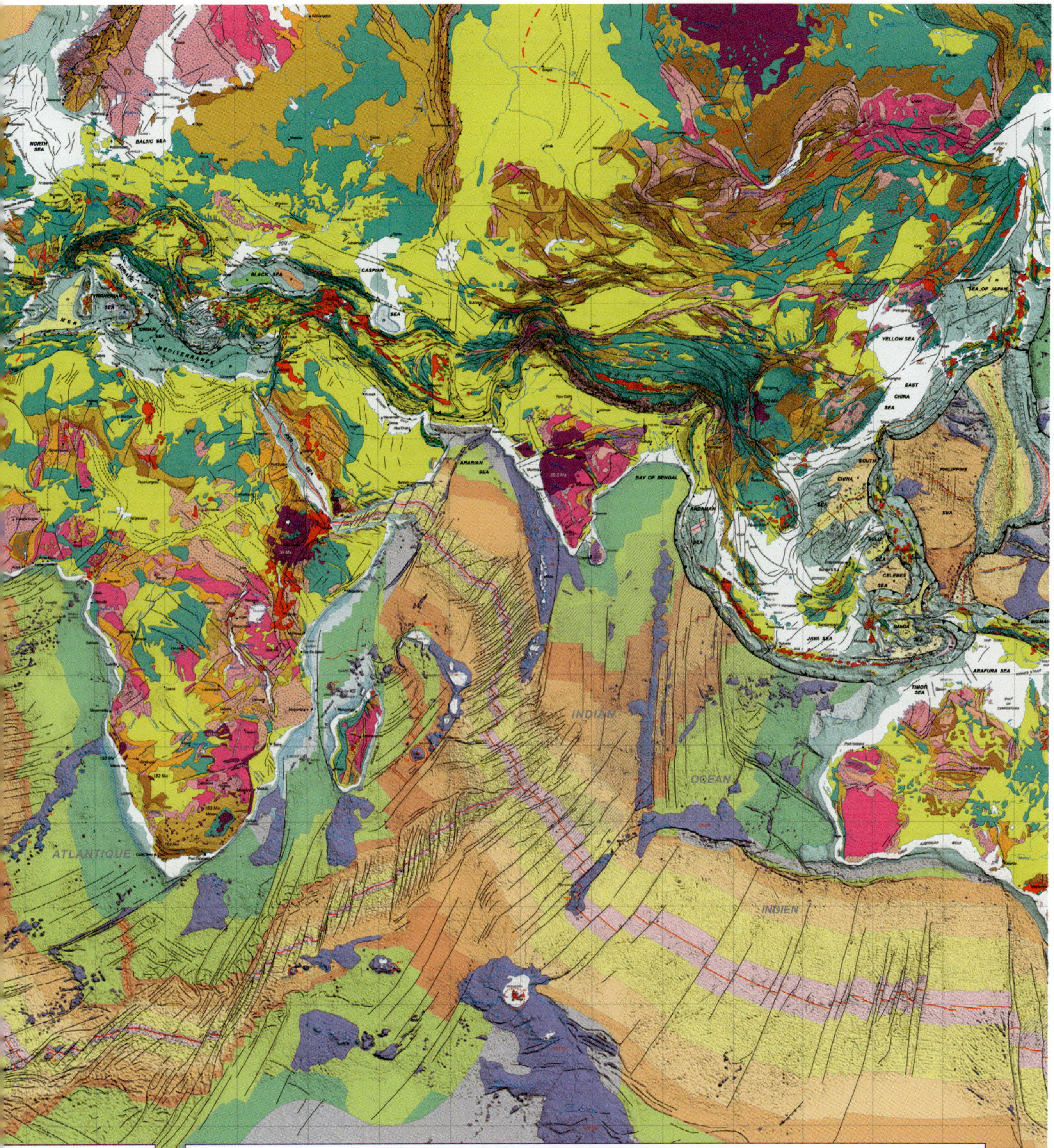

Provinces volcaniques géantes (LIP)

Roches sédimentaires continentales

Cénozoïque – 66 à 0 Ma

Mésozoïque – 251,9 à – 66,0 Ma

Paléozoïque supérieur – 419,2 à – 251,9 Ma

Paléozoïque inférieur – 541 à – 419,2 Ma

Protérozoïque – 2 500 à – 541 Ma

Archéen avant – 2 500 Ma

L'identification des minéraux au microscope

<table>
<tr><th>Relief en LPNA</th><th>Teintes en LPA</th><th>Autres critères</th><th colspan="2">Minéraux</th></tr>
<tr><td rowspan="6">Faible
Dans une lame, si le minéral se confond avec ses voisins et le milieu de montage, on dit que son relief est faible.
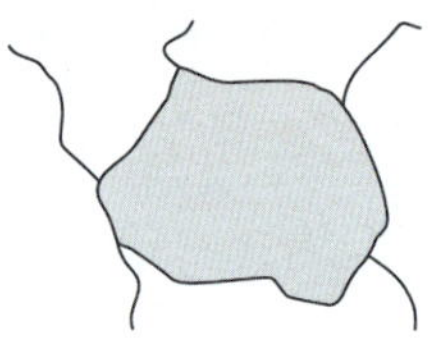
Le relief est fort dans le cas contraire : voir page suivante.
Remarque : le relief s'évalue par observation en LPNA.</td><td rowspan="3">Noir – gris – blanc</td><td>Aspect craquelé,
Contour mal défini,
Extinction roulante.
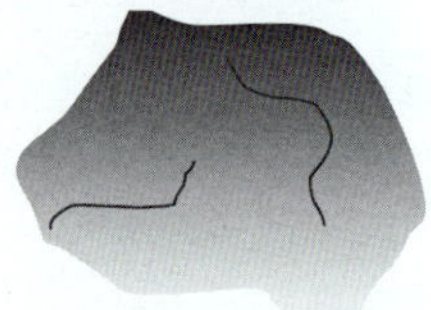</td><td colspan="2">Quartz</td></tr>
<tr><td>Cristal à une macle*, chaque « demi-cristal » a une teinte différente.
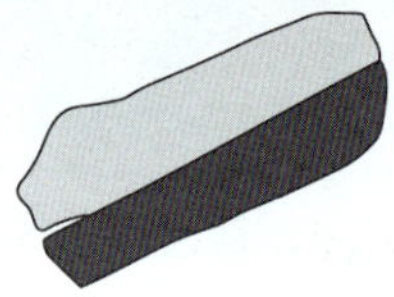</td><td rowspan="2">Feldspaths</td><td>Orthose/ Sanidine</td></tr>
<tr><td>Nombreuses macles, formant une alternance de rayures noires, blanches, grises. Souvent altéré.
</td><td>Plagioclases</td></tr>
<tr><td>Teintes très vives</td><td rowspan="3">Changement de couleur si on tourne la lame. Cristaux en lamelles. Traces de clivage* parallèles aux grands côtés des lamelles. Présence possible de zircons auréolés dans les cristaux.
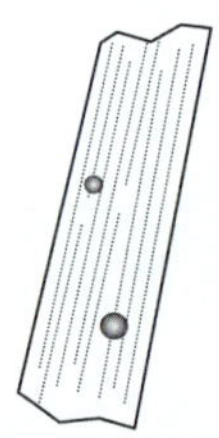</td><td rowspan="3">Micas</td><td>Muscovite</td></tr>
<tr><td>Teintes vives</td><td>Biotite</td></tr>
<tr><td>Teintes faibles</td><td>Chlorite</td></tr>
</table>

Exemples dans différents contextes			
LPA	**LPNA**	**LPA**	**LPNA**
• **Dans un granite** 	Incolore, souvent limpide 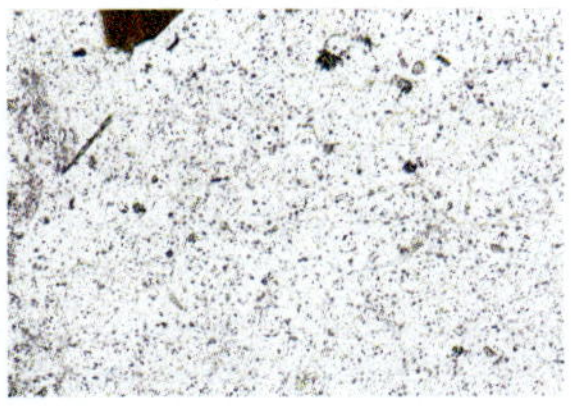	• **Dans une rhyolite** 	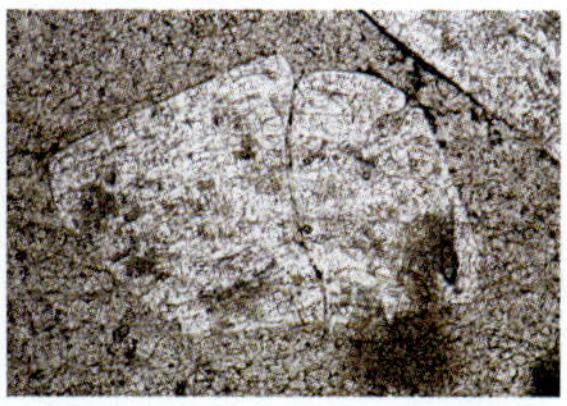
• **Dans un granite** (orthose) 	Incolore parfois « poussiéreux » 	• **Dans un basalte** (sanidine) 	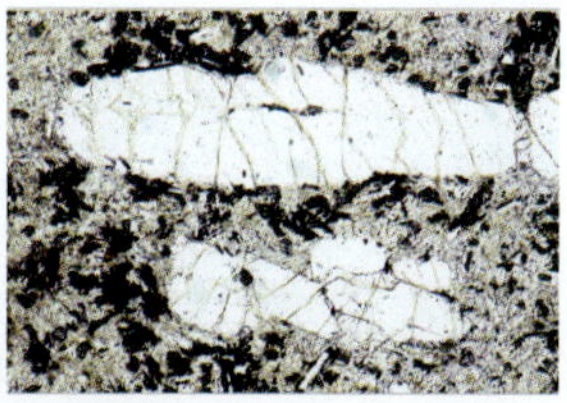
• **Dans un gabbro** 	Incolore parfois « poussiéreux » 	• **Dans une andésite** 	
• **Dans un micaschiste** 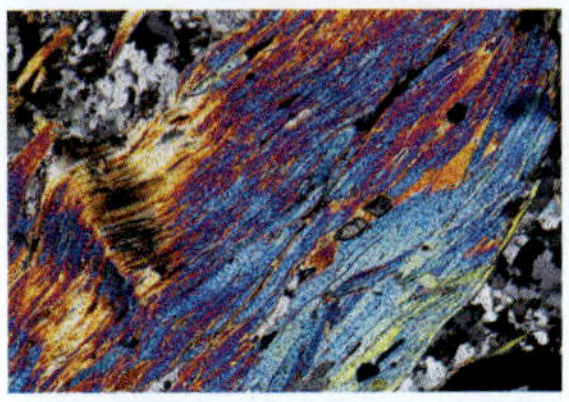	Incolore 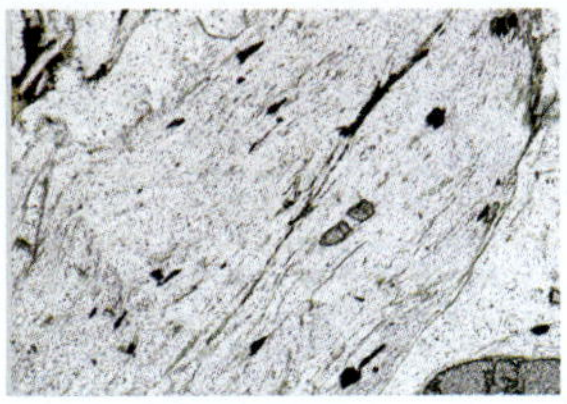	• **Dans un granite** 	
• **Dans un granite** 	Brun clair à foncé 	En LPNA, variation de la coloration suivant l'orientation 	
• **Dans un métagabbro** 	Verdâtre, brun, gris bleuté 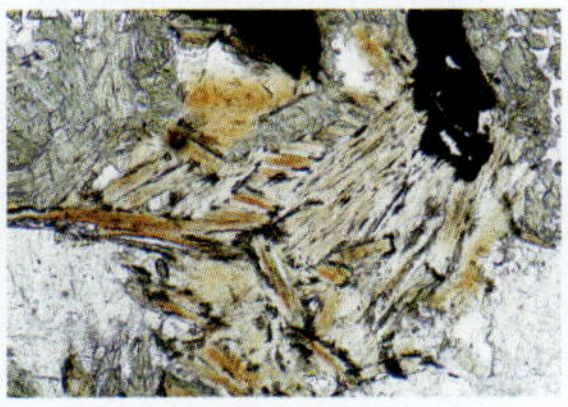	• **Dans un granite altéré** 	

L'identification des minéraux au microscope

<table>
<tr><th>Relief en LPNA</th><th>Teintes en LPA</th><th>Autres critères</th><th colspan="2">Minéraux</th></tr>
<tr><td rowspan="6">Fort
Dans une lame, si le minéral « se détache », semble au dessus du reste de la lame, on dit que son relief est fort. En faisant varier la mise au point, ce minéral semble se déplacer légèrement.
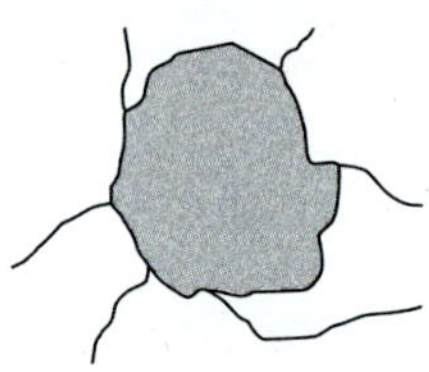
Le relief est faible dans le cas contraire : voir page précédente.
Remarque : le relief s'évalue par observation en LPNA.</td><td rowspan="3">Teintes vives</td><td rowspan="2">Forme hexagonale ou en losange.
Nombreuses traces de clivage*, selon un seul plan ou deux plans faisant un angle de 120°.
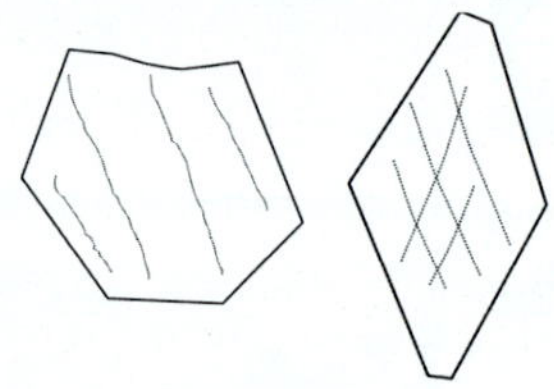</td><td rowspan="2">Amphiboles</td><td>Hornblende
Lame mince</td></tr>
<tr><td>Glaucophane
Lame mince</td></tr>
<tr><td rowspan="2">Forme octogonale ou allongée.
Traces de clivage : une série ou deux séries de clivage à 90°.
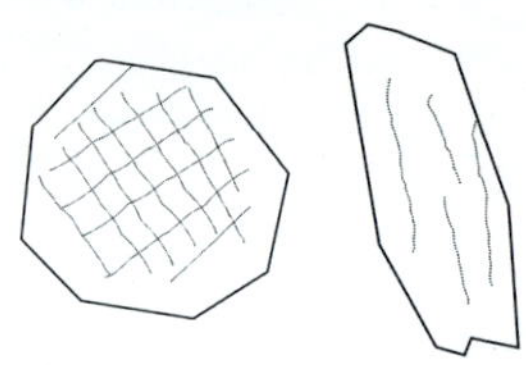
Parfois une macle* en croix.</td><td rowspan="2">Pyroxènes</td><td>Augite (par exemple)
Lame mince</td></tr>
<tr><td>Teintes variables, du blanc à l'orangé</td><td>Omphacite
Lame mince</td></tr>
<tr><td>Teintes très vives</td><td>Nombreuses fracturations sinueuses.
</td><td>Péridots</td><td>Olivine
Lame mince</td></tr>
<tr><td>Noir
(quelle que soit l'orientation)</td><td>Formes souvent polygonales plus ou moins arrondies.Présence fréquente d'inclusions.
</td><td colspan="2">Grenat
Lame mince</td></tr>
</table>

Exemples dans différents contextes			
LPA	**LPNA**	**LPA**	**LPNA**
• **Dans une diorite** 	Vert pâle à brun 	• **Dans une andésite** 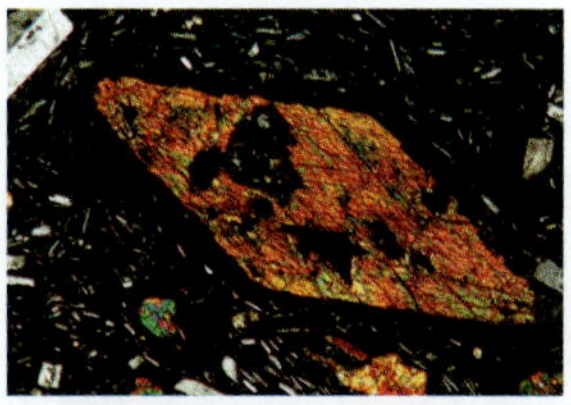	
• **Dans un métagabbro** 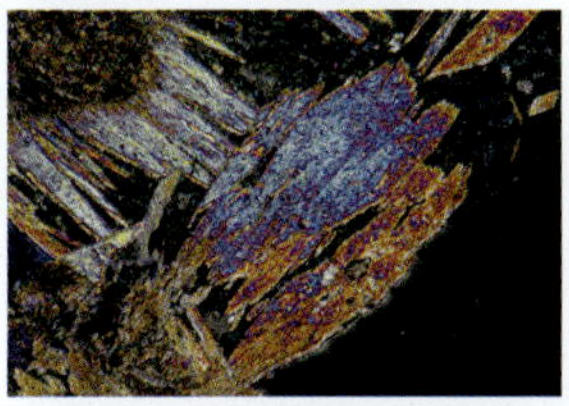	Bleu à incolore 	En LPNA, variation de la coloration suivant l'orientation 	
• **Dans un gabbro** 	Très faiblement coloré, beige 	• **Dans un basalte** (augite) 	
	Faiblement coloré, vert, jaunâtre 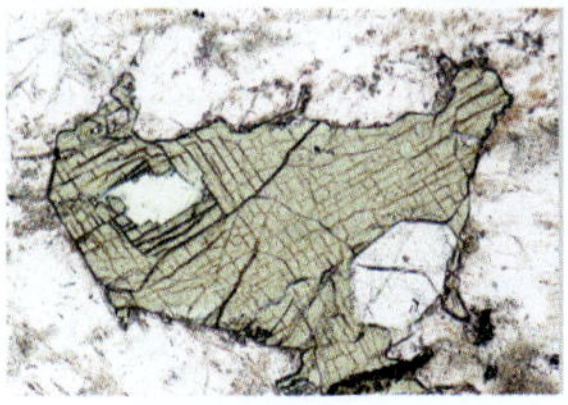	• **Dans une éclogite** 	Incolore à verdâtre 
• **Dans un gabbro** 	Incolore 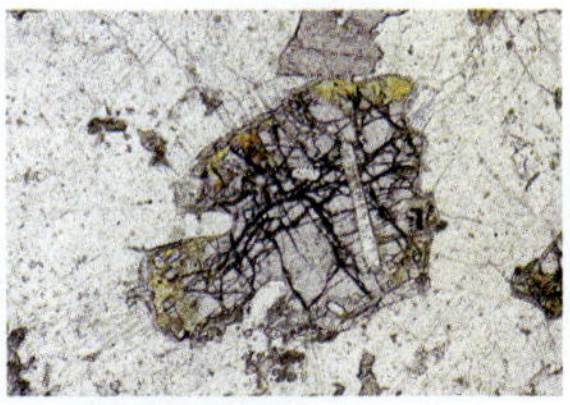	• **Dans un basalte** 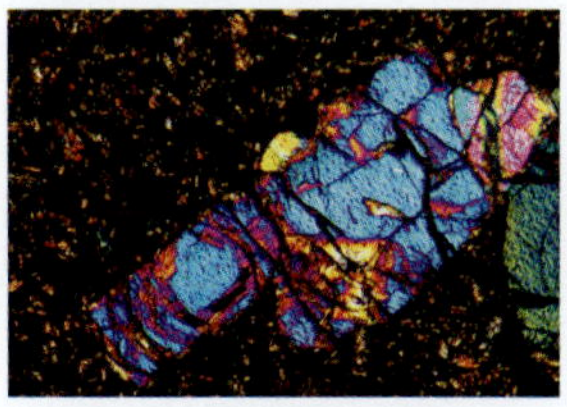	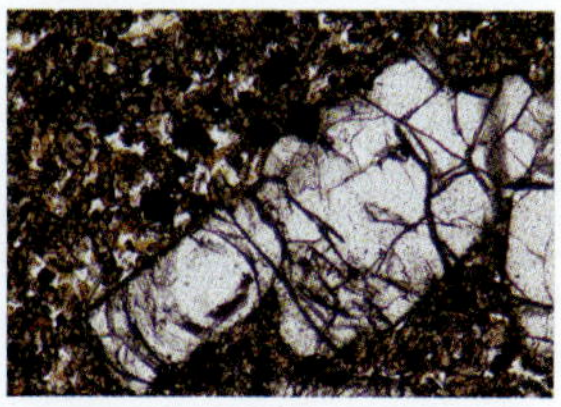
• **Dans un micaschiste** 	Parfois rosâtre 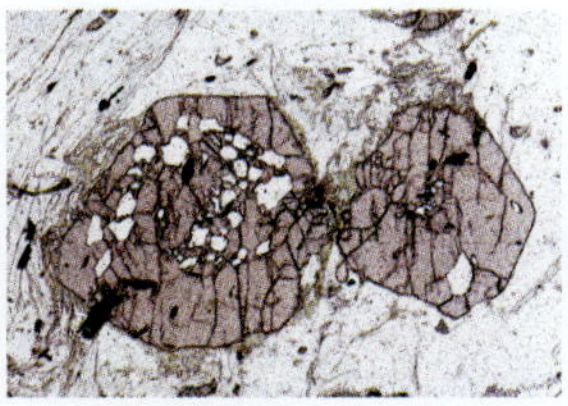	• **Dans une éclogite** 	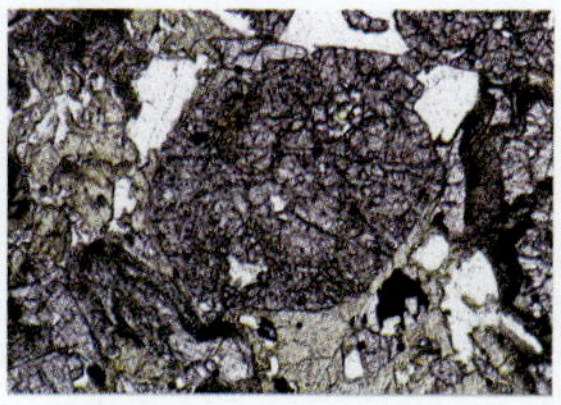

Visualisation de modèles moléculaires en 3D

Observer les atomes qui composent une molécule, c'est impossible à réaliser directement. Les chercheurs utilisent des informations indirectes comme la diffraction des rayons X pour reconstituer des modèles moléculaires. Les modèles sont ensuite analysés avec des logiciels adaptés pour déterminer les propriétés des molécules.

De la protéine au modèle moléculaire

- **Purification, Cristallisation**
La protéine étudiée est purifiée, puis placée dans des conditions favorables à la formation de cristaux.

- **Diffraction des rayons X**
Un cristal de protéine diffracte des rayons X sur un capteur en formant des motifs qui dépendent de la position des atomes.

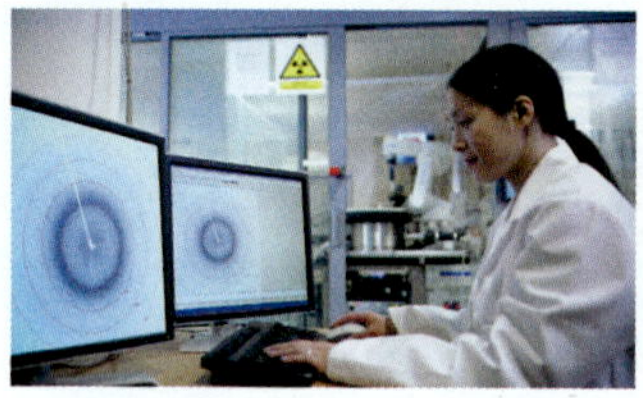

- **Carte des densités électroniques**
Les motifs sont analysés pour reconstituer la position probable des électrons de la molécule.

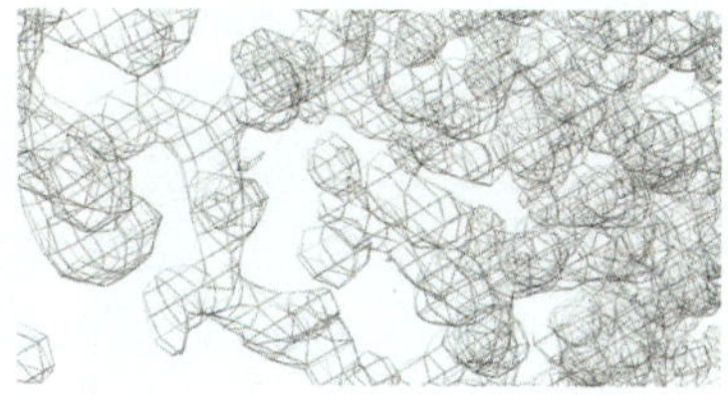

- **Construction du modèle**
Les cristallographes positionnent les acides aminés de la protéine dans la carte et contrôlent la validité du modèle.

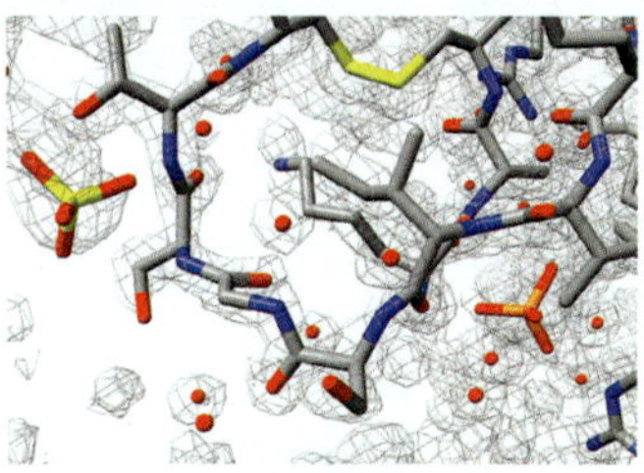

- **Publication des coordonnées du modèle**
L'équipe de recherche dépose, dans une banque de données, un fichier contenant les coordonnées des atomes du modèle accompagné des données expérimentales et de validation. En principe, le modèle fait partie d'une publication scientifique.

Extrait d'un fichier de coordonnées (format PDB)

ATOM	1	N	ALA	A	1	-14.093	60.494	-9.249	1.00	42.10	N
ATOM	2	CA	ALA	A	1	-14.989	61.651	-8.981	1.00	41.80	C
ATOM	3	C	ALA	A	1	-14.809	62.769	-10.006	1.00	41.60	C
ATOM	4	O	ALA	A	1	-15.790	63.397	-10.384	1.00	41.20	O
ATOM	5	CB	ALA	A	1	-14.760	62.190	-7.570	1.00	42.30	C
ATOM	6	N	SER	A	2	-13.573	62.992	-10.472	1.00	41.10	N
ATOM	7	CA	SER	A	2	-13.364	63.821	-11.651	1.00	40.30	C
ATOM	8	C	SER	A	2	-12.245	63.347	-12.591	1.00	39.80	C
ATOM	9	O	SER	A	2	-11.264	62.734	-12.155	1.00	39.50	O
ATOM	10	CB	SER	A	2	-13.236	65.292	-11.216	1.00	39.90	C
ATOM	11	OG	SER	A	2	-12.004	65.880	-11.497	1.00	39.90	O
ATOM	12	N	LYS	A	3	-12.516	63.462	-13.894	1.00	38.90	N

N° d'atome – Nomenclature d'atome – Acide Aminé – Identifiant de chaîne – N° d'acide aminé – Coordonnées spatiales (x, y, z) – Éléments chimiques

Remarque : La résolution des données est généralement insuffisante pour déterminer la position des atomes d'hydrogène.

Rechercher un modèle moléculaire avec libmol.org

Pour rechercher des modèles moléculaires dans la librairie de molécules ou dans la **Protein Data Bank, taper les mots clés** dans le champ de recherche.

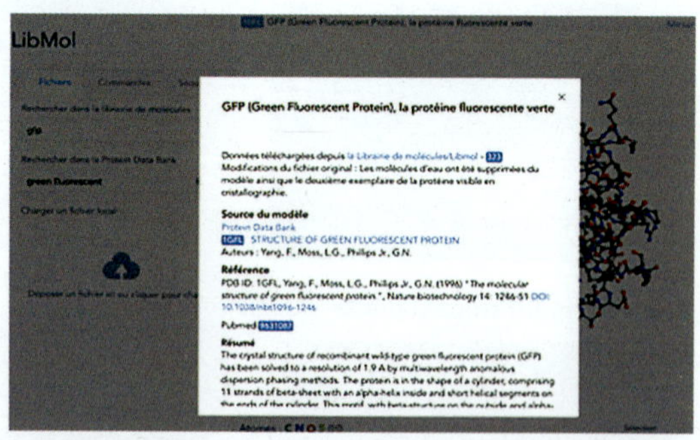

Une fois le modèle chargé, cliquer sur le code du modèle dans la barre de titre permet d'accéder aux informations scientifiques associées (auteurs, résumé de la publication scientifique...).

Analyser la structure d'un acide aminé

Un **affichage en boules et bâtonnets** et une **coloration par type d'atomes** montrent quels atomes forment une molécule et comment ces atomes sont organisés. Ici, la structure de la valine, un acide aminé.

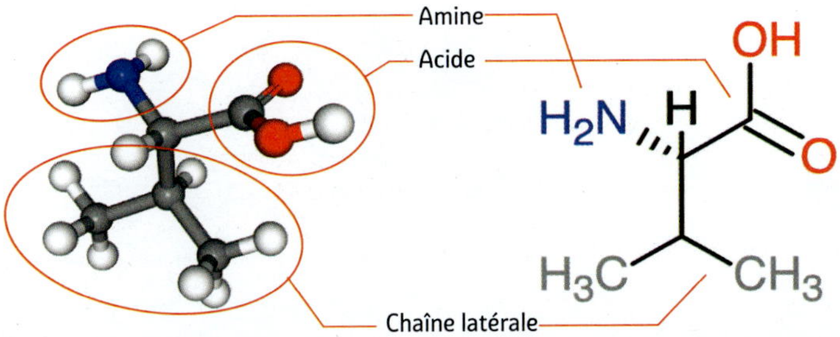

Les acides aminés ont tous la même organisation : une partie amine et une partie acide reliées à un même atome de carbone. Enfin, une chaîne latérale différente d'un acide aminé à l'autre.

Comprendre l'enchaînement des acides aminés dans un peptide

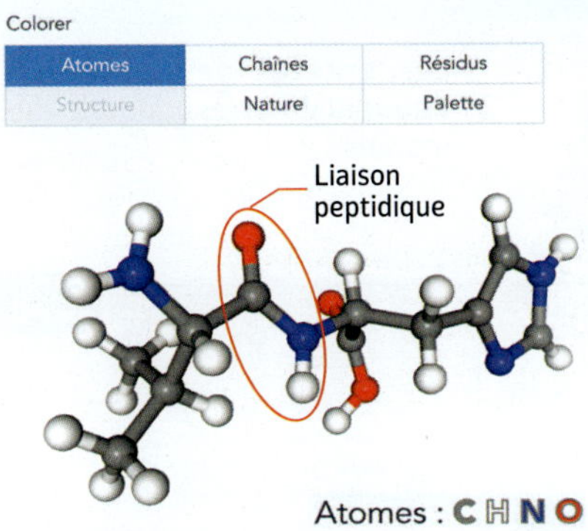

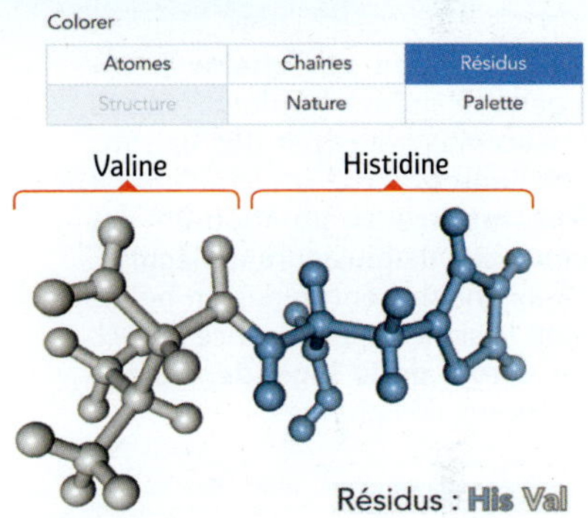

Un peptide se forme lorsque les parties amines et acides d'acides aminés réagissent ensemble et donnent des liaisons peptidiques.

Une **coloration par type de résidu** révèle la succession des acides aminés d'un peptide ou celle des nucléotides A, C, G, T, U pour l'ADN et l'ARN.

Visualiser l'enchaînement des acides aminés dans une protéine

L'**affichage en squelette carboné** représente les acides aminés de façon simplifiée : les chaînes latérales sont effacées, il ne reste que la succession des liaisons peptidiques.

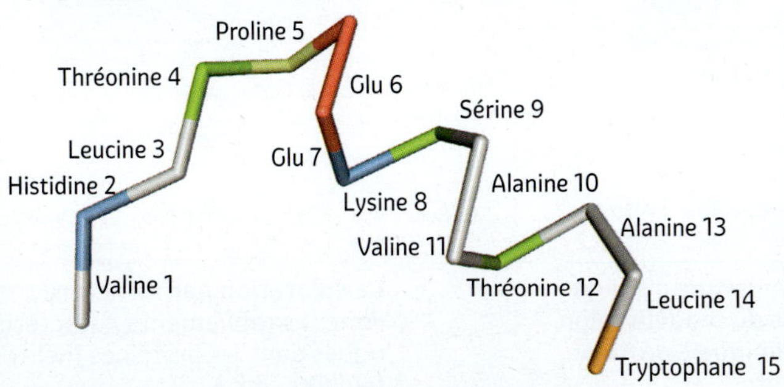

Exemple d'un fragment de la globine beta humaine.

Dans l'onglet **Séquence**, le survol d'un résidu montre son nom et sa position dans la protéine (silhouette verte).

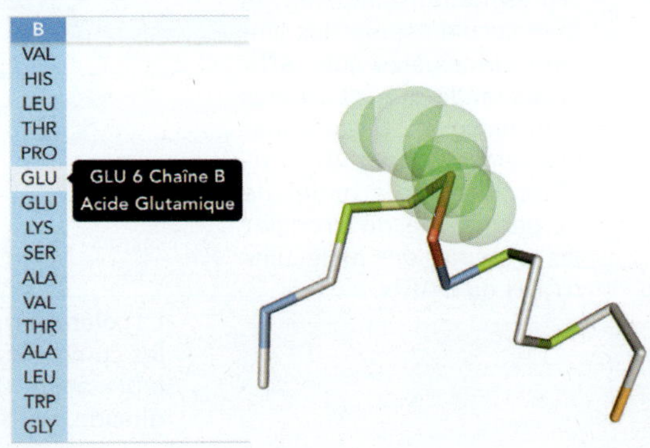

Visualisation de modèles moléculaires en 3D

Visualiser la forme d'une protéine

L'**affichage en sphères** montre le volume occupé par chaque atome et révèle la forme globale de la molécule (globulaire, fibrillaire, en Y...).

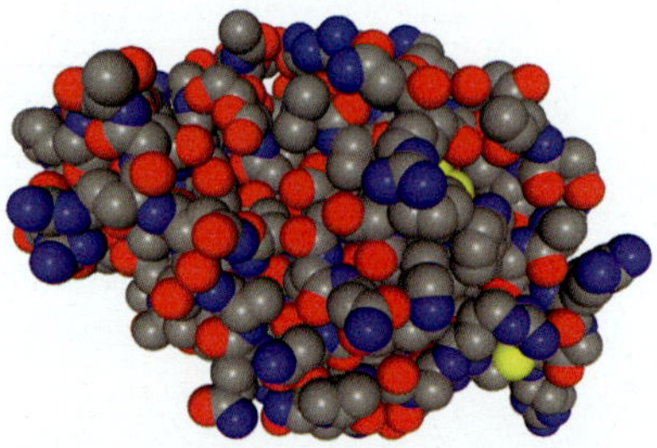

Pour visualiser les poches (comme les **sites actifs**), **sélectionner les protéines** et définir une **surface** (onglet Surface).

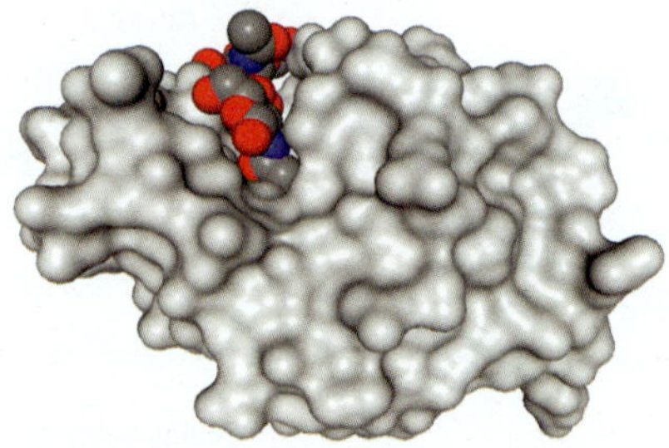

Exemple du lysozyme en complexe avec un inhibiteur.

Déterminer les chaînes qui composent le modèle

La **coloration par chaîne** attribue une même couleur à tous les atomes reliés par des liaisons covalentes.
Elle montre si un modèle est constitué de plusieurs molécules. Deux chaînes enroulées en hélice sont le signe de la présence d'ADN. Le **survol de la légende** indique les noms des chaînes.

Exemple de protéines p53 associées à un fragment d'ADN.

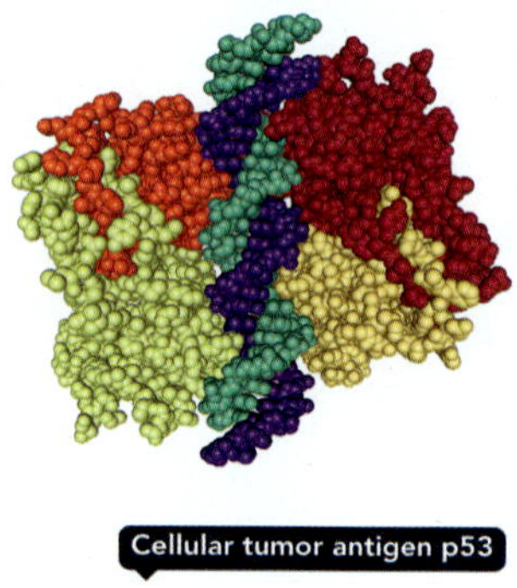

Chaînes : A B C D K L

Les entêtes des colonnes de l'**onglet Séquence** correspondent aux chaînes du modèle.

Chaîne L CDKN1A(p21) anti-sense strand

A	B	C	D	K	L
SER	SER	SER	SER	DA	DC
SER	SER	SER	SER	DG	DT
SER	SER	SER	SER	DG	DC
VAL	VAL	VAL	VAL	DA	DA
PRO	PRO	PRO	PRO	DA	DA
SER	SER	SER	SER	DC	DC
GLN	GLN	GLN	GLN	DA	DA
LYS	LYS	LYS	LYS	DT	DT

Identifier les structures présentes

Visualiser le squelette de la molécule :

Les **affichages en rubans ou en squelette** donnent une représentation simplifiée de la molécule : seules les liaisons principales sont affichées tandis que les atomes sont masqués. Cette visualisation fait apparaître l'architecture de la molécule et permet de différencier les protéines des molécules d'ADN ou d'ARN.

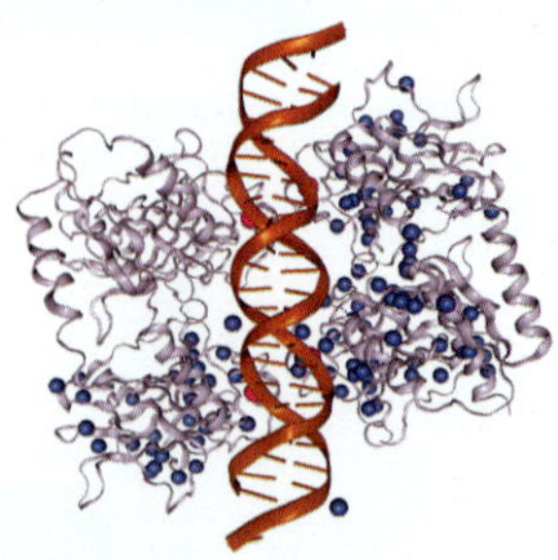

Nature : Protéine Eau Autre Adn Ion

La **coloration par nature** distingue les composants du modèle selon leur nature chimique : protéine, glucide, ADN, etc.

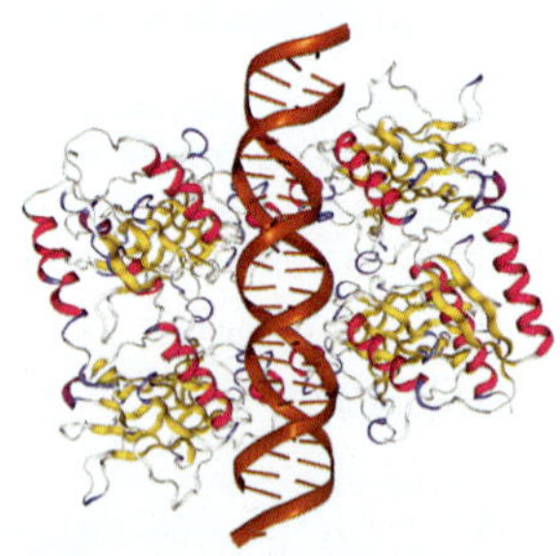

Structure : Non définie Feuillet Hélice 3-10 Coude Hélice

La **coloration par structure** souligne les repliements caractéristiques dans les protéines (hélices, feuillets, etc.).

Mettre en évidence une partie du modèle

Pour appliquer des commandes à une partie seulement d'une molécule, il faut au préalable la sélectionner.

Exemple de sélection des valines 6 dans un dimère d'hémoglobine drépanocytaire.

Méthode A – Utiliser l'onglet Séquences

1. Supprimer la sélection actuelle en cliquant sur « **Aucun** ».
2. **Cliquer sur les résidus** VAL en position 6.
3. Choisir une couleur et un mode de représentation.

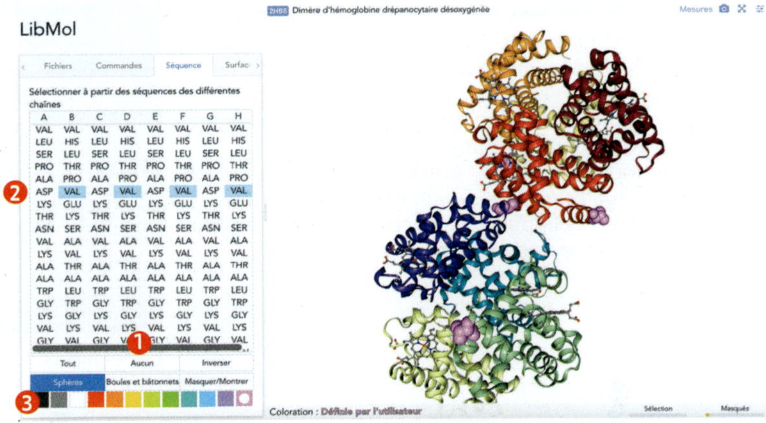

Méthode B – Commandes de sélection

1. Cliquer sur la **loupe** dans l'onglet Commandes.
2. Taper « **VAL and 6** », vérifier et valider la sélection.
3. Choisir une couleur et un mode de représentation.

Analyser les contacts entre molécules

Les protéines agissent sur d'autres molécules en réalisant des contacts qui mettent en jeu des interactions chimiques.

Le repérage des interactions au niveau d'un résidu ou bien d'une chaîne permet de trouver les acides aminés impliqués et de comprendre leur rôle.

Visualiser les interactions avec un résidu

Exemple : contact avec la valine 6 dans l'hémoglobine drépanocytaire.

1. Cliquer avec le bouton droit sur la valine 6 dans la fenêtre de visualisation ou dans la séquence.
2. Sélectionner « Interactions » dans le menu déroulant.
3. Visualiser les interactions et modifier leur représentation.

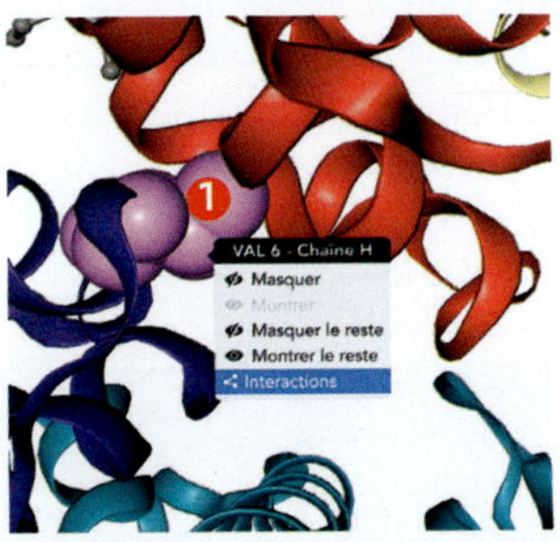

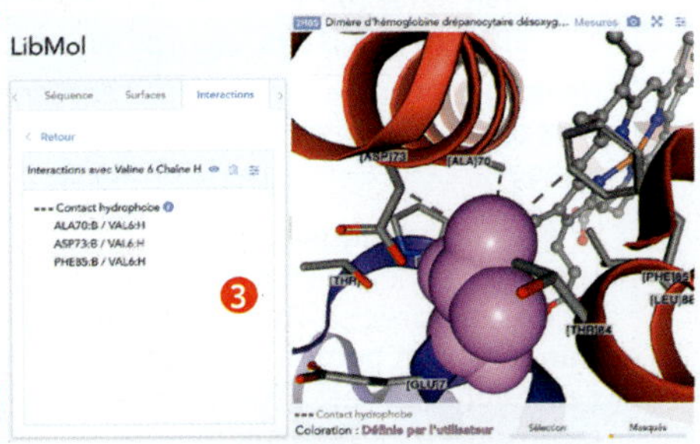

Visualiser les interactions avec une chaîne

Exemple : contact entre P24 du VIH et un anticorps.

1. Afficher les protéines en rubans.
2. Dans l'onglet Interactions choisir « Entre chaînes », sélectionner la chaîne P, limiter aux chaînes H et L. Créer une nouvelle représentation.
3. Cliquer sur le nom de la représentation pour plus de détails.
4. Dans les réglages, afficher l'entourage en sphères et colorer par résidus.

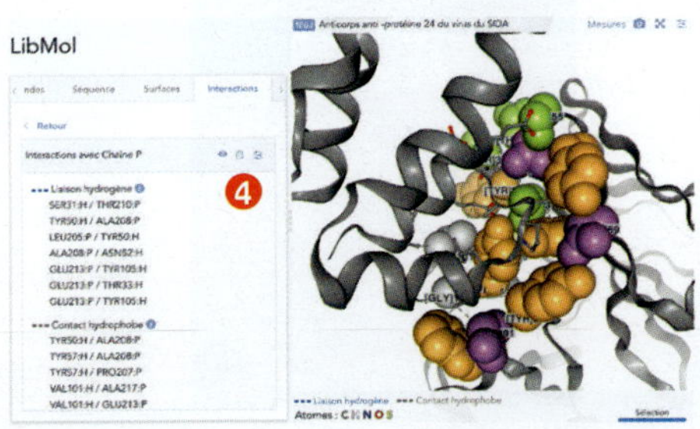

L'imagerie par résonance magnétique (IRM)

Une technique non invasive

Les IRM (images par résonance magnétique) sont obtenues par un appareil qui capte un signal émis par le noyau des atomes d'hydrogène. Les tissus mous de l'organisme, très riches en eau et donc en hydrogène, émettent très bien ce signal. L'intensité de ce dernier dépendra de la concentration en eau des tissus, ce qui permet de les distinguer les uns des autres avec une précision remarquable (de l'ordre du dixième de mm).

Pour générer ce signal, il est nécessaire de soumettre l'organisme à un champ magnétique intense, et à de courtes impulsions électromagnétiques, ce qui ne présente aucun danger.

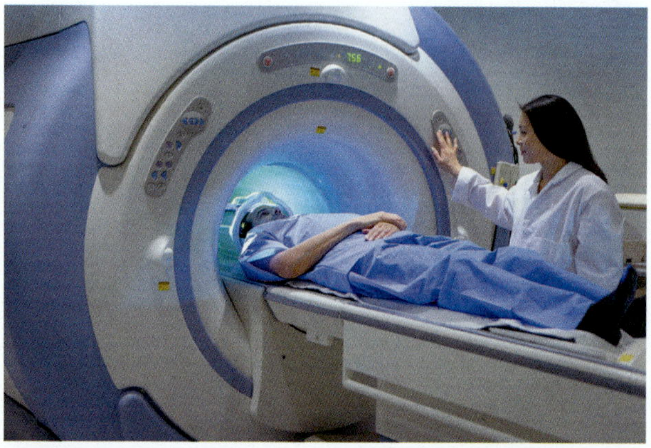

L'énorme « tunnel » dans lequel est introduit le sujet contient un aimant disposé en couronne, mais aussi un système de ventilation, un éclairage et une sonorisation.

Images anatomiques, images fonctionnelles, plans de « coupe »

L'ensemble des signaux recueillis permet de reconstituer des images selon tous les plans : on peut ainsi se déplacer selon des coupes virtuelles à l'intérieur d'un organe.

On distingue trois plans :

- plan sagittal : tout plan vertical divisant le corps en une partie droite et gauche. Le plan sagittal passant par le centre du corps est le plan sagittal médian ;
- plan coronal (ou frontal) : tout plan divisant le corps en une partie ventrale et une partie dorsale ;
- plan axial (ou transverse) : tout plan perpendiculaire à l'axe vertical du corps divisant le corps en une partie avant et une partie arrière.

Remarque : contrairement aux représentations habituelles du corps humain (vue de face), l'imagerie cérébrale est présentée selon les conventions neurologiques, c'est-à-dire que la droite de l'image correspond à la droite du sujet.

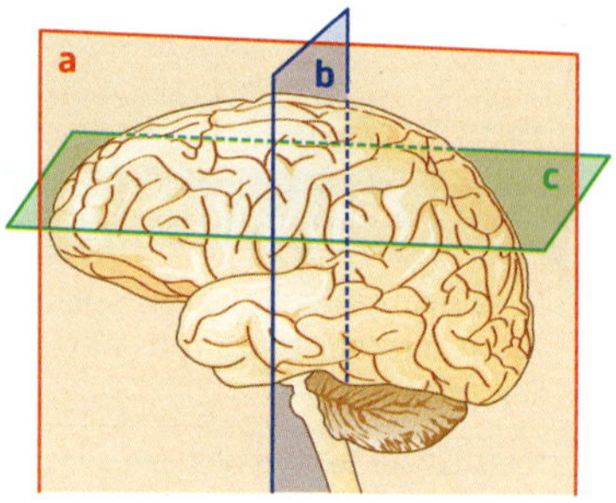

a : plan sagittal
b : plan frontal ou coronal
c : plan transversal ou axial

- **IRM anatomique**

Une image anatomique traduit de façon très précise l'organisation d'un organe et permet de détecter des lésions. Elle est généralement représentée en niveaux de gris.

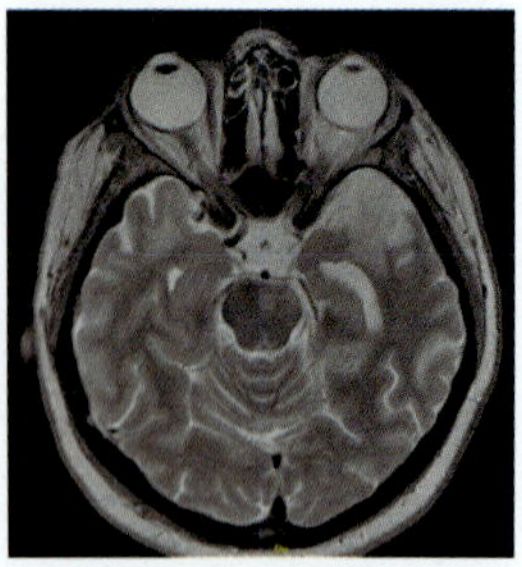

IRM anatomique – plan coronal.

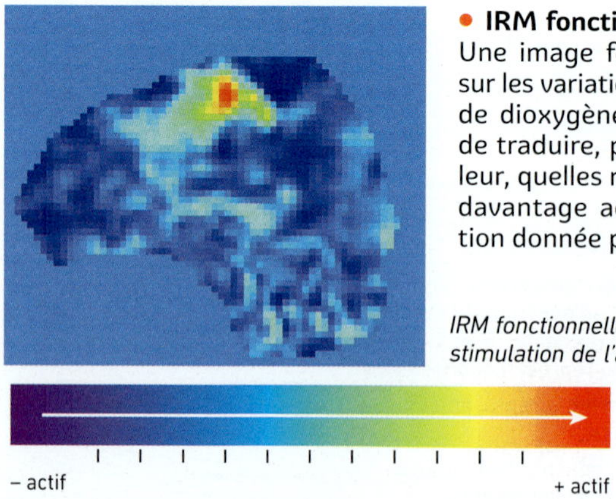

- **IRM fonctionnelle (IRMf)**

Une image fonctionnelle renseigne sur les variations de la consommation de dioxygène sanguin. Elle permet de traduire, par une échelle de couleur, quelles régions du cerveau sont davantage actives dans une situation donnée par rapport à une autre.

IRM fonctionnelle : plan sagittal gauche – stimulation de l'auriculaire droit.

Guide pratique

La visualisation d'IRM avec le logiciel EduAnat2

La superposition d'un calque fonctionnel sur une image anatomique

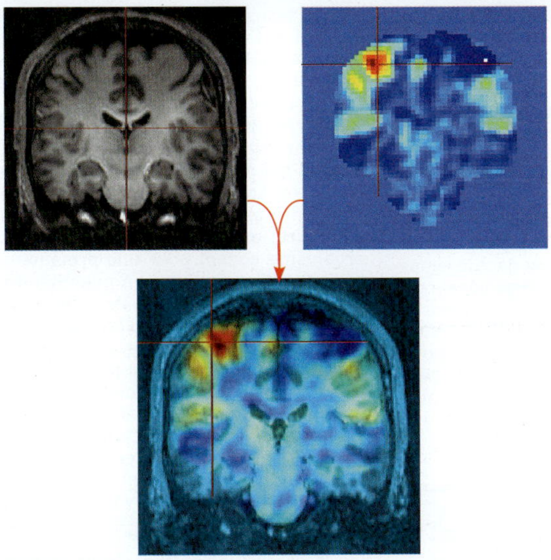

Le logiciel *EduAnat2* et la banque d'images qui lui sont associées résultent d'une coopération entre des enseignants, des médecins et des chercheurs. Il permet d'explorer très facilement différentes IRM correspondant à des situations réelles.
Le principe de base est d'afficher une IRM anatomique et d'y superposer éventuellement une image fonctionnelle. On combine alors les avantages de ces deux types d'images.
Il faut évidemment que ces images proviennent d'un même sujet et aient été obtenues dans les mêmes conditions.
Le logiciel et des fiches techniques sont téléchargeables sur le site de l'Ifé (Plateforme ACCES).

Les fonctions de base

- Pour ouvrir une image, superposer un calque fonctionnel, comparer deux images.
- Trois curseurs permettent de se déplacer indépendamment dans les trois plans de coupe. Un clic sur une zone précise d'une image place simultanément les trois plans au niveau de cette zone.

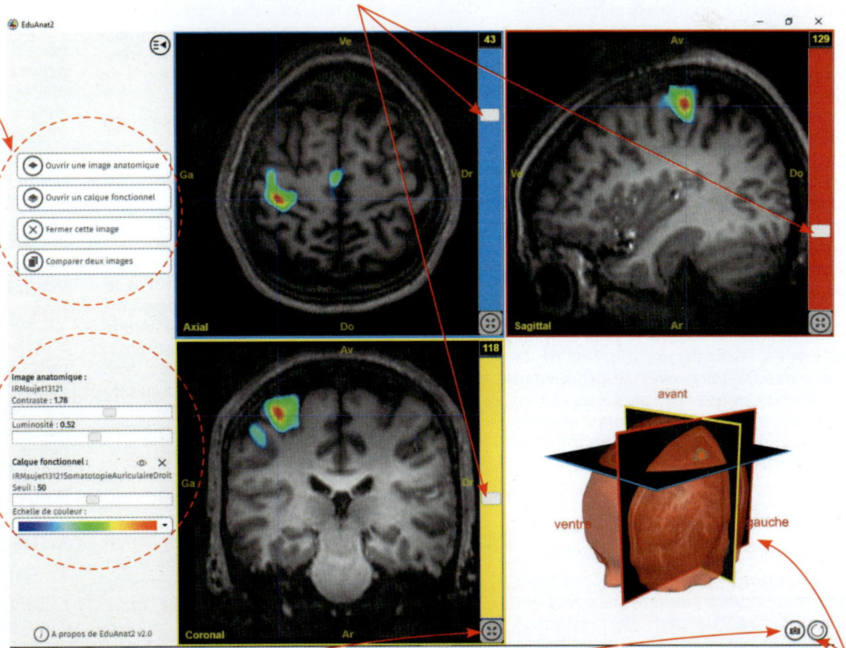

- Réglages :
  - Adapter au mieux contraste et luminosité.
  - La valeur seuil doit impérativement être réglée comme indiquée : elle dépend des conditions dans lesquelles a été réalisé l'examen.
  - Plusieurs échelles de couleurs sont disponibles.
- Pour afficher en pleine fenêtre l'un des plans.
- Pour capturer et enregistrer une image.
- Pour explorer en 3D avec la souris (utiliser la molette pour zoomer).

Corrigés

Corrigés, explications et conseils pour les exercices d'autoévaluation

PARTIE 1

Chapitre 1

1 Retour vers les problématiques

• **Les questions posées :** Comment a-t-on pu relier comportement des chromosomes et hérédité avant même de connaître la structure de l'ADN ? Comment étudie-t-on la transmission d'un allèle particulier dans le cas de l'espèce humaine ?

• **Les réponses apportées :** voir « L'essentiel » page 38.

2 QCM

• **Les bonnes réponses sont : 1d ; 2c ; 3c ; 4a ; 5d.**

3 Vrai ou faux ?

a. **Faux.** La méiose est une succession de deux divisions cellulaires sans interphase intermédiaire, mais la première division est très différente d'une mitose. b. **Faux.** Les crossing-over sont à l'origine du brassage intrachromosomique. c. **Vrai.** d. **Faux.** Lors de la seconde division de la méiose, le nombre de chromosomes par cellule ne change pas. C'est lors de la première division qu'il est divisé par deux.

5 Compléter le schéma

Les deux gènes A et B sont sur la même paire de chromosomes (même trait de fraction), mais les allèles dominants et récessifs sont inversés. Les allèles de chacun des trois gènes doivent être situés au même locus sur le chromosome.

6 Expliquer pourquoi

a. Des mutations se produisent inévitablement lors des réplications de l'ADN qui précèdent les multiples mitoses. Celles-ci sont transmises à tous les clones cellulaires dérivant de chacune des cellules mutées. Les cellules d'un individu sont donc légèrement différentes de la cellule-œuf initiale.

b. Lors d'un croisement-test, on obtient 4 phénotypes équiprobables si les deux gènes sont indépendants, tandis qu'on obtient deux phénotypes majoritaires et deux phénotypes minoritaires si les deux gènes sont liés.

c. Dans le cas de gènes liés, le pourcentage de génotypes recombinés dépend de la fréquence des crossing-over se produisant entre les deux gènes. Or, plus ces gènes sont éloignés sur le chromosome, plus la probabilité d'un crossing-over entre les deux gènes est élevée.

Chapitre 2

1 Retour vers les problématiques

• **Les questions posées :** Comment certains moustiques peuvent-ils posséder 100 exemplaires d'un gène permettant la résistance à un insecticide alors que d'autres n'en ont qu'un ? Quels types d'anomalies peut présenter un chromosome, quelle en est l'origine et quelles en sont les conséquences ?

• **Les réponses apportées :** voir le bilan page 56.

2 QCM

• **Les bonnes réponses sont : 1a ; 2d ; 3b ; 4a.**

3 Vrai ou faux ?

a. **Faux.** La duplication d'un gène conduit à la présence de deux exemplaires d'un même gène sur un chromosome. b. **Faux.** La possession de plusieurs copies d'un même gène est en soi un enrichissement du génome, permettant par exemple une augmentation de la quantité de protéines résultant de l'expression de ce gène. c. **Vrai.** d. **Faux.** Il est possible de situer dans le temps le moment où une duplication génique s'est produite car plus celle-ci est ancienne et plus les deux duplicata du gène ancestral sont différents, en raison des mutations accumulées. e. **Faux.** Les crossing-over inégaux, ou encore certaines anomalies chromosomiques, peuvent conduire à une diversification des génomes.

Chapitre 3

1 Retour vers les problématiques

• **Les questions posées :** La seiche de Hawaï héberge des bactéries bioluminescentes qui agissent sur son rythme biologique. En quoi est-ce une symbiose ? Comment les bactéries peuvent-elles modifier l'expression du génome de la seiche ? *Elysia chlorotica* est capable de conserver dans ses propres cellules digestives les chloroplastes des algues qu'elle consomme et de s'en servir pour se nourrir. Comment arrive-t-elle à les garder à l'état fonctionnel, à les contrôler ? Quelles sont les relations entre ces organites cellulaires étrangers et leur hôte ? Comment et dans quelles conditions, des bactéries peuvent-elles devenir résistantes aux antibiotiques ?

• **Les réponses apportées :** voir « L'essentiel » page 76.

2 QCM

• **Les bonnes réponses sont : 1c ; 2b ; 3c.**

3 Vrai ou faux ?

a. **Faux.** La proposition correspond à la transformation. La conjugaison repose quant à elle sur la formation d'un pont cytoplasmique entre deux bactéries qui peuvent ainsi s'échanger de l'ADN (voir p. 65). b. **Vrai.** c. **Vrai.** d. **Faux.** Dans une endosymbiose, une cellule est « hébergée » dans les cellules d'un hôte. Les deux partenaires en retirent des bénéfices d'ordre nutritionnel, environnemental, mais l'association suppose aussi des contraintes (milieu de vie pour l'hôte, régression du génome de l'endosymbiote...). e. **Faux.** Les endosymbiotes sont bien des organismes de petite taille, puisqu'ils « logent » dans les cellules de leur hôte ; l'affirmation vaut pour les bactéries et algues unicellulaires, mais pas pour les virus qui parasitent les cellules qu'ils infectent. f. **Faux.** Une endosymbiose s'accompagne d'un phénomène de transfert de gènes entre le génome du symbiote et le noyau de la cellule hôte, ce qui participe au contrôle du symbiote par l'hôte (voir schéma bilan p. 77).

5 Questions à réponses courtes

1. Les transferts horizontaux de gènes peuvent se faire par absorption ou passage direct de l'ADN, de l'environnement vers une bactérie, par conjugaison ou par transfert viral (voir unité 1 p. 64).
2. Les endosymbiotes bénéficient dans leur hôte d'un milieu stable, qui assure leur protection et souvent leur fournit des ressources nutritives.
3. La transgénèse consiste à introduire dans un organisme unicellulaire (bactérie ou levure) un gène provenant d'un autre organisme codant pour une protéine que l'on veut faire produire en quantité. Il est bien effectué un transfert de gène(s) entre organismes d'espèces différentes.
4. Les bactéries peuvent devenir résistantes à un antibiotique, rarement par mutation, le plus souvent par acquisition d'un plasmide porteur de gènes de résistance qui bloquent l'action de l'antibiotique. Dans une population, la proportion de ces bactéries résistantes s'accroit très rapidement par sélection naturelle (pour des détails voir unité 3 p. 68).

6 Légender un schéma

Le schéma illustre les étapes d'une transgénèse au cours de laquelle on identifie et on isole un fragment d'ADN d'une cellule humaine (eucaryote) portant le gène d'intérêt **(1)**. On prélève un plasmide bactérien **(2)** et on traite les fragments d'ADN avec des enzymes (enzymes de restriction, ligase) pour fabriquer un plasmide recombinant **(3)**. Ce plasmide est introduit dans une bactérie **(4)** que l'on place dans des conditions optimales pour faciliter sa multiplication et ainsi obtenir un clone bactérien **(5)** dont tous les constituants possèdent le plasmide recombiné et donc le gène d'intérêt. L'expression du gène d'intérêt permet aux très nombreuses bactéries placées dans des bioréacteurs de fabriquer la substance recherchée en grandes quantités **(6)**. Elle est ensuite extraite et conditionnée pour usage thérapeutique **(7)**.

Liste de mots pouvant être placés en légende (voir l'exemple du schéma p. 69) : cellule humaine, gène d'intérêt, plasmide bactérien, plasmide recombinant, bactérie, clone bactérien, substance recherchée, usage thérapeutique.

7 Exprimer une idée importante

D'après la **théorie endosymbiotique**, les **mitochondries**, organites des cellules eucaryotes, auraient pour origine l'endocytose, par des **cellules eucaryotes primitives**, de **bactéries** capables d'utiliser le dioxygène. De même, les **chloroplastes** proviendraient de l'incorporation de **cyanobactéries** réalisant la photosynthèse.

Chapitre 4

1 Retour vers les problématiques

• **Les questions posées :** Pourquoi, au sein d'une population, les fréquences alléliques varient-elles toujours au cours du temps ? Comment définit-on la notion d'espèce ? Quels sont les apports modernes de la génétique à l'étude des populations ?

• **Les réponses apportées :** voir « L'essentiel » page 96.

2 QCM

• **Les bonnes réponses sont :** 1b ; 2d ; 3a ; 4b ; 5c.

3 Savoir expliquer

a. Dans une population de faible effectif, la dérive génétique est très forte et peut être à l'origine de l'augmentation ou de la diminution par simple hasard de la fréquence d'un allèle, même si celui-ci est sélectivement neutre.

b. Les populations réelles sont pratiquement toujours soumises à des pressions évolutives comme la sélection naturelle (pression de l'environnement), la dérive génétique (effectif limité d'une population) ou encore les migrations.

c. Les migrations permettent d'apporter de nouveaux allèles dans une population ce qui limite dans les petites populations l'appauvrissement génétique lié à la dérive génétique. Mais les migrants présentent parfois des caractères peu adaptés à la vie dans le nouvel environnement ce qui peut diminuer l'adaptation de la population au milieu.

d. Deux sous-populations peuvent s'isoler, soit géographiquement (obstacle, migration...) ou pour des raisons comportementales (parades nuptiales différentes, temporalité de la reproduction différentes) : les individus de ces deux populations se reproduisent moins voire plus du tout les uns avec les autres. Au fur et à mesure du temps, les populations se différencient génétiquement jusqu'à ce que leur croisement devienne totalement impossible ou très défavorable : ce sont alors deux espèces distinctes.

5 Questions à réponses courtes

a. La population doit être d'effectif infini et isolée (pas de migration). Les individus qui la composent doivent être pareillement viables et fertiles (pas de sélection naturelle) et la reproduction sexuée doit être sans préférence. Enfin, il faut ignorer les mutations.

b. L'isolement reproducteur est le fait pour les individus de deux groupes d'une population de ne plus se reproduire entre eux, ce qui stoppe le flux de gènes entre ces deux groupes.

c. L'effet fondateur est lié au départ ou à l'isolement reproducteur de quelques individus pris au hasard à partir d'une population initiale importante. La nouvelle population ainsi formée a une composition génétique qui peut être différente de la population initiale.

d. L'espèce est généralement définie comme un groupe d'individus interféconds et dont la descendance est fertile. Outre le fait qu'il n'est pas toujours possible de tester le critère d'interfécondité (espèce fossile par exemple), des cas d'hybridation entre individus de différentes espèces existent et les données moléculaires montrent qu'ils sont peut-être plus fréquents que ce que l'on pensait.

6 Retrouver une notion importante

Le dessin illustre la sélection naturelle. En effet, on observe que la couleur des phalènes est un caractère héréditaire. Ici, l'oiseau va plutôt manger les phalènes de couleur claire plus facilement repérée sur les troncs sombres. Dans cet environnement, les phalènes noires ont une meilleure survie et donc un meilleur succès reproducteur : dans la population, l'allèle qui les caractérise a une fréquence plus importante que l'allèle responsable de la couleur claire.

Chapitre 5

1 Retour vers les problématiques

• **Les questions posées :** En quoi consiste l'association entre plusieurs organismes, comme ce Bernard l'ermite et une anémone de mer ? La diversification du monde vivant ne repose-t-elle que sur des bases génétiques ? Comment les comportements des animaux sont-ils acquis et transmis ? Quelle est la part de l'hérédité et celle de l'apprentissage culturel ? Les humains sont-ils de ce point de vue très différents des autres animaux ?

• **Les réponses apportées :** voir « L'essentiel » page 116.

2 QCM

• **Les bonnes réponses sont :** 1b ; 2c ; 3b.

3 Vrai ou faux ?

a. **Faux.** La transmission d'un comportement des parents aux jeunes est une transmission verticale. b. **Vrai.** c. **Vrai.** d. **Faux.** Une innovation culturelle peut se transmettre très rapidement au sein d'une population (Exemples : ouverture des bouteilles de lait pas des mésanges, usage du smartphone dans les populations humaines). e. **Faux.** La diversification des êtres vivants est la conséquence de modifications génétiques mais également d'autres processus non génétiques : associations symbiotiques, comportements culturellement acquis et transmis.

4 Expliquer la différence entre...

a. Une symbiose est une association à bénéfice réciproque entre deux organismes tandis que le parasitisme correspond à l'exploitation d'un organisme par un autre, à son détriment.

b. La sélection culturelle est un processus moteur de l'évolution culturelle : une pratique nouvellement apparue au sein d'une population peut-être sélectionnée positivement pour les avantages qu'elle présente et se répandre dans la population engendrant ainsi une évolution culturelle.

c. La transmission culturelle verticale est une transmission entre générations (des adultes aux jeunes) tandis que la transmission culturelle horizontale est la transmission d'une pratique au sein d'une génération entre individus initiés et non initiés.

6 Différencier des notions :

Évolution biologique uniquement : b, f, i.
Évolution culturelle uniquement : d, g, h. Les deux types d'évolution : a, c, e.

7 Compléter un schéma

Exemple possible : Associations non héréditaires - Diversification génétique - Évolution culturelle

PARTIE 2

Chapitre 1

1 Retour vers les problématiques

• **Les questions posées :** Comment peut-on ordonner chronologiquement les différents phénomènes qui ont structuré cet affleurement rocheux situé en Namibie et vieux de 850 Ma ? Comment a-t-on réussi à dater aussi précisément l'âge de ce cristal de zircon ? Que signifient les mots et expressions : Permien, Trias, ère primaire, ère secondaire ? Comment justifier que la limite entre le Permien et le Trias identifiée en Chine coïncide réellement avec celle des gorges du Var en France ?

• **Les réponses apportées :** voir « L'essentiel » page 150.

2 QCM

• **Les bonnes réponses sont :** 1b ; 2a ; 3b ; 4c ; 5a ; 6b.

3 Vrai ou faux ?

a. **Faux.** Il est possible de dater une roche si elle renferme un ou plusieurs fossiles répondant à certains critères. Il doit s'agir d'organismes diversifiés ayant eu une évolution rapide et une extension géographique importante (donc caractéristiques d'une époque). b. **Vrai.** c. **Faux.** Une discordance peut résulter également de l'absence de dépôts pendant un certain temps. d. **Faux.** Le couple rubidium/strontium permet de dater des roches magmatiques anciennes. e. **Vrai.**

4 Questions à réponses courtes

1. Un stratotype correspond à un affleurement de référence permettant de définir un étage géologique.

2. Une discordance angulaire est une surface d'érosion qui sépare deux formations sédimentaires n'ayant pas la même inclinaison.

3. La demi-vie d'un isotope radioactif correspond à la durée nécessaire à la désintégration de la moitié des noyaux de la quantité initiale de cet isotope.

4. Pour choisir un couple d'éléments afin de dater une roche, les géologues considèrent l'âge probable de cette roche et sa nature. On ne peut dater une roche au-delà de 10 fois la demi-vie de l'élément père et il faut bien entendu que la roche ait incorporé cet élément lors de sa formation.

5. La fermeture du système pour une roche magmatique correspond à la température en dessous de laquelle les minéraux qui la constituent sont cristallisés et n'échangent plus d'éléments chimiques.

6. Il est impossible de dater un granite au ^{14}C car ses minéraux n'en contiennent pas et parce que la demi-vie de cet élément est beaucoup trop faible.

6 Expliquer comment

a. Des formations géologiques géographiquement éloignées peuvent être corrélées par leur contenu fossilifère (principe d'identité paléontologique) : si elles partagent une même association de fossiles et sachant qu'une couche a le même âge sur toute son étendue (principe de continuité), alors les formations étudiées ont le même âge.

b. L'échelle stratigraphique internationale a été construite grâce à la définition de stratotypes, c'est-à-dire d'affleurements rocheux particulièrement riches en fossiles servant de référence pour qualifier un âge (étage).

c. Dans une roche dont chaque minéral se comporte comme un système fermé, le ^{87}Rb se désintègre en ^{87}Sr. Puisque le taux de ^{86}Sr reste constant, on peut dire que le rapport $^{87}Rb/^{86}Sr$ diminue au cours du temps tandis que le rapport $^{87}Sr/^{86}Sr$ augmente en quantité équivalente.

Chapitre 2

1 Retour vers les problématiques

• **Les questions posées :** Quelles sont les conséquences de la tectonique des plaques lithosphériques sur le « visage » de la Terre ? Comment peut-on reconstituer les grands épisodes de l'histoire de notre planète ?

• **Les réponses apportées :** voir « L'essentiel » page 174.

2 QCM

• **Les bonnes réponses sont : 1d ; 2c ; 3b.**

3 Vrai ou faux ?

a. Faux. Les métagabbros à chlorite et actinote témoignent du refroidissement et de l'hydratation de la croûte océanique lors de l'expansion. **b. Vrai.** **c. Faux.** La subduction correspond à l'enfoncement de la lithosphère océanique dans l'asthénosphère. **d. Faux.** L'orogenèse résulte de la convergence de plaques lithosphériques.

4 Expliquer les différences entre...

a. L'obduction est le charriage d'un fragment de lithosphère océanique sur la lithosphère continentale alors que la subduction est l'enfoncement de la lithosphère océanique dans l'asthénosphère.

b. Les métagabbros faciès schistes verts résultent du refroidissement et de l'hydratation des gabbros lors de l'expansion océanique alors que les métagabbros faciès éclogites résultent de l'augmentation de pression et de la déshydratation des métagabbros lors de la subduction.

c. Les sédiments syn-rift se déposent pendant la formation du rift continental par effondrement le long de failles listriques, alors que les sédiments post-rift se déposent après cette formation, les failles étant devenues inactives, chaque demi-rift étant devenu une marge passive.

5 Questions à réponses courtes

1. Un complexe ophiolitique est formé, de sa base au sommet, de péridotites, de gabbros et de basaltes plus ou moins métamorphisés.

2. La lithosphère est amincie au niveau d'un rift continental.

3. Le glaucophane, la jadéite et surtout le grenat.

4. Les blocs basculés sont typiques d'un contexte en distension (rift).

5. La Pangée était un supercontinent regroupant l'ensemble des blocs continentaux, il y a 300 Ma.

7 Mettre dans l'ordre chronologique

A. Expansion océanique - C. Subduction - B. Collision continentale

8 Exprimer une idée importante

Au cours d'un **cycle** orogénique, la **fragmentation continentale** engendre un domaine océanique qui s'agrandit par divergence au niveau d'une **dorsale**. La fermeture de l'océan aboutit ensuite à la **collision** des **blocs continentaux** : une chaîne de montagnes se forme : c'est **l'orogenèse**.

PARTIE 3

Chapitre 1

1 Retour vers les problématiques

• **Les questions posées :** Que contient un bourgeon, comment se forme-t-il et comment se développe-t-il ? À quoi servent les stomates observés à la surface des feuilles ? Où sont situés les vaisseaux conducteurs de sève ? Dans quel sens la sève circule-telle ?

• **Les réponses apportées :** voir « L'essentiel » page 204.

2 QCM

• **Les bonnes réponses sont : 1b ; 2b ; 3c ; 4a ; 5c.**

3 Comprendre et légender une photographie

1 : Cellule épidermique - 2 : Ostiole - 3 : Cellule stomatique

Titre : Stomate de la face supérieure d'une feuille de lentille d'eau (observation au microscope optique).

En effet, sur une lentille d'eau, c'est nécessairement l'épiderme supérieur qui est pourvu de stomates, la face inférieure étant au contact de l'eau.

5 Expliquer la différence entre :

a. La face inférieure comporte en général plus de stomates que la face supérieure. Celle-ci en est même souvent dépourvue. L'épiderme de la face supérieure est parfois recouvert d'une cuticule épaisse et cireuse, brillante. Le parenchyme de la face supérieure (parenchyme palissadique) est plus dense, constitué de cellules chlorophylliennes alignées, ce qui permet de réaliser une photosynthèse optimale. Le parenchyme de la face inférieure (parenchyme lacuneux) comporte de nombreux espaces permettant la circulation d'une atmosphère interne.

b. Certaines racines possèdent à leur extrémité de nombreuses cellules, fines et très allongées : ce sont des poils absorbants, constituant une grande surface d'échange et permettant l'absorption d'eau. Mais, chez de nombreuses plantes, les racines s'associent au mycélium de champignons. Cette association, appelée mycorhize, est une symbiose : le champignon se nourrit des matières organiques fabriquées par la plante, et celle-ci bénéficie grâce aux filaments mycéliens d'un volume d'exploitation de l'eau du sol très supérieur à ce qu'il serait sans mycorhize.

c. La sève brute est composée d'eau et d'ions (solution du sol) et circule dans les vaisseaux du xylème, de façon ascendante depuis les racines jusqu'aux feuilles. La sève élaborée est composée d'eau, d'ions et de matières organiques produites par photosynthèse (acides aminés, saccharose). Elle circule dans les tubes du phloème et alimente depuis les feuilles toutes les cellules non chlorophylliennes.

d. Le xylème est constitué de files de cellules mortes, allongées, dont ne subsiste que la paroi latérale, renforcée par des dépôts de lignine. Les vaisseaux du xylème transportent la sève brute. Le phloème est constitué de files de cellules vivantes, allongées, aux parois de cellulose. Les vaisseaux du phloème, aussi appelés tubes criblés, transportent la sève élaborée.

e. La multiplication cellulaire se fait au niveau des zones méristématiques. Dans ces zones, les cellules sont de petite taille, non différenciées et sont activement produites par mitoses. La zone d'élongation est en arrière de la zone de multiplication. Les cellules croissent en longueur mais elles restent toujours indifférenciées. Cette croissance est contrôlée par des hormones végétales.

f. Un bourgeon apical est au sommet (apex) d'une tige. La croissance du végétal est le plus souvent liée à l'activité de ce bourgeon. Il est dominant sur les autres bourgeons (dominance apicale), dits axillaires, via des hormones comme l'auxine. Les bourgeons axillaires (latéraux) sont situés sous le bourgeon apical, à la base des feuilles. Quand ils se développent, ils sont à l'origine de ramifications.

g. Une tige est organisée en phytomères successifs comportant chacun un nœud et un entre-nœud. Un nœud comporte les points d'attaches des feuilles à la tige. À ce niveau se trouvent aussi des bourgeons axillaires, ou des rameaux (tiges secondaires). Un entre-nœud est une zone dépourvue de bourgeon et de feuille, c'est une simple zone d'élongation.

6 Vrai ou faux ?

a. Vrai. **b. Faux.** À forte concentration, elle stimule la rhizogenèse. **c. Faux.** L'auxine sécrétée par le bourgeon apical inhibe le développement des bourgeons axillaires (dominance apicale). **d. Faux.** L'auxine favorise la croissance des cellules du côté opposé à la lumière (favorise donc l'orientation vers la lumière). **e. Vrai.** **f. Faux.** Les bourgeons débourrent au printemps mais sont déjà formés avant l'hiver.

7 Questions à réponses courtes

a. Les feuilles sont alimentées en eau par la sève brute transportée par le xylème.

b. Les feuilles sont approvisionnées en CO_2 par l'ouverture des stomates.

c. Les échanges de matières entre les organes d'une plante s'effectuent grâce aux sèves. Entre les racines et les feuilles, l'eau et les ions (sève brute) empruntent les vaisseaux du xylème. Entre les feuilles et tous les autres organes, la matière organique produite par photosynthèse est transportée par la sève élaborée qui circule dans les vaisseaux du phloème.

d. La perte des feuilles en automne est un moyen de protection contre des conditions climatiques défavorables au cours de l'hiver.

e. Une racine grandit à partir de son extrémité par multiplication et élongation cellulaires.

Chapitre 2

1 Retour vers les problématiques

• **Les questions posées :** Comment les plantes produisent-elles leurs matières organiques, dont les anthocyanes, tanins ou alcaloïdes ? Comment se forment le bois et les réserves contenues dans les graines ? Comment ces molécules participent-elles à la vie de la plante (sa nutrition, ses relations avec son environnement, sa reproduction) ?

• **Les réponses apportées :** voir « L'essentiel » page 226.

2 QCM

• **Les bonnes réponses sont :** 1b ; 2d ; 3a.

3 Vrai ou faux ?

a. **Faux.** Les réactions chimiques permettant la production de matière organique consomment de l'énergie. b. **Faux** Le stockage de la matière organique se fait dans des organes souterrains mais également dans des organes aériens, comme les fruits par exemple. c. **Faux.** Les anthocyanes contenues dans les pétales de certaines fleurs attirent les pollinisateurs. d. **Vrai.**

4 Expliquer les différences entre...

a. Les pigments chlorophylliens captent l'énergie lumineuse nécessaire à la photosynthèse tandis que les anthocyanes sont des pigments impliqués entre autres dans les interactions mutualistes avec les animaux pollinisateurs.

b. Rhizomes et tubercules sont des organes souterrains de stockage de matières organiques, mais les rhizomes sont des tiges vivaces, tandis que les tubercules sont des organes annuels, caulinaires ou racinaires.

c. Les anthocyanes et les tanins sont des molécules produites à partir des produits de la photosynthèse, mais les anthocyanes sont des pigments permettant d'attirer les pollinisateurs alors que les tanins sont des molécules qui permettent de lutter contre les phytophages.

d. Un chloroplaste est un organite contenant des pigments chlorophylliens et le lieu où se déroule la photosynthèse ; un amyloplaste est un organite qui permet le stockage de l'amidon.

5 Questions à réponses courtes

1. Les organes capables de faire la photosynthèse sont verts, ils contiennent des cellules chlorophylliennes au sein desquelles se trouvent des chloroplastes.

2. L'énergie solaire est convertie en énergie chimique par la chlorophylle. L'énergie lumineuse excite la chlorophylle, qui retrouve son état standard en transférant son énergie à des électrons (énergie chimique).

3. Les organes qui permettent de stocker la matière organique sont les bulbes, les tubercules, les rhizomes mais aussi les graines et les fruits charnus.

4. Le port de la plante est assuré par la paroi des cellules végétales qui contient de la cellulose. Certains tissus comme les vaisseaux du xylème ou le sclérenchyme possèdent des parois constituées de lignines qui apportent une rigidité aux organes.

5. Les plantes se protègent des phytophages en produisant diverses molécules toxiques, les tanins en sont un exemple.

6. La lignine apporte de la rigidité à la paroi des cellules. Elle participe donc au port de la plante. On la trouve principalement dans les vaisseaux du xylème (à l'origine du bois) et dans les sclérenchymes.

7 Exprimer une idée importante

La **photosynthèse** permet la **réduction** du **dioxyde de carbone** à l'origine de **sucres solubles**. Diverses **enzymes** transforment ces sucres en molécules capables d'assurer la **croissance** et le **port** de la plante.

8 Retrouver une notion importante

Lors de la photosynthèse, l'énergie lumineuse est convertie en énergie chimique et incorporée au sein de la matière organique, dont celles du bois. Quand le bois brûle, l'énergie qui est libérée a donc pour origine l'énergie lumineuse.

9 Compléter les légendes de ce schéma et proposer un titre.

De haut en bas : Photosynthèse ; Réduction ; Glucose (à droite) et Dioxygène (à gauche).

Chapitre 3

1 Retour vers les problématiques

• **Les questions posées :** Le kalanchoe se reproduit en fabriquant de petites plantes à partir de ses feuilles. Les asters, les belles-de-nuit se reproduisent grâce à des fleurs. Quelles sont les caractéristiques de ces modes de reproduction ? Comment permettent-ils une adaptation à la vie fixée ? Quels rôles jouent les autres êtres vivants, dont les insectes, dans la reproduction des plantes ?

• **Les réponses apportées :** voir « L'essentiel » page 250.

2 QCM

• **Les bonnes réponses sont :** 1d ; 2c ; 3c.

3 Vrai ou faux ?

a. **Faux.** Tous les organes cités participent bien à la reproduction asexuée des plantes, mais les stolons, tiges sans réserves nutritives, sont des organes aériens et non souterrains. b. **Faux.** Les sépales sont des pièces stériles. c. **Vrai.** d. **Faux.** Chez les plantes dioïques, les fleurs mâles et femelles sont portées par des pieds différents. e. **Vrai.**

4 Questions à réponses courtes

1. Une fleur hermaphrodite comporte des organes mâles, les étamines productrices de pollen, et des organes femelles, les carpelles contenant des ovules et organisés en pistil.

2. Les animaux pollinisateurs ont développé des adaptations favorisant la reconnaissance des signaux visuels et olfactifs émis par les fleurs, la récolte des ressources nutritives (appareil buccal avec langue permettant la succion du nectar, organes de collecte et de transport du pollen : peigne et corbeille des pattes d'abeilles).

3. Les fleurs entomophiles développent des adaptations pour attirer les pollinisateurs et émettent des signaux visuels (couleurs, guides), chimiques (odeurs, phéromones) et trophiques (pollen, nectar). Voir schéma bilan p. 251.

6 Annoter un schéma

Les schémas représentent les diverses étapes de la germination d'une graine qui se déroulent dans l'ordre suivant :

E : La graine est encore en état de vie ralentie, non germée.

C : Développement de la radicule qui a percé le tégument ; c'est le début de la germination.

A : Croissance de la radicule, développement de la racine et ramification ; la future tige commence à dépasser de la surface du sol.

B : La tige s'accroît et porte les cotylédons au-dessus de la surface du sol ; développement des premières vraies feuilles permettant le début de la photosynthèse.

D : Formation d'une nouvelle plante ; les feuilles se développent, les cotylédons flétrissent.

7 Exprimer une idée importante

La **reproduction asexuée** est un processus naturel permettant la formation d'individus identiques à partir d'un seul parent. Elle est utilisée dans la **culture *in vitro***, où un fragment d'organe végétal ou **explant** est prélevé et mis en culture sur milieu gélosé. Cette méthode de **clonage** repose sur les propriétés de **totipotence** des cellules végétales et de **croissance indéfinie** des plantes.

Chapitre 4

1 Retour vers les problématiques

• **Les questions posées :** Quelle est l'origine des plantes cultivées ? Qu'est-ce qui les distingue des plantes sauvages ? Quelles modifications subissent-elles au contact de l'espèce humaine ? Quels rôles les plantes cultivées ont-elles joué dans l'histoire de l'humanité ? Quelle est leur place dans les défis majeurs du XXIe siècle ?

• **Les réponses apportées :** voir « L'essentiel » page 276.

2 QCM

• **Les bonnes réponses sont :** 1b ; 2b ; 3b ; 4c.

3 Vrai ou faux ?

a. **Faux.** L'hybride de génération F1 est plus productif que ses deux parents de lignée pure et que les hybrides de génération F2. b. **Vrai.** c. **Faux.** Les plantes domestiquées sont souvent moins résistantes aux maladies que les plantes sauvages. d. **Faux.** Si les variétés cultivées actuellement en France peuvent être des variétés « de pays », la très grande majorité correspond à des variétés hybrides F1. e. **Vrai.**

4 Questions à réponses courtes

1. Plusieurs variétés peuvent être associées dans une culture pour bénéficier de leurs caractéristiques complémentaires. Ces associations peuvent par exemple permettre de diminuer les pertes de rendements, liées aux attaques dues à des agents pathogènes comme des virus ou des champignons.

2. Les plantes domestiquées dépendent des humains car les caractéristiques sélectionnées ne leur permettent plus ou difficilement de se reproduire et de se développer dans les conditions naturelles. Elles nécessitent d'être semées, de recevoir des fertilisants, parfois d'être irriguées et d'être traitées contre les prédateurs ou des agents pathogènes.

3. La domestication de certaines plantes a façonné les régimes alimentaires des populations humaines. Sur de nombreuses générations, certains régimes alimentaires peuvent avoir contribué à sélectionner des individus aptes à en tirer profit sur le plan digestif ou métabolique.

5 Présenter les différences entre...

a. Une plante domestiquée est une plante qui a subi des modifications affectant son génotype du fait de sélections artificielles, menées par l'Homme. Ces modifications conduisent la plante à perdre certaines caractéristiques nécessaires à sa vie sauvage, et à acquérir des caractéristiques qui l'adaptent aux contraintes de la culture et aux besoins humains.

b. La diversité génétique peut être assimilée à la diversité des gènes représentés par de nombreux allèles au sein d'une espèce, tandis que la diversité variétale correspond aux différentes variétés appartenant à une espèce. Des variétés peuvent différer les unes des autres sur la base d'un très petit nombre de caractères voire d'un unique caractère sous le contrôle d'un petit nombre de gènes voire d'un unique gène. Chez les espèces cultivées, Il peut donc y avoir une grande diversité variétale sans que cela corresponde pour autant à une grande diversité génétique.

c. La sélection naturelle est un des mécanismes de l'évolution biologique : l'action de diverses pressions de sélection dans un environnement naturel a pour conséquence la sélection d'individus présentant des phénotypes avantageux au regard de ces pressions. La sélection artificielle sélectionne aussi des individus aux phénotypes avantageux, mais selon des critères définis par les êtres humains.

d. La sélection empirique est la sélection utilisée par les agriculteurs qui choisissent de semer les graines issues de plants en se basant sur des critères phénotypiques. Elle est à l'origine de variétés « de pays », au sein desquelles existe une certaine variabilité génotypique et phénotypique. La sélection programmée résulte d'une démarche scientifique s'appuyant sur les lois de l'hérédité et les connaissances en génétique. Des lignées pures sont constituées, des hybridations dirigées sont effectuées. Ce type de sélection conduit à la formation de populations génétiquement très homogènes.

7 Compléter le schéma

Voir le schéma B p. 263.

PARTIE 4

Chapitre 1

1 Retour vers les problématiques

• **Les questions posées :** Comment l'Homme modifie-t-il le climat ? Comment l'étude des climats passés, notamment des périodes chaudes, permet-elle d'anticiper le climat futur ? Quels indices permettent de reconstituer les climats de périodes très anciennes de l'histoire de la Terre, et quelles étaient leurs causes ?

• **Les réponses apportées :** voir « L'essentiel » page 310.

2 QCM

• **Les bonnes réponses sont :** 1c ; 2b ; 3a.

3 Compléter un schéma

Insolation aux hautes latitudes : en baisse - Surface des calottes glaciaires : en hausse - Albédo : en hausse - Absorption de la chaleur du Soleil : en baisse - CO_2 dissous dans l'océan : en hausse - Teneur en CO_2 dans l'atmosphère : en baisse.

4 Expliquer comment

a. Les modèles climatiques permettent d'estimer la part de différentes contributions au changement climatique actuel. Il est impossible de modéliser le changement actuel sans prendre en compte les contributions humaines, ce qui montre leur importance déterminante.

b. Les variations de l'insolation aux hautes latitudes (notamment à 65°N) ont une influence sur la quantité de glace aux pôles ce qui déclenche des boucles de rétroaction qui amplifient le refroidissement, ou le réchauffement (voir exercice 3).

c. Les animaux et végétaux sont généralement inféodés à un type de climat particulier. La présence d'indices révélant la présence de plantes ou d'animaux dans un lieu à une époque donnée permet donc, par principe d'actualisme, de reconstituer un climat passé.

6 Légender et commenter une photographie

a. Langue glaciaire. b. Cirque glaciaire. c. Moraine frontale. d. Vallée glaciaire (en U). Le recul de ces glaciers est révélé par la présence de longues vallées glaciaires (d), de lacs formés en aval des langues glaciaires.

7 Expliquer la différence entre...

a. Les alluvions déposées par un glacier sont constituées de fragments rocheux de taille très hétérogène. Les alluvions déposées par une rivière sont au contraire beaucoup plus homogènes dans leur granulométrie.

b. Les variations du taux du CO_2 au cours du Quaternaire sont importantes mais restent comprises entre 180 et 300 ppm. Le taux de CO_2 actuel est beaucoup plus élevé (au-delà de 410 ppm) et l'augmentation de ce taux est très rapide (environ 4 ppm par an). Enfin, les variations quaternaires anciennes sont d'origine naturelle, contrairement aux variations actuelles qui sont d'origine anthropique.

c. Un spectre pollinique représente l'ensemble des pollens présents à une profondeur donc à une période donnée dans une carotte sédimentaire. Un diagramme pollinique représente l'évolution de la quantité de pollens au cours du temps, le long de la carotte.

d. Les bulles d'air de la glace permettent de connaitre la composition en gaz de l'atmosphère passée, notamment en gaz à effet de serre (CO_2 et CH_4). La composition isotopique de la glace permet de connaitre l'évolution des paléotempératures.

Chapitre 2

1 Retour vers les problématiques

• **Les questions posées :** Comment les écosystèmes et les espèces qu'ils abritent peuvent-ils réagir face au changement climatique actuel ? Quelles sont ses conséquences sur les populations humaines ? Comment peut-on lutter individuellement et/ou collectivement contre cette menace ?

• **Les réponses apportées :** voir « L'essentiel » page 334.

2 QCM

• **Les bonnes réponses sont :** 1b ; 2c ; 3a.

3 Vrai ou faux ?

a. **Faux.** Une stratégie d'atténuation peut aussi consister à diminuer le taux de dioxyde de carbone de l'air en le piégeant, par exemple, au sein de la biomasse de forêts replantées.
b. **Faux.** Le changement climatique se déroule à une vitesse telle que les possibilités d'adaptation de nombreuses espèces sont dépassées. c. **Vrai.** d. **Faux.** Dans certains grands pays les mesures qui permettraient de lutter contre le réchauffement climatique restent très limitées voire inexistantes. Si l'on tient compte du temps de résidence des GES dans l'atmosphère, et des boucles de rétroactions positives qui amplifient le réchauffement, on doit admettre que le changement de climat est engagé pour plusieurs siècles.

4 Questions à réponses courtes

a. Le GIEC (Groupe d'experts intergouvernemental sur l'évolution du climat) regroupe des milliers de scientifiques chargés d'évaluer le changement climatique, d'en mesurer les conséquences sur la biodiversité et les sociétés humaines puis d'envisager les solutions possibles pour y remédier. Ses travaux font l'objet de rapports publiés tous les 6 ans environ, à destination des citoyens et des autorités politiques.

b. Le changement de climat peut directement impacter la santé humaine lors de phénomènes climatiques extrêmes, ou par l'expansion géographique de maladies d'origine tropicale. L'état sanitaire des populations humaines peut aussi être indirectement menacé par les pertes de rendement agricole et/ou de surfaces cultivables.

c. Le réchauffement climatique peut directement modifier certains paramètres du biotope d'un écosystème : température, teneurs en gaz dissous, humidité, ensoleillement, etc. Ces modifications peuvent perturber la physiologie et les capacités de reproduction des êtres vivants.

d. Il s'agit de techniques visant à capturer le dioxyde de carbone avant qu'il ne soit émis dans l'atmosphère et à le stocker à l'état liquide au sein de structures géologiques profondes (nappes phréatiques, gisements d'hydrocarbures en fin d'exploitation par exemple). Récemment, certaines expérimentations visent à extraire le CO_2 déjà présent dans l'air avant de le piéger.

6 Utiliser ses connaissances

a. Pour effectuer un long trajet, il vaut mieux prendre le train car il s'agit d'un mode de transport en commun dont la source d'énergie est l'électricité majoritairement produite (en France) par des centrales nucléaires non émettrices de gaz à effet de serre (GES). Les trois autres moyens de transport proposés utilisent des combustibles fossiles émetteurs de GES (en supposant un nombre de passagers transportés maximal, il faudrait ensuite privilégier le bus, puis la voiture et enfin la moto).

b. Pour se nourrir, il vaut mieux cuisiner chez soi et, si possible, à partir de produits de saison et locaux. Le recours à la restauration rapide, aux plats préparés ou à un livreur nécessite d'importantes infrastructures et du transport qui génère des émissions de GES.

PARTIE 5

Chapitre 1

1 Retour vers les problématiques

• **Les questions posées :** Les réflexes sont souvent contrôlés par les médecins lors d'un examen : quel en est l'intérêt ? Comment un réflexe se réalise-t-il ? Comment un message nerveux est-il transmis au niveau d'une synapse ? Comment des substances produites par des plantes peuvent-elles provoquer des paralysies redoutables ?

• **Les réponses apportées :** voir « L'essentiel » page 366.

2 QCM

• **Les bonnes réponses sont :** 1d ; 2b ; 3c ; 4d.

3 Questions à réponses courtes

a : Le message nerveux est codé par la fréquence des potentiels d'action qui se propagent le long des fibres nerveuses et par la concentration en neurotransmetteur libéré au niveau des synapses.

b : Les éléments intervenant dans un arc réflexe sont successivement : récepteur sensoriel, neurone sensoriel, centre nerveux (moelle épinière), neurone moteur, fibre musculaire.

c : Le centre nerveux impliqué dans la réponse réflexe myotatique est la moelle épinière.

d : Un nerf est un organe du système nerveux qui est constitué du regroupement de fibres nerveuses (prolongements cytoplasmiques longs et fins des neurones).

4 Expliquer la différence entre...

a. Une synapse neuro-neuronique est la zone de connexion entre deux neurones successifs, tandis que la synapse neuromusculaire fait la jonction entre un neurone moteur et une fibre musculaire.

b. Le potentiel de repos est la tension électrique existant entre les deux faces de la membrane plasmique d'une cellule (-70 mV) tandis que le potentiel d'action est une inversion temporaire de cette polarisation membranaire de repos, pouvant se propager le long d'une fibre nerveuse ou d'une fibre musculaire.

c. Un neurone sensoriel transmet l'information nerveuse issue de la stimulation d'un récepteur sensoriel vers un centre nerveux tandis qu'un neurone moteur transmet l'information motrice d'un centre nerveux vers un muscle.

d. L'acétylcholine est le neurotransmetteur qui permet la transmission du message nerveux du neurone à la fibre musculaire. La libération de calcium dans le cytoplasme de la fibre musculaire est nécessaire pour induire le mécanisme de la contraction musculaire.

e. Un potentiel d'action est le signal élémentaire (brève dépolarisation) qui constitue un message nerveux. Un message nerveux est en effet constitué d'une succession de plusieurs potentiels d'action.

f. Un agoniste de l'acétylcholine est une substance qui agit au niveau de la synapse pour prolonger ou accentuer l'effet de ce neurotransmetteur, tandis qu'un antagoniste est une substance qui s'oppose ou stoppe l'action de l'acétylcholine.

6 Compléter un schéma

Voir schéma p. 364.

7 Remettre dans l'ordre chronologique

L'ordre chronologique est : c, b, f, a, d, e.

Chapitre 2

1 Retour vers les problématiques

• **Les questions posées :** Que montre la représentation du « connectome » ? Comment le cerveau peut-il commander un mouvement précis ? Comment le cerveau peut-il se « réparer », se réorganiser ?

• **Les réponses apportées :** voir « L'essentiel » page 394.

2 QCM

• **Les bonnes réponses sont :** 1d ; 2b ; 3a ; 4c.

3 Exprimer une notion importante

Ce schéma présente la notion d'intégration du message nerveux par sommation spatiale. Deux neurones sont en connexion synaptique avec un motoneurone, l'un est inhibiteur, l'autre excitateur. Le neurone moteur reçoit donc des messages nerveux pouvant arriver simultanément de ces deux synapses. À tout instant, le motoneurone fait la sommation des messages reçus et élabore en conséquence le message nerveux qu'il transmettra éventuellement au muscle.

4 Vrai ou faux ?

a. **Faux.** Une section accidentelle de la moelle épinière entraine la paralysie des muscles situés au-dessous du niveau de la section. b. **Faux.** Un AVC peut être lié à la rupture ou à l'obstruction d'un vaisseau sanguin irriguant une région du cerveau. c. **Vrai.** d. **Vrai.** e. **Faux.** Une fibre musculaire reçoit les messages nerveux d'un seul neurone. f. **Faux.** Chez les gauchers comme chez les droitiers, l'hémisphère cérébral gauche commande la partie droite du corps. g. **Faux.** Les aires cérébrales de la motricité volontaire sont situées symétriquement dans les deux hémisphères.

6 Expliquer la différence entre...

a. Un neurotransmetteur est une molécule nécessaire au fonctionnement synaptique, produite par les neurones, tandis qu'une substance neuroactive exogène est une molécule extérieure apportée à l'organisme et qui interfère artificiellement avec le fonctionnement nerveux.

b. Le cerveau est un organe du système nerveux central, constitué de substance blanche et de substance grise. Le cortex cérébral est le tissu nerveux constitué de substance grise formant la couche externe des hémisphères cérébraux.

c. La sommation temporelle est une intégration des messages nerveux provenant d'une même synapse et qui se succèdent de façon rapprochée dans le temps. La sommation spatiale est une intégration des messages nerveux provenant simultanément de plusieurs synapses.

Chapitre 3

1 Retour vers les problématiques

• **Les questions posées :** Qu'est-ce qu'une fibre musculaire et pourquoi a-t-elle un aspect strié ? Quels sont les organes qui interviennent dans les mouvements du bras et quels sont leurs rôles respectifs ? Quel est le rôle des protéines du cytosquelette dans la contraction musculaire ?

• **Les réponses apportées :** voir le bilan page 412.

2 QCM

• **Les bonnes réponses sont :** 1c ; 2a ; 3d.

3 Expliquer les différences entre...

a. Un myofilament est un assemblage de protéines d'actine ou de myosine tandis qu'une myofibrille est constituée d'un ensemble de myofilaments.

b. Un myofilament est un assemblage de protéines d'actine ou de myosine tandis qu'un sarcomère est une portion de myofibrille située entre deux stries Z, comportant à la fois des filaments d'actine et de myosine.

c. La bande claire est une portion de sarcomère uniquement constituée de myofilaments d'actine. La bande sombre est une portion de sarcomère constituée de myofilaments d'actine et de myosine.

d. L'actine et la myosine sont des myofilaments constitutifs des myofibrilles. La dystrophine est une protéine qui assure le maintien entre les myofibrilles et la matrice extracellulaire d'un faisceau de fibres musculaires.

e. L'ATP est une molécule dont l'hydrolyse fournit l'énergie permettant le glissement relatif des myofilaments. Le calcium est nécessaire pour que de la tête de myosine puisse se fixer sur le filament d'actine.

4 Vrai ou faux ?

a. **Faux.** Lorsqu'il se contracte, le muscle se raccourcit et s'épaissit. b. **Vrai.** c. **Faux.** Les filaments de myosine sont plus épais que les filaments d'actine. d. **Faux.** Au cours de la contraction, les filaments d'actine et de myosine d'un sarcomère coulissent les uns par rapport aux autres, mais conservent leur longueur. e. **Vrai.**

Corrigés

Chapitre 4

1 Retour vers les problématiques

• **Les questions posées :** Quel rôle jouent les mitochondries présentes dans une fibre musculaire ? Comment peut-on produire 45 kg d'ATP par jour et que deviennent-ils ? Pourquoi la musculature diffère-t-elle selon le sport pratiqué ?

• **Les réponses apportées :** voir « L'essentiel » page 432.

2 QCM

• **Les bonnes réponses sont :** 1a ; 2b ; 3d ; 4b.

3 Vrai ou faux ?

a. **Faux.** Il existe différents types de cellules musculaires : certaines sont riches en mitochondries et réalisent un métabolisme respiratoire, d'autres sont pauvres en mitochondries et réalisent davantage un métabolisme fermentaire. b. **Vrai.** c. **Vrai.** d. **Faux.** Une fermentation est une dégradation incomplète d'un métabolisme organique. e. **Faux.** Les fibres musculaires de type I (rouges) se contractent moins puissamment mais durablement tandis que les fibres de type II (blanches) ont une contraction rapide et puissante.

4 Expliquer les différences entre...

a. La respiration est une voie de régénération de l'ATP consommant du dioxygène et dégradant totalement des molécules organiques. La fermentation lactique est une voie de régénération de l'ATP qui dégrade des molécules organiques de façon incomplète et dont le rendement est beaucoup plus faible.

b. L'hydrolyse de la molécule d'ATP en ADP + P est une réaction qui libère de l'énergie. La synthèse de l'ATP à partir de l'ADP est une réaction qui consomme de l'énergie.

c et d. La glycolyse est un ensemble de réactions qui se déroulent dans le cytosol et produit des molécules d'acide pyruvique et peu de molécules d'ATP. Le cycle de Krebs est une succession de réactions chimiques se déroulant dans la matrice mitochondriale, au cours desquelles l'acide pyruvique est entièrement dégradé en CO_2 et en composés réduits $NADH,H^+$. La chaine respiratoire est un ensemble de molécules situées dans les crêtes mitochondriales qui oxydent les composés réduits $NADH,H^+$, permettant ainsi la synthèse de grandes quantités d'ATP.

6 Retrouver une notion importante

La première courbe (rouge) est à l'origine d'un travail musculaire rapide, intense et peu durable : c'est la voie de la phosphocréatine.

La courbe bleue traduit un travail musculaire assez intense sur une période de quelques minutes : c'est la fermentation lactique.

La courbe orange correspond à une voie métabolique capable de réaliser un travail musculaire peu intense mais durable : c'est la respiration.

Ce graphique illustre la complémentarité des métabolismes intervenant au cours d'un effort physique.

Chapitre 5

1 Retour vers les problématiques

• **Les questions posées :** Que devient le glucose contenu dans les aliments que nous ingérons ? Où sont localisées les réserves énergétiques de l'organisme qui permettent de réaliser un effort physique ? Pourquoi les diabétiques ont-ils besoin d'une pompe à insuline ? Quel est l'effet de cette substance sur l'organisme ?

• **Les réponses apportées :** voir « L'essentiel » page 454.

2 QCM

• **Les bonnes réponses sont :** 1c ; 2d ; 3d ; 4b ; 5b.

3 Vrai ou faux ?

a. **Faux.** Le diabète provient d'un problème de sécrétion d'insuline pour le diabète de type 1 ; il provient d'un problème d'insulinorésistance des cellules dans le cas du diabète de type 2. b. **Vrai.** c. **Faux.** L'effet hyperglycémiant du glucagon persiste en cas de diabète, c'est l'effet hypoglycémiant de l'insuline qui disparaît. d. **Faux.** Une hormone et son récepteur membranaire doivent avoir des formes tridimensionnelles complémentaires. e. **Faux.** Le pancréas est le seul organe capable de produire l'insuline et le glucagon. Il ne stocke pas de glucose. f. **Vrai.**

5 Compléter un schéma

On symbolisera les hormones insuline et glucagon par des formes simples et différentes. Leurs récepteurs à la surface de la cellule hépatique par des formes complémentaires. Les flux de molécules par des flèches.

Chez un sujet à jeun : L'hormone glucagon, abondante dans le sang, agit en se fixant sur des récepteurs membranaires de la cellule hépatique. Du glucose se forme alors à partir du glycogène, puis ce glucose passe dans le sang.

Chez un sujet qui vient de terminer un repas : L'hormone insuline, abondante dans le sang, agit en se fixant sur des récepteurs membranaires de la cellule hépatique. Du glucose sanguin entre alors dans la cellule hépatique et il se forme du glycogène.

6 Expliquer pourquoi :

a. Les apports alimentaires en glucose sont discontinus et les besoins en énergie des muscles sont variables. Certains organes ont des besoins impérieux en glucose, si bien que l'hypoglycémie provoque à court terme des troubles physiologiques graves. L'hyperglycémie a aussi de graves conséquences si elle devient chronique. Un système de régulation de la glycémie est donc indispensable.

b. Une cellule est sensible à une hormone si elle dispose de récepteurs spécifiques à cette hormone. Les cellules n'exprimant pas tous les récepteurs hormonaux possibles, elles ne sont donc sensibles qu'à certaines hormones.

c. Le diabète insulinodépendant est causé par une maladie auto-immune qui se déclenche très tôt, alors que le diabète non insulinodépendant provient d'une défaillance du système de régulation qui progresse sur plusieurs décennies.

d. Une hormone ne peut agir que si elle se fixe sur son récepteur. Cette fixation dépend de la complémentarité des formes tridimensionnelles de l'hormone et de son récepteur.

Chapitre 6

1 Retour vers les problématiques

• **Les questions posées :** Quelles sont les situations qui engendrent un état de stress ? Outre le fait bien connu que le cœur bat plus vite en cas de stress, quelles sont les autres modifications de fonctionnement du corps ? En quoi ces changements sont-ils utiles ? Pourquoi ces changements s'inscrivent parfois dans le temps et provoquent alors un sentiment de mal-être ? Comment retrouver dans cette dernière situation un fonctionnement harmonieux et équilibré du corps ?

• **Les réponses apportées :** voir « L'essentiel » page 480.

2 QCM

• **Les bonnes réponses sont :** 1b ; 2c ; 3a ; 4d.

3 Légender un schéma

Les 4 légendes à compléter sur le schéma sont de haut en bas : hypothalamus, CRH, glandes corticosurrénales et cortisol. Un titre possible : le fonctionnement de l'axe hypothalamo-hypophyso-corticosurrénalien.

4 Retrouver des notions importantes

1. Avoir un accident de la route, perdre un parent ou un ami proche, prendre la parole en classe... sont des exemples d'agents stresseurs. Afin d'en connaître d'autres, consulter le document 1 de l'unité 1.

2. Lors d'un stress aigu, le taux sanguin de cortisol augmente. Cette hormone exerce alors un rétrocontrôle négatif sur l'axe hypothalamo-hypophyso-corticosurrénalien, à l'orifgine du stress : celui-ci diminue, c'est la résilience.

6 Expliquer les différences entre...

a. L'agent stresseur est la cause du stress, aigu ou chronique, alors que le stress est la réponse de l'organisme à un agent stresseur.

b. La plasticité cérébrale normale est la capacité du cerveau à s'adapter aux expériences vécues (apprentissages), alors que la plasticité mal-adaptative regroupe des modifications cérébrales perturbant plus ou moins gravement son fonctionnement.

c. Lors du stress aigu, les glandes médullosurrénales sécrètent une hormone, l'adrénaline, alors que les glandes corticosurrénales libèrent du cortisol, une autre hormone.

d. L'hormone CRH, issue de l'hypothalamus, est à l'origine de la libération de cortisol par les glandes corticosurrénales, alors que le cortisol libéré en grande quantité freine ou arrête la libération de CRH (rétrocontrôle).

7 Vrai ou faux ?

a. **Vrai.** b. **Faux.** L'hippocampe est une des structures cérébrales, avec l'amygdale, constituant le système limbique. c. **Faux.** L'hypophyse sécrète bien une hormone mais c'est l'ACTH, alors que la CRH est une hormone produite par l'hypothalamus. d. **Vrai.** e. **Faux.** L'IRMf permet de voir des changements de volume et d'activité des zones cérébrales liés à un stress chronique.

Lexique

A

Ablation : Suppression chirurgicale d'un organe.

Acétylcholine : Neurotransmetteur des synapses neuromusculaires, mais aussi de synapses du système nerveux central.

Acétylcholinestérase : Enzyme qui inactive l'acétylcholine en catalysant son hydrolyse.

Acide gras polyinsaturé : Macromolécule appartenant à la famille des lipides et présentant au moins deux doubles liaisons.

ACTH : Hormone produite par l'hypophyse stimulant la libération de cortisol par les glandes surrénales.

Actine : Protéine constitutive des myofilaments fins de la fibre musculaire.

Adaptabilité : Capacité de l'organisme à modifier son fonctionnement en fonction des conditions auxquelles il est soumis.

Addiction : Consommation répétée d'une substance ou reproduction d'un comportement motivées par la satisfaction qu'elles apportent.

ADN ligase : Enzyme assurant la création d'une nouvelle liaison covalente entre deux séquences d'ADN.

ADN mitochondrial : Petite molécule d'ADN contenue dans la matrice des mitochondries.

Adrénaline : Hormone produite par les glandes médullosurrénales qui accélère le rythme cardiaque, amplifie la ventilation pulmonaire et favorise la libération de glucose dans le sang.

Aérobie : Qualifie un milieu qui contient du dioxygène ou bien un organisme ou un type de métabolisme qui utilise du dioxygène.

Aérobiose : Condition de vie dans laquelle le milieu (air ou eau) contient du dioxygène.

Aérosol : Particules solides ou liquides, très fines, en suspension dans un gaz.

Agent stresseur : Facteur de l'environnement provoquant une perturbation du fonctionnement ou du comportement d'un organisme ; source d'un stress.

Agoniste : Qui renforce ou prolonge l'effet d'une substance, par exemple d'un neurotransmetteur ou d'une hormone.

Aire motrice : Territoire du cortex cérébral impliqué dans la motricité.

Aire motrice primaire : Aire motrice commandant directement la contraction des muscles associés.

Aire VWFA : Aire cérébrale spécialisée dans la reconnaissance visuelle des formes et des mots, impliquée dans la lecture.

Albédo : Rapport entre la quantité d'énergie lumineuse réfléchie par une surface et la quantité d'énergie solaire reçue par cette même surface.

Altération chimique : Dégradation chimique des minéraux constituant les roches.

Ammonites : Groupe de mollusques marins de l'ère mésozoïque munis d'une coquille constituée de loges spiralées.

Amnésiant : Qui fait oublier.

Amnésie : Perte partielle ou totale de la mémoire.

Amygdale : Zone du cerveau faisant partie du système limbique et impliquée dans le traitement des émotions.

Amylopectine : Polymère de glucose ramifié, qui entre dans la composition de l'amidon.

Amylose : Polymère de glucose non ramifié qui entre dans la composition de l'amidon.

Anaérobie : Qualifie un milieu qui est dépourvu de dioxygène ou bien un organisme ou un type de métabolisme qui se réalise sans dioxygène.

Anaérobiose : Condition de vie dans laquelle le milieu (air ou eau) est dépourvu de dioxygène.

Anomalie chromosomique : Anomalie du nombre ou de la structure des chromosomes constituant le caryotype.

Anoxie : Absence de dioxygène.

Antagoniste : Qui produit un effet opposé (peut qualifier l'action d'une molécule, d'un muscle...).

Antagoniste (interaction) : Relation entre deux êtres vivants dans laquelle les intérêts s'opposent. Il existe deux principales formes d'interactions antagonistes : le parasitisme et la prédation.

Antibiorésistance : Capacité possédée par certaines souches bactériennes d'échapper à l'action des antibiotiques.

Antibiotique : Molécule produite à l'origine par des microorganismes, détruisant des bactéries ou limitant leur prolifération.

Apex : Extrémité d'une tige ou d'une racine.

Apprentissage : Pratique transmise culturellement par imitation ou transmission d'un savoir.

Aquifère : Formation géologique constituée de roches poreuses et perméables contenant de l'eau de façon temporaire ou permanente.

Arbre phylogénétique : Représentation graphique, sous la forme d'un arbre ramifié, des relations de parenté entre des espèces (syn. arbre de parenté, arbre d'évolution).

Archées : Microorganismes unicellulaires, sans noyau ni organite, comme les bactéries, mais formant du point de vue évolutif un groupe distinct de celui des bactéries.

Articulation : Jonction entre deux os permettant leur mouvement relatif.

Association non héréditaire : Association entre êtres vivants qui n'est pas transmise à la descendance.

Association symbiotique : Association durable entre deux organismes d'espèces différentes à bénéfice réciproque pour les deux partenaires.

ATP : Adénosine triphosphate, molécule universelle dans le monde vivant, constituée d'un nucléotide et de trois phosphates et dont l'hydrolyse fournit l'énergie nécessaire aux activités cellulaires.

ATP-synthase : Enzyme qui catalyse la réaction de synthèse de l'ATP (se trouve dans les crêtes mitochondriales).

Autogame : Qualifie une plante qui se reproduit par autofécondation.

Autoradiographie : Technique permettant de repérer des molécules contenant des isotopes radioactifs. Le rayonnement émis par ces molécules impressionne un film photographique, formant ainsi des taches noires observables au microscope.

Autosomes : Chromosomes autres que les chromosomes sexuels.

AVC : Atteinte cérébrale causée par une interruption accidentelle de l'approvisionnement en sang donc en dioxygène d'une région du cerveau.

Avortement spontané : Interruption naturelle de la grossesse, aussi appelée « fausse couche ».

Axe hypothalamo-hypophyso-corticosurrénalien : Ensemble formé de trois organes : hypothalamus, hypophyse et glandes surrénales, dont l'activation aboutit à la libération de cortisol dans le sang.

Axone : Fibre nerveuse conduisant le message nerveux issu du corps cellulaire d'un neurone.

B

Banquise : Étendue de mer gelée pouvant atteindre 1,5 à 2 mètres d'épaisseur, se formant durant l'hiver polaire.

Barbituriques : Médicaments diminuant l'activité du système nerveux central. Autrefois prescrits pour leur effet hypnotique, les benzodiazépines les supplantent actuellement pour cette utilisation.

Barrière entre populations : Impossibilité de se reproduire entre individus appartenant à deux populations différentes.

Bauxite : Roche détritique issue de l'altération poussée de roches continentales, caractérisée par une forte teneur en oxydes d'aluminium et de fer.

Bioclimatique (maison) : Maison dont la conception permet de consommer une quantité d'énergie réduite et dont l'empreinte carbone est faible voire nulle (maison passive).

Biome : Ensemble d'écosystèmes caractéristiques des conditions écologiques à l'échelle régionale ou continentale. Les biomes sont nommés en fonction de la végétation et des espèces animales prédominantes (ex. : toundra, forêt tempérée, savane).

Biopsie : Prélèvement d'une très petite partie d'un organe ou d'un tissu pour l'analyser.

Bioréacteur : 1 : Enceinte utilisée pour l'étude expérimentale de réactions biologiques. **2 :** Enceinte utilisée pour les cultures cellulaires.

Bivalent : Ensemble de deux chromosomes homologues appariés au cours de la première division de méiose (de la prophase à l'anaphase I).

Bloc basculé : Bloc de croûte continentale (socle et sédiments) ayant subi un affaissement en rotation le long d'une faille normale listrique.

Bourgeon : Organe contenant des ébauches de tiges feuillées ou de fleurs, protégées par un ensemble de feuilles plus ou moins écailleuses.

Bourgeon axillaire : Bourgeon situé sur une tige, à l'aisselle d'une feuille. Il peut rester dormant ou produire un rameau latéral.

BP : Before Present - Expression d'une date du passé, utilisée en archéologie et en climatologie, comptée en prenant l'année 1950 comme référence.

Brachydactylie : Malformation caractérisée par des doigts ou des orteils anormalement courts.

Brassage interchromosomique : Formation de nouvelles combinaisons d'allèles résultant de la séparation aléatoire des chromosomes homologues, indépendamment pour chaque paire, au cours de l'anaphase I de la méiose.

Brassage intrachromosomique : Formation de nouvelles combinaisons d'allèles résultant de crossing-over entre les chromosomes homologues de chaque paire au cours de la prophase de 1re division de méiose.

C

Calotte glaciaire : Glacier continental très étendu et très épais s'écoulant dans différentes directions. Les très grandes calottes glaciaires du Groenland et de l'Antarctique sont appelées inlandsis.

Cambium : Zone de multiplication cellulaire à l'origine de tissus conducteurs secondaires (xylème et phloème) et de la croissance en diamètre des racines et des tiges.

Caractère héréditaire : Caractère transmissible de génération en génération.

Carotide : Artère du cou apportant le sang oxygéné vers la tête.

Carotte (géologie) : Échantillon cylindrique de sédiments ou de glace, prélevé par forage afin d'être étudié.

Carpelle : Structure élémentaire du pistil, constituée d'un ovaire creux contenant des ovules, d'un style et d'un stigmate. Les pistils sont souvent constitués de plusieurs carpelles plus ou moins soudés entre eux par leurs ovaires, styles et stigmates.

Cartilage : Tissu conjonctif ; dans les articulations, le cartilage recouvre les surfaces de frottement.

Caryotype : Présentation photographique de l'ensemble des chromosomes d'une cellule. Ils peuvent être rangés par ordre de taille décroissante et le cas échéant regroupés par paires. Chaque espèce est caractérisée par son caryotype.

Ceinture orogénique : Ensemble de montagnes formées lors d'un même cycle orogénique.

Cellule endocrine : Cellule qui fabrique une hormone et la sécrète dans la circulation sanguine.

Cellule gliale : Cellule du tissu nerveux situé dans le milieu environnant les neurones.

Centre nerveux : Partie du système nerveux où sont concentrés des neurones qui traitent les informations nerveuses en provenance ou à destination du reste de l'organisme.

Chaîne respiratoire : Ensemble de diverses molécules situées dans les crêtes mitochondriales, assurant par oxydoréductions successives le transfert des électrons et de l'hydrogène des composés réduits NADH,H^+ jusqu'au dioxygène, permettant ainsi la synthèse de grandes quantités d'ATP.

Charbon : Roche sédimentaire très riche en carbone, de couleur sombre, formée à partir de débris végétaux ayant subi une évolution complexe après enfouissement.

Chiasma : Entrecroisement de deux chromatides appartenant à deux chromosomes homologues, se produisant au cours de la prophase de 1re division de méiose.

Chimiosynthèse : Ensemble de réactions métaboliques productrices d'énergie permettant à des bactéries de fabriquer leur matière organique sans énergie lumineuse.

Chloroplaste : Organite cellulaire de couleur verte, contenant de la chlorophylle, et dans lequel se déroule la photosynthèse.

Chromatographie bidimensionnelle : Technique consistant à réaliser deux chromatographies successives, dans deux directions perpendiculaires. Ceci permet de séparer les constituants d'un mélange complexe.

Chromosomes homologues : Chromosomes ayant le même aspect, comportant la même série de gènes placés aux mêmes locus, mais pas nécessairement les mêmes allèles.

Chronologie absolue : Datation aboutissant à un âge chiffré, exprimé en années.

Chronologie relative : Datation des structures ou événements géologiques les uns par rapport aux autres.

Chronomètre géologique : Couple d'isotopes radioactifs (élément père/élément fils) permettant de dater les roches (ex. : Rubidium / Strontium).

Chrysalide : Stade de développement pendant lequel se produit la métamorphose entre chenille et papillon.

CIRAD : Centre de Coopération Internationale en Recherche Agronomique pour le Développement.

Circuit de récompense : Réseau de neurones cérébraux interconnectés qui est mobilisé lors de la sensation de plaisir.

Circulation océanique : Ensemble des courants océaniques, en surface et en profondeur.

Climatologie : Science qui a pour objet d'étude les climats et leur évolution sur des échelles de temps pouvant aller de quelques décennies à plusieurs millions d'années.

Clonage : Reproduction d'un organisme à partir d'un explant constitué d'une cellule, d'un tissu ou d'un organe.

Clone : Ensemble des cellules issues de la reproduction conforme d'une cellule initiale. Elles possèdent toutes la même information génétique (sauf mutations).

Codage biochimique en concentration : Traduction de l'intensité d'un message nerveux au niveau synaptique par la quantité de neurotransmetteur libérée dans l'espace synaptique.

Codage électrique en fréquence : Traduction de l'intensité d'un message nerveux par le nombre de potentiels d'action par unité de temps.

Codominant (codominance) : Situation dans laquelle, chez un hétérozygote, le phénotype exprimé est intermédiaire entre ceux des deux homozygotes. Par extension, qualifie des allèles qui, chez un hétérozygote, interviennent à part égale dans le phénotype exprimé.

Codon stop : Séquence de trois nucléotides consécutifs codant pour l'arrêt de la traduction d'un ARNm en protéine.

Coévolution : Désigne l'évolution simultanée et l'adaptation mutuelle de deux espèces ayant des relations écologiques étroites.

Collision : Convergence de deux plaques lithosphériques continentales, donnant naissance à une chaîne de montagnes dite « de collision ».

Colonie : Ensemble de microorganismes issus d'une même cellule initiale, formant une masse visible caractérisée par son aspect, sa consistance, sa coloration.

Combinaison d'allèles : Association d'allèles présents dans une même cellule, parmi plusieurs possibilités.

Complexification du génome : Ensemble des mécanismes qui contribuent à enrichir un génome.

Comportement acquis : Comportement qui résulte d'un apprentissage.

Comportement addictif : Comportement visant à satisfaire une addiction.

Comportement inné : Comportement génétiquement déterminé, qui ne nécessite aucun apprentissage.

Conjugaison : Transfert d'ADN d'une bactérie à une autre par contact direct, grâce à la formation d'un pont cytoplasmique.

Connectome : Représentation de l'ensemble des connexions neuronales du cerveau.

Contraction : Modification de l'état d'un muscle (raccourcissement par exemple) permettant d'exercer une force.

Cortex : Tissu nerveux constitué de substance grise formant la couche externe des hémisphères cérébraux.

Cortex préfrontal : Zone cérébrale, située en avant du cortex du lobe frontal, qui joue un rôle majeur dans l'adaptation comportementale aux nouvelles situations.

Cortisol : Hormone produite par les glandes corticosurrénales favorisant la mobilisation du glucose et inhibant le système immunitaire.

Cotylédon : Feuille embryonnaire contenant des réserves nutritives nécessaires au début du développement de la plantule, lors de la germination.

Coupe coronale : Coupe anatomique séparant le corps en une partie ventrale et une partie dorsale.

Coupe sagittale : Coupe divisant le corps en une partie droite et une partie gauche.

CRH : Hormone produite par l'hypothalamus, stimulant la libération d'une autre hormone, l'ACTH, par l'hypophyse.

CRISPR-Cas9 : Complexe moléculaire enzymatique spécialisé pour couper l'ADN à un endroit ciblé, considéré comme des « ciseaux moléculaires » permettant de réaliser des corrections géniques précises.

Croisement-test : Croisement d'un individu avec un homozygote récessif. Le croisement-test permet de révéler le génotype des gamètes produits par l'individu testé (syn. test-cross).

Croissance indéfinie : Capacité des végétaux à poursuivre leur croissance tout au long de leur vie.

Croissance (plante) : Augmentation de la taille des organes (allongement ou épaississement). La croissance se traduit au niveau cellulaire par la multiplication des cellules et leur élongation.

Crossing-over : Phénomène normal d'échange d'un segment de chromatide entre deux chromosomes homologues, réalisé au cours de la prophase de 1re division de méiose.

Crossing-over inégal : Anomalie consistant en un échange de deux segments de chromatides de longueur différente entre deux chromosomes homologues. En conséquence, une chromatide gagne un ou plusieurs gènes qui sont perdus par l'autre chromatide.

Culture : Ensemble de savoirs et de pratiques qui se partagent et se transmettent socialement au sein d'un groupe.

Cycle du carbone : Ensemble des échanges de carbone entre hydrosphère, lithosphère, biosphère et atmosphère.

Cycle orogénique : Succession des événements correspondant à la formation puis au démantèlement d'une chaîne de montagnes.

Cycle de Krebs : Succession de réactions chimiques se déroulant dans la matrice mitochondriale, au cours desquelles le métabolite organique est fixé sur un accepteur, puis entièrement dégradé en CO_2 et en composés réduits NADH,H^+, l'accepteur étant finalement régénéré.

Cycles de Milanković : Modifications périodiques de certains paramètres orbitaux de la Terre (excentricité de l'orbite, obliquité et précession de l'axe de rotation).

Cytosol : Phase plus ou moins liquide du cytoplasme dans laquelle sont situés les organites (syn. : hyaloplasme).

D

Dédifférenciation : Processus qui fait retourner à l'état embryonnaire, totipotent, des cellules préalablement différenciées.

Dégénérescence : Voir maladie neurodégénérative.

Dénisovien : Espèce humaine fossile contemporaine des néandertaliens, identifiée par analyse génétique.

Dérive génétique : Modification aléatoire de la fréquence des allèles d'un gène dans une population, au cours des générations successives, d'autant plus marquée que l'effectif est petit.

Diabète insulinodépendant : Dérèglement de la glycémie causé par une défaillance de la sécrétion d'insuline par le pancréas (diabète de type 1).

Diabète non insulinodépendant : Dérèglement de la glycémie causé par une diminution progressive de la sensibilité des cellules à l'insuline (diabète de type 2).

Diagramme pollinique : Représentation graphique de l'évolution de l'abondance relative des pollens de différentes espèces en fonction de la profondeur dans les sédiments, donc de l'âge.

Dilacérer : Séparer délicatement les unes des autres les fibres d'un nerf ou d'un muscle.

Dimorphisme sexuel : Différences morphologiques plus ou moins marquées entre les individus mâles et les individus femelles d'une même espèce.

Dioïque (plante ou espèce) : Plante dont les fleurs mâles et les fleurs femelles sont portées par des individus différents.

Dissémination des graines : Transport et dispersion des graines à distance de la plante mère.

Diversification génomique : Ensemble des processus qui contribuent à diversifier un génome : mutations, brassage génétique, transfert de gènes, accidents génétiques.

Diversité des gamètes : Existence de différences génétiques entre les gamètes résultant de la méiose d'une même cellule initiale.

Diversité génétique : Diversité des allèles dans une population.

Domestication : Processus grâce auquel les êtres humains ont modifié les caractéristiques d'une plante sauvage pour faciliter sa culture, son utilisation et augmenter ses rendements.

Dominant (dominance) : Chez un hétérozygote, phénotype qui correspond à l'expression d'un seul des deux allèles. Par extension, qualifie l'allèle qui, chez un hétérozygote, correspond au phénotype exprimé.

Dopamine : Neurotransmetteur intervenant dans le système de récompense, également impliqué dans la maladie de Parkinson.

Droite de régression linéaire : Modélisation mathématique assimilant un nuage de points à une droite, l'une des variables étant considérée comme une fonction affine de l'autre.

Duplication : Formation accidentelle d'une copie d'un gène, résultant par exemple d'un crossing-over inégal.

Durée d'incubation : Durée séparant la contamination par un agent pathogène et l'apparition des premiers symptômes de la maladie dont il est responsable.

Dystrophie : Trouble caractérisé par une faiblesse et une dégénérescence d'un organe ou d'un type cellulaire.

Dystrophine : Protéine musculaire jouant un rôle essentiel dans la cohésion des fibres musculaires entre elles.

E

Échelle stratigraphique : Découpage des temps géologiques depuis la formation de la Terre jusqu'à nos jours, en ères, périodes, étages grâce aux méthodes stratigraphiques.

Effet addictif : Qui engendre un état de dépendance.

Effet de serre : Conservation par l'atmosphère d'une partie du rayonnement infrarouge réémis par la planète, provoquant une élévation de la température de la Terre.

Effet fondateur : Perte de la diversité génétique d'une population issue d'une autre par isolement d'un très petit nombre d'individus.

Élaboration d'un consensus scientifique : Accord de la majorité de la communauté scientifique sur un sujet donné.

Électromyogramme : Enregistrement de l'activité électrique du muscle, traduisant son état de contraction.

Élongation : Augmentation de la longueur des cellules produites par un méristème.

Embryon (botanique) : Plantule de très petite taille contenue dans une graine.

Empreinte carbone : Quantité de GES (exprimée en éqCO_2) émise par les activités humaines. Elle peut être calculée pour des produits manufacturés (en considérant l'ensemble du cycle de vie de l'objet) et pour l'énergie consommée (en considérant les modalités de la production de cette énergie).

Endoénergétique : Relatif à une réaction qui consomme de l'énergie.

Endorphine : Molécule synthétisée par le cerveau, ayant des effets similaires à ceux de la morphine.

Endosymbiose : Association à bénéfices réciproques de deux organismes dont l'un (endosymbiote) est situé à l'intérieur des cellules de l'autre (hôte).

Énergie chimique : Énergie susceptible d'être libérée lors de la rupture d'une liaison chimique.

Énergie potentielle : L'énergie potentielle d'une molécule est l'énergie contenue dans les liaisons entre les atomes qui la composent, susceptible d'être libérée partiellement ou totalement par dégradation de cette molécule.

Entomophile : Qualifie une plante dont la pollinisation se fait grâce à des insectes.

Enzyme : Molécule biologique (généralement une protéine) accélérant la vitesse d'une réaction biochimique sans en modifier le bilan (catalyseur biologique).

Enzyme de restriction : Enzyme capable de reconnaître une séquence particulière de nucléotides de l'ADN et de couper l'ADN en ce point précis.

Épi : Inflorescence pour laquelle les fleurs sont directement attachées à la tige. Exemple : épi de maïs, épi de blé.

Épiscopie : Technique permettant d'obtenir une image très agrandie de petites structures par réflexion de la lumière à leur surface.

éqCO_2 : Équivalent CO_2. Unité créée par le GIEC pour faciliter la comparaison des pouvoirs de réchauffement de différents GES. Par exemple, 1 kg de méthane (CH_4) est à l'origine d'un réchauffement équivalent à 28 kg de CO_2 : 1 kg de CH_4 est égal à 28 kg d'éqCO_2.

Ergothérapeute : Professionnel de santé aidant les personnes souffrant de handicaps moteurs ou psychomoteurs à retrouver leur autonomie par la réalisation d'activités.

Érosion : Ensemble des mécanismes physiques et chimiques qui provoquent l'ablation et le transport des produits issus de l'altération d'une roche.

Espèce : Ensemble d'individus qui possèdent un génome suffisamment proche, interféconds et dont la descendance est fertile.

Étamine : Pièce florale constituant l'organe reproducteur mâle de la fleur.

Étude histologique : Étude biologique relative aux tissus de l'organisme.

Eucaryote : Organisme dont la ou les cellules contiennent divers organites délimités par une membrane, dont un noyau.

Évaporite : Roche sédimentaire formée par la précipitation d'ions de différentes natures. Exemples : le gypse ($CaSO_4$) ou l'halite (NaCl).

Évolution (biologique) : Transformation permanente du monde vivant marquée par l'apparition d'espèces nouvelles et la disparition de certaines des espèces existantes.

Évolution culturelle : Modification dans le temps de la culture d'une population.

Exoénergétique : Relatif à une réaction qui libère de l'énergie.

Exon : Partie de l'ARN pré-messager pouvant être conservée lors de l'épissage et donc traduite en protéine.

Exosquelette (rééducation) : Système robotisé d'aide à la marche ou à la réalisation de mouvements contribuant à la rééducation suite à une lésion motrice.

F

Faille normale : Plan incliné séparant deux blocs rocheux suite à des contraintes en distension. Le bloc situé au dessus du plan de faille est affaissé par rapport au bloc situé en dessous.

Famille multigénique : Ensemble de plusieurs gènes formés par duplications et mutations d'un même gène ancestral.

Fécondation : Réunion de deux cellules haploïdes pour former une cellule-œuf diploïde.

Fécondité : Capacité d'un être vivant à se reproduire. Dans un sens plus restreint, nombre de descendants engendrés par un individu.

Fente synaptique : Espace séparant deux fibres connectées par une synapse (syn. : espace synaptique).

Fermentation : Dégradation incomplète d'un métabolite organique produisant de l'énergie utilisable (ATP) et un produit secondaire organique.

Fermentation lactique : Fermentation qui, grâce à une enzyme spécifique, dégrade des glucides et produit de l'acide lactique. Se produit chez certaines bactéries mais aussi dans les cellules musculaires humaines.

Feuille : Organe des plantes terrestres, se développant sur une tige. Le plus souvent une feuille est un organe plat, mince, riche en cellules chlorophylliennes. Sa fonction principale est la photosynthèse.

Fibre musculaire : Cellule musculaire, de forme très allongée.

Filon : Lame de roche, d'épaisseur centimétrique à métrique, recoupant les autres structures rocheuses.

FISH : Hybridation *in situ* en fluorescence ; technique utilisant une sonde constituée d'un brin d'ADN marqué par une substance fluorescente, pouvant se lier de façon spécifique avec une séquence complémentaire de l'ADN du génome.

Fjord : Ancienne vallée glaciaire envahie par la mer.

Fleur : Ensemble d'organes assurant la reproduction sexuée chez la plupart des plantes. La fleur est constituée en général de pièces stériles (sépales, pétales) et de pièces fertiles mâles et/ou femelles (étamines, pistil).

Fluorescence : Réémission rapide de l'énergie lumineuse absorbée par une molécule sous la forme de lumière de longueur d'onde généralement plus élevée.

Flux de glucose : Débit de glucose transitant dans la circulation sanguine, d'un organe source vers un organe consommateur ou de stockage.

Foraminifères : Organismes unicellulaires principalement marins, possédant un test (squelette) minéral.

Formation détritique : Formation constituée de débris d'anciennes roches ou de restes d'êtres vivants.

Fossile stratigraphique : Fossile qui par son abondance, sa brève extension dans le temps et sa large distribution géographique permet des corrélations temporelles entre des régions éloignées les unes des autres.

Fragmentation continentale : Mécanisme de séparation d'un bloc continental en deux blocs, dans un contexte en distension.

Fréquence allélique : Proportion d'un allèle donné dans une population, par rapport aux autres allèles du même gène. Elle peut être exprimée en proportion (de 0 à 1) ou en pourcentage (de 0 à 100 %).

Frugivore : Qui se nourrit de fruits.

Fruit : Organe issu de la transformation du pistil après fécondation et contenant une ou des graines.

Fuseau neuromusculaire : Récepteur sensoriel du muscle, sensible à un étirement.

Fusion : Accident chromosomique conduisant à la soudure de deux chromosomes en un seul.

G

Ganglion rachidien : Partie renflée de la racine dorsale d'un nerf rachidien, comportant les corps cellulaires des neurones sensitifs (syn. : ganglion spinal).

Gaz à effet de serre (GES) : Gaz qui absorbe le rayonnement infrarouge émis par la surface terrestre contribuant ainsi à l'effet de serre (ex. : vapeur d'eau, dioxyde de carbone, méthane, protoxyde d'azote, CFC).

Gènes indépendants : Gènes situés sur des chromosomes différents.

Gènes liés : Gènes situés sur le même chromosome.

Génie génétique : Ensemble des techniques utilisées pour étudier et modifier les génomes (syn. ingénierie génétique).

Génotype : Description des allèles présents chez un individu, pour un ou quelques-uns de ses gènes.

Géotropisme : Orientation de la croissance d'une plante en fonction de la gravité.

Germination : Phénomène au cours duquel l'embryon contenu dans une graine se développe en une nouvelle plante.

GES : Voir Gaz à Effet de Serre.

GIEC : Groupe d'experts intergouvernemental sur l'évolution du climat.

Glande surrénale : Organe de forme triangulaire situé au-dessus de chaque rein et composé de deux parties fonctionnellement indépendantes. La partie centrale ou médullosurrénale sécrète de l'adrénaline alors que la partie périphérique ou corticosurrénale sécrète du cortisol.

Glucagon : Hormone hyperglycémiante sécrétée par les cellules α des îlots de Langerhans du pancréas.

Glycémie : Concentration sanguine en glucose.

Glycogène : Glucide complexe, polymère ramifié de formule $[C_6H_{10}O_5]_n$ constituant les réserves glucidiques des animaux et des champignons.

Glycolyse : Dégradation du glucose en acide pyruvique, se déroulant dans le hyaloplasme. La glycolyse est la première étape de la respiration ou d'une fermentation ; elle produit un peu d'ATP.

Gneiss : Roche métamorphique entièrement cristallisée et foliée contenant du quartz, du mica, des feldspaths.

Grain de pollen : Grain de très petite taille produit puis libéré par une étamine, et contenant le gamète mâle.

Graine : Organe issu de la transformation d'un ovule végétal fécondé, qui contient, protège et nourrit un embryon. Après dispersion, la graine peut se développer en une nouvelle plante au cours de la germination.

Graine oléagineuse : Graine riche en lipides, dont on peut extraire de l'huile.

Granivore : Qui se nourrit de graines.

Grenelle de l'environnement : Ensemble de rencontres politiques menées en France en 2007 ayant pour thématique la protection de l'environnement et le développement durable, qui permirent l'adoption de différentes mesures de protection de la biodiversité, de préservation des ressources naturelles ou de lutte contre le réchauffement climatique.

Grotte ornée : Grotte dont les parois comportent des peintures, gravures ou autres signes d'origine humaine.

Gt : Symbole de gigatonne. 1 Gt = 10^9 tonnes soit 10^{12} kg.

H

Hardy-Weinberg (modèle ou équilibre) : l'équilibre de Hardy-Weinberg est un modèle théorique dans lequel la fréquence des allèles reste stable au cours du temps dans une population isolée, d'effectif infini, non soumise à la sélection naturelle ou sexuelle, et sans prendre en compte les mutations.

Hémichamp visuel : Une moitié du champ visuel : on distingue les hémichamps visuels inférieur et supérieur et les hémichamps gauche et droit.

Hémiplégie : Paralysie de la moitié gauche ou droite du corps.

Hémoglobine : Protéine contenue dans les globules rouges et spécialisée dans le transport du dioxygène ; elle est constituée de quatre chaînes de globines associées à un groupement contenant du fer.

Hérédité cytoplasmique : Transmission verticale des caractères héréditaires par l'ADN des organites cytoplasmiques (mitochondries, chloroplastes) ou de plasmides.

Hérédité non fondée sur l'ADN : Transmission culturelle verticale (d'une génération à la suivante) d'un comportement ou d'une pratique.

Hermaphrodite : Qualifie un individu qui peut produire simultanément ou successivement des gamètes mâles et des gamètes femelles.

Hétérosis : Désigne l'augmentation de vigueur d'un descendant hétérozygote par rapport à ses deux parents de lignées pures.

Hétérozygote : Individu qui, pour un gène donné, possède deux allèles différents de ce gène.

Hominidés : Groupe de parenté rassemblant l'Homme actuel, les grands singes (chimpanzés, orangs-outans et gorilles) ainsi que de nombreuses espèces fossiles apparentées, jusqu'au dernier ancêtre commun à ces différentes espèces.

Hominoïdes : Groupe de primates caractérisés par l'absence de queue (elle est réduite au coccyx). Correspond à ce qu'on appelle couramment les « grands singes » (y compris les espèces de la lignée humaine).

Homozygote : Individu qui, pour un gène donné, possède deux allèles identiques de ce gène.

Horizon bio-stratigraphique : Division de l'échelle stratigraphique définie par son contenu en fossiles.

Hormone hyperglycémiante : Hormone qui fait augmenter la glycémie (glucagon).

Hormone hypoglycémiante : Hormone qui fait diminuer la glycémie (insuline).

Hormone végétale : voir Phytohormone.

Hyaloplasme : Voir Cytosol.

Hybridation : 1 : Obtention d'un hybride par croisement entre deux lignées pures. 2 : Croisement entre deux espèces différentes.

Hydrolyse : Réaction chimique au cours de laquelle une liaison chimique est rompue sous l'action de l'eau.

Hyménoptères : Ordre d'insectes regroupant des espèces comme les abeilles, les frelons, les fourmis, les guêpes.

Hyperglycémie : État caractérisé par une glycémie supérieure à la valeur moyenne ($1\ g \cdot L^{-1}$).

Hypermnésie : Capacité exceptionnelle de mémorisation. Inverse de l'amnésie.

Hypnotique : Qui provoque le sommeil.

Hippocampe : Zone du cerveau faisant partie du système limbique et impliquée entre autres dans la mémorisation.

Hypothalamus : Région de la base de l'encéphale dont certains neurones sécrètent des hormones ou interviennent dans la régulation de l'appétit et de la température.

I

Identité paléontologique : Principe selon lequel deux strates contenant les mêmes fossiles stratigraphiques sont de même âge.

Îlot de Langerhans : Dans le pancréas, groupe de cellules endocrines produisant les hormones insuline et glucagon.

Immunomarquage : Technique d'identification utilisant des anticorps spécifiques des protéines que l'on cherche à repérer. Ces anticorps sont associés à des molécules fluorescentes.

Indice stomatique : Pourcentage de stomates par rapport au nombre de cellules épidermiques d'une feuille.

Inflorescence : Ensemble de fleurs regroupées sur une tige. Désigne aussi la disposition des fleurs sur une tige.

Inhibiteur : Qui s'oppose à l'action d'une substance ou d'une structure.

Inhibition : Action ralentissant ou arrêtant un processus.

INRA : Institut national de la recherche agronomique, devenu en 2020 l'INRAE (Institut national de recherche pour l'agriculture, l'alimentation et l'environnement).

Insuline : Hormone hypoglycémiante sécrétée par les cellules β des îlots de Langerhans du pancréas.

Intégration par le neurone moteur : Capacité du neurone moteur à traiter l'ensemble des messages nerveux lui parvenant afin de produire un nouveau message.

Inversion : Réarrangement interne à un chromosome dans lequel, après rupture, un segment est ressoudé en position inversée.

IRM : Imagerie (ou image) par résonance magnétique. Technique d'imagerie médicale basée sur le comportement des atomes d'hydrogène soumis à un champ magnétique. Les organes et tissus mous de l'organisme, plus ou moins riches en eau, se distinguent bien en IRM.

IRM de diffusion : Technique d'imagerie par résonnance magnétique sensible au déplacement des molécules d'eau. Elle renseigne sur la connectivité anatomique du cerveau.

IRM fonctionnelle (IRMf) : IRM permettant de traduire, par une échelle de couleur, quelles régions du cerveau sont davantage actives dans une situation donnée par rapport à une autre.

IRMf : voir IRM fonctionnelle.

Isolement reproducteur : Processus qui rend impossible la reproduction avec d'autres individus.

Isotopes radioactifs : Éléments chimiques dont le noyau est instable et se désintègre en émettant des particules et de l'énergie.

L

Lacustre : Qui caractérise un lac (ex. : sédimentation lacustre, dépôts qui se produisent dans un lac).

Latérite : Sol dur, de couleur rouge ou brune, très riche en oxyde de fer ou d'aluminium, formé par l'altération de roches en climat tropical.

Lésion : Altération de la structure d'un tissu.

Létal : Qui entraine la mort.

Ligament : Bande fibreuse résistante reliant des os au niveau d'une articulation, limitant leur mobilité relative.

Lignée pure : Ensemble d'individus homozygotes (obtenus par une succession de croisements consanguins). Le croisement de deux lignées pures donne une génération F1 homogène.

Lignée verte : Ensemble des organismes issus de la première endosymbiose à l'origine des chloroplastes.

Locus : Position d'un gène sur un chromosome, invariable pour tous les individus d'une même espèce.

Locus coeruleus : Groupe de neurones situés dans le tronc cérébral, sous le cerveau, recevant des informations de la périphérie.

Lois de Mendel : Ensemble de trois principes gouvernant la transmission des caractères héréditaires, formulés par Mendel au XIXe siècle à la suite de ses travaux sur les pois : loi d'uniformité des hybrides F1, loi de disjonction, loi d'indépendance des caractères.

LPA : Lumière polarisée analysée, qualifie une observation au microscope en intercalant deux filtres polariseurs (polariseur + analyseur).

LPNA : Lumière polarisée non analysée. Lumière obtenue avec un microscope polarisant sans utilisation de l'analyseur.

M

Maladie auto-immune : Maladie due à un dysfonctionnement du système immunitaire qui détruit des cellules ou structures de l'organisme.

Maladie neurodégénérative : Maladie provoquant une détérioration progressive du fonctionnement des cellules nerveuses.

Maladie vectorielle : Maladie causée par un agent pathogène véhiculé et introduit par un organisme vivant (vecteur).

Marge passive : Zone de la croûte continentale en contact avec la croûte océanique et marquée par des blocs basculés le long de failles normales. L'activité tectonique y est très limitée par rapport à une marge dite « active ».

Marqueur HLA : Protéine membranaire des cellules humaines permettant au système immunitaire d'identifier les cellules de l'individu.

Matière organique : Matière en général fabriquée par un être vivant et dont les molécules sont constituées de carbone (C) associé à de l'hydrogène (H), et éventuellement à d'autres atomes, l'oxygène notamment (glucides, lipides, protides, acides nucléiques...).

Matrice extracellulaire : Espace situé entre les cellules d'un tissu, comportant des molécules permettant notamment l'adhérence des cellules entre elles.

MEB : Microscope électronique à balayage, utilisant un faisceau d'électrons qui balaie la surface de l'échantillon, ce qui permet d'obtenir une image 3D en vue externe.

Mécanorécepteur : Récepteur sensoriel qui traduit un stimulus mécanique (pression, étirement...) en message nerveux.

Méiose : Succession de deux divisions cellulaires qui produit des cellules haploïdes (en général quatre) à partir d'une cellule diploïde.

Mélanésien : Qualifie les populations indigènes occupant la Mélanésie, un groupe d'îles de l'Océan Pacifique qui comprend entre autres la Papouasie-Nouvelle Guinée, les îles Fidji, la Nouvelle-Calédonie.

Méristème caulinaire : Zone de croissance à l'extrémité d'une tige, constituée de cellules indifférenciées, capables de se multiplier indéfiniment par mitoses et d'engendrer de nouveaux phytomères.

Méristème racinaire : Zone de croissance à l'extrémité des racines, constituée de cellules indifférenciées, capables de se multiplier indéfiniment par mitose.

Message nerveux : Ensemble de plusieurs potentiels d'actions successifs qui se propage le long d'une fibre nerveuse.

MET : Microscope électronique à transmission, utilisant un faisceau d'électrons qui traverse un échantillon. Il permet d'obtenir une image en coupe de la zone observée avec un grossissement très important.

Métabolite organique : Molécule organique qui subit ou provient d'une des réactions biochimiques qui se déroulent au sein d'une cellule.

Métamorphisme : Ensemble des transformations minéralogiques et structurales subies par une roche, à l'état solide, suite aux modifications des conditions de température et/ou de pression.

Microbiote : Ensemble des microorganismes qui vivent sur et dans un organisme (microbes hébergés par le corps humain par exemple).

Microbiotique : Relatif au microbiote.

Migration : Déplacement d'individus d'une population vers un autre territoire.

Mitochondrie : Organite siège de la respiration cellulaire, présent dans tous les types de cellules eucaryotes.

MO : Abréviation de microscope optique.

Modèle : En sciences, représentation simplifiée d'un phénomène permettant d'élaborer ou de tester des hypothèses et de faire des prédictions.

Modèle climatique : Représentation numérique simplifiée du système climatique terrestre permettant d'en améliorer la compréhension et de réaliser des prévisions et projections climatiques.

Moelle épinière : Centre nerveux prolongeant l'encéphale au niveau du cou et du tronc, logé dans le canal vertébral.

Molécule d'intérêt : Molécule produite par un organisme ayant des propriétés recherchées par l'Homme.

Molécule exogène : Molécule non produite par l'organisme, apportée de l'extérieur.

Monoïque (plante ou espèce) : Plante dont un même pied porte à la fois des fleurs mâles et des fleurs femelles.

Monomère : Molécule organique simple dont l'assemblage permet la production d'un polymère (ex. : le glucose est le monomère de l'amidon).

Monosomie : Anomalie caractérisée par la présence d'un seul chromosome au lieu d'une paire de chromosomes homologues (ex. : monosomie X).

Mt : Mégatonne (= 10^6 tonnes).

Multirésistante : Se dit d'une bactérie insensible à de nombreux antibiotiques.

Muscle squelettique : Muscle relié au squelette, permettant la mise en jeu d'une articulation.

Mutation : Modification de la séquence des nucléotides de l'ADN.

Mutualiste (interaction) : Relation à bénéfice réciproque entre deux êtres vivants. Exemple : les insectes pollinisateurs contribuent à la reproduction des plantes à fleur, et celles-ci nourrissent ces mêmes insectes.

Myasthénie : Maladie se caractérisant par une faiblesse musculaire due à une mauvaise transmission entre le nerf et le muscle.

Mycorhize : Symbiose établie entre un champignon et les racines d'une plante. Elle augmente considérablement les capacités de la plante à exploiter les ressources du sol et en échange, la plante apporte au champignon de la matière organique.

Myéline : Substance lipidique blanche isolante, qui entoure certaines fibres nerveuses, augmentant la vitesse de transmission du message nerveux.

Myofibrille : Structure cylindrique située dans le cytoplasme d'une fibre musculaire, formée d'un faisceau de myofilaments et constituant un ensemble contractile.

Myofilament : Filament protéique d'actine ou de myosine constitutif des myofibrilles et responsables de la contraction musculaire.

Myoglobine : Protéine présente dans le cytoplasme de la cellule musculaire, impliquée dans le transport et le stockage du dioxygène.

Myopathie : Maladie caractérisée par une dégénérescence musculaire, très souvent d'origine génétique.

Myorelaxant : Dont l'action diminue ou s'oppose à la contraction musculaire.

Myosine : Protéine constitutive des myofilaments épais, pouvant se fixer à l'actine et possédant une propriété catalytique d'hydrolyse de l'ATP modifiant sa conformation.

N

Néandertalien : Espèce humaine fossile caractérisée notamment par un volume cérébral important, un bourrelet osseux sus-orbitaire développé et une absence de menton. Connue en Eurasie de – 430 000 à – 30 000 ans.

Nématodes : Vers millimétriques vivants dans le sol, très diversifiés (27 000 espèces connues). Certains sont des décomposeurs, d'autres se nourrissent des racines des plantes et peuvent provoquer de gros dégâts sur les cultures.

Néoglucogenèse : Fabrication de glucose à partir de molécules non glucidiques, essentiellement dans le foie.

Néolithique : Âge de la « pierre polie », période de la préhistoire d'âge variable pendant lequel se sont produites de profondes mutations sociales (sédentarisation, agriculture).

Néolithisation : Phénomène d'évolution culturelle d'une population se traduisant par le développement des modes de vie et techniques caractérisant le Néolithique.

Nerf rachidien : Nerf mixte, à la fois moteur et sensitif, relié à la moelle épinière.

Nerf sympathique : Nerf appartenant au système nerveux sympathique.

Neurone : Cellule spécialisée du tissu nerveux, assurant la propagation et le traitement de messages nerveux.

Neurone moteur : Neurone qui transmet un message à l'origine de la contraction musculaire (syn. : neurone moteur).

Neurone sensoriel : Neurone qui transmet le message sensoriel issu d'un récepteur vers un centre nerveux (syn. : neurone sensitif).

Neurotransmetteur : Substance chimique qui assure la transmission du message nerveux d'un neurone à un autre (ou à une fibre musculaire) au niveau d'une synapse.

Nodule : Concrétion minérale arrondie dont la composition diffère de celle de la roche encaissante.

Nœud : Zone de la tige où s'implantent feuilles, bourgeons axillaires et rameaux.

O

Obduction : Charriage d'une lithosphère océanique par-dessus une lithosphère continentale.

Ophiolite : Formation géologique correspondant à un fragment de lithosphère océanique soulevée et charriée sur un continent.

Opposition climato-sceptique : Mouvement de pensée mettant en doute la réalité du réchauffement climatique ou son origine humaine. Aujourd'hui, 99 % de la communauté scientifique reconnaît la responsabilité humaine dans le changement climatique actuel.

Organe annuel : Organe qui ne survit pas d'une année à l'autre.

Organe consommateur : Organe qui consomme un nutriment (ex. : muscle qui consomme du glucose).

Organe de réserve : Organe contenant de grandes quantités de matière organique (glucides le plus souvent) qui peuvent être mobilisées au bénéfice de l'organisme tout entier.

Organe source : Organe qui est à l'origine d'un flux de glucose sanguin (ex. : foie ou intestin grêle).

Organisme pionnier : Organisme capable de s'installer et de coloniser un milieu dépourvu de toute forme de vie.

Organogenèse : Développement d'un massif de cellules embryonnaires en un organe fonctionnel : tige, feuille, racine...

Orogenèse : Ensemble des mécanismes aboutissant à la formation d'une chaîne de montagnes.

Orthophoniste : Professionnel de santé spécialisé dans la rééducation et le traitement des troubles de la voix, de la parole et du langage.

Ovule (végétal) : Chez les plantes, structure pluricellulaire située dans l'ovaire du pistil, de forme ovoïde, et contenant le gamète femelle.

Oxydation : Réaction au cours de laquelle un atome ou un ion perd un ou des électron(s). L'oxydation est toujours couplée à une réduction.

P

PCR : Réaction de Polymérisation en Chaîne. Technique amplifiant le nombre de molécules d'ADN initialement présentes dans un échantillon biologique.

Paléoceinture climatique : Reconstitution d'une grande zone climatique à une époque donnée de l'histoire de la Terre.

Paléogéographie : Reconstitution de la géographie d'une région ou du globe au cours des temps géologiques.

Paléolatitude : Latitude d'un lieu à une époque donnée.

Paléolithique : Période de la préhistoire au cours de laquelle les humains étaient essentiellement des chasseurs-cueilleurs (jusqu'à 8 000 ans BP environ).

Paléotempérature : Reconstitution indirecte de la température d'une période ancienne, par exemple grâce à un thermomètre isotopique comme le $\delta^{18}O$.

Pectine : Polymère glucidique aux propriétés gélifiantes, présent dans la paroi des cellules végétales.

Pédoncule : Axe reliant une fleur ou un fruit à la tige.

Peptide : Molécule comprenant au moins deux acides aminés reliés par une liaison entre le groupement CO de l'un et le groupement NH de l'autre, dite liaison peptidique.

Perfusion : Technique permettant l'introduction lente dans une veine d'une solution contenant une substance (médicament, glucose...).

Période postprandiale : Période suivant un repas, au cours de laquelle se déroule la digestion de celui-ci.

Perturbation anthropique : Modification d'un phénomène naturel par les activités humaines.

Pesticide antifongique : Produit chimique destiné à lutter contre les maladies dues à des champignons parasites.

Pétale : Pièce florale souvent large et colorée, attirant les pollinisateurs.

Pétiole : Partie de la feuille qui relie sa partie plate (le limbe) à la tige. Le pétiole a le plus souvent un aspect filiforme.

Phagosome : Vésicule intracellulaire qui contient des éléments étrangers (molécules, cellules...) englobés par une cellule.

Phénol : Molécule formée par l'association d'un cycle benzénique (C_6H_5) et d'une fonction alcool (OH).

Phénotype : Ensemble de caractéristiques d'un individu, résultant de l'expression de ses gènes en interaction avec les facteurs environnementaux.

Phénotype étendu : Concept selon lequel le phénotype d'un organisme comprend les modifications qu'il provoque sur l'environnement ou sur d'autres organismes, résultant de l'expression de ses gènes.

Phloème : Ensemble de vaisseaux conducteurs constitués de cellules vivantes aux parois transversales perforées (tubes criblés), transportant la sève élaborée.

Phosphocréatine : Petite molécule pouvant très rapidement transférer un phosphate et de l'énergie à de l'ADP, pour reformer de l'ATP.

Photolyse de l'eau : Réaction chimique qui consiste en une dissociation de la molécule d'eau grâce à l'énergie lumineuse captée par la chlorophylle et qui aboutit à la production de dioxygène.

Photosynthèse : Synthèse de molécules organiques par les plantes chlorophylliennes à partir de dioxyde de carbone, d'eau et de sels minéraux grâce à l'énergie lumineuse (photo = lumière).

Phototropisme : Orientation de la croissance d'une plante en fonction de la lumière.

Phylogénie : Reconstitution d'une histoire évolutive.

Phytohormone : Substance produite par une plante, active à très faible dose, capable de véhiculer des informations à des cellules cibles et d'en modifier le comportement. L'auxine est une phytohormone (syn. : hormone végétale).

Phytomère : Segment de tige comprenant un entre-nœud (zone dépourvue de feuille et de bourgeon) et un nœud (zone d'implantation des bourgeons et des feuilles).

Phytophage : Organisme hétérotrophe qui se nourrit de matières végétales.

Phytoplancton : Ensemble des algues, souvent unicellulaires, qui constituent la partie végétale du plancton.

Pigments chlorophylliens : Ensemble de molécules colorées des organes photosynthétiques (chlorophylles a et b, xanthophylles, carotènes) capables d'absorber certaines radiations lumineuses, la chlorophylle a permettant d'en convertir l'énergie en énergie chimique.

Pistil : Pièce florale constituant l'organe reproducteur femelle de la fleur.

Plancton : Ensemble des animaux (zooplancton) et végétaux (phytoplancton) de très petite taille, en suspension dans l'eau de mer ou l'eau douce.

Plante domestiquée : Plante ayant subi un processus de domestication. Elle a perdu tout ou partie de ses aptitudes à la vie sauvage.

Plante Génétiquement Modifiée (PGM) : Plante ayant fait l'objet d'un transfert de gènes, résultant d'une transgénèse.

Plante sauvage : Plante existant dans les conditions naturelles et n'ayant pas été modifiée par les êtres humains.

Plaque motrice : Zone de connexion synaptique entre l'extrémité d'un neurone et une fibre musculaire (syn. : synapse neuromusculaire).

Plasmide : Petite molécule d'ADN circulaire présente dans le cytoplasme des bactéries.

Plasmide recombinant : Plasmide auquel on a artificiellement associé des gènes d'un autre organisme.

Plasticité cérébrale : Capacité du cerveau à se réorganiser sous l'effet d'un apprentissage ou d'une rééducation.

Pluton : Ensemble rocheux issu du refroidissement d'un magma en profondeur (roches plutoniques).

Poil absorbant : Cellule de l'épiderme racinaire de forme filamenteuse et aux parois fines, favorisant l'absorption de l'eau et des ions du sol.

Pollen : Cellules reproductrices mâles, haploïdes, produites par les étamines des plantes à fleurs.

Pollinisation : Transport des grains de pollen depuis les étamines vers un pistil apte à être fécondé.

Polymère : Macromolécule constituée par l'association de nombreuses molécules plus petites (monomères).

Polyol : Molécule organique proche des glucides, possédant plusieurs groupes alcool, produite par de nombreux végétaux lors de la photosynthèse (syn. : polyalcool, sucre-alcool).

Polype : Petit animal vivant souvent en colonie et édifiant un squelette constituant les coraux.

Ponction veineuse : Prélèvement de sang dans une veine.

Population : Ensemble d'individus de la même espèce qui, vivant à proximité les uns des autres, se reproduisent majoritairement entre eux.

Port (d'une plante) : Aspect général que prend une plante (ex. : port dressé, port rampant).

Post-synaptique : Qui concerne le deuxième élément d'une synapse, situé en aval de l'espace synaptique.

Potentiel d'action : Inversion temporaire de la polarisation de la membrane plasmique d'une fibre nerveuse ou d'une fibre musculaire.

Potentiel de repos : Tension électrique existant entre les deux faces de la membrane plasmique d'une cellule (neurone), due à une répartition inégale des ions entre l'intérieur et l'extérieur de la cellule. Il est en moyenne de –70 mV.

ppm : Partie par million, nombre sans unité exprimant une concentration en millionième.

Pratiques culturales : Désignent les façons de cultiver des plantes. Concernent autant le travail du sol, les techniques d'irrigation, de fertilisation, les associations de variétés, la protection des cultures.

Précipitation : 1 : Passage à l'état solide d'une substance dissoute (inverse de la dissolution). 2 : En météorologie, phénomène naturel par lequel des particules liquides ou solides en suspension s'agrègent et tombent au sol.

Pré-synaptique : Qui concerne le premier élément d'une synapse, situé en amont de l'espace synaptique.

Prévalence : Dans une population, nombre de cas (d'une maladie par exemple) à un moment donné. Cumule les cas anciens et les nouveaux cas.

Principe d'actualisme : Principe postulant que les processus observés aujourd'hui opéraient de la même façon dans le passé.

Principe d'identité paléontologique : Deux couches de terrain qui renferment les mêmes fossiles stratigraphiques ont le même âge.

Principe d'inclusion : Tout objet (roche ou minéral) inclus dans un autre est plus ancien.

Principe de continuité : Une même strate est de même âge en tous points de son étendue.

Principe de recoupement : Une structure géologique qui en recoupe une autre est plus jeune que celle qu'elle recoupe. Cela s'applique par exemple aux failles, filons, surfaces d'érosion...

Principe de superposition : Une strate (sédimentaire ou volcanique) est plus récente que celle qu'elle recouvre.

Produit dopant : Substance dont l'usage est interdit car dangereux, parfois utilisée pour améliorer les performances physiques ou psychiques de l'organisme.

Protéagineux : Plantes appartenant à la famille des fabacées (ou légumineuses) produisant des graines riches en protéines (ex. : lentilles, pois chiches, fèves).

Protéine-canal : Protéine membranaire formant un canal pouvant être ouvert ou fermé, permettant alors le passage ou non d'ions ou de petites molécules.

Protiste : Terme sans valeur phylogénétique, utilisé pour désigner tout organisme vivant constitué d'une seule cellule eucaryote, avec ou sans chloroplaste.

Puits canadien : Échangeur de chaleur entre l'air et le sol permettant de réchauffer en hiver l'air insufflé dans une habitation à partir de la chaleur du sol. En été, un puits canadien peut jouer le rôle de climatiseur naturel.

R

Racine : Organe généralement souterrain et dépourvu de bourgeons et de feuilles, par opposition aux tiges. Elle permet l'ancrage de la plante dans le sol et l'absorption de l'eau et des ions.

Racine adventive : Racine qui se forme sur une tige.

Radicule : Ébauche de la première racine d'un embryon de plante.

Rapport isotopique : Rapport du nombre d'atomes de deux isotopes d'un élément chimique au sein d'un échantillon. Exemples : rapports $^{18}O/^{16}O$ ou $^{2}H/^{1}H$ d'un échantillon de glace (H_2O), ou encore $^{87}Rb/^{86}Sr$ d'un échantillon de roche.

Récepteur à insuline : Protéine membranaire présente chez toutes les cellules cibles de l'insuline, sur laquelle celle-ci vient se fixer par complémentarité de forme.

Récepteur au glucagon : Protéine membranaire présente chez toutes les cellules sensibles au glucagon, sur laquelle celui-ci vient se fixer par complémentarité de forme.

Récepteur hormonal : Molécule sur laquelle une hormone est susceptible de se fixer par complémentarité de forme.

Récepteur post-synaptique : Molécule enchâssée dans la membrane du neurone post-synaptique (ou d'une fibre musculaire) et sur laquelle peut se fixer un neurotransmetteur.

Récepteur sensoriel : Organe ou cellule capable de traduire une certaine catégorie de stimulus en un message nerveux conduit par un neurone sensitif.

Récessif (récessivité) : Phénotype qui ne s'exprime qu'à l'état homozygote. Par extension, qualifie l'allèle qui, chez un hétérozygote, n'apparaît pas exprimé dans le phénotype.

Réchauffement climatique : Tendance de la température moyenne terrestre à augmenter rapidement depuis le milieu du XIXe siècle.

Réduction du CO_2 : Réaction chimique au cours de laquelle le dioxyde de carbone capte des électrons et des protons, et qui aboutit à la production de glucose et autres sucres solubles.

Réflexe : Réaction motrice involontaire et stéréotypée, en réponse à la perception d'un stimulus.

Réflexe myotatique : Réflexe monosynaptique correspondant à la contraction d'un muscle à la suite de son propre étirement.

Relâchement : Retour du muscle à son état initial après une contraction.

Rendement : Rapport ou pourcentage qui traduit l'efficacité d'une transformation.

Reproduction asexuée : Mode de reproduction d'un organisme sans intervention de cellules sexuelles.

Résilience : Capacité de l'organisme à retrouver des conditions de fonctionnement durable suite à une perturbation engendrée par un agent stresseur.

Résistance : Capacité d'un organisme à échapper aux effets d'un agent nuisible.

Résistance aux antibiotiques : Voir Antibiorésistance.

Respiration cellulaire : Dégradation complète d'un métabolite organique produisant l'ATP nécessaire aux activités cellulaires.

Réticulum sarcoplasmique : Réseau de cavités délimité par une membrane, situé à l'intérieur du cytoplasme d'une cellule musculaire, autour des myofibrilles.

Rétrocontrôle négatif : Action en retour d'un effet sur ses propres causes, qui tend à réduire les écarts avec l'état initial.

Rétrovirus : Virus dont le génome est une molécule d'ARN qui, lors de l'infection, est transcrite en ADN et s'intègre au génome de la cellule-hôte.

Rift continental : Structure formée par l'amincissement de la croûte continentale suite à l'effondrement de blocs le long de failles normales, dans un contexte en distension.

Rostre : Appendice rigide et allongé de la tête, présent dans divers groupes d'animaux, permettant par exemple de se nourrir.

S

Sang artériel : Sang qui circule du cœur vers un autre organe.

Sang veineux : Sang qui circule d'un organe vers le cœur.

Sarcolemme : Membrane plasmique de la fibre musculaire.

Sarcomère : Unité répétitive constitutive d'une myofibrille, limitée par deux stries Z.

Sauropsidés : Groupe qui rassemble les oiseaux et les reptiles (ces derniers ne constituant pas un groupe de parenté autonome).

Sélection artificielle : Sélection menée par les humains (par opposition à la sélection naturelle).

Sélection culturelle : Processus évolutif qui se traduit par l'augmentation de la fréquence au sein d'une population d'une pratique culturellement acquise au détriment d'autres pratiques.

Sélection naturelle : Modification de la fréquence des allèles dans une population due à une différence de succès reproducteur entre les individus, sous l'effet de facteurs environnementaux.

Sélection programmée : Méthodes basées sur la connaissance des caractéristiques génétiques des plantes, permettant de créer de nouvelles variétés végétales.

Sélection sexuelle : Cas particulier de la sélection naturelle dans laquelle des caractères conférant un avantage dans l'accès aux partenaires sexuels sont sélectionnés.

Sénescence : Vieillissement. Dans le cas des feuilles, ce processus aboutit à leur chute.

Sépale : Pièce florale la plus externe d'une fleur, protégeant les organes reproducteurs tant qu'ils sont immatures.

Séquence stratigraphique : Relevé de la nature des couches géologiques superposées (roches sédimentaires en général).

Sève élaborée : Sève contenant principalement de l'eau et des molécules organiques (sucres, acides aminés) produites par la photosynthèse.

SIG : Système d'Information Géographique. Outil informatique conçu afin d'acquérir, stocker, analyser, présenter tous les types de données spatiales et géographiques.

Solstice : Moment de l'année où le Soleil est au plus haut dans le ciel à midi (solstice d'été) ou au plus bas dans le ciel à midi (solstice d'hiver) et correspondant au jour le plus long ou le plus court de l'année.

Solution tampon : Solution permettant de maintenir un pH constant malgré l'ajout d'un acide ou d'une base.

Sommation spatiale : Somme algébrique des modifications du potentiel membranaire générées au niveau du corps cellulaire d'un neurone par le fonctionnement simultané de plusieurs synapses.

Sommation temporelle : Addition des modifications du potentiel membranaire générées au niveau du corps cellulaire d'un neurone par des activations d'une même synapse très rapprochées dans le temps.

Sous-clone : Sous-ensemble d'un clone dont toutes les cellules diffèrent de la cellule initiale par une même mutation.

Souvenir épisodique : Souvenir d'un événement personnellement vécu.

Spéciation : Processus évolutif qui aboutit à l'apparition d'une nouvelle espèce à partir d'une espèce préexistante.

Spectre pollinique : Représentation graphique des proportions de grains de pollen des différentes espèces présentes dans un niveau donné, donc à un moment donné.

Spectromètre de masse : Appareil permettant de séparer et de mesurer l'abondance des différents isotopes d'un élément chimique présent dans un échantillon.

Stéréotypé : Qui conserve les mêmes caractéristiques.

Stéroïde : Molécule de nature lipidique possédant un noyau polycyclique comme structure de base. De nombreuses hormones comme le cortisol ou la testostérone sont des stéroïdes.

Stéroïde anabolisant : Hormone de synthèse qui dérive de la testostérone, produisant un accroissement de la masse musculaire.

Stimulus : Modification d'un paramètre susceptible d'être détectée par une cellule excitable.

Stomate : Structure de l'épiderme des feuilles formée par deux cellules délimitant entre elles un orifice permettant aux gaz de circuler entre l'atmosphère extérieure et l'atmosphère interne de la feuille.

Stratégie d'adaptation : Mesures prises pour réduire la vulnérabilité des écosystèmes ou des activités humaines face à un événement négatif, comme le réchauffement climatique actuel.

Stratégie d'atténuation : Mesures prises pour limiter l'ampleur d'un événement négatif, comme le réchauffement climatique actuel.

Stratotype : Affleurement de référence permettant de définir un étage de l'échelle stratigraphique.

Stress aigu : Ensemble des réponses adaptatives de l'organisme nécessaires à la survie face aux agents stresseurs.

Stress chronique : Stress qui persiste dans le temps et peut conduire à diverses pathologies.

Subduction : Enfoncement d'un pan de lithosphère océanique à l'intérieur de l'asthénosphère, sous une plaque lithosphérique océanique ou continentale.

Succès reproducteur : Nombre moyen de descendants fertiles laissés au cours d'une vie par un individu (syn. : valeur sélective).

Surface de discordance : Surface résultant d'une interruption dans la continuité de la sédimentation.

Suture (géologie) : Zone de jonction entre deux blocs continentaux au niveau d'une chaîne de collision.

Symbiose : Association pérenne et à bénéfice réciproque entre plusieurs êtres vivants d'espèces différentes.

Synapse : Zone de connexion entre deux neurones ou entre un neurone et une fibre musculaire.

Synchrone : Qui se déroule en même temps.

Syncytine : Protéine membranaire provoquant la fusion de cellules, nécessaire à la formation du placenta chez les mammifères.

Système cérébral de récompense : Ensemble de structures cérébrales dont l'activité engendre une sensation de plaisir qui incite à reproduire l'action qui en est l'origine.

Système complexe : Ensemble constitué de nombreux éléments dont les interactions produisent un comportement global qui ne peut être expliqué à partir des seules propriétés individuelles des éléments.

Système de régulation : Système de contrôle d'un paramètre biologique, composé d'organes capables de capter en continu la valeur de ce paramètre et de la modifier de manière à la maintenir constante.

Système fermé : Roche ou minéral qui ne peut échanger de matière avec le milieu extérieur.

Système limbique : Ensemble de zones cérébrales, dont l'hippocampe et l'amygdale, impliquées notamment dans la régulation des émotions et la mémorisation.

Système nerveux central : Centres nerveux de l'organisme (encéphale et moelle épinière) permettant le traitement des messages nerveux.

Système nerveux sympathique : Partie du système nerveux autonome qui, dans les situations d'urgence, nous prépare à la fuite ou à la lutte.

T

Taxe carbone : Taxe visant à pénaliser économiquement les émissions de dioxyde de carbone, dans le but de les diminuer.

Tectonique des plaques : Modèle explicatif de la géodynamique terrestre, permettant de relier les déformations des couches superficielles de la planète aux déplacements des plaques lithosphériques rigides sur l'asthénosphère ductile.

Tégument (botanique) : Enveloppe protectrice qui recouvre une graine.

Tendon : Structure fibreuse résistante assurant la fixation du muscle sur une surface osseuse.

Tendon d'Achille : Tendon reliant le muscle du mollet à l'os du talon.

Terrasse fluviatile : Zone plane située sur les versants d'une vallée et constituée des alluvions déposées par un cours d'eau.

Test de foraminifères : Squelette carbonaté ou siliceux des foraminifères (organismes unicellulaires principalement marins).

Tétraplégie : Paralysie des quatre membres.

Thérapie génique : Technique qui consiste à introduire du matériel génétique dans des cellules afin de soigner une maladie (maladie monogénique, cancers...).

Thermomètre isotopique : Utilisation des rapports isotopiques de l'oxygène ($\delta^{18}O$) ou de l'hydrogène (δD) permettant de reconstituer les températures passées.

Tige : Organe des plantes terrestres constitué par l'alternance de nœuds, où se forment les bourgeons et les feuilles, et d'entre-nœuds dépourvus de ces organes.

Tillite : Roche détritique formée par la compaction de dépôts sédimentaires souvent grossiers d'origine glaciaire (moraines ou dépôts fluvio-glaciaires).

Tissu adipeux : Ensemble de cellules spécialisées dans le stockage des graisses (adipocytes).

Tolérance (botanique) : Ensemble de mécanismes qui permettent à une plante de poursuivre son développement malgré la présence de conditions physico-chimiques défavorables, d'un prédateur ou d'un agent pathogène.

Totipotence : Capacité d'une cellule à se différencier en n'importe quelle autre cellule spécialisée. Une cellule totipotente peut engendrer un organe, voire un organisme tout entier.

Toundra : Formation végétale située dans les zones climatiques froides (polaires ou montagnardes) et constituée essentiellement de plantes herbacées, de lichens, de mousses et de petits arbustes.

Tourbière : Zone humide dans laquelle s'accumule progressivement de la tourbe, matière végétale peu ou pas décomposée.

Transfert horizontal de gènes : Transmission de matériel génétique d'un organisme à un autre organisme, en dehors de toute filiation.

Translocation : Transfert d'une partie ou de la totalité d'un chromosome sur un autre chromosome.

Transmission horizontale : Transmission d'un gène ou d'un trait culturellement acquis en dehors de toute filiation.

Transmission verticale : Transmission d'un gène ou d'un trait culturellement acquis d'une génération à la suivante.

Transposition : Accident génétique qui déplace une partie du génome (ex. : déplacement d'un gène d'un chromosome sur un autre).

Trisomie : Anomalie caractérisée par la présence de trois chromosomes au lieu d'une paire de chromosomes homologues (ex. : trisomie 21).

Trophique : Qui concerne la nutrition d'un être vivant, d'un organe, d'un tissu...

Tubule transverse : Invagination de la membrane plasmique de la cellule musculaire (sarcolemme) qui permet la propagation du message nerveux jusqu'au réticulum sarcoplasmique.

U

Universalité de l'ADN : Caractéristique de l'ADN d'être le support de l'information génétique de la quasi-totalité des êtres vivants.

V

Vacuole : Organite contenant un milieu liquide riche en eau et en molécules dissoutes.

Vaisseaux conducteurs : Structures tubulaires que l'on retrouve dans tous les organes d'une plante (racines, tiges, feuilles...). Il en existe deux types : le xylème, qui transporte la sève brute, et le phloème, qui transporte la sève élaborée.

Variété : Ensemble d'organismes appartenant à une même espèce, partageant des caractéristiques particulières similaires, résultant d'un processus de sélection empirique ou programmée.

Vésicule synaptique : Petit globule délimité par une membrane, situé dans le cytoplasme du neurone pré-synaptique au niveau de la zone de connexion, et contenant de très nombreuses molécules de neurotransmetteur.

Vie ralentie : État au cours duquel l'activité métabolique, le développement d'un organisme ou d'un organe sont très réduits.

Virulent : Qualifie un microorganisme qui a un pouvoir pathogène.

Vivace (organe ou plante) : Qui a une durée de vie pluriannuelle.

Voie neuronale : Ensemble de neurones connectant entre elles différentes parties du système nerveux.

X

Xylème : Vaisseaux conducteurs constitués de cellules mortes, aux parois étanches car lignifiées, transportant la sève brute.

Z

Zone pilifère : Zone à l'extrémité des racines, située au dessus de la zone d'élongation. Elle comporte un grand nombre de poils absorbants, ce qui augmente la surface de contact avec le sol et facilite l'absorption de l'eau et des ions.

Zooxanthelle : Algue microscopique photosynthétique vivant en symbiose dans les tissus de certains animaux marins.

Crédits photographiques

Couverture © Alfred Pasieka / SPL

p. 12-13 © 104Kelly / iStock
p. 14 hg © Michel & Christine Denis-Huot / Biosphoto, **p. 14 hd** © Gustoimages / SPL, **p. 14 mg** © Eye of Science / SPL, **p. 14 md** © Pascal Goetgheluck / Biosphoto, **p. 14 bg** © Burger / Phanie, **p. 14 bd** © L. Willatt, East Anglian Regional Genetics Services / SPL / T
p. 16 hg © Graeme Guy / BIA / Biosphoto
p. 16 hm © Oliv / Biosphoto
p. 16 hd © Steve Gschmeissner / SPL / T
p. 16 b © Science Source / BSIP
p. 17 hg © Thomas Mangelsen / Minden Pictures / Biosphoto / T
p. 17 hd © Patrick Kientz / Biosphoto / T
p. 17 m © Michel Denis-Huot / hemis.fr / T
p. 17 bg © Bill Coster / Ardea / Biosphoto / T
p. 17 bd © Michael Willmer FT / BSIP / T
p. 19 ht © National Geographic Image Collection/ Bridgeman Images
p. 19 bas © Eraldo Peres/AP/SIPA
p. 20 © Anze_Bizjan/iStock
p. 21 © Hervé Conge - ISM
p. 22 © James King-Holmes/SPL
p. 24 ht g © Steve Gschmeissner/SPL
p. 24 ht d © Mr. Gounon/T/Droits Réservés
p. 25 ht © jordacheir/iStock
p. 25 bas © Amelie-Benoist/BSIP
p. 26 g et d © J.J. Auclair
p. 27 bas d © LookatSciences
p. 28 ht © Dr. G. H. Jones/T/Droits Réservés
p. 28 m © ScienceVU/B. John/VisualsUnlimited/BSIP/T,
p. 28 bas © J. Kezer/T/Droits Réservés
p. 29 © Science Source/AKG Images
p. 32 ht d (2 photos) © Maurizio Gatti, Dipartimento di Biologia e Biotecnologie «C.Darwin», Sapienza, University of Rome, Rome
p. 33 © antonyspencer/iStock
p. 34 © Mario Anzuoni/Reuters
p. 41 ht © Photo12/Alamy/Tierfotoagentur
p. 41 bas g © Ingram/Photononstop
p. 41 bas d © Photo12 / Alamy/Tierfotoagentur
p. 42 © Wessex Reg. Genetics Centre. CC BY 4.0/ Wellcome Collection
p. 44 g © J.J. Auclair
p. 46 © Adrian T. Sumner / SPL ;
p. 47 h © Martin Dohrn / naturepl.fr / EB Photo / T ;
p. 47 b © Biophoto Associates / BSIP ;
p. 48 h © CHU de Saint-Etienne – service Génétique ;
p. 48 b © James King-Holmes / SPL ;
p. 49 hd Logiciel Cintey ;
p. 49 b © Droits réservés ;
p. 50 h © Tim Gainey / Alamy / Photo12 ;
p. 51 © James Kezer / T ;
p. 55 g © Medical Body Scans / BSIP ;
p. 55 m © Dr Gladden Willis / Visual Unlimited / SPL ;
p. 55 d © Gregory G. Dimijian / SPL ;
p. 60 b souris © Paul R. Sterry / Nature Photographers Alamy / Photo12 ; saïmiri © Thomas Marent / Minden Pictures / Biosphoto ; cebus © Harald von Radebrecht / imageBroker / Biosphoto ; alouate © Pulsar Imagens / Alamy / Photo12 ; macaque © Sean Crane / Minden Pictures / Biosphoto ; orang outan © Sylvain Cordier / Biosphoto ; gorille © Ashley Morgan / Robert Harding Picture Library / Biosphoto ; chimpanzé © Patrick Kientz / Biosphoto ; humain © Voisin / Phanie ;
p. 62 © Eric Röttinger / Kahi Kai Images ;
p. 63 h © Bruno Guénard / Biosphoto ;
p. 63 b © Dr Linda Stannard. UCT / SPL ;
p. 64 h © SPL ;
p. 64 b © SPL / Eye of Science / T ;
p. 66 h Extrait de A. Vargas, J. Moreau, S. Landry, F. Le Bellego, C. Toufaily, E. Rassart, J. Lafond, B. Barbeau «Syncytin-2 Plays an Important Role in the Fusion of Human Trophoblast Cells» in *Journal of Molecular Biology*, December 20, 2019 with Permission from Elsevier ;
p. 66 b © Logiciel Anagène ;
p. 67 h © Nikita G. Bernardsky / Shutterstock ;
p. 67 b © Mirjam CZJZEK / CNRS Photothèque ;
p. 68 © Lesterlin Lab (Inserm-CNRS, Université de Lyon) ;
p. 69 © Sputnik / SPL ;
p.70 g © Brandon Cole / Biosphoto ;
p. 70 m © Oxford Scientific / Getty Images ;
p. 70 d © Blickwinkel / Alamy / Photo 12 ;
p. 71 h © Bernard Chaubet / INRAE ;
p. 71 bg International Aphid Genome Consortium. (2010). «Genome Sequence of the Pea Aphid Acyrthosiphon pisum.» PLoS Biology. 8 ;
p.71 bd MUNSON, MARK & Baumann, Paul & KINSEY, MARVIN. (1991). «Buchnera gen. nov. and Buchnera aphidicola sp. nov., a Taxon Consisting of the Mycetocyte-Associated, Primary Endosymbionts of Aphids». *International Journal of Systematic Bacteriology*. 41. 10.1099/00207713-41-4-566.
p. 72 h © Biophoto Associates / BSIP ;
p. 72 bg © Dr Jeremy Burgess / SPL ;
p. 72 bm © Science Source / BSIP ;
p. 72 bd © Science Source / BSIP ;
p. 73 g © CNRI / SPL / Biosphoto ;
p. 73 d © Dennis Kunkel Microscopy / SPL ;
p. 79 © Photo12 / Alamy / Franck Hecker ;
p. 82 h © Photo12 / Alamy / blickwinkel / MeulvanCauteren ;
p. 82 b © Carol von Dohlen.
p. 84 © Paul Zahl / SPL ;
p. 85 h © Michel & Christine Denis-Huot / Biosphoto ;
p. 85 b © SPL / Kennis & Kennis / MSF ;
p.86 h © Creative Commons / Asams10 ;
p. 86 bg Droits réservés ;
p. 86 bd © American Philosophical Society / SPL ;
p. 87 h Logiciel Édu'modèles ;
p. 87 b © Gianpiero Ferrari / FLPA / Biosphoto ;
p. 88 g © Aquapress / Biosphoto ;
p. 88 d Logiciel Édu'modèles ;
p. 89 © Scott P. Carroll ;
p. 90 Logiciel Évolution allélique ;
p. 91 © Michel Poinsignon / Biosphoto ;
p. 92 g © Roger de La Harpe / Biosphoto
p. 92 d © Sergio Pitamitz / Biosphoto ;
p. 99 g et 99 d © André Simon / Biosphoto ;
p. 100 © Simon Bennett / BIA / Minden Pictures / Biosphoto ;
p. 101 h © Tony Camacho / SPL ;
p. 101 b Extrait de fig. 1B in Nachman M.W. et al., «The Genetic basis and adaptative melanism in pocket mice», PNAS, April 29, 2003, 100(9) : 5268-5273. © 2003 NAS, USA / T
p. 102 h © Patrick Kientz / Biosphoto ;
p. 102 b © Jean-Jacques Alcalay / Biosphoto ;
p. 103 © Franck Fouquet / Biosphoto ;
p. 104 © Photo12/Alamy/Buiten-Beeld
p. 105 ht © Tom & Pat Leeson/Ardea/Biosphoto
p. 105 bas © MJTH/Shutterstock
p. 106 ht © Fabrice Cahez/Biosphoto
p. 107 ht © Photo12/Alamy/Scenics & Science
p. 108 ht © Fiona Hanson/AP/SIPA
p. 108 m © A. Hartl/AGE Fotostock
p. 108 bas g © Richard Becker/FLPA/Biosphoto
p. 108 bas d © Michel Gunther/Biosphoto
p. 109 ht © Pascal Goetgheluck
p. 109 m d with permission of The Royal Society. *Who is the puppet master ? Replication of a parasitic wasp-associated virus correlates with host behaviour manipulation.* Nolwenn M. Dheilly and al. Proceedings of the Royal Society. March 2015 (vol. 282, Issue 1803).
p. 110 ht © Anup Shah/naturepl.fr/EB Photo
p. 110 bas © Animals Animals/hemis.fr
p. 111 ht © François Gohier/Biosphoto
p. 111 bas © Alaska Stock/hemis.fr
p. 112 bas g © RMN-Grand Palais (musée d'Archéologie nationale)/Franck Raux
p. 112 bas d © M.C. Esteban/Iberfoto/Roger-Viollet
p. 113 © Nicky Loh/Reuters
p. 114 m Photo12/Alamy/Bill Coster
p. 114 bas © Jean-Claude Malausa/Biosphoto
p. 115 © Ronald Thompson/FLPA/Biosphoto
p. 119 bas © Photo12/Alamy/Karel Bock
p. 120 © Photoshot/Martin Garwood/Biosphoto
p. 121 ht © Premaphotos/AGE Fotostock
p. 121 bas g Audacity® software is copyright © 1999-2019 Audacity Team. Web site: https:// audacityteam.org/. It is free software distributed under the terms of the GNU General Public License. The name Audacity® is a registered trademark of Dominic Mazzoni.
p. 122 © Steve Gschmeissner/SPL
p. 123 ht : FatCamera/iStock
p. 123 bas : Tagstock1/iStock
p. 124-125 © suronin / Shutterstock
p. 126 h © Visuals Unlimited / BSIP / T
p. 128 h © Doug Perrine / Naturepl.fr / EB Photos
p. 129 h © Jean-Louis Cheminée / CNRS Photothèque
p. 129 m © Georges Grousset
p. 131 h © John Valley, University of Wisconsin ;
p. 131 m © Patrick De Wever ;
p. 131 b, p. 132 hg © François Michel ;
p. 132 hd © Jean-Claude Malausa / Biosphoto ;
p. 132 bg © François Michel ;
p. 132 bd © Jean-Pol Radu ;
p. 133 h © Jean Chauvet ;
p. 133 m et b © Hendrik Vreken ;
p. 134 b © Pierre Thomas, ENS Lyon, https://planet-terre.ens-lyon.fr/ ;
p. 136 hg © fossil-paris.e-monsite.com ;
p. 136 hd © Lilian Cazes CR2P UMR7207 MNHN CNRS SU ; p. 136 bg © Damien Mollex - Lithothèque de l'ENS de Lyon ; p. 136 bd © ISM / Hervé Conge ;
p. 137 hg et hd © Fabienne Raynard, Communauté de Communes du Thouarsais ;
p. 137 m et b © Hervé Châtelier - www.ammonites.f ;
p. 138 Fischer V, Guiomar M, & Godefroit P. 2011. «New data on the palaeobiogeography of Early Jurassic marine reptiles: the Toarcian ichthyosaur fauna of the Vocontian Basin (SE France)». *Neues Jahrbuch für Geologie und Palaontologie.* Abhandlungen, 261(1), 111-127. Fischer V. 2009 *Les ichthyosaures du sud-est de la France.* Mémoire de fin d'étude (MSc thesis), Université de Liège. 181 pp.
p. 139 g © Philippe Bouault / Section Géologie et Paléontologie du CE Lafarge de l'usine de Val d'Azergues ; **p. 139 mg** © André Krzywanski / Section Géologie et Paléontologie du CE Lafarge de l'usine de Val d'Azergues ; **p. 139 md** et d © Coll. & Cl. Géoparc mondial UNESCO de Haute-Provence ;
p. 140 g © Photo12 / Alamy /Richard Thomas Photography ;
p. 140 d © François Michel ;
p. 141 hg © Luis Vitor Duarte, Université de Coimbra ;
p. 141 hd © Hervé Châtelier - www.ammonites.fr ;
p. 141 bg © Portugal em Pedra ;
p. 141 bd © Hervé Châtelier - www.ammonites.fr ;
p. 143 h © FRÉDÉRIC LABAUNE ;
p. 143 b © Yann Guichaoua ;
p. 145 h et b © Brigitte Senut ;
p. 147 © BRGM - Extrait de la carte géologique de France au 1/1 000 000 ;
p. 153 h © Oriane Matte-Tailliez / T. Droits réservés ;
p. 154 h © John Valley, University of Wisconsin ;
p. 154 b © BRGM - Extrait de la carte géologique de France au 1/50 000 ;
p. 155 h Charles Lyell, *Principles of Geology.* 2nd edition, 1857 ;
p. 155 b © Claude Fabre / T. Droits réservés ;
p. 156 h © chiakto / Shutterstock ;
p. 156 b © Christophe Brunet. Droits réservés ;
p. 157 © Woudloper / CC / Domaine public ;
p. 158 © Jürgen Von Wirth/AGE Fotostock
p. 159 ht © Danita Delimont Stock/AGE Fotostock
p. 159 bas g © AKG-Images
p. 159 bas d © MEPL/ Bridgeman Images
p. 160 © National Centers for Environmental information/NESDIS/NOAA
p. 161 © BRGM - Carte géologique de la France au 1/1000 000 ème et extraits
p. 162 ht © Hervé Conge - ISM
p. 162 bas © Jacques Brunet-Manquat/Naturimages
p. 163 ht g © christian.nicollet.free.fr
p. 163 ht d © BRGM - Atlas pétrographique obstiné de l'ophiolite du Chenaillet
p. 163 bas g © Damien Mollex - Lithothèque de l'ENS de Lyon
p. 163 bas d © BRGM - Atlas pétrographique obstiné de l'ophiolite du Chenaillet
p. 164 ht © cornfield/Shutterstock
p. 164 bas © Hans Harms/iStock
p. 165 ht g © Claude Fabre/T
p. 165 bas g © Claude Fabre/T
p. 166 © Cécile Doubre
p. 167 bas d © Enrique Lopez-Tapia/naturepl.fr/ EB Photo
p. 167 bas g © Photo12/Alamy/Ivoha
p. 168 m © Michel Séranne, CNRS-Université de Montpellier
p. 169 h © Hervé Conge - ISM
p. 169 m © sonsart/Shutterstock
p. 169 bas © Aleksandr Pobedimskiy/Shutterstock
p. 171 ht Müller, R.D., Qin, X., Sandwell, D.T., Dutkiewicz, A., Williams, S.E., Flament, N., Maus, S. and Seton, M, 2016, The GPlates Portal : Cloud-based interactive 3D visualization of global geophysical and geological data in a web browser, PLoS ONE 11(3): e0150883.
doi :10.1371/ journal.pone.0150883
p. 171 bas © Ron Bull/Getty Images
p. 177 bas © Pierre Thomas, ENS Lyon, https://planet-terre.ens-lyon.fr/
p. 178 ht © Eric LECOIX
p. 178 bas © BRGM - Baie de Lannion, extrait de la carte géologique de la France au 1/1 000 000e
p. 179 m d © Beslier Marie-Odile/Geoazur, UMR 7329
p. 180 bas d, g © Damien Mollex - Lithothèque de l'ENS de Lyon
p. 181 © christian.nicollet.free.fr
p. 182-183 © Denis Baude
p. 184 bas g (courgette) © Deborah Lee Rossiter/ SHUTTERSTOCK/T
p. 184 bas © Thierry Grohendo/T (4 photos)
p. 184 bas (graines) © Science Stock Photography/ SPL
p. 188 m g © Philippe Desmazes/AFP
p. 189 bas g © Jean-Philippe Delobelle/Biosphoto
p. 189 bas d © Dr. Jeremy Burgess/SPL
p. 190 m (pommier) © Nathalie Truchet/Biosphoto, **p. 190 m (bouleau)** © Labrador Photo Video/ Shutterstock, **p. 190 m (chêne)** © Olga Guchek/ Shutterstock, **p. 190 m (orme)** © Richard Parker/ Science Source/BSIP
p. 192 ht g © Bartomeu Borrell/Biosphoto
p. 192 ht d © Dr. Keith Wheeler/SPL
p. 192 bas g © Philippe Moës/Biosphoto
p. 192 bas m © Dr. Keith Wheeler/SPL
p. 192 bas d © Photoshot/Laurie Campbell/Biosphoto
p. 193 ht d © Hélène Grand-Milhavet/T
p. 194 bas g © Antoni Agelet/Biosphoto
p. 195 ht © Labo. de Biologie végétale, UER des Sciences, Limoges/T/Droits réservés
p. 195 bas d © Jean-Claude Révy - ISM
p. 196 m d et m m © Hervé Conge - ISM
p. 197 ht © Jean-Pierre Rubinstein - ISM
p. 197 m © Hervé Conge - ISM (4 photos)
p. 197 bas © Claude Fabre/T (2 photos)
p. 198 (b) © Xavier Vila/Naturimages, **p. 198 (c)** © Adelheid Nothegger/imageBroker/Biosphoto, **p. 198 (d)** © K. Wothe / ARCO / BSIP, **p. 198 (e)** © Jens-Peter Laub/Ardea/Biosphoto
p. 199 ht © Denis Bringard/Biosphoto (3 photos)
p. 199 m © Omikron/Science Source/BSIP
p. 199 bas g © Antonia Reeve/SPL
p. 199 bas d © Maxine Adcock/SPL
p. 201 bas (a et c) © Claude Fabre/T
p. 201 bas (b et d) © Randy Moore/T/Droits réservés
p. 207 ht Sara Castro/Shutterstock
p. 208 m © Antoni Agelet/Biosphoto
p. 210 m g © Dr. Jeremy Burgess/SPL
p. 210 m d © Denis Bringard/Biosphoto
p. 211 © Steve Gschmeissner/SPL
p. 212 © irin-K/Shutterstock
p. 213 ht © JIL Photo/Shutterstock
p. 213 bas © Jacques Sierpinski/hemis.fr
p. 215 ht g © alisali/AGE Fotostock
p. 218 m © Science VU/J. Litvay/Visuals Unlimited, Inc./ BSIP, **p. 218 bas** © Hervé Conge - ISM (3 photos), **p. 219** © Hervé Conge - ISM
p. 220 ht g (a) © traveler1116/iStock
p. 220 h g © Anna Sedneva/Shutterstock
p. 220 ht d (b) © Denis Pogostin/Shutterstock
p. 220 ht d © Amero/Shutterstock
p. 220 bas g © Geff Reis/AGE Fotostock
p. 220 bas m © Edward Westmacott/Shutterstock
p. 220 bas d © jiangdi/ Shutterstock
p. 221 m d (b) Hervé Conge - ISM
p. 221 m g (c) © Olga Guchek/iStock
p. 222 © Denis Baude
p. 223 ht g © Markus Mainka/AGE Fotostock
p. 223 ht d © Neirfy/AGE Fotostock
p. 223 mg et bas g Republished with permission of : © American Society of Plant Biologists from *The Plant Cell.* Article : *Single gene-mediated shift in pollinator attraction in Petunia.*, Authors : Hoballah Maria Elena and all. Vol. 19, pages 779-790, Issue 3 March 2007.
p. 223 bas m © J. J. Auclair
p. 223 bas d © Andre Skonieczny/imageBroker/AGE Fotostock
p. 228 © Clément Mahoudeau/IP3 PRESS/MAXPPP
p. 230 ht © John B Free/naturepl.fr/EB Photos
p. 231 ht © Photo12/Alamy/David Chapman
p. 231 bas © Antoni Agelet/Biosphoto
p. 235 h © Isabelle Gaspérini ;
p. 235 b © Stéphane Vitzhum / Biosphoto ;
p. 236 hg © Coulanges / Shutterstock ;
p. 236 hmg © Tricia Lattin / Shutterstock ;
p. 236 hmd © MichaelGrantPlants / Alamy / Photo12 ;
p. 236 hd © Gary K. Smith / FLPA - Frank Lane Picture Agency / Biosphoto ; **p. 236 bg** © Hervé Conge / ISM ;
p. 236 bd © Mathieu Foulquié / Biosphoto ;
p. 237 hg © Krolya25 / Shutterstock ;
p. 237 hm © Domnitsky / Shutterstock ;
p. 237 hd et b (4 photos) © Frédéric Lamblin ;
p. 239 hdb (E) © Steve Gschmeissner / SPL ;
p. 239 md (B) © Pierre Huguet-Dubief / Biosphoto ;
p. 239 bg (C) © Michel Rauch / Biosphoto ;
p. 239 bm (D) © Bruno Mathieu / Biosphoto ;
p. 239 bd (E) © Jean-Philippe Delobelle / Biosphoto ;
p. 240 hg © Hervé Conge / ISM ;
p. 240 hm © Paul Montagne ;
p. 240 bd © J.M. Escobar-Restrepo and A.J. Johnston, University of Zurich, Institute of Plant Biology. Bernasconi et al. Science, Feb 13 2004. Page 973 figure 2 ;
p. 241 h © Arvind Balaraman / Shutterstock ;
p. 241 mg (C1) © Martin Fowler / Shutterstock ;
p.241 mg (C2) © Stefan Rotter / Shutterstock ;
p. 241 md (B1) © Visions Botanical / Visions Pictures / Biosphoto ;
p. 241 md (B2) © P. et M. Guinchard / Biosphoto ;
p. 241 b (D) © David Busti, ENS de Lyon ;
p. 242 hg (A) © Johan De Meester / Ardea / Biosphoto ;
p. 242 hg (B) © Gerry Bishop / Alamy / Photo12 ;
p. 242 hd (C1 et C2) © Power and Syred / SPL ;
p. 242 hd (C3) © Dr Stanley Flegler / Visual Unlimited / SPL ;
p. 242 m (E1) © Martin Oeggerli / SPL ;
p. 242 m (E2) © AMI Images / SPL ;
p. 242 bg (F) © Colin Varndell / SPL ;
p. 242 bm (G) © Dr Jeremy Burgess / SPL ;
p. 242 bd (H) © golfer2015 / iStock ;
p. 243 g © Éric Tourneret / Biosphoto ;
p. 243 m © Francisco Javier Torrent Andres / Visual and Written Photo Collection / Biosphoto ;
p. 243 d © Aptyp_koK / iStock / Getty Images ;
p. 244 hg (A) © Hervé Conge / ISM ;

p. 244 hd (B) © Nigel Cattlin / Alamy / Photo12 ;
p. 244 mg (C) © Hervé Conge / ISM ;
p. 244 mm (D) © Hervé Conge / ISM ;
p. 244 md (E) © msk.nina / iStock / Getty Images ;
p. 244 bg (A) © maxsol7 / iStock / Getty Images ;
p. 244 bd (B) © Hervé Conge / ISM ;
p. 245 h © Bogdan Wankowicz / Alamy / Photo12 ;
p. 245 bd © Andrew Lambert Photography / SPL ;
p. 246 h (1) © Gérard Guillot / zoom-nature.fr ;
p. 246 h (2) © Xiaodisc / Green Eye / Biosphoto ;
p. 246 h (3) © Alain Even / Biosphoto ;
p. 246 h (4) © Sergey Khacha / Zoonar / AGE Fotostock ;
p. 246 h (5) © Gary Bell / Oceanwide / Minden Pictures / Biosphoto ;
p. 246 b (1) © Milestone / Zoonar GmbH / Alamy / Photo12 ;
p. 246 b (2) © Denis Bringard / Biosphoto ;
p. 246 b (3) © Dmytro Komarovskyl / Shutterstock ;
p. 246 b (4) © Claude Balcaen / Biosphoto ;
p. 246 b (5) © Jean-Louis Le Moigne / Biosphoto ;
p. 246 b (6) © Blinckwinkel / Alamy / Photo12 ;
p. 247 g © opuntiads.com/oblog. Photo Andrew Nicolle ;
p. 247 d © Kimie Shimabukuro / Getty Images ;
p. 253 hg © Hossein Basirat / Alamy / Photo12 ;
p. 253 hd © Blickwinkel / Alamy / Photo12 ;
p. 253 b © Segundo Perez / Alamy / Photo12 ;
p. 254 © Marco Schmidt / CC BY SA 3.0 ;
p. 255 hg © Georges Lopez / Biosphoto ;
p. 255 hd © Stéfane Gautier / Naturimages ;
p. 256 g © Itsik Marom / Alamy / Photo12 ;
p. 256 d © Sarit Richerson / Alamy / Photo12 ;
p. 258 © Science Source/AKG Images
p. 260 bas g © Arco/O. Diez/AGE Fotostock
p. 260 bas d © CSP_Apriori/AGE Fotostock
p. 261 © Erich Lessing/AKG Images
p. 263 ht (aubergine) © Nattika/Shutterstock
p. 263 ht (maïs) © Kovaleva_Ka/Shutterstock
p. 263 ht (carotte) © LorenzoArcobasso/Shutterstock, **p. 263 ht (courgette)** © Maks Narodenko/Shutterstock, **p. 263 ht (tournesol)** © Evgeny Karandaev/Shutterstock, **p. 263 ht (radis)** © margouillat photo/Shutterstock, **p. 263 ht (poireau)** © MichaelJayBerlin/Shutterstock, **p. 263 ht (artichaut)** © Lev Kropotov/Shutterstock
p. 263 bas © GNIS / Paul Dutronc
p. 264 © Scott Sinklier/Agstockusa/AGE Fotostock
p. 266 ht g © Mr. Prasit Boonma/Shutterstock
p. 266 ht d © Ekkasit Rakrotchit/Shutterstock
p. 267 © Nicolas Tucat/AFP
p. 268 ht © INRAE/Véronique Chable
p. 268 m © Hervé Lenain/Biosphoto
p. 268 bas d © Frédéric Didillon/Biosphoto
p. 268 bas g Nigel Cattlin/FLPA/Biosphoto
p. 269 © Nigel Cattlin/Biosphoto
p. 270 bas © papo4334 - Tomodori.com - Les-Tomos.fr - (5 photos)
p. 271 ht g © Nigel Cattlin/FLPA/Biosphoto
p. 271 ht d © Watier-Visuel
p. 271 m g © INRAE
p. 271 m d © INRAE
p. 273 © Walter Bibikow/Getty Images
p. 275 © FreedomMaster/iStock
p. 277 ht © Fototeca Gilardi/AKG Images
p. 277 bas © goce/iStock
p. 280 ht 4 docs extraits de *The ISME Journal*, published October 2017. Article : *Geometagenomics illuminates the impact of agriculture on the distribution and prevalence of plant viruses at the ecosystem scale.* Pauline Bernardo and all. © 2017, Springer Nature/Creative Commons CC BY.
p. 280 bas © Juan-Carlos Munoz/Biosphoto
p. 281 © Jean-Pierre Rubinstein - ISM (4 photos)
p. 289 hg © Laurent Theillet / Sud Ouest / Photopqr / Maxppp / T ;
p. 289 hd © Rod Benson, www.bigskywalker.com / T ;
p. 289 m © Jean-Christophe Marsy / 500 px / Getty Images / T;
p. 289 b © Alamer / Iconotec/ Photononstop / T ;
p. 290 © Alain Bénéteau/www.paleospot.com
p. 291 ht © De Agostini Picture Library/AKG-Images,
p. 291 bas © Ink Drop/Shutterstock
p. 294 ht © Hervé Conge - ISM
p. 294 bas © IGN/2020/Source geoportail®
p. 295 ht © Photo12/Alamy/Colm K
p. 295 mg © Maurice GIDON, geol-alp.com
p. 295 md © Andreas Werth/AGE Fotostock
p. 295 bas © Sylvain Coutterand - http://www.glaciers-climat.com
p. 296 ht rennes©grottechauvet 2- Ardèche
p. 296 m: Michael S Nolan/AGE Fotostock
p. 299 ht © Worldsat International/SPL
p. 299 bas © Steve Lowry/SPL
p. 301 © Claus Lunau/SPL
p. 302 © bas d Steve Gschmeissner/SPL
p. 303 © Antoine Boureau/Biosphoto
p. 304 ht (a) © Photo12/Alamy/Siim Sepp
p. 304 ht (b) © www.sandatlas.org/Shutterstock
p. 304 ht (c) © Valzan/AGE Fotostock
p. 304 (d) Science Stock Photography/SPL
p. 304 m © E.R.-Degginger/AGE Fotostock.
p. 304 bas Académie de Rouen
p. 305 © Doug Perrine/naturepl.fr/EB Photo
p. 306 ht © Walter Myers/SPL
p. 306 m g © cliché de Monsieur Nöel Podevigne, issu de Charbonnier (2010)/collections du Muséum national d'Histoire naturelle, Paris
p. 306 m d © cliché de Monsieur Nöel Podevigne, issu de Charbonnier (2010)/collections du Muséum national d'Histoire naturelle, Paris
p. 312 © Auscape/TSADO/NASA/Tom Stack & Associates/Biosphoto
p. 314 ©MC-DRAC/SRA PACA-Michel Olive
p. 316 © AKG-Images
p. 318 © Vincent Callebaut Architectures ;
p. 319 h © Michaela Walch / imageBROKER / Biosphoto ;
p. 319 b © Axel Ducourneau / OHM /CNRS Photothèque ;
p. 322 © Kerstin Langenberger ;
p. 323 h © Vlada_Z / Getty Images ;
p. 323 m Daniel Vogedes, «Calanus spp. in the Arctic Ecosystem- A Story on Predation, Distribution and Methodology» (2014). Photo Malin Daase ;
p. 323 b © Alain Bidart / Biosphoto ;
p. 325 h © CDC / SPL ;
p. 325 b : Pascal Goetgheluck / Biosphoto ;
p. 326 © Jean-Yves Grospas / Biosphoto ;
p. 327 Tiles © ArcGIS © 2006-2008 Alex Tingle. NASA. http://flood.firetree.net ;
p. 328 g © Adisa / Getty Images ;
p. 328 d Cartoviz ;
p. 329 © Éric Bouvet / Gamma-Rapho ;
p. 330 hg © Belchonock / iStock / Getty Images ;
p. 330 hd © Keyur18 / Shutterstock ;
p. 330 mg © Dionisvera / Shutterstock ;
p. 330 md © Olya Solodenko / iStock / Getty Images ;
p. 330 bg © Alfio Scisetti / Shutterstock ;
p. 330 bd © Ermin Selimovic / Shutterstock ;
p. 331 © Benoît Merlan ;
p. 333 © Climeworks ;
p. 342-343 © John M Lund Photography Inc/Getty Images
p. 344 © Visual Unlimited/Biodisc/SPL
p. 345 © Sovereign/ISM
p. 348 © Dr Donald Fawcett/BSIP
p. 349 ht g © B. Boissonnet/BSIP
p. 349 ht d © sruilk/Shutterstock
p. 349 m © Bruce Coleman/Photoshot/Biosphoto
p. 349 bas © Jérôme Moreaux/AGE Fotostock
p. 350 ht © hellvideo/iStock
p. 350 m © Chassenet/BSIP
p. 350 bas © Ljupco Smokovski/Shutterstock
p. 352 ht g © Zephyr/SPL
p. 352 ht d © Carolina Biological/Medicalimages - ISM
p. 352 bas © Carolina Biological/Medicalimages - ISM
p. 353 ht g © Jean-Claude Révy - ISM
p. 353 ht d © Hervé Conge - ISM
p. 354 ht © Laboratoire du Dr Barker/Université de Durham/UK/T/Droits Réservés
p. 354 bas © A. Hamon/Laboratoire de Neurophysiologie, Université d'Angers/T/Droits Réservés (3 photos)
p. 355 © A. Hamon/Laboratoire de Neurophysiologie, Université d'Angers/T/Droits Réservés (2 photos)
p. 356 ht © Steve Gschmeissner/SPL
p. 356 m © Jean-Claude Révy - ISM
p. 356 bas © Steve Gschmeissner/SPL
p. 357 © Dr Fred Hossler/BSIP
p. 358 bas d © Don W. Fawcett/T. Reese/Science Source/BSIP
p. 358 bas g © Biophoto Associates/Science Source/BSIP
p. 359 ht g © Dennis Kunkel Microscopy/SPL
p. 359 ht d © A. Triller-Inserm-ENS (2 photos)
p. 361 bas d © StoykoSabotanov/iStock
p. 362 © Ed Reschke/Getty Images
p. 363 ht g © Intelecom/Science Source/BSIP
p. 369 © Thomas Deerinck/NCMIR/SPL
p .370 © Michel Gunther/Biosphoto
p. 371 © Martyn F. Chillmaid/SPL
p. 372 © Matej Kastelic/Shutterstock
p. 374 © Cultura/Image Source/BSIP
p. 375 ht Collection Christophel © Lucas film / Walt Disney
p. 375 m Collection Christophel © Lucas film / Twentieth Century Fox Film Corporation
p. 375 bas © Steve Gschmeissner/SPL
p. 376 ht g © SciePro/SPL
p. 376 ht d © TheVisualMD/Science Source/BSIP
p. 376 bas g © De Agostini Picture Library/Getty Images
p. 376 bas d © Juan Gaertner/SPL
p. 377 ht © Inserm/Saoudi, Yasmina
p. 377 bas © Corinne Bachelin et Violetta Zujovic
p. 378 ht g © Ullstein Bild Dtl/Getty Images
p. 378 ht m © Ullstein Bild Dtl/Getty Images
p. 378 ht d © Eric Audras/Onoky/Photononstop
p. 379 bas © Living Art Enterprises/Science Source/BSIP (3 photos)
p. 381 bas © Alfred Pasieka/SPL
p. 382 ht © John and DiAnna Lipscomb
p. 382 bas © Simon Fraser/SPL
p. 384 © Inserm/Martin, Stéphane
p. 385 ht © Ryan W. Draft, Harvard University
p. 386 ht © Rido/Shutterstock
p. 386 bas g © Neil Borden/BSIP
p. 386 bas d © Living Art Enterprises/BSIP
p. 387 © Image Source/BSIP
p. 388 ht © Burger/Phanie
p. 388 bas © Ingram/BSIP
p. 389 ht © Amelie-Benoist/BSIP
p. 389 bas doc. extrait de: *Re-emergence of hand-muscle representations in human motor cortex after hand allograft*, auteurs : Claudia D. Vargas, and all. PNAS Avril 28, 2009 106 (17) 7197-7202. © Angela Sirigu/CNRS
p. 391 © monticelllo/iStock
p. 397 © Inserm/Constans, Jean-Marc
p. 398 ht doc. extrait de : *The acquisition of skilled motor performance: Fast and slow experience-driven changes in primary motor cortex.* Authors : Avi Karni, and all. PNAS February 3, 1998 95 (3) 861-868. Copyright (1998) National Academy of Sciences, U.S.A
p.398 bas : © Inserm/Blum, David
p. 401 © Pinar Mesci, M.Sc., Ph.D. - Recherche menée au sein de l'équipe Boillée à l'Institut du Cerveau (ICM), Paris, France
p. 402 © Michael Abbey/Science Source/BSIP
p. 403 ht Royal Collection Trust © Her Majesty Queen Elizabeth II, 2020 / Bridgeman Images
p. 403 m doc. extrait de MDPI/*Micromachines* 2019, 10(6), 399. Article : *Effect of Cyclic Stretch on Tissue Maturation in Myoblast-Laden Hydrogel Fibers*, authors : Shinako Bansai and all.
p. 403 bas © Bruno Mathieu/Biosphoto
p. 404 ht © Hélène Grand-Milhavet/T
p. 405 Avec la courtoisie de la société Esaote Spa, image réalisée avec l'IRM O-Scan
p. 406 bas d © Steve Gschmeissner/SPL
p. 407 © James E. Dennis/Phototake - ISM (2 photos)
p. 408 ht © J. J. Auclair (2 photos)
p. 409 ht g © Don W. Fawcett/Science Source/BSIP
p. 410 © INRAE / APEX (2 photos)
p. 411 ht g doc. extrait de : *The Egyptian Journal of Medical Human Genetics* (vol. 7, No. 2, Nov. 2006). Article : *Gene Analysis and Carrier Detection of Duchenne Muscle Dystrophy in Egyptian Families* , Rabah M. Shawky and all.
p. 411 bas Reprinted with permission of AAAS from *Science Advances* 06 Mar 2019, Vol. 5, no. 3, eaav4324. Article : *CRISPR-Cas9 corrects Duchenne muscular dystrophy exon 44 deletion mutations in mice and human cells* © Yi-Li Min and all, some rights reserved; exclusive licensee American Association for the Advancement of Science
p. 414 bas (1) © Eric Grave/SPL, **p. 414 bas (2)** © SPL **p. 414 bas (3)** © Innerspace Imaging/SPL
p. 416 ht © J.J. Auclair (3 photos)
p. 416 bas g © Heiti Paves/Shutterstock
p. 416 bas d © Science Source/BSIP
p. 418 © Thomas Deerinck / NCMIR /SPL ;
p. 419 h © Inhabitant / Getty Images ;
p. 419 m © Dimitri Lundt / Sygma / Corbis / VCG via Getty Images ;
p. 420 g et d By courtesy of *Human Protein Atlas*. Uhlen et al (2015). Tissue-based map of the human proteome. Science. DOI: 10.1126/science.1260419. URL : v19.proteinatlas.org/ENSG00000110955-ATP5F1B/cell#img ;
p. 421 bd Logiciel Exao ;
p. 422 h © Science Source / SPL ;
p. 422 b © Steve Gschmeissner / SPL / Phanie / T ;
p. 424 h © Dr Fred Hossler / Visual Unlimited / SPL ; **p. 424 b** © CNRI / SPL ;
p. 427 © Gladden Willis / Visuals Unlimited / BSIP / T ;
p. 436 h © Steve Gschmeissner / SPL ;
p. 436 b © Science Stock Photography / SPL ;
p. 439 g © Evan Oto / SPL ;
p. 440 © Alexander Spatari / Getty Images ;
p. 441 © Sébastien Boué / Presse Sports ;
p. 441 m et b © Mark Hatfield / Getty Images ;
p. 443 h Association Dextro en fête / T ;
p. 443 b © Betaktas / Shutterstock ;
p. 444 h © NIEHS ; **p. 444 bd** Ward CL, Corona BT, Yoo JJ, Harrison BS, Christ GJ (2013) Oxygen Generating Biomaterials Preserve Skeletal Muscle Homeostasis under Hypoxic and Ischemic Conditions. PLoS ONE 8(8): e72485. https://doi.org/10.1371/journal.pone.0072485 ;
p. 445 h Académie nationale de Médecine, Paris. Photo Luc Joubert - Archives Larbor / BIS / T ;
p. 445 m Droits réservés ;
p. 446 © CT DE PANCRÉAS ;
P. 447 hg © ILOTS DE LANGERHANS AU MICROSCOPE OPTIQUE ;
p. 447 hd © Valérie Gmyr / INSERM ;
p. 448 h © Cheapbooks / Shutterstock ;
p. 448 m © David Hay Jones / SPL ;
p. 448 b Droits réservés / T ;
p. 449 © Juan Monino / iStock / Getty Images ;
p. 457 © ILOTS DE LANGERHANS SOURIS DIABÈTE ;
p. 462 © D. Raev / Zoonar / AGE Fotostock ;
p. 463 h © Philip Kragel, Kevin LaBar, Duke University ;
p. 463 b © Adam Hart-Davis / SPL ;
p. 464 © Sébastien Ortola / REA ;
p. 464 m © Gerry Justice / iStock / Getty Images ;
p. 464 bg © Nicolas Tavernier / REA ;
p.464 bd © Radius Images / Photononstop ;
p. 465 h © Marc Chalvin ;
p. 465 mg et md © SPL ;
p. 465 bg © Bele Elmez / ImageBroker / AGE Fotostock ;
p. 465 bd © tommaso70 / iStock / Getty Images ;
p. 466 Logiciel EduAnat2 / LabEx Cortex / LabEx Primes / Ens Lyon ;
p. 467 © Prill / iStock / Getty Images ;
p. 468 h Immunohistochemical analysis of paraffin-embedded human hypothalamus tissue slide using 66230-1-Ig (UCHL1 Antibody) at dilution of 1:500 (under 40x lens). Provided by Proteintech Group ;
p. 468 mg © Sovereign / ISM ;
p. 468 md © Chrystel Lafont / INSERM ;
p. 468 b © Biophoto / Science Source / BSIP ;
p. 469 h © jarun011 / iStock / Getty Images ;
p. 469 bg © Dr P. Marazzi / SPL ;
P. 469 bd © Image Point FR - LPN / BSIP ;
p. 470 © Filadendron / Getty Images ;
p. 471 b © Laurent Givalois / INSERM ;
p. 472 h © Amélie-Benoist / BSIP ;
p. 472 b Extrait de J.L. Price, S.T. Carmichael, W.C. Drevets,»Networks related to the orbital and medial prefrontal cortex ; a substrate for emotional behavior ?» Prog. Brain Res., 107, 523 (1996) ;
p. 473 © Élodie Christment / hanslucas.com ;
p. 474 h © B. Boissonnet / BSIP ;
p. 474 b © INSERM / Sylvie Claysen ;
p. 476 h © Bojan89 /iStock / Getty Images ;
p. 476 m © fizkes / iStock / Getty Images ;
p. 476 b © Tetra Images / AGE Fotostock ;
p. 477 h et b © UW-Madison University Communications - droits réservés ;
p. 479 © DrAfter123 / iStock ;
p. 483 © Pete Oxford / Minden Pictures / Biosphoto ;
p. 484 © C. Slawik / Juniors / Biosphoto ;
p. 485 h © D. Dormont, M. Chupin, O. Colliot et S. Lehéricy, JFR 2008 - «Bonnes pratiques dans l'exploration des suspicions de démence du sujet âgé : recommandations de la SFNR» ;
p. 485 bg © Michael Ross / SPL ;
p. 485 bd © INSERM / U293 ;
p. 486 © Rawpixel.com / Shutterstock ;
p. 487 g, m et d Ministère de la Santé du Grand-Duché du Luxembourg. www.prevention-depression.lu/;
p. 489 © BRGM - Carte géologique de la France au 1/1000 000 ème
p. 490-491 Carte géologique du monde au 1/35000000, 3e édition, Ph. Bouysse et coll. © CCGM-CGMV 2014.
p. 496 ht m © Monty Rakusen/Getty Images
p. 500 ht © Cultura/Image Source/BSIP
p. 520 bas © Mike Kemp/BSIP
p. 526 m g : © Odilon Dimier/PhotoAlto / Photononstop
p. 526 bd © MJPS/Shutterstock

Rabat D, ht g © Jean-Yves Grospas/Biosphoto
Rabat D, ht d © Christophe Brunet/T
Rabat D, m g © Hugues de Cherisey/Biosphoto
Rabat D, m d © Philippe Bousseaud/Biosphoto
Rabat D, bas g © Photo12/Alamy/Steffen Hauserbotanikfoto
Rabat D, bas d © Photo12/Alamy/Keith Burdett
Rabat E, ht g © Photo12/Alamy/Alistair Laming
Rabat E, ht d © Leonard Vucinic/Flowerphotos/Biosphoto
Rabat E, m g © Federico Raiser/Biosphoto
Rabat E, m d © Xiaodisc/Green Eye/Biosphoto
Rabat E, bas g © Christophe Brunet/T
Rabat E, bas d © Jean-Yves Grospas/Biosphoto
Rabat F, © Photo12/Alamy/PRILL Mediendesign

Grand oral – Exercices

- Préparer son projet et organiser ses idées 520
- Préparer son exposé oral 522
- Présenter son exposé 523
- Préparer son échange avec le jury sur l'exposé oral 524
- Préparer son échange avec le jury sur le projet d'orientation 526

Préparer son projet et organiser ses idées

1 Choisir un sujet et formuler une question

Exemple 1

Dans le cadre de l'étude du cerveau, le sujet des AVC (accidents vasculaires cérébraux) vous a semblé intéressant pour préparer le Grand oral.

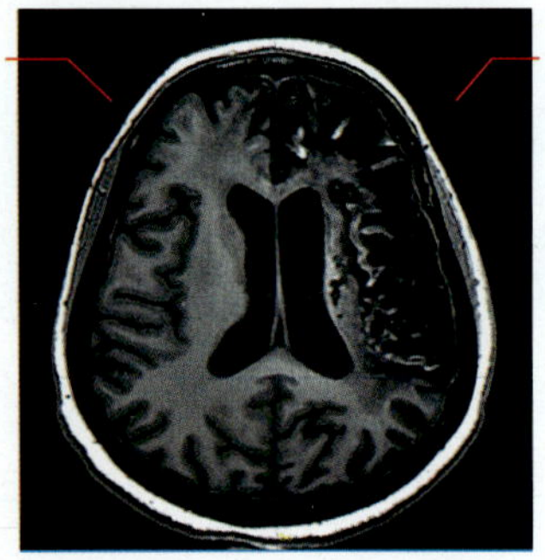

IRM anatomique montrant un AVC

- **À partir de ce sujet d'étude, formulez une question présentant une problématique à développer lors du Grand oral.**

Exemple 2

Les stratégies d'adaptation au réchauffement climatique vous semblent un sujet intéressant car en lien avec l'actualité.

- **À partir de ce sujet d'étude, formulez une question présentant une problématique à développer lors du Grand oral.**

Comment procéder ?

1. Dans un premier temps, choisissez un sujet qui vous motive, parce qu'il fait partie de vos centres d'intérêts et éventuellement parce qu'il est en lien avec votre projet d'orientation.
2. Faites le point sur ce que vous avez appris cette année sur le sujet.
3. Dressez ensuite une liste de questions que vous vous posez sur ce sujet.
4. Menez des recherches complémentaires dans des ouvrages, revues ou sur Internet pour avoir une vue plus globale du sujet.
5. Parmi toutes les questions que vous vous posez sur le sujet, sélectionnez celle qui vous semble la plus intéressante à traiter. Le Grand oral n'a pas pour but de traiter intégralement un thème, mais au contraire de répondre à une problématique autour du sujet.

Votre question doit :

- correspondre à un problème ouvert. « *Qu'est-ce qu'un AVC ?* » n'est pas une question ouverte contrairement à « *Quelles sont les causes possibles d'un AVC ?* » ;
- être assez précise pour éviter d'y répondre par un « catalogue ». Par exemple « *Quelles sont les adaptations possibles au réchauffement climatique ?* » est une question trop large ;
- être en rapport avec vos centres d'intérêts ou votre projet d'orientation : si vous voulez faire des études de médecine « *Comment traiter efficacement les AVC pour limiter leurs conséquences ?* » peut être une bonne question. Si vous vous destinez à l'architecture « *Comment construire des bâtiments adaptés au réchauffement climatique ?* » est un problème pertinent.

2 Lister les mots-clés en lien avec la question choisie

Il est courant qu'un médecin contrôle des réflexes lors d'un examen médical. La question sur laquelle vous souhaitez centrer votre exposé est la suivante : « *Quel est l'intérêt d'un tel examen et quels dysfonctionnements peut-il mettre en évidence ?* »

- **Listez au moins 5 mots-clés en relation directe avec cette question ou avec celle que vous avez déjà choisie.**
- **Vérifiez que vous connaissez bien et comprenez bien les définitions de ces notions.**

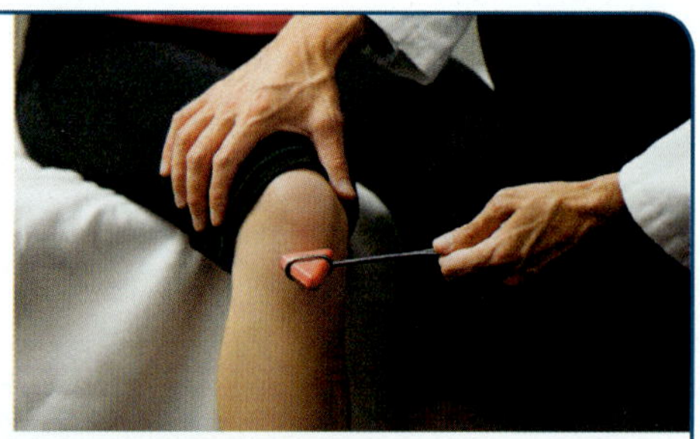

Pour trouver des mots-clés :

Commencez par faire le point sur vos connaissances concernant la question choisie.

Astuces

- *Recherchez les définitions des mots importants de votre question dans le lexique, p. 509 et suivantes. Dans chacune des définitions trouvées, repérez les mots importants et cherchez-en les définitions. Vous pouvez répéter l'opération.*
- *Écrivez sur une feuille de brouillon tous les mots en rapport avec la question choisie puis entourez ceux qui sont les plus importants : ce sont des mots-clés.*
- *Hiérarchisez les mots-clés en les entourant avec différentes couleurs.*

Pour organiser vos idées

- Vous pouvez écrire les mots en lien avec le sujet sur des « post-it » puis essayer de les regrouper ou de les organiser les uns par rapport aux autres.
- Vous pouvez relier ces mots-clés sous forme de carte mentale.
- Vous pouvez travailler à plusieurs et vous interroger sur les définitions, ainsi que sur les liens qui existent entre plusieurs notions.

3 Programmer son travail de préparation

Pour arriver « fin prêt » le jour J, il faut construire un rétroplanning, c'est-à-dire un programme de travail construit à partir de sa date de fin.

• Construisez le rétroplanning de votre préparation au Grand oral.

Déterminer le temps dont on dispose :

1. Ouvrez votre agenda et repérez aussi précisément que possible le moment de l'épreuve du Grand oral.
2. Repérez au surligneur l'ensemble des créneaux inadaptés à la préparation de votre Grand oral (périodes de cours, de loisirs, de temps passé en famille).
3. Repérez d'une autre couleur les créneaux que vous pouvez consacrer à cette préparation.
4. Faites le total de toutes les heures dont vous disposez.

Caler son travail de préparation dans le temps :

- Faîtes la liste des principales tâches à réaliser (choix du sujet et de la question, documentation, préparation de l'exposé et de l'entretien).
- Prévoyez le temps nécessaire à chacune des tâches à accomplir (en heures) en tenant compte du volume d'heures dont vous disposez.
- Répartissez les tâches dans votre agenda de manière réaliste.

4 Effectuer des recherches pour répondre à la question choisie

Exemple

Dans les médias, on lit que des agriculteurs utilisent la musique pour soigner ou protéger leurs plantations. Ces affirmations sont-elles justifiées, peut-on vraiment soigner les plantes avec de la musique ?

• Cherchez des sources qui vous permettent de documenter cette question, ou celle que vous avez choisie.

• Identifiez les sources fiables parmi les diverses références trouvées.

Voici quelques conseils pour réussir ces recherches.

Vigilance forte 🔴 **Vigilance moyenne** 🟠 **Vigilance faible** 🟢

Quel est le support ?

- un journal scientifique 🟢
- un manuel, un dictionnaire 🟠
- un journal ou un magazine national 🟠
- un réseau social 🔴
- un site internet :
  - celui d'un institut de recherche 🟢
  - celui d'un journal ou magazine national 🟠
  - autre 🔴

Qui est l'auteur ?

- un scientifique 🟢
- un non scientifique 🔴
- un auteur non identifié 🔴

Quel est le contenu scientifique ?

Un problème scientifique 🟢

Des hypothèses 🟢

Des résultats d'observation ou de mesures 🔴
- Sait-on quels outils d'observation et de mesure ont été utilisés ?
- S'agissait-il d'outils adaptés à ce qui devait être observé ou mesuré ?

Des résultats d'expérience 🔴
- Les conditions précises de l'expérience sont-elles décrites ?
- Connaît-on les conditions de contrôle ? Les effectifs étudiés ?

Des résultats de modélisation 🔴
- À quelle réalité correspondent les éléments du modèle ?
- Quels sont les éléments du modèle qui représentent peu ou pas la réalité ?

Des interprétations de résultats scientifiques 🔴
- Y a-t-il des corrélations qui sont interprétées comme des causalités ?
- Y a-t-il des confusions entre des causes et des conséquences ?
- Les interprétations font-elles dire plus aux résultats que ce qu'ils disent réellement ?

Les données scientifiques sont-elles citées ?
Oui 🟢 Non 🔴

Les données scientifiques sont-elles disponibles ?
Oui 🟢 Non 🔴

Ces résultats scientifiques ont-ils été répétés ?
Oui 🟢 Non 🔴

Et s'il n'y a pas de sources fiables sur le sujet ?

L'absence de preuve n'est pas la preuve de l'absence. Mais sans éléments fiables permettant de documenter votre exposé, mieux vaut sans doute choisir une autre question pour le Grand oral.

Préparer son exposé oral

5 Construire le plan de son exposé oral

Exercice adaptable à tout autre sujet

Vous souhaitez par exemple traiter la question suivante : « *Quelle est l'origine du changement climatique récent ?* » Dans votre travail de préparation du projet, vous avez effectué des recherches, sélectionné des données, des documents, qui vont vous aider à construire votre présentation et votre argumentation. Le graphique ci-dessous est un exemple que vous avez choisi d'exploiter.

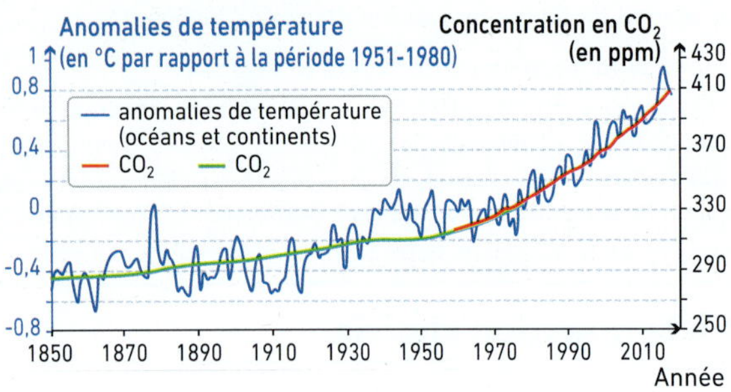

Exemple de données scientifiques à exploiter oralement pour l'argumentation.

- **En vous appuyant sur ce que vous avez réuni, établissez un plan pour votre exposé dans lequel vous ferez apparaître les notions clés à développer et les données que vous utiliserez pour appuyer votre argumentation.**

1. Listez en vrac l'ensemble des notions qui vous semblent importantes. Ne vous censurez pas.
2. Faites un tri, éliminez ce qui ne vous paraît pas essentiel.
3. À l'aide de crayons de couleurs ou de surligneurs, regroupez les notions qui vous semblent proches. Chaque couleur doit correspondre à une partie de votre plan (entre 2 et 4 parties).
4. Organisez les différentes parties ainsi mises en évidence dans un ordre logique et donnez-leur un titre.
5. Sélectionnez un nombre réduit de documents et de données scientifiques que vous utiliserez pour illustrer telle ou telle notion. Situez leur présentation dans le plan de votre exposé.

6 Transcrire des données scientifiques à exploiter oralement

L'exposé oral se fait sans note. Cependant, le propos doit être argumenté : il convient donc de pouvoir s'appuyer sur des données scientifiques, des exemples, à présenter oralement (certains pourront être gardés en réserve pour répondre aux questions lors du temps d'échange avec le jury).

- **Traduisez sous forme de texte simple mémorisable les informations essentielles apportées par les documents que vous avez sélectionnés pour étayer votre propos (par exemple le document ci-dessus).**

7 Préparer l'introduction et la conclusion

Introduction et conclusion sont deux temps forts de votre présentation :

- une introduction bien construite et bien présentée crée d'emblée une impression favorable et vous met en confiance.
- la conclusion sera la dernière trace laissée par votre présentation.

L'introduction :

1. Exposez clairement et précisément le sujet : il doit s'agir d'une question problématisée (voir p. 520).
2. Dites à quel grand enjeu abordé par le programme des enseignements de spécialité se rapporte cette question.
3. Expliquez pourquoi vous avez choisi de préparer cette question.
4. Vous pouvez choisir une « accroche » : un fait observable, une contradiction apparente, une actualité.
5. Annoncer rapidement votre plan.

Entraînez-vous et chronométrez-vous : l'introduction ne doit pas durer plus de 30 à 45 secondes. Veillez à rester naturel, ne donnez pas l'impression de réciter un texte appris par cœur.

Introduction et conclusion ne s'improvisent pas le jour de la présentation : préparez-les.

- **Rédigez à l'écrit, pour le sujet précédent ou votre sujet s'il est déjà choisi, une introduction et une conclusion d'une dizaine de lignes.**
- **Entraînez-vous à présenter oralement introduction et conclusion, afin de ne pas être pris au dépourvu et gagner en assurance.**

La conclusion :

1. La conclusion doit résumer en deux ou trois phrases maximum la réponse à la question formulée en introduction.
2. Par réponse, on entend avoir fait progresser la connaissance sur le sujet. Bien entendu, il ne s'agit pas de démontrer que la question est définitivement et intégralement résolue, bien au contraire.
3. Vous pouvez faire une ouverture sur un autre aspect du sujet ou sur un approfondissement. Dans ce cas, prévoyez d'être interrogé dessus dans l'entretien qui suivra.

Entraînez-vous et chronométrez-vous : comme l'introduction, la conclusion ne doit pas durer plus de 30 à 45 secondes.

Présenter son exposé

Grand oral

8 Réaliser un support écrit de préparation remis au jury

Pendant les 20 minutes de préparation de l'exposé oral, il est possible (mais non obligatoire) de réaliser un support écrit transmis au jury. Un candidat, ayant choisi de traiter une question portant sur le stress et les techniques permettant de le gérer, a construit le support présenté ci-dessous.

- Indiquez quels sont les points positifs de ce support et les éléments qui pourraient être améliorés.
- Imaginez le support que vous pourriez présenter au jury.

Aide à la réalisation :

- **Vous pouvez vous intéresser à la forme**
  - Présence d'un titre ;
  - La présentation est-elle propre, claire, suffisamment intelligible ?
- **Vous pouvez vous intéresser au fond**
  Le support permet-il d'identifier :
  - la question étudiée ?
  - les arguments développés ?
  - la méthodologie ou les sources utilisées ?

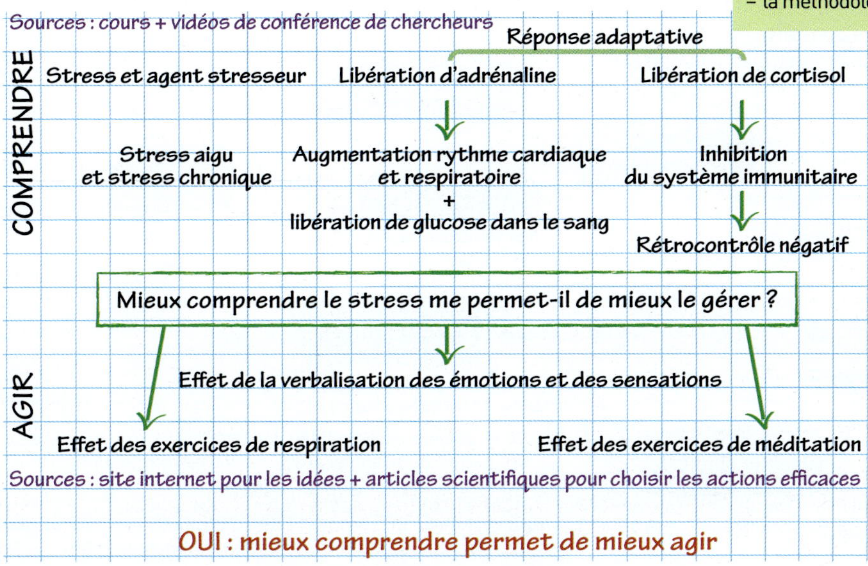

9 S'exercer à présenter oralement son exposé

Vous avez préparé votre exposé. Vous devez à présent vous entrainer pour présenter oralement votre travail.
Introduction et conclusion ne s'improvisent pas le jour de la présentation : préparez-les.

- Présentez en 5 minutes, à l'oral, debout et sans note, l'exposé en lien avec votre question.
- Évaluez votre présentation orale en utilisant la grille ci-dessous et identifiez les points à améliorer la prochaine fois.

Critères de réussite

✓ J'ai respecté les 5 minutes, sans me précipiter.
✓ J'ai présenté les différents éléments prévus.
✓ J'ai contrôlé mes tics de paroles.
✓ J'ai contrôlé mes gestes parasites.
✓ J'étais bien ancré dans le sol.
✓ J'ai bien géré ma respiration.
✓ J'ai bien géré mon regard.
✓ J'ai parlé d'une voie audible et j'ai bien articulé.
✓ J'ai été dynamique et enthousiaste.

Aide à la réalisation :

Aidez-vous du livret dédié à l'oral (début de manuel).

- Sachez que l'on peut prononcer entre 150 et 200 mots par minute. Cela peut vous aidez à calibrer votre préparation.
- Utilisez un chronomètre pour contrôler le temps au cours de votre présentation.
- Plus vous vous entraînerez, plus votre exposé deviendra fluide et naturel. Veillez cependant à ne pas réciter un texte appris par cœur.
- Vous pouvez vous enregistrer, vous filmer, utiliser un miroir, vous entrainer seul ou en présence de camarades ou de professeurs.

Astuce

• Remplissez un carnet de bord de vos essais d'oral et gardez les traces de ce que vous devez améliorer ; pensez à le consulter avant chaque nouvelle répétition.
• N'hésitez pas à regarder des vidéos de professionnels pour étudier comment ils respirent, comment ils placent leur corps et leur regard, comment ils parlent.

Préparer son échange avec le jury

10 Préciser et approfondir sa pensée

Vous n'allez présenter à l'oral qu'un aspect du sujet étudié, qui se rapporte lui-même à un thème plus général. Après votre exposé, le jury va vous inciter à préciser et à approfondir votre pensée. Il s'agit de démontrer que vous avez des connaissances mais aussi la capacité à argumenter. Vous devez donc vous préparer à un tel échange.

Un candidat, ayant présenté la question suivante : « *Quelles sont les causes possibles d'un AVC ?* » a réalisé dans son travail préparatoire une carte mentale traduisant d'autres aspects qu'il estime être en relation avec la question présentée.

- Relevez l'intérêt de faire un tel inventaire et l'usage qui peut en être fait dans le cadre de la préparation du Grand oral.
- Dans le cadre de la préparation de votre exposé, réalisez une carte mentale élargissant et approfondissant la question que vous avez traitée.
- Listez les mots-clés en relation avec votre sujet et leur définition. Vérifiez que vous les connaissez et les comprenez.

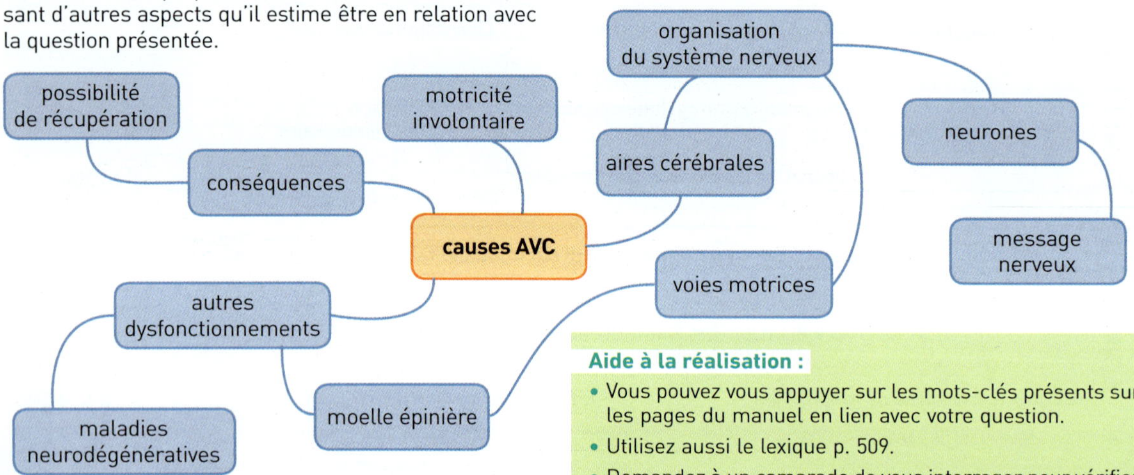

Aide à la réalisation :
- Vous pouvez vous appuyer sur les mots-clés présents sur les pages du manuel en lien avec votre question.
- Utilisez aussi le lexique p. 509.
- Demandez à un camarade de vous interroger pour vérifier votre maîtrise des mots-clés et de leur définition.
- Interrogez-vous sur les liens entre ces mots-clés.

11 Répondre sans préparation préalable à des questions posées sur le sujet traité

Exemple

Selon des idées répandues sur le stress, le « bon » stress permettrait aux élèves de lycée de donner le meilleur d'eux-mêmes, alors que le « mauvais » stress les inhiberait ou les rendrait malades. Partant de ce constat, vous avez choisi comme question : « *Bon et mauvais stress au lycée existent-ils ?* »

Le plan de votre exposé est le suivant :
1. Une enquête sur les diverses situations stressantes auxquelles les élèves sont confrontés.
2. Ne pas confondre la situation stressante et la réponse du corps lui permettant de faire face.
3. Le stress aigu (« bon stress ») est une nécessité qui ne doit pas se transformer en stress chronique (« mauvais stress »).

- Vous avez travaillé votre sujet et préparé le plan de votre exposé oral : confiez votre plan à votre professeur ou à des camarades et répondez sans préparation préalable à leurs questions.

Aide à la réalisation :

Il s'agit de vous entraîner à échanger avec le jury en ce qui concerne le choix du plan et le contenu de votre exposé.

Tout d'abord, il faut savoir que les questions posées par le jury ne sont pas destinées à vous piéger. Bien au contraire, les réponses fournies doivent lui permettre de comprendre le cheminement que vous avez suivi et d'évaluer positivement ce que vous avez réussi à démontrer.

- Anticipez les questions qui porteront nécessairement sur la construction de votre plan et la démarche de résolution que vous avez employée. Pour l'exemple présenté ici : « *Pourquoi une enquête au début ?* », « *Comment avez-vous classé les agents stresseurs auxquels un lycéen est confronté ?* », « *La réponse apportée est-elle scientifiquement exacte ?* »...
- Argumentez la logique qui a prévalu lors de la construction de votre exposé.
- Montrez que vous avez travaillé les aspects scientifiques de votre sujet. Pour ce faire, la maîtrise des termes essentiels est indispensable. Dans l'exemple traité ici, le déroulement du stress aigu et les méfaits du stress chronique sont incontournables.

12 Répondre sans préparation préalable à des questions posées sur le programme de l'enseignement de spécialité

L'échange avec le jury est aussi destiné à tester la solidité de vos connaissances et vos capacités argumentatives *sur toute partie du programme du cycle terminal* (classes de Première et de Terminale).

Entraînez-vous à faire des réponses suffisamment approfondies, argumentées et convaincantes. Vous avez tout à intérêt à utiliser votre temps de parole.

- Choisissez au hasard une ou des notions figurant dans les pages « L'essentiel » (bilan de fin de chaque chapitre). Recherchez alors dans les documents figurant dans les unités qui précèdent un exemple précis, un document scientifique, et entraînez-vous à l'utiliser oralement pour justifier la notion exprimée.

Exemple

Une notion

Associations non héréditaires et diversification du vivant

Des associations entre espèces, non transmises de manière héréditaire, peuvent participer à la diversification du vivant. Les symbioses, associations à bénéfice réciproque, peuvent se traduire par de nouvelles formes de vie.

Les relations entre les pathogènes et leurs hôtes contribuent également à une diversification du phénotype.

Un exemple pour argumenter

2 Les lichens : 1 + 1 = 3

Chez les lichens, la symbiose tire profit des aptitudes des deux partenaires : l'algue photosynthétique produit de la matière organique, tandis que les filaments mycéliens retiennent la moindre trace d'humidité disponible.

Mais ce n'est pas tout : le lichen *Xanthoria parietina* présente une couleur jaune caractéristique (A). Ce pigment, la pariétine, joue un rôle de protection contre les effets des rayonnements ultraviolets du soleil, et permet au lichen de s'installer dans des conditions de luminosité extrêmes.

À ce jour, on a recensé plus de 1 500 composés organiques produits par les lichens, dont la plupart n'existent pas chez les autres êtres vivants.

A Lichen *Xanthoria parietina* sur un rocher granitique.

13 Répondre sans préparation préalable à des questions à réponse courte

L'échange permet de démontrer votre réactivité, votre capacité à répondre brièvement à une question simple.

- Entraînez-vous à répondre aux exercices à réponse courte figurant dans les exercices d'autoévaluation à la fin de chaque chapitre (vous trouverez les réponses page 502 et suivantes) :

- Exercice 6 page 40
- Exercice 5 page 78
- Exercice 5 page 98
- Exercice 4 page 118
- Exercice 4 page 152
- Exercice 5 page 176
- Exercice 7 page 206
- Exercice 5 page 228
- Exercice 4 page 252
- Exercice 4 page 278
- Exercice 7 page 312
- Exercice 4 page 336
- Exercice 3 page 368
- Exercice 6 page 396
- Exercice 3 page 414
- Exercice 4 page 434
- Exercice 6 page 456
- Exercice 6 page 482

- Interrogez-vous mutuellement en donnant la définition des mots-clés figurant à la fin de la page « L'essentiel » (bilan de fin de chapitre).
- Vous trouverez les définitions dans le lexique page 509 et suivantes.

Préparer son échange avec le jury

14 Interroger un camarade sur l'état actuel de ses projets d'orientation

- Demandez à un de vos camarades de vous présenter oralement ses projets d'études, voire ses projets professionnels.

Aide à la réalisation :

Préparez des questions précises avant d'interroger votre camarade. Par ces questions, vous chercherez à tester l'approfondissement de ses connaissances concernant les études ou le métier envisagés, sa capacité à exprimer ses réflexions personnelles et ses motivations.

15 Interroger un camarade sur le lien entre son projet d'orientation et son choix de spécialités

- Demandez à un de vos camarades de vous présenter oralement le lien entre ses choix de spécialités et ses projets d'orientation.

Quelques critères de réussite :

Les réponses de votre camarade doivent :

- Présenter un ou plusieurs grands domaines de connaissances figurant au programme de ses enseignements de spécialité.
- Présenter une ou plusieurs grandes compétences figurant au programme de ses enseignements de spécialité.
- Montrer que ces connaissances et compétences sont nécessaires pour le projet d'étude envisagé.

16 Interroger un camarade sur le lien entre son projet d'orientation et son exposé du Grand oral

Dans la mesure du possible, la question que vous avez choisie pour le Grand oral doit être en rapport avec votre projet d'orientation.

- Après avoir pris connaissance de la question choisie par l'un de vos camarades, demandez-lui de vous expliquer à l'oral en quoi le sujet choisi est en relation avec son projet d'étude et/ou professionnel.

17 Présenter par écrit l'état actuel de ses projets d'orientation

- Présentez par écrit l'état actuel de vos projets d'orientation en détaillant :
- Vos motivations et leurs évolutions (rencontres, conférences, journées portes-ouvertes, expériences vécues, centres d'intérêts, points forts et points faibles).
- Le lien entre ces motivations et les projets d'orientation que vous avez construits.

Comment procéder ?

- Vous pouvez commencer par présenter votre projet d'orientation préféré et les raisons de votre choix, puis présenter d'autres projets auxquels vous avez pensé.
- Vous pouvez présenter la construction de votre parcours d'orientation de manière chronologique et terminer par présenter vos choix actuels.
- Vous pouvez présenter l'ensemble des parcours auxquels vous avez pensé. Indiquez pour chacun les éléments en faveur et en défaveur puis précisez celui que vous retenez actuellement.

18 Présenter par écrit les liens entre ses projets d'orientation, ses spécialités et son exposé de Grand oral

- Rédigez un texte puis portez un regard critique sur :
- Le lien entre votre exposé du Grand oral et votre projet de poursuite d'études.
- Le lien entre votre projet de poursuite d'études et le choix de vos enseignements de spécialité.

Quelques conseils :

- Faites preuve d'esprit critique : relisez et repérez dans votre présentation écrite ce qui montre clairement votre motivation, ce qui témoigne d'une bonne cohérence, ce que vous maîtrisez. Ne masquez pas ce qu'il vous reste à approfondir ou à découvrir, ce qui manque de cohérence, les raisons et limites de vos motivations.
- Si le sujet de votre exposé n'est pas directement en lien avec votre projet d'orientation, il a pu néanmoins l'éclairer : en préparant cet oral, vous avez pu acquérir de nouvelles compétences, prendre conscience de certains attendus, mieux percevoir ce qui correspond à vos désirs et capacités. Mettez ces aspects en valeur.

19 Argumenter oralement autour de projets d'orientation

Il existe une grande diversité de formations post-baccalauréat. Chacune a ses spécificités, correspondant à différents profils d'études ou motivations et préparant plus ou moins précisément à des métiers.

- Associez chacune des diverses formations ci-dessous aux caractéristiques qui lui correspondent le mieux.
- Argumentez oralement en échangeant à ce sujet avec un camarade.

Formations :

- Médecine (L.AS)
- Médecine (PASS)
- Institut de Formation en Soins Infirmiers
- DUT informatique
- CPGE BCPST
- CPGE MPSI
- Licence Mathématiques
- Licence STAPS
- Licence Sciences de la vie et de la Terre
- Licence Sciences de la Terre

Caractéristiques :

- Une filière non sélective à l'entrée et de bonnes chances d'obtenir un diplôme
- De nombreux débouchés
- Des études courtes
- La perspective d'un métier qui me passionne
- Beaucoup d'autonomie
- Un encadrement très présent
- Une charge de travail adaptable à mon projet
- La perspective d'un métier à haut revenu
- La perspective de pouvoir exercer un métier à court terme

Crédits photographiques

p. 18 © Frédéric Labaune
p. 24 bas © Frédéric Labaune
p. 27 bas g © Frédéric Labaune
p. 30 © Frédéric Labaune (4 photos)
p. 32 g © Frédéric Labaune (2 photos)
p. 44 d © Frédéric Labaune
p. 45 © Frédéric Labaune
p. 106 bas © Frédéric Labaune (3 photos)
p. 107 bas © Frédéric Labaune (2 photos)
p. 119 ht © Frédéric Labaune
p. 121 bas d © Frédéric Labaune
p. 126 m et b © Frédéric Labaune
p. 128 m et b © Frédéric Labaune
p. 129 bg et bd © Frédéric Labaune
p. 130 © Frédéric Labaune
p. 134 h © Frédéric Labaune
p. 135 h et b © Frédéric Labaune
p. 143 h © Frédéric Labaune
p. 153 b © Frédéric Labaune
p. 165 ht d © Frédéric Labaune
p. 165 bas d © Frédéric Labaune
p. 177 ht © Frédéric Labaune
p. 184 ht © Frédérick Labaune/T (2 photos)
p. 184 m © Paul Pillot/T
p. 185 ht g © Frédéric Labaune/T
p. 185 ht d © Paul Pillot/T
p. 186 © Frédéric Labaune
p. 187 © Frédéric Labaune (2 photos)
p. 188 d © Frédéric Labaune
p. 189 ht © Frédéric Labaune (2 photos)
p. 190 ht © Frédéric Labaune (2 photos)
p. 190 bas © Frédéric Labaune
p. 191 © Frédéric Labaune (4 photos)
p. 192 ht m © Frédéric Labaune
p. 193 ht g © Frédéric Labaune
p. 193 bas © Frédéric Labaune (2 photos)
p. 194 m © Frédéric Labaune (3 photos)
p. 194 bas d © Frédéric Labaune
p. 195 bas g © Frédéric Labaune
p. 196 ht © Frédéric Labaune (3 photos)
p. 196 m g © Frédéric Labaune
p. 196 bas © Frédéric Labaune
p. 200 ht © Frédéric Labaune
p. 200 bas © Paul Pillot
p. 206 © Frédéric Labaune
p. 207 bas © Frédéric Labaune
p. 208 ht © Frédéric Labaune
p. 208 bas © Frédéric Labaune
p. 209 © Frédéric Labaune (2 photos)
p. 210 bas © Frédéric Labaune (3 photos)
p. 214 © ht et bas g © Frédéric Labaune (3 photos)
p. 214 bas d © Paul Pillot
p. 215 ht d et bas © Frédéric Labaune (3 photos)
p. 217 © Paul Pillot (5 photos)
p. 218 ht © Frédéric Labaune
p. 221 ht © Frédéric Labaune (2 photos)
p. 221 m g (b) © Frédéric Labaune
p. 221 m d (c) © Frédéric Labaune
p. 221 bas © Frédéric Labaune (2 photos)
p. 229 © Frédéric Labaune (2 photos)
p. 230 bas © Frédéric Labaune
p. 232 © Frédéric Labaune (2 photos)
p. 233 © Frédéric Labaune
p. 234 © Frédéric Labaune
p. 238 hg, hm, hd et b © Frédéric Labaune
p. 239 hg (A), hmg (B), hmg (C), hdh (D) et mg (A) © Frédéric Labaune
p. 240 hd et bg © Frédéric Labaune
p. 245 bg © Frédéric Labaune
p. 255 b(B, C1 et C2) © Frédéric Labaune
p. 296 bas © Frédéric Labaune
p. 302 bas g © Frédéric Labaune (2 photos)
p. 315 © Frédérick Labaune (6 photos)
p. 346 © Frédéric Labaune/T
p. 347 © Paul Pillot/T (7 photos)
p. 351 © Frédéric Labaune
p. 360 © Paul Pillot (4 photos)
p. 361 bas g © Paul Pillot
p. 363 bas © Paul Pillot (2 photos)
p. 381© ht © Paul Pillot
p. 390 © Paul Pillot (6 photos)
p. 404 bas © Frédéric Labaune
p. 406 ht © Frédéric Labaune
p. 406 bas g © Frédéric Labaune
p. 408 bas © Paul Pillot (3 photos)
p. 409 ht d © Paul Pillot
p. 421 h et bg © Frédéric Labaune
p. 423 © Frédéric Labaune
p. 425 © Frédéric Labaune
p. 438 © Paul Pillot
p. 444 bg (A) © Paul Pillot
p. 445 bg et bd © Frédéric Labaune
p. 447 bg et bd © Paul Pillot
p. 450 hg, hm, hd et b © Paul Pillot
p. 459 © Paul Pillot
p. 471 h © Paul Pillot
p. 475 © Paul Pillot
p. 488 © Paul Pillot
p. 493 © Frédéric Labaune/T (24 photos)
p. 495 © Frédéric Labaune/T (24 photos)
p. 496 ht g et m g © Paul Pillot/T (2 photos)
p. 497 à p. 499 © Paul Pillot/T (12 photos)

Édition : Béatrice Le Brun, Nicole Rêve
Assistanat éditorial : Adèle Coelho, Anna Girard
Direction éditoriale : Julien Barret
Direction artistique : Pierre Taillemite
Couverture : Favre et Lhaïk
Conception graphique intérieure : Joëlle Parreau
Mise en page : Évelyne Boyard, Marion Clément (Domino), Marlène Florette (Domino), Joëlle Parreau
Schémas : Nathalie Guéveneux (Domino), Vincent Landrin
Illustrations : Grégory Michnik, Nicolas Trève, Amandine Wanert
Iconographie : Fabrice Lucas, Anne Mensior
Compogravure : Irilys
Fabrication : Françoise Leroy

Ce livre a été imprimé en Italie en juillet 2020
par Grafica Veneta S.p.A.

N° d'éditeur : 10266637
Dépôt légal : avril 2020